地球の歩き方 B16 2024-2025年版

CANADA

カナダ

Cover Story

カナダの西海岸に位置するバンクーバー。
カナダ第3の大都市でありながら海や山などの
自然が隣接する環境は、「理想都市」を連想させます。
「世界で最も住みやすい都市」の
上位常連というのも納得できます。
この町では、グルメやショッピングといった
アーバンライフだけでなく、ハイキングやカヌーなど
アクティビティも楽しむのが絶対おすすめ！

ビクトリアのインナー・ハーバーに立つトーテムポールと州議事堂

地球の歩き方 編集室

Canada  CONTENTS

■新型コロナウイルス感染症について

新型コロナウイルス（COVID-19）の感染症危険情報について、全世界に発出されていたレベル1（十分注意してください）は、2023年5月8日に解除されましたが、渡航前に必ず外務省のウェブサイトにて最新情報をご確認ください。

◎外務省 海外安全ホームページ・カナダ危険情報
URL www.anzen.mofa.go.jp/info/pcinfectionspothazardinfo_222.html#ad-image-0

出発前に必ずお読みください！ 旅のトラブルと安全対策…557

Column

歩き方の使い方

本書で用いられる記号・略号

- ❓ 観光案内所
- 住 住所
- TEL 電話番号
- FREE 現地での通話料無料
- 無料 日本での通話料無料
- FAX ファクス番号
- URL ホームページのアドレス（http:// は省略）
- EMAIL 電子メールアドレス
- 開 開館時間
- 営 営業時間
- 運 運行時間
- 催 催行期間、時間
- 休 休館、定休日（祝祭日や年末年始、クリスマスは除く）
- 料 料金
- MAP 地図のページ数、エリア
- 交 物件への行き方

【英語】

St.	Street
Ave.	Avenue
Rd.	Road
Dr.	Drive
Pwy.	Parkway
Hwy.	Highway
Sq.	Square
E.	East
W.	West
N.	North
S.	South

【仏語】

Boul.	Boulevard
Cres.	Crescent
St-	Saint
Ste-	Sainte
O.	Ouest
E.	Est

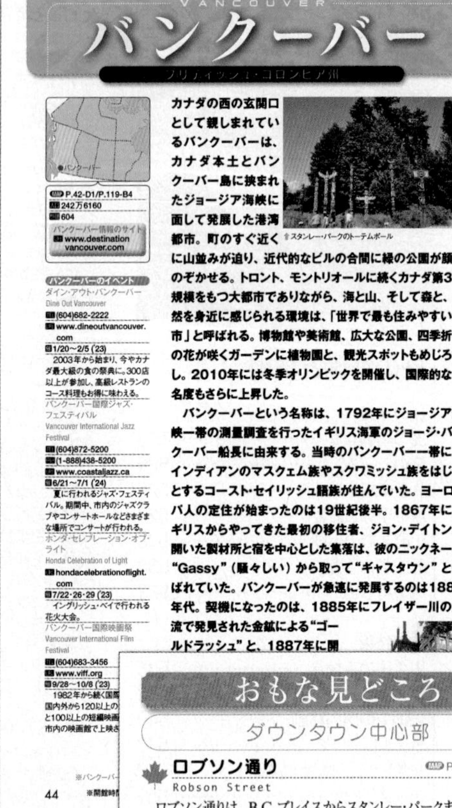

VANCOUVER

バンクーバー

ブリティッシュ・コロンビア州

MAP P.42-D1/P.119-B4
人口 242万6160
市外局番 604

バンクーバー情報のサイト
URL www.destinationvancouver.com

カナダの西の玄関口として親しまれているバンクーバーは、カナダ本土とバンクーバー島に挟まれたジョージア海峡に面して発展した港湾都市。町のすぐ近くに山並みが迫り、近代的なビルの合間に緑の公園が顔をのぞかせる。トロント、モントリオールに続くカナダ第3の規模をもつ大都市でありながら、海と山、そして森と、自然を身近に感じられる環境は、「世界で最も住みやすい都市」と呼ばれる。博物館や美術館、広大な公園、四季折々の花が咲くガーデンに植物園と、観光スポットもめじろ押し。2010年には冬季オリンピックを開催し、国際的な知名度もさらに上昇した。

↑スタンレー・パークのトーテムポール

バンクーバーという名称は、1792年にジョージア海峡一帯の測量調査を行ったイギリス海軍のジョージ・バンクーバー船長に由来する。当時のバンクーバー一帯にはインディアンのマスクエム族やスクワミッシュ族をはじめとするコースト・セイリッシュ語族が住んでいた。ヨーロッパ人の定住が始まったのは19世紀後半。1867年にイギリスからやってきた最初の移住者、ジョン・デイトンが開いた製材所と宿を中心とした集落は、彼のニックネーム "Gassy"（騒々しい）から取って "ギャスタウン" と呼ばれていた。バンクーバーが急速に発展するのは1880年代。契機になったのは、1885年にフレイザー川の上流で発見された金鉱による "ゴールドラッシュ" と、1887年に開

バンクーバーのイベント

ダイン・アウト・バンクーバー
Dine Out Vancouver
TEL (604)682-2222
URL www.dineoutvancouver.com
催 1/20～2/5（'23）
2003年から始まり、今やカナダ最大級の食の祭典に。300店以上が参加し、高級レストランのコース料理もお得に味わえる。

バンクーバー国際ジャズ・フェスティバル
Vancouver International Jazz Festival
TEL (604)872-5200
FREE (1-888)438-5200
URL www.coastaljazz.ca
催 6/21～7/1（'24）
夏に行われるジャズ・フェスティバル。期間中、市内のジャズクラブやコンサートホールなどさまざまな場所でコンサートが行われる。

ホンダ・セレブレーション・オブ・ライト
Honda Celebration of Light
URL hondacelebrationoflight.com
催 7/22・26・29（'23）
イングリッシュ・ベイで行われる花火大会。

バンクーバー国際映画祭
Vancouver International Film Festival
TEL (604)683-3456
URL www.viff.org
催 9/28～10/8（'23）
1982年から続く国際…
国内外から120以上の…
と100以上の短編映画…
市内の映画館で上映さ…

44

おもな見どころ

ダウンタウン中心部

ロブソン通り　MAP P.48-A2～P.49-B3
Robson Street ★★★

ロブソン通りは、B.C.プレイスからスタンレー・パークまで、ダウンタウンの中心を貫く通り。ハウ通りHowe St.との角にあるロブソン広場Robson Squareが中心で、特にグランビル通りとの交差点からスタン

上から、州名またはエリア名、都市名になっています。

ブリティッシュ・コロンビア州
バンクーバー

✉読者投稿

読者の方々からの投稿を紹介しています。投稿データについては、文末の()内に寄稿年度を記し、【】内に再調査を行った年度を記してあります。

読者投稿について→P.575

地　図

- 国境
- 州境
- 観光案内所
- ホテル
- レストラン
- ショップ
- ナイトスポット
- 博物館
- 郵便局
- 銀行
- 両替所
- 病院
- 駐車場
- 教会
- トランス・カナダ・ハイウエイ
- ハイウエイ(メインハイウエイ)番号
- ハイウエイ(セカンドハイウエイ)番号
- 鉄道線路
- フェリー航路
- ハイキングコース(トレイル)
- キャンプ場
- 公園、緑地
- ゴルフ場

★★★ **見どころのおすすめ度**
見どころのおすすめ度を、★★★～★★★でランク付けしました。星3つが最高ランクとなります。

クレジットカード

- CC 利用できるクレジットカード
- A アメリカン・エキスプレス
- D ダイナースクラブ
- J JCB
- M マスターカード
- V VISA

レストラン

- 予 ひとり当たりの予算

ホテルの部屋

- Ⓢ シングルルーム
- Ⓓ ダブルまたはツインルーム
  ※料金は、ひとり当たりではなく、ひと部屋当たりの金額です。
- HIGH ハイシーズンの料金
- LOW ローシーズンの料金
- 室 客室数

■本書の特徴

本書は、おもに個人旅行でカナダを訪れる方が安全かつ存分に旅行を楽しめるように、各都市の地図やアクセス方法、ホテル、レストランなどの情報を掲載しています。もちろんツアーで旅行される際にも十分活用できるようになっています。

■掲載情報のご利用にあたって

編集部では、最新で正確な情報を掲載するよう努めていますが、現地の規則や手続きなどがしばしば変更されたり、またその解釈に見解の相違が生じることもあります。このような理由に基づく場合、または弊社に重大な過失がない場合は、本書を利用して生じた損失や不都合について、弊社は責任を負いかねますのでご了承ください。また、本書に掲載されている情報やアドバイスがご自身の状況に適しているか、すべてご自身の責任でご判断ください。また、投稿をお送りいただく際はP.575をご覧ください。

■現地取材および調査時期、データの日付

本書は、2022年9月～2023年3月の取材調査データおよび2023年7月までの追跡調査データをもとに編集されています。しかしながら時間の経過とともにデータの変更が生じることがあります。特にホテルやレストランなどの料金は、旅行時点では変更されていることも多くあります。ゆえに本書のデータはひとつの目安とし、現地では観光案内所などで最新情報を入手してご旅行ください。なお、各スポットの開館時間や営業時間などの日程は、基本的に2023年度のものです。年度により変動や臨時休業する場合がありますので、ウェブサイトなどで再度ご確認ください。

■発行後の情報の更新と訂正について

発行後に変更された掲載物件や訂正箇所は『地球の歩き方』ホームページの本書紹介ページ内に「更新・訂正情報」として可能なかぎりご案内しています(ホテル、レストラン料金の変更などは除く)。ご旅行の前にお役立てください。

URL www.arukikata.co.jp/travel-support/

■先住民族の呼び方について

「インディアン」という言葉は人種差別的な意味が強いため、現在では使われていません。カナダでは先住民族のことを「ネイティブ」や「ファースト・ネイション」と呼びます。ただし本誌では地方ごとに異なる部族の区別をつけるため、極北に住む先住民族を「イヌイット」、太平洋沿岸や平原に住む先住民族を「インディアン」と呼び、区別しています。

ジェネラルインフォメーション

カナダの基本情報

▶旅の言葉→ P.559

国旗
カナダのシンボル、カエデの葉（メープル）を中央に配置。左右のラインは太平洋と大西洋をイメージしている。

正式国名
カナダ　Canada

国歌
オー・カナダ
O Canada

面積
約 998 万 4670km^2
（世界第 2 位、日本の約 27 倍）

人口
約 3892 万 9902 人（2022 年 7 月）

首都
オタワ　Ottawa（オンタリオ州）

元首
チャールズⅢ世国王 Charles Ⅲ

政体
立憲君主制

民族構成
200 を超える民族からなる。単純にカナダ人の出自と答える人が最も多く、それにイギリス系、フランス系と続く。人口の約 20.6%はカナダの国外で生まれた移民 1 世。先住民族の北米インディアン、メティス、イヌイットは人口の約 4.3%。※先住民族の呼び方（→ P.7）。

宗教
80%がクリスチャン。その他、ユダヤ教、イスラム教、仏教など。また、約 16.5%の人々が無宗教。

言語
国の定めた公用語は英語とフランス語。人口の約 5 割が英語を母語とし、約 2 割がフランス語を母語とする。また、州ごとにも異なる公用語を定めている。極北では先住民族の言葉も公用語に定められている。

通貨と為替レート

$

▶旅の予算とお金
→ P.526

通貨単位はカナダドル Canadian Dollar、略号は $、C$ (CAD)。補助通貨はセント ¢ (Cent)。**$1=100 セント = 約 107.7 円（2023 年 8 月 23 日現在）。** 紙幣の種類は $5、10、20、50、100 の 5 種類。2018 年に $10 のみ新札ができた。硬貨は 5、10、25（クオーター）、$1（ルーニー）、$2 の 5 種類。

5 ドル

10 ドル

20 ドル

50 ドル

100 ドル

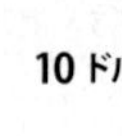

10 ドル

5 セント　10 セント　25 セント　1 ドル　2 ドル

電話のかけ方

▶電話と郵便
→ P.552

日本からカナダへ電話をかける場合（例：バンクーバー (604)123-4567）

事業者識別番号
0033
（NTT コミュニケーションズ）
0061
（ソフトバンク）
携帯電話の場合は不要
＋
国際電話識別番号
010
※
＋
カナダの国番号
1
＋
市外局番
604
＋
相手先の電話番号
123-4567

※携帯電話の場合は 010 のかわりに「0」を長押しして「+」を表示させると、国番号からかけられる
※ NTT ドコモ（携帯電話）は事前に WORLD CALL の登録が必要

出入国

ビザと eTA（電子渡航認証）
観光目的で通常６ヵ月以内ならビザは不要。ただし、日本を含むカナダ入国ビザ免除国籍の人は eTA が必要。オンライン申請で取得が可能。

パスポート
パスポートの残存有効期間はカナダ滞在日数プラス１日以上。

▶ビザ（査証）、eTA
→ P.529
▶出入国の手続き
→ P.535

日本からのフライト時間

成田国際空港からエア・カナダと日本航空（JAL）がバンクーバーまで、直行便を運航。エア・カナダはトロント、モントリオールへの直行便もある。また、2023 年からは成田からカルガリーへウエストジェットが就航開始。羽田空港からはエア・カナダがトロントへ、ANA がバンクーバーへそれぞれ運航。また関西国際空港からはエア・カナダがバンクーバーまで運航。

▶航空券の手配
→ P.530

気　候

広大な国土のため、いくつかの気候地域をもつ。バンクーバーなどの太平洋沿岸は降水量が多い。カナディアン・ロッキーは寒さが厳しく、夏でも天気が崩れれば上着は必要だ。カルガリーなど平原地帯では寒暖の差が激しい。五大湖一帯は四季が分かれており、以東では夏は涼しく、冬は比較的温暖。北極圏の極北地方は１年中寒さが厳しい。

▶旅のシーズン
→ P.520

バンクーバーと東京の気温と降水量

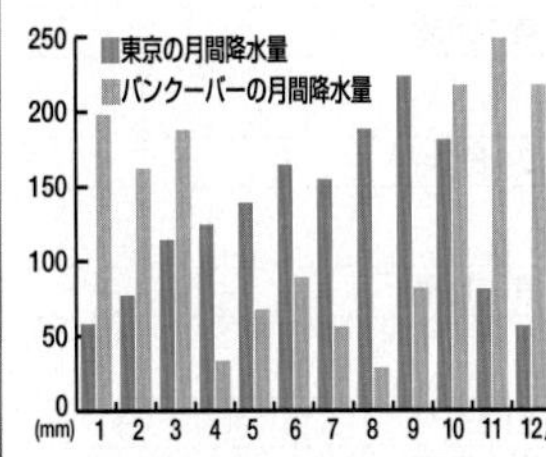

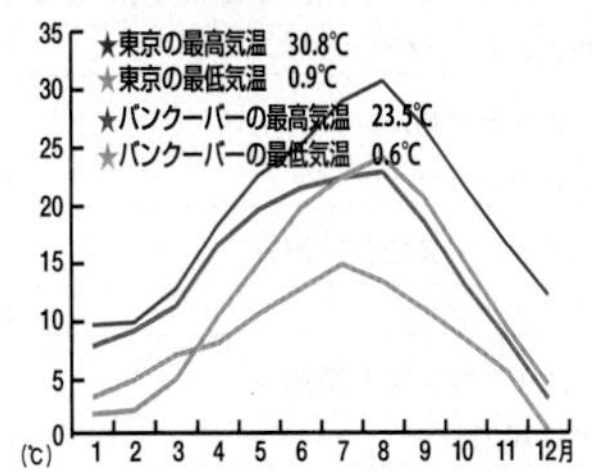

時差とサマータイム

カナダは６つの時間帯に分かれている。最東端のニューファンドランド標準時間と最西端の太平洋標準時間との時差は４時間 30 分。ニューファンドランド標準時間はグリニッチ標準時間（GMT）より３時間 30 分遅い。東から西へ行くに連れ１時間ずつ遅くなる（日本との時差は大きくなる）。

サマータイムは３月の第２日曜～11 月の第１日曜まで（サスカチュワン州を除く）。この時期は時計の針を１時間進める。

▶タイムゾーン
→ P.12
「カナダ全体図」

ビジネスアワー

以下は一般的な営業時間の目安。店舗により 30 分～１時間前後の違いがある。

銀　行
月～金曜の9:30～16:00 が一般的。土・日曜、祝日は休業。

デパートやショップ
月～土曜の10:00～18:00（木・金曜は～20:00頃のところも多い）。バンフなどは夜まで営業。郊外のショッピングセンターは日曜も営業している場合がある。

リカー・ストア
月～土曜の 9:00 ～ 18:00。都市部や夏季なら日曜も営業していたり、22:00 頃まで営業しているところもある。

カナダから日本へ電話をかける場合（例：東京 (03)1234-5678）

国際電話識別番号		日本の国番号		市外局番（最初の0は取る）		相手先の電話番号
011 ※1	+	81	+	3 ※2	+	1234-5678

※１公衆電話から日本へかける場合は上記のとおり。ホテルの部屋からは外線につながる番号を頭に付ける。
※２携帯電話などへかける場合も、「090」「080」などの最初の 0 を除く。

▶カナダ国内通話
市内通話の場合、市外局番は不要（バンクーバーは必要）。長距離通話は、はじめに長距離通話識別番号「1」のプッシュが必要。なお、市内通話と長距離通話の区分は、市外局番ではなく地域による。

▶公衆電話のかけ方
受話器を上げて、市内通話はコインを入れてからダイヤル、長距離通話は先にダイヤルしてオペレーターが料金を言ったあとにコインを入れる。なお、市内通話ははじめに ¢25（地域によっては ¢35 や ¢50）を入れたらあとは時間無制限。テレホンカード式、クレジットカード式のものがある。

祝祭日（おもな祝祭日）

国の定めた祝祭日のほか、各州の祝祭日もある。下記は 2024 年の祝祭日。

1 月	1/1	元旦 New Year's Day
3 月	3/29（※）	聖金曜日 Good Friday
4 月	4/1（※）	復活祭の月曜日 Easter Monday
5 月	5/20（※）	ビクトリア女王誕生祭（ビクトリア・デー）Victoria Day
7 月	7/1	建国記念日（カナダ・デー）Canada Day
9 月	9/2（※）	労働者の日（レイバー・デー）Labour Day
10 月	10/14（※）	感謝祭（サンクスギビング・デー）Thanksgiving Day
11 月	11/11	英霊記念日 Remembrance Day
12 月	12/25	クリスマス・デー Christmas Day
	12/26	ボクシング・デー Boxing Day

（※印）は移動祝祭日。

各州指定のおもな祝祭日

<ブリティッシュ・コロンビア州>

ブリティッシュ・コロンビア・デー	8 月第 1 月曜

<アルバータ州>

アルバータ・ファミリー・デー	2 月第 3 月曜
ヘリテージ・デイ	8 月第 1 月曜

<サスカチュワン州、マニトバ州、オンタリオ州>

州民の日（シビック・ホリデー）	8 月第 1 月曜

<ケベック州>

ナショナル・デー	6 月 24 日

<ノヴァ・スコシア州>

ナタル・デー	8 月第 1 月曜

<ノースウエスト準州>

先住民の日	6 月 21 日
州民の日（シビック・ホリデー）	8 月第 1 月曜

電圧とプラグ

110 ～ 120V、60Hz。プラグタイプは A 型で、日本のものとほぼ同じ。日本との電圧の違いは 10 ～ 20 ボルトのみで、ドライヤーやヒゲ剃りなど日本からの電気製品はほとんどがそのまま使用できる。コンピュータ機器関連も問題なく使用できる。

映像方式

テレビ、ビデオは日本と同じく NTSC 方式。日本から持ち込んだビデオソフトも、問題なく再生できる。ただし、DVD はリージョンコード（日本は 2、カナダは 1）が違うため再生できない。ブルーレイはリジョンコードが日本、カナダともに「A」なので再生可能。

チップ

チップの習慣はある。レストランやタクシーでの精算時に、10 ～20% 程度のチップを渡すのが一般的。会計にサービス料が含まれている場合は不要。

▶チップについて
→ P.551

飲料水

ほとんどの場所で、水道水を飲むことができるが、水が変わると体調を崩すこともあるので、敏感な人はミネラルウオーターを購入したほうが安心。ミネラルウオーターはキオスクやコンビニ、商店などたいていの場所で購入できる。500ml $2（約 215 円）前後。

※本項目のデータはカナダ大使館、カナダ観光局、外務省などの資料を基にしています。

郵便

日本へ送る場合、航空便ははがき、30 gまでの定形郵便ともに $2.71。切手は郵便局のほかホテルのフロント、駅、空港、バスディーポなどの売店で手に入る。日本に到着までの日数は投函地によっても異なるが、航空便の場合は1～3週間程度。郵便局は、ドラッグストアなどに入っているPostal Outlet と呼ばれるものがほとんどで、営業時間は、だいたい月～金曜 9:00～17:00、土曜 10:00～14:00、日曜休み。土曜が休業のところもある。

▶郵便
→P.553

税金

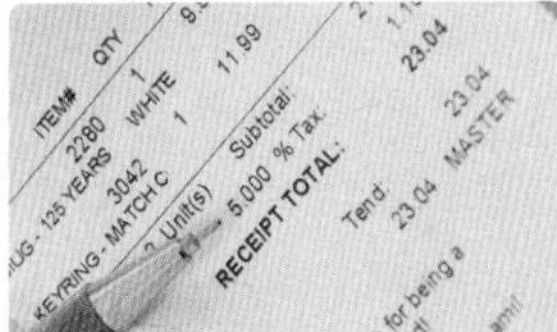

商品、宿泊料、食事、サービスなどに連邦消費税（GST）5%と州税（PST、州ごとに異なる。各州概要ページ参照）が課税される。ユーコン、ノースウエスト、ヌナブトの3準州はGSTのみ、オンタリオ州はハーモナイズド・セールス税（HST）13%、プリンス・エドワード・アイランド州、ニュー・ブランズウィック、ニューファンドランド&ラブラドル、ノヴァ・スコシア各州は15%のHSTのみ。カナダでは、物品や宿泊の料金表示に税金は含まれない。各州の一部の都市、町ごとに宿泊税が別途3.5～8%、または $3 加算される。大都市や観光地のほうが高い。

TAX

▶税金について
→P.526

安全とトラブル

欧米諸国と比べ治安は良好だが、近年置き引きや窃盗など旅行者を狙った犯罪は増えている。荷物から目を離さないよう注意し、夜間のひとり歩きなどはやめるようにしよう。

緊急時（警察／救急／消防） 911

▶旅のトラブルと
安全対策
→P.557

年齢制限

18歳未満の喫煙と、19歳未満（アルバータ、マニトバ、ケベック各州は18歳未満）の飲酒とカジノは禁止。

レンタカーは基本的に25歳以上。25歳未満の場合は借りられなかったり、別途料金がかかることもある。

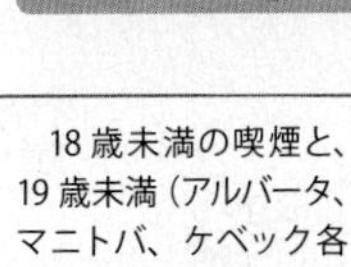

▶レンタカーについて
→P.537

度量衡

日本と同じく、メートル法を採用している。道路標識もキロメートル表示。ただし、重さに関しては、表示はポンド単位（1ℓb ≒ 453g）がほとんどだが、実際の計量、計算はメートル法に基づいている。

その他

喫煙と飲酒

公共の場における喫煙、飲酒は一部の例外を除き、全面的に禁じられている。レストランやバーもすべて禁煙。

インターネット

カナダは、インターネットの普及率が非常に高い。多くの長距離バスやVIA鉄道の車内、カナダ国内のほとんどの空港でWi-Fiの接続が無料になっている。ホテルのほか、レストランやカフェでもWi-Fiに接続できるところが多い。

▶マナーについて
→P.551

▶インターネット
→P.554

カナダ全体図
タイムゾーン
国境
州境
世界遺産
北極海
Arctic Ocean
山岳部標準時間（MST），
–16時間（前日20:00）
太平洋標準時間（PST），
–17時間（前日19:00）
中部標準時間
ボーフォート海
Beaufort Sea
バンクス島
Banks I.
ビクトリア島
Victoria I.
アラスカ
Alaska
[USA]
フェアバンクス
Fairbanks
アンカレッジ
Anchorage
イヌービク
Inuvik
マッケンジー山脈
Mackenzie Mts.
ドーソン・シティ
Dowson City
マッケンジー川
Mackenzie
グレートベア湖
Great Bear
ユーコン準州
Yukon
P.503
ノースウエスト準州
Northwest Territories
P.503
ホワイトホース
Whitehorse
P.506
スカグウェイ
Skagway
ナハニ国立公園
イエローナイフ
Yellowknife
P.511
グレート・スレイブ湖
Great Slave
ヌナブト
Nunav
ブリティッシュ・コロンビア州
British Columbia
P.41
コースト山脈
Coast Mts.
ロッキー山脈
Rocky Mts.
Arviat(Eskimo Poin
プリンス・ルパート
Prince Rupert
P.142
ハイダ・グアイ
Haida Gwaii
スカン・グアイ
（アンソニー島）
P.144
ウッド・バッファロー国立公園
ピース川
Peace
アルバータ州
Alberta
P.145
フォート・マクマレー
Fort McMarray
プリンス・ジョージ
Prince George
P.140
チャーチ
Churc
P.253
マニトバ州
Manitoba
カナディアン・ロッキー
Canadian Rocky
P.181
サスカチュワン州
Saskatchewan
P.253
カナ
Cana
キャンベル・リバー
Campbell River
ポート・ハーディ
Port Hardy
P.119
バンクーバー島
Vancouver I.
ナナイモ
Nanaimo
P.121
ジャスパー
Jasper
P.237
エドモントン
Edmonton
P.173
ノースサスカチュワン川
Nth. Saskatchewan
コーモックス・バレー
Comox Valley
カムループス
Kamloops
P.130
キャンモア
Canmore
P.224
レイク・ルイーズ
Lake Louise
P.227
カルガリー
Calgary
P.148
トフィーノ
Tofino
P.126
ウィスラー
Whistler
P.86
バンフ
Banff
P.200
ドラムヘラー
Drumheller
P.162
サスカトゥーン
Saskatoon
P.261
ウィニペグ湖
Winnipeg
ピマチオウィン
ユクルーレット
Ucluelet
ケロウナ
Kelowna
P.133
レスブリッジ
Lethbridge
P.167
サウスサスカチュワン川
Sth. Saskatchewan
レジャイナ
Regina
P.256
ウィニペグ
Winnipeg
P.264
ポート・アルバーニ
Port Alberni
P.124
ペンティクトン
Penticton
P.138
シアトル
Seattle
コッツ
Coutts
ダイナソー州立公園
P.163
ビクトリア
Victoria
P.99
バンクーバー
Vancouver
P.44
ライティング・オン・ストーン
グレイト・フォールズ
Great Falls
太平洋
Pacific Ocean
ウォータートン・グレイシャー国際平和自然公園
P.169
ヘッド・スマッシュト・イン・バッファロー・ジャンプ
P.166
カナディアン・ロッキー山脈自然公園群
P.184
アメリカ合衆国
United States of America
ミネア
Minnea

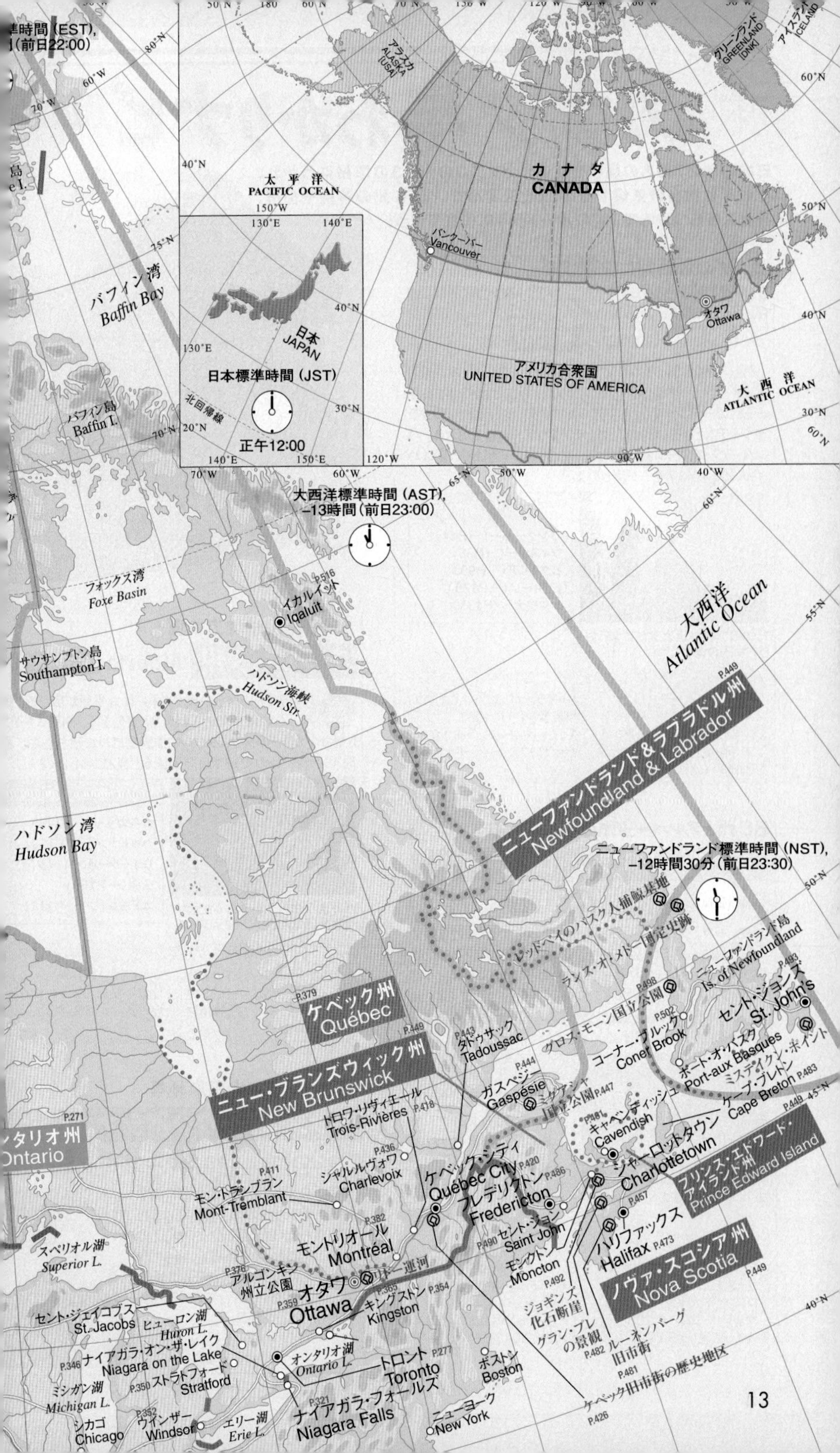

カナダ
CANADA
太平洋
PACIFIC OCEAN
アラスカ
ALASKA
[USA]
グリーンランド
GREENLAND
[DNK]
アイスランド
ICELAND
バンクーバー
Vancouver
オタワ
Ottawa
アメリカ合衆国
UNITED STATES OF AMERICA
大西洋
ATLANTIC OCEAN
日本
JAPAN
日本標準時間（JST）
正午12:00
北回帰線
大西洋標準時間（AST），
−13時間（前日23:00）
ニューファンドランド標準時間（NST），
−12時間30分（前日23:30）
バフィン湾
Baffin Bay
バフィン島
Baffin I.
フォックス湾
Foxe Basin
イカルイット
Iqaluit
サウサンプトン島
Southampton I.
ハドソン海峡
Hudson Str.
ハドソン湾
Hudson Bay
大西洋
Atlantic Ocean
ニューファンドランド＆ラブラドル州
Newfoundland & Labrador
ケベック州
Québec
ニュー・ブランズウィック州
New Brunswick
オンタリオ州
Ontario
プリンス・エドワード・アイランド州
Prince Edward Island
ノヴァ・スコシア州
Nova Scotia
レッドベイのバスク人捕鯨基地
ランス・オ・メドー国定史跡
グロス・モーン国立公園
ニューファンドランド島
Is. of Newfoundland
セント・ジョンズ
St. John's
コーナー・ブルック
Coner Brook
ポート・オ・バスク
Port-aux Basques
ミステイクン・ポイント
ケープ・ブレトン
Cape Breton
タドゥサック
Tadoussac
ガスペジー
Gaspésie
ミグアシャ国立公園
キャベンディッシュ
Cavendish
シャーロットタウン
Charlottetown
トロワ・リヴィエール
Trois-Rivières
シャルルヴォワ
Charlevoix
モン・トランブラン
Mont-Tremblant
ケベック・シティ
Québec City
フレデリクトン
Fredericton
セント・ジョン
Saint John
モンクトン
Moncton
ハリファックス
Halifax
ジョギンズ化石断崖
グラン・プレの景観
ルーネンバーグ旧市街
ケベック旧市街の歴史地区
モントリオール
Montréal
リドー運河
アルゴンキン州立公園
オタワ
Ottawa
キングストン
Kingston
スペリオル湖
Superior L.
ヒューロン湖
Huron L.
セント・ジェイコブス
St. Jacobs
ナイアガラ・オン・ザ・レイク
Niagara on the Lake
ストラトフォード
Stratford
オンタリオ湖
Ontario L.
トロント
Toronto
ナイアガラ・フォールズ
Niagara Falls
ミシガン湖
Michigan L.
シカゴ
Chicago
ウインザー
Windsor
エリー湖
Erie L.
ボストン
Boston
ニューヨーク
New York

見どころ満載！

カナダ早わかりナビ NAVI

日本の約27倍もの面積を誇るカナダ。10の州と3の準州にわかれ、それぞれ独自の気候や自然、文化を育んでいる。各州の特徴や都市、見どころをつかんで、旅のルート作りに役立てよう！

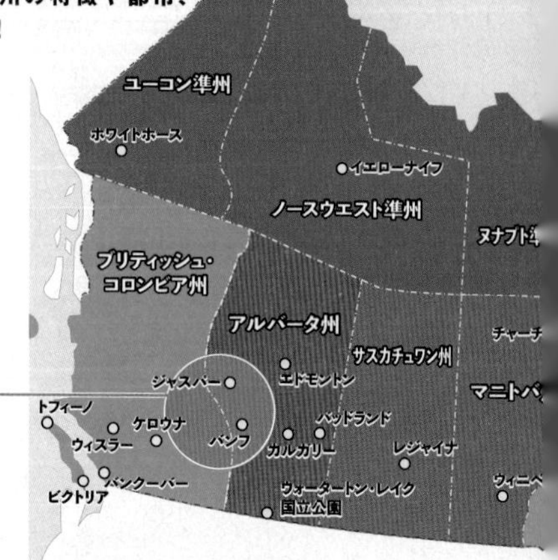

カナダの最西端に位置する

ブリティッシュ・コロンビア州（BC州）

British Columbia →P.41

カナダ西部の玄関口、バンクーバーを要し、日本に最も近い。州都ビクトリアは、春から秋まではさまざまな花が咲くガーデンシティとして知られている。海岸部ではクジラやシャチなど野生動物のウオッチングツアーが催行される。バンクーバーの北には山岳リゾートのウィスラーがあり、夏はハイキング、冬はスキーが楽しめる。

ビクトリアの州議事堂前にはビクトリア女王の像が立つ

おもな都市・自然公園

- バンクーバー（→P.44）
- ウィスラー（→P.86）
- ビクトリア（→P.99）
- トフィーノ（→P.126）
- ケロウナ（→P.133）

おもな見どころ

- ギャスタウン（→P.61）
- スタンレー・パーク（→P.62）
- グランビル・アイランド（→P.64）
- ブリティッシュ・コロンビア大学（UBC）（→P.66）
- キャピラノつり橋（→P.68）
- 州議事堂（→P.106）
- ブッチャート・ガーデン（→P.110）
- オカナガン・ワインルート（→P.136）

BC州とアルバータ州の境に広がる

カナディアン・ロッキー

Canadian Rocky →P.181

バンフ、ジャスパー、ヨーホーをはじめとする7つの自然公園から成る山岳リゾート。山々の合間に宝石のような湖が点在し、どこを切り取っても絵ハガキのような美しさ。バンフとジャスパーを結ぶアイスフィールド・パークウエイは、氷河の削り取った谷底を進むドライブルート。カナダを代表する絶景が次から次へと現れる。

ヨーホー国立公園のエメラルド湖

おもな都市・自然公園

- バンフ（→P.200）
- キャンモア（→P.224）
- レイク・ルイーズ（→P.227）
- ジャスパー（→P.237）

おもな見どころ

- アイスフィールド・パークウエイ（→P.193）
- コロンビア大氷原（→P.198）
- サルファー山（→P.208）
- ルイーズ湖（→P.229）
- モレイン湖（→P.229）
- エメラルド湖（→P.236）
- マリーン湖（→P.244）
- イデス・キャベル山とエンゼル氷河（→P.245）

大平原と山岳地方の境

アルバータ州

Alberta →P.145

西にロッキー山脈、中央から東には大平原が広がる。近年、石油産業でめざましい発展を遂げ、州都エドモントやカルガリーのダウンタウンには高層ビルが建ち並ぶ。平原インディアンの史跡や自然公園など見どころもたくさん。

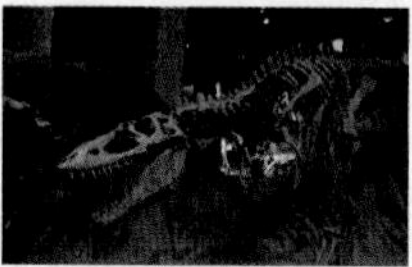
バッドランドのロイヤル・ティレル古生物博物館では恐竜の化石を多く展示している

おもな都市・自然公園

- カルガリー（→P.148）
- バッドランド（→P.158）
- ウォータートン・レイク国立公園（→P.169）
- エドモントン（→P.173）

おもな見どころ

- カルガリー・タワー（→P.154）
- グレンボウ博物館（→P.154）
- ロイヤル・ティレル古生物博物館（→P.159）
- ヘッド・スマッシュト・イン・バッファロー・ジャンプ（→P.166）
- ウォータートン湖（→P.170）

見渡す限りの大平原地帯

サスカチュワン州＆マニトバ州

Saskatchewan & Manitoba →P.25

中央カナダの大平原地帯に属するふたつの州。日本ではまだ知名度も低く観光客も少ないが、その分のどかな景色が広がっている。マニトバ州北部のチャーチルでは、世界で唯一野生のホッキョクグマの観測ツアーが催行される。

クラシカルな建物が並ぶウィニペグの商業取引地区

おもな見どころ

オーロラ観賞(→P.506)(→P.511)
SS クロンダイク号(→P.508)
州立法議事堂(→P.514)
アイス・ロード(→P.514)

おもな都市・自然公園

ホワイトホース(→P.506)
イエローナイフ(→P.511)

オーロラが舞う極限の地
極北
Arctic Canada →P.503

カナダの北部にある3つの準州は、先住民族のイヌイットが暮らす地。観光のハイライトは、夜空に輝く神秘の光、オーロラだ。ホワイトホースとイエローナイフは、世界屈指のオーロラリゾートとして名を馳せる。

オーロラは冬がメインだが、最近では秋のツアーも人気

カナダ東部にある4つの州
アトランティック・カナダ
Atlantic Canada →P.449

カナダの東部に位置する4つの州の総称。プリンス・エドワード島は、赤毛のアンの作者L.M.モンゴメリの生まれた場所で、島内にはアンが住んだグリーン・ゲイブルスなどゆかりの見どころが点在。スコティッシュ風の港町ハリファックスや世界遺産のグロス・モーン国立公園、カナダ誕生の史跡巡りなど観光スポットは多彩。

アンラバーたちの聖地であるグリーン・ゲイブルス

おもな都市・自然公園

プリンス・エドワード島(→P.452)
ハリファックス(→P.473)
セント・ジョンズ(→P.493)
グロス・モーン国立公園(→P.498)

おもな見どころ

グリーン・ゲイブルス(赤毛のアンの家)(→P.463)
グリーン・ゲイブルス博物館(→P.467)
モンゴメリの生家(→P.467)
ハリファックス・シタデル(→P.477)
ライトハウス・ルート(→P.480)
シグナル・ヒル国定史跡(→P.495)
ウエスタン・ブルック・ポンド(→P.501)

ナダの首都がある
オンタリオ州 Ontario →P.271

カナダ最大の都市トロントと、首都のオタワという2大都市を擁する。南は五大湖に面し、エリー湖とオンタリオ湖の間には世界三大瀑布であるナイアガラの滝がある。都市は州の南部に集中し、郊外に行けば緑の森が広がる。オンタリオ州とケベック州にまたがる広葉樹林帯が「メープル街道」。秋には一面が紅葉の森に彩られる。

アメリカとカナダの国境にあるナイアガラの滝

おもな都市・自然公園

トロント(→P.277)
ナイアガラ・フォールズ(→P.321)
オタワ(→P.359)
アルゴンキン州立公園(→P.376)

おもな見どころ

メープル街道(→P.274)
CNタワー(→P.296)
セント・ローレンス・マーケット(→P.299)
ロイヤル・オンタリオ博物館(→P.302)
テーブル・ロック(→P.330)
ナイアガラ・シティ・クルーズ(→P.332)
ナイアガラ・ワインルート(→P.344)
国会議事堂(→P.364)
カナダ国立美術館(→P.367)

フランス文化が今も残る
ケベック州 Québec →P.379

フランス植民地のヌーヴェル・フランスの中心だったエリアで、町並みや文化もフランス風。大都市はセント・ローレンス川沿いにある。川の中洲に開けたモントリオールは、パリに次ぐ世界第2のフランス語圏の都市。旧市街が世界遺産に登録されているケベック・シティやメープル街道のメインとなるロレンシャンがハイライト。

紅葉に彩られたケベック・シティの旧市街

おもな都市・自然公園

モントリオール(→P.382)
ロレンシャン(→P.407)
イースタン・タウンシップス(→P.414)
ケベック・シティ(→P.420)

おもな見どころ

ノートルダム大聖堂(→P.397)
モン・ロワイヤル公園(→P.398)
聖ジョゼフ礼拝堂(→P.398)
トランブラン山(→P.412)
シタデル(→P.430)
プチ・シャンプラン地区(→P.431)
ケベック州議事堂(→P.433)
オルレアン島(→P.435)

もな都市・自然公園

ジャイナ(→P.256)
ィニペグ(→P.264)
ャーチル(→P.270)

おもな見どころ

ワスカナ・センター(→P.258)
フォークス(→P.266)
商業取引地区(→P.268)

心動かす絶景のオンパレード

カナダで体験したい10の旅

カナダで楽しみたい10の旅をピックアップ！
花に大自然、赤毛のアンに紅葉、オーロラまで、
カナダのハイライトをぎゅっとお届け！

したいコト 01

フラワーガーデン巡り

バンクーバー＆ビクトリア

BC州の2大都市 季節の花咲くガーデンへ

カナダのなかでは温暖な気候に属す西海岸にあるバンクーバー（→P.44）とビクトリア（→P.99）は、さまざまな花が咲き乱れるガーデンシティ。メインの観光スポットとなるのは、ブッチャート・ガーデンやバンデューセン植物園などの名庭園。世界の花々を集めた園内は、思わずため息がこぼれるほどの美しさ。町のそこかしこにある花畑を回るのも楽しい。

拠点の町

バンクーバー、ビクトリア ★

ブリティッシュ・コロンビア州

おすすめ日数 3泊4日～	バンクーバーとビクトリア、両方を訪れるなら3泊4日は欲しい。片方だけなら1泊2日。
ベストシーズン 4～5月頃	シーズンは春から秋だが、最盛期は初夏。バンデューセンのラバーナムは5月中旬～下旬。

ADVICE

バンクーバー～ビクトリア間はバス＆フェリーで4時間ほどかかる。時間を短縮するなら水上飛行機を利用しよう。

1. バンクーバーにあるバンデューセン植物園。100mにも及ぶラバーナムのアーチは5月中旬～下旬がシーズン 2. カラフルなパレットのような花畑が広がるビクトリアのブッチャート・ガーデン 3. イギリス大使が創業者・ブッチャート婦人にプレゼントしたというブルー・ポピー（ブッチャート・ガーデン） 4. 州議事堂前の花畑も満開に！（ビクトリア）

したいコト 02

大自然の中でアクティビティ

カナディアン・ロッキー

自然の中を歩くハイキングは、ロッキーの人気No.1アクティビティ。個人のほかツアーもある

険しい山々と青い湖 カナダの大自然で冒険旅

見渡す限り絵はがきのような絶景が続くカナディアン・ロッキー(→P.181)。圧倒的スケールの大自然は、ただ見るだけでなくアクティビティなどに参加して体感するのがおすすめ。ハイキングにカヌー、乗馬のほか雪上車に乗って氷河へと移動し歩くツアーまで、選択肢は多彩。自らの力で自然のなかに立てば、その雄大さをより間近に感じることができるはず。

1. ジャスパー国立公園にあるコロンビア大氷原では、巨大な雪上車で氷河の上に立てる 2. 湖ではカヌーも楽しめる。ツアー中に参加することも可能だ 3. ツアーやアクティビティの後には、バンフのアッパー温泉でリラックスしてはいかが? 4. 世界屈指の山岳リゾートであるバンフの町

拠点の町

バンフ、キャンモアなど

カナディアン・ロッキー

おすすめ日数 3泊4日〜	町に滞在し、郊外の湖やハイキングルートなどに足を延ばす。3日4日あれば存分に楽しめる。
ベストシーズン 7〜8月頃	アクティビティが楽しめるのは6〜9月頃と非常に短い。高山植物が咲く7〜8月がベスト。

ADVICE

山岳リゾートに泊まりながら、混載ツアーで湖や氷河を回るのがおすすめ。日本語ガイドツアーもあるので安心。

ハイキングのツアーもある

したいコト 03

アトラクションで滝のパワーを体感！

ナイアガラの滝

レインポンチョを着て、猛烈なしぶきに耐えながら滝へと突っ込む！（ナイアガラ・シティ・クルーズ）

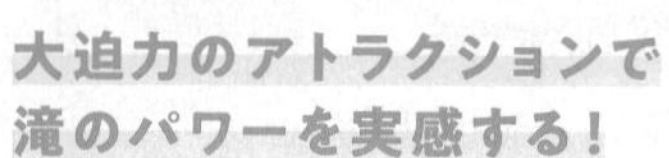

大迫力のアトラクションで滝のパワーを実感する！

高さ約57m、幅約670mに渡り流れ落ちるナイアガラの滝（→P.321）。アメリカとの国境、五大湖のエリー湖とオンタリオ湖を結ぶナイアガラ川沿いにあり、周囲にはホテルやレストランが並ぶ一大リゾートを形成している。滝のパワーを体感できるアトラクションが満載で、一番人気は滝壺に接近する遊覧船。ジップラインや展望台もあり1日たっぷり楽しめる。

1. アメリカ側の一番人気のアトラクション、風の洞窟ツアー 2. 2022年にオープンしたナイアガラ・パークス発電所では、地下50mのトンネルから滝をのぞき見られる 3. 滝へと向かってダイブするジップライン・トゥ・ザ・フォールズ 4. 滝を間近に見られるテーブル・ロック

ADVICE

両国の国境に架かるレインボー橋

ナイアガラ・フォールズにはカナダ側とアメリカ側、それぞれに見どころがある。アメリカに行くにはESTAの事前登録が必要。

拠点の町

ナイアガラ・フォールズ

オンタリオ州

おすすめ日数 1泊2日～	トロントから日帰りも可能だが、急ぎ足になるので1泊してゆっくりするのがおすすめ。
ベストシーズン 5～10月	滝観光は通年楽しめるが、一部のアトラクションは期間限定。夏がベストシーズン。

赤毛のアンの世界に酔いしれる

プリンス・エドワード島

アンが暮らした家などゆかりの場所を回る

『赤毛のアン』は、カナダの東に浮かぶプリンス・エドワード島（→P.452）が舞台。作者のモンゴメリは、島で暮らしながら物語を執筆したのだ。島内にはアンが暮らしたグリーン・ゲイブルスをはじめ、物語ゆかりの見どころが点在している。島は広いので、回るには車が必須。運転が心配という人は、PEIセレクトツアーズの日本語ツアーに参加するのが簡単!

1. グリーン・ゲイブルスにあるアンの部屋。アンが来てから1年後くらいの部屋を再現している 2.アンラバーたちの聖地、グリーン・ゲイブルス 3.島の至るところにのどかで美しい町が点在。こちらはフレンチ・リバー 4.島の名産であるジャガイモの花 5.名物のロブスターは、ロブスター・サパーという専門店で食べるのが◎

拠点の町

シャーロットタウン、キャベンディッシュ

プリンス・エドワード・アイランド州

おすすめ日数 2泊3日～	ツアーは1日だが、シャーロットタウン散策や周辺の町へと足を延ばすなら2泊3日ほしい。
ベストシーズン 6～9月	ベストは夏～秋の6～9月。冬はローシーズンで、特に11～4月は観光名所もクローズする。

ADVICE

レンタカーもあるが、日本語ツアーでアンゆかりの見どころを回るのがおすすめ。ファンなら感涙もののガイドも聞ける。

ミニバン型のバスで島を回る

見渡す限りの紅葉の森を眺める

メープル街道

カナダ東部に広がる広葉樹林帯がメープル街道

紅葉の森を求めてカナダ東部の都市を回る

「メープル街道」(→P.274)とは、オンタリオ州とケベック州にまたがり広がる広葉樹林帯のこと。ナイアガラを西の端、ケベック・シティを東の端とするエリアは、全長800kmにも及ぶ。オンタリオ州、ケベック州それぞれに紅葉の名所と呼ばれるスポットがあり、拠点となる町の間を移動しながら紅葉スポットへと足を延ばすこととなる。「街道」とは言っても一本道ではなく決まったルートもないので、日程に合わせて紅葉の名所を回ろう。

拠点の町

トロント、オタワ
オンタリオ州

モントリオール、ケベック・シティ
ケベック州 など

おすすめ日数 4泊5日〜	ハイライトを回るだけでもこのくらいの日数は必要。すべて回るなら1週間以上かかる。
ベストシーズン 9月下旬〜10月上旬頃	エリアにより紅葉時期は異なるが、9月下旬〜10月上旬頃。紅葉状況を考慮してルートを組もう。

ADVICE
各紅葉リゾートは拠点の町から日帰りでも行けるが、1泊してゆっくりするのもおすすめ。

Maple 紅葉リゾートは大きく3つ!

アルゴンキン州立公園
オンタリオ州
オタワ、トロントから車で約3時間の自然公園。ハイキングやカヌーなどのアクティビティが豊富。(→P.376)

ロレンシャン
ケベック州
モントリオール北の高原地帯。最奥にあるモン・トランブランでは、山頂から紅葉の森を一望できる。(→P.407)

イースタン・タウンシップス
ケベック州
モントリオールの東にある。ワインの産地として有名で、紅葉とワイナリー巡りの両方が楽しめる。(→P.414)

したいコト06 夜空を舞うオーロラに感動！

ホワイトホース、イエローナイフ

1. イエローナイフのオーロラ・ビレッジでは、ティーピーという先住民族のテントのなかでオーロラが出るのを待つ 2. 昼間は犬ぞりなどのウインターアクティビティを楽しんで 3. 郊外にあるネイチャーロッジなら、ホテルからオーロラが見られる

極寒の極北地方で神秘のオーロラに心震わす

空気までも凍り付きそうなほど寒い極北の夜空に舞う光のカーテンは、一生に一度は見たい宝物。観測地は、ノースウエスト準州のイエローナイフ（→P.511）、ユーコン準州のホワイトホース（→P.506）が双璧。オーロラだけを目的で行くなら、晴天率の高いイエローナイフがおすすめ。アクセスのよさとショッピングやグルメなど町での楽しみも重視するならホワイトホースも◎。オーロラの出ない昼間は犬ぞりやスノーシューなどのアクティビティに参加しよう。

拠点の町

ホワイトホース
ユーコン準州

イエローナイフ
ノースウエスト準州

おすすめ日数 3泊4日～
パッケージツアーは現地で3泊するのが定番。チャンスは3回で、高確率でオーロラが見られる。

ベストシーズン 12～3月
晴天率が高く夜が長い冬がシーズン。気温はマイナス30℃にもなる。秋のツアーも人気。

ADVICE
オーロラを見るには、現地の観測ツアーに参加しよう。宿泊はシティホテルや郊外のネイチャーロッジなどさまざま。

したいコト07

憧れのユーコン川をカヌーで下る

ホワイトホース

1. 雄大なユーコン川をカヌーイング 2. フィッシングなども楽しめる。釣った魚は夜のおかずに！ 3. 夜はキャンプを楽しむ。食事はガイドが用意してくれる

DATA

カヌーピープル Kanoe People(➡P.508)

●ユーコンリバー・カヌーツアー7日間（日本人ガイド）

催7/29～8/4（2023年）

料$2895（ホワイトホース空港集合、解散。宿泊費、カヌーキャンプ代、水上飛行機代、キャンプ中の食費込み）

日本語での問い合わせ

E-MAIL kcjsakuma@sympatico.ca

長大なユーコン川を下る 4泊5日のカヌーキャンプ

全長3185kmのユーコン川は、世界のカヌーイスト憧れのスポット。ホワイトホース（→P.506）からリトル・サーモンまでの約160kmをカヌーで下り、川岸のキャンプ場で宿泊する4泊5日のカヌートリップは、カナダならではの究極の旅。お風呂もトイレもない旅はとっても過酷。それだけに、自然や人と真摯に向き合う貴重な体験ができるのだ。

拠点の町

ホワイトホース

ユーコン準州

おすすめ日数 6泊7日～

ベストシーズン 7～8月

ツアー自体は4泊5日だが、前後をホワイトホースで1泊ずつするためこれが最低日数。持ち物はツアー申込時に確認を。

したいコト08

島の青空マーケットでお買い物

ソルト・スプリング島

地元カナディアンに愛される 開放感抜群のマーケット

バンクーバーの南に浮かぶソルト・スプリング島（→P.73）。中心となるガンジスの町では、毎年夏の土曜にカナダ最大級の青空マーケット、サタデーズ・マーケットが開催される。地元の農家やパン屋、チーズに手工芸の店など個性豊かな露店が軒を連ね、バンクーバーやビクトリアからも多くの人がやってくる。おみやげにぴったりなアイテムもたくさん！

拠点の町

ガンジス

ブリティッシュ・コロンビア州

おすすめ日数 1泊2日～

ベストシーズン 4～10月

マーケットの開催は4～10月。島へはバンクーバーやビクトリアから船でアクセスできる。早朝スタートなので、前日に1泊を。

1. 公園内に140もの店が連なる 2. ベーカリーやスイーツ、テイクアウトフードも充実 3. オーガニックファームも多く店を出している

したいコト09 首都を彩るチューリップにうっとり

オタワ

国会議事堂の花壇を真っ赤なチューリップが埋め尽くす

友好の象徴でもる100万株ものチューリップ

オタワ（→P.359）では、春になると9つの会場でチューリップフェスティバルが開催される。特に見応えがあるのが、国会議事堂のあるパーラメント・ヒルやリドー運河沿いのメジャース・ヒル公園。チューリップは、第2次世界大戦時にオランダ王室をかくまったことに対する感謝の証として送られたもの。首都を彩るチューリップは、両国の友好の証であるのだ。

1. オタワ市民の台所、バイワード・マーケット 2. 美術館や博物館が集中する文化都市としての顔ももつ

拠点の町

オタワ
オンタリオ州

おすすめ日数
1泊2日〜

ベストシーズン
5月

チューリップは5月中旬が最盛期。いたるところに花畑があり、観光と一緒に楽しめる。町はそれほど広くなく、1泊2日で回れる。

したいコト10 カナダ最大の都市でSDGsを実感

トロント

人々の生活に寄り添うSDGsな取り組みを見る

トロント（→P.277）では、SDGsがごくあたり前に受け入れられている。世界でもいち早く採用したシェアサイクルはすっかり定着し、市民はもちろん観光客にも大人気。また世界からの移民を受け入れ、40ものエスニックタウンがあるのは、平等さの象徴だ。近年はディスティラリー地区など古い建物を再利用したスポットやセカンドハンズ（古着）もブーム。

拠点の町

トロント
オンタリオ州

おすすめ日数
2泊3日〜

ベストシーズン
4〜10月

町は非常に広いが観光スポットはまとまっているので、2泊3日ほどで満喫できる。冬は非常に寒いので春〜秋がおすすめ。

1. トロント・アイランズからダウンタウンを望む 2. リサイクルに関心の強いトロントでは、今古着屋さんが大ブーム！ 3. 世界の移民が集まるエスニックタウンでは、各国の料理を出すレストランがある

北の大地の動物たちに合いに行く

野生動物ウオッチング

これぞ究極。

陸の動物

日本の27倍もの面積があるカナダは、手つかずの自然の宝庫。大自然の中にはたくさんの野生動物が暮らしている。動物たちに合いに行くツアーは、カナダならではのとっておき体験。

親子連れのホッキョクグマを見かけることも

世界最大の肉食動物

ホッキョクグマ

ここで見られる!
チャーチル(➡P.270)

分 厚く白い体毛に覆われたホッキョクグマ。チャーチルでは、特殊な雪上車に乗ってホッキョクグマの生息域を訪れるツアーを催行。世界最大の肉食動物だけあって、出合えた時の迫力は段違い! ツアーは高額だが、感動間違いなし。

ときには車のすぐそばに寄ってくる

1. 人の身長ほどもあるタイヤを装着したツンドラバギー 2. 真っ白なホッキョクキツネ

1. 岩場を好むマウンテンシープ。ジャスパー国立公園にて 2. ムース（ヘラジカ）。アルゴンキン州立公園では見かける機会も多い 3. ロッキーの生態系の頂点にたつグリズリー。危険なので絶対に近づかないように 4. 大型のシカ、エルク。ロッキーではバンフなどの町なかで見かけることも

手つかずの森で暮らす 自然公園の動物たち

ここで見られる!

カナディアン・ロッキー（➡P.181）
アルゴンキン州立公園（➡P.376）
グロス・モーン国立公園（➡P.498）

カナダの自然公園には、たくさんの野生動物が暮らしている。クマやシカなどの大型動物からビーバーやリス類、ナキウサギなどの小型動物までさまざま。ハイキングやツアー中、さらに町歩きの最中だって、動物に合うチャンスなのだ。

5. 国立公園のシンボルとなっているビーバー。アルゴンキン州立公園にて 6. ハイキング中に「ピーッ」という独特の鳴き声が聞こえたら、ピカ（ナキウサギ）がそばにいる

空を飛ぶ ハクトウワシ

ハクトウワシは、夏をアラスカやユーコン準州で過ごした後、遡上するサーモンを狙って南下する。バンクーバーとウィスラーの間にあるスコーミッシュは、多くのハクトウワシが集まる場所。毎年1月にはイーグルフェスティバルが開催される。

ここで見られる!

スコーミッシュ
（➡P.91）

木の枝に止まっていることが多い

翼を広げると180cmにもなる

海の動物

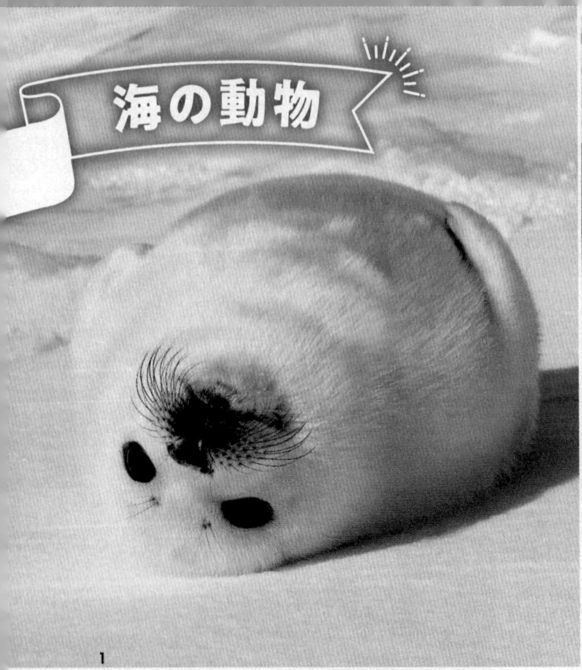
1

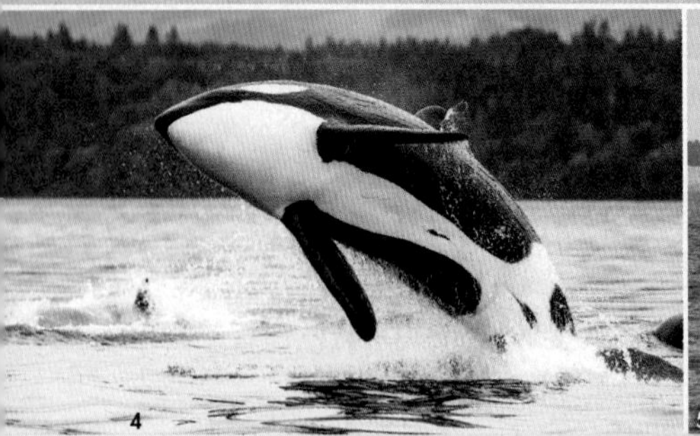

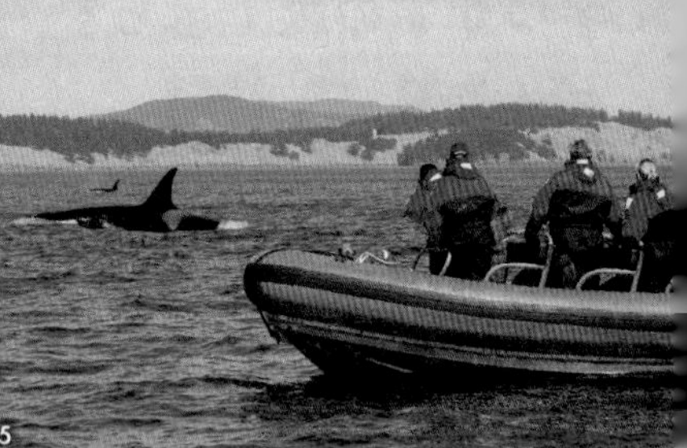

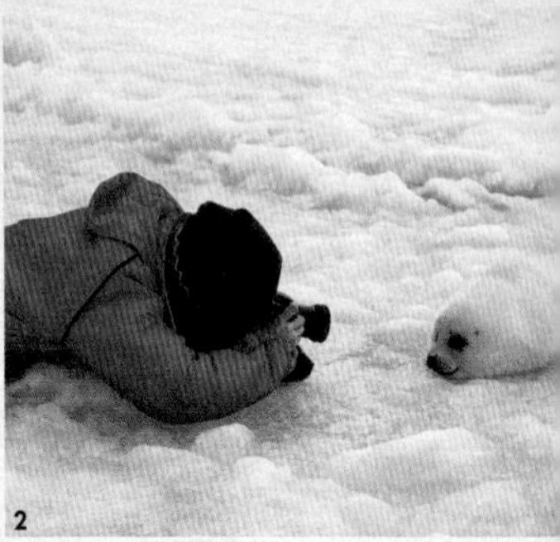
2

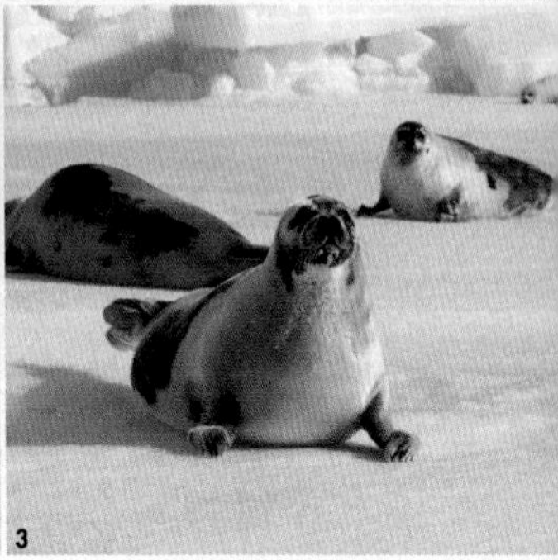
3

4

5

1. ときに寝転んだり、寝返ったり……。ハープシールの赤ちゃんは見ていて飽きない！…**A** 2. ツアーでは至近距離から写真を撮ることもできる…**A** 3. お母さんのハープシールもかわいい！…**A** 4. ときには激しくジャンプする姿を見せてくれる…**B** 5. ツアーは船のほかゾディアックと呼ばれるボートで行う…**B・C**

氷上の白ふわアイドル♡

A ハープシール

北極海で暮らすハープシールは、春になると出産のため流氷に乗りセント・ローレンス湾へとやってくる。マドレーヌ島では、生まれたばかりのハープシールを見に行くツアーが盛ん。手が届くほど近くで見ることができる。

ここで見られる！

マドレーヌ島（➡P.448）

凛々しい海の王者

B オルカ（シャチ）

カナダ本土とバンクーバー島の間にあるジョージア海峡は、世界でも屈指のシャチの生息地。ビクトリアでは3～12月にかけシャチを見に行くボートツアーが催行される。運がよければ20頭以上の群れに遭遇することも！

ここで見られる！

ビクトリア（➡P.108）

カナダの海を回遊する

C クジラ

春になると、カナダの沿岸にはたくさんの大型海洋生物がやってくる。特に人気が高いのがクジラ。ホエールウオッチングはカナダ沿岸部の観光の定番であり、太平洋側、大西洋側、どちらでもツアーが行われている。

ここで見られる！

ビクトリア（➡P.108）
トフィーノ（➡P.127）
タドゥサック（➡P.443）
セント・ジョンズ（➡P.493）

6. 海面に大きくジャンプするブリーチングをするザトウクジラ…C 7. 水面から尻尾をのぞかせるコククジラ…C 8. 西海岸のほか東海岸でもホエールウオッチングのツアーが行われる…C 9. アシカは、専門のツアーはないがホエールウオッチングツアーならほぼ100%の確率で見られる…E 10. おもにトフィーノ周辺の海に生息するラッコ…D

西部海岸線の海に生息

D ラッコ

ラッコの生息域は北太平洋に広く分布し、バンクーバー島の北部にはラッコのコロニーが存在する。専用のウオッチングツアーはないものの、トフィーノではホエールウオッチングやシーカヤックの最中に出合うことがある。

トフィーノ（➡P.127）

岩盤の上で群れを成す

E アシカ

沿岸部の岩礁は、アシカやシーライオンなど海獣たちのパラダイス！ ビクトリアやトフィーノのオルカやホエールウオッチングでは彼らのコロニーに近づいてくれる。東海岸では岩礁で羽を休める海鳥を見に行くツアーもある。

ビクトリア（➡P.108）
トフィーノ（➡P.127）

野生動物の見学についての注意点

1. シーズンを確認する
動物は、見られるシーズンが限られている。各ツアーは催行期間を必ず確認すること。

2. 個人で見に行くのは避ける
カナダでは、野生動物に対するルールがある。自然を守る意味でも、ガイド付きのツアーに参加しよう。

3. 必要以上に近づかない
偶然動物に遭遇してしまった場合も、必要以上に動物に近づいてストレスを与えないように。

伝統の文化が今も息づく

カナダの先住民族について知る

かつて陸続きだったベーリング海峡を渡ってやってきた先住民族は、やがて北米各地へと散らばり、各地域に合わせた独自の文化を育んだ。先住民族の部族や脈々と受け継がれた伝統を学んでみよう。

1. ヘッド・スマッシュト・イン・バッファロー・ジャンプでは、期間限定で先住民族の踊りが見られる 2. バンクーバーのキャピラノつり橋周辺にはトーテムポールが立つ 3. UBC人類学博物館にあるオリジナルのトーテムポール

地域により異なるさまざまな部族

カナダの先住民族は、定着した地域ごといくつかに分けられる。大きな分類としてはイヌイット、インディアン（※注記）、メティスの3つ。北極圏に暮らすのがイヌイットで、インディアンはその他の地域。メティスは先住民族と開拓者たちの混血で、分布はインディアンと同じ。イヌイットは現在の極北地方に広く分布しており、村ごとに細かく枝分かれていても生活様式や文化は共通するものが多い。インディアンは太平洋沿岸（北西沿岸）、大平原地帯、五大湖周辺など定住した地域ごとにさらに細かく部族が分かれ、生活様式や文化も異なっている。

バンクーバーのイングリッシュ・ベイにあるイヌクシュク。イヌイットたちの道標として使われた

先住民族のことが学べる おもな博物館

- UBC人類学博物館（バンクーバー）→P.67
- スコーミッシュ・リルワット・カルチュラル・センター（ウィスラー）→P.90
- ロイヤル・ブリティッシュ・コロンビア博物館（ビクトリア）→P.107
- グレンボウ博物館（カルガリー）→P.154
- ヘッド・スマッシュト・イン・バッファロー・ジャンプ（アルバータ州南部）→P.166

※現在、インディアンという呼称は差別的要素があるため使われない。本誌ではほかの部族との区別のため使用している

トーテムポールについて

北米先住民族のなかで、特に北西沿岸インディアンと呼ばれる人々が築いた伝統文化が、トーテムポールだ。ポールには意味があり、もともとは家族や個人の出自を現すために制作された。彫像は各部族が継承してきた文化的伝承に基づいており、物語や出来事を象徴しているものが多い。トーテムポールは制作目的により区分され、墓だったり家の柱だったりとさまざま。バンクーバーやビクトリアでは、いたるところでトーテムポールが見られる。

1. バンクーバーのスタンレー・パークには、8本のトーテムポールが立つ 2. バンクーバー国際空港では招待者像のトーテムポールに出迎えられる 3. ロイヤル・ブリティッシュ・コロンビア博物館の裏手にある先住民族の住宅の再現

ビル・リード・ギャラリーに展示されているジュエリー

1. ビル・リードの代表作、『The Raven and the First Men』。UBC人類学博物館にて 2. エミリー・カーの作品が多く展示されているバンクーバー美術館

先住民族アーティスト

先住民族の伝統文化は、やがて芸術として昇華された。先住民族アートを語る上で欠かせないのが、ビル・リードとエミリー・カー。ハイダ族出身のビル・リード（1920〜1998年）は、23歳の時に自らのルーツであるハイダ・グワイを訪れて以来、ハイダ族の伝統芸術復興に携わった。部族の伝説をテーマにしたトーテムポールが代表作。エミリー・カー（1871〜1945年）は、ビクトリア出身の女性画家。トーテムポールをテーマとした絵画を制作した。

先住民族アートが見られる おもな美術館

▶バンクーバー美術館（バンクーバー）→P.60
▶ビル・リード・ギャラリー（バンクーバー）→P.60
▶カナダ国立美術館（オタワ）→P.367

伝統工芸をモダンにアレンジ

先住民族が作り出す伝統工芸品は、今やカナダを代表するおみやげとなっている。インディアンジュエリーからカウチンセーター、お守りに雑貨までバリエーション豊富に揃っている。伝統的な柄を用いた現代的なアイテムも多く、日常生活にも取り入れやすいものもたくさん。バンクーバーやビクトリアには先住民族のグッズを専門に扱う店も多い。

モダン柄のカウチンセーター

1. 鮮やかなビーズワークのブレスレット 2. 伝統的な柄を使ったウォーターボトル 3. Granted Sweater Co.（➡P.83）のオリジナルセーター 4. シルバーのインディアンジュエリー。モチーフごとに意味がある

カナダで感じるフランスの文化

ケベック州のフレンチタウン写真館

Frenchtown

01 世界第2のフランス語圏の町 モントリオール

Montréal

セント・ローレンス川の中洲に発展した、カナダ第2の町。サント・カトリーヌ通りやカルティエ・ラタン、プラトー・モン・ロワイヤルなど通りや地名はすべてフランス語。ダウンタウンの中心には高層ビルが林立するが、少し離れればフランス風の建物が増えてくる。観光のハイライトは、川に面した旧市街。開拓当時の面影を今も残す町を歩くと、ここはフランスの地方都市ではないかと錯覚してしまう。

4. 地元のアーティストが多く住むプラトー・モン・ロワイヤル。近年おしゃれなカフェも増殖中 5. ベンジャミン・フランクリンも滞在したシャトー・ラムゼイ博物館 6. レストランやショップも多く、散策が楽しい旧市街 7. 交通標識や看板もすべてフランス語

1534年、ジャック・カルティエにより創設が宣言され、サミュエル・ド・シャンプランにより開拓が進められたフランス植民地のヌーヴェル・フランス。1763年にイギリスに敗北し撤退するも、200年以上にわたり根付いたフランスの文化は今も色濃く残っている。

1. モン・ロワイヤル公園から紅葉に囲まれた市街を望む 2. 旧市街最大の見どころ、ノートルダム大聖堂 3. カルティエ・ラタンにはカラフルな屋根がかわいい家が並ぶ

8. 見た目も麗しいフランス料理を味わおう。Restaurant L'Expressにて 9. 町の郊外には地元民御用達のマーケットもある 10. マカロンなどフランス菓子が充実のパティスリーも多い

フレンチタウンで
スイーツ三昧も♡

02 北米唯一の城塞都市 Québec City
ケベック・シティ

シャンプランが最初に築いた開拓地をはじまりとする、ケベック州最古の町。城壁に囲まれた旧市街には中世ヨーロッパを彷彿とさせる町並みが広がり、中央にはフェアモント・シャトー・フロントナックがそびえる。城壁の外にはカナダ軍が駐屯するシタデルやフランス・ルネッサンス様式のケベック州議事堂がある。モントリオールに比べ町の規模は小さいものの、その分昔ながらの建物が残っている。

1

2

3

4

5

6

1. セント・ローレンス川沿いに発展した城塞都市 2. クリスマス時期のプチ・シャンプラン地区 3. ロウワー・タウンの中心であるロワイヤル広場 4. ロウワー・タウンにはケベックの歴史を現した壁画がある 5. ケベック・シティ発祥のプティン。フライドポテトにチーズとグレービーソースをたっぷりとかける 6. クラシカルな建物を利用したオーベルジュもたくさんある

03 2大都市の中間に位置する
トロワ・リヴィエール Trois-Rivières

モントリオールとケベック・シティのちょうど中間に位置する。ケベック・シティに次ぐ第2の歴史を持ち、古くから交通の要衝として栄えた。18世紀に建造された教会や建物が当時のままに残されている。町の中心はコンパクトにまとまっており、見どころのほとんどが徒歩圏内にある。かわいいケベック様式の家並みをそぞろ歩くのがとっても楽しい！

1. 石壁にトタン屋根の建物が並ぶ 2. 町なかには緑豊かな公園も多い 3. セント・ローレンス川に架かるラヴィオレット橋Le Pont Laviolette

04 ケベック・シティ郊外のリゾートアイランド
オルレアン島 Île d'Orléans

ケベック・シティの西にある、周囲約67kmの小さな島。17世紀から入植が始まり、現在でも伝統的なケベック様式の家々が見られる。島内にはブドウ畑やメープル林、牧草地が広がり、いたってのどかな雰囲気。紅葉の名所でもあり、メープル街道のハイライトのひとつとしても知られる。島内には公共の交通機関はないので、レンタカーを利用して思いおもいに回ってみよう。

1. 緩やかな大地と畑、トタン屋根の小さな家。島を代表する風景 2. 赤や青など、ビビッドカラーの屋根がかわいい 3. 秋には紅葉と菜の花のコラボレーションが見られる

ローカルも御用達！

カナダのスーパーをフル活用★

市民の強い味方であるスーパーマーケットは、カナダらしいおみやげの宝庫！　自分用&バラマキみやげ探しから、ハイレベルなデリの活用法まで、地元流スーパーの使い方を徹底ナビ♪

商品のジャンルごとに棚が分かれているので、わかりやすく探しやすい

生鮮食品のコーナーも充実

ナッツやシリアルの量り売りもある

活用術その1　自分用のおみやげはこれ！ローカルフードをGetする☆

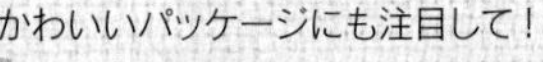

帰ったらすぐに使いたい、フード系おみやげが大集合！
キーワードは、ヘルシー＆ローカル。
かわいいパッケージにも注目して！

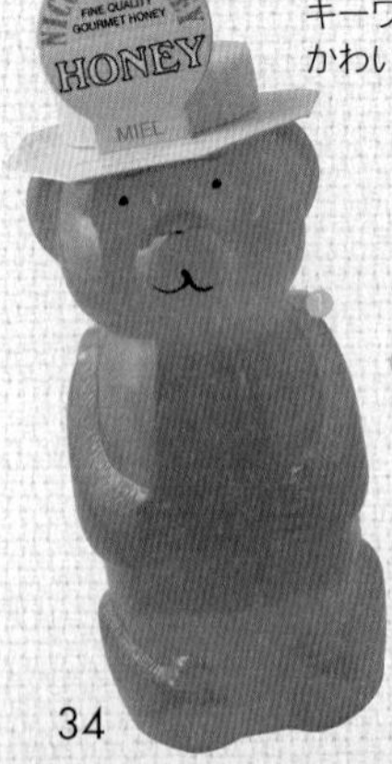

❶ハチミツ。クマの形をしたパッケージにひとめ惚れ♡ ❷カニとロブスターのビスク。鍋で温めるだけで食べられる ❸ベジタリアンのグレービーソース。さっぱりと食べられる ❹ソルト・スプリング島のレモンとラベンダーのマーマレード ❺クロクマが描かれたストロベリージャム ❻地元シェフが監修したシーズニング。15種類の調味料を配合 ❼着色料不使用のグラノーラ

活用術 その2

バラマキに便利なスナック菓子をまとめ買い

たくさん入っていてリーズナブル、でも定番じゃイヤ！という人は、スーパーのお菓子コーナーへGo！個性派スナックがズラリ☆

❶カナダのヘルシースナックといえば、ベジチップス。こちらはビーツ ❷メープルベーコン味など、見たことがない味のポテチもたくさん！ ❸ハチミツ入りのチョコレート。アニメチックなパッケージがインパクト大 ❹甘さ控えめのバナナチョコレート ❺乾燥させたケールクランチ

活用術 その3

ハイレベルなデリでヘルシーフードをテイクアウト

カナダのスーパーは、デリがすごい！ お総菜からデザートまで並び、思わず目移りしちゃいそう。テイクアウトして外ランチなんていかが？

※写真はすべてホール・フーズ・マーケットのデリ

カラフルなお総菜が並ぶ

チーズとホウレンソウのサラダ

ひよこ豆のサラダ

赤唐辛子とナスのグリル

ある日のメニュー

How to Order

Step 1 容器とお総菜を選ぶ
サイズを決めたら、お総菜を選ぶ。好きな料理を指し、量をグラムで指定すればOK

Step 2 重さを量ってラベル貼り
料金は重さで決まる。スタッフが重さを量り、料金を記したラベルを貼ってくれる

Step 3 受け取って会計へ
ラベルを貼った商品を受け取ったら、レジへ行き会計。カトラリーも忘れずもらおう

バンクーバーのおもなスーパー

アメリカ生まれの大人気スーパー

ホール・フーズ・マーケット

Whole Foods Market

ダウンタウン西部

Map P.48-A2
住 1675 Robson St.
TEL (604)687-5288
営 毎日8:00～21:00 休 無休 CC A M V
交 市バス#5でロブソン通りとカルデロ通りの交差点下車、徒歩1分

オーガニックフードならおまかせ！

アーバン・フェア

Urban Fare

イエールタウン

Map P.49-C3
住 177 Davie St.
TEL (604)975-7550
営 毎日6:00～22:00 休 無休 CC A M V
交 スカイトレインのイエールタウン-ラウンドハウス駅から徒歩2分

ダウンタウン随一の大型店

セーフウェイ

Safeway

ダウンタウン西部

Map P.48-A2 住 1766 Robson St.
TEL (604)683-6155
URL www.safeway.ca
営 毎日7:00～23:00 休 無休 CC A M V
交 市バス#5でロブソン通りとデンマン通りの交差点下車、徒歩2分

カナダ各都市のスーパー

バンフ

バンフで一番大きなスーパーは、「Cascade Shops（→P.220）」の裏にあるIGA Banff（Map P.202-C1）。街なかにあるので使い安く、品物も充実。キャンモアにもセーフウェイ（Map P.224-A2）がある。

トロント

大型のスーパーはほとんどが郊外にある。ダウンタウンで行きやすいのは、ブロア／ヨークヴィルにあるホール・フーズ・マーケット（Map P.302-A2）。チャイナタウンには個人経営の小さな店が点在している。

モントリオール

ショッピングセンターの地下にはたいていスーパーがあり、旅行者でも利用しやすい。規模が比較的大きいのは、Complexe DesjardinsにあるIGA（Map P.384-B2～C2）。また随所に小さなスーパーがある。

思い出と一緒に持って帰ろう

カナダのおみやげ

おみやげは、楽しかった旅を締めくくる大事な要素。カナダを代表する3つのおみやげはもちろん、各地で見つけたとっておきのアイテムを一挙紹介！

メープルグッズもチェック☆

メープルフレーバーのグッズは、おみやげに大人気。クッキーや紅茶は、バラマキ用にもぴったり！

❶定番のクッキー。ビスケットにメープルクリーム入り ❷ほんのり甘いメープルティー ❸変わり種の商品もたくさん！ こちらはディップソース

カナダの3大おみやげはこう選ぶ！

01 メープルシロップ

カナダといえば、やっぱりメープルシロップ。世界のメープルシロップ生産量のおよそ85%がカナダ産。ケベックとオンタリオが主な産地で、サトウカエデという木の樹液から作る。

→最近はフレーバー入りのシロップも増えている

選び方① 等級にこだわる

カナダ産のメープルシロップは、樹液が採れた時期により5つの等級(グレード)に分けられる。人気の味は下の3つ。

→プラスチックの容器に入ったシロップ

エキストラ・ライト	その年の一番絞り。淡い色で、繊細&甘さ控えめ。
ミディアム	最も一般的。美しい琥珀色で、ホットケーキにぴったり。
アンバー	色も濃く、味も濃厚。メープル独特のクセが感じられる。

選び方② パッケージで選ぶ

シロップのパッケージは、実にたくさん！ レトロ派は、ブリキ缶やプラスチック、モダン派はガラス瓶に入ったものがおすすめ。

←かわいい缶入りシロップ。ホットケーキ柄が◎ ↑カナダならではのメープル形のガラス瓶に入ったシロップ。等級はエキストラ・ライト

02 サーモン

古くから先住民族たちの食料としても親しまれてきたサーモンは、カナダを代表する味覚。すぐそばの海で取れるサーモンは、本当においしい！

→希少価値の高い、天然ピンクサーモンの缶詰

←海の生態系に影響を与えない漁法で取った、オーシャンワイズ・マーク付きのソッカイサーモン缶

選び方① 種類で選ぶ

カナダには数種類のサーモンが出回っているが、キング、ソッカイ、ピンクの3種類が主。脂がのっているのは、キングサーモン、さっぱり味が好みなら天然サーモンのピンクをチョイス。ソッカイサーモンは日本の紅ザケ。

選び方② おみやげ用は加工品で

生のサーモンを持って帰るのは厳しいので、加工品を選ぼう。スモークサーモンは密閉された常温商品を選び、開封しなければ2年間はもつ。

❶スモークサーモンのパテ。パンやクッキーに付けてどうぞ ❷先住民族柄の木箱に入ったスモークサーモン

03 アイスワイン

厳しい冬の寒さで、自然に凍らせたブドウの果汁で造るデザートワイン。国際的に権威のある品評会で幾度となく受賞した、世界の一流品だ。

選び方① VQAは高品質の証！

「VQA」とは「Vintners Quality Alliance」の略で、ワインの品質管理を証明したもの。このマークがあるアイスワインは、自然環境で凍らせたブドウを使った、本物の証。

❶希少価値の高い赤のアイスワイン。白よりも1.5〜2倍くらいと値が張る ❷甘みが凝縮されたアイスワイン。375mlで$50〜が相場

選び方② コラボグッズに注目

最近人気なのが、アイスワイン風味の食品。チョコレートが定番だが、おすすめはスモークサーモンやメープルとのコラボグッズ！

❶メープルシロップとアイスワインのコラボキャンディ ❷アイスワインで香り付けしたスモークサーモン

カナダの各地で見つけた！おみやげ大集合

極北

←イヌイットが道標として使ったイヌクシュクのミニチュア

→白樺の皮で作った小物入れ。イヌイットの手工芸品

プリンス・エドワード島

←島の名産、ジャガイモのチップスを、チョコレートでコーティング。アンズ・チョコレート(→P.472)にて

↓これをかぶれば、誰でも赤毛のアンに変身できちゃう。アン・オブ・グリーン・ゲイブルス・ストア(→P.472)にて

↓アン・オブ・グリーン・ゲイブルス・ストアで見つけた、グリーン・ゲイブルスのスノードーム

イカルイット
ホワイトホース
イエローナイフ
ハドソン湾
エドモントン
バンクーバー
セント・ジョンズ
フレデリクトン
ケベック・シティ
モントリオール
ビクトリア
カルガリー
レジャイナ
ウィニペグ
オタワ
ハリファックス
トロント

オンタリオ州

→カナダ王室騎馬警察の赤い制服を着たぬいぐるみ

↓ナイアガラ・オン・ザ・レイクにあるグリーヴズ(→P.320)の手作りジャム

ブリティッシュ・コロンビア州

←すべてハンドメイドのインディアンジュエリー。モチーフによりさまざまな意味がある。シルバー・ギャラリー(→P.83)にて

↓グランテッドというブランドのカウチンセーター。伝統的なデザインとは違い、こちらはなんとフラダンス柄！グランテッド・セーター(→P.83)にて

↓ビクトリア生まれのロジャーズ・チョコレート(→P.117)

カナディアン・ロッキー

←ロッキーで作った自然派ソープ。10種類以上の香りがある。ロッキー・マウンテン・ソープ・カンパニー(→P.220)にて

↑アウトドアに欠かせないホーローマグ。カスケード・ショップス(→P.220)内のブランチ・マーケットプレイスにて

→かわいい木のオーナメント。左がムースで、右がブラックベア

お肉派？
シーフード派？

カナダ名物料理ランキング

世界各国の移民が暮らすカナダは、各地の名物料理が種類豊富。ボリューム満点な肉料理から、新鮮な海の幸まで楽しめる。その土地ならではの料理にレッツ・トライ！

($)…値段の目安。3つが最も高額

1 アルバータ牛
Alberta Beef

大平原でのびのびと育てられたアルバータ牛。じっくり焼いたプライムリブはジューシーで軟らかく、肉汁たっぷり！

カナダ全土 ($)($)($)

MEAT
バッファローやカリブーなどカナダらしい肉料理にチャレンジ！ 牛肉はステーキやハンバーガーなどバリエ豊富。

カナダ全土 ($)($)

2 バッファロー
Buffalo

先住民族も主食としていたバッファロー。ワイルドなイメージだが臭みはなく、味わい深い。

3 カリブー
Caribou

極北 ($)($)

トナカイ肉のことで、脂肪が少なくヘルシー。肉質は硬めなのでシチューやスープもおすすめ。

ケベック州 ($)($)

4 ケベック料理
Québec Cuisine

エルクやバイソンのグリルやミートボール、メープルパイが定番。フランスの家庭料理から発展した。

モントリオール ($)

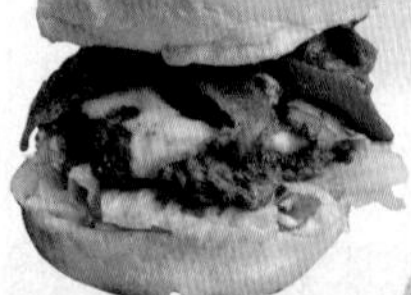

カナダ全土 ($)

5 ハンバーガー
Hamburger

定番のハンバーガーのほか、アルバータ牛などブランド牛を使ったハンバーガーも増加中！

6 スモークミート
Smoke Meat

スパイスに漬け込み燻製した牛肉で、口の中で崩れるほど軟らかい。サンドイッチで食べられるシュワルツ(→P.404)が人気。

7 ホットドッグ
Hot Dog

カナダ全土 ($)

定番はケチャップ、玉ねぎ、ピクルス。ジャパドッグ(→P. 81)では、大根おろしトッピングなどの変わり種も人気。

1 ロブスター
Lobster

ゆでたてのぷりぷりの身にレモンをかけて食べるのが鉄板！ 産地はなんとアトランティック・カナダのみ。

カナダ東海岸
\$\$\$

SEAFOOD

国の三方を海に囲まれたカナダは、新鮮なシーフードがバラエティ豊か。ビールやワインとの相性もぴったり！

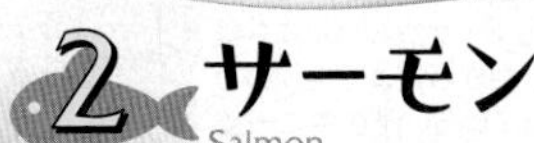

2 サーモン
Salmon

カナダを代表するシーフード。グリルやベーグルサンドなどさまざまなメニューで食べられる。

カナダ全土
\$\$

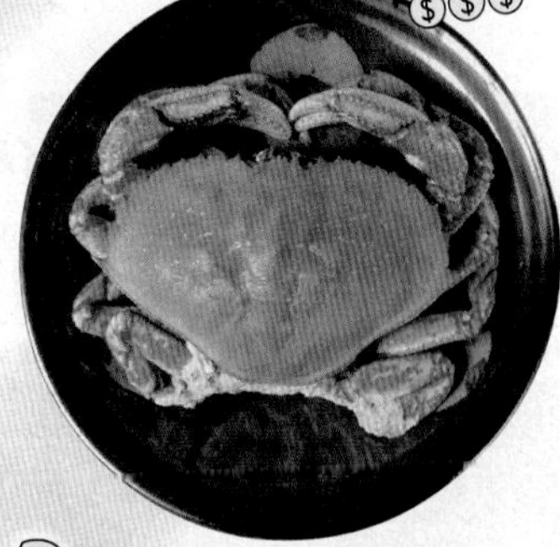

バンクーバー
\$\$\$

3 ダンジネスクラブ
Dungeness Crab

たっぷりの身と濃厚な味わいが特徴。チリソースなどとの相性もよい。主な産地はバンクーバー沿岸。

4 フィッシュ&チップス
Fish & Chips

カラリと揚げた白身魚とポテトフライは食べ応え満点！ パブの定番料理。

カナダ全土
\$

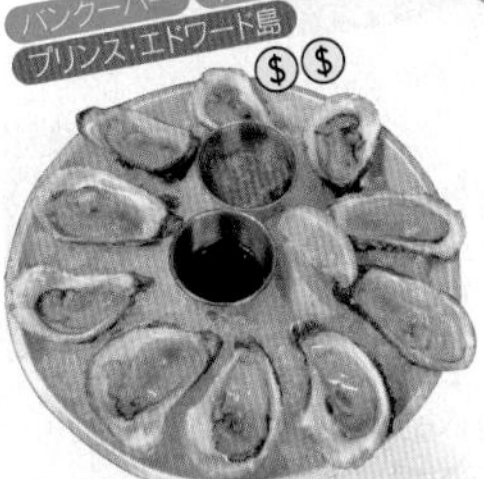

バンクーバー　トロント
プリンス・エドワード島
\$\$

5 ムール貝
Mussels

カナダの海岸線はムール貝の漁場として有名。塩ゆでしたものとレモンが相性抜群。

\$
バンクーバー　トロント
プリンス・エドワード島

6 オイスター
Oyster

生やフライでも楽しめる、レストランやパブの定番シーフード。ぷりぷり食感を堪能しよう！

バンクーバー　トロント
プリンス・エドワード島
\$\$

7 ホタテ
Scallops

ソテーやグリル、サラダなど調理法は幅広い。他の食材との相性もよい、あっさり味。

B級グルメ天国で味わおう♪

カナダ生まれのファストフード店

スローフードにご当地グルメもいいけれど、B級グルメにこそカナダ料理の神髄があると言っても過言ではない。カナダ人が愛してやまない、ファストフード店を一挙紹介！

カナダ全土

キング・オブ・ファストフード

ティム・ホートン
Tim Hortons

カナダで2000店舗以上を展開するドーナツショップ。ドーナツのほかにも朝食やランチも揃い、朝から夜まで地元カナディアンでにぎわっている。滞在中に一度は行ってみて！ URL www.timhortons.com

主要店：バンクーバー（Map P.48-A1）、バンフ（Map P.202-B1）、トロント（Map P.283-A3）、ナイアガラ・フォールズ（Map P.329-A2）

❶町なかから郊外までいたる場所にある ❷ここのコーヒーを朝にテイクアウトするのが、カナディアンの証 ❸ランチに人気のチリコンカンなど具だくさんスープ

オタワのバイワード・マーケットのそばにある創業店

オタワほかカナダ各地

ビーバー・テイルズ
Beaver Tails

ビーバーの尻尾を模したサクサク食感のペストリー。オタワローカルだったが、近年カナダ全土の観光地に続々とオープンしている。

URL www.beavertails.com

●詳細→P.372

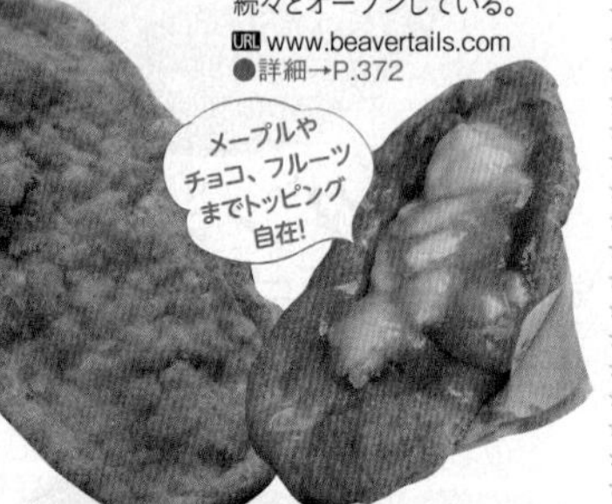

町から少し離れた場所やフードコートに店舗がある

主要店：バンクーバー（Map P.49-B3）、トロント（Map P.297-1）

カナダ全土

エー&ダブリュ
A&W

日本でも沖縄に展開しているファストフード店。お手頃価格のハンバーガーが食べられる。微妙な味のルートビアもぜひ試してみて。

URL web.aw.ca

オンタリオ州

ピザ・ピザ
Pizza Pizza

トロント生まれのピザショップ。安くてうまい最強のカナディアンピザが味わえる。オンタリオ州を中心にカナダ全土に支店がある。

URL www.pizzapizza.ca

宅配や事前予約も可能

主要店：トロント（Map P.282-B2）

ケベック州

シェ・アシュトン
Chez Ashton

カナダ全土で人気のB級グルメ、プティン発祥の店。フライドポテト×チーズ×グレービーソースというカロリー無視の激うまメニュー！

URL chezashton.ca

●詳細→P.440

ケベック州にのみ、24の支店がある

ブリティッシュ・コロンビア州

British Columbia

バンクーバーのテラス・ワールド・オブ・サイエンス

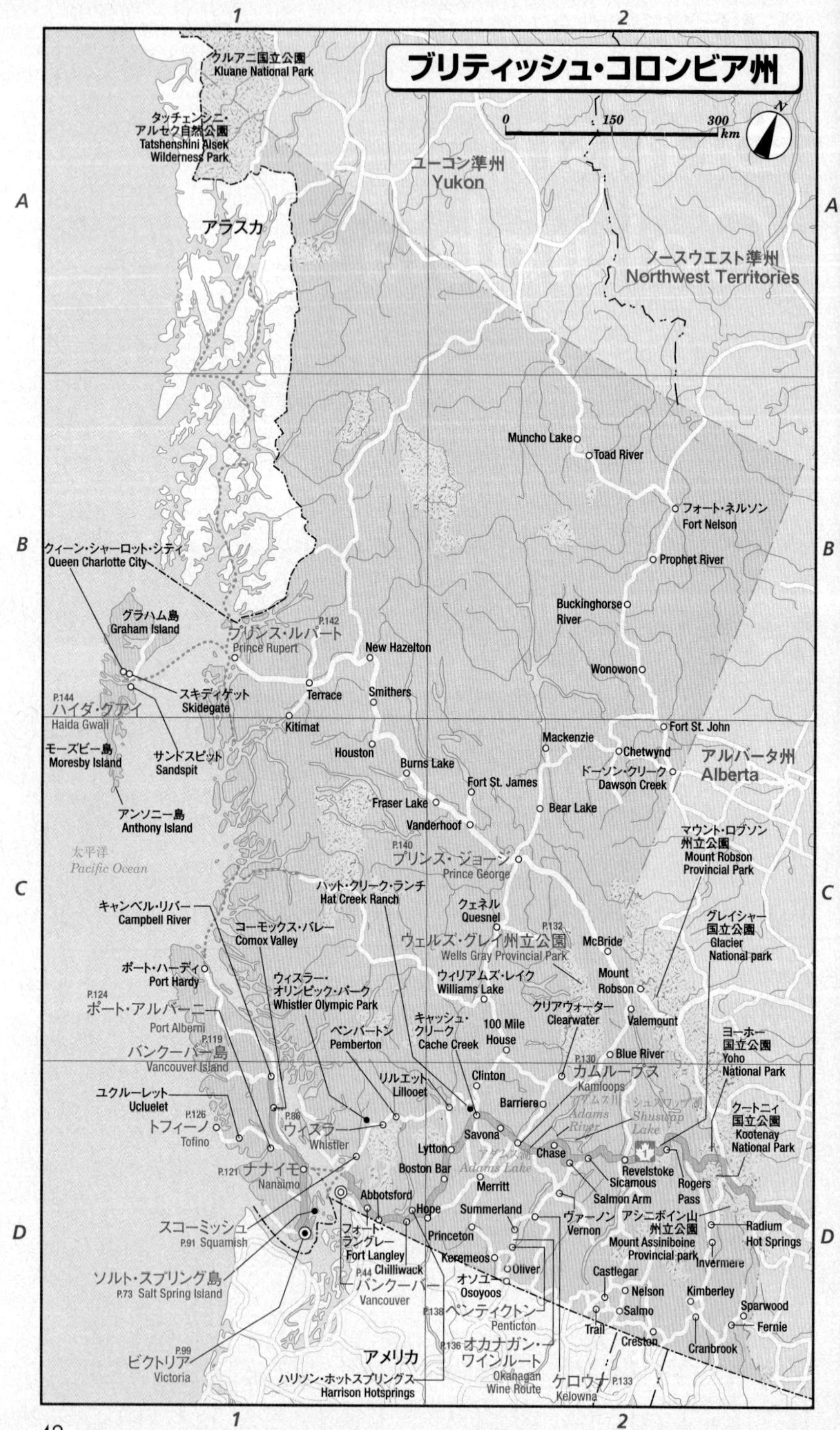
ブリティッシュ・コロンビア州
クルアニ国立公園
Kluane National Park
タッチェンシニ・アルセク自然公園
Tatshenshini Alsek Wilderness Park
ユーコン準州
Yukon
アラスカ
ノースウエスト準州
Northwest Territories
Muncho Lake
Toad River
フォート・ネルソン
Fort Nelson
Prophet River
Buckinghorse River
Wonowon
Fort St. John
クィーン・シャーロット・シティ
Queen Charlotte City
グラハム島
Graham Island
P.142 プリンス・ルパート
Prince Rupert
New Hazelton
Terrace
Smithers
スキディゲット
Skidegate
P.144 ハイダ・グアイ
Haida Gwaii
Kitimat
Houston
Burns Lake
Mackenzie
Chetwynd
アルバータ州
Alberta
ドーソン・クリーク
Dawson Creek
モーズビー島
Moresby Island
サンドスピット
Sandspit
Fort St. James
Fraser Lake
Bear Lake
Vanderhoof
アンソニー島
Anthony Island
太平洋
Pacific Ocean
P.140 プリンス・ジョージ
Prince George
マウント・ロブソン州立公園
Mount Robson Provincial Park
ハット・クリーク・ランチ
Hat Creek Ranch
キャンベル・リバー
Campbell River
コーモックス・バレー
Comox Valley
クェネル
Quesnel
P.132 ウェルズ・グレイ州立公園
Wells Gray Provincial Park
McBride
グレイシャー国立公園
Glacier National park
ポート・ハーディ
Port Hardy
ウィスラー・オリンピック・パーク
Whistler Olympic Park
ウィリアムズ・レイク
Williams Lake
Mount Robson
P.124 ポート・アルバーニ
Port Alberni
クリアウォーター
Clearwater
Valemount
ペンバートン
Pemberton
キャッシュ・クリーク
Cache Creek
100 Mile House
ヨーホー国立公園
Yoho National Park
P.119 バンクーバー島
Vancouver Island
Blue River
P.130 カムループス
Kamloops
Clinton
リルエット
Lillooet
ユクルーレット
Ucluelet
Barriere
アダムス川
Adams River
シュスワップ湖
Shuswap Lake
クートニィ国立公園
Kootenay National Park
P.126 トフィーノ
Tofino
P.86 ウィスラー
Whistler
Savona
Lytton
Chase
Revelstoke
Rogers Pass
アダムス湖
Adams Lake
P.121 ナナイモ
Nanaimo
Boston Bar
Merritt
Sicamous
Salmon Arm
Abbotsford
Hope
Summerland
ヴァーノン
Vernon
アシニボイン山州立公園
Mount Assiniboine Provincial park
Radium Hot Springs
スコーミッシュ
P.91 Squamish
フォート・ラングレー
Fort Langley
Chilliwack
Princeton
Keremeos
Oliver
Invermere
ソルト・スプリング島
P.73 Salt Spring Island
P.44 バンクーバー
Vancouver
オソユース
Osoyoos
Castlegar
Nelson
Kimberley
P.138 ペンティクトン
Penticton
Salmo
Sparwood
Fernie
Trail
Creston
Cranbrook
P.99 ビクトリア
Victoria
アメリカ
P.136 オカナガン・ワインルート
Okanagan Wine Route
ハリソン・ホットスプリングス
Harrison Hotsprings
ケロウナ
Kelowna
P.133
0
150
300
km
N
1
2
A
B
C
D

ブリティッシュ・コロンビア州
BRITISH COLUMBIA

西は太平洋沿岸部から東はロッキー山脈の西側までの変化に富んだ地形をもつブリティッシュ・コロンビア州は、地形や気候から、大きく6つのエリアに分別される。カナダのなかで日本に最も近く、成田、羽田、関西の3空港からの直行便が就航するバンクーバーは、カナダの玄関口として親しまれている。

州都	ビクトリア
面積	94万4735km²
人口	500万879人（2021年国勢調査）
時間	太平洋標準時間(PST) 日本との時差 −17時間 （サマータイム実施時−16時間） ※一部では山岳部標準時間 （日本との時差−16時間）を採用
州税	物品税7%　宿泊税8% （一部の都市を除いて宿泊税2〜4%別途加算）

おもなドライブルート
★オカナガン・ワインルート(→P.136)

トンプソン・オカナガン
Thompson Okanagan

なだらかな牧草地から深く大地に刻まれた渓谷、トンプソン川岸に広がる砂漠のような風景、豊かに広がる果樹園にブドウ畑。変化に富んだ地形と風土が織りなす不思議な魅力をもったエリア。

おもな都市
カムループス(→P.130)
ケロウナ(→P.133)
ペンティクトン(→P.138)

ノーザン・ブリティッシュ・コロンビア
Northern British Columbia

雪を抱いた山々と原始の大森林が、はるかユーコン、アラスカまで続くブリティッシュ・コロンビア州の最深部。自然の風景に溶け込む朽ちたトーテムポールは、何を語りかけてくれるのだろうか。

おもな都市
プリンス・ルパート(→P.142)

バンクーバー
ビクトリア

B.C.ロッキーズ
B.C. ロッキーズ
B.C. Rockies
(→P.183)

カリブー・カントリー
Cariboo Country

かつてフレイザー川上流の金鉱を求めてゴールドラッシュに湧いたルート。今も西部劇の世界が息づき、リルエット、バーカービルなど往時の夢の跡をしのばせる町が各地に残る。

おもな都市
プリンス・ジョージ(→P.140)

バンクーバー島
Vancouver Island

なだらかなビーチとフィヨルドのような入江、変化に富んだ海岸線はホエールウオッチングやシーカヤックなどマリンアクティビティ天国。州都ビクトリアのガーデンやレインフォレストの大自然も見逃せない。

おもな都市
ビクトリア(→P.99)
ナナイモ(→P.121)
ポート・アルバーニ(→P.124)
トフィーノ(→P.126)

バンクーバー、コースト山脈
Vancouver, Coast Mountain

太平洋に開かれた西のゲートシティ、バンクーバー。山岳リゾートのウィスラー。カナダの西海岸は、快適な都市の楽しみと、スキー、ゴルフ、サイクリングなどアウトドアの魅力の両方をもち合わせている。

おもな都市
バンクーバー(→P.44)
ウィスラー(→P.86)

VANCOUVER

バンクーバー

ブリティッシュ・コロンビア州

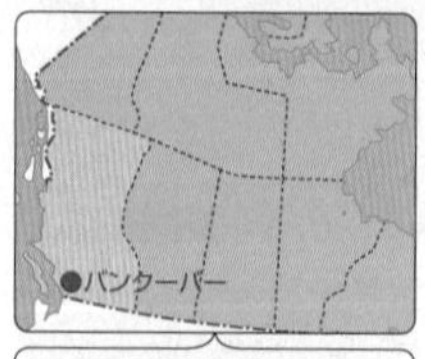

MAP P.42-D1/P.119-B4
人口 242万6160
市外局番 604

バンクーバー情報のサイト
URL www.destinationvancouver.com

バンクーバーのイベント

ダイン・アウト・バンクーバー
Dine Out Vancouver
TEL (604)682-2222
URL www.dineoutvancouver.com
催 1/20～2/5 ('23)
2003年から始まり、今やカナダ最大級の食の祭典に。300店以上が参加し、高級レストランのコース料理もお得に味わえる。

バンクーバー国際ジャズ・フェスティバル
Vancouver International Jazz Festival
TEL (604)872-5200
FREE (1-888)438-5200
URL www.coastaljazz.ca
催 6/21～7/1 ('24)
夏に行われるジャズ・フェスティバル。期間中、市内のジャズクラブやコンサートホールなどさまざまな場所でコンサートが行われる。

ホンダ・セレブレーション・オブ・ライト
Honda Celebration of Light
URL hondacelebrationoflight.com
催 7/22・26・29 ('23)
イングリッシュ・ベイで行われる花火大会。

バンクーバー国際映画祭
Vancouver International Film Festival
TEL (604)683-3456
URL www.viff.org
催 9/28～10/8 ('23)
1982年から続く国際映画祭。国内外から120以上の長編映画と100以上の短編映画が集まり、市内の映画館で上映される。

↑スタンレー・パークのトーテムポール

カナダの西の玄関口として親しまれているバンクーバーは、カナダ本土とバンクーバー島に挟まれたジョージア海峡に面して発展した港湾都市。街のすぐ近くに山並みが迫り、近代的なビルの合間に緑の公園が顔をのぞかせる。トロント、モントリオールに続くカナダ第3の規模をもつ大都市でありながら、海と山、そして森と、自然を身近に感じられる環境は、「世界で最も住みやすい都市」と呼ばれる。博物館や美術館、広大な公園、四季折々の花が咲くガーデンに植物園と、観光スポットもめじろ押し。2010年には冬季オリンピックを開催し、国際的な知名度もさらに上昇した。

バンクーバーという名称は、1792年にジョージア海峡一帯の測量調査を行ったイギリス海軍のジョージ・バンクーバー船長に由来する。当時のバンクーバー一帯にはインディアンのマスクェム族やスクワミッシュ族をはじめとするコースト・セイリッシュ語族が住んでいた。ヨーロッパ人の定住が始まったのは19世紀後半。1867年にイギリスからやってきた最初の移住者、ジョン・デイトンが開いた製材所と宿を中心とした集落は、彼のニックネーム“Gassy”（騒々しい）から取って“ギャスタウン”と呼ばれていた。バンクーバーが急速に発展するのは1880年代。契機になったのは、1885年にフレイザー川の上流で発見された金鉱による“ゴールドラッシュ”と、1887年に開通した大陸横断鉄道である。市政が敷かれ、正式にバンクーバーと命名されたのは1886年。今からわずか約140年前のことだ。

➡ギャスタウンにある蒸気時計は15分ごとに汽笛を鳴らす

※バンクーバーで電話をかける際は、市内通話でも市外局番(604)が必要。

※開館時間、営業時間などの日程は基本的に2023年のもの。年度により変動するため、ウェブサイトなどで再確認を。(→P.7)

バンクーバー周辺

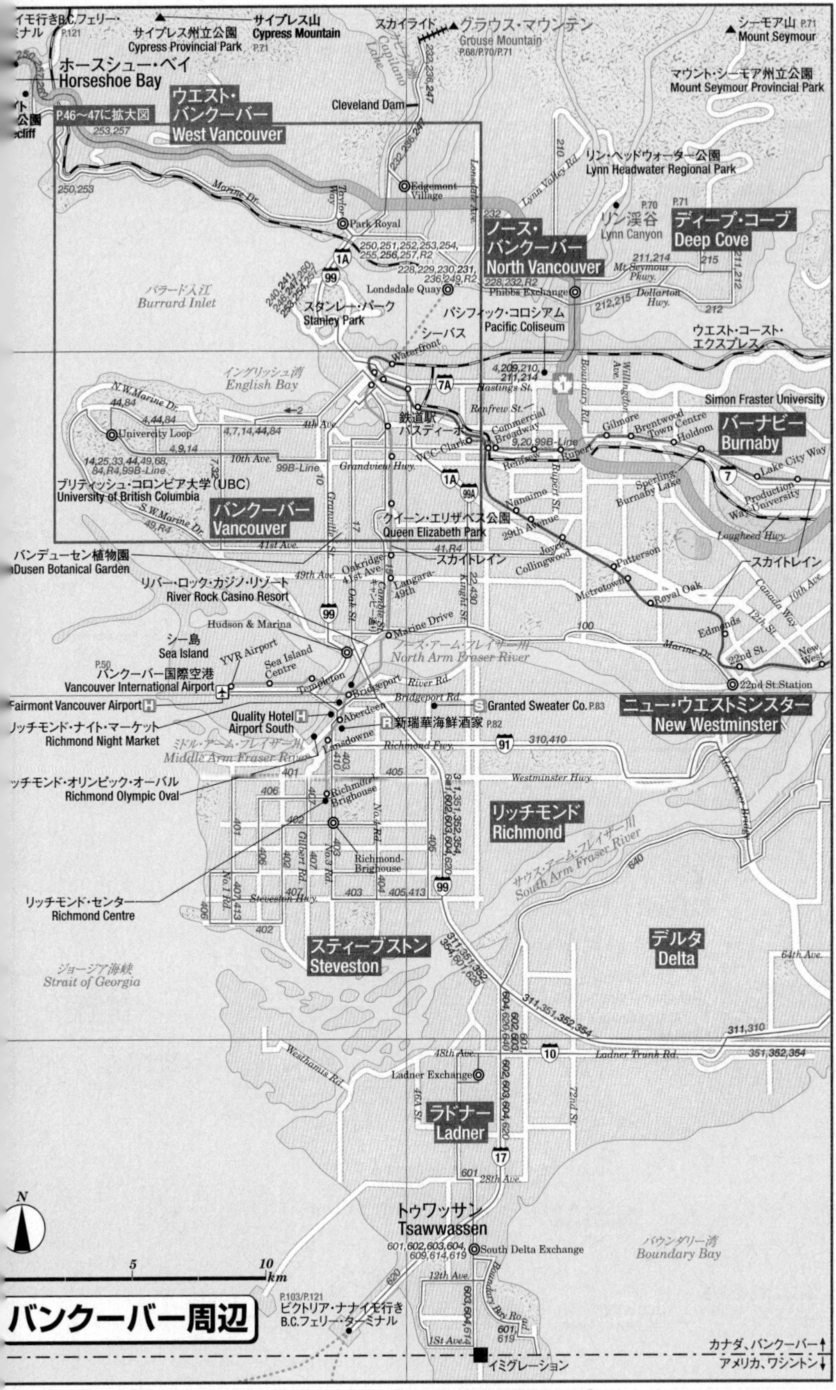

サイプレス山 Cypress Mountain
サイプレス州立公園 Cypress Provincial Park P.71
グラウス・マウンテン Grouse Mountain P.68/P.70/P.71
シーモア山 Mount Seymour P.71
マウント・シーモア州立公園 Mount Seymour Provincial Park
ホースシュー・ベイ Horseshoe Bay
ウエスト・バンクーバー West Vancouver
P.46～47に拡大図
Cleveland Dam
リン・ヘッドウォーター公園 Lynn Headwater Regional Park
リン渓谷 Lynn Canyon P.70
ディープ・コーブ Deep Cove P.71
ノース・バンクーバー North Vancouver
バラード入江 Burrard Inlet
スタンレー・パーク Stanley Park
パシフィック・コロシアム Pacific Coliseum
シーバス
ウエスト・コースト・エクスプレス
イングリッシュ湾 English Bay
Simon Fraser University
バーナビー Burnaby
鉄道駅 バスディーポ
ブリティッシュ・コロンビア大学（UBC） University of British Columbia
バンクーバー Vancouver
クイーン・エリザベス公園 Queen Elizabeth Park
バンデューセン植物園 VanDusen Botanical Garden
スカイトレイン
リバー・ロック・カジノ・リゾート River Rock Casino Resort
Hudson & Marina
シー島 Sea Island
ノース・アーム・フレイザー川 North Arm Fraser River
バンクーバー国際空港 Vancouver International Airport P.50
Fairmont Vancouver Airport
Quality Hotel Airport South
リッチモンド・ナイト・マーケット Richmond Night Market
Granted Sweater Co. P.83
新瑞華海鮮酒家 P.82
ニュー・ウエストミンスター New Westminster
ミドル・アーム・フレイザー川 Middle Arm Fraser River
リッチモンド・オリンピック・オーバル Richmond Olympic Oval
リッチモンド Richmond
サウス・アーム・フレイザー川 South Arm Fraser River
リッチモンド・センター Richmond Centre
スティーブストン Steveston
ジョージア海峡 Strait of Georgia
デルタ Delta
Ladner Exchange
ラドナー Ladner
トゥワッサン Tsawwassen
South Delta Exchange
バウンダリー湾 Boundary Bay
P.103/P.121 ビクトリア・ナナイモ行き B.C.フェリー・ターミナル
イミグレーション
カナダ、バンクーバー↑
アメリカ、ワシントン↓

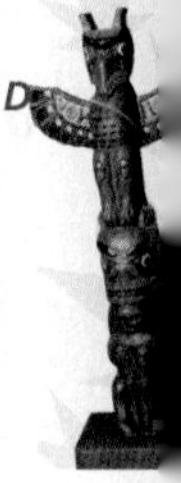

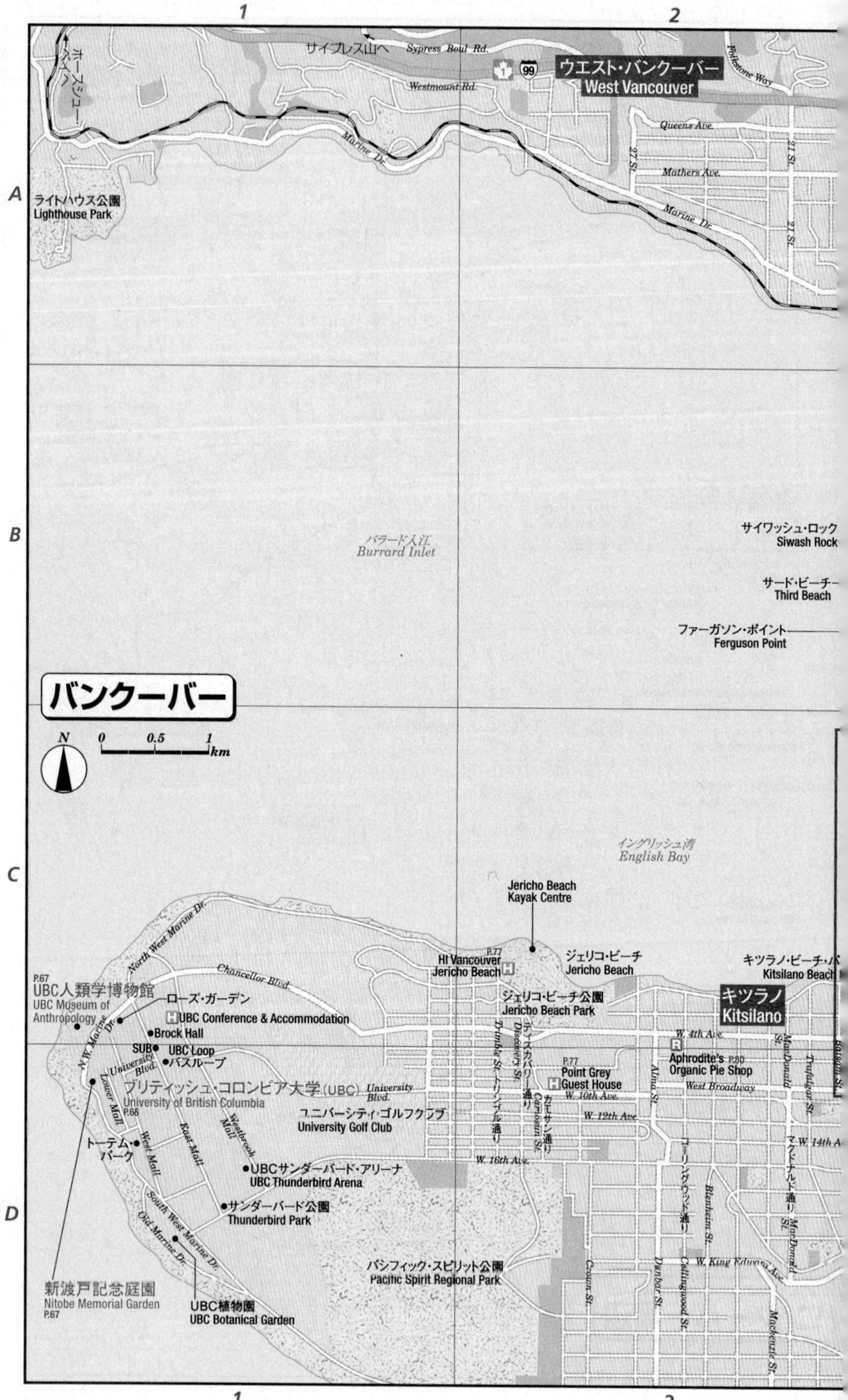
バンクーバー
ホースシュー・ベイへ
サイプレス山へ
Sypress Boul Rd.
ウエスト・バンクーバー
West Vancouver
Westmount Rd.
Queens Ave.
Mathers Ave.
Marine Dr.
27 St.
21 St.
ライトハウス公園
Lighthouse Park
バラード入江
Burrard Inlet
サイワッシュ・ロック
Siwash Rock
サード・ビーチ
Third Beach
ファーガソン・ポイント
Ferguson Point
イングリッシュ湾
English Bay
Jericho Beach
Kayak Centre
HI Vancouver
Jericho Beach
P.77
ジェリコ・ビーチ
Jericho Beach
キツラノ・ビーチ
Kitsilano Beach
キツラノ
Kitsilano
ジェリコ・ビーチ公園
Jericho Beach Park
P.67
UBC人類学博物館
UBC Museum of Anthropology
ローズ・ガーデン
UBC Conference & Accommodation
Brock Hall
SUB
UBC Loop
バスループ
Chancellor Blvd.
North West Marine Dr.
N.W. Marine Dr.
University Blvd.
ブリティッシュ・コロンビア大学（UBC）
University of British Columbia
P.66
ユニバーシティ・ゴルフクラブ
University Golf Club
トーテム・パーク
Lower Mall
West Mall
East Mall
Westbrook Mall
UBCサンダーバード・アリーナ
UBC Thunderbird Arena
サンダーバード公園
Thunderbird Park
South West Marine Dr.
Old Marine Dr.
新渡戸記念庭園
Nitobe Memorial Garden
P.67
UBC植物園
UBC Botanical Garden
パシフィック・スピリット公園
Pacific Spirit Regional Park
W. 4th Ave.
Aphrodite's Organic Pie Shop
P.80
P.77
Point Grey Guest House
West Broadway
W. 10th Ave.
W. 12th Ave.
W. 14th Ave.
W. 16th Ave.
W. King Edward Ave.
Trimble St.
トリンブル通り
Discovery St.
ディスカバリー通り
Carlossun St.
カールソン通り
Alma St.
コーリングウッド通り
Collingwood St.
Blenheim St.
Dunbar St.
Crown St.
MacDonald St.
マクドナルド通り
Trafalgar St.
Mackenzie St.
N
0 0.5 1 km
1
2
A
B
C
D

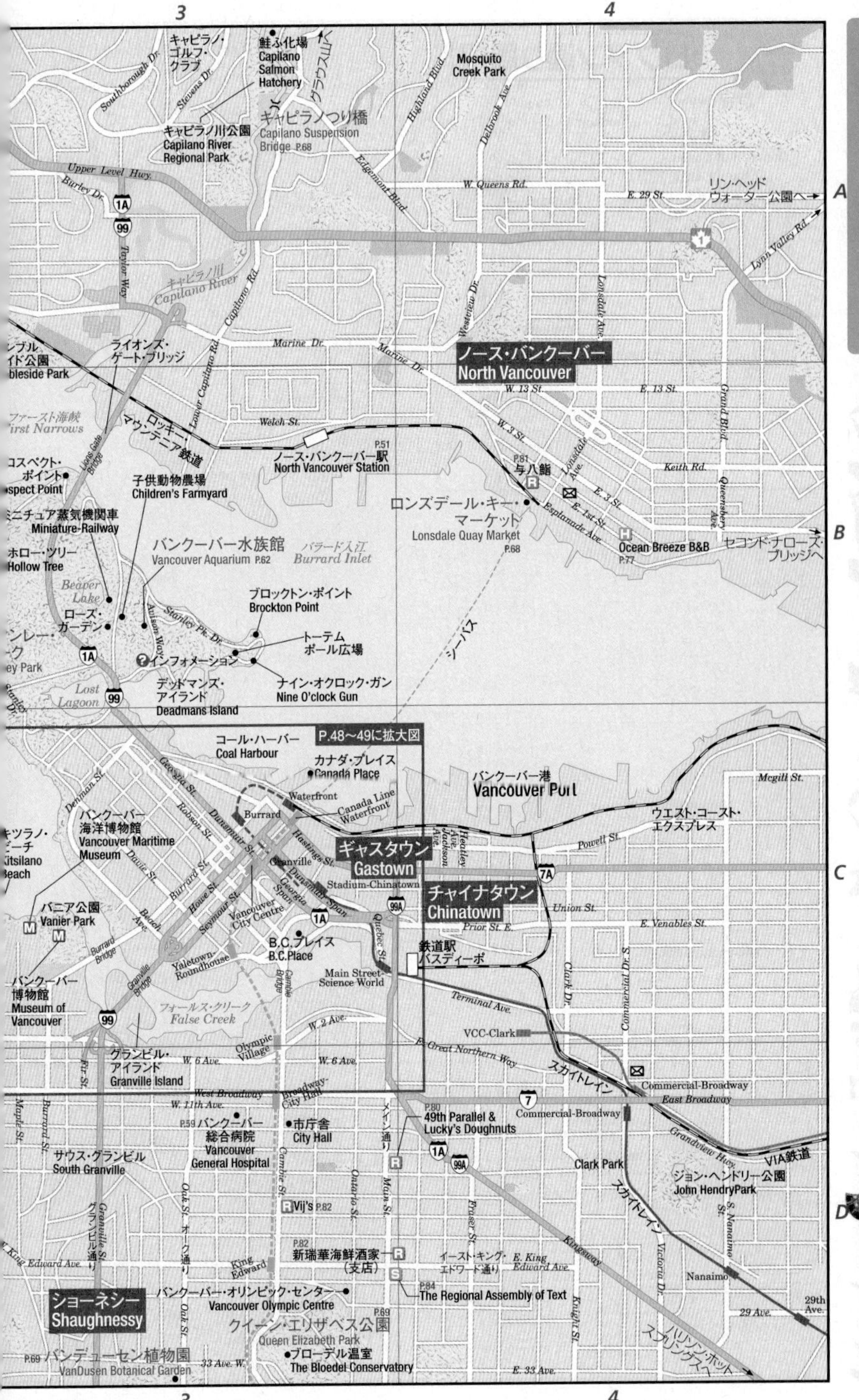
3
4
キャピラノ・ゴルフ・クラブ
鮭ふ化場
Capilano Salmon Hatchery
グラウス山へ
Mosquito Creek Park
キャピラノつり橋
Capilano Suspension Bridge P.68
キャピラノ川公園
Capilano River Regional Park
Southborough Dr.
Stevens Dr.
Highland Blvd.
Delbrook Ave.
Edgemont Blvd.
Upper Level Hwy.
Burley Dr.
W. Queens Rd.
E. 29 St.
リン・ヘッド ウォーター公園へ
Lynn Valley Rd.
Taylor Way
キャピラノ川
Capilano River
Capilano Rd.
Westview Dr.
Lonsdale Ave.
Lower Capilano Rd.
Marine Dr.
ライオンズ・ゲート・ブリッジ
ノース・バンクーバー
North Vancouver
W. 13 St.
E. 13 St.
Grand Blvd.
ファースト海峡
First Narrows
ロッキー・マウンテニア鉄道
Welch St.
W. 3 St.
Lions Gate Bridge
ノース・バンクーバー駅
North Vancouver Station
P.51
P.81 与八鮨
Keith Rd.
Queensbury Ave.
プロスペクト・ポイント
Prospect Point
子供動物農場
Children's Farmyard
ロンズデール・キー・マーケット
Lonsdale Quay Market P.68
E. 3 St.
E. 1st St.
Esplanade Ave.
ミニチュア蒸気機関車
Miniature-Railway
Ocean Breeze B&B P.77
セコンド・ナローズ・ブリッジへ
ホロー・ツリー
Hollow Tree
バンクーバー水族館
Vancouver Aquarium P.62
バラード入江
Burrard Inlet
Beaver Lake
ブロックトン・ポイント
Brockton Point
ローズ・ガーデン
Stanley Pk. Dr.
Avison Way
トーテムポール広場
シーバス
インフォメーション
デッドマンズ・アイランド
Deadmans Island
ナイン・オクロック・ガン
Nine O'clock Gun
Lost Lagoon
コール・ハーバー
Coal Harbour
P.48～49に拡大図
カナダ・プレイス
Canada Place
バンクーバー港
Vancouver Port
Mcgill St.
Denman St.
Georgia St.
Robson St.
Dunsmuir St.
Waterfront
Burrard
Canada Line Waterfront
Hastings St.
Heatley Ave.
Jackson Ave.
Powell St.
ウエスト・コースト・エクスプレス
キツラノ・ビーチ
Kitsilano Beach
バンクーバー海洋博物館
Vancouver Maritime Museum
Davie St.
Granville
ギャスタウン
Gastown
Stadium-Chinatown
チャイナタウン
Chinatown
Union St.
E. Venables St.
Prior St. E.
バニア公園
Vanier Park
Burrard St.
Howe St.
Seymour St.
Vancouver City Centre
Beach Ave.
Quebec St.
B.C.プレイス
B.C.Place
鉄道駅 バスディーポ
Burrard Bridge
Granville Bridge
Yaletown-Roundhouse
Cambie Bridge
Main Street-Science World
Terminal Ave.
Clark Dr.
Commercial Dr. S.
バンクーバー博物館
Museum of Vancouver
フォールス・クリーク
False Creek
W. 2 Ave.
VCC-Clark
E. Great Northern Way
スカイトレイン
グランビル・アイランド
Granville Island
Olympic Village
W. 6 Ave.
Commercial-Broadway
East Broadway
West Broadway
W. 11th Ave.
Broadway-City Hall
P.80 49th Parallel & Lucky's Doughnuts
Grandview Hwy.
VIA鉄道
Fir St.
Maple St.
Burrard St.
P.59 バンクーバー総合病院
Vancouver General Hospital
市庁舎
City Hall
メイン通り
サウス・グランビル
South Granville
Clark Park
ジョン・ヘンドリー公園
John HendryPark
Oak St.
オーク通り
Cambie St.
Ontario St.
Main St.
Vij's P.82
Fraser St.
Victoria Dr.
S. Nanaimo St.
Granville St.
グランビル通り
King Edward Ave.
King Edward
P.82 新瑞華海鮮酒家（支店）
イースト・キング・エドワード通り
E. King Edward Ave.
Kingsway
Nanaimo
ショーネシー
Shaughnessy
バンクーバー・オリンピック・センター
Vancouver Olympic Centre
P.84 The Regional Assembly of Text
29th Ave.
29 Ave.
P.69 クイーン・エリザベス公園
Queen Elizabeth Park
Knight St.
ハリソン・ホット・スプリングスへ
P.69 バンデューセン植物園
VanDusen Botanical Garden
33 Ave. W.
ブローデル温室
The Bloedel Conservatory
E. 33 Ave.
A
B
C
D

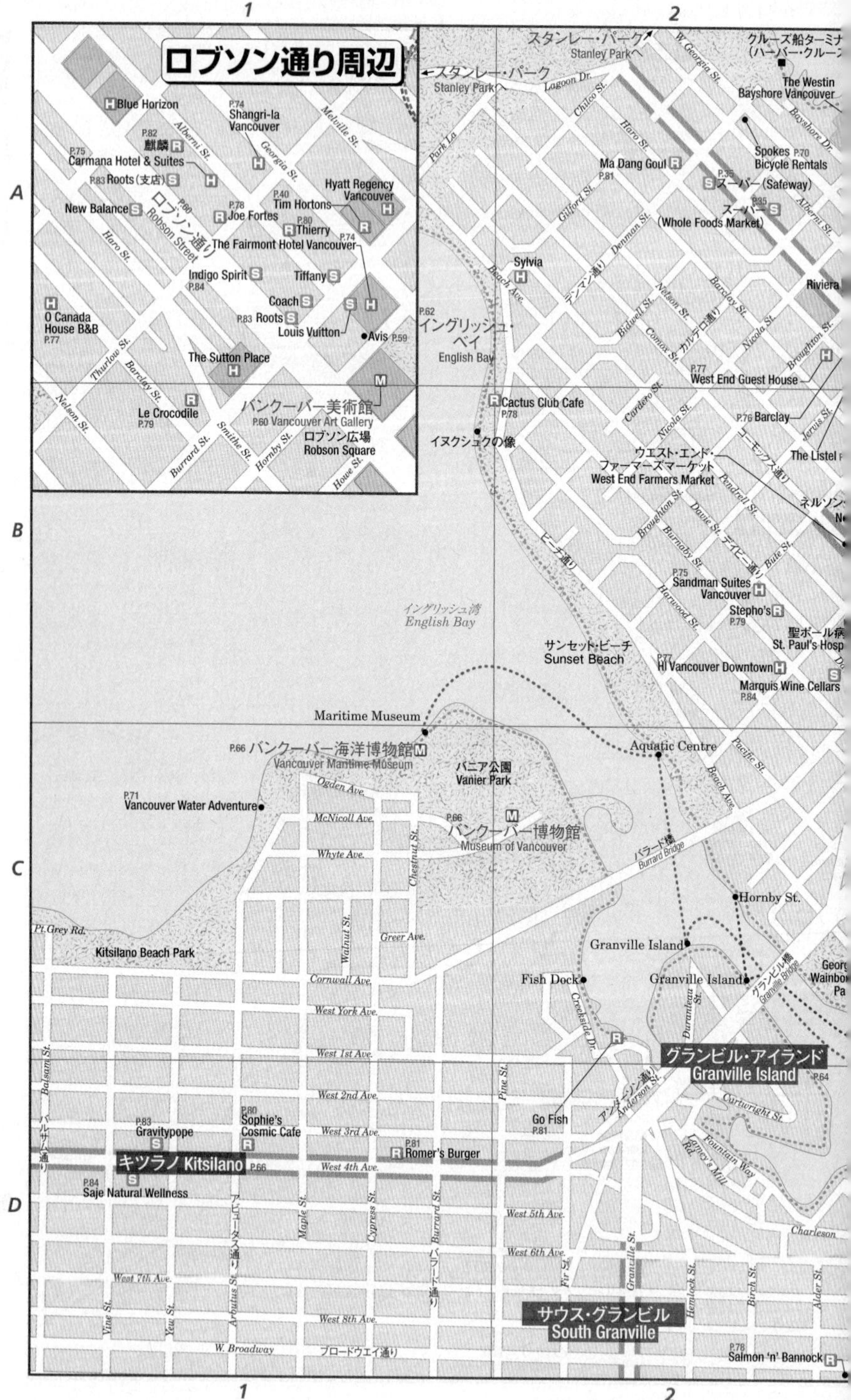
ロブソン通り周辺
Blue Horizon
Shangri-la Vancouver
麒麟
Carmana Hotel & Suites
Roots（支店）
New Balance
ロブソン通り Robson Street
Joe Fortes
Tim Hortons
Hyatt Regency Vancouver
Thierry
The Fairmont Hotel Vancouver
Indigo Spirit
Tiffany
Coach
Roots
Louis Vuitton
Avis
O Canada House B&B
The Sutton Place
Le Crocodile
バンクーバー美術館 Vancouver Art Gallery
ロブソン広場 Robson Square
スタンレー・パーク Stanley Parkへ
クルーズ船ターミナル
The Westin Bayshore Vancouver
Spokes Bicycle Rentals
Ma Dang Goul
スーパー（Safeway）
スーパー（Whole Foods Market）
Sylvia
イングリッシュ・ベイ English Bay
West End Guest House
Barclay
Cactus Club Cafe
イヌクシュクの像
ウエスト・エンド・ファーマーズマーケット West End Farmers Market
The Listel
Sandman Suites Vancouver
Stepho's
聖ポール病院 St. Paul's Hosp
サンセット・ビーチ Sunset Beach
HI Vancouver Downtown
Marquis Wine Cellars
イングリッシュ湾 English Bay
Maritime Museum
バンクーバー海洋博物館 Vancouver Maritime Museum
Aquatic Centre
バニア公園 Vanier Park
Vancouver Water Adventure
バンクーバー博物館 Museum of Vancouver
バラード橋 Burrard Bridge
Hornby St.
Kitsilano Beach Park
Granville Island
Fish Dock
グランビル橋 Granville Bridge
グランビル・アイランド Granville Island
Go Fish
Gravitypope
Sophie's Cosmic Cafe
Romer's Burger
キツラノ Kitsilano
Saje Natural Wellness
サウス・グランビル South Granville
Salmon 'n' Bannock
ブロードウエイ通り
W. Broadway
West 4th Ave.
West 8th Ave.

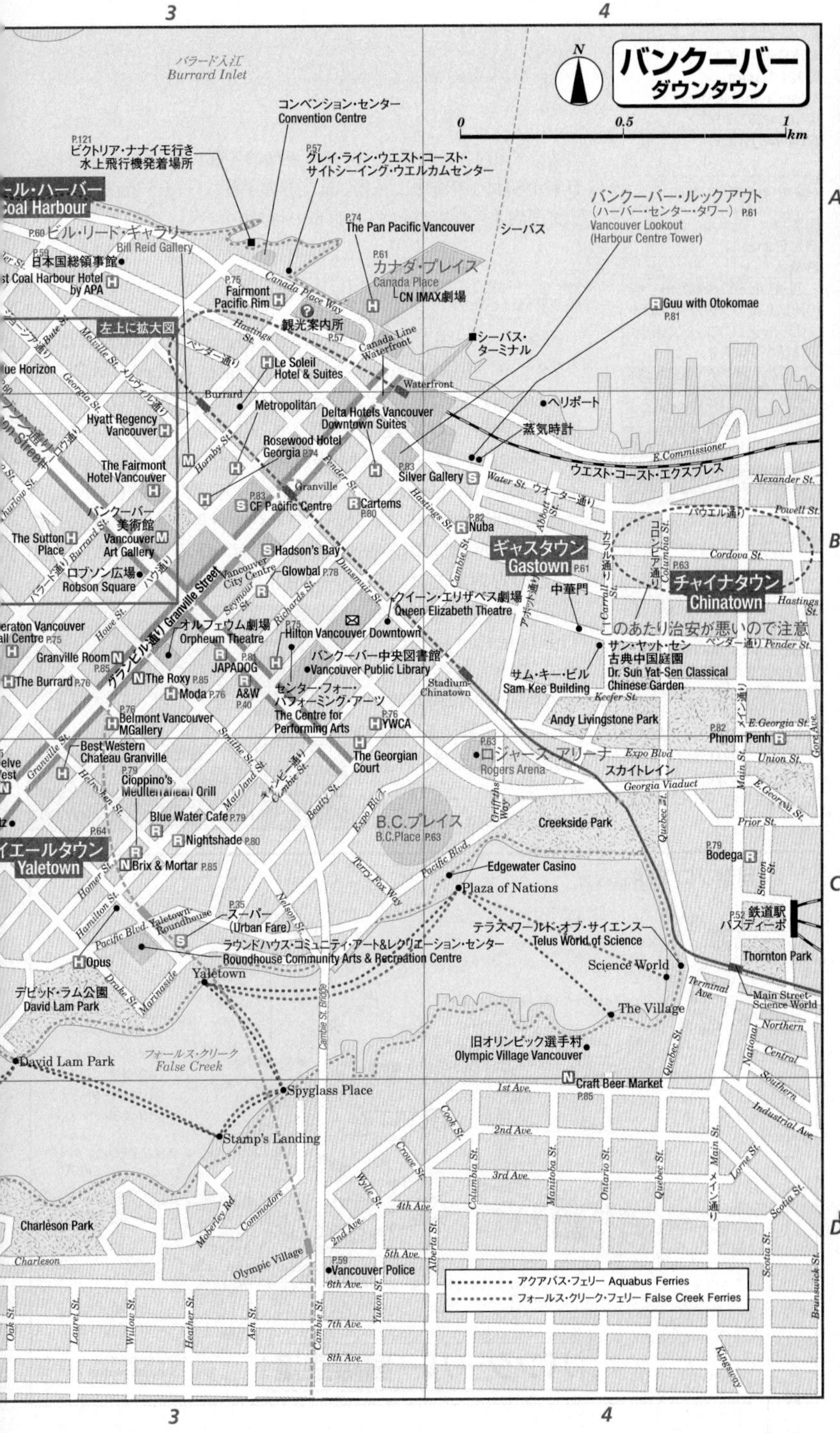

バンクーバー ダウンタウン

バンクーバー国際空港（YVR）
MAP P.45-B·C1
住 3211 Grant McConachie Way
TEL (604)207-7077
URL www.yvr.ca

空港の観光案内所

国際線ターミナル
開 毎日24時間
休 無休

到着ロビーの税関を出てすぐの所にある。バンクーバーのほか、ブリティッシュ・コロンビア州全域の情報が手に入る。

↑まずはここでパンフレットや地図を手に入れたい

国際線から国内線へ乗り継ぐ場合の注意点

日本やアメリカから到着した国際線からすぐに国内線に乗り継ぐ場合、まず入国審査を受け、荷物を一度ピックアップし、出口に向かって右側のConnectionsと書かれたカナダ国内乗り継ぎ用カウンターで荷物を預け、専用通路を通って国内線ゲートへ。詳しくは搭乗手続きの際などに確認しよう。

バンクーバーへの行き方

飛行機

カナダ国内各地のほか、日本やアメリカの各都市からもフライトがある。日本からは「旅の準備と技術、航空券の手配」（→P.530）を参照。カナダ国内からのフライトは、各都市の行き方を参照。

バンクーバー国際空港
Vancouver International Airport

バンクーバー国際空港Vancouver International Airportは、ダウンタウンの南西約15kmのフレイザー川Fraser Riverの中州にある。ターミナルは地上2階建てで、ガラス張りで吹き抜けのフロアは明るく開放的。到着フロアはLevel 2（1階）で、外に出てすぐにビクトリアやウィスラー行きのバス、タクシー乗り場がある。ダウンタウンへ行くスカイトレインの乗り場は、Level 4（3階）にある専用の通路で直結している。各フロアとも東西のウイングに分かれてアメリカ行きの便とその他の国際線のゲートがある。国際線出発フロア正面の階段のそばにある高さ約4mの青銅彫刻は、ビル・リードBill Reid（→P.60）の作品『The Spirit of Haida Gwaii-The Jade Canoe』で、空港のシンボル的存在。国内線のターミナルは国際線ターミナルのすぐ隣にあり、連絡通路を通って簡単に移動できる。

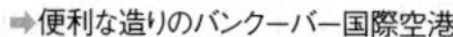
➡便利な造りのバンクーバー国際空港

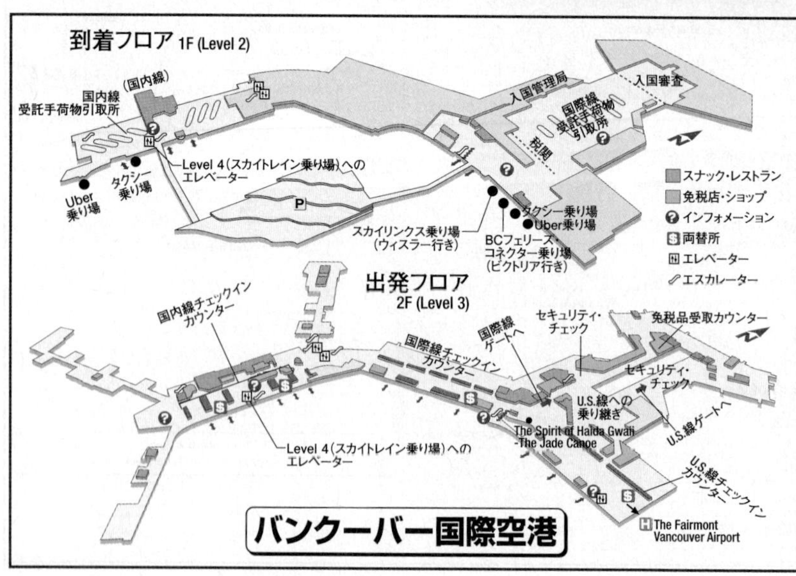

空港から市内へ

スカイトレイン Sky Train

↑空港から市内へ行く利便性が高まった

スカイトレインのカナダ・ライン Canada Lineが、空港とダウンタウンを結んでいる。途中、ブリッジポート駅Bridgeportでふた手に分かれ、リッチモンドRichmond方面へはここで乗り換える。空港からダウンタウンの終着駅、ウオーターフロント駅Waterfrontまでは所要約25分。市内から空港へ向かう場合、リッチモンド行き(Richmond–Brighouse)と空港行き(YVR Airport)があるので、空港行きに乗ること。なお、運賃は通常の料金にプラス$5の追加が必要。ただし、市内から空港へ行く場合は、ゾーン2分の料金でよい。

市バス City Bus

ダウンタウンと空港を結ぶバスは、深夜運行のナイトバスN10のみ。バス停は国内線ターミナルのLevel 3(出発フロア)。空港～ダウンタウンは所要約30分。

タクシー／リムジン Taxi/Limousine

ダウンタウンまで所要20～30分。タクシーは4人まで乗れて、料金はゾーンによる定額制。5～6人乗りのリムジンもある(2023年8月現在、運休中)。このほか、Uberなど空港が公認する3社のライド・シェアサービスも利用可能。

▶▶▶長距離バス

さまざまなバス会社がバンクーバーから発着している。おもなものは、ビクトリアに行くBCフェリーズ・コネクターBC Ferries Connecter、ウィスラー行きの各バス会社(→P.86)、カルガリーへ行くライダー・エクスプレスRider Express、カムループスやケロウナ行きのイーバスEbusなど。バス会社により発着場所が違うので、事前に確認しておくこと。バスディーポ発着のバスは、BCフェリーズ・コネクター、ライダー・エクスプレス、イー・バスなど。

▶▶▶鉄道

バンクーバーは、バンクーバー～トロントを結ぶVIA鉄道のカナディアン号The Canadianと、ロッキー・マウンテニア鉄道Rocky Mountaineer Railwaysの西の起点となっている。また、シアトルから国境を越えて走るアムトラックAmtrakも発着する。バンクーバー～ウィスラー～ジャスパー間を結ぶレインフォレスト・トゥ・ゴールド・ラッシュRainforest to Gold Rush(ロッキー・マウンテニア鉄道)はノース・バンクーバー駅North Vancouver Stationから出発。

スカイトレイン
利用方法はP.54参照。
ルート図はP.53参照。
空港→ダウンタウン
運毎日5:07～翌0:56
料$9.55(追加料金込み。月～金曜の18:30～と土・日曜は$8.15。コンパス・カード利用時は$8.75または$7.55)
ウオーターフロント駅→空港
運毎日4:48～翌1:05
料$4.55(ゾーン2、月～金曜の18:30～と土・日曜は$3.15。コンパス・カード利用時は$3.75または$2.55)
いずれも6～20分ごとに出発。

市バス
利用方法はP.55参照。
N10
空港→ダウンタウン
運1:38、2:08、2:38
料$3.15(コンパス・カード利用時は$2.55)
同じN10のバスでも、ダウンタウンのウオーターフロント行きと、郊外のリッチモンド行きの両方があるので、間違わないように。

タクシー
料ダウンタウンまで$31～43

リムジン
料ダウンタウンまで$64～

空港公認ライド・シェア
Uber
Lyft
KABU
国内線と国際線の到着フロアと、南ターミナルに乗り場がある。

BCフェリーズ・コネクター (→P.543)
FREE (1-888)788-8840
URL bcfconnector.com

ライダー・エクスプレス (→P.543)
FREE (1-833)583-3636
URL riderexpress.ca

イーバス (→P.543)
FREE (1-877)769-3287
URL myebus.ca

VIA鉄道 (→P.545)

ロッキー・マウンテニア鉄道 (→P.546)

アムトラック
FREE (1-800)872-7245
URL www.amtrak.com

ノース・バンクーバー駅
MAP P.47-B3

バスディーポ／鉄道駅から市内へ

バスディーポと鉄道駅（パシフィック・セントラル・ステーションPacific Central Station）は、同じ建物内にある。場所はチャイナタウンの南1kmほどの所。すぐそばにあるメイン・ストリート－サイエンス・ワールド駅Main Street-Science Worldからスカイトレインの西行き（Westbound）に乗ればダウンタウンの中心まで行ける。市バスでダウンタウン、チャイナタウンなどに向かうには、メイン・ストリート－サイエンス・ワールド駅前から出ている#3、#8、#19が便利。鉄道駅のすぐ前から出る#23はイエールタウンを通りイングリッシュ・ベイ・ビーチへ行く。

市内交通

トランスリンク社Translinkが市バス、スカイトレイン、シーバスの3つを運営しており、この3つの交通機関を利用すれば市内のどこへでも行ける。市バス、スカイトレイン、シーバスは、90分以内なら相互乗り換えが可能（同じゾーン内に限る）。ウオーターフロント駅と近郊の都市を結ぶウエスト・コースト・エクスプレスWest Coast Expressという列車もあるが、おもに市民の通勤に使われており、旅行者が利用することはまずない。ダウンタウンとグランビル・アイランドに挟まれた入江フォールス・クリークFalse Creekには、アクアバス・フェリーAquabus Ferriesとフォールス・クリーク・フェリーFalse Creek Ferriesという私営のフェリーが運航している。

トランスリンク社の料金とチケット

トランスリンク社は一貫したゾーンシステムを採用している。ゾーンとは要するにエリア区分のことで、通過するエリア数に応じて料金が上がっていくシステム。観光で回る範囲はまずゾーン1内に収まるが、複数のゾーンにまたがって乗る場合は、高いほうの料金を支払う。

ただし、月～金曜の18:30以降と、土・日曜、祝日はどこへ移動するにも1ゾーン分の料金でよい。また市バスのみ利用の場合は、すべて1ゾーンの料金でOK。なお、12歳以下の子供は乗車無料（要同伴）。

チケットの種類

コンパス・カードCompass Cardのシステムに従い、チケットは紙タイプのものとカード式のものに大きく分けられる。数回しか乗らないなら紙タイプのコンパス・チケット、1日たっぷり乗るならデイパス、数日にわたって何度も乗るならコンパス・カードを利用しよう。

コンパス・チケット Compass Ticket

1回の乗車に限り有効のシングルチケット。磁気ペーパー式で、利用するときはバスの車内やスカイトレイン、シーバスのホームにある入口ゲートのカードリーダーにタッチ（Tap In）する。降りる時にも同じ機械にタッチ（Tap Out）する。**ただし市バスの場合はTap Outする必要はない**ので、間違わないように。

↑鉄道駅とバスディーポは同じ建物の中にある

バスディーポ／鉄道駅

MAP P.49-C4

住 1150 Station St.

トランスリンク社

TEL (604)953-3333

遺失物 TEL (604)682-7887

URL www.translink.ca

チケット料金

料 シングルチケット

ゾーン1
大人$3.15、シニア・ユース$2.1
ゾーン2
大人$4.55、シニア・ユース$3.1
ゾーン3
大人$6.2、シニア・ユース$4.25
デイパス
大人$11.25、シニア・ユース$8.85
コンパス・カード利用時
ゾーン1
大人$2.55、シニア・ユース$2.1
ゾーン2
大人$3.75、シニア・ユース$3.1
ゾーン3
大人$4.8、シニア・ユース$4.25
※「ユース」の対象年齢は13～18歳。

コンパス・カード

日本のSuicaやPASMOのようなチャージ式のICカード。スカイトレインとシーバスの入口ゲートやバスの乗車口そばに専用のカードリーダーが設置され、利用者はチケットをタッチして金額を払うシステム。

紙タイプのシングルチケット（コンパス・チケット）とデイパスもあるが、こちらを利用する場合もカードリーダーにタッチする（市バス内で購入のシングルチケットだけは別）。

チャージして使えるコンパス・カード

アクアバス・フェリー

TEL (604)689-5858

URL theaquabus.com

料 $4～10

フォールス・クリーク・フェリー

TEL (604)684-7781

URL granvilleislandferries.bc.ca

料 $4～11

デイパス Day Pass

スカイトレイン、市バス、シーバスが1日乗り放題になる1日パス。コンパス・チケットと同じ磁気ペーパー式のほか、下記のコンパス・カードを利用し、自動券売機でデイパスを追加する方法がある。

コンパス・カード Compass Card(Adult)

日本のSuicaやPASMOのようなICカード。購入には$6のデポジットが必要。チャージは、スカイトレインやシーバスの駅にある自動券売機で。子供やユース(13～18歳)、シニア用のコンセッション・カードConcession Cardもある。使い方はコンパス・チケットと同じ。

チケットの購入

コンパス・カードを含むすべてのチケットはスカイトレイン、シーバスの各駅に設置されている自動券売機で購入できる。

自動券売機はすべてタッチスクリーン式で、はじめに言語を、その後にチケットの種類を選ぶ。コンパス・チケットを購入する場合は「Single Ticket」にタッチしてから行きたい場所のゾーン、支払い方法を選んでお金を投入する。自動券売機はすべてのコインと$5、10、20の3種類の紙幣が利用可能。クレジットカードも使用できる。チケットの種類は通常のシングルチケットのほか、シニア、ユース用の割引券「Concession」がある。デイパスも同じ券売機で買える。また、言語には日本語もあるので安心だ。自動券売機で購入できるデイパスは当日のみ使用可能。コンパス・カードの購入も自動券売機で行うことができる。まずは「New Compass Card」にタッチし、その後「Add

市バスで購入するシングルチケットについて

市バスで購入できるシングルチケットには磁気がついておらず、スカイトレインやシーバスのゲートにあるカードリーダーが動作しないので、市バス→スカイトレインorシーバスへは乗り換えができない。市バス同士の乗り換えはできる。その場合、ドライバーの横にある料金箱にあるTransfarと書かれた場所にカードを挿入する。

コンパス・カードの返却

不要になったカードは、スカイトレインのウオーターフロント駅構内にあるコンパス・カスタマー・サービスに持って行けば、デポジットの$6を返金してもらえる。

不正乗車はしない

スカイトレインには改札所がないので、チケットを買わなくても乗車できる。しかし、これは市民の秩序ある行動を期待しているということ。タダ乗りは当然犯罪になり、頻繁に行われる抜き打ちの検札で見つかれば罰金が科せられる。

↑各種チケットが購入できる自動券売機

Stored Value」にタッチし、最初にチャージする金額を選ぶ。購入には$6のデポジットがかかるので、チャージ金額+$6が最初にかかる金額。デイパスの場合は「New Compass Card」のあとに「Day Pass」を選択する。再度チャージするときは「Load Compass Card」を選び、その後の作業は同じ。

シングルチケットのみ、市バスでも購入が可能。ドライバーの横にある料金箱にお金を入れるとチケットが出てくる。コンパス・チケットは違うので注意(→P.53欄外)。お釣りは出ない。

スカイトレイン Sky Train

コンピュータ制御による無人運転の軽鉄道。車両は3〜5両編成で、ダウンタウンでは地下を走るが、郊外に行くと地上に出て高架上を走る。ドアは自動開閉で、駅に到着したら開き、時間が来ると閉まる。車内にルート図もあり、停車駅のアナウンスもあるので乗り過ごす心配は少ない。全部で3本の路線があり、ウオーターフロント駅発は、南東のコロンビア駅Columbiaでキング・ジョージ駅King George行きとプロダクションウエイ-ユニバーシティ駅Production Way-University行きに分かれるエキスポ・ラインExpo Lineと、イエールタウン、ブロードウエイなど南下してバンクーバー国際空港やリッチモンドへ行くカナダ・ラインCanada Lineの2本。ほか、VCC-クラーク駅VCC-Clarkから北東のラファージ・レイク-ダグラス駅Lafarge Lake-Douglassまで行くミレニアム・ラインMillennium Lineがある。なお、ミレニアム・ラインの終点手前、コマーシャル・ブロードウエイ駅Commercial Broadwayはプラットホームがふたつあり、専用の通路でエキスポ・ラインとの行き来が可能。

↑スカイトレインなら市内を快適に移動できる

シーバス Sea Bus

ダウンタウンのウオーターフロント駅に接続しているウオーターフロント・ターミナルWaterfrontとノース・バンクーバーNorth Vancouverのロンズデール・キー・ターミナルLonsdale Quay間を約12分で結ぶ定員395人のフェリー。船内からはダウンタウンやスタンレー・パーク、ライオンズ・ゲート・ブリッジLions Gate Bridgeの眺めがよく、特に夜景はすばらしい。市バスやスカイトレインから乗り継ぐ場合は2ゾーンにまたがるので注意。

↑景色を楽しむだけでも利用価値大

↑改札にコンパス・チケットをタッチして中へ!

スカイトレイン

エキスポ・ライン
運ウオーターフロント駅発
月〜金5:32〜翌1:16
土6:48〜翌1:16
日7:48〜翌0:16
キング・ジョージ駅発
月〜金5:08〜翌0:38
土6:08〜翌0:38
日7:08〜23:38

ミレニアム・ライン
運VCC-クラーク駅発
月〜金5:30〜翌1:22
土6:30〜翌1:22
日7:30〜翌0:23
ラファージ・レイク-ダグラス駅発
月〜金5:04〜翌1:00
土6:05〜翌0:59
日6:56〜23:59

どちらの路線も運行は2〜10分間隔。

カナダ・ライン
運ウオーターフロント駅発
空港行き
毎日4:48〜翌1:05
リッチモンド行き
毎日5:30〜翌1:15
バンクーバー国際空港発
毎日5:07〜翌0:56
リッチモンド発
毎日5:02〜翌0:46

運行は3〜20分間隔。

カナダ・ラインの行き先はふたつ

ダウンタウンからスカイトレインのカナダ・ラインに乗る場合、行き先がバンクーバー国際空港とリッチモンドのふたつあるので、乗り間違えないように注意。

シーバス

ウオーターフロント・ターミナル発
運月〜土6:16〜翌1:22
日8:16〜23:16

ロンズデール・キー・ターミナル発
運月〜土6:02〜翌1:00
日8:02〜23:02

運航間隔は15分ごと。土曜の始発から7:16までと、21:00以降は30分ごとに出航。

市バス City Bus

⬆バンクーバー市民みんなの移動手段だ

市バス路線は広範囲に発達している。スカイトレインの路線は限られているので、市バスを乗りこなすことが、バンクーバー観光のポイントだ。主要ルートの多くが、スカイトレインのグランビル駅Granvilleとバンクーバー・シティ・センター駅Vancouver City Centreの周辺を走っているので、市バスでの観光はこのふたつの駅を起点に考えるとわかりやすい。バスはルートごとに番号で区別され、正面と後方の電光掲示板に番号と行き先が表示されている。ほとんどのルートが行きと帰りで同じコースを走るため、逆方向でないか確認してから乗り込むこと。通常のルートのほか、ピークタイムのみ走るバスや翌1:00過ぎから運行するナイトバスNight Bus、急行のラピッド・バスRapid Busもある。

市バスの時刻表・乗り換えを調べる

トランスリンク社のウェブサイトにある「Trip Planner」はGoogle Mapと連動しており、住所や通り名、スカイトレインの駅名を入力するとリアルタイムで時刻表と行き方を検索できる。出発・到着時間の指定もできるのでとっても便利。スマートフォンやタブレットでアプリを利用するなら「Transit Subway & Bus Times」がおすすめ。

Trip Planner
URL www.translink.ca/trip-planner

⬆市バスの車内。ラッシュ時以外ならたいてい座れる

ダウンタウン・市バスルート図

- バスルート
- 5 赤の数字:通常運行
- 32 青の数字:時間限定運行
- R5 赤の数字の前にR:ラピッド・バス(急行)
- 6 矢印なし数字:両方向に運行
- ←3 →付き数字:→の方向のみに運行
- ◎ スカイトレインの駅

ナイトバス

ナイトバスは、通常のバスルートが終了したあとに運行する深夜バス。ルートは10あり、1:00〜4:30頃の20〜30分ごとに運行。料金は通常のバスと同じで、数字の前にNが付いている。

バスは前乗り後ろ降りのワンマンカー。各停留所に停まる直前に車内アナウンスがあるほか、車内前方上部にある案内板にも次の停留所名が表示されるので、地図さえあれば自分の位置が確認できる。心配なら運転手に行き先を告げておけばいい。降りる際は窓の横にあるひもを引っぱるか、通路の横か出口付近にあるポールに付いた赤いストップボタンを押す。バスが停まって、後部ドアの上にあるランプが点灯したら、後ろ出口のステップを1段下りればドアが開く。また、ステップがないバスもあるので、その場合はドアの上にあるグリーンのライトが点灯してから、取っ手を押してドアを開けよう。なお市バスは下車時コンパス・カードをタッチしないように。

↑バス停には、ベンチと停まるバスの番号が記された看板が立つ

市バスでのおもな見どころへの行き方 一覧表

目的地	バス No.	乗車場所
スタンレー・パーク（→P.62）	#19	ペンダー通り、メイン通り
グランビル・アイランド（→P.64）	#50	ウオーターフロント駅、グランビル通り
	#4、#7、#10、#14、#16	グランビル通り
キツラノ（→P.66）	#4、#7	ウオーターフロント駅、グランビル通り
	#44	ウオーターフロント駅、バラード駅、バラード通り
バンクーバー博物館（→P.66）	#2	バラード駅、バラード通り
	#44（平日のみ）	ウオーターフロント駅、バラード駅、バラード通り
ブリティッシュ・コロンビア大学（→P.66）	#4、#14	グランビル通り
	#44（平日のみ）	ウオーターフロント駅、バラード駅、バラード通り
キャピラノつり橋（→P.68）	#236	ロンズデール・キー・ターミナル
グラウス・マウンテン（→P.68）	#236	ロンズデール・キー・ターミナル、キャピラノつり橋
	#232	キャピラノつり橋
バンデューセン植物園（→P.69）	#17	ロブソン通り、グランビル通り、ペンダー通り、キャンビー通り Cambie St.

おもなタクシー会社

Yellow Cab
TEL(604)681-1111

Black Top & Checker Cabs
TEL(604)731-1111
FREE(1-800)494-1111

Vancouver Taxi
TEL(604)871-1111

■タクシー Taxi

バンクーバーには流しのタクシーも多く、ダウンタウンならば簡単につかまえられる。つかまえるときは日本と同じように手を挙げて停める。上に付いたランプが点灯中は乗車可能、消えていたらすでに客を乗せている。すべてメーター制で、初乗り料金は$3.5、1kmごとに$2.03ずつ上がっていく。

↑タクシーは黄色のほか白と青のツートーンカラーなどいろいろ

バンクーバーの歩き方

バンクーバーのダウンタウンは、イングリッシュ湾English Bayに突き出した半島部分。中心は、**ロブソン通り**と**グランビル通りGranville St.**の交差したあたり。ここからグランビル通りを北東へ進むと、近代的なビルが並ぶウオーターフロント。

ロブソン通りは、ダウンタウンを北西から南東に貫く約3kmの通り。北西の端には**スタンレー・パーク**があり、南東の端に**B.C.プレイス**がある。B.C.プレイスの南西にあるのが、おしゃれな再開発地区、**イエールタウン**だ。ダウンタウンの道は碁盤の目状になっており、わかりやすい。ロブソン通りと1ブロック北を通る**ジョージア通りGeorgia St.**、グランビル通りの3つがメインストリート。これに、グランビル通りの3本西を走る**バラード通りBurrard St.**、さらに北西の小さな飲食店が並ぶ**デンマン通りDenman St.**、ロブソン通りの4〜6本南を走る**デイビー通りDavie St.**を加えた6本の道とスカイトレインの駅の場所を覚えておけば、迷うことはないだろう。

半島の外へ行くには、グランビル橋Granville Bridgeとバラード橋Burrard Bridgeというフォールス・クリークに架かるふたつの橋を渡る。グランビル橋の下に浮かぶ島が、**グランビル・アイランド**。グランビル通りをそのまま南下すると、**バンデューセン植物園**や**クイーン・エリザベス公園**などの広大な庭園がある。

また、グランビル通りから4th Ave.を西へ真っすぐ進んだあたりが**キツラノ**だ。4th Ave.をそのまま進むと、**ブリティッシュ・コロンビア大学(UBC)**へ行き着く。

バラード入江Burrard Inretを挟んで、ダウンタウンと向き合うのがノース・バンクーバー。住宅街の背後に山並みが迫る。波のような稜線は、ノース・ショアと呼ばれている。**キャピラノつり橋**や**グラウス・マウンテン**など、自然を感じられる見どころが多い。

❓観光案内所

Destination Vancouver
MAP P.49-A3
住 210-200 Burrard St.
TEL (604)683-2000
(604)682-2222
URL www.destinationvancouver.com
開 毎日9:00〜16:00
(時期により変動あり)
休 無休

市内地図や無料ガイド小冊子を入手すると便利。ホテル、B&Bのリスト、ツアー、イベント情報なども豊富。ホテルの予約も無料でしてもらえる。カウンターでの問い合わせは、整理券を取って、番号が呼ばれるのを待つ。

↑観光案内所には日本人スタッフがいることも

ダウンタウンの治安

ペンダー通りPender St.の3本北にあるパウエル通りPowell St.はかつて日本人街と呼ばれたが、今は荒廃し治安がよくない。チャイナタウンは夜はひと気がなくなるので注意。また、チャイナタウンの北やギャスタウンを結ぶ通り周辺も治安が悪いので歩かないこと(MAP P.49-B4)。

現地発のツアー

グレイ・ライン・ウエストコースト・サイトシーイング
Gray Line Westcoast Sightseeing

一部屋根のないオープンエアバスに乗って市内14の見どころを巡るHop-On, Hop-Offを催行。チケット(クラシック・パス)を購入すると自由に乗り降りでき24時間有効。ぐるりと1周すると1時間ほど。日本語の音声ガイドアプリを利用できるのでイヤホンを持参しよう。チケットの購入はウェブサイトかコンベンション・センターConvention Centre前のウエルカムセンターにて。

DATA
グレイ・ライン・ウエストコースト・サイトシーイング
MAP P.49-A3 FREE (1-877)451-1777
URL westcoastsightseeing.com
運 毎日8:45〜17:15の30分ごとに出発(冬季は時短・減便)
料 24時間クラシック・パス 大人$65、子供(3〜12歳)$33

ハーバー・クルーズ
Harbour Cruise

夏季に、バンクーバー港内を回るクルーズツアー、Vancouver Harbour Toursを催行。近代的なウオーターフロントや緑濃いスタンレー・パーク、ノース・バンクーバーの山並みを眺めながら、ホースシュー・ベイの手前まで行く。また、美しい夕日を鑑賞するSunset Dinner Cruiseも人気。

DATA
ハーバー・クルーズ
MAP P.48-A2 住 501 Denman St.
TEL (604)688-7246 URL www.boatcruises.com
Vancouver Harbour Tours
催 4/27〜9/30
毎日11:00、12:15、13:30、14:45発、所要約1時間
料 大人$65、シニア・ユース(12〜17歳)$59、子供$44
Sunset Dinner Cruise
催 5/1〜10/15 毎日19:00発、所要約2時間30分
料 大人・シニア・ユース(12〜17歳)$159、子供$149

Vancouver
エリアインフォメーション

A ダウンタウン中心部

レストランやショップが集中

バンクーバーでもっともにぎやかなエリア。大型デパートからレストラン、みやげ物店が並ぶロブソン通りと、高級ホテルやオフィスの並ぶジョージア通りがメインストリート。ロブソン通りは、夜になっても人通りが絶えない。夏にはカフェやバーにオープンエアの席が出て、ひときわにぎわう。美術館やギャラリーなどの見どころやランドマークになる高層ビルも多く、誰しもが一度は必ず訪れることになるだろう。

見どころ ★★★★
グルメ ★★★★★
ショッピング ★★★★★

おもな見どころ
ロブソン通り(→P.60)
バンクーバー美術館(→P.60)
ビル・リード・ギャラリー(→P.60)

⬆バンクーバーのメイントリート、ロブソン通り

B ウオーターフロント

海に面したトレンドエリア

穏やかなバラード入江に沿って近代的なビルが並ぶ、港湾都市バンクーバーを象徴するエリア。市内交通のハブとなるウオーターフロント駅を中心に、西にカナダ・プレイスや港沿いに遊歩道が続くコール・ハーバーCoal Harbour、東にはバンクーバー発祥の地であるギャスタウンが広がる。観光案内所やコンベンション・センターなど目印になるビルもあるので、ここから観光を始めるのがいい。

⬆眺めのいいレストランが点在するコール・ハーバー

見どころ ★★★★
グルメ ★★★★
ショッピング ★★★★

おもな見どころ
カナダ・プレイス(→P.61)
バンクーバー・ルックアウト(→P.61)
ギャスタウン(→P.61)

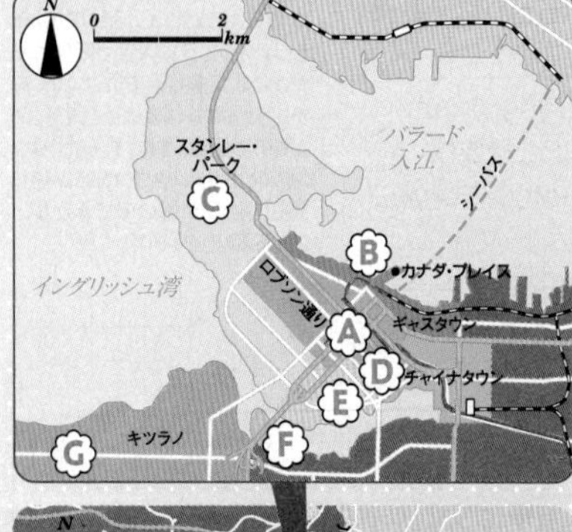

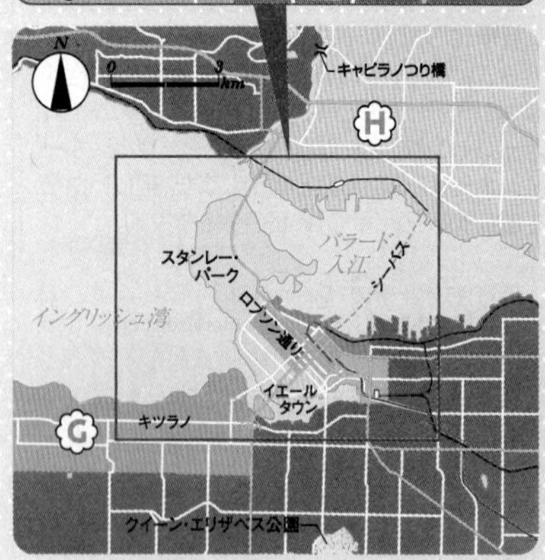

C ダウンタウン西部

カナダを代表する自然公園がある

ダウンタウンの西を走る、デンマン通りのさらに先。メインとなるのは、カナダで最も有名な市民公園、スタンレー・パーク。都心にありながら豊かな緑のあるこの公園は、市民の憩いの場として親しまれてきた。園内には見どころも多い。前述のデンマン通りにはレンタサイクル店があるほか、アジアやエスニック、西欧料理など世界各地のレストランが並び、とってもにぎやか。

➡サイクリングやハイキングなどアクティビティも楽しめるスタンレー・パーク

おもな見どころ
スタンレー・パーク(→P.62)
バンクーバー水族館(→P.62)
イングリッシュ・ベイ(→P.62)

見どころ ★★★
グルメ ★★
ショッピング ★

半島の付け根部分
D ダウンタウン東部

バンクーバー中央図書館のさらに東側一帯。ロブソン通りの東の端にあるのは、B.C.プレイス。スカイトレインのスタジアム-チャイナタウン駅の北東にはチャイナタウンが広がり、中華レストランが軒を連ねている。

↑B.C.プレイスの裏はフォールス・クリークだ

見どころ ★★
グルメ ★★★★
ショッピング ★

おもな見どころ
B.C.プレイス(→P.63)
チャイナタウン(→P.63)

かつてヒッピーたちが暮らした
G キツラノ周辺

イングリッシュ湾の南岸は、キツラノと呼ばれるエリア。入口にあたるバニア公園で博物館を見学したら、キツラノの中心部、West 4th Ave.やキツラノ・ビーチを歩こう。西の端にはブリティッシュ・コロンビア大学がある。

↑West 4th Ave.沿いに店が並ぶ

見どころ ★★★★★
グルメ ★★★★
ショッピング ★★★★

おもな見どころ
キツラノ(→P.66)
ブリティッシュ・コロンビア大学(→P.66)
UBC人類学博物館(→P.67)

グルメ&ナイトライフの人気スポット
E イエールタウン周辺

倉庫街を改装した街並みが特徴のイエールタウン。見どころは少ないものの、洗練されたカフェや老舗のパブ、最先端のクラブまで揃い、大人のナイトライフを語るのに欠かせないエリア。

↑最新のコンドミニアムが林立する

見どころ ★★
グルメ ★★★★★
ショッピング ★★★★

おもな見どころ
イエールタウン(→P.64)

大自然の懐に広がる住宅地
H ノース・バンクーバー

ダウンタウンとバラード入江を挟んだ対岸に広がるノース・バンクーバー。緩やかな山並みが住宅街のそばまで迫り、その波のような稜線から「ノース・ショア」とも呼ばれている。

↑自然を満喫できる見どころが満載

見どころ ★★★★★
グルメ ★★
ショッピング ★

おもな見どころ
ロンズデール・キー・マーケット(→P.68)
キャピラノつり橋(→P.68)
グラウス・マウンテン(→P.68)

グルメ充実のエンタメアイランド
F グランビル・アイランド

グランビル橋のちょうど真下、フォールス・クリークに突き出した小さな半島。工場跡地が再開発でよみがえり、今やショッピングやグルメが楽しめる人気スポットとなっている。端から端まで歩いても500mほど。

↑バスやフェリーでアクセスできる

見どころ ★★
グルメ ★★★★
ショッピング ★★★★

おもな見どころ
グランビル・アイランド(→P.64)

郊外

郊外にも、たくさんの見どころがある。ダウンタウンから南へ足を延ばせば、広大な自然公園が広がっている。名庭園、バンデューセン植物園とクイーン・エリザベス公園は見逃せない見どころだ。さらに南のフレイザー川の河口にはバンクーバー国際空港がある。

↑春にはラバーナム(キバナフジ)のアーチが登場するバンデューセン植物園

見どころ ★★★★
グルメ ★★
ショッピング ★

おもな見どころ
クイーン・エリザベス公園(→P.69)
バンデューセン植物館(→P.69)

ユースフル・インフォメーション
Useful Informaiton

在バンクーバー日本国総領事館
Consulate-General of Japan in Vancouver
MAP P.49-A3 住 900-1177 West Hastings St.
TEL (604)684-5868
URL www.vancouver.ca.emb-japan.go.jp
開 月～金9:00～12:00/13:00～16:30
休 土・日、祝日

病院
バンクーバー総合病院 Vancouver General Hospital
MAP P.47-D3
住 899 W. 12th Ave. TEL (604)875-4111
聖ポール病院 St. Paul's Hospital
MAP P.48-B2
住 1081 Burrard St. TEL (604)682-2344

警察
Vancouver Police
MAP P.49-D3
住 2120 Cambie St. TEL (604)717-3321

おもなレンタカー会社
Avis バンクーバー国際空港
TEL (604)606-2847
ダウンタウン MAP P.48-A1
住 757 Hornby St. TEL (604)606-2868
Hertz バンクーバー国際空港
TEL (604)606-3700
ダウンタウン MAP P.49-C3
住 1270 Graville St. TEL (604)606-4711
鉄道駅やカナダ・プレイスにも営業所がある。

↑バンクーバーのメインストリート

バンクーバー美術館
住750 Hornby St.
TEL(604)662-4700
URL www.vanartgallery.bc.ca
開木・金10:00～20:00
土～月・水10:00～17:00
休火
料大人$29、18歳以下無料
（毎月第1金曜の16:00～は入館無料）

エミリー・カー
1871年にビクトリアで生まれた女性画家・作家。27歳のときに訪れたユクルーレットで目にしたインディアンの生活や文化、太平洋岸の森林に感銘を受ける。以来ブリティッシュ・コロンビア州のインディアンの村々を訪れ、温帯雨林の森やトーテムポールなどを描いた作品を多く残した。先住民族出身ではないアーティストがインディアンの世界を描くことは非常にまれなことであった。短編集や自叙伝などの著作活動も活発に行った。1945年逝去。

ビル・リード・ギャラリー
住639 Hornby St.
TEL(604)682-3455
URL www.billreidgallery.ca
開5～9月
毎日10:00～17:00
10～4月
水～日10:00～17:00
休10～4月の月・火
料大人$13、シニア$10、ユース（13～17歳）$6、子供無料

ビル・リード
カナダを代表する、インディアン出身の彫刻アーティスト。1920年にビクトリアでハイダ族の母親から生まれる。20代前半までは放送局のアナウンサーだったが、23歳のときに故郷であるハイダ・グアイを訪れて以来、ハイダ族の伝統芸術復興に携わった。ハイダ族の伝説をテーマに、動物や人間などを彫り込んだ作品を続々と生み出した。木以外にも、ブロンズ製の彫像なども手がけている。1998年逝去。

おもな見どころ

ダウンタウン中心部

ロブソン通り

MAP P.48-A2～P.49-B3

Robson Street

★★★

ロブソン通りは、B.C.プレイスからスタンレー・パークまで、ダウンタウンの中心を貫く通り。ハウ通りHowe St.との角にあるロブソン広場Robson Squareが中心で、特にグランビル通りとの交差点からスタンレー・パークまでの両側には大型のデパートやホテル、ブランドショップ、カナダ生まれのカジュアルブランドやコスメショップ、高級レストランからファストフードなどが並び、深夜までにぎわいを見せる。日本食や韓国料理のレストランも多く、日本人をはじめとしたアジア人を多く見かける。道の名前は、1889～92年までブリティッシュ・コロンビア州の知事を務めたジョン・ロブソンJohn Robsonに由来する。

バンクーバー美術館

MAP P.48-A1～B1

Vancouver Art Gallery

★★★

↑階段に座ってランチやアイスを食べている人も多い

ロブソン広場の正面にある美術館。ギリシア神殿を思わせる重厚な石造りの建物は、もとは裁判所として使われていたものだ。館内は4フロアに分かれており、ブリティッシュ・コロンビア州のアーティストの作品を中心に、17～18世紀のカナダ美術や20世紀半ばのイギリスの絵画や彫刻など約1万2000点を収蔵・展示している。写真やモダンアートの作品も多い。美術館最大の見どころは、3階のエミリー・カーEmily Carrのギャラリー。エミリー・カーは、カナダを代表する画家であり、インディアンのトーテムポールをテーマにした作品を多く残している。美術館に収蔵されている作品は、彼女の死後、州に寄贈されたものだ。館内にはおしゃれなカフェやショップもあるので、美術館とあわせてチェックしてみよう。

ビル・リード・ギャラリー

MAP P.49-B3

Bill Reid Gallery

★★★

←翡翠で作られたシャチの像『Killer Whale』

カナダを代表するアーティストのひとり、ビル・リードの名を冠したギャラリー。館内には『The Spirit of Haida Gwaii–The Jade Canoe』や『The Raven and the First Men』といったビル・リードの代表作の試作品などが並ぶ。ビル・リードの生涯を紹介するコーナーには、小学生のときに作ったというチョークのミニチュアティーセットなども展示されており、彼の手先の器用さがよくわかる。

ウオーターフロント

カナダ・プレイス
Canada Place

MAP P.49-A3・4

★★★

⬆夏には世界中からのクルーズ船が停泊する

バラード入江に突き出す、テントが連なったように見える独特な外観の建物は、船のマストと帆をイメージしたもの。1986年のバンクーバー万博でカナダ政府館として使われた、バンクーバーのシンボル的存在だ。現在は国際会議場やイベント会場として利用されている。海に面した遊歩道があり、ぐるりと一周できるほか、カナダの大自然や都市上空の遊覧飛行を4D映像でバーチャル体験できるフライ・オーバー・カナダFly Over Canadaもある。

フライ・オーバー・カナダ
住201-999 Canada Place
FREE(1-855)463-4822
URL www.flyovercanada.com
開毎日9:30～22:00
(時期により変動あり)
休無休
料大人$33($28～)、子供(15歳以下、身長102cm以上)$23($18～)
※( )内はウェブサイトで購入した場合の料金。時期により変動あり。

バンクーバー・ルックアウト
Vancouver Lookout

MAP P.49-B3

★★★

バンクーバーのランドマークのひとつである、地上177mのビル、ハーバー・センター・タワーHarbour Centre Tower内にある展望デッキ。高さ168m、円盤型のデッキからは、バンクーバーのダウンタウンと周りを取り囲む山並みを一望できる。昼間の大パノラマも迫力だが、夕暮れ時のウオーターフロントもまた美しくておすすめ。

バンクーバー・ルックアウト
住555 West Hastings St.
TEL(604)689-0421
URL vancouverlookout.com
開毎日10:00～19:00
(気象状況により変動あり。展望台行きのエレベーターは、閉館の30分前まで)
休無休
料大人・シニア$18.25、学生・ユース(6～17歳)$13.25、子供無料

⬆美しい景色を堪能できる

ギャスタウン
Gastown

MAP P.49-B4

★★★

1867年、ひとりのイギリス人がこの地に到着し、広い原野に1軒の家を建てた。そのイギリス人の名はジョン・デイトンJohn Deighton。彼の家を中心に集落が造られ始めると、この地はデイトンのあだ名であったギャシー"Gassy"(騒々しい)・ジャックから取ってギャスタウンと命名され、バンクーバー発祥の地となった。町は発展を続けたが、1886年の大火により焼失。大陸横断鉄道の開通により復興したものの、20世紀になるとさびれ、ゴーストタウン化してしまった。その後1960年代後半に行われた再興計画により、古い建物はレストランやショップに改装され、バンクーバーを代表する観光地へと姿を変えた。石畳のウオーター通りWater St.沿いには高さ5.5mの蒸気時計Steam Clockがあり、15分ごとに周囲に汽笛を響かせている。東の端にあるメープル・リーフ広場にはかつてウイスキーの樽に乗ったギャシー・ジャック(デイトン)の像が立ち、人気の撮影スポットになっていたものの、抗議者らの手により2022年に撤去されている。なお、ギャスタウンの東側、コロンビア通りColumbia St.の北側はバンクーバーで最も治安が悪いエリアのひとつ。行かないほうが無難だろう。

ギャスタウン
TEL(604)683-5650
URL gastown.org

➡ハイセンスなショップやレストランが並ぶ

ダウンタウン西部

スタンレー・パーク
Stanley Park

MAP P.46-B2～P.47-B3

★★★

⬆トーテムポールの並ぶトーテムポール広場

ダウンタウンの北西の端、イングリッシュ湾に突き出た先端部分が、バンクーバー市民の憩いの場所スタンレー・パーク。巨木が林立する約400ヘクタールの広大な敷地は、もともとインディアンの所有地だった場所をカナダ政府が半永久的に借り受けたもの。公園の設立は1888年で、公園名は当時のカナダの総督スタンレー卿Lord Stanleyから取ったものだ。自然の巨木がそのまま残された園内には、水族館やトーテムポールが立ち並ぶトーテムポール広場、ローズ・ガーデン、子供動物農場のほか、テニスコートやビーチなどレクリエーション施設、レストランやカフェなどもある。公園の外縁にはシーウォールSeawallという約8.8kmの遊歩道が整備されている。シーウォールにはいくつかのビューポイントがあるので、景色を眺めながらゆっくりと回ろう。徒歩で回るのもいいが、レンタサイクルの利用がおすすめだ。園内の主要ポイントを回る馬車のツアーもある。

⬆サイクリングに最適なシーウォール

スタンレー・パーク
URL vancouver.ca/parks-recreation-culture/stanley-park.aspx

馬車ツアー
Stanley Park Horse-Drawn Tours
TEL (604)681-5115
URL www.stanleypark.com
催 3～6月、9/5～10/31
毎日10:00～16:00
7/1～9/4
毎日10:00～17:30
（時期により変動あり）
料 大人$68、シニア・学生$62、子供（3～12歳）$25
公園内のハイライトを回る馬車ツアー。所要約1時間。インフォメーションそばから30～40分ごとに出発。

バンクーバー水族館
Vancouver Aquarium

MAP P.47-B3

★★★

スタンレー・パーク内の水族館。入口の前に置かれた、ブロンズのネイティブ・アートのシャチが目印。館内にはおよそ7万匹もの魚類や海獣類が飼育されている。注目は、映像と音、風やミストなどで自然や動物の世界を体験できる4D体験シアター。巨大なサメがスクリーンから飛び出してくる映像プログラムBBC Earth's Shark: A-4D Experienceは、まるで海の中にいるような迫力。海の生き物に触れられるウェットラボWet Labも人気。

バンクーバー水族館
住 845 Avison Way
TEL (778)655-9554
URL www.vanaqua.org
開 6/24～9/3
毎日9:30～17:30
9/4～6/23
毎日10:00～17:00
休 無休
料 大人$39.95～、シニア・学生$35.2～、子供（3～12歳）$25.2～、2歳以下無料
（時期により変動あり）

⬆館内にはかわいいラッコもいる

イングリッシュ・ベイ
English Bay

MAP P.48-A1～B2

★★★

スタンレー・パークの西端から南に延びる海岸線が、イングリッシュ・ベイ。ビーチには巨大な流木のベンチが置かれ、ここに腰を下ろして海を眺めながらのんびりするのが、バンクーバー市民の憩いの時間。ビーチ沿いに自転車専用道路とジョギングコースも整備されている。周囲には雰囲気のいいカフェやレストラン、バーが並び、休日ともなれば大勢の市民でにぎわう。ビーチの南端には、バンクーバーオリンピックのロゴマークにも使われたイヌクシュクの像が立っている。

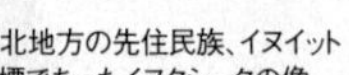
⬇極北地方の先住民族、イヌイットの道標であったイヌクシュクの像

ダウンタウン東部

B.C.プレイスとロジャース・アリーナ

MAP P.49-C3・4

B.C. Place & Rogers Arena

★★★

ロブソン通りの東の突き当たりにあるB.C.プレイスは、街のランドマーク的施設。観客収容数約5万4500人の開閉式ドーム屋根をもつ屋内競技場だ。カナディアン・フットボール・リーグ（CFL）のB.C.ライオンズB.C. Lionsの本拠地だが、イベントやコンサートにも利用されている。スタジアムの正面のゲートAには、BCスポーツの殿堂＆博物館The BC Sports Hall of Fame and Museumもあり、アイスホッケーやベースボールなどブリティッシュ・コロンビア州のスポーツの歴史や名シーンのパネルなどを展示している。

↑街歩きの目印にもなるB.C.プレイス

隣にあるロジャース・アリーナ（旧G.M.プレイス）は、NHL（アイスホッケー）のバンクーバー・カナックスVancouver Canucksの本拠地だ。

チャイナタウン

MAP P.49-B4

Chinatown

★★★

バンクーバーのチャイナタウンが形成されたのは、19世紀後半。最初に渡ってきた中国人は、カリフォルニアのゴールドラッシュを目当てに来たといわれている。フレイザー川の上流で発見された金鉱を目指して北上し、その後は大陸横断鉄道建設の労働力として定住した。スタジアム－チャイナタウン駅で降りてアボット通りAbbott St.を北上し、ペンダー通りを右折すると中華門が現れる。門を過ぎてすぐ右側にあるのが、奥行き178cmのギネスブック公認の「世界一薄いオフィスビル」サム・キー・ビルSam Kee Building。ペンダー通りとメイン通りMain St.との交差点付近が、チャイナタウンの中心だ。ペンダー通りと交差するカラル通りCarrall St.には、明朝様式の庭園、サン・ヤット・セン古典中国庭園Dr. Sun Yat-Sen Classical Chinese Gardenがある。なお、サン・ヤット・セン（孫中山）とは中国革命の父と呼ばれる孫文（別名・中山）のこと。1911年、結成直前の国民党の資金集めにバンクーバーを訪れた。

↑活気あふれるチャイナタウン

チャイナタウンにはさまざまな中華料理のレストランが並ぶ。なかでも、ランチに行われる飲茶Dim Sumはぜひ楽しみたい。$15前後もあればお腹いっぱい食べられ、味もバツグンだ。またさまざまなイベントも行われ、旧正月にペンダー通りとメイン通りを中国の伝統衣装を身に付けた人々がパレードするチャイナタウン・スプリング・フェスティバルChinatown Spring Festivalが有名。

B.C.プレイス

住 777 Pacific Blvd.
TEL (604)669-2300
URL www.bcplace.com

BCスポーツの殿堂＆博物館
TEL (604)687-5520
URL bcsportshall.com
開 火～日10:00～17:00
休 月
料 大人$20、シニア$16、ユース（5～14歳）$12、子供無料

イベント時に臨時休業あり。B.C.ライオンズなどの試合のチケットを見せると半額になる。

ロジャース・アリーナ

MAP P.49-C4
住 800 Griffiths Way
TEL (604)899-7400
URL rogersarena.com

チャイナタウン

URL www.vancouver-chinatown.com

サン・ヤット・セン古典中国庭園
住 578 Carrall St.
TEL (604)662-3207
URL vancouverchinesegarden.com
開 5～9月
水～日9:30～16:00
10～4月
水～日10:00～15:00
休 月・火
料 大人$16、シニア$13、学生（6～17歳）$12、子供無料

庭園のすぐ横に孫文の像と中山公園と書かれた庭園があるが、別物。

チャイナタウン・スプリング・フェスティバル

催 旧正月最初の日曜

チャイナタウンへの行き方

チャイナタウンはギャスタウンの南東にあるが、この間の道は治安が悪いため、スカイトレインのスタジアム－チャイナタウン駅からアクセスしよう。また、メイン・ストリート－サイエンス・ワールド駅から市バス#3、#8、#19、#22でもアクセス可能。

↑チャイナタウンの入口、中華門

イエールタウン周辺

イエールタウン
Yaletown

MAP P.49-C3

★★★

↑れんが造りのおしゃれな店が続く、流行の最先端スポット

れんが造りの瀟洒な建物が並び、流行に敏感なビジネスマンや業界人が集まるスポット。建物の多くはもともと鉄道の倉庫として使われていたが、1986年に行われたバンクーバー万博の際の再開発計画により、外観はそのままにレストランやショップに改装した。蒸気機関車の転車台だったラウンドハウス・コミュニティ・アート&レクリエーション・センターRoundhouse Community Arts & Recreation Centreには、昔の蒸気機関車が展示されている。

イエールタウン

交 スカイトレインのイエールタウン-ラウンドハウス駅Yaletown-Roundhouseから徒歩すぐ。

読者投稿

イエールタウンからグランビル・アイランドへ

この間の移動は、フォールス・クリークを渡るミニフェリーの利用が便利です。橋を下から眺めたり、ビルと山のバンクーバーらしい風景も楽しめます。

（埼玉県 みえ）['23]

グランビル・アイランド

グランビル・アイランド
Granville Island

MAP P.48-C2～D2/P.64～65

★★★

グランビル橋の真下にあるのがグランビル・アイランド。アイランドとあるとおり、フォールス・クリークに浮かぶ小さな島になっている。20世紀

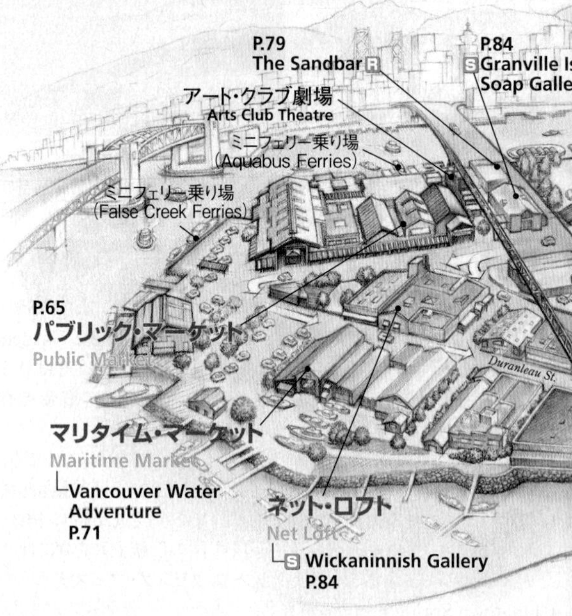

グランビル・アイランド

TEL (604)666-6655

URL granvilleisland.com

交 市バス#50でグランビル橋を渡り、W. 2nd Ave.とアンダーソン通りAnderson St.の交差点下車、橋を渡ってすぐ。また#4、#7、#10、#14、#16でグランビル橋を渡った次のバス停で下車、徒歩5～10分。ミニフェリーでのアクセスもおすすめ。

ミニフェリー（アクアバス）

10人乗りくらいの小さなフェリーがフォールス・クリークを往復している。ふたつの会社が運航しており、ともに5～30分ごとの出発。

アクアバス・フェリー、フォールス・クリーク・フェリーの詳細はP.52欄外参照。

↑レインボーカラーがかわいいアクアバス・フェリー

の初めにはバンクーバーの産業を支える工場街として発展したが、その後さびれゴーストタウン化したものを再開発し、ショッピングも食事も楽しめる観光スポットとして生まれ変わった。端から端まで歩いても500mほどの小さな島には、個性豊かなマーケットやレストラン、バーが建ち並ぶ。マーケットをメインに回るなら所要約1時間。ショップやレストランもゆっくりと見るなら3時間は確保したい。夏季にはストリートミュージシャンや大道芸人も登場し、にぎわいを見せる。アート・クラブ劇場Arts Club Theatreやウオーターフロント劇場Waterfront Theatreでショーを観賞するのもいい。

↑数々のボートが停泊する

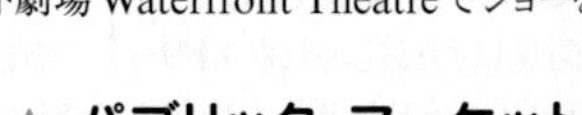

パブリック・マーケット

Public Market

MAP P.64

★★★

グランビル・アイランドにある屋内マーケットで、市内最大の面積をもつ。建物内には野菜や果物、魚介類のショップがずらりと並び、週末になると多くの地元客でごった返す。デリやフードコートもあるので、サンドイッチなどを買って、マーケット内をぶらぶらと歩くのも楽しい。

↑あらゆる生鮮食品が並ぶ、バンクーバーいちの屋内マーケット

↑島からフォールス・クリークとイエールタウンのビル群を望む

読者投稿

パブリック・マーケットのフードコート

グランビル・アイランドのパブリック・マーケットの奥にはフードコートがあり、さまざまなグルメが楽しめます。私はクラムチャウダーを頼みましたが、具だくさんで絶品でした。

（大阪府 ひろみ【'23】

パブリック・マーケット

営 毎日9:00～18:00
休 無休

パブリック・マーケットのフードツアー

約2時間かけて、パブリック・マーケット内を回るガイドツアー。20ヵ所の店に立ち寄り、テイスティングやその食材へのこだわりなどを聞ける。

Granville Island Market Tour
TEL (604)295-8844
URL foodietours.ca/granville-island-market-tour
催 毎日10:30～（冬季は曜日限定の場合あり）
料 大人$99.99～、子供（4～12歳）$89.99～
電話かウェブサイトで要予約。

グランビル・アイランドのマーケット

パブリック・マーケットのほか、子供用品やおもちゃを扱うキッズ・マーケットKids Market、クラフトショップやブティックの入ったネット・ロフトNet Loft、シーフードや海に関連のあるアイテムを扱うショップやアクティビティを扱うツアー会社が並ぶマリタイム・マーケットMaritime Marketがある。

キッズ・マーケット
営 毎日10:00～18:00
休 無休

ネット・ロフト
営 毎日10:00～18:00
休 無休

マリタイム・マーケット
営/休 店舗により異なる

キツラノ周辺

キツラノ
Kitsilano

MAP P.48-D1

★★★

キツラノ

交 市バス#4、#7でグランビル橋を渡り、バラード通りを過ぎて下車。または#44でバラード橋を渡り、4th Ave.に入って下車。

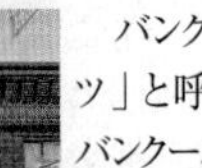

⬆街路樹が並ぶ道沿いにおしゃれなショップが点在している

バンクーバー市民に「キッツ」と呼ばれるキツラノは、バンクーバーの流行発信地。ダウンタウンからグランビル橋を越え、4th Ave.に入ったあたりから西に約2kmにわたって続く。キツラノとは、このあたりに住んでいたインディアンのマスクェム族Musqueamの酋長の名前に由来する。1970年代にはヒッピーの町として有名だったが、その後の再開発によりおしゃれなストリートに姿を変えた。地元の人は、北のキツラノ・ビーチKitsilano Beachまでをキツラノと呼んでいるが、店が集中しているのは4th Ave.沿いで、中心はバラード通りとバルサム通りBalsam St.に挟まれたあたり。人気のレストランや雑貨、コスメ、ガーデニングの店などが並ぶ。学生など若者が多く、イエールタウンよりはカジュアルな雰囲気だ。

バンクーバー博物館
Museum of Vancouver

MAP P.48-C2

★★★

バンクーバー博物館

住 1100 Chestnut St.
TEL (604)736-4431
URL museumofvancouver.ca
開 日～水10:00～17:00
　木～土10:00～20:00
休 無休
料 大人$20、シニア・ユース・学生$15、5歳以下無料
交 市バス#2、#44でバラード橋を渡った最初のバス停で下車、徒歩約10分。

入口のカニのオブジェの中には2067年に開かれるタイムカプセルが入っている。

H.R.マクミラン・スペース・センター
TEL (604)738-7827
URL www.spacecentre.ca
開 水・金18:30～22:30
　木・土～火9:30～16:30
休 無休
料 大人・シニア・ユース$19.75、子供無料

バニア公園Vanier Park内にある博物館で、三角屋根のユニークな外観が目印。バンクーバーの歴史についての展示が中心で、期間限定のエキシビションもたくさん行われている。

⬆入口のカニのオブジェは、ハイダ族の伝説に基づいたジョージ・ハリスの作品

2階は宇宙についての体験型施設H.R.マクミラン・スペース・センターH.R. Macmillan Space Centreになっている。プラネタリウムや宇宙に関するショーが行われる。

バンクーバー海洋博物館
Vancouver Maritime Museum

MAP P.48-C1

★★★

バンクーバー海洋博物館

住 1905 Ogden Ave.
TEL (604)257-8300
URL vanmaritime.com
開 火～日10:00～17:00
休 月
料 大人$15、シニア$11、ユース(6～18歳)・学生$12.5、子供無料
交 バンクーバー博物館から徒歩5分。

バンクーバーの発展と、海との関わりについて学ぶことができる。大航海時代から現代までの船の模型や、船具、船員のユニホームなどの展示が充実。内部には、世界で初めて北米大陸を一周した帆船、セント・ロック号St. Rochの実物が展示されている。セント・ロック号の見学は無料ガイドツアーでのみ可能。

ブリティッシュ・コロンビア大学(UBC)
University of British Columbia

MAP P.46-C1～D1

★★★

1915年に創立されたカナダ屈指の名門大学。学生数は約5万8000人に及び、カナダ西部では最大規模だ。留学生を積極的に受

け入れていることでも有名で、日本からの留学生も多い。キャンパスの面積は4km²以上あり、敷地内には公園やビーチ、ローズ・ガーデンのほか、UBC人類学博物館や新渡戸記念庭園などのバンクーバーを代表する見どころもある。UBC植物園UBC Botanical Gardenも有名だ。夏季には構内を巡る無料のキャンパス・ツアーも催行されている。バス停のすぐそばには、カフェやファストフード店などが集まったスチューデント・ユニオン・ビルStudent Union Building(SUB)やUBCロゴの入ったグッズが買えるUBCブックストアUBC Bookstoreがある。構内は広いので、まずはSUBの1階にある案内所で地図を入手しよう。

↑広大なキャンパスには数々の見どころが点在

ブリティッシュ・コロンビア大学
TEL (604)822-2211
URL www.ubc.ca
URL visit.ubc.ca
交 ダウンタウンから市バス#44、#84などで終点のUBC Exchange下車、徒歩すぐ。
キャンパス・ツアー
TEL (604)822-3313
URL visit.ubc.ca/campus-tours
催 3月中旬〜11月中旬
土10:30〜12:00
出発はブロック・ホールBrock Hallからで、所要50分〜1時間30分。ウェブサイトから予約またはウエルカムセンターで申し込む。

UBC人類学博物館

UBC Museum of Anthropology

MAP P.46-C1

★★★

うっそうとした森の中にあり、入口前には大きなトーテムポールが立っている。博物館の建物はガラスを多用し、明るくモダンなデザインだ。カナダの西海岸の先住民族の展示に関しては、世界でも有数のコレクションを誇る。受付を通ってすぐの大ホールには、はるか昔に製作された多数のトーテムポールが並び、見る者を圧倒する。博物館中央にある円形ホールRotundaにあるのは、ビル・リードの代表作『The Raven and the First Men』。中庭の「彫刻の森」にもトーテムポールやインディアンの住居が並ぶが、これらは現代のインディアンのアーティストの手により復刻されたもの。

↑トーテムポールが並ぶ館内

ビル・リード作の『The Raven and the First Men』↑

UBC人類学博物館
住 6393 N.W. Marine Dr.
TEL (604)827-5932
URL moa.ubc.ca
※2023年8月現在、改修工事のため休館中(2023年末まで)。

↑中庭にも復刻されたトーテムポールが並ぶ

新渡戸記念庭園

Nitobe Memorial Garden

MAP P.46-D1

★★★

↑異国にある日本文化に触れてみよう

1933年にバンフで行われた国際会議の帰途にビクトリアで客死した新渡戸稲造博士(1862〜1933年)をしのんで造られた庭園。池を中心に桜や菖蒲、紅葉など四季を彩る木々が植えられている。本格的な茶室を備える、北米有数の純日本庭園だ。

新渡戸記念庭園
住 1895 Lower Mall
TEL (604)822-4208
URL botanicalgarden.ubc.ca/visit/nitobe-memorial-garden
開 4〜10月
火〜日10:00〜16:30
11〜12月下旬
火〜日10:00〜14:00
休 月、12月下旬〜3月
料 大人$7、シニア・ユース(13〜17歳)$6、子供(6〜12歳)$4、5歳以下無料

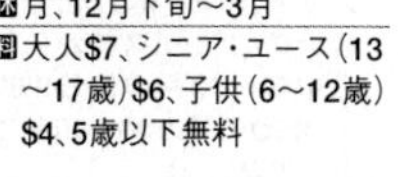

ノース・バンクーバー

ロンズデール・キー・マーケット

MAP P.47-B4

Lonsdale Quay Market

★★★

シーバスのロンズデール・キー・ターミナルのそばにある屋内マーケット。2階建ての建物は吹き抜けになっており、1階には生鮮食品の店やデリ、フードコートがある。2階には、若者向けのショップが並ぶ。

キャピラノつり橋

MAP P.47-A3

Capilano Suspension Bridge

★★★

⬆つり橋は、渡るとゆらゆら揺れる。思わず足がすくんでしまいそうだ

ノース・バンクーバーを流れるキャピラノ川Capilano Riverの両側は切り立つ深い渓谷で、この渓谷に架かるつり橋が観光名所となっている。橋の長さは134mで、谷底から橋までの高さは約70m。ゆらゆら揺れてスリル満点。橋を渡った先はトレイルの整備された公園になっており、ブリティッシュ・コロンビア州沿岸特有の寒帯雨林をなしている。周囲の木々はダグラスファー（ベイマツ）が多く、高さ約80m、樹齢は200年を超えるものがほとんど。つり橋のほか、ダグラスファーを支柱に7つのつり橋を渡したツリートップ・アドベンチャーTreetops Adventureや崖沿いに空中に飛び出た遊歩道を歩くクリフウオークCliffwalkなどさまざまなアクティビティが楽しめる。つり橋の手前にある40本ものトーテムポールも必見。11/17〜1/21には「Canyon Light」というイルミネーションが楽しめる。

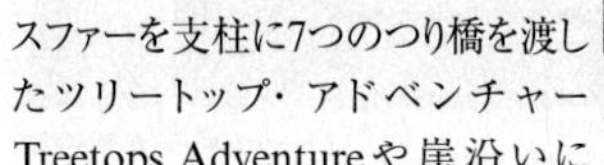

グラウス・マウンテン

MAP P.45-A2

Grouse Mountain

★★★

⬆スカイライドで山頂へ

ノース・バンクーバーの背後にそびえる、標高1250mの山。麓からはスカイライドSkyrideというゴンドラで1128mまで上れる。ゴンドラの終着駅に併設して、展望レストランやカフェなどが入ったピーク・シャレーPeak Chaletがある。ピーク・シャレーの周囲はレクリエーション・パークになっており、頂上には風力発電の形をした展望台、アイ・オブ・ザ・ウインドThe Eye of the Windが立つ（2023年8月現在、閉鎖中）。自然が楽しめるトレイルがあるほか、夏季にはヘリツアーやパラグライディングも楽しめる。注目は、ケーブルをつたって渓谷を渡るマウンテン・ジップラインMountain Zipline。また、麓から山頂まではGrouse Grindという登山道がある（→P.70）。冬はスキー場になる。

ロンズデール・キー・マーケット

住 123 Carrie Cates Court
TEL (604)985-6261
URL lonsdalequay.com
営 毎日9:00〜19:00
（2階は毎日10:00〜19:00）
休 無休

キャピラノつり橋

住 3735 Capilano Rd.
TEL (604)985-7474
URL www.capbridge.com
開 5/18〜9/4
毎日8:30〜19:00
9/5〜10/12、1/22〜5/17
毎日9:00〜18:00
10/13〜10/31
毎日10:00〜20:00
11/1〜11/16
毎日10:00〜17:00
11/17〜1/21
毎日11:00〜21:00
休 無休
料 大人$66.95、シニア$61.95、学生$53.95、ユース（13〜17歳）$36.95、子供（6〜12歳）$26.95、5歳以下無料
交 ロンズデール・キー・ターミナルから市バス#236で15分。ダウンタウンからは無料シャトルバスが運行。乗車はカナダ・プレイスやロブソン通りのホテルBlue Horizonなどから。

グラウス・マウンテン

住 6400 Nancy Greene Way
TEL (604)980-9311
URL www.grousemountain.com
スカイライド
運 毎日9:00〜21:00
（時期により変動あり）
料 大人$75、シニア$65、ユース（13〜18歳）$55、子供（5〜12歳）$39、4歳以下無料
スカイライドの上に乗るSkyride Surf Adventureも人気（料 スカイライド料金に+$35）。
マウンテン・ジップライン
催 毎日10:00〜18:00
料 1人$119
（スカイライド料金別）
交 ロンズデール・キー・ターミナルからは市バス#236、キャピラノつり橋からは#232で行くことができる。夏季はダウンタウンから無料のシャトルバスあり。出発はカナダ・プレイス前から。5月中旬〜10月の毎日9:00〜18:00の間の30〜40分ごとに出発。

郊外

クイーン・エリザベス公園

MAP P.47-D3

Queen Elizabeth Park

★★★

↑高台からダウンタウンとノース・ショアの山を望む

ダウンタウンの南に位置する、カナダで最初の市立植物園。公園名の「クイーン・エリザベス」とは、1940年にバンクーバーを訪れたイギリスのエリザベス王妃(エリザベス2世女王の母、2002年に101歳で逝去)を記念したものだ。敷地面積は52ヘクタール。芝生と木々の合間に多くの花々が植えられており、四季折々の美しさを見せる。また公園は標高167mの小高い丘の上に造られており、園内から見渡すダウンタウンと海のパノラマもすばらしい。公園の頂上には、バンクーバー唯一の熱帯温室、ブローデル温室The Bloedel Conservatoryがある。ガラス張りのドーム内には約500種の熱帯植物が植えられており、100羽以上の鳥が放し飼いにされている。街を見下ろす眺望が自慢のレストラン、「Seasons in the Park」もある。

クイーン・エリザベス公園

住 33rd Ave. & Cambie St.
URL vancouver.ca/parks-recreation-culture/queen-elizabeth-park.aspx

ブローデル温室

TEL (604)257-8584
開 3・10月
毎日10:00～17:00
4～9月
毎日10:00～18:00
11～2月
毎日10:00～16:00
休 無休
料 大人$8.29、シニア・ユース(13～18歳)$5.82、子供(5～12歳)$3.7、4歳以下無料
交 スカイトレインのキング・エドワード駅King Edwardから徒歩5分。

バンデューセン植物園

MAP P.47-D3

VanDusen Botanical Garden

★★★

クイーン・エリザベス公園の西にある植物園。22ヘクタールの広大な敷地は、もともとゴルフコースだったもの。園内には6大陸から集めた7500種類もの植物が植えられており、遊歩道を一周すると世界中の植物を見ることができる。カラフルな花々が咲き競う花のエリアと、手入れされた大木が並ぶ庭のエリアなどテーマ別に分けられたエリアは55あり、湖や池の眺めも美しい。世界のガーデンのハイライトを集めたような園内のなかでも、特に有名なのがラバーナム(キバナフジ)のアーチ。風に揺れる金色の花の下をゆっくりと歩いてみたい。ラバーナムの見頃は年によって変わるが、だいたい5月中旬～下旬くらい。入口のインフォメーションで現在咲いている花をチェックしてみよう。クリスマスシーズンには色とりどりのイルミネーションで飾られるイベント、クリスマス・フェスティバル・オブ・ライトChristmas Festival of Lightsが開催されている。ギフトショップやレストランもあるので1日ゆっくりと過ごしてみるのもいい。

↑ラバーナムの黄金のアーチに、思わずうっとり

バンデューセン植物園

住 5151 Oak St.
TEL (604)257-8463
URL www.vandusengarden.org
開 3～5・10月
毎日10:00～17:00
6・7月
月～木9:00～17:00
金～日9:00～18.00
8月
月～水9:00～17:00
木9:00～19:00
金～日9:00～18:00
9月
月～水10:00～17:00
木10:00～19:00
金～日10:00～18:00
11～2月
毎日10:00～15:00
休 無休
料 大人$12.3($8.9)、シニア・ユース(13～18歳)$8.6($6.25)、子供(5～12歳)$6.15($4.45)、4歳以下無料
※( )内は11～3月の料金

クリスマス・フェスティバル・オブ・ライト

催 11月下旬～1月上旬
16:00～22:00
料 大人$21、シニア・ユース$15.5、子供$11
交 市バス#17で、オーク通りOak St.と37th Ave.の交差点で下車、徒歩すぐ。クイーン・エリザベス公園からは徒歩約20分。

バンクーバーのアクティビティ
Activities in Vancouver

⬅急坂が続くグラウス・グラインド

ハイキング Hiking

バンクーバーのハイキングスポットは、山のあるノース・バンクーバーに集中している。経験者向けから初級者向けまでさまざまトレイルがあるが、ほとんどが日帰りで気軽にチャレンジできるところばかり。トレイルヘッドまでは地下鉄では行けないので、シー・バスや市バスを利用する。行く際はトレッキングシューズや水、非常食を必ず持って行くこと。

⬆途中、長いつり橋を渡るリン渓谷

おもなハイキングコース

グラウス・グラインド
Grouse Grind

グラウス・マウンテンの麓から山頂まで続くトレイル。バンクーバー随一の急坂コースとして有名で、1時間30分にも渡って非常に急な坂道を上り続ける。頂上はスカイライド山頂駅のすぐ横。帰りはスカイライドで降りるのが一般的（降りるだけなら$10）。

歩行距離：片道2.9km
所要時間：1時間30分
標高差：854m
登山口までのアクセス：トレイル・ヘッドのあるグラウス・マウンテンのスカイライド乗り場（MAP P.45-A2）までは、ロンズデール・キー・ターミナルから市バス#236で約25分。

リン渓谷
Lynn Canyon

ノース・バンクーバーのリン渓谷沿いを歩くトレイル。多くのトレイルがあり、体力と時間に合わせてコースを選ぶことができる。おすすめは、リン・ループ・トレイルからバリー・トレイル、バーデン・パウエル・トレイルという3つを行くコース。途中、渓谷に架かるつり橋を渡る。

歩行距離：12km
所要時間：4時間
標高差：240m
登山口までのアクセス：ロンズデール・キー・ターミナルから市バス#228で約20分、バス停Lynn Valley下車。
MAP P.45-A2

レンタサイクル

Spokes Bicycle Rentals
MAP P.48-A2
住 1798 West Georgia St.
TEL (604)688-5141
URL spokesbicyclerentals.com
営 毎日8:00〜21:00（冬季は時間短縮）
休 無休
料 レンタサイクル 1時間$12〜、半日（6時間）$36〜、1日$48〜

レンタル時にパスポートなどの身分証明書と、クレジットカード（デポジット）などが必要となる。

ランニング＆サイクリング Running & Cycling

⬆スタンレー・パークのシーウォール

市民が楽しむアクティビティとして最も手軽で人気があるのが、ランニングとサイクリング。人気のコースはスタンレー・パークのシーウォール（→P.72）。ダウンタウンのビル群からハーバー、ライオンズ・ゲート・ブリッジLions Gate Bridge、ノース・バンクーバーと次々に移り変わる眺望が美しい。シーウォールは1周8.8kmなので、初心者ランナーならこれで十分。物足りない人や自転車の人は、その後イングリッシュ・ベイからフォールス・クリーク、キツラノ・ビーチ沿いに延びていくコースを走ろう（→P.72）。スタンレー・パークには、中心部を進むオフロード・トレイルもある。ランニングコースとサイクリングロードは通常同じルートを走るが、レーンは別。自転車は公園周辺のレンタサイクル店で。

シーカヤック Sea Kayak

バンクーバーでのウオータースポーツといえば、シーカヤック。ダウンタウンのそばでは、グランビル・アイランドやキツラノの北西のジェリコ・ビーチ Jericho Beachの沿岸で楽しめる。どこも内海で波が穏やかなため、初心者や旅行者でも安心。レンタルもあるが、まずは体験コースに参加するのがおすすめ。

シーカヤックにはシングル(ひとり用)、ダブル(ふたり用)の2種類があり、安定性も抜群。艇の先端にあるペダルを踏むことで後部のラダー(舵)を操舵する。服装は動きやすい格好で。カヤックに乗り降りする際、足がぬれることもあるので、ビーチサンダルやカヤック用シューズを用意しよう。海上は日差しが強いので、帽子、日焼け止めやサングラスは必携だ。

もっと本格的なシーカヤックを楽しみたい！という人は、ノース・バンクーバーのさらに東、ディープ・コーブDeep Coveへと足を伸ばしてみよう。ここは、週末になるとたくさんのカヤック好きが集まるスポット。カヤックレンタルやツアーなどさまざまに楽しめる。北にはマウント・シーモア州立公園Mount Seymore Provincial Parkというハイキングスポットもある。ディープ・コーブの中心にはレストランやカフェも多く、特に人気なのはドーナツ屋さんの「Honey Doughnuts & Goodies」。体を動かしたあとに甘いドーナツを食べるのが、ディープ・コーブの定番コースだとか。

↑海に面したバンクーバーならではのアクティビティ

シーカヤック
Vancouver Water Adventures
MAP P.48-C1/P.64
TEL (604)736-5155
URL www.vancouverwateradventures.com
料 カヤックレンタル2時間 $40(シングル)、$55(ダブル)
カヤックツアー$79〜
ツアーはキツラノ・ビーチから出発。グランビル・アイランド、キツラノ・ビーチの2ヵ所にオフィスがあり、それぞれガイド付きシーカヤックのツアーを催行している。レンタルカヌーもある。営業は夏季のみ。

ディープ・コーブ
MAP P.45-A2
交 スカイトレインのバラード駅やコルドバ通りCordova St.から市バス#211で約1時間。
Deep Cove Kayak Centre
住 2156 Banbury Rd.
TEL (604)929-2268
URL deepcovekayak.com
料 シーカヤック$95〜
レンタルカヤック
2時間$49〜、1日$115〜

COLUMN

バンクーバーのスキー場

バンクーバーでは、冬になるとスキー場がオープンする。市内には3つのスキー場があり、すべてノース・バンクーバーに位置している。3つの中でも、ダウンタウンから最も近いのがグラウス・マウンテン。ここととシーモア山Mount Seymourは初級者用のコースが多く、気軽にチャレンジできる。

サイプレス山Cypress Mountainのスキー場は、2010年のバンクーバー冬季オリンピックでスノーボードやフリースタイルスキーの会場になった場所。中・上級者向けのコースが多いので、経験者はこちらへ。シーズンは各スキー場によって異なるが、12〜4月頃。詳細はウェブサイトを参照。

↑ダウンタウンを見下ろす眺めが抜群なグラウス・マウンテン

DATA
グラウス・マウンテン
MAP P.45-A2 URL www.grousemountain.com
シーモア山
MAP P.45-A2 URL mtseymour.ca
サイプレス山
MAP P.45-A1 URL cypressmountain.com

バンクーバーでレンタサイクリング

市民の憩いの場として、また人気スポットとしても知られるスタンレー・パーク(→P.62)からスタート。自転車は公園周辺にあるレンタサイクル店で。手続きは用紙に住所や氏名などを記入するだけ。あとはスタッフが自転車を選んでくれる。

スタンレー・パーク内の外周にはシーウォールという約8.8kmの海沿いに延びる道がある。一方通行なので対向車の心配もなく、安心してサイクリングを楽しめる。おすすめは緑あふれるスタンレー・パークから潮風が心地よいビーチ通りBeach Ave.を南下し、フォールス・クリーク沿いに進んでキツラノ・ビーチを目指す所要約2時間30分のコース。スカイトレインや市バスでは味わえないバンクーバーの醍醐味をアクティブに楽しもう。

↑自転車をこげばこぐほど潮風が心地よく感じられるスタンレー・パークのシーウォールにて

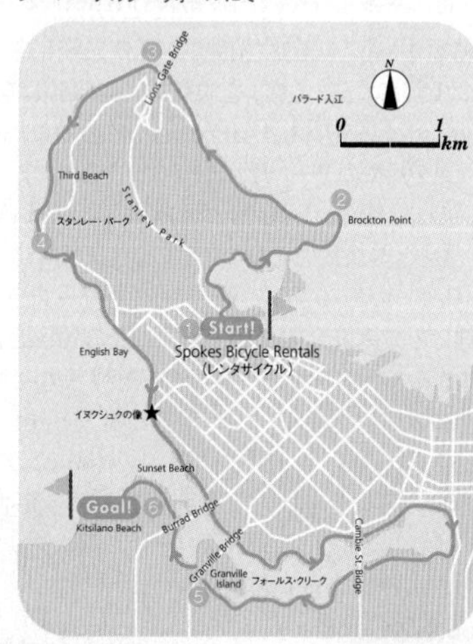

1 レンタサイクル・ショップ

スタンレー・パークそばのレンタサイクル・ショップ、Spokes Bicycle Rentals(→P.70)から出発。

2 ブロックトン・ポイント Brockton Point

スタンレー・パークの東端に延びる岬。バラード入江内を行き交う船を眺めるにはうってつけの展望エリア。

3 ライオンズ・ゲート・ブリッジ Lions Gate Bridge

橋げたから対岸を見渡すと、右側にノース・バンクーバー、左側にウエスト・バンクーバーが広がる。

4 サード・ビーチ～イングリッシュ・ベイ Third Beach & English Bay

夕日のベストスポットとしても知られるビーチエリアへ。スタンレー・パークのサード・ビーチからイングリッシュ・ベイ・ビーチ、サンセット・ビーチへと続き、海岸線には巨大なイヌクシュクの像もある。

5 グランビル橋 Granville Bridge

パブリック・マーケットや個性的なショップが集まるグランビル・アイランドの入口前を通る。おしゃれなカフェやレストランもあるので、ちょっと立ち寄るのも◎。

Goal!

6 キツラノ・ビーチ Kitsilano Beach

"キッツ・ビーチ"の愛称で親しまれるこのビーチからはスタンレー・パークやイングリッシュ・ベイ・ビーチを一望できる。晴れた日には日光浴やビーチバレーを楽しむ人々でにぎわう。

安全にサイクリングを楽しむためのポイント

❶ ヘルメットは必須。盗難防止用のロックも忘れずに

バンクーバーではヘルメットの着用は必須。ひと気があっても盗まれることもあるので自転車から離れるときには必ずロックもかけること。レンタサイクル店で借りられる。

❷ 事前にサイクリングマップを入手しておくと安心

レンタサイクル店はもちろん、観光案内所などでもルートマップを配布している。Metro Vancouver Cycling Mapがおすすめ。

❸ 自転車のための標識や信号をよく見る

街なかには一方通行や専用レーンなど、自転車専用の標示があるので、見逃さないようにしよう。

エクスカーション

ソルト・スプリング島

MAP P.42-D1

Salt Spring Island

★★★

↑オーガニックの野菜や果物、チーズなどが並ぶサタデーマーケット

バンクーバーとビクトリアの間に浮かぶソルト・スプリング島は、豊かな自然、オーガニックフードなどナチュラルな生活を楽しむ人々が暮らすロハスな島。美しい自然にひかれた多くのアーティストが移り住み、陶芸、絵画、クラフトなど30以上のアートスタジオが点在している。中心は、観光案内所のあるガンジスGangesの町。バンクーバーからのフェリーが到着するロング港Long Harbourからは車で約10分。ガンジスのセンテニアル公園Centennial Parkで4～10月の毎週土曜の9:00～16:00に開かれるThe Salt Spring Saturday Market（MAP P.73-2）は島の名物。地元アーティストのクラフトやオーガニックの農産物、チーズ、コスメなどを販売する露店が並び、ひときわにぎわう。

島内を回る循環バスがあるが、本数が少ないのでタクシーやレンタカー利用がおすすめ。ドライブなら海の眺めのいいノース・ビーチ通りNorth Beach Rd.から北部を回り、ベスビアス湾Vesuvius Bayに出る山道へ行ってみよう。標高595mのマウント・マックスウェル州立公園Mt. Maxwell Provincial Parkの展望台からは絶景が見渡せる。

▶▶▶ソルト・スプリング島への行き方

バンクーバーから水上飛行機のハーバー・エア・シープレーンが1日3～5便運航。所要約35分。

B.C.フェリーがバンクーバーとビクトリアから運航。バンクーバーのトゥワッサンTsawwassenとロング港Long Harbourの間は、1日2～4便、所要1時間30分～3時間、大人$19.8～(車は$86.45～)。ビクトリアのスワーツ・ベイSwarts Bayとフルフォード港Fulford Harbour間は直通フェリーが1日7～8便、所要約35分、大人$11.95～(車は$47.05～)。

ソルト・スプリング島の観光案内所

Visitor Info Centre

MAP P.73-2
住 121 Lower Ganges Rd.
TEL (250)537-5252
URL www.saltspringtourism.com
開 毎日10:00～16:00（時期により変動あり）
休 無休

ソルト・スプリング島のホテル

観光案内所でB&Bを紹介してくれる。

Salt Spring Inn
ソルト・スプリング・イン

MAP P.73-2
住 10£ Lower Gangoo Rd.
TEL (250)537-9339
URL saltspringinn.com
料 HIGH 5～9月　バス・トイレ共同ⓈⒹ$139～、バス・トイレ付きⓈⒹ$204～
LOW 10～4月　バス・トイレ共同ⓈⒹ$119～、バス・トイレ付きⓈⒹ$169～　Tax別

ソルト・スプリング島

North Beach Rd.
ノース・ビーチ通り
North End Rd.
Sunset Dr.
Broadwell Rd.
Rainbow Rd.
Vesuvius Bay Rd.
ベスビアス湾
Vesuvius Bay
ロング港
Long Harbour
ガンジス港
Ganges Harbour
ガンジス中心部
右に拡大図
バンクーバーへ
Collins Rd.
アースキン山
Mount Erskine
Beddis Rd.
マウント・マックスウェル州立公園
Mt. Maxwell Provincial Park
Stewart Rd.
Fulford-Ganges Rd.
Bearer Point Rd.
Reynolds Rd.
フルフォード港
Fulford Harbour
ビクトリアへ
N
0 5 10 km

1

2

バンクーバーのホテル
Hotels in Vancouver

ダウンタウン中心部では、バラード、ハウ、ジョージアなどの通り沿いに高級ホテルが多い。いずれもシングルで$200以上はかかるが、快適で安全。食事やショッピング、観光にも便利な場所にある。グランビル通りからB.C.プレイスにかけての東側にも中～高級のホテルがある。

バラード橋やグランビル橋にかけてのダウンタウン南部には、中級ホテルが多く、グランビル通りにはモーテルやチェーン系の中級ホテルが並んでいる。ギャスタウンやチャイナタウンには安宿が多いが、治安がよくないので避けたほうが無難。

B&Bは広い範囲に広がっている。ノース・バンクーバーやウエスト・バンクーバーWest Vancouverにはおしゃれな B&Bも多く、料金はローシーズンでも$150前後と少々高めだが、カナダ人の生活に少しでも触れたい人にはおすすめ。

最高級ホテル

Shangri-la Vancouver
シャングリ・ラ・バンクーバー

ダウンタウン中心部

アジアを代表するハイクラスホテル。バンクーバーで最も高層の61階建てビルの1～15階までがホテルになっている。部屋はゆったりとしたサイズで、バスルームのシャワーとバスタブは別々になっている。ブラインドやカーテンが自動操作できるなど、最新の設備が整う。

MAP P.48-A1
住 1128 West Georgia St.
TEL (604)689-1120
URL www.shangri-la.com/jp/vancouver/shangrila
料 HIGH 5～9月ⓈⒹ$565～
LOW 10～4月ⓈⒹ$445～ Tax別
CC A D J M V 室 119室
交 スカイトレインのバラード駅Burrardから徒歩3分。

The Fairmont Hotel Vancouver
フェアモント・ホテル・バンクーバー

ダウンタウン中心部

1939年に創業し、バンクーバーのランドマークともいえる老舗。青銅の屋根は、バンクーバーの街歩きの目印にもなる。アンティークの家具が配された内装は、優雅で落ち着いた雰囲気。スパ、プール、サウナ、ジャクージあり。ホテル内にグッチやルイ・ヴィトンなどの高級ブランド店がある。

MAP P.48-A1
住 900 West Georgia St.
TEL (604)684-3131
FREE (1-866)540-4452
URL www.fairmont.jp/hotel-vancouver
料 HIGH 5～10月ⓈⒹ$489～
LOW 11～4月ⓈⒹ$296～ Tax別
CC A D J M V 室 557室
交 スカイトレインのバラード駅から徒歩5分。

Rosewood Hotel Georgia
ローズウッド・ホテル・ジョージア

ダウンタウン中心部

英国のロイヤルファミリーやプレスリーなど世界のVIPも宿泊した1927年創業の名門ホテル。アールデコ調の外観と、スタイリッシュな内装のギャップがクール。ウエストコースト料理の名店「Hawksworth」をはじめ3軒のレストランが入っている。屋外ラウンジもあり、軽食やお酒を楽しめる。

MAP P.49-B3
住 801 West Georgia St.
TEL (604)682-5566
URL www.rosewoodhotels.com/en/hotel-georgia-vancouver
料 HIGH 5～10月ⓈⒹ$535～
LOW 11～4月ⓈⒹ$400～ Tax別
CC A D M V 室 156室
交 スカイトレインのバンクーバー・シティ・センター駅から徒歩1分。

The Pan Pacific Vancouver
パン・パシフィック・バンクーバー

ウオーターフロント

カナダ・プレイス内にある最高級ホテル。バラード入江、ノース・バンクーバーの眺望がすばらしい。シーバスのウオーターフロント・ターミナル、観光案内所もすぐそばという絶好のロケーション。「Five Sails」をはじめ、定評のあるレストランあり。ホテル内にスパがある。

MAP P.49-A3
住 300-999 Canada Place
TEL (604)662-8111
URL www.panpacific.com
料 HIGH 5月中旬～10月中旬ⓈⒹ$475～
LOW 10月中旬～5月中旬ⓈⒹ$254～ Tax別
CC A D J M V 室 503室
交 スカイトレインのウオーターフロント駅から徒歩3分。

バスタブ / 一部客室　テレビ / 一部客室　ドライヤー / 貸し出し　ミニバーおよび冷蔵庫 / 一部客室　セーフティボックス / フロントにあり　Wi-Fi

最高級ホテル

Fairmont Pacific Rim
フェアモント・パシフィック・リム

ウオーターフロント

ラグジュアリーと自然の共存をテーマとした最高級ホテル。ウオーターフロントに位置しており、高層階の部屋からは緑豊かなスタンレー・パークやノースショアの山並みが望める。内装はエレガントなデザインで統一されている。ノース・バンクーバーの山が眺められるパティオプールが人気。

MAP P.49-A3
住 1038 Canada Place
TEL (604)695-5300
FREE (1-888)264-6877
URL www.fairmontpacificrim.com
料 HIGH 5月～10月下旬ⓈⒹ$719～
LOW 10月下旬～4月ⓈⒹ$512～ Tax別
CC A D J M V 室 367室
交 スカイトレインのバラード駅、ウオーターフロント駅から徒歩7分。

高級ホテル

Sheraton Vancouver Wall Centre Hotel
シェラトン・バンクーバー・ウォール・センター

ダウンタウン中心部

ダウンタウンの中心にある高級ホテル。スタイリッシュなデザインホテルで、ガラス張りの外観も、また内装もモダンそのもの。ホテルの部屋としてはバンクーバーで最も高く、高層階からの眺望はすばらしい。プールにフィットネスセンター、スパ、サウナ、ジャクージと設備も整っている。

MAP P.49-B3
住 1000 Burrard St.
TEL (604)331-1000
FREE (1-888)627-7058
URL www.marriott.com
料 HIGH 6～9月ⓈⒹ$449～
LOW 10～5月ⓈⒹ$224～ Tax別
CC A J M V 室 733室
交 スカイトレインのバンクーバー・シティ・センター駅から徒歩10分。

Hilton Vancouver Downtown
ヒルトン・バンクーバー・ダウンタウン

ダウンタウン中心部

全室スイートタイプのスタイリッシュなホテル。若手デザイナーの新感覚が随所にあふれ、洗練された安らぎが感じられる。ベッドは全室クイーンサイズ以上、キッチンには食器や冷蔵庫も完備している。ビジネスや新婚旅行にもおすすめ。スパ、フィットネスセンターあり。

MAP P.49-B3
住 433 Robson St.
TEL (604)602-1999
URL www.hilton.com
料 HIGH 5～9月ⓈⒹ$449～
LOW 10～4月ⓈⒹ$211～ Tax別
CC A D M V 室 207室
交 スカイトレインのバンクーバー・シティ・センター駅から徒歩5分。

コンドミニアム

Carmana Hotel & Suites
カーマナ・ホテル&スイート

ダウンタウン中心部

ロブソン通りからすぐのロケーションにあるコンドミニアムタイプのホテル。部屋はすべてキッチン付きのスイートタイプで、ベッドルームとリビング、ダイニング&キッチンが独立している2DKタイプ。ひと部屋に最大4人が泊まることも可能。キッチンには電子レンジ、オーブン、コンロを完備。

MAP P.48-A1
住 1128 Alberni St.
TEL (604)683-1399
URL www.carmanahotel.com
料 HIGH 5～10月ⓈⒹ$459～
LOW 11～4月ⓈⒹ$219～
Tax別
CC A M V 室 96室
交 スカイトレインのバラード駅から徒歩5分。

Sandman Suites Vancouver
サンドマン・スイート・バンクーバー

ダウンタウン中心部

にぎやかなデイビー通りにある高層ホテル。客室はすべてスイートタイプで、大型冷蔵庫や電子レンジ、食洗機を備えたキッチン付き。バルコニー付きの部屋もあり、上層階の部屋からはダウンタウンの展望が楽しめる。ビジネスセンターやスパ、レストランなど館内設備も充実している。

MAP P.48-B2
住 1160 Davie St.
TEL (604)681-7263
URL www.sandmanhotels.com/vancouver-davie-street
料 HIGH 5～9月ⓈⒹ$250～
LOW 10～4月ⓈⒹ$148～ Tax別
CC A M V 室 198室
交 市バス#6でデイビー通りとサーロウ通りThurlow St.の交差点下車、徒歩すぐ。

中級ホテル

Coast Coal Harbour Hotel by APA
コースト・コール・ハーバー・ホテル・バイ・アパ

ダウンタウン中心部

日本のビジネスホテルとして有名なアパホテルの直営。ロブソン通りからも近く、観光や食事、ショッピングに非常に便利な立地がうれしい。全室に温水洗浄トイレやルームスリッパ、日本語チャンネル搭載のテレビを完備するなど、日本のホテル特有のサービスが魅力。

MAP P.49-A3
住 1180 West Hastings St.
TEL (604)697-0202 FREE (1-800)716-6199
URL www.coasthotels.com/coast-coal-harbour-vancouver-hotel-by-apa/japanese
料 HIGH 5～9月ⓈⒹ$259～
LOW 10～4月ⓈⒹ$179～ Tax別
CC A D M V 室 220室
交 スカイトレインのバラード駅から徒歩7分。

中級ホテル

Moda Hotel
モーダ

ダウンタウン中心部

1908年創業の老舗ホテルを改装したデザインホテル。部屋は黒と赤でまとめられスタイリッシュ。設備もフラットTVやノート型パソコンも収まるセーフティボックスなど最新のものを取り揃えている。アメニティは品質にこだわり、イタリアのアンティカ・ファルマシスタAntica Farmacistaを置いている。

MAP P.49-B3
住900 Seymour St.
TEL(604)683-4251 FREE(1-877)683-5522
URL www.modahotel.ca
料HIGH5～10月ⓈⒹ$320～
LOW11～4月ⓈⒹ$124～
Tax別
CCA M V 室69室
交スカイトレインのバンクーバー・シティ・センター駅から徒歩5分。

The Burrard
バラード

ダウンタウン中心部

1956年創業のモーテルを全面的にリノベーションしたホテル。モノトーンが基調の内装は清潔でスタイリッシュなデザイン。屋上には開放的なパティオもある。ウェブサイトはやや奇抜なデザインになっているが、カップルからファミリーまで利用する普通のホテルなのでご安心を。

MAP P.49-B3
住1100 Burrard St.
TEL(604)681-2331 FREE(1-800)663-0366
URL theburrard.com
料HIGH5～9月ⓈⒹ$289～
LOW10～4月ⓈⒹ$134～ Tax別
CCA D J M V
室72室
交スカイトレインのバンクーバー・シティセンター駅から徒歩13分。

The Listel Hotel
リステル

ダウンタウン中心部

現代アートで飾られたユニークなホテル。ノースウエストの現代アートの作品を展示するミュージアムフロアや、近代から現代にかけて世界で活躍した作家の作品を展示するギャラリーフロアなどがある。また併設しているレストラン「Forage」は地元の野菜シーフードを使った料理を提供している。

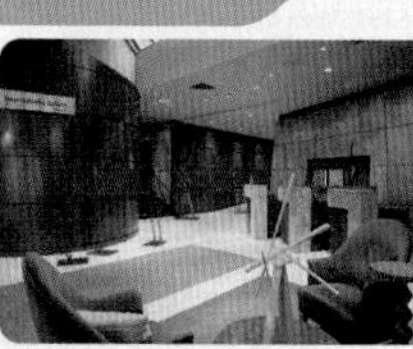

MAP P.48-A2
住1300 Robson St.
TEL(604)684-8461 FREE(1-800)663-5491
URL www.thelistelhotel.com
料HIGH5～9月ⓈⒹ$278～
LOW10～4月ⓈⒹ$188～
Tax別
CCA D J M V
室129室
交スカイトレインのバラード駅から徒歩11分。

エコノミーホテル

Barclay Hotel
バークレイ

ダウンタウン中心部

観光やショッピングにアクセスのいい、欧風の木造ホテル。建物が古くエレベーターはないが、室内は白を基調にしており清潔感がある。値段も内容のわりに安め。2～3人ならば広々したスイートルーム(夏季$209～、冬季$109～)もおすすめだ。カフェとバーあり。

MAP P.48-A2
住1348 Robson St.
TEL(604)688-8850
URL www.barclayhotel.ca
料HIGH5～9月Ⓢ$119～ Ⓓ$159～
LOW10～4月Ⓢ$64～ Ⓓ$85～
Tax別
CCA M V
室85室
交スカイトレインのバラード駅から徒歩12分。

Hotel Belmont Vancouver MGallery
ベルモント・バンクーバー・Mギャラリー

ダウンタウン中心部

グランビル通りの近くにあり観光に絶好のロケーション。受付に日本人スタッフがいることもある。モダンな客室にはケーブルテレビを視聴できる薄型テレビ、コーヒーメーカー、ワードローブなどを備え、シティビューを楽しめる部屋も。地下にはバーやナイトクラブがある。

MAP P.49-B3
住654 Nelson St.
TEL(604)605-4333
URL www.hotelbelmont.ca
料ⓈⒹ$174～ Tax別 朝食付き
CCA M V
室82室
交スカイトレインのバンクーバー・シティ・センター駅から徒歩7分。

YWCA
ワイ・ダブル・シー・エー

ダウンタウン東部

エレベーターも専用の鍵を使うなどセキュリティ面が安心。トリプルやシングルベッドが5つあるファミリールームもある。共有スペースやキッチンも広々。ダウンタウンの中心部やイエールタウン、B.C.プレイスやチャイナタウンへも徒歩圏内。YWCAだが、男性も宿泊可能。

MAP P.49-B3
住733 Beatty St.
TEL(604)895-5830
URL ywcavan.org/hotel
料HIGH6～9月バス共同ⓈⒹ$135～、バス付きⓈⒹ$108～
LOW10～5月バス共同ⓈⒹ$98～、バス付きⓈⒹ$81～ Tax別
CCA D J M V 室220室
交スカイトレインのバンクーバー・シティ・センター駅から徒歩8分。

B&B

O Canada House B&B
オー・カナダ・ハウスB&B

ダウンタウン中心部

手入れの行き届いたガーデンのあるビクトリア様式の一軒家。1897年にハミルトン銀行の頭取バッカン氏の住まいとして建てられ、1910年にカナダの国歌「オー・カナダ」が最初に披露された場所としても知られている。館内はアンティークなインテリアで統一されており、優雅に過ごしたい人向き。

MAP P.48-A1
住 1114 Barclay St.
TEL (604)688-0555
URL ocanadahouse.com
料 HIGH 5～10月ⓈⒹ$329～
LOW 11～4月ⓈⒹ$159～
Tax別　朝食付き
CC A M V　室 7室
交 スカイトレインのバンクーバー・シティ・センター駅から徒歩12分。

Point Grey Guest House
ポイント・グレイ・ゲスト・ハウス

キツラノ周辺

1990年のオープン以来、フレンドリーなホストの人柄で親しまれているB&B。ブリティッシュ・コロンビア大学にほど近く、ジェリコ・ビーチも徒歩圏内。長期滞在にはプライベートキッチン付きのガーデンスイートがおすすめ。フルーツサラダや自家製ジャムが自慢の朝食も評判。

MAP P.46-D2
住 4103 West 10th Ave.
TEL (604)222-4104
URL www.pointgreyguesthouse.com
料 6月～9月中旬ⓈⒹ$120～165
9月中旬～5月ⓈⒹ$115～155
Tax別　朝食付き
CC M V　室 5室
交 市バス#14でW. 10th Ave.とカモサン通りCamosun St.の交差点下車、徒歩すぐ。

Ocean Breeze B&B
オーシャン・ブリーズB&B

ノース・バンクーバー

Romantica SuiteやFrench Provincial Suiteなど、部屋ごとに趣向を変えた内装。うち3室はバルコニー付きで、ダウンタウンの眺望がいい。朝食は日替わりのフルブレックファストでエッグベネディクトやパンケーキを堪能できる。繁忙期は3泊以上から予約可能。

MAP P.47-B4
住 462 East 1st St.
TEL (604)988-0546　FREE (1-800)567-5171
URL www.oceanbreezevancouver.com
料 HIGH 5～9月Ⓢ$215～259 Ⓓ$269～315
LOW 10～4月Ⓢ$170～199 Ⓓ$199～265　Tax別　朝食付き
CC M V　室 6室
交 シーバスのロンズデール・キー・ターミナルから車で6分。

ゲストハウス

West End Guest House
ウエスト・エンド・ゲスト・ハウス

ダウンタウン中心部

1906年築の歴史的な建物を利用したゲストハウス。共有スペースや客室はモダンな家具で統一され、設備も最新のものが揃っている。朝食はオーガニック食材をふんだんに使ったフルブレックファストで、手作りのパンも評判。ダウンタウンの中心にあるが、静かな環境。

MAP P.48-A2
住 1362 Haro St.
TEL (604)681-2889
URL www.westendguesthouse.com
料 ⓈⒹ$199～　Tax別　朝食付き
CC A D M V
室 8室
交 スカイトレインのバラード駅から徒歩12分。

ユースホステル

HI Vancouver Downtown
HIバンクーバー・ダウンタウン

ダウンタウン中心部

ダウンタウンの中心部にあり、2023年6月に改装工事を終えて清潔感がアップした。プライベートルームでもバス、トイレはすべて共同。テレビルームのほかにキッチンやランドリーも完備している。レセプションは24時間オープン。マウンテンバイクを借りて、サイクリングを楽しむことができる。

MAP P.48-B2
住 1114 Burnaby St.
TEL (604)684-4565　FREE (1-866)762-4122
URL hihostels.ca
料 ドミトリー$65.7～(会員)、$73～(非会員)、バス共同ⓈⒹ$159.7～(会員)、$177.45～(非会員)
Tax別　朝食付き
CC M V　室 68室、222ベッド
交 市バス#2、#32、#44でバラード通りとデイビー通りの交差点下車、徒歩9分。

HI Vancouver Jericho Beach
HIバンクーバー・ジェリコ・ビーチ

キツラノ周辺

世界中の旅行者でにぎわう、カナダ最大級のユースホステル。キツラノのジェリコ・ビーチに近く、環境は抜群。館内に軽食の取れるカフェやキッチンルーム、ロッカーがある。フロントの横にインターネットの端末がある(有料)。夏季は非常に混み合うので、早めの予約を心がけよう。

MAP P.46-C2
住 1515 Discovery St.
TEL (604)224-3208
FREE (1-866)762-4122
URL hihostels.ca
料 ドミトリー$35～(会員)、$39～(非会員)、バス共同ⓈⒹ$81～(会員)、$90～(非会員)　Tax別
CC J M V　室 23室、218ベッド
交 市バス#4でW 4th Ave.とN.W. Marine Dr.の交差点下車、徒歩7分。

バンクーバーのレストラン
Restaurants in Vancouver

バンクーバーは、カナダを代表する「食の街」。地元のシーフードや野菜など新鮮な食材と、移民の持ち込んだ国際色豊かな料理が独自の食文化を形成している。

ダウンタウンのレストラン街といえば、観光客向けの店が集中するロブソン通りと小さな食堂が並ぶデンマン通り。現在、店が続々とオープンしているのが、ギャスタウン。おしゃれで雰囲気のいい店が軒を連ねている。ダウンタウンではほかにも、イエールタウンやグランビル・アイランド、チャイナタウンもグルメスポットとして外せない。キツラノの周辺には、話題のカフェや名店と呼ばれるレストランが多い。特に近年話題なのが、グランビル通りとブロードウエイ通りBroadwayの交差点の周辺。サウス・グランビルSouth Granvilleと呼ばれるこのエリアには、有名シェフの店が点在している。

カナダ料理

Glowbal
グローバル

ダウンタウン中心部

洗練されたムード漂う高級レストラン。カナダ産の肉や魚を使用し、目でも楽しめる華やかな盛りつけの料理を提供する。おすすめは、アルバータ牛のステーキ$64や熟成鴨肉のコンフィ$42など。約500種のワインを取り揃えているワインセラーもある。ユニークなパティオ席にも注目。

MAP P.49-B3
住 590 West Georgia St.
TEL (604)602-0835
URL www.glowbalgroup.com/glowbal
営 月～金11:30～24:00
土・日10:30～24:00
休 無休
予 ランチ$40～、ディナー$70～
CC A J M V
交 スカイトレインのバンクーバー・シティ・センター駅から徒歩3分。

Salmon n' Bannock
サーモン・アンド・バノック

バンクーバー南部

エルクやサーモン、薬草など天然ものの食材を使い、先住民族出身のシェフが伝統料理を現代風にアレンジ。唯一無二の味わいに仕上げている。人気店のため予約は必須。2022年にはバンクーバー国際空港内に支店「Salmon n' Bannok on the Fly」もオープンした。

MAP P.48-D2
住 7-1128 West Broadway
TEL (604)568-8971
URL www.salmonandbannock.net
営 毎日15:00～21:00
（時期により変動あり）
休 無休　予 $40～
CC M V
交 市バス#9でウエスト・ブロードウエイ通りとスプルース通りSpruce St.の交差点下車、徒歩すぐ。

Cactus Club Cafe
カクタス・クラブ・カフェ

ダウンタウン西部（イングリッシュ・ベイ）

イングリッシュ・ベイ・ビーチに面したガラス張りの建物で、海に沈む夕日を見ながら食事をするのに最適のロケーション。地元の食材を使った創作料理が人気で、ステーキなど肉料理からシーフード、パスタ、アジア料理までメニューは多彩。カナダのセレブシェフが監修したメニューもある。

MAP P.48-B1・2
住 1790 Beach Ave.
TEL (604)681-2582
URL www.cactusclubcafe.com
営 日～木11:30～24:00
金・土11:30～24:30
休 無休
予 $30～
CC A M V
交 市バス#5、#6でデンマン通りとデイビー通りの交差点下車、徒歩1分。

シーフード

Joe Fortes
ジョー・フォーテス

ダウンタウン中心部

ロブソン通りの中心にある高級レストラン。サスティナブルを取り入れたシーフード魚介料理が好評を博し、地元誌からバンクーバーのベストレストランと評される。オイスターバーにはブリティッシュ・コロンビア産をはじめカナダ各地から仕入れた生ガキ$4.15が揃う。ピアノ演奏も行われる。

MAP P.48-A1
住 777 Thurlow St.
TEL (604)669-1940
URL www.joefortes.ca
営 毎日11:00～23:00
休 無休
予 ランチ$20～、ディナー$40～
CC A J M V
交 スカイトレインのバラード駅から徒歩6分。

シーフード

Blue Water Cafe
ブルー・ウォーター・カフェ

イエールタウン周辺

バンクーバーのベストシーフードに何度も輝いた名店で、シーフードといえばここというローカルも多い。カナダの海で取れた新鮮なシーフードを思う存分堪能できる。8種類の魚介が盛られたシーフードタワー$99やホタテのグリル$43など、どれも繊細で見た目も美しいものばかり。

MAP P.49-C3
住 1095 Hamilton St.
TEL (604)688-8078
URL www.bluewatercafe.net
営 毎日17:00〜23:00(バーは16:30〜)
休 無休
予 $50〜
CC A M V
交 スカイトレインのイエールタウン-ラウンドハウス駅から徒歩3分。

The Sandbar
サンドバー

グランビル・アイランド

グランビル・アイランドで食事を楽しむならここへ。大きな船が飾られた店内は吹き抜けになっており、開放感満点。テラス席があり、フォールス・クリークが望める。近海産のサーモンのグリル$32.5やステーキ$52がおすすめ。日本人シェフが腕をふるうスシバーもある。

MAP P.64
住 1535 Johnston St.
TEL (604)669-9030
URL www.vancouverdine.com/sandbar
営 月〜金11:30〜22:30
土・日 11:00〜23:00
休 無休　予 ランチ$25〜、ディナー$35〜
CC A M V
交 市バス#50でWest 2nd Ave.とアンダーソン通りの交差点下車、徒歩8分。

フランス料理

Le Crocodile
ル・クロコダイル

ダウンタウン中心部

地元のシーフードやアルバータ牛など、カナダの食材をメインに使った伝統的なフランス料理を提供する。濃厚なコクがあるロブスタービスク$20やダンジネスクラブケーキ$28など、料理はどれも繊細な味わい。ディナーのメインは$35〜。2023年8月現在、ランチ営業は休止中。

MAP P.48-B1
住 100-909 Burrard St.
TEL (604)669-4298
URL lecrocodilerestaurant.com
営 火〜土17:30〜22:00
休 日・月
予 $60〜
CC A M V
交 スカイトレインのバンクーバー・シティ・センター駅から徒歩8分。

スペイン料理

Bodega
ボデガ

ダウンタウン東部

本格的なスペイン料理が味わえると地元で評判のレストラン。名物の自家製サングリア$14〜は、ほとんどの客がオーダーするほどの人気ぶり。魚介の香ばしさが広がるパエリア$42〜やイベリコ豚のチョリソー$14などシェアして食べたいメニューが揃う。ほどよい甘さのチュロス$12もぜひ。

MAP P.49-C4
住 1014 Main St.
TEL (604)565-8815
URL www.bodegaonmain.ca
営 毎日11:00〜24:00
休 無休
予 ランチ$15〜、ディナー$30〜
CC A M V
交 スカイトレインのメイン・ストリート-サイエンス・ワールド駅から徒歩3分。

イタリア料理

Cioppino's Mediterranean Grill
チョッピーノス・メディテラニアン・グリル

イエールタウン周辺

バンクーバーを代表する高級イタリアンレストラン。オーナーシェフであるピノ氏が生み出す伝統的なイタリアンにアレンジを加えた料理は、食通にも人気が高い。おすすめは仔牛のほお肉を煮込んだラグーソースとポルチーニ茸を合わせたパッパルデッレというパスタ$38。隣接したエノテカも人気。

MAP P.49-C3
住 1133 Hamilton St.
TEL (604)688-7466
URL www.cioppinosyaletown.com
営 火・水・土17:00〜22:30
木・金12:00〜14:00/17:00〜22:30
休 日・月
予 ランチ$30〜、ディナー$60〜
CC A M V
交 スカイトレインのイエールタウン-ラウンドハウス駅から徒歩2分。

ギリシャ料理

Stepho's
ステフォーズ

ダウンタウン中心部

行列のできるギリシャレストラン。名物は、ロースト・ラム$22.95。オリジナルスパイスに10日ほど漬け込みオーブンでじっくりと焼き上げた骨付きのラム肉は驚くほど軟らかく、噛むほどにジューシーな肉汁があふれ出す。人気店だが予約ができないため食事時のピークをずらして訪れるのがおすすめ。

MAP P.48-B2
住 1124 Davie St.
TEL (604)683-2555
営 毎日11:30〜22:00
休 無休
予 $25〜
CC M V
交 スカイトレインのバラード駅から徒歩9分。

ビーガン料理

Nightshade
ナイトシェイド

イエールタウン周辺

バンクーバーに数あるビーガン料理店のなかでも唯一、ミシュランガイド2022のビブグルマンに選出された実力派。世界各国の郷土の味を新鮮な地元食材で再現し、イタリアンの王道からルンダンなどアジア各国で親しまれる伝統料理まで守備範囲が広い。オリジナルカクテルは$14～。

MAP P.49-C3
住1079 Mainland St.
TEL(604)566-2955
URL www.nightshadeyvr.com
営月・火17:00～22:00　水～金11:30～22:00　土・日10:30～22:00
休無休
予ランチ$15～、ディナー$30～
CCA M V
交スカイトレインのイエールタウン－ラウンドハウス駅から徒歩4分。

カフェ

Thierry
ティエリー

ダウンタウン中心部

バンクーバーで名高いチョコレート専門店。フランス出身のパティシエが作るスイーツは、どれも繊細で美しいルックスのものばかり。チョコレートトリオケーキ$10.95～やマカロン各$2.8～が好評。イートインスペースもあり、遅くまで営業しているので、夜カフェとしての利用もおすすめ。

MAP P.48-A1
住1059 Alberni St.
TEL(604)608-6870
URL www.thierrychocolates.com
営日～木8:00～22:00　金・土8:00～23:00
休無休
予$10～
CCA M V
交スカイトレインのバラード駅から徒歩6分。

Cartems
カーテムス

ダウンタウン中心部

毎日揚げたて＆焼きたてが味わえるドーナツは、地産地消にこだわった厳選素材を使用。常時14種類ほど揃い、アールグレイ$4.05、アップルフリッター$4.35、ロンドンフォグ$4.7などが売れ筋。季節のフルーツや野菜を使った月替わりメニュー、変わり種の味もぜひトライしてみて。

MAP P.49-B3
住534 West Pender St.
TEL(778)708-0996
URL www.cartems.com
営月～金8:30～16:30　土・日9:30～16:00
休無休
予$6～
CCM V
交スカイトレインのグランビル駅から徒歩3分。

49th Parallel & Lucky's Doughnuts
フォーティーナインス・パラレル＆ラッキー・ドーナツ

郊外

フェアトレードや厳選したオーガニックの豆を使用し、自家焙煎のコーヒーを提供。朝から地元客でにぎわいをみせる。昔ながらの製法を用い、店内で手作りするドーナツはシンプルなグレーズドリング$4.25が人気No.1。時間が合えば焼きたてを味わえる。店内はWi-Fi利用可能。

MAP P.47-D3・4
住2902 Main St.
TEL(604)872-4901
URL 49thcoffee.com
営毎日7:30～17:00(時期により変動あり)
休無休
予$10～
CCA M V
交スカイトレインのブロードウエイ－シティホール駅から徒歩15分。

Sophie's Cosmic Cafe
ソフィーズ・コズミック・カフェ

キツラノ周辺

若者たちに大人気の、キツラノを代表するカフェ。店内にはブリキのランチボックスなどが壁一面に飾られ、見ているだけで楽しくなってくる。レトロなボックス席に座って、ハンバーガー$23やクラブハウスサンド$21、ミルクシェイク$7.49などをオーダーしよう。キッズメニューは$8～13。

MAP P.48-D1
住2095 West 4th Ave.
TEL(604)732-6810
URL www.sophiescosmiccafe.com
営毎日8:00～15:00
休無休
予$20～
CCM V
交市バス#4、#7、#44で、West 4th Ave.とアビュータス通りの交差点下車、徒歩1分。

Aphrodite's Organic Pie Shop
アフロディーテス・オーガニック・パイ・ショップ

キツラノ周辺

キツラノの端にある小さな店だが、バンクーバー随一のオーガニックカフェとして有名。地元のフルーツを使ったオーガニックパイ$15～が人気で、ストロベリーやルバーブなどがおすすめ。ビーガンやグルテンフリー対応のパイはメニュー表で確認を。道を挟んだ向かい側にレストランもある。

MAP P.46-C・D2
住3598 West 4th Ave.
TEL(604)738-5879
URL www.organiccafe.ca
営毎日8:00～18:00
休無休
予$20～
CCM V
交市バス#4、#7、#44でWest 4th Ave.とコーリングウッド通りCollingwood St.の交差点下車、徒歩1分。

ファストフード

JAPADOG
ジャパドッグ

ダウンタウン中心部

日本人経営のホットドッグ屋台＆レストラン。メディアでも数多く紹介され常に行列ができる。OroshiやTerimayoなど日本風にアレンジしたホットドッグは、地元カナダ人にも人気。おすすめは、大きな白ソーセージの上に大根おろしがたっぷりのOroshi$7.39。バンクーバー国際空港や郊外の商業施設にも支店あり。

MAP P.49-B3
住 530 Robson St.
TEL (604)569-1158
URL www.japadog.com
営 日～木10:00～翌3:00
金・土10:00～翌4:00
休 不定休
予 $5～
CC M V
交 スカイトレインのグランビル駅から徒歩6分。

Romer's Burger
ロマズ・バーガー

キツラノ周辺

バンクーバーに3つの店舗をもつカジュアルダイニング。看板メニューは、食べごたえ抜群のジューシーなハンバーガー$15.95～。オーガニックのパティや新鮮なローカル野菜を使用しており、食材に強いこだわりをもつ。地ビール$6.95～やワイン$7.95～などバーガーに合うお酒も種類豊富。

MAP P.48-D1
住 1873 West 4th Ave.
TEL (604)732-9545
URL romersburgerbar.com
営 月11:00～22:00
火～木11:00～23:00
金11:00～24:00
土10:00～24:00　日10:00～22:00
休 無休　予 $20～　CC A M V
交 市バス#4、#7、#44でWest 4th Ave.とバラード通りの交差点下車、徒歩1分。

Go Fish
ゴー・フィッシュ

キツラノ周辺

グランビル・アイランド近くの漁港にあるオープンエアの店。ランチタイムには行列ができることも多い。名物は、ビールを衣に混ぜてカラッと揚げたフィッシュ＆チップス。タラ$14.3、オヒョウ$19.5から選べる。黒板には旬のおすすめ魚介料理が書かれているので、そちらもチェックしよう。

MAP P.48-C2
住 1505 West 1st Ave.
TEL (604)730-5040
営 火～金11:30～19:00
土・日12:00～19:00
休 月
予 $10～
CC M V
交 市バス#50でWest 2nd Ave.とアンダーソン通りの交差点下車、徒歩3分。

日本料理

Guu with Otokomae
グー・ウィズ・オトコマエ

ウオーターフロント（ギャスタウン）

おしゃれなギャスタウンにある日本の居酒屋。本日の刺身サラダ$14.8やサーモンと納豆のまぜまぜユッケ$14.8はいち押し。ダウンタウンにほか4店舗あり、それぞれの雰囲気や味が楽しめる。特に夏季の週末は予約がベター。ランチは豚西京焼きやチキン南蛮などの弁当定食$13～も人気。

MAP P.49-B4
住 105-375 Water St.
TEL (604)685-8682
URL guu-izakaya.com
営 日～木11:30～23:00
金・土11:30～24:00
休 無休
予 $25～
CC A J M V
交 スカイトレインのウオーターフロント駅から徒歩2分。

与八鮨
Yohachi Sushi

ノース・バンクーバー

日本人経営の寿司店。鍋焼きうどん$22や豚の角煮$15が人気。寿司なら盛り合わせ$39～やちらし丼$25～がおすすめ。新鮮な魚介を使った寿司や刺身をはじめ、天ぷら、焼き物、麺類などさまざまな日本の味が楽しめる。ダウンタウンからシーバスに乗れば、アクセスするのも簡単だ。

MAP P.47-B4
住 161-171 West Esplanade
TEL (604)984-6886
URL yohachi.ca
営 毎日11:00～21:45
休 無休
予 $30～
CC A D J M V
交 シーバスのロンズデール・キー・ターミナルから徒歩4分。

韓国料理

Ma Dang Goul
マ・ダン・ゴル

ダウンタウン西部

国際食豊かなレストランが並ぶデンマン通りにある。こぢんまりとした店舗だが、本格的な韓国料理がリーズナブルに味わえるとあって、いつも地元の韓国人でにぎわっている。おすすめのメニューはヤンニョムチキン$23や石焼きビビンバ$14～、スンドゥブ$15～など。

MAP P.48-A2
住 847 Denman St.
TEL (604)688-3585
営 火・木11:30～15:00/16:30～21:00
金・土11:30～15:00/16:00～21:00
休 日・月・水
予 ランチ$10～、ディナー$20～
CC M V
交 市バス#5でデンマン通りとハロ通りHaro St.の交差点下車、徒歩すぐ。

中華料理

麒麟
Kirin

ダウンタウン中心部

1987年に創業し、バンクーバーでは老舗となる中華料理の名店。落ち着いた雰囲気で本格的な中華料理が味わえると評判。北京ダックやフカヒレ、アワビ、ロブスターなどの高級中華から、シーフード、肉料理、麺料理、スープなど幅広いメニューが揃う。ランチの飲茶1皿$7.75〜も評判だ。

MAP P.48-A1
住1172 Alberni St.
TEL(604)682-8833
URL www.kirinrestaurants.com
営月〜金11:00〜14:30/17:00〜22:30
土・日10:00〜14:30/17:00〜23:00
休無休
予ランチ$20〜、ディナー$50〜
CC A M V
交スカイトレインのバラード駅から徒歩7分。

新瑞華海鮮酒家
Sun Sui Wah Seafood

郊外(リッチモンド)

バンクーバーで飲茶といえばこの店。飲茶の時間は月〜金10:30〜15:00(土・日10:00〜)で、種類も豊富な点心は脂っこくなく上品な味わい。注文は、用紙に書き込んでスタッフに渡す。写真付きのメニューがあるので頼みやすい。住3888 Main St.(MAP P.47-D3・4)にも支店あり。

MAP P.45-C1
住102, 4940 No.3 Rd.
TEL(604)273-8208 FREE(1-866)683-8208
URL www.sunsuiwah.ca
営月〜金10:30〜15:00/17:00〜22:00
土・日10:00〜15:00/17:00〜22:00
休無休
予ランチ$20〜、ディナー$35〜
CC A D M V
交スカイトレインのアバディーン駅Aberdeenから徒歩9分。

カンボジア料理

Phnom Penh
プノン・ペン

ダウンタウン東部(チャイナタウン)

チャイナタウンの端にあるカンボジアとベトナム料理のレストランで、食事時には行列ができる。名物は、ガーリックやスパイスが効いたプノンペン風チキンウイングのフライ$10.95〜。麺料理やフライドライスなどメニューは豊富で、アジアンスイーツ$7.5〜などどれも$10前後という安さも魅力。

MAP P.49-B・C4
住244 E. Georgia St.
TEL(604)682-5777
営月・水・木10:00〜20:00
金〜日11:00〜21:00
休火
予$15〜
CC M V
交スカイトレインのメイン・ストリート-サイエンス・ワールド駅から徒歩10分。

インド料理

Vij's
ヴィジズ

郊外

1994年の創業以来、バンクーバーで最も有名なインド料理店。ムンバイ出身のシェフ、ビクラム氏による個性あふれる料理を求め、美食家たちが集う。おすすめはスパイスたっぷりのラム肉のクリームカレー$34など。肉を使わないアラカルトにも注目。ウェブサイトからの予約を推奨。

MAP P.47-D3
住3106 Cambie St.
TEL(604)736-6664
URL vijs.ca
営日〜木17:30〜21:30
金・土17:30〜22:00
休無休
予$40〜 CC A M V
交スカイトレインのブロードウエイ-シティ・ホール駅Broadway-City Hallから徒歩10分。

レバノン料理

Nuba
ヌーバ

ウオーターフロント(ギャスタウン)

ベジタリアン料理として注目を集めているレバノン料理が楽しめるレストラン。ヘルシー志向の地元人でいつもにぎわっている。人気は、ひよこ豆やカリフラワーの揚げものなどが盛られた前菜(メゼ)の盛り合わせ$29.95。ラム肉をローストしたシャワルマ$39.95など伝統的な肉料理も揃う。

MAP P.49-B4
住207 West Hastings St.
TEL(604)688-1655
URL www.nuba.ca
営日〜木11:30〜21:00
金11:30〜22:00
土9:30〜22:00
休無休
予$25〜 CC A M V
交スカイトレインのウオーターフロント駅から徒歩6分。

クラフトビール

Granville Island Brewing
グランビル・アイランド・ブリューイング

グランビル・アイランド

ビール醸造所に併設し、個性的なクラフトビールを味わえる。ビールは常時4〜6種あり、ドラフト$7〜。4種類のビールが少しずつ味わえるテイスティング・セットは$12。醸造所の見学ツアーも実施予定(所要約45分、詳細はウェブサイトを要確認)。ビールやグラスを売るショップを併設。

MAP P.65
住1441 Cartwright St.
TEL(604)687-2739
URL www.granvilleislandbrewing.ca
営夏季 毎日11:00〜21:00
冬季 毎日12:00〜20:00
休無休
予$15〜
CC M V
交市バス#50でWest 2nd Ave.とアンダーソン通りの交差点下車、徒歩2分。

バンクーバーのショッピング

Shops in Vancouver

大型のショッピングモールはダウンタウンに集中。ロブソン通りは高級ブランドから小物雑貨までショップがずらりと並び、メープルシロップやサーモンなどの定番みやげも手に入る。ギャスタウンやキツラノ、イエールタウン、グランビル・アイランドも外せないスポットだ。

ショッピングモール

CF Pacific Centre
CFパシフィック・センター

エルメスやティファニーなど高級ブランドが数多く入ったデパート「Holt Renfrew」や老舗デパートの「Hudson's Bay」をはじめ、カフェ、ジュエリーショップなど140以上の店舗が入っている一大ショッピングセンター。グランビル通りに沿ってペンダー通りからロブソン通りの3ブロックを占めている。

ダウンタウン中心部

MAP P.49-B3 住701 West Georgia St.
TEL(604)688-7235
URL shops.cadillacfairview.com/property/cf-pacific-centre
営月～水10:00～19:00
木・金10:00～21:00
土10:00～20:00
日11:00～19:00
休無休 CC店舗により異なる
交スカイトレインのグランビル駅から徒歩すぐ。

ファッション

Roots
ルーツ

カナダのファッションブランドの代名詞的存在であるRootsの、ロブソン通り店。スポーツテイストのデザインが多く、人気はブランド名や「CANADA」「Vancouver」と書いてあるパーカーやTシャツなど。CF Pacific Centre内や、同じロブソン通りを300mほど進んだ所にも支店がある(MAP P.48-A1)。

ダウンタウン中心部

MAP P.48-A1
住1001 Robson St.
TEL(604)683-4305
URL www.roots.com
営毎日9:30～21:00
休無休
CC A M V
交スカイトレインのバラード駅から徒歩7分。

Granted Sweater Co.
グランテッド・セーター・カンパニー

カナダ産のセーターブランドの工房。地元の人がていねいに手編みしたオリジナルデザインが人気。自然や動物モチーフのほかフラガールなど斬新なデザインも多く、ネパールで生産するDayシリーズは軽い着心地が特徴。ショップを併設しているが、営業は不定期のため来店時は事前に連絡を。

郊外(リッチモンド)

MAP P.45-C2
住130-11181 Voyageur Way
TEL(604)207-9392
URL www.grantedclothing.com
営月～金9:00～17:00
休土・日
CC A M V
交スカイトレインのブリッジポート駅から市バス#407でブリッジポート通りBridgeport Rd.とシンプソン通りSimpson Rd.の交差点下車、徒歩3分。

ジュエリー

Silver Gallery
シルバー・ギャラリー

ブリティッシュ・コロンビア州のインディアンが手がけるジュエリーを販売。世界遺産でもあるハイダ・グアイ(→P.144)のハイダ族からバンクーバー周辺の部族のアーティストまで品揃えも豊富。彫られている動物により意味が異なるので、購入時にスタッフに相談してみて。日本人スタッフがいることも。

ウオーターフロント(ギャスタウン)

MAP P.49-B4
住312 Water St.
TEL(604)681-6884
URL silvertalks.com
営夏季 毎日11:00～19:00
冬季 毎日11:00～18:00
休無休
CC A D J M V
交スカイトレインのウオーターフロント駅から徒歩4分。

シューズ

Gravitypope
グラビティポープ

エドモントン発のシューズ専門店。「Native Shoes」などのカナダブランドやヨーロッパ生まれのシューズを100種類以上取り揃えている。カジュアルなものからスタイリッシュなデザインまで幅広いジャンルを販売し、地元のおしゃれっ子に好評。同じ店名で洋服のセレクトショップが隣接している。

キツラノ周辺

MAP P.48-D1
住2205 West 4th Ave.
TEL(604)731-7673
URL www.gravitypope.com
営月～木・土10:00～19:00
金10:00～20:00
日11:00～18:00
休無休 CC A M V
交市バス#4、#7、#44でWest 4th Ave.とアビュータス通りの交差点下車、徒歩3分。

雑貨

The Regional Assembly of Text
リージョナル・アッセンブリー・オブ・テキスト

郊外

オーナーがデザインしたポストカードやステーショナリーを扱うおしゃな雑貨店。オリジナルポストカード$6～は、缶バッジ付きなどの小細工が施された乙女心をくすぐられるデザイン。カナダモチーフのノートやTシャツもあり、おみやげにも最適。センスあるディスプレイにも注目してみよう。

MAP P.47-D3・4
住 3934 Main St.
TEL (604)877-2247
URL www.assemblyoftext.com
営 月～土11:00～18:00
日12:00～17:00
休 無休
CC M V
交 市バス#3でメイン通りとEast 22nd Ave.の交差点下車、徒歩1分。

おみやげ

Wickaninnish Gallery
ウィカニウィッシュ・ギャラリー

グランビル・アイランド

グランビル・アイランドのネット・ロフト内にあるギフトショップ。先住民アーティストが手掛けたポップな雑貨が揃い、ハチドリのウォールデコレーションやイーグルの食器など見ているだけでも楽しい。ペンダント$99.99～などのインディアンジュエリーは一点物がメイン。

MAP P.64
住 14-1666 Johnston St.
TEL (604)681-1057
URL wickaninnishgallery.com
営 1～3月　毎日10:00～18:00
4～12月　毎日10:00～19:00
休 無休
CC A J M V
交 市バス#50でWest 2nd Ave.とアンダーソン通りの交差点下車、徒歩7分。

本

Indigo Spirit
インディゴ・スピリット

ダウンタウン中心部

ロブソン通りにある地元っ子御用達の書店。小説や雑誌、ガイドブックやレシピ本などさまざまなジャンルの本が整然と陳列されている。ノート$12.99～やペンケース$14.99～など、オリジナルデザインの文房具や小物も購入できる。2階には本のほかライフスタイルグッズが置かれている。

MAP P.48-A1
住 1033 Robson St.
TEL (778)783-3978
URL www.chapters.indigo.ca
営 日11:00～19:00
月～土10:00～20:00
休 無休
CC A M V
交 スカイトレインのバンクーバー・シティ・センター駅から徒歩2分。

コスメ

Saje Natural Wellness
セージ・ナチュラル・ウェルネス

キツラノ周辺

バンクーバー生まれの自然派コスメ専門店。心身のリラックスに役立つアロマグッズが充実し、こめかみなどに塗るロールオンタイプのエッセンシャルオイル$30～はペパーミントが一番人気。さまざまな種類が入ったブレンドオイルのセット$66はバラマキみやげにも重宝する。

MAP P.48-D1
住 2252 West 4th Ave.
TEL (604)738-7253
URL www.saje.com
営 毎日10:00～18:00
休 無休
CC A M V
交 市バス#4、#7、#44でWest 4th Ave.とアビュータス通りの交差点下車、徒歩5分。

Granville Island Soap Gallery
グランビル・アイランド・ソープ・ギャラリー

グランビル・アイランド

オーナーのダーレンさんが手作りする石鹸の専門店。ブリティッシュ・コロンビア州産のナチュラル素材を使用しているので、肌にやさしく、香りもマイルド。ケーキやドーナツなどスイーツをモチーフにした見た目もかわいいソープは$11～。バスソルトやモイスチャークリームも扱っている。

MAP P.64
住 104-1535 Johnston St.
TEL (604)669-3649
営 5～10月
毎日10:00～18:00
11～4月
毎日10:00～17:00
休 無休
CC A M V
交 市バス#50でWest 2nd Ave.とアンダーソン通りの交差点下車、徒歩8分。

ワイン

Marquis Wine Cellars
マーキーズ・ワイン・セラーズ

ダウンタウン中心部

100種類以上が揃うブリティッシュ・コロンビア州産をはじめ、ヨーロッパから南アフリカ、オセアニアに南米まで世界各国のワインがずらり。スタッフのイチオシが並ぶワインコーナーは新入荷やお買い得商品をチェックしよう。定期的に店内で無料の試飲イベントも開催される。

MAP P.48-B2
住 1034 Davie St.
TEL (604)684-0445
URL www.marquis-wines.com
営 毎日11:00～19:00
休 無休
CC A M V
交 市バス#2、#32、#44でバラード通りとデイビー通りの交差点下車、徒歩1分。

バンクーバーのナイトスポット
── Night Spots in Vancouver ──

バーやパブ、クラブなどさまざまなジャンルのナイトスポットが点在している。なかでも話題の店はイエールタウンとキツラノに多い。イエールタウンはビジネスマンに人気のおしゃれで落ち着いた雰囲気の店が多く、キツラノは若者向き。クラブによっては、発砲事件や麻薬の売買などもあるので、注意。

バー

Brix & Mortar
ブリックス＆モーター

イエールタウンにあるおしゃれなラウンジレストラン。緑と光に溢れたガラス張りの中庭は、パーティにも人気のスポット。こだわりのカナダ料理とワインを楽しめるダイニングエリアやバーテンダーの本格カクテルが飲めるバーカウンターがある。夏はテラス席も。毎週火・水曜はライブイベントを開催。

イエールタウン周辺

MAP P.49-C3
住 1138 Homer St.
TEL (604)915-9463
URL www.brixandmortar.ca
営 日・火〜木16:00〜22:00
金・土16:00〜23:00
休 月
CC A M V
交 スカイトレインのイエールタウン-ラウンドハウス駅から徒歩3分。

Granville Room
グランビル・ルーム

れんが造りの壁とエレガントなインテリアが印象的なバー。週末ともなれば多くのローカルでにぎわっているが、若者向けというよりは大人な雰囲気。カクテルやビールの種類も豊富。フードの人気は、プティンや地元の食材で作るピザなど。ライブなどのイベント情報はホームページを要チェック。

ダウンタウン中心部

MAP P.49-B3
住 957 Granville St.
TEL (604)633-0056
URL safeandsoundent.com/cocktail-venue/granville-room
営 日・火〜木23:00〜翌3:00
金・土22:00〜翌3:00
休 月
CC A M V
交 スカイトレインのバンクーバー・シティ・センター駅から徒歩5分。

ブリューパブ

Craft Beer Market
クラフト・ビア・マーケット

クラフトビールとローカルフードが味わえる、カジュアルなパブ。140種類以上のビールを取り揃えタップからサービスしてくれる。地元の素材を生かしたバーガーや魚料理などビールのお供にぴったりなメニューが充実。月〜金曜の14:00〜17:00、日曜の21:00以降はハッピーアワーを実施。

ダウンタウン東部

MAP P.49-C4〜D4
住 85 West 1st Ave.
TEL (604)709-2337
URL craftbeermarket.ca/vancouver
営 月〜木11:00〜24:00
金11:00〜翌1:00
土10:30〜翌1:00
日10:30〜24:00
休 無休　CC A M V
交 スカイトレインのメイン・ストリート-サイエンス・ワールド駅から徒歩9分。

クラブ

The Roxy
ロキシー

グランビル通りに面し、ロケーションとエンタメ性の高さから連日にぎわいをみせる。お抱えバンドのライブや、有名DJが日替わりで登場するイベントのチケットはホームページからも購入可能。ドリンクはクラフトビールやワイン1杯$9のほか、ノンアルコール飲料もある。

ダウンタウン中心部

MAP P.49-B3
住 932 Granville St.
TEL (604)331-7999
URL www.roxyvan.com
営 月〜木21:00〜翌3:00
金〜日20:00〜翌3:00
休 無休
CC A M V
交 スカイトレインのバンクーバー・シティ・センター駅から徒歩5分。

Twelve West
トゥエルブ・ウエスト

週末だけの営業にもかかわらず、バンクーバーで人気を集めている話題のクラブ。店内にはブース席があり、洗練された雰囲気が漂う。カナダだけでなく、世界中の有名DJによるクラブイベントが開催されている。ほかにも、さまざまなイベントが行われているので、ウェブサイトでチェックして。

イエールタウン周辺

MAP P.49-C3
住 1219 Granville St.
TEL (604)653-6335
URL twelvewest.ca
営 金・土21:30〜翌3:00
日21:30〜翌2:00
休 月〜木
CC A M V
交 スカイトレインのイエールタウン-ラウンドハウス駅から徒歩7分。

WHISTLER
ウィスラー
ブリティッシュ・コロンビア州

MAP P.42-D1
人口 9974
市外局番 604
ウィスラー情報のサイト
URL www.whistler.com
URL www.whistlerblackcomb.com

バンクーバーの北約120kmにあるウィスラーは、2010年バンクーバー冬季オリンピックの競技開催地であり、世界中のスキーヤーが憧れるスキーリゾート。町の中心であるウィスラー・ビレッジにはログハウス風のホテルやレストランが並び、ウィスラー山とブラッコム山などのコースト山脈の山並みが美しい。周辺には湖や河川が流れ、夏季はハイキングなどのアクティビティも楽しめる通年型の山岳リゾートとしても注目されている。

←ウィスラーはオールシーズンで楽しめる山岳リゾート

ウィスラーへの行き方

長距離バス

バンクーバーとウィスラー間には、たくさんのバス会社が路線をもっている。最も一般的なのはバンクーバー国際空港とダウンタウンの2ヵ所から出発するスカイリンクスSkylynx。バンクーバー国際空港発は1日7便運行、所要約3時間。ダウンタウン発は1日5便で途中の町スコーミッシュ（→P.91）を経由する。ウィスラーでの降車場所はウィスラー・ビレッジの観光案内所そばにあるバスディーポ（Bus Loop）。バンクーバーのダウンタウンからはエピック・ライドEpic Ridesというバスも出る。ダウンタウン発は1日4～7便、所要約1時間45分。スキーシーズンにはUBC（→P.66）のキャンパス始発の早朝便も運行される。2社ともダウンタウンでの乗車場所は、スカイトレインのバラード駅そばのメルビル通りMelville St.沿い。ウィスラーの発着場所はバスディーポ（Bus Loop）。

ほか、ペリメーターPerimeterやライド・ブッカーRide Bookerなど数社が便を走らせている。詳細はウェブサイトで要確認のこと。

スカイリンクス
TEL (604)326-1616
URL yvrskylynx.com
バンクーバー国際空港発
料 片道　1人$65～
バンクーバーのダウンタウン発
料 片道　1人$32～

エピック・ライド
TEL (604)349-1234
URL epicrides.ca
バンクーバーのダウンタウン発
料 片道　1人$32.5～

ペリメーター
URL www.perimeterbus.com

ライドブッカー
URL www.ridebooker.com

バスディーポ（Bus Loop）
MAP P.88-C1
住 4230 Gateway Dr.

ウィスラー駅
MAP P.87-C1

※開館時間、営業時間などの日程は基本的に2023年のもの。年度により変動するため、ウェブサイトなどで再確認を。（→P.7）

市内交通

BCトランジット社BC Transitが、ウィスラー・ビレッジWhistler VillageとクリークサイドCreeksideやグリーン湖Green Lake方面などの周辺地域を結ぶ路線バスと、ビレッジ内を循環するビレッジ・シャトルVillage Shuttleを運行している。ビレッジ・シャトルには、3つのビレッジ間を結ぶマーケットプレイス・シャトルMarketplace Shuttle（#4）（スキーシーズンのみ運行）と、アッパー・ビレッジUpper Villageを通ってブラッコム通りBlackcomb Wayをさらに北に向かうアッパー・ビレッジ／ベンチランド・シャトルUpper Village/Benchlands Shuttle（#5）のふたつのルートがある。どのバスも始発はウィスラー・ビレッジ内にあるゴンドラ・トランジット・エクスチェンジGondola Transit Exchangeから。

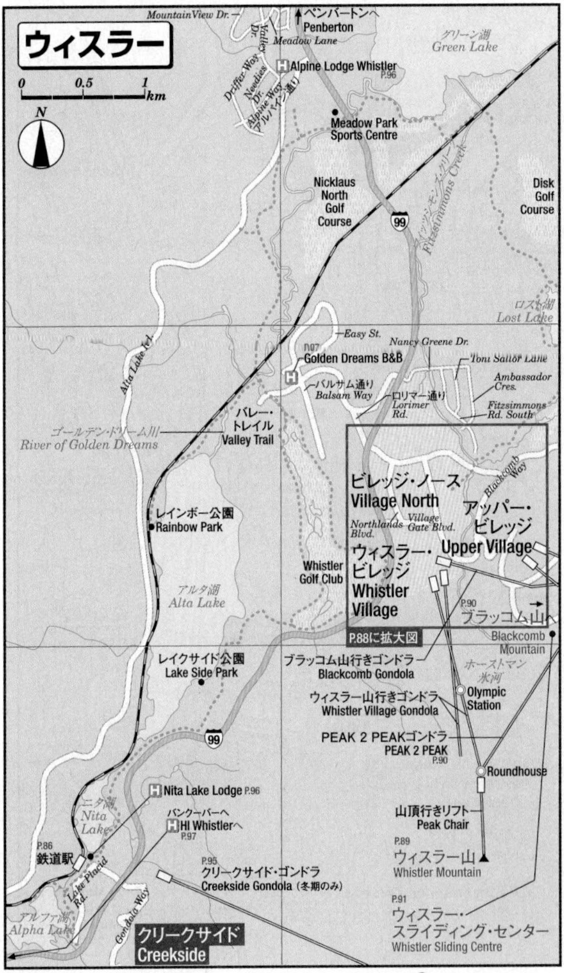

ウィスラー
0 0.5 1km
N
ペンバートンへ Penberton
MountainView Dr.
Valley Dr.
Meadow Lane
グリーン湖 Green Lake
Alpine Lodge Whistler P.96
Drifter Way
Needles Dr.
Alpine Way アルパイン通り
Meadow Park Sports Centre
Nicklaus North Golf Course
フィッツシモンズ・クリーク Fitzsimmons Creek
Disk Golf Course
99
ロスト湖 Lost Lake
Easy St.
Nancy Greene Dr.
P.97 Golden Dreams B&B
Toni Sailor Lane
Ambassador Cres.
バルサム通り Balsam Way
ロリマー通り Lorimer Rd.
Fitzsimmons Rd. South
Alta Lake Rd.
ゴールデン・ドリーム川 River of Golden Dreams
バレー・トレイル Valley Trail
ビレッジ・ノース Village North
Blackcomb Way
アッパー・ビレッジ Upper Village
Northlands Blvd.
Village Gate Blvd.
レインボー公園 Rainbow Park
ウィスラー・ビレッジ Whistler Village
Whistler Golf Club
アルタ湖 Alta Lake
P.90 ブラッコム山へ
P.88に拡大図
Blackcomb Mountain
レイクサイド公園 Lake Side Park
ブラッコム山行きゴンドラ Blackcomb Gondola
ホーストマン氷河
ウィスラー山行きゴンドラ Whistler Village Gondola
Olympic Station
PEAK 2 PEAKゴンドラ PEAK 2 PEAK P.90
Roundhouse
ニタ湖 Nita Lake
Nita Lake Lodge P.96
バンクーバーへ
HI Whistlerへ P.97
山頂行きリフト Peak Chair
P.86 鉄道駅
P.89 ウィスラー山 Whistler Mountain
P.95 クリークサイド・ゴンドラ Creekside Gondola（冬期のみ）
Lake Placid Rd.
Gondola Way
アルファ湖 Alpha Lake
クリークサイド Creekside
P.91 ウィスラー・スライディング・センター Whistler Sliding Centre

BCトランジット社
TEL (604)932-4020
URL www.bctransit.com/whistler/home
路線バス
運 1時間に1～2便
料 シングルチケット
大人・シニア・学生$2.5
デイパス
大人・シニア・学生$7
※12歳以下は乗車無料。
ビレッジ・シャトル（#4）
運 11月中旬～4月中旬
毎日7:00～21:00頃
ビレッジ・シャトル（#5）
運 毎日9:40～翌1:05の1時間に2便
料 無料
路線図や時刻表は観光案内所でもらえる。

ゴンドラ・トランジット・エクスチェンジ
MAP P.88-D2

日本語ガイドツアー
ウィスラーでアクティビティを楽しむには、現地のツアー会社を利用することになる。カナダを代表する観光地であるウィスラーには数多くのツアー会社があり、日本語ガイドのツアー会社もある。

ジャパナダ・エンタープライズ
JAPANADA Enterprises
MAP P.88-D1
住 124-4090 Whistler Way
TEL (604)932-2686
FREE (1-800)261-3336
URL www.japanada.com

The Westin Resort & Spa, Whistler（→P.96）のThe Shopと呼ばれるモール内にある。割安な料金で利用できるホテル、コンドミニアム、ドミトリーなどの宿泊施設、バス、列車、アクティビティの手配をはじめ、割引リフト券も扱う個人旅行の強い味方。各種ガイドツアーも催行している（夏季のアクティビティ情報はP.92）。一部の例外を除き、各種手配は手数料不要。詳しくはホームページで。日本からの問い合わせはメールで随時受付中。

↑気さくなスタッフが揃う

?観光案内所

Whistler Visitor Centre

MAP P.88-C1

住 4230 Gateway Dr.

TEL (604)935-3357

FREE (1-877)991-9988

URL www.whistler.com

開 毎日9:00~17:00
（時期により変動あり）

休 無休

ウィスラーの歩き方

ウィスラー・ビレッジ

ウィスラーのダウンタウンは、**ウィスラー・ビレッジWhistler Village**を中心に、北側の**ビレッジ・ノースVillage North**、ブラッコム山麓の**アッパー・ビレッジUpper Village**の3つのエリアで構成されている。ここは計画的に造られたバリアフリータウンとなっており、車椅子の人でも

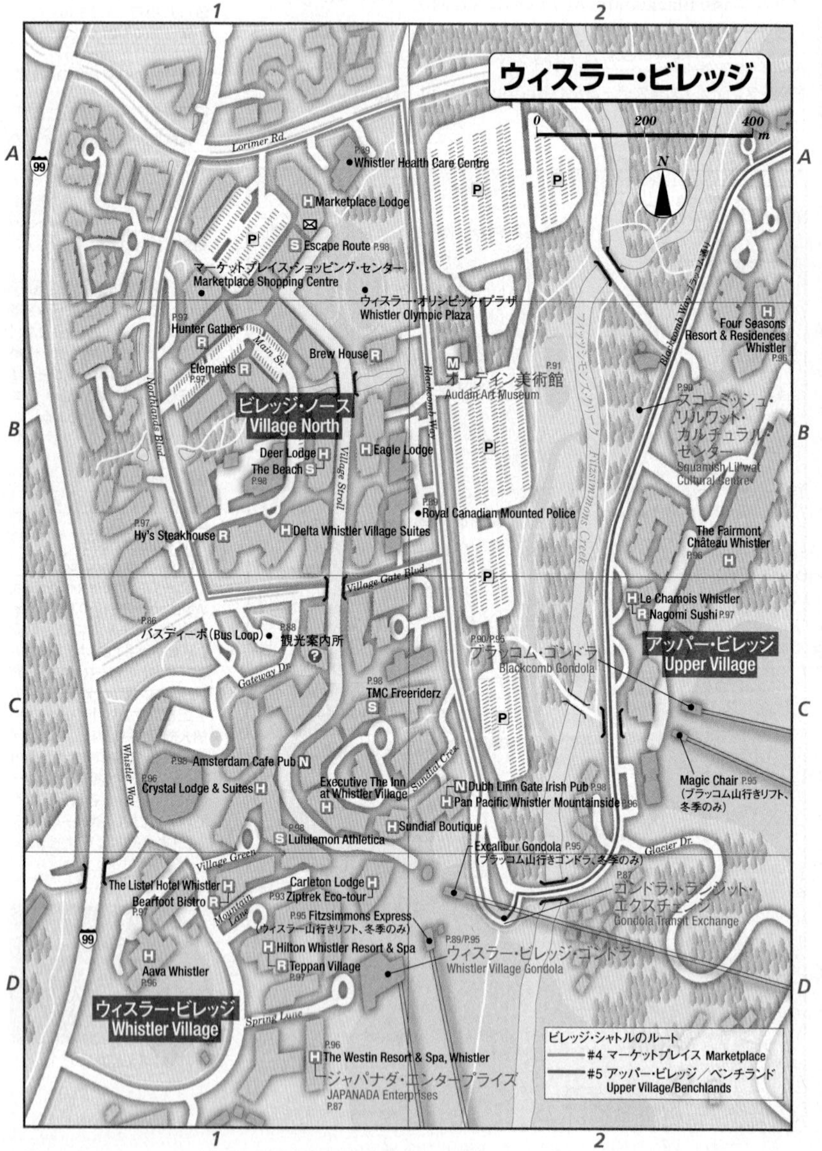

遊歩道を使えば移動は簡単。観光案内所や**ウィスラー山**行きのゴンドラ乗り場があるウィスラー・ビレッジには、多数のホテルやレストラン、みやげ物店、カフェが並び、夏季にはさまざまなイベントが繰り広げられる。アッパー・ビレッジには「The Fairmont Château Whistler」や「Four Seasons Resort & Residences Whistler」(→P.96)などの最高級ホテルのほか、**ブラッコム山**行きのゴンドラとリフト乗り場がある。ビレッジ・ノースはウィスラー・オリンピック・プラザWhistler Olympic Plazaやマーケットプレイス・ショッピング・センターMarketplace Shopping Centreなどにショップが集中。ショッピングエリアになっている。

郊外

ウィスラー・ビレッジの周辺には5つの湖がある。湖を結ぶトレイルがあり、ビレッジからでも徒歩や自転車で行くことができる。ビレッジからハイウエイ#99をバンクーバー方面へ行くと、最初に現れるのが**アルタ湖Alta Lake**。アルタ湖はウィスラーを代表する湖で、湖畔にはいくつかの公園があり、北西岸のレインボー公園Rainbow Parkには桟橋やビーチ、ピクニックやバーベキューの施設が揃っている。アルタ湖の南が**ニタ湖Nita Lake**。ニタ湖とさらに南の**アルファ湖Alpha Lake**の間はクリークサイドCreeksideと呼ばれるエリア。ウィスラー駅やウィスラー山へのゴンドラ(スキーシーズンのみ運行)などがある。また、ウィスラー・ビレッジの北にはビーチや広い芝生のある**ロスト湖Lost Lake**やメロンのような淡い緑色をした氷河湖、**グリーン湖**がある。

↑グリーン湖はウィスラー最大の湖

おもな見どころ

ウィスラー山

Whistler Mountain

MAP P.87-C2　★★★

↑山頂には、オリンピックのロゴに使われたイヌクシュクの像が立つ

アッパー・ビレッジからウィスラー山の中腹までは、夏季でも観光用のゴンドラ、ウィスラー・ビレッジ・ゴンドラWhistler Village Gondolaが運行している。途中のオリンピック駅Olympic Stationには、「Whistler Mountain Bike Park」(→P.92)がある。ゴンドラ終点のラウンドハウス駅Roundhouse上部にあるリフト、ピーク・チェアPeak Chairに乗ればウィスラー山頂まで行ける。ラウンドハウス駅からはたくさんのトレイルが延びている。おすすめは湖と雄大な眺望を楽しめる「ハーモニー・レイク・トレイルHarmony Lake Trail」(往復1時間～1時間30分)やウィスラー山の山頂に登る「ハーフ・ノート・トレイルHalf Note Trail」(所要約6時間)。

ユースフル・インフォメーション

警察
Royal Canadian Mounted Police
MAP P.88-B2
住 4315 Blackcomb Way
TEL (604)932-3044

病院
Whistler Health Care Centre
MAP P.88-A1
住 4380 Lorimer Rd.
TEL (604)932-4911

おもなタクシー会社
Whistler Taxi
TEL (604)932-3333

ロスト湖の無料シャトルバス

夏季のみ、ゴンドラ・トランジット・エクスチェンジからBCトランジット社がロスト・レイク・シャトルLost Lake Shuttle(#8)を運行している。

運 6/17～9/4
毎日11:00～18:00の20分ごとに出発

ウィスラー山

TEL (604)967-8950
FREE (1-800)766-0449
URL www.whistlerblackcomb.com

夏山開山
6/10～9/24

スキーシーズン
11月下旬～4月中旬

ウィスラー・ビレッジ・ゴンドラ

MAP P.88-D1
運 6/10～16
毎日10:00～17:00
6/17～9/4
月～木10:00～17:00
金～日10:00～20:00
(時期によって変動あり、11月下旬～4月下旬はスキー場ゴンドラとして運行)
休 9/5～11月下旬
料 1日券
大人$90、シニア$80、ユース(13～18歳)$80、子供(7～12歳)$45、6歳以下無料
(時期によって変動あり。ウィスラー山、ブラッコム山のゴンドラ、リフト、PEAK 2 PEAKゴンドラ共通)

ブラッコム山
℡(604)967-8950
FREE(1-800)766-0449
URL www.whistlerblackcomb.com
夏山開山
6/10〜9/24
スキーシーズン
11月下旬〜5月下旬

ブラッコム・ゴンドラ
MAP P.88-C2
運6/10〜9/24
毎日10:00〜17:00
(時期により変動あり、11月下旬〜5月下旬はスキー場ゴンドラとして運行)
休9/25〜11月下旬、4月中旬〜6/9

サマースキー／スノーボード
※2023年シーズンは一般開放なし。2024年以降の営業についてはウェブサイトで要確認。

スコーミッシュ・リルワット・カルチュラル・センター
住4584 Blackcomb Way
FREE(1-866)441-7522
URL slcc.ca
開火〜日10:00〜17:00
休月
料大人$20、子供(6〜18歳)$10、5歳以下無料

ブラッコム山

MAP P.87-B2外

Blackcomb Mountain

★★★

フィッツシモンズ・クリークFitzsimmons Creekを挟んでウィスラー山の隣にそびえるブラッコム山は標高2284m。夏季でもブラッコム・ゴンドラBlackcomb Gondolaで、山頂付近まで登ることができ、ホーストマン氷河でのサマースキーやハイキングなどのアクティビティが楽しめる。リフトの終点からトレイルが数本出ている。おすすめは、氷河を望む眺望と高山植物の花がきれいな「オーバーロード&デッカーループOverlord & Decker Loop」(所要約6時間30分)など。

↑クリークサイドにはオリンピックで使われたコースがある

スコーミッシュ・リルワット・カルチュラル・センター

MAP P.88-B2

Squamish Lil'wat Cultural Centre

★★★

ウィスラー周辺で生活してきたカナダの先住民族、スコーミッシュ族とリルワット族を紹介する文化センター。伝統的な踊りや歌、楽器演奏などのパフォーマンスをはじめ、各種展示を通して彼らの文化に触れることができる。展示品の詳しい説明が聞けるガイドツアー(無料、10:00〜16:00の1時間ごと)も人気だ。また、伝統工芸のひとつである、木の皮を使ったブレスレット作りも体験できる。モカシンや手彫りのブローチなどを扱うみやげ物店、先住民族の伝統的な食事からインスピレーションを得たメニューが楽しめるカフェを併設。スコーミッシュ族、リルワット族の伝統的な住居に似せてデザインされた建物にも注目だ。

↑見学だけでなく体験もできる

COLUMN

世界最高所のゴンドラに乗ろう

↑チケットは他のゴンドラと共通

ウィスラー山のラウンドハウス・ロッジとブラッコム山のランデブー・クリスティンズを結ぶゴンドラ、P2P(PEAK 2 PEAK)。これまでは、両山を行き来するには麓まで下りて歩いて移動しなければならなかったが、このゴンドラに乗れば山頂付近からも簡単に移動できる。ゴンドラは、地上からの高さが最高地点で436m！　これは現在の世界記録。全長4.4kmを約11分かけて移動するゴンドラからの眺めはもちろん抜群で、ウィスラーの名物となっている。

DATA
PEAK 2 PEAKゴンドラ
MAP P.87 C2
運6/10〜9/10　毎日10:00〜17:00
9/11〜24　土・日10:00〜17:00
料1日券　大人$90〜(ウィスラー山、ブラッコム山のゴンドラ、リフトなどと共通)

オーデイン美術館

MAP P.88-B2

Audain Art Museum

★★★

ブリティッシュ・コロンビア州の芸術作品を集め、ウィスラーの森と融合した造りが印象的。2階のメインフロアには18世紀から現代まで約200点の先住民族アートを展示し、巨匠エミリー・カー(→P.60)のコレクションも見応えがある。

ウィスラー・スライディング・センター

MAP P.87-B2

Whistler Sliding Centre

★★★

ブラッコム山の麓にあり、バンクーバー・オリンピックでボブスレー、リュージュ、スケルトンといったスライディング競技が行われた。施設は一般に公開されており、内部では競技で実際に使用するそりを見学できる。また、6月下旬～9月上旬の期間にはサマーボブスレー体験($119、12歳以上)、12月中旬～4月上旬にはスケルトン体験($209、16歳以上)などを催行。どちらもウェブサイトから要予約。

エクスカーション

スコーミッシュ

MAP P.42-D1

Squamish

★★★

↑ハクトウワシとロッククライミングで有名な町

ウィスラーから南へ約60km行ったスコーミッシュ渓谷Squamish Valleyにある小さな町。この町には毎年11～2月にかけて、産卵を終えたサーモンを狙ってアメリカのアラスカやアリゾナ、カナダのユーコン準州など北米全土からハクトウワシが集まる。1994年には3769羽ものハクトウワシが観測され、これは北米における観測史上の最高数として記録されている。スコーミッシュに集まるハクトウワシの数がピークを迎えるのは1月頃。渓谷の周辺を流れるスコーミッシュ川Squamish Riverやチャカムス川Cheakamus Riverなどの川辺に行けば、その姿を見ることができる。毎年1月には、スコーミッシュの北方、ブラッケンデイル地区Brackendaleにあるブラッケンデイル・アート・ギャラリーBrackendale Art Galleryで、イーグルフェスティバルも開催され、コンサートやレクチャーなどのイベントを行っている。スコーミッシュへは、バスで行くこともできるが、バスディーポと観測ポイントが離れているので、ツアーかレンタカーを利用するのがおすすめ。スコーミッシュの周囲には335mの落差があるシャノン滝Shannon Fallsなどの見どころがあり、また、2015年にはシャノン滝の近くにシー・トゥ・スカイ・ゴンドラSea to Sky Gondolaがオープン。標高約850mの山頂から、「チーフ」と呼ばれるクライミングの聖地の山をはじめとした周囲の山々を一望できる。山頂駅のそばにはスリル満点のつり橋もあり、夏はハイキング、冬にはスノーシューやタイヤチューブによる坂下りが楽しめる。

オーデイン美術館

住4350 Blackcomb Way
TEL(604)962-0413
URL audainartmuseum.com
開木～月11:00～18:00
休火・水
料大人$20、シニア$18、19～25歳$10、18歳以下無料

ウィスラー・スライディング・センター

住4910 Glacier Lane
TEL(604)964-0040
URL www.whistlersportlegacies.com/venues/whistler-sliding-centre
開毎日9:00～16:00
休無休
料無料
BCトランジット社のバス#7(Staff Housing)の終点から徒歩5分。

↑実物のそりに触ってみよう

スコーミッシュの観光案内所

Squamish Adventure Centre
住101-38551 Loggers Lane, Squamish
TEL(604)815-5084
URL www.exploresquamish.com
開毎日8:30～16:30
休無休

ウィスラー発のツアー

ジャパナダ・エンタープライズ(→P.87欄外)
料$200(最小催行人数2人)
スコーミッシュ・ドライブツアー。12～1月の間はハクトウワシ見学に立ち寄る。所要約4時間。

ブラッケンデイル・アート・ギャラリー

TEL(604)898-3333
URL www.brackendaleartgallery.com
※2023年8月現在、改修工事のため休館中。

シー・トゥ・スカイ・ゴンドラ

TEL(604)892-2550
URL www.seatoskygondola.com
運月～木9:00～18:00
金～日9:00～20:00
休無休
料大人$66、シニア$60、ユース(13～18歳)$39、子供(6～12歳)$26、5歳以下無料

ウィスラーのアクティビティ
Activities in Whistler

ハイキング Hiking

ウィスラー周辺にはさまざまなトレイルがある。なかでも人気は、ウィスラー・ビレッジ・ゴンドラでアクセスするウィスラー山山頂の「ハーフ・ノート・トレイル（→P.89）」や、原生林の中を氷河湖まで歩く「チャカムス・レイク・トレイルCheakamus Lake Trail」（往復約2時間30分）など。トレイル沿いはクマの生息域なので、絶対にひとりでは歩かないように。ゴンドラを降りた所にあるボードには当日のツアー案内が出ているので、そうしたツアーを利用しよう。山中は天気も急変しやすく防寒着は必携。トレイルマップは観光案内所で入手できる。

↑ハーフ・ノート・トレイル

ヘリコプター遊覧飛行 Helicopter

通年催行しているのが、Blackcomb Helicoptersの遊覧飛行。所要時間によって料金が変わる。ヘリポートを飛び発ち、グリーン湖上空を経て青く輝く氷河の間近まで迫る。ウィスラー山やブラッコム山上空も遊覧する。

サイクリング／マウンテンバイク Cycling / Mountain Bike

舗装された自転車専用道路から森や山道を抜ける上級者向けオフロードまで、バイクコースが豊富。ビレッジからアルタ湖まで往復するのが手頃。リフトで山の上までマウンテンバイクを運び、大自然のなかを下るコースもある。ウィスラー山は山全体がWhistler Mountain Bike Parkとなっている。下からFitzsimmons、Garbanzo、Peakと3つのエリアに分かれており、各レベルのトラックやトレイルが楽しめる。

乗馬 Horseback Riding

日本に比べ低料金で、どの馬もよく調教されているので、初心者（ただし8歳以上）でもすぐに山道や草原のトレイルを楽しめる。ウィスラー・ビレッジの近くで行うものから、郊外の森の中で行うウエスタン乗馬まで、たくさんのコースがある。

↑普段とは違う視点から自然を満喫しよう

ハイキング

ジャパナダ・エンタープライズ
（→P.87欄外）
料半日コース$170～210
（最少催行人数2人）
1日コース$310～330
（最少催行人数2人）
3名以上の場合割引あり。

ヘリコプター遊覧飛行

Blackcomb Helicopters
FREE(1-800)330-4354
URL blackcombhelicopters.com
料遊覧飛行15分$195
半日ヘリハイキング$2035（2人）

サイクリング／マウンテンバイク

Whistler Mountain Bike Park
URL www.whistlerblackcomb.com
催6/10～10/9
毎日10:00～18:00
（時期により変動あり）
休10/10～6/9
料1日券
大人$88、シニア・ユース80、子供$51
（ゴンドラ代込み）

↑ロスト湖の周りはサイクリングするのにぴったり

乗馬

ジャパナダ・エンタープライズ
ウエスタン乗馬2時間コース
山中を行く乗馬ツアー。ウィスラーから車で30分ほど離れた隣町ペンバートンで催行（所要約4時間）。
料$400（最少催行人数2人）
ウエスタン乗馬1時間コース
ペンバートンで催行（所要約3時間）。
催5月下旬～9月中旬
料$260（最少催行人数2人）
Tourism Whistler
TEL(1-800)944-7853
URL www.whistler.com
料1時間コース1人$94～

ラフティング Rafting

ウィスラーでのラフティングは、グリーン湖の北にあるグリーン川Green Riverの初心者向けコース(所要約2時間)が人気。スリルを味わいたい人には、ウィスラー郊外の南西部を流れるチャカムス川(所要約4時間30分)や、ウィスラー西郊外にあるエラホ・スコーミッシュ川Elaho Squamish Riverを下るコースがおすすめだ。ちなみに、パンフレットなどでよく目にするホワイトウオーターWhitewaterとは水しぶきを意味しており、上級者向けのコースである場合が多い。ボートやパドル、ライフジャケットなどの用具はすべて借りられるが、水着はあらかじめ着ておくこと。シーズンはだいたい5月〜9月上旬。雪解け水が大量に流れ込む5〜6月は水量も多く、スリル満点だ。

ラフティング
ジャバナダ・エンタープライズ
(→P.87欄外)
グリーン川2時間コース
料1人$179.99
ホワイトウォーター・ラフティング
料アドベンチャーパス1人
$189
(ラフティングは10歳以上、別途$50)

2023年シーズンはジップラインなど5つのアクティビティが1日遊び放題になるアドベンチャーパス、TAG Park Day Passのオプションとしてのみ催行。2024年の催行は要問い合わせ。

フィッシング Fishing

ウィスラーの郊外にある、5つの湖と周辺の河川はレインボートラウト(ニジマス)やサーモンの宝庫。4輪駆動車やボート、ヘリを使ってポイントまで行くガイドツアーが出ている。釣ったら放す"キャッチ&リリース"が基本。ツアー料金はフィッシング・ライセンス料は別という場合も多いので、確認のこと。ライセンスはウィスラー・ビレッジ内の観光案内所で入手できる。通年楽しめるが、ベストシーズンは5〜8月。

フィッシング
Trout Country Fishing Guides
TEL (604)905-0088
FREE (1-888)363-2233
ガイドツアー
料5時間ツアー$395
9時間ツアー$495
フィッシング・ライセンス
料1日$21.98
8日$54.96
年間$87.92
(有効期間は4/1〜3/31)

COLUMN

ジップトレック・エコツアーを体験しよう

ジップトレック・エコツアーZiptrek Ecotourとは、ウィスラー山とブラッコム山に挟まれた渓谷を、ケーブル(ジップライン)をつたって横切っていくスリルと爽快感が味わえるツアーだ。

ツアー参加者は、初めにウィスラー・ビレッジ・ゴンドラ乗り場の隣に設置されたケーブルでハーネスを着用して練習する。その後車で渓谷へ移動。巨木を結ぶつり橋を渡って、渓谷一帯を見渡せる展望台へ。ガイドによるレクチャーや一帯に広がる温帯雨林(レインフォレスト)の説明のあと、いよいよ本格的なジップトレックの開始。ガイドの合図で出発台から1歩足を離すと、自らの重みで加速がつき、わずか数秒で対岸へ。谷底からロープまでの高さは最大60mあり、足のすくむ思いだが、一度行ってしまえば爽快感満点。渓谷を5回渡るZiptrek Bear Tourの場合、5回目は頭を下にした逆立ちスタイルになったりもできる。ツアーの参加制限は6歳以上で、体重125kg以下。催行は通年で、人気が高いため事前の予約がおすすめ。つり橋や展望台を訪れるだけのTree Trek Tourもある。

↑スリル満点の人気アクティビティ

DATA
ジップトレック・エコツアー
MAP P.88-D1 (Carleton Lodge内)
TEL (604)935-0001 FREE (1-866)935-0001
URL whistler.ziptrek.com
料Ziptrek Bear Tour
大人$149.99、ユース(6〜12歳)$119.99
Tree Trek Tour
大人$69.99、ユース(6〜12歳)$39.99

©Tourism BC/Randy Lincks

スキーリゾートの最高峰！

ウィスラーでスキーを楽しもう

2010年の冬季オリンピック競技開催地となったウィスラー。ウィスラー、ブラッコムというふたつの山にあるゲレンデは、気温と湿度が高いカナダ西部特有のパウダースノー。雄大なゲレンデを駆け抜けたあとは、ビレッジ内のホテルやレストランでゆったり過ごそう。

世界各国の名だたるスキー誌がこぞって取り上げ、人気投票では数多く1位の栄冠に輝く実績をもつスキーリゾート。ウィスラー山とブラッコム山からなり、スキーやスノーボードのワールドカップが開催されることでも有名だ。幅広い層のニーズにこたえる多彩なコース、ゲレンデそばにホテルやレストラン、ショップが集積されたビレッジなど、多くの点で日本での評価も高い。スキーヤーなら誰もが憧れるスキーリゾートだ。

ブラッコム山
Blackcomb Mountain

ピステの入った1枚バーンの急斜面コースが多く、ウィスラー山と比べるとやや上級者向け。コブ斜面も多く、世界有数の難コース（ワールドカップのモーグル競技が開かれるコース）や、世界各国からプロが練習に訪れるというスノーパークも完備している。

ウィスラー山
Whistler Mountain

ウィスラー山は、ウィスラー・ビレッジのある北側斜面と、西側斜面のクリークサイドのふたつがある。クリークサイドは、2010年2月のバンクーバー冬季オリンピックで、アルペンスキーの会場として使われた。クリークサイドで最も人気のあるコースといえば、ウィスラー山頂から一気に滑降するピーク・トゥ・クリークPeak to Creek。コースの全長はなんと11km！　カーブや起伏もあり変化に富んでいるため、飽きることなくスキーが楽しめる。

←ふたつの山にまたがった巨大スキー場になっている

スキー場とゲレンデのデータ

ウィスラー&ブラッコム

TEL (604)967-8950/(604)932-4211(降雪情報) FREE (1-888)403-4727
URL www.whistlerblackcomb.com 料 リフト1日券 大人$135～、2日券$250～

ブラッコム山

スキーシーズン：11月下旬～5月下旬
リフト運行時間：
8:30～15:00
(1月下旬～2月下旬は～15:30、2月下旬～4月中旬は～16:00、4月中旬～5月下旬は10:00～16:00)
リフト数：12基
最長滑走距離：1万1000m
標高差：1609m(675～2284m)
コース数：100本以上
アクセス：アッパー・ビレッジのブラッコム・ゴンドラ、Magic Chair(MAP P.88-C2)、もしくはウィスラー・ビレッジから出るExcalibur Gondola(MAP P.88-D2)でアクセス。

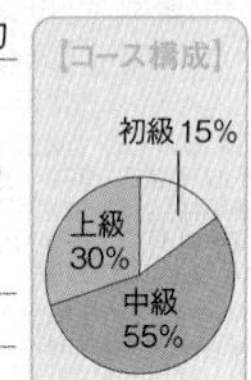

ウィスラー山

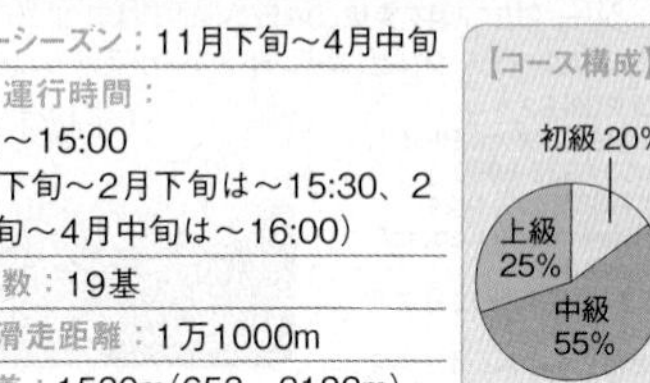

スキーシーズン：11月下旬～4月中旬
リフト運行時間：
8:30～15:00
(1月下旬～2月下旬は～15:30、2月下旬～4月中旬は～16:00)
リフト数：19基
最長滑走距離：1万1000m
標高差：1530m(653～2182m)
コース数：100本以上
アクセス：ウィスラー・ビレッジのウィスラー・ビレッジ・ゴンドラ、Fitzsimmons Express(MAP P.88-D2)でアクセスできる。クリークサイドのクリークサイド・ゴンドラCreekside Gondola(MAP P.87-C1)でも行ける。

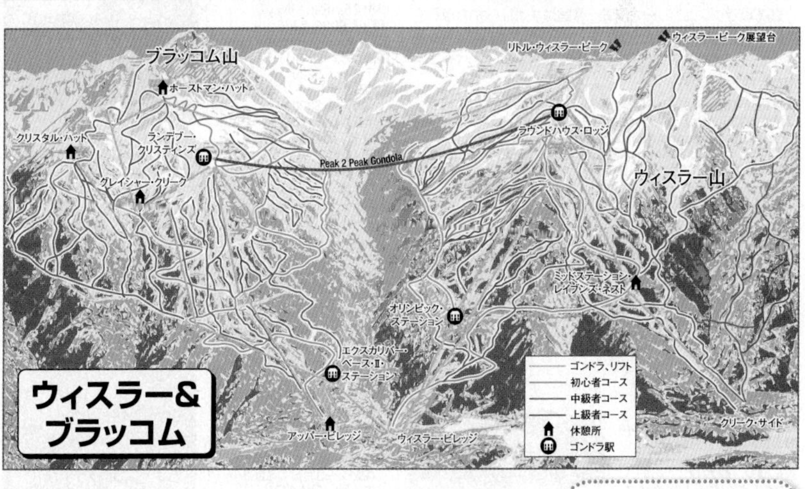

COLUMN

白銀の世界に飛び込め！ヘリスキー

とびっきりのパウダースノーを楽しめるのが、ヘリスキー。ヘリコプターで山頂まで上がり、圧雪はおろかシュプールすらないバージンスノーを滑り下りることができる。天候が許せば、氷河を滑走することも可能。通常ヘリスキーには、経験豊富なガイドが付くので中級以上のスキーまたはスノーボードの実力があれば問題ない。幅の広いファットスキーを使えば、独特の浮遊感が味わえる。

DATA

Whistler Heli-Sking
住 4545 Blackcomb Way
TEL (604)905-3337
FREE (1-888)435-4754
営 12月上旬～4月中旬
(降雪状況によって変わる)
料 4ラン(標高1800～3500mを4回滑走)：$1345～
6ラン(標高2700～4600mを6回滑走)：$1730～
ジャパナダ・エンタープライズ(→P.87欄外)
手数料なしで予約代行可能。

ウィスラーのホテル
Hotels in Whistler

The Fairmont Château Whistler
フェアモント・シャトー・ウィスラー

ウィスラーを代表する高級ホテル。プールやフィットネスセンター、ゴルフ場を完備。「Vida Spa」ではアロマテラピーやアーユルヴェーダなどのトリートメントが受けられる。

MAP P.88-B2
住4599 Chateau Blvd.
TEL(604)938-8000
FREE(1-866)540-4424
URL www.fairmont.com/whistler
料LOW4月中旬～12月中旬 ⓈⒹ$243～
HIGH12月中旬～4月中旬 ⓈⒹ$599～ Tax別
CC A D J M V 室550室

Four Seasons Resort & Residences Whistler
フォー・シーズンズ・リゾート＆レジデンス・ウィスラー

最高級ラグジュアリーホテル。客室はチェリー材の家具を使い、モダンな雰囲気。全室バルコニー付きで、キッチンを備えたプライベート・レジデンスルームもある。スパやプールなど施設も充実。

MAP P.88-B2 住4591 Blackcomb Way
TEL(604)935-3400 FREE(1-800)819-5053
URL www.fourseasons.com/whistler
料LOW4～11月ⓈⒹ$344～ HIGH12～3月ⓈⒹ$808～ Tax別
CC A D M V 室291室

Nita Lake Lodge
ニタ・レイク・ロッジ

ラグジュアリーなブティックホテル。ウィスラー駅のすぐそばにあり、ニタ湖を望む湖畔の静かな場所にたたずむ。夏季にはカヌーやカヤック、ボートのレンタルあり。

MAP P.87-C1
住2131 Lake Placid Rd.
TEL(604)966-5700
FREE(1-888)755-6482
URL www.nitalakelodge.com
料ⓈⒹ$149～ Tax別 朝食付き
CC A M V 室77室
交BCトランジット社のバス#21(Spring Creek)で約15分、サラエボ通りSarajevo Driveの交差点で下車、徒歩5分。

The Westin Resort & Spa, Whistler
ウェスティン・リゾート＆スパ・ウィスラー

ウィスラー・ビレッジの斜面側にある、スパが人気の大型リゾート。ジャクージやサウナ、フィットネスセンターを備え、全室スイートルーム。キッチンや暖炉付きなのもうれしい。

MAP P.88-D1 住4090 Whistler Way
TEL(604)905-5000
FREE(1-888)634-5577
URL www.marriott.com
料LOW4月中旬～12月中旬ⓈⒹ$173～
HIGH12月中旬～4月中旬ⓈⒹ$478～ Tax別
CC A M V 室400室

Pan Pacific Whistler Mountainside
パン・パシフィック・ウィスラー・マウンテンサイド

ブラッコム山行きゴンドラのそばに立つ高級リゾートホテル。全室に暖炉、キッチン、バルコニーが付く。プールやスパ、アイリッシュパブもある。スポーツ用品を併設していて、ウェアのレンタルにも対応。

MAP P.88-C2 住4320 Sundial Cres.
TEL(604)905-2999 URL www.panpacific.com
料LOW4月上旬～11月下旬ⓈⒹ$145～
HIGH11月下旬～4月上旬ⓈⒹ$436～ Tax別
CC A M V 室121室

Alpine Lodge Whistler
アルパイン・ロッジ・ウィスラー

ホステルタイプの宿で、オーナーは山好きのジェフさん。ドミトリーと個室があり、サウナやジャクージなどの設備を備える。

MAP P.87-A1・2
住8135 Alpine Way
TEL(604)932-5966
URL www.alpinelodge.com
料LOW夏季ドミトリー$40～50、スイート$220
HIGH冬季ドミトリー$50～60、スイート$320
Tax別 朝食付き
CC M V 室7室
交BCトランジット社のバス#30(Emerald)で約15分。ハイウエイ#99とアルパイン通りAlpine Wayの交差点で下車、徒歩2分。

Aava Whistler Hotel
アーヴァ・ウィスラー

モダンな雰囲気のホテル。フィットネスセンター、サウナ、プールなどの施設が充実している。スキー用品のレンタルサービスあり。

MAP P.88-D1
住4005 Whistler Way
TEL(604)932-2522
FREE(1-800)663-5644
URL www.aavawhistlerhotel.com
料LOW4～11月ⓈⒹ$148～
HIGH12～3月ⓈⒹ$263～
Tax別 CC A M V
室192室

Crystal Lodge & Suites
クリスタル・ロッジ＆スイート

シャレー風の外観のロッジ。プールやホットタブ、フィットネスセンターが揃う。ゴルフやスキーなどのパッケージプランもある。部屋は全5タイプで、いずれも広々としていて過ごしやすい。

MAP P.88-C1
住4154 Village Green
TEL(604)932-2221
FREE(1-800)667-3363 URL www.crystal-lodge.com
料LOW4月上旬～11月中旬ⓈⒹ$202～
HIGH11月中旬～4月上旬ⓈⒹ$281～ Tax別
CC A M V 室158室

バスタブ　テレビ　ドライヤー　ミニバーおよび冷蔵庫　セーフティボックス　Wi-Fi
一部客室　一部客室　貸し出し　一部客室　フロントにあり

Golden Dreams B&B
ゴールデン・ドリームス B&B

ホストのアンさんが作る朝食に定評あり。各客室は「ブラックベア」や「レインフォレスト」などのテーマがあり、とてもユニーク。ジャクージもある。

MAP P.87-B2
住 6412 Easy St.
TEL (604)932-2667
URL goldendreamswhistler.com
料 LOW 夏季Ⓢ Ⓓ$155～395
HIGH 冬季Ⓢ Ⓓ$195～395
コンドミニアム$195～525　Tax別　朝食付き
CC M V
室 6室
交 路線バスTapley's/Blueberry(#6)でロリマー通りLorimer Rd.を西に進み、バルサム通りBalsam Wayを越えた所で下車、徒歩2分。

HI Whistler
HIウィスラー

ビレッジから6km、バンクーバー・オリンピックの選手村を利用したユースホステル。目の前にスーパーマーケットもある。

MAP P.87-C1外
住 1035 Legacy Way
TEL (604)962-0025
FREE (1-866)762-4122
URL hihostels.ca
料 LOW 3～11月　ドミトリー$35.9～(会員)、$39.9～(非会員)　Ⓢ Ⓓ$89～(会員)、Ⓢ Ⓓ$99～(非会員)
HIGH 12～2月　ドミトリー$50.75～(会員)、$56.4～(非会員)　Ⓢ Ⓓ$181～(会員)、Ⓢ Ⓓ$201.25～(非会員)
Tax別
CC M V　室 188ベッド、14室
交 路線バスCheakamus(#20)で約20分、チャカムス川を渡って次のバス停で下車、徒歩すぐ。

ウィスラーのレストラン
Restaurants in Whistler

Bearfoot Bistro
ベアフット・ビストロ

「The Listel Hotel Whistler」の1階にあるシックなレストラン。ロブスターやアルバータ牛など、カナダ産の素材にこだわった料理を楽しめる。

MAP P.88-D1
住 4121 Village Green
TEL (604)932-3433
URL bearfootbistro.com
営 毎日16:30～22:00(時期により変動あり)
休 無休
予 $50～　CC A M V

Hy's Steakhouse
ハイズ・ステーキハウス

バスディーポの近くにあるステーキハウス。店内は、白いテーブルクロスにキャンドルの置かれた落ち着いた雰囲気。人気はAAAアルバータ牛のフィレステーキ$49.95～など。

MAP P.88-B1
住 4308 Main St.
TEL (604)905-5555
URL www.hyssteakhouse.com
営 月～木16:00～21:00
金16:00～22:00
土・日15:00～21:00
休 無休
予 $60～　CC A M V

Elements
エレメンツ

タパススタイルのレストランで、メニューは小さなプレートで運ばれてくる。オーガニックの野菜やサーモンなど地元の食材にこだわった創作料理が味わえる。

MAP P.88-B1
住 4359 Main St.
TEL (604)932-5569
URL www.elementswhistler.com
営 毎日9:00～14:00
休 無休
予 $30～
CC M V

Teppan Village
テッパン・ビレッジ

ロブスターやアルバータ牛など、厳選されたカナダ産の食材を鉄板焼きで味わえる。ブランデーをかけて炎を豪快に巻き上げるパフォーマンスも楽しい。

MAP P.88-D1
住 301-4293 Mountain Square
TEL (604)932-2223
URL teppanvillage.ca
営 毎日17:00～24:00(時期により変動あり)
休 無休
予 $50～　CC A J M V

Hunter Gather
ハンター・ギャザー

山好きが集まるカジュアルなレストラン。地元食材をふんだんに使った創作料理とクラフトビールが自慢。18時間スモークした牛バラの燻製$31。

MAP P.88-B1
住 101-4368 Main Street
TEL (604)-966-2372
URL www.huntergatherwhistler.com
営 毎日9:00～22:00
休 無休
予 $25～　CC A M V

Nagomi Sushi
ナゴミ・スシ

アッパー・ビレッジの「Le Chamois Whistler Hotel」の1階にある日本料理レストラン。シソを挟んだサバの棒寿司$25が人気。丼や鍋物、炉端焼きもある。

MAP P.88-C2
住 108-4557 Blackcomb Way
TEL (604)962-0404
URL nagomisushi.com
営 毎日17:00～21:00
休 無休
予 $25～
CC M V

ウィスラーのショッピング
Shops in Whistler

TMC Freeriderz
TMC フリーライダーズ

ワールドカップ選手も利用する、日本人経営のフリースタイルスキーショップ。チューンアップコーナーもあり、修理を行うほか、レンタルやスキーの講習も開催している。

MAP P.88-C1
住4433 Sundial Place
TEL(604)932-1918
URL www.tmcfreeriderz.com
営月～木11:00~18:00
金11:00～20:00
土10:00～20:00
日10:00～18:00
休無休　CC M V

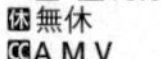

The Beach
ビーチ

ウィスラーでは珍しい、水着の専門店。男性用$35～、女性用$70～。子供用の水着のほか、サングラスやタオルなど湖畔で遊ぶための装備が揃う。

MAP P.88-B1
住39-4314 Main St.
TEL(604)932-7505
URL www.thebeachwhistler.com
営日～木10:00～18:00
金・土10:00～19:00
休無休
CC A M V

Escape Route
エスケープ・ルート

アウトドアの専門店。キャンプセット、トレッキングシューズ、クライミング用品、デイパックなど幅広い品揃え。

MAP P.88-A1
住113-4350 Lorimer Rd.
TEL(604)938-3228
URL escaperoute.ca
営日～木9:00～18:00
金・土9:00～19:00
(時期により変動あり)
休無休
CC A M V

Lululemon Athletica
ルルレモン・アスレティカ

日本でも人気が高いヨガやダンスウエアのブランドショップ。XSなど小さいサイズも揃い、ショッピングバッグがおしゃれ。

MAP P.88-C1
住118-4154 Village Green
TEL(604)332-8236
URL shop.lululemon.com
営日・月11:00～18:00
火11:00～19:00
水～金10:00～20:00
(時期により変動あり)
休無休　CC A M V

ウィスラーのナイトスポット
Night Spots in Whistler

Dubh Linn Gate Irish Pub
ダブ・リン・ゲート・アイリッシュ・パブ

常時25種類以上のビールが揃うほか、ウイスキーやワインも種類豊富。夏季の金・土曜と、冬季は毎日21:00頃からライブがある。食事の注文は22:00まで。

MAP P.88-C2
住4320 Sundial Cres.
TEL(604)905-4047
URL www.dubhlinngate.com
営毎日10:00～翌1:00
休無休
CC A M V

Amsterdam Cafe Pub
アムステルダム・カフェ・パブ

昼間はカフェレストラン、夜はパブになる。ビールは$7.5～、チキンウィング$19.5は尋常じゃない辛さがクセになる。

MAP P.88-C1
住4232 Village Stroll
TEL(604)932-8334
URL www.amsterdampub.ca
営毎日11:00～翌1:00
休無休
CC A M V

COLUMN

シー・トゥー・スカイ・ハイウエイをドライブ

バンクーバーからウィスラーへ続くハイウエイ#99は、距離約120km。わずか2時間余りのドライブ中に、海から山へと周囲の景観を劇的に変えることから、通称「シー・トゥー・スカイ・ハイウエイSea to Sky Highway」と呼ばれている。途中にはスコーミッシュ(→P.91)やかつての鉱山の様子がわかるブリタニア鉱山博物館Britania Mine Museum(URL www.britanniaminemuseum.ca)のあるブリタニア・ビーチBritania Beachをはじめとする町や、落差335mのシャノン滝Shannor Falls、アリス湖Alice Lake、ブランディワイン滝Brandywine Fallsなどの見どころが点在する。シャノン湖、アリス湖、ブランディワイン滝の周辺にはハイキングコースもあるので、寄り道するのもおすすめ。バンクーバーからバスで一気に移動するのもいいが、時間があるなら1日時間を取ってドライブを楽しみたい。

VICTORIA
ビクトリア
ブリティッシュ・コロンビア州

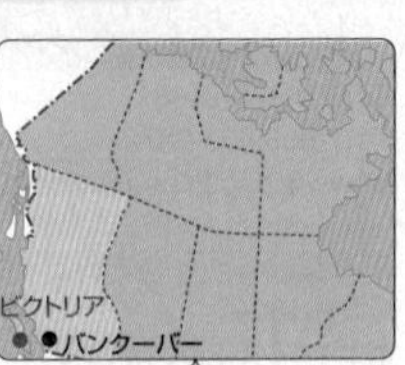

MAP P.42-D1/P.119-B4
人口 39万7237
市外局番 250

ビクトリア情報のサイト
URL www.tourism victoria.com

バンクーバー島の南端に位置するビクトリアは、ブリティッシュ・コロンビア州の州都。街の歴史は、1843年にハドソン・ベイ社が西部地方の毛皮貿易の拠点として砦を築いたことに始まる。以来ここは毛皮交易の商用港として、またイギリス海軍の前線基地として発展した。1849年にはイギリス領植民地となり、時のイギリス女王の名を取り「ビクトリア」と名づけられた。

↑州議事堂の目の前のガーデンにはWelcomeの文字が

当時、アメリカのカリフォルニアはゴールドラッシュに沸き立っており、一攫千金をもくろむ人々であふれていた。やがてそれが下火となり、ブリティッシュ・コロンビア州のフレイザー川やカリブー地域に金鉱が見つかると、多くのアメリカ人がビクトリア経由で北へ渡った。これによりビクトリアでのアメリカの影響力が強まった。危機感を抱いた植民地の総督ジェームズ・ダグラスは、バンクーバー島とバンクーバーを含む対岸の一帯をイギリス領ブリティッシュ・コロンビア植民地と宣言し、さらなる植民地化を推し進めた。1862年には都市へと昇格し、1871年にはイギリスより自治権を得たカナダ連邦に加盟。

アメリカの脅威を感じながら、長きにわたりイギリスの統治下におかれたビクトリアは、今もアフタヌーンティーやガーデニングなど、英国風の生活習慣を色濃く残し、春から夏にかけて街中が花であふれる地として訪れる人々を魅了し続けている。

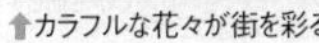
↑カラフルな花々が街を彩る

ビクトリアのイベント

モス・ストリート・マーケット
Moss Street Market
MAP P.101-B2
URL www.mossstreetmarket.com
催 5～10月
土10:00～14:00

モス通りMoss St.とフェアフィールド通りFairfield St.の交差点にある広場で開催。地元の農産物やクラフトなどを扱う露店が並ぶ。11～4月は屋内に会場を移してウィンターマーケットも開催(土曜10:00～13:00)。

ビクトリア・デイ・パレード
Victoria Day Parade
催 5/20('24)

ビクトリア女王誕生祭に行われるビクトリア最大のパレード。地元の学校の生徒などによるチームがパレードを繰り広げ、8万人以上の見物客が訪れる。

ビクトリア・インターナショナル・ジャズフェスト
Victoria International Jazzfest
TEL (250)388-4423
URL jazzvictoria.ca
催 6/22～7/2('23)

1981年から開催されているジャズの祭典で、期間中は市内各地でライブが繰り広げられる。

ビクトリアン・クリスマス
A Victorian Christmas
催 11月～12月下旬

クリスマス時期に行われるイルミネーション・イベント。州議事堂やオーク・ベイなどが美しいイルミネーションで飾られる。

※開館時間、営業時間などの日程は基本的に2023年のもの。年度により変動するため、ウェブサイトなどで再確認を。(→P.7)

エア・カナダ（→P.542）

ウエストジェット（→P.542）

パシフィック・コースタル航空（→P.542）
TEL (604)273-8666
FREE (1-800)663-2872
URL www.pacificcoastal.com

ビクトリア国際空港（YYJ）
MAP P.100-A
住 201-1640 Electra Blvd.
TEL (250)953-7500
URL www.victoriaairport.com

↑郊外の北サーニッチにある空港

BCトランジット社（→P.104）
市バス#88
空港→マクタビッシュ・エクスチェンジ・ベイ
運 月～金6:37～21:07
土8:07～21:06
日8:40～20:37

ビクトリアへの行き方

▶▶▶ 飛行機

カナダ各都市からビクトリアへ行く場合は、ほとんどがバンクーバーを経由する。バンクーバーからはエア・カナダAir Canada（AC）が1日7～10便、ウエストジェットWestJet（WS）が1日4～5便のほか、バンクーバーに拠点を置くパシフィック・コースタル航空Pacific Coastal Airlines（8P）が1日2～3便運航、所要約30分。カルガリーからはエア・カナダが1日8～10便、ウエストジェットが1日14～19便運航、所要1時間30分～1時間45分。カナダの東部からも便があり、トロントからはエア・カナダが1日12～16便、ウエストジェットが1日5～6便運航、所要約5時間10分。

ビクトリア国際空港 Victoria International Airport

ビクトリア国際空港Victoria International Airportは、ダウンタウンの北約25kmにある。規模は小さいが、カナダ国内からのエア・カナダやウエストジェット、バンクーバーからのパシフィック・コースタル航空が発着する。ちなみに水上飛行機（→P.101）は、空港ではなく、インナー・ハーバーInner Harbourに到着するので注意。

空港から市内へ

市バス City Bus

2023年8月現在、ビクトリア国際空港とダウンタウンを結ぶ直通便はないが、ブリティッシュ・コロンビア州の公共交通機関であるBCトランジット社BC Transitが空港に乗り入れる路線バスを運行している。まずは市バス#88（Airport/Sydney）に乗って、マクタビッシュ・エクスチェンジ・ベイMcTavish Exchange Bayへ。そこから#70か#71（Swartz Bay/Downtown）のどちらかに乗り換えれば、ダウンタウンのダグラス通りDouglas St.まで行ける。所要は合計約1時間。運賃は大人$5。

ビクトリア周辺（サーニッチ半島）
Lands End
0 5 10km
B.C.フェリーターミナル P.103
Mill Bay
スワーツ・ベイ Swartz Bay
ビクトリア国際空港 Victoria International Airport
シドニー Sidney
シドニー・フェリーターミナル Sidney Ferry Terminal
アナコーテスへのフェリー Anacortes
サーニッチ入江 Saanich Inlet
Sidney Spit Marine Park
ジェームズ島 James Island
シドニー島 Sidney Island
Brentwood Bay
ブッチャート・ガーデン The Butchart Gardens P.110
The Dining Room P.111
バタフライ・ガーデン Butterfly Gardens
Elk Lake
プロスペクト湖 Prospect Lake
パシフィック園芸センター The Gardens at HCP
Outerbridge Park
Mount Douglas Park
Victoria General Hospital P.105
Thetis Lake
Trans Canada Hwy
スークへ Sooke
ロイヤル・ローズ大学 Royal Roads University
オーク・ベイ・マリーナ Oak Bay Marina
ビクトリアダウンタウン
オーク・ベイ Oak Bay P.109
オーク湾 Oak Bay
Esquimalt Lagoon
P.101に拡大図
ポート・エンジェルスPort Angelsへ
シアトルSeattleへ

↑チケットは車内でドライバーから購入できる

空港シャトル／タクシー Airport Shuttle/Taxi

かつてはYYJエアポート･シャトルYYJ Airport Shuttleが空港とダウンタウンの主要ホテルを結んでいたが、2023年8月現在は運行を停止している。ただし交通事情は流動的であるため、最新情報を確認しよう。タクシー、空港公認のライド･シェアサービスは利用可能。

空港公認ライド･シェア
Uber
KABU

空港からタクシーでダウンタウンへ
ダウンタウンまでは所要約30分、$70くらい。

▶▶▶ 水上飛行機

バンクーバーのカナダ･プレイス横の発着所とビクトリアのインナー･ハーバーを結んで、水上飛行機が発着している。ハーバー･エア･シープレーンHarbour Air Seaplanes（H3）が1日12～25便運航。所要約35分。乗客14人乗りの小型飛行機で上空からの眺めも抜群。週末や冬季は便数が減るので注意しよう。

⬆上空からの眺めを堪能できる水上飛行機

ハーバー･エア･シープレーン
MAP P.102-B1
住 950 Wharf St.
TEL (250)384-2215
FREE (1-800)665-0212
URL www.harbourair.com
バンクーバー
TEL (604)274-1277
料 片道 1人$157～
（時期により変動あり）

ビクトリア市街

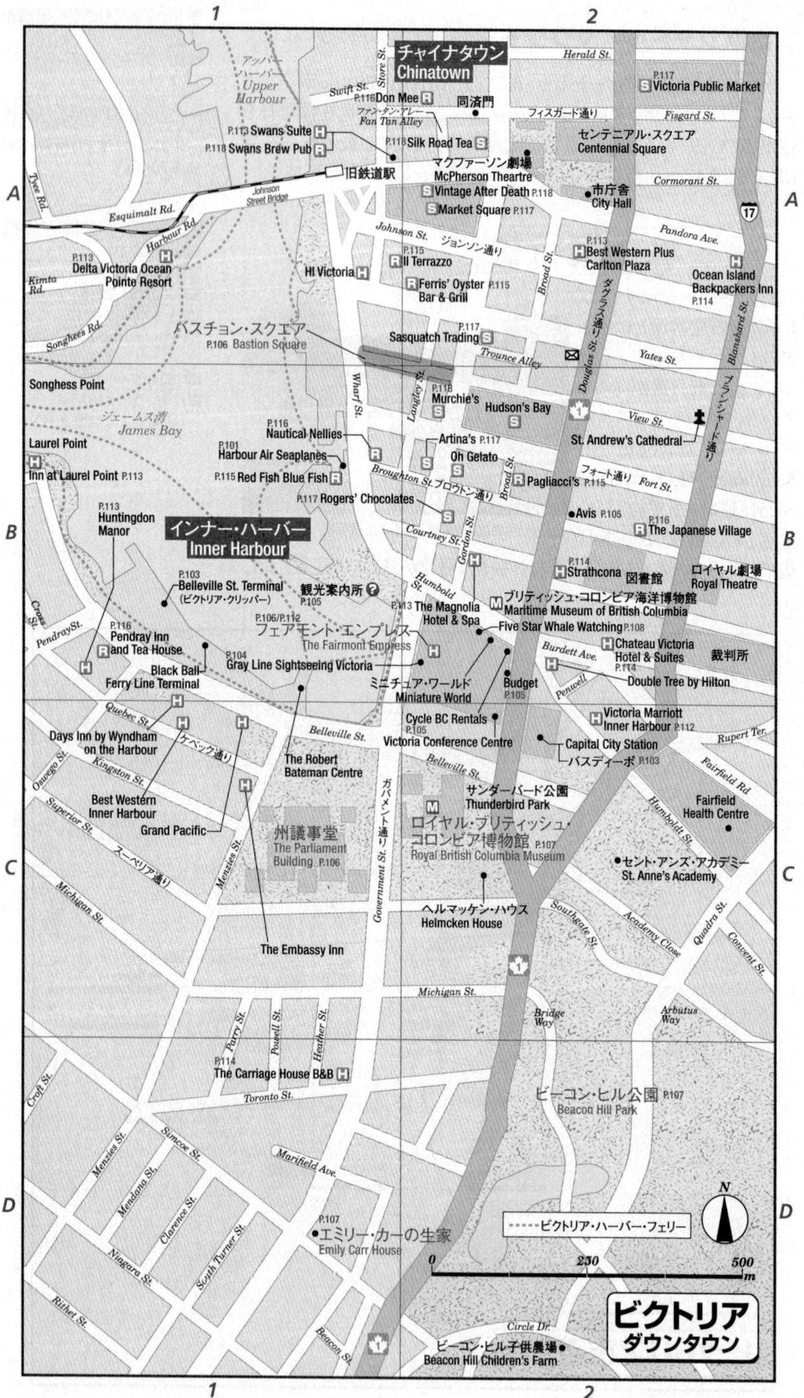
ビクトリア
ダウンタウン
チャイナタウン
Chinatown
インナー・ハーバー
Inner Harbour
アッパーハーバー
Upper Harbour
ジェームス湾
James Bay
P.117 Victoria Public Market
P.116 Don Mee
同済門
ファン・タン・アレー
Fan Tan Alley
P.113 Swans Suite
P.118 Swans Brew Pub
P.118 Silk Road Tea
センテニアル・スクエア
Centennial Square
マクファーソン劇場
McPherson Theartre
旧鉄道駅
Vintage After Death P.118
Market Square P.117
市庁舎
City Hall
P.113 Best Western Plus Carlton Plaza
Ocean Island Backpackers Inn P.114
P.113 Delta Victoria Ocean Pointe Resort
HI Victoria
P.115 Il Terrazzo
Ferris' Oyster Bar & Grill P.115
バスチョン・スクエア
P.106 Bastion Square
P.117 Sasquatch Trading
Songhess Point
P.118 Murchie's
Hudson's Bay
St. Andrew's Cathedral
Laurel Point
Inn at Laurel Point P.113
P.116 Nautical Nellies
P.101 Harbour Air Seaplanes
P.115 Red Fish Blue Fish
Artina's P.117
Oh Gelato
Pagliacci's P.115
P.117 Rogers' Chocolates
Avis P.105
P.116 The Japanese Village
P.113 Huntingdon Manor
P.114 Strathcona
図書館
ロイヤル劇場
Royal Theatre
P.103 Belleville St. Terminal
(ビクトリア・クリッパー)
観光案内所
P.105
ブリティッシュ・コロンビア海洋博物館
Maritime Museum of British Columbia
P.113 The Magnolia Hotel & Spa
Five Star Whale Watching P.108
P.106/P.112
フェアモント・エンプレス
The Fairmont Empress
P.116 Pendray Inn and Tea House
Chateau Victoria Hotel & Suites
P.114
裁判所
Black Ball Ferry Line Terminal
P.104 Gray Line Sightseeing Victoria
ミニチュア・ワールド
Miniature World
Budget P.105
Double Tree by Hilton
Days Inn by Wyndham on the Harbour
Cycle BC Rentals P.105
Victoria Marriott Inner Harbour P.112
Victoria Conference Centre
Capital City Station
バスディーポ P.103
The Robert Bateman Centre
サンダーバード公園
Thunderbird Park
Fairfield Health Centre
Best Western Inner Harbour
Grand Pacific
州議事堂
The Parliament Building P.106
ロイヤル・ブリティッシュ・コロンビア博物館 P.107
Royal British Columbia Museum
セント・アンズ・アカデミー
St. Anne's Academy
ヘルマッケン・ハウス
Helmcken House
The Embassy Inn
P.114 The Carriage House B&B
ビーコン・ヒル公園 P.107
Beacon Hill Park
P.107 エミリー・カーの生家
Emily Carr House
ビクトリア・ハーバー・フェリー
0 250 500 m
ビーコン・ヒル子供農場
Beacon Hill Children's Farm
Herald St.
Fisgard St.
フィスガード通り
Swift St.
Store St.
Cormorant St.
Pandora Ave.
Johnson St.
ジョンソン通り
Johnson Street Bridge
Esquimalt Rd.
Harbour Rd.
Tyee Rd.
Kimta Rd.
Songhees Rd.
Broad St.
Douglas St.
ダグラス通り
Blanshard St.
ブランシャード通り
Yates St.
Trounce Alley
Wharf St.
Langley St.
View St.
Fort St.
フォート通り
Broughton St.
ブロウトン通り
Courtney St.
Gordon St.
Humbold St.
Burdett Ave.
Penwell
Rupert Ter.
Fairfield Rd
Humboldt St.
Cross St.
Pendray St.
Quebec St.
ケベック通り
Belleville St.
Oswego St.
Kingston St.
Superior St.
スーペリア通り
Menzies St.
Government St.
ガバメント通り
Michigan St.
Southgate St.
Academy Close
Quadra St.
Convent St.
Bridge Way
Arbutus Way
Parry St.
Powell St.
Heather St.
Croft St.
Toronto St.
Simcoe St.
Menzies St.
Mendana St.
Clarence St.
Marifield Ave.
South Turner St.
Niagara St.
Rithet St.
Beacon St.
Circle Dr.

▶▶▶長距離バス

↑バンクーバーとビクトリアを結ぶBCフェリーズ・コネクター

バンクーバーからはBCフェリーズ・コネクターBC Ferries Connectorが運行。バスディーポとバンクーバー国際空港から出発する。バンクーバー南部の港、トゥワッサンTsawwassen（MAP P.45-D1）とビクトリアの北にあるスワーツ・ベイSwartz Bay間はバスごとB.C.フェリーB.C. Ferriesに乗り込む。終点はビクトリアのバスディーポ。フェリー内ではバスから降りて食事を取ったりできるが、アナウンスが入ったら各自でバスに戻ることになるので、降車時にバスのナンバーや特徴を覚えておくこと。1日2～4便運行、所要約3時間40分。チケットは空港の到着フロア内、BCフェリーズ・コネクターと提携するスカイリンクスSkylinxのチケット売り場で。ウェブサイトからの予約も可能。

また、バンクーバー島の各町からは夏季限定で運行するトフィーノ・バスTofino Busや、アイランド・リンク・バスIsland Link Busが結んでいる。詳細は「バンクーバー島の交通」（→P.120）を参照。

バスディーポから市内へ

バスディーポはフェアモント・エンプレスThe Fairmont Empress（→P.106、P.112）の裏側、ダグラス通り沿いのキャピタル・シティ・ステーションCapital City Stationの一角にある。ダウンタウンの中心部なので、見どころやホテルへの移動も容易だ。

↑Victoria Conference Centreの向かいに位置する

▶▶▶市バス&フェリー

↑海風を感じる屋上に上がることもできる

バンクーバーのダウンタウンからビクトリアのダウンタウンまで、市バスとフェリーを乗り継いで行くこともできる。バンクーバーのグランビル駅Granvilleからスカイトレインのカナダ・ラインでブリッジポート駅Bridgeport（MAP P.45-C1）まで行き、そこから市バス#620に乗り換えてトゥワッサンまで行って、スワーツ・ベイ行きのB.C.フェリー（MAP P.45-D1）に乗る。スワーツ・ベイからは市バス#70か#72がビクトリアのダウンタウン、ダグラス通りまで行く。すべて合計して、所要4時間～4時間30分。

BCフェリーズ・コネクター
FREE (1-888)788-8840
URL bcfconnector.com
バンクーバーから
料 片道　大人$71.96～、シニア$64.76～、学生$50.37～、ユース（12～18歳）$43.19～、子供（5～11歳）$35.98～、4歳以下$30.85～

スカイリンクス
TEL (604)326-1616
URL yvrskylynx.com/ferry

トフィーノ・バス（→P.543）
FREE (1-866)986-3466
URL tofinobus.com

アイランド・リンク・バス
URL www.islandlinkbus.com

バスディーポ
MAP P.102-C2
住 721 Douglas St.

B.C.フェリー
MAP P.100-A
FREE (1-888)223-3779
URL www.bcferries.com
バンクーバーから
運 1日8～15便、所要約1時間35分
料 大人$18.5、子供（5～11歳）$9.25
車の場合は$63.85～
（時期や車種により変動あり）

シアトルからのフェリー
アメリカのシアトルSeattleからもビクトリア・クリッパーVictoria Clipperが1日1～2便運航。所要2時間45分～3時間。パスポート必携。
ビクトリア・クリッパー
MAP P.102-B1
FREE (1-800)888-2535
URL www.clippervacations.com/seattle-victoria-ferry
シアトルから
料 片道
大人US$99～119
子供（1～11歳）US$49.5～59.5

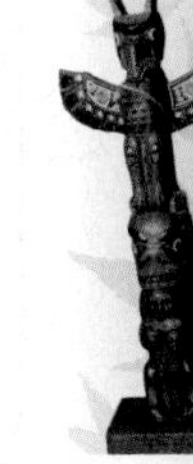

市内交通

BCトランジット社
TEL (250)382-6161
URL bctransit.com/victoria
料 シングルチケット
1人$2.5
デイパス
1人$5
回数券(10枚)
1人$22.5

ビクトリア・ハーバー・フェリー
TEL (250)514-9794
URL victoriaharbourferry.com
営 毎日10:00〜21:00
(時期や天候により変動あり)
休 無休
ハーバー・ツアー
料 大人$40、子供(6〜12歳)
$20
ゴージ・ツアー
料 大人$40、子供(6〜12歳)
$20
水上タクシー
料 片道
大人$15、子供(6〜12歳)$7

おもなタクシー会社
Yellow Cab of Victoria
TEL (250)381-2222
FREE (1-800)808-6881
Victoria Taxi
TEL (250)383-7111

市バス City Bus

BCトランジット社の市バスがダウンタウン周辺からスワーツ・ベイまで広範囲に路線を展開している。料金はどこまで行っても一律。ダウンタウンを走るほとんどの路線がダグラス通りを通過する。時刻表は観光案内所で手に入るほか、BCトランジット社のウェブサイトでも確認できる。行き方の検索やリアルタイムな運行状況も確認でき、街歩きの心強い見方になるはずだ。デイパス、回数券はコンビニやドラッグストアで取り扱っている。なお、12歳以下の子供は乗車無料。

フェリー Victoria Harbour Ferry

ビクトリア・ハーバー・フェリーVictoria Harbour Ferryが、インナー・ハーバーの桟橋からビクトリア港Victoria Harbour内の14ヵ所の停泊所を結ぶ小型フェリーを運航。ルートはハーバー・ツアーHarbour Tour(所要45分、30分ごとに出発)とゴージ・ツアーGorge Tour(所要約1時間15分、30分〜1時間ごとに出発)のふたつ。ツアー以外にも、水上タクシーとしても利用できる。

↑見た目がポップな水上タクシー

タクシー Taxi

フェアモント・エンプレスやバスディーポの前などにタクシーストップがある。流しのタクシーも多く、手を挙げれば停まってくれる。料金は初乗り$3.4、1km走るごとに$1.99ずつ加算される。

現地発のツアー

グレイ・ライン・サイトシーイング・ビクトリア Gray Line Sightseeing Victoria

現地での移動に自信がない、より効率的に見どころを巡りたい人には、グレイ・ライン・サイトシーイング・ビクトリアGray Line Sightseeing Victoria(旧CVSツアーズ)の市内ツアーをおすすめしたい。

最もポピュラーなのは真っ赤な2階建てバスに乗って市内15ヵ所を巡るHop on Hop off。フェアモント・エンプレス前のキオスクを出発し、インナー・ハーバー、チャイナタウン、クレイダーロック城、オーク・ベイなどの名所を網羅。1周1時間30分ほどで、自由に乗り降りも可能だ。クレイダーロック城(月・火曜は休館)を探訪する時間があれば、Hop on Hop off CitySights Craigdarroch Castle Experienceを選ぼう。

↑市内観光にうってつけ

ブッチャート・ガーデンが目的なら、往復の交通費と庭園への入園料が含まれたButterfly Gardens Express Shuttleがお得。こちらも出発はフェアモント・エンプレス(MAP P.102-B2)前から。

DATA
グレイ・ライン・サイトシーイング・ビクトリア
MAP P.102-B2
TEL (250)385-6553 FREE (1-855)385-6553
URL sightseeingvictoria.com
Hop on Hop off CitySights
催 3〜10月 料 1日券 大人$60、ユース(13〜17歳)$38、子供(5〜12歳)$15
Hop on Hop off CitySights Craigdarroch Castle Experience
催 3〜12月 料 大人$80、ユース$52、子供$25(クレイダーロック城の入場料込み)
Butterfly Gardens Express Shuttle
通年9:00〜14:00(時期により変動あり)、1〜2時間に1便
料 大人$88、子供$30(入園料込み)

ビクトリアの歩き方

ダウンタウンの中心部は、**インナー・ハーバー**周辺。見どころは広範囲に広がっているので、市バスやツアー、フェリーをうまく利用したい。**ブッチャート・ガーデン**は街の北西約21kmにあるので、市バスやシャトルバスを利用するといい。

インナー・ハーバー周辺

南北に走る**ガバメント通り**と**ダグラス通り**がメインストリートで、このふたつの通りと、南の**州議事堂**から北の**ジョンソン通りJohnson St.**に囲まれた一帯が、ダウンタウンの中心だ。インナー・ハーバーの正面にはガバメント通りを挟んで**フェアモント・エンプレス**が立ち、その北にはビクトリア発祥の地**バスチョン・スクエア**が、南側には**ロイヤル・ブリティッシュ・コロンビア博物館**や州議事堂がある。コンパクトにまとまった狭いエリアなので、観光は徒歩で十分だ。

↑たくさんのクルーザーが停泊するインナー・ハーバー

ダウンタウン周辺

ダグラス通りからフォート通りFort St.を東に入ると、小さな店が並ぶ**アンティーク街**があり、その先は美しい住宅街になっている。ビクトリア調の建物や美しい庭園が多く、そぞろ歩きが楽しい一角だ。ダウンタウンの北には**チャイナタウンChinatown**が、南には**ビーコン・ヒル公園**がある。ダウンタウン中心からはいずれも徒歩圏内だが、チャイナタウンからビーコン・ヒル公園へは徒歩で45 分はかかる。

観光案内所

Tourism Victoria Visitor Information Centre
MAP P.102-B1
住 812 Wharf St.
TEL (250)953-2033
FREE (1-800)663-3883
URL www.tourismvictoria.com
開 日～木9:00～17:00
金・土9:00～20:30
休 無休

ビクトリアの治安

比較的治安は良好。ただし、ダウンタウンの北、旧鉄道駅(MAP P.102-A1)と夜の市庁舎付近(MAP P.102-A2)の治安はあまりよくないので、注意しよう。

チャイナタウン

ガバメント通りとフィスガード通りFisgard St.の交差点付近がチャイナタウン。フィスガード通りには大きな同済門が立ち、中華料理のレストランやスーパーが並ぶ。小径ファン・タン・アレーFan Tan Alley(MAP P.102-A2)には、昔の面影が残る。

↑看板を目印にファン・タン・アレーを散策してみよう

ユースフル・インフォメーション
Useful Information

警察

Victoria Police　MAP P.101-A2
住 850 Caledonia Ave.　TEL (250)995-7654

病院

Victoria General Hospital　MAP P.100-B
住 1 Hospital Way　TEL (250)727-4212

おもなレンタカー会社

Avis
ビクトリア国際空港　TEL (250)656-6033
ダウンタウン
MAP P.102-B2
住 1001 Douglas St.　TEL (250)386-8468

Hertz
ビクトリア国際空港　TEL (250)657-0380
Budget
MAP P.102-B2　住 724 Douglas St.　TEL (250)953-5218

レンタサイクル & スクーター

Cycle BC Rentals
MAP P.102-B2　住 685 Humboldt St.
TEL (250)380-2453　URL victoria.cyclebc.ca
営 6～9月　毎日9:00～19:00
10～5月　毎日9:00～17:00(時期により変動あり)
休 無休
料 自転車　1時間$12～、1日$45～
スクーター　1時間$25～、1日$100～
スクーターを借りるには国外運転免許証が必要。

おもな見どころ

インナー・ハーバー周辺

州議事堂
The Parliament Building

MAP P.102-C1

★★★

⬆芝生と噴水が建物を演出

インナー・ハーバーを見下ろす州議事堂は、イギリス出身の建築家フランシス・ラッテンベリー Francis Rattenburyの設計により1893年から5年の年月をかけて建てられた。議事堂前の広場にはビクトリア女王の像が立ち、青銅ドームの上にはバンクーバー島を島であると発見したジョージ・バンクーバーの像がある。建物は夜になると3000個以上のイルミネーションでライトアップされる。平日は個人でも見学できるが、無料のガイドツアーも催行されている。また議事堂内には、議員も実際に利用するというレストランDining Roomがあり、一般にも開放されている。優雅な雰囲気のなかランチをいただくのもおすすめ。

フェアモント・エンプレス
The Fairmont Empress

MAP P.102-B2〜C2

★★★

⬆観光の定番スポットにもなっている高級ホテル

南に州議事堂、西にインナー・ハーバーを見下ろす好立地にある最高級ホテル。イギリス様式の建築美を感じさせる優雅な外観は、観光客の記念写真スポットになっている。ホテル内のロビーやラウンジもイギリス調で、1階のティーロビーTea Lobbyでは19世紀から続くアフタヌーンティーを楽しめる(予約推奨、電話のほかウェブサイトからも可)。ティーロビーはジーンズや短パン、Tシャツ、サンダルでの入場不可。

バスチョン・スクエア
Bastion Square

MAP P.102-A1〜B2

★★★

1843年にハドソン・ベイ社によって毛皮貿易の拠点が築かれ、ビクトリア発祥の地となった場所。広場周辺の歴史的な建物は古い外観を残したまま改装され、現在はカフェやパブとして営業している。また、月〜水曜を除く週4日はバスチョン・スクエア・パブリック・マーケットBastion Square Public Marketが開催されさまざまな露店が軒を連ねるほか、催し物も行われてにぎわう。

州議事事堂

住501 Belleville St.
TEL(250)387-3046
URL www.leg.bc.ca

ガイドツアー
催5/22〜9/4
月〜金8:30〜16:30
土・日9:00〜16:40
料無料
所要約40分。予約不要だが定員に達することもあるため早めの到着が望ましい。

レストラン
TEL(250)387-3959
営月〜木8:30〜15:00
金8:30〜14:00
(議会の開催中は異なる)
休土・日
入口にあるセキュリティデスクに申し出て、入館許可証をもらう(パスポートなどIDが必要)。予約推奨。

⬆荘厳な雰囲気が漂う

馬車ツアー

州議事堂の脇にあるメンジース通りMenzies St.を出発して、街なかを馬車に乗って巡るツアー。ビクトリア・キャリッジ・ツアーズVictoria Carriage Toursなど3社が催行している。

ビクトリア・キャリッジ・ツアーズ
TEL(250)383-2207
FREE(1-877)663-2207
URL www.victoriacarriage.com
料30分 1組$140〜

フェアモント・エンプレス (→P.112)

アフタヌーンティー
TEL(250)384-8111
URL www.teaattheempress.com
営毎日11:00〜17:00
休無休
料$95〜(時間帯と時期により変動あり)

バスチョン・スクエア・パブリック・マーケット

催木〜土11:00〜17:30
日11:00〜16:00

ロイヤル・ブリティッシュ・コロンビア博物館 MAP P.102-C2

Royal British Columbia Museum

★★★

州議事堂の隣に立つ博物館。館内は3つのフロアに分かれており、展示は2階と3階。2階のテーマは、ブリティッシュ・コロンビア州の自然で、氷河期から現在までの気候の変化やビクトリア周辺の森と海の立体模型などを展示する。3階はブリティッシュ・コロンビア州のインディアンに関する展示がメイン。館内にはアイマックス劇場IMAX Theatreも併設。また、屋外にはトーテムポールが立ち並ぶサンダーバード公園Thunderbird Parkや、1852年に建てられたヘルマッケン・ハウスHelmcken Houseがある。

↑ビクトリアを代表する博物館

ロイヤル・ブリティッシュ・コロンビア博物館

住675 Belleville St.
TEL(250)356-7226
FREE(1-888)447-7977
URL royalbcmuseum.bc.ca
開6/2～9/9
日～木10:00～17:00
金・土10:00～22:00
9/10～6/1
毎日10:00～17:00
休無休
料大人$29.95、シニア・学生$19.95、ユース(6～18歳)$16.95、子供無料
アイマックス劇場
開日～木10:00～19:00
金・土10:00～20:15
休無休
料大人$11.95～、シニア・ユース(6～18歳)$10.25～、学生$10.75～、子供(3～5歳)$5.4～

ダウンタウン周辺

ビーコン・ヒル公園 MAP P.102-D2

Beacon Hill Park

★★★

海に面した広大な公園。緩やかな丘の上に造られた公園内には、ガーデンや小動物と触れ合えるビーコン・ヒル子供農場Beacon Hill Children's Farmなどがある。公園名は、かつてビクトリアの南にある海峡内を航行する水夫たちに向けた信号(ビーコンBeacon)として、園内の一番高い所にマストを設置したことに由来する。丘の最高所は展望台になっており、近くにはかつて世界最高の高さを誇った全長38.9mのトーテムポールが立つ。公園の南西のダグラス通りとダラス通りDallas Rd.の交差点には、トランス・カナダ・ハイウエイの始点「マイル・ゼロMile Zero」の標識もある。

↑園内には色とりどりの花が咲き誇る

ビーコン・ヒル公園

ビーコン・ヒル子供農場
TEL(250)381-2532
URL beaconhillchildrensfarm.ca
開4月～10月中旬
毎日10:00～17:00
(時期や天候により変動あり)
休10月中旬～3月
料寄付程度

↑池のほとりでのんびりしよう

エミリー・カーの生家 MAP P.102-D1

Emily Carr House

★★★

↑手入れの行き届いた庭にも注目

ビクトリアで生まれた、カナダを代表する画家エミリー・カーEmily Carr(→P.60欄外)の生家。1863年建造のイギリス調の優雅な邸宅からは、彼女の裕福な幼少時代が想像できる。邸内1階は客間やダイニングなどエミリーが住んでいた時代のままに再現されている。ギャラリーやギフトショップのほか、エミリーの生涯を紹介するビデオを上映している部屋もある。

エミリー・カーの生家

住207 Government St.
TEL(250)383-5843
URL carrhouse.ca
開火～日10:00～15:00
休月
料大人$8、シニア・学生$7、子供$5

↑画家の幼少時代に思いをはせてみよう

アンティーク街

MAP P.101-A2

Antique Row

★★★

ビクトリアはカナダ有数の骨董の街。特にフォート通りのブランシャード通りBlanshard St.とクック通りCook St.に挟まれた3ブロックはアンティーク街として知られており、多くはないが道沿いにアンティークショップが点在している。

クレイダーロック城

MAP P.101-A2

Craigdarroch Castle

★★★

スコットランドから移民してきたロバート・ダンスミュアRobert Dunsmuirが1887～89年にかけて建てた豪奢な邸宅。バンクーバー島中部のカンバランドCumberlandに石炭の大鉱脈を掘り当て莫大な富を手にした彼は、妻ジョーンズのためにこの屋敷を建てるのだが、本人は完成を待つことなく急逝し、完成後は残された妻と子供たちが住んでいた。邸内には、19世紀のステンドグラスやシャンデリア、アンティークの家具が飾られている。

クレイダーロック城

住 1050 Joan Crescent
TEL (250)592-5323
URL www.thecastle.ca
開 水～日10:00～16:00
休 月・火
料 大人$20.6、シニア$19.6、ユース(13～17歳)$14.8、子供(6～12歳)$10、5歳以下無料
交 市バス#11、#14、#15でフォート通りとファーンウッド通りFernwoodの交差点下車、徒歩5分。

↑城と形容するのにふさわしい外観

ポイント・エリス・ハウス

MAP P.101-A1

Point Ellice House

★★★

←ビクトリア時代の食器や服がそのまま残る

ダウンタウンの北にあるビクトリア様式の邸宅。1867年にビクトリアの長官として着任したピーター・オライリーPeter O'Reillyにより建てられた。現在は博物館として一般に公開されており、豪華なインテリアを見ることができる。庭園も見事で散策するだけでも楽しい。

ポイント・エリス・ハウス

住 2616 Pleasant St.
TEL (250)800-1831
URL www.pointellicehouse.com
開 木～日10:00～16:00
休 月～水
料 大人$12、シニア$10、ユース(12～17歳)$10、子供無料
交 インナー・ハーバーからビクトリア・ハーバー・フェリーの水上タクシーで約15分。

COLUMN

ビクトリアで楽しむオルカウオッチング

カナダ本土とバンクーバー島を隔てるジョージア海峡Strait of Georgiaは、世界でも有数のオルカ(シャチ)の生息地。オルカがビクトリアの沖に姿を見せるのは春から秋にかけてで、この時期には多くのツアー会社がウオッチングツアーを催行している。実際にツアー会社を選ぶ際に注意したいのが、船の種類。ツアーで使用されるボートは、ゾディアックと呼ばれるゴムボートと、屋根付きの高速ボートのふたつに大きく分けられる。高速ボートは揺れも少なく、スピードも速いため遠くまで行くことができる。ゾディアックは屋根がないためかなり寒いが、オルカのすぐ近くまで寄ることができるのが利点だ。同じボートやゾディアックでもトイレが付いていたり、防寒具の無料貸し出しがあったりとさまざまなので、よく検討してからツアー会社を決めよう。

ツアー会社のひとつファイブスター・ホエール・ウオッチングFive Star Whale Watchingでは、カタマラン型の高速ボートを使う。ヨットと同じ形状なので、高速ボートのわりに小回りが利くのが特長だ。船内にはトイレがあるほか、ホットコーヒーのサービスや防水スーツのレンタルもある。防水スーツを着ていても、海上はかなり冷えるので、フリースや薄手のセーターを着たほうがよい。

DATA

ファイブスター・ホエール・ウオッチング

MAP P.102-B2 住 645 Humboldt St.
TEL (250)388-7223 FREE (1-800)634-9617
URL 5starwhales.com
催 3～12月 毎日10:00、14:00(時期により異なる) 所要約3時間
料 大人$130、ユース(13～17歳)$109、子供(3～12歳)$95、2歳以下無料

郊外

オーク・ベイ
Oak Bay

MAP P.100-B

★★★

ダウンタウンの東、海に面した一帯はビクトリアの高級住宅街。特にオーク・ベイ通りOak Bay Ave.沿いに広がるオーク・ベイ・ビレッジOak Bay Villageには、おしゃれなブティックやショップ、レストランが軒を連ねる。車でオーク・ベイからダウンタウンまで、シーニック・マリン・ドライブ沿いに帰れば、美しい海の景色も堪能できる。

↑ゆっくり散策を楽しみたいかわいらしい街

また、オーク・ベイはイギリス文化が生活に深く根ざしたコミュニティとして知られ、イギリスよりもイギリスらしいともいわれる。

オーク・ベイ

交 市バス#2がオーク・ベイ通りを通ってオーク・ベイまで行く。

オーク・ベイのナイトマーケット

毎年6～9月の第2水曜には、オークベイ通りが歩行者天国になり、オーク・ベイ・ナイト・マーケットOak Bay Night Marketが開催される。地元アーティストが作る雑貨や農産物の屋台が並ぶほか、大道芸人も出てとってもにぎやか! 開催は16:00～20:00。

COLUMN

アフタヌーンティーで優雅な午後のひとときを

ひと口サイズのサンドイッチとスイーツを、香り高い紅茶と一緒に楽しむイギリスの優雅な習慣、アフタヌーンティーの始まりは、なんとおなかがすいて困ったイギリスの公爵夫人の思いつきによるものだったといわれる。

19世紀半ば、ロンドン郊外のベッドフォード公爵邸で暮らしていた第7代公爵夫人のアンナ・マリアは、ある日の午後、とてもおなかがすいてしまった。当時は1日2食で、人々は朝食と夕食の間におやつ程度のものしか食べないというのが普通だったからだろう。時はちょうど、賭け事好きでカード遊びに夢中だったサンドイッチ伯爵が、「食事をする時間がもったいない」と、片手で食べられるように2枚のパンの間に具を挟む"サンドイッチ"を考案した頃。アンナはこのサンドイッチを思い出し、午後の4時か5時に紅茶と一緒にサンドイッチやスコーンを一緒に食べるようにした。これがアフタヌーンティーの起源といわれている。アフタヌーンティーはやがて英国貴族の間に広まり、優雅な社交の場となった。ちなみに、アフタヌーンティーによく似たものにハイティーというものがある。こちらは午後6時頃、仕事帰りの労働者が紅茶と一緒に食事を取ることから始まったもので、スイーツではなく肉料理など本格的な食事メニューが出る。昔は労働者階級の習慣だったが、最近は必ずしもそうではなくなっている。

ビクトリアでアフタヌーンティーが楽しめる場所はいくつもあるが、最も人気が高いのが、フェアモント・エンプレス。内装も豪華なここのティーロビーは一見の価値がある。

↑フルーツやキュウリを挟んだサンドイッチ、スコーンなどを3段のトレイに載せたものが伝統的なアフタヌーンティーのスタイル

DATA

アフタヌーンティーが楽しめるスポット

フェアモント・エンプレス(→P.106/P.112)
ブッチャート・ガーデン
(The Dining Room Restaurant)(→P.111)
Pendray Inn and Tea House(→P.116)
White Heather Tea Room(→P.116)

ブッチャート・ガーデンへ行こう

The Butchart Gardens

ビクトリアは、花の開花で春の訪れを顕著に感じられる場所。ブッチャート・ガーデンでは春に25万株もの花々がいっせいにつぼみを開き、その華麗な姿で見る者を魅了する。また、開花期間が長いというカナダの花の特性と、必要に応じた植え替えによって通年で植物観賞ができる。

1

ブッチャート・ガーデン

The Butchart Gardens MAP P.100-A ★★★

四季折々の花が咲き誇るブッチャート・ガーデンは、ダウンタウンから北へ22kmほどの所にあるビクトリアきっての観光名所。かつての石灰岩の採掘所が、1904年にジョニー・ブッチャート氏Jonny Butchartとその夫人により整備されたのが庭園の始まり。約22ヘクタールに及ぶ広大な敷地は、サンクン・ガーデンSunken Garden、ローズ・ガーデン、日本庭園、イタリアン・ガーデン、地中海の庭の5つに大きく分けられ、特に見晴らし台から眺めるサンクン・ガーデンの眺望は秀逸。また、夏はナイトコンサート、冬にはクリスマスイルミネーションなどのイベントも開催される。

ブッチャート・ガーデン
TEL (250)652-4422
FREE (1-866)652-4422
URL www.butchartgardens.com
開 【3月、10月】毎日9:00～16:00
【4・5月、9/16～9/30】毎日9:00～17:00
【6/1～9/15】月・火9:00～17:00、水～日9:00～22:00
【11月、1/7～2/29】毎日9:00～15:30
【12/1～1/6】毎日15:00～21:00
休 無休
料 大人$25.5～39.5(時期により変動あり)
交 ダグラス通りから市バス#75(#30、#31が途中のRoyal Oak Exchangeで#75になる便もある)で所要約1時間。便によってはブッチャート・ガーデンのゲートに停まらないので乗車時に確認を(土・日曜は減便あり)。スワーツ・ベイのフェリーターミナルからは市バス#81で所要約50分。グレイライン・サイトシーイング・ビクトリア(→P.104)のツアーでもアクセスできる。

❶ブッチャート・ガーデンのハイライト、サンクン・ガーデン。その計算し尽くされた美しさにため息がこぼれる ❷サンクン・ガーデンを抜けた所にある噴水 ❸7〜8月にはバラが咲き乱れるローズ・ガーデン。甘い香りが漂う ❹かつてテニスコートがあった場所に造られた、こぢんまりとしたイタリアン・ガーデン ❺日本人庭師、岸田伊三郎氏の協力で造られた日本庭園。朱色の欄干の橋がある ❻4月にはたくさんのチューリップが出迎えてくれる

フラワーガイド

花の名前はインフォメーションでもらえる「Flower & Plant Guide」を参考にしよう。

散策のあとは紅茶でリラックス

アフタヌーンティーを楽しもう

Let's Enjoy Afternoon Tea

ブッチャート・ガーデンを訪れたらぜひ立ち寄ってほしいのが、ローズ・ガーデンに隣接するレストランThe Dining Room Restaurant。季節の植物に囲まれながら、優雅な気分でアフタヌーンティーを楽しむことができる。紅茶は9種類のブレンドから選べて、自家製のスコーンやジャムなどと味わえる。シーズンオフでも混み合うので事前に電話またはウェブサイト、園内のビジターセンターでの予約を推奨している。

The Dining Room Restaurant
TEL (250) 652-8222(予約) 営【アフタヌーンティー】毎日11:00〜15:00(時期により変動あり) 料1人$49.5 【ディナー】6月〜9月中旬、12月〜1月上旬 水〜土17:00〜20:00

❶タルトやパイなど小さく愛らしいスイーツが並ぶ ❷レストラン内にも植物がたくさん飾られ、まるで温室のような雰囲気 ❸伝統的な3段トレイのスタイル。季節替わりのベリーのトライフルも付く

ビクトリアのホテル

Hotels in Victoria

インナー・ハーバーの周辺にはプールやバルコニー、ガーデンなどの設備が充実したリゾートタイプの高級ホテルが立ち並び、ハーバー側の客室からはビクトリアならではのロマンティックな夜景を望むこともできる。また、ほとんどの高級ホテルではスパを併設しており、そのレベルもカナダ国内では屈指の高さという評判だ。エコノミーなホテルを探しているなら、州議事堂南のスーペリア通りSuperior St.やフォート通りの1本南のブロウトン通りBroughton St.、デパート ハドソン・ベイHudson's Bay の北側、州議事堂西側のケベック通りQuebec St.沿いへ。このあたりにはビジネスタイプのホテルやモーテルが多い。B&Bも市内各所に点在しており、内装や朝食にこだわった高級感のあるB&Bから、手頃な価格で泊まれるところまでバリエーションも豊富。好みのB&Bを探してみよう。

最高級ホテル

The Fairmont Empress
フェアモント・エンプレス

インナー・ハーバー周辺

ビクトリアの観光名所にもなっている1908年創業の最高級ホテル。調度品もファブリックもアンティーク調でまとめられ、クラシックな雰囲気。1階ロビーにあるティールームでのアフタヌーンティー（→P.106欄外、P.109）や四季の花咲くガーデンなど、イギリス文化が残るビクトリアの魅力にあふれたホテルだ。

MAP P.102-B2～C2
住 721 Goverment St.
TEL (250)384-8111
FREE (1-866)540-4429
URL www.fairmont.com/empress-victoria
料 HIGH 5～9月ⓈⒹ$549～
LOW 10～4月ⓈⒹ$305～　Tax別
CC A M V　室 464室

Abigail's Hotel
アビゲイルズ

ダウンタウン東部

1930年代に建てられたチューダー様式の建物を改装し、そのままホテルとして使用している。外には小さなガーデンがあり、春から夏にかけては多くの花で埋め尽くされる。客室内も優雅なヨーロピアンスタイルで統一されており、アンティークの家具や猫足のバスタブなど、ロマンティックな雰囲気はカップルから人気が高い。自家製パンやスモークフィッシュなど日替わりのメインディッシュが出る朝食も豪華。宿泊には年齢制限があり、16歳以下は不可。お得なショッピングツアーやフードツアーなど、ステイを楽しくするオプショナルツアーも豊富に揃えている。

MAP P.101-A2
住 906 McClure St.
TEL (250)388-5363　FREE (1-800)561-6565
URL www.abigailshotel.com
料 HIGH 5月～9月下旬ⓈⒹ$259～
LOW 9月下旬～4月ⓈⒹ$199～　朝食付き
CC A M V
室 30室

↑花柄のベッドカバーがかわいらしい客室
←イギリスチューダー様式の外観は美しい

高級ホテル

Victoria Marriott Inner Harbour
ビクトリア・マリオット・インナー・ハーバー

インナー・ハーバー周辺

インナー・ハーバーから徒歩5分ほどの所にある大型リゾートホテル。ダブルベッドが備え付けられた客室はゆとりのあるサイズ。ほとんどの客室がオーシャンビューもしくはマウンテンビューで、景観豊かなビクトリアの眺望を堪能できる。レストラン、プール、サウナ、ジャクージなど、設備も充実。

MAP P.102-C2
住 728 Humboldt St.
TEL (250)480-3800
FREE (1-866)306-5451
URL www.marriottvictoria.com
料 HIGH 5～9月ⓈⒹ$357～
LOW 10～4月ⓈⒹ$274～
Tax別
CC A M V　室 236室

バスタブ　テレビ　ドライヤー　ミニバーおよび冷蔵庫　セーフティボックス　Wi-Fi
一部客室　一部客室　貸し出し　一部客室　フロントにあり

高級ホテル

The Magnolia Hotel & Spa
マグノリア・ホテル&スパ

インナー・ハーバー周辺

AAAの4ダイヤモンドに認定されている高級ホテル。64室と規模が大きくないぶん、行き届いたサービスがモットー。室内はゆったりと広く、白を基調としたなかに茶の家具が配され、優雅な雰囲気。フェイシャルトリートメントに定評がある人気スパを併設しており、自然派のプロダクツを使用している。

MAP P.102-B2
住 623 Courtney St.
TEL (250)381-0999
FREE (1-877)624-6654
URL www.magnoliahotel.com
料 HIGH 5～9月ⓈⒹ$290～
LOW 10～4月ⓈⒹ$215～
Tax別　朝食付き
CC A M V
室 64室

Inn at Laurel Point
イン・アット・ローレル・ポイント

インナー・ハーバー周辺

インナー・ハーバー沿いに立つ高級ホテル。客室は全室バルコニー付きで、ほぼすべての部屋からインナー・ハーバーが見渡せる。ピアノラウンジやレストラン、ギフトショップ、屋内プール、ジャクージ、サウナといった設備も整っている。敷地内には手入れの行き届いた日本庭園もあり、目を和ませる。

MAP P.102-B1
住 680 Montreal St.
TEL (250)386-8721
FREE (1-800)663-7667
URL www.laurelpoint.com
料 HIGH 5月～10月上旬ⓈⒹ$305～
LOW 10月上旬～4月ⓈⒹ$230～
Tax別
CC A M V
室 200室

Swans Suite Hotel
スワンズ・スイート

ダウンタウン北部

3羽並んだ白鳥の看板が目印の、歴史あるホテル。4タイプある客室はすべてキッチン付きのスイート仕様で、クラシカルな雰囲気が漂う。ハイシーズンにはフラワーバスケットも外壁に飾られ、街に華やかさを与えている。ホテル内には「Swans Brewery Pub（→P.118）」やショップ、レストランなどがある。

MAP P.102-A1
住 506 Pandora Ave.
TEL (250)361-3310
URL swanshotel.com
料 HIGH 6月下旬～9月ⓈⒹ$195～
LOW 10月～6月下旬ⓈⒹ$145～
Tax別
CC A M V
室 30室

Delta Victoria Ocean Pointe Resort
デルタ・ビクトリア・オーシャン・ポイント・リゾート

ダウンタウン北部

インナー・ハーバーの対岸にあるため、周囲は静かな環境。ホテル周辺には散策路が整備されている。客室は広々としており、窓が大きくとられているのでハーバーを見渡す眺望も抜群だ。プールやジャクージのほか、国内12の高級ホテルに採用される「Damara Day Spa」を併設している。

MAP P.102-A1
住 100 Harbour Rd.
TEL (250)360-2999
URL www.marriott.com
料 HIGH 6～9月ⓈⒹ$336～
LOW 10～5月ⓈⒹ$316～　Tax別
CC A D J M V　室 240室
交 インナー・ハーバーからビクトリア・ハーバー・フェリーのハーバー・ツアーで約5分。

中級ホテル

Huntingdon Manor
ハンチントン・マナー

インナー・ハーバー周辺

自然に囲まれた場所に立ち、白を基調とした外観が印象的。ロビーや廊下、客室など全体的にイギリスのアンティーク調の重厚なインテリアで統一されており、優雅な気分に浸れる。向かいにある「Pendray Inn and Tea House」（→P.116）ではアフタヌーンティーが堪能できるほか、レストランやバーも併設。

MAP P.102-B1
住 330 Quebec St.
TEL (250)381-3456
FREE (1-800)663-7557
URL huntingdonmanor.com
料 HIGH 6月～9月中旬ⓈⒹ$163～
LOW 9月中旬～5月ⓈⒹ$159～
Tax別
CC A M V
室 113室

Best Western Plus Carlton Plaza
ベストウエスタン・プラス・カールトン・プラザ

ダウンタウン北部

ダウンタウンの中心にあり、どこへ行くにも便利なロケーション。客室の内装はシンプルだが、十分な広さがあり快適に過ごせる。スイートルームにはオーブンが使えるキッチンを完備している。レストラン（朝・昼のみ）、ビジネスセンター、ツアーデスク、フィットネスセンターがある。

MAP P.102-A2
住 642 Johnson St.
TEL (250)388-5513
FREE (1-800)663-7241
URL www.bestwesterncarltonplazahotel.com
料 HIGH 5～10月ⓈⒹ$185～
LOW 11～4月ⓈⒹ$109～
Tax別
CC A J M V
室 103室

中級ホテル

Chateau Victoria Hotel & Suites
シャトー・ビクトリア・ホテル＆スイート

インナー・ハーバー周辺

値段のわりに施設が充実しており、割安感がある。18階にはビクトリア唯一の展望レストランがあり、ダウンタウンを一望しながら食事が楽しめる。ホテルの前からブッチャート・ガーデン行きの市バスが出ているほか、ダウンタウンの見どころやバスディーポへの無料シャトルサービスを実施する。

MAP P.102-B2
住740 Burdett Ave.
TEL (250)382-4221
FREE (1-800)663-5891
URL www.chateauvictoria.com
料HIGH 6～9月ⓈⒹ$229～
LOW 10～5月ⓈⒹ$163～
Tax別
CC A D M V
室176室

エコノミーホテル

Strathcona Hotel
ストラスコーナ

インナー・ハーバー周辺

クラシカルな外観のエコノミーなホテル。併設して若者に人気のパブ「The Sticky Wicket」や、ライブをはじめさまざまなイベントが催されるクラブがありナイトライフも充実している。部屋はシンプルだが、クラブやパブが入っているため、週末は少しうるさいことが多い。

MAP P.102-B2
住919 Douglas St.
TEL (250)383-7137
FREE (1-800)663-7476
URL www.strathconahotel.com
料HIGH 6月中旬～9月ⓈⒹ$223～
LOW 10月～6月中旬ⓈⒹ$133～
Tax別　朝食付き
CC A M V
室69室

B&B

Marketa's B&B
マルケタズB&B

ダウンタウン西部

築110年を超すビクトリア様式の邸宅を改装し、クラシカルな気分に浸れるB&B。内装はヨーロッパ出身のオーナーのセンスが光る。自家製ソースが食欲をそそるエッグベネディクト、モントリオール風ベーグルなど朝食に定評があり、庭で摘んだばかりのハーブや果物も食卓を彩る。一軒家だが駐車場付き。

MAP P.101-A1
住239 Superior St.
TEL (250)384-9844
URL www.marketas.com
料HIGH バス付きⓈⒹ＄262～
バス共同ⓈⒹ＄189～
LOW バス付きⓈⒹ＄192～
バス共同ⓈⒹ＄155～
Tax別　朝食付き
CC M V
室7室

The Carriage House B&B
キャリッジ・ハウスB&B

ダウンタウン南部

英語教師のダンさんと日本人の直子さん夫婦がホスト。客室はいずれも清潔。バス付きの部屋が2室あり、天井に窓がとられておりロマンティック。フルブレックファストの朝食もおいしい。州議事堂からは徒歩7分ほど。ホエールウオッチングが10%引きになるサービスあり。

MAP P.102-D1
住596 Toronto St.
TEL (250)384-7437
URL carriagehousebandb.ca
料バス付きⓈⒹ$95～130
コテージⒹ$160～180
Tax別　朝食付き
CC A M V
室3室、コテージ1室

ユースホステル

Turtle Hostel
タートル・ホステル

ダウンタウン東部

2階建ての民家を改装し、亀をモチーフにした緑と黄色の個性的な外観が目印。館内はやや古びているが、スタッフはフレンドリーで観光の相談にも快く応じてくれる。中心部までは徒歩10分ほど。利便性には欠けるが、ローカル気分に浸ることができ、コスパ重視で泊まりたい人にうってつけ。

MAP P.101-A2
住1608 Quadra St.
TEL (250)381-3210
URL www.turtlehostel.ca
料ドミトリー＄28.5～　ⓈⒹ＄50～
Tax別
CC 不可
室10室、20ベッド

Ocean Island Backpackers Inn
オーシャン・アイランド・バックパッカーズ・イン

ダウンタウン北部

レセプションは24時間対応で、スタッフはフレンドリーで親切。1日3回清掃をしているので館内はとても清潔で、各部屋にロッカーがあるため安全性も高い。夏季には旅行者で混み合う。個室は部屋のタイプによって料金が異なり、プライベートルームや4人で泊まれるファミリールームもある。

MAP P.102-A2
住791 Pandora Ave.
TEL (250)385-1789
FREE (1-888)888-4180
URL www.oceanisland.com
料ドミトリー$40～
ⓈⒹ$90～
Tax別
CC A M V
室90室、200ベッド

ビクトリアのレストラン
—Restaurants in Victoria—

バンクーバー島でぜひ味わいたいのがシーフード。サーモンやカキ、ロブスターなど、新鮮なローカル食材が揃い、インナー・ハーバー周辺にはシーフードレストランが並んでいる。また、イギリス文化が色濃く残っているため本場さながらのアフタヌーンティー(→ P.109)を堪能できるのも魅力。

シーフード

Ferris' Oyster Bar & Grill
フェリス・オイスター・バー&グリル

インナー・ハーバー周辺

1階はカジュアルなレストラン。バンクーバー島近海で取れる数種類のカキを使った多彩な料理が楽しめる。カクテルソースやポン酢で味わう生ガキは1個$3.5、12個$38。日本風のカキフライやカキの燻製もある。2階は洗練された雰囲気のオイスターバー。夏はパティオでの食事も可能。

MAP P.102-A2
住 536 Yates St.
TEL (250)360-1824
URL www.ferrisoysterbar.com
営 日～木12:00～21:00
金・土12:00～22:00
オイスターバー
日～木17:00～21:00
金・土17:00～22:00
休 無休
予 $15～ CC A J M V

Barb's Fish & Chips
バーブス・フィッシュ&チップス

ダウンタウン西部

フィッシャーマンズ・ワーフ(波止場)にあるシーフード専門店。テーブルはすべて桟橋上のオープンエアで気持ちがいい。看板メニューのフィッシュ&チップスは、コールスローサラダ付きで1ピース$15.99～。シーフードバーガーはタラ$16.99、ソッカイ・サーモン$17.95、オイスター$16.99。

MAP P.101-A1
住 1 Dallas Rd.
TEL (250)384-6515
URL barbsfishandchips.com
営 3月中旬～10月
毎日11:00～20:30
休 11月～3月中旬
予 $15～ CC A M V
交 インナー・ハーバーからビクトリア・ハーバー・フェリーのハーバー・ツアーで約10分。

Red Fish Blue Fish
レッド・フィッシュ・ブルー・フィッシュ

インナー・ハーバー周辺

インナー・ハーバーの桟橋上にある、コンテナ車を利用した屋外レストラン。ビクトリア近郊で獲れた魚を軽食で楽しめる。オヒョウ、サーモン、タラから選べるフィッシュ&チップスは$15～。チャウダー$6もおすすめ。ランチ時には行列することも珍しくない。11～2月は休業する。

MAP P.102-B1
住 1006 Wharf St.
TEL (250)298-6877
URL www.redfish-bluefish.com
営 3～10月
毎日11:00～21:00
(時期により変動あり)
休 11～2月
予 $15～
CC M V

イタリア料理

Pagliacci's
パグリアッチーズ

インナー・ハーバー周辺

1979年オープンの老舗イタリアン。店内には昔の映画のポスターや俳優の写真が飾られ、メニューにも映画のタイトルや俳優の名前が付いている。定番のヘミングウェイ・ショート・ストーリー$22～は、3種類のチーズとクリームソースのトルテリーニ。日～木曜の20:00～22:00にはライブを行う。

MAP P.102-B2
住 1011 Broad St.
TEL (250)386-1662
URL www.pagliaccis.ca
営 月～木11:30～22:00
金・土11:30～23:00
日10:00～22:00
休 無休
予 ランチ$20～、ディナー$40～
CC A M V

Il Terrazzo
イル・テラッツォ

インナー・ハーバー周辺

10年以上連続でビクトリアのベスト・イタリアンに選ばれたことのある実力派。やや奥まった場所にあるれんが造りの店で、落ち着いた雰囲気に寛げる。北イタリア料理をベースに旬の食材を組み合わせ、パスタ$26～、窯焼きのピザ$19～など、メニューも豊富。人気店なので予約がおすすめ。

MAP P.102-A1
住 555 Johnson St.
TEL (250)361-0028
URL www.ilterrazzo.com
営 毎日16:00～21:15
休 無休
予 $30～
CC A M V

ステーキ

Nautical Nellies
ノーティカル・ネリーズ

インナー・ハーバー周辺

カジュアルな雰囲気だが数々の受賞歴を誇り、地元で評判のステーキ＆シーフード料理店。名物のステーキ$38.5～には28日以上熟成させたアンガス牛を使用。生け簀があり、ダンジネスクラブなどの魚介類は鮮度抜群。ランチのおすすめは肉厚なロブスターロール$26.95など。

MAP P.102-B1
住 1001 Wharf St.
TEL (250) 380-2260
URL nauticalnelliesrestaurant.com
営 毎日11:30～21:00
休 無休
予 $30～
CC M V

カフェ

Pendray Inn and Tea House
ペンドレイ・イン・アンド・ティー・ハウス

インナー・ハーバー周辺

1800年代後半に建てられたビクトリア様式の建物を利用。行き交う船を眺めながら伝統的なアフタヌーンティー$62のほか、西海岸風やビーガン仕様のセットを楽しめる。紅茶のブランドはTWGなどから選べて、焼きたてのスコーンやシグネチャーのペストリーとも好相性。庭園を望む窓際の席が人気。

MAP P.102-B1
住 309 Belleville St.
TEL (250)388-3892
URL www.pendrayinnandteahouse.com
営 モーニング
毎日7:00～10:00
アフタヌーンティー
月～木11:00～16:00
金～日11:00～18:00
休 無休
予 $65～　CC A M V

The Blue Fox Cafe
ブルー・フォックス・カフェ

ダウンタウン東部

行列必至の人気店。大きなガラス窓の明るい店内には、アートが飾られていておしゃれ。ボリュームたっぷりの朝食メニューは、終日オーダー可能。おすすめは、オムレツにベーコン、ソーセージなどがセットになったフォックス・グリル$22やフレンチトースト$16～など。

MAP P.101-A2
住 101-919 Fort St.
TEL (250)380-1683
URL thebluefoxcafe.com
営 月・火・木・金8:00～14:00
土・日8:00～15:00
休 水
予 $20～
CC M V

White Heather Tea Room
ホワイト・ヘザー・ティー・ルーム

郊外（オーク・ベイ）

オーク・ベイ通りにある瀟洒なティールーム。アフタヌーンティーは小ぶりなThe Wee Tea $42や看板メニューのThe Big Muckle Tea $60など4種類があり、ビーガンも選べる。お菓子は自家製で、オリジナルブレンドの紅茶はお気に入りを購入することも。木・金曜はランチセット$29も提供している。

MAP P.101-A2外
住 1885 Oak Bay Ave.
TEL (250)595-8020
URL www.whiteheather-tearoom.com
営 木・金・日11:30～15:00
土11:30～17:00
休 月～水
予 $12～　CC M V
交 市バス#2で約10分、オーク・ベイ通りとチェンバーレイン通りChamberlain St.との交差点下車、徒歩1分。

日本料理

The Japanese Village Restaurant
ジャパニーズ・ビレッジ

インナー・ハーバー周辺

老舗の日本料理店として親しまれ、ビクトリアでは数少ない鉄板焼きを提供する。チキンの照り焼きなど好みの鉄板焼きひと品に、スープかサラダ、ご飯、デザートが付いて$37～。焼き鳥や牛刺しなど居酒屋メニューも。和のセンスとエンターテインメントが融合した店内には、バーカウンターもある。

MAP P.102-B2
住 734 Broughton St.
TEL (250)382-5165
URL www.japanesevillage.bc.ca
営 火～木・日15:00～20:30
金・土15:00～21:00
休 月
予 $25～
CC M V

中華料理

Don Mee
ドン・ミー

ダウンタウン北部

チャイナタウンにあり、大きな電飾の提灯が目印。特製焼きそば$16.99、チャーハン$14.99～から、ロブスターやカニをお好みの調理法で食べるシーフード料理（時価）まで、幅広いメニューがある。ランチ（～16:00）の飲茶は60種類ほど。麻婆豆腐をはじめとする四川料理が充実。

MAP P.102-A2
住 538 Fisgard St.
TEL (250)383-1032
URL www.donmee.com
営 月～金11:00～21:00
土・日10:00～21:00
休 無休
予 $15～
CC A J M V

ビクトリアのショッピング

Shops in Victoria

ほとんどの店がダウンタウンの歩ける範囲に集中しており、特にガバメント通りの観光案内所より北には、みやげ物店や専門店、ブランドショップが軒を連ねている。イギリスゆかりの商品である陶磁器や紅茶などは種類も多い。アンティーク好きなら、フォート通りのアンティーク街へ。

マーケット

Victoria Public Market
ビクトリア・パブリック・マーケット

ダウンタウン北部

1921年創業の有名デパートを、屋内マーケットとして再活用。現在はこぢんまりとしたひとつのフロアに、カフェやベーカリー、キッチン雑貨などブリティッシュ・コロンビア州生まれのブランドが10店舗ほど入居する。イートインスペースがあり、休憩に便利。不定期でイベントも行われている。

MAP P.102-A2
住 6-1701 Douglas St.
TEL (778)433-2787
URL victoriapublicmarket.com
営 月～土11:00～18:00
日11:00～17:00
（店舗により異なる）
休 無休
CC 店舗により異なる

Market Square
マーケット・スクエア

ダウンタウン北部

ゴールドラッシュの時代にホテルや酒場などが集まり栄えた旧市街エリアにあり、チャイナタウンにもほど近い。趣のあるレンガ造りの建物におしゃれなファッションやアクセサリー、インテリアにレストランなど約37の店舗が入り、吹き抜けになった中庭ではさまざまなイベントを開催する。

MAP P.102-A2
住 560 Johnson St.
TEL (250)386-2441
URL www.marketsquare.ca
営 毎日10:00～17:00
（店舗により異なる）
休 無休
CC 店舗により異なる

ジュエリー

Artina's
アルティナズ

インナー・ハーバー周辺

カナディアンアーティストによるハンドメイドジュエリーの専門ショップ。インディアンモチーフやカナダでしか採れない宝石アンモライトを使ったジュエリーが人気だ。ギャラリーのような店構えで高級感にあふれているが、ペンダントやリングは手頃な価格帯のアイテムも扱っている。

MAP P.102-B2
住 1002 Government St.
TEL (250)386-7000
FREE (1-877)386-7700
URL artinas.com
営 月～土10:00～17:30
日11:00～17:00
（時期により変動あり）
休 無休
CC A M V

おみやげ

Sasquatch Trading
サスカッチ・トレーディング

インナー・ハーバー周辺

バンクーバー島に住む先住民族カウチン族の作ったハンドメイドのアイテムが充実。店の奥の壁一面には見るからに暖かそうなカウチンセーター$200前後が並べられている。天然レザーを使用したインディアン・モカシン・ブーツやスカーフ、リングにブレスレットといったジュエリーも充実。

MAP P.102-A2
住 1233 Government St.
TEL (250)386-9033
URL www.cowichantrading.com
営 日11:00～17:00
月～水・土10:00～18:00
木・金10:00～19:00
休 無休
CC A J M V

チョコレート

Rogers' Chocolates
ロジャーズ・チョコレート

インナー・ハーバー周辺

1885年にビクトリアでチャールズ・ロジャース氏が創業した、濃厚な甘さが人気のチョコレート店。看板商品はフルーツやナッツ、リキュールなどのクリームをチョコで包んだビクトリアクリーム。10種類以上のフレーバーが揃い、詰め合わせやギフトボックスはおみやげに喜ばれること請け合い。

MAP P.102-B2
住 913 Government St.
TEL (250)881-8771
URL www.rogerschocolates.com
営 日11:00～20:00
月～土10:00～22:00
（時期により変動あり）
休 無休
CC A J M V

紅茶

Murchie's
マーチーズ

インナー・ハーバー周辺

ガバメント通り沿いにあるビクトリア生まれの専門店で、州内に9つの店舗を持つ老舗。かつてフェアモント・エンプレスのアフタヌーンティーで使われたマーチーズ・アフタヌーン・ブレンドティーなど紅茶は約130種類。ティーカップやジャム、ティーセットなども販売するほか、ティールームを併設している。

MAP P.102-B2
住1110 Government St.
TEL(250)383-3112
URL www.murchies.com
営毎日9:00～18:00
ティールーム
月～土7:30～18:00
日8:00～18:00
休無休
CCA J M V

アロマ＆お茶

Silk Road Tea
シルク・ロード・ティー

ダウンタウン北部

アロマグッズを集めたショップと、お茶の専門店の2フロアからなる。アロマソープをはじめとしたスキンケア用品のほか、エッセンシャルオイルも豊富に取り揃える。お茶は中国茶や紅茶はもちろん、日本茶にハーブティーなどバラエティ豊かな品揃えで、試飲をしてから選べる。

MAP P.102-A2
住1624 Government St.
TEL(250)382-0006
URL www.silkroadteastore.com
営水～土10:30～17:30
日11:00～16:00
(時期により変動あり)
休月・火
CCA M V

ビンテージ

Vintage After Death
ヴィンテージ・アフター・デス

ダウンタウン北部

個性的なビンテージを探すならここ。古着を中心にインテリア雑貨からジュエリーまでカナダ中から集められたアイテムが揃い、掘り出し物の宝庫。全商品にスタッフの手書きコメントが添えられ、商品のルーツがわかるものも。マーケット・スクエア(→P.117)内にあり、パンドラ通り側からも入れる。

MAP P.102-A2
住523 Pandora Ave.
TEL(778)433-1333
URL www.vintageafterdeath.com
営毎日11:00～18:00
休無休
CCM V

COLUMN

カナダに点在する「ご当地ビール」

地域によって数多くのビール生産が行われているカナダのなかでも、ビクトリアは特にクラフトビール醸造が盛んな街。カナダ初の醸造所は、ビクトリアにある「スピナカーズ・ブリューパブSpinnakers Brewpub」で、1884年の創業。できたてのクラフトビールが味わえるパブレストランになっている。店内は広く、パブ(2階)とレストラン(1階)に分かれている。ビールはビターテイストのエールを中心に、ヨーロッパやアメリカンスタイルのラガーまで20種類前後の銘柄が並び、グラス$8～。

Swans Suite Hotel(→P.113)内にある「Swans Brewery Pubスワンズ・ブリュワリー・パブ」もまた、ビクトリアを代表する老舗のひとつ。1913年に建てられた歴史的な建物を改装し、店内の雰囲気は抜群。さわやかな味わいのラスベリーブロンドエールは街歩きの合間の休憩に最適だ。

イギリス文化が色濃いビクトリアでは、のど越しのいいラガーよりも、しっかりした味わいのエールが人気。エールとは、上面発酵のビールで13～15度と冷やさずに飲む。これは、低温で下面発酵させるラガーと違い、エール酵母の発酵は18～22度くらいが適温のためだ。冷やしたビールをぐいっと飲むのが一般的なわれわれ日本人にとっては、個性的な味に感じられるだろう。

DATA

スピナカーズ・ブリューパブ
MAP P.101-A1 住308 Catherine St.
TEL(250)386-2739 FREE(1-877)838-2739
URL www.spinnakers.com
営毎日9:00～23:00
休無休 予$15～ CCA M V

スワンズ・ブリュワリー・パブ
MAP P102-A1
住506 Pandora Ave.
TEL(250)940-7513
URL swansbrewery.com/brewery
営火・水・日11:30～23:00
木11:30～24:00
金・土11:30～翌1:00
休月 予$20～ CCA M V

バンクーバー島

0 20 40 60 80 100 km

Hope Island
Nigei Island
プリンス・ルパートへ Prince Rupert
Gilford Island
ポート・ハーディ P.129 Port Hardy
Malcolm Island
アラート・ベイ Alert Bay
ケープスコット自然公園 Cape Scott Park
ポート・マクニール Port McNeill
Kokish
テレグラフ・コーブ Telegraph Cove
Winter Harbour
Port Alice
Sayward
Woss
Schoen Lake Park
クワドラ島 Quadra Island
クアシアスキ・コーブ Quathiaski Cove
Cambell Lake
キャンベル・リバー Campbell River P.129
パウエル・リバー Powell River
ジョージア海峡 Strait of Georgia
ガリバルディ自然公園 Garibaldi Park
Mt.Garibaldi 2678
Squamish
Kyuquot
Zeballos
Tahsis
Gold River
ワシントン山 Mt. Washington 1590
P.129 コーモックス・バレー Comox Valley (コートニー Courtenay)
テキサダ島 Texada I.
ラングデイル Langdale
ホースシュー・ベイ Horseshoe Bay
ギブソンズ Gibsons
ノース・バンクーバー North Vancouver
Elkhorn Mt. 2195
Nootkg Island
Ahaminaquus
VIA鉄道
デンマン島 Denman I.
Forbidden Plateau 1354
Comox Lake
クォリカム・ビーチ Qualicum Beach
パークスビル Parksville
バンクーバー Vancouver P.44
太平洋 Pacific Ocean
Yuquot
Golden Hinde 2200
カンバランド Cumberland
ストラスコーナ州立公園 Strathcona Provincial Park
デパーチャー・ベイ Departure Bay
ニューキャッスル島 P.123 Newcastle Island
New Westminster
カシードラル・グローブ P.125 Cathedral Grove
Great Central Lake
ホット・スプリングス・コーブ Hot Springs Cove
P.121 ナナイモ Nanaimo
ガブリオラ島 P.123 Gabriola Island
ポート・アルバーニ P.124 Port Alberni
クームス Coombs
デューク・ポイント Duke Point
トフィーノ P.126 Tofino
トフィーノ空港
レディ・スミス Ladysmith
トゥワッサン Tsawwassen
アメリカ
ギャリアノ島 Galiano I.
キルドナン Kildonan
リトル・クォリカム・フォールズ州立公園 Little Qualicum Falls Provincial Park
レイダー丘 Radar Hill
P.128 観光案内所
シュメイナス P.129 Chemainus
ソルト・スプリング島 Salt Spring Island
Bellingham
ロング・ビーチ Long Beach
Cowichan Lake
Orcas I.
ダンカン Duncan P.129
ユクルーレット P.129 Ucluelet
ブローケン諸島 Broken Group Islands
バンフィールド Bamfield
スワーツ・ベイ Swartz Bay
カウチン湖 Lake Cowichan
アナコルテス Anacortes
シドニー Sidney
ウエスト・コースト・トレイル West Coast Trail
San Juan I.
パシフィック・リム国立公園 Pacific Rim National Park P.128
ポート・レンフリュー Port Renfrew
ビクトリア Victoria P.99
スーク Sooke
ファンデフカ海峡
シアトル、ポート・エンジェルスへ Seattle、Port Angeles

おもなフェリー航路

キャンベル・リバー
パウエル・リバー
コートニー
ブリティッシュ・コロンビア州（カナダ）
パークスビル
ホースシュー・ベイ
ナナイモ
バンクーバー
バンクーバー島
トゥワッサン
スワーツ・ベイ
ビクトリア
アナコルテス
ポート・エンゼルス
アメリカ
シアトル

※左図は概念図

TRAFFIC INFORMATION

バンクーバー島の交通

バンクーバー島は、バンクーバーから気軽に行ける人気の観光スポット。州都ビクトリアのほかにも魅力的な町が点在している。フェリーや飛行機でゲートウエイとなる町に到着したら、島内を巡る手段はバスが頼り。ただし、ここ数年は利用者減少などの影響を受け、観光シーズンに合わせた季節運行への移行・減便など旅行者の足にも変化がみられる。現地の最新情報を収集しつつ、レンタカーの利用など柔軟な移動プランを立てたいものだ。なお、飛行機もあるが島内間を結ぶフライトは多くない。

▶▶▶ 長距離バス

バンクーバー島内を走る長距離バス会社は、トフィーノ・バスTofino Bus、トフィーノ・バスと共同で路線を運行する系列のバンクーバー・アイランド・コネクターVancouver Island Connecter（VIコネクター）、そしてアイランド・リンク・バスIsland Link Busの3社がある。

トフィーノ・バスとVIコネクターは従来の通年運行を取りやめ、2023年より夏季のみの季節運行に切り替えている。5/2～10/2（'23）の期間、始発のビクトリアを9:45に出発し、ナナイモ、ユクルーレットなど各町を経由して終点トフィーノに16:20に到着する北回りルートを木～日曜の1日1便運行。トフィーノ始発の南回りルートは金～月曜の運行となり、ビクトリア～トフィーノ間は所要約6時間35分。なお、チケットはウェブサイトからの予約制。乗車当日の9:30までに購入する必要があり、一部の停留所を除いて予約なしでの乗車はできない。

一方、便数は少ないがアイランド・リンク・バスは通年運行で島内の主要な町を結んでおり、経由地の少ないExpress Busも運行。また、ナナイモから先のキャンベル・リバーCampbell River（→P.129）までをカバーしている。

トフィーノ・バス／バンクーバー・アイランド・コネクター
FREE (1-866)986-3466
URL tofinobus.ca
URL viconnector.com
アイランド・リンク・バス
URL www.islandlinkbus.com

▶▶▶ フェリー

かつては島内間を結ぶローカルのクルーズ船があったが、本土と島を結ぶB.C.フェリーB.C.Ferries以外に移動の手段として使える定期船は2023年8月現在、運航していない。

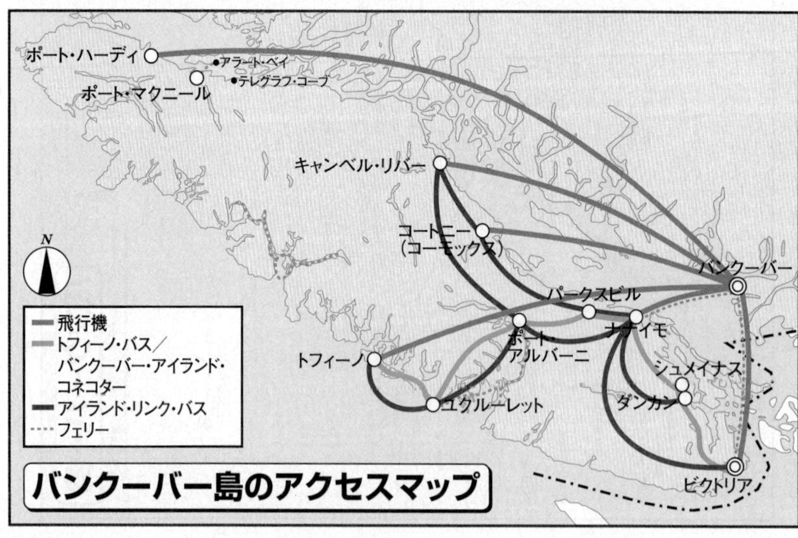

バンクーバー島のアクセスマップ

NANAIMO

ナナイモ

ブリティッシュ・コロンビア州

バンクーバー島第2の都市であるナナイモは、ビクトリアの北約114kmの所に位置する。古くは、炭坑の町として知られ、現在は観光と漁業、林業が中心の港町だ。北西のキャンベル・リバーやポート・ハーディ、西のパシフィック・リム国立公園への交通の拠点でもある。

↑ナナイモは港に面した穏やかな町

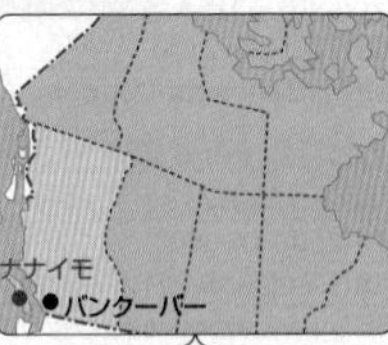

MAP P.42-D1/P.119-B4
人口 9万9863
市外局番 250

ナナイモ情報のサイト
URL www.tourismnanaimo.com

▶▶▶行き方

(飛行機) バンクーバーからエア・カナダが1日4便、ウエストジェットが1日2便運航、所要約30分。また、2023年9月にはパシフィック・コースタル航空も就航予定。空港からはダウンタウンへはナナイモ・エアポーター Nanaimo Airporter($31)で。バンクーバーの発着所(MAP P.49-A3)からナナイモ港まで、水上飛行機のハーバー・エア・シープレーンも運航。1日7～9便、所要約20分、片道大人$114～。

(バス) ビクトリアからアイランド・リンク・バスが1日1～5便運行。所要約2時間、大人片道$37～。5～10月はトフィーノ・バスも1日1便運行(木～日曜)する。

(フェリー) バンクーバーから、B.C.フェリーのホースシュー・ベイHorseshoe Bay(MAP P.45-A1)発とトゥワッサン Tsawwassen(MAP P.45-D1)発の2航路がある。ホースシュー・ベイ発はダウンタウン北のデパーチャー・ベイ Departure Bay着。1日6～8便、所要約1時間40分。トゥワッサン発はダウンタウン南のデューク・ポイントDukePoint着。1日4～8便、所要約2時間。各大人$19.45。港からダウンタウンまではタクシーかナナイモ・エアポーター(要予約)を利用。

エア・カナダ(→P.542)
ウエストジェット(→P.542)
パシフィック・コースタル航空(→P.542)

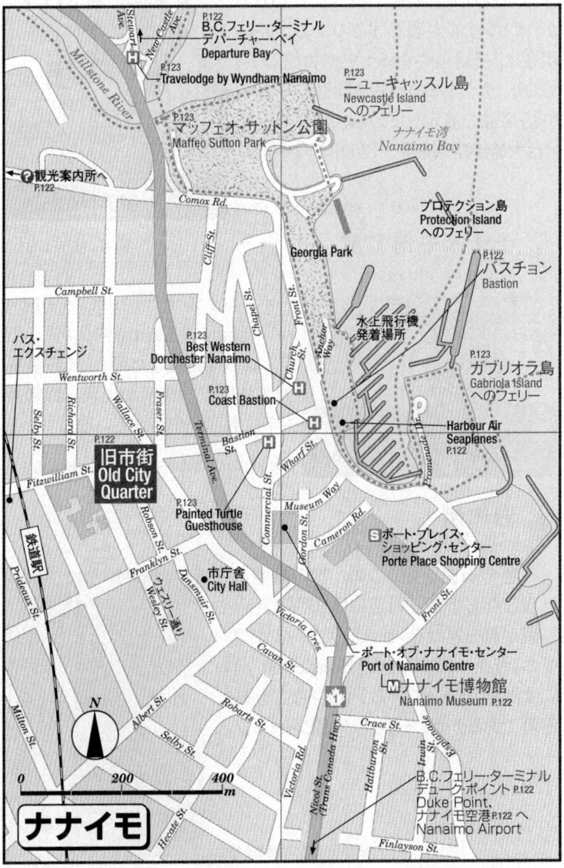

ナナイモ

P.122 B.C.フェリー・ターミナル デパーチャー・ベイ Departure Bayへ
P.123 Travelodge by Wyndham Nanaimo
P.123 ニューキャッスル島 Newcastle Islandへのフェリー
ナナイモ湾 Nanaimo Bay
P.123 マッフェオ・サットン公園 Maffeo Sutton Park
観光案内所へ P.122
プロテクション島 Protection Islandへのフェリー
Georgia Park
P.122 バスチョン Bastion
水上飛行機発着場所
P.123 Best Western Dorchester Nanaimo
P.123 ガブリオラ島 Gabriola Islandへのフェリー
バス・エクスチェンジ
P.123 Coast Bastion
Harbour Air Seaplanes P.122
P.122 旧市街 Old City Quarter
P.123 Painted Turtle Guesthouse
ポート・プレイス・ショッピング・センター Porte Place Shopping Centre
市庁舎 City Hall
鉄道駅
ポート・オブ・ナナイモ・センター Port of Nanaimo Centre
ナナイモ博物館 Nanaimo Museum P.122
B.C.フェリー・ターミナル デューク・ポイント P.122 Duke Point、ナナイモ空港 P.122 へ Nanaimo Airport
Stewart Ave. / New Castle Ave. / Millstone River / Comox Rd. / Cliff St. / Campbell St. / Chapel St. / Front St. / Anchor Way / Church St. / Wentworth St. / Selby St. / Richard St. / Wallace St. / Fraser St. / Terminal Ave. / Bastion St. / Wharf St. / Promenade Dr. / Fitzwilliam St. / Commercial St. / Museum Way / Gordon St. / Cameron Rd. / Robson St. / Franklyn St. / ウェスリー通り Wesley St. / Dunsmuir St. / Prideaux St. / Victoria Cres. / Front St. / Cavan St. / Albert St. / Roberts St. / Selby St. / Milton St. / Victoria Rd. / Nicol St. (Trans Canada Hwy.) / Crace St. / Haliburton St. / Irwin St. / Esplanade / Hecate St. / Finlayson St.
0 200 400 m

ナナイモの歩き方

ダウンタウンと呼べるエリアは1時間もあれば歩いて回れる。リゾート地なので海辺の眺めのいい場所にホテルやレストランが建ち並び、歴史的建築物や整備された公園もある。ナナイモの歴史をたどる散歩コースもあり、説明の付いたガイド標識が設置されているので、これに沿って歩くといいだろう。まずは**バスチョン**あたりから港沿いの散策路をたどり、ショッピングエリアである**旧市街**まで歩いてみよう。

おもな見どころ

バスチョン

Bastion

MAP P.121-A2

★★★

ナナイモのランドマークになっている特徴ある八角形のこの建物は、ハドソン・ベイ社が交易の品の倉庫として、また万一の際の砦として1853年に建てたもの。同様の建物はカナダ中にあったといわれるが、オリジナルが現存するのはここのみ。現在は内部が小さな郷土史博物館になっており、ナナイモの歴史を物語る写真や生活用品を展示している。夏季の正午には大砲が空砲を撃つ（2023年は中止）。

⇒ナナイモ湾に面した白い建物

ナナイモ博物館

Nanaimo Museum

MAP P.121-B1・2

★★★

⇐ギフトショップには地元アーティストの作品も並ぶ

ポート・オブ・ナナイモ・センターPort of Nanaimo Centre内にあり、石炭によって発展した町らしく石炭採掘場に関する展示が充実。特別展も年に数回開催されている。

旧市街

Old City Quarter

MAP P.121-A1～B1

★★★

茶色の石畳を敷きつめ、昔の町並みを再現した旧市街。周辺には日用雑貨店や書店が軒を連ねるショッピングモールが建ち並ぶ。また、ウェスリー通りWesley St.沿いには海図を売っているショップなどもあり、港町であるナナイモらしさが感じられる。

⇒旧市街に立つ、趣ある教会

ナナイモ空港（YCD）
MAP P.121-B2外
TEL (250)924-2157
URL www.nanaimoairport.com

ナナイモ・エアポーター
TEL (778)441-2133
URL nanaimoairporter.com

ハーバー・エア・シープレーン
MAP P.121-A2
TEL (250)714-0900
FREE (1-800)665-0212
URL www.harbourair.com

アイランド・リンク・バス
URL www.islandlinkbus.com

トフィーノ・バス（→P.543）

B.C.フェリー
FREE (1-888)223-3779
URL www.bcferries.com

デパーチャー・ベイ
MAP P.121-A1外
住 680 Trans Canada Hwy.

デューク・ポイント
MAP P.121-B2外
住 400 Duke Point Hwy.

観光案内所
Tourism Nanaimo
MAP P.121-A1外
住 2450 Northfield Rd.
TEL (250)-751-1556
FREE (1-800)663-7337
URL www.tourismnanaimo.com
開 火～土9:30～17:00
休 日・月

こちらはナナイモの西郊外にあるオフィス。ダウンタウンに常設の観光案内所はなく、夏季のみ観光施設などに簡易案内所が設けられる。

バスチョン
住 98 Front St.
URL nanaimomuseum.ca
開 7/1～9/4
毎日10:00～16:00
休 9/5～6/30
料 寄付程度

ナナイモ博物館
住 100 Museum Way
TEL (250)753-1821
URL nanaimomuseum.ca
開 5/31～9/5
毎日10:00～17:00
9/6～5/30
火～土10:00～16:00
休 9/6～5/30の日・月
料 寄付程度（大人$2）

マッフェオ・サットン公園

MAP P.121-A1・2

Maffeo Sutton Park

★★★

ニューキャッスル島行きのフェリーターミナル周辺に広がる公園。園内には四季折々の花が咲き、市民の憩いの場にもなっている。公園中央にある池スウィアラナ・ラグーンSwy-a-Lana Lagoonはカナダで唯一、人工的に波が起こせる池だという。

↑のどかなマッフェオ・サットン公園

ニューキャッスル島

MAP P.119-B4

Newcastle Island

★★★

島全体が州立海洋公園に指定され、野生のシカやアライグマなどが生息する自然の宝庫。島には林道や海辺沿いのトレイルもある。海岸沿いの景色も美しく、夏は海水浴もできる。

ガブリオラ島

MAP P.119-B4

Gabriola Island

★★★

海岸線の美しさで知られる南北約16kmの島。芸術家たちに愛される島で、人口約4200人の住人の多くが作家や画家だという。島にはふたつの州立公園があり、ビーチもあるので夏場はピクニックや海水浴客でにぎわう。運がよければアザラシやアシカ、シャチの姿が見られることも。島内には奇岩やインディアンが残した岩の彫刻もある。ダイビングやハイキングなども楽しめる。

ニューキャッスル島

FREE(1-866)788-6243
URL www.newcastleisland.ca
交 マッフェオ・サットン公園の岬（MAP P.121-A2）から7/1〜9/7は9:00〜20:30（9/8〜10/15は〜16:30）の間、30分に1便フェリーが出ている。所要約15分、片道大人$15。フェリー発着所の桟橋を上った所に島の案内所がある。

ガブリオラ島

TEL(250)247-9332
URL hellogabriola.ca
交 ポート・プレイス・ショッピング・センターPort Place Shoppping Centre（MAP P.121-B2）の前からB.C.フェリーが1日20便前後運航。所要約20〜25分、往復大人$10.55。フェリー乗り場から急坂を上って徒歩20分のフォークライフ・ビレッジFolklife Villageに観光案内所がある。

ナナイモのホテル
Hotels in Nanaimo

Coast Bastion Hotel
コースト・バスチョン

港に面して立つ高級ホテル。ダウンタウン中心部にあり、設備も整っている。レストラン、バー、フィットネスセンター、サウナ、ジャクージ完備。

MAP P.121-A2 住 11 Bastion St.
TEL(250)753-6601 FREE(1-800)716-6199
URL www.coasthotels.com
料 ⓈⒹ$152〜 Tax別
CC A M V 室 179室

Best Western Dorchester Nanaimo Hotel
ベストウエスタン・ドーチェスター・ナナイモ

ダウンタウン中心部にあるスタンダードホテル。客室は清潔感がありシンプル。館内にふたつのレストランがあり、「The Oceanside Grill」はシーフード料理に定評あり。

MAP P.121-A2 住 70 Church St.
TEL(250)754-6835 FREE(1-800)661-2449
URL www.dorchesternanaimo.com
料 ⓈⒹ$139〜 Tax別
CC A M V 室 70室

Travelodge by Wyndham Nanaimo
トラベルロッジ・バイ・ウィンダム・ナナイモ

豪華な朝食付きのホテル。清潔感のある客室にはアメニティが充実している。モレル・ネイチャー自然保護区から近く、トレッキングなどが楽しめる。

MAP P.121-A1 住 96 Terminal Ave. N.
TEL(250)754-6355
URL www.wyndhamhotels.com/travelodge
料 ⓈⒹ$115〜 Tax別 朝食付き
CC A M V 室 76室

Painted Turtle Guesthouse
ペインテッド・タートル・ゲストハウス

ダウンタウンの中心にあるゲストハウス。キッチン、無料でコーヒーや紅茶が飲めるラウンジ、ランドリーなど共同スペースも充実。ユース会員は割引あり。

MAP P.121-B1 住 121 Bastion St.
TEL(250)753-4432 FREE(1-866)309-4432
URL www.paintedturtle.ca
料 HIGH 夏季 ドミトリー$48〜、ⓈⒹ$99〜
LOW 冬季 ドミトリー$45〜、ⓈⒹ86〜
Tax別
CC M V 室 24室

 バスタブ  テレビ  ドライヤー 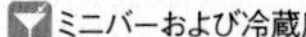 ミニバーおよび冷蔵庫 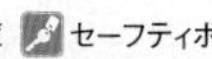 セーフティボックス Wi-Fi
一部客室 一部客室 貸し出し 一部客室  フロントにあり

PORT ALBERNI

ポート・アルバーニ

ブリティッシュ・コロンビア州

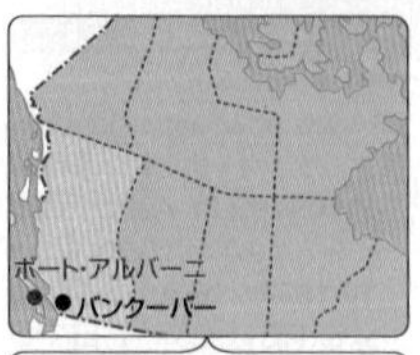

MAP P.42-D1/P.119-B3
人口 1万8529
市外局番 250

ポート・アルバーニ情報のサイト
URL albernivalleytourism.com

▶▶▶ 行き方

ビクトリアからアイランド・リンク・バスが1日1～2便運行。所要約4時間、片道大人$61.99 ～。5～10月はトフィーノ・バスも1日1便運行（木～日曜）する。

アイランド・リンク・バス
URL www.islandlinkbus.com

トフィーノ・バス（→P.543）

西海岸から数十kmも入り込んだアルバーニ入江の最奥部に位置する町。周辺の海域は、海水と真水が入り混じる豊かな漁場として有名だ。キャンベル・リバーと並ぶサーモンフィッシングの好釣場として知られ、6月下旬～10月頃のフィッシングの時期には釣り人でにぎわう。毎年9月上旬にはサーモン・フェスティバル・ダービーSalmon Festival Derbyも開かれ、スモークサーモン・ディナーなどのイベントのほか、釣り大会も開催される。

漁業とともに、町を支えてきた産業は林業である。近年斜陽化傾向にあるが、周囲に広がる針葉樹の森と人々の暮らしとのつながりは深く、その歴史はマクリーン製材所国定史跡で紹介されている。

⬆時計塔の立つアルバーニ波止場

ポート・アルバーニの歩き方

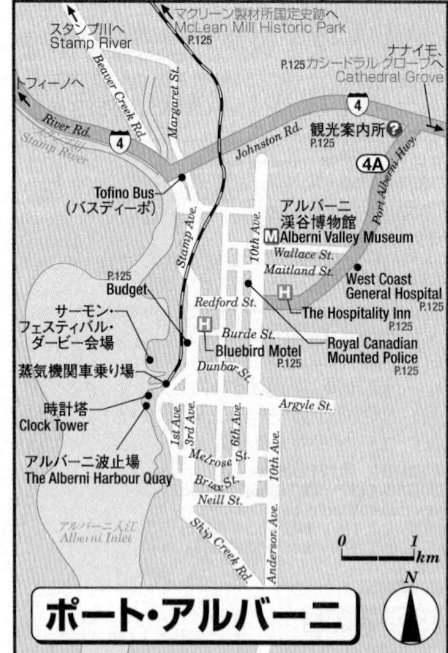

ポート・アルバーニの中心は、時計塔Clock Towerが立つアルバーニ波止場The Alberni Harbour Quay周辺。噴水の広場を囲むようにカフェが軒を連ね、ブロークン諸島へ向かうフェリーが発着するアーガイル桟橋Argyle Pierもこの近く。また、毎週土曜にはファーマーズ・マーケット（9:00～12:00頃）が開かれ、多くの人が行き交う。町は広いので車があると便利だ。

⬆たくさんの人でにぎわうマーケット

 ※開館時間、営業時間などの日程は基本的に2023年のもの。年度により変動するため、ウェブサイトなどで再確認を。（→P.7）

おもな見どころ

マクリーン製材所国定史跡
MAP P.124外

McLean Mill Historic Park

★★★

1965年に閉鎖されるまでのおよそ40年間にわたり、この地方の林業の中心であったマクリーン製材所を復元したテーマパーク。園内は広く、工場や人々が暮らした家など30以上の建物が保存されており、夏季にはカフェやギフトショップもオープンする。また、人気のキャンプ場ともなっている。蒸気機関車Alberni Pacific Railwayに乗るツアーは2023年8月現在休止中。再開のための寄付金が集められている。個人での見学は可能。

カシードラル・グローブ
MAP P.119-B3/P.124外

Cathedral Grove

★★★

↑高さ75m、直径3mのジャイアント・ダグラスファー

ポート・アルバーニからハイウエイ#4を車で進んでいくと、一瞬、太陽の光が遮られ、周囲が影に包まれる。ハイウエイ沿いにありながら、その区間だけがうっそうと木々に覆われ、外界から遮断されたかのように静謐な空間が広がっている。この森こそ、日本語で「聖堂の森」と訳されるカシードラル・グローブだ。

森の中にはよく整備されたいくつかのトレイルがある。なかでもビッグ・ツリー・トレイルBig Tree Trailは、約10分で回れるお手軽コース。木道をたどって歩き始めると、すぐに深い森の中に入る。地面には巨大なシダが茂り、巨木の枝からはレースのような緑の苔が垂れ下がっている。そして5分ほど歩いた場所に立つのが、樹齢約1000年の巨木、ジャイアント・ダグラスファーだ。見上げてもその先端は見えないほど。天高くそそり立つ姿は圧巻。

❓観光案内所
Alberni Valley Chamber of Commerce/Visitor Centre
MAP P.124
住2533 Port Alberni Hwy.
TEL(250)724-6535
URL albernivalleytourism.com
開月～金10:00～16:00
休土・日

ユースフル・インフォメーション
警察
Royal Canadian Mounted Police
MAP P.124
TEL(250)723-2424
病院
West Coast General Hospital
MAP P.124
TEL(250)731-1370
おもなレンタカー会社
Budget
MAP P.124
TEL(250)724-4511

マクリーン製材所国定史跡
住5633 Smith Rd.
TEL(250)723-1376
URL mcleanmill.ca
開毎日7:00～日没
休無休
料無料

カシードラル・グローブ
交ポート・アルバーニの中心から約15km。レンタカーかタクシーを利用。

ポート・アルバーニのホテル
Hotels in Port Alberni

Bluebird Motel
ブルーバード・モーテル

バスディーポから徒歩10分の距離にある、大通りに面したモーテル。近くにはレストランもある。客室はシンプルだが清潔に保たれており、キッチン付きの部屋もある。

MAP P.124
住3755 3rd Ave.
TEL(250)723-1153
FREE(1-888)591-3888
URL bluebirdalberni.ca
料HIGH 5～10月ⓈⒹ$79～
LOW 11～4月ⓈⒹ$69～ Tax別
CC A M V 室23室

The Hospitality Inn
ホスピタリティ・イン

ダウンタウンの中心部にあり、英国スタイルの外観が魅力的な高級ホテル。客室には、モダンなファブリックが配されており快適に過ごせる。フィットネスセンターやプール、ジャクージを完備している。

MAP P.124
住3835 Redford St.
TEL(250)723-8111
料HIGH 夏季ⓈⒹ$120～
LOW 冬季ⓈⒹ$99～ Tax別
CC A M V 室50室

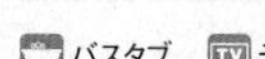 バスタブ  テレビ 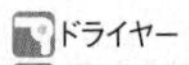 ドライヤー 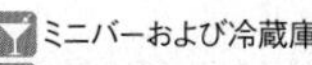 ミニバーおよび冷蔵庫 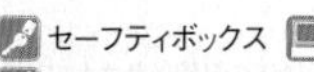 セーフティボックス Wi-Fi
一部客室 一部客室 貸し出し 一部客室 フロントにあり

TOFINO

トフィーノ

ブリティッシュ・コロンビア州

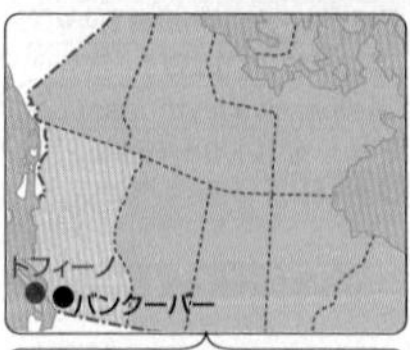

MAP P.42-D1/P.119-B2
人口 2516
市外局番 250
トフィーノ情報のサイト
URL www.tourismtofino.com

▶▶▶行き方

バンクーバーからパシフィック・コースタル航空が1日1～2便運航、所要約45分。出発はバンクーバー国際空港のサウス・ターミナルから。空港からはタクシーを利用。水上飛行機のハーバー・エア・シープレーンでもアクセスできる。

ビクトリアとナナイモからアイランド・リンク・バスが1日1便運行。ビクトリア発は所要約6時間40分、片道大人$90.99～。ナナイモ発は所要約3時間40分、片道大人$64.99～。5～10月はトフィーノ・バスも1日1便運行(木～日曜)する。

パシフィック・コースタル航空
(→P.542)

トフィーノ空港(YAZ)
MAP P.126-B2外

ハーバー・エア・シープレーン
FREE (1-800)665-0212
URL www.harbourair.com

アイランド・リンク・バス
URL www.islandlinkbus.com

トフィーノ・バス(→P.543)
MAP P.126-A1
住 346 Campbell St.

観光案内所

Tourism Tofino
MAP P.126-B2外
住 1426 Pacific Rim Hwy.
TEL (250)725-3414
FREE (1-888)720-3414
URL www.tourismtofino.com
開 毎日8:30～18:00
(時期により変動あり)
休 無休

世界中から旅行者が集うトフィーノには、リゾート地でありながらも俗化されることのない穏やかな雰囲気が漂う。夏には波を求めてやってくるサーファーや、カヤックを楽しむ人、レインフォレスト(温帯雨林)などの豊かな自然に触れに来たナチュラリストなどが集う。トフィーノ近郊の海はホエールウオッチングができることでも有名で、町なかにはアクティビティ会社も数多い。マリンスポーツにしろホエールウオッチングにしろ、参加して楽しむのがこの町の過ごし方だ。

↑夕日の美しさもトフィーノの魅力のひとつ

トフィーノの歩き方

トフィーノはレストランやスーパー、各種ツアーが出発する桟橋などがすべて岬の先周辺に集まっており、ダウンタウンは歩いて回れる範囲。1時間も散歩をすれば町の全体像がつかめるだろう。

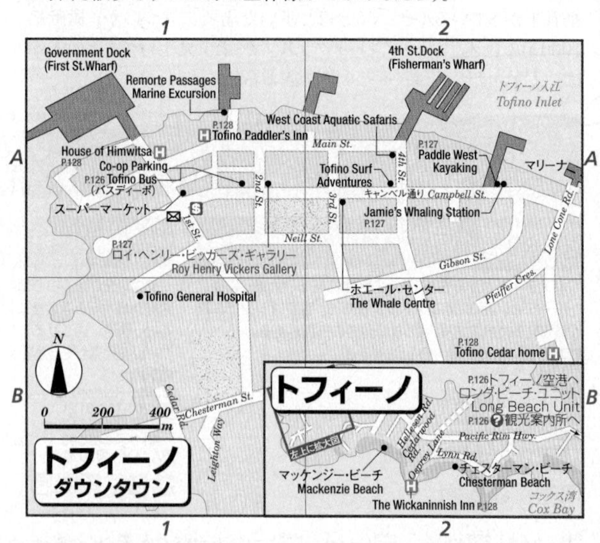

 ※開館時間、営業時間などの日程は基本的に2023年のもの。年度により変動するため、ウェブサイトなどで再確認を。(→P.7)

おもな見どころ

ロイ・ヘンリー・ビッカーズ・ギャラリー  P.126-A1

Roy Henry Vickers Gallery ★★★

キャンベル通りCampbell St.沿いにあるインディアンのアーティスト、ロイ・ヘンリー・ビッカーズRoy Henry Vickers(1946年〜)のプライベートギャラリー。西海岸の伝統的なネイティブ建築を模した外観が印象的なギャラリー内にはトーテムポールや版画作品などが展示される。その作品からは、漁師の父と学校教師の母に育てられた作者の、伝統文化と現代の都市文化のはざまに生きる繊細な心境が伝わってくるようだ。

ロイ・ヘンリー・ビッカーズ・ギャラリー
住350 Campbell St.
TEL(250)725-3235
URL www.royhenryvickers.com
開毎日10:00〜17:00
休無休
料無料

↑建物自体が作品になっている

トフィーノのアクティビティ
Activities in Tofino

ホエール・ウオッチング
Whale Watching

トフィーノの周辺は、太平洋を回遊するコククジラ(グレーホエール)の通り道。船に乗ってクジラを見に行くホエールウオッチングは、トフィーノの一番人気アクティビティ。ツアーは屋根付きの小型船か、ゾディアックZodiacというゴムボートで行う。小型船は屋根で風や波しぶきが緩和されるが、ゾディアックはそうはいかない。しかしゾディアックのほうが小回りが利き、よりクジラに接近できる。金額は小型船のほうがやや高いことが多い。好みで船を選ぼう。

シーズンは3月上旬〜11月上旬。船上は冷えるので、ツアーの際は夏でも上着を着ていくこと。

↑成体は体重30トン、体長12メートルにもなる

ホエールウオッチング
Jamie's Whaling Station
MAP P.126-A2
住606 Campbell St.
TEL(250)725-3919
FREE(1-800)667-9913
URL www.jamies.com
クルーザー
催3月上旬〜11月上旬
料大人$149、シニア・ユース(13〜18歳)$139、子供(3〜12歳)$109
ゾディアック
催3月上旬〜11月上旬
料大人$149、シニア・ユース(13〜18歳)$139、子供(12歳以下、身長142cm以上)$109
どちらも所要2〜3時間。

シーカヤック Sea Kayak

カヤックを借りて自由に楽しむレンタルカヤックからツアーまでさまざま。ツアーは半日や1日からキャンプをしながら数日かけて回るツアーまで選べる。初心者なら、ガイドが付く半日ツアーがおすすめだ。

シーカヤック
Paddle West Kayaking
MAP P.126-A2
住606 Campbell St.
TEL(250)725-3232
FREE(1-877)479-3232
URL www.paddlewest kayaking.com
Discover the Islands
催3〜10月 毎日7:00〜18:00の間2〜5回催行
料1人$79
所要約2時間30分。

↑大海原に漕ぎ出そう!

パシフィック・リム国立公園

TEL (250)726-3500

URL parks.canada.ca/pn-np/bc/pacificrim

開 通年（ウエスト・コースト・トレイルは5～9月）

料 大人$10.5、シニア$9、17歳以下無料

交 5～10月の期間限定でビクトリアとトフィーノ間を結ぶトフィーノ・バスが、途中、ロング・ビーチにも停車する。トフィーノからは金～月曜の1日1便運行、所要約15分。ユクルーレットからは木～日曜の1日1便運行、所要約15分。

パシフィック・リム国立公園の観光案内所

Pacific Rim Visitor Centre

MAP P.119-B3

住 2791 Pacific Rim Hwy.

TEL (250)726-4600

URL www.discoverucluelet.com

開 毎日10:00～17:30

休 無休

ハイウエイ#4沿い、トフィーノとユクルーレットの分岐点にある。

エクスカーション

パシフィック・リム国立公園

Pacific Rim National Park

MAP P.119-B3

★★★

カナダで最初に制定された国立海洋公園。バンクーバー島の西海岸、トフィーノからポート・レンフリューPort Renfrewまで約125kmにわたり、人間の存在を感じさせない野生の大自然が広がっており、公園は3つの地域に分かれている。16kmの海岸線が続くロング・ビーチ・ユニットLong Beach Unit、100以上の小さな島から成り立っているブロークン諸島Broken Group Islands、75kmに及ぶウエスト・コースト・トレイルWest Coast Trailだ。ほとんどの人が目指すロング・ビーチ・ユニットは公園内にあるため宿泊施設はキャンプ場しかなく、ホテルはその外側のトフィーノに点在している。

国立公園内で誰もが気軽に行けるのが、ロング・ビーチだ。夏は大勢のサーファーたちでにぎわうほか、ハイキングトレイルも整備されており気軽にハイキングを楽しめる。

➡夏場は観光客でにぎわうロング・ビーチ・ユニット

トフィーノのホテル

Hotels in Tofino

The Wickaninnish Inn

ウィカニニッシュ・イン

ダウンタウンの南、チェスターマン・ビーチChesterman Beachに面して立つ高級リゾート。客室は全室オーシャンビューで、プライベートビーチもある。レストラン「The Pointe」が人気。

MAP P.126-B2

住 500 Osprey Lane

TEL (250)725-3100

URL www.wickinn.com

料 Ⓢ Ⓓ $540～2000 Tax別　予約は2泊～

CC A M V

室 75室

Tofino Cedar home

トフィーノ・シダー・ホーム

中心部から徒歩6分ほどの、閑静な場所に立つ。キッチンやランドリーを完備しており、長期滞在に最適。部屋からはトフィーノ入江や山々が望める。ロング・ビーチへは車で15分ほど。

MAP P.126-B2

住 335 Lone Cone Rd.

TEL (250)858-8373

料 Ⓢ Ⓓ $294～ Tax別　予約は2泊～

CC 不可

室 2室

House of Himwitsa

ハウス・オブ・ヒムウィツァ

先住民族がオーナーを務めるロッジタイプの宿泊施設。客室は広々しており、全室バス、トイレ付き。スモークフィッシュの販売店やネイティブアートギャラリーを併設している。

MAP P.126-A1

住 300 Main St.

TEL (250)725-2017

URL himwitsa.com

料 Ⓢ Ⓓ $495～ Tax別

CC M V　室 5室

Tofino Paddler's Inn

トフィーノ・パドラーズ・イン

築100年以上という建物をリフォームしたカヤッカー御用達の宿。古いだけに壁が薄く道路側の客室では物音が気になることもあるが、遮るもののない美しい海辺の景色に癒やされる。室内はいたってシンプルで、キッチンとバスルームは共用。日帰りのシーカヤックツアーが10%割引になる宿泊者特典付き。

MAP P.126-A1

住 320 Main St.

TEL (250)725-4222

URL tofinopaddlersinn.com

料 Ⓢ Ⓓ $140～　Tax別　朝食付き

CC M V　室 5室

バスタブ　テレビ　ドライヤー　ミニバーおよび冷蔵庫　セーフティボックス　Wi-Fi

一部客室　一部客室　貸し出し　一部客室　フロントにあり

COLUMN

バンクーバー島の魅力的な町

カナダ本土とジョージア海峡を挟んで向かい合うバンクーバー島。南北に500km、幅150kmの島内には、小さいが魅力的な町が点在している。豊かな自然が残るエリアでもあり、ホエールウオッチングやトレッキングなど、アクティビティもめじろ押しだ。

MAP P.119　URL www.vancouverisland.com

ダンカン　Duncan

MAP P.119-B4　URL www.duncancc.bc.ca

ビクトリアから車で1時間弱。インディアンのカウチン族の居留地に近く、西海岸の先住民文化に直接触れることができる数少ない町のひとつ。町なかには80本以上のトーテムポールが並び、徒歩でそれらを見学できる。伝統文化センター、カウチン文化センターQuw'utsun' Cultural and Conference Centreでは、トーテムポールやカウチンセーターの製作過程が見られる。

シュメイナス　Chemainus

MAP P.119-B4　URL www.chemainus.bc.ca

ダンカンの隣町シュメイナスは「壁画の町」。たったひとつの産業であった製材所の閉鎖を機に、壁画で町おこしに成功した。今では年間40万人もの観光客が訪れる。アンティークショップやブティックをのぞきながら、のどかな散歩を楽しみたい。

キャンベル・リバー　Campbell River

MAP P.119-A3　URL www.campbellriver.ca

“世界のサーモンキャピタル”と呼ばれる、カナダ随一のサーモンフィッシングの中心地。キャンベル・リバー周辺の海は、海流の影響により豊かな餌場となっており、5月下旬～10月の間サーモンが群れをなしてやってくる。

町の中心は、クワドラ島Quadra Island行きフェリー乗り場の西側一帯。タイイー・プラザTyee Plazaというショッピングモールを中心に、観光案内所やバスディーポ、ホテルなどが集中している。その南にあるディスカバリー桟橋Discovery Pierは、気軽に釣りを楽しめる場所。売店ではフィッシングパスの販売や釣り具のレンタルも行っている。

桟橋の南には、歴史を紹介したキャンベル・リバー博物館Museum at Campbell Riverもある。

少し足を延ばして、フェリーで10分のクワドラ島や、町の南西にあるストラスコーナ州立公園Strathcona Provincial Parkへも立ち寄ろう。

コーモックス・バレー　Comox Valley

MAP P.119-A3　URL experiencecomoxvalley.ca

氷河の山並みを遠望するコーモックス・バレー。中心となる町は、コートニーCourtenay。町から約25km西の郊外にはワシントン山スキーリゾートもあり自然の豊かなエリアでもある。かつて炭坑の町として栄えたカンバランドCumberlandには、カナダに夢を刻んだ日系人たちの墓地も残され、彼らの歴史を知る貴重な場所となっている。

ユクルーレット　Ucluelet

MAP P.119-B3　URL ucluelet.ca

インディアンの言葉で「安全な港」を意味するユクルーレットは、パシフィック・リム国立公園(→P.128)への足がかりとして欠かせない港町だ。スーパーや教会の並ぶ町の中心部は、どこかひなびていて落ち着ける。

細長い町を貫いているメインストリートのペニンシュラ通りPeninsula Rd.がメイン通りMain St.と交差するあたりが中心部で、ホテルやレストラン、バスディーポなどが集まっている。

B＆Bはユクルーレット港側の住宅地に点在している。時間がゆっくりと流れるこの町では、太平洋側の海沿いに造られたBig Beach Trail(600m、所要15分)、He-Tin-Kis Trail(2km、所要20分)、Wild Pacific Trail(2.7km、所要45分)の3つのトレイルを歩いてみたい。He-Tin-Kis Trailはレインフォレスト(温帯雨林)を抜けて海岸線に出るコース。町の南にある、アンフィトライト岬に立つ沿岸警備隊の灯台から続くルートも、海の景色がすばらしい。

ポート・ハーディ　Port Hardy

MAP P.119-A1　URL www.visitporthardy.com

町というよりも集落に近い。時間があるなら中心部にあるポート・ハーディ博物館Port Hardy Museum & Archivesをのぞいてみよう。約8000年前から島の北部に暮らしていたインディアンの歴史と、植民地時代の白人入植の様子、ポート・ハーディの町の起源などが展示されている。ここからプリンス・ルパートまで続くB.C.フェリーのルートは、インサイド・パッセージInside Passageと呼ばれ人気がある(→P.142欄外)。

※各都市への交通は、バンクーバー島の交通(→P.120)を参照。

KAMLOOPS

カムループス

ブリティッシュ・コロンビア州

MAP P.42-D2
人口 9万7902
市外局番 250

カムループス情報のサイト
URL www.tourismkamloops.com

▶▶▶ 行き方

飛行機 バンクーバーとカルガリーからエア・カナダが1日3～4便、ウエストジェットが1日1便運航。空港からダウンタウンまではエアポート・シャトルで$11～。

バス バンクーバーの鉄道駅からイーバスとライダー・エクスプレスが1日1～3便運行、所要約4時間30分、片道大人$66.66～。

鉄道 バンクーバーからVIA鉄道のカナディアン号が運行、バンクーバー発月・金曜。ロッキー・マウンテニア鉄道は4月中旬～10月中旬の間、週2便運行、途中カムループスで1泊。

バンクーバーの北東約350km、インディアン、シュスワップ族の「合流点」という意味の言葉に由来するカムループスは、南北ふたつのトンプソン川Thompson Riverの合流点にある。古くから交易や開拓などの交通の要衝として栄え、夏の気温が高いことからカナダ人は「あそこは暑いよ」と口を揃える。カムループス周辺はシュスワップ族の冬の居留地だったこともあり、セクワプミック博物館やパウワウなど、インディアンの文化に興味がある人には見逃せない見どころも多い。また、カムループス郊外を流れるアダムス川Adams Riverはサーモンの遡上地。サーモンやトラウトフィッシングの聖地としても知られている。

↑のどかな時間が流れるリバーサイド公園

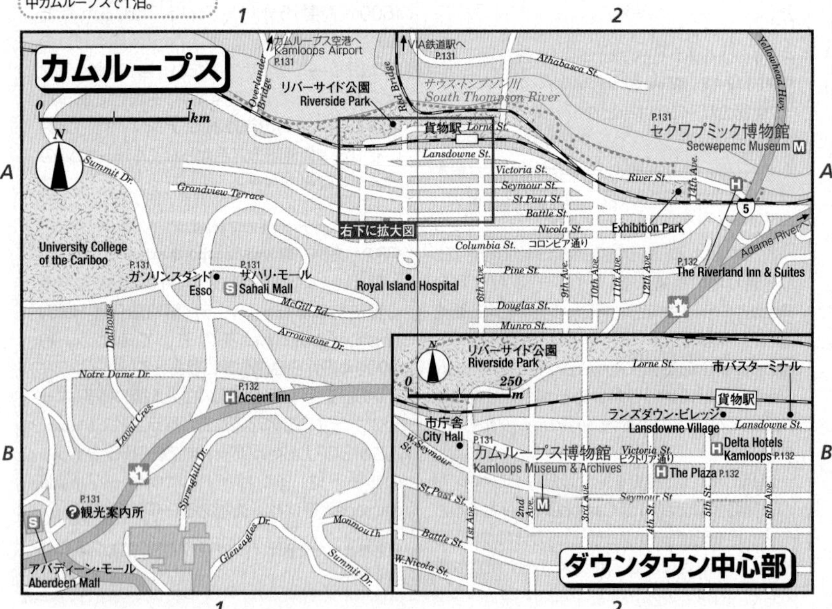

 ※開館時間、営業時間などの日程は基本的に2023年のもの。年度により変動するため、ウェブサイトなどで再確認を。(→P.7)

カムループスの歩き方

中心部はサウス・トンプソン川South Thompson Riverに沿った南側。メインストリートは**ビクトリア通りVictoria St.**で、中心部だけなら歩いて回れるが、周辺の見どころは車がないと行くのは厳しい。コロンビア通りColumbia St.を西へ進むと、町の外でトランス・カナダ・ハイウエイに接続し、観光案内所もハイウエイ沿いにある。市バスもあるが本数は少ない。川の北側はシュスワップ族の居留地になっている。

おもな見どころ

カムループス博物館

Kamloops Museum & Archives

MAP P.130-B2

★★★

開拓時代の町の暮らしぶりや、トンプソン川のフェリーとして使われていた外輪船、ムースやピューマのはく製などを展示する民俗博物館。なかでも目玉は、フランス人とインディアンの混血で、この地にキリスト教を広めるために力を尽くしたセント・ポールSt. Paulの家。放置されていた建物を館内に移築したもので、家の中は毛皮商人の暮らしが再現されている。

↑木造のセント・ポールの家

セクワプミック博物館

Secwepemc Museum

MAP P.130-A2

★★★

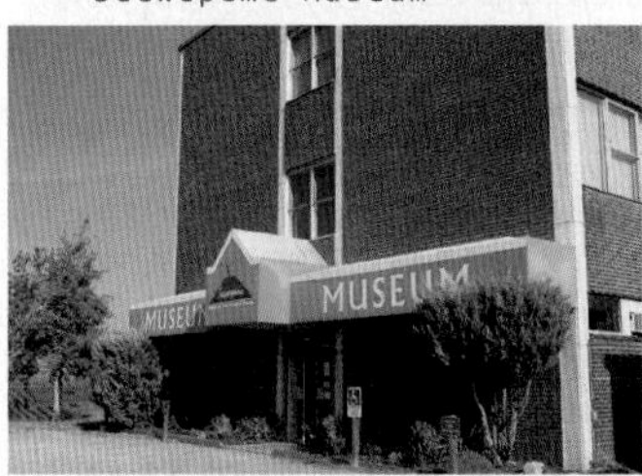

↑近くにバスは停まらないので注意しよう

ダウンタウンの東、サウス・トンプソン川に架かる橋を渡った所にあるこの博物館は、もともとインディアンのシュスワップ族のキリスト教化のために造られたミッションスクールだった。当時の子供たちは親元から離れた寄宿舎で制服を着せられ、シュスワップ語を使うと体罰を受けるという厳しい学生生活を送った。展示物は木の皮を縫い合わせて作ったカヌーなど、どれも貴重なものばかり。館外は先住民族歴史公園Native Heritage Parkで、河岸にはシュスワップ族の冬の半地下型住居（日本の竪穴式住居に似ている）などが復元されており、ガイドツアー（要予約、有料）もある。一見出入口に見えるRed Willow（赤柳）の細枝のアーチで造られた横穴は、実は女性のためのいわば裏口で、表玄関は天井の真ん中の煙突、明かり取りの窓兼用の直径1mほどの穴だ。ここから丸太に切り込みを入れたハシゴで中に下りる。また、敷地内には夏に行われるシュスワップ族の一大イベント、パウワウPow-Wowの会場がある。

エア・カナダ（→P.542）

ウエストジェット（→P.542）

カムループス空港（YKA）
MAP P.130-A1外

カムループス・エアポート・シャトル
TEL (250)314-4803

イーバス（→P.543）
発着場所はショッピングセンターのサハリ・モールSahali Mall（MAP P.130-A1）。ダウンタウンまでは市バス#7、9が利用できる。

ライダー・エクスプレス（→P.543）
発着場所はサハリ・モールそばのガソリンスタンド、Esso（MAP P.130-A1）。

VIA鉄道（→P.545）

VIA鉄道駅
MAP P.130-A1外
ダウンタウンの北約20km。カムループス・ノース鉄道駅Kamloops North Trainと呼ばれている。

ロッキー・マウンテニア鉄道（→P.546）

ロッキー・マウンテニア鉄道駅
MAP P.130-B2

観光案内所
Tourism Kamloops
TEL (778)586-8687
URL www.tourismkamloops.com
開 月～金8:30～16:30
休 土・日
ダウンタウンに常設の観光案内所はなく、電話かメールによる対応を行うのみ。

カムループス博物館
住 207 Seymour St.
TEL (250)828-3576
URL kamloopsmuseum.ca
開 火～土9:30～16:30
休 日・月
料 寄付程度（大人$3）

セクワプミック博物館
TEL (250)828-9749
URL secwepemcmuseum.ca
※2023年8月現在、休館中。
パウワウ
TEL (250)319-8318
催 8/4～6('23)

?ウェルズ・グレイ州立公園の観光案内所
Wells Gray Park Visitor Information Centre
住416 Eden Rd., Clearwater
TEL(250)674-3334
URL wellsgray.ca
開6月～10月中旬
毎日9:00～16:00
(時期により変動あり)
休10月中旬～5月
クリアウォーターClearwaterから公園へ向かう道の分岐点よりやや東、ハイウエイ#5沿いにある。

ウェルズ・グレイ州立公園
交カムループスから北へ約129km、カムループスとジャスパーを結ぶハイウエイ#5(Yellowhead Hwy.)のほぼ中間にある町、クリアウォーターが公園の入口。宿泊施設がある場所まではさらに約40km。クリアウォーターまではトンプソン・バレー・チャーターズ社Thompson Valley Chatersのバスが1日1便運行しているが、その先の交通機関はないので、レンタカーの利用が一般的。

トンプソン・バレー・チャーターズ
TEL(250)377-7523
FREE(1-866)570-7522
URL tvcbus.ca

エクスカーション

ウェルズ・グレイ州立公園
Wells Gray Provincial Park

MAP P.42-C2

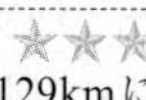

⬆州立公園を代表する滝、ヘルマッケン滝

カムループスの北約129kmにある州立公園。入口から約36kmの所にあるのがグリーン山タワーGreen Mt. Tower。展望台からトロフィー山Trophy Mt.やピラミッド山Pyramid Mt.の頂と公園全体を一望できる。その先にあるドーソン滝Dawson Fallsは、コマーシャル撮影にもよく使われ、豊富な水量が幅90mの岩盤の上を滑り落ちる。さらに2kmほど北には落差約141mのヘルマッケン滝Helmcken Fallsがある。ボウル状の滝壺に水が轟々と流れ落ち、立ち上るしぶきは数km先からでも白い霧として確認できる。公園の北奥にあるのが氷河湖、クリアウォーター湖Clearwater Lakeとアズール湖Azure Lakeで、周辺には樹齢500年以上の原生林が生い茂っている。

カムループスのホテル
Hotels in Kamloops

Accent Inn
アクセント・イン

ハイウェイ#1の近隣に位置するチェーンホテル。広々としたすべての客室にコーヒーメーカーが備わる。館内にあるレストラン「White Spot」は地元産の新鮮な素材を使った料理を提供している。ペットを同伴できる客室もある。

MAP P.130-B1 住1325 Columbia St. West
TEL(250)374-8877 FREE(1-800)663-0298
URL www.accentinns.com/locations/kamloops
料Ⓢ Ⓓ$185～ Tax別
CC A M V 室83室

The Plaza Hotel
プラザ

ダウンタウンにあり、1928年にオープンした老舗ホテル。部屋はモダンな雰囲気だが、創業当時のままの窓枠やアンティークなタンスなども配され、新旧の融合が楽しめる造りとなっている。リカーストアも併設。

MAP P.130-B2 住405 Victoria St.
TEL(250)377-8075 FREE(1-877)977-5292
URL www.theplazahotel.ca
料HIGH 5月中旬～10月中旬Ⓢ Ⓓ$139～
LOW 10月中旬～5月中旬Ⓢ Ⓓ$89～ Tax別 朝食付き
CC A M V 室67室

The Riverland Inn & Suites
リバーランド・イン＆スイート

サウス・トンプソン川のほとりに立つモーテル。ダウンタウンからは徒歩約20分と遠いが、部屋の広さや設備の面で十分に割安感がある。部屋は広く清潔。ホットタブとプールあり。

MAP P.130-A2 住1530 River St.
FREE(1-800)663-1530
URL www.riverlandinn.com
料HIGH 6～9月Ⓢ Ⓓ$164.4～
LOW 10～5月Ⓢ Ⓓ$79.4～ Tax別 朝食付き
CC A M V 室58室

Delta Hotels Kamloops
デルタ・ホテルズ・カムループス

ダウンタウンの中心にある大型の高級ホテル。ホテル内にはホットタブやプール、レストランやバー、フィットネスセンターなどの設備が揃う。

MAP P.130-B2 住540 Victoria St.
TEL(250)372-2281
URL www.marriott.com
料HIGH 夏季Ⓢ Ⓓ$273～ LOW 冬季Ⓢ Ⓓ$164～ Tax別
CC A M V 室149室

バスタブ テレビ ドライヤー ミニバーおよび冷蔵庫 セーフティボックス Wi-Fi
一部客室 一部客室 貸し出し 一部客室 フロントにあり

KELOWNA
ケロウナ

ブリティッシュ・コロンビア州

⬆オカナガン湖を望むシティ公園

インディアンのセイリッシュ語族の言葉で"グリズリー"を意味するケロウナは、オカナガン地方最大の町。ブリティッシュ・コロンビア州でも3番目に大きい。南北に長いオカナガン湖のちょうど真ん中あたりに位置している。このあたりのオカナガン湖はかなり幅が狭くなっているので、湖越しに対岸のなだらかな丘陵もよく見える。カナダ国内有数のサマーリゾートで、湖沿いに広がるビーチは湖水浴を楽しむ人でにぎわう。リタイアした人々が集まる町でもあり、人々もどこかのんびりしているように見える。

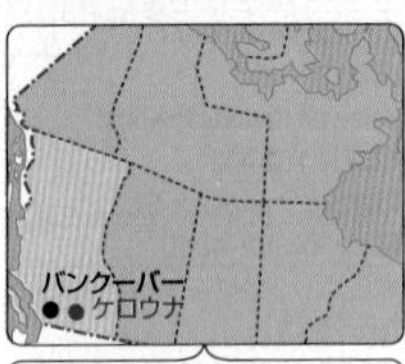

MAP P.42-D2
人口 22万2162
市外局番 250

ケロウナ情報のサイト
URL www.tourismkelowna.com

▶▶▶ 行き方

バンクーバーからエア・カナダが1日6～8便、ウエストジェットが1日7便運航、所要約1時間。また、エア・ノースAir North、フレア航空Flair AirlinesなどのローコストキャリアLCC)も就航している。空港からダウンタウンへはケロウナ・エアポート・シャトル Kelowna Airport Shuttleを利用でき、1人$20～30(要予約)。

バンクーバーからイーバスEbusが1日2便運行、所要約5時間40分、片道大人$85.24。カムループスからは1日2便、所要約2時間50分、片道大人$44.1。

エア・カナダ(→P.542)
ウエストジェット(→P.542)
エア・ノース(→P.542)
フレア航空(→P.542)

ケロウナ国際空港(YLW)
MAP P.133-A2外
TEL (250)807-4300
URL www.kelownaairport.com

ケロウナ・エアポート・シャトル
TEL (250)863-4213

イーバス(→P.543)

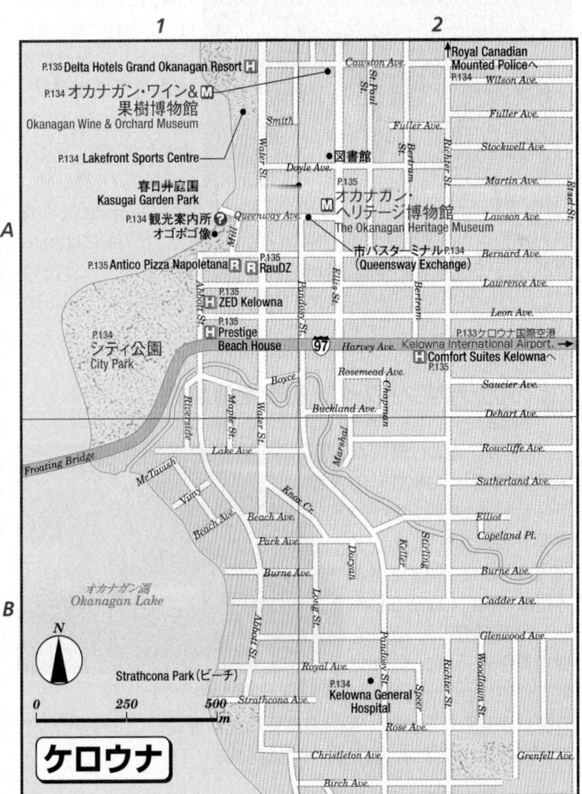

ケロウナの歩き方

ダウンタウンは**オカナガン湖 Okanagan Lake**に面した**シティ公園**を中心とした半径2、3ブロックほど。公園に面した通りには小ぎれいなリゾート風モーテルやレストランがあり、湖沿いにはカフェやツアー会社、ショップが並んでいる。民家や大きなショッピングセンターは郊外にある。かなり広い町なので、車がないと全体像がつかみにくい。市バスはBCトランジット社 BC Transitが運行しているが、路線・便数はあまり多くない。ダウンタウンではオカナガン・ヘリテージ博物館の向かいにターミナルがあるので、そこから乗車する。

シティ公園の南にはビーチが広がっており、日がなのんびりしたり、レンタサイクルを借りて走るのも気持ちがいい。

おもな見どころ

シティ公園
City Park

MAP P.133-A1～B1

★★★

↑伝説の怪獣、オゴポゴ

オカナガン湖にかかった珍しい浮き橋のたもとにあるこの公園は、黄金色に輝く水面に対岸の丘陵の影が映る美しい場所だ。公園の中心付近にはオカナガン湖にすむという伝説の怪獣「オゴポゴ Ogopogo」の像があり、子供たちの絶好の遊び場になっている。また、北の端にはマリーナがあり、モーターボートなどをレンタルしている。なお、若者たちが夜遅くまで騒いでいることもあるので、日没後に歩くときは注意したほうがいい。

オカナガン・ワイン&果樹博物館
Okanagan Wine & Orchard Museum

MAP P.133-A2

★★★

↑ワイン造りに使用する道具が所々に並ぶ

オカナガン地方は温暖な気候を利用して1890年代から大々的なリンゴ栽培の産業化に取り組み、カナダ国内はもちろん米国北部の各州に輸出して成功を収めた。この博物館は、その果樹産業をテーマにしており、実際に使用された道具などの展示が見られる。また、果樹産業博物館に併設して、ビンテージワインや瓶を展示した小さなワイン博物館もある。

ユースフル・インフォメーション

警察
Royal Canadian Mounted Police
MAP P.133-A2外
住 1190 Ricther St.
TEL (250)762-3300

病院
Kelowna General Hospital
MAP P.133-B2
住 2268 Pandosy St.
TEL (250)862-4000

おもなレンタカー会社
Avis（空港）
TEL (250)491-9500
Budget（空港）
TEL (250)491-7368

おもなタクシー会社
Kelowna Cabs
TEL (250)762-2222

? 観光案内所

Kelowna Visitor Centre
MAP P.133-A1
住 238 Queensway
TEL (250)861-1515
FREE (1-800)663-4345
URL www.tourismkelowna.com
開 夏季
毎日8:30～20:30
冬季
毎日8:30～17:30
休 無休

BCトランジット社

TEL (250)860-8121
URL bctransit.com/kelowna
料 シングルチケット
大人$2.5

市バスターミナル

MAP P.133-A2

レンタサイクル

Lakefront Sports Centre
MAP P.133-A1
住 1350 Water St.
TEL (250)862-2469
URL www.lakefrontsports.com
料 2時間　大人$35、子供$20
4時間　大人$55、子供$33
6時間　大人$75、子供$39

オカナガン・ワイン&果樹博物館

住 1304 Ellis St.
TEL (778)478-0325
URL www.kelownamuseums.ca
開 火～土10:00～13:00
（冬季営業は要問い合わせ）
休 日・月
料 寄付程度（1人$5）

オカナガン・ヘリテージ博物館

Okanagan Heritage Museum

MAP P.133-A2

★★★

インディアンや毛皮猟師、鉄道建設に携わった中国系移民の歴史など、小さいがよくまとまった展示がされている。ケロウナは愛知県春日井市と姉妹都市であり、博物館の隣には日本庭園の春日井庭園Kasugai Garden Parkがある。

オカナガン・ヘリテージ博物館
住470 Queensway Ave.
TEL(250)763-2417
URL www.kelownamuseums.ca
開月～土10:00～17:00
日11:00～17:00
休無休
料寄付程度(1人$10)

ケロウナのホテル
Hotels in Kelowna

Delta Hotels Grand Okanagan Resort
デルタ・ホテルズ・グランド・オカナガン・リゾート

ダウンタウン北端の湖に面した最高級ホテル。隣接してマリーナがあり、カジノ、スパ、サウナ、ジャクージなども完備する。客室のベッドはすべてクイーンサイズ以上で快適。

MAP P.133-A1
住1310 Water St.
TEL(250)763-4500
URL www.marriott.com
料HIGH 4～10月ⓈⒹ$317～
LOW 11～3月ⓈⒹ$232～
Tax別
CC A D J M V 室324室

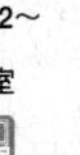

Comfort Suites Kelowna
コンフォート・スイート・ケロウナ

ハイウエイ#97沿い、バスディーポから徒歩20分くらいの位置に立つホテル。客室はモダンな雰囲気。館内には屋内プール、ジャクージ、フィットネスセンターなどがある。

MAP P.133-A2外
住2656 Hwy. 97
TEL(250)861-1110
FREE(1-888)348-2186
URL www.comfortsuites kelowna.com
料HIGH 7・8月ⓈⒹ$208～
LOW 9～6月ⓈⒹ$121～
Tax別 朝食付き
CC A M V 室83室

Prestige Beach House
プレステージ・ビーチ・ハウス

オカナガン湖やシティ公園の目の前にあり、周囲にはレストランやショップも多い。シンプルで清潔感のある客室は広々としている。屋内プールやアウトドアホットタブを備える。

MAP P.133-A1
住1675 Abbott St.
TEL(250)860-7900
FREE(1-800)772-7081
URL www.bestwestern.com
料ⓈⒹ$184.95～
Tax別
CC A M V 室67室

Hotel ZED Kelowna
ゼッド・ケロウナ

2016年にオープン。60'～70' 年代がテーマの客室は、外観と同様カラフルな色合いでまとめられている。プールやサウナのほか、自転車も無料で利用可能。

MAP P.133-A1
住1627 Abbott St.
TEL(250)763-7771
FREE(1-855)763-7771
URL hotelzed.com
料HIGH 5～9月ⓈⒹ$175～
LOW 10～4月ⓈⒹ$89～
Tax別
CC A M V 室54室

ケロウナのレストラン
Restaurants in Kelowna

RauDZ
ラーズ

新鮮さや地産など食に対する意識が高い。盛りつけにもこだわったクリエイティブな料理を供する。オカナガン・ワインの種類も豊富。メニューは季節によって変更あり。

MAP P.133-A1
住1560 Water St.
TEL(250)868-8805 URL www.raudz.com
営火～土17:30～22:00
休日・月 予$55～ CC M V

Antico Pizza Napoletana
アンティコ・ピッツァ・ナポリターナ

窯で焼いた本格的なナポリピザを提供する。マルゲリータ$15～など全12種のピザのほか、サラダ$8～やデザート$7.5～などのサイドメニューやワインも揃う。

MAP P.133-A1
住347 Bernard Ave.
TEL(250)717-3741
URL anticapizza.ca
営火～金16:00～22:00 土・日11:30～22:00 休月
予$25～ CC M V

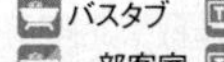 バスタブ  テレビ 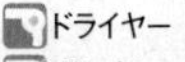 ドライヤー 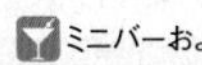 ミニバーおよび冷蔵庫 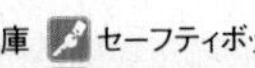 セーフティボックス  Wi-Fi
一部客室 一部客室 貸し出し 一部客室 フロントにあり

カナダ有数のワイン生産地を巡ろう

オカナガン・ワインルート

Okanagan Wine Route

今から160年ほど昔、ひとりの神父が持ち込んだわずか数本の苗木がこの地方のワイン造りの始まりといわれている。寒暖の差が激しく日照時間の長いオカナガン地方はブドウ栽培に適しており、南北に延びるオカナガン湖の周辺には個性豊かなワイナリーが点在する。中心となる都市はケロウナとペンティクトン。

オカナガン・ワインルートの基本DATA
MAP P.42-D2

拠点となる町:ケロウナ、ペンティクトン
歴史的見どころ:★
自然の見どころ:★★★

オカナガン・ワインルート情報のサイト
URL okanaganwines.ca

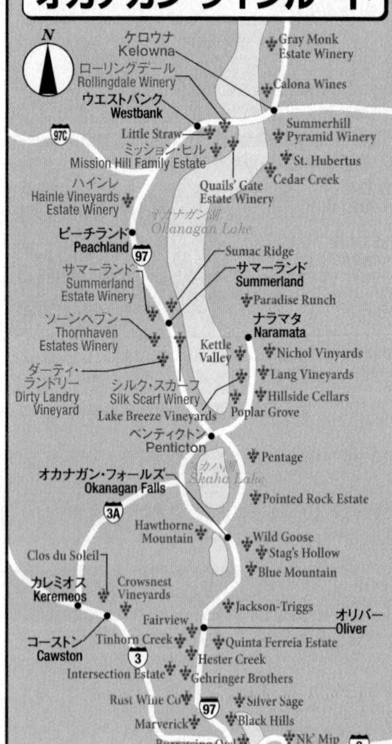

ワインルートの回り方

ワイナリー巡りを楽しむのならレンタカー、もしくはケロウナやペンティクトンからのツアーに参加するのが一般的。レンタカーならワイナリー見学に加え、眼下に広がる一面のブドウ畑や湖といった風景を満喫しながらの爽快なドライブができるが、カナダでも飲酒運転は禁止。ドライバーはテイスティングすることができない。ツアーを利用した場合、3～5ヵ所のワイナリーを巡る。

↑ツアーは6～8人乗りのミニバンで回る

↑品揃え充実のワイナリー

↑スタッフがワインの特長をていねいに説明してくれる

ワインルートとワイナリーツアー

ワイナリーでは、ワイン造りの工程を見学できるほか、テイスティングも可能(ワイナリーによっては有料)。ワインの飲み方のレクチャーを受けながら、じっくりとお気に入りの1本を見つけよう。

ツアーに参加した場合、ツアー会社によって回るワイナリーが違うが、基本的には5時間ほどの1日ツアーだと3～5ヵ所ほど巡る。ツアーコンダクターが事前にワイナリーにテイスティングの予約を入れてくれるので、ワイナリーもおすすめのワインを各種用意してくれる。町のショップではなかなか手に入れることのできないワインが購入できることも。ランチ付きのツアーの場合はレストランのあるワイナリーでワインによく合う料理を楽しめる。

おもなワイナリー

シルク・スカーフ
Silk Scarf Winery

家族経営のこぢんまりとしたワイナリー。濃厚な色合いとコショウのような香ばしさが特長のシラーワインを中心に、数々の受賞作品が揃う。

住4917 Gartrell Rd., Summerland
TEL(250)494-7455
URL silkscarf-winery.com
営4・10月
土・日10:00～17:30
5～9月
毎日11:00～16:00
休4・10月の月～金、11～3月

ダーティ・ランドリー
Dirty Laundry Vineyard

「目でも楽しめるワイン」をテーマにデザイン性の高いボトルワインを揃えるワイナリー。コルク栓を使った雑貨やロゴ入りTシャツなどのグッズも販売。

住7311 Fiske St., Summerland
TEL(250)494-8815
URL www.dirtylaundry.ca
営7・8月
毎日11:00～18:00
9～6月
毎日11:00～17:00
休無休

サマーランド
Summerland Estate Winery

オカナガン湖が見下ろせるパティオがあり、ワインと共にパニーニやピザなどの軽食が楽しめる。

住21606 Bridgeman Rd., Summerland
TEL(250)494-9323
URL summerlandwinery.ca
営5～9月
水～月11:00～18:00
休火、10～4月

ローリングデール
Rollingdale Winery

アイスワインを豊富に揃えるワイナリー。樽からスポイトで取ったワインを、その場で味わえるサービスが人気。

住2306 Hayman Rd., West Kelowna
TEL(250)769-9224 URL www.rollingdale.ca
営4～10月
毎日10:00～18:00
11～3月
月～金10:00～17:00
土・日12:00～16:00
休無休

ハインレ
Hainle Vineyards Estate Winery

1800年代の醸造方法を元に、添加物不使用のワインを造るワイナリー。

住5355 Trapanier Bench Rd., Peachland
TEL(250)767-2525
URL hainle.com
営火～土10:00～17:00
休日・月

ソーンヘブン
Thornhaven Estates

湖や町並みを一望できる高台に立つ、城のような外観のワイナリー。

住6816 Andrew Ave., Summerland
TEL(250)494-7778
URL www.thornhaven.com
営5～10月
毎日10:30～17:00
休11～4月

情報収集方法

ワイナリー巡りの情報については、ケロウナ(→P.133)やペンティクトン(→P.138)の観光案内所で手に入る。

↑世界的に有名なサマーヒル・ピラミッド

ワイナリーツアー

どのツアー会社も5～10月はほぼ毎日ツアーを行っているが、11～4月は不定期なので要確認。以下の会社はケロウナ発の日帰りツアーを催行する。

オカナガン・ワイン・カントリー・ツアーズ
Okanagan Wine Country Tours
TEL(250)868-9463
FREE(1-866)689-9463
URL www.okwinetours.com

The Daytripper
催4～10月
料$225(ランチ代は別途)

9:30にケロウナを出発し、南オカナガンにある5つのワイナリーを巡る。途中、見晴らしのいいスポットでランチ休憩付き。所要約7時間、4人以上で催行。

ケロウナ・コンシェルジュ
Kelowna Concierge
TEL(250)863-4213
URL kelownaconcierge.ca

Private South Okanagan Wine Tour
催通年
料$362(ランチ代は別途)

オリバーOliverまで南下し、Tinhorn Creek、Black Hillsなど4つのワイナリーで試飲を楽しむ。所要約8時間30分。半日ツアーや西オカナガンを巡るツアーもある。

ワイン・フェスティバル

ワイン・フェスティバル
Okanagan Wine Festivals
TEL(250)864-4139
URL www.thewinefestivals.com
催冬1/22～28('23)
春6/2～11('23)
秋10/27～11/5('23)

毎年季節ごとに開かれる。期間中、各ワイナリーやケロウナ、ペンティクトンのホテルでは、ランチとワイン、音楽とワイン、ディナーとワインなどワインと組み合わせたイベントが催される。

PENTICTON

ペンティクトン

ブリティッシュ・コロンビア州

MAP P.42-D2
人口 3万6885
市外局番 250

ペンティクトン情報のサイト
URL www.penticton.ca

▶▶▶ 行き方

バンクーバーからエア・カナダが1日7〜9便、ウエストジェットが1日5〜7便運航、所要約1時間。運航、所要約1時間。空港からはタクシーで約10分。

ケロウナの市バスターミナル(MAP P.133-A2)から、BCトランジット社の市バス#70(Penticton/Kelowna)が運行。所要約1時間10分。発着場所はウェイド通りWade Av.とマーチン通りMartin St.の交差点。

ペンティクトン空港(YYF)
MAP P.138-B1 外

"ピーチ・キャピタル"の愛称で呼ばれるペンティクトンは、桃やブドウなど果物の名産地。周囲にはオカナガン・ワインを産するワイナリーが点在し、それらを巡るツアーが観光の目玉となっている。オカナガン湖とスカハ湖に挟まれたリゾートとして、夏はおおいににぎわう。

↑ペンティクトン名物の浮き輪での川下り

ペンティクトンの歩き方

町の中心は、メイン通りMain St.とマーチン通りMartin St.。観光客の集まるリゾートエリアは、東西に公園やビーチが続くオカナガン湖Okanagan Lakeの湖畔一帯。特にリゾートらしい雰囲気が漂うのは、湖畔沿いに延びるレイクショア通

↑オカナガン湖に停泊する外輪船シカムース号

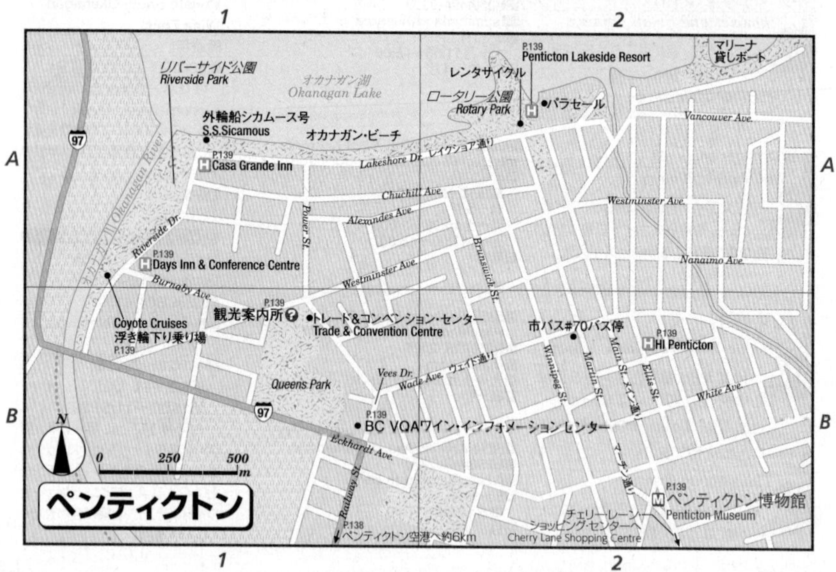

 ※開館時間、営業時間などの日程は基本的に2023年のもの。年度により変動するため、ウェブサイトなどで再確認を。(→P.7)

りLakeshore Dr.の西半分。博物館にもなっている**外輪船シカムース号S.S.Sicamous**が停泊しているあたりから東へ約500mの間に、ホテルやレストランなどが軒を連ねている。

夏の風物詩でもある浮き輪でのオカナガン川下りは、ぜひトライしたいアトラクション。ワイン好きなら観光案内所付近にあるBC VQAワイン・インフォメーションセンターBC VQA Wine Information Centreや、ワイナリー巡りのツアー（→ P.136）で試飲や買い物を楽しもう。

↑湖沿いはビーチになっている

❓観光案内所

Penticton Visitor Centre
MAP P.138-B1
住888 Westminster Ave.
TEL(250)276-2170
URL www.visitpenticton.com
開毎日9:00～17:00
休無休

BC VQA Wine Information Centre
MAP P.138-B1
住101-553 Vees Dr.
開毎日9:00～17:00
休無休

浮き輪での川下り

Coyote Cruises
MAP P.138-A1
URL www.coyotecruises.ca
催6月下旬～9月中旬
毎日11:00 ～16:00
料$19.5～

ペンティクトン博物館

住785 Main St.
TEL(250)490-2451
開火～土10:00～17:00
休日・月
料寄付程度（大人$2）

おもな見どころ

ペンティクトン博物館

Penticton Museum

MAP P.138-B2 ★★★

ペンティクトンの地域史や人類史について、ショートフィルムや体験型展示を用いて大人にも子供にもわかりやすく解説されている。常設展では火山と氷河の作用によって形成されたオカナガン渓谷の地層構造や、町の生い立ちについての紹介もある。

ペンティクトンのホテル
—— Hotels in Penticton ——

Penticton Lakeside Resort
ペンティクトン・レイクサイド・リゾート

オカナガン湖畔のロータリー公園の横に立つ、町一番の高級ホテル。ビーチは目の前、ダウンタウンへも徒歩圏内と、地の利は抜群。カジノや屋内プールなどの娯楽施設も充実。レイクビューの部屋からは、オカナガン湖を一望できる。

MAP P.138-A2 住21 Lakeshore Dr. W.
TEL(250)493-8221 FREE(1-800)663-9400
URL www.pentictonlakesideresort.com
料HIGH 5～10月ⓈⒹ$250～
LOW 11～4月ⓈⒹ$169～ Tax別
CC A M V 室273室

Casa Grande Inn
カーザ・グランデ・イン

外輪船シカムース号停泊地の目の前に位置し、オカナガン・ビーチまでも歩いてすぐ。全6室ある客室には個性的なファブリックが備えられ、エキゾチックな雰囲気が漂う。ビーチを一望できる部屋や、ペット連れOKの部屋もある。

MAP P.138-A1
住201-1070 Lakeshore Dr. W.
TEL(250)276-3030
URL www.casagrandeinn.ca
料ⓈⒹ$209～ Tax別 予約は2泊～ 朝食付き
CC A M V 室6室

Days Inn & Conference Centre
デイズ・イン&カンファレンス・センター

観光案内所から徒歩10分、リバーサイド公園Riverside Parkの目の前に位置する。客室からは緑豊かな中庭や山を眺められる。屋外プールやレストランなどの施設もあり、無料のコンチネンタル朝食付き。

MAP P.138-A1 住152 Riverside Dr.
TEL(250)493-6616
URL www.daysinnpenticton.ca
料HIGH 夏季ⓈⒹ$228～
LOW 冬季ⓈⒹ$101～ Tax別 朝食付き
CC A M V 室104室

HI Penticton
HIペンティクトン

バスディーポから徒歩10分弱。12:00～17:00（7～9月は～16:00）にフロントが閉鎖されるので注意しよう。朝食は出ないが、共同キッチンがあるので自炊することも可能。季節によってさまざまなイベントも行われる。

MAP P.138-B2 住464 Ellis St.
TEL(250)492-3992 FREE(1-866)782-9736
URL www.hihostels.ca
料ドミトリー$30.6～（会員）、$34～（非会員）
ⓈⒹ$68.4～（会員）、$76～（非会員） Tax別
CC M V 室47ベッド

バスタブ　テレビ　ドライヤー　ミニバーおよび冷蔵庫　セーフティボックス　Wi-Fi
一部客室　一部客室　貸し出し　一部客室　フロントにあり

PRINCE GEORGE

プリンス・ジョージ

ブリティッシュ・コロンビア州

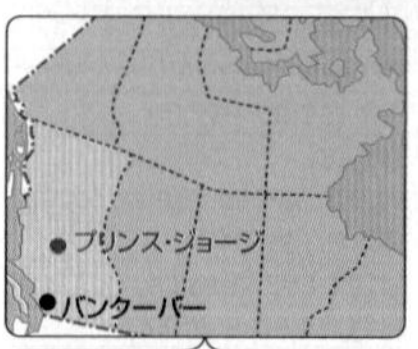

MAP P.42-C2
人口 7万6708
市外局番 250

プリンス・ジョージ情報のサイト
URL tourismpg.com

↑フォート・ジョージ公園をはじめ町には緑があふれている

ノーザン・ブリティッシュ・コロンビアの北部、カリブー・カントリーの最大都市。北はアラスカ、ユーコンから、南はバンクーバー、西はプリンス・ルパート、さらには太平洋、東は大平原地帯から大西洋にいたるまで、まさに、東西南北の交通がここで一堂に会するのである。ロッキーで伐採された木材や大平原で収穫された穀物が、列車に乗ってここを通り、太平洋を渡って日本に運ばれていることを思えば、確かにここは大陸横断の心臓部なのだといえる。

▶▶▶ 行き方

✈ バンクーバーからエア・カナダとウエストジェットがそれぞれ1日4～5便運航、所要約1時間10分。空港からはエアポート・シャトルかタクシーを利用。

🚆 VIA鉄道のジャスパー～プリンス・ルパート線が、プリンス・ジョージを通って運行している。水・金・日曜の12:45にジャスパー発、プリンス・ジョージ着は19:08。プリンス・ルパートからは水・金・日曜の8:00発、20:29にプリンス・ジョージに到着。

エア・カナダ (→P.542)

ウエストジェット (→P.542)

プリンス・ジョージ空港(YXS)
MAP P.140外
TEL (250)963-2400
URL www.pgairport.ca

エアポート・シャトル
TEL (250)563-2220
URL www.pgairportshuttle.ca
料 片道　大人$21、子供$10

VIA鉄道 (→P.545)

鉄道駅
MAP P.140

プリンス・ジョージの歩き方

ダウンタウンは北のネチャコ川Nechako River、東のフレイザー川Fraser Riverに囲まれた一帯。**コンノート・ヒル公園Connaught Hill Park**の北側がその中心となっており、観光案内所やホテルが並んでいる。見どころは広範囲に広がっており徒歩で回るのは難しい。市バスやタクシーを利用しよう。

 ※開館時間、営業時間などの日程は基本的に2023年のもの。年度により変動するため、ウェブサイトなどで再確認を。(→P.7)

おもな見どころ

エクスプロレーション・プレイス
The Exploration Place

MAP P.140

★★★

↑森林開発史についての展示で町の歴史に触れてみよう

ダウンタウン南東部の、歴史あるフォート・ジョージ公園にある。この公園は、ノース・ウエスト社のサイモン・フレイザーが、1807年にインディアンとの交易所を開いた場所。プリンス・ジョージの発祥地である。博物館は町の基盤となったフォート・ジョージの当時の姿を伝えるものだ。館内には、探検家アレクサンダー・マッケンジーの到着から、グランド・トランク太平洋鉄道の開通、最新の森林開発にいたる、プリンス・ジョージに関するあらゆる歴史が展示されている。また、野生動物のはく製による展示説明もある。

周辺にはウォーターパークやアミューズメント施設、動物のはく製や恐竜の化石のレプリカなどを展示したギャラリーもある。

トゥー・リバース美術館
Two Rivers Gallery

MAP P.140

★★★

ネチャコ川とフレイザー川に囲まれたプリンス・ジョージの中心部に位置する美術館。外観の梁には、森林開発によって発展を遂げた町の歴史を象徴する木製アーチを使用。展示はカナダの現代アート作品が中心。併設のミュージアムショップではブリティッシュ・コロンビア州やカナダ西部で手作りされた工芸品を販売している。

←プリンス・ジョージの歴史を学ぼう

観光案内所
Tourism Prince George
MAP P.140
住101-1300 1st Ave.
TEL(250)562-3700
FREE(1-800)668-7646
URL www.tourismpg.com
営月～金8:00～18:00
土10:00～16:00
休日

エクスプロレーション・プレイス
住333 Becott Place
TEL(250)562-1612
FREE(1-866)562-1612
URL theexplorationplace.com
開木9:00～20:00
金～水9:00～17:00
休無休
料大人$18、シニア・ユース(13～17歳)$15、子供(2～12歳)$12

トゥー・リバース美術館
住725 Canada Games Way
TEL(250)614-7800
URL www.tworiversgallery.ca
開火・水・金・土10:00～17:00
木10:00～21:00
日12:00～17:00
休月
料寄付程度

プリンス・ジョージのホテル
Hotels in Prince George

Sandman Hotel & Suites Prince George
サンドマン・ホテル&スイート・プリンス・ジョージ

屋内プールやサウナ、ビジネスルームなどを有する高級大型ホテル。客室はシックなファブリックでまとめられ、キチネットもある。24時間営業のレストランを併設する。

MAP P.140外 住1650 Central St.
TEL(250)563-8131
URL www.sandmanhotels.com/prince-george
料ⓈⒹ$155～ Tax別
CC A M V
室144室

Courtyard by Marriott Prince George
コートヤード・バイ・マリオット・プリンス・ジョージ

ダウンタウン中心部に位置しており観光に便利なほか、周辺にはワイナリーやゴルフ施設などがある。敷地内にレストランが複数併設されている。

MAP P.140 住900 Brunswick St.
TEL(250)596-6274
URL www.marriott.com
料ⓈⒹ$139～ Tax別
CC A M V
室174室

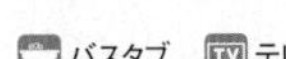 バスタブ 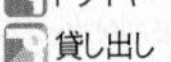 テレビ 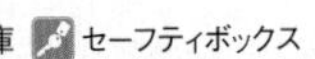 ドライヤー ミニバーおよび冷蔵庫 セーフティボックス Wi-Fi
一部客室 一部客室 貸し出し 一部客室 フロントにあり

PRINCE RUPERT

プリンス・ルパート

ブリティッシュ・コロンビア州

MAP P.42-B1
人口 1万2300
市外局番 250

プリンス・ルパート情報のサイト
URL visitprincerupert.com

太平洋に面したカナダ大陸部の西端の都市。バンクーバー島や対岸の秘境ハイダ・グアイへ、そしてすぐ目と鼻の先ほどの距離にあるアラスカへのフェリーが発着する交通の要衝であり、まさに北極圏への玄関口ともいえる。バンクーバー以北の西海岸では最大の港で、年間降水量が多いことから「虹の町」と呼ばれている。

↑公園も多く、のどかな地方都市といった風景

▶▶▶ 行き方

バンクーバーからエア・カナダが1日1～2便運航、所要約1時間50分。

VIA鉄道のジャスパー～プリンス・ルパート線が水・金・日曜の12:45ジャスパー発、翌日20:25プリンス・ルパートに到着。途中プリンス・ジョージに1泊する。

バンクーバー島北端のポート・ハーディからB.C.フェリーB.C. Ferriesが6月下旬～9月下旬まで運航する。6・7・9月は奇数日、8月は偶数日にそれぞれ1便、所要約16時間。片道大人$197～。このルートをインサイド・パッセージInside Passageと呼ぶ。

プリンス・ルパートの歩き方

ノーザン・ブリティッシュ・コロンビア博物館やウィニスタ鉄道駅舎博物館などは中心部周辺にあるので歩いて回れる。町の文化や歴史に興味があれば、ノーザン・ブリティッシュ・コロンビア博物館主催のウオーキングガイドツアーに参加するのがおすすめ。

おもな見どころ

ノーザン・ブリティッシュ・コロンビア博物館 MAP P.143

Museum of Northern British Columbia ★★★

数々の先住民族の伝統工芸品や、仮面、衣装などが展示されている博物館。その一つひとつがバンクーバー島のものとは違う、大陸の文化を感じさせる。館内を回るガイドツアー（$6）のほか、先住民族のダンスを観ながら食事のできるプログラム（有料）もあるので、受付で尋ねてみよう。ツアーによってはウェブサイトで予約できるものも。併設のミュージアムショップでは、地元のアーティストが作った木彫り、金や銀のアクセサリー、木の皮のバスケットなどを販売している。

↑先住民族の文化に触れてみよう

エア・カナダ（→P.542）

プリンス・ルパート空港（YPR）
MAP P.143右下図
TEL (250)624-6274
URL ypr.ca

VIA鉄道（→P.545）

鉄道駅
MAP P.143

B.C.フェリー
FREE (1-888)223-3779
URL www.bcferries.com

※開館時間、営業時間などの日程は基本的に2023年のもの。年度により変動するため、ウェブサイトなどで再確認を。（→P.7）

太平洋水没者祈念公園

MAP P.143

Pacific Mariners Memorial Park

★★★

ノーザン・ブリティッシュ・コロンビア博物館の入った建物のすぐそばにある、海に面した小さな公園。海で亡くなった人々をしのんで造られた。そばには姉妹都市の三重県尾鷲市の供養塔もある。これは実際に日本近海で遭難した日本人が、長い歳月の後この近海で発見されたことから、建立されたものだ。

ウィニスタ鉄道駅舎博物館

MAP P.143

Kwinista Railway Station Museum

★★★

鉄道駅のすぐそばに立つ小さな白い建物。グランド・トランク太平洋鉄道のかつての駅舎を移築し、博物館として利用している。館内には、当時の鉄道関係の資料が展示されている。

➡鉄道の歴史を今に伝える小さな博物館

❓観光案内所

Prince Rupert Visitor Information Centre

MAP P.143

住 100-215 Cowbay Rd.

TEL (250)624-5637

開 夏季　火～日10:00～17:00
冬季　火～日12:00～16:00
(時期により変動あり)

休 月

ノーザン・ブリティッシュ・コロンビア博物館

TEL (250)624-3207

URL www.museumofnorthernbc.com

開 6～9月
毎日9:00～17:00
10～5月
火～土9:00～17:00

休 10～5月の日・月

料 大人$8、ユース$3、子供$2

ウィニスタ鉄道駅舎博物館

住 177 Bill Murray Dr.

TEL (250)624-3207

※2023年8月現在、休館中。

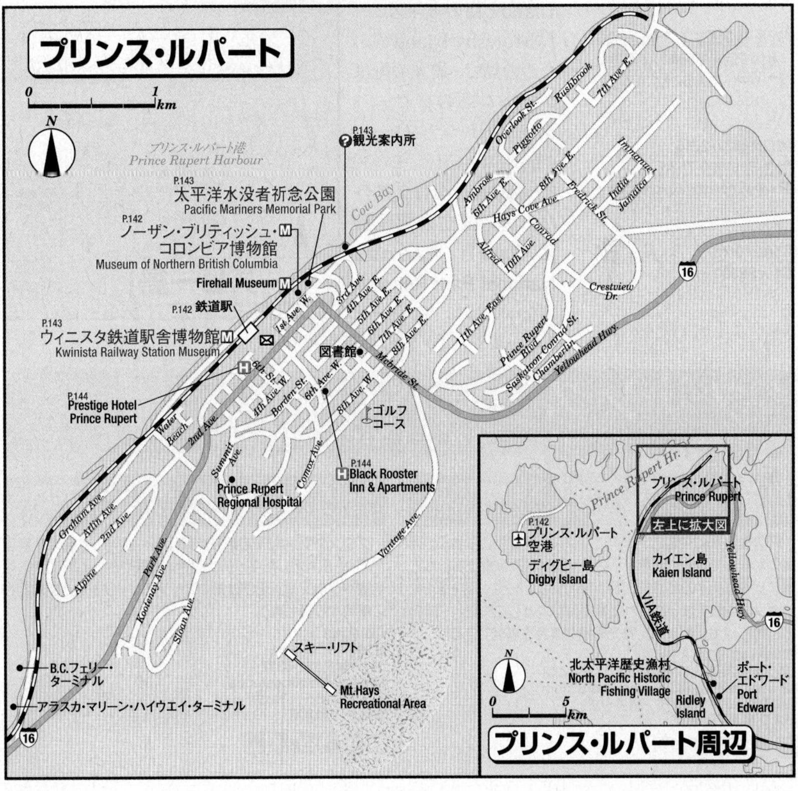

プリンス・ルパート

0　1 km

N

プリンス・ルパート港
Prince Rupert Harbour

P.143 観光案内所

P.143 太平洋水没者祈念公園
Pacific Mariners Memorial Park

P.142 ノーザン・ブリティッシュ・コロンビア博物館
Museum of Northern British Columbia

Firehall Museum

P.142 鉄道駅

P.143 ウィニスタ鉄道駅舎博物館
Kwinista Railway Station Museum

図書館

P.144 Prestige Hotel Prince Rupert

ゴルフコース

P.144 Black Rooster Inn & Apartments

Prince Rupert Regional Hospital

スキー・リフト

Mt.Hays Recreational Area

B.C.フェリー・ターミナル

アラスカ・マリーン・ハイウエイ・ターミナル

Cow Bay　Overlook St.　Rushbrook　7th Ave. E.　Piggotto　Ambrose　6th Ave. E.　8th Ave. E.　Immanuel　India　Jamaica　Hays Cove Ave.　Fredrick St.　Conrad　Alfred　10th Ave.　Crestview Dr.　11th Ave. East　Prince Rupert Blvd.　Saskatoon　Conrad St.　Chamberlin　Yellowhead Hwy.　1st Ave. W.　3rd Ave.　4th Ave. E.　5th Ave. E.　6th Ave. E.　7th Ave. E.　8th Ave. E.　McBride St.　6th St.　4th Ave. W.　Borden St.　6th Ave. W.　8th Ave. W.　Water　Beach　2nd Ave.　Summit Ave.　Comox Ave.　Graham Ave.　Atlin Ave.　Alpine　Park Ave.　Kootenay Ave.　Sloan Ave.　Vantage Ave.　16

プリンス・ルパート周辺

0　5 km

Prince Rupert Hr.

プリンス・ルパート Prince Rupert

左上に拡大図

P.142 プリンス・ルパート空港

ディグビー島 Digby Island

カイエン島 Kaien Island

VIA鉄道

Yellowhead Hwy.

16

北太平洋歴史漁村 North Pacific Historic Fishing Village

Ridley Island

ポート・エドワード Port Edward

▶▶▶ ハイダ・グワイへの行き方

バンクーバーからエア・カナダが1日1便運航、所要約1時間45分。空港はグラハム島のサンドスピットSandspitにある。サンドスピット空港(YZP)からクイーン・シャーロット・シティへはタクシーを利用。

プリンス・ルパートからグラハム島のスキディゲットSkidegateまでB.C.フェリーが週3～6便運航、所要7～8時間。$45.15～(時期により変動あり)。港からクイーン・シャーロット・シティへはタクシーを利用。

エア・カナダ(→P.542)

ハイダ・グワイの観光案内所
Daajing Giids Visitor Centre
TEL (250)559-8316
URL daajinggiidsvisitorcentre.com
開 月～土9:00～16:00
休 日

おもなツアー会社
島内を個人で回るのは困難なので、ツアーに入ることになる。
モーズビー・エクスプローラー
Moresby Explorers
TEL (250)637-2215
FREE (1-800)806-7633
URL www.moresbyexplorers.com
スカン・グアイ行き4日間ボートツアー
催 5/6～9/15
料 1人$2300～

エクスカーション

ハイダ・グアイ
Haida Gwaii

MAP P.42-B1～C1

★★★

プリンス・ルパート沖に浮かぶ、約150もの島々からなる群島。かつてはクイーン・シャーロット諸島と呼ばれていたが2010年から現在の名称に。島の先住民であるハイダ族Haida は、19世紀に北西海岸のインディアンの伝統文化であるトーテムポールを芸術の域まで昇華させた後、衰退の一途をたどった。彼らの残したトーテムポールの立つ**スカン・グアイSGang Gwaay(アンソニー島Anthony Island)**が、現在ユネスコの世界文化遺産に登録されている。

⬆島にはハイダ族の軌跡が見てとれる遺溝が残る

ハイダ・グアイの中心は、北のグラハム島Graham Islandと南のモーズビー島Moresby Islandのふたつの島で、最大の町はグラハム島のクイーン・シャーロット・シティQueen Charlotte City。モーズビー島の南半分は**グアイ・ハーナス国立公園保護区 Gwaii Haanas National Park Reserve**になっており、古いトーテムポールやハイダ族の集落が残存している。

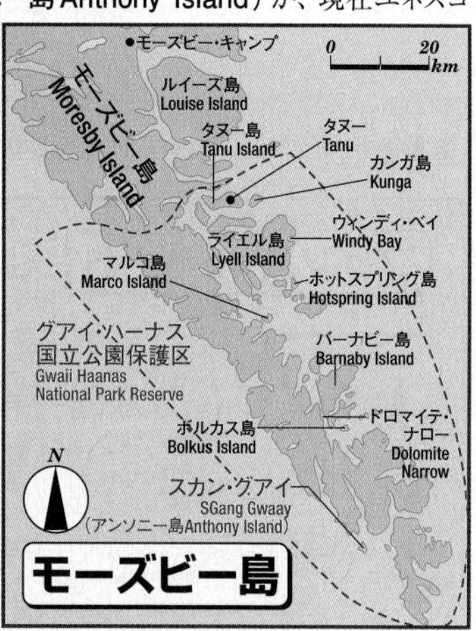

プリンス・ルパートのホテル
—— Hotels in Prince Rupert ——

Prestige Hotel Prince Rupert
プレステージ・ホテル・プリンス・ルパート

町の中心部に位置し、周辺にはレストランが立ち並ぶ。近隣のホテルで唯一、空港からのシャトルバスを運行するなどホスピタリティの高さに定評があり、リピーター客も多い。モダンな内装でまとめられた客室は広々として快適。一部の客室からは海に囲まれた風光明媚な景色を堪能できる。

MAP P.143 住 118-6th St.
TEL (250)624-6711 FREE (1-877)737-8443
URL www.prestigehotelsandresorts.com
料 ⓈⒹ$185～ Tax別 朝食付き
CC A D M V 室 88室

Black Rooster Inn & Apartments
ブラック・ルースター・イン&アパートメント

ダウンタウンから徒歩5分ほど。1～4ベッドを備えた客室があり、広々としたキッチン付き。卓球やゲームができる娯楽室やラウンジ、BBQ設備にコインランドリーなど長期滞在に便利な設備も揃う。

MAP P.143
住 501-6th Ave. W.
FREE (1-866)371-5337
URL www.blackrooster.ca
料 ⓈⒹ$135～ Tax別
CC M V 室 18室

バスタブ / 一部客室　テレビ / 一部客室　ドライヤー / 貸し出し　ミニバーおよび冷蔵庫 / 一部客室　セーフティボックス / フロントにあり　Wi-Fi

アルバータ州

Alberta

エドモントンの街角にて

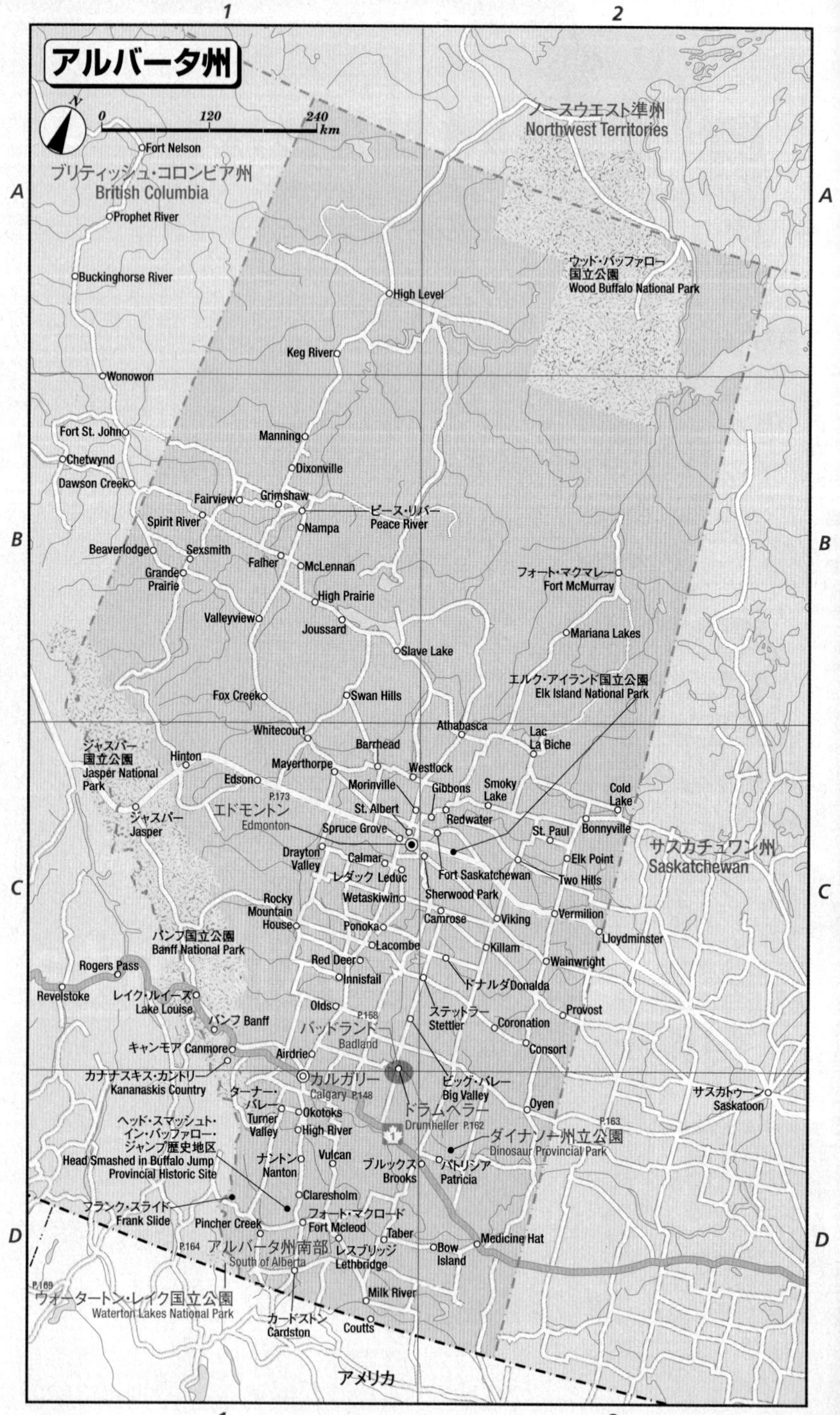

アルバータ州
0 120 240 km
ノースウエスト準州
Northwest Territories
ブリティッシュ・コロンビア州
British Columbia
Fort Nelson
Prophet River
Buckinghorse River
ウッド・バッファロー国立公園
Wood Buffalo National Park
High Level
Keg River
Wonowon
Fort St. John
Manning
Chetwynd
Dixonville
Dawson Creek
Fairview
Grimshaw
ピース・リバー
Peace River
Spirit River
Nampa
Beaverlodge
Sexsmith
Falher
McLennan
Grande Prairie
フォート・マクマレー
Fort McMurray
High Prairie
Valleyview
Joussard
Mariana Lakes
Slave Lake
エルク・アイランド国立公園
Elk Island National Park
Fox Creek
Swan Hills
Athabasca
Whitecourt
Lac La Biche
Barrhead
ジャスパー国立公園
Jasper National Park
Hinton
Mayerthorpe
Westlock
Edson
Morinville
Gibbons
Smoky Lake
Cold Lake
P.173
エドモントン
Edmonton
St. Albert
Redwater
ジャスパー
Jasper
Spruce Grove
St. Paul
Bonnyville
サスカチュワン州
Saskatchewan
Drayton Valley
Calmar
Elk Point
Fort Saskatchewan
Two Hills
レダック Leduc
Sherwood Park
Rocky Mountain House
Wetaskiwin
Vermilion
Camrose
Viking
Ponoka
バンフ国立公園
Banff National Park
Lloydminster
Lacombe
Killam
Red Deer
Wainwright
Rogers Pass
Innisfail
ドナルダ Donalda
Revelstoke
レイク・ルイーズ
Lake Louise
Olds
ステットラー
Stettler
Provost
P.158
バッドランド
Badland
バンフ Banff
Coronation
キャンモア Canmore
Airdrie
Consort
カナナスキス・カントリー
Kananaskis Country
カルガリー
Calgary P.148
ビッグ・バレー
Big Valley
ターナー・バレー
Turner Valley
Okotoks
ドラムヘラー
Drumheller P.162
Oyen
サスカトゥーン
Saskatoon
ヘッド・スマッシュト・イン・バッファロー・ジャンプ歴史地区
Head Smashed in Buffalo Jump Provincial Historic Site
High River
P.163
ダイナソー州立公園
Dinosaur Provincial Park
ナントン
Nanton
Vulcan
ブルックス
Brooks
パトリシア
Patricia
Claresholm
フランク・スライド
Frank Slide
フォート・マクロード
Fort Mcleod
Pincher Creek
Taber
Medicine Hat
P.164
アルバータ州南部
South of Alberta
レスブリッジ
Lethbridge
Bow Island
P.169
ウォータートン・レイク国立公園
Waterton Lakes National Park
Milk River
カードストン
Cardston
Coutts
アメリカ

アルバータ州
ALBERTA

西にロッキー山脈がそびえ、中部から東側一帯には広大な大平原が広がるアルバータ州。かつてカウボーイが駆け巡った平原は、石油など化石燃料の発掘により発展を遂げ、高層ビルが並ぶ近代都市へと変貌した。カナダ最大の観光地、カナディアン・ロッキーやオーロラ観測で有名な極北地方への玄関口でもある。

州都	エドモントン
面積	66万1848km²
人口	426万2635人（2021年国勢調査）
時間	山岳部標準時間（MST） 日本との時差 －16時間 （サマータイム実施時－15時間）
州税	物品税なし　宿泊税4％

おもなドライブルート
★バッドランド（→P.158）
★アルバータ州南部（→P.164）

エドモントン・エリア
エドモントン
アルバータ・ロッキーズ
カルガリー

アルバータ州北部
North of Alberta

孤絶した湖やビーチ、無数の川の流れ、最北部にはスイスがまるごと入ってしまう広大な公園もある、まさにウィルダネスの世界。ほぼ中央部のフォート・マクマレーではオーロラを見ることができる。

おもな都市
フォート・マクマレー

アルバータ・ロッキーズ
Alberta Rockies
（→P.183）

アルバータ州中部（ハートランド）
Central Alberta(Heartland)

アルバータ州の中央部は、見渡すかぎり大平原の広がる大穀倉地帯だ。独特のグレイン・エレベーター（穀物倉庫）が点在するのどかな風景。ひと味違った時間の流れのなかに浸ってみるのもいい。

おもな都市
エドモントン （→P.173）

カルガリー・エリア
Calgary Area

石油とカウボーイの街カルガリー。ロッキーの山並みを遠望しつつ大平原に出現した近代都市には、タフな西部魂が息づいている。世界最大のスタンピードに街中が熱くなる。

おもな都市
カルガリー（→P.148）

アルバータ州南部
South of Alberta

アルバータ州の南部には平原インディアンがバッファローを追った大平原が広がる。アメリカとの国境にはウォータートン・レイク国立公園。これらの大自然はユネスコの世界自然遺産にも登録されている。

おもな都市
フォート・マクロード（→P.166）
ウォータートン・レイク国立公園（→P.169）

バッドランド
Badland

川の流れと氷河により浸食された荒涼たる渓谷をもつバッドランド。世界屈指の恐竜の化石の宝庫としても知られており、恐竜ファンには決して見逃せない地方だ。

おもな都市
ドラムヘラー（→P.162）

CALGARY

カルガリー

アルバータ州

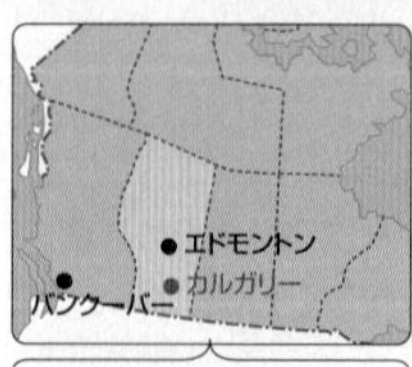

MAP P.146-D1
人口 130万6784
市外局番 403
カルガリー情報のサイト
URL www.visitcalgary.com

カルガリーのイベント

カルガリー・フォーク・ミュージック・フェスティバル
Calgary Folk Music Festival
URL www.calgaryfolkfest.com
催 7/25～28 ('24)
プリンス島公園Prince's Island Parkで行われる野外音楽祭。会場には各国の工芸品を集めたマーケットやビアガーデンなども設置される。

グローバル・フェスト
Global Fest
URL globalfest.ca
催 8/17～26 ('23)
カルガリーの花火大会協会が主催する国際的なイベント。花火の打ち上げ、ナイトマーケット、アートイベントなどが行われる。

エア・カナダ（→P.542）

ウエストジェット（→P.542）

カルガリー国際空港（YYC）
MAP P.149-A2外
住 2000 Airport Rd. N.E.
TEL (403)735-1234
URL www.yyc.com

カルガリーガイドサービス
Calgary Guide Service
住 256 Ranchview Mews. N.W.
TEL (403)289-8271
FREE (1-877)570-5570
URL calgaryguideservice.com
E-MAIL calgaryguideservice@gmail.com
料 ロッキー1日観光（バンフ発着）$260+GST（5%）
※雪上車観光+昼食込み
創業1983年のガイド会社。高品質、低料金の混乗ツアーから「ひとつ上の旅」を演出するプライベートツアーまで、より楽しい旅を目指してさまざまなツアー形態に対応。

西にカナディアン・ロッキーの山々を望み、東には広大な大平原が広がるカルガリーは、バンフへの玄関口としておなじみの街だ。街の歴史は、1875年に北西騎馬警察（NWMP）がフォート・カルガリーを築いたことに始まる。1885年に大陸横断鉄道が開通すると、町は大きく変貌する。当時、政府はカルガリー周辺の大平原を開拓するため、入植者に無償で開墾地を提供するという政策を打ち出した。やってきたのは農民と大勢のカウボーイたち。大平原に囲まれたカルガリーは、牧畜に最適の地で、巷には多くのカウボーイたちが闊歩するようになった。20世紀になると、石油の発見によりさらなる発展を遂げる。これまであった牧場や畑は高層ビルへと姿を変え、町の景観も一変した。1988年に行われた冬季オリンピックにより知名度も高まり、国際的都市として発展を続けている。

↑中心部には高層ビルが続々と建設されている

カルガリーへの行き方

▶▶▶ 飛行機

日本の成田国際空港から、ウエストジェットWestJet（WS）の直行便が就航している。詳細は「旅の準備と技術、航空券の手配」（→P.530）を参照。

バンクーバーからはエア・カナダAir Canada（AC）やウエストジェットなどが運航。エア・カナダは1日10～14便、ウエストジェットは8～14便、所要約1時間30分。エドモントンからはエア・カナダが1日4～7便、ウエスト・ジェット航空が1日7～11便運航しており、所要約50分。

カルガリー国際空港
Calgary International Airport

カルガリー国際空港Calgary International Airportはダウンタウンの北約10kmにある。日本からの直行便も発着する国際線ターミナルと国内線ターミナルに分かれており、通路を通れば外に出ることなく両ターミナル間を移動することができる。両ターミナルのちょうど中間あたりにバンフなどカナディアン・ロッキー行きのバス会社のカウンターが並んでいる。

カルガリー
C-トレインルート
レッド・ライン
ブルー・ライン
km
Nose Hill Park
The Calgary Police Service (P.153)、
カルガリー国際空港 (P.148) へ
Calgary International Airport
観光案内所 P.153
Tuscanyへ
McCall Lake Golf Course
Confederation Park
The Winston Golf Club
C-トレイン
P.155 カナダ・オリンピック公園へ
Canada Olympic Park
P.156 HI Calgary City Centre
P.153 Foothills Medical Centre
プリンス島公園
Prince's Island Park
P.151に拡大図
右下に拡大図
P.154 フォート・カルガリー
Fort Calgary
P.155 コンテンポラリー・カルガリー
Contemporary Calgary
イースト・ビレッジ
East Village
Saddletowne
Shaganappi Point Golf Course
カルガリー・タワー
Calgary Tower
カルガリー動物園
Calgary Zoo
69th Streetへ
鉄道駅
Best Western Suites Downtown P.156
Hudsons Canada's Pub P.157
Sam Livingston Fish Hachery
11th Street Lodging B&B
アップタウン17
P.153 Uptown17
スタンピード公園
Stampede Park P.156
P.157 花寿し
Inglewood B&B P.156
Lululemon
ディーン・ハウス
Deane House
Richmond Green Golf Course
エルボウ川
Elbow River
Stanley Park
ボウ川
Bow River
CF Chinook
(ショッピングモール)
P.155 ヘリテージ公園歴史村
Heritage Park Historical Village
グレンモア貯水湖
Glenmore Reservoir
Somerset-Bridlewoodへ
ケンジントン
m
The Beehive
Pie Junkie
Kensington Pub
市バス#5乗り場
Ingear Store
市バス#1乗り場
Vine Styles
Crave Cookies & Cupcakes
Hotel Arts Kensington P.156
Sunnyside
C-トレイン

カルガリー・トランジット社
(→P.151)

市バス#300
空港→シティ・ホール駅
圖毎日5:36～23:37

市バス#100
空港→マクナイト-ウエストウインド駅
圖月～金5:43～翌1:24
　土6:09～24:24
　日6:09～24:14

↑空港に発着する市バス

おもなリムジン会社
Allied Limousine
TEL (403) 299-9555
AM/PM Limo
TEL (403) 475-5555
Ambassador Limousine
TEL (403) 299-4910

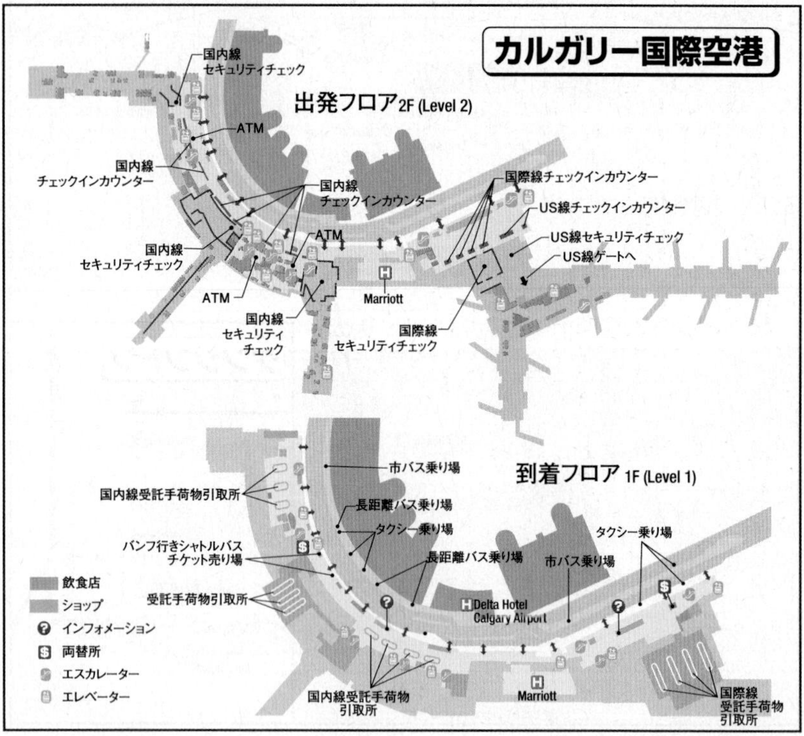

空港から市内へ

市バス City Bus

公共交通機関でダウンタウンへ行く方法はふたつ。ひとつは、カルガリー・トランジット社Calgary Transitが運行するダウンダウンへの直通バス#300を利用する。専用チケットは$11.25。終着はC-トレインC-Trainと呼ばれるライトレール鉄道路線のシティ・ホール駅City hallで、所要約50分。乗り換えが不安な人や、手荷物がある場合にはこちらがおすすめ。もうひとつが、市バスの#100でC-トレインのマクナイト-ウエストウインド駅McKnight-Westwindsまで移動し、そこからC-トレインに乗り換える方法。こちらだとシングルチケットの料金($3.6)で済むので安上がり。ダウンタウンまで所要約1時間15分。乗り場は国内線ターミナルがBay 7、国際線ターミナルがBay 32。切符は乗り場近くにある自動券売機で購入できる。

タクシー／リムジン Taxi/Limousine

市内約30の主要ホテルが無料のシャトルバスを運行。出発時刻はホテルにより異なるため宿泊予約時に確認を。タクシーなら所要約30分、運賃は$45～50。また、数社のリムジンも乗り入れており、5人以上の場合は安上がり。乗り場はいずれも到着フロアの出口そばにある。

カルガリー国際空港

出発フロア 2F (Level 2)
国内線セキュリティチェック
ATM
国内線チェックインカウンター
国内線チェックインカウンター
ATM
国内線セキュリティチェック
ATM
国内線セキュリティチェック
Marriott
国際線セキュリティチェック
国際線チェックインカウンター
US線チェックインカウンター
US線セキュリティチェック
US線ゲートへ

到着フロア 1F (Level 1)
市バス乗り場
国内線受託手荷物引取所
長距離バス乗り場
タクシー乗り場
バンフ行きシャトルバスチケット売り場
長距離バス乗り場
受託手荷物引取所
Delta Hotel Calgary Airport
市バス乗り場
タクシー乗り場
国内線受託手荷物引取所
Marriott
国際線受託手荷物引取所

飲食店
ショップ
インフォメーション
両替所
エスカレーター
エレベーター

▶▶▶ 長距離バス

グレイハウンドのカナダ撤退（→P.543）により、2023年8月現在、バンクーバーからの便はライダー・エクスプレスRider Expressのみ。月・木曜は午前と午後発の1日2便、それ以外は午前発のみの1日1便を運行。午前便はバンクーバー発8:15、カルガリー到着は23:25。途中、ブリティッシュ・コロンビア州のカムループスのほか、レイク・ルイーズ、バンフ、キャンモアに停車する。バスは郊外のC-トレイン駅、ウエストブルック駅 Westbrook 直結のバス停に停まる。アルバータ州のエドモントンからはレッド・アローRed Arrowとイーバス Ebusがそれぞれ結んでおり、レッド・アローが1日4～6便、所要3時間20分～4時間。イーバスは1日4便、所要約4時間。どちらも5th Ave. S.W.沿いにあるチケットオフィス前から発着する。

⬆ダウンタウンから出発するレッド・アロー

市内交通

カルガリー・トランジット社が、市民の足であり観光にも便利な市バスとC-トレインを運行している。90分以内なら、市バスとC-トレイン間の乗り換えもできる。乗り継ぎに必要なトランスファー・チケットは、市バスの場合、ドライバーに「トランスファー・プリーズ」と言ってもらう。C-トレインの自動券売機で買ったチケットにはあらかじめ時刻が刻印してあり、トランスファー・チケットも兼ねる。自動券売機ではすべての硬貨のほか、クレジットカードも利用できる（紙幣は不可）。市バスで使えるのは硬貨のみで、お釣りも出ない。シングルチケットのほか、お得な回数券や1日乗り放題のデイパスもある。

ライダー・エクスプレス（→P.543）
バンクーバーから
料 片道　1人$162

レッド・アロー（→P.543）
MAP P.151-B1
住 605-5th Ave. S.W.
エドモントンから
料 片道　大人$75

イーバス（→P.543）
MAP P.151-B1
住 605-5th Ave. S.W.
エドモントンから
料 片道　大人$56

カルガリー・トランジット社
TEL (403)262-1000
URL www.calgarytransit.com
案内所
MAP P.151-B2
住 125-7th Ave. S.E.
開 月～金10:00～17:30
休 土・日

現地発のツアー
数社がガイド付きの市内散策やバスツアーを催行。Calgary Walks & Bus Toursのバスツアーでは、ヘリテージ公園歴史村、カナダ・オリンピック公園、スタンピード公園など郊外も巡る。
Calgary Walks & Bus Tours
FREE (1-855)620-6520
URL calgarywbtours.com
Xploring Calgary Bus Tour
催 5月中旬～9月上旬
毎日9:30、13:30発（所要約3時間）
料 大人$68、ユース（12～15歳）$45

カルガリー ダウンタウン

C-トレインルート
レッド・ライン
ブルー・ライン

プリンス島公園 Prince's Island Park / P.157 River Cafe / Sien Lok Park / Eau Claire Park / Eau Claire Market（ショッピングモール） / Sheraton Suites Calgary Eau Claire / Chinese Cultural Centre / チャイナタウン Chinatown / HI Calgary City Centreへ2ブロック / P.157 Caesar's Steakhouse / Westin Calgary / Delta Bow Valley / McDougall Centre / P.151 Red Arrow/Ebus / James Short Park / Hyatt Regency Calgary / P.151 カルガリー・トランジット社 / Sandman Signature Calgary Downtown / Simons / Holt Renfrew / Hudson's Bay / Kanata Trading Post P.157 / Century Gardens / P.154 グレンボウ・アット・ジ・エジソン Glenbow at The Edison / P.156 Calgary Marriott Downtown / Olympic Plaza / Teatro P.157 / 市庁舎 City Hall / P.152 中央図書館 Central Library / Holiday Inn Express & Suites Calgary / P.157 Lammle's Western Wear / Core Shopping Centre / The Fairmont Palliser P.156 / 蒸気機関車 / P.154 グレンボウ博物館 Glenbow Museum（2025年まで移転中） / 在カルガリー日本国総領事館 P.153 / P.157 Bottlescrew Bill's / 鉄道駅 / カルガリー・タワー Calgary Tower P.154 / MEC / Avis P.153

市バス City Bus

市バスは本数が多く、市内のほとんどの地区を網羅している。前から乗り、後ろから降りるのが基本だが、すいていれば前から降りてもいい。降りたいときは窓の上にあるひもを引っ張るか、降車ボタンを押してドライバーに知らせる。

⬆青いラインの目立つ市バス

C-トレイン C-Train

⬆ダウンタウンでは道路の上を走る

ダウンタウンと郊外を結ぶC-トレインは、トスカニー駅Tuscanyとサマーセット-ブライドルウッド駅Somerset-Bridlewoodを結ぶレッドラインRed Lineと、西郊外の69th Street駅と北東のサドルタウン駅Saddletowneを結ぶブルー・ラインBlue Lineの2路線がある。ダウンタウンの7th Ave.沿い、ダウンタウン・ウエスト／カービー駅Downtown West/Kerbyとシティ・ホール駅City Hall間は無料ゾーンなので切符を買わずに乗車できる。ダウンタウンから乗車する場合、進む方向によって駅の位置が違うので注意しよう。ちなみにC-トレインは右側通行。チケットは各駅にある自動券売機で購入する。

⬆無料ゾーンの駅には防犯に配慮して明るい夜間照明を採用している

市バス、C-トレインの料金

料 シングルチケット
大人$3.6、ユース（13～17歳）$2.45、子供無料
デイパス
大人$11.25、ユース$8.25

C-トレインの禁止事項

無賃乗車はもちろん違反。検札に見つかれば最高で$250の罰金を科せられる。

読者投稿

抜き打ちの検札に注意!

C-トレインに乗っていたら、無料ゾーンを過ぎたところで急に警察官が入ってきて、検札が始まりました。私は乗車券を買っていたので大丈夫でしたが、何人かが無賃乗車で捕まっていました。
（鹿児島県 みか）【'23】

おしゃれな公共図書館

シティ・ホール駅から徒歩すぐの場所にある中央図書館は、オリンピック以来ともいわれる巨額の総工費を投じて2018年に開業。幾何学模様の外観が印象的で、アートな空間が広がっている。

Central Library
MAP P.151-B2
住 800-3 St. S.E.
TEL (403)260-2600
URL calgarylibrary.ca
開 月～木9:00～20:00
金9:00～18:00
土9:00～17:00
日12:00～17:00
休 無休

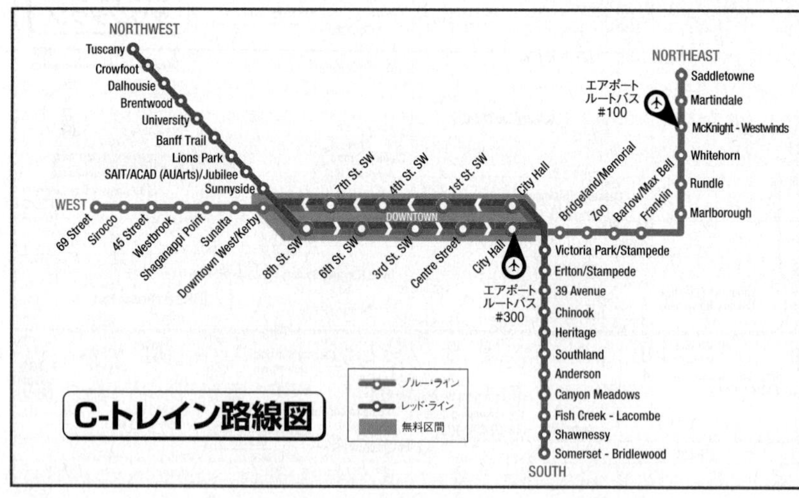

カルガリーの歩き方

カルガリーのダウンタウンは**ボウ川Bow River**と鉄道の線路に囲まれたあたりで、東西3km程度の距離なので十分に歩いて回れる。ショップやレストランはダウンタウンにも多いが、地元の人に人気のある店はダウンタウンの南、17th Ave.沿いの**アップタウン17Uptown17**や北西の**ケンジントンKensington**に多い。見どころは郊外に多く、C-トレインや市バスを乗り継いで行くことになる。1日ですべてを回るのは難しい。

ダウンタウン

ダウンタウンの中心は**カルガリー・タワー**の周辺。C-トレインの駅からもほど近く、ここから街歩きを始めるといい。北に1ブロック行った8th Ave.の1st St. S.W.から4th St. S.W.までの4ブロックは**ステファン・アベニュー・ウオークStephen Ave. Walk**と呼ばれ、ダウンタウンの目抜き通りとなっている。道の両側には古い建物を改装したレストランやショップ、デパートが並んでいる。この通り沿いには、カルガリーで見逃せない見どころのひとつである**グレンボウ博物館**もある。

↑緑あふれる公園でひと休みしよう

ダウンタウンの北の端にはショッピングモール、オー・クレア・マーケットEau Claire Marketがあり、各国料理のレストランや生鮮食料品を販売する店があるほか、シネプレックスCineplex Odeonやギフトショップもある。ここからさらに北に橋を渡ればそこはボウ川の中州にあたるプリンス島Prince's Islandだ。島全体が公園になっており、週末には多くの家族連れでにぎわいを見せる。また、ダウンタウンの東側、センター通りCentre St.から東側の2nd Ave.～4th Ave.の間にはチャイナタウンChinatownが広がっている。

❓観光案内所

Information Centre
MAP P.149-A2外
住 2000 Airport Rd. N.E.
URL www.visitcalgary.com
開 毎日7:00～24:00
休 無休
カルガリー国際空港1階到着フロア内にある。

アップタウン17とケンジントン

ダウンタウンの南、17th Ave.沿いのアップタウン17や4th St. S.W.沿いには小洒落た飲食店が集中。また、C-トレインのサニーサイド駅Sunnyside近く、ケンジントンは地元の若者に人気のショッピングエリアだ。

アップタウン17
MAP P.149-C1
URL www.17thave.ca
交 1st St. S.W.沿いのバス停から#6、1st St. S.W.と5th Ave. S.W.の交差点から#7で15分。

↑昼夜にぎわうアップタウン17

ケンジントン
MAP P.149-B1, C2～D2
交 C-トレインのサニーサイドSunnyside駅下車、徒歩1分。

↑ハイセンスな店が連なるケンジントン

ユースフル・インフォメーション
Useful Information

在カルガリー日本国総領事館
Consulate-General of Japan in Calgary
MAP P.151-B1
住 Suite 950, 517-10th Ave. S.W.
TEL (403)294-0782
URL www.calgary.ca.emb-japan.go.jp
開 月～金9:00～12:30/13:30～17:00　休 土・日、祝日

警察
The Calgary Police Service
MAP P.149-A2外
住 5111-47th St. N.E.
TEL (403)266-1234

病院
Foothills Medical Centre　MAP P.149-B1
住 1403-29 St. N.W.　TEL (403)944-1110

おもなレンタカー会社
Avis
カルガリー国際空港　TEL (403)221-1700
ダウンタウン
MAP P.151-B2　住 120-10th Ave. S.W.
TEL (403)269-6166
Hertz
カルガリー国際空港　TEL (403)221-1676

おもなタクシー会社
Checker Cab　TEL (403)299-9999

おもな見どころ

カルガリー・タワー
Calgary Tower

MAP P.151-B2

★★★

カルガリーのシンボルともいえる高さ190.8mの塔。建設は1967年。晴れた日には西に雄大なロッキーの山々が、東には大平原が輪のように広がっているのが望める。足元には高層ビルの建ち並ぶダウンタウンがあり、大平原へ向かって鉄道が一直線に延びているのが見られる。

また、展望デッキの下はスカイ360レストランSKY360 Restaurantがあり、カナディアン・ロッキーを眺めながらカフェタイムを過ごしたり、夕日を見ながらディナーを取れる。

↑ホテルやショップに囲まれて立つ

グレンボウ博物館
Glenbow Museum

MAP P.151-B2

★★★

カルガリー・タワーのすぐそばにある博物館。展示は3フロアからなり、注目は3階の民族学セクション。半分が毛皮商人から現代までのヨーロッパ系カナダ人による西部開拓の歴史、残りの半分が先住民族に関する展示になっている。精巧なイヌイットの漁具やカラフルな民族衣装など、まるで美術品のような展示が興味深い。また、先住民族だけでなく、西部開拓史におけるメティス（先住民と英仏人の混血）の果たした役割も見えてくる。ほか、2階はコンテンポラリー・アートや企画展、4階はテーマ別のコレクションとなっている。

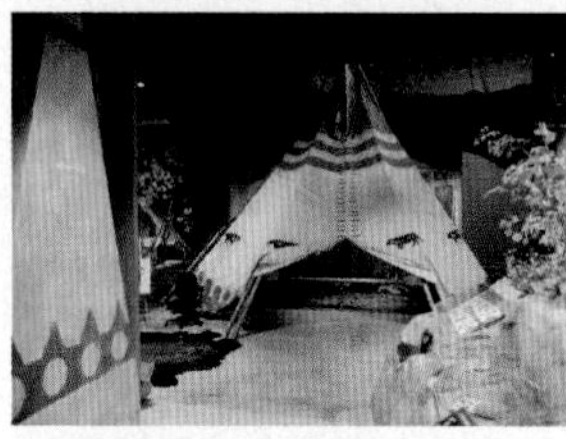

↑大きなティーピーの展示もある

フォート・カルガリー
Fort Calgary

MAP P.149-B2

★★★

ダウンタウンの東、ボウ川とエルボウ川Elbow Riverの合流地点にあるカルガリー発祥の地。ここは1875年に北西騎馬警察North West Mounted Police（NWMP）がカルガリー砦を築いた歴史的な場所。現在は芝生が広がるきれいな公園になっており、当時を再現した砦が立っている。

公園の隅にあるインタープリティブ・センター（案内所）Interpretive Centreでは、北西騎馬警官をはじめ当時を再現した展示や、ビデオ上映も行っている。また、公園の近くにあるディーン・ハウスDeane Houseは、かつて砦の監督官の住居だった建物で、現在はレストランとして使用されている。

↑歴史を学べるインタープリティブ・センター

カルガリー・タワー

住 101-9th Ave. S.W.
TEL (403)266-7171
URL www.calgarytower.com
開 6〜8月
毎日10:00〜22:00
9〜5月
毎日10:00〜21:00
（時期により変動あり）
休 無休
料 大人$21、シニア$19、
子供（4〜12歳）$10

スカイ360レストラン
TEL (403)860-2988
URL www.sky360.ca
営 月〜金11:30〜14:30/
17:00〜23:00
土・日10:00〜14:00/
17:00〜23:00
休 無休

グレンボウ博物館

住 130-9th Ave. S.E.
TEL (403)268-4100
URL glenbow.org
※2023年8月現在、改修工事のため本館は休館中（2025年まで）。下記の別館グレンボウ・アット・ジ・エジソンGlenbow at The Edisonのギャラリーのみ開館している。

グレンボウ・アット・ジ・エジソン
MAP P.151-B2
住 150-9th Ave. S.W.
開 水〜金11:00〜19:00
土・日10:00〜18:00
休 月・火
料 無料

フォート・カルガリー

住 750-9th Ave. S.E.
TEL (403)290-1875
URL www.fortcalgary.com

インタープリティブ・センター
開 水〜日10:00〜17:00
休 月・火
料 大人$10、シニア$7、ユース（5〜17歳）$5、子供無料

ディーン・ハウス
住 806-9th Ave. S.E.
TEL (403)264-0595
営 水〜金11:30〜22:00
土10:00〜22:00
日10:00〜21:00
休 月・火
交 C-トレインのシティ・ホール駅より徒歩15分、ディーン・ハウスは9th Ave.の橋を渡った所にある。インタープリティブ・センターから徒歩5分。

コンテンポラリー・カルガリー

MAP P.149-B1

Contemporary Calgary

★★★

市内3つの芸術団体が参加し、カルガリーにおける近現代アートの発信地として2020年にオープン。国内外の先駆的なアーティストによる絵画、写真、彫刻作品などを幅広く展示する。またオノ・ヨーコ展などの見ごたえのある特別企画展を催す。

⬆ボウ川沿いの近代的な建物

コンテンポラリー・カルガリー
住701-11th St. S.W.
TEL (403) 770-1350
URL www.contemporary calgary.com
開水～土12:00～19:00
日12:00～17:00
休月・火
料1人$10
交C-トレインのダウンタウンウエスト/カービーDowntown West/Kerbyから徒歩1分。

ヘリテージ公園歴史村

MAP P.149-D1

Heritage Park Historical Village

★★★

⬆蒸気機関車に乗って園内を回ろう

広大な敷地に設けられた歴史村。1914年以前の、実際に使用されていた建物が並び、西部開拓時代の面影を見ることができる。蒸気を上げながら機関車が走り、昔ながらの馬車が行き交う。スタッフは開拓当時の服装に身を包んで歩いており、まるで当時にタイムスリップしたかのような錯覚に陥ってしまう。

蒸気機関車に乗って一周してみれば、園内がいくつかのエリアに分かれていることがわかる。メインとなるのはウェインライト・ホテルWainright Hotelのあるビレッジ・センターVillage Centre。ここは、駄菓子屋、遊園地などもあり、休日には家族連れでおおいににぎわう。晴れた日にはグレンモア貯水湖Glenmore Reservoirに浮かぶ蒸気船"SS Moyie"号に乗り、カナディアン・ロッキーの雄大な姿を眺めながらクルージングを楽しんでみよう。

また、歴史村のゲート外にもビンテージ車などを展示するガソリン・アレイ博物館Gasoline Alley Museumやカフェがあり、こちらは通年見学できる。

ヘリテージ公園歴史村
住1900 Heritage Dr. S.W.
TEL (403)268-8500
URL www.heritagepark.ca
開5/20～9/4
毎日10:00～17:00
9/5～10/8
土・日10:00～17:00
休9/5～10/8の月～金、10/9～5/19
料大人$34.95、シニア$26.95、ユース(3～15歳)$22.95、子供無料
交C-トレインのヘリテージ駅Heritageから市バス#502のヘリテージ・パーク・シャトルHeritage Park Shuttle(毎日8:07～18:19頃運行)で約10分。

ガソリン・アレイ博物館
開毎日10:00～17:00
休無休
料大人$14.95、ユース(3～15歳)$8.95、子供無料(5/20～10/8はヘリテージ公園歴史村の入場料に込み)。

カナダ・オリンピック公園

MAP P.149-B1外

Canada Olympic Park

★★★

高さ90mのジャンプ台がひときわ目立つカナダ・オリンピック公園は、1988年の冬季オリンピックでスキーのジャンプはもちろん、フリースタイルスキーやボブスレーなどの会場になった場所。現在もさまざまな大会やイベントの会場として活用されるほか、スポーツのトレーニング施設などがあり、一般にも開放されている。夏季にはマウンテンバイクや18ホールのミニゴルフといったアクティビティも楽しめる。

⬆ジャンプ台の上には展望台がある

カナダ・オリンピック公園
住88 Canada Olympic Rd. S.W.
TEL (403)247-5452
URL www.winsport.ca
開ビジターセンター/Frank King Day Lodge
毎日10:00～19:00頃
(時期により変動あり)
休無休
料マウンテンバイク(ダウンヒル)
1日　大人$59
ミニゴルフ
大人$13、シニア・ユース(6～17歳)$11、子供$8
交C-トレインのブレントウッドBrentwoodから市バス#408で所要約25分。パーク内はカナダ・スポーツの殿堂の前とビジターセンターの近くの2ヵ所に停まる。

カルガリーのホテル
Hotels in Calgary

The Fairmont Palliser
フェアモント・パリサー

もとカナダ太平洋鉄道系列の最高級ホテル。シャンデリアと大理石壁に囲まれたロビーや、アンティークな家具が配された客室は優雅な雰囲気。プールやフィットネスセンターあり。

MAP P.151-B2 住133-9th Ave. S.W.
TEL(403)262-1234
FREE(1-866)540-4477
URL www.fairmont.com/palliser-calgary
料ⓈⒹ$327～ Tax別 CCA J M V 室407室

Calgary Marriott Downtown Hotel
カルガリー・マリオット・ダウンタウン

カルガリー・タワーの目の前にある。客室はいずれも広々しており、リラックスできる。プールやフィットネスセンターなどを併設。1階にはカフェのスターバックスもある。

MAP P.151-B2 住110-9th Ave. S.E.
TEL(403)266-7331
FREE(1-800)896-6878
URL www.marriott.com
料ⓈⒹ$283～ Tax別 CCA M V 室388室

Best Western Suites Downtown
ベストウエスタン・スイート・ダウンタウン

ダウンタウンの南にある。フィットネスセンターやコインランドリーなどを完備する。全室にキッチンが備えられ、ビジネスや長期滞在にも便利。

MAP P.149-B1～C1 住1330-8th St. S.W.
TEL(403)228-6900
URL www.bestwesternsuitescalgary.com
料ⓈⒹ$126～
Tax別 朝食付き CCA M V 室124室

Inglewood B&B
イングルウッドB&B

ボウ川のトレイル沿いにある、水色のかわいらしいビクトリア風の建物。朝食はエッグベネディクト、ベーグル、シリアルの3種類から選べる。

MAP P.149-B2 住1006-8th Ave. S.E. TEL(403)262-6570
URL www.inglewoodbedandbreakfast.com
料Ⓢ$130～ Ⓓ$150～ Tax別 朝食付き CCM V 室3室
交市バス#1で9th Ave.S.E.と9th St.S.E.の交差点下車、徒歩2分。

HI Calgary City Centre
HIカルガリー・シティ・センター

ダウンタウンの東、オリンピック・プラザ駅Olympic Plazaから徒歩5分ほど。共有スペースにはキッチンやTVが備わっている。夏季には庭でBBQもできる。

MAP P.149-B2 住520-7th Ave. S.E.
TEL(403)269-8239 FREE(1-866)762-4122
URL www.hihostels.ca
料ドミトリー$34.2～(会員)、$38～(非会員)
ⓈⒹ$99～(会員)、ⓈⒹ$109～(非会員)
Tax別 朝食付き CCM V 室20室、90ベッド

Hotel Arts Kensington
ホテル・アーツ・ケンジントン

ケンジントンにあるホテル。カナダセレクトで4つ星を獲得しており、全19室と小さな宿だが、客室は広くてモダンな雰囲気。カナダ料理のレストラン「Oxbow」も併設。

MAP P.149-D2 住1126 Memorial Dr. N.W.
TEL(403)228-4442 FREE(1-877)313-3733
URL www.hotelartskensington.com
料ⓈⒹ$182～ Tax別 CCA M V 室19室
交C-トレインのサニーサイド駅から徒歩10分。

COLUMN

カルガリー・スタンピード

もともと大平原の牧畜の中心であったカルガリーは、カウボーイたちがたむろする街だった。現在は石油の街となったが、その気質はカルガリーの人々に脈々と受け継がれ、毎年7月上旬にはカウボーイたちのイベント、カルガリー・スタンピードCalgary Stampedeが開催される。

市民はテンガロンハット(ホワイトハット)にウエスタンブーツというカウボーイのいでたちで街を歩き、陽気なパレードや路上ダンス、そしてフラップジャック・ブレックファスト(ホットケーキ中心のカウボーイ風朝食)に舌鼓を打つ。陽気で開けっぴろげ、マッチョで泥臭い、カナダ人のもうひとつの顔を見られるだろう。

メインイベントは、ロデオ大会とイブニングショーのチャックワゴンレース。遠くニュー・メキシコやテキサスからも、カウボーイたちが参加する。期間中、街はものすごく混み、ホテルの料金も上がるのでかなり前から手配する必要がある。

DATA

カルガリー・スタンピード
TEL(403)261-0101
URL www.calgarystampede.com
催7/5～14 ('24)
料ロデオ大会$66～321、
イブニングショー$84～142

スタンピード公園 Stampede Park
MAP P.149-C2
スタンピードのメイン会場。

バスタブ　テレビ　ドライヤー　ミニバーおよび冷蔵庫　セーフティボックス　Wi-Fi
一部客室　一部客室　貸し出し　一部客室　フロントにあり

カルガリーのレストラン
Restaurants in Calgary

Caesar's Steakhouse
シーサーズ・ステーキハウス

カルガリーNo.1のステーキハウスといわれる名店。AAAアルバータ牛を28日間熟成させたドライエイジド・ビーフは、軟らかくてジューシー。リブアイ$54～やフィレミニョン$67～が人気。ステーキにはサラダとスープ、パンが付く。

MAP P.151-A1
住 512-4th Ave. S.W.
TEL (403)264-1222
URL www.caesarssteakhouse.com
営 月～金11:00～21:00 土17:00～21:00
休 日　予 $50～　CC A M V

Hudsons Canada's Pub
ハドソンズ・カナダ・パブ

グラス片手にローカル気分を味わえる庶民派パブ。オリジナルビールのHenry Hudson'sは1杯$7.62～。ステーキ$29やフィッシュ＆チップス$18.75などの食事も充実。

MAP P.149-B1～C1
住 1201-5th St. S.W.
TEL (403)457-1119
URL hudsonscanadaspub.com
営 月・水～土11:00～翌2:00 火・日11:00～24:00
休 無休
予 $25～
CC A M V

Bottlescrew Bill's
ボトルスクリュー・ビルズ

レストランとパブスペースに分かれていて、どちらでも世界35ヵ国以上、約300種類のビールが飲める。プティンやバイソンバーガーなどカナダならではの料理が人気。

MAP P.151-B2
住 140-10th Ave. S.W.
TEL (403)263-7900
URL bottlescrewbill.com
営 毎日11:30～翌2:00
休 無休
予 $25～
CC A M V

River Cafe
リバー・カフェ

プリンス島公園内にあるナチュラル系カフェ。季節替わりのメニューはオーガニック食材をふんだんに使用する。メニューは季節によって変わり、肉に魚、パスタなどバリエ豊富。

MAP P.151-A2
住 25 Prince's Island Park
TEL (403)261-7670
URL www.river-cafe.com
営 月～金11:00～22:00 土・日10:00～22:00
休 無休
予 ランチ$25～、ディナー$45～
CC A M V

Teatro
テアトロ

古い重厚な建物を改装した高級感漂うイタリア料理のレストラン。パスタ$33～69がおいしいと評判だ。ディナーの5メニューコース$135がシェフのイチオシ。週末は要予約。

MAP P.151-B2
住 200-8th Ave. S.E.
TEL (403)290-1012
URL www.teatro.ca
営 月～金11:30～22:00 土・日17:00～22:00
休 無休
予 ランチ$25～、ディナー$50～
CC A D M V

花寿し
Hana Sushi

日本で修業を積んだ日本人の板前さんが腕を振るう。寿司は1貫$2.15～$3.15。ランチは$11.99～の弁当がお得。夜はてりやきチキン$18.99～やうどん$13.99～も人気。

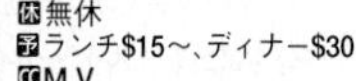

MAP P.149-C2
住 1807-4th St. S.W.
TEL (403)229-1499
URL www.hanasushi.ca
営 月～金11:30～14:00/16:30～21:30 土・日16:30～21:30
休 無休
予 ランチ$15～、ディナー$30～
CC M V

カルガリーのショッピング
Shops in Calgary

Kanata Trading Post
カナタ・トレーディング・ポスト

カナダの定番みやげをゲットするのに最適なギフトショップ。メープルシロップ$6.99～やクッキー$6.49～のほか、Tシャツや雑貨まで揃う。人気のNHLチーム、カルガリー・フレームスの公式ジャージは$159.99。

MAP P.151-B2
住 116-8th Ave. S.E.
TEL (403)285-7397
営 月～金9:00～20:00　土9:00～19:00　日11:00～18:00
休 無休
CC A D M V

Lammle's Western Wear
ラムールズ・ウエスタン・ウエア

カナダでも有数の規模を誇るウエスタングッズの専門店。店内には有名ブランドのウエスタンシャツやブーツ、ハットが並び、壮観。ブーツは$400以上の高級品のほか、$100以下のお値打ち品もある。

MAP P.151-B2
住 211-8th Ave. S.W.
TEL (403)266-5226　URL www.lammles.com
営 月～水9:30～18:00　木・金10:00～19:00 土10:00～18:00　日11:00～15:00（時期により変動あり）
休 無休　CC A M V

氷河の浸食が造った砂漠の都

バッドランド Badland

カルガリーの東、約138kmほどの所に広がる荒涼とした大地、それがバッドランド。赤茶けた地層をむき出しにした大きな谷が広がる特有の地形は、氷河の溶水により大地が浸食されたことによって形成されたといわれている。

また、この地方では化石の生成に絶好の気象条件が整っていたため、さまざまな恐竜や古代生物の化石が発見されており、今もなお発掘作業が行われている。

バッドランド基本DATA
MAP P.146-C1～D1

拠点となる町： カルガリー
歴史的見どころ： ★
自然の見どころ： ★★★★★

バッドランド情報のサイト
URL www.drumheller.ca
URL traveldrumheller.com

バッドランドの回り方

起点となる町はカルガリー。バッドランドの中心地であるドラムヘラーDrumheller（→P.162）までの交通手段はなく、見どころはすべてハイウエイ沿いにあるため、歩いて回るのはほぼ不可能。レンタカー、もしくはカルガリーからの日帰りツアーを利用しよう。

おもな見どころはハイウエイ#837と#838、#575を結んだダイナソー・トレイルDinosaur Trail沿いに多い。このルートにはロイヤル・ティレル古生物博物館やバッドランドのビュースポット、ホースシーフ谷などが並ぶ。また、ハイウエイ#10のフードゥー・トレイルHoodoos Trailはドラムヘラーから途中、つり橋で有名なローズデールの町を通りイースト・コーリーEast Couleeまでを結ぶルートで、フードゥーやアトラス炭坑歴史地区などの見どころが点在する。

⬆荒々しい原風景が続く

ドライブチャート

- カルガリー P.148
- ↓ トランス・カナダ・ハイウエイ #9経由 138km
- ドラムヘラー
- ↓ ハイウエイ#56、#838経由 6km
- ①ロイヤル・ティレル博物館
- ↓ ハイウエイ#838 11km
- ②ホースシーフ谷
- ↓ ハイウエイ#838、#56、#10経由 25km
- ③ローズデール
- ↓ ハイウエイ#10X経由 9.5km
- ④ウェイン
- ↓ ハイウエイ#10X、#10経由 14.5km
- ⑤フードゥー
- ↓ ハイウエイ#10経由 6km
- ⑥アトラス炭坑歴史地区

CHECK!

カルガリー発のツアー

早朝にカルガリーを出発して、バッドランドのおもな見どころを見学するデイツアーを各社が催行している。ツアーはミニバンを利用したプライベートか少人数制のものがほとんど。

カルガリー・ツアー・カンパニー／ハマーヘッド・シーニック・ツアーズ社Calgary Tour Company/Hammerhead Scenic Toursは、ロイヤル・ティレル古生物博物館やホースシーフ谷、フードゥーなどバッドランド周辺の見どころを回り、最後にラスト・チャンス・サルーン（→P.161）で休憩を取るプライベートツアーDrumheller Badlands Tourを催行。カルガリーの主要ホテルからの送迎付き。

カルガリー・ツアー・カンパニー／ハマーヘッド・シーニック・ツアーズ
TEL (403)590-6930
URL www.calgarytourcompany.com

Drumheller Badlands Tour
料 1～2人$400
出発は7:00（冬季は8:00）。所要9～10時間。

 ※開館時間、営業時間などの日程は基本的に2023年のもの。年度により変動するため、ウェブサイトなどで再確認を。（→P.7）

おもな見どころ

ダイナソー・トレイル

① ロイヤル・ティレル古生物博物館 MAP P.159-1

Royal Tyrrell Museum of Palaeontology ★★★

1884年、ヤング・J・B・ティレル Young J. B. Tyrrellがバッドランド周辺でアルバータサウルスの頭部の化石を発見した。その後も恐竜だけでなくさまざまな古生物の化石が発掘され、約16万点を超すコレクションがここに収蔵、展示されている。館内にはアルバータサウルスをはじめティラノサウルスT-Rexやステゴサウルス、トライセラトプスなどの骨格標本がずらりと並ぶ。恐竜の生活した太古の自然の再現や生物の進化の過程の展示なども見逃せない。古代から生き延びたシダ類などを集めた温室や、本物の化石に触れられたり、ガラス越しに化石の復元

⬆建物の前に恐竜の復元模型が置かれている

ロイヤル・ティレル古生物博物館

TEL (403)823-7707
FREE (1-888)440-4240
URL www.tyrrellmuseum.com
開 5/15～8/31
毎日9:00～21:00
9/1～5/14
火～日10:00～17:00
休 9/1～5/14の月
料 大人$21、シニア$14、ユース(7～17歳)$10、子供無料

☑CHECK!

恐竜グッズを手に入れよう

博物館内にあるミュージアムショップでは、恐竜のキーホルダーやバッジ、Tシャツなどの恐竜グッズを手に入れることができ、おみやげにも最適。

バッドランド

1 2

0 5 10km N

ダイナソー・トレイル
フードゥー・トレイル

ブレリオット・フェリー Bleriot Ferry P.160
837 838
Orkney Viewpoint
North Dinosaur Trail
P.160 ホースシーフ谷 Horsethief Canyon
P.159 ロイヤル・ティレル古生物博物館 Royal Tyrrell Museum of Palaeontology
Dinosaur Trail Golf Club
The Little Church
575
P.163 Badlands Motel
P.162 ドラムヘラー Drumheller
576
Canalta Drumheller
レッド・ディア川 Red Deer River
10 56 9
P.163 ホースシュー谷 Horseshoe Canyon
ローズデール Rosedale P.160
つり橋
849
10X
ウェイン P.161 Wayne
P.161 フードゥー The Hoodoos
573
カルガリーへ
P.161 Rosedeer
P.161 Last Chance Saloon
ダイナソー州立公園へ Dinosaur Provincial Park
イースト・コーリー East Coulee
P.161 アトラス炭坑歴史地区 Atlas Coal Mine National Historic Site
570 569

1 2

☑CHECK!

ツアー&体験イベント

Dinosite
催5/20〜6/29
土・日10:00
6/30〜8/31
毎日9:30、11:30、13:30
9/1〜10/9
毎日10:15
料$12
所要約1時間30分。非常に人気が高いので事前に予約をしておこう。

Dig Experience
催6/30〜8/31
毎日9:15、10:45、12:30
9/1〜10/9
毎日13:15
料$15
所要約1時間15分。荒天時は屋内でのプログラムに変更あり。

Fossil Casting
催5/20〜6/29
土・日13:15、15:15
6/30〜8/31
毎日12:00、14:45、16:00
9/1〜10/9
火〜金15:30
土〜月13:30、15:30
料$10
所要約45分。本物の化石から取った型を使って、自分だけの化石のレプリカを作る。12歳以下の参加には大人の同伴(有料)が必要。

作業場を見られるスペースもあったりと、いろいろな角度から好奇心を満たしてくれる。見学には2〜3時間くらいみておこう。また、夏季には化石見学ハイキングツアーDinositeや、擬似発掘体験Dig Experienceのほか、化石のレプリカ作り体験Fossil Castingなどの体験イベントも開催している。なお、真夏のバッドランドは気温が30度近くなる一方、強風・雷雨も起こりやすいため服装や持ち物には工夫が必要。

⬆迫力満点の化石を間近に観察できる

② ホースシーフ谷
Horsethief Canyon

MAP P.159-1
★★★

ドラムヘラーの町の北西16kmほどの所にあり、川の浸食によって形作られたバッドランドの地形を見渡す絶好のビューポイントになっている。昔、盗賊が盗んだ馬を隠すのに利用したためこの名がつけられたといわれている。景色を堪能したら、ダイナソー・トレイルを北に行きレッド・ディア川Red Deer Riverを車ごと対岸へ渡るブレリオット・フェリーBleriot Ferryに乗ろう。

⬆ビューポイントからバッドランドを眺めると地形がよくわかる

☑CHECK!

ブレリオット・フェリー

MAP P.159-1
TEL(403)823-1788
運5/8〜9/4
毎日8:00〜23:00頃
9/5〜10/30
毎日8:00〜19:00頃
料無料

⬆対岸まで3分ほどで渡れる

ローズデール
交カルガリーのダウンタウンから車で約1時間40分。

フードゥー・トレイル

③ ローズデール
Rosedale

MAP P.159-2
★★★

ドラムヘラーの南東約8.5kmに位置している。その昔炭坑で栄えた町があった場所として知られているが、現在は道路沿いに小さな町が残っているのみ。町から少し離れたレッド・ディア川に架かる細くて長いつり橋が有名。眼下に流れるレッド・ディア川の勢いと風が吹くたび揺れるつり橋はスリル満点。つり橋の向こうは見晴しのいい小さな丘になっている。

➡かすかな風が吹いただけでも怖くなるつり橋

④ ウェイン
Wayne

MAP P.159-2

★★★

⬆レトロなウエスタン調に統一されたラスト・チャンス・サルーン

ハイウエイ#10をローズデールで西に折れ、線路に沿って曲がりくねって進むハイウエイ#10Xを約9km、途中11もの橋を渡った所にある小さな村。ここにはかつての名門ホテル、ローズディア・ホテルRosedeer Hotelの当時の内装を生かしたラスト・チャンス・サルーンLast Chance Saloonというバーがあり、休憩にぴったり。カルガリー発の日帰りツアーで立ち寄ることも多い。また、ローズディア・ホテルRosedeer Hotelに宿泊することもできる。

CHECK!

ラスト・チャンス・サルーン

MAP P.159-2
住 555 Jewell St.
TEL (403)823-9189
URL visitlastchancesaloon.com
営 4～10月
毎日11:00～22:00
（時期により変動あり）
休 11～3月

⬆古きよき時代の面影を残す店内

ローズディア・ホテル
MAP P.159-2
住所、電話、営業時間はラスト・チャンス・サルーンと同じ。
料 ⓈⒹ$70～80　Tax別
CC M V

⑤ フードゥー
The Hoodoos

MAP P.159-2

★★★

大地から突き出た巨大なキノコ状の、奇怪な形をした砂岩の柱。氷河とレッド・ディア川の永年にわたる浸食により造り出されたもので、バッドランドのシンボルともいえる。この地方のインディアンの伝説によると、柱は石化した巨人だと信じられており、フードゥーという名もその巨人の名前から取られたといわれている。ハイウエイのすぐそばに集まっており、高さは最大のもので4～5mくらい。

➡地層を見ると、浸食による創造物だということがわかる

フードゥー
住 Coulee Way. Drumheller

⬆登れそうな高さのものもあるが上に乗るのは禁止

⑥ アトラス炭坑歴史地区
Atlas Coal Mine National Historic Site

MAP P.159-2

★★★

⬆かつての炭坑町の雰囲気をのぞいてみよう

ドラムヘラーの町の南東約17km。イースト・コーリーいう町にあり、カナダで最後まで操業していた石炭選別場の跡が博物館になっている。かつて栄えた炭坑の町並みや炭坑の機械を保存、再現しており、当時の様子を伝える3種のガイドツアーも開催している（所要25分～1時間15分）。

アトラス炭坑歴史地区
住 110 Century Dr., East Coulee
TEL (403)822-2220
URL atlascoalmine.ab.ca
開 5月～6月下旬、8月下旬～10月中旬
毎日10:00～17:00
6月下旬～8月下旬
毎日9:45～18:30
休 10月中旬～4月
料 入館料
大人$14、シニア・ユース（6～17歳）$11、子供無料
ガイドツアー
料 Train Ride（25分）
1人$7.75
Processing Plant Tour（45分）
1人$14.75
Mine Portal Hike（1時間15分）
1人$16.75

DRUMHELLER
ドラムヘラー
アルバータ州

MAP P.146-C1～D1
人口 7982
市外局番 403

ドラムヘラーおよびバッドランド情報のサイト
URL www.drumheller.ca
URL traveldrumheller.com

▶▶▶ 行き方

バッドランドの見どころだけなら、カルガリーからツアーで行くのが一般的（→P.158欄外）。見どころはほとんど郊外にあるのでカルガリーからレンタカーで行くのがおすすめ。カルガリーからドラムヘラーまではおよそ138km。1時間30分～2時間のドライブ。

ドラムヘラー、バッドランド情報のラジオ番組

ラジオのFM99.5では、見どころやレストランの情報を流している。

⬆恐竜の口の中から市内を一望できる

恐竜の化石などで有名なバッドランドの中心であるドラムヘラー。しかし、規模も大きな町ではなく、町なかには小さな博物館が数軒あるだけで、特に見どころはない。この町を訪れる観光客の目的は、町の南東150kmにある世界遺産、ダイナソー州立公園。カルガリーなどから車で来て、バッドランド（→P.158）の見どころを観光したあとに1泊して、ダイナソー州立公園に向かう。そんな恐竜ファンのための町なのだ。

⬆観光案内所の前にある巨大な恐竜の模型

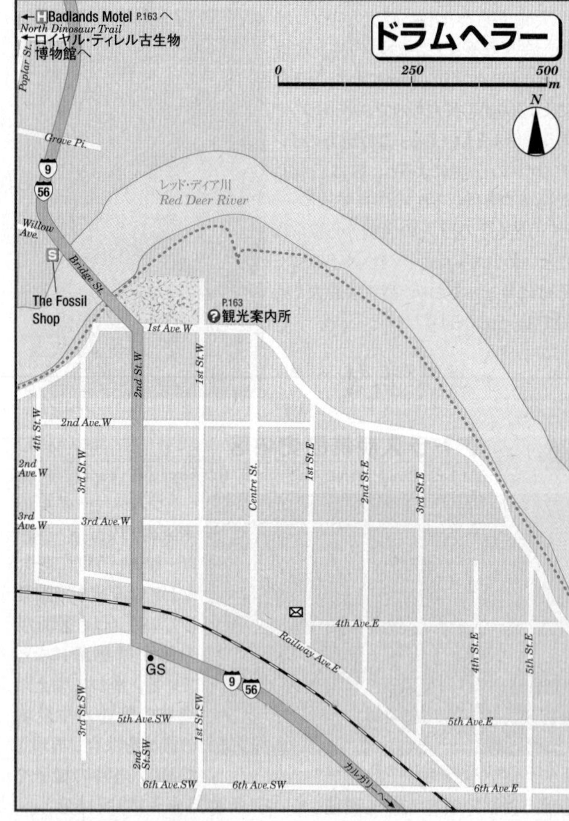

ドラムヘラーの歩き方

ドラムヘラーの町は鉄道の線路を境にして大きくふたつに分かれている。線路の北側には郵便局、銀行などの施設があり、いわゆるダウンタウンを形成している。観光案内所や小さな博物館もある。また、南側はカルガリーから来るときの入口に当たり、バッドランドを見渡すビューポイントの**ホースシュー谷** Horseshoe Canyonを越えると、大型のモーテルタイプのホテル、ガソリンスタンドなどが点在している。郊外には**ダイナソー・トレイル**(→P.159)、**フードゥー・トレイル**(→P.160)沿いに見どころが点在している。

おもな見どころ

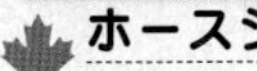

ホースシュー谷

MAP P.159-1

Horseshoe Canyon

★★★

カルガリーからドラムヘラーへ向かう道の途中にある、バッドランドという地形を見渡せる最初のビューポイントとして人気が高い。周囲には簡単なキオスクや化石を扱う売店があり楽しめるが、シーズンオフは閉まっていることもある。

↑バッドランドと呼ぶにふさわしい荒涼とした雰囲気

エクスカーション

ダイナソー州立公園

MAP P.146-D2

Dinosaur Provincial Park

★★★

ドラムヘラーの町から南東に約150km行った場所にある。ロイヤル・ティレル古生物博物館の発掘基地、フィールドステーションがあり、現在も発掘が進められている。過去300体以上の恐竜の骨格標本が発掘され、世界でも有数の恐竜王国となったここは、ユネスコの世界自然遺産に登録されている。フィールドステーション内では化石の展示および恐竜の研究に関するガイドツアーを催行。屋外にはバッドランド特有の谷の底を走る自動車道もある。発見されたままの状態で地中に保存された化石の展示を見られるほか、キャンプサイトで宿泊もできる。また、公園内には無数にトレイルが延びているので、地層の断面を見つつ、恐竜たちの時代を思いながら歩いてみよう。公園内を回るバスツアーExplorer's Bus Tourやかつて化石が発掘された場所を巡るハイキングツアーCentrosaurus Bonebed Hike(対象年齢は10歳以上)などもある。ほかにも多くのツアーがあるので、ウェブサイトで参加条件を確認しておこう。

↑ガイドツアーで園内を巡ろう

? 観光案内所

Drumheller Visitor Information Centre
MAP P.162
住 60-1st Ave. W
TEL (403)823-1331
FREE (1-866)823-8100
URL traveldrumheller.com
開 夏季
毎日9:00～21:00
冬季
月～金8:30～16:30
(時期により変動あり)
休 冬季の土・日

観光案内所に隣接している巨大なティラノサウルスの口の部分は、展望台になっている。

ダイナソー州立公園

TEL (403)378-4342
TEL (403)378-4344(ツアー予約)
URL albertaparks.ca/parks/south/dinosaur-pp
ビジターセンター
開 4月、9/6～10/15
毎日9:00～16:00
5/1～9/5
毎日9:00～17:00
10/16～12/18
土・日10:00～15:00
休 10/16～12/18の月～金、12/19～3/31
料 無料(展示室は1人$2)
バスツアー
Explorer's Bus Tour
催 4/22～10/28
料 大人$25、ユース(7～17歳)$16、子供(4～6歳)$8、3歳以下$2
ハイキングツアー
Centrosaurus Bonebed Hike
催 4/22～10/29
料 大人$30、ユース(10～17歳)$18
交 車でのアクセスのみ。ドラムヘラーからハイウエイ#56を南下、トランス・カナダ・ハイウエイに行き着いたら左折して直進、ブルックスBrooksでハイウエイ#873を北上、直進してハイウエイ#544を右折する。パトリシアPatriciaに入ると看板が出てくるのでそれに従って左折。

ドラムヘラーのホテル

Badlands Motel
バッドランド・モーテル
MAP P.159-1/P.162外
住 801 North Dinosaur Trail
TEL (403)823-5155
URL badlandsmotel.hotelsalberta.com
料 Ⓢ Ⓓ $85～ Tax別

見渡すかぎりに広がる大平原

アルバータ州南部 South of Alberta

どこまでも果てしなく広がる緑の牧草地に、点々と転がる干し草の山。かつてインディアンがバッファローを追いかけ、開拓民の幌馬車が通り過ぎたフロンティア。このエリア最大の見どころは、インディアンがバッファロー狩りに利用した崖、ヘッド・スマッシュト・イン・バッファロー・ジャンプ。ユネスコの世界遺産にも登録されている。

アルバータ州南部の基本DATA
MAP P.146-D1

拠点となる町：カルガリー
歴史的見どころ：★★★★★
自然の見どころ：★★

アルバータ州南部情報のサイト
URL www.albertasouthwest.com

アルバータ州南部の回り方

起点となるのはナントンNanton、フォート・マクロードFort Macleodやレスブリッジ Lethbridge、カードストンCardstonなどの町。見どころも町も非常に広範囲に広がっているので、すべてを回りたい人は宿泊しながら移動するといい。1ヵ所や2ヵ所ならカルガリーからの日帰りも十分可能。

ヘッド・スマッシュト・イン・バッファロー・ジャンプやフォート・マクロード、カードストンはカルガリーからウォータートン・レイク国立公園（→P.169）へ行く途中にあるので、移動しながら見ていくのもいい。飛行機やバスなどの公共の移動手段は非常に少ないので車で移動しよう。

エドモントンから南下するハイウエイ#2は、カルガリーでトランス・カナダ・ハイウエイと交差したあとさらに南下し、ロッキー山脈を越える東西の幹線道路、ハイウエイ#3（クロウズネスト・ハイウエイCrowsnest Hwy.）にぶつかる。カルガリーからは約185kmの行程。町やおもな見どころはこのハイウエイ#2と#3の沿線にある。

ドライブチャート

カルガリー（P.148）
→ ハイウエイ#2経由 92km
→ ① ナントン
→ ハイウエイ#2経由 83km
→ ② フォート・マクロード
→ ハイウエイ#785経由 18km
→ ③ ヘッド・スマッシュト・イン・バッファロー・ジャンプ
→ ハイウエイ#785、#3経由 90km
→ ④ フランク・スライド
→ ハイウエイ#3、#507、#505、#810、#2経由 128km
→ ⑤ カードストン
→ ハイウエイ#5経由 79km
→ ⑥ レスブリッジ
→ ハイウエイ#3、#23、#2経由 212km
→ カルガリー

その他の交通情報

飛行機
カルガリーからレスブリッジまで、ウエスト・ジェット航空が1日3便程度運航、所要約50分。

長距離バス
レッド・アローがカルガリーのオフィス前（MAP P.151-B1）からレスブリッジまで1日1～2便運行、所要約2時間40分、大人片道$62。

 ※開館時間、営業時間などの日程は基本的に2023年のもの。年度により変動するため、ウェブサイトなどで再確認を。（→P.7）

おもな見どころ

ナントン
Nanton

MAP P.165

★★★

カルガリーの南、車で約40分の所に位置するナントンは、アンティークショップが多い骨董の町として知られる。町のおもな見どころは、第2次世界大戦中にイギリスの基地からドイツの工業地帯を爆撃したランカスター爆撃機を保存する、カナダ・ボンバー・コマンド博物館Bomber Command Museum of Canada。実機に乗って写真も撮影できるほか、銃座や爆撃用の照準、エンジン、無線機などが展示されている。また、攻撃してくるドイツのメッサーシュミット戦闘機との銃撃戦の映像も放映されている。

CHECK!

カナダ・ボンバー・コマンド博物館

住 1659-21 Ave., Nanton
TEL (403)646-2270
URL www.bombercommandmuseum.ca
開 木～月10:00～17:00
休 火・水
料 寄付程度

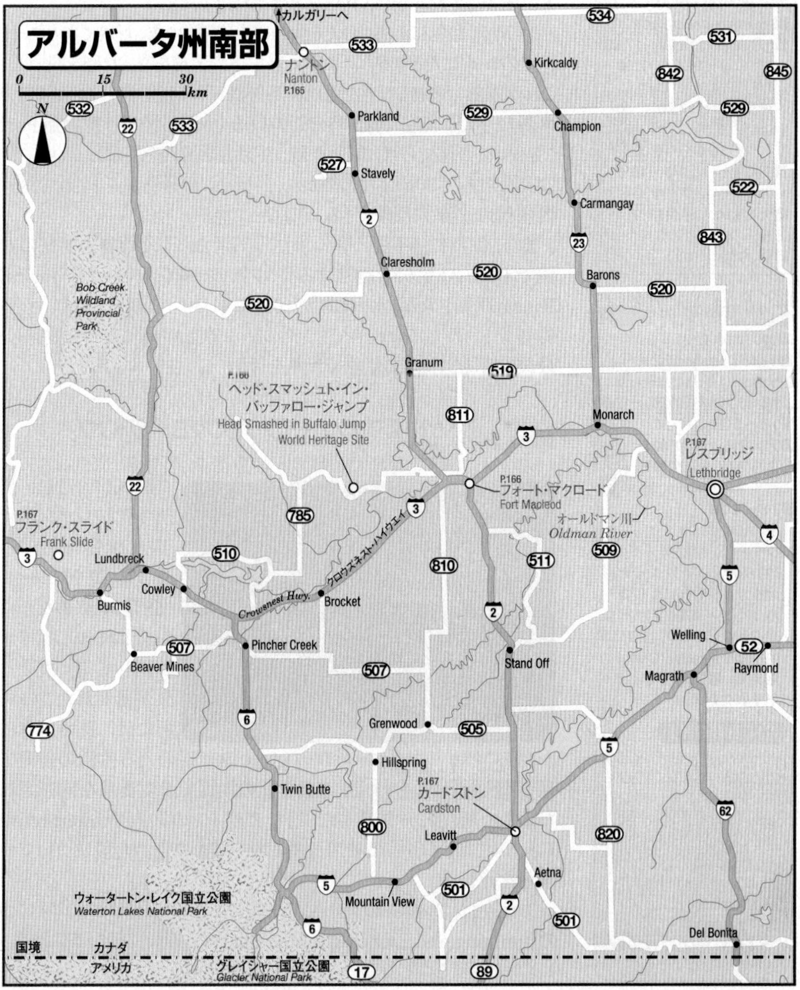

アルバータ州南部

② フォート・マクロード
Fort Macleod

MAP P.165 ★★★

19世紀の終わり頃、東部に比べて人口の少ないカナダ西部は、入植者と先住民族とのいざこざが続き、さらに犯罪者や無法者たちの逃げ込む土地と化していた。そのとき、政府が地域の治安維持のために導入したのが、カナダ王室騎馬警察RCMP（当時は北西騎馬警察North West Mounted Policeと呼ばれた）。

↑町をRCMPが行進することもある

1874年、最初に派遣された6つの部隊が苦難の末、ようやく今のフォート・マクロードにたどり着き、隊長マクロードの名前を取った砦を築いた。これが西部で最初にできた北西騎馬警察NWMPの砦、フォート（砦）・マクロードだ。現在は、当時の砦の様子を伝えるフォート博物館Fort Museumが建てられ、制服や銃、生活用品などを展示している。砦は広場を中心にロの字型に築かれ、外壁上には通路が巡らされており、要塞として外敵に反撃できるようになっている。

また、毎年7月～8月下旬にかけて、若者たちが北西騎馬警察の衣装でメイン・ストリートを行進するイベント、ミュージカル・ライドMusical Rideも開催される（水～日曜の10:00、11:30、14:00、15:30、所要約45分）。音楽に合わせてダンスのように美しい編隊走行を披露し、最後には博物館裏の馬場で馬術を行う。

③ ヘッド・スマッシュト・イン・バッファロー・ジャンプ
Head Smashed in Buffalo Jump World Heritage Site

MAP P.165 ★★★

↑崖の下には今もバッファローの骨が埋まっている

約6000年以上前からインディアンが利用していたバッファロー狩りの遺跡（→P.168）。平原のなかに忽然と現れる断崖を利用して追い落とし猟が行われたこの場所には、長い年月にわたる生活の遺物も数多く残され、考古学上、人類学上の両面で大変貴重なものとされている。断崖と一体化したようなデザインの案内所Interpretive Centreでは、狩り場の利用法やインディアンの生活全般についての展示を行う。

また、インディアンのクロウフット族による音楽とダンスのイベントDrumming and Dancing on the Plazaや、断崖の上下部にあるトレイルで散策を楽しむこともできる（所要30～40分）。

CHECK!

フォート・マクロードのバスディーポ

住 2351-7th Ave.

? フォート・マクロードの観光案内所

Fort Macleod Visitor Information Centre

住 410-20th St.

TEL (403)553-4425

URL fortmacleod.com

開 月～木8:30～16:30
金8:30～13:30

休 土・日

フォート博物館

住 219 Jerry Potts Blvd.

TEL (403)553-4703

FREE (1-866)273-6841

URL nwmpmuseum.com

開 5月　月～金9:00～17:00
6月　毎日9:00～17:00
7/1～9/4
毎日9:00～18:00
9/5～10/6
水～日10:00～16:00

休 5月の土・日、9/5～10/6の月・火、10/7～4/30

料 大人$14.4、子供$7.2

ミュージカル・ライド

料 1人$7.2

ヘッド・スマッシュト・イン・バッファロー・ジャンプ

TEL (403)553-2731

URL headsmashedin.ca

開 5/22～9/4毎日10:00～17:00
9/5～5/21水～日10:00～17:00

休 9/5～5/21の月・火

料 大人$15、シニア$13、ユース（7～17歳）$10

Drumming and Dancing on the Plaza

催 7/5～8/30
水11:00、13:00

交 フォート・マクロードから約18km。ハイウエイ#2をカルガリー方向に少し進み、ハイウエイ#785を左折し、直進。やがて前方右側に案内所Interpretive Centreが見える。看板が出てくるのでそれに従う。

CHECK!

カルガリー発のツアー

カルガリー・ツアー・カンパニー／ハマーヘッド・シーニック・ツアーズ
Calgary Tour Company/Hammerhead Scenic Tours
（→P.158）

料 1～2人$400

カルガリー出発は7:00（冬季は8:00）、所要9～10時間。

4 フランク・スライド
Frank Slide

MAP P.165 ★★★

1903年の4月29日、約8200万トンの石灰岩がハイウエイ#3沿いのフランクの町を突如として襲った。たった2分で町は壊滅、90人以上が犠牲になった。ハイウエイから1.5kmの丘の上に案内所Interpretive Centreがあり、ここからそのロックスライド(岩盤すべり)を眺められる。ハイウエイに向かって深さ150m、長さ450m、幅1kmにわたって巨岩で埋もれるさまを見ると、改めて自然の驚異というものを考えさせられる。

フランク・スライド・インタープリティブ・センター
- TEL (403)562-7388
- URL frankslide.ca
- 開 5/16〜10/9 毎日10:00〜17:00 10/10〜5/15 火〜日10:00〜17:00
- 休 10/10〜5/15の月
- 料 大人$15、シニア$11、ユース(7〜17歳)$9、子供無料
- 交 ハイウェイ#3を西へ進み、Burmis(#507の分岐点)を通過し約12kmで153 St.を右折する。

5 カードストン
Cardston

MAP P.165 ★★★

ウォータートン・レイク国立公園までハイウエイ#5で30分ほどの山麓に位置するカードストン。この町には古今東西330以上のコレクションを誇る、北米で最大規模の馬車の博物館、レミントン・キャリッジ博物館Remington Carriage Museumがあり、体験馬車もできる。

↑馬車で敷地内を巡ることもできる

CHECK! レミントン・キャリッジ博物館
- 住 623 Main St., Cardston
- TEL (403)653-5139
- URL remingtoncarriagemuseum.ca
- 開 火〜日9:00〜16:00
- 休 月
- 料 大人$15、シニア$11、ユース(7〜17歳)$9、子供無料

体験馬車
- 料 大人・シニア$7、ユース(4〜17歳)$5、子供無料

6 レスブリッジ
Lethbridge

MAP P.165 ★★★

アルバータ州第3の都市。第2次世界大戦中、カナダでも延べ2万2000人の日系人が敵性国民として強制収容され、そのうちの約6000人がレスブリッジに集められた。町には戦争終了後の1967年、日加友好記念庭園(日本庭園)が建設された。また、教義によって19世紀そのままの共同生活を続けるフッター派Hutteritesの人々が暮らす町でもあり、当時の服装の人を見かける。

レスブリッジの西の外れのオールドマン川Oldman River沿いには、インディアンのブラックフット族とクリー族との間で起きた争いにちなんで設けられたインディアン・バトル公園Indian Battle Parkがある。園内には20世紀初頭にインディアン相手にあやしげな酒を売る交易商人のたまり場だったフォート・ウープアップFort Whoop-Up(=どんちゃん騒ぎ砦)があり、当時の様子を再現している。フォート・マクロードに砦を造った北西騎馬警察は、当初ここを目指していたが予想外に物価が高かったため断念したともいわれている。正義の砦との対比もぜひ観察してもらいたい。

➡当時の建物を再現したフォート・ウープアップ

CHECK! 日加友好記念庭園
- 住 835 Mayor Magrath Dr.S. (at 9 Ave.S.)
- TEL (403)328-3511
- URL www.nikkayuko.com
- 開 日・月・木9:00〜18:00 金・土9:00〜20:00
- 休 火・水
- 料 大人$13.5、シニア$12.5、学生(12〜16歳)$10、子供(6〜12歳)$10

CHECK! インディアン・バトル公園

フォート・ウープアップ
- 住 200 Indien Battle Rd.
- TEL (403)320-3777
- URL fort.galtmuseum.com
- 開 6/21〜9/3 水〜日10:00〜17:00
- 休 6/21〜9/3の月・火、9/4〜6/20
- 料 大人$15、シニア・学生・子供$10、6歳以下無料

COLUMN

平原インディアンとバッファロー

平原に住むインディアンにとってバッファローは、重要な食料であると同時に衣服や道具の素材であり、建材であり、薬でさえあった。では彼らはどうやってバッファローを狩っていたのだろうか？

ヨーロッパから馬が伝えられるまで、彼らは荷物を犬に運ばせていた。弓はあったにしろ、平原で気づかれずに群れに近づくのは難しいし、第一、住居から遠い所で狩りをしても肉をすべて持ち帰ることはできない。おいしいところだけ取ってあとは捨ててしまうというのでは、バッファローを絶滅寸前まで追い込んだ愚かな白人と一緒になってしまう。その答えは、すべて崖が教えてくれる。

ヘッド・スマッシュト・イン・バッファロー・ジャンプ(→P.166)は少なくとも約6000年以上前から使われていたことがわかっているインディアンの狩り場の遺跡だ。大平原がそこだけ数十mの段差になっているのを利用して、まずバッファローの群れをそこに向かって巧妙に誘導する。ぎりぎりまで来たら驚かせて崖に向かって暴走させる。あとは下で待ち構えているグループが、崖から落ちたバッファローにとどめを刺し、流れ作業でどんどん解体していく、という効率的なシステムだ。単純で原始的な方法に見えるが、群れを誘い込むために石や草を使ってレールを作るなど、洗練されたテクニックが存在したことが考古学調査で判明している。この手の狩猟法は北米全体で広く行われており狩猟場も各地に残っているが、ここが最も大規模で保存状態もいい場所であり、ユネスコの世界遺産に登録されている。「ヘッド・スマッシュト・イン＝陥没した頭」という不気味な名前も、この狩りの様子を見ていた若者の上に誘導されたバッファローが落ちてきて、頭蓋骨が陥没して亡くなったということから付けられた。

案内所Interpretive Centreは博物館になっている。1階から入ってまずエレベーターで7階まで上がって崖の上に出る。下から見上げているとたいして高くないようでも、周りが平原なので意外に眺めがいい。もっとも、今でこそ10mくらいしかない崖も、狩りが始まった当初は倍以上あったらしい。つまり、深さ10mにわたって、長い年月をかけて蓄積されたバッファローの骨が埋まっており、かつてはこの手の遺跡からバッファローの骨を掘り出して肥料工場に売るのがひとつの産業になっていたほどだという。

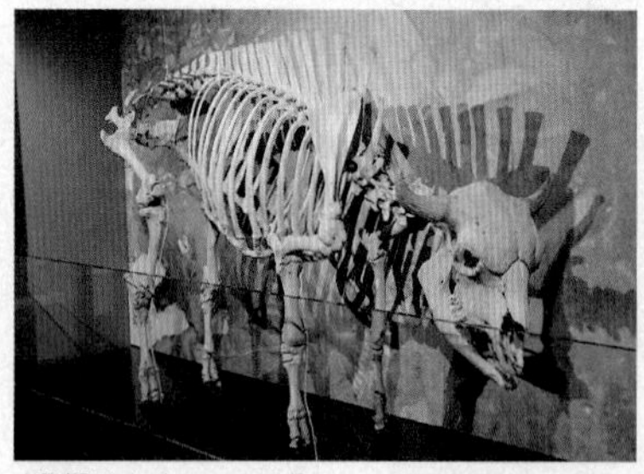
⬆発掘されたバッファローの骨

⬆狩りの様子を模型で再現している

崖の上部は丘陵地帯になっていて、北の丘はクロウフット族がビジョン・クエストに使っていたという。ビジョン・クエストというのは、人里離れた場所で若者が飲まず食わずでがんばり、体力の限界で得た啓示的な夢（幻視）を持ち帰って占ってもらうという儀式の一種だ。

バンクーバーのUBC人類学博物館(→P.67)やビクトリアのロイヤル・ブリティッシュ・コロンビア博物館(→P.107)、カルガリーのグレンボウ博物館(→P.154)などもカナダのインディアン文化の展示は充実している。しかし、自然との交感を重視して、雄大な景色のなかを風のように生きたインディアンの文化を知るのに、コンクリートの建物の中のガラスケースはそぐわない。ここは遺跡といっても何の予備知識もなければただの崖にしか見えない場所だが、逆にそこで生活した彼らの感覚が共有できるような気がする。

WATERTON LAKES NATIONAL PARK
ウォータートン・レイク国立公園

アルバータ州

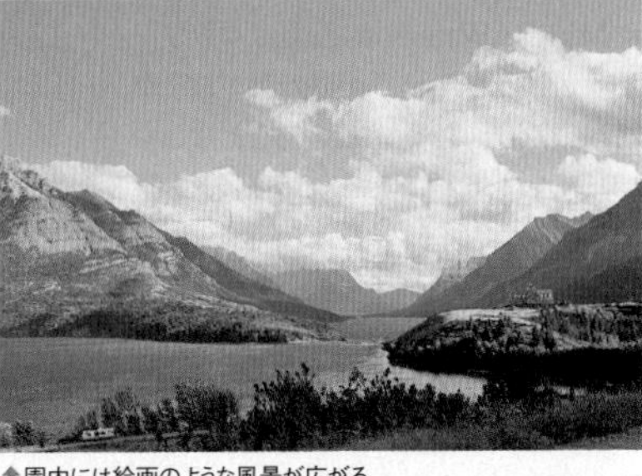

⬆園内には絵画のような風景が広がる

ウォータートン・レイク国立公園は、アメリカのグレイシャー国立公園と向かい合い、国境を越えた交流が行われている。カナダとアメリカ、両国の平和と友好の証として、ふたつの国立公園は世界初となる国際平和公園、ウォータートン・グレイシャー国際平和自然公園を形成し、1995年にはユネスコの世界遺産に登録された。

この地に車で入ると、不思議な感覚に襲われる。眼前にロッキーの山を望み、その後ろには果てしなく続く大平原。「山々が大平原に出合う場所」と呼ばれるゆえんだ。

エドモントン
バンクーバー
カルガリー
ウォータートン・レイク国立公園

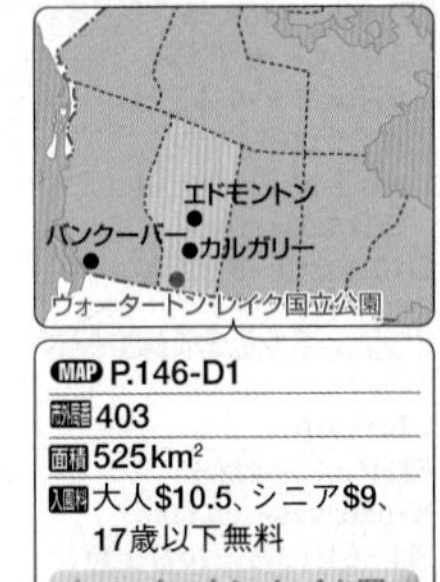

MAP P.146-D1
市外局番 403
面積 525km²
入園料 大人$10.5、シニア$9、17歳以下無料

ウォータートン・レイク国立公園情報のサイト
URL mywaterton.ca
URL parks.canada.ca/pn-np/ab/waterton

▶▶▶ 行き方

カルガリーからはハイウエイ#2を南下しフォート・マクロード(→P.166)から#3(クロウズネスト・ハイウエイ Crowsnest Hwy.)、#6を進むか、#2を南下しカードストン(→P.167)から#5で行ける。

ウォータートン・レイク国立公園

0
5
10
km
N
6
5
17
ウォーターン川
ベリー川
Dungarvan
2566m
Bauerman
P.171
レッド・ロック渓谷
Red Rock Canyon
Anderson
2698m
Blakiston Falls
Blakiston
Lone
Lone
2420m
Col South Kootenay Pass
Blakiston
2920m
Crandell
Crandell
2378m
Galwey
2348m
レッド・ロック・パークウエイ
Red Rock Pwy.
バッファロー・パドック
Buffalo Paddock
公園入口
Lower Waterton Lake
ゴルフコース
Waterton Lakes Golf Course
P.170に拡大図
Middle Waterton Lake
タウンサイト
油田跡
Discovery Well
P.171
P.171
アカミナ・パークウエイ
Akamina Parkway
キャメロン川
Cameron River
Vimy
2379m
Sofa
2515m
上バーサ滝
下バーサ滝
バーサ湖
ウォータートン湖
Waterton Lakes
P.170
ヘル・ロアリング滝
Hell Roaring Falls
P.171
キャメロン湖
Cameron Lake
ボズウェル山
Boswell
カナダ
国境
アメリカ
Customs
P.171
クリプト湖
Crypt Lake
チーフ・マウンテン国境ゲート
Chief Mountain International Port of Entry
P.172
Upper Waterton Lake
P.172
グレイシャー国立公園
Glacier National Park
ゴート・ハウント
Goat Haunt
Goat Haunt
2633m
グレイシャー国立公園へ

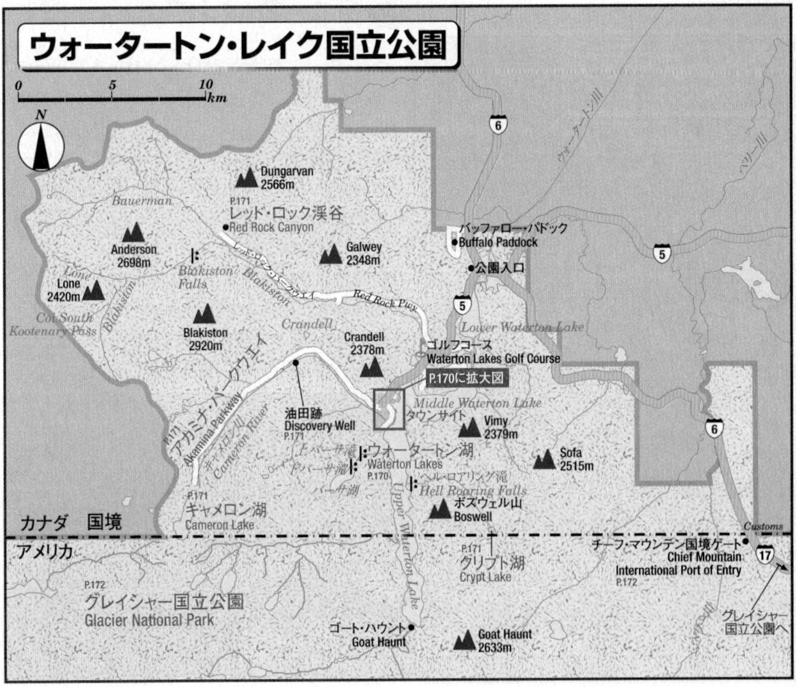

❓観光案内所
Waterton Visitor Centre
MAP P.170
TEL (403)859-5133
URL mywaterton.ca
開 5月上旬～6月下旬、
9月上旬～10月上旬
毎日9:00～17:00
6月下旬～、9月上旬
毎日8:00～19:00
休 10月上旬～5月上旬

レンタサイクル
Pat's
MAP P.170
TEL (403)859-2266
URL patswaterton.com
営 4～6月、9月～10月上旬
毎日8:00～21:00
7・8月
毎日8:00～23:00
休 10月上旬～3月
料 レンタサイクル
1時間$20～、1日$60～

乗馬
Alpine Stables
TEL (403)859-2462（夏季）
URL www.alpinestables.com
催 5・6・9月 毎日10:00～16:00
7・8月 毎日9:00～17:00
休 10～4月
料 1時間$55

ウォータートン・レイク国立公園の歩き方

⬆町のすぐ背後にまで山が迫る

公園名でもある**ウォータートン湖**は、アッパーUpper Waterton Lake、ミドルMiddle Waterton Lake、ロウワーLower Waterton Lakeの3つに分かれる。宿泊施設やレストランなどは、すべてアッパー・ウォータートン湖の湖畔にあるタウンサイトWaterton Townsiteに集中している。

カナディアン・ロッキーのバンフやジャスパーのように、観光バスやツアーなどはほとんどないので移動は必ず車になる。タウンサイトの周辺を散策するだけなら、レンタサイクルがおすすめ。タウンサイトにあるパッツPat'sでは、レンタサイクルや釣り道具などを貸し出している。南側にはキャンプサイトと遊歩道が整備されている。木々の間から湖を望む気持ちのいいコースだ。西には規模は小さいが、水が斜めに流れ落ちるキャメロン滝Cameron Fallsがあるのでぜひ寄ってみよう。国立公園内にはトレイルも数多くあり、ハイキングをするのもいい。トレイルマップは観光案内所で手に入る。また、乗馬やゴルフWaterton Lakes Golf Course［TEL (403)859-2114 営5～10月］も楽しめる。

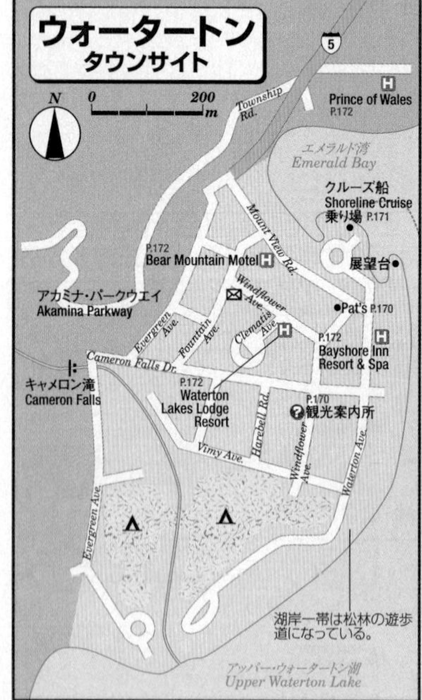

おもな見どころ

ウォータートン湖
MAP P.169
Waterton Lakes
★★★

ウォータートン湖は最深部が約148mある、カナディアン・ロッキーで最も深い湖。長さは11kmほどあり、周囲80余りの湖と合わせると約6億m^3の水をため込むという規模を誇る。アッパー、ミドル、ロウワーの3つの湖のうち、アッパー・ウォータートン湖の湖畔に立つPrince of Wales Hotel（→P.172）と湖、山を入れた風景は絶景として知られる。ハイウエイ#5の左側にある丘から見下ろすのがおすすめ。またウォータートン・レイク国立公園観光の目玉ともいえるのが、湖を巡るクルーズ船Waterton Shoreline Cruise。タウンサイトから国境を越えてアメリカ側のゴー

⬆青く澄んだ水をたたえるウォータートン湖

ト・ハウントGoat Hauntまで行き、30分間停留する(2023年シーズン中の運航では上陸なし)。ゴート・ハウントで下船してトレッキングを楽しむこともできる。ただしこの場合、その旨をチケット購入時に伝え、帰りの船のチケットを購入しておくこと(パスポートは必携)。

アカミナ・パークウエイとキャメロン湖

MAP P.169

Akamina Parkway & Cameron Lake

★★★

タウンサイトのすぐ外から始まる全長約16kmのアカミナ・パークウエイ沿いには、西部カナダで最初に発見された油田跡Discovery Wellがある。行き止まりのキャメロン湖は、ロッキーの典型的な亜高山湖で、付近の自然について解説する簡単な施設がある。このあたりは豪雪地帯として知られ、冬には数mの積雪があるといい、そのため植生もロッキーのほかの地域とは異なっている。湖ではカヌーやボートなどのレンタルやフィッシングもできる。駐車場から見て湖の反対側にある日当たりのよい斜面は、グリズリーがよく出没する場所でもある。

⬆湖ではボートやカヌーのレンタルもできる

レッド・ロック渓谷

MAP P.169

Red Rock Canyon

★★★

タウンサイトと公園入口の中間あたりから北に入るレッド・ロック・パークウエイRed Rock Parkwayを16kmほど進んだ先にある。赤い岩壁でできた渓流で、規模は小さいが周囲の緑と対照的な色が興味深い。

ウォータートン湖
クルーズ(Shoreline Cruise)
MAP P.170
TEL (403)859-2362
URL www.watertoncruise.com
運 5月上旬~下旬、9月下旬~10月上旬
毎日10:00、14:00発
5月下旬~6月下旬
毎日10:00、14:00、16:00発
6月下旬~8月下旬
月~金14:00、18:30
土・日12:00、14:00、16:00、18:30発
8月下旬~9月下旬
毎日14:00
休 10月上旬~5月上旬
料 大人$61、子供$30
所要約1時間15分。6月下旬~8月下旬の18:30は夕日を見ながらのクルーズとなりロマンティック。

アカミナ・パークウエイ
油田跡
MAP P.169

キャメロン湖
カヌー、ボートレンタル
TEL (403)627-6443
営 6・9月
毎日9:00~17:00
7・8月
毎日8:00~18:30
(時期により変動あり)
休 10~5月
料 1時間$35~

COLUMN

神秘の湖、クリプト湖へのトレイル

タウンサイトの南東にある、クリプト湖Crypt Lake。周囲を絶壁に守られていることから神秘の湖といわれてきた。ウォータートン・レイク国立公園では、この湖を目指すハイキングが人気だ。

トレイルに行くには、ウォータートン湖畔のクルーズ船乗り場からクリプト・ハイク・シャトルに乗り込む。8:30~9:00にタウンサイトの桟橋を出たボートは、15分程度で対岸にあるクリプト湖のトレイルの出発点、Crypt Landingに到着する。最初はかなり下草の茂った薄暗い道を歩く。歩き始めてすぐに右側にヘル・ロアリング滝Hell Roaring Fallsへの分岐点がある。1時間ほど単調な登り道が続き、やがて右側に滝が見えるあたりからやっと平坦な林に入る。前方で滝の音が聞こえるあたりから、急に岩場の厳しい登りとなる。

滝を越えると日当たりのいい斜面に出る。初夏なら、白、黄色、水色、赤に染め分けられた一面の花畑が広がっているはずだ。九十九折りの道で高度を稼いでいくと、突然視界が開け、右側の谷に浅い沼沢地(Crypt Pool)が見える。

谷の反対側には今まで見えていたボズウェル山Boswellの岩壁が迫る。クリプト湖はその絶壁の向こうにあるはずだが、道は吸い込まれるように絶壁に消えて途切れている。絶壁には自然のトンネルができていて、それを伝って絶壁の反対側に出る。クリプト湖到着までは所要約3時間。

DATA

クリプト湖トレイル
MAP P.169
往復約17.2km、所要約6時間。朝9:00の船に乗り、湖で昼食、16:00の船に間に合うように下山するといい。
クリプト・ハイク・シャトル
運 6/2~10/1　ウォータートン発9:00
(6/24~9/3は8:30と9:00の1日2便)
Crypt Landing発17:30
(6/24~9/3は15:30と17:30の1日2便)
料 大人$32、子供無料

グレイシャー国立公園

URL www.nps.gov/glac/index.htm

入園料

料 1週間US$20（冬季はUS$15）車の場合は$35（冬季はUS$25）

交 タウンサイトを出てハイウエイ#5を進み、ハイウエイ#6を右折。チーフ・マウンテン国境ゲートChief Mountain Port of Entryを越えて州道#17 State 17を進み、国道#89 US-89を右折するとセント・メリーに到着する。町の近くに国立公園ゲートがあるので、そこで入園料を支払う。パスポート必携。

チーフ・マウンテン国境ゲート

MAP P.169

開 5/15〜31、9/5〜30 毎日9:00〜18:00 6/1〜9/4 毎日7:00〜22:00

休 10/1〜5/14

エクスカーション

グレイシャー国立公園

Glacier National Park

MAP P.169

★★★

↑澄んだ水面に勇姿が映えるグレイシャー国立公園

ウォータートン・レイク国立公園と国境を挟んでつながるアメリカの国立公園。ウォータートン・レイク国立公園と合わせて、世界初の国際平和公園となっており、1995年にはユネスコの世界遺産にも登録されている。

見どころは、セント・メリー湖St. Mary Lakeやメニー氷河Many Glacierなど。公園の東の入口セント・メリーSaint Maryから西のアプガーApgarを結ぶ、太陽へ続く道Going-to-the-Sun Roadに見どころが集中している。訪れる際はパスポートを忘れずに。

ウォータートン・レイク国立公園のホテル
—Hotels in Waterton Lakes National Park—

Prince of Wales Hotel
プリンス・オブ・ウェールズ

湖畔に立つ優雅な姿は、ウォータートン・レイク国立公園のシンボル。ロッジ風の建物は中が吹き抜けになっており、周りに放射状に客室が配置されている。12:00〜16:00にはアフタヌーンティー大人$49、子供$20が楽しめる。

MAP P.170
住 Alberta 5 Waterton Park
TEL (403)859-2231
FREE (1-844)868-7474
URL www.glacierparkcollection.com
営 5/19〜9/18
料 ⓈⒹ$259〜　Tax別
CC A M V　室 86室

Waterton Lakes Lodge Resort
ウォータートン・レイク・ロッジ・リゾート

9つの山小屋風の建物からなり、どの客室からも自然美あふれる景色を楽しめる造りになっている。プールやフィットネスセンターなどの施設も充実。冬季はスキー用品のレンタルあり。

MAP P.170　住 101 Clematis Ave.
TEL (403)859-2150
FREE (1 888)085 6343
URL www.watertonlakeslodge.com
料 HIGH 6月中旬〜9月中旬ⓈⒹ$234〜
LOW 9月中旬〜6月中旬ⓈⒹ$119〜　Tax別
CC A M V　室 80室

Bayshore Inn Resort & Spa
ベイショア・イン・リゾート&スパ

クルーズ船乗り場のすぐ近くにあるモーテル風のホテル。すぐそばにレストランやみやげ物店が集まっているのでとても便利。客室もロビーも清潔。

MAP P.170　住 111 Waterton Ave.
TEL (403)859-2211
FREE (1-888)527-9555
URL www.bayshoreinn.com
営 5/11〜10/8
料 HIGH 6/30〜9/9ⓈⒹ$354〜469
LOW 5/11〜6/29、9/10〜10/8ⓈⒹ$174〜449　Tax別
CC A M V　室 70室

Bear Mountain Motel
ベア・マウンテン・モーテル

タウンサイト入口付近にあるモーテル。外観は決してきれいとはいえないが、室内は清潔でゆったりとした造り。館内設備はあまり整っていないが、レストランやみやげ物店の並んでいる場所まで徒歩5分くらい。

MAP P.170　住 208 Mount View Rd.
TEL (403)859-2366
URL bearmountainmotel.com
営 5/19〜9/30
料 ⓈⒹ$130〜210　Tax別
CC M V
室 36室

バスタブ　テレビ　ドライヤー　ミニバーおよび冷蔵庫　セーフティボックス　Wi-Fi
一部客室　一部客室　貸し出し　一部客室　フロントにあり

エドモントン

アルバータ州

アルバータ州の州都であるエドモントンはカルガリーと同様、カナディアン・ロッキーへのゲートウエイとなる街だ。

↑エドモントン発祥の地に立つアルバータ州議事堂

18世紀末から19世紀までは西部開拓の中心地として重要な役割を担っていたが、人口はわずか400人程度の小さな町だった。その後、ユーコン準州にあるクロンダイク渓谷で金が発見されたことにより人口は3000人に膨れ上がった。そして1905年にはカナダ連邦の一員として、アルバータ州の州都となる。

ダウンタウンには近代的なビルが林立するが、市民ひとり当たりの公園面積がカナダいちという緑豊かな環境にある。街の自慢は世界最大級のショッピングモールであるウエスト・エドモントン・モール。また、短い夏を祭りで楽しむ「フェスティバル・シティ」としても有名だ。

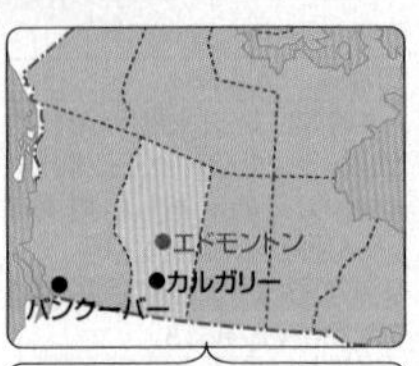

MAP P.146-C1
人口 101万899
市外局番 780

エドモントン情報のサイト
URL exploreedmonton.com
URL www.edmontondowntown.com

↑館内に巨大帆船のレプリカまであるウエスト・エドモントン・モール

エドモントンへの行き方

飛行機

アルバータ州の州都であるエドモントンには、カナダ国内の各主要都市からのフライトが到着する。バンクーバーからはエア・カナダAir Canada（AC）が1日7～10便、ウエストジェットWestJet（WS）は1日3～8便運航している。所要約1時間30分。また、カルガリーからはエア・カナダが毎日4～7便、ウエストジェットが1日7～11便、それぞれ運航している。所要約50分。

エア・カナダ（→P.542）

ウエストジェット（→P.542）

エドモントン国際空港（YEG）
MAP P.174-B2外
TEL (780)890-8900
FREE (1-800)268-7134
URL flyeia.com

空港から市内へ

エドモントン国際空港Edmonton International Airportはダウンタウンの南30kmに位置し、国際線と国内線のほとんどが発着する。タクシーの場合はダウンタウンまで所要20～30分、$60前後。

↑エドモントンの玄関口、エドモントン国際空港

エドモントン・トランジット・サービス社（→P.175）

空港→センチュリー・パーク駅
運毎日4:32〜24:13
センチュリー・パーク駅→空港
運毎日4:10〜23:48
料片道　大人$5

1時間に1〜2便運行。所要約25分。センチュリー・パーク駅とダウンタウンを結ぶLRTは1時間に4〜6便運行。所要約20分。

スカイ・シャトル

TEL(780)465-8515
URL edmontonskyshuttle.com

ライダー・エクスプレス（→P.543）

MAP P.176-A1
カルガリーから
料片道　1人$39
レジャイナから
料片道　1人$124

レッド・アロー（→P.543）

MAP P.176-B1
住10014-104th St.
カルガリーから
料片道　大人$75

イーバス（→P.543）

MAP P.176-B1
住10014-104th St.
カルガリーから
料片道　大人$56〜

空港バス EIA Express #747/Sky Shuttle

↑30〜60分間隔で走る空港直通バス#747

エドモントン国際空港からエドモントン・トランジット・サービス社Edmonton Transit Service（ETS）社運営のEIAエクスプレス#747 EIA Express #747のバスがLRTのセンチュリー・パーク駅Century Parkまで運行。そこからLRTに乗り換えればダウンタウンへ行ける。

またミニバスのスカイ・シャトルSky Shuttleが主要ホテルと空港を結んでいる（2023年8月現在、運休中）。

長距離バス

2023年8月現在、バンクーバーなどブリティッシュ・コロンビア州からの直行便はない。カルガリーからはライダー・エクスプレスRider Expressが1日4〜6便、レッド・アローRed Arrowが1日4〜5便、イーバスEbusは1日2便運行、所要約4時間。レッド・アローとイーバスは、同じチケットオフィス前から発着する。レジャイナからはライダー・エクスプレスが土・日曜を除く1日1便、所要時間は約8時間20分。バスは途中サスカトゥーンを経由する。

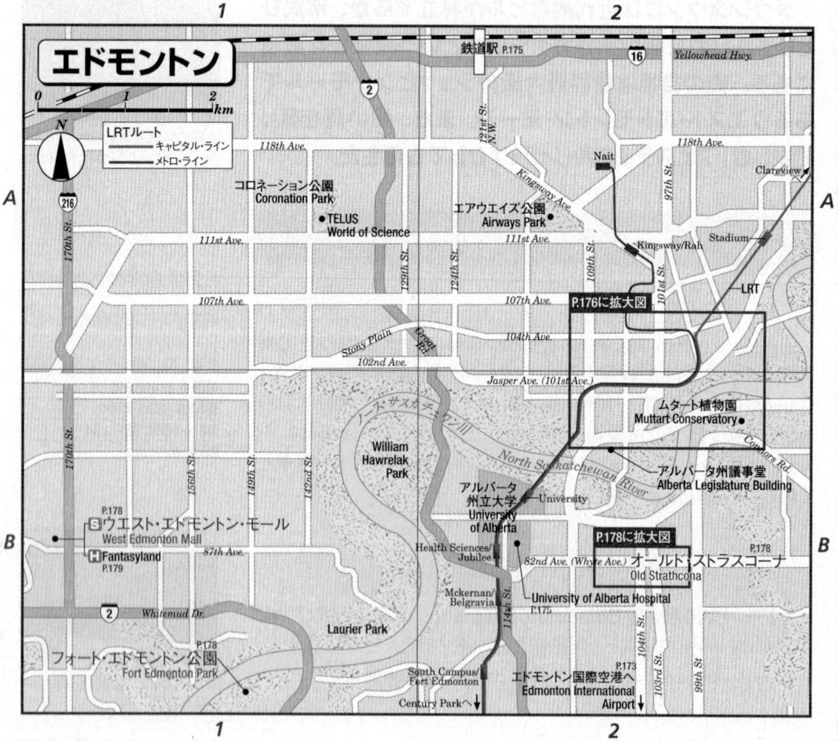

エドモントン

鉄道駅 P.175
LRTルート
キャピタル・ライン
メトロ・ライン
コロネーション公園 Coronation Park
TELUS World of Science
エアウエイズ公園 Airways Park
P.176に拡大図
ムタート植物園 Muttart Conservatory
William Hawrelak Park
アルバータ州立大学 University of Alberta
アルバータ州議事堂 Alberta Legislature Building
P.178 ウエスト・エドモントン・モール West Edmonton Mall
Fantasyland P.179
P.178に拡大図
P.178 オールド・ストラスコーナ Old Strathcona
University of Alberta Hospital P.175
Laurier Park
P.178 フォート・エドモントン公園 Fort Edmonton Park
P.173 エドモントン国際空港へ Edmonton International Airport
Century Parkへ

▶▶▶ 鉄道

バンクーバー〜トロントを走るVIA鉄道のカナディアン号The Canadianが通っている。バンクーバー発が月・金曜の15:00、エドモントン到着は翌日18:50。東のトロントからは、水・日曜の9:55発、エドモントン到着は2日後の20:50。

鉄道駅から市内へ

ダウンタウンの北西約5.5kmにあり、鉄道駅から徒歩15分の121st St.とKingswayの交差点から市バス#903に乗ってダウンタウンの97th St.と103rd Ave.までアクセスできる。バス停からLRTのチャーチル駅Churchillまでは徒歩4分。タクシーなら$25程度。

市内交通

エドモントン・トランジット・サービス社Edmonton Transit Service（ETS）がLRTと呼ばれる地下鉄と市バスを運行。90分以内ならLRTと市バス間の乗り継ぎができる。その場合はバスなら乗るときに、ドライバーからトランスファー・チケットをもらう必要がある。LRTは自動券売機でチケットを購入時に時刻が刻印されるので、そのまま使える。

市バス City Bus

バス路線は非常に発達しており、本数も多い。行きと帰りでは違うルートになる路線が多いので、逆方向に乗らないように注意しよう。

LRT LRT

ダウンタウン南部のセンチュリー・パーク駅Century Parkと北東のクレアビュー駅Clareviewを結ぶキャピタル・ラインCapital Lineと、南部のヘルス・サイエンス/ジュビリー駅Health Science/Jubileeと北西にあるネイト駅Naitを結ぶメトロ・ラインMetro Lineの2路線がある。2023年8月現在、新路線を建設中。

➡郊外では地上を、ダウンタウンでは地下にもぐる

VIA鉄道（→P.545）
鉄道駅
MAP P.174-A2
住12360-121st St. N.W.

エドモントン・トランジット・サービス社
案内所
MAP P.176-A1
住10111-104th St. N.W.
TEL (780)442-5311
URL www.edmonton.ca/edmonton-transit-system-ets
開 月〜金8:00〜16:30
休 土・日
市バス・LRTの料金
料 シングルチケット 大人$3.5
デイパス 大人$10.25
回数券（10枚綴り）
大人$27.75、シニア・ユース（13〜24歳）$19.75、12歳以下無料（要同伴）

チケットは駅にある自動券売機やバスのドライバーから購入できる。回数券、デイパスはLRTのチャーチル駅構内にあるETSの案内所やセーフウエイSafewayなどのスーパーで購入できる。

ペドウエイ
ダウンタウンに張り巡らされた地下通路。LRTの駅を中心に広がっている。

⬆LRTの出入口

ユースフル・インフォメーション Useful Information

警察
Edmonton Police Service MAP P.176-A2
住9620-103rd A Ave.
TEL (780)423-4567

病院
University of Alberta Hospital MAP P.174-B2
住8440-112nd St. N.W. TEL (780)407-8822

おもなレンタカー会社
Avis
エドモントン国際空港 TEL (780)890-7596
ダウンタウン
MAP P.176-A2 住10200-102 Ave. N.W.
TEL (780)448-0066
Hertz
エドモントン国際空港 TEL (780)890-4436
ダウンタウン MAP P.176-B1
住10425-100th Ave. N.W. TEL (780)423-3431

おもなタクシー会社
Alberta Co-Op Taxi TEL (780)425-2525
Yellow Cab TEL (780)462-3456

❓観光案内所

Edmonton Tourism

MAP P.176-A2
住 9990 Jasper Ave.
TEL (780)401-7696
FREE (1-800)463-4667
URL exploreedmonton.com
営 月～金9:00～17:00
休 土・日

通常は無人で情報端末があるのみ。

カナダ初のネオンサイン博物館

かつてエドモントン市内で実際に使われていた約20のネオンサインを復元。104 St.と104 Ave.の交差点から続く外壁に取り付け一般公開している。

Neon Sign Museum

MAP P.176-A1
住 104th St. N.W.
開 年中無休
料 無料

⬆夜に訪れたい野外博物館

エドモントンの歩き方

⬆Low Level Bridgeからの眺め

ダウンタウンの中心部はさほど広くないので、歩いて回れる。メインストリートはダウンタウンを東西に貫く**ジャスパー通りJasper Ave**(101st Ave.)。その1本北の102nd Ave.と、それらと交わる101st St.、102nd St.で囲まれたあたりがショッピング&ビジネス街だ。中心部には地下でつながった遊歩道ペドウエイPedwayが発達しているので、寒い季節でも外に出ることなくショッピングや食事を楽しめる。**チャーチル広場Churchill Square**の東側にはチャイナタウンChinatownもある。また、ノース・サスカチュワン川North Saskatchewan River沿いにはトレイルがあり、ジャスパー通りにあるカンファレンスセンターConference Centreや「The Fairmont Hotel Macdonald(→P.179)」の近くにある階段を下って行くことができる。

ダウンタウンと川を挟んだ南側は、オールド・ストラスコーナという歴史保存地区。ダウンタウンからはLRTと市バスを使ってアクセスできる。西の端はアルバータ州立大学University of Albertaがある。

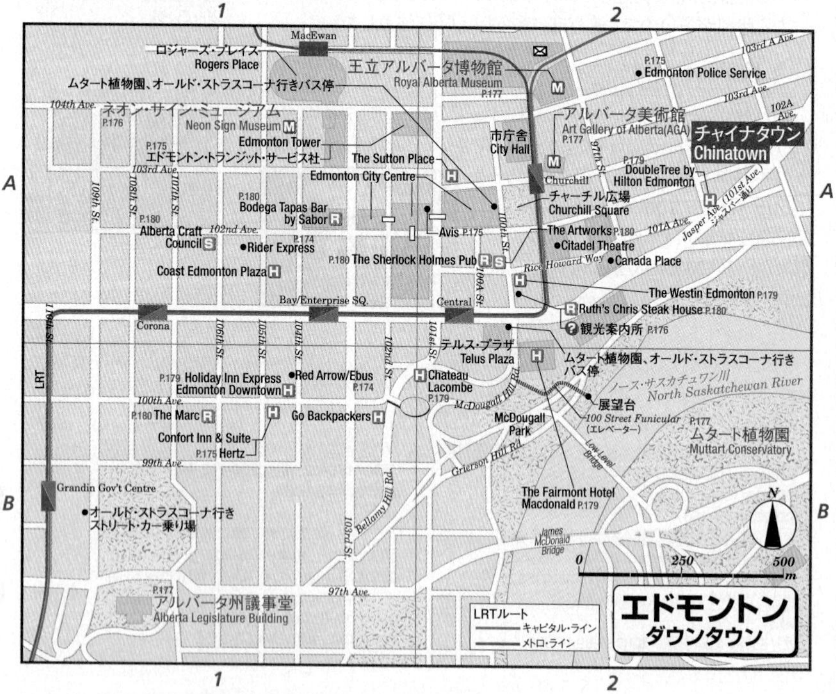

エドモントン ダウンタウン

ロジャーズ・プレイス Rogers Place
ムタート植物園、オールド・ストラスコーナ行きバス停
王立アルバータ博物館 Royal Alberta Museum P.177
ネオン・サイン・ミュージアム Neon Sign Museum P.176
Edmonton Tower
P.175 エドモントン・トランジット・サービス社
The Sutton Place
Edmonton City Centre
市庁舎 City Hall
アルバータ美術館 Art Gallery of Alberta(AGA) P.177
チャイナタウン Chinatown
P.175 Edmonton Police Service
P.179 DoubleTree by Hilton Edmonton
チャーチル広場 Churchill Square
P.180 Bodega Tapas Bar by Sabor
P.180 Alberta Craft Council
P.174 Rider Express
Avis P.175
The Artworks P.180
Citadel Theatre
Canada Place
P.180 The Sherlock Holmes Pub
Coast Edmonton Plaza
The Westin Edmonton P.179
Ruth's Chris Steak House P.180
観光案内所 P.176
テルス・プラザ Telus Plaza
ムタート植物園、オールド・ストラスコーナ行きバス停
P.179 Holiday Inn Express Edmonton Downtown
Red Arrow/Ebus P.174
Chateau Lacombe P.179
P.180 The Marc
Go Backpackers
Confort Inn & Suite
P.175 Hertz
展望台
100 Street Funicular (エレベーター)
McDougall Park
ノース・サスカチュワン川 North Saskatchewan River
P.177 ムタート植物園 Muttart Conservatory
The Fairmont Hotel Macdonald P.179
オールド・ストラスコーナ行きストリート・カー乗り場
P.177 アルバータ州議事堂 Alberta Legislature Building
MacEwan / Churchill / Central / Bay/Enterprise SQ. / Corona / Grandin Gov't Centre
104th Ave. / 103rd A Ave. / 103rd Ave. / 102A Ave. / 102nd Ave. / 101A Ave. / Jasper Ave.(101st Ave.) ジャスパー通り / 100th Ave. / 99th Ave. / 97th Ave. / Rice Howard Way
109th St. / 108th St. / 107th St. / 106th St. / 105th St. / 104th St. / 103rd St. / 102nd St. / 101st St. / 100A St. / 100th St. / 97th St. / 110th St.
McDougall Hill Rd. / Grierson Hill Rd. / Bellamy Hill Rd. / Low Level Bridge / James McDonald Bridge / LRT
LRTルート キャピタル・ライン メトロ・ライン
0 250 500 m

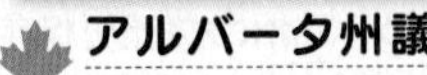

おもな見どころ

アルバータ州議事堂

MAP P.176-B1

Alberta Legislature Building

★★★

↑大理石をふんだんに使用した円形大広間

かつてフォート・エドモントンのあったエドモントン発祥の地に立つ州議事堂。1912年に完成した"建築の傑作"は、5階建てのボザール様式の建物の中央に高さ55mのドームがそびえ、ドーム下の吹き抜けになった広間には、ケベック州から運ばれた2000トンもの大理石を使用。5階には図書館と、音響作用で立っている場所の真上から円形大広間にある噴水が落ちてくるように聞こえるマジック・スポットがある。内部の見学は無料のガイドツアーで。

王立アルバータ博物館

MAP P.176-A2

Royal Alberta Museum

★★★

↑2018年にリニューアルオープンした

生物学や地球科学、民俗学など多岐にわたる分野のコレクション200万点以上を有し、カナダ西部で屈指の規模を誇る博物館。1階の人類史をテーマにした展示室では、先住民族の暮らしに始まり、ヨーロッパ文化と出合い、毛皮交易や石油産業の興隆などを経て今日にいたるまでのアルバータ州の歴史を紹介。2階の自然史をテーマとした展示室では、自然景観を再現したジオラマや動物のはく製などを用い、アルバータ州の生態系について氷河期にまでさかのぼって解説している。

アルバータ美術館

MAP P.176-A2

Art Gallery of Alberta(AGA)

★★★

チャーチル広場からすぐの所にある。ユニークな建物自体がアートになっており、エドモントンやアルバータ州内から収集した現代美術作品などを6000点以上所蔵する。150人収容できるシアターやアトリウムもあり、見応えたっぷり。

ムタート植物園

MAP P.176-B2

Muttart Conservatory

★★★

4つのピラミッド型のガラス張りの建物。ピラミッドは、"Arid(乾燥地帯)""Tropical(熱帯)""Temperate(温帯)""Feature(季節ごとの企画展示)"とそれぞれのテーマに沿った植物を展示する温室になっている。

↑ピラミッド型の館内には日光が降りそそぐ

アルバータ州議事堂
住10800-97th Ave.
TEL(780)427-2826
URL www.assembly.ab.ca
開5/23～9/4
水～日10:00～16:00
9/5～5/22
土11:00～15:00
休5/23～9/4の月・火、9/5～5/22の日～金
料無料
ガイドツアー
催5/23～9/4
水～月10:00～15:00
料無料
1時間ごとに出発、所要約45分。
交LRTのグランディン/ガバメントセンター駅Grandin/Government Centreから徒歩5分。駅とペドウエイで直結。

王立アルバータ博物館
住9810-103A Ave. N.W.
TEL(825)468-6000
URL www.royalalbertamuseum.ca
開水・金～日10:00～16:00
木10:00～20:00
休月・火
料大人$21、シニア$14、ユース(7～17歳)$10、子供無料

アルバータ美術館
住2 Sir Winston Churchill Square
TEL(780)422-6223
URL www.youraga.ca
開水・金～日11:00～17:00
木11:00～19:00
休月・火
料大人$14、シニア・学生$10、18歳以下無料
(木曜の16:00～は入館無料)

↑金属とガラスでできた印象的な建物

ムタート植物園
住9626-96A St.
TEL(780)442-5311
URL www.edmonton.ca/attractions_events/muttart-conservatory
開水・木10:00～21:00
金～火10:00～17:00
休無休
料大人$14.95、シニア・ユース$12.95、子供(2～12歳)$7.75
交テルス・プラザTelus Plaza前のバス停から、市バス#8で約15分。

オールド・ストラスコーナ

交LRTのユニバーシティ駅Universityから、市バス#10に乗る。82nd Ave.の好きな場所で降りよう。

ファーマーズ・マーケット

住10310-83rd Ave.N.W.
TEL(780)439-1844
URL osfm.ca
開土8:00〜15:00

↑れんが造りのファーマーズ・マーケット会場

オールド・ストラスコーナ
MAP P.174-B2/P.178

Old Strathcona

★★★

ノース・サスカチュワン川を挟んでダウンタウンの南にある歴史保存地区。もとカナダ太平洋鉄道(CP鉄道)の駅跡を中心にれんが造りの古めかしい建物が軒を連ねる。現在はショッピング＆レストランエリアとなっており、82nd Ave.(ホワイト通りWhyte Ave.)を中心に、103rd〜105th St.を北に入ったあたりが最もにぎやか。土曜の8:00〜15:00頃にはファーマーズ・マーケットFarmer's Marketも開催される。

フォート・エドモントン公園

住7000 143rd St., N.W.
TEL(780)496-7381
URL www.fortedmontonpark.ca
開5/20〜9/4
水〜日10:00〜17:00
9/5〜10/17
土・日10:00〜17:00
休5/20〜9/4の月・火、9/5〜10/17の月〜金、10/18〜5/19
交LRTのサウス・キャンパス/フォート・エドモントン駅South Campus/Fort Edmontonからタクシーで約7分。

フォート・エドモントン公園
MAP P.174-B1

Fort Edmonton Park

★★★

1846年にハドソン・ベイ社が現在の州議事堂が立つ場所に建設したフォート・エドモントンと、植民地時代から第1次世界大戦後の1920年代までの4つの時代ごとの町並みを復元した歴史村。奥にある、砦に囲まれた小さな居住区(フォート・エドモントン)は、今のアルバータ州からサスカチュワン州一帯の毛皮交易の中心地だった19世紀半ばの様子を再現したもの。毛皮仲買人の住居や教会、宿舎、それに毛皮がつり下げられた交易所などがある。園内には昔の市電や蒸気機関車も走っており、当時のジャスパー通りにはパン屋やホテル、学校などが並び、ノスタルジックな雰囲気が漂う。

COLUMN

世界最大級のショッピングモール「ウエスト・エドモントン・モール」

エドモントンの郊外にあるウエスト・エドモントン・モールWest Edmonton Mallは、ひとつの建物の中に800以上の店舗と100以上のレストランが集まった世界最大級のショッピングモールだ。

GAPやH&M、バナナ・リパブリック、ルーツなどさまざまなショップが並び、食事は「バーボン・ストリート」と呼ばれるレストラン街や2ヵ所あるフードコートで取ることができる。ショッピング以外にも、映画館や遊園地などがあるギャラクシーランドGalaxyland Amusement Parkのほか、カジノに造波プールなど、9つのアミューズメント施設を備えている。

↑エドモントン市民の最大の自慢

ウエスト・エドモントン・モールは、消費文化とレジャー嗜好をもったカナダ人をいつでも満足させることのできる、彼らの理想空間を実現させた巨大なテーマパークだ。

DATA

ウエスト・エドモントン・モール
MAP P.174-B1 住8882-170th St. N.W.
TEL(780)444-5321
URL www.wem.ca
営店舗
毎日10:00〜21:00 日11:00〜18:00
ギャラクシーランド
月〜金11:00〜20:00 土11:00〜19:00
日11:00〜18:00(時期により変動あり)
休無休
交LRTのセントラル駅から市バス#2、#112に乗り、終点West Edmonton Mall下車、徒歩すぐ。所要約45分。

エドモントンのホテル
Hotels in Edmonton

The Fairmont Hotel Macdonald
フェアモント・ホテル・マクドナルド

1915年建造、城のような外観の最高級ホテル。13室のスイートルームをはじめ、客室にはアンティークな家具が配され豪華。プールやスパ、ジャクージなど設備も充実。

MAP P.176-A2～B2
住10065-100th St.
TEL(780)424-5181
FREE(1-866)540-4468
URL www.fairmont.com/macdonald-edmonton
料ⓈⒹ$239～ Tax別
CC A M V 室198室

The Westin Edmonton
ウェスティン・エドモントン

ダウンタウンの中心にある。広々とした客室は柔らかなベージュ系でまとまり、モダンで上品なデザイン。プールやフィットネスセンター、サウナと設備も充実。

MAP P.176-A2
住10135-100th St.
TEL(780)426-3636
URL www.thewestinedmonton.com
料ⓈⒹ$179～ Tax別
CC A D J M V
室416室

DoubleTree by Hilton Edmonton
ダブルツリー・バイ・ヒルトン・エドモントン

チャーチル駅から徒歩10分のガラス張りの外観が目印。リバービューの客室が多く、眺望が自慢のラウンジも。屋内プール、フィットネスセンターを併設。

MAP P.176-A2
住9576 Jasper Ave.
TEL (587) 525-1234
URL www.hilton.com
料ⓈⒹ $122～ Tax別 朝食付き
CC A M V
室255室

Fantasyland Hotel
ファンタジーランド

ウエスト・エドモントン・モール(→P.178)内にある。客室ごとに「ハリウッド」や「ウエスタン」などさまざまなテーマが設けられユニークな仕掛けが施されている。

MAP P.174-B1
住17700-87th Ave.
FREE(1-800)737-3783
URL flh.ca
料ⓈⒹ$168～ Tax込み
CC A M V
室351室

Chateau Lacombe Hotel
シャトー・ラコム

ダウンタウンの南側にある24階建ての高層ホテル。最上階にはフロアが360度回転する展望レストラン「La Ronde」があり、エドモントン市内の景色を一望できる。

MAP P.176-B1・2
住10111 Bellamy Hill Rd.
TEL(780)428-6611
FREE(1-800)661-8801
URL www.chateaulacombe.com
料ⓈⒹ$129～ Tax別
CC A M V
室307室

Metterra Hotel on Whyte
メッテラ・ホテル・オン・ホワイト

オールド・ストラスコーナにあるホテル。館内はモダンなインテリアで統一され、客室にはケーブルテレビ、CDプレーヤーなどを備える。

MAP P.178
住10454-82nd Ave.
TEL(780)465-8150
URL www.metterra.com
料ⓈⒹ$164～ Tax別 朝食付き
CC A M V 室98室

Holiday Inn Express Edmonton Downtown
ホリデイ・イン・エクスプレス・エドモントン・ダウンタウン

ダウンタウンの南側、レッド・アローのオフィスの脇にある。客室はシンプルだが機能的で、全室禁煙。一部の客室にはバルコニーやジャクージも付いている。1階にラウンジあり。

MAP P.176-B1
住10010-104th St. N.W.
TEL(780)423-2450
URL www.ihg.com
料ⓈⒹ$164～ Tax別 朝食付き
CC A D M V
室140室

HI Edmonton
HIエドモントン

LRTの駅からは遠いが、オールド・ストラスコーナの住宅街にあるためとても静か。BBQやビリヤードができるほか、映画のビデオが無料で見られる。自転車の貸し出しあり。

MAP P.178
住10647-81st Ave.
TEL(780)988-6836
FREE(1-866)762-4122
URL www.hihostels.ca
料ドミトリー$35.65～(会員)、$39.6～(非会員)
ⓈⒹ$78～(会員)、
ⓈⒹ$86.65～(非会員)
Tax別
CC M V 室24室、114ベッド

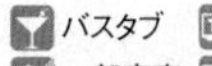 バスタブ  テレビ 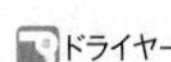 ドライヤー 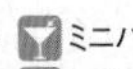 ミニバーおよび冷蔵庫 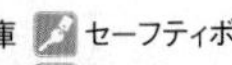 セーフティボックス 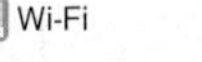 Wi-Fi
一部客室 一部客室 貸し出し 一部客室 フロントにあり

エドモントンのレストラン
Restaurants in Edmonton

Ruth's Chris Steak House
ルース・クリス・ステーキ・ハウス

1965年にアメリカのニューオリンズで誕生した高級ステーキ店。シックにまとめられた店内で、プレミアムなステーキを味わえる。

MAP P.176-A2
住9990 Jasper Ave.
TEL(780)990-0123
URL www.ruthschrisalberta.ca/edmonton
営火～木・日17:00～22:00
金・土17:00～23:00
休月
予$65～
CC A M V

Julio's Barrio
フリオス・バリオ

若者に人気のカジュアルなメキシコ料理のレストラン。タコス$17.5～やケサディージャ$22など、メニューはどれもボリュームたっぷり。

MAP P.178
住10450-82nd Ave.
TEL(780)431-0774
URL www.juliosbarrio.com
営月～木12:00～22:00
金12:00～24:00
土11:30～24:00
日11:30～22:00
休無休　予$20～　CC A M V

Bodega Tapas Bar by Sabor
ボデガ・タパス・バー・バイ・サボール

市内に6店舗を展開する人気スペイン料理店の旗艦店。スパニッシュ・ミートボール$10など20種以上の小皿料理を揃え、ワインの品揃えは通好み。週末は特に混み合うが予約不可。

MAP P.176-A1
住10220-103ed St. N.W.
TEL (780) 757-1114
URL bodegayeg.ca/sabor
営月～木16:00～21:00
金・土16:00～22:00
休日
予＄20～
CC M V

The Marc
マーク

伝統的なビストロ料理に定評があり、グルメ誌のベストダイニングにも選出される実力派。ディナーのおすすめは、受賞歴のあるステーキ$50や鴨肉のコンフィ$34など。予約推奨。

MAP P.176-B1
住9440-106th St. N.W.
TEL (780) 429-2828
URL www.themarc.ca
営火～木11:30～13:15/17:30～21:00
金11:30～13:15/17:00～21:15
土17:00～21:15
休日・月
予ランチ＄30～、ディナー＄40～
CC M V

The Sherlock Holmes Pub
シャーロック・ホームズ・パブ

ブリティッシュスタイルのパブ。客層はビジネスマンが中心で、落ち着いた雰囲気。食事も豊富で、フィッシュ&チップスやケサディージャなどが人気。

MAP P.176-A2
住10012-101A Ave.
TEL(780)426-7784
URL www.sherlockshospitality.com
営日～木11:00～24:00
金・土11:00～翌2:00
休無休
予$20～
CC A M V

PIP
ピーアイピー

ファーマーズ・マーケットから徒歩2分と近く、フレンチトースト$17やエッグベネディクト$18などおしゃれなブランチメニューが充実。グルテンフリーやビーガンにも対応可能。

MAP P.178
住10335-83th Ave. N.W.
TEL (780) 760-4747
URL www.pipyeg.com
営毎日9:00～23:00
休無休
予＄15～
CC M V

エドモントンのショッピング
Shops in Edmonton

The Artworks
アートワークス

カナダならではのおみやげ選びにもってこいの店。カナダ人デザイナーの手による工芸品が並んでおり、見ているだけでも楽しい。

MAP P.176-A2　住10150-100th St.
TEL(780)420-6311　URL theartworks.ca
営月～水・土10:00～18:00
木・金10:00～19:00
休日　CC M V

Alberta Craft Council
アルバータ・クラフト・カウンシル

アルバータ州のアーティスト約150名が参加するアソシエーションによって運営されているギャラリー兼ショップ。陶器やガラス、ジュエリーなど、商品はすべてカナダ製。

MAP P.176-A1　住10186-106th St.
TEL(780)488-5900
URL www.albertacraft.ab.ca
営火～土10:00～17:00
休日・月　CC A M V

カナディアン・ロッキー

Canadian Rocky

バンフのカスケード・ガーデンからの眺め

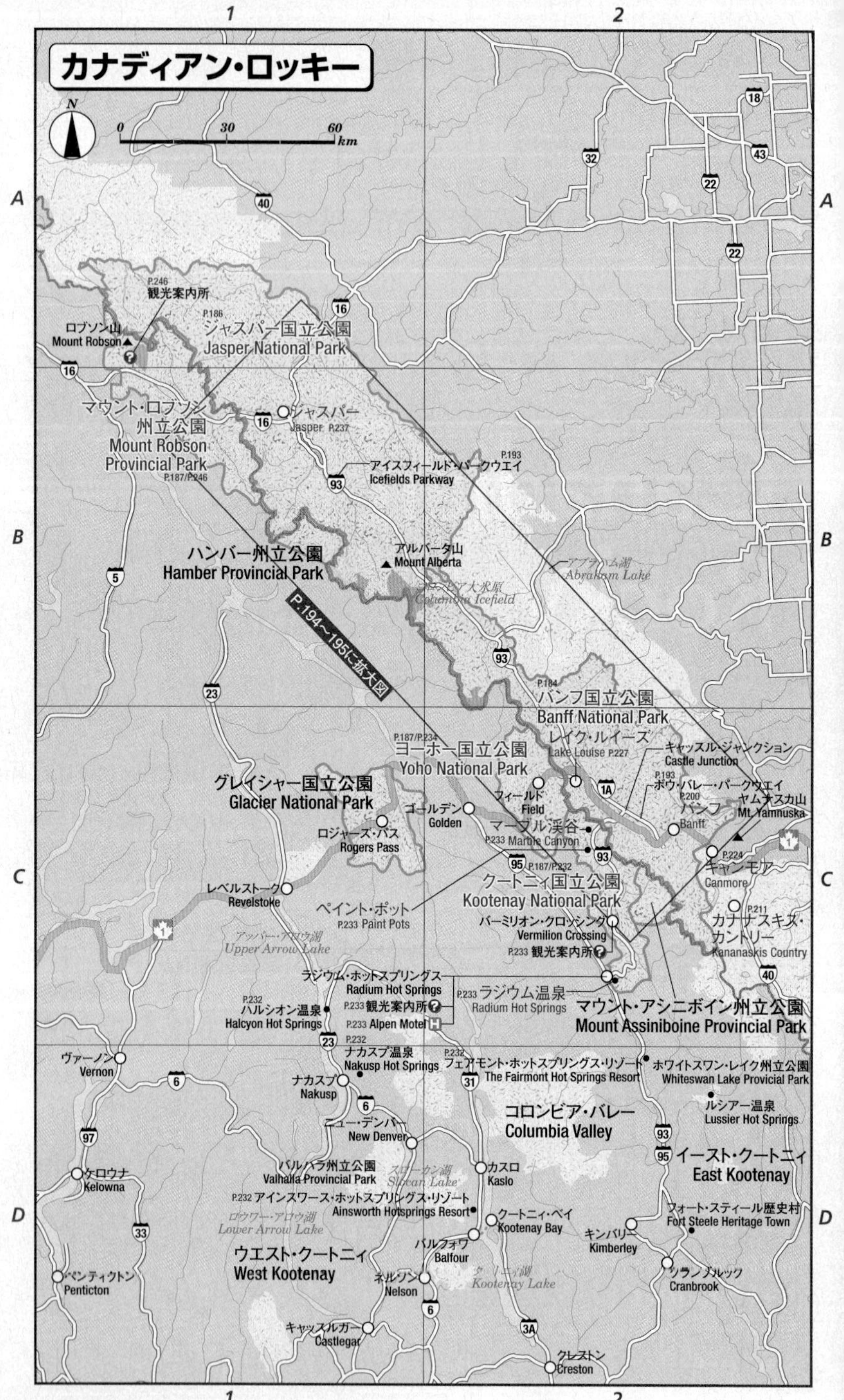

カナディアン・ロッキー
ジャスパー国立公園
Jasper National Park
ロブソン山
Mount Robson
観光案内所
マウント・ロブソン州立公園
Mount Robson Provincial Park
ジャスパー
Jasper
アイスフィールド・パークウエイ
Icefields Parkway
ハンバー州立公園
Hamber Provincial Park
アルバータ山
Mount Alberta
アブラハム湖
Abraham Lake
Columbia Icefield
P.194～195に拡大図
バンフ国立公園
Banff National Park
レイク・ルイーズ
Lake Louise
キャッスル・ジャンクション
Castle Junction
ボウ・バレー・パークウエイ
バンフ
Banff
ヤムナスカ山
Mt. Yamnuska
ヨーホー国立公園
Yoho National Park
グレイシャー国立公園
Glacier National Park
フィールド
Field
ゴールデン
Golden
ロジャーズ・パス
Rogers Pass
マーブル渓谷
Marble Canyon
キャンモア
Canmore
クートニィ国立公園
Kootenay National Park
レベルストーク
Revelstoke
ペイント・ポット
Paint Pots
バーミリオン・クロッシング
Vermilion Crossing
カナナスキス・カントリー
Kananaskis Country
アッパー・アロウ湖
Upper Arrow Lake
ラジウム・ホットスプリングス
Radium Hot Springs
観光案内所
Alpen Motel
ラジウム温泉
Radium Hot Springs
マウント・アシニボイン州立公園
Mount Assiniboine Provincial Park
ハルシオン温泉
Halcyon Hot Springs
ナカスプ温泉
Nakusp Hot Springs
フェアモント・ホットスプリングス・リゾート
The Fairmont Hot Springs Resort
ホワイトスワン・レイク州立公園
Whiteswan Lake Provicial Park
ヴァーノン
Vernon
ナカスプ
Nakusp
ルシアー温泉
Lussier Hot Springs
コロンビア・バレー
Columbia Valley
ニュー・デンバー
New Denver
イースト・クートニィ
East Kootenay
ケロウナ
Kelowna
バルハラ州立公園
Valhalla Provincial Park
スローカン湖
Slocan Lake
カスロ
Kaslo
アインスワース・ホットスプリングス・リゾート
Ainsworth Hotsprings Resort
フォート・スティール歴史村
Fort Steele Heritage Town
ロウワー・アロウ湖
Lower Arrow Lake
クートニィ・ベイ
Kootenay Bay
キンバリー
Kimberley
バルフォワ
Balfour
ウエスト・クートニィ
West Kootenay
ペンティクトン
Penticton
ネルソン
Nelson
クートニィ湖
Kootenay Lake
クランブルック
Cranbrook
キャッスルガー
Castlegar
クレストン
Creston

カナディアン・ロッキー
CANADIAN ROCKY

北米大陸をほぼ縦断するロッキー山脈は、北へ行くほど険しさを増し、そして美しくなるといわれている。3000m級の岩山の連なる山脈には広大な氷河が陽光を受けてキラキラと輝き、深緑色の針葉樹の森には、エメラルド色の湖が宝石のように散りばめられている。厳しい自然はまた、野生動物たちの楽園となっている。

おもなドライブルート
★ボウ・バレー・パークウエイとアイスフィールド・パークウエイ(→P.193)

アルバータ・ロッキーズ
Alberta Rockies

アルバータ州側には、バンフ、ジャスパーという2大国立公園がある。3000m級の山々と数多くの湖、無数の川など、スケールの大きさと美しさで訪れる者を圧倒する。ハイキングやフィッシング、乗馬、スキーなどアクティビティもよりどりみどり。

おもな都市・公園

バンフ国立公園(→P.184)
ジャスパー国立公園(→P.186)
バンフ(→P.200)
キャンモア(→P.224)
レイク・ルイーズ(→P.227)
ジャスパー(→P.237)

B.C.ロッキーズ
B.C. Rockies

鋭い峰を連ねた山稜とその懐に深い蒼をたたえた氷河湖、各地に湧き出る温泉。ロッキーの西一帯、ブリティッシュ・コロンビア州側にはヨーホー、クートニィの国立公園やマウント・ロブソン州立公園をはじめ、穴場的な山岳リゾートが点在している。

おもな公園

クートニィ国立公園(→P.187/P.232)
ヨーホー国立公園(→P.187/P.234)
マウント・ロブソン州立公園
(→P.187/P.246)

カナディアン・ロッキーの自然公園

アルバータ州のバンフ、ジャスパー、ブリティッシュ・コロンビア州のヨーホー、クートニィの4つの国立公園に、マウント・ロブソン、マウント・アシニボイン、ハンバーという3つの州立公園を加えた7つの自然公園が、カナディアン・ロッキー山脈自然公園群としてユネスコの世界自然遺産に登録されている。観光のメインとなるのは、以下に紹介する5つの自然公園。どこも圧倒的なスケールの大自然が魅力だ。

バンフ国立公園

Banff National Park

DATA
バンフ国立公園
MAP P.182-B2～C2
URL parks.canada.ca/pn-np/ab/banff
面積：6641㎢
拠点の町：バンフ（→P.200）

バンフ国立公園は、カナダで最初に国立公園に指定された国立公園発祥の地。1883年、大陸横断鉄道の建設中に3人の工夫が偶然発見した温泉をめぐって、開発権、所有権の問題が起こり、その収拾策として1885年、まず26㎢をバンフ温泉保護区と定めたのがその前身である。1887年に国立公園に指定され、1930年には周辺の山域も加えられ、現在のバンフ国立公園が誕生した。

国立公園の範囲は、北はジャスパー国立公園との境、サンワプタ峠から南のパリサー峠まで全長240km、その中央部をトランス・カナダ・ハイウエイと、ジャスパーまで延びるアイスフィールド・パークウエイ（氷河ハイウエイ、ハイウエイ#93）が貫いている。レイク・ルイーズの先、アイスフィールド・パークウエイに入るあたりから道は徐々に高度を上げ、雄壮な滝や氷河を望む3000m級の山々が連なるダイナミックな風景のなかへと入る。ロッキー観光のハイライトとして知られている場所だ。

ビクトリア氷河からの溶水が流れ込んでできたルイーズ湖

❶国立公園の拠点の町、バンフにはアッパー温泉という入浴施設がある ❷サルファー山の山頂へ上るバンフ・ゴンドラ ❸ペイトー湖は神秘的な色の水をたたえ、時間とともに色を変える ❹背後にテン・ピークスの山がそびえるモレイン湖 ❺カヌーが楽しめる湖もある ❻お城のような姿をしたキャッスル山

ジャスパー国立公園

Jasper National Park

DATA
ジャスパー国立公園
MAP P.182-A1～B1
URL parks.canada.ca/pn-np/ab/jasper
面積：約1万1000㎢
拠点の町：ジャスパー（→P.237）

カナディアン・ロッキーの自然公園では最大の面積を誇るジャスパー国立公園。国立公園の指定を受けたのは1907年。北部には未開のまま残されたエリアも多く、野生動物と接する機会も多い。

公園の南半分をほぼ南北に走るアイスフィールド・パークウエイ（ハイウエイ#93）には、コロンビア大氷原の氷河群が並び、壮大な眺めを見せてくれる。氷原の奥には、日本山岳会によって1925年に初登頂された標高3622mのアルバータ山がある。

アイスフィールド・パークウエイと並行して流れるサンワプタ川と、ハイウエイ＃16（通称イエローヘッド・ハイウエイ）に沿って流れるマヤッタ川は、ジャスパーの町の近郊でアサバスカ川へと合流し、園内を縦断している。

1

2

3

4

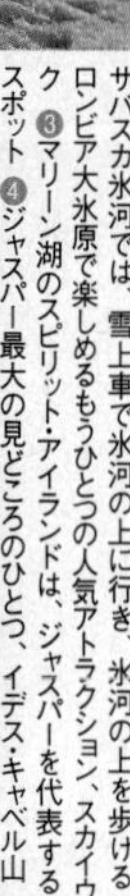

❶アイスフィールド・パークウエイ沿いにあるコロンビア大氷原の末端、アサバスカ氷河では、雪上車で氷河の上に行き、氷河の上を歩ける ❷コロンビア大氷原で楽しめるもうひとつの人気アトラクション、スカイウオーク ❸マリーン湖のスピリット・アイランドは、ジャスパーを代表する絶景スポット ❹ジャスパー最大の見どころのひとつ、イデス・キャベル山

ヨーホー国立公園

Yoho National Park

バンフ国立公園の西側と、クートニィ国立公園の北側に境を接するヨーホー国立公園は、総面積1313km²と小粒ながら3000m級の高峰が28座も並ぶ奥深さをもっている。公園のほぼ中央をトランス・カナダ・ハイウエイが横切り、レイク・ルイーズから30分の距離に園内唯一の町フィールドがある。

観光ポイントは、トランス・カナダ・ハイウエイから北に奥へ入ったタカカウ滝や、俗化されていないエメラルド湖をはじめ、貴重な化石が眠るバージェス・シェイルなど。

DATA
ヨーホー国立公園(→P.234)
MAP P.182-C2
URL parks.canada.ca/pn-np/bc/yoho
面積：1313㎢

❶豪快にしぶきを上げるタカカウ滝 ❷エメラルド色の氷河湖、エメラルド湖ではカヌーも楽しめる

クートニィ国立公園

Kootenay National Park

バンフ国立公園の南西に広がるクートニィ国立公園は、キャッスル・ジャンクションからハイウエイ#93を左折して、#95とぶつかるラジウム温泉まで約100kmにわたって続いている。キャッスル・ジャンクションから20～30分の距離に、マーブル渓谷、ペイント・ポットと見どころが続き、いずれも周辺にはトレイルがある。ラジウム温泉周辺には、安いホテル、モーテルが並び、宿泊スポットとしては穴場的存在。ただし、公園内は車でないと移動が困難だ。

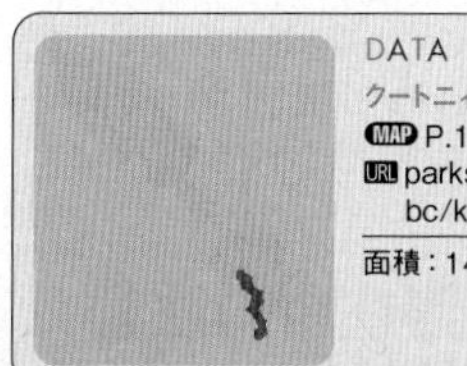

DATA
クートニィ国立公園(→P.232)
MAP P.182-C2
URL parks.canada.ca/pn-np/bc/kootenay
面積：1406㎢

激しい流れが見られるマーブル渓谷

マウント・ロブソン州立公園

Mount Robson Provincial Park

マウント・ロブソン州立公園は、ジャスパー国立公園のすぐ西側に張り付くように存在している。カナディアン・ロッキーの最高峰、標高3954mのロブソン山を取り巻く山域だ。

ジャスパーからハイウエイ#16(イエローヘッド・ハイウエイ)を車で1時間も走ると、観光案内所の奥に、この独立峰がそびえ立つのが見られる。また、公園の南を流れるフレイザー川は、8月の産卵期、チヌーク・サーモンの群れが見られる場所として有名。

DATA
マウント・ロブソン州立公園(→P.246)
MAP P.182-A1～B1
URL bcparks.ca/mount-robson-park
面積：2249㎢

カナディアン・ロッキーの最高峰、ロブソン山

GENERAL INFORMATION

カナディアン・ロッキー総合案内

拠点の町と観光ルート

カナディアン・ロッキーの観光の拠点となるのは、バンフ国立公園にあるバンフ(→P.200)とジャスパー国立公園のジャスパー(→P.237)の町。どちらもリゾートとして名高いが、町の規模はバンフのほうが大きく、ホテルの収容人数も多い。最も一般的な観光ルートは、バンフに宿泊しながら、乗合のツアーバスでバンフの周辺の見どころやレイク・ルイーズ、アイスフィールド・パークウエイへと足を延ばす方法。また、バンフにはキャンモア(→P.224)という近隣の宿泊地がある。宿泊料金はキャンモアのほうが安いが、レストランやショップはバンフのほうが断然多い。かつては、バンフからキャンモアおよびレイク・ルイーズへの移動は不便だったが、ボウ・バレー・リージョナル・トランジット・サービス・コミッションのローム・バスが走るようになり、便利になった(→P.203、P.224、P.227)。なお、ツアー会社の多くはキャンモアとレイク・ルイーズからのピックアップに対応している。

ツアーについて

ツアー会社はパシュート・バンフ・ジャスパー・コレクションを最大手として、観光やアクティビティの会社などを含めると多数ある。日系ツアー会社も多く、各社ともバンフやジャスパー周辺のツアーから、ほかの国立公園に行くツアーなどメニューはさまざま。パシュート・バンフ・ジャスパー・コレクションは最大手だけありバスも大きく料金も比較的安いが、小回りが利かないのと英語ガイドのみというのが難点。小さなツアー会社は、たいてい10人乗り前後のミニバンを利用し、大型バスのツアーより小回りが利いて、立ち寄る見どころも細かいケースが多い。各社のパンフレットはホテルや観光案内所で入手できる。各町のツアー会社については、バンフ(→P.205)、ジャスパー(→P.237)を参照。

日本語ガイドツアーでロッキー観光

カナディアン・ロッキー観光の強い味方が、乗合のツアーバス。日本語ガイドツアーを催行しているツアー会社もあるので、ぜひ利用してみよう(→P.148、205)。

DATA

国立公園情報のサイト

URL parks.canada.ca
(公園管理局パークス・カナダParks Canada)

国立公園入園料

1日　料 大人$10.5、シニア$9、17歳以下無料

年間パス(ディスカバリー・パス)

料 大人$72.25、シニア$61.75

1週間以上の滞在なら、年間パスのほうがお得。

レンタカーについて

ツアーよりも自由度は増すが、近年はレンタカーを含む一般車両の乗り入れを規制している観光地もあるため事前の情報収集は万全に。ロッキー内は非常に混雑するため、カルガリーかエドモントンで借りてしまうのが無難だろう。なお、ロッキーにはガソリンスタンドが少ない。次のスタンドまで100km以上あることもざらなので、こまめに給油しよう。

ロッキーの気候

ロッキーの観光シーズンは夏。冬に凍った湖が完全に解ける6月末くらいから8月までが“夏”で、1日の最高気温が30度以上になることもある。ただし夏といっても、天候が悪ければ雪やあられがちらつくことも珍しくなく、8月の末には空気も冷たくなってくる。すばらしい黄葉が見られる秋はロッキーの第2の観光シーズンでもあるが、真冬並みに冷え込む日もある。この時期に旅行する人は、厚手のジャケットなど防寒具が不可欠だ。雪が降るのは10月中旬頃からで、11月には一面の冬景色となりスキーシーズンを迎える。

山岳気候のカナディアン・ロッキーでは、1日の気温の変化が大きいのが特徴だ。夏など日中は25度近くまで上がるが、夜中には6〜7度まで下がる。天候も変わりやすいので、常に重ね着できる服装が望ましい。防水性のウインドブレーカーを用意すると便利。ロッキーは標高が高いので、日射病の予防が必須である一方、日中でも高い峠や展望ポイントなどは常に風があり、かなり冷える。町なかでは暑くても、観光やアクティビティに出かけるときは必ず上着を持っていくこと。またハイキングを楽しみたいなら、夏でもマウンテンパーカやナイロン素材のパンツ、帽子などを忘れずに。

ロッキー滞在中の注意

国立公園にはいくつかの禁止事項がある。そのなかでも特に注意すべきことは以下のとおり。

- 国立公園内でのゴミ捨ては禁止。
- 植物や石の採集、木々を傷つけるなどの自然を破壊する行為は一切禁止。
- 動物に餌をやらないこと。なお、ドライブ中に動物に出合っても、絶対に車の外に出ないこと。エルクなどの大型動物の場合は30m、クマは100m、コヨーテやオオカミは200m以上離れることと定められている。

TRAFFIC INFORMATION

カナディアン・ロッキーの交通

ロッキーへのアクセス

カナディアン・ロッキー観光の中心となる町は、バンフ（→ P.200）とジャスパー（→ P.237）。バンクーバーからバンフ、ジャスパーに行くには、バンフはカルガリー、ジャスパーはエドモントンというアルバータ州の大都市まで飛行機で行き、そこからバスでアクセスするのが一般的だ。バンフへはバンクーバーからライダー・エクスプレスの直通バスもあるが、時間がかかるのでおすすめできない（→ P.203）。時間があるなら、カムループスやケロウナなどの都市に立ち寄りながら行くのもいい。鉄道はVIA鉄道とロッキー・マウンテニア鉄道が利用できる。

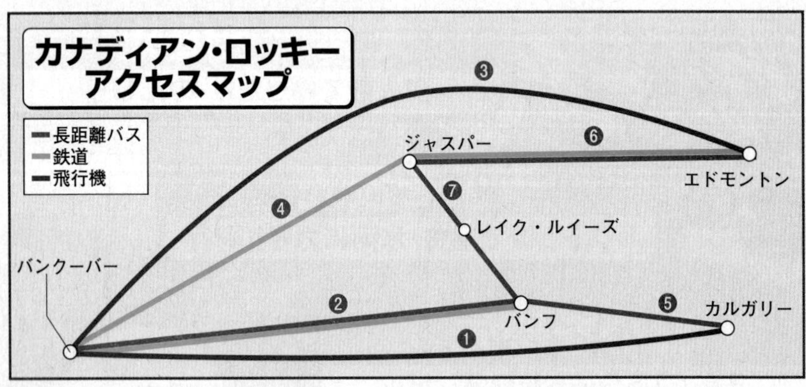

ロッキーへのおもなアクセス

ルート	利用交通手段	便数	所要時間
❶バンクーバー～カルガリー	エア・カナダ	1日10～14便	1時間30分
	ウエストジェット	1日8～14便	
❷バンクーバー～バンフ	ライダー・エクスプレス	1日1～2便	13時間15分
	ロッキー・マウンテニア鉄道	週2～3便（4/17～10/13）	最短1泊2日
❸バンクーバー～エドモントン	エア・カナダ	1日7～10便	1時間30分
	ウエストジェット	1日3～8便	
❹バンクーバー～ジャスパー	VIA 鉄道カナディアン号	週2便	18時間30分
	ロッキー・マウンテニア鉄道	週2～3便（4/18～10/13）	最短1泊2日
❺カルガリー～バンフ	ライダー・エクスプレス	1日1～2便	2時間
	バンフ・エアポーター	合わせて1～2時間に1便	2時間
	ブリュースター・エクスプレス		
❻エドモントン～ジャスパー	サン・ドッグ・ツアー	1日1便	4時間45分
	トンプソン・バレー・チャーターズ	週2便	4時間30分
	VIA 鉄道カナディアン号	週2便	6時間30分

※❼レイク・ルイーズ～バンフ～ジャスパーのアクセスは「バンフ→レイク・ルイーズ→ジャスパー」（→P.191）を参照。

ロッキー内の交通

カナディアン・ロッキーに属するすべての自然公園は、飛行機の乗り入れが禁止されている。移動手段は長距離バスおよびツアーバス（バスルートマップ→右下図）、レンタカーのみ。

バンフ→レイク・ルイーズ→ジャスパー

バンフ〜レイク・ルイーズ間はトランス・カナダ・ハイウエイを、レイク・ルイーズ〜ジャスパー間はアイスフィールド・パークウエイを走る（→P.193）。特に後者は、ロッキーを代表するドライブコースだ。レンタカー以外で移動するとなると、ほとんどのバスがバンフ〜レイク・ルイーズで停まってしまい、ジャスパーへは行かない。レイク・ルイーズ〜ジャスパー間を結ぶ定期路線バスはパシュート・バンフ・ジャスパー・コレクションのブリュースター・エクスプレスが5〜10月のみ1日1便運行している。なお、10月下旬〜4月下旬はサン・ドッグ・ツアーが運行。

レイク・ルイーズ〜ジャスパー間の移動の裏技

レイク・ルイーズ〜ジャスパー間を行くバスは1日1便のみ。そこでおすすめなのが、アイスフィールド・パークウエイのツアーに参加すること。ツアーなら、ペイトー湖やコロンビア大氷原などに寄りながらジャスパーまで移動できる。効率よく観光と移動ができるので、非常に便利。たとえジャスパーまで行くツアーバスではなくともコロンビア大氷原まで乗せてもらい、ブリュースター・エクスプレスのバスに乗り換えてジャスパーまで移動するという手もある。前述のようにジャスパー行きのバスは5〜10月の1日1便のみの運行で、コロンビア大氷原発19:05、ジャスパー到着は20:30。

バンフ、ジャスパーからの移動

周辺への見どころへ足を延ばす場合、バンフ〜ジャスパー間を結ぶブリュースター・エクスプレス（冬季はサン・ドッグ・ツアー）や、カルガリー〜バンフ間を結ぶバンフ・エアポーターのバスを利用できる。しかしほとんどの場合、小回りが効かず現地での観光の足としては使えない。効率を考えるとやはりツアーに入るほうが無難。ヨーホー、クートニィ国立公園のようにツアーやレンタカーでしか行けない場所もある。また、2023年よりモレイン湖へのレンタカーの乗り入れが禁止されている（→P.228）。ただし、バンフの近郊だけなら公営のローム・バスも便利（→P.204、227）。

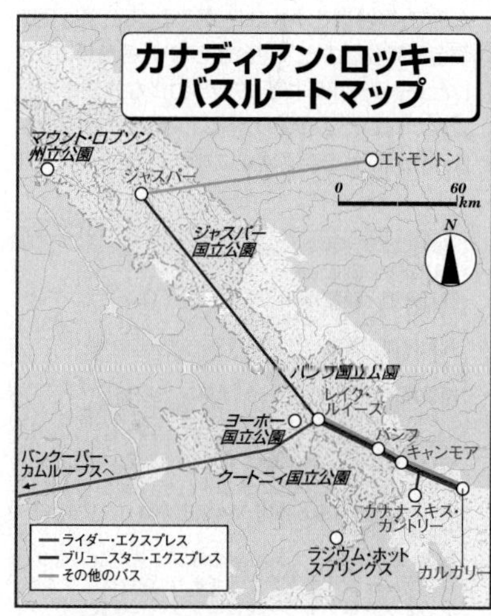

ロッキー内のアクセス一覧表

拠点	行き先	利用バス会社
バンフ	キャンモア	ブリュースター・エクスプレス、ローム・バス、ライダー・エクスプレス
	カナナスキス・カントリー	ブリュースター・エクスプレス
	レイク・ルイーズ	ブリュースター・エクスプレス、ローム・バス、ライダー・エクスプレス
	ヨーホー国立公園、クートニィ国立公園	レンタカーのみ
ジャスパー	レイク・ルイーズ	ブリュースター・エクスプレス
	ヨーホー国立公園、クートニィ国立公園、マウント・ロブソン州立公園	レンタカーのみ

COLUMN

VIA鉄道カナディアン号の旅

バンクーバーとトロントを結ぶVIA鉄道のカナディアン号は、4466kmを走破する大陸横断鉄道。延べ日数4泊5日のうち、バンクーバーからジャスパーへ行く1泊2日の路線は、ロッキー山脈を越える風光明媚な路線として名高い。

旅の出発地は、カナダ西部の海岸線にあるバンクーバー。15:00にバンクーバーのパシフィック・セントラル・ステーションを出発した列車は、郊外を流れるフレイザー川を越え、はるか東のトロントへ向けて進路を取る。列車が険しいコースト山脈を越え、日付を越えた深夜にカムループスに到着する。途中には豪華な食堂車でのディナータイムもあり、カナダ食材のフルコースが振る舞われる。ディナーを終えたらもうあたりは真っ暗なので、寝台車でゆっくりと眠ろう。寝台車は個室寝台と開放型の上下寝台からなり、各車両にトイレとシャワーが備わる。クラシカルな食堂車や展望席が付いた2種類のラウンジがあり、ゲストが快適に過ごせる車両編成になっている。

DATA

VIA鉄道 カナディアン号
VIA Rail The Canadian

運行区間／距離：バンクーバー～トロント／4466km
掲載区間／距離：バンクーバー～ジャスパー／866km
所要時間：バンクーバー～トロント4泊5日
バンクーバー～ジャスパー1泊2日
シーズン：ピークは、カナディアン・ロッキーの雪が解ける6月頃から9月頃まで。特に7～8月にはかなり混み合うため、早めの予約を心がけよう。予約の流れは「旅の準備と技術、VIA鉄道の旅」（→P.545）を参照。
座席：エコノミークラス、寝台車プラスクラスやプレスティージ寝台車クラスがあり、寝台車プラスクラスとプレスティージ寝台車クラスには食事（バンクーバー→ジャスパー間は朝・昼）が付く。寝台車にはひとり用個室寝台と、ふたり用個室寝台のほか、上下寝台がある。

↑山と森の絶景のなかを走るカナディアン号©VIA鉄道

翌朝は、いよいよロッキー山脈越え。まずはロッキーの山並みを眺めながら朝食を取ろう。屹立する岩山や、青い川や湖を両側に望みながら進むルートは、カナディアン号のハイライトだ。360度どこを見ても絵になる風景は、展望席が付いた「スカイラインカーSkyline Car」や寝台車プラスクラス専用ラウンジ「パークカーPark Car」、夏季限定の「パノラマカーPanorama Car」で楽しみたい。車内ではアナウンスも行われ、景色をよく見られるようにと、ところどころでスピードを落としてくれる。落差91mのピラミッド滝Pyramid Fallsや標高3954mのロブソン山、ムース湖Moose Lakeなど絶景ポイントはめじろ押し。標高1131mのイエローヘッド・パスYellowhead Passを越えると、やがてジャスパー国立公園の町、ジャスパーに到着する。列車はその後大平原を越えて東進し、トロントまで旅を続ける。

カナディアン号時刻表（東行き）

駅	時刻	曜日
バンクーバー	15:00発	月・金
カムループス	0:17着、0:52発	火・土
ジャスパー	11:00着、12:30発	火・土
エドモントン	18:50着、19:50発	火・土
サスカトゥーン	5:57着、6:57発	水・日
ウィニペグ	22:00着、23:30発	水・日
トロント	14:29着	木・月

※西行き（トロント→バンクーバー）は時間が異なる

バンフからジャスパーへロッキー縦断ドライブ

ボウ・バレー・パークウエイとアイスフィールド・パークウエイ

Bow Valley & Icefields Parkway

カナディアン・ロッキーのハイライトともいえるのが、レイク・ルイーズ〜ジャスパーを結ぶアイスフィールド・パークウエイ。バンフ〜レイク・ルイーズ間を結ぶボウ・バレー・パークウエイと合わせて全長約300kmの道路は、カナディアン・ロッキーの中心、バンフ国立公園とジャスパー国立公園を貫いて進む。

ボウ・バレー・パークウエイとアイスフィールド・パークウエイの回り方

ボウ・バレー・パークウエイとアイスフィールド・パークウエイ基本DATA MAP P.182-C2〜B1

拠点となる町：バンフ、ジャスパー
歴史的見どころ：★
自然の見どころ：★★★★★

ボウ・バレー・パークウエイとアイスフィールド・パークウエイ情報のサイト
URL parks.canada.ca (Parks Canada)

ボウ・バレー・パークウエイ

Bow Valley Parkway MAP P.195

バンフからレイク・ルイーズまでは、トランス・カナダ・ハイウエイに旧道#1Aが並行する。この旧道が全長約50kmのボウ・バレー・パークウエイ。大型バスがあまり通らない道には見どころもたくさん。最初に着くのが、ジョンストン渓谷。ジョンストン渓谷を過ぎてしばらくすると、右側に城のような形をしたキャッスル山が見えてくる。ムース・メドウMoose Meadowsを過ぎると、クートニィ国立公園へ向かうハイウエイ#93が分かれるキャッスル・ジャンクションCastle Junctionだ。ここからトランス・カナダ・ハイウエイに入り30kmほど走ると、レイク・ルイーズに到着。

⬆野生動物に出合えるかも

アイスフィールド・パークウエイ

Icefields Parkway MAP P.194〜195

レイク・ルイーズとジャスパーを結ぶハイウエイ＃93は、通称「アイスフィールド・パークウエイ」と呼ばれ、ボウ湖やペイトー湖、コロンビア大氷原などロッキーのハイライトといえる見どころが連続する。いずれもハイウエイ沿いに駐車場があるので、車を降りて見学したい。“すすり泣く壁”を越えると、大きくカーブしながら急な坂道を上るビッグ・ベンドBig Bendに差しかかる。カーブを曲がりきった所がアイスフィールド・パークウエイの最高所であるサンワプタ峠で、ここからジャスパー国立公園へと入る。間もなくコロンビア大氷原が左側に見えてくる。雪上車は、道を挟んだ右側の建物から出発するので、ツアーに参加する人はそちらの駐車場へ行こう。アサバスカ滝を過ぎると、道はハイウエイ#93と#93Aのふた手に分かれるが、やがて合流するとジャスパーだ。

ドライブチャート

- バンフ P.200
- → トランス・カナダ・ハイウエイ、＃1A経由 38km
- ① ジョンストン渓谷
- → ハイウエイ＃1A経由 5.7km
- ② キャッスル・ジャンクション
- → トランス・カナダ・ハイウエイ、＃93経由 60.4km
- ③ クロウフット氷河
- → ハイウエイ＃93経由 3km
- ④ ボウ湖
- → ハイウエイ＃93経由 5.8km
- ⑤ ボウ峠
- → ハイウエイ＃93経由 1km
- ⑥ ペイトー湖
- → ハイウエイ＃93経由 31.5km
- ⑦ ミスタヤ渓谷
- → ハイウエイ＃93経由 50km
- ⑧ サンワプタ峠
- → ハイウエイ＃93経由 15km
- ⑨ コロンビア大氷原
- → ハイウエイ＃93経由 72km
- ⑩ アサバスカ滝
- → ハイウエイ＃93経由 32km
- ジャスパー P.237

※開館時間、営業時間などの日程は基本的に2023年のもの。年度により変動するため、ウェブサイトなどで再確認を。(→P.7)

おもな見どころ

ボウ・バレー・パークウエイ

CHECK!

路線バスで渓谷へ

バンフからボウ・バレー・リージョナル・トランジット・サービス・コミッションのローム・バスが、ジョンストン渓谷へ行くルート9を運行。5/19～10/9の1日7便(冬季は週末のみ)。片道大人$5、シニア・ユース(13～18歳)$2.5、子供無料。

⬆豪快なしぶきを上げるロウワー滝

CHECK!

キャッスル山を望む休憩スポット

キャッスル・ジャンクション

宿泊施設のキャッスル・マウンテン・シャレーCastle Mountain Chaletsに併設された小さな休憩エリアが、キャッスル・ジャンクションCastle Junction。食料品を販売しており、外にはガソリンスタンドもある。

ジョンストン渓谷

Johnston Canyon

MAP P.195

★★★

ジョンストン・クリーク川Johnston Creekが大地を削り取ってできた深い渓谷。雄大なカナディアン・ロッキーにあって、繊細で変化に富んだ、ある意味では日本的な風景を造り出している。駐車場から約1.2kmのロウワー滝Lower Falls、さらに1.3km上流のアッパー滝Upper Fallsのふたつの滝が見どころ。途中、深い所で30mはあるという渓谷の絶壁を縫うように進む遊歩道からの景色が美しい。

キャッスル山

Castle Mountain

MAP P.195

★★★

ジョンストン渓谷を過ぎて右側に見える、ロッキーを代表する山。茶色がかった岩肌をしており、西洋の城のような姿をしている。悠然と天空に頂を突き上げるその姿は、荒々しさのなかにもどことなく気品を感じさせる。麓からは約7.4kmのハイキングコースがあり、間近で見上げるアングルも迫力満点。また、このあたりは昔、銀が採れるといわれ、シルバー・シティSilver Cityを形成していたが、今はその面影もなく、草原が広がっている。

⬆ロッキーを代表するパワースポットでもある

アイスフィールド・パークウエイ

③ クロウフット氷河 Crowfoot Glacier

MAP P.195 ★★★

鮮やかなターコイズブルーの氷河湖、ヘクター湖 Hector Lakeを左側に見ながら北へ進むと、やがて巨大な鳥の足のような氷河が岩肌に見えてくる。クロウフット氷河は、その名のとおり、かつては山の斜面にカラスの足を思わせる3本の氷河が延びていた。しかし、今では下の1本が消滅してしまったため、2本の足になってしまった。

↑道沿いから遠巻きに眺めることになる

④ ボウ湖 Bow Lake

MAP P.195 ★★★

ボウ湖はボウ氷河から流れ出した水によりできた氷河湖。湖畔のすぐそばをパークウエイが走り、軽食が取れるロッジもあるので多くの観光客が立ち寄る。広々とした湖面の向こうに、氷河をまとった険しい岩山を望むことができる。赤い屋根のロッジ・アット・ボウ・レイク The Lodge at Bow Lake（→P.196欄外）が立つ湖畔は絶好のピクニックエリアだ。

↑湖畔をのんびりと散歩したい

CHECK!

アイスフィールド・パークウエイをツアーで回る

パシュート・バンフ・ジャスパー・コレクション
Pursuit Banff Jasper Collection
FREE (1-866)606-6700
URL www.banffjaspercollection.com

Columbia Icefield Discovery

バンフからトランス・カナダ・ハイウエイ、アイスフィールド・パークウエイを通ってコロンビア大氷原へ行くツアー。途中、ルイーズ湖や、ボウ湖に立ち寄る。催行は5/6〜10/9('23)。雪上車ツアー(コロンビア・アイスフィールド・アドベンチャー)とスカイウオーク(コロンビア・アイスフィールド・スカイウオーク)の料金込み。

バンフ発着
(所要約10時間30分)
料 大人$315、子供(6〜15歳)$205

レイク・ルイーズ発着
(所要約7時間30分)
料 片道
大人$315、子供(6〜15歳)$205

ほかにもコロンビア大氷原やバンフ、ジャスパーへ行くIcefields Parkway Discoveryなどもある。

※日本語対応のツアー会社(→P.148、P.205)でも同様のツアーを催行している。

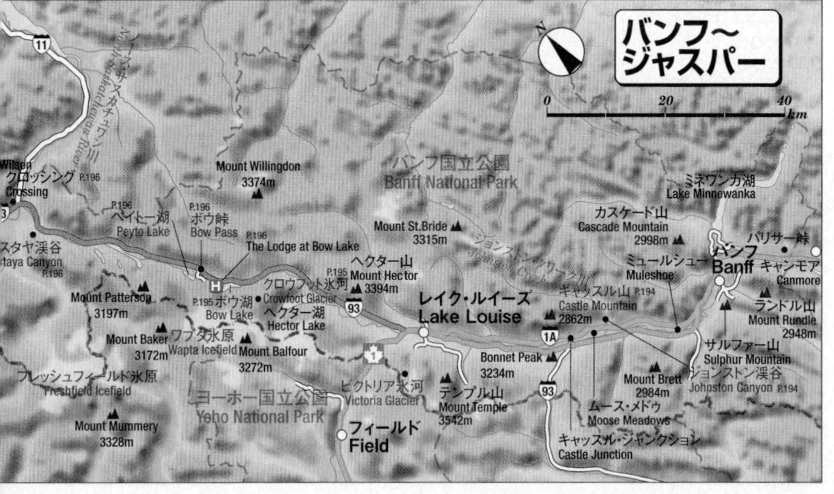

⑤ ボウ峠
Bow Pass

MAP P.195

★★★

ボウ湖のすぐ先にある峠は、アイスフィールド・パークウエイの最高地点(2088m)。バンフやジャスパーなどよりあきらかに気温が低く、曇ると夏でも肌寒いほどだ。ペイトー湖を見下ろす展望台へは、下の駐車場に車を停め5分ほど坂道を歩く。この道沿いは高山植物の宝庫となっており、夏にはさまざまな花が見られる。観光バスは上の駐車場に着くため、坂を歩かずに済む。

CHECK!
ボウ湖の湖畔ロッジ

ロッジ・アット・ボウ・レイク
The Lodge at Bow Lake

MAP P.195
TEL (403)522-0148
URL lodgeatbowlake.com
料 Ⓢ Ⓓ $850〜 朝食付き
CC A M V
室 16室

ボウ湖のすぐそばに立つ、赤い屋根の木製ロッジ。1900年代初頭にガイドとして活躍したジミー・シンプソンが自らの手で建てたもので、近年、前身のナムティージャ・ロッジNum-Ti-Jah Lodgeからリニューアル。木の香りが漂う内部は、そこかしこに山を思わせるオブジェが置かれたすてきな造り。部屋にテレビや電話はない。建物の外にはベンチが備わり、湖を眺めながらのんびりくつろげる。

↑広々として落ち着いた雰囲気

⑥ ペイトー湖
Peyto Lake

MAP P.195

★★★

カナディアン・ロッキーの初期ガイドだったビル・ペイトーの名がつけられた湖。湖水の色が、季節や時間帯によって微妙に変化することで知られる。ボウ峠の展望台から見下ろすため、湖畔から眺めるほかの湖とはひと味違った、雄大な眺望を楽しめる。周囲の山が湖に影を落とす時間、特に湖面に対岸の山々がひときわ美しく映える早朝がベスト。

↑驚くほど青い水をたたえるペイトー湖

⑦ ミスタヤ渓谷
Mistaya Canyon

MAP P.195

★★★

ペイトー湖を過ぎると、ノース・サスカチュワン川North Saskatchewan Riverに向かって長い下り坂に入る。その途中、左側にミスタヤ渓谷の駐車場がある。渓谷までは歩いてすぐ。ジャスパーのマリーン渓谷(→P.243)などと比べると規模は小さいが、ドライブの疲れを癒やすのにぴったりの美しい渓谷だ。ツアーでもほとんど立ち寄らないため、静か。

➡激流が深い渓谷を造り出す

CHECK!
アイスフィールド・パークウエイの休憩はここで

クロッシング
MAP P.195

バンフ、ジャスパーのちょうど中間地点あたりに、東から来たハイウエイ#11がアイスフィールド・パークウエイに合流するジャンクション、クロッシングCrossingがある。ここには大きなレストハウスがあり、食事、ガソリン補給、おみやげの購入などに便利。宿泊施設もある。昼食時は団体客で非常に混み合う。

↑レストランのメニューはサンドイッチなどの軽食が中心

8 "すすり泣く壁"とサンワプタ峠

MAP P.194

Weeping Wall & Sunwapta Pass

★★★

垂直に切り立った大岩壁から雪解け水が幾筋にも分かれながら流れ落ちるために「すすり泣く」と表現されている。ここを過ぎてサンワプタ峠にさしかかる手前は、「Big Bend(大曲がり)」と呼ばれる大きなカーブになっている。蛇行しながら上り詰めた所がサンワプタ峠だ。ここからジャスパー国立公園に入る。

↑垂直の崖から氷河の溶水がしたたり落ちる

9 コロンビア大氷原

MAP P.194

Columbia Icefield

★★★

アイスフィールド・パークウエイのハイライト、コロンビア大氷原は総面積325km²に及ぶ巨大な氷河だ。道路から見えるのは、この大氷原から流れ出すいくつもの氷河のひとつ、アサバスカ氷河Athabasca Glacierの末端に過ぎない。しかし、そばまで行って見ればその巨大さに驚くだろう。車をすぐ下の駐車場に停めれば、歩いて10分程度で氷河の末端まで行ける。しかし氷河の上をむやみに歩くのは、クレバス転落などの恐れもあり危険だ。実際に死亡事故も発生している。

氷河と道を挟んだ向かいにある緑屋根の建物は、グレイシャー・ディスカバリー・センターGlacier Discovery Centre。ここからは、カナディアン・ロッキーを代表するふたつの人気ツアーが出る。ひとつは、雪上車(スノーコーチ)に乗って移動し氷河の上に立つ雪上車ツアー。もうひとつは、崖から飛び出た絶景展望台のスカイウオーク。各ツアーの詳細は→P.198。

↑氷河の端まで歩くこともできる

10 サンワプタ滝とアサバスカ滝

MAP P.194

Sunwapta Falls & Athabasca Falls

★★★

コロンビア大氷原からアイスフィールド・パークウエイに沿って流れるサンワプタ川Sunwapta Riverが突然方向を変え、南から来たアサバスカ川Athabasca Riverに合流する地点にサンワプタ滝がある。それによってさらに水量を増したアサバスカ川は、そこから30kmほど流れた所でもアサバスカ滝となって流れ落ちる。いずれも川が長い時間をかけてくり抜いた硬い岩盤の間の狭い水路を走るため、特に雪解け水を集める初夏は怒濤の迫力。

↑何連にもわたって流れるアサバスカ滝

グレイシャー・ディスカバリー・センター

MAP P.194

アサバスカ氷河と道路を挟んで向かいにある。雪上車ツアーとスカイウオークの拠点となる。館内にはギフトショップやカフェ、レストランもある。

↑雪上車に乗って氷河の上に移動しよう

↑絶景が見られるスカイウオーク

CHECK!

アサバスカ川の展望スポット

ゴート&グレイシャー

MAP P.194

アサバスカ川を見下ろすビュースポットが、ゴート&グレイシャーGoats & Glaciers。周囲は砂場となっており、春先と秋頃になるとマウンテン・ゴートがミネラルを含んだこの砂を食べにやってくる。

↑アサバスカ滝とフライアット山Mount Flyattを望む

コロンビア大氷原

2大人気アトラクションNAVI

アイスフィールド・パークウエイ最大の見どころであるコロンビア大氷原で楽しめる、ふたつの定番アトラクションへ! どちらのツアーもビジターセンターであるグレイシャー・ディスカバリー・センターからスタートする。

⬇真っ赤な車体が、白い氷河に映える

Attraction

01 雪上車ツアー

⬆遠くから見ると、氷河の大きさがよく分かる(左)、氷河の溶水をすくって飲んでみて。ペットボトルに入れて持ち帰ってもOK(右)

専用車で氷河の上にGo!

人の背丈ほどの高さがある、巨大なタイヤの雪上車(スノーコーチ)で氷河の上まで移動して、実際に自分の足で歩くアトラクション。氷河の上で30分ほどの自由時間があり、写真撮影したり氷河の溶け水を飲んだりとさまざまに楽しめる。夏でも氷河の上は寒いので、パーカなど防寒具を忘れずに。バンフ発のアイスフィールド・パークウエイツアーの場合、ツアー内容の一部に組み込まれていることが多い。

コロンビア・アイスフィールド・アドベンチャー(雪上車ツアー)
Columbia Icefield Adventure
FREE (1-866)506-0515 URL www.banffjaspercollection.com/attractions/columbia-icefield
開5/20～9/30 毎日10:00～17:00、10/1～9 毎日11:00～16:00(天候により変動あり)
休10/10～5/19 料大人$89～、子供(6～15歳)$57.85～(スカイウオークとのセットで、ウェブサイト予約の割引料金。日により変動あり)。

How to enjoy 雪上車ツアー

Step 01

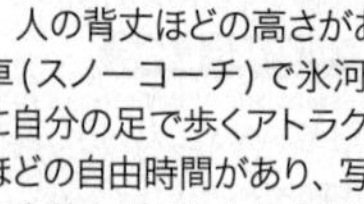

グレイシャー・ディスカバリー・センターへ。チケットは売り切れることがあるのでウェブサイトで事前に購入を。

Step 02

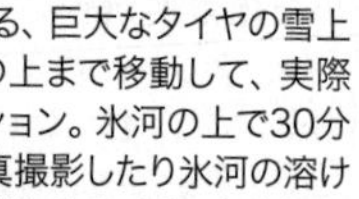

順番が来るとアナウンスがあるので、それに従いバスに乗る。ツアーならガイドが案内してくれる。

Step 03

坂道を上ってアサバスカ氷河の横に来たら、雪上車に乗り換える。大きなタイヤに思わずびっくり!

Step 04

ガイドさんの話を聞きながら、氷河の上を20分ほど移動。目的地に到着したらバスを降りよう。

コロンビア大氷原の発見 Story

1827年、植物学者のデビッド・ダグラスがアサバスカ峠付近に5000m級の山を発見したと発表した。その後多くの人がこの山を探しにロッキーを訪れたが発見されることはなく、いつしか「幻の山」と呼ばれるように。1898年、ジョン・コーリー、ハーマン・ウーリー、ヒュー・スタッドフィールドの3人のイギリス人登山家はこの山を見つけようと、付近で一番高い山へ登り、頂上から見渡すことを考えた。8月19日、3人はアサバスカ山の登頂に成功。そこで見つけたのは、「幻の山」ではなく足下に輝く巨大な氷河だった……。結局、「幻の山」はダグラスの測量ミスだったが、そんな偶然からコロンビア大氷原が発見されたのだ。

⬇ロッキーの山々と渓谷美が堪能できる「ディスカバリー・ヴィスタ」

Attraction 02 スカイウオーク

崖から飛び出した絶景展望台

高さ280mに張り出した空中歩道「ディスカバリー・ヴィスタ」を歩く、絶景とスリルを同時に味わえるアトラクション。全面ガラス張りの空中歩道は、長さ約35m。正面はもちろん谷底までも眺められ、圧巻。バス停から空中歩道までは、全長約500mのボードウオーク「ディスカバリー・トレイル」を歩く。ゆっくり歩いても45分もあれば回れるが、帰りのバスが混み合うので、時間に余裕をもって見学しよう。

➡強化ガラス製のプラットフォーム

コロンビア・アイスフィールド・スカイウオーク
Columbia Icefield Skywalk
FREE (1-866)506-0515 URL www.banffjaspercollection.com/attractions/columbia-icefield
開 5/20〜9/30 毎日10:00〜18:00、10/1〜9 毎日11:00〜17:00
休 10/10〜5/19
料 大人$37〜、子供(6〜15歳)$24.5〜(ウェブサイト予約の割引料金で、日により変動あり。雪上車ツアーとのセット料金あり)。

How to enjoy スカイウオーク

Step 01

現地窓口かウェブサイトでチケットを買うところまでは雪上車ツアーと同じ。その後は専用の通路を通り、バス乗り場へ。

Step 02

展望台はグレイシャー・ディスカバリー・センターからバスで約10分。到着したらバスを降り入口へと移動しよう。

Step 03

アプリの日本語オーディオガイドを聴きながら、ロッキーの自然についての展示があるディスカバリー・トレイルを歩く。

Step 04

空中歩道のディスカバリー・ヴィスタに到着。横も下も透明の歩道に、思わず足がすくんでしまいそう!

BANFF

バンフ

カナディアン・ロッキー

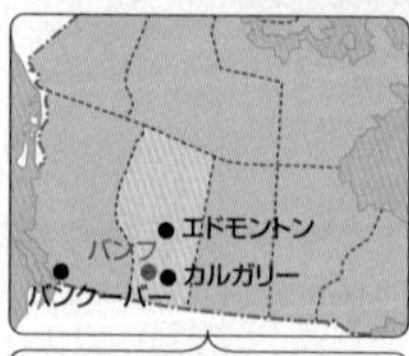

MAP P.182-C2
人口 8305
市外局番 403

バンフ情報のサイト
カナダ側
URL www.banfflakelouise.com
URL parks.canada.ca/pn-np/ab/banff

バンフのイベント
バンフ・センター・マウンテン・フィルム・アンド・ブック・フェスティバル
Banff Centre Mountain Film and Book Festival
TEL (403)762-6100
URL www.banffcentre.ca/banffmountainfestival
催 10/28〜11/5 ('23)
　世界中の山に関する書籍を紹介する、ブック・フェスティバルとアウトドアのドキュメンタリー映画を上映するフィルム・フェスティバル。

↑ビッグホーン・シープは頻繁に現れる

バンフ国立公園にある、カナディアン・ロッキー観光の拠点となる町が、バンフだ。町なかには、ボウ川が緩やかに蛇行しながら流れ、緑の森や峻嶺な山々が町を取り囲む。風景すべてが絵はがきのように美しい、世界中から旅行者が訪れる山岳リゾートだ。

↑バンフ大通りの奥にそびえるカスケード山

町の歴史は、1883年に大陸横断鉄道を建設中だった3人の鉄道工夫たちが温泉ケイブ＆ベイスンを発見し、小さな湯治場を造ったことに始まる。1885年には温泉一帯26km^{2}が保護区に指定され、1887年にはカナダ初、世界でもアメリカのイエローストーン、オーストラリアのロイヤルに次ぐ3番目の国立公園への指定を受ける。バンフの町は、国立公園観光の拠点となるリゾートタウンとして開発された。国立公園監察官ジョージ・A・スチュワートは、町の区画を考える際、リゾートエリアはボウ川の南側に、庶民が暮らすダウンタウンはボウ川の北側にと区分した。こうして1888年、バンフを代表するリゾートホテル、フェアモント・バンフ・スプリングスがボウ川の南にオープンした。川の北側のダウンタウンにはログハウス風のホテルやレストラン、ショップが次々とオープンし、現在の小粋な町並みを形成することとなった。

通りの名前は、ほとんどが動物の名前になっている。ムース通り、エルク通り、ラビット通りなど。町なかを歩けば、動物たちがひょっこり顔を出すこともある。そんな、自然や動物と密接な関係にある町なのだ。

←鋭角の美しいランドル山

 ※開館時間、営業時間などの日程は基本的に2023年のもの。年度により変動するため、ウェブサイトなどで再確認を。(→P.7)

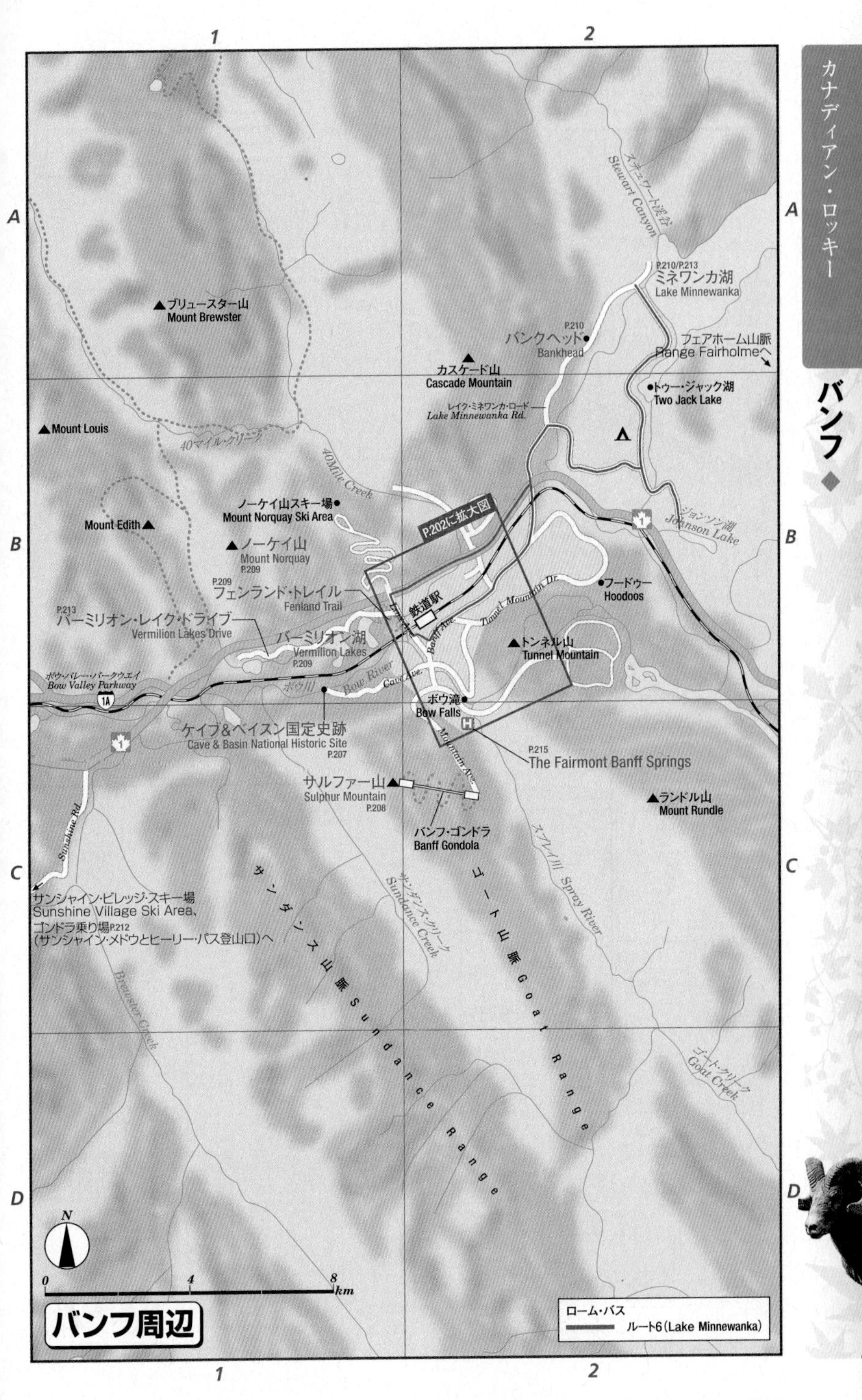
バンフ周辺
ミネワンカ湖
Lake Minnewanka
P.210/P.213
スチュワート渓谷
Stewart Canyon
ブリュースター山
Mount Brewster
バンクヘッド
Bankhead
P.210
カスケード山
Cascade Mountain
フェアホーム山脈
Range Fairholmeへ
トゥー・ジャック湖
Two Jack Lake
レイク・ミネワンカ・ロード
Lake Minnewanka Rd.
Mount Louis
40マイル・クリーク
40Mile Creek
ノーケイ山スキー場
Mount Norquay Ski Area
Mount Edith
ノーケイ山
Mount Norquay
P.209
P.202に拡大図
ジョンソン湖
Johnson Lake
フェンランド・トレイル
Fenland Trail
P.209
鉄道駅
フードゥー
Hoodoos
Tunnel Mountain Dr.
バーミリオン・レイク・ドライブ
Vermilion Lakes Drive
P.213
バーミリオン湖
Vermilion Lakes
P.209
トンネル山
Tunnel Mountain
Banff Ave.
ボウ・バレー・パークウエイ
Bow Valley Parkway
ボウ川
Bow River
Cave Ave.
ボウ滝
Bow Falls
ケイブ&ベイスン国定史跡
Cave & Basin National Historic Site
P.207
Mountain Ave.
The Fairmont Banff Springs
P.215
サルファー山
Sulphur Mountain
P.208
ランドル山
Mount Rundle
バンフ・ゴンドラ
Banff Gondola
Sunshine Rd.
サンシャイン・ビレッジ・スキー場
Sunshine Village Ski Area、
ゴンドラ乗り場P.212
(サンシャイン・メドウとヒーリー・パス登山口)へ
サンダンス山脈 Sundance Range
サンダンス・クリーク
Sundance Creek
ゴート山脈 Goat Range
スプレイ川 Spray River
Brewster Creek
ゴート・クリーク
Goat Creek
0 4 8 km
ローム・バス
ルート6(Lake Minnewanka)

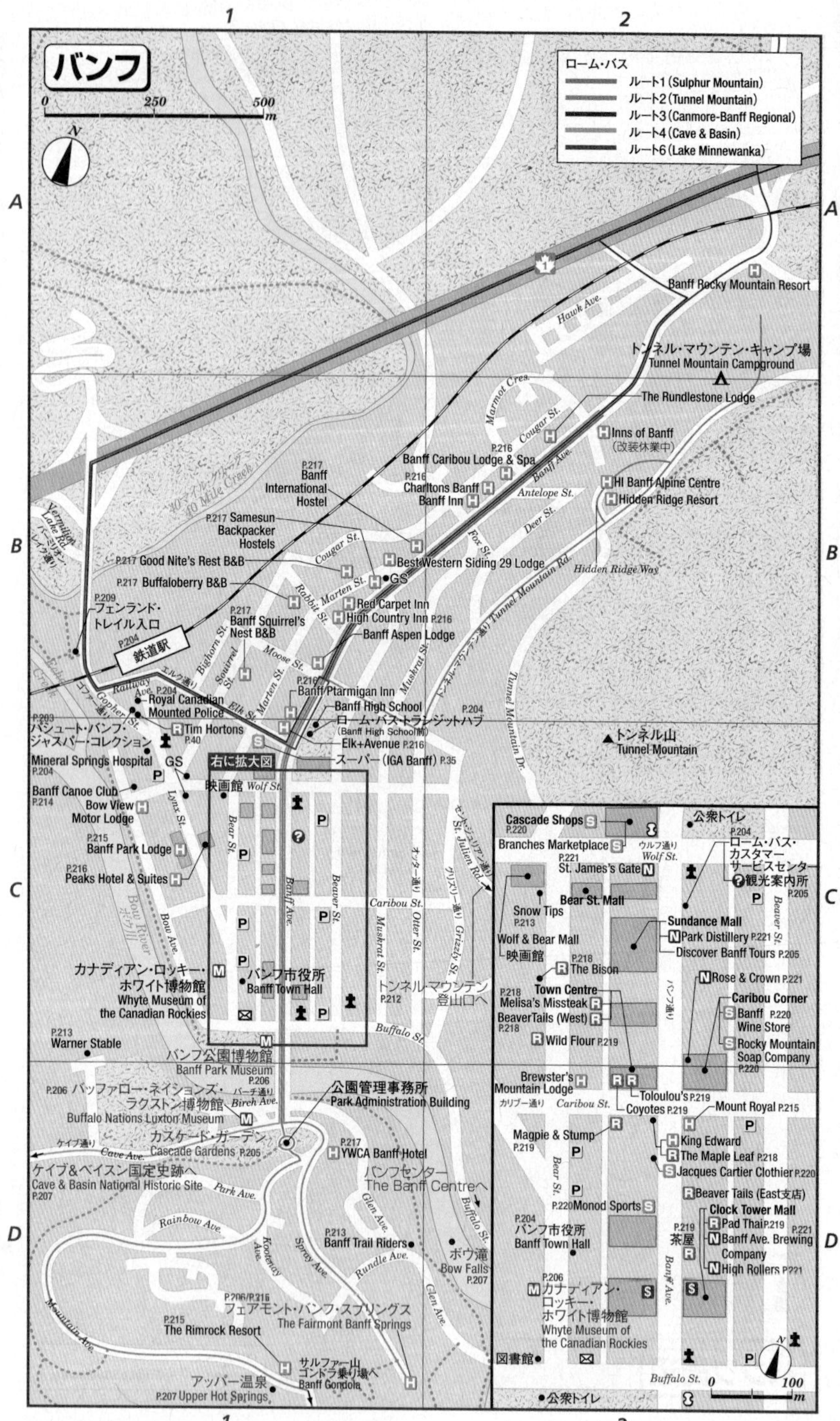

バンフ
ローム・バス
ルート1 (Sulphur Mountain)
ルート2 (Tunnel Mountain)
ルート3 (Canmore-Banff Regional)
ルート4 (Cave & Basin)
ルート6 (Lake Minnewanka)
Banff Rocky Mountain Resort
Hawk Ave.
トンネル・マウンテン・キャンプ場
Tunnel Mountain Campground
Marmot Cres.
The Rundlestone Lodge
Cougar St.
Inns of Banff
(改装休業中)
P.216 Banff Caribou Lodge & Spa
Banff Ave.
P.217 Banff International Hostel
P.216 Charltons Banff
Banff Inn
Antelope St.
HI Banff Alpine Centre
Hidden Ridge Resort
40マイル・クリーク
40 Mile Creek
Vermilion Lakes Rd.
バーミリオン・レイク通り
P.217 Samesun Backpacker Hostels
Deer St.
Fox St.
Best Western Siding 29 Lodge
Hidden Ridge Way
P.217 Good Nite's Rest B&B
GS
P.217 Buffaloberry B&B
Rabbit St.
Marten St.
Red Carpet Inn
High Country Inn P.216
Tunnel Mountain Rd.
トンネル・マウンテン通り
P.209 フェンランド・トレイル入口
P.217 Banff Squirrel's Nest B&B
Banff Aspen Lodge
P.204 鉄道駅
Bighorn St.
Squirrel St.
Moose St.
Muskrat St.
Tunnel Mountain Dr.
Railway Ave.
エルク通り
P.204 Royal Canadian Mounted Police
Elk St.
P.216 Banff Ptarmigan Inn
Banff High School
P.204 ローム・バス・トランジットハブ
(Banff High School前)
Gopher St.
P.203 パシュート・バンフ・ジャスパー・コレクション
Tim Hortons P.40
Elk+Avenue P.216
スーパー (IGA Banff) P.35
トンネル山
Tunnel Mountain
Mineral Springs Hospital
P.204 Banff Canoe Club
右に拡大図
映画館
Wolf St.
Bow View Motor Lodge
P.214
Lynx St.
Bear St.
P.215 Banff Park Lodge
P.216 Peaks Hotel & Suites
Bow River
ボウ川
Bow Ave.
Beaver St.
Caribou St.
Muskrat St.
Otter St.
Grizzly St.
St. Julien Rd.
セント・ジュリアン通り
カナディアン・ロッキー・ホワイト博物館
Whyte Museum of the Canadian Rockies
バンフ市役所
Banff Town Hall
トンネル・マウンテン登山口へ
P.212
P.213 Warner Stable
Buffalo St.
バンフ公園博物館
Banff Park Museum
P.206 バッファロー・ネイションズ・ラクストン博物館
Buffalo Nations Luxton Museum
P.206 バーチ通り
Birch Ave.
公園管理事務所
Park Administration Building
ケイブ通り
Cave Ave.
カスケード・ガーデン
Cascade Gardens P.205
P.217 YWCA Banff Hotel
ケイブ&ベイスン国定史跡へ
Cave & Basin National Historic Site
P.207
Park Ave.
バンフセンター
The Banff Centreへ
Glen Ave.
Rainbow Ave.
Kootenay Ave.
Spray Ave.
P.213 Banff Trail Riders
Rundle Ave.
ボウ滝
Bow Falls
P.207
Mountain Ave.
P.206/P.216 フェアモント・バンフ・スプリングス
The Fairmont Banff Springs
P.215 The Rimrock Resort
サルファー山ゴンドラ乗り場へ
Banff Gondola
アッパー温泉
P.207 Upper Hot Springs
Cascade Shops
P.220
公衆トイレ
Branches Marketplace
ウルフ通り
Wolf St.
P.221
St. James's Gate
P.204 ローム・バス・カスタマーサービスセンター
観光案内所
P.205
Bear St. Mall
Snow Tips
P.213
Sundance Mall
Park Distillery P.221
Wolf & Bear Mall
映画館
Discover Banff Tours P.205
P.218 The Bison
バンフ通り
Rose & Crown P.221
Town Centre
P.218 Melisa's Missteak
Caribou Corner
Banff Wine Store P.220
BeaverTails (West)
P.218
Wild Flour P.219
Rocky Mountain Soap Company
P.220
Brewster's Mountain Lodge
カリブー通り
Caribou St.
Toloulou's P.219
Coyotes P.219
Mount Royal P.215
Magpie & Stump
P.219
King Edward
The Maple Leaf P.218
Jacques Cartier Clothier P.220
Beaver Tails (East支店)
P.220 Monod Sports
Clock Tower Mall
Pad Thai P.219
P.219 茶屋
Banff Ave. Brewing Company P.221
High Rollers P.221
P.204 バンフ市役所
Banff Town Hall
P.206 カナディアン・ロッキー・ホワイト博物館
Whyte Museum of the Canadian Rockies
図書館
Buffalo St.
公衆トイレ

バンフへの行き方

▶▶▶ 飛行機

バンフの町は特別保護地域であるバンフ国立公園内に位置しているため、飛行機の乗り入れは一切禁止されている。そのため、バンフへはバスか鉄道でのアクセスとなる。

▶▶▶ 長距離バス

バンクーバーなど国内各主要都市からカルガリーまで飛行機で行き、そこからバスに乗り換えるのが最も一般的。カルガリー国際空港からはバンフ・エアポーターBanff Airporterのミニバンや、パシュート・バンフ・ジャスパー・コレクションPursuit Banff Jasper Collectionの運行するシャトルバス、ブリュースター・エクスプレスBrewster Expressが出ている。バンフ・エアポーターは、10:00～22:30の1～2時間に1便、ブリュースター・エクスプレスも9:30～20:00の1～2時間に1便運行しており、カルガリー国際空港到着後すぐにバンフに向かうことができる。バンフまでは所要約2時間。どちらも空港到着フロアにあるカウンターで申し込めるが、観光シーズンは混み合うためウェブサイトで早めに予約しよう。

同じカナディアン・ロッキーのジャスパーからはブリュースター・エクスプレスが結んでいる。5～10月の毎日1便（13:45発）運行、バンフ到着は19:00。途中レイク・ルイーズを経由する。また、冬季（10月中旬～4月下旬）のみサン・ドッグ・ツアーSundog Toursがジャスパーからバスを運行。毎日1便（8:30発）、バンフ到着は12:45。

1日がかりにはなるがバンクーバー～カルガリー間を結ぶライダー・エクスプレスRider Expressのバスが途中、バンフにも寄る。1日1～2便運行、午前便はバンクーバー発8:15、バンフ到着は21:30。カルガリー発7:55、バンフ到着10:10。このバスはカムループス、レイク・ルイーズ、キャンモアにも停車する。

キャンモアからはボウ・バレー・リージョナル・トランジット・サービス・コミッションBow Valley Regional Transit Services Commissionが運行する公営のローム・バスRoam Busが便利。キャンモア発のルート3（Canmore-Banff Regional）は月～金曜の6:21～23:44、土・日曜は6:18～23:48の1時間に1～2便運行。所要約30分でバンフのダウンタウンに到着する。同様に、レイク・ルイーズとバンフ間もローム・バスのルート8X、8Sで行き来できる（→P.204、227）。

▶▶▶ 鉄道

バンクーバーからロッキー・マウンテニア鉄道Rocky Mountaineer Railwaysのファースト・パッセージ・トゥ・ザ・ウエストFirst Passage to the Westが4/17～10/13（'23）の期間、週2～3便運行している。バンクーバーを8:00に出発し、カムループスには18:00～19:30に到着、カムループスで1泊（宿泊代込み）して、翌日6:50に出発、バンフの鉄道駅到着は19:00～20:30。

バンフ・エアポーター
TEL (403)762-3330
FREE (1-888)449-2901
URL banffairporter.com
カルガリーから
料 片道
大人$79.99、シニア$71.99
子供（6～17歳）$39.99

⬆ダウンタウンの指定の場所まで行ってもらえる

パシュート・バンフ・ジャスパー・コレクション（ブリュースター・エクスプレス）
MAP P.202-B1
FREE (1-866)606-6700
URL www.banffjasper collection.com
カルガリーから
料 片道
大人$79、子供（6～15歳）$52
ジャスパーから
料 片道　1人$132
指定のホテルまで行ってもらえる。

サン・ドッグ・ツアー
TEL (780)852-4056
FREE (1-888)786-3641
URL www.sundogtours.com
ジャスパーから
料 片道
大人$79、子供（2～12歳）$39
発着はパシュート・バンフ・ジャスパー・コレクションのオフィス前から。

ライダー・エクスプレス（→P.543）
カルガリーから
料 片道　1人$72
バンクーバーから
料 片道　1人$162
キャンモアから
料 片道　1人$58
発着はパシュート・バンフ・ジャスパー・コレクションのオフィス前から。

ボウ・バレー・リージョナル・トランジット・サービス・コミッション（→P.204）
ルート3 キャンモアから
料 片道
大人$6、シニア・ユース$3
ルート8X、8S レイク・ルイーズから
料 片道
大人$10、シニア・ユース$5

ロッキー・マウンテニア鉄道（→P.546）

鉄道駅
MAP P.202-B1

ボウ・バレー・リージョナル・トランジット・サービス・コミッション
ローム・バス・カスタマー・サービスセンター
MAP P.202-C2
住224 Banff St.
TEL(403)762-0606
URL roamtransit.com
運ルート1　毎日6:03〜23:13
ルート2　毎日6:15〜23:12
ルート4
5/19〜10/2
毎日9:00〜16:49
ルート6
5/19〜10/2
毎日8:00〜20:00
料片道
大人$2、シニア・ユース$1
デイパス
1日有効　大人$5、シニア・ユース$2.5
3日有効　大人$12、シニア・ユース$6
運ルート8X
毎日7:00〜22:00
ルート8S
7/1〜8/27
金〜日9:30、13:00、16:35
ルート10
9/18〜10/9
毎日6:30〜16:00
料各シングルチケット
大人$10、シニア・ユース$5
1日スーパー・パス
大人$25、シニア・ユース$12.5
運ルート9
5/19〜10/9
毎日9:00〜18:25
10/10〜5/18
土・日8:30〜15:30
料大人$5、シニア・ユース$2.5
バスの停車場所
すべてのバスはBanff High School前のトランジットハブ(MAP P.202-C1)に発着。ローカル路線とルート3は、ルート上にあるバス停から乗車可能。そのほかのルートはトランジットハブと鉄道駅から発着する。

鉄道駅から市内へ

バンフの鉄道駅はダウンタウンの北西部にある。鉄道駅の前にはライダー・エクスプレスやローム・バスも発着する。駅前のエルク通りElk St.を真っすぐ10分ほど歩けば、メインストリートのバンフ通りBanff Ave.に出られる。

市内交通

ボウ・バレー・リージョナル・トランジット・サービス・コミッションBow Valley Regional Transit Services Commissionが環境に配慮したハイブリッド型の公営バス、ローム・バスRoamBusを運行している。バンフの町なかを走るローカル路線には、バンフ通りを通ってThe Rimrock Resort Hotel、アッパー温泉、サルファー山までを結ぶルート1(Sulphur Mountain)、トンネル・マウンテン・キャンプ場Tunnel Mountain CampgroundからフェアモントＵ・バンフ・スプリングスまで行くルート2(Tunnel Mountain)、ケイブ&ベイスン国定史跡行きのルート4(Cave & Basin)、ミネワンカ湖へ行くルート6(Lake Minnewanka)がある。ルート1、2は通年、ルート4、6は夏季のみの運行。

近隣のキャンモアへは、バンフとキャンモアとを結ぶルート3(Canmore-Banff Regional)(→P.203、224)を利用可能。郊外の見どころへは、レイク・ルイーズ行きのルート8(Lake Louise-Banff Regional)、ボウ・バレー・パークウェイのジョンストン渓谷行きのルート9(Johnston Canyon)が便利。ルート8にはトランスカナダ・ハイウエイを行く直通ルートの8X(Express)と、ハイウエイ#1Aを通ってジョンストン渓谷を含む途中5ヵ所に停車する夏季運行のルート8S(Scenic)のふたつがある。また、黄葉のベストシーズンに合わせてモレイン湖への直通のルート10(Moraine Lake Express)も登場する。なお、人気のルート8X、8Sおよび10の乗車券はウェブサイトからの予約が推奨されている。

乗車券はローム・バスが発着するトランジットハブの自動券売機か、ドライバーから購入する。デイパスはバンフ市役所Banff Town Hall(MAP P.202-D2)や観光案内所に併設するボウ・バレー・リージョナル・トランジット・サービス・コミッションのカスタマー・サービスセンターなどでも購入できる。なお、ローム・バスでの「ユース」の対象年齢は13〜18歳で、12歳以下の子供は乗車無料。

⬆ロッキーの自然と動物がプリントされた車体

ユースフル・インフォメーション
Useful Information

警察
Royal Canadian Mounted Police　MAP P.202-B1
住335 Lynx St.　TEL(403)763-6000

病院
Mineral Springs Hospital　MAP P.202-C1
住305 Lynx St.　TEL(403)762-2222

おもなレンタカー会社
Avis　TEL(403)762-3222
Cascade Shops(→P.220)内。
Hertz　TEL(403)762-2027　FREE(1-800)654-3131
フェアモント・バンフ・スプリングス(→P.206、P.215)内。

おもなタクシー会社
Banff Taxi　TEL(403)762-0000

バンフの歩き方

ボウ川Bow River寄りの2～3ブロックがレストラン、みやげ物店などが集中するダウンタウン。メインストリートは**バンフ通り**。町の背後にそびえる山は、バンフを代表する山カスケード山Cascade Mountainだ。バンフ通り沿いに小規模なショッピングモールが数ヵ所あり、厳しい冬でも快適なショッピングが楽しめる。観光案内所もバンフ通り沿いにある。ボウ川を渡る橋の周辺に、ロッキーとバンフにゆかりのある博物館がいくつかある。川の南側には、バンフ国立公園発祥の温泉、**ケイブ&ベイスン国定史跡**や**サルファー山**などの自然が広がっている。ダウンタウンの北は、道路の西側にモーテル、東側に住宅が並ぶモーテル街。モーテル街からダウンタウンの中心までは徒歩10～20分程度だ。見どころは広範囲に広がっており、ツアーやレンタカーで回るのがいい。もし、時間に余裕のある人なら、自転車や徒歩でハイキングがてら行くのもいいだろう。ダウンタウンから1歩外に出ると、湖や山、野生動物たちの世界が広がっている。サイクリングやハイキングが楽しめるトレイルや乗馬、ラフティングなどアウトドアの選択肢もいろいろ。

↑夏季には一部が歩行者天国になるバンフ通り

↑アクティビティで大自然を満喫しよう

おもな見どころ

カスケード・ガーデン
Cascade Gardens

MAP P.202-D1

★★★

ボウ川を挟んだバンフ通りの南端にはカスケード・ガーデンがあり、夏には色とりどりの花が咲き乱れる。敷地内に立つ、1935年建造のれんが造りでゴシック様式の建物は、公園管理事務所Park Administration Buildingのオフィス。カナダ・プレイスの入口正面からカスケード・ガーデン越しに見るバンフ通りは、数々のパンフレットにも登場する有名な風景で、写真撮影に最適なスポット。

➡季節の花が咲くガーデン

❓観光案内所

Banff Information Centre
MAP P.202-C2
住 224 Banff Ave.
TEL (403)762-1550
URL www.banfflakelouise.com
開 5月中旬～9月上旬
毎日8:00～20:00
9月上旬～5月中旬
毎日9:00～17:00
休 無休

同建物内にローム・バス・カスタマー・サービスセンター（→P.204）、公園管理事務所、観光局のカウンターが入居。トレッキング情報などは窓口右側の公園管理事務所スタッフに尋ねよう（配置入れ替えあり）。国立公園入園料やフィッシングライセンスを購入できるほか、Parks Canada Shopでは地図や書籍、ロッキーみやげも販売する。

バンフのツアー会社

パシュート・バンフ・ジャスパー・コレクション
Pursuit Banff Jasper Collection
MAP P.202-B1
FREE (1-866)606-6700
URL www.banffjaspercollection.com

最大手のツアー会社。ツアーは大型のバスで行う。英語ガイド。

ディスカバー・バンフ・ツアー
Discover Banff Tour
MAP P.202-C2
TEL (403)760-5007
URL www.banfftours.com

ツアー料金が手頃で人気が高い。英語ガイドのみ。

日本語対応のツアー会社

エクスプローラーカナダホリデーズ
Explorer Canada Holidays
TEL (403)762-3322
FREE (1-866)762-0808
URL explorercanadaholidays.com
E-MAIL info@explorercanadaholidays.com

バンフトップツアーズ
Banff Top Tours
TEL (403)431-4771
URL banfftoptours.com
E-MAIL info@banfftoptours.com

トロコツアーズ
Toloco Tours
TEL (403)431-4771
URL toloco.net
E-MAIL info@toloco.net

カスケード・ガーデン

交 ダウンタウンから徒歩約10分。ローム・バスのルート1と2でもアクセス可能。

バッファロー・ネイションズ・ラクストン博物館 MAP P.202-D1

Buffalo Nations Luxton Museum

★★★

ダウンタウンからバンフ通りを南下してボウ川を渡り、バーチ通りBirch Ave.を右に曲がると見えてくる丸太造りの建物。1952年、ノーマン・ラクストンNorman Luxtonによって創立された。北米全域のインディアンの生活や狩りの模様を再現したジオラマや、実物大のテント（ティーピー）などの展示がある。インディアンの歴史に興味がある人はぜひ立ち寄ってみよう。

↑インディアンの生活の様子を学ぼう

バンフ公園博物館 MAP P.202-C1

Banff Park Museum

★★★

バンフ通りの南端、ボウ川にかかる橋のたもとにある。この博物館は、カナダ西部では最古の木造建築で、1903年に建てられた。館内にはロッキーの動物や鳥などのはく製がところ狭しと並んでいる。ビッグホーン・シープや巨大なグリズリーのはく製もあって迫力満点だ。資料閲覧室があるほか、日本語の案内書も貸してくれる。

カナディアン・ロッキー・ホワイト博物館 MAP P.202-D2

Whyte Museum of the Canadian Rockies

★★★

斬新なデザインの建物が目を引く。館内は美術館と博物館に分かれ、美術館ではロッキーや世界各地の美術品を常時展示している。博物館にはバンフ生まれの画家ピーター・ホワイトPeter Whyteと妻キャサリンCatharine Whyteが収集したロッキーの資料や工芸品が展示され、バンフの観光の歴史や文化を知ることができる。20世紀初頭に建造されたホワイト夫妻の旧居も残されており、ツアーで訪問が可能。ほかにもさまざまなツアーを催行しているので尋ねてみよう。

フェアモント・バンフ・スプリングス MAP P.202-D1

The Fairmont Banff Springs Hotel

★★★

ボウ川とスプレイ川Spray Riverが枝分かれする緑深い森の中にたたずむ、ヨーロッパの古城を思わせる豪華なホテル。リゾートタウン、バンフを象徴するホテルとして1888年に創建され、カナダ太平洋鉄道Canadian Pacific Railway（CP鉄道）の賓客たちに永年愛されてきた。数度にわたる改築の末、内部は迷路のように入り組んでいる。フェアモント・ホテル系列となった今もカナダを代表するホテル。

←贅沢な気分が味わえる高級リゾート

バッファロー・ネイションズ・ラクストン博物館

住 1 Birch Ave.
TEL (403)762-2388
URL buffalonationsmuseum.net
開 5〜9月
毎日10:00〜18:00
10〜4月
毎日11:00〜17:00
休 無休
料 大人$12、シニア$11、ユース（7〜17歳）$6、子供無料

↑ボウ川の南すぐの所にある

バンフ公園博物館

住 91 Banff Ave.
TEL (403)762-1558
URL parks.canada.ca/lhn-nhs/ab/banff
開 5/15〜10/15
木〜月9:30〜17:00
10/16〜5/14
土・日11:00〜17:00
休 5/15〜10/15の火・水
10/16〜5/14の月〜金
料 大人$4.25、シニア$3.75、17歳以下無料

↑動物のはく製が並んでいる

カナディアン・ロッキー・ホワイト博物館

住 111 Bear St.
TEL (403)762-2291
URL www.whyte.org
開 毎日10:00〜17:00
（時期により変動あり）
休 無休
料 大人$12、シニア$10、学生$5、12歳以下無料

フェアモント・バンフ・スプリングス（→P.215）

交 ダウンタウンからフェアモント・バンフ・スプリングスまで歩けない距離ではないがかなり遠い。ローム・バスのルート2が走っているので利用しよう。

ボウ滝

MAP P.202-D2

Bow Falls

★★★

↑白く渦を巻いている

マリリン・モンロー主演の映画『帰らざる河』のロケ地となった場所。滝というよりは、静かに流れてきたボウ川がここで急に渦を巻き堰をつくるように流れ落ちているという感じだ。フェアモント・バンフ・スプリングスのすぐ下にあり、周辺には緑に囲まれた気持ちのよい散策路も整っているので、ゆっくりと散歩するのもおすすめ。

ケイブ＆ベイスン国定史跡

MAP P.201-B1/P202-D1外

Cave & Basin National Historic Site

★★★

1883年、カナダ太平洋鉄道（CP鉄道）の敷設のためロッキーに来ていた3人の工夫たちが、偶然に発見した温泉。これにより1885年、カナダ最初の国立公園、バンフ・ホット・スプリングス・リザーブが設立され、現在37あるカナダの国立公園発祥の地となった。内部は1887年に建造された洞窟温泉と階上の展示コーナーExhibits、シアター・ルームなどに分かれている。まずは狭い通路を通り、洞窟温泉へ。階上の展示コーナーでは、ジオラマなどを使い、温泉や国立公園の歴史をたどれるようになっている。外には1914年当時の温泉プール（入浴不可）などがある。正面玄関左側の階段から山側へ上ると、硫黄の臭いが漂う湿地帯が広がり、木道をたどって散策できる。館内では無料ガイドツアーも行われており、温泉発見の経緯などの話が聞ける。

アッパー温泉

MAP P.202-D1

Upper Hot Springs

★★★

バンフの背後にそびえるサルファー山の中腹にある温泉施設。1884年、当時カナダ太平洋鉄道の工夫長だったデビッド・キーフェDavid Keefeにより発見された。その1年前に発見されたケイブ＆ベイスンとともに、翌年カナダ政府によって初めて国立公園に指定され、保護されることになった。ケイブ&ベイスン国定史跡と違い、こちらは入浴することができる。

温泉に含まれる硫黄Sulfurは、サルファー山の名前の由来でもある。湯温は37～40度とややぬるめ。周囲は針葉樹の森に囲まれ、遠くにカスケード山やノーケイ山の山稜を望みながらの入浴は、爽快感満点だ。ただし、日本にある温泉とは少し異なっており、温泉プールのよう。カナダの温泉は源泉を消毒して使っているため、硫黄臭はほとんどしない。水着着用で、水着のない人にはレンタルも用意されている。

↑観光のあとにひと息入れたい

ボウ滝
交 ダウンタウンからローム・バスのルート1または2に乗り、カスケード・ガーデン前の停留所で下車。徒歩約15分。

ケイブ&ベイスン国定史跡
住 311 Cave Ave.
TEL (403)762-1566
URL parks.canada.ca/lhn-nhs/ab/caveandbasin
開 5/15～10/15
毎日9:30～17:00
10/16～5/14
木～月 11:00～17:00
休 10/16～5/14の火・水
料 大人$8.5、シニア$7、17歳以下無料
交 ダウンタウンから徒歩約15分。ボウ川にかかる橋を渡り、ケイブ通りを右折して直進。夏季なら、ローム・バスのルート4で行ける。

ケイブ&ベイスン国定史跡の屋外温泉は、世界でもここだけという貴重なカタツムリ（Banff Springs Snail）の生息地。なお、温泉の中に手や足を入れることは法律で禁止されている。

↑バンフ国立公園発祥の地

カナダの絶滅危惧生物のサイト
URL wildlife-species.canada.ca/species-risk-registry/species/default_e.cfm

アッパー温泉
TEL (403)762-1515
URL www.hotsprings.ca/banff
開 5月中旬～10月中旬
毎日9:00～23:00
10月中旬～5月中旬
毎日10:00～22:00
休 無休
料 大人$16.5、シニア・ユース（3～17歳）$14.25、子供無料
ロッカー$1.25、タオル$2、水着$2
交 トランジットハブからローム・バスのルート1で約10分。

サルファー山

頂上はかなり寒いので上着を忘れずに。

交トランジットハブからローム・バスのルート1で約12分。

バンフ・ゴンドラ

FREE(1-866)756-1904

URL www.banffjaspercollection.com/attractions/banff-gondola

運5/1～6/27、9/5～10/9
毎日8:00～21:00
6/28～9/4
毎日8:00～22:00
10/10～4/30
毎日10:00～20:30
（時期により変動あり）

休1月に約10日間のメンテナンス休業あり

料大人$70～、ユース（6～15歳）$45.5、子供無料

料金は変動制。6～8月の11:00～15:00頃までは非常に混雑するので、事前にウェブサイトで購入するのがおすすめ。事前に購入すると、大人$60～、子供$39～と割安になる。レストランのビュッフェが付くパッケージもあり、大人$97.56～、子供$55.98～。

交トランジットハブからローム・バスのルート1で約30分。5/20～10/9は、入場チケットを提示すると無料で乗車できる。夏季はバンフ・ゴンドラによる無料シャトルサービスも運行。

読者投稿

山頂ターミナルで学ぶ!

リニューアルしたサルファー山頂駅の2階には、バンフの歴史や自然について学べる展示があります。しかけが施された展示パネルは、英語が苦手な私でも楽しみながら学ぶことができました。

（福島県　心愛）【'23】

サルファー山
Sulphur Mountain

MAP P.201-C1

★★★

↑山に囲まれたバンフの地形がよくわかる

サルファー山にかかるバンフ・ゴンドラBanff Gondolaは、一度は上りたいバンフを代表する見どころ。サルファー山とはバンフの町を囲んでいるゴート山脈Goat Rangeの一部で、山頂（標高2285m）にある展望台まではバンフ・ゴンドラが運行されている。山頂にある展望台からは360度の大展望が広がる。見下ろすとバンフの町並みがまさしく一望でき、町のすぐそばにまで山が迫っているバンフの地形がよくわかるはず。町の右に見える低い山は、鉄道開通の際にトンネルを掘る計画があったことからその名がついたトンネル山Tunnel Mountain（計画は頓挫した）。バンフの町を南北から挟み込むようにそびえるのが、トンネル山の左にあるカスケード山と、同じく右にあるランドル山Mount Rundle。どちらも標高約3000mで、バンフのシンボルとして親しまれている。岩肌をむき出しにした山並みは美しく、季節により異なる姿を見せてくれる。町なかを曲がりくねって流れるボウ川や、その川べりの森の中に立つフェアモント・バンフ・スプリングスも確認できる。町の彼方に青い水をたたえる湖は、ミネワンカ湖だ。

山頂のそばにはもうひとつのピークがある。それは、1903年当時の気象観測所が再現されているサンソン・ピークSanson's Peak。山頂からサンソン・ピークまでは遊歩道を使って行くこともできる。途中にはリスやビッグホーンシープの姿を見かけることも。また、2016年8月に山頂駅がリニューアルした。朝食からディナーまで利用できるレストランや周囲の風景を眺めながらゆっくりとお茶できるカフェもある。なお、頂上は夏でもかなり冷えるため、上着は必須。天候もよく変わるので、雨をしのげるマウンテンパーカーなどを持っていくのがおすすめ。

↑サンソン・ピークへの遊歩道

フェンランド・トレイル

Fenland Trail

MAP P.201-B1

★★★

40マイル・クリーク40Mile Creek沿いの湿原の林内を一周する約2kmのトレイルで、ゆっくり歩いても40分ほど。ビーバーやエルクなど野生動物に合えるチャンスが大きい。バーミリオン湖へ行く途中、鉄道駅の近くにトレイルの入口がある。

↑平らな道なので初心者にやさしい

フェンランドトレイル

交鉄道駅のそばにトレイル入口の標識(MAP P.202-B1)がある。

虫除けスプレーを用意しよう

夏のロッキーは蚊が大量に発生する。ホテルや車の窓を開けっ放しにしておくと、蚊がどんどん入ってくるので、虫除けスプレーを持参しておこう。現地でも手に入るが、肌の弱い人は日本で買っておいたほうが安心。

バーミリオン湖

Vermilion Lakes

MAP P.201-B1

★★★

↑湖面に映る山や枯れ木が美しい

バンフの背後にそびえるランドル山を湖面に映し出す湖。湖は3つに分かれていて、ファースト、セカンド、サードとそれぞれ番号がつけられている。朝焼け空を鮮やかに湖面に映し出し、朱色に染まることから、バーミリオン(朱色)の名がついた。湖岸のアスペンが色づく秋は特に美しい。年々水位が下がり続けていて、現在の水深は50cm前後しかない。北岸には舗装道路が整備されているので、サイクリングで訪れる人も多い。湖の付近は水鳥の宝庫で、バンフのバードウオッチングのベストポイントになっている。朝食前に出かけてみるのがおすすめだ。

バーミリオン湖

交ダウンタウンから徒歩約15分。鉄道駅そばのゴファー通りGopher St.を北上し、トランス・カナダ・ハイウエイのすぐ手前、バーミリオン・レイク通りVermilion Lake Rd.を左折する。

ノーケイ山

Mount Norquay

MAP P.201-B1

★★★

バンフの北西に位置し、カスケード山と40マイル・クリークを挟んでそびえているのがノーケイ山だ。標高2522mで、冬は町から最も近いスキー場としてにぎわい、特に地元の人に人気がある。リフトで山頂に上ると、南と東のほうにバンフの町が一望できる。町の右側には緑濃い針葉樹林のなかにバーミリオン湖がキラキラ光るのが見える。サルファー山とは正反対の方向からバンフとその周辺の自然を見下ろすことになる。冬季にはダウンタウンからスキー客のためのシャトルバスが出ている。スキーシーズンは12月上旬～4月中旬頃。

↑標高2522mのノーケイ山

ノーケイ山

スキー・バンフ・アット・マウント・ノーケイ

TEL(403)762-4421

URL banffnorquay.com

料リフト1日券
大人$93、シニア・ユース$69、子供$33

6/10～10/8は観光用のリフトが運行。この時期にはバンフの鉄道駅から町なかを経由するシャトルバス(先着順で乗車無料)も運行する。

観光リフト

運6/10～9/9
毎日9:00～19:00
9/10～10/8
毎日10:00～18:00

料大人$43、子供(6～15歳)
$27、5歳以下無料

ミネワンカ湖
交 ダウンタウンから車で10分。夏季ならローム・バスのルート6でも行ける。ボートクルーズの乗船券を提示すると乗車無料。

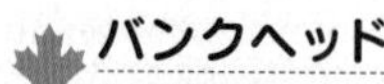

バンクヘッド
Bankhead

MAP P.201-A2

★★★

20世紀初頭、炭鉱町としてバンフをしのぐにぎわいを見せたのが、ミネワンカ湖への途中にあるバンクヘッドの町。といっても今ではかろうじて残った建物に当時がしのばれるだけのゴーストタウンとなっている。古いものが好き、という人が夢の跡を追いかけながら散策するのにぴったり。

⬆黄葉が美しい秋のバンクヘッド

ボートクルーズ
FREE (1-866)474-4766
URL www.banffjasper collection.com/attractions/banff-lake-cruise
クラシック・クルーズ
運 6/23〜9/4
毎日9:00〜17:00の定刻発
9/5〜10/1
毎日10:00〜18:00の毎正時発
10/2〜10/9
毎日10:00〜19:00の毎正時発
料 大人$61〜、子供(6〜15歳)$40〜、5歳以下無料
所要約1時間。料金は変動制で、ウェブサイトで購入できる。ほかにもいくつかコースあり。

ミネワンカ湖
Lake Minnewanka

MAP P.201-A2

★★★

⬆クルーズやフィッシングが楽しめる

バンフ近郊で唯一モーターボートの利用が許された人造湖。ここの名物はマス釣りのボートのチャーター。クルーズ船も出ている。開放的なミネワンカ湖岸沿いの道を進んだ奥には、ひっそりとしたトゥー・ジャック湖Two Jack Lakeがある。ランドル山の眺めが美しく、ピクニックをするのに最適だ。フィッシング情報は(→P.214)。

COLUMN

冬のバンフの楽しみ方

カナディアン・ロッキーのベストシーズンといえばもちろん夏である。しかし、湖が凍りつき、森や山々が雪に包まれる冬こそが最も美しい時期だという人も多い。1年中運行しているサルファー山のゴンドラに乗って頂上からあたりを見渡せば、冷たく澄みきった空気が稜線を際立たせ、緑と白のコントラストが美しい。バンフの冬の楽しみといえば、まずはスキー。バンフにふたつ、レイク・ルイーズにひとつと計3つあるスキー場へのシャトルバスがダウンタウンから出ている。また、町のスキーショップやホテルのフロントなどでスケート靴やスノーシューを借りて湖へ出かけるのもいいし、クロスカントリースキーに興じるのもいい。夏には行くことのできない、凍ったジョンストン渓谷や川の上を歩くアイスウオークツアーも人気だ。

⬆幻想的な景色が広がるアイスウオーク

DATA
おもな旅行会社
ディスカバー・バンフ・ツアー(→P.205)
ジョンストン渓谷アイスウオーク
料 大人$94〜、子供(8〜12歳)$59〜
※全5.4km、所要約4時間。出発は8:30と13:30。プライベートツアーもある。

エクスカーション

カナナスキス・カントリー

MAP P.182-C2

Kananaskis Country

★★★

↑静かに流れるせせらぎの音が心地よい

バンフの南東約30kmにあるカナナスキス・カントリーは、環境を損なわないよう注意を払いながら、計画的に開発された通年型のリゾート。カルガリー・オリンピックの競技会場や2002年の先進国首脳会議(G8)の会場としても注目を浴びた。ロッキー山脈の東側に寄り添うように南北に延びて広がり、激しく褶曲した灰色の岩山がカナディアン・ロッキーのなかでも特異な景観を見せている。

四季を通じて楽しめるアウトドア・アクティビティが充実しており、その起点になるのが高級ホテルやピクニックエリアを備えたカナナスキス・ビレッジKananaskis Villageだ。冬ならナキスカ・スキー場Nakiska Ski Areaで思う存分スキーを楽しみ、夏ならゴルフやテニスのほか、ビレッジ麓のリボン・クリークRibbon Creekからリボン湖Ribbon Lakeまでのトレッキングか、Kananaskis Mountain Lodge, Autograph Collection裏手の見晴らし台から雄大なカナナスキス・バレーを眺めたい。水量が豊富なカナナスキス川Kananaskis Riverはラフティングの人気スポットで、バンフやキャンモアからのツアーもよく訪れる。各アクティビティの予約、情報収集もビレッジ内で可能。フィッシングを楽しみたい人は、さらに南のピーター・ローヒード州立公園Peter Lougheed Provin-cial ParkにあるカナナスキスKananaskis Lakeや、そこからハイウエイ#742を北上した所にあるスプレイ湖Spray Lakeまで足を延ばすといい。

ビレッジ周辺にはゲストランチと呼ばれる観光牧場も点在しているので、本格的な乗馬も楽しめる。ログキャビンやコテージに泊まってカウボーイ・ファミリーと触れ合えば、ウエスタン気分に浸れること請け合いだ。なお、バンフやキャンモアからの公共交通手段がないため、移動には車がないと非常に不便。

▶▶▶カナナスキス・カントリーへの行き方

カルガリー国際空港からレイク・ルイーズ行きのブリュースター・エクスプレスが1日3便運行。所要約1時間30分。Stoney Nakoda Resortで下車後、カナナスキス・ビレッジまではKananaskis Mountain Lodge, Autograph Collectionの送迎シャトルに乗り換える。同ホテルの宿泊者以外は有料。

ブリュースター・エクスプレス

(→P.203)

カルガリーから
料 片道 1人$79

カナナスキス・カントリーの観光案内所

Kananaskis Visitor Information Centre
MAP P.211
TEL (403)678-0760
URL www.albertaparks.ca
開 夏季
毎日8:00～18:00
冬季
毎日9:00～16:30
(時期により変動あり)
休 無休

乗馬

Boundary Ranch
MAP P.211
TEL (403)591-7171
FREE (1-877)591-7177
URL boundaryranch.com
催 5～10月
料 1時間コース$79～
宿泊はできない。

ゴルフ

Kananaskis Country Golf Course
カナナスキス・カントリー・ゴルフコース
MAP P.211
TEL (403)591-7070
URL www.kananaskisgolf.com
開 5月中旬～10月中旬
料 月～水$140、木～日$144

カナナスキス・カントリーのホテル

Kananaskis Mountain Lodge, Autograph Collection
カナナスキス・マウンテン・ロッジ, オートグラフ・コレクション
MAP P.211
TEL (403)591-7711
URL lodgeatkananaskis.com
料 HIGH Ⓢ Ⓓ $420～
LOW Ⓢ Ⓓ $322～ Tax別
CC A D M V
室 247室

バンフのアクティビティ
Activities in Banff

⬆動物や花など楽しみいっぱい

ハイキング Hiking

⬆絶景のなかを歩こう

雄大な自然のなかを歩くハイキングは、カナディアン・ロッキーでぜひともチャレンジしてもらいたいアクティビティのひとつ。バンフの周辺には初心者から経験者まで楽しめる無数のハイキングコースが点在している。特別な装備は必要ないが、サングラスや帽子、ハイキングシューズ、雨具、防寒具、ミネラルウオーターなどの飲料水は用意していこう。詳しい地図は観光案内所や本屋などで購入できる。

おもなハイキングコース

トンネル・マウンテン
Tunnel Mountain

町のそばにあるトンネル山を登るコース。途中、フェアモント・バンフ・スプリングスの全景を望める。

歩行距離：往復4.8km
所要時間：登り1時間、下り45分
標高差：240m
登山口までのアクセス：車でバンフ通りからウルフ通りを東へ進み、グリズリー通りGrizzly St.を右折。すぐに左に分かれるセント・ジュリアン通りSt. Julien Rd.を約500m。左側の駐車場が登山口。徒歩だと約20分。

MAP P.202-C2外（登山口）

⬆バンフの町を見下ろすトンネル山の山頂

サンシャイン・メドウとヒーリー・パス
Sunshine Meadows & Healy Pass

バンフ郊外のサンシャイン・ビレッジ・スキー場のゴンドラ乗り場を出発地点とするコース。美しい花々が咲き乱れることで有名。下記はスタンディッシュ・ビューポイントへ歩いて行くコース。登山口からスタンディッシュ・チェアリフトを利用するショートカットコースもある。

歩行距離：サンシャイン・メドウ合計12km
　ヒーリー・パス往復18.4km
所要時間：サンシャイン・メドウ合計4時間45分
　ヒーリー・パス往復7時間
標高差：サンシャイン・メドウ240m
　ヒーリー・パス705m
登山口までのアクセス：夏季はバンフから無料のシャトルバスが運行。駐車場からサンシャイン・メドウのトレイルヘッドまではゴンドラに乗る。

MAP P.201-C1外（登山口）

バンフからのシャトルバス
URL www.banffsunshinemeadows.com
運 6/28～9/8
往路7:20～17:10、復路8:00～17:45　料 無料

ゴンドラ
運 6/23～9/10　毎日8:00～18:00
料 往復　大人$65、シニア$55、子供（6～15歳）$32
トレイル最大の見どころであるスタンディッシュ・ビューポイントまで行けるスタンディッシュ・チェアリフトの料金込み。

⬆サンシャイン・メドウズのメインとなるスタンディッシュ・ビュー・ポイント

サイクリング Cycling

雄大なカナディアン・ロッキーは歩いていてもなかなか景色が変わらない。車がなくても、園内の景色を堪能したいという人におすすめなのが、サイクリング。車種はマウンテンバイクが主流。国立公園内ではマウンテンバイクで走行可能なトレイルが決まっているので注意すること。コースは観光案内所やレンタサイクルのショップで相談しよう。

↑移動手段としても便利

レンタサイクル

Snow Tips
MAP P.202-C2
住225 Bear St.
TEL(403)762-8177
URL snowtips-bactrax.com
営夏季
毎日7:00～21:00
冬季
毎日8:00～20:00
9月上旬～11月
(時期により変動あり)
休無休
料1時間$12～、1日$42～
(ヘルメット、鍵、地図付き)
サイクリングのガイドツアーも行っている。冬季はスキーのレンタルになる。

おもなサイクリングコース

バーミリオン・レイク・ドライブ
Vermilion Lakes Drive MAP P.201-B1
距離：7.4km(片道)
標高差：ほとんどなし
難易度：Easy
バンフの町を抜け、フェンランド・トレイルを通ってバーミリオン湖の脇の道を進む。進行方向の左側にバーミリオン湖とランドル山が望める。

ミネワンカ湖
Lake Minnewanka MAP P.201-A2
距離：30km(片道)
標高差：75m
難易度：Difficult
湖の入口は狭くなっているが、奥のほうは広い。トレイルにも石がたくさん転がっているので、バランスを保つのが難しいが、テクニックを磨くにはいいところ。距離が長いので時間を見計らって引き返してきたほうがいい。湖の向こうに連なるフェアホーム山脈Range Fairholmeを眺めることができる。ダウンタウンからミネワンカ湖まで行くレイク・ミネワンカ・ロードLake Minnewanka Road(距離24km)も人気。行きは登り坂が多いので少しきつい。

乗馬 Horseback Riding

カナダでは自然のなかを馬で散歩するのが一般的なアクティビティだ。1～3時間程度の手軽なものから、キャンプしながら数日かけて行くものまでさまざま。飼育されている馬はよく訓練されているので、初心者でもまたがるだけで何とか格好がつく。バンフにある乗馬の会社はBanff Trail Ridersで、出発場所は2ヵ所ある。フェアモント・バンフ・スプリングス発のものはスプレイ川やサルファー山方面へ、ダウンタウンからボウ川を渡った西にあるWarner Stableからはボウ川沿いやサンダンス・クリークSundance Creekのコースを通る。

↑川渡りも体験できる

乗馬

Banff Trail Riders
MAP P.202-D1
TEL(403)762-4551
FREE(1-800)661-8352
URL horseback.com
営乗馬は4～10月頃まで
フェアモント・バンフ・スプリングス発
MAP P.202-D1
Spray River Ride(1時間)
催5～10月 毎日10:00～
17:00の毎正時発
料$94～
Warner Stable発
MAP P.202-C1
Bow River Ride(1時間)
催4～10月
毎日9:00～14:00の毎正時発と、15:30発
料1人$86～
Horseback Trail Ride & BBQ Cookout(3時間)
催5月上旬～9月上旬
毎日17:00発
9月上旬～10月上旬
毎日16:00発
料1人$199～

フィッシング Fishing

ミネワンカ湖はバンフ国立公園で唯一モーターボートの運航が許されており、船上からのトローリングやルアーフィッシングが楽しめる。ボートは湖畔のボートハウスでチャーター可能。免許のない人はガイドツアーを申し込もう。また、ボウ川（ルアー、フライ）ではブラウントラウトなどが釣れる。なお、釣りにはフィッシングライセンス（入漁証）が必要なので、事前にツアーや観光案内所を通じて用意しておくこと。ベストシーズンは7～8月。ミネワンカ湖は5月中旬～9月上旬以外は禁漁となる。

ラフティング Rafting

⬆青い水のなかオールを漕ごう

ゴムボート（Raft＝いかだ）に乗っての川下りがラフティングだ。バンフの場合は、ボウ川を下るコースが一般的。バスでの送迎があり、緩やかな流れなので誰でも参加できる。水着の用意などは不要だ。カメラ持参も可。

もっとスリルを！ という人はバンフから足を延ばし、ヨーホー国立公園にあるキッキング・ホース川、もしくはカナナスキス・カントリーを流れるカナナスキス川へ。特にキッキング・ホース川はホワイトウオーターと呼ばれる急流下りのメッカ。ウエットスーツ、ライフジャケットなどは無料で借りられるが、ぬれてもいいスニーカー、着替え、水着、雨具、タオルなどは自分で用意しよう。特に更衣室やシャワーなどの設備を用意しないツアーが多いので、水着は先に着ていったほうがいいだろう。シーズンはだいたい5～9月。

カヌー／カヤック Canoeing/Kayaking

⬆カヌーには3人まで乗れる

ロッキーでは湖でのカヌーが主流だが、バンフではボウ川からバーミリオン湖まで行くコースが人気。針葉樹に囲まれた40マイル・クリークを抜けて広がるバーミリオン湖では、雄大な自然が感じられる。ボウ川は、川といっても流れが穏やかで水深も浅く、初心者でも安心して体験ができるコースだ。シーズンはだいたい例年5～10月。

フィッシング

Banff Fishing Unlimited
TEL (403)762-4936
FREE (1-866)678-2486
URL banff-fishing.com
ミネワンカ湖ツアー（4時間30分）
催 5月中旬～9月上旬
料 1人$718.75～（人数が集まれば安くなる）
ボウ川ツアー（8～9時間）
催 4～10月
料 1人$600～

パシュート・バンフ・ジャスパー・コレクション（→P.205）
ミネワンカ湖ガイドフィッシング
催 5/19～9/4 毎日8:00、13:00
料 半日ツアー（3時間）1人$200
半日チャーター（4時間）2人$650
1人追加でプラス大人$100、子供（6～15歳）$80

フィッシングライセンス Fishing Permits
料 国立公園内$12.75（1日）、$44.25（1年）

ラフティング

Canadian Rockies Rafting
TEL (403)678-6535
FREE (1-877)226-7625
URL rafting.ca
料 ボウ川（1.5時間）大人$40～64
カナナスキス川（3時間30分～4時間）大人$110

Chinook Rafting
TEL (403)763-2007
FREE (1-866)330-7238
URL chinookrafting.com
料 カナナスキス川（1時間30分）大人$120～

Rocky Mountain Raft Tours
TEL (403)762-3632
URL www.banffrafttours.com
料 ボウ川（1時間）大人$70（バンフからの送迎付き）

カヌー

Banff Canoe Club
MAP P.202-C1
TEL (403)762-5005
URL banffcanoeclub.com
営 6月下旬～9月上旬 毎日9:00～21:00
9月上旬～10月上旬 毎日10:00～19:30（時期により変動あり）
休 10月上旬～6月下旬
料 1時間$55、以降1時間ごとに$30

バンフのホテル
Hotels in Banff

ダウンタウンの宿泊施設は中心部にある数軒のホテルと北側のモーテル街が中心。ボウ川の南には大型の最高級ホテル、フェアモント・バンフ・スプリングス、The Rimrock Resort Hotelがある。カナディアン・ロッキーが誇るリゾート地だけあって町の大きさのわりに収容力は大きいが、夏の観光シーズンに予約なしで泊まるのはほぼ不可能。遅くとも2～3ヵ月前からの予約をおすすめする。ちなみに、いわゆる高級ホテルであっても客室にエアコンを備えるのはバンフではまれだ。

観光客が集中する夏と、ローシーズンの冬（クリスマスから正月を除く）で料金が2倍ほども違うのがバンフのホテル。夏はひと部屋最低$100は覚悟する必要がある。安めの宿を探すなら、B&Bやユースホステル、Airbnb（→P.548）も上手に活用するといいだろう。

最高級ホテル

The Fairmont Banff Springs Hotel
フェアモント・バンフ・スプリングス

1888年創業。ボウ川のほとりにたたずむ、ヨーロッパのお城のような最高級ホテル。ロビーや廊下はアンティーク調の家具が配され、気品にあふれている。館内にある充実したスパや温泉プールで疲れを癒やして、リゾートを満喫しよう。ただし、世界中の人の憧れともいうべきホテルなので、予約は早めに。

MAP P.202-D1
住 405 Spray Ave.
TEL (403)762-2211
FREE (1-866)540-4406
URL www.fairmont.jp/banff-springs
料 HIGH 6～9月ⓈⒹ$739～
LOW 10～5月ⓈⒹ$589～
Tax別
CC A D J M V 室 739室

The Rimrock Resort Hotel
リムロック・リゾート

サルファー山の中腹に立ち、格付けで最高ランクの5ダイヤモンドに輝くレストラン「Eden」やスパ、プールなどを併設。全面がガラス張りになったロビーからは、ランドル山の絶景が望める。サルファー山のバンフ・ゴンドラ乗り場やアッパー温泉へも近い。ダウンタウンからはローム・バスのルート1を利用。

MAP P.202-D1
住 300 Mountain Ave.
TEL (403)762-3356
FREE (1-888)746-7625
FAX (403)762-4132
URL www.rimrockresort.com
料 HIGH 6～9月ⓈⒹ$444～
LOW 10～5月ⓈⒹ$292～
Tax別
CC A J M V
室 333室

高級ホテル

Banff Park Lodge
バンフ・パーク・ロッジ

ボウ川の北では最もグレードが高いホテル。部屋は広く、客室数が多いので予約も比較的取りやすい。ふたつのレストランやラウンジ、屋内プール、サウナ、ジャクージなど設備が充実。スキーのパッケージや朝食、夕食付きのパッケージ、インターネット、シニア割引がある。

MAP P.202-C1
住 201 Lynx St.
TEL (403)762-4433
FREE (1-800)661-9266
URL www.banffparklodge.com
料 HIGH 6～9月ⓈⒹ$399～
LOW 10～5月ⓈⒹ$153～
Tax別
CC A D M V
室 211室

Mount Royal Hotel
マウント・ロイヤル

ダウンタウンの中心、バンフ通りとカリブー通りの交差点にあり、便利なロケーション。ホテル内にはカナダ料理レストラン「Brazen」を併設し、サウナ、ジャクージなどの施設のほか、ルーフトップ・ラウンジやルーフトップ・ホットタブもある。2018年に改装済みの客室はモダンな雰囲気。

MAP P.202-D2
住 138 Banff Ave.
TEL (403)762-3331
FREE (1-877)862-2623
URL www.banffjaspercollection.com/hotels/mount-royal-hotel
料 HIGH 夏季ⓈⒹ$429～
LOW 冬季ⓈⒹ$200～
Tax別
CC A J M V
室 133室

バスタブ　テレビ　ドライヤー　ミニバーおよび冷蔵庫　セーフティボックス　Wi-Fi
一部客室　一部客室　貸し出し　一部客室　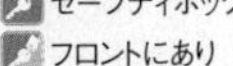 フロントにあり

Elk+Avenue Hotel
エルク+アベニュー

バンフ通り北のモーテル街のなかで最もダウンタウン寄りにあり、非常に便利な立地。日本人観光客の利用が多いのも安心。部屋は白とグレーを基調とした内装でまとめられている。ギフトショップやレストラン、サウナやジャクージ、フィットネスセンターがある。

MAP P.202-C1
住333 Banff Ave.
TEL (403)762-5666
FREE (1-877)442-2623
URL www.banffjaspercollection.com/hotels/elk-and-avenue
料HIGH 6～9月ⓈⒹ$359～
LOW 10～5月ⓈⒹ$139～
Tax別
CC A M V
室162室

Banff Ptarmigan Inn
バンフ・ターミガン・イン

ダウンタウンの中心近くの赤い屋根が目印の山小屋風建物。地中海レストラン「The Meatball」はパティオもあって人気。フィットネスセンター、サウナ、ジャクージ、スパあり。アメニティは「Rocky Mountain Soap Company(→P.220)」のものを使用。各部屋にコーヒーメーカーを完備。

MAP P.202-B1
住337 Banff Ave.
TEL (403)762-2207
FREE (1-800)661-8310
URL banffptarmiganinn.com
料HIGH 6月下旬～10月中旬ⓈⒹ$319～
LOW 10月中旬～6月下旬ⓈⒹ$129～
Tax別　朝食付き
CC A M V　室134室

High Country Inn
ハイ・カントリー・イン

入口はシンプルだが、清潔で快適な部屋は最高級ホテル並み。バルコニー付きの部屋やファミリースイート、ハネムーンスイートなどタイプもさまざま。バンフでは珍しくエアコンも完備。屋内プールなどの施設も揃う。館内にあるイタリアンレストラン「Ticino」も人気。

MAP P.202-B1
住419 Banff Ave.
TEL (403)762-2236
URL www.banffhighcountryinn.com
料HIGH 6～9月ⓈⒹ$380～
LOW 10～5月ⓈⒹ$129～
Tax別
CC A M V
室70室

Charltons Banff
チャールトンズ・バンフ

モーテル街のほぼ中心にあるクラシックな雰囲気のホテル。屋内プール、サウナ、ジャクージなど設備は申し分ない。客室はキングサイズのベッドを備えたデラックスや、4人まで宿泊可能な暖炉付きのスイートなど。大きな窓に広がる風景を楽しみたい。夏季には自転車の無料貸し出しサービスも行っている。

MAP P.202-B2
住513 Banff Ave.
TEL (403)762-4485
FREE (1-800)661-1225
URL www.charltonsbanff.com
料HIGH 夏季ⓈⒹ$499～
LOW 冬季ⓈⒹ$179～
Tax別
CC A M V
室65室

Banff Caribou Lodge & Spa
バンフ・カリブー・ロッジ&スパ

バンフ通りのモーテル街では最も高級感があり、リッチな気分でリゾートライフを満喫できる。ログハウス調のホテルで、部屋はウッディで落ち着ける内装。館内にサウナ付きのフィットネスセンターがある。スウェーデン式のマッサージが受けられるスパも人気。ステーキハウス「The KEG」も入っている。

MAP P.202-B2
住521 Banff Ave.
TEL (403)762-5887
FREE (1-800)563-8764
URL banffcariboulodge.com
料HIGH 6月下旬～9月下旬ⓈⒹ$449～
LOW 9月下旬～6月下旬ⓈⒹ$129～
Tax別
CC A D M V
室190室

Peaks Hotel & Suites
ピークス・ホテル&スイーツ

Banff Park Lodge(→P.215)の向かいに2020年に開業し、バンフでは比較的新しい。宿泊者は同ホテルのプールやサウナなどのファシリティを利用可能。4階建ての館内はモダンな雰囲気で、山のリゾート気分を謳歌できるバルコニー付きやメゾネットタイプのスイートルームがある。

MAP P.202-C1
住218 Lynx St.
TEL (403)762-4471
FREE (1-800)661-1021
URL www.peaksbanff.com
料ⓈⒹ＄569～　Tax別
CC A M V
室71室

B&B

Good Nite's Rest B&B
グッド・ナイツ・レストB&B

ダウンタウンから徒歩10分の閑静な住宅街にあるB&B。全室クイーンサイズのベッドがふたつと、電子レンジやコーヒーメーカーが備わっている。エントランスはゲストだけのプライベートとなっているので家で過ごす感覚でステイできる。手作りの朝食はマフィンやフルーツサラダなど。

MAP P.202-B1
住 437 Marten St.
TEL (403)762-2984
URL www.shouthotels.com/a-good-nites-rest-banff
料 HIGH 夏季ⓈⒹ$399～
LOW 冬季ⓈⒹ$119～
Tax別 朝食付き
CC M V 室 3室

Buffaloberry B&B
バッファローベリー B&B

静かな住宅街にあるログハウスの高級B&B。客室は3室にクイーンサイズベッド、1室にキングサイズベッドひとつが置かれ、広々して快適。ラウンジには大きな暖炉があり、リラックスできる。チェックインは16:00～18:00の間に。4泊以上滞在する場合は割引あり。

MAP P.202-B1
住 417 Marten St.
TEL (403)762-3750
URL buffaloberry.com
営 5～10月
料 ⓈⒹ$560～
Tax別 朝食付き
CC M V
室 4室

Banff Squirrel's Nest B&B
バンフ・スクワレルズ・ネスト B&B

中心部から徒歩3分のB&B。ロッキーで豊富なガイド経験をもつ池田夫妻が気軽に観光の相談に応じてくれ、初めてのカナディアン・ロッキー旅行にも心強い。全室2ベッドで専用バスベッド付き。キッチン、リビングを利用でき、無料の飲み物もある。家族やグループでの貸切宿泊に最適。

MAP P.202-B1
住 332 Squirrel St.
TEL (403)763-0048
URL bbbanff.com
料 夏季1泊$500～(貸切)
冬季1泊$300～(貸切)
Tax別 朝食応相談
CC 不可
室 4室

エコノミーホテル

YWCA Banff Hotel
ワイ・ダブル・シー・エー・バンフ

ボウ川沿いにあり、カスケード・ガーデンに面した静かなロケーション。YWCAだが男性やファミリーも宿泊でき、客室はいずれもシンプルな造り。レセプションは24時間対応で、アクティビティの相談にも応じてくれる。駐車場は先着順。例年10月中旬から約3週間、メンテナンスのための休業あり。

MAP P.202-D1
住 102 Spray Ave.
TEL (403)762-3560
FREE (1-800)813-4138
URL ywcabanff.ca
料 ⓈⒹ$140～ Tax別
CC A M V
室 45室

ユースホステル

Samesun Backpacker Hostels
セイムサン・バックパッカー・ホステルズ

世界中から来た若者たちでにぎわうドミトリースタイルの宿。セミプライベートのダブルルームもある。ダウンタウンから徒歩5分という立地も魅力的。館内にはランドリーやキッチン、ATMが揃い、ロビーには無料のインターネット端末も。スタッフは皆フレンドリー。カジュアルなバーを併設している。

MAP P.202-B1
住 443 Banff Ave.
TEL (403)762-4499
FREE (1-877)972-6378
URL www.samesun.com
料 HIGH 6～9月 ドミトリー$100～150
LOW 10～5月 ドミトリー$40～60
Tax別 朝食付き
CC M V 室 40室、96ベッド

Banff International Hostel
バンフ・インターナショナル・ホステル

4～8人用のドミトリーとプライベートルームがあり、セキュリティに配慮したカードキーを導入。各部屋にロッカーがあるので南京錠を持参しよう。中心部からやや離れているが、その分夜間は静かで過ごしやすい。敷地内にリカーショップがあるほか、コンビニも徒歩圏内なので不便はない。

MAP P.202-B1
住 449 Banff Ave.
TEL (403)985-7744
FREE (1-855)546-7835
URL www.banffinternationalhostel.com
料 HIGH 5月～10月中旬 ドミトリー$72～109 ⓈⒹ$350～
LOW 10月中旬～4月 ドミトリー$32～80 ⓈⒹ$160～ Tax別 朝食付き
CC A M V
室 23室、148ベッド

バンフのレストラン
Restaurants in Banff

バンフには世界各国の料理がありレベルも高いが、観光地なので値段も若干高めになっている。ほとんどのレストランがボウ川北のダウンタウンに集中しており、町歩きしながら店を選べる。バンフにはこれといって名物料理もないが、アルバータ州なのでステーキを出す店は多く、そのレベルも非常に高い。もしまだアルバータ牛を食べていないなら、ぜひ味わってみよう。またほとんどのホテルにレストランが併設されているため、疲れてホテルから出たくない人でも大丈夫だ。安く簡単に済ませたいなら、Cascade Shops(→P.220)の地下にあるフードコートがおすすめ。サンドイッチからイタリアン、中華、日本食と充実している。キッチン付きの部屋も多いので、スーパーで食料品を買い込んで、自分で料理するという手もある。

アルバータ牛

The Maple Leaf
メープル・リーフ

カナダ産の洗練された材料を集め、肉ならAAAのアルバータ牛ステーキ$63〜やバイソンの煮込み$55、魚ならサーモン$48など味は折り紙付き。カナダワインをはじめ、ワインのセレクションも豊富。2階はフォーマル、1階はカジュアルな雰囲気で、グループに合わせて部屋を区切ることもできる。

MAP P.202-D2
住 137 Banff Ave.
TEL (403)760-7680
URL www.banffmapleleaf.com
営 毎日10:00〜15:00/17:00〜21:30
休 無休
予 ランチ$20〜、ディナー$40〜
CC A M V

Melissa's Missteak
メリッサ・ミスステーク

1978年の創業以来、愛され続ける名店。グリル料理を中心としたメニューが揃い、AAAのアルバータ牛のプライムリブのステーキ、リブ・アイ$58は驚くほどの軟らかさ。シーフードならサーモンフィレ$41をぜひ。朝食にはカニとアスパラのオムレツ$21.5が人気。夜はバンド演奏が行われる。

MAP P.202-D2
住 201 Banff Ave.
TEL (403)762-5511
URL melissasmissteak.com
営 毎日8:00〜21:00(バーは〜翌2:00)
休 無休
予 ランチ$20〜、ディナー$40〜
CC M V

The Bison
バイソン

アルバータ牛やサーモンなど、カナダの食材にこだわった料理を提供している。店名でもあるバイソンのステーキ$89、バイソンバーガー$39が人気。季節変わりのメニューが多く、各種ワインとも好相性。5種の生ビールは$9〜。カジュアルな店だが予約推奨。木曜16:00から生演奏あり。

MAP P.202-C2
住 211 Bear St.
TEL (403)762-5550
URL www.thebison.ca
営 毎日16:00〜21:00
休 無休
予 $50〜
CC A M V

ファストフード

Beaver Tails
ビーバー・テイルズ

オタワ発祥のチェーン店で、甘い香りに吸い寄せられた観光客の行列が絶えない。名物のペストリーはクラシック$6.5やアバランチ$8.5など全12種。プティン$9もおやつに最適。暑い日にぴったりのレモネードやスムージーは種類豊富。同じバンフ通り沿いに支店(MAP P.202-D2)がある。

MAP P.202-D2
住 201 Banff Ave.
TEL (403)985-1977
URL beavertails.com
営 月〜金12:00〜21:00
土・日11:00〜22:00
休 無休
予 $5〜
CC MV

インターナショナル

Coyotes
コヨーテス

地中海テイストを加えたアメリカ南部料理が味わえる。ランチはパスタやサンドイッチが中心。ディナーのメインは$30～65。パンもソースも自家製にこだわり、ジュースは生の果実で作っている。朝食の定番はメープルシロップをたっぷりかけていただくトラディショナル・フレンチトースト$15.95。

MAP P.202-D2
住 206 Caribou St.
TEL (403)762-3963
URL coyotesbanff.com
営 毎日8:00～11:30/12:00～16:00/17:00～22:00
休 無休
予 ランチ$20～、ディナー$30～
CC A M V

Tooloulou's
トゥールールーズ

ケイジャンとカナダのフュージョン料理が堪能でき、食事時には行列もできる人気店。スパイスが効いたジャンバラヤ$26.95やシチュー料理のガンボ$28.95など料理はボリューム満点。朝食メニューは14:00までオーダーでき、フレンチトースト$12.95～やワッフル$13.95～が好評。

MAP P.202-D2
住 204 Caribou St.
TEL (403)762-2633
URL tooloulous.com
営 月～金8:00～21:00
土・日7:30～21:00
休 無休
予 ランチ$25～、ディナー$40～
CC M V

メキシコ料理

Magpie & Stump
マグパイ＆スタンプ

ルーフトップバーを備えた一軒家のメキシコ料理レストラン。テキーラは60種以上、タコス$6.75～はチキンやポーク、ビーフやベジタブルなどの種類がある。トルティーヤにアツアツのビーフステーキまたはグリルドチキン、野菜など好きな具を包んで食べるファヒータスFajitas $25～も人気。

MAP P.202-D2
住 203 Caribou St.
TEL (403)762-4067
URL www.magpieandstump.ca
営 毎日11:30～翌1:00
休 無休
予 $20～
CC A M V

カフェ

Wild Flour
ワイルド・フラワー

黄色のパラソルが目印の、ベーカリーカフェ。バゲット、クロワッサン、ペイストリーなど種類豊富なパンはオーガニックの小麦粉や天然酵母を使い、店内の石窯で焼いている。日替わりサンドイッチは$10～。季節変わりのケーキ類もある。トートバッグやタンブラーなどオリジナルアイテムもいろいろ。

MAP P.202-C2
住 211 Bear St., The Bison Courtyard
TEL (403)760-5071
URL wildflourbakery.ca
営 毎日7:00～16:00
休 無休
予 $12～
CC A M V

日本料理

茶屋
Chaya

バンフ通り、マクドナルドの北隣にある和食店。いつでも日本人スタッフが出迎えてくれ、気軽に入れる定食屋といった雰囲気だ。ラーメンや坦々麺、カツカレー、かき揚げうどんなど定番の日本の味が揃う。メニューは一皿$15前後と観光地においては良心的。すべてテイクアウト可能。

MAP P.202-D2
住 118 Banff Ave.
TEL (403)760-0882
営 7～9月
毎日11:30～15:00/16:00～21:00
10～6月
毎日11:30～20:30
休 無休
予 $13～
CC M V

タイ料理

Pad Thai Restaurant
パッタイ

カジュアルなタイ料理店。レッドカレーやグリーンカレー（ライス付き、各$16.95）など、料理は辛さ控えめで万人向け。タイ風焼きそばのパッタイ$14.95、スプリングロール（春巻き）$6.5やチキンサテー（焼き鳥）$14も人気。リーズナブルな料金もうれしい。混んでいるときはテイクアウトがおすすめ。

MAP P.202-D2
住 110 Banff Ave.
TEL (403)762-4911
URL www.padthaibanff.com
営 水12:00～19:00
木～月12:00～21:00
休 火
予 $20～　CC M V

バンフのショッピング
Shops in Banff

ショッピングの中心はバンフ通りだ。ショッピングモールが並ぶほか、さまざまな専門店がある。また、フェアモント・バンフ・スプリングスにも多数の店がある。たいていの店に日本語が話せる店員がいるのもうれしい。一方、バンフでしか買えないものがあまりないのは残念なところ。

ショッピングモール

Cascade Shops
カスケード・ショップス

バンフ通りとウルフ通りの角に立つ、バンフ最大のショッピングセンター。カナダブランド「Canada Goose」などのファッションや雑貨店が揃い、地元作家の作品がメインの「Branches Market Place」には日本人スタッフがいることも。地下にはフードコートや銀行、両替所、ドラッグストア、コインランドリーがある。

MAP P.202-C2
住317 Banff Ave.
TEL(403)762-8484
URL cascadeshops.com
営夏季
毎日10:00～21:30
冬季
月～木10:00～20:00
金・土10:00～21:00
日10:00～18:00
CC店舗により異なる

アウトドア

Monod Sports
モノド・スポーツ

カナダの人気ブランド、アークテリクスから、ノースフェイス、パタゴニアなど有名アウトドアブランドのアイテムがずらりと並ぶ、アウトドアウエアのショップ。マウンテンパーカやフリース、ウインドブレーカーと充実した品揃え。急激に寒くなったらここで防寒具を調達したい。

MAP P.202-D2
住129 Banff Ave.
TEL(403)762-4571
FREE(1-866)956-6663
URL www.monodsports.com
営夏季
毎日10:00～20:00
冬季
毎日10:00～19:00
休無休
CC A M V

おみやげ

Jacques Cartier Clothier
ジャック・カルティエ・クロージア

イヌイットの人々が集めた極北にすむジャコウウシ(Muskox)の軟毛を加工し仕立てたセーターや帽子などを販売。ジャコウウシのセーターは$1000～2500と高価だが、驚くほど軽くて暖かい。仕立てがよく、長く着られるので奮発してもいいだろう。手袋$150～220やマフラー$110～550もある。

MAP P.202-D2
住131A Banff Ave.
TEL(403)762-5445
URL www.qiviuk.com
営5月～10月中旬
毎日10:00～21:00
10月中旬～4月
毎日10:00～20:00
休無休
CC A J M V

コスメ

Rocky Montain Soap Company
ロッキー・マウンテン・ソープ・カンパニー

100%の天然素材から作ったボディケア製品の店。ハンドメイドの石鹸は、ヤギのミルクやローズヒップなどバラエティに富んだ品揃え。色もカラフルでかわいい。バスソルトやローション、マッサージクリームなども扱う。詰め合わせのギフトセットは贈り物に最適。キャンモアのダウンタウンにも支店あり。

MAP P.202-D2
住204 Banff Ave.
TEL(403)762-5999
URL www.rockymountainsoap.com
営日・火・水10:00～18:00
月・木～土10:00～20:00
休無休
CC M V

ワイン

Banff Wine Store
バンフ・ワイン・ストア

ダウンタウンの中心、バンフ通り沿いのショッピングモール、カリブー・コーナーCaribou Cornerの地下にあり、世界中から集めたワインを販売。オカナガンやナイアガラで造られたカナダワインの種類も豊富。アイスワイン(1本$41～)の品揃えも充実。おみやげ用の小さなアイスワインは$9.5～。

MAP P.202-D2
住302 Caribou St.
TEL(403)762-3465
URL banffwinestore.com
営毎日10:00～21:00
休無休
CC M V

バンフのナイトスポット

Night Spots in Banff

世界的なリゾート地であるバンフの町は、特に夏の間は深夜まで地元客、観光客でにぎわっている。治安もいいので、女性や年輩の方でも安心してナイトライフを楽しめる。ダウンタウンには大人の雰囲気のバーやパブ、若者の集まるクラブなどさまざまな店がある。

パブ

Rose & Crown
ローズ&クラウン

1985年に創業し、バンフで最も古いパブのひとつ。地元の若者が集うビリヤード台や落ち着いて飲みたい人向けのテーブル席エリアがあるほか、見晴らしのよい屋上テラスも。生ビール$8～10、ロッキーの天然水仕込みのジン$12などの酒類が充実し料理も本格的。毎晩22:00からライブを開催。

MAP P.202-C2
住 202 Banff Ave.
TEL (403) 762-2121
URL roseandcrown.ca
営 毎日12:00～翌2:00
休 無休
予 $15～
CC A M V

Banff Ave Brewing Company
バンフ・アベニュー・ブリューイング・カンパニー

ショッピングモール、クロック・タワー・モールClock Tower Mallの2階にあるパブ。自家醸造したビールを楽しめる。6種類のビールが味わえるサンプラー$19.95がおすすめ。フードメニューはハンバーガーやチキンウィング、フィッシュ&チップスなど、どれもビールに合うものばかり。

MAP P.202-D2
住 110 Banff Ave.
TEL (403)762-1003
URL banffavebrewingco.ca
営 日11:30～24:00
月～水12:00～24:00
木・金12:00～翌1:00
土11:30～翌1:00
休 無休
予 $25～
CC A M V

St. James's Gate
セント・ジェームス・ゲート

バンフで人気のアイリッシュパブで、夜はかなり混み合う。ドラフトビールは20種類以上を揃えており、アイルランド料理やステーキなど食事メニューも充実している。クリスマスや復活祭などの間は毎晩、そのほかの時期は木曜にアイリッシュ音楽、金・土曜にライブバンドの演奏あり。

MAP P.202-C2
住 207 Wolf St.
TEL (403)762-9355
URL www.stjamesgatebanff.com
営 日～木11:00～翌1:00
金・土11:30～翌2:00
休 無休
予 $20～
CC A M V

Park Distillery
パーク・ディステレリー

バンフNo.1と名高い人気店。カナディアン・ロッキーの天然水を使用した、オリジナルウォッカ$8～を全4種類揃えている。お酒に合うフードメニューも充実しており、人気はハンバーガー$25～やアルバータ牛のステーキ$47～など。ウォッカやオリジナル商品を販売するショップも併設している。

MAP P.202-C2
住 219 Banff Ave.
TEL (403)762-5114
URL parkdistillery.com
営 毎日11:00～22:00
（時期により変動あり）
休 無休
予 ランチ$25～、ディナー$40～
CC A M V

High Rollers
ハイ・ローラーズ

ボーリング場を併設するビアホール。1レーン1時間のプレイ料金は日～金曜が$49、土曜が$55でレンタルシューズが$5.99。毎日22:00頃から日替わりのDJイベントが催され、週末は深夜まで混み合うので予約がおすすめ。48銘柄のビールが揃い、フードメニューは生地から手作りのピザが自慢。

MAP P.202-D2
住 110 Banff Ave.,Lower Level
TEL (403)762-2695
URL highrollersbanff.com
営 月・水～金15:00～翌2:00
火15:00～翌1:00
土・日12:00～翌2:00
休 無休
予 $10～
CC M V

カナディアン・ロッキーの動物

カナディアン・ロッキーは多種多様な野生動物が生息する地域。バンフのような人里近くでも、少し裏道に入るとエルクに遭遇することがあるほどだ。しかし、国立公園内では野生動物に食料を与えることは一切禁じられている。自然に干渉せず、静かに見守るにとどめよう。

グリズリー（ハイイログマ） Grizzly Bear

ロッキーのシンボル的動物。日本ではヒグマと呼ばれるこの巨大なクマは、肩部が腰よりも高くこぶ状に盛り上がっているのが特徴で、背に白いさし毛があり、灰褐色に見えることからこの名がつけられた。

手には大きく長い爪をもち、成長すると体長約250cm、体重360kgと巨体になるが、クマ科のなかでは比較的おとなしい性質で、一般的には人間を怖がり避けようとする。しかし、いったん人間のことを獲物と認識したり、自分の子供に危害を加えたり、餌を横取りしたりする敵であると見なした場合は非常に攻撃的になる。

グリズリーは11月下旬に巣穴に入り、4月頃まで4～6ヵ月もの間冬眠して過ごす。そのため秋の食欲はすさまじく、餌を探して歩き回っては栄養を取り、長期にわたる穴ごもりに備える。巣穴は北、もしくは東向きの傾斜のきつい丘の中腹に掘り、雪が深く積もると完全に外界から隔離される。穴に食料を貯えることはなく、秋までに貯えた体内脂肪を使って生きていく。冬眠中は体温が2～3度下がり、呼吸も1分間に2～4回程度になる。小腸は完全にふさがり、春まで排泄は行われない。

グリズリーはアイスフィールド・パークウエイのヘクター湖やボウ湖の周辺によく現れる。たいがい単独で行動しているが、この付近をドライブする際は驚かせたりしないよう、十分に注意して運転してほしい。

↑灰褐色の巨大な体

ブラックベア Black Bear

↑親子連れのときは特に注意

同じクマでもグリズリーより少し小さく色が真っ黒なのがブラックベアだ。毛色は黒のほか、シナモン色から褐色までさまざま。体長150～180cmとクマのなかでは小さい。ロッキーのいたるところで見かけることができるが、もちろん危険なので近寄らないこと。

エルク Elk

↑夕方に目撃することが多い

別名ワピチWapitiとも呼ばれ、成長するとムースに次いで大きなシカになる。雄の角は成長すると約2mにも達する。秋には1 頭の雄が複数の雌を従えハーレムを形成する。雄はハーレムを守り、自らのテリトリーを示すため、いななく。この声が聞こえるとロッキーに長い冬がやってくるのだ。

ムース（ヘラジカ） Moose

↑水辺にいることが多い

成長した個体は世界最大とされるシカ。雄がもつヘラ状の角は片方だけで重さ約10kgもある。この角は冬の始めにいったん落ち、春にまた新たな角が生えてくる。成長過程のまだ軟らかく角質化していない角は袋角と呼ばれる。また、角のない雌もその脚力は強力で、子供を守るためひと蹴りでクマを気絶させたという話もあるほどだ。

ミュールジカとオジロジカ Mule Deer & White-tailed Deer

⬆道の脇に現れることも

林の中で見かける小形のシカはミュールジカかオジロジカだ。外見的には、なかなか見分けがつきにくいが、尾の色がわずかに違い、オジロジカの尾の内側は白く、一方ミュールジカのそれは黒い(そのため別名Black-tailed Deerとも呼ばれる)。どちらも体はほっそりしており、夏は赤褐色、冬は灰褐色の毛並みに生え替わる。

ビッグホーン・シープ Bighorn Sheep

⬆最もよく目にする動物

エルクやグリズリーと並んで、ロッキーを代表する動物。体は灰褐色、臀部と腹部は白色をしている。成長した雄は、太く巻いた角をもち、雌や子供にも細く短い角がある。山岳地帯に群を作って生活するため、岩登りも上手。比較的道路脇で見かけることができる。

マウンテン・ゴート Mountain Goat

山岳地帯に生息する野生の山ヤギで、体は白い毛で覆われている。雄雌ともに黒い2本の角をもつ。夏場にはいったん体毛が抜け落ち、秋からはふさふさとした白い毛が生え揃い美しい。

しかし草食動物といえども野生動物は危機を感じると人間には想像もつかない力を発揮するので、観察したりビデオや写真を撮影する際は必ず適切な距離を保つことを忘れずに。

⬆岩に含まれるミネラルを舐めに崖の上に現れることがある

ビーバー Beaver

カナダ国立公園(Parks Canada)のシンボルマークになっているビーバー。川や沼などの水辺に生息するが、夜行性のため夕方か早朝以外は人目に触れることは少ない。特徴的な鋭い歯で太い樹木をかじり倒し、土手を掘ってその木を水中に運ぶ。そうした作業を繰り返し、木を泥で固めて、ダムや巣を形成する土木作業のような習性で有名だ。「ロッジ」とも呼ばれる巣は相当頑丈で、人間がひとり乗ってもびくともしない。毛皮業者の乱獲により一時は絶滅の危機に追い込まれたが、近年ようやく個体数を回復しつつある。

⬆国立公園のシンボル

リス類

⬆湖畔などによく現れる

リスの仲間は数種が生息しているが、キャンプ場などでよく見かけるのがアカリスだ。ドライブ中、岩かげなどで見えるのはジリスGround SquirrelやシマリスChipmunk。カナダのリスは人間をあまり怖がらず、かなり近づいても逃げないので、じっくり観察してみよう。

その他

⬇コヨーテはすぐ逃げてしまう

岩場ではマーモットMarmotやピカPika(ナキウサギ)を、川や湖沼ではカモの仲間、ヤマセミ、ミサゴ、ハクトウワシなどの姿を見かけることもある。夜行性のため目につきにくいが、テン、クズリ、ボブ・キャットBob Catなどもいる。コヨーテCoyoteも見られる。

CANMORE

キャンモア

カナディアン・ロッキー

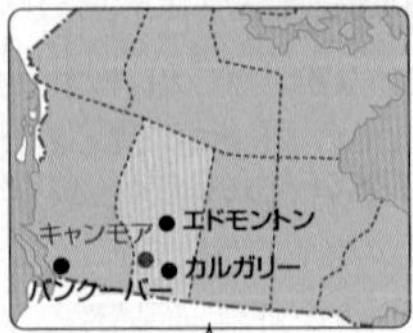

MAP P.182-C2
人口 1万5990
市外局番 403

キャンモア情報のサイト
URL www.explorecanmore.ca

▶▶▶ 行き方

カルガリー国際空港からバンフやレイク・ルイーズ行きのブリュースター・エクスプレスが途中、キャンモアに停車する。Coast Canmore Hotel & Conference Centreが発着場所。1日9便運行のうち4便はカルガリーのダウンタウンが始発。片道大人$79。同じくバンフ・エアポーターがカルガリー国際空港から1日10便運行、片道大人$76.99。ライダー・エクスプレスも1日1〜2便運行、片道$57.14。所要約1時間20分。

バンフからは上記のブリュースター・エクスプレスやライダー・エクスプレスでもアクセスできるが、ローム・バス(→P.203)のルート3(Canmore-Banff Regional)が安上がりなうえ便利。バンフ発毎日5:50〜23:18で1時間に1〜2便運行、所要約30分。終点の停留所(MAP P.224-B1)はダウンタウンの中心部にある。片道大人$6。タクシーだと$65程度かかる。

ブリュースター・エクスプレス
(→P.203)

バンフ・エアポータ (→P.203)

ライダー・エクスプレス
(→P.543)

ローム・バス ローカル路線
運 ルート5C(Cougar Creek)
毎日6:18〜23:44
ルート5T(Theree Sisters)
毎日6:15〜23:47
料 無料

バンフから南東へ約22km。バンフ国立公園の外側にあるキャンモアは、バンフと並んでカナディアン・ロッキーの拠点となる町。バンフに比べるとホテルも安いため、近年多くの人がここからバンフ国立公園へ足を延ばす。町のすぐそばにハイキングコースも多数あり、ラフティングや、国立公園では禁止されているヘリツアーなど大自然を舞台にしたアクティビティも楽しめる。

↑町に流れるポリスマンズ・クリーク

キャンモアの歩き方

町の中心はボウ川Bow Riverとポリスマンズ・クリークPoliceman's Creekに挟まれた8th St.界隈で、十分歩いて回れる。銀行やレストランが並び、小さいながらも町らしいにぎわ

➡すぐ近くに山がそびえ立つ

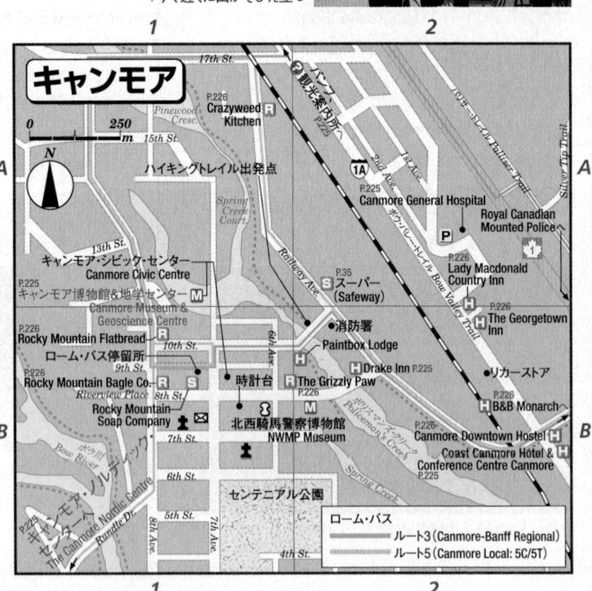

 ※開館時間、営業時間などの日程は基本的に2023年のもの。年度により変動するため、ウェブサイトなどで再確認を。(→P.7)

いを見せる。芸術家が多く暮らす土地柄か、ギャラリーが多いのが特徴。ポリスマンズ・クリークを越えた東には、ボウ・バレー・トレイルBow Valley Trailとトランス・カナダ・ハイウエイが走る。キャンモアでの楽しみは自然のなかの散策に尽きる。特にポリスマンズ・クリークから町の北側を縦断し、ボウ川へと続くトレイルは、マウンテンバイクで走るのにもぴったりだ。郊外へはローム・バスのローカル路線であるルート5(Canmore Local)が便利。ダウンタウンを経由してクーガー・クリーク方面へ行く5Cと、スリー・シスターズ山の麓へ行く5Tを運行している。

おもな見どころ

キャンモア博物館&地学センター

MAP P.224-B1

Canmore Museum & Geoscience Centre

★★★

キャンモア・シビック・センター内にあり、19世紀末頃から炭鉱と鉄道の町として発展したキャンモアの歴史や、カナディアン・ロッキーの地勢に関する資料を展示する。氷河と地形の成り立ちに関する展示にも注目。

キャンモア・ノルディック・センター

MAP P.224-B1外

The Canmore Nordic Centre

★★★

1988年カルガリー冬季オリンピックのノルディック競技会場となった場所で、現在は一般に開放されている。ピクニックエリアやハイキングトレイルが整備されており、なかでもフェアモント・バンフ・スプリングス(→P.215)まで続く20kmの「キャンモア・バンフ・トレイルCanmore Banff Trail(Rundle Riverside Trail)」が人気。マウンテンバイクや冬にはクロスカントリースキーで行くこともできるので、アウトドア派に最適だ。

↑センターではトレイルの情報が手に入る

ユースフル・インフォメーション

警察
Royal Canadian Mounted Police
MAP P.224-A2外
TEL (403)678-5516

病院
Canmore General Hospital
MAP P.224-A2
住 1100 Hospital Place
TEL (403)678-5536

おもなレンタカー会社
Enterprise Rent-A-Car
TEL (403)609-3070

おもなタクシー会社
Canmore Cabs
TEL (403)996-2229

観光案内所

Canmore Visitor Information Centre
MAP P.224-A1外
TEL (403)678-5277
URL www.explorecanmore.ca
開 夏季　毎日9:00~17:00
　冬季　毎日9:00~19:00
休 無休
ハイウエイ#1A沿い。

ヘリツアー

Alpine Helicopters
TEL (403)678-4802
URL canmore.alpinehelicopter.com
料 遊覧飛行1人$290~490

キャンモア博物館&地学センター

住 902B-7th Ave.
TEL (403)678-2462
URL canmoremuseum.com
開 木~月10:00~16:00
(時期により変動あり)
休 火・水
料 大人$5、シニア$4

キャンモア・ノルディック・センター

TEL (403)678-2400

キャンモアのホテル

Hotels in Canmore

Coast Canmore Hotel & Conference Centre Canmore
コースト・キャンモア・ホテル&カンファレンス・センター・キャンモア

ボウ・バレー・トレイル沿いに立つ大型ホテルで、ブリュースター・エクスプレスも停車する。客室はシンプルだが広々としており快適。プール、フィットネスセンター、ジャクージあり。

MAP P.224-B2
住 511 Bow Valley Trail
TEL (403)678-3625
FREE (1-800)716-6199
URL www.coasthotels.com
料 HIGH 6~9月ⓈⒹ$268~
LOW 10~5月ⓈⒹ$134~
Tax別
CC A M V　室 224室

Drake Inn
ドレイク・イン

中心街の東を流れるポリスマンズ・クリークのほとりに立つ中級ホテル。川に面した部屋はバルコニーからの眺めがいい。全室コーヒーメーカー付き。

MAP P.224-B2
住 909 Railway Ave.
TEL (403)678-5131
FREE (1-800)461-8730
URL www.drakeinn.com
料 HIGH 6月下旬~9月上旬
ⓈⒹ$234~394
LOW 9月上旬~6月下旬
ⓈⒹ$74~244 Tax別
CC A M V　室 23室

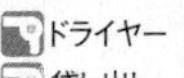
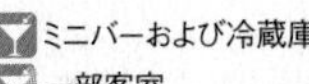
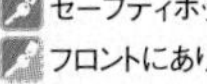
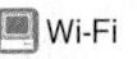

バスタブ　テレビ　ドライヤー　ミニバーおよび冷蔵庫　セーフティボックス　Wi-Fi
一部客室　一部客室　貸し出し　一部客室　フロントにあり

Lady Macdonald Country Inn
レディ・マクドナルド・カントリー・イン

かわいらしい外観。部屋にはスリー・シスターズやカスケードなど地元名所の名前がつけられ、家具やファブリックにも凝っており洗練されている。

MAP P.224-A2～B2
住1201 Bow Valley Trail
TEL(403)678-3665
FREE(1-800)567-3919
URL www.ladymacdonald.com
料HIGH6～9月ⓈⒹ$345～460
LOW10～5月ⓈⒹ$320～360　Tax別　朝食付き
CC A M V　室13室

Canmore Downtown Hostel
キャンモア・ダウンタウン・ホステル

ショッピングタウンの一画にあり全室マウンテンビュー。女性専用のドミトリーもあり、館内はモダンなロッジのよう。バス停から徒歩すぐ。

MAP P.224-B2
住201-302 Old Canmore Rd.
TEL(403)675-1000
URL canmoredowntownhostel.ca
料HIGH夏季ドミトリー＄55～
ⓈⒹ＄225～
LOW冬季ドミトリー＄50～
ⓈⒹ＄100～　Tax別
リネン込み　朝食付き
CC M V　室14室、72ベッド

The Georgetown Inn
ジョージタウン・イン

イギリスのチューダー調の優雅なホテル。各部屋ごとに異なるインテリアでまとめられており、どれもアンティーク風。パブ「Miner's Lamp Pub」を併設。

MAP P.224-B2
住1101 Bow Valley Trail
TEL(403)678-3439
URL www.georgetowninn.ca
料HIGH6月下旬～9月上旬
ⓈⒹ$150～
LOW9月上旬～6月下旬
ⓈⒹ$109～　Tax別
CC A M V
室21室

B&B Monarch
B＆Bモナーク

日本人が経営する、静かな住宅街にあるB&B。3部屋の客室とキッチン、リビングすべてがゲスト専用フロアにある。朝食は希望で和食、洋食が選べる。BBQが楽しめるテラスもある。

MAP P.224-B2外
住317 Canyon Close
TEL(403)678-0500
FREE(1-877)678-2566
URL www.monarchbandb.com
料HIGHⒹ$285～、貸し切り$380～
LOW割引あり　Tax別
朝食付き
CC M V　室3室

キャンモアのレストラン
Restaurants in Canmore

Crazyweed Kitchen
クレイジーウィード・キッチン

サーモンのソテー$40やグリルしたラム肉入りのタイ風マッサマンカレー$47などが人気のレストラン。180種類以上のワインが揃う。週末は予約を推奨。

MAP P.224-A1
住1600 Railway Ave.
TEL(403)609-2530
URL crazyweed.ca
営水～日16:30～21:00
休月・火
予$45～
CC M V

Rocky Mountain Flatbread
ロッキー・マウンテン・フラットブレッド

サステナブルをテーマに、オーガニックな地元食材をふんだんに使用。バーチ材をくべた薪窯で焼き上げる薄い生地のピザ$19～が揃い、人気はアップルチキンピザ$23～など。バンクーバーに支店がある。

MAP P.224-B1
住838-10th St.
TEL(403)609-5508
URL www.rockymountainflatbread.ca
営毎日11:30～21:00
休無休　予$15～　CC A M V

The Grizzly Paw
グリズリー・ポー

エールやラガー、ピルスナーなど7種類のビールが揃った地ビールレストラン。ビールと一緒に味わいたい食事メニューはチキンウイング$18やバイソンのハンバーガー$24など。

MAP P.224-B1
住622-8th St.
TEL(403)678-9983
URL www.thegrizzlypaw.com
営毎日11:00～23:00
休無休
予$20～
CC M V

Rocky Mountain Bagel Co.
ロッキー・マウンテン・ベーグル・カンパニー

ごま、ケシの実、メープルなど10種類のベーグルは焼き立て。玉子やハム、チーズといった具を挟んだベーグルサンドは$8.75～。2カ月ごとに豆が変わるコーヒーはオーガニックにこだわっている。

MAP P.224-B1
住102-830-8th St.
TEL(403)678-9968
URL thebagel.ca
営毎日8:00～16:00
(時期により変動あり)
休無休　予$10～
CC M V

LAKE LOUISE
レイク・ルイーズ

カナディアン・ロッキー

ビクトリア女王の娘ルイーズ王女にちなんで名づけられたこの湖を、かつてインディアンのストーニー族は「小さな魚の湖」と呼んでいた。不思議な青緑色の湖水をたたえた宝石のような氷河湖と、そこに映るビクトリア氷河はまるで1枚の絵のような美しさ。

⬆カヌーも楽しめるルイーズ湖

レイク・ルイーズへの行き方

同名の湖の周辺に開けたレイク・ルイーズはバンフ国立公園内にあり、飛行機ではアクセスはできない。ロッキー・マウンテニア鉄道のファースト・パッセージ・トゥ・ザ・ウエスト（→ P.203）が停車するのみ。

▶▶▶ 長距離バス

カルガリーからはライダー・エクスプレスRider Expressが1日1～2便運行、所要約2時間25分。パシュート・バンフ・ジャスパー・コレクションPursuit Banff Jasper Collectionのブリュースター・エクスプレスBrewster Expressはカルガリー国際空港から1日4便、ダウンタウンからも4便運行し所要約3時間30分。

バンクーバーからはライダー・エクスプレスが1日1～2便運行、所要約12時間30分。ジャスパーからはブリュースター・エクスプレスが5～10月のみ1日1便運行、所要3時間30分。

バンフからはライダー・エクスプレスやブリュースター・エクスプレスのほか、ローム・バスのルート8X、8Sも利用可能。8Xは途中レイク・ルイーズ・ビレッジ北にのみ停車する直通バスで夏季が1時間に1～2便、冬季は1日7便の運行、所要約1時間。一方、8Sはボウ・バレー・パークウエイ沿いのジョンストン渓谷など途中5ヵ所に停車。夏季の週末のみ運行され、所要約1時間20分。このほか、紅葉シーズンに合わせてモレイン湖直通のルート10も1日7便あり、所要約1時間10分。いずれも人気ルートのため、ウェブサイトからの予約が推奨されている。

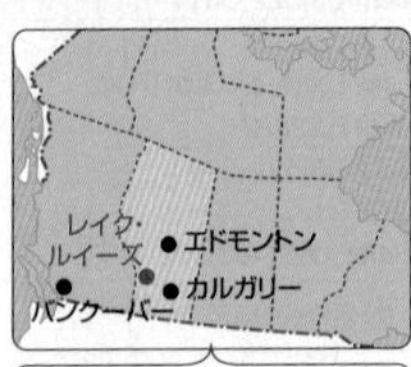

MAP P.182-C2
市外局番 403

レイク・ルイーズ情報のサイト
URL www.banfflakelouise.com
URL parks.canada.ca/pn-np/ab/banff/visit/les10-top10/louise

ライダー・エクスプレス（→P.543）
カルガリーから
料 片道　1人$77
バンフから
料 片道　1人$39
バンクーバーから
料 片道　1人$162

ブリュースター・エクスプレス（→P.203）
カルガリーから
料 片道　1人$118
バンフから
料 片道　1人$40
ジャスパーから
料 片道　1人$106

ローム・バス（→P.204）
URL roamtransit.com
バンフから
運 ルート8X
(Lake Louise Express)
毎日7:00～22:00
ルート8S
(Lake Louise Scenic)
7/1～8/27
金～日9:30、13:00、16:35
ルート10
(Moraine Lake Express)
9/18～10/9
毎日6:30～16:00
（モレイン湖からの最終は18:20発）
料 各シングルチケット
大人$10、シニア・ユース（13～18歳）$5、子供無料
1日スーパー・パス
大人$25、シニア・ユース（13～18歳）$12.5、子供無料

ユースフル・インフォメーション

警察
Royal Canadian Mounted Police
MAP P.228-C
TEL (403)522-3811

病院
Lake Louise Medical Clinic
MAP P.228-C
TEL (403)522-2184

おもなレンタカー会社
Hertz TEL (403)522-2470

?観光案内所
MAP P.228-C
TEL (403)762-8421
URL www.banfflakelouise.com
開6〜9月
毎日8:30〜18:30
10〜5月
毎日9:00〜17:00 休無休

◆◆◆ レイク・ルイーズへのツアー ◆◆◆

バンフに宿泊しながらレイク・ルイーズを巡るなら、現地ツアーに参加することをおすすめする。レイク・ルイーズのみを巡るツアーはほとんど催行されておらず、ヨーホー国立公園（→P.234）やボウ・バレー・パークウエイ（→P.194）、アイスフィールド・パークウエイ（→P.193）の観光と合わせての1日ツアーが多い。会社によって立ち寄る見どころや時間が異なるので、よく吟味して選ぼう。大型バスで巡る最大手のパシュート・バンフ・ジャスパー・コレクションのほか、日本語ガイド付きの少人数制ツアーなども多数ある（→P.148、P.205）。

レイク・ルイーズの歩き方

トランス・カナダ・ハイウエイ沿いに開けたレイク・ルイーズ・ビレッジには、観光案内所やショッピングモールがある。ふたつの湖の湖畔にはホテルしかないため、必要なものはビレッジで調達しておこう。

2023年よりモレイン湖への一般車両の乗り入れを禁止するなど、このエリアでは交通規制が進みレンタカーでの観光が困難になりつつある。国立公園を管理するパークス・カナダParks Canadaではバンフからローム・バスでの訪問を推奨。夏季にはレイク・ルイーズ・スキー場の駐車場（MAP P.228-A）と湖を結ぶシャトルバスも運行しこれをカバーしている（→P.204、229）。ただし、チケットは予約制で確実に入手できる保証はないため、やはり現地ツアーに参加するのが手っ取り早い。

⬆ルイーズ湖の湖畔はハイキングコースになっている

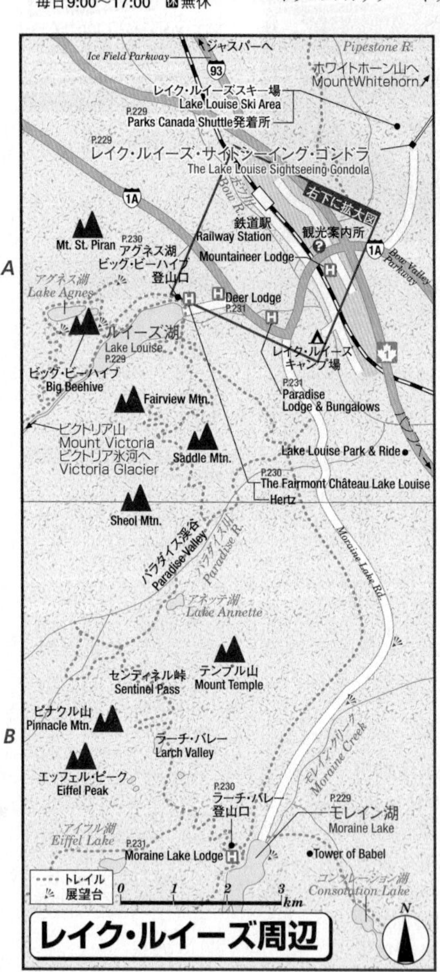

おもな見どころ

ルイーズ湖

MAP P.228-A

Lake Louise

★★★

両側に迫る深い針葉樹の緑に覆われた山稜と、神秘的な緑色の湖水の向こうに立ちふさがる巨大な氷河。ルイーズ湖の明媚な姿を前にすると、カナディアン・ロッキーの魅力は一目瞭然だ。湖の長さは約2.4km、水深は深い所で90m。水の色が不思議なエメラルドグリーンなのは、氷河が削り取った細かい泥が湖に溶けているから。正面に見える山は3464mのビクトリア山Mount Victoria。そこから崩れ落ちるようにしているのが、ビクトリア氷河Victoria Glacierだ。湖畔には静かなハイキングコースが用意され、湖を半周することができる。周辺にも多くのハイキングコースがあり、無料のガイドツアーも催されている。詳しくは、観光案内所に問い合わせのこと。また、5月下旬～10月中旬にはカヌーを借りて湖に漕ぎ出すこともできる。

レイク・ルイーズ・サイトシーイング・ゴンドラ

MAP P.228-A

The Lake Louise Sightseeing Gondola

★★★

標高2669mのホワイトホーン山Mount Whitehornに上るゴンドラ。冬はロッキー随一のスキー場、レイク・ルイーズ・スキー場としてにぎわうが、夏季にも観光用のゴンドラが運行されている。長さ3200m、標高差500mを約14分かけて上るゴンドラの終着駅からは、ルイーズ湖とビクトリア氷河を一望のもとに見渡すことができる。ガイドが付くウオーキングツアーも行われている。

↑ゴンドラで絶好の展望スポットへ

モレイン湖

MAP P.228-B

Moraine Lake

★★★

サムソン・モールからルイーズ湖へ上っていく山道を、少し手前で左に折れ、十数km進むと前方に厳しくそびえ立つ岩峰群が見えてくる。これがモレイン湖を囲むテン・ピークスTen Peaksと呼ばれる山々だ。青空と白い雪、青い湖のコントラストは美しく、カナダの旧20ドル札の図案にも採用されていた。湖には散策道が設けられているほか、カヌーで遊ぶこともできる。湖尻には岩の堆積が自然の堤防となっており、これがモレイン（氷河によって運ばれた堆積物の意味）という名前の由来となっている。しかし実際には南岸の岩壁が崩れ氷河で運ばれてできたものなので、正確にいえばモレインではない。光線の関係から午前中が最も美しいといわれるが、時期や天候にもよるため、柔軟に対応してくれる現地ツアーで訪れるのがよい。

➡モレイン湖とテン・ピークスの山々

ルイーズ湖とモレイン湖を巡回するシャトルバス

ルイーズ湖の駐車場（有料）は満車が常態化し、空車待ちも困難。このためバンフからはローム・バスのルート8X、8Sでの訪問が推奨されている。もしもレンタカーを利用する場合は、レイク・ルイーズ・スキー場の駐車場（MAP P.228-A）に車を置いてパークス・カナダ・シャトルParks Canada Shuttleを利用することになる。

駐車場とルイーズ湖を結ぶLake Louise Lakeshore（LL）、モレイン湖を結ぶMoraine Lake（ML）の2ルートがあり、どちらも20分おきに出発。パークス・カナダのウェブサイトから予約が必要で、一部の座席は乗車48時間前から販売される。ルイーズ湖とモレイン湖を結ぶLake Connector（LC）は上記のチケットかローム・バスの1日スーパー・パス（→P.227）保持者のみ乗車可能（無料・先着順乗車）。

パークス・カナダ・シャトルの予約

URL reservation.pc.gc.ca

Lake Louise Lakeshore（LL）

運 5/19～10/9 毎日6:30～18:00

Moraine Lake（ML）

運 6/1～10/9 毎日6:30～18:00

料 往復　大人$8（別途予約料）

ルイーズ湖

交 レイク・ルイーズ・ビレッジから車で8分。バンフからローム・バスのルート8Xで1時間、8Sで1時間20分。

ルイーズ湖のレンタルカヌー

料 30分$135、1時間$145

レイク・ルイーズ・サイトシーイング・ゴンドラ

TEL (403)522-1311

FREE (1-877)956-8473

URL www.skilouise.com

運 毎日9:00～16:00（時期により変動あり）

料 大人$60、子供（6～12歳）$13

交 レイク・ルイーズ・ビレッジから車で5分。

モレイン湖

交 レンタカーは乗り入れ禁止。9/18～10/9の期間はバンフからローム・バスの直行便、ルート10が運行される。10月中旬～6月頃は冬季閉鎖のためアクセス不可。

モレイン湖のカヌー

料 1時間$140

レイク・ルイーズのアクティビティ

ハイキング Hiking

レイク・ルイーズ周辺にはたくさんのハイキングコースがある。そのなかでも町から比較的近くて絶景が眺められる以下ふたつのコースは気軽に歩けるため人気が高い。詳しい地図を観光案内所や本屋などで入手してから出かけよう。

➡レイク・アグネスのトレイルからThe Fairmont Château Lake Louiseを望む

おもなハイキングコース

レイク・アグネスとビッグ・ビーハイブ
Lake Agnes & Big Beehive

ルイーズ湖の湖畔から右側に見えるハチの巣のような格好の岩山がビッグ・ビーハイブ。その下にたたずむ美しい湖がアグネス湖。レイク・アグネス・トレイルは、カナディアン・ロッキーの数あるトレイルのなかで最も人気が高い。トレイルの途中からは、ルイーズ湖を見下ろすかたちになる。アグネス湖畔にはティーハウスもある。ここからビッグ・ビーハイブまでは45分。

⬆その名のとおり、鏡のような湖面をもつミラー湖とビッグ・ビーハイブ

歩行距離：合計10.5km
所要時間：登り3時間、下り2時間
標高差：535m
登山口までのアクセス：The Fairmont Château Lake Louiseの手前を駐車場のサインに従い左折。駐車場に車を停め、湖畔に出た所。
MAP P.228-A（登山口）

ラーチ・バレー
Larch Valley

テンプル山Mount Temple、ピナクル山Pinnacle Mountain、エッフェル・ピークEiffel Peakの3つの頂に囲まれたラーチ・バレーは、氷河を抱くテン・ピークスを南に眺め、メドウには花々が咲き競う山上の別天地。登山口がモレイン湖にあることも手伝って、多くのハイカーが訪れる。モレイン湖を上から眺められる。

⬆盛夏、高山植物が美しいトレイル。前方の山は左がエッフェル・ピーク。右がピナクル山

歩行距離：往復11.4km
所要時間：登り3時間30分、下り2時間30分
標高差：720m
登山口までのアクセス：モレイン湖の湖畔、Moraine Lake Lodgeの奥が出発点。湖まではパークス・カナダ・シャトルバスかローム・バスのルート10を利用（→P.229）。
MAP P.228-B（登山口）

レイク・ルイーズのホテル
Hotels in Lake Louise

The Fairmont Château Lake Louise
フェアモント・シャトー・レイク・ルイーズ

創業100年以上の伝統を誇り、ルイーズ湖の湖畔にたたずむ瀟洒なホテル。館内から見る湖と山々の美しさではここに勝るホテルはないだろう。客室はやや狭いが、淡い黄色をベースにしたインテリアが配され、明るい雰囲気。

MAP P.228-A
住 111 Lake Louise Dr.
TEL (403)522-3511
FREE (1-866)540-4413
URL www.fairmont.com/lake-louise
料 HIGH 5～10月ⓈⒹ$1209～
LOW 11～4月ⓈⒹ$405～
Tax別
CC A D J M V　室 552室

The Post Hotel & Spa
ポスト・ホテル＆スパ

別荘感覚の山小屋風最高級ホテル。カナディアン・パイン使用のログハウスは天井が高く、部屋のタイプもさまざま。暖炉が付いた部屋も多く、ゆったりとした造り。スパを併設。

MAP P.228-C
住 200 Pipestone Rd.
TEL (403)522-3989
URL posthotel.com
営 11月下旬～10月中旬
料 HIGH 6月下旬～9月上旬
ⓈⒹ$475～
LOW 9月下旬～10月中旬、11月下旬～6月下旬
ⓈⒹ$390～　Tax別
CC A M V　室 94室

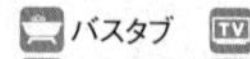 バスタブ　テレビ　ドライヤー　ミニバーおよび冷蔵庫　セーフティボックス　Wi-Fi
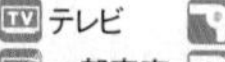 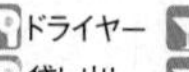 一部客室　一部客室　貸し出し　一部客室
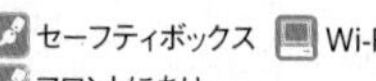 フロントにあり

Moraine Lake Lodge
モレイン・レイク・ロッジ

モレイン湖の湖畔に立つ、自然に囲まれたログハウスのホテル。部屋にテレビや電話がないのも自然を満喫するためのこだわり。レストランもあるが、座席数が少ないので要予約。

MAP P.228-B
住1 Morain Lake Rd.
TEL(403)522-3733
FREE(1-877)522-2777
URL morainelake.com
営6月～10月上旬
料HIGH6月中旬～9月下旬ⓈⒹ$1095～
LOW6月頭～中旬、9月下旬～10月上旬ⓈⒹ$995～　Tax別　朝食付き
CCA M V　室33室

Deer Lodge
ディア・ロッジ

サムソン・モールからルイーズ湖へ向かう途中にある。歴史を感じさせる建物は1923年築。内部はきれいに改装済み。ルーフトップにあるホットタブは、周囲の美しい山々を眺めながら入れる。

MAP P.228-A
住109 Lake Louise Dr.
TEL(403)413-7417
URL crmr.com
営12月中旬～10月上旬
料HIGH6～9月ⓈⒹ$369～
LOW10月頭～上旬、12月中旬～5月ⓈⒹ$109～
Tax別
CCA M V　室71室

Paradise Lodge & Bungalows
パラダイス・ロッジ＆バンガロー

サムソン・モールからルイーズ湖に行く途中にある。周りに何もないので車がないと不便。バンガローとロッジの2タイプあり、キッチン付きの部屋も多い。レストランはない。

MAP P.228-A
住105 Lake Louise Dr.
TEL(403)522-3595
URL www.paradiselodge.com
営5月中旬～10月上旬
料HIGH6月中旬～10月上旬ⓈⒹ$370～
LOW5月中旬～6月中旬ⓈⒹ$280～　Tax別
CCA M V　室45室

Lake Louise Inn
レイク・ルイーズ・イン

レイク・ルイーズでは比較的リーズナブルに泊まれるホテル。5棟の建物に12のタイプの部屋がある。ツインの部屋がほとんど。館内に屋内プール、ラウンジ、レストランがある。

MAP P.228-C
住210 Village Rd.
TEL(403)522-3791
URL www.lakelouiseinn.com
料HIGH6月上旬～9月中旬ⓈⒹ$317～
LOW9月中旬～6月上旬ⓈⒹ$153～　Tax別
CCA D J M V
室247室

Mountaineer Lodge
マウンテニア・ロッジ

広々とした敷地内にロッジとモーテルの2棟が立ち、サウナやジャクージなどの設備も充実。部屋のサイズはさまざまで、車椅子で入れる部屋もある。

MAP P.228-C
住101 Village Rd.
TEL(403)522-3844
FREE(1-855)556-8473
URL mountaineerlodge.com
料HIGH6～9月ⓈⒹ$405～
LOW10～5月ⓈⒹ$143～
Tax別　朝食付き
CCA M V
室80室

HI Lake Louise Alpine Centre
HIレイク・ルイーズ・アルパイン・センター

「The Post Hotel＆Spa」裏側の山小屋風のユースホステル。白木のベッドにカントリー調のカーテン。ロッカーあり。人気なので、3ヵ月以上前から予約しておくこと。

MAP P.228-C　住203 Village Rd.
TEL(403)522-2200
URL hihostels.ca
料HIGH6～9月ドミトリー$55.8～(会員)、$62～(非会員)、ⓈⒹ$178～(会員)、ⓈⒹ$198～(非会員)
LOW10～5月ドミトリー$40～(会員)、$44～(非会員)、ⓈⒹ$118～(会員)、ⓈⒹ$131～(非会員)　Tax別
CCM V　室189ベッド

レイク・ルイーズのレストラン
Restaurants in Lake Louise

Lake Louise Railway Station
レイク・ルイーズ・レイルウェイ・ステーション

20世紀初頭の駅舎を改装したログハウスと本物の列車車両がレストランになっている。列車での食事は特別なイベント時のみ。ディナーのメインは一皿$30～75。

MAP P.228-C　住200 Sentinel Rd.　TEL(403)522-2600
URL www.lakelouisestation.com
営5月中旬～10月中旬　月・火17:00～20:30　水～日12:00～16:00/17:00～20:30
12月～5月中旬　水～日12:00～16:00/17:00～20:30
休10月中旬～11月、12月～5月中旬の月・火
予$30～　CCM V

Mountain Restaurant
マウンテン

サムソン・モールの向かい、ガソリンスタンドに隣接するファミリーレストラン。ハンバーガー$22.75～、ステーキ$39のほか、プルコギなどの韓国料理やタイ料理もある。

MAP P.228-C　住200 Village Rd.
TEL(403)522-3573
URL www.lakelouisemountainrestaurant.ca
営夏季　毎日11:00～21:00
冬季　木～火12:00～20:00(時期により変動あり)
休冬季の水　予$25～　CCA M V

KOOTENAY NATIONAL PARK

クートニィ国立公園

カナディアン・ロッキー

MAP P.182-C2
市外局番 250
面積 1406km²
入園料 大人$10.5、シニア$9、17歳以下無料

クートニィ国立公園情報のサイト
URL parks.canada.ca/pn-np/bc/kootenay

ロッキー山脈の西側に当たるこの地域は、高峰の連なる東側とはひと味違った緩やかな山稜と深い森林が広がっている。団体旅行者は訪れることがない地域なので、バンフ、ジャスパー、ヨーホー国立公園に比べて派手さはないが、そのぶん静かな時間を過ごすことができる。

⬆穏やかな山並みを眺める

▶▶▶ 行き方

レンタカー利用が一般的。バンフからはトランス・カナダ・ハイウエイを北へ向かい、レイク・ルイーズの手前、キャッスル・ジャンクションを左折、ハイウエイ#93を約100km。

クートニィ国立公園の歩き方

⬆ラジウム・ホットスプリングスの案内所

バンフとレイク・ルイーズの中間、キャッスル・ジャンクションからロッキーを東西に越えるハイウエイ#93の一帯に広がるのがクートニィ国立公園だ。公園内に町はないが、ハイウエイ#93を進んだ西の出口すぐの所に**ラジウム・ホットスプリングスRadium Hot Springs**という町がある。ハイウエイ沿いにホテルが並んでいる程度の小さな町。

COLUMN

温泉天国、クートニィ・ロッキーズ

ロッキー山脈の西側に広がる山岳地帯は、クートニィ・ロッキーズと呼ばれる。ここは知る人ぞ知る温泉天国で、ラジウム・ホットスプリングスから南に延びるハイウエイ#95周辺はイースト・クートニィEast Kootenayと呼ばれるエリアで、温泉リゾートホテルとして名高いフェアモント・ホットスプリングス・リゾートThe Fairmont Hot Springs Resortと川沿いに湧く野天温泉のルシアー温泉Lussier Hot Springsなどがある。また、バンクーバーからヨーホー国立公園へ行くトランス・カナダ・ハイウエイにある町、レベルストークRevelstokeの南はウエスト・クートニィWest Kootenay。アロウ湖Arrow Lakeやクートニィ湖Kootenay Lakeの周辺にはハルシオンHalcyonやナカスプNakusp、洞窟温泉として有名なアインスワース・ホットスプリングス・リゾートAinsworth Hot Springs Resortなどの温泉地があり、宿泊施設を併設した温泉施設が揃っている。公共の交通手段で回るのは厳しいためレンタカーが必須だ。

⬆さまざまな風呂があるフェアモント・ホットスプリングス・リゾート

DATA

フェアモント・ホットスプリングス・リゾート
MAP P.182-D2
TEL (250)345-6311 FREE (1-888)870-8889
URL www.fairmonthotsprings.com

ハルシオン温泉 MAP P.182-C1
TEL (250)265-3554 FREE (1-888)689-4699
URL halcyon-hotsprings.com

ナカスプ温泉 MAP P.182-D1
TEL (250)265-4528 FREE (1-866)999-4528
URL www.nakusphotsprings.com

アインスワース・ホットスプリングス・リゾート
MAP P.182-D2
FREE (1-800)668-1171
URL www.ainsworthhotsprings.com

※開館時間、営業時間などの日程は基本的に2023年のもの。年度により変動するため、ウェブサイトなどで再確認を。(→P.7)

おもな見どころ

マーブル渓谷

MAP P.182-C2

Marble Canyon

★★★

氷河から流れ出る川は、氷河が岩盤から削り取った多くの固形物を含んでいて浸食力が強い。ロッキーではあちこちでそんな水の力が造り出した滝や渓谷などの造化の妙を見ることができる。大陸分水嶺の西約7kmにあるマーブル渓谷はその典型だ。長さ600mほどの渓谷に架けられた木橋からのぞき込む水面は数十m下だが、左右の岩壁は狭い所では飛び越えられそうな距離。水の「切れ味」を見せつけられる思いだ。谷底から吹き上げる冷気と水煙は周辺の植生を変えるほどの激しさ。

↑深く切れ込んでいる渓谷

ペイント・ポット

MAP P.182-C2

Paint Pots

★★★

マーブル渓谷から約2.5km南には鉱泉が湧き出し、ペイント・ポットと呼ばれる天然のプールを造り出している。かつては氷河湖の底の沈澱物だった粘土が、鉄分を多く含んだ温泉水によって赤や黄色に染められ、地獄谷のような風景を見せる。この色付き粘土は、インディアンによって長い間染料として珍重されていた。20世紀に入るとカルガリーの染色工場が採掘場を設けたがその後途絶え、今でも跡だけが残っている。うっかりプールに踏み込んで土が靴につくと取れないので注意。

ラジウム温泉

MAP P.182-C2

Radium Hot Springs

★★★

ハイウエイ#95と#93の合流地点付近がラジウム・ホットスプリングスの町。ハイウエイ沿いにモーテルが並び、レストランや食料品店などもある。ここはクートニィ国立公園の西の入口に当たり、ハイウエイ#93を東へ進むとすぐに国立公園ゲートと観光案内所が見えてくる。車でハイウエイ#95を来た場合にはここで国立公園の入場料を払う。ゲートを入った所にあるのがカナダ最大の温泉プール、ラジウム温泉だ。1841年に発見されて以来、その薬効を求めて多くの人が温泉を訪れるようになり、1922年からはクートニィ国立公園の施設となった。源泉は微量のラドンを含み、温度は44度。ほかに27～29度の冷水プールもある。バンフのアッパー温泉よりずっと広いが、やはり水着を着て入るので、温泉というよりは温水プールという感じなのは共通している。

←人気の温泉施設だ

観光案内所

観光案内所は、ラジウム・ホットスプリングスの町とハイウエイ#93沿いのバーミリオン・クロッシングVermilion Crossingにある。

Kootenay National Park Visitor Centre
(ラジウム・ホットスプリングス)
MAP P.182-C2
TEL (250)347-9505(夏季)
FREE (1-888)773-8888
URL parks.canada.ca/pn-np/bc/kootenay
開 5/1～10/12
毎日9:00～17:00
休 10/13～4/30

Kootenay Park Lodge Visitor Centre
(バーミリオン・クロッシング)
MAP P.182-C2
開 5月中旬～9月中旬
毎日10:00～17:00
休 9月中旬～5月中旬

ラジウム温泉

住 P.O.Box 40 Radium Hot Springs
FREE (1-800)767-1611
URL www.hotsprings.ca/radium
開 5月中旬～10月中旬
月～金11:30～21:00
土・日10:30～21:00
10月中旬～5月中旬
月～金13:00～21:00
土・日10:00～21:00
休 無休
料 シングルチケット
大人$16.5、シニア・ユース(3～17歳)$14.25、子供無料
デイパス
大人$25.5、シニア・ユース(3～17歳)$22、子供無料
水着$2、タオル$2
冷水プール
※2023年8月現在、改修工事のため閉鎖中。

クートニィ国立公園のホテル

Alpen Motel
アルペン・モーテル
MAP P.182-C2
住 5022 Hwy. 93
TEL (250)347-9823
URL www.alpenmotel.com
料 HIGH 6/1～9/22 Ⓢ Ⓓ $119～139
LOW 9/23～5/31 Ⓢ Ⓓ $79～94
CC M V
室 14室
交 ハイウエイ#95と#93の交差点から#93をラジウム温泉方面に向かい徒歩5分。

YOHO NATIONAL PARK

ヨーホー国立公園

カナディアン・ロッキー

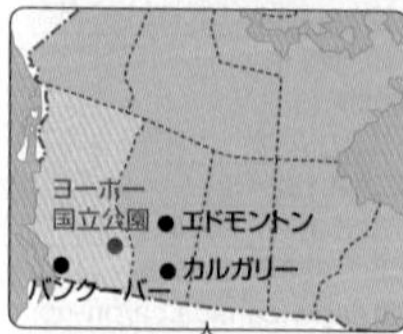

MAP P.182-C2
市外局番 250
面積 1310km²
入園料 大人$10.5、シニア$9、17歳以下無料

ヨーホー国立公園情報のサイト
URL parks.canada.ca/pn-np/bc/yoho

ヨーホーの語源はインディアンの「驚異、畏怖」を表す言葉。切り立った岩山やスケールの大きな滝を見て、そんなふうに感じたのかもしれない。本当の自然の意味を知っているハイカーやクライマーがこの地をこよなく愛するのも、今なお残るそんな野生の神々しさにひかれてのことだろう。

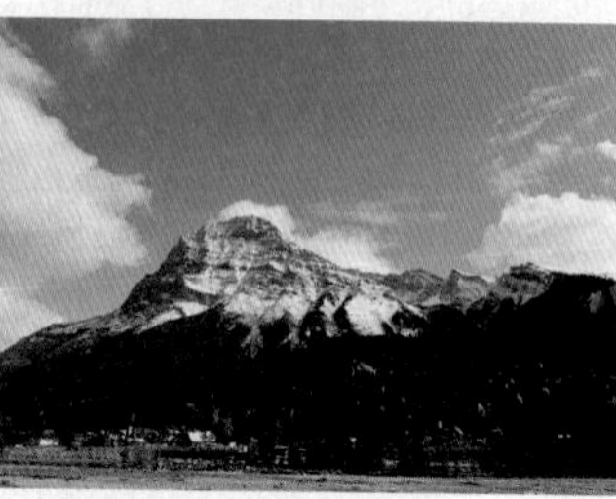

⬆荒々しい景観の続く園内

ヨーホー国立公園の歩き方

ヨーホー国立公園は、ゴールデンGoldenからレイク・ルイーズまで続く、トランス・カナダ・ハイウエイ沿いに広がっている。見どころのほとんどは、トランス・カナダ・ハイウエイから脇道を入った所にあり、車がなければ観光は不可能。バンフやレイク・ルイーズからのツアーもあるが、できればレンタカーでゆっくり回りたいエリアだ。公園内で町と呼べるのは、人口わずか200人ほどのフィールドFieldだけ。

◆◆◆ ヨーホー国立公園へのツアー ◆◆◆

バンフとレイク・ルイーズ発のツアーがほとんどで、ジャスパー発のものはほぼないといっていい。パシュート・バンフ・ジャスパー・コレクションのほか、各ツアー会社が催行している(→P.205)。

◆パシュート・バンフ・ジャスパー・コレクション
Pursuit Banff Jasper Collection

バンフからのツアー、Mountain Lakes & Waterfallsではヨーホー国立公園内のスパイラル・トンネル(展望台)、タカカウ滝、エメラルド湖を訪れる。5/6～9/15の期間中に毎日催行し、バンフからの場合は大人$203、子供$132、所要約9時間。ルイーズ湖、モレイン湖も回る。

▶▶▶行き方

バスは運行していないので車がないと移動は困難。レンタカーかバンフ発のツアーがおすすめ。

パシュート・バンフ・ジャスパー・コレクション(→P.205)
Mountain Lakes & Waterfalls
料 大人$203、子供(6～15歳)$132、5歳以下無料

❓観光案内所
Yoho National Park Visitor Centre
MAP P.235-1
TEL (250)343-6783
URL parks.canada.ca/pn-np/bc/yoho
開 5/1～6/7、9/29～10/9 毎日9:00～17:00
6/8～9/28 毎日8:30～18:30
休 10/10～4/30
交 トランス・カナダ・ハイウエイからフィールドの標識に従って曲がり、キッキング・ホース川を渡る手前。

おもな見どころ

キッキング・ホース峠
Kicking Horse Pass

MAP P.235-2 ★★★

アルバータ州とブリティッシュ・コロンビア州の境にある大陸分水嶺。車で走っていれば気づかずに通り過ぎてしまいそうだが、ハイウエイ#1A沿いに「Great Divided」と書かれた標識があるので、注意して見よう。

 ※開館時間、営業時間などの日程は基本的に2023年のもの。年度により変動するため、ウェブサイトなどで再確認を。(→P.7)

 スパイラル・トンネル

Spiral Tunnels

MAP P.235-1

★★★

キッキング・ホース峠からフィールド方面へ少し行った場所にあるトンネルで、列車が急峻な峠を上れるように8の字を描いてトンネルが掘られている。展望台もあるが、列車が走っていないかぎり何がおもしろいのかピンと来ない。逆に、運よく列車の通過に立ち合えれば、非常に興味深く、皆が身を乗り出して眺めている。展望台は5月中旬～10月中旬までのオープン。

↑列車が通過中のスパイラル・トンネル

 タカカウ滝

Takakkaw Falls

MAP P.235-1

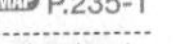

スパイラル・トンネルの西（フィールドの東5km）でトランス・カナダ・ハイウエイから分かれ、ヨーホー川Yoho River沿いにYoho Valley Rd.をたどると終点にある。台地上の岩棚から400m近い落差でかなりの水量が落ち込んでいる様子は豪快そのもの。途中の滝壺をジャンプ台のようにして、水が空中に跳ね上がっている。駐車場から滝のすぐ下までトレイルが延びていて、水しぶきを浴びながらのけぞって見上げる格好になる。トレイルの途中にキッキング・ホース川Kicking Horse Riverとヨーホー川の合流点があり、ふたつの水の色が混じり合う様子が見られる。

↓トレイルの奥に滝がある

タカカウ滝

トランス・カナダ・ハイウエイからタカカウ滝への道路、ヨーホー・バレー通りYoho Valley Rd.は6月中旬～10月中旬（積雪状態による）のみ通行可能。

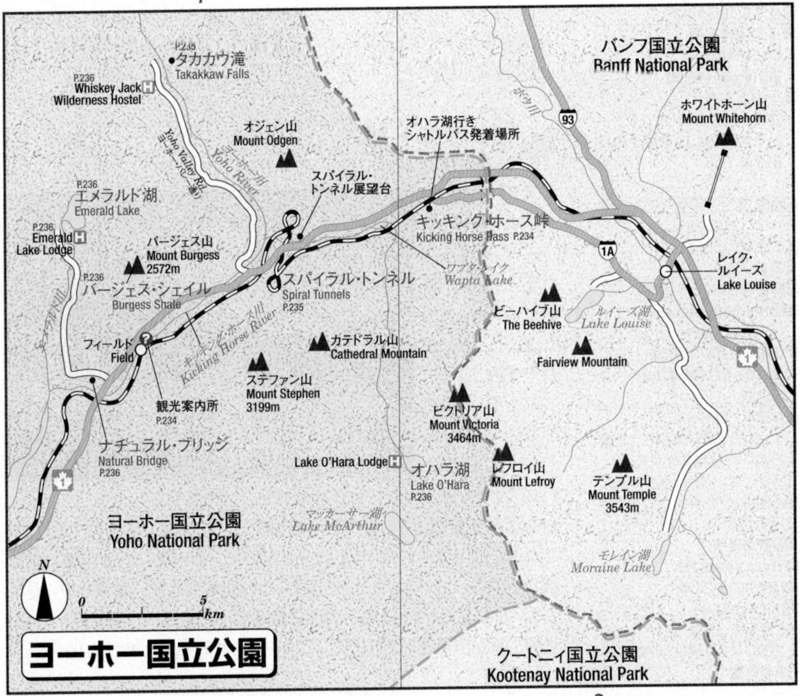

ヨーホー国立公園

バージェス・シェイル

Burgess Shale

MAP P.235-1

★★★

フィールドの正面にあるバージェス山Mount Burgessの山中にバージェス・シェイルと呼ばれる、カンブリア紀の化石が多く発見された場所があり、ユネスコの世界遺産特別地域に登録されていた(現在は国立公園自体が登録されている)。許可なく個人で立ち入ることは禁じられているが、ハイキングのガイドツアーに参加すれば見学可。

オハラ湖

Lake O'Hara

MAP P.235-2

★★★

数あるロッキーのハイキングエリアのなかでも、自然保護の意味で別格扱いを受けているのがオハラ湖周辺だ。位置的にはレイク・ルイーズから正面に見えるビクトリア山Mount Victoriaやレフロイ山Mount Lefroyの裏側に当たる。トランス・カナダ・ハイウエイから分かれてここに向かう約13kmの道路は一般車の通行が禁じられている。Lake O'Hara Lodgeとキャンプ場に宿泊する人が優先のシャトルバスを利用するか徒歩か、ということになる(要予約)。アクセスが難しいぶんだけ雰囲気は最高。地元でもたいへん人気がある。

ナチュラル・ブリッジ

Natural Bridge

MAP P.235-1

★★★

フィールドの観光案内所の西で分岐路に入り、エメラルド湖に向かう途中にある。川床のライムストーンを削り続けたキッキング・ホース川が造り上げた自然のアーチだ。実際には「橋」の中央は切れているが、人間がまたげそうな感じ。その下を渦巻く奔流が流れていく様子は、なかなかの見ものだ。

エメラルド湖

Emerald Lake

MAP P.235-1

★★★

その名のとおり、エメラルド・グリーンの湖水をたたえた湖だ。湖畔にはEmerald Lake Lodgeがたたずみ、ルイーズ湖やモレイン湖と似た感じなのだが、人が少ないぶん、よりのどかな雰囲気が漂っている。長い木の橋を渡った先にあるメイン・ロッジは、この湖を造ったモレインの上に立っていて、その奥にある別棟の前が展望台になっている。ロッジに泊まらない観光客も軽い食事を取ったり、カヌーを楽しんだりできる。周囲にはすばらしいトレイルがたくさんあるので、ゆっくり散策してみたい。フィールドの町からは車で約10分。

↑カヌーからエメラルドグリーンの湖を楽しむ

バージェス・シェイル

ガイドツアー

TEL (250)343-6006

FREE (1-833)340-7408

URL burgess-shale.bc.ca

Walcott Quarryコース(往復22km、所要約11時間)

催 7/8～9/16

水～日8:00～19:00

(時期により変動あり)

料 1人$95

Mount Stephenコース(往復8km、所要約7時間)

催 6/10～9/17

土～火8:45～15:45

(時期により変動あり)

料 大人$95、ユース(13～18歳)$65、子供$45

オハラ湖

Lake O'Hara Reservation Line

ガイドツアーの予約

TEL (250)343-6433

開 4/3～10/3

毎日8:00～12:00/13:00～16:00

(時期により変動あり)

3ヵ月前から5日前まで予約可能。キャンプ場を申し込むと同時にシャトルバスも予約できる。

シャトルバスの予約

FREE (1-877)737-3783

URL reservation.pc.gc.ca(予約)

運 バス6/18～10/3

開 予約受付期間

4/12～10/1

毎日8:00～18:00

料 シャトルバス

往復1人$17.14(オンライン予約料$11.5、電話予約料$13.5)

ヨーホー国立公園のホテル

Emerald Lake Lodge

エメラルド・レイク・ロッジ

MAP P.235-1

TEL (403)410-7417(予約)

URL crmr.com/resorts/emerald-lake

料 HIGH 6～9月ⓈⒹ$659～

LOW 10～5月ⓈⒹ$189～

Tax別

CC A M V　室 108室

エメラルド湖の湖畔に立つ。全室バルコニーと暖炉が付く。

Whiskey Jack Wilderness Hostel

ウイスキー・ジャック・ウィルダネス・ホステル

MAP P.235-1

住 Yoho Valley Rd.

TEL (778)328-2220

URL hihostels.ca

営 6月下旬～9月

※2023年8月現在、改修工事のため休業中。

JASPER

ジャスパー

カナディアン・ロッキー

↑山と森、川に囲まれた町

アサバスカ川とマヤッタ川の合流地点に発展した町、ジャスパー。町はカナディアン・ロッキーにある国立公園のなかで最大の面積をもつジャスパー国立公園内に位置している。

町の始まりはバンフと同様、国立公園と鉄道の開通に端を発している。バンフを経由して大陸横断を成功させたカナダ太平洋鉄道（CP鉄道）に負けじと、1907年にそのライバル会社であり、後にカナダ国鉄（CN鉄道）へ吸収されるグランド・トランク太平洋鉄道が、第2の大陸横断鉄道の開通をもくろみ、バンクーバーからこの地へ線路を敷き、ジャスパーのリゾート化を計画した。

ジャスパーの象徴でもあるリゾートホテル、フェアモント・ジャスパー・パーク・ロッジが建設されたのもこの頃である。お城のように豪勢なフェアモント・バンフ・スプリングスとは違い、広大な敷地内にはログキャビンが建ち並び、動物もよく姿を見せる。さまざまなアウトドアアクティビティの拠点でもあるこのホテルこそが、バンフとは違うジャスパーのスタイルというものを象徴しているかのようだ。

ダウンタウンには、ヘリテージハウスやログキャビンを利用したかわいい観光案内所や銀行、消防署、図書館、教会といった建物が並んでいる。町の郊外へと足を延ばせば、静寂に包まれた湖がエメラルド色の水をひっそりとたたえている。また、ハイキングや乗馬、ラフティングやサイクリング、さらにはフィッシングなどのアウトドアアクティビティも豊富に揃う。自然と遊び、自然と一体となり、自然に癒やされる。それこそが世界中の旅行者やナチュラリストたちをひきつける、ジャスパーの魅力なのである。

↑町から雄大にそびえ立つ山が見られる

MAP P.182-B1
人口 4738
市外局番 780

ジャスパー情報のサイト
URL parks.canada.ca/pn-np/ab/jasper
URL www.jasper.travel

ジャスパーのツアー会社

ジャスパーの見どころはほとんどが郊外に位置しており、車がないと回るのは難しい。レンタカー以外なら、現地ツアーに参加するのが便利。

ジャスパー・アドベンチャー・センター
Jasper Adventure Centre
MAP P.239-C2（夏季）
住 611 Patricia St.
TEL (780)852-5595
MAP P.291-C2（冬季）
住 607 Connaught Dr.
TEL (780)852-4056
URL www.jasperadventurecentre.com

冬季はサン・ドッグ・ツアーと同じオフィスになる。

サン・ドッグ・ツアー
Sun Dog Tours
MAP P.239-C2
住 607 Connaught Dr.
TEL (780)852-4056
FREE (1-888)786-3641
URL www.sundogtours.com

各種ツアーのほか、バンフ～ジャスパー間を結ぶバスも運行（→P.240）。

パシュート・バンフ・ジャスパー・コレクション
Pursuit Banff Jasper Collection
FREE (1-866)606-6700
URL www.banffjaspercollection.com/canadian-rockies/jasper

Legends of Jasper
催 6/3～10/9
料 大人$55、子供(6～15歳)$36

オープントップバスでパトリシア湖やピラミッド湖など郊外の自然名所を巡る。1日4回催行、所要約1時間30分。

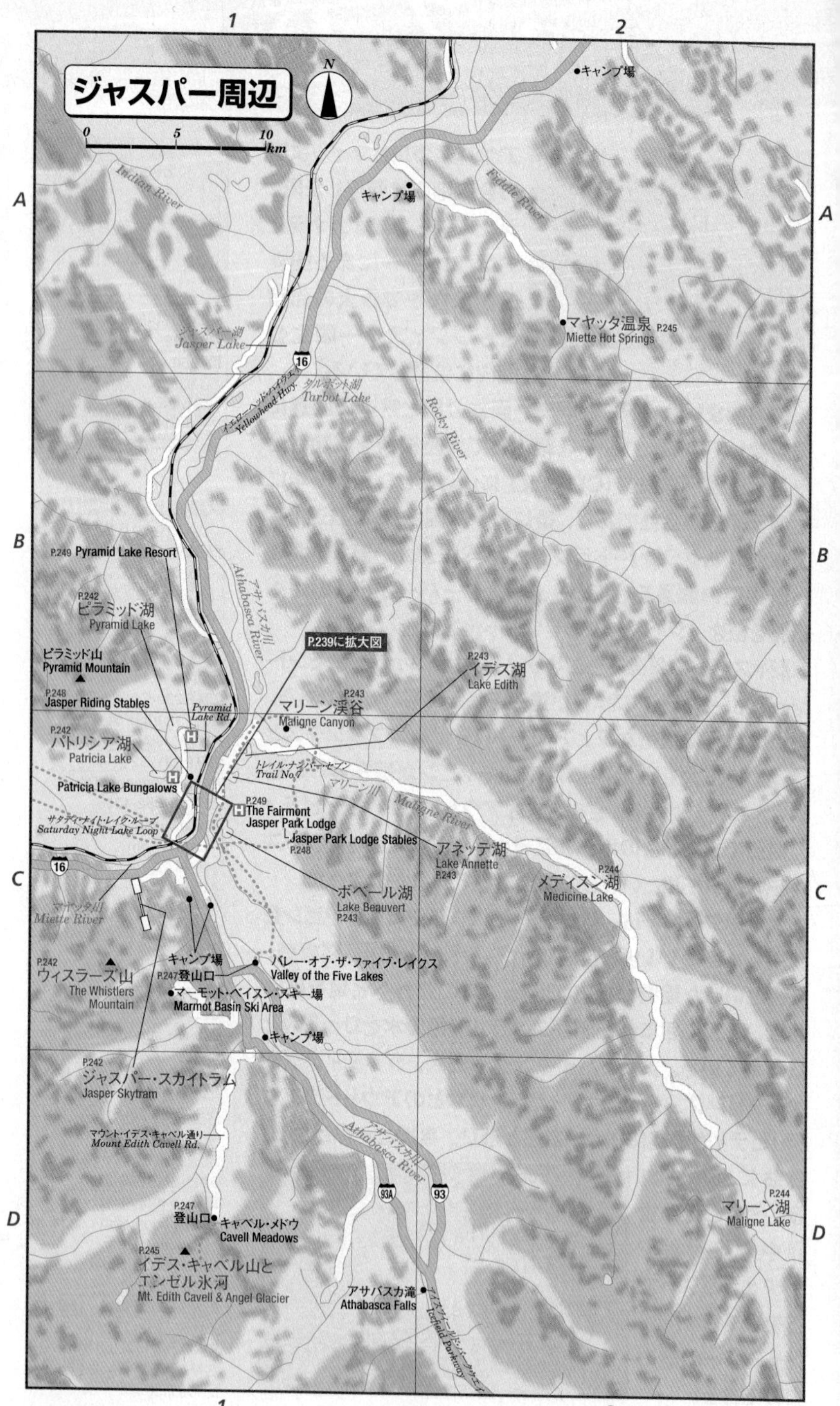
ジャスパー周辺
N
0 5 10 km
1 2
A B C D
キャンプ場
Indian River
Fiddle River
マヤッタ温泉 P.245
Miette Hot Springs
ジャスパー湖
Jasper Lake
16
イエローヘッド・ハイウェイ
Yellowhead Hwy.
タルボット湖
Tarbot Lake
Rocky River
P.249 Pyramid Lake Resort
アサバスカ川
Athabasca River
P.242
ピラミッド湖
Pyramid Lake
P.239に拡大図
ピラミッド山
Pyramid Mountain
P.243
イデス湖
Lake Edith
P.248
Jasper Riding Stables
Pyramid Lake Rd.
マリーン渓谷 P.243
Maligne Canyon
P.242
パトリシア湖
Patricia Lake
トレイル・ナンバー・セブン
Trail No.7
マリーン川
Maligne River
Patricia Lake Bungalows
P.249
The Fairmont Jasper Park Lodge
サタデイ・ナイト・レイク・ループ
Saturday Night Lake Loop
Jasper Park Lodge Stables
P.248
アネッテ湖
Lake Annette
P.243
P.244
メディスン湖
Medicine Lake
ボベール湖
Lake Beauvert
P.243
マヤッタ川
Miette River
キャンプ場
バレー・オブ・ザ・ファイブ・レイクス
Valley of the Five Lakes
P.242
ウィスラーズ山
The Whistlers Mountain
P.247 登山口
マーモット・ベイスン・スキー場
Marmot Basin Ski Area
キャンプ場
P.242
ジャスパー・スカイトラム
Jasper Skytram
マウント・イデス・キャベル通り
Mount Edith Cavell Rd.
アサバスカ川
Athabasca River
93A
93
P.244
マリーン湖
Maligne Lake
P.247
登山口
キャベル・メドウ
Cavell Meadows
P.245
イデス・キャベル山とエンゼル氷河
Mt. Edith Cavell & Angel Glacier
アサバスカ滝
Athabasca Falls
アイスフィールド・パークウェイ
Icefield Parkway

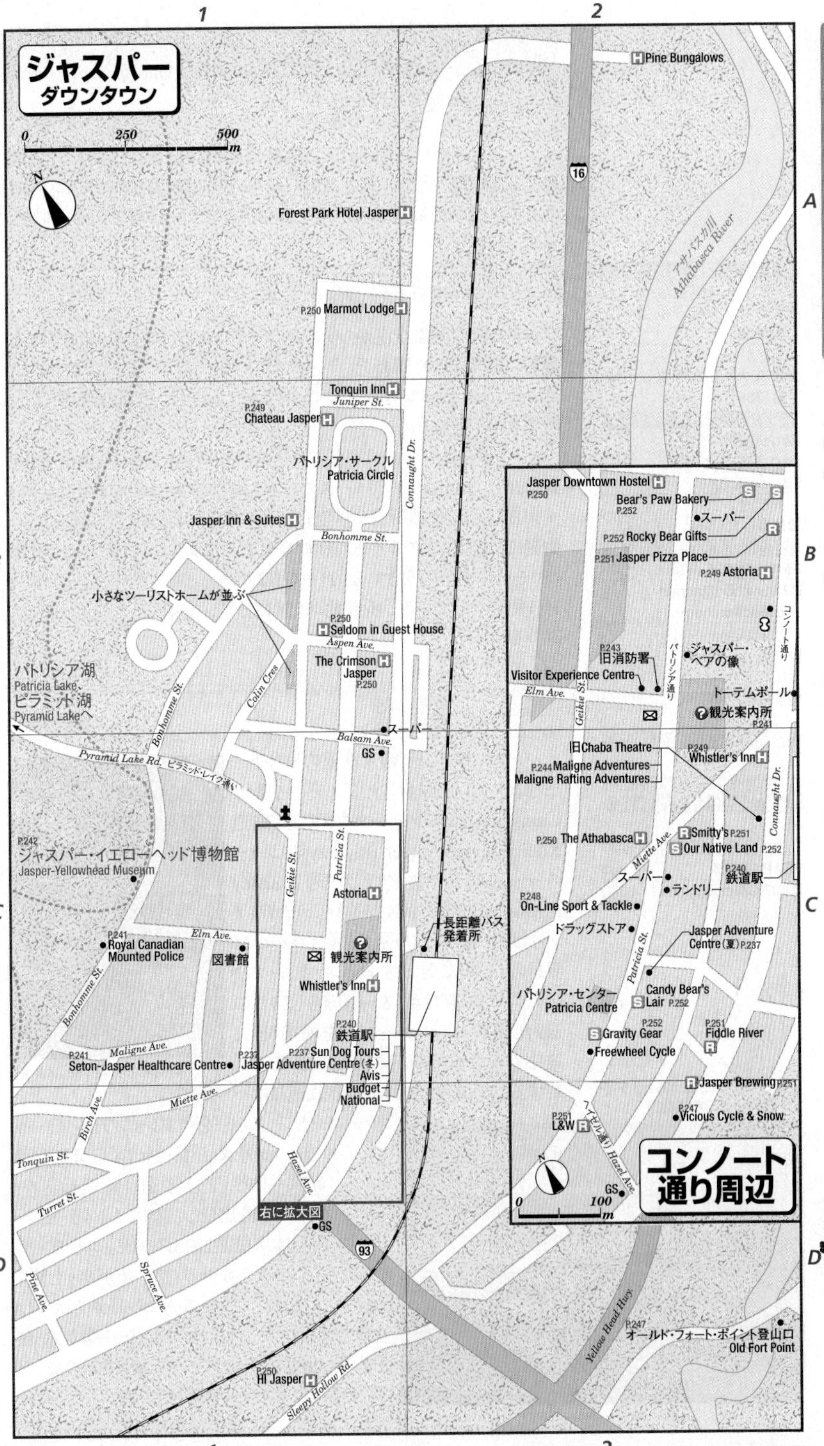

ジャスパー ダウンタウン

0 250 500 m

1 2
A B C D

H Pine Bungalows
16
Forest Park Hotel Jasper H
アサバスカ川 Athabasca River
P.250 Marmot Lodge H
Tonquin Inn H
Juniper St.
P.249 Chateau Jasper H
パトリシア・サークル Patricia Circle
Connaught Dr.
Jasper Inn & Suites H
Bonhomme St.
小さなツーリストホームが並ぶ
P.250 H Seldom in Guest House
Aspen Ave.
The Crimson H Jasper P.250
Colin Cres
Bonhomme St.
パトリシア湖 Patricia Lake、ピラミッド湖 Pyramid Lakeへ
●スーパー
Balsam Ave.
GS ●
Pyramid Lake Rd. ピラミッド・レイク通り
P.242 ジャスパー・イエローヘッド博物館 Jasper-Yellowhead Museum
Geikie St.
Patricia St.
Astoria H
Elm Ave.
P.241 ● Royal Canadian Mounted Police
図書館
観光案内所
Whistler's Inn H
長距離バス発着所
P.240 鉄道駅
P.237 Sun Dog Tours
P.241 Maligne Ave.
Seton-Jasper Healthcare Centre●
P.237 Jasper Adventure Centre（冬）
Avis
Budget
National
Miette Ave.
Birch Ave.
Tonquin St.
Turret St.
Hazel Ave.
右に拡大図
● GS
93
Pine Ave.
Spruce Ave.
P.250 HI Jasper H
Sleepy Hollow Rd.
Yellow Head Hwy.
P.247 オールド・フォート・ポイント登山口 Old Fort Point

コンノート通り周辺

Jasper Downtown Hostel H P.250
Bear's Paw Bakery P.252 S
●スーパー S
P.252 Rocky Bear Gifts R
P.251 Jasper Pizza Place
P.249 Astoria H
コンノート通り
P.243 旧消防署
パトリシア通り
ジャスパー・ベアの像
Visitor Experience Centre
Elm Ave.
トーテムポール
Geikie St.
観光案内所 P.241
旧Chaba Theatre
P.249 Whistler's Inn H
P.244 Maligne Adventures
Maligne Rafting Adventures
Connaught Dr.
P.250 The Athabasca H
Smitty's P.251
Our Native Land P.252
Miette Ave.
スーパー●
●ランドリー
P.240 鉄道駅
P.248 On-Line Sport & Tackle●
ドラッグストア●
Jasper Adventure Centre（夏）P.237
Patricia St.
パトリシア・センター Patricia Centre
Candy Bear's Lair P.252
P.252 S Gravity Gear
●Freewheel Cycle
P.251 Fiddle River R
R Jasper Brewing P.251
P.247 ●Vicious Cycle & Snow
P.251 L&W R
ヘイゼル通り Hazel Ave.
GS
0 100 m

ジャスパーへの行き方

▶▶▶ 飛行機

ジャスパーはバンフと同じく、国立公園内に位置しており、飛行機の発着が禁止されている。バンクーバーからは最寄りのエドモントンかカルガリーまで飛行機で飛び、そこからバスでアクセスするのが一般的。

サン・ドッグ・ツアー(→P.237)
エドモントン国際空港から
料片道 大人$99、子供(2～12歳)$59
バンフから
料片道 大人$79、子供(2～12歳)$39

トンプソン・バレー・チャーターズ
TEL(250)377-7523
FREE(1-866)570-7522
URL tvcbus.ca
エドモントンから
料片道　1人$94

ブリュースター・エクスプレス
FREE(1-866)606-6700
URL www.banffjasper collection.com
バンフから
料片道　1人$132
カルガリーから
料片道　1人$183

VIA鉄道(→P.545)

ロッキー・マウンテニア鉄道(→P.546)

鉄道駅
MAP P.239-C2
住607 Connaught Dr.

▶▶▶ 長距離バス

エドモントン国際空港からサン・ドッグ・ツアーSun Dog Tour が1日1便運行、所要約4時間45分。トンプソン・バレー・チャーターズTompson Valley Chartersはエドモントンのダウンタウンから火・金曜の週2便運行、所要約4時間30分。

バンフからはパシュート・バンフ・ジャスパー・コレクションPursuit Banff Jasper Collectionのブリュースター・エクスプレスBrewster Expressが5～10月の毎日1便運行(15:45発)、所要約4時間45分。バスはカルガリー始発で、途中レイク・ルイーズやコロンビア大氷原のグレイシャー・ディスカバリー・センターを経由する。11～4月はサン・ドッグ・ツアーが同じルートを1日1便運行している。所要約4時間15分で、途中レイク・ルイーズにのみ停車。

▶▶▶ 鉄道

⬆ツアーやレンタカーの申し込みもできる駅舎内

バンクーバーからVIA鉄道のトロント～バンクーバー線(カナディアン号The Canadian)と、ロッキー・マウンテニア鉄道Rocky Mountaineer Railwaysのジャーニー・スルー・ザ・クラウド号Journey through the Cloudsが運行。カナディアン号は月・金の15:00発、ジャスパーへは翌日の11:00に到着する。ロッキー・マウンテニア鉄道は4/18～10/13('23)の週2便運行、バンクーバーを朝出発し、途中カムループスに1泊して翌日夜に到着する。ロッキー・マウンテニア鉄道にはバンクーバーとジャスパーを結ぶレインフォレスト・トゥ・ゴールド・ラッシュ号Rainforest to Gold Rushもある。4/29～10/7('23)の週1便運行。ノース・バンクーバー駅を出発し、途中、ウィスラーとクェネルQuesnelに泊まる2泊3日の旅。エドモントンからはVIA鉄道のカナディアン号が水・土曜の0:01発、6:30着。プリンス・ルパートからはVIA鉄道のジャスパー～プリンス・ルパート線が水・金・日曜の8:00発、プリンス・ジョージに20:29着、翌日8:00発、ジャスパー到着は17:00。

⬇多くの旅行者が訪れるカナディアン・ロッキーの北の玄関口

鉄道駅から市内へ

⬆鉄道駅の隣りに昔の蒸気機関車が展示されている

鉄道駅はメインストリートのコンノート通りConnaught Dr.にあり、町の中心までは徒歩すぐ。VIA鉄道のカナディアン号とジャスパー～プリンス・ルパート線、そしてロッキー・マウンテニア鉄道が発着している。サン・ドッグ・ツアー、トンプソン・バレー・チャーターズ、ブリュースター・エクスプレスのバスは鉄道駅の北側にある広場から発着。広場からはホテルや見どころへのシャトルバスも発着する。

ジャスパーの歩き方

ダウンタウンの中心は**コンノート通りとパトリシア通りPatricia St.**。なかでもヘイゼル通りHazel Ave.とピラミッド・レイク通りPyramid Lake Rd.に挟まれた一帯は鉄道駅にバスディーポ、レストランやホテル、旅行会社などがひしめき合う最もにぎやかなエリア。ダウンタウンだけなら徒歩で30分もあれば回れるだろう。山小屋風の建物が並ぶかわいい町並みをそぞろ歩いてみよう。ダウンタウンの中心をはずれて北西に行けば、住宅街の間に点在する郵便局や図書館など歴史的な建物を見ることができる。**ジャスパー・イエローヘッド博物館**は町の北西の外れに位置している。また、北東にはロッジ風のホテルが並び、南西には住宅街が広がっている。見どころはほとんどが郊外に位置している。近いものならハイキングやサイクリングがてら行くこともできるが、**マリーン湖**や**ウィスラーズ山**、**イデス・キャベル山**など代表的な見どころへはレンタカーかツアーに参加するのが一般的（→P.237）。

⬅さわやかな空気が町を包む

⬆広場の前に立つトーテムポール

❓観光案内所
Jasper National Park Information Centre
MAP P.239-B・C2
住 500 Connaught Dr.
TEL (780)852-6176
URL www.pc.gc.ca/en/pn-np/ab/jasper
開 5月中旬～10月中旬
毎日9:00～19:00
10月中旬～5月中旬
毎日9:00～17:00
休 無休

ハイキングやフィッシングをやりたい人は、まずここに寄ってコースやコンディションを確認すること。建物内にはFriends of Jasper National Parkがあり、国立公園に関する書籍や地図、写真集を販売しているほか、Tシャツや人形などもあるので、おみやげ探しにもいい。

⬆観光案内所の裏には町のマスコットであるジャスパー・ベアの像も

ユースフル・インフォメーション
Useful Information

警察
Royal Canadian Mounted Police
MAP P.239-C1
住 600 Bonhomme St. TEL (780)852-4848

病院
Seton-Jasper Healthcare Centre MAP P.239-C1
住 518 Robson St. TEL (780)852-3344

おもなレンタカー会社
Avis TEL (780)852-3970
Budget TEL (780)852-3222
National TEL (780)852-1117
各社とも鉄道駅（MAP P.239-C2）の構内にカウンターがある。

おもなタクシー会社
Mountain Express Taxi & Limo TEL (780)852-4555

おもな見どころ

ジャスパー・イエローヘッド博物館

MAP P.239-C1

Jasper-Yellowhead Museum

★★★

毛皮交易と関わりの深いジャスパーの歴史を紹介している博物館。日本人にとって興味深いのは、1925年アルバータ山に初登頂を果たした槇有恒率いる日本山岳会隊にまつわる展示物だ。彼らが山頂に残してきたアイスピックは、柄の部分をアメリカ隊が、石突き部分を長野高校OB隊が後年発見。それらが半世紀の時を超えて合体され、館内に展示されている。

➡日本にもゆかりの深い博物館だ

ウィスラーズ山

MAP P.238-C1

The Whistlers Mountain

★★★

ジャスパーの南西にある標高2464mの山。山頂付近までは30人乗りのゴンドラ、ジャスパー・スカイトラムJasper Skytramで登れる。山頂からは周囲に美しい氷河湖が点在するジャスパーの町が一望できるほか、北にアサバスカ渓谷Athabasca Valley、西にイエローヘッド峠Yellowhead Passのすばらしい景色が望める。ジャスパーに来たら一度は登っておきたい。山の名前は、口笛のような鳴き声を発することからその名がついたウィスリング・マーモットWhistling Marmotに由来する。「ウィスリング・マーモットが多く生息する山」ということでウィスラーズ山と名づけられた。運がよければ、鳴き声を聞くことができる。ちなみに、ブリティッシュ・コロンビア州のウィスラー山と名前が似ているので間違える人も多いが、まったく違うので注意。

展望台からはトレイルが延びており、岩と砂利になった道を約1kmほど上ると、さらに壮大な眺めが広がる。天気のいい日には、イエローヘッド峠の向こうにロブソン山を、西を向けばコロンビア大氷原までを望むことができる。トレイルは少々足場が悪いので、できればトレッキングシューズなどを用意したほうがいい。

⬆山上からジャスパーの町と峰々を望む

パトリシア湖とピラミッド湖

MAP P.238-C1

Patricia Lake & Pyramid Lake

★★★

ダウンタウンからパトリシア湖まで4km、ピラミッド湖までは6kmの距離。湖面にはピラミッド山が美しく映り込んでいる。湖ではフィッシングや乗馬、カヌーなど各種アクティビティが楽しめるほか、ピラミッド湖にはビーチもある。町で自転車をレンタルして、気軽に出かけてみたい。ただし、行

ジャスパー・イエローヘッド博物館

住 400 Bonhomme St.
TEL (780)852-3013
URL www.jaspermuseum.org
開 5月中旬～10月中旬
毎日10:00～17:00
10月中旬～5月中旬
木～日10:00～17:00
休 10月中旬～5月中旬の月～水
料 寄付程度（大人$8）

ウィスラーズ山

交 町からゴンドラの乗り場まで約7km。上り坂なので徒歩や自転車で行くのは厳しい。ダウンタウンからタクシーで約$15。

ジャスパー・スカイトラム

MAP P.238-C1
TEL (780)852-3093
FREE (1-866)850-8726
URL www.jasperskytram.com
運 3/24～5/18、9/5～10/29
毎日10:00～17:00
5/19～6/22
毎日9:00～17:00
6/23～9/4
毎日8:00～21:00
休 10/30～3/23
料 大人$59.95、ユース（6～15歳）$33、5歳以下無料

ゴンドラは15分間隔。所要約7分。予約はウェブサイトからのみ可能。予約なしで行くなら、シーズン中はかなり混雑するので早朝に出かけよう。ゴンドラは30人乗りで、チケット購入時に渡される整理番号を呼ばれてから乗り込む。予約した時間の20分前には乗り場にいること。

ジャスパー・スカイトラムのシャトルバス

サン・ドッグ・ツアー（→P.237）が、夏季のみダウンタウンのJasper Adventure Centre（MAP P.239-C2）や主要ホテルからシャトルバスを運行している。ダウンタウンからはだいたい1時間～2時間に1便。要予約。
料 大人$70、子供（6～15歳）$35、5歳以下無料（ジャスパー・スカイトラムの料金込み）

⬆山頂の方位盤を見れば多くの名峰に囲まれていることがわかる

きはきつい坂道が続くので覚悟しよう。また、ダウンタウンから湖へ行く道の途中にはトレイルもあるので、ランチボックスを持っていってハイキングするのも楽しい。

↑ダウンタウンからも近いので、サイクリングに最適

ボベール湖とアネッテ湖、イデス湖 MAP P.238-C1

Lake Beauvert, Lake Annette & Lake Edith ★★★

いずれの湖もダウンタウンから5～7kmの距離。3つの湖を結んでトレイルが走っており、ダウンタウンから気軽に行けるハイキングやサイクリングコースとしても人気だ。The Fairmont Jaspar Park Lodge（→P.249）が隣接するボベール湖では、夏季はゴルフ、乗馬、サイクリング、ボート、冬季はクロスカントリー・スキーやスケートなどのアクティビティを楽しむことができる。車だと北からぐるっと回ってThe Fairmont Jasper Park Lodgeのほうからアクセスするのがいい。

↑湖に面してログキャビンが並ぶボベール湖

マリーン渓谷 MAP P.238-C1

Maligne Canyon ★★★

マリーン川Maligne Riverの急流にえぐり取られた石灰岩が、カナディアン・ロッキー最大規模の荒々しい渓谷を形成している。轟音を響かせながら流れる急流に沿って遊歩道が設置され、そこに6つの橋が架けられている。橋の上からは最大50mまで落ち込む迫力満点の谷と、そこに落ちる滝を見ることができる。1番目の橋に落差約25mの滝があり、2番目の橋がある所は渓谷最大の深度。谷底までは約50mあり、のぞき込むと吸い込まれてしまいそう。冬季には凍った渓谷の底を歩くアイスウオークツアーやクロスカントリー・スキーなどが楽しめる。

↑急流が造り出した渓谷美

パトリシア湖とピラミッド湖のカヌー（→P.248）

旧消防署のギャラリー

観光案内所の裏にある旧消防署（MAP P.239-B2）は、夏はパブリックスペースとして解放されている。地元アーティストの絵や彫刻などを展示するギャラリーやミニコンサートの会場としてよく利用されている。

↑三角屋根が目印

マリーン渓谷

交 ダウンタウンから車で約10分。

渓谷の入口から2番目の橋まで往復約20分。

アイスウオーク

一面氷に覆われた渓谷は、何とも美しく幻想的な世界。そそり立つ渓谷に流れ落ちる滝がそのまま凍りつき、自然の芸術作品を造り出している。マリーン渓谷のアイスウオークは、ホテルへの送迎と防寒ブーツレンタル付きのツアーが多く催行されている。凍結しているといっても、氷の下には川が流れており危険。個人で行くのはやめよう。シーズンは12月中旬～4月上旬頃。

ジャスパー・アドベンチャー・センター（→P.237欄外）
料 大人$69、子供（12歳以下）$35

サン・ドッグ・ツアー（→P.237欄外）
料 大人$69、子供（6～12歳）$35

パシュート・バンフ・ジャスパー・コレクション（→P.237欄外）
料 大人$79.99、子供（6歳以上）$49.99

メディスン湖
交 ダウンタウンから車で約25分。

↑秋からは水位が下がっていく

マリーン湖のボートクルーズ
パシュート・バンフ・ジャスパー・コレクション(→P.237)
Maligne Lake Classic Cruise
営 5/26～10/9
毎日9:00～16:30
(時期、天候により変動あり)
料 大人$78～、子供(6～15歳)$50.7～、5歳以下無料
所要時間約1時間30分。夏季は大変混雑するため、必ず予約するようにしよう。プレミアムコースもある。

マリーン湖の旅行会社
マリーン・アドベンチャーズ
Maligne Adventures
MAP P.239-C2
住 610 Patricia St.
TEL (780)852-3331
FREE (1-844)808-7177
URL maligneadventures.com
チケットオフィス
営 毎日8:00～18:00
(時期により変動あり)
休 無休
マリーン湖へのツアーやカヌーなどのアクティビティのほか、シャトルバスも扱う旅行会社。チケットオフィスは2022年に閉館した映画館Chaba Theatreの建物内にある。
マリーン湖へのツアー
Maligne Valley Wildlife & Waterfalls Tour & Cruise
ジャスパーのダウンタウンを出発し、マリーン湖のほかマリーン渓谷やメディスン湖を見学する。所要約5時間30分。
催 6/1～10/15
毎日9:30
料 大人$149、子供(5～15歳)$89、4歳以下無料
シャトルバス
運 6/25～9/26　毎日9:00
料 大人$42、子供(5～15歳)$25、4歳以下無料
ジャスパーの町の外れからマリーン湖まで行くトレイル Skyline Trailhead North(47km)の入口での下車もできる。

メディスン湖
Medicine Lake

MAP P.238-C2
★★★

春から夏にかけて、深い藍色の湖水をたたえているこの湖は、夏以降しか見られないもうひとつの姿をもっている。秋頃から徐々に水位を下げ、冬には底が見えて湖は完全に干上がってしまうのだ。これは、湖底の石灰岩でできた地盤の下にアサバスカ川 Athabasca Riverへ続く流れがあって、湖水がマリーン渓谷のほうに流れ出てしまうからだ。そして春には雪と氷河が溶け始め、湖は再び姿を現す。この様子を見たインディアンは、湖の水位が上下するのは、湖の神の仕業であると信じ、この湖に「魔法 Medicine」という名前をつけたといわれている。

↑氷河の溶水をたたえる夏のメディスン湖

マリーン湖
Maligne Lake

MAP P.238-D2
★★★

最大幅22km、広さ2066ヘクタール、最大深度は約97mを誇るカナディアン・ロッキー最大の氷河湖。湖の周辺ではエルクやビッグホーン・シープ、コヨーテなどの野生動物も姿を見せる。ここへ来たらぜひボートクルーズに乗ってみよう。ボートは小さな桟橋から出発。氷河を抱いた山々を両側に眺め、深度や光によってさまざまな色に変化する湖面を切り裂くように進み、展望台へたどり着く。展望台の正面にあるのが、スピリット・アイランド Spirit Islandと呼ばれる小島。エメラルド色のなめらかな湖面に浮かぶ小さな島に、青々と直立する針葉樹。そしてまるでこの美しい風景を守るように湖を囲む雄大な山々。カナディアン・ロッキーを代表する風景のひとつであり、これを見ずしてジャスパーは語れないといえるほど。また湖周辺では、フィッシングやカヌーなどのアクティビティも楽しめて、1日たっぷりと遊ぶことができる。湖へは、ツアーやレンタカーのほか、シャトルバスでも行ける。

↑ジャスパー最大の見どころ、マリーン湖のスピリット・アイランド

↑湖畔にはトレイルもある

マヤッタ温泉

MAP P.238-A2

Miette Hot Springs

★★★

ジャスパーからハイウエイ#16（イエローヘッド・ハイウエイ Yellowhead Hwy.）を北に進み、右折。ジャスパーからは約1時間。この温泉はカナディアン・ロッキーにいくつかある温泉のなかでも、源泉の温度が54度と最も高い。あたりには硫黄の臭いが漂い、湯治宿風のロッジが山の出湯の風情を醸し出している。浴槽はプールタイプのものが3つ。ふたつが温水でひとつは冷水。入浴は水着着用のこと。水着やタオルはレンタルもある。かつてこの場所にはホテルと温泉をモノレールで結ぶという豪華なシャトー・マヤッタというリゾートの建設が計画されていたが、鉄道の路線変更などで頓挫し、現在では温泉とバンガローだけが営業している。

⬆ジャスパー唯一の温泉施設

マヤッタ温泉

TEL (780)866-3939

URL www.hotsprings.ca/miette

交 ジャスパーからハイウエイ#16（イエローヘッド・ハイウエイ）を約44km北上、右折後さらに10kmほど進む。

※2023年8月現在、周辺工事のため休館中。

イデス・キャベル山とエンゼル氷河

MAP P.238-D1

Mt.Edith Cavell & Angel Glacier

★★★

⬆羽と胴体が天使を連想させる

ダウンタウンから南の方角に見える台形の山がイデス・キャベル山だ。黒い岩壁に万年雪を斜めにまとい、インディアンに「ホワイト・ゴースト」と呼ばれた美しい姿は周囲の山々とは一線を画し、ジャスパー近郊で最も印象的な山として知られている。名前は第1次世界大戦中、連合軍の捕虜を解放した看護婦に敬意を表してつけられたという。

山の近くまで車で行き、駐車場から出発しているトレイル「パス・オブ・ザ・グレイシャーPath of the Glacier」で麓の氷河湖を望む展望台まで行ける。断崖絶壁に挟まれるようにしてあるのがエンゼル氷河。羽を広げた天使のように見えることからその名がついた。眼下には、断崖絶壁と氷河、崩落した氷塊の浮いた氷河湖が眼下に広がる。

なお、パス・オブ・ザ・グレイシャーのトレイルの途中から分かれるトレイル「キャベル・メドウ（→P.247）」を行けば、さらに豪快な氷河の眺めを楽しめる。

⬆山の麓には氷河湖がある

イデス・キャベル山とエンゼル氷河

交 ジャスパーからハイウエイ#93（アイスフィールド・パークウエイ）をバンフ方面へ。途中右に折れて旧道（ハイウエイ#93A）に入り、さらに右側の山道を上る片道45分程度のドライブになる。山道は冬季通行止めとなる。

イデス・キャベルのトイレについて

エンジェル氷河に行くトレイルには、トイレがない。トレイルは往復1時間以上も歩くことになり、氷河湖に近づくと気温が下がり、トイレに行きたくなる人が多い。駐車場に簡易のトイレがあるので、出発前に必ずすませておくこと。

エクスカーション

マウント・ロブソン州立公園

MAP P.182-A1～B1/P.246

Mount Robson Provincial Park

★★★

↑カナディアン・ロッキーの最高峰、ロブソン山。観光案内所前が山を仰ぎ見るベストポイントだ

ジャスパーからハイウエイ#16を西へ20kmほど行くと、ブリティッシュ・コロンビア州へ入る。そこがマウント・ロブソン州立公園の入口となる。ここの最大の見どころは、カナディアン・ロッキーの最高峰、標高3954mのロブソン山Mount Robsonだ。その幾重にも積み重なった地層に縞状の雪が積もった様子から、インディアンは"Yuh-hai-hashun＝らせん状の道の付いた山"と呼んでいたという。マウント・ロブソン州立公園観光の中心となるのは、ハイウエイ#16沿いにある観光案内所。駐車場もすぐ目の前にある。

州立公園内には変化に富んだいくつものトレイルがあり、ハイキング初心者から上級者までレベルに応じて山歩きを楽しむことができる。特に名が知られているのは、バーグ湖Berg Lakeまでの「バーグ・レイク・トレイルBerg Lake Trail」。バーグ・レイク・トレイルは、観光案内所脇からさらに車道を2kmほど北に進んだ駐車場から始まっている。バーグ湖までは片道22km。日帰りでは行けないので、テントを持ってキャンプしながら行く本格的な準備が必要。キャンプをするなら事前にウェブサイトなどから予約して許可を得なくてはならない。もっと手軽に楽しみたいなら、トレイルの途中約4kmの所にあるキニー湖Kinny Lakeまで往復約3時間のコースがおすすめ。キニー湖は、ロブソン山の北西にあるホワイトホーン山Whitehorn Mountainを映し出す美しい湖。トレイルはアップダウンも少なく、基本的に往復とも同じ1本道をたどることになる。

▶▶▶ 行き方

レンタカー利用が一般的。ジャスパーからトランス・カナダ・ハイウエイを西へ道なりに進み、約26km。

拠点となる町はないので、通常の観光ならジャスパーの旅行会社（→P.237）の催行する日帰りツアーに参加するのがいい。

マウント・ロブソン州立公園の観光案内所

Mt. Robson Provincial Park Info Centre

MAP P.182-A1～B1/P.246

TEL (250)566-4038

URL bcparks.ca/mount-robson-park

開 5月中旬～6月中旬 毎日8:00～17:00
6月中旬～9月上旬 毎日8:00～19:00
9月上旬～10月中旬 毎日9:00～16:00

休 10月中旬～5月中旬

ハイウエイ#16（イエローヘッド・ハイウエイ）沿いにロブソン山のビューポイントがあり、観光案内所もここに立っている。公園内には宿泊施設や店はほとんどないので、ここが補給基地になる。

6月中旬～9月の期間のバーグ湖エリアのキャンプ場は、ウェブサイトで予約できる。人気があるので、予約がないとキャンプはほぼ不可能。

URL camping.bcparks.ca

↓ホワイトホーン山を映すキニー湖

ジャスパーのアクティビティ
Activities in Jasper

ハイキング Hiking

豊かな自然に囲まれたジャスパー周辺は、ほかのロッキーの町同様、無数のハイキングコースがある。ジャスパーにはそれほど険しい山がないので、バンフよりも勾配の少ない初心者向けのコースが多い。

⬆バレー・オブ・ザ・ファイブ・レイクス

⬆エンゼル氷河を望むキャベル・メドウ

おもなハイキングコース

オールド・フォート・ポイント　Old Fort Point

眼下にアサバスカ川とジャスパーの町並みを見下ろせる絶好のビュースポット。小高い丘の頂上まで緩やかな坂道を上ること約30分。頂上にはかつての砦の跡も見られる。

歩行距離：往復6km
所要時間：登り30分、下り15分
標高差：130m
登山口までのアクセス：町から徒歩約15分。鉄道の線路を越え、アサバスカ川に架かる橋を渡ってすぐ右側からトレイルが始まる。
MAP P.239-D2（登山口）

バレー・オブ・ザ・ファイブ・レイクス
Valley of the Five Lakes

トレイルの名前のとおり、5つの湖を訪ねるハイキング。うねるような丘の林の中に点在する湖は、深い緑色、透明感のある緑色とさまざまな色を見せる。車で行けばジャスパーからも近く、標高差もない穏やかなコースなので、初心者、家族連れで楽しめる。

歩行距離：1周4.3km
所要時間：1周2時間
標高差：30m
登山口までのアクセス：ジャスパーからアイスフィールド・パークウエイに入り9km、パークウエイ沿いに登山口の駐車場がある。
MAP P.238-C1（登山口）

キャベル・メドウ　Cavell Meadows

ジャスパーの南方に優美な姿でそそり立つのがイデス・キャベル山。その北壁にかかるエンゼル氷河は、天使が羽を広げたような姿で観光客を魅了している。エンゼル氷河を真っ正面に望むキャベル・メドウは、ツガザクラやウエスタン・アネモネなどの高山植物が豊富な山上の別天地だ。

歩行距離：合計9.6km
所要時間：登り1時間40分、下り1時間30分
標高差：370m
登山口までのアクセス：ジャスパーからアイスフィールド・パークウエイをバンフ方面に7.5km行き、#93Aハイウエイに入る。5.5km走り右折、マウント・イデス・キャベル通りMount Edith Cavell Rd.を14.5km走る。車道終点が登山口の駐車場になっている。
MAP P.238-D1（登山口）

サイクリング Cycling

公共の交通機関がないジャスパーでは、観光用としても、また移動手段としても自転車の利便性は高い。トレイルまで入ることもできるが、自転車禁止の道も多いので注意すること。ダウンタウンの周辺では、パトリシア湖を経てピラミッド湖まで行くコースやThe Fairmont Jasper Park Lodge周辺の湖を回るコースの人気が高い。レンタサイクルの店では、コースの相談に乗ってくれたり、地図も入手できる。

レンタサイクル

Vicious Cycle & Snow
MAP P.239-D2
住 630 Connaught Dr.
TEL (780)852-1111
URL viciouscycleandsnow.ca
営 毎日10:00～18:00
（時期により変動あり）
休 無休
料 ファットバイク
1時間$20～、1日$50～
冬季はスノーボードレンタルと販売を行っている。

乗馬
Jasper Riding Stables/
Pyramid Lake Stables
MAP P.238-C1
TEL (780)852-7433
URL www.jasperstables.com
催 5月～10月中旬
毎日9:00～16:00
休 10月中旬～4月
料 1時間コース1人$86
2時間コース1人$166
Jasper Park Lodge Stables
MAP P.238-C1
TEL (780)852-6476
催 5月中旬～9月中旬
毎日9:00～16:00
休 9月中旬～5月中旬
料 1時間15分コース1人$108
2時間コース1人$166

乗馬 Horseback Riding

↑森の中で乗馬にチャレンジ

ダウンタウンからピラミッド湖に行く途中にあるJasper Riding Stablesで申し込める。1時間コースの前半は尾根からジャスパー、アサバスカ川を見下ろし、後半はピラミッド湖越しにピラミッド山の眺望を楽しめる。The Fairmont Jasper Park Lodge内のJasper Park Stablesは、アサバスカ川周辺を回るコースなど、初心者向きのコースを用意。

フィッシング
On-Line Sport & Tackle
MAP P.239-C2
TEL (780)852-4717
URL jasperparkfishing.ca
催 毎日9:00～18:00
料 半日ツアー
1人$249（2人以上で参加の場合。1人のみ参加は$498）
1日ツアー
1人$369（2人以上で参加の場合。1人のみ参加は$738）
ガイドツアーのほかレンタルにも応じる。
フィッシングライセンス
料 $12.75（1日）、$44.25（1年）

フィッシング Fishing

マリーン湖やアサバスカ川のマス釣り、タルボット湖Talbot Lakeのカワカマス釣りの3ヵ所が人気。ルアーとフライフィッシングが中心。川や湖によって禁漁の期間やフライフィッシングのみなどの制限を設けているところもあるので注意すること。なお、釣りにはフィッシングライセンスFishing Permitsが必要。ハイシーズンは5～7月。制限に関しての資料やフィッシングライセンスは観光案内所で手に入る。

ジャスパーの釣具店でボートや釣り具のレンタルができるほか、ガイドツアーも催行している。ガイドツアーを利用するときはライセンスが込みかどうかを確認すること。マリーン湖は電気モーター付きのボートによるトローリングが盛んで、ボートも比較的大きいので、遊覧を兼ねて家族連れで楽しめる。ピラミッド湖やパトリシア湖なら、レンタルボート屋で釣具も借りられる。

カヌー
パトリシア湖のレンタルカヌー
料 1時間$35
ピラミッド湖のレンタルカヌー
料 1時間$45～
マリーン湖のレンタルカヌー
料 半日$60～、1日$90～

カヌー Canoeing

↑カヌーに乗っての釣りが人気

カナディアン・ロッキーのシンボルのひとつ、カヌーにも挑戦してみよう。ダウンタウンから近いパトリシア湖やピラミッド湖が手軽にできておすすめ。ピラミッド湖ではカヌーのほかにも足でペダルを漕いで進むボートもある。人気があるのはやはりマリーン湖。船は湖畔でレンタルできる。

ジャスパーのホテル
Hotels in Jasper

ジャスパーの町はジャスパー国立公園内にあり、建物の新築は一切禁止されている。そのため、観光客の多さのわりにはホテルの客室数は少ない。夏季に行く場合には2～3カ月前からの予約がおすすめ。予約なしで到着してから宿を見つけるのは不可能だろう。

最高級ホテル

The Fairmont Jasper Park Lodge
フェアモント・ジャスパー・パーク・ロッジ

ボベール湖の湖畔にある、ジャスパーを代表する最高級リゾート。280ヘクタールの広大な敷地内にはコテージとロッジタイプの部屋が点在しており、時折動物も顔を出す。ゴルフ、乗馬、プール、スパ、サウナなど完備しているほか、カジュアルなレストランやパブが入っている。

MAP P.238-C1
住 1 Old Lodge Rd.
TEL (780)852-3301
FREE (1-866)540-4454
URL www.fairmont.com/jasper
料 HIGH 夏季ⓈⒹ$630～
LOW 冬季ⓈⒹ$329～
Tax別
CC A D J M V 室 442室

高級ホテル

Whistler's Inn
ウィスラーズ・イン

鉄道駅の目の前という好立地に1976年に開業し、ジャスパーでは老舗ホテルのひとつ。部屋は清潔で広さも申し分なく、暖炉付きのスイートも。眺望が自慢の屋上ホットタブやサウナなど設備も充実。生演奏も楽しめるナイトスポット「Whistle Stop Pub」のほか、2つのレストランを併設している。

MAP P.239-C2
住 105 Miette Ave.
TEL (780)852-3361
FREE (1-800)282-9919
URL www.whistlersinn.com
料 HIGH 6～9月ⓈⒹ$249～
LOW 10～5月ⓈⒹ$159～
Tax別
CC A M V
室 64室

Pyramid Lake Resort
ピラミッド・レイク・リゾート

ダウンタウンから車で約10分のピラミッド湖の湖畔にあるホテル。暖炉を備えた客室は広々としており、窓から湖とピラミッド山の絶景が楽しめる。ピラミッド湖でのボートレンタルも行っている。ファミリーに最適なキャビンや6人まで宿泊できるExecutive Loftもある。

MAP P.238-C1
住 6km North on Pyramid Lake Rd.
FREE (1-800)541-9779
URL www.banffjaspercollection.com/hotels/pyramid-lake-lodge
料 HIGH 4月下旬～10月上旬ⓈⒹ$479～
LOW 10月上旬～4月下旬ⓈⒹ$255～
Tax別
CC A M V
室 68室

Chateau Jasper
シャトー・ジャスパー

ダウンタウンの北のゲイキー通り沿いにある、3階建ての大型ホテル。館内はモダンな山岳リゾートさながらの佇まいで客室以外の設備も充実しており、レストラン、ホットタブ、屋内プールを利用できる。パシュート系列でスキーやハイキングなどのアクティビティの相談にも応じてくれる。

MAP P.239-B1
住 96 Geikie St.
FREE (1-800)468-8068
URL www.banffjaspercollection.com/hotels/chateau-jasper
料 HIGH 6～9月ⓈⒹ$307～
LOW 10～5月ⓈⒹ$159～
CC A M V
室 119室

中級ホテル

Astoria Hotel
アストリア

ロッジ風外観のホテル。1944年オープンとジャスパーでは歴史のあるホテルで、規模は小さいが、モダンなベッドカバーや花柄のファブリックなど、かわいらしい雰囲気で女性に人気が高い。「居心地が良く清潔」を心がけている。ホテル内のレストラン「Papa George's Restaurant」も評判。

MAP P.239-B2
住 404 Connaught Dr.
TEL (780)852-3351
FREE (1-800)661-7343
URL www.astoriahotel.com
料 HIGH 6月上旬～10月上旬ⓈⒹ$260～
LOW 10月上旬～6月上旬ⓈⒹ$150～
Tax別
CC A M V
室 35室

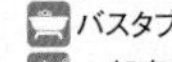 バスタブ / 一部客室
 テレビ / 一部客室
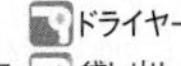 ドライヤー / 貸し出し
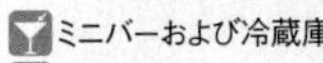 ミニバーおよび冷蔵庫 / 一部客室
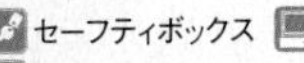 セーフティボックス / フロントにあり
 Wi-Fi

中級ホテル

Marmot Lodge
マーモット・ロッジ

メインストリートのコンノート通り沿いにあるロッジタイプのホテル。ダウンタウンの中心からは少し外れ、静かな環境。料金が比較的手頃なうえ、部屋は広く掃除も行き届いていて清潔。キッチン付きやペット同伴可の部屋もある。レストランや屋内プール、サウナ、コインランドリーなどの設備も充実。

MAP P.239-A1・2
住 86 Connaught Dr.
FREE (1-800)400-7275
URL www.banffjaspercollection.com/hotels/marmot-lodge
料 HIGH 6～9月ⓈⒹ$277～
LOW 10～5月ⓈⒹ$147～ Tax別
CC A M V
室 107室

The Crimson Jasper
クリムゾン・ジャスパー

モーテルタイプのホテル。繁華街から少し離れているため、静かな環境にある。シンプルな調度品の置かれた客室は広くて清潔。全99室中、バルコニー付きの部屋が8割ほど。2022年オープンのレストラン「Terra」やバー、ジャクージあり。スパや乗馬などのパッケージ料金あり。

MAP P.239-B1
住 200 Connaught Dr.
FREE (1-888) 414-3559
URL www.banffjaspercollection.com/hotels/the-crimson
料 HIGH 6～9月ⓈⒹ$317～
LOW 10～5月ⓈⒹ$186～ Tax別
CC A M V
室 99室

エコノミーホテル

The Athabasca Hotel
アサバスカ

ダウンタウンの中心部、パトリシア通り沿いにあるエコノミーなホテル。部屋のインテリアや設備は多少古くささを感じさせるが、立地のよさと比較的手頃な料金で人気がある。1階にはパブがあり、生バンドのライブも行っているので、部屋によっては少しうるさいときがある。

MAP P.239-C2
住 510 Patricia St.
FREE (1-877)542-8422
URL www.athabascahotel.com
料 HIGH 5月下旬～10月中旬
バス付きⓈⒹ$259～、バス共同ⓈⒹ$159～
LOW 10月中旬～5月下旬
バス付きⓈⒹ$129～、バス共同ⓈⒹ$99～
Tax別 CC A M V 室 61室

ツーリストホーム

Seldom in Guest House
セルドム・イン・ゲスト・ハウス

親日家のダルトさん＆シェリルさん夫妻がオーナー。2000年に営業を始め、リタイア後のシニア層の宿泊も多いという。リビングには図書コーナーやピアノがあり、全室マウンテンビューでこぢんまりとした客室は居心地がいい。国立公園で働いていたためアクティビティ事情に詳しいのも心強い。

MAP P.239-B1
住 123 Geikie St.
TEL (780) 852-5187
URL stayinjasper.com/accommodations/seldom-in-guest-house
料 HIGH 夏季ⓈⒹ＄150～160
LOW 冬季＄95～125 Tax別
CC 不可
室 3室

ユースホステル

Jasper Downtown Hostel
ジャスパー・ダウンタウン・ホステル

ダウンタウンの中心部にありどこへ行くにも便利な好立地。個室は最大4人まで宿泊でき、テレビの貸し出しにも対応。ドミトリーには女性専用ルームもあり簡素だが快適。共有スペースにロッカー（無料）があるので鍵を持参すると安心。キッチンやラウンジは自由に利用でき、旅慣れた旅行者が多い。

MAP P.239-B2
住 400 Patricia St.
TEL (780) 852-2000
URL jasperdowntownhostel.ca
料 HIGH 夏季
ドミトリー＄65～ⓈⒹ$200～
LOW 冬季
ドミトリー＄35～ⓈⒹ$100～
Tax別
CC M V
室 20室、68ベッド

HI Jasper
HI・ジャスパー

2019年開業の大型のユースホステル。中心部からは外れるが鉄道駅から徒歩10分と好アクセスで、静かな環境で過ごせるのが魅力。エレベーターにもカードキーが使えて安心。ロビーや食堂では定期的にイベントが行われている。レセプションは24時間営業で、スタッフはフレンドリー。

MAP P.239-D1
住 708 Sleepy Hollow
TEL (587)870-2395
FREE (1-866)762-4122
URL www.hihostels.ca
料 ドミトリー-$33.2～（会員）、$36.9～（非会員）
ⓈⒹ$106～（会員）、ⓈⒹ$118～（非会員） Tax別
CC M V 室 45室、157ベッド

ジャスパーのレストラン
——Restaurants in Jasper——

カナダ料理やイタリア料理、中華料理など料理の種類はいろいろあるが、レストランの数自体が非常に少ない。どこもカジュアルな雰囲気なので、本格的なディナーを楽しみたい人は、カナダ料理から日本料理まで揃うThe Fairmont Jasper Park Lodgeに行くといい。

カナダ料理

Jasper Brewing
ジャスパー・ブリューイング

氷河の溶水を使ったオリジナル地ビールを堪能できるレストラン。コクのあるエールタイプのRockhopper IPAや、すっきりしたピルスナータイプのCrisp Pilsなど約9種類あり$6〜。6種類のビールのセットは$19。AAAアルバータ牛のハンバーガー$18.75など、食事メニューも豊富に揃っている。

MAP P.239-C2〜D2
住 624 Connaught Dr.
TEL (780)852-4111
URL www.jasperbrewingco.ca
営 日〜水11:30〜24:00
木〜土11:30〜翌1:00
休 無休
予 $15〜
CC A M V

Fiddle River
フィドル・リバー

コンノート通り沿いの2階にあるおしゃれなレストラン。カナダならではの食材を使った魚や肉料理が味わえる。サーモンやロブスターなどはアトランティック・カナダなど東海岸から仕入れている。ほか、エルクやバイソンなどの肉料理もおすすめ。メニューは季節によって異なる。

MAP P.239-C2
住 620 Connaught Dr.
TEL (780)852-3032
URL www.fiddleriverrestaurant.com
営 5月〜10月中旬
毎日17:00〜22:00
10月中旬〜4月
毎日17:00〜21:00
（時期により変動あり）
休 無休
予 $40〜　CC A M V

イタリア料理

Jasper Pizza Place
ジャスパー・ピザ・プレイス

ジャスパーで唯一、薄い生地のピザが食べられる。オーブンで焼くパンピザと、薪窯焼き（冬季は15:00以降のみ注文可能）の2タイプから選べ、パンピザはMサイズ$19.95〜とLサイズ$24.95〜。薪窯のピザはMサイズの$26.95〜のみ。定番のほか、エルクの肉をトッピングしたピザにも注目。

MAP P.239-B2
住 402 Connaught Dr.
TEL (780)852-3225
営 6〜10月
毎日11:00〜23:00
11〜5月
月〜木15:00〜22:00
金〜日12:00〜22:00
休 無休
予 $20〜
CC A M V

ギリシャ料理

L & W Restaurant
エル&ダブリュー

ギリシャ料理を中心に、ステーキやハンバーガー、パスタ、シーフードなどバラエティに富んだメニューをお手頃価格で提供。緑が装飾された店内は開放的で、ガラス張りのテラスでは晴れた日に陽光を浴びながら気持ちよく食事ができる。いつも地元の人や観光客でにぎわっている。

MAP P.239-D2
住 Hazel Ave. & Patricia St.
TEL (780)852-4114
営 毎日11:00〜22:00
休 無休
予 $15〜
CC A M V

ファミリーレストラン

Smitty's
スミッティーズ

1960年にカルガリーで生まれ、カナダ各地に展開。ハンバーガー、オムレツ、ステーキと品揃え豊富なファミリーレストラン。エッグベネディクト$17.79などの朝食が創業以来人気。ディナーは子牛肉のカツレツ$17.79がおすすめ。キッズやシニア向けのメニューも用意されている。

MAP P.239-C2
住 109 Miette Ave.
TEL (780)852-3111
URL www.smittys.ca
営 夏季
毎日7:00〜20:00
冬季
毎日7:00〜17:00
休 無休
予 $15〜
CC A M V

ジャスパーのショッピング

——Shops in Jasper——

みやげ物店はコンノート通りとパトリシア通りに並んでいる。ロッキーならではのおみやげを探しているのなら、エルクやムースの角で作ったクラフト製品や、ロッキーの美しい風景の写真や絵のポストカードなどがおすすめ。ジャスパーのマスコット、ジャスパー・ベアのグッズもいいおみやげになりそう。

アウトドア

Gravity Gear
グラビティ・ギア

カナダのアウトドアブランド、アークテリクスARC'TERYXやアイスブレーカーIcebreakerのウエアやハイキング用品が揃うアウトドアショップ。ハイキングのガイド本も充実。冬はスキーやアイスクライミング用品のレンタルも行っている。気さくなスタッフが装備の相談に応じてくれる。

MAP P.239-C2
住625B Patricia St.
TEL(780)852-3155
FREE(1-888)852-3155
URL www.gravitygearjasper.com
営6～8月
毎日10:00～21:00
9～5月
毎日10:00～18:00
（時期により変動あり）
休無休　CC A J M V

おみやげ

Our Native Land
アワー・ネイティブ・ランド

オーナーが厳選し、商品の8割がインディアンやイヌイットなどの先住民族関連。伝統的な模様が刻み込まれたハンドメイドのジュエリーや彫刻、クラフト製品を扱う。ターコイズをあしらったペンダント$65～やコンビリング$160～などが人気。地下にはギャラリーのような展示スペースもある。

MAP P.239-C2
住601 Patricia St.
TEL(780)852-5592
URL www.ournativeland.com
営毎日10:00～19:00
（時期により変動あり）
休無休
CC A M V

Rocky Bear Gifts
ロッキー・ベア・ギフト

店名の通り、ローカルメイドの商品を中心に取り扱うギフトショップ。ジャスパーベアのぬいぐるみ$20.98やシカのオーナメント$18.98～など、手作り感あふれる動物グッズの品揃えが充実し見ているだけでも楽しい。ポストカードや菓子など手頃なアイテムはみやげに最適。

MAP P.239-B2
住400B Connaught Dr.
TEL(780)852-3250
営毎日8:30～17:00
（時期により変動あり）
休無休
CC A M V

パン

Bear's Paw Bakery
ベアーズ・ポー・ベーカリー

地元の人だけでなく、観光客にも人気があり、早朝から行列ができることも。店内にはバゲットやクロワッサンなど手作りのパンが常時25種類以上並ぶ。パンは天然酵母で、バターなどもすべて吟味した材料で作られる。クッキーやマフィン、ケーキなども充実。小さな店だがイートインスペースあり。

MAP P.239-B2
住4 Pyramid Rd.
TEL(780)852-3233
URL www.bearspawbakery.com
営毎日6:00～18:00
休無休
CC M V

チョコレート

Candy Bear's Lair
キャンディ・ベアーズ・レイアー

日本人経営で、店内で手作りしたファッジやチョコレートを販売。クマのツメをモチーフにしたキャラメル＆チョコのBear Paws 100g $4.95が看板商品だ。ほかに10種のフレーバーが揃うキャラメルポップコーンやアイスクリーム、マシュマロにフローズンヨーグルトなどもあり、甘党にはたまらない。

MAP P.239-C2
住611 Patricia St.
TEL(780)852-2145
URL www.candybear.ca
営6～8月　毎日10:00～23:00
9～5月　月～金11:00～21:00
土10:00～21:30
日10:00～21:00
（時期により変動あり）
休無休
CC M V

サスカチュワン州&マニトバ州

Saskatchewan & Manitoba

レジャイナのRCMP(カナダ王室騎馬警察)ヘリテージ・センター

サスカチュワン州&マニトバ州

SASKATCHEWAN & MANITOBA

カナダの中部一帯に広がる大平原（プレーリーズ）に位置し、アメリカ合衆国に接するふたつの州。小麦、大麦、ライ麦を栽培しており、世界でも屈指の穀倉地帯でもある。行けども行けども続く平原を開拓し続けたのは、東ヨーロッパやアジアから来た大勢の移民たち。サスカチュワン州やマニトバ州には、多くの移民たちのコミュニティがある。どちらの州も日照時間が長く乾燥しているのが特徴。

⬆州の旗にも使われている、州花のウエスタン・レッド・リリー

サスカチュワン州&マニトバ州

0 250 km
N
Cluff Lake Mine
Points North Landing
チャーチル Churchill P.270
ハドソン湾 Hudson Bay
チャーチル川 Churchill River
アルバータ州 Alberta
サスカチュワン州 Saskatchewan
リン・レイク Lynn Lake
Sundance
マニトバ州 Manitoba
ミシニペ Missinipe
ラ・ロンジュ La Ronge
トンプソン Thompson
Cold Lake
Pierceland
Green Lake
フリン・フロン Flin Flon
Creighton
Paradise Hill
16
Shellbrook
ザ・パス The Pas
ウィニペグ湖 Lake Winnipeg
プリンス・アルバート Prince Albert
ノース・バトルフォード North Battleford
オンタリオ州 Ontario
スワン・リバー Swan River
サスカトゥーン P.261 Saskatoon
イエローヘッド・ハイウェイ Yellow head Hwy.
ヨークトン Yorkton
ドーフィン Dauphin
Elksdale
ムース・ジョー Moose Jaw
16
ポーテージ・ラ・プレーリー Portage la Prairie
スー・ルックアウト Sioux Lookout
Trans-Canada Hwy.
スイフト・カレント Swift Current
レジャイナ Regina P.256
1
Keewatin
ブランドン Brandon
ウィニペグ P.264 Winnipeg
Falcon Lake
アメリカ

サスカチュワン州	
州都	レジャイナ
面積	65万1036km²
人口	113万2505人（2021年国勢調査）
時間	中部標準時間（CST） 日本との時差－15時間 （サマータイムなし）
州税	物品税6%　宿泊税6%

マニトバ州	
州都	ウィニペグ
面積	64万7797km²
人口	134万2153人（2021年国勢調査）
時間	中部標準時間（CST） 日本との時差－15時間 （サマータイム実施時－14時間）
州税	物品税7%　宿泊税7%

サスカチュワン州
Saskatchewan

州の半分を豊かな森林が覆い、湖や大河も多い自然に恵まれた土地。大陸横断鉄道の開通によって発展した都市が多い。州都レジャイナは、大平原の治安を守ったカナダ王室騎馬警察RCMPの本部がおかれた町として知られている。

おもな都市
レジャイナ（→ P.256）
サスカトゥーン（→ P.261）

マニトバ州
Manitoba

州都、ウィニペグは国土のほぼ中央に当たり別名「カナダのへそ」と呼ばれている。クマのプーさんの故郷でもあり、郊外には銅像も立っている。野生のホッキョクグマやベルーガ、そしてオーロラが観測できる、州の北に位置する町チャーチルも見逃せない。

おもな都市
ウィニペグ（→P.264）
チャーチル（→P.270）

レジャイナ
ウィニペグ

↓重厚なサスカチュワン州議事堂　©Tourism Saskatchewan

REGINA
レジャイナ
サスカチュワン州

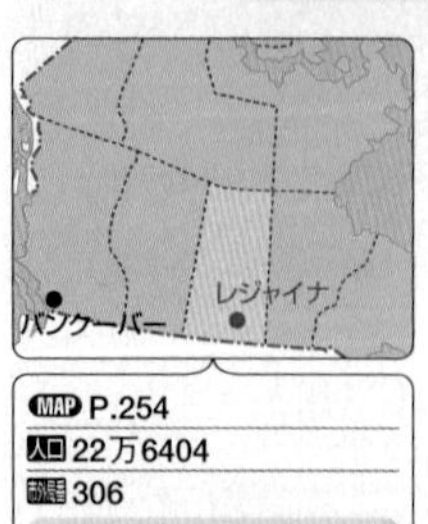

MAP P.254
人口 22万6404
市外局番 306

URL tourismregina.com

ユースフル・インフォメーション

警察
Regina Police Service
MAP P.256-1
TEL (306)777-6500

病院
Regina General Hospital
MAP P.256-1・2
TEL (306)766-4444

おもなレンタカー会社
Avis　空港
TEL (306)791-6814
Hertz　空港
TEL (306)791-9134

おもなタクシー会社
Capital Cabs
TEL (306)791-2222

⬆ワスカナ湖畔にそびえ立つサスカチュワン州議事堂

カナダ中部の大平原に位置するレジャイナは、緑豊かなイギリス風の美しい町。かつてインディアンのクリー族がバッファローの肉を食したあとに残る骨の山はOskana-Ka-Asateki（＝The Bones that are Piled Together）と呼ばれ、レジャイナの前身であるワスカナWaskanaの語源となった。1882年に大陸横断鉄道が開通すると町は急速に発展を始め、ワスカナと呼ばれていた町はビクトリア女王に敬意を表し、ラテン語で「女王」を意味する「レジャイナ」と名づけられた。1903年には市政がしかれ、1905年にはサスカチュワン州の州都に定められた。1920年代には空港の設置によりカナダ最大の農作物輸送の拠点として、経済的にも成長を遂げた。州都設立100周年の2005年の夏には、カナダ国体が開催され、空港は大幅に改築、ワスカナ・センター周辺も整備された。

※開館時間、営業時間などの日程は基本的に2023年のもの。年度により変動するため、ウェブサイトなどで再確認を。(→P.7)

レジャイナへの行き方

▶▶▶ 飛行機

日本からの直行便があるバンクーバーからエア・カナダ Air Canada(AC)が1日2〜3便、ウエストジェット WestJet(WS)が週1〜7便運航しており、所要約2時間。カルガリーからはウエストジェットが1日4〜7便運航、所要約1時間30分。また、マニトバ州のウィニペグからはウエストジェットが週4〜7便運航、所要約1時間30分。

空港から市内へ

レジャイナ国際空港 Regina International Airport はダウンタウンの南西約7kmにある。市内へはタクシーで移動する。市内までは平日のみレジャイナ・トランジット社 Regina Transit の市バス#24が運行。タクシーなら$20程度。流しはほぼないため、空港行きはホテルで呼んでもらうこと。

▶▶▶ 長距離バス

レジャイナに本社のあるライダー・エクスプレス Rider Express が、アルバータ州とサスカチュワン州内を運行しており、カルガリーから火・金曜の週2便、所要約10時間15分。エドモントンからは1日1便、所要約9時間40分。サスカトゥーンからは1日1〜3便、所要約3時間。発着はダウンタウン北のライダー・エクスプレスのオフィスから。

レジャイナ・マーケット・スクエア

N 0 150m
カジノ・レジャイナ Casino Regina
Delta Hotel Regina
コーンウォール・センター Cornwall Centre
Wingate by Wyndham Regina
サスカチュワン通り Saskatchewan Dr.
Hudson's Bay
P.258 レジャイナ・トランジット社
11th Ave.
市バスターミナル
モントリオール銀行
スカース・ストリート・モール Scarth Street Mall
ブロード通り
Angus St. / Albert St. / McIntyre St. / Smith St. / Lorne St. / Cornwall St. / Scarth St. / Hamilton St. / Rose St. / Broad St. / Osler St.
12th Ave.
ビクトリア公園 Victoria Park
市庁舎 City Hall
Regina Public Library
P.260 Ramada Plaza
ビクトリア通り Victoria Ave.
P.260 Saskatchewan
P.260 Golf's Steak House
Quality Hotel Regina P.260
13th Ave.
P.260 Dragon's Nest B&Bへ

エア・カナダ(→P.542)

ウエストジェット(→P.542)

↑周囲を大平原に囲まれたレジャイナの町

レジャイナ国際空港(YQR)
MAP P.256-1
住 1-5201 Regina Ave.
TEL (306)761-7555
URL www.yqr.ca

レジャイナ・トランジット社(→P.258)
空港→ダウンタウン
市バス#24
運 月〜金5:55〜8:55/16:15〜23:55
料 片道
大人$3.25、ユース(14〜18歳)$2.75、子供無料
20〜40分ごとに運行、終点のコーン・ウォールセンターCornwall Centre前まで所要約20分。

ライダー・エクスプレス(→P.543)
MAP P.256-1外
住 2820 Avonhurst Dr.
レジャイナ・マーケット・スクエア Regina Market Squareまで市バス#5で約10分、徒歩なら25分ほど。
カルガリーから
料 片道 1人$143
エドモントンから
料 片道 1人$124
サスカトゥーンから
料 片道 1人$58

↑カナダ王室騎馬警察発祥の地でもあり、町外れには博物館もある

レジャイナ・トランジット社
案内所
MAP P.257
住2124-11th Ave.
TEL(306)777-7433
URL www.regina.ca/transportation-roads-parking/transit
開月～金8:30～16:30
休土・日
市バスの料金
料シングルチケット
大人$3.25、ユース(14～18歳)$2.75、子供無料
シングルチケットはドライバーから購入可。90分以内なら乗り換え自由で、バス乗車時にトランスファー・チケットをドライバーにもらうこと。回数券は案内所で購入できる。観光案内所で路線図Ride Guideをもらっておくと便利。

観光案内所
Tourism Regina
MAP P.256-1
住2900 Wascana Dr.
TEL(306)522-3661
FREE(1-800)661-5099
開5月中旬～8月
毎日9:00～17:30
休9月～5月中旬
ワスカナ・プレイス入口のすぐ横にある。

ワスカナ・センター
ワスカナ・プレイス
住2900 Wascana Dr.
TEL(306)522-3661
URL wascana.ca
開月～金8:00～16:30
休土・日
ボートツアー(30分)
TEL(306)522-3661
催5月下旬～9月中旬
月・水 要問い合わせ
木～日12:00～20:00
休火
料$75(最大8名)

市内交通

公共の交通機関は、レジャイナ・トランジット社Regina Transitの運行する市バスのみ。ルートは全部で22本で、ルートマップはダウンタウンの中心、11th Ave.にあるショッピングセンター、コーンウォール・センターCornwall Centre入口の西側にある案内所で手に入る。案内所前と、市庁舎City Hallの裏側の12th Ave.に市バスのターミナルがあり、ほとんどのバスがここから発着する。

⬆郊外の見どころへはバスでアクセスしよう

レジャイナの歩き方

ダウンタウンの中心は、ビクトリア公園を中心とした**レジャイナ・マーケット・スクエアRegina Market Square**と呼ばれる一帯。3ブロックにわたる巨大なショッピングセンター、コーンウォール・センターと、そこから南に走る歩行者天国の**スカース・ストリート・モールScarth Street Mall**が町一番の繁華街だ。サスカチュワン州議事堂やロイヤル・サスカチュワン博物館、美術館などのおもな見どころは、ダウンタウンの南側に広がる公園**ワスカナ・センター**内に集まっている。ワスカナ・センターへはダウンタウンから徒歩20分程度。**RCMP(カナダ王室騎馬警察****→P.259****)ヘリテージ・センター**や**ガバメント・ハウス**など少し離れた見どころへは、市バスを利用しよう。

おもな見どころ

ワスカナ・センター

Wascana Centre

MAP P.256-2 ★★★

レジャイナのシンボル的存在である面積930ヘクタールもの自然公園。公園はワスカナ・パークウエイWascana Pkwy.を挟んで東西に二分されており、ロイヤル・サスカチュワン博物館、サスカチュワン州議事堂やマッケンジー美術館Mackenzie Art Galleryなどの見どころは西側にある。中央には120ヘクタールの人工湖、ワスカナ湖Wascana Lakeがあり、周囲にはトレイルが整備されている。管理事務所のワスカナ・プレイスWascana Placeでは、園内のマップがもらえるほか、ガイド付きのボートツアーなども催行している(要予約)。ワスカナ・プレイス近くには州議事堂が正面に望めるトラファルガー展望地Trafalgar Overlookや、レンタルボートなどもある。

⬆湖を1周するトレイルがある

サスカチュワン州議事堂

MAP P.256-1

Saskatchewan Legislative Building

★★★

ワスカナ湖の湖畔にそびえるネオ・ゴシック様式の建物が、サスカチュワン州議事堂。大理石をふんだんに使用した内装は豪華で美しい。館内は随時無料のガイドツアー（所要約30分）で見学できる。

ロイヤル・サスカチュワン博物館

MAP P.256-1

Royal Saskatchewan Museum

★★★

館内は野生動物や植物の生態系を紹介したLife Sciences Gallery、先住民族についての展示があるFirst Nations Gallery、3億年前から現代への地形や自然環境の変遷を解説しているEarth Sciences Gallery、そして恐竜の骨格標本が目玉のCN T. rex Galleryの大きく4つに分かれている。なかでも、1991年にサスカチュワン州内で発見された世界最大のティラノサウルス「Scotty」の展示は一見の価値あり。

RCMP（カナダ王室騎馬警察）ヘリテージ・センター

MAP P.256-1外

RCMP Heritage Centre

★★★

カナダ王室騎馬警察Royal Canadian Mounted Police（RCMP）の前身で、1873年に発足した北西騎馬警察North West Mounted Police（NWMP）の本部跡は、現在カナダ唯一のRCMPの訓練学校となっている。訓練学校の北側にあるRCMPヘリテージ・センターでは、RCMPの歩んだ歴史のほか、最先端の犯罪科学捜査に関する資料や先住民族に関する展示もしている。火～金曜12:00には訓練生によるパレードが行われる。

サスカチュワン州議事堂

住 2405 Legislative Dr.
TEL (306)787-5358
URL www.legassembly.sk.ca
ガイドツアー
催 5/22～9/4
毎日9:00～16:30
9/5～5/21
毎日9:00～16:00
30分ごとに出発する。
料 無料

ロイヤル・サスカチュワン博物館

住 2445 Albert St.
TEL (306)787-2815
URL royalsaskmuseum.ca
開 毎日9:30～17:00
休 無休
料 寄付程度（大人$5）

RCMP（カナダ王室騎馬警察）ヘリテージ・センター

住 5907 Dewdney Ave.
FREE (1-866)567-7267
URL rcmphc.com
開 5/23～9/4
毎日10:00～17:00
9/5～5/22
毎日11:00～17:00
休 無休
料 大人$10、シニア・学生$8、ユース（6～17歳）$6、子供無料
交 市バスターミナルから市バス#1で約15分。橋を渡ってすぐに下車。

COLUMN

先住民の味方　カナダ王室騎馬警察

1867年にカナダ連邦が誕生すると、建国の父たちは、1870年にロッキー山脈から五大湖の間の領土をハドソン・ベイ社から買い取った。開拓に当たり、アメリカ西部の無法地帯の二の舞いになることを恐れた初代大統領ジョン・A・マクドナルドJohn A. MacDonaldは、1873年、北西部がきちんと開拓されるまでの法と秩序を守る暫定機関として、北西騎馬警察North West Mounted Police（NWMP）を設立し、マニトバ州にその本部がおかれた。乗馬ができる、英仏両語に堪能などを条件に選ばれた当初のメンバーは150人。給与は巡査で日給1ドルだった。その後、1883年には本部はレジャイナに移された。この国家警察の目的は平和を守ること。深紅の制服も、先住民の信頼厚い英国軍隊の伝統を受け継いだものだ。

彼らの紳士的なふるまいを象徴するエピソードがある。アメリカ騎兵隊と先住民の戦いのなかで最も有名な1876年のリトル・ビッグ・ホーンの戦いで、カスター将軍に撃破されたシッティング・ブル酋長らはカナダへと逃げ込んだ。手負いの先住民に立ち向かったのは、わずか4人の騎馬警察官だった。彼らは冷静だった。「われわれの国の法律を守るかぎり、ここで平和に暮らせる。女王の国では皆が家族だ。バッファローのための弾薬は人に向けてはならない」という彼らの言葉をブル酋長も静かに受け入れたという。

その後の目ざましい功績により1904年、イギリス国王から"Royal"を冠することが許され、北西王室騎馬警察Royal North West Mounted Policeとなった。1920年には本部がオタワに移され、今日のカナダ王室騎馬警察Royal Canadian Mounted Police（RCMP）へ改名。NWMP創設150周年を迎えた2023年現在も、約1万9000人が所属している。

ガバメント・ハウス
住4607 Dewdney Ave.
TEL(306)787-5773
URL governmenthousesk.ca
開5/22～9/4
毎日9:00～17:00
9/5～5/21
火～日9:00～16:00
休9/5～5/21の月
料寄付程度(大人$6)
交市バスターミナルから市バス#1で約15分。レウヴァン通りLewvan Dr.を過ぎたあたりで下車。

ガバメント・ハウス

Government House

MAP P.256-1

★★★

100年ほど前、ノースウエスト準州Northwest Territories(当時の名称はルパーツランドRupert's Land)は、北は北極海沿岸から南はアメリカ国境、ロッキー以東の大平原一帯にまたがっていた。1905年に設置される以前のサスカチュワン州もこれに含まれていた。広大な領土を統治するために作られた行政府Government of Northwest Territoriesの執政官の住居として建てられたのが、ガバメント・ハウスだ。現在の建物は1889～91年に建てられたもので、幾度かの修復を経て一般に公開。毎正時にガイド付きツアーを催行している(予約不要)。

レジャイナのホテル

Hotels in Regina

Hotel Saskatchewan
サスカチュワン

中心部のビクトリア公園に面したホテル。20世紀初頭の歴史的な建物を改装し、気品あふれるたたずまいが印象的。スパやレストランを併設し、一部客室はバリアフリー対応可能。

MAP P.257 住2125 Victoria Ave.
TEL(306)522-7691
URL www.marriott.com
料ⓈⒹ$208～ Tax別
CC A D M V 室227室

Dragon's Nest B&B
ドラゴンズ・ネストB&B

中心部から少し離れた静かな環境。客室はれんが造りの壁や、白を基調とした部屋などすべて趣が異なる造り。エッグベネディクトやパンケーキなどから選べる朝食が人気。

MAP P.256-1/P.257外 住2200 Angus St.
TEL(306)525-2109
URL www.dragonsnestbb.com
料Ⓢ$75～125 Ⓓ$90～140 Tax別 朝食付き
CC M V 室6室

Quality Hotel Regina
クオリティ・ホテル・レジャイナ

ダウンタウンの外れにある中級ホテル。繁華街やワスカナ・センターなどへも徒歩圏内。部屋は広く設備も整っているが値段はお手頃。サウナやフィットネスセンター完備。

MAP P.257
住1717 Victoria Ave
FREE(1-888)205-7322
URL quality-hotel-regina.h-rez.com
料ⓈⒹ$110～ Tax別
CC M V
室126

Ramada Plaza
ラマダ・プラザ

レストラン、会議室、屋内プール、フィットネスセンターなど館内設備が充実し、好立地の割にリーズナブル。バリアフリーに対応し、1週間前までの予約や連泊で割引あり。

MAP P.257
住1818 Victoria Ave.
TEL(306)569-1666
URL www.wyndhamhotels.com
料ⓈⒹ$147～ Tax別 朝食付き
CC AMV
室228室

レジャイナのレストラン

Restaurants in Regina

Bar Willow Eatery
バー・ウィロー・イータリー

ワスカナ・センターのマリーナにあるログハウス風のレストラン。アルコールに合うカジュアルな料理が楽しめる。人気はフィッシュ&チップス$29.5など。

MAP P.256-1
住3000 Wascana Dr.
TEL(306)585-3663
URL www.barwillow.ca
営火～金11:30～23:00
土10:00～23:00
日10:00～21:00
休月 予$25～ CC A M V

Golf's Steak House
ゴルフ・ステーキ・ハウス

地元で人気のステーキハウス。店内でじっくりと熟成させた肉は、うまみたっぷり。プライムリブ10oz $45、Tボーンステーキ18oz $73と値段も比較的リーズナブル。

MAP P.257
住1945 Victoria Ave.
TEL(306)525-5808
営月～木11:00～14:00/16:30～21:00
金11:00～14:00/16:30～21:30
土16:30～22:00
休日 予$50～
CC M V

バスタブ　テレビ　ドライヤー　ミニバーおよび冷蔵庫　セーフティボックス　Wi-Fi
一部客室　一部客室　貸し出し　一部客室　フロントにあり

SASKATOON

サスカトゥーン

サスカチュワン州

中部大平原を横断するサウス・サスカチュワン川に沿って広がるサスカトゥーンのシンボルは8つの橋。緩やかに流れる川と橋が織り成す風景が美しいことから、「ブリッジ・シティ」と呼ばれている。川沿いには、40kmにわたる緑のトレイルが続き、のどかな雰囲気を醸し出している。

⬆川沿いを散歩するのも気持ちいい「ブリッジ・シティ」

サスカトゥーンという地名は、古くから大平原に自生していた紫色のベリーに由来している。先住民族クリー族の言葉で"Mis-Sask-Quah-Toomina"と呼ばれ、これが町名の語源になったとされる。英語でサスカトゥーン・ベリーと呼ばれるその果実は、この町が誇る名産品だ。

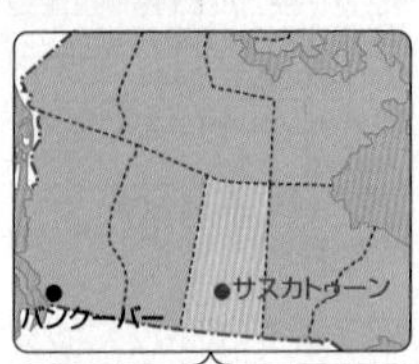

MAP P.254
人口 26万6141
市外局番 306

サスカトゥーン情報のサイト
URL www.tourism saskatoon.com

▶▶▶ 行き方

✈ バンクーバーからエア・カナダが1日2～4便、ウエストジェットが週3～7便運航、所要約2時間。ウィニペグからはウエストジェットが夏季のみ1日1～2便運航、所要約1時間40分。空港からダウンタウンまでは市バス#11で約30分。

🚌 ライダー・エクスプレスが夏季のみ運行。エドモントンから土曜を除く1日1～2便、所要約6時間40分、片道1人$67。レジャイナからも1日1～2便、所要約2時間15分、片道1人$58。発着はダウンタウンにあるライダー・エクスプレスのオフィスから。

🚆 VIA鉄道のカナディアン号が運行。バンクーバー発は月・金曜の15:00、サスカトゥーン到着は翌々日の5:57。

エア・カナダ(→P.542)

ウエストジェット(→P.542)

サスカトゥーン・ジョン・G・ディーフェンベーカー国際空港(YXE)
MAP P.261外
TEL (306)975-8900
URL www.skyxe.ca

ライダー・エクスプレス(→P.543)
MAP P.261
住 210-2nd Ave.

VIA鉄道(→P.545)

鉄道駅
MAP P.261外

サスカトゥーンの歩き方

メインストリートは2nd Ave.。ダウンタウンの中心はショッピングモー

サスカチュワン州&マニトバ州

レジャイナ／サスカトゥーン ◆ 歩き方

ルが並ぶ21st St.との交差点付近。サウス・サスカチュワン川South Saskatchewan River沿いには40kmにもおよぶトレイル、ミーワシン・トレイルMeewasin Trailが続く。ミーワシンとは先住民族クリー族の言葉で「美しい」という意味。トレイルの周囲は緑の多い公園となっており、市民の憩いの場になっている。

ブロードウエイ橋Broadway Bridgeを渡った先のブロードウエイ通りBroadway Ave.は、若者に人気のスポット。クラフトショップや映画館、飲食店が並ぶ。郊外にある**西部開拓博物館**、**ワヌスケウィン・ヘリテージ公園**を除けば歩いて回ることができる。

❓観光案内所
Tourism Saskatoon
MAP P.261
住 101-202 4th Ave.
TEL (306)242-1206
FREE (1-800)567-2444
URL www.tourismsaskatoon.com
開 月～金9:00～17:00
休 土・日

サスカトゥーン・トランジット社
案内所
MAP P.261
住 226-23rd St.E.
TEL (306)975-3100
URL transit.saskatoon.ca
開 月～金7:00～17:30
土10:00～17:30
日9:00～17:30
休 無休
市バスの料金
料 シングルチケット
大人・シニア$3、学生$2.75、子供$2.25、4歳以下無料

おもな見どころ

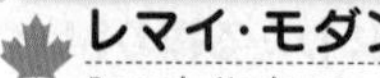

レマイ・モダン
Remai Modern

MAP P.261 ★★★

サウス・サスカチュワン川を見下ろす立地に立つ、ユニークな外観の建物。ギャラリーやスタジオ、劇場、レストランを要する多目的スペースで、メインは多数の地元アーティストの作品を展示するギャラリースペース。おしゃれなデザイン雑貨を販売するショップにも注目。

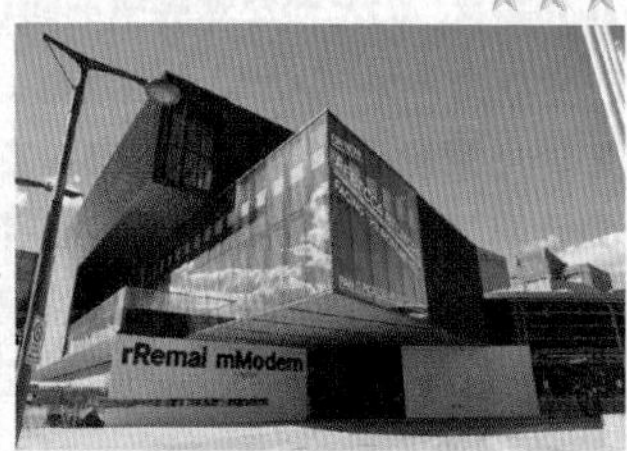

↑現代アートに触れられる、最新スポット

レマイ・モダン
住 102 Spadina Cres. E.
TEL (306)975-7610
URL remaimodern.org
開 水・土・日10:00～17:00
木・金10:00～21:00
休 月・火
料 寄付程度

ウクライナ博物館
Ukrainian Museum of Canada

MAP P.261 ★★★

↑装飾品を多数展示している

ウクライナ移民の生活の様子を、写真や実際の生活用品の展示によって紹介する博物館。サスカチュワン州は、民主的な新天地を求めてポーランド、ロシアなどから移住してきたウクライナ人の多い地域。ウクライナ伝統の民族衣装や、キリミーKylymyと呼ばれる織物、卵の殻または卵形の木に精密な絵柄を施したピサンカPysanka（イースターエッグ）を見ると、自ら母国を離れたとはいえ、伝統を守りながら暮らす移民たちの母国に対する思いが伝わってくる。

ウクライナ博物館
住 910 Spadina Cres. E.
TEL (306)244-3800
URL umcnational.ca
開 水・金・土10:00～16:30
木12:00～16:30
休 日～火
料 寄付程度

西部開拓博物館
Western Development Museum

MAP P.261外 ★★★

サスカチュワン州が経済的に大成長を遂げた1914年、サスカトゥーンには多くの開拓者が訪れ、人であふれかえっていた。そんな開拓期の様子を屋内に再現したのが、西部開拓博物館。巨大な平屋の建物のなかに、鉄道駅や教会、学校、商店があり、当時の雰囲気をしのばせる。町並みの裏にあるTransportation Galleryには、1904年型キャディラックやT型フォードなど、往年の名車十数台が並んでいる。

西部開拓博物館
住 2610 Lorne Ave. S.
TEL (306)931-1910
URL wdm.ca
開 木9:00～20:00
金～水9:00～17:00
休 無休
料 大人$12.57、シニア$10.51
学生$8.4、子供（6～12歳）$5.23、5歳以下無料
交 市バス#1で約25分、Lorne/Early's下車、徒歩1分。

そのほか、サスカチュワン州設立100周年記念のWinning The Prairie Gamble Centennial Exhibitsもあり、州民から募集した写真やエピソードを紹介するなど、設立から100年の歩みを物語る展示が興味深い。

ワヌスケウィン・ヘリテージ公園

MAP P.261外

Wanuskewin Heritage Park

★★★

6000年以上も前に北部大平原に渡り、独自の文化を築いた遊牧民ワヌスケウィン族Wanuskewinの生活や文化を体験できる歴史史跡。公園の入口となるビジター・センター内にはバッファローの剥製やワヌスケウィン族の民族衣装を展示するほか、先住民族に関する企画展を開催するグレート・ホールGreat Hall、彼らの文化などを紹介する映画が上映されるシアターやバイソン料理を出すレストランも併設。

128ヘクタールの広大な敷地内にはトレイルがあり、途中にはハンターがバッファローを追い詰めるのに使っていたバッファロー・ジャンプと呼ばれる崖やテントのティーピーTipi、呪術の道具として使っていたメディスン・ウィール（魔法の輪）などを見ることができる。運がよければプレーリードッグなどの野生動物や野鳥に遭遇するチャンスも。5・6月の月〜金曜14:00と土・日曜13:00、7・8月の毎日13:00からは先住民族のダンスパフォーマンスを行っているほか、夏季限定でティーピーに宿泊するプログラムも開催。詳細は直接問い合わせを。

ワヌスケウィン・ヘリテージ公園

住RR #4, Penner Rd.
TEL(306)931-6767
URL wanuskewin.com
開毎日9:30〜17:00
休無休
料大人$14、シニア・学生$10、子供（6〜17歳）$8、5歳以下無料
交市バスはないので、レンタカーかタクシーを利用。ハイウエイ#11を北上して、バッファロー・マークの標識に従う。ダウンタウンから車で約20分。タクシーだと$30程度。

↑トレッキング中に見学できるティーピー

サスカトゥーンのホテル

Hotels in Saskatoon

Delta Hotels Bessborough

デルタ・ホテル・ベスボロー

川のほとりに立つ古城のようなたたずまいから「Castle on the River」と呼ばれ、サスカトゥーン随一の格式の高さを誇る。もともとはカナダ太平洋鉄道のホテルとして建設された。スパやフィットネスセンター、プールを完備している。

MAP P.261
住601 Spadina Cres. E.
TEL(306)244-5521
URL www.marriott.com
料Ⓢ Ⓓ$241〜　Tax別
CC A D J M V　室225室

Venture Inn Hotel

ベンチャー・イン

ダウンタウン北西のモーテルが並ぶ一角にある。リーズナブルで中心部までは徒歩圏内。カジュアルレストランを併設。部屋にコーヒーメーカーあり。

MAP P.261
住706 Idylwyld Dr. N.
TEL(306)664-4414
FREE(1-866)664-4414
料Ⓢ Ⓓ$85〜　Tax別
CC A M V　室56室

Park Town Hotel

パークタウン

ユニバーシティ橋University Bridgeのたもとにある。プール&フィットネスセンターがあり、レストランも併設。月〜金曜7:30〜20:00は空港や市内からの送迎バスあり（要予約）。

MAP P.261
住924 Spadina Cres. E.
TEL(306)244-5564
FREE(1-800)667-3999
URL www.parktownhotel.com
料Ⓢ Ⓓ$135〜　Tax別
朝食付き
CC A M V　室172室

Laura's Lodge

ローラズ・ロッジ

カレッジ通りCollege Dr.沿いにある。室内は狭くてシンプルだが、隅々まで清掃されている。ラウンジにはキッチンがあり、自炊も可能。共同バスにはバスタブも付いている。

MAP P.261
住1026 College Dr.
TEL(306)934-7011
FAX(306)934-6960
URL laurasIodge.com
料バス、トイレ共同
Ⓢ$65〜 Ⓓ$75〜　Tax別
CC M V
室17室

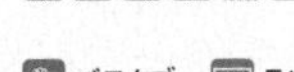

バスタブ　テレビ　ドライヤー　ミニバーおよび冷蔵庫　セーフティボックス　Wi-Fi

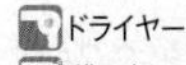

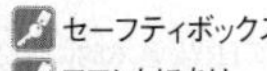

一部客室　一部客室　貸し出し　一部客室　フロントにあり

WINNIPEG

ウィニペグ

マニトバ州

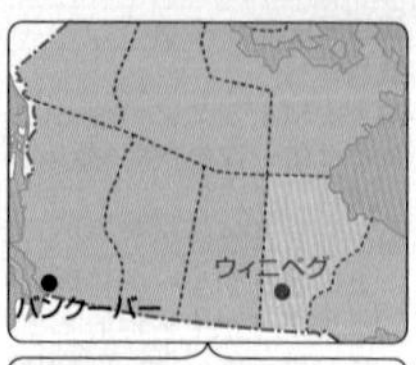

MAP P.254
人口 74万9607
市外局番 204

ウィニペグ情報のサイト
URL www.tourismwinnipeg.com
URL www.travelmanitoba.com

ウィニペグはマニトバ州の州都。レッド川とアシニボイン川を挟み、東はフランス系、西はイギリス系とふたつの文化が微妙に混じり合い、独特の街並みを形成している。

また、ウィニペグ出身の人気者といえば『Winnie-the-Pooh』のくまのプーさん。ウィニペグ駐在のあるイギリス人軍人が、カナダからイギリスへ連れていった子グマがモデルとなっている。

↑アシニボイン公園には、くまのプーさんのモデル、クマの銅像がある

ユースフル・インフォメーション

警察
Winnipeg Police Service
MAP P.266-B1
住 245 Smith St.
TEL (204)986-6222

病院
St. Boniface Hospital
MAP P.266-B2
住 409 Taché Ave.
TEL (204)233-8563

おもなレンタカー会社
Avis 空港
TEL (204)956-2847
Hertz 空港
TEL (204)925-6625

おもなタクシー会社
Unicity Taxi
TEL (204)925-3131

エア・カナダ (→P.542)

ウエストジェット (→P.542)

ローコストキャリアでウィニペグへ

エドモントンを拠点とするローコストキャリア（LCC）のフレア航空Flair Airlines（→P.542欄外）がウィニペグに就航。バンクーバーとカルガリーからは1日1便、トロントからは1日2便。また、トロントからはリンクス・エアLynx Airなども運航している。

ウィニペグ・ジェームス・アームストロング・リチャードソン国際空港(YWG)
MAP P.266-B1外
住 249-2000 Wellington Ave.
TEL (204)987-9402
URL www.waa.ca

ウィニペグへの行き方

▶▶▶飛行機

中部大平原の玄関口でもあるウィニペグには各都市からの直行便がある。バンクーバーからエア・カナダ Air Canada（AC）が1日3便、ウエストジェット WestJet（WS）が1日1～3便運航、所要約2時間40分。カルガリーからもエア・カナダとウエストジェットが飛んでいる。エア・カナダが1日2～3便、ウエストジェットが1日2～7便運航、所要約1時間55分。同じ中部大平原の中心都市、レジャイナからはウエストジェットが週4～7便運航、所要約1時間20分。トロントからはエア・カナダが1日6～8便、ウエストジェットが1日4～8便運航、所要約2時間40分。

空港から市内へ

ウィニペグ・ジェームス・アームストロング・リチャードソン国際空港 Winnipeg James Armstrong Richardson International Airportはダウンタウンの西約8km。市内へのシャトルバスはないが、空港ビルを出て右側にあるバス停から市バス#15、#20でダウンタウンに行ける。所要約20分。タクシー利用の場合は、$18～25程度。なお、ダウンタウンのおもなホテルには、空港への送迎シャトルバスサービスがある。予約時に確認しておこう。

↑バスやタクシー、ライド・シェアサービスも利用可能

 ※開館時間、営業時間などの日程は基本的に2023年のもの。年度により変動するため、ウェブサイトなどで再確認を。(→P.7)

長距離バス

ライダー・エクスプレスRider Expressがレジャイナから夏季の金曜のみ夜行バスを運行、所要約8時間。2023年8月現在、レジャイナを除く主要都市からウィニペグまでの直通バスはない。

鉄道

バンクーバーとトロントを結ぶVIA鉄道のカナディアン号The Canadianが通っており、バンクーバーからは月・金曜の15:00発、ウィニペグ着は翌々日の22:00。トロントからは水・日曜の9:55発、ウィニペグ到着は翌日の19:30。

鉄道駅から市内へ

VIA鉄道の発着する鉄道駅はダウンタウンの南東、メイン通りMain St.沿いにある。駅舎の一部はカナダ西部で最初に走った蒸気機関車The Countess of Dufferinなどの展示があるウィニペグ鉄道博物館Winnipeg Railway Museumになっている。

市内交通

ウィニペグ・トランジット社Winnipeg Transitが運行する市バスがダウンタウンを網羅し、75分以内ならほかのバスへの乗り換えも可能。時刻表や停留所がわかるルートマップを観光案内所などで配布しているほか、同社のウェブサイト上でルートを検索できるため旅行者にも使いやすい。なお、かつて市内を走っていた無料の循環バス、ダウンタウン・スピリットDowntown Spiritは2020年に廃止されている。

ウィニペグの歩き方

ダウンタウンは通りが碁盤の目のような造りでわかりやすい。広い街ではないので地図を片手に徒歩でも回ることができるが、効率重視なら市バスを上手に使おう。

おもな見どころは、南の鉄道駅周辺、北の**商業取引地区周辺**、レッド川Red River対岸の**「フレンチ・クオーターFrench Quarter」**と呼ばれるエリアにある。フレンチ・クオーターへは、フォークスの北、レッド川にかかる新しい街のシンボル、ポイント・プロバンシャー橋Point Provencher Bridgeに並行した遊歩道エスプラネード・リエルEsplanade Rielを渡るとすぐだ。

↑レトロな街並みが残る商業取引地区

ライダー・エクスプレス
(→P.543)
MAP P.266-A1外
住936 Sherbrook St.
レジャイナから
料大人　1人$115

VIA鉄道(→P.545)

鉄道駅
MAP P.266-B2
住123 Main St.

ウィニペグ鉄道博物館
TEL(204)942-4632
URL wpgrailwaymuseum.com
※2023年8月現在、休館中。

ウィニペグ・トランジット社
URL winnipegtransit.com
市バスの料金
料シングルチケット
大人$3.15、シニア・ユース(12～16歳)$2.65、子供無料
75分以内なら乗り換え可能。

観光案内所
Travel Manitoba Information Centre
MAP P.266-B2
住21 Forks Market Rd.
FREE(204)927-7800
URL travelmanitoba.com
開毎日10:00～17:00
休無休
フォークスの中にある。ウィニペグのほかマニトバ州全域の情報が手に入る。

↑複合施設のフォークス

フォークス
TEL (204)943-7752
URL www.theforks.com
フォークス・マーケット
営 毎日7:00～22:00
休 無休
ジョンストン・ターミナル
TEL (204)947-1250
URL thejohnstonterminal.com
営 夏季　毎日9:00～21:00
　冬季　毎日10:00～21:00
休 無休
カナダ人権博物館
TEL (204)289-2000
URL humanrights.ca
開 火～木・土・日10:00～17:00
　金10:00～21:00
休 月
料 大人$18、シニア・学生$14、ユース(7～17歳)$8、子供無料

BUSK STOP
　フォークス内には"BUSK STOP"という標識があり、大道芸人によるパフォーマンスが行われる。

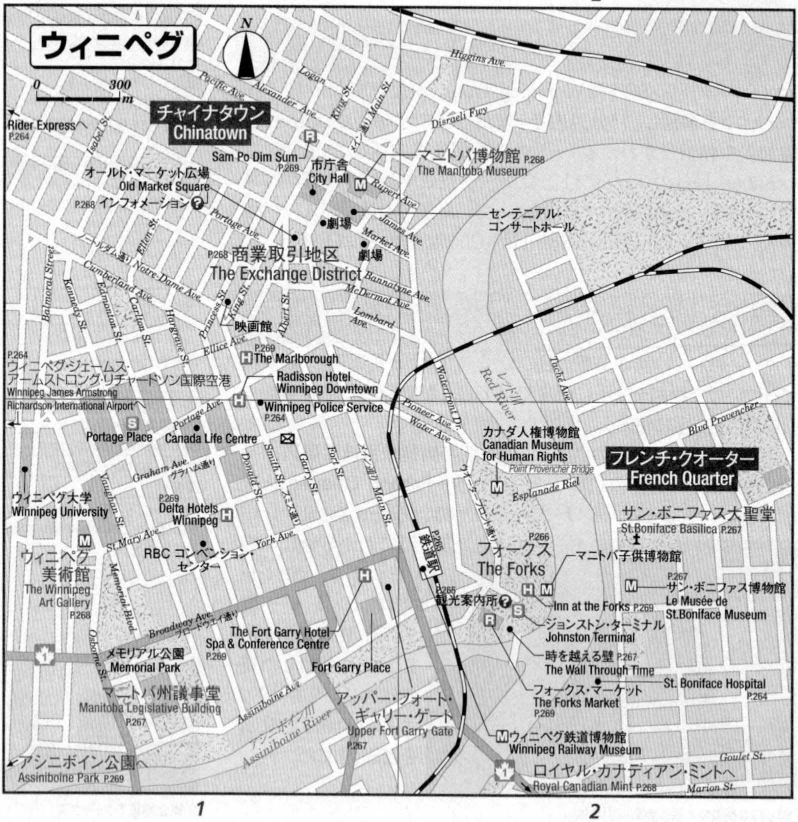

おもな見どころ

フォークス
The Forks

MAP P.266-B2

★★★

　レッド川とアシニボイン川Assiniboine Riverが交わるこのエリアは、6000年以上も前から人々が集まる場所として利用されてきた。紀元前4000年には先住民の物々交換や漁の場だったが、18世紀半ば以降は先住民とヨーロッパ人との毛皮取引の拠点となり、19世紀後半の大陸横断鉄道建設後は鉄道の操車場、倉庫街として利用された。その後、移民用のアパートが設置されると何千人もの移民たちであふれかえった。数々の歴史を刻んできたこの場所は、1989年の再開発により国定史跡兼観光スポットとなった。中心は、フードコート、レストラン、ショップが入ったフォークス・マーケットThe Forks Marketとクラフトショップやアンティークマーケットが入ったジョンストン・ターミナルJohnston Terminal。敷地内には人権に関する展示のあるカナダ人権博物館Canadian Museum for Human Rightsなどの見どころがある。

↑世界の人権について学べるカナダ人権博物館

ウィニペグ
0 300 m
チャイナタウン Chinatown
Rider Express へ P.264
Sam Po Dim Sum P.269
市庁舎 City Hall
マニトバ博物館 P.268 The Manitoba Museum
オールド・マーケット広場 Old Market Square
P.268 インフォメーション
劇場
センテニアル・コンサートホール
P.268 商業取引地区 The Exchange District
映画館
P.269 The Marlborough
P.264 ウィニペグ・ジェームス・アームストロング・リチャードソン国際空港 Winnipeg James Armstrong Richardson International Airport へ
Radisson Hotel Winnipeg Downtown
Winnipeg Police Service P.264
Portage Place
Canada Life Centre
ウィニペグ大学 Winnipeg University
P.269 Delta Hotels Winnipeg
RBC コンベンション・センター
ウィニペグ美術館 The Winnipeg Art Gallery P.268
The Fort Garry Hotel Spa & Conference Centre P.269
Fort Garry Place
メモリアル公園 Memorial Park
マニトバ州議事堂 Manitoba Legislative Building P.267
アッパー・フォート・ギャリー・ゲート Upper Fort Garry Gate P.267
アシニボイン公園へ Assiniboine Park P.269
アシニボイン川 Assiniboine River
レッド川 Red River
P.265 鉄道駅
カナダ人権博物館 Canadian Museum for Human Rights
Point Provencher Bridge
フレンチ・クオーター French Quarter
サン・ボニファス大聖堂 St.Boniface Basilica P.267
P.266 フォークス The Forks
マニトバ子供博物館
P.267 サン・ボニファス博物館 Le Musée de St.Boniface Museum
P.265 観光案内所
Inn at the Forks P.269
ジョンストン・ターミナル Johnston Terminal
時を越える壁 P.267 The Wall Through Time
St. Boniface Hospital P.264
フォークス・マーケット The Forks Market P.269
ウィニペグ鉄道博物館 Winnipeg Railway Museum
ロイヤル・カナディアン・ミントへ Royal Canadian Mint P.268
Higgins Ave. Pacific Ave. Alexander Ave. Logan King St. Main St. Disraeli Fwy Rupert Ave. James Ave. Market Ave. Portage Ave. Notre-Dame Ave. Cumberland Ave. Bannatyne Ave. McDermot Ave. Lombard Ave. Ellice Ave. Graham Ave. St.Mary Ave. York Ave. Broadway Ave. Assiniboine Ave. Pioneer Ave. Water Ave. Waterfront Dr. Esplanade Riel Blvd. Provencher Tache Ave. Goulet St. Marion St. Balmoral Street Kennedy St. Edmonton St. Carlton St. Hargrave St. Princess St. Albert St. Donald St. Smith St. Garry St. Fort St. Vaughan St. Memorial Blvd. Osborne St. Isabel St. Ellen St.

サン・ボニファス大聖堂

MAP P.266-B2

St. Boniface Basilica

★★★

↑フランス式のファサードが残る大聖堂

フレンチ・クオーターのシンボルとなっているのが、サン・ボニファス大聖堂。1818年にケベックからカトリック伝道のためにやってきたふたりの神父が設立した教会から始まり、大聖堂となったのは1847年。たび重なる増築で大きくなった建物は2度の火事で焼失してしまい、現在は1908年に完成したファサードだけが残っている。ファサードは高さ約47mもあり、フランス式ファサードとしてはカナダ西部最大の規模だ。墓地には、創立者であるふたりの神父の記念碑や、メティスのリーダー、ルイ・リエルLouis Rielの墓がある。近くにはルイ・リエルに関する展示のあるサン・ボニファス博物館Le Musée de St. Boniface Museumがある。

アッパー・フォート・ギャリー・ゲート

MAP P.266-B1

Upper Fort Garry Gate

★★★

ブロードウエイ通りとメイン通りの交差点近くにある石の門。アッパー・フォート・ギャリーは、18世紀半ばから19世紀半ばにかけてハドソン・ベイ社が建てた5つの砦のうち、最後に完成したもの。現在は北門だけが残っており、19世紀当時の写真や見取り図などが展示されている。

↑当時のままの姿を残す

マニトバ州議事堂

MAP P.266-B1

Manitoba Legislative Building

★★★

上から見るとアルファベットのHの文字の形になっているというユニークな建物は、1911年のコンペティションで優勝したイギリス人建築家フランク・ワーシントン・サイモンFrank Worthington Simonによる設計。建設は1913年に始められたが、第1次世界大戦のために中断され、完成したのは1920年のこと。中央にそびえる高さ65mもあるドームの頂上には、ゴールデンボーイGolden Boyという金色の彫像が立っている。像が左手に抱える小麦の束は労働による実りを、右手で掲げたトーチは州のさらなる繁栄を表している。内部の見学は無料のガイドツアーを利用できるほか、個人でも可能。

↑ネオ・ゴシック様式の重厚な建物

時を越える壁

フォークス内、ドックへ下りる階段の北側にある緩やかなスロープの道沿いの壁には、先史時代からのこの地の歴史が英語・フランス語・先住民言語の3つの言語で記されている"時を越える壁The Wall Through Time" (MAP P.266-B2)がある。

サン・ボニファス大聖堂

TEL (204)233-7304
URL www.cathedralestboniface.ca
交 ダウンタウンから市バス#10でレッド川を渡る。フォークスからは徒歩約12分。

サン・ボニファス博物館

MAP P.266-B2
住 494 Taché Ave.
TEL (204)237-4500
URL msbm.mb.ca
開 7・8月
木10:00～20:00
金～水10:00～18:00
9～6月
火・水・金・土12:00～16:00
木12:00～20:00
休 9～6月の日・月
料 12歳以上$7

アッパー・フォート・ギャリー・ゲート

住 130 Main St.

マニトバ州議事堂

住 450 Broadway Ave.
TEL (204)945-3636
URL www.gov.mb.ca/legislature
開 毎日8:00～20:00
(時期により変動あり)
休 無休
交 フォークスから徒歩15分。
ガイドツアー
TEL (204)945-5813
催 7・8月
毎日9:00～16:00
9～6月
金14:00
(10人以下は予約不要)
料 無料
夏季は1時間ごとにスタート。所要約1時間。個人見学の場合、開館時間内ならいつでもよい。

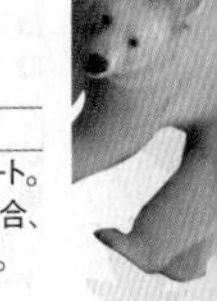

ウィニペグ美術館

MAP P.266-B1

The Winnipeg Art Gallery

⬆イヌイット・アートのコレクションは必見

5～20世紀にわたるヨーロッパやカナダの作品2万7000点を収蔵する。特に注目すべきは収蔵品のおよそ半数を占め、世界最大規模ともいわれるイヌイットの現代アートのコレクション。2021年にはこれに特化した新館カウマジュクQaumajuqが加わり、彫刻、プリント、スケッチなど1万4000点を超える収蔵品を随時公開している。

ウィニペグ美術館
- 住 300 Memorial Blvd.
- TEL (204)786-6641
- URL www.wag.ca
- 開 火～木・土・日 11:00～17:00 金11:00～21:00
- 休 月
- 料 大人$18、シニア$15、18歳以下無料（企画展は別料金）
- 交 フォークスから徒歩20分。

マニトバ博物館

MAP P.266-A1

The Manitoba Museum

博物館のほか、科学館Science Galleryとプラネタリウム Planetarium、コンサートホールの3エリアからなる複合文化施設。博物館はマニトバ州の自然と人類の歴史がテーマ。ビーバーの毛皮や先住民族の装飾品など、ハドソンズ・ベイ・ギャラリー HBC Galleryのコレクションは300年にわたるハドソン・ベイ社の毛皮交易の歴史がよくわかる。そのすぐそばの展示室には17世紀の港町が再現され、イギリスとカナダの交易に使われていた帆船ノンサッチ号Nonsuchのレプリカを展示。1920年代のウィニペグの町並みを再現したコーナーもある。

⬆先住民が行っていたバッファローハントの様子も展示している

マニトバ博物館
- 住 190 Rupert Ave.
- TEL (204)956-2830
- URL manitobamuseum.ca
- 開 夏季　毎日10:00～17:00 冬季　火～日10:00～16:00
- 休 冬季の月
- 料 大人$15.75（$23）、シニア$13.65（20）、ユース（3～17歳）$9.45（15）、子供無料 ※（ ）内は科学館、プラネタリウムとのセット料金。
- 交 フォークスから徒歩15分。

ロイヤル・カナディアン・ミント

MAP P.266-B2外

Royal Canadian Mint

カナダをはじめ世界75ヵ国以上のコインを製造している造幣局。ガイドツアーで製造の工程を見学できる（所要約45分、要予約）。2010年バンクーバーオリンピックのメダルを見られるチャンスも。

ロイヤル・カナディアン・ミント
- 住 520 Lagimodière Blvd.
- TEL (204)984-1144
- URL www.mint.ca
- 開 毎日9:00～17:00
- 休 無休
- 料 大人$12、シニア$10、子供（5～17歳）$8、4歳以下無料
- 交 ダウンタウンから市バス#50で約30分。バス停Eastbound East Mint at Lagimodiere下車、徒歩7分。

ガイドツアー
- 催 毎日9:30～15:30

商業取引地区

MAP P.266-A1

The Exchange District

ノートルダム通りNorte-Dame Ave.の北、メイン通りMain St.の東西に広がるエリアは、ウィニペグが急成長を遂げた19世紀後半～20世紀前半の名残が感じられる。ウィニペグが北米最速の経済成長を見せた1904年には、その勢いがかつてのシカゴを彷彿とさせたため、「北のシカゴ」というニックネームもつけられた。当時の最先端であったシカゴの学校で学んだ建築家たちがビルの設計を担っていたのも、シカゴを思わせる理由のひとつだろう。第1次世界大戦と大恐慌によって、その栄光期は終わりを迎えたが、街の雰囲気は「北のシカゴ」のままだ。夏季のみオールド・マーケット広場Old Market Squareにあるインフォメーションがガイドツアーを催行する。

商業取引地区

インフォメーション
- MAP P.266-A1
- 住 492 Main St.
- TEL (204)942-6716
- URL www.exchangedistrict.org
- 開 月～金9:00～17:00
- 休 土・日

ガイドツアー
- 催 5～8月（要予約）
- 料 1人$10

所要約1時間30分。オールド・マーケット広場から出発する。

アシニボイン公園

Assiniboine Park

MAP P.266-B1外

★★★

動物園や植物園、イングリッシュ・ガーデン、彫刻庭園などがある広大な公園。園内には、軍人にミルクを飲ませてもらっているクマの銅像がある。ウィニー・ザ・プーWinnie-the-Poohと呼ばれるこの銅像は、世界で最も有名なクマ、『くまのプーさん』のモデルだ。かつてイギリスからウィニペグに派遣された軍人が、カナダから1頭の子グマを連れ帰った。子グマはロンドンの動物園に預けられ、たちまち人気者となった。その子グマを見た作家A・A・ミルンが、「プーさん」の物語を思いついたという。動物園の展示施設ジャーニー・トゥ・チャーチルJourney to Churchillでは、かわいらしい姿のホッキョクグマを見学できる。

アシニボイン公園
交 市バス#21のPortage Expressでダウンタウンから所要約40分。
動物園
住 2595 Roblin Blvd.
TEL (204)927-6000
URL www.assiniboinepark.ca/zoo
開 毎日9:00～17:00
休 無休
料 大人$23.5、シニア・学生$20.5、子供(3～17歳)$13.25、2歳以下無料

ウィニペグのホテル
Hotels in Winnipeg

The Fort Garry Hotel Spa & Conference Centre
フォート・ギャリー・ホテル・スパ&カンファレンス・センター

1913年に創設された城郭を思わせる外観のこのホテルは、街の重要な史跡のひとつ。客室ではイタリア製のリネンや羽毛布団を使用。併設のスパとのパッケージプランあり。

MAP P.266-B1 住 222 Broadway Ave.
TEL (204)942-8251
URL www.fortgarryhotel.com
料 SD$167～ Tax別
CC A M V 室 240室

Inn at the Forks
イン・アット・ザ・フォークス

フォークス内にあるラグジュアリーホテル。レストランやスパを併設し、快適な滞在ができる。上品で都会的な雰囲気の客室にはコーヒーメーカーやアイロンなど充実の設備。

MAP P.266-B2 住 75 Forks Market Rd.
TEL (204)942-6555 FREE (1-877)377-4100
URL www.innforks.com
料 SD$189～ Tax別
CC A M V 室 116室

Delta Hotels Winnipeg
デルタ・ホテルズ・ウィニペグ

RBCコンベンション・センターに併設し、近代的な設備を誇る4つ星ホテル。プールやジムを備えたフィットネスも利用可。

MAP P.266-B1 住 350 St. Mary Ave.
TEL (204)942-0551
FREE (1-888)311-4990
URL www.marriott.com
料 SD$232～ Tax別 CC A M V 室 393室

The Marlborough Hotel
マールボロ

1914年創業。館内にはカフェやウオータースライダー付きの屋内プールがある。観光に便利なロケーション。

MAP P.266-A1 住 331 Smith St.
TEL (204)942-6411
料 SD$99～ Tax別
CC M V
室 148室

ウィニペグのレストラン
Restaurants in Winnipeg

The Forks Market
フォークス・マーケット

フォークス・マーケットの中にあるフードコート。ピザやハンバーガー、フィッシュ&チップス、イタリアンにスイーツまであらゆる店が24店集まっている。注文は各店のブースで行い、食事は中央にあるホールで。

MAP P.266-B2
住 1 Forks Market Rd.
TEL (204)947-9236
URL www.theforks.com
営 店舗により異なる
休 無休
予 $15～
CC 店舗により異なる

Sam Po Dim Sum Restaurant
サン・ポー・ディム・サム

チャイナタウンにあり、その名の通りバラエティに富んだ点心が名物。麺類やチャーハン、具材をたっぷり使ったスープなど定番の一品料理もリーズナブルに味わえるほか、季節変わりのメニューも楽しい。

MAP P.266-A1
住 277 Rupert Ave.
TEL (403)691-1213
営 水・金～月11:00～21:00
木11:00～20:00
休 火
予 $15～
CC MV

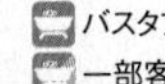 バスタブ／一部客室 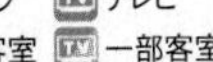 テレビ／一部客室 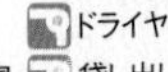 ドライヤー／貸し出し  ミニバーおよび冷蔵庫／一部客室 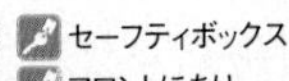 セーフティボックス／フロントにあり  Wi-Fi

COLUMN

ホッキョクグマのすむ町チャーチル

カナダの内陸部にある広大なハドソン湾Hudson Bay。その周囲はツンドラに覆われた北極圏の世界。チャーチルChurchillは、1歩町を離れればホッキョクグマやベルーガ(シロイルカ)、アザラシたちが生息するハドソン湾に面した極北の町。冬はオーロラも見ることができ、自然の美しさ、厳しさを体感できる場所である。

↑こちらを警戒するホッキョクグマ

歩き方

チャーチルは、厳しい自然から身を守るために人々が協力し合い、町としての機能を最小限で維持している基地のような雰囲気の場所。見どころとしてはイヌイットアートを集めたイサニタク博物館Itsanitaq Museumがあり、セイウチの牙で作ったゲームボードなどが見られる。町の外は北極圏の大自然。遭難と常に隣り合わせの環境だ。夏でも天候が悪化すれば凍死の危険性もあるうえ、秋から冬にかけては非常に危険なホッキョクグマと出くわす可能性も少なくない。町の西には、ハドソン・ベイ社の交易所兼砦として、18世紀の初めに建築が始まったメリー岬Cape Merryがあり、町から徒歩で約40分だが、その対岸にある砦、プリンス・オブ・ウェールズ・フォートPrince of Wales Fortは船舶でしか行けない。町を出る際には十分に情報を集め、地元の人に相談するなどしっかり準備を。春は渡り鳥、夏はアザラシやベルーガの観察シーズンだが、真夏でも厳冬期用の防寒具を持っていくこと。

ツンドラバギー・ツアー

チャーチルは、冬季ハドソン湾上で生活するために内陸部から集まったホッキョクグマが結氷を待つ場所であり、9月下旬〜11月中旬には野生のホッキョクグマのウオッチングツアーが催行されている。数社が催行しており、通常はウィニペグ発で、交通費やチャーチルでの宿泊費などが込み。特殊車両のツンドラバギーでツンドラの上を走行し、ホッキョクグマに接近する。

宿泊

ホッキョクグマを観察するツアーには町なかのホテルに泊まるプランのほか、上記のツンドラバギー・ツアーのように車両を改造した移動式ロッジに宿泊するものもある。もちろんホテルのほうが快適だが、タイヤの付いたバギー車で雪原を走り、ホッキョクグマやホッキョクキツネなどに大接近できるのがツンドラバギー・ロッジの醍醐味。移動時間の節約になるため、野生動物との遭遇率も上がる。

チャーチル(概念図)

ハドソン湾 Hudson Bay / N / 砂浜 / チャーチル・タウンセンター・コンプレックス(学校、プール、図書館など) / メリー岬 ←Cape Merryへ / イサニタク博物館 Itsanitaq Museum / La Verendrye Ave. / 住宅街 / Bernier St. / Franklin St. / Munck St. / Selkirk St. / James St. / Hearne St. / Button St. / Polar Boutique Inn & Suites / Kelsey Boulevard / VIA鉄道駅 / チャーチル空港へ / チャーチル川 Churchill River

DATA

チャーチル

MAP P.254　URL www.churchill.ca

チャーチルへの行き方

飛行機

カーム・エアCalm Airがウィニペグからチャーチル空港(YYQ)へ週3〜7便運航、所要約2時間30分。

カーム・エア

FREE (1-800)839-2256　URL www.calmair.com

VIA鉄道

ウィニペグからVIA 鉄道のチャーチル〜ウィニペグ線が火・日曜の週2便運行。12:05発、所要約45時間、車中に2泊して午前9:00にチャーチルに到着。ウィニペグ行きの便は木・土曜の19:30発なので、チャーチルに滞在せずその日のうちに帰りの便に乗ることもできる。鉄道駅は町の中心にある。

おもな旅行会社

レイジー・ベアー・ロッジ Lazy Bear Lodge

TEL (204)633-9377　URL www.lazybearlodge.com

料 6泊7日ツアー$6500〜

フロンティア・ノース・アドベンチャー Frontiers North Adventures

TEL (204)949-2050　FREE (1-800)663-9832

URL frontiersnorth.com

料 5泊6日ツアー$5649〜

オンタリオ州

Ontario

紅葉時期のアルゴンキン州立公園

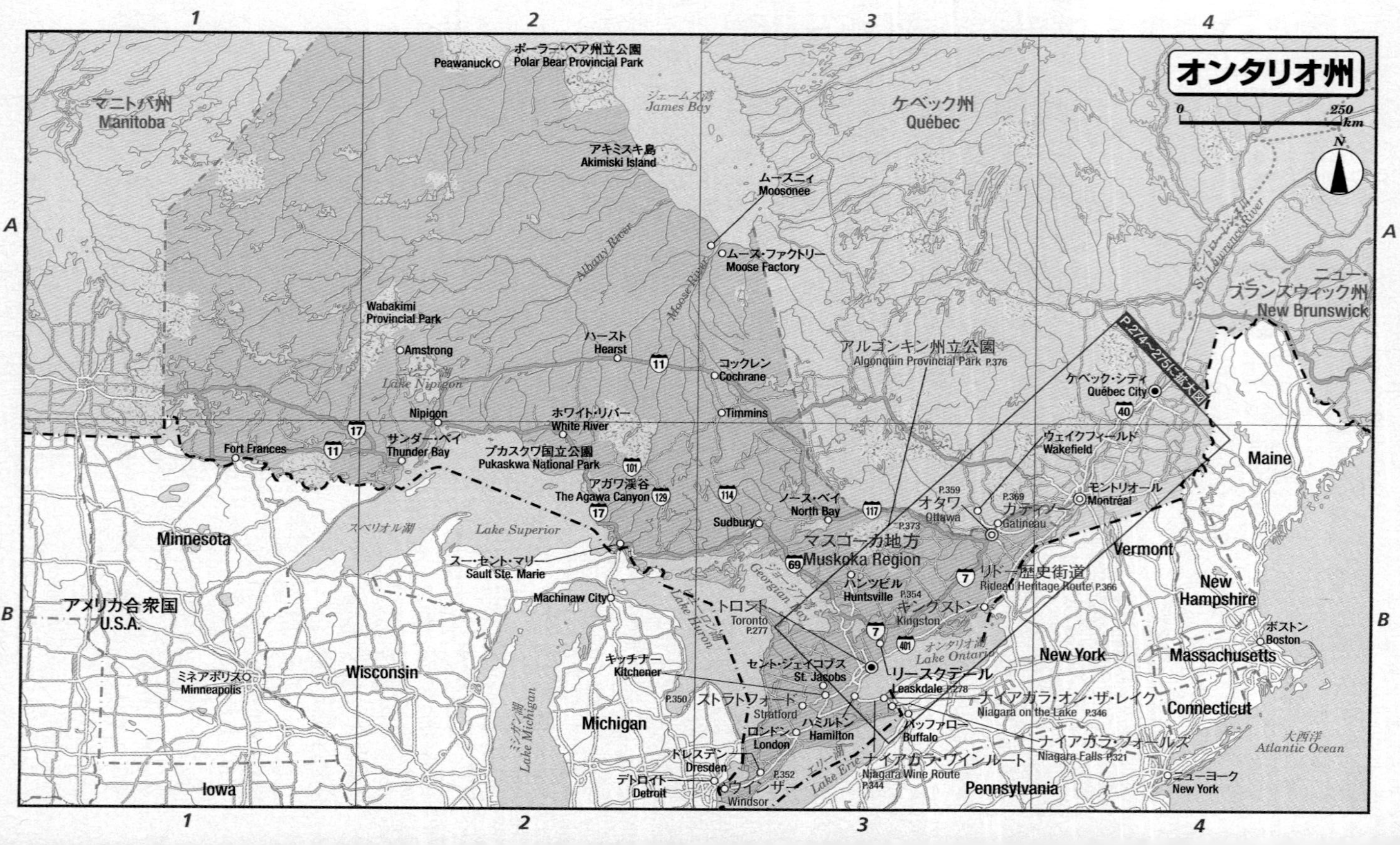

オンタリオ州
0
250
km
N
マニトバ州
Manitoba
ケベック州
Québec
ジェームズ湾
James Bay
ニュー・ブランズウィック州
New Brunswick
Peawanuck
ポーラー・ベア州立公園
Polar Bear Provincial Park
アキミスキ島
Akimiski Island
ムースニィ
Moosonee
ムース・ファクトリー
Moose Factory
Albany River
Moose River
St. Lawrence River
Wabakimi
Provincial Park
Amstrong
Lake Nipigon
ハースト
Hearst
コックレン
Cochrane
Timmins
Nipigon
ホワイト・リバー
White River
アルゴンキン州立公園
Algonquin Provincial Park P.376
ケベック・シティ
Québec City
P.274～275に拡大図
Fort Frances
サンダー・ベイ
Thunder Bay
プカスクワ国立公園
Pukaskwa National Park
アガワ渓谷
The Agawa Canyon
ノース・ベイ
North Bay
Sudbury
ウェイクフィールド
Wakefield
P.359
オタワ
Ottawa
P.369
ガティノー
Gatineau
モントリオール
Montréal
Maine
Minnesota
スペリオル湖
Lake Superior
スー・セント・マリー
Sault Ste. Marie
P.373
マスコーカ地方
Muskoka Region
リドー歴史街道
Rideau Heritage Route P.366
Vermont
New Hampshire
アメリカ合衆国
U.S.A.
Machinaw City
Lake Huron
Georgian Bay
トロント
Toronto
P.277
ハンツビル
Huntsville P.354
キングストン
Kingston
ボストン
Boston
オンタリオ湖
Lake Ontario
New York
Massachusetts
キッチナー
Kitchener
セント・ジェイコブス
St. Jacobs
リースクデール
Leaskdale P.278
ミネアポリス
Minneapolis
Wisconsin
P.350
ストラトフォード
Stratford
ナイアガラ・オン・ザ・レイク
Niagara on the Lake P.346
Connecticut
ミシガン湖
Lake Michigan
Michigan
ロンドン
London
ハミルトン
Hamilton
バッファロー
Buffalo
ナイアガラ・フォールズ
Niagara Falls P.321
大西洋
Atlantic Ocean
ドレスデン
Dresden
エリー湖
Lake Erie
ナイアガラ・ワインルート
Niagara Wine Route
P.344
P.352
デトロイト
Detroit
ウィンザー
Windsor
Iowa
Pennsylvania
ニューヨーク
New York

オンタリオ州

ONTARIO

首都オタワとカナダ最大の都市トロントという2大都市を抱える、カナダの政治・経済の中心。人口もカナダの全州のうちで最大。「オンタリオ」とは、先住民族の言葉で「きらめく水」を意味する「カナダリオ」に由来するとおり、北のハドソン湾や南の五大湖、セント・ローレンス川など多くの湖や川を抱えている。

州都	トロント
面積	107万6395km²
人口	1422万3942人（2021年国勢調査）
時間	東部標準時間（EST） 日本との時差－14時間 （サマータイム実施時－13時間）
州税	ハーモナイズド・セールス税13%

おもなドライブルート

★ナイアガラ・ワインルート（→P.344）
★リドー歴史街道（→P.366）
★マスコーカ地方（→P.373）

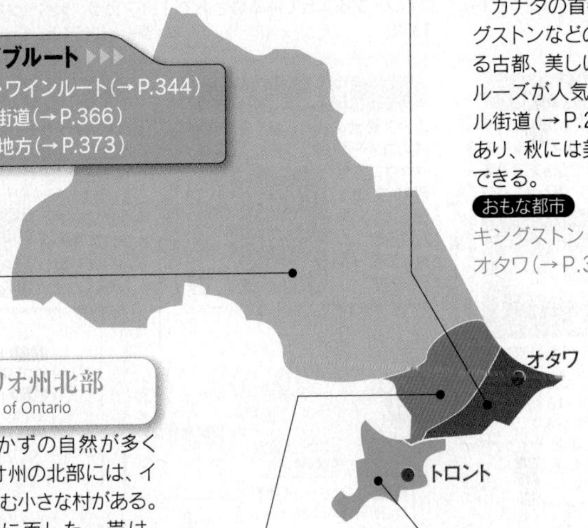

オタワ
トロント

オンタリオ州東部
East of Ontario

カナダの首都オタワや、キングストンなどの歴史を感じさせる古都、美しい湖や川を巡るクルーズが人気のエリア。メープル街道（→P.274）の中心でもあり、秋には美しい紅葉も堪能できる。

おもな都市

キングストン（→P.354）
オタワ（→P.359）

オンタリオ州北部
North of Ontario

いまだ手つかずの自然が多く残るオンタリオ州の北部には、インディアンの住む小さな村がある。スペリオル湖に面した一帯は、セント・ローレンス・シー・ウエイの終着点。知る人ぞ知る紅葉の名所でもある。

おもな都市

スー・セント・マリー
ムースニィ

五大湖周辺
Around the Great Lakes

オンタリオ州の中部と西部は、五大湖のオンタリオ湖、エリー湖、ヒューロン湖に囲まれたエリア。州都トロントやナイアガラ・フォールズを観光したあとは、点在する魅力的な古都や小さな町へと足を延ばそう。

おもな都市

トロント（→P.277）
ナイアガラ・フォールズ（→P.321）
ナイアガラ・オン・ザ・レイク（→P.346）
ストラトフォード（→P.350）
ウインザー（→P.352）

マスコーカ地方
Muskoka

トロントの北に位置する、ジョージア湾からアルゴンキン州立公園にかけて広がる湖水地帯。群集する湖を巡るクルーズやカヌーなどが楽しめる。秋になると美しい紅葉が見られる。

おもな公園

アルゴンキン州立公園（→P.376）

オンタリオ州～ケベック州にまたがる紅葉の道

メープル街道

Maple Route

シーズンは9月中旬～10月中旬

紅葉のピークは9月中旬～10月中旬の間の2～3週間くらい。紅葉前線は東から西へ向かって進み、ケベック・シティ近郊で紅葉が始まってからナイアガラ・フォールズに到達するのに1週間前後かかる。北部や高原などは、都市部よりも時期が早い。いっせいに紅葉するのではなく時差があるので、ウェブサイトなどで情報収集を。

メープル街道の回り方

メープル街道の玄関口はトロント、オタワ、モントリオール、ケベック・シティの4都市。目的地となる紅葉の名所を考えて、どの都市からスタートするかを選ぼう。各都市間は移動手段もさまざま。長距離バス、VIA鉄道など、交通機関をうまく組み合わせよう。ルートによっては、途中にドライブを入れてみるのもおすすめだ。

旅のモデルルート

ナイアガラ・フォールズからケベック・シティまで行く場合は、主要都市を回るだけでも10日以上かかる。旅行期間が1週間程度なら、オンタリオ州かケベック州のどちらかに絞り、トロントかモントリオールを拠点に、ロレンシャン、アルゴンキンの両方を回り、オンタリオならナイアガラ、ケベックならケベック・シティに行くといい。

「メープル街道」とは、オンタリオ州とケベック州にまたがり、全長800kmにも及ぶカナダ東部落葉樹林帯一帯のこと。別名「ヘリテージ・ハイウエイ（伝承の道）」とも呼ばれ、ヨーロッパ人による開拓の道をなぞるルートでもある。ルートのハイライトとなるのは、3つの紅葉の名所（→P.276）。

レンタカーでセルフドライビング

個人旅行で回る場合、最も自由度の高いのがレンタカーでのセルフドライブ。組み合わせ次第でルートは無数にあるが、風光明媚なコースとして名高い5つのルートを紹介。

トロント〜アルゴンキン州立公園

走行距離 約270km ルート ハイウエイ#400、#11、#60経由

トロントからアルゴンキン州立公園までは、約3時間30分。ハイウエイ#400を北上し、バリーBarrieでハイウエイ#11へ入る。ハンツビルでハイウエイ#60に入りオタワ方面へ約45km行けば、アルゴンキン州立公園に到着。休憩はハンツビルで。紅葉を一望できる展望台があるほか、周辺にはリゾートホテルも点在。

キングストン〜オタワ

走行距離 約198km ルート ハイウエイ#15、#43、#416、#417経由

キングストンからオタワまではさまざまなルートがあるが、世界遺産のリドー運河に沿って進むルートがおすすめ（→P.366）。

オタワ〜ロレンシャン（モン・トランブラン）

走行距離 約159km ルート ハイウエイ#148、#323経由

オタワからケベック州のガティノーへ渡り、オタワ川沿いのハイウエイ#148でモンテベロへ。モンテベロからはハイウエイ#323を北上しサン・ジョビットSt-Joviteへ。ここからモン・トランブランまでは約30分。休憩はモンテベロで。フェアモント・ル・シャトー・モンテベロにはビュッフェが有名なレストランがある。

ロレンシャン〜モントリオール

走行距離 約145km ルート ハイウエイ#117、#15経由

人気のドライブコース。ツアーなどでは逆ルートを通る場合も多い。途中の村々に寄りながらドライブを楽しみたい（→P.407）。

モントリオール〜ケベック・シティ

走行距離 約263km ルート ハイウエイ#40経由

ケベック州の2大都市を結ぶのは、ハイウエイ#40。市内は道も入り組んでいるが、郊外に出てしまえばほぼ一本道。途中には約350年の歴史をもつ古都、トロワ・リヴィエールがある。ケベック・シティでは、オルレアン島やシャルルヴォワへも行ってみよう。

オタワ

カナダの首都。国会議事堂を見学したあとは、博物館や美術館へと足を運びたい。オタワ川を越えた先は、フランス語の飛び交うケベック州だ。

モントリオール

カナダ第2の都市。歴史的な建物が並ぶ旧市街と近代的な新市街が融合した街は、「北米のパリ」と呼ばれる。ショッピングやグルメなども楽しみ。

ケベック・シティ

人口の8割をフランス系カナダ人が占め、フランスの文化が残るケベック州の州都。北米唯一の城郭都市で、ユネスコの世界遺産に登録されている。

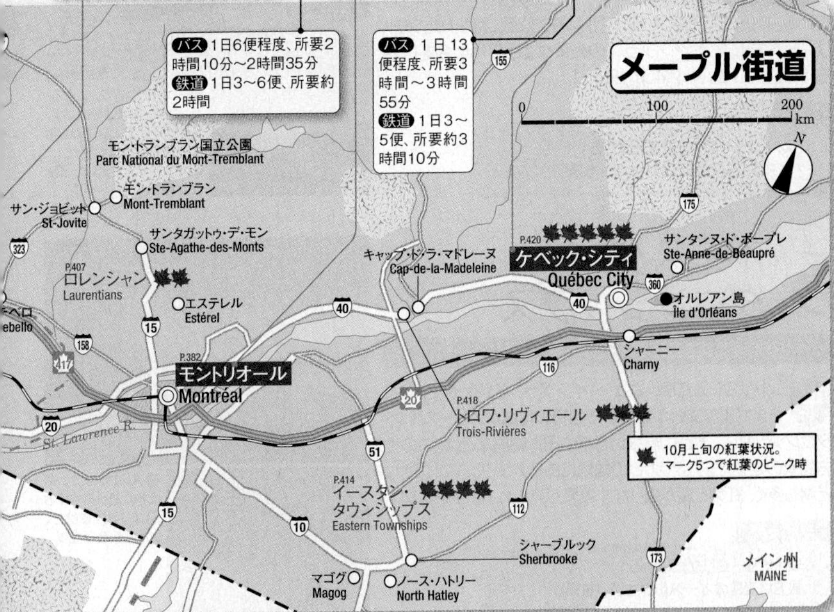

メープル街道

バス 1日6便程度、所要2時間10分〜2時間35分
鉄道 1日3〜6便、所要約2時間

バス 1日13便程度、所要3時間〜3時間55分
鉄道 1日3〜5便、所要約3時間10分

0 100 200 km

モン・トランブラン国立公園 Parc National du Mont-Tremblant
モン・トランブラン Mont-Tremblant
サン・ジョビット St-Jovite
サンタガットゥ・デ・モン Ste-Agathe-des-Monts
P.407 ロレンシャン Laurentians
エステレル Estérel
P.382 モントリオール Montréal
St. Lawrence R.
キャップ・ド・ラ・マドレーヌ Cap-de-la-Madeleine
P.420 ケベック・シティ Québec City
サンタンヌ・ド・ボープレ Ste-Anne-de-Beaupré
オルレアン島 Île d'Orléans
シャーニー Charny
P.418 トロワ・リヴィエール Trois-Rivières
P.414 イースタン・タウンシップス Eastern Townships
シャーブルック Sherbrooke
マゴグ Magog
ノース・ハトリー North Hatley
メイン州 MAINE

10月上旬の紅葉状況。マーク5つで紅葉のピーク時

＼絶対行きたい／

紅葉の名所 Best 3

1 アルゴンキン州立公園＆マスコーカ地方

オンタリオ州 拠点となる町 トロント、オタワ

トロントの北に広がるマスコーカ地方は、1600もの湖が点在する湖沼地方。豊かな自然が残るエリアは、オンタリオ州きっての一大リゾートだ。マスコーカ地方のなかでも最大の自然公園が、アルゴンキン州立公園。一面の紅葉に彩られる秋は、絵画のような美しさ。(→P.373、P.376)

Point!

1. マスコーカではクルーズが楽しめる
2. アルゴンキンではカヌーとハイキングに挑戦

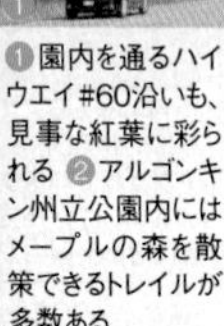

❶園内を通るハイウエイ#60沿いも、見事な紅葉に彩られる ❷アルゴンキン州立公園内にはメープルの森を散策できるトレイルが多数ある

2 ロレンシャン（モン・トランブラン）

ケベック州 拠点となる町 モントリオール

モントリオールの北に広がる高原地帯、ロレンシャン。道沿いには宝石のような小さな紅葉リゾートが点在している。なかでも、モン・トランブラン国立公園に抱かれたプチ・リゾートのモン・トランブランの紅葉は、世界中に名をはせるほどの美しさ。(→P.407、P.411)

Point!

1. 山の上から一面の紅葉を見渡せる
2. ハイキングなどのアクティビティも盛りだくさん

❶モン・トランブランにあるトランブラン山頂までは、ゴンドラで行ける。山頂から望む一面の紅葉は必見だ ❷モン・トランブランは、湖と山に囲まれたリゾート地

3 イースタン・タウンシップス

ケベック州 拠点となる町 モントリオール

モントリオールの東、ニュー・イングランドやケベックなどさまざまな文化が融合した独特の地域が、イースタン・タウンシップス。木造の屋根付き橋や円形納屋などは、この地方特有の建物だ。アメリカとの国境にあるメンフレマゴグ湖など湖も多く、紅葉と湖が織りなす風景が見られる。(→P.414)

Point!

1. ワイナリー巡りが楽しめる
2. 宿泊は美食のオーベルジュがいち押し

❶メンフレマゴグ湖などの湖が点在する ❷エリア内にはたくさんの教会が立つ

TORONTO

トロント

オンタリオ州

オンタリオ州の州都にしてカナダ最大の街がトロント。日本からの直行便も到着するカナダの東の玄関口でもあり、ナイアガラの滝やメープル街道の拠点としても知られている。街の名前は、インディアンのヒューロン族の言葉、「トランテン（人の集まる場所）」に由来する。街の南には五大湖のひとつ、オンタリオ湖があり、対岸はアメリカのニューヨーク州だ。

↑トロントのシンボル、CNタワー

トロントは18世紀の前半まではフランス領であったが、1759年に英仏間の七年戦争によりイギリス領へと移り、1793年には当時アッパー・カナダと呼ばれていたオンタリオ州の州都に定められた。1812年の英米戦争で一時アメリカの占領を受けるという曲折もあったが、19世紀末にはイギリス系住民の政治、商工業の中心として急速に成長した。第2次世界大戦後はアジア、ラテンアメリカ、アフリカなどヨーロッパ以外の国からの移民が増加し、世界屈指の多民族都市へと変貌していく。

現在、トロントで暮らす移民の数は人口の約半数を占め、コミュニティ同士お互いに尊重しながら暮らしている。トロントに80以上もあるというエスニックタウンを歩けば、各国の習慣や文化を感じることができる。

ミュージカルやオペラ、バレエなど、大都市ならではのエンターテインメントシーンも必見。メジャーリーグ（MLB）のトロント・ブルージェイズやアイスホッケー（NHL）のトロント・メープルリーフスのホームグラウンドでもあり、シーズン中はスポーツ観戦で盛り上がる。

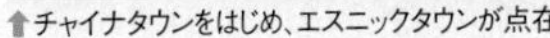
↑チャイナタウンをはじめ、エスニックタウンが点在

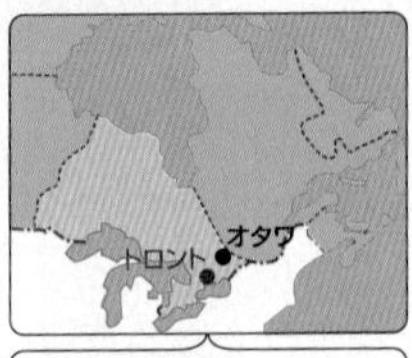

MAP P.272-B3
人口 279万4356（トロント市）
市外局番 416/905（郊外）

トロント情報のサイト
URL www.destinationtoronto.com
URL www.toronto.ca

トロントのイベント

プライド・トロント
Pride Toronto
TEL (416)927-7433
URL www.pridetoronto.com
催 6/1～30('23)
カナダでは2SLGBTQAI+と呼ばれる社会的少数者の自由と権利を求めるフェスティバル。最大の見どころは、最終日に行われるプライド・パレードPride Parade。

カナディアン・ナショナル・エキシビション
Canadian National Exhibition
TEL (416)263-3330
URL theex.com
催 8/18～9/4('23)
500以上のアトラクションと700を超えるイベントが行われる。会場はハーバーフロントの西にある博覧会場 The Canadian National Exhibition。
博覧会場
MAP P.282-C1/P.300-1

トロント国際映画祭
Toronto International Film Festival
TEL (416)599-2033
FREE (1-888)258-8433
URL tiff.net
催 9/7～17('23)
毎年60ヵ国を超える国々から300本以上の映画が出品・上演される大規模な映画祭。ハリウッドスターも多く訪れ、期間中は街中がにぎわう。

※開館時間、営業時間などの日程は基本的に2023年のもの。年度により変動するため、ウェブサイトなどで再確認を。（→P.7）

エア・カナダ(→P.542)
ウエストジェット(→P.542)

トロントへの行き方

飛行機

カナダ最大の都市であり、カナダ東部の玄関口でもあるトロントには、カナダ国内はもちろん、アメリカの各都市や日本からの直行便がある。日本からは羽田空港、成田国際空港、関西国際空港から直行便がある。詳細は「旅の準備と技術、航空券の手配」(→P.530)を参照。

カナダ国内の主要都市からは、エア・カナダAir Canada(AC)やウエストジェットWestJet(WS)を中心に多数の便がある。バンクーバーからはエア・カナダが1日11～14便、ウエストジェットが1日5～6便運航、所要約4時間30分。カルガリーからも多数の便があり、エア・カナダが1日7～12便、ウエストジェットが1日7～10便、所要約3時間40分。ケベック州にある、カナダ東部もうひとつの交通の要衝であるモントリオールからはエア・カナダが1日16～24便、ウエストジェットが1日1便前後、所要約1時間20分。

⬆トロントの空の玄関口、トロント・ピアソン国際空港

トロント広域

マクマイケル・カナディアン・アート・コレクション McMichael Canadian Art Collection P.305
クラインバーグ Kleinburg
ブラック・クリーク・パイオニア・ビレッジ Black Creek Pioneer Village P.305
ユニオンヴィル Unionvill
ルージュ国立都市公園 Rouge National Urban Park
トロント動物園 Toronto Zoo P.305
Wellness Kizuna P.290
トロント・ピアソン国際空港 Toronto Pearson International Airport P.279
ジューイッシュ・ネイバーフッド Jewish Neighbourhood
ルージュ・リバー Rouge River
P.284～285に拡大図
グリークタウン Greektown P.295
Astoria Shish Kebob House P.312
オンタリオ・サイエンス・センター Ontario Science Centre
ウクレイニアン・ブロア・ウエスト・ヴィレッジ Ukrainian Bloor West Village
オンタリオ湖 Lake Ontario
ザ・ビーチズ The Beaches
インディアン・バザール Indian Bazaar
ハイ公園 High Park
ハンバー・ブリッジ Humber Bridge
コルボーン・ロッジ Colborne Lodge
P.282～283に拡大図
P.300に拡大図
ポーランド人街 Roncesvalles Village
Craft Ontario Shop P.315
Major Machenzie Dr. メジャー・マッケンジー通り
Steeles Ave.
Finch Ave. W.
Finch Ave. E.
Sheppard Ave.
Sheppard West
Don Mills
Lawrence Ave.
Eglinton Ave. W.
Eglinton Ave. E.
Bloor St.
Dundas St.
Queen St.
Danforth Ave.
Roncesvalles Ave.
Yonge St.
Don Mills Rd.
Kennedy Rd.
McCowan Rd.
Markham Rd.
Keele St.
Bathurst St.
Bayview Ave.
Leslie St.
Victoria Park Ave.
McGowan
Kennedy
Islington Ave.
Jane St.
Airport Rd.
Royal York
Kipling
0 6km

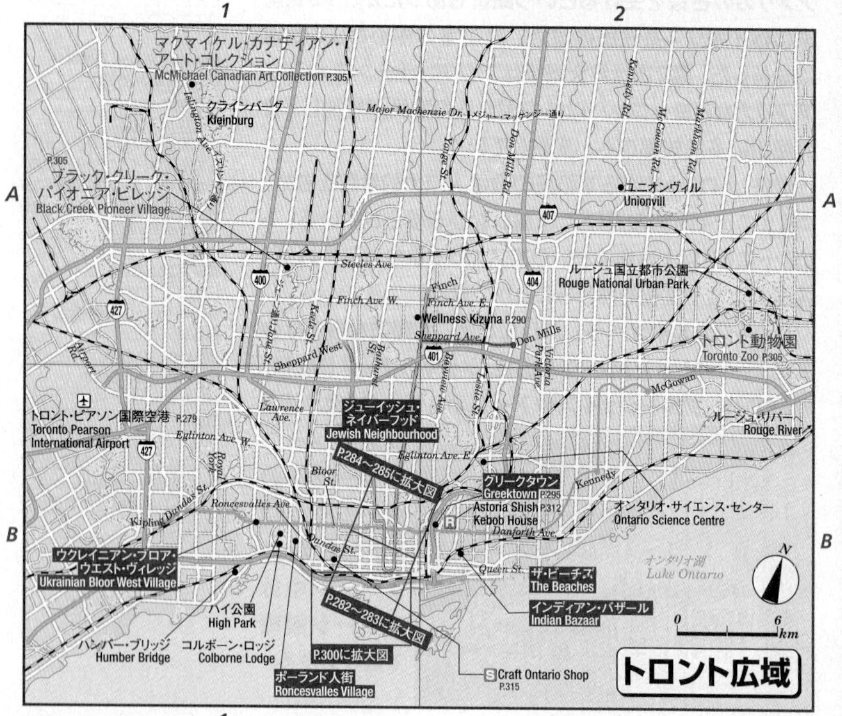

トロント・ピアソン国際空港
Toronto Pearson International Airport

トロントの玄関口は、ダウンタウンの北西約30kmにあるトロント・ピアソン国際空港Toronto Pearson International Airport。空港はふたつのターミナルに分かれており、エア・カナダなどスターアライアンス系列の国際線ならびに国内線はターミナル1に、ウエストジェットはターミナル3に到着。各ターミナル間はTerminal Link Trainと呼ばれるモノレールで結ばれている。

↑近年改装されたターミナル1

また、エア・カナダとローコストキャリア（LCC）のポーター航空Porter Airlinesの一部の便は、ダウンタウンの北、トロント・アイランズにあるビリー・ビショップ・トロント・シティ・センター空港Billy Bishop Toronto City Airport（→P.300）を利用する。

トロント・ピアソン国際空港（YYZ）

MAP P.278-B1
TEL (416)247-7678
FREE (1-866)207-1690
URL www.torontopearson.com

ビリー・ビショップ・トロント・シティ空港（YTZ）

MAP P.282-D2/P.300-1
住 1 Island Airport
TEL (416)203-6942
URL www.billybishopairport.com

空港行きのフェリー
バサースト通りたもとの港から出ている。
MAP P.282-C2
運 毎日5:15～24:00
15分ごとに出発。
料 無料（車利用は$15）

トロント・ピアソン国際空港ターミナル1

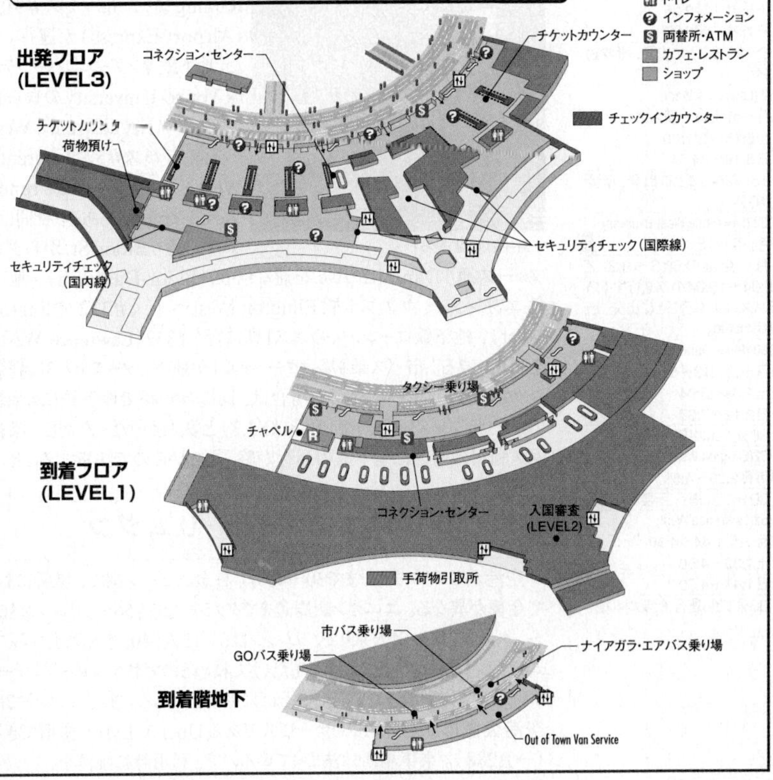

エレベーター
エスカレーター
トイレ
インフォメーション
両替所・ATM
カフェ・レストラン
ショップ
チェックインカウンター

出発フロア（LEVEL3）
コネクション・センター
チケットカウンター
荷物預け
チケットカウンター
セキュリティチェック（国内線）
セキュリティチェック（国際線）

到着フロア（LEVEL1）
タクシー乗り場
チャペル
コネクション・センター
入国審査（LEVEL2）
手荷物引取所

到着階地下
市バス乗り場
GOバス乗り場
ナイアガラ・エアバス乗り場
Out of Town Van Service

空港から市内へ

ユニオン・ピアソン・エクスプレス Union Pearson Express

トロント・ピアソン国際空港とユニオン駅Union Station（→P.281）を結ぶ直通列車。列車はターミナル1を出発して、3つ目の駅がユニオン駅、所要約25分。平日は5:27～23:27、土・日曜と祝日は6:27～23:27の間、15分ごとに運行。ユニオン駅から空港へは平日4:55～23:00、土・日曜および祝日6:00～23:00の間運行する。列車は全席自由で、Wi-Fiが自由に使えて便利。チケットはホームにある自動券売機で購入できる。また、ICカード式のプレスト・カードPrest Card（→P.287）も利用できる。

↑「UP」と書かれた表示が目印

ユニオン・ピアソン・エクスプレス
URL www.upexpress.com
料 ユニオン駅まで
大人
片道$12.35、往復$24.7
15分ごとに出発。所要約25分。空港の乗り場は、ターミナル1のレベル2Level2にある。ターミナル3に到着した場合は、まずTerminal Link Trainでターミナル1へ移動しなくてはならない。ユニオン駅からの乗り場は、駅からCNタワーに通じるスカイ・ウオークSky Walkの途中にある。

市バス City Bus

地下鉄ブロア-ダンフォース線Bloor-Danforthのキプリング駅Kiplingまで市バス#900（Airport Express）が運行。また、地下鉄ヤング-ユニバーシティ線Yonge-Universityのローレンス・ウエスト駅Lawrence Westへ行く市バス#52（Lawrence West）、#952（Lawrence West Express）もある。夜間は、ブロア通りBloor St.からダンフォース通りDanforth Ave.を通る#300（Bloor-Danforth）、地下鉄エリントン・ウエスト駅Elington Westへ行く#332（Elington West）、地下鉄ローレンス・ウエスト駅に行く#352（Lawrence West）を利用できる。市バス乗り場はターミナル1が地下、ターミナル3は到着フロアにある。市バス利用の場合は、同じチケットで地下鉄にも乗れて$3.35（プレスト・カード利用時は$3.3）と安上がりだ。ただし、深夜バス利用の場合は地下鉄の運行が終了しているので注意すること。

↑最も安く移動できる

市バス
利用方法はP.286参照。
#900 (Airport Express)
運 月～金5:18～翌1:59
土5:41～翌2:36
日7:27～翌2:36
8～25分ごとに出発、所要約25分。
#52 (Lawrence West)
運 月～金5:16～翌2:01
土5:16～翌1:06
日5:16～24:54
15～25分ごとに出発、所要約40分。
#952 (Lawrence West Express)
運 月～金6:15～19:04
月～金曜の6:15～9:27と15:04～19:04のみ運行する急行バス。約10分ごとに出発、所要約1時間。
#300 (Bloor-Danforth)
運 月～金2:13～5:07
土2:34～5:04
日2:12～7:38
30分ごとに出発、所要約45分。
#332(Elington West)
運 毎日2:29～4:59
30分ごとに運行、所要約40分。
#352(Lawrence West)
運 月～金1:44～4:50
土1:33～4:50
日1:47～4:50
30分ごとに運行、所要約40分。

タクシー／エアポート・リムジン Taxi/Airport Limousines

空港からダウンタウンまで30～40分。料金はゾーン制で、場所によって金額が異なる。ユニオン駅周辺までタクシーなら$56～、リムジン$61～。タクシーは3～4人乗りで、リムジンは6～12人乗り。5人以上なら、リムジンのほうが安く上がり、荷物もたくさん積めるのでおすすめ。タクシー、リムジンともに到着フロアの出口そばに乗り場がある。また、トロントでは空港公認のライド・シェアサービスであるUberやLyftも利用できる（→P.288）。乗車場所は決まっているので、利用時に確認を。

長距離バス

グレイハウンドのカナダ撤退（→P.543）により、2023年8月現在、バンクーバーやカルガリーといったカナダ西部の都市とトロントを結ぶ直行便は運行されていない。一方、オンタリオ州内およびケベック州の一部の都市との間には、メガバスMegaBusやフリックス・バスFlix Busがある。州内のキングストンからはメガバス1日10〜25便、フリックス・バスが1日6〜9便運行。所要2時間30分〜3 時間10分。モントリオールからはメガバスが1日6〜13便運行しており、所要6〜7時間。

↑モントリオールやオタワへの路線があるメガバス

バスディーポから市内へ

かつてはトロント・コーチ・ターミナルToronto Coach Terminalに全路線が発着していたが、グレイハウンドの撤退にともない閉鎖され、現在はバス会社ごとに発着場所も異なる。メガバスとフリックス・バスはいずれもユニオン・ステーション・バス・ターミナルUnion Station Bus Terminalと、郊外のスカボロー地区Scarboroughに発着。同じ路線でも便によって発着場所が異なるため予約時に確認すること。

鉄道

トロントのユニオン駅Union StationまでバンクーバーからVIA鉄道のカナディアン号The Canadianが、モントリオールからはケベック・シティ〜ウィンザー線（コリドー）が運行している。バンクーバー発は月・金曜の15:00で、トロント着は4日後の14:29。モントリオールからは1日5〜7便運行、所要5時間〜6時間45分。

鉄道駅から市内へ

ダウンタウンの中心にあるユニオン駅は、VIA鉄道のほか、アメリカのニューヨークまでを結ぶVIA鉄道とアムトラックの共同運行便メープルリーフ号やGOトランジットのGOトレインGO Trainが乗り入れている。GOトレインはハミルトンHamiltonやオークビルOakville、ナイアガラ・フォールズなど近郊の町を結ぶ通勤列車で、改札は地下にある。地下で地下鉄のユニオン駅と直結しており、ダウンタウンの各地に行きたい場合は地下鉄が便利。タクシー乗り場は、フロント通りFront St.側の出口を出たすぐ正面。

↑天上が高く、開放的なユニオン駅構内

メガバス（→P.543）

キングストンから
料片道　1人$49.99〜
モントリオールから
料片道　1人$64.99〜

フリックス・バス（→P.543）

キングストンから
料片道　1人＄31.99〜

ユニオン・ステーション・バス・ターミナル

MAP P.283-B3/P.297-2/P.300-2
住81 Bay St., 2 nd Floor

ユニオン駅とベイ通りを挟んだ向かいにあるCIBCスクエアCIBC Squareというビルの2階。ユニオン駅にも通りにも案内表示は特にないので、迷わないように注意したい。

VIA鉄道（→P.545）

鉄道の博物館

CNタワー近くのトロント鉄道博物館Toronto Railway Museumは、屋外に蒸気機関車やディーゼル機関車などを展示している。

トロント鉄道博物館
MAP P.283-C3
住255 Bremner Blvd.
URL torontorailwaymuseum.com
開水〜日12:00〜17:00
休月・火
料大人$14、シニア$10、学生$8、ユース（4〜16歳）$5、子供無料

ユニオン駅

MAP P.283-B3/P.297-1・2/P.300-2
住65 Front St. W.

1階にはカフェやキオスクが、地下には手荷物預かり所がある。観光案内所も駅の構内にある。

GOトランジット

TEL (416)869-3200
URL www.gotransit.com

↑ダウンタウンの中心にあるユニオン駅

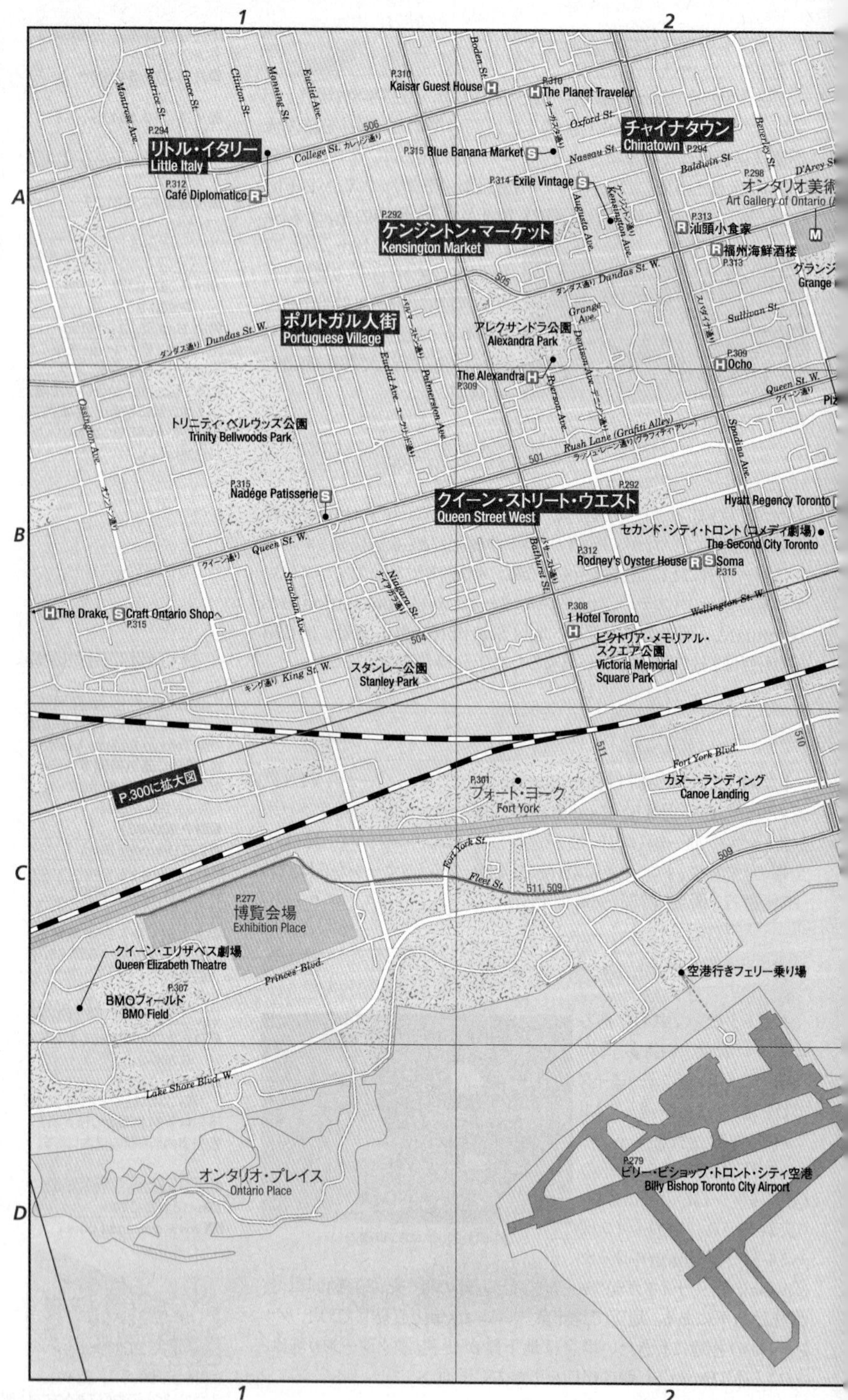

1
2
A
B
C
D
Montrose Ave.
Beatrice St.
Grace St.
Clinton St.
Manning St.
Euclid Ave.
Boden St.
P.294
リトル・イタリー
Little Italy
P.312
Café Diplomatico
College St. カレッジ通り
506
P.310
Kaisar Guest House
P.310
The Planet Traveler
Oxford St.
P.315
Blue Banana Market
Nassau St.
チャイナタウン
Chinatown
P.294
Baldwin St.
Beverley St.
D'Arcy St.
P.298
オンタリオ美術
Art Gallery of Ontario
P.314
Exile Vintage
Augusta Ave.
Kensington Ave.
P.292
ケンジントン・マーケット
Kensington Market
P.313
汕頭小食家
福州海鮮酒楼
P.313
グランジ
Grange
505
ダンダス通り Dundas St. W.
Grange Ave.
Sullivan St.
ポルトガル人街
Portuguese Village
アレクサンドラ公園
Alexandra Park
ダンダス通り Dundas St. W.
Euclid Ave.
Palmerston Ave.
P.309
Ocho
The Alexandra
P.309
Ryerson Ave.
Denison Ave.
Queen St. W.
クイーン通り
Ossington Ave.
トリニティ・ベルウッズ公園
Trinity Bellwoods Park
Rush Lane (Grafiti Alley)
ラッシュ・レーン通り(グラフィティ・アレー)
501
Spadina Ave.
P.315
Nadége Patisserie
P.292
クイーン・ストリート・ウエスト
Queen Street West
Hyatt Regency Toronto
セカンド・シティ・トロント(コメディ劇場)
The Second City Toronto
クイーン通り Queen St. W.
Strachan Ave.
Niagara St.
Bathurst St.
P.312
Rodney's Oyster House
Soma
P.315
The Drake,
Craft Ontario Shopへ
P.315
P.308
1 Hotel Toronto
Wellington St. W.
ビクトリア・メモリアル・スクエア公園
Victoria Memorial Square Park
504
スタンレー公園
Stanley Park
キング通り King St. W.
511
510
Fort York Blvd.
カヌー・ランディング
Canoe Landing
P.300に拡大図
P.301
フォート・ヨーク
Fort York
Fort York St.
509
Fleet St.
511, 509
P.277
博覧会場
Exhibition Place
クイーン・エリザベス劇場
Queen Elizabeth Theatre
Princes' Blvd.
空港行きフェリー乗り場
P.307
BMOフィールド
BMO Field
Lake Shore Blvd. W.
P.279
ビリー・ビショップ・トロント・シティ空港
Billy Bishop Toronto City Airport
オンタリオ・プレイス
Ontario Place

トロント
ダウンタウン南部
ダンダス広場
Dundas Square
アトリウム・オン・ベイ
Atrium-on-Bay
マッケンジー・ハウス
Mackenzie House
CF Toronto Eaton Centre
City Sightseeing Toronto
Canadian Naturalist
モス公園
Moss Park
エド・マーヴィッシュ劇場
Ed Mirvish Theatre
Fran's
トロント市庁舎
Toronto City Hall
St. Michael's Hospital
旧市庁舎
Old City Hall
エルギン&ウィンター・ガーデン劇場
Elgin & Winter Garden Theatre
Osgoode Hall
ネイサン・フィリップス広場
Nathan Phillips Square
Tim Hortons
セント・ジェームス公園
St. James Park
カナディアン・ステージ劇場
Canadian Stage Theatre
フォーシーズンズ・センター
Four Seasons Centre
The Rex Jazz & Blues Bar
セント・ローレンス・マーケット(ノース)
St. Lawrence Market
セント・ローレンス・マーケット(サウス)
St. Lawrence Market
First Canadian Place
金融街
Financial District
ユニオン・ステーション・バス・ターミナル
Union Station Bus Terminal
ディスティラリー地区
The Distillery Historic District
Soma
The Sport Gallery
Mill St. Brew Pub
ユニオン駅
Union Station
P.297に拡大図
スコシアバンク・アリーナ
Scotiabank Arena
リプリーズ・アクアリウム・オブ・カナダ
Ripley's Aquarium of Canada
ラウンドハウス公園
Roundhouse Park
The Westin Harbour Castle, Toronto
トロント鉄道博物館
Toronto Railway Museum
ハーバー・スクエア公園
Harbour Square Park
ジャック・レイトン・フェリー・ターミナル
Jack Layton Ferry Terminal
(トロント・アイランズ行きフェリー乗り場)
ハーバーフロント
Harbourfront
Amsterdam Brewhouse
ハーバーフロント・センター
Harbourfront Centre
クイーンズ・キー・ターミナル
Queen's Quay Terminal
オンタリオ湖
Lake Ontario
トロント・アイランズ
Toronto Islands
地下鉄 Line 1 Yonge-University線
地下鉄 Line 2 Bloor-Danforth線
ストリート・カー
ハイウエイ
0 250 500m

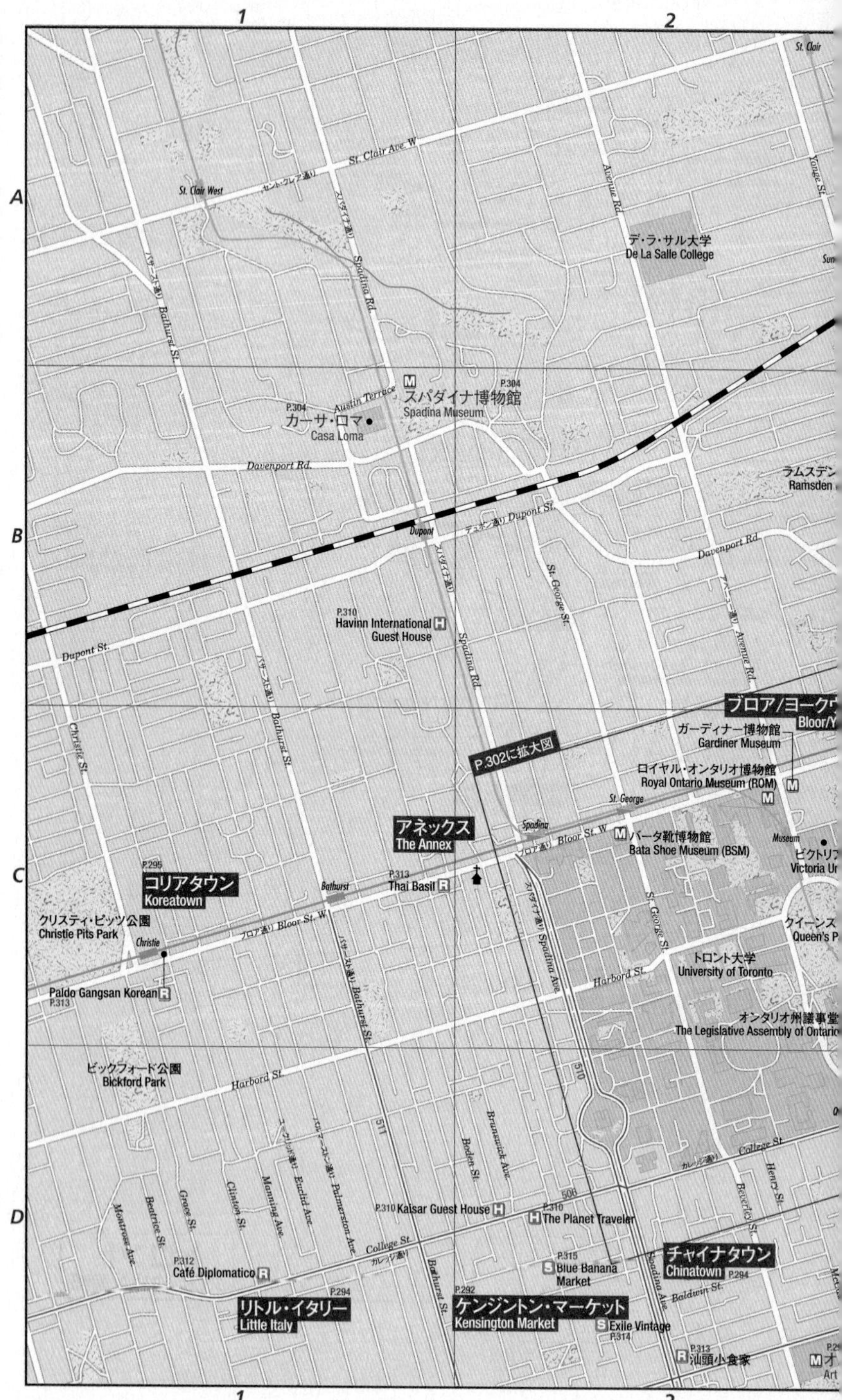
St. Clair Ave. W
セント・クレア通り
St. Clair West
Spadina Rd.
スパダイナ通り
Bathurst St.
バサースト通り
Avenue Rd.
デ・ラ・サル大学
De La Salle College
Yonge St.
P.304
スパダイナ博物館
Spadina Museum
P.304
カーサ・ロマ
Casa Loma
Austin Terrace
Davenport Rd.
Dupont St.
デュポン通り
Dupont
ラムスデン
Ramsden
Davenport Rd.
St. George St.
Avenue Rd.
アベニュー通り
P.310
Havinn International
Guest House
Dupont St.
Christie St.
ブロア/ヨーク
ガーディナー博物館
Gardiner Museum
P.302に拡大図
ロイヤル・オンタリオ博物館
Royal Ontario Museum (ROM)
St. George
Spadina
アネックス
The Annex
Bloor St. W
ブロア通り
バータ靴博物館
Bata Shoe Museum (BSM)
Museum
P.295
コリアタウン
Koreatown
Bathurst
P.313
Thai Basil
クリスティ・ピッツ公園
Christie Pits Park
Christie
Bloor St. W
ブロア通り
Spadina Ave.
スパダイナ通り
St. George St.
トロント大学
University of Toronto
Harbord St.
Paldo Gangsan Korean
P.313
オンタリオ州議事堂
The Legislative Assembly of Ontario
ビックフォード公園
Bickford Park
Harbord St.
510
511
Brunswick Ave.
Borden St.
Euclid Ave.
ユークリッド通り
Palmerston Ave.
パルマーストン通り
Manning Ave.
Clinton St.
Grace St.
Beatrice St.
Montrose Ave.
College St.
カレッジ通り
Henry St.
Beverley St.
P.310 Kaisar Guest House
506
P.310
The Planet Traveler
P.312
Café Diplomatico
College St.
カレッジ通り
Bathurst St.
P.315
Blue Banana
Market
チャイナタウン
Chinatown
P.294
Baldwin St.
Spadina Ave.
P.294
リトル・イタリー
Little Italy
P.292
ケンジントン・マーケット
Kensington Market
Exile Vintage
P.314
P.313
汕頭小食家
1
2
A
B
C
D

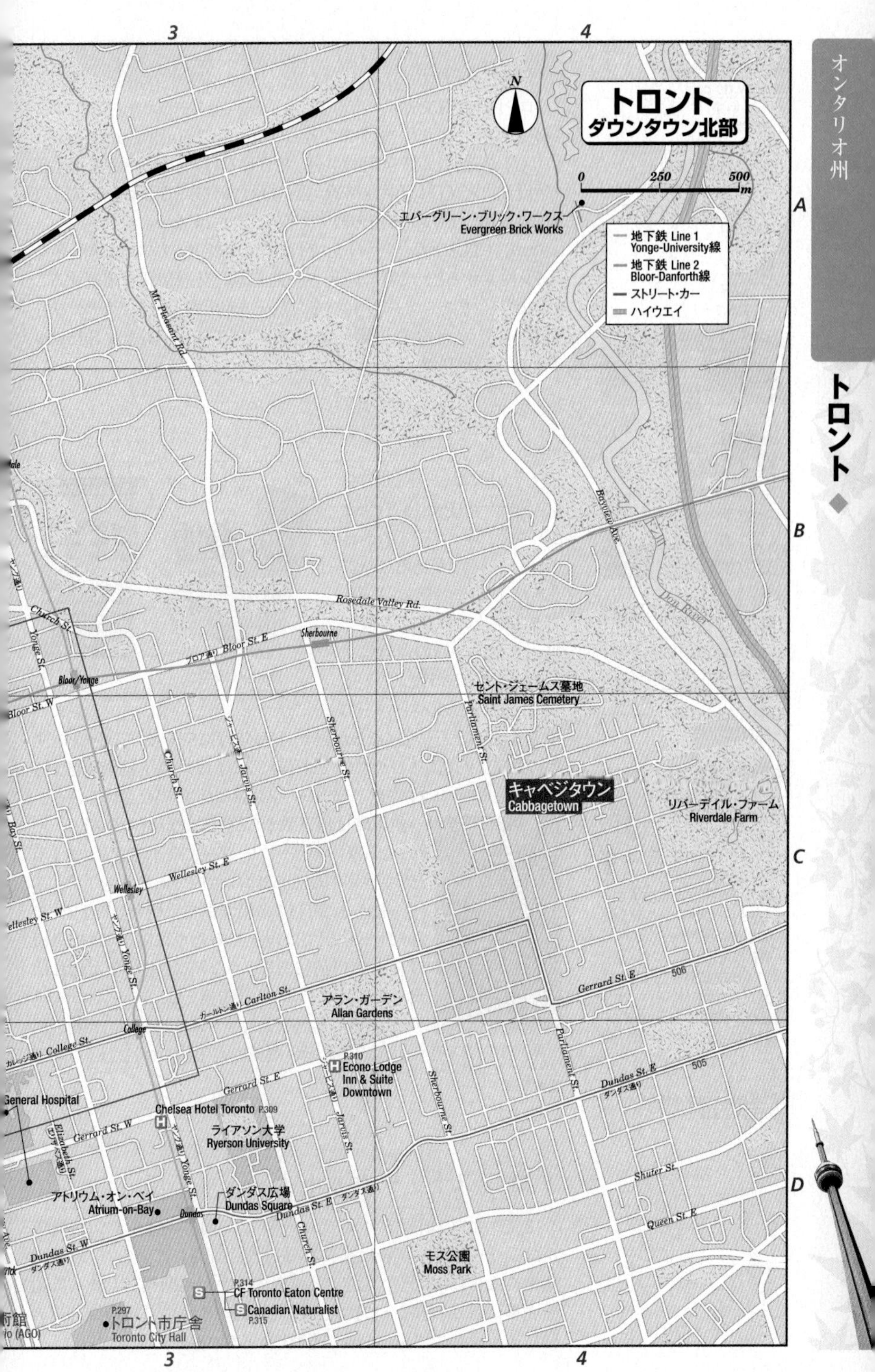
トロント
ダウンタウン北部
0 250 500m
地下鉄 Line 1 Yonge-University線
地下鉄 Line 2 Bloor-Danforth線
ストリート・カー
ハイウエイ
エバーグリーン・ブリック・ワークス
Evergreen Brick Works
Mt. Pleasant Rd.
Bayview Ave.
Don River
Rosedale Valley Rd.
Sherbourne
Bloor St. E
Bloor/Yonge
Bloor St. W
Church St.
Yonge St.
セント・ジェームス墓地
Saint James Cemetery
Parliament St.
Sherbourne St.
Jarvis St.
キャベジタウン
Cabbagetown
リバーデイル・ファーム
Riverdale Farm
Bay St.
Wellesley St. E
Wellesley
Wellesley St. W
Gerrard St. E
506
Carlton St.
アラン・ガーデン
Allan Gardens
College
College St.
P.310
Econo Lodge Inn & Suite Downtown
Dundas St. E
505
General Hospital
Chelsea Hotel Toronto P.309
ライアソン大学
Ryerson University
Gerrard St. W
Elizabeth St.
Shuter St.
アトリウム・オン・ベイ
Atrium-on-Bay
ダンダス広場
Dundas Square
Dundas
Queen St. E
Dundas St. W
モス公園
Moss Park
P.314
CF Toronto Eaton Centre
Canadian Naturalist
P.315
P.297
トロント市庁舎
Toronto City Hall

市内交通

トロントの市内交通は、市バス、地下鉄、ストリート・カー（市電）の3つがメイン。いずれもトロント市交通局Toronto Transit Commission（TTC）が運営し、チケットは共通。ほかにGOトランジットが運営する郊外行きのGOトレイン（8路線）とGOバスがあるが、おもに市民の通勤手段で、トロント市内の観光で使うことはまずない。

なお、TTCのウェブサイト上で行き先の駅名やバスの停留所名を入力・検索すると、最新の時刻表や路線図、交通情報を確認することができる。またスマートフォンやタブレットを利用するなら、カナダの主要都市で使える乗り換え案内アプリ「Transit Bus & Subway Times」が便利だ。

TTCの料金とチケット

チケットには、一回券のプレスト・チケットPresto Ticketと、プレスト・カードPresto Cardの2種類がある。いずれも地下鉄の各駅に設置してある緑色の自動販売機で購入可能。一回の運賃はプレスト・チケットが大人$3.35なのに対してプレスト・カードは大人$3.3と若干安くなるが、カードの発行に$6を要するため短期間の観光ならプレスト・チケットがお得になる。12歳以下は乗車無料。なお、従来のトークンやウィークリーパスは2019年に廃止されている。

↑乗り換えに必要なトランスファー・チケット

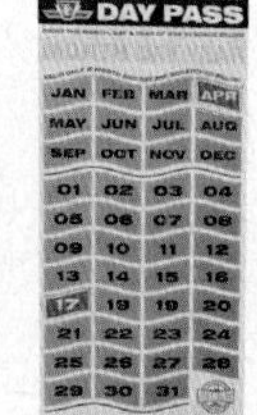

↑便利なデイパス

使用時は地下鉄なら改札に、市バスやストリート・カーなら車内のカードリーダーに乗車時にタップするだけ。使用開始から2時間以内であれば地下鉄、ストリート・カー、市バスの相互間で乗り換えが可能。また、地下鉄駅では現金での乗車に限り、改札口横の有人窓口前にある小さな箱に$3.35を入れれば乗車できる。この場合、乗り換えにはトランスファーチケットが必要となるので、トランスファーズTransfersの表示がある赤い機械で入手しておくこと。

↑地下鉄のトランスファー・チケットはこの機械から取る

チケットの種類

プレスト・チケット Presto Ticket

磁気タイプの紙製チケットで、一回券、二回券、デイパスの3種類がある。一回券の場合は裏に有効時間が記されているので、その時間内なら乗り換えが可能。いずれのチケットも駅構内にある自動券売機のほか、トロントに拠点を構えカナダではおなじみのドラッグストア、ショッパーズShoppersでも取り扱っている。

トロント市交通局（TTC）
TEL (416)393-4636
URL www.ttc.ca
チケット料金
料 一回券
大人$3.35、シニア＄2.3、ユース（13～19歳）$2.4（プレスト・カード利用時は大人$3.3、シニア＄2.25、ユース$2.35）
二回券
1人$6.7
デイパス
1人$13.5

↑無料アプリ「Transit Bus & Subway Times」

GOトランジット
（→P.281）

路線図を手に入れよう
TTCでは、地下鉄、ストリート・カー、市バスの路線が載った「ライド・ガイドRide Guide」を発行している。地下鉄の改札窓口や観光案内所でもらえるほか、ホームページでも確認できる。

コミュニティ・サイクル
トロントには、近年世界中で流行中のコミュニティ・サイクルという自転車シェアシステムが導入されている。一度登録してしまえばその期間内なら何度も利用でき、市内のいたるところに無人の自転車スタンド（ステーション）があるため、観光にも便利。

最初にステーションに備え付けられている支払い機で1日パスを買う（1分単位でカウントする従量課金パスもある）。表示されるコード番号を入力して鍵を外せば使える。

Bike shere Toronto
URL bikesharetoronto.com
料 1日パス$15

プレスト・カード Presto Card

日本のSuicaやICOCAのような、チャージ式のICカード。地下鉄駅にある自動券売機で購入でき、最初にカードの発行代$6と、最低チャージ料金の$10がかかる。乗り換えなどの時間計算もやってくれるのでとても便利だが、タップのたびに残高が表示される機能はないので、残高不足にならないよう注意しよう。カードのチャージと残高の確認は自動券売機でできる。新型のトラムの場合、車内に同じ自動券売機がある場合が多い。

⬆地下鉄にあるプレスト・カード専用の券売機

⬆プレスト・カードとプレスト・チケットの場合はこの改札にタッチするだけでOK

地下鉄 Subway

⬆シルバーのレトロな車体

ダウンタウンを南北U字形に走るヤング-ユニバーシティ-スパダイナ線Yonge-University-Spadina (Line 1)、東西をほぼ一直線に横切るブロア-ダンフォース線Bloor-Danforth (Line 2) のふたつがトロント地下鉄の主要路線。地下鉄駅に入るときは、改札機に有効なプレスト・チケットまたはプレスト・カードをかざせばバーが開く。現金払いの場合は、改札脇の窓口に設置してある小箱に入れる。トランスファーチケットは窓口で係員に見せるだけでいい。地下鉄はすべての駅に停車し、ドアは自動開閉。日本の地下鉄と比べると停車時間が短いため、乗り降りは機敏に。

地下鉄
運月～土6:00頃～翌1:30頃
日8:00頃～翌1:30頃
運行は2～6分間隔

夜間、駅にひと気がないときはDWA (Designed Waiting Area)で電車を待とう。これは、駅員の目の届く範囲、防犯カメラ設置エリア。車掌のいる中央の車両もこのDWAに停まる。車掌室は窓の上に電球が付いている。万一危険な目に遭ったら、窓の上のPassenger Assistance Alarmというベルトに触れれば、車掌が飛んでくる。

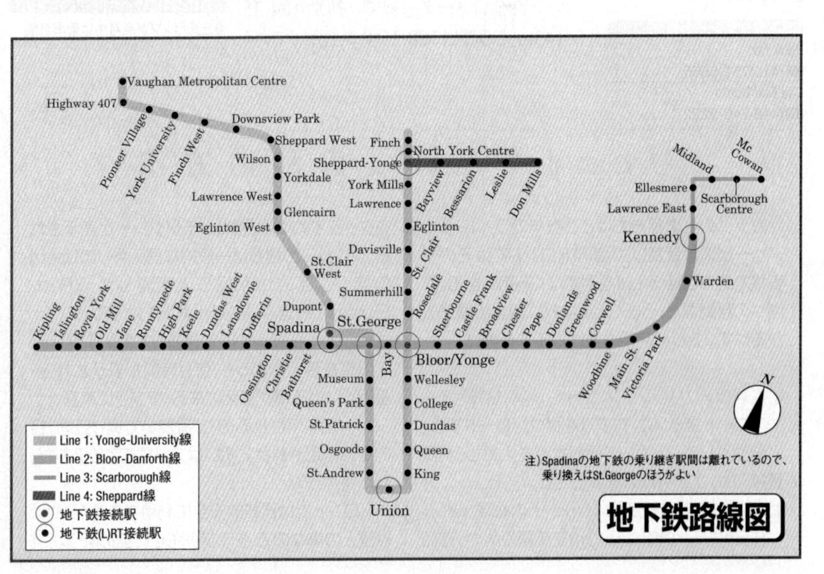

ストリート・カー Street Car

ダウンタウンを東西に横切る主要な通りと、チャイナタウンのあるスパダイナ通りSpadina Ave.やバサースト通りBathurst St.を通る路面電車。どのドアからも乗車でき、ドア横の機械にプレスト・チケットまたはカードをタッチする。有効なチケットを持っていない場合は、車内の券売機でプレスト・チケットの一回券を買うことも可能(支払いは現金のみ)。降車時は、日本のバスのように手すりに設置された黄色い降車ボタンを押してドライバ ーに知らせる。停車したら、ドアについている取っ手を押せば開く。降車は前後どちらのドアからでもかまわない。停留所ごとに通り名のアナウンスが入るので、聞き逃さないようにしよう。

↑停留所ごとに通りの名前をアナウンスしてくれる

市バス City Bus

市バスの路線は、市内に網の目のように広がっている。バス停と乗降の仕方はストリート・カーと同じ。

タクシー Taxi

市内には流しのタクシーも多く、主要な通りに出ればほぼ確実につかまえられる。つかまえるときは、日本と同じに手を挙げればいい。また、高級ホテル前やユニオン駅などにタクシーが停まっていることも多い。料金はメーター制で、初乗り$4.25。143m走るごとに$0.25ずつ上がっていく。

↑上のランプが点灯中は乗車可能

ストリート・カーの路線と走る通り

＃501(クイーン通り)
＃504(キング通り)
＃505(ダンダス通り)
＃506(カレッジ通り～カールトン通りCarlton St.)
＃509(ハーバーフロント)
＃510(スパダイナ通り)
＃511(バサースト通り)
＃512(セントクレア通りSt. Clair Ave.)
※一部のルートでは工事や季節運行による便の増減のため、停留所が変更されることもある。最新の情報を確認のこと。

↑ストリート・カーの停留所は赤く細長い看板が目印

深夜の市バス

標示板に24hrと書いてある市バスは24時間運行のバスBlue Night Network。さらに1:30～5:00にかけて約30分ごとに深夜バスも運行される。深夜バスのバス停にはBlue Night Serviceというサインがある。

おもなタクシー会社

Beck Taxi
TEL(416)751-5555
City Taxi Tronto
TEL(416)740-2222

COLUMN

UberやLyftの利用方法

カナダの主要都市ではここ数年でライド・シェアサービスが普及し、大都市トロントではその代表格であるUberやLyftを問題なく利用できる。空港への移動など、うまく活用すれば観光の幅が広がるはず。Uberの利用方法は以下を参考に。

①無料のアプリをダウンロードし、利用登録する

スマートフォンに、アプリをダウンロードする。名前やクレジットカード情報などを入力し、利用登録(アカウント作成)を済ませる。

②行きたい場所を指定し、タクシーの種類を選ぶ

「行き先？」の欄に、目的地を英語で入力。確認をタップすれば、周囲にいるタクシーが表示される。タクシーの種類は一般的な個人乗りのUberXのほか、目的地が同じ人が乗り合うPool、Expressから選ぶ。乗り合いのほうが安い。

③車が来たら、ナンバーを確認して乗車する

配車を確定させると、待ち時間が表示され、一番近くにいる車が迎えに来る。アプリに車種とナンバーが表示されるので、確認して乗り込む。目的地の指定や料金支払いはアプリで完結済みだ。

利用時の注意

トロントでは比較的安全に利用できるが、やはり個人の車なので、トラブル防止に努めよう。

トロントの歩き方

トロントのダウンタウンは、南はオンタリオ湖Lake Ontarioの湖畔から北はブロア通りBloor St.、東はジャービス通りJarvis St.から西のスパダイナ通りに囲まれた一帯。カレッジ通りCollege St.を境に北と南に分けられ、南は**ユニオン駅**を、北は**トロント大学**を中心に広がっている。ダウンタウンには地下鉄やストリート・カーが発達しているので、これらをうまく乗りこなすことがトロント観光のコツだ。南北を貫く主要な通りは、地下鉄の通っている**ヤング通りYonge St.**、その1ブロック西の**ベイ通りBay St.**、ユニオン駅からオンタリオ州議事堂へ続く**ユニバーシティ通りUniversity Ave.**、そしてストリート・カーの走る**スパダイナ通り**。東西に走るのは南から**フロント通り**、**キング通りKing St.**、**クイーン通りQueen St.**、**ダンダス通りDundas St.**、**カレッジ通り**、**ブロア通り**が目抜き通りとなっている。トロントの道路はほとんどが碁盤の目状になっているので、おもな通りを頭に入れておけば歩きやすくなる。

観光案内所

Ontario Travel Information Centres

MAP P.297-1
住 65 Front St. W
FREE (1-800)668-2746
URL www.destinationontario.com
開 月～土9:00～17:00
日10:00～17:00
（時期により変動あり）
休 無休

オンタリオ州の観光案内所なので、トロントのみならず、オンタリオ州全域の情報が手に入る。ホテル予約も可能。

↑ユニオン駅構内、西端のヨーク通りYork St.側にある

ダウンタウンぐるり一周

スタートはユニオン駅。ハーバーフロントへは、ストリート・カーの利用が便利。ハーバーフロントからスパダイナ通りを北上すれば、右側に**劇場街**が広がり、そのまま進めば**チャイナタウン**や**トロント大学**へと行き着く。トロント大学北側のブロア通りを東に進み、アベニュー通りAvenue Rd.の交差点から南へ下ると、クイーンズ公園Queen's Parkがあり、中心には**オンタリオ州議事堂**が立つ。トロント大学を東へ横切ってヤング通りまで行き南下すると、通り沿いにショッピングセンター、「CF Toronto Eaton Centre（→P.314）」がある。フロント通りまで来て右折すればユニオン駅に戻り、ダウンタウンを一周したことになる。

➡ランドマークのCNタワーと赤いストリート・カー

現地発のツアー

シティ・サイトシーイング・トロント
City Sightseeing Toronto

オープンデッキの赤い2階建てバスに乗り、市内のおもな見どころを巡回するToronto Hop-on Hop-off Sightseeing Tourを催行。ダウンタウンの見どころを回り、15ヵ所ある停留所のどこでも乗り降り自由。チケットは24時間有効。

また、夏季シーズンに合わせてオンタリオ湖に浮かぶトロント・アイランズを回るクルーズツアー、Harbour & Islands Cruiseも催行している。こちらはオープンデッキの小型のクルーズ船に乗る約45分のツアー。船内には売店があり、クラフトビールやソフトドリンクを飲みながら船上からの爽快な景色を楽しむことも。どちらもウェブサイトから予約・購入できる。

DATA

シティ・サイトシーイング・トロント
MAP 283-A3　住 1 Dundas St. E.
TEL (416)410-0536　URL citysightseeingtoronto.com
Toronto Hop-on Hop-off Sightseeing Tour
催 毎日9:00～17:00頃
15～30分ごとに出発。冬季は時間短縮で運行。
料 大人$66、シニア・学生$63、子供(3～12歳)$42
Harbour & Islands Cruise
催 8～10月
毎日11:30、12:30、13:30、14:30、15:30、16:30発
料 大人$25、シニア・学生$25、子供(3～12歳)$20
※運航スケジュールはウェブサイトを要確認。

Toronto
エリアインフォメーション

A カナダ最大の繁華街 ダウンタウン中心部

ユニオン駅を取り囲むようにして、ロジャース・センターやCNタワーなどカナダを代表する見どころがある。駅の北部はオフィス街の金融街と劇場街が広がり、その北側にあるのがトロントの市庁舎。北西にはチャイナタウンやオンタリオ美術館が、東の端にはセント・ローレンス・マーケットがある。エリアはかなり広いので、徒歩で回るのは厳しい。地下鉄やストリート・カーを活用しよう。

↑ユニオン駅とCNタワー

見どころ ★★★★★
グルメ ★★★★★
ショッピング ★★★★★

↑冬には目の前の広場でアイススケートが楽しめるトロント市庁舎

おもな見どころ

CNタワー(→P.296)
オンタリオ美術館(→P.298)
セント・ローレンス・マーケット(→P.299)

ネイバーフッドとエスニックタウン

劇場街(→P.293)、金融街(→P.293)
チャイナタウン(→P.294)
ケンジントン・マーケット(→P.292)

B オンタリオ湖畔の癒やしスポット ハーバーフロント

ユニオン駅の南側、オンタリオ湖畔に面して近代的な建物が並ぶエリア。1973年から始まった再開発地区で、港沿いには遊歩道が延び、湖を見ながら食事が楽しめるレストランやブリューパブも増えてきている。埠頭からはオンタリオ湖を進むクルーズ船やトロント・アイランズへ行くフェリーも出る。トロント・アイランズには、LCCのポーター航空が発着するビリー・ビショップ・トロント・シティ空港もある。

見どころ ★★
グルメ ★★★
ショッピング ★

おもな見どころ

トロント・アイランズ(→P.300)
フォート・ヨーク(→P.301)

C 大学や博物館が集中する ダウンタウン北部

ストリート・カーの走るカレッジ通りの北側。ダウンタウンを南北に貫くユニバーシティ通りを境に東西で大きく街並みが変わり、西はトロント大学を中心とした学生街、東はコンドミニアムが並ぶ住宅区となっている。ユニバーシティ通りにはオンタリオ州議事堂のあるクイーンズ公園が広がり、公園の北にはロイヤル・オンタリオ博物館などの博物館が集中している。北の端にあたるのが、一大ショッピングエリアのブロア／ヨークヴィルだ。

見どころ ★★★★
グルメ ★★★★
ショッピング ★★★★★

おもな見どころ

トロント大学(→P.301)
オンタリオ州議事堂(→P.301)
ロイヤル・オンタリオ博物館(→P.302)

ネイバーフッドとエスニックタウン

ブロア／ヨークヴィル(→P.293)

ユースフル・インフォメーション
Useful Informaiton

在トロント日本国総領事館
Consulate-General of Japan in Toronto
MAP P.297-2 住 Suite 3300, 77 King St. W.
TEL (416)363-7038
URL www.toronto.ca.emb-japan.go.jp
開 月〜金9:00〜12:30/13:30〜16:00 休 土・日、祝

警察
Toronto Police Service
MAP P.302-B2 住 40 College St. TEL (416)808-2222

病院
トロント総合病院 Toronto General Hospital
MAP P.302-B2
住 200 Elizabeth St. TEL (416)340-4800

日本語の通じる病院・薬局
ウェルネス・キズナ Wellness Kizuna MAP P.278-A1
住 5292 Yonge St.(Health One Medical Centre内)
TEL (647)628-0023
医療通訳、海外旅行保険対応可。要予約。

おもなレンタカー会社
Avis トロント・ピアソン国際空港
TEL (406)676-1100
ダウンタウン MAP P.297-2
住 161 Bay St. TEL (416)777-2847
Hertz トロント・ピアソン国際空港
TEL (416)676-5857
ダウンタウン MAP P.297-2
住 161 Bay St. TEL (416)364-2080

⬅コリアタウンには、アジア食材のスーパーもたくさんある

国際色豊かな商業地区

D ダウンタウン周辺

トロントのダウンタウンは、北はヨークヴィル、南はユニオン駅、西をスパダイナ通り、東をチャーチ通りに囲まれた一帯だが、その周囲にもたくさんの見どころや興味深いエスニックタウンとネイバーフッドが点在している。特に北西からコリアタウン、リトル・イタリーと続くあたりは、コスモポリタン・シティの雰囲気を色濃く感じられる一帯だ。ダウンタウンから距離はあるものの、ストリート・カーや地下鉄を使えば移動は楽々。

見どころ ★★
グルメ ★★★★★
ショッピング ★★

おもな見どころ
ディスティラリー地区(→P.303)

ネイバーフッドとエスニックタウン
コリアタウン(→P.295)、リトル・イタリー(→P.294)
グリークタウン(→P.295)

E
C
トロント大学
D
D
A
ユニオン駅
B
N
トロント・アイランズ
0 1km

静かな高級住宅街

E ミッドタウン

ダウンタウンの北は、ミッドタウンMidtownと呼ばれる地区。街を見下ろす高台になっており、トロントきっての高級住宅街としても知られている。観光スポットは多くないものの、カーサ・ロマやスパダイナ博物館などかつての実業家の大邸宅を利用した見どころが人気を呼んでいる。ダウンタウンからは地下鉄と徒歩でアクセスする。歩く際は、坂道が多いので注意して。

➡まるで城のような大邸宅、カーサ・ロマ

見どころ ★★★
グルメ ★
ショッピング ★

おもな見どころ
カーサ・ロマ(→P.304)
スパダイナ博物館(→P.304)

郊外

トロントおよびヨークYorkなど周辺の市を含むグレーター・トロントにも、たくさんの見どころがある。カナダ最大の動物園であるトロント動物園やブラック・クリーク・パイオニア・ビレッジなど広大な敷地を生かしたテーマパークが多く、観光客はもちろん地元のファミリー連れも多く訪れる。移動は市バスがメインとなる。

⬆カナダアートの名作が一堂に会すマクマイケル・カナディアン・アート・コレクション

見どころ ★★★
グルメ ★
ショッピング ★

おもな見どころ
ブラック・クリーク・パイオニア・ビレッジ(→P.305)
マクマイケル・カナディアン・アート・コレクション(→P.305)
トロント動物園(→P.305)

COLUMN

ネイバーフッドとエスニックタウン

小さくて個性的なエリアが連続するトロントの街は、「ネイバーフッドNeighbourhood」の集合体といわれる。ネイバーフッドとは「隣人」という意味で、それぞれ特徴をもったエリアを指す言葉だ。例えば、ユニオン駅の目の前は高層ビルが建ち並ぶオフィス街になっているが、ちょうど駅を境に、東が金融街、西が劇場街となっている。ユニオン駅の南にはオンタリオ湖沿いに広がるネイバーフッド、ハーバーフロントがある。また、クイーン・ストリート・ウエストやブロア/ヨークヴィル、ケンジントンなどのショッピング街も、ネイバーフッドになる。クイーン・ストリート・ウエストは小さなセレクトショップ、ブロア/ヨークヴィルはブランドのブティックや高級デパート、ケンジントン・マーケットはアメリカ古着と、エリアによりはっきりとショップの傾向が分けれているのがおもしろい。

移民たちのコミュニティであるエスニックタウンもまた、ネイバーフッドのひとつ。エスニックタウンはその国の文化を感じられるエリア。チャイナタウンやリトル・イタリー、コリアタウン、グリークタウンなど、それぞれの民族がお互いを尊重しながらそれぞれの街並みを形作っている。通りを1本隔てて、ガラリと雰囲気を変える様子は、「移民の国カナダ」を体現している。

おもなネイバーフッドとエスニックタウンの紹介はP.292〜295を参照のこと。

何とおりも楽しめる注目エリア

ネイバーフッド Neighbourhood

トロントの街を語るのに外せないネイバーフッド（→P291）。
観光商業地区からショッピングエリアまで、注目のネイバーフッドをピックアップ。

センス抜群のセレクトショップが並ぶ

クイーン・ストリート・ウエスト
Queen Street West

クイーン通りの地下鉄オスグード駅Osgoodeから西側。特にスパダイナ通りの西には、個性的なセレクトショップやレストラン、カフェが軒を並べる。若者が多く、1日中にぎわっている。

MAP P.282-B1・2

URL westqueenwest.ca

交 ストリート・カーの#501(クイーン通り)に乗り、バサースト通りBathurst St.下車。

↑ファッションや雑貨、インテリアの店が多い

Check! ここ数年、クイーン・ストリート・ウエストの1本南にあるラッシュ・レーン通りRush Laneが、一部グラフィティ・アレーGrafiiti Alleyと呼ばれ注目を集めている。道の両側には色鮮やかなウオールアートがびっしり！ 記念撮影に来るトロント市民も多い。

↑ユニークなウオールアートも多い ⬅人気の観光スポットになっている

古着とオーガニックがキーワード

ケンジントン・マーケット
Kensington Market

古着の街として知られるケンジントンは、もとはユダヤ系の移民によって開かれたエスニックタウンだった。ケンジントン通りKensington Ave.やオーガスタ通りAugusta Ave.には古着屋をはじめ、各国料理のレストラン、オーガニックカフェがひしめき合う。

MAP P.282-A1・2/P.284-D2

URL www.kensington-market.ca

交 ストリート・カー#505、#510でダンダス通りとスパダイナ通りの交差点下車、徒歩5分。

↑カラフルな店が並ぶケンジントン通り

さまざまな文化が混じり合う、独特の雰囲気を楽しんで!

↑人気の古着屋さん、「Exile Vintage（→P.314）」のスタッフ

Kensington market

高級ブランドショップがずらり

ブロア／ヨークヴィル
Bloor/Yorkville

トロント随一の高級ショッピングエリア。ブロア通りには、シャネルやカルティエなど高級ブランドからナイキやギャップなどの北米のカジュアルブランドまで、さまざまなショップが集中。ブロア通りのふた筋北にあるヨークヴィル通りYorkville Ave.にも注目。

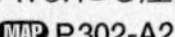
MAP P.302-A2
URL bloor-yorkville.com
交 地下鉄ブロア／ヤング駅Bloor/Yonge、ベイ駅Bay、ミュージアム駅Museumのいずれかで下車。

↑れんが造りのかわいい建物が並ぶヨークヴィル通り ←夏には花に飾られ、いっそうカラフルに!

トロントのブロードウエイ

劇場街
Entertainment District

キング通り沿いに立つふたつの劇場、ロイヤル・アレクサンドラ劇場とプリンセス・オブ・ウェールズ劇場を中心とした一帯。周囲にはコンサートホールやシアターが集まる。レストランやナイトクラブも多く、ナイトライフも楽しめる。劇場の情報はP.306参照。

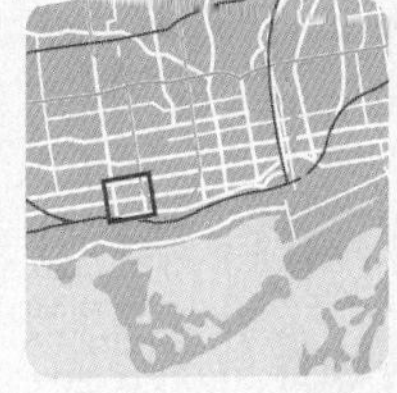
MAP P.297-1
交 地下鉄セント・アンドリュー駅St. Andrewから徒歩1分。

➡オペラやコンサートが行われるロイ・トムソン・ホール ⬇ロイヤル・アレクサンドラ劇場。演目はウェブサイトでチェックして

高層ビルが並ぶ
トロント版ウオール街

金融街
Financial District

ユニオン駅の目の前にある、摩天楼が並ぶエリア。ここにはカナダの主要銀行が集まり、別名「カナダのウォール街」と呼ばれる。ひときわ目立つ金色のビルは、ロイヤル・バンク・プラザRoyal Bank Plaza。表面には本物の金が約70kgも使われている。

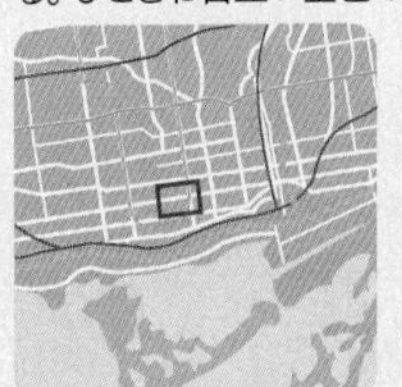
MAP P.297-2
URL torontofinancialdistrict.com
交 ユニオン駅から徒歩1分。

↑見上げると、その高さに思わずくらくらしてしまう ←金ぴかのビル、ロイヤル・バンク・プラザ

⬆市内にはほか4つのチャイナタウンがあるがここが最も古い ⬅さまざまな看板がひしめく

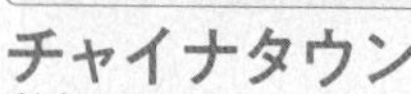

最も歴史のあるチャイナタウン

チャイナタウン
Chinatown

トロント最大のエスニックタウン。中心はスパダイナ通りとダンダス通りの交差点で、特にスパダイナ通りには中華レストランやスーパー、漢方薬店がひしめき、中華門や彫像も建てられている。あらゆる人種の人が買い物や食事に訪れ、活気ある雰囲気。MAP P.282-A2／P.284-D2
交 地下鉄セント・パトリック駅St. Patrickから徒歩5分。

⬆ランチには飲茶が人気。英語ではDim Sum。「福州海鮮酒樓（→P.313）」にて

⬆麺料理は$10前後で味わえる店も多い。こちらは「汕頭小食家（→P.313）」のワンタン麺

ヨーロッパを思わせる開放的な街並み

リトル・イタリー
Little Italy

ダウンタウンからカレッジ通りを西へ進み、パルマーストン通りPalmerston Ave.を過ぎたあたりから始まるのが、イタリア系移民によるエスニックタウン、リトル・イタリー。ここでは、通りの両脇に並ぶオープンエアのカフェでのんびりとお茶を楽しみたい。
MAP P.282-A1／P.284-D1
交 ストリート・カー#506でカレッジ通りとユークリッド通りEuclid Ave.の交差点下車、徒歩3分。

⬆イタリアの伝統スイーツやカプチーノを召し上がれ! ⬅夏にはたくさんのテラス席が出る

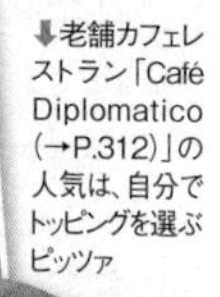

⬇老舗カフェレストラン「Café Diplomatico（→P.312）」の人気は、自分でトッピングを選ぶピッツァ

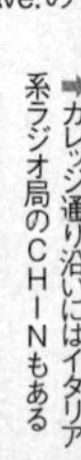

➡カレッジ通り沿いにはイタリア系ラジオ局のCHINもある

スニック ウン Big Four Ethnictown

ポリタンシティ、トロントを体感するな
ニックタウンへ行ってみよう。街を歩
とは、郷土料理の店で世界を味わおう!

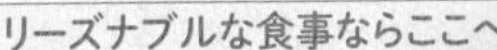

リーズナブルな食事ならここへ

コリアタウン
Koreatown

ブロア通りを西に歩いていくと、突如として現れる大量のハングル文字。韓国人移民のコミュニティであるコリアタウンは、バサースト通りを過ぎたあたりから500m以上にわたって続く。韓国料理のほか日本食のレストランも多く、どの店もリーズナブル。MAP P.284-C1

交地下鉄クリスティー駅Christieから徒歩すぐ。

⬆通りにはコリアタウンの看板がある

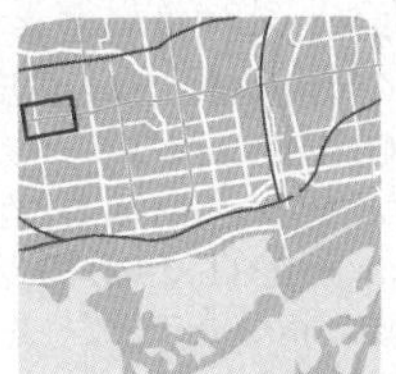

⬆韓国海苔やキムチなどを売る店もあり、普通のスーパーで買うよりも安い

⬅辛い鍋やスープは、韓国ならではの味

➡どの料理もキムチなどたくさんの副菜が付いてくる。「Paldo Gangsan Korean Restaurant (→P.313)」にて

道の両脇にレストランがずらり!

グリークタウン
Greektown

ギリシャ国外では最大のギリシャ人コミュニティ。ダウンタウンの東、ダンフォース通り沿いに広がり、中心はペイプ通りPape Ave.との交差点付近。毎年8月上旬にはTaste of Danforth と呼ばれるイベントが催され、郷土料理の屋台や民族音楽のコンサートが行われる。

MAP P.278-B2

URL greektowntoronto.com

交地下鉄ペイプ駅Papeまたは、チェスター駅Chesterから徒歩すぐ。

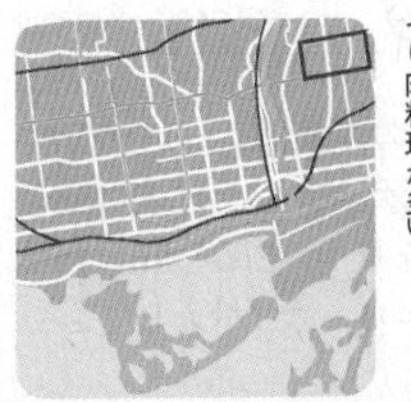

©Susan G. Enberg / shutterstock.com

⬆すべての店がダンフォース通り沿いにある

通りにはグリークタウンの旗や標識が!

⬇老舗「Astoria Shish Kebob House (→P.312)」のロースト・ラム

➡ケバブやスブラキなど、がっつり肉料理が多い

おもな見どころ

ダウンタウン中心部

CNタワー
住 290 Bremner Blvd.
TEL (416)868-6937
URL www.cntower.ca
開 毎日9:00～21:30
休 無休
料 大人$43～45($53)、シニア・ユース(6～13歳)$30～32 ($40)、子供(3～5歳) $14～16($24)
※( )内はスカイポッド込みの料金。ウェブサイトからの予約で割引がある
エッジ・ウオーク
催 4月上旬～10月上旬
要予約、荒天時は中止
料 1人$199～(屋内・屋外展望台、グラスフロア、スカイポッド込み。13歳以上。)
地下鉄ユニオン駅から、専用の連絡通路スカイウオークSkywalkで結ばれている。

ロジャース・センター
住 1 Blue Jays Way
TEL (416)341-1000
URL www.mlb.com/bluejays/ballpark
ガイドツアー
TEL (416)341-2770
※2023年8月現在、休止中(再開は未定)。

⬆メジャーリーグ観戦ができるロジャース・センター

リプリーズ・アクアリウム・オブ・カナダ
住 288 Bremner Blvd.
TEL (647)351-3474
URL www.ripleyaquariums.com
開 夏季　毎日9:00～23:00
冬季　毎日9:00～21:00
休 無休
料 大人$44、シニア・ユース(6～13歳)$29、子供(3～5歳) $12.5

⬆サメの迫力を間近で体感できる

CNタワー
CN Tower

MAP P.297-1

★★★

⬆夜のライトアップも注目

1976年、カナダ国鉄Canadian National Railway(CN鉄道)により、テレビやラジオなどの電波塔として建造された。全長553.33mの天を突き刺すような独特の形は、街のランドマークとして親しまれている。東京スカイツリーや広州タワーが建つまで、自立式電波塔としては世界1位の高さだった。

円盤型をしたタワー内には、ふたつの展望台がある。地上342mにある屋外展望台(※2023年8月現在、改修工事のため一部閉鎖中)と、346mにあるメインの屋内展望台だ。屋内展望台には床がガラス張りになったグラスフロアGlass Floorがある。グラスフロアに立って下を向くと、目もくらむような眺めが楽しめスリル満点。地上351mには、展望レストラン「360 Restaurant(→P.311)」もある。最近人気なのは、展望台外側に設置された幅1.5mの縁(エッジ)を歩くエッジ・ウオークEdge Walk。ケーブル1本を命づなにした、スリル満点のアクティビティだ。

また、尖塔のてっぺんには、地上447mの展望台スカイポッド(スペースデッキ)Sky Podがある。なお、展望フロアからスカイポッドまでは別料金。塔の下部はショッピングアーケードになっており、カナダの民芸品やメープルシロップなどの定番アイテムからCNタワーのグッズが揃う。

ロジャース・センター
Rogers Centre

MAP P.297-1

★★★

世界初の自動開閉式の屋根をもつドーム球場(旧スカイドーム)。アメリカのメジャーリーグ・ベースボール(MLB)のトロント・ブルージェイズToronto Blue Jays、カナディアン・フットボール・リーグ(CFL)のトロント・アルゴノーツToronto Argonautsのホームスタジアム。内部を見学できるガイドツアーが人気。隣接の「Toronto Marriott City Centre Hotel(→P.309)」やドーム内のレストランからスタジアムを見渡せるので、各施設を利用すれば宿泊料や飲食代のみで試合を観戦できる。CNタワーとも連結している。

リプリーズ・アクアリウム・オブ・カナダ
Ripley's Aquarium of Canada

MAP P.297-1/P.300-2

★★★

CNタワーに隣接しているカナダ最大規模の水族館。1万3500㎡もの敷地で、1万6000種以上の海の生物を展示している。館内は熱帯魚が見られるRainbow Reefや、サメを展示するDangerous Lagoon、クラゲがいるPlanet Jelliesなど9つのテーマに分かれている。カフェやオフィシャルショップも併設。

ホッケーの殿堂

MAP P.297-2

Hockey Hall of Fame

★★★

↑同フロアにはフードコートがある

アイスホッケーファン必見の博物館。館内にはカナダの国民的ヒーロー、ウェイン・グレツキーWayne Gretzkyなどアイスホッケーの歴史を彩ったスーパースターが身に付けていたアイテムがところ狭しと展示してある。モントリオール・カナディアンズMontréal Canadiensのロッカールームを再現した部屋もある。NHLの優勝カップであるスタンレーカップもあり、カップを獲得したチームのメンバー全員の名前が刻まれている。

ホッケーの殿堂

住30 Yonge St., Brookfield Pl.
TEL(416)360-7765
URL www.hhof.com
開6/26～9/4
毎日10:00～18:00
9/5～6/25
毎日10:00～17:00
休無休
料大人$25、シニア$20、ユース(4～13歳)$15、子供無料

ウェイン・グレツキー

オンタリオ州出身のNHLプレイヤーで、アイスホッケー史上最高の選手。エドモントン・オイラーズ、ロサンゼルス・キングス、セントルイス・ブルース、ニューヨーク・レンジャースに所属した現役時代の成績は、最優秀選手賞9回、得点王10回など、大活躍。1999年の引退時には、61ものNHL公式個人記録を保有。チームとしてもスタンレーカップを4回獲得した。

トロント市庁舎

MAP P.283-A3/P.285-D3

Toronto City Hall

★★★

↑新旧市庁舎を見比べてみよう

1965年に建造された、トロントの新市庁舎。ふたつの湾曲したビルが向き合うように建てられた斬新なフォルムは、フィンランド人デザイナー、ヴィリオ・レヴェルViljo Revellのデザインだ。建物正面のネイザン・フィリップス広場Nathan Phillips Squareに置かれた彫像は、ヴィリオ・レヴェルと親交のあった彫刻家ヘンリー・ムーアHenry Mooreのもの。広場は市民の憩いの場でもあり、さまざまなイベントが催されるほか、冬にはスケートリンクにも変貌する。

トロント市庁舎

住100 Queen St. W.
TEL(416)392-2489
開月～金8:30～16:30
休土・日

ネイザン・フィリップス広場の東隣にある石造りの堅牢な建物は、1899年に建てられた旧市庁舎Old City Hall。大理石製の内装が豪華。現在はトロント市の裁判所として利用されている。

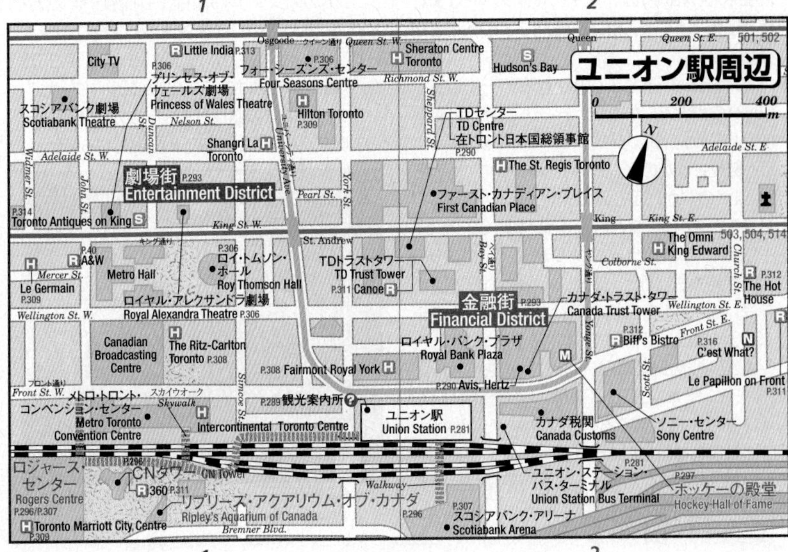

オンタリオ美術館
住 317 Dundas St. W.
TEL (416)979-6648
FREE (1-877)255-4246
URL ago.ca
開 火・木10:30～17:00
水・金10:30～21:00
土・日10:30～17:30
休 月
料 1人$30（25歳以下は入館無料。パスポートなどの身分証明書を要提示）
交 地下鉄セント・パトリック駅から徒歩5分。

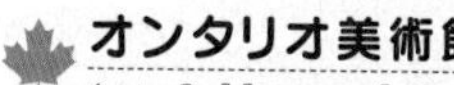

オンタリオ美術館

MAP P.282-A2/P.284-D2

Art Gallery of Ontario(AGO)

★★★

↑外観は斬新なデザイン

市民からは親しみを込めてAGOと呼ばれている美術館。所蔵作品は9万点を超え、4000点以上を公開している。その内容はピカソやゴッホ、モネ、セザンヌなどヨーロッパ絵画をはじめ、グループ・オブ・セブンを中心とするカナダ美術のほか、イヌイットアートも充実。また、ヘンリー・ムーアの彫刻コレクションは世界最大級といわれている。ほかにも、アフリカやオセアニア美術、写真展示にコンテンポラリーアートのコレクションなど必見作品は多数。館内にはカフェもある。建物の裏のグランジ公園Grange Parkには美術館のもとになったジョージア様式の邸宅、グランジThe Grangeがある。

COLUMN

トム・トムソンとグループ・オブ・セブン

カナダのアートシーンを語るとき、必ずその名が出てくるアーティスト集団が、「グループ・オブ・セブンThe Group of Seven」だ。結成されたのは1920年で、当初のメンバーはフランクリン・カーマイケルFranklin Carmichael、ローレン・ハリスLawren Harris、A.Y.ジャクソンA.Y.Jackson、フランク・ジョンストンFrank Johnston、アーサー・リスマーArthur Lismer、J.E.H.マクドナルドJ.E.H.MacDonald、フレデリック・ヴァーレイFrederick Varleyの7人。その後メンバーは入れ替わりや追加を繰り返し、最終的には10人ほどが在籍した。

20世紀初頭、それまでのカナダのアートはヨーロッパの模倣でしかなかった。そんな当時の風潮に反抗し、カナダならではのアートを確立させようと結成されたのがグループ・オブ・セブン。彼らは、自然のなかに足を踏み入れ、カナダの美しい風景を力強いタッチと色彩で描いた。1924年、イギリスのウェンブリー・エキシビションで彼らの作品が発表されると、その新しい画風は高い評価を受けた。多くの支持を受けた彼らは、その後1933年まで作品を発表し続けた。

こうした彼らの画風に大きな影響を与えた人物が、トム・トムソンTom Thomsonだ。グループ・オブ・セブンの特徴である、自然のなかへ出かけ、その風景を自由に描くという画風は、最初トム・トムソンが実行していたのだ。結成の原動力となり、グループに入ることも確実であったトム・トムソンだが、結成の3年前、アルゴンキン州立公園のカヌー湖でカヌーをしている最中に亡くなってしまった。この死をめぐってはさまざまな謎があり、未解決のまま。まず、トム・トムソンのカヌーの腕前はプロ級であったこと、さらに当日は天候が穏やかであり、事故に遭うのは考えにくいというものだ。彼の死には自殺説や殺人説など諸説あり、推理小説にもなっている。

カナダの東部で、彼らの作品を鑑賞できるのは、トロントのオンタリオ美術館（→P.298）やマクマイケル・カナディアン・アート・コレクション（→P.305）、オタワのカナダ国立美術館（→P.367）など。画風に特徴はあるものの、グループ・オブ・セブンそれぞれの個性ももちろんあるので、自分のお気に入りを探してみるのもおもしろい。

↑「Lake and Mountains」Lawren Harris
©Art Gallery of Ontario

セント・ローレンス・マーケット

MAP P.283-B4

St. Lawrence Market

⬆土曜に開催されるファーマーズ・マーケット

1803年のオープン以来、トロント市民の台所として親しまれている食料品のマーケット。フロント通りを挟んで、サウスとノースのふたつに分かれている。特にサウス・マーケットは、初代の市庁舎を利用した趣ある建物。肉や野菜などの生鮮食品のほか、デリやレストランも充実し、まるで食のテーマパークのようなにぎやかさだ。毎週土曜になると近隣の農家などが集まり、ファーマーズ・マーケット(土曜5:00～15:00頃)も開かれる。

サウス・マーケットは買い物だけではなくランチにもおすすめのスポット。いたるところにベンチがあり、サンドイッチやピザ、パニーニなどのテイクアウトメニューをその場で味わえる。ボリューム満点でリーズナブルなのもうれしい。

⬆食事時は行列必至の人気店もある

おみやげ探しなら、地下の奥まった場所にある問屋さんへ行こう。パスタや米の量り売りのほか、定番のメープルシロップも街なかで買うより割安。カップケーキやファッジも売っている。長期滞在の人は、まずここを訪れて、食料品のおおよその相場を確かめるのもいいだろう。

セント・ローレンス・マーケット
住 92-95 Front St. E.
TEL (416)392-7219
URL www.stlawrencemarket.com
サウス・マーケット
営 火～金9:00～19:00
土7:00～17:00
日10:00～17:00
休 月
ノース・マーケット
※2023年8月現在、再開発のため閉鎖中(2024年内の再開予定)。
交 地下鉄キング駅Kingから徒歩7分

⬆レンガ造りのサウス・マーケット

マッケンジー・ハウス

MAP P.283-A3

Mackenzie House

★★★

トロント市の初代市長を務めたウイリアム・リヨン・マッケンジーWilliam Lyon Mackenzieが住んでいた邸宅。スコットランド人のマッケンジーは、1834年に市長に任命されるも、当時政界にはびこっていたイギリス貴族たちの独裁に嫌気がさし、改革を求めて1837年に反乱を起こす。結局反乱は失敗に終わり、マッケンジーはアメリカへ亡命したが、1850年に帰還。その後は新聞社主として働き、この邸宅には晩年に住んだといわれている。半地下になった台所には調理器具などが当時のまま残されている。2階には19世紀の印刷機械も展示されており、この機械を使った印刷体験もできる。

マッケンジー・ハウス
住 82 Bond St.
TEL (416)392-6915
URL www.toronto.ca
開 水・金～日11:00～17:00
木11:00～19:00
休 月
料 無料
交 地下鉄ダンダス駅Dundasから徒歩4分。
※2023年8月現在、館内の一部は修復工事中のため見学不可。

ハーバーフロント

ハーバーフロント
MAP P.283-C3
交 ストリート・カー#509でアクセスできる。

センター島行きフェリー
TEL (416)392-8193
URL www.toronto.ca
運 4月上旬～5月中旬
毎日9:30～18:30
5月中旬～9月上旬
毎日8:00～23:20
9月上旬～10月中旬
毎日9:30～20:15
30分～1時間ごとに出発。10月中旬～4月上旬はワーズ島行きのみ運航。
料 往復　大人$9.11

ジャック・レイトン・フェリー・ターミナル
MAP P.282-C3/P.300-2

ビリー・ビショップ・トロント・シティ空港
MAP P.282-D2/P.300-1
住 1 Island Airport
TEL (416)203-6942
URL www.billybishopairport.com
エア・カナダやローコストキャリアのポーター航空の一部の便が発着（→P.279）。
運 毎日5:15～24:00
15分ごとに出発。
料 無料（車利用は$15）

トロント・アイランズ
Toronto Islands

MAP P.282-C2～P.283-D4/P.300-1～2　★★★

↑CNタワーから見えるトロント・アイランズ

オンタリオ湖に浮かぶトロント・アイランズは、大きく3つの島からなっている。中央のセンター島Centre Islandは、島全体が公園になっており、ビーチや小さな遊園地、カフェもある。ここでは、広大な芝生でのんびりしたり、レンタサイクルで島を巡ったりと、ゆったりとした時間を過ごしたい。フェリー乗り場のそばに小さな案内所があり、地図を入手できる。センター島の東にあるワーズ島Ward's Islandは、約650人が暮らす居住地区、西のハンランズ島Hanlan's Pointには市民空港、ビリー・ビショップ・トロント・シティ空港Billy Bishop Toronto City Airportがある。3つの島へは、The Westin Harbour Castleそばのジャック・レイトン・フェリー・ターミナルJack Layton Ferry Terminalから出ているフェリーなどを利用する。島やフェリーから望む昼のダウンタウンも美しいが、夜景もまたロマンティックでおすすめ。

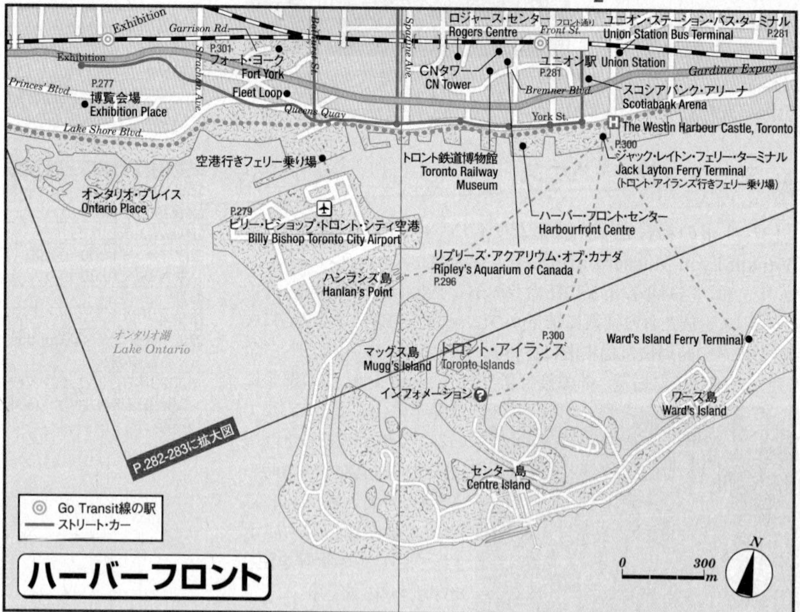

ハーバーフロント

Exhibition
Garrison Rd.
Bathurst St.
Spadina Ave.
ロジャース・センター Rogers Centre
フロント通り Front St.
ユニオン・ステーション・バス・ターミナル Union Station Bus Terminal P.281
Exhibition
P.301 フォート・ヨーク Fort York
CNタワー CN Tower
ユニオン駅 Union Station P.281
Gardiner Expwy
Princes' Blvd.
P.277 博覧会場 Exhibition Place
Strachan Ave.
Fleet Loop
Bremner Blvd.
スコシアバンク・アリーナ Scotiabank Arena
Queens Quay
York St.
The Westin Harbour Castle, Toronto
Lake Shore Blvd.
P.300 ジャック・レイトン・フェリー・ターミナル Jack Layton Ferry Terminal（トロント・アイランズ行きフェリー乗り場）
空港行きフェリー乗り場
トロント鉄道博物館 Toronto Railway Museum
オンタリオ・プレイス Ontario Place
P.279 ビリー・ビショップ・トロント・シティ空港 Billy Bishop Toronto City Airport
ハーバー・フロント・センター Harbourfront Centre
リプリーズ・アクアリウム・オブ・カナダ Ripley's Aquarium of Canada P.296
ハンランズ島 Hanlan's Point
オンタリオ湖 Lake Ontario
P.300 トロント・アイランズ Toronto Islands
マッグス島 Mugg's Island
Ward's Island Ferry Terminal
インフォメーション
ワーズ島 Ward's Island
P.282-283に拡大図
センター島 Centre Island
Go Transit線の駅
ストリート・カー
0　300m
N

フォート・ヨーク

MAP P.282-C2/P.300-1

Fort York

★★★

1793年、アッパー・カナダ(現オンタリオ州)の初代総督、ジョン・グレーブス・シムコー John Graves Simcoeにより建設された要塞。建設当時、砦を中心に小さな町が形成され、それが現在のトロント市の発祥になった。英米戦争における「ヨークの戦い Battle of York」の舞台でもあり、1812年に侵攻してきたアメリカ軍によって砦は1度破壊された。1815年に再建され、現在は史跡として公開されている。19世紀初頭のまま保存された敷地内には、兵舎や大砲が置かれており、フォート・ヨークの歴史を紹介する博物館や、当時の衣装に身を包んだ衛兵を見ることができる。

↑博物館は要塞の中心に立つブロックハウス内にある

フォート・ヨーク
住 250 Fort York Blvd.
TEL (416)392-6907
URL www.toronto.ca
開 水・金・日11:00〜17:00
木11:00〜19:00
(冬季は時間短縮)
休 月・火
料 無料
交 ユニオン駅からストリートカー #509に乗り、Fleet St. at Fort York Blvd. West Sideで下車、徒歩3分。

ヨークの戦い
フォート・ヨークを舞台に、1813年に行われたアメリカ軍とイギリス、カナダ先住民族の連合軍による戦争。連合軍を破ったアメリカは、この後一時トロントを占領下においた。

ダウンタウン北部

トロント大学

MAP P.302-A1〜B1

University of Toronto

★★★

↑歴史ある建物が並んでいる

1827年に創立されたトロント大学は、約6万5000人もの学生が学ぶ世界最大級の大学のひとつ。1921年に糖尿病の治療薬、インシュリンを発見した実績もある。キャンパスはダウンタウンの真ん中にあり、塀もなく街と同化している。大学は230余りの建物からなり、ほとんどが石造りの重厚な建物。なかでも、1919年に建てられたゴシック様式のハート・ハウス Hart Houseはぜひ見ておきたい。ここは現在、食堂や図書館、音楽室やギャラリーなどとして利用されている。キャンパス内を徒歩で回る無料ガイドツアーも催行されている。所要約2時間。

トロント大学
TEL (416)978-2011
URL www.utoronto.ca
ガイドツアー
E-MAIL campus.tours@utoronto.ca
催 月〜金11:00、14:00
土10:30、13:00
料 無料
出発はノーナ・マクドナルド・ビジターセンターから。
交 地下鉄クイーンズ・パーク駅Queen's Parkまたはセント・ジョージ駅St. Georgeから徒歩すぐ。

↑散策にちょうどいい

オンタリオ州議事堂

MAP P.302-B1・2

The Legislative Assembly of Ontario

★★★

クイーンズ公園の中央に立つ、ロマネスク様式のオンタリオ州議事堂。1893年の建造で、茶色の石壁が周囲の緑と調和して美しい景観を見せている。内部はガイドツアーでのみ見学可能(10人以上の場合は要予約)。オフィシャルショップも入っている。クイーンズ公園にはリスなど小動物が遊び、ベンチもあるので休憩に最適。公園の入口に立っているのは、カナダの初代首相ジョン・A・マクドナルド John A. MacDonaldの像だ。

↑歴史ある建物が並んでいる

オンタリオ州議事堂
住 111 Wellesley St. W
TEL (416)325-0061
URL www.ola.org
催 5月上旬〜9月上旬
月〜木8:00〜18:00
金8:00〜17:00
土・日9:00〜17:00
9月上旬〜5月上旬
月〜木8:00〜18:00
金8:00〜17:00
休 9月上旬〜5月上旬の土・日
ガイドツアーには建物見学(Building Tour)やアート&建築(Art & Architecture Tour)など無料のものから、議事堂内でアフタヌーンティーがいただけるAfternoon Tea and Tourなど有料ツアー($45)までいくつかある。いずれもウェブサイトから要予約。

ロイヤル・オンタリオ博物館

住100 Queen's Park
TEL(416)586-8000
URL www.rom.on.ca
開7/3〜9/4
毎日10:00〜17:30
9/5〜7/2
火〜日10:00〜17:30
休9/5〜7/2の月
料大人$26、シニア$21、学生・ユース(15〜19歳)$20、子供(4〜14歳)$16
(毎月第3火曜16:30〜は入館無料)

⬆カナダの歴史を学べるファーストネイション(先住民族)ギャラリー

ロイヤル・オンタリオ博物館

MAP P.302-A1・2

Royal Ontario Museum(ROM)

★★★

トロント市民にROMと呼ばれ親しまれている博物館。水晶をモチーフにした前衛的な外観が印象的。美術、考古学、自然科学などさまざまな分野のコレクションは、カナダ最大規模の600万点を数える。1階は初期カナダと北米先住民の文化に関する史料や、東アジアの美術品が中心。中国・北京の紫禁城を本国の職人が部分的に再現した展示もある。自然史がテーマの2階で必見なのは、50点を超す恐竜の化石標本が並ぶダイナソーギャラリー。なかでも国内最大級の全長27mのバロサウルスの骨格標本は圧巻だ。3階にはエジプト、ローマ、ギリシャ、中東・南アジアなどの美術品を、4階にはカナダの写真家、ロロフ・ベ

⬆充実した展示内容のダイナソーギャラリー

トロント大学周辺

Yorkville Village P.314
スーパー(Whole Foods Market) P.35
Lowther Ave.
Scollard St.
Hazelton Ave.
Four Seasons Hotel Toronto
Yorkville Ave.
Collier St.
ブロア/ヨークヴィル Bloor/Yorkville P.293
Madison Avenue Pub P.316
Madison Ave.
Prince Arthur Ave.
Hemingway's P.312
Asquith Ave.
Cumberland St.
Mayfair Mews
Park Hyatt Toronto P.308
Holt Renfrew P.314
Bloor St. W. ブロア通り
Bay
Bloor-Yonge
Spadina
St. George
Bloor St. E.
バータ靴博物館 The Bata Shoe Museum Collection (BSM) P.303
ロイヤル・オンタリオ博物館 Royal Ontario Museum (ROM) P.302
ガーディナー博物館 Gardiner Museum P.303
Manulife Centre
Washington Av
Hayden St.
Museum
Charles St. W.
Charles St. E.
地下鉄 Line 1 Yonge-University線
地下鉄 Line 2 Bloor-Danforth線
ストリート・カー
ビクトリア大学 Victoria University
St. Mary St.
CAA Theatre
Isabella St.
Hoskin Ave.
Irwin Ave.
Harbord St.
トロント大学 University of Toronto P.301
Gloucester St.
クイーンズ公園 Queen's Park
St. Joseph St.
ハート・ハウス Hart House
Classic Ave.
Dundonald St.
ramen雷神 P.313
Wellesley
Willcocks St.
Wellesley St. W. ウェルズレイ通り
Wellesley St. E.
ノヴァ・スコシア・ビジターセンター Nova Scotia Visitor Centre (ガイドツアー出発場所)
オンタリオ州議事堂 The Legislative Assembly of Ontario P.301
Breadalbane St.
Maitland St.
Russell St.
Grosvenor St.
Alexander St.
Grenville St.
Toronto Police Service P.290
Wood St.
カレッジ通り College St.
Queen's Park
Fran's P.311
College
Carlton St. カールトン通り
Sweetheart B&B P.310
Beverley Place P.310
オズボーン・コレクション Osborne Collection of Early Children's Books
Toronto General Hospital P.290
Granby St.
Cecil St.

ニーの作品を展示。また、恐竜の化石発掘を疑似体験できるコーナーなど、触れて学べるインタラクティブな展示が充実している。

バータ靴博物館

MAP P.302-A1

The Bata Shoe Museum Collection(BSM)

★★★

↑ユニークな外観にも注目

世界でも珍しい、靴専門の博物館。館内には、古今東西のあらゆる種類の靴が1万5000点余り集められている。4500年前のエジプトのパピルスの靴など歴史的価値もあり、見応え十分。エルヴィス・プレスリーやエルトン・ジョンなど有名人の履いていた靴のコレクションもおもしろい。レイモンド・モリヤマRaymond Moriyamaによる、靴箱をイメージした斬新なデザインの建物も必見。

ガーディナー博物館

MAP P.302-A2

Gardiner Museum

★★★

証券業などで財をなしたトロントの資産家ジョージ&ヘレン・ガーディナー夫妻のコレクションを中心に、5000点余りの陶磁器を収蔵する博物館。1階にはおもに現代の作家や中南米先住民の陶器、2階には17～18世紀のヨーロッパやアジアの陶磁器が展示されている。

↑カナダ唯一の陶器の博物館

ダウンタウン周辺

ディスティラリー地区

MAP P.283-A4

The Distillery Historic District

★★★

ダウンタウンの東にある、レストランやショップ、ギャラリーが集まる複合スペース。1832年に建てられた旧ウイスキー蒸溜所を改装してあり、雰囲気のある赤いれんがの建物は、映画のロケにも使われたことがある。

↑映画のセットにも使われる趣ある赤れんがの建物群

敷地内には、40以上のショップやレストラン、ブリューパブ、アートギャラリーなどが並び、とってもにぎやか。ファッションからオリジナルチョコレート、クラフトのほか、「Izumi」という名の日本酒の酒蔵兼ショップ(URL ontariosake.com)もある。

夏には音楽やフリーマーケットなどのイベントが催される。また毎年クリスマスシーズンには中庭にツリーが出て、周囲ではクリスマスマーケットも開催される。

バータ靴博物館

住 327 Bloor St. W.
TEL (416)979-7799
URL www.batashoemuseum.ca
開 月～土 10:00～17:00
日12:00～17:00
休 無休
料 大人$14、シニア$12、学生$8、子供(5～17歳)$5
(日曜は入館無料)

↑存在感のある靴が多数展示されている

レイモンド・モリヤマ

バンクーバー生まれの日系カナダ人。カナダが誇る現代建築家で、バータ靴博物館のほかトロント図書館やオタワのカナダ戦争博物館、日本にあるカナダ大使館の設計などを手がけた。

ガーディナー博物館

住 111 Queen's Park
TEL (416)586-8080
URL www.gardinermuseum.on.ca
開 月・火・木・金10:00～18:00
水10:00～21:00
土・日10:00～17:00
休 無休
料 大人$15、シニア$11、学生・子供無料
(水曜の16:00～は入館無料)

ディスティラリー地区

URL www.thedistillerydistrict.com
交 ストリート・カー#503、#504、#504Bでパーラメント通りParliament St.下車、徒歩7分。

↑道ばたに200年前の石臼がある

カーサ・ロマ

MAP P.284-B1

Casa Loma

★★★

小高い丘の上に立つカーサ・ロマは、カナダ陸軍の将校にして、ナイアガラの滝の水力発電で富を築いたヘンリー・ミル・ペラットHenry Mill Pellattの邸宅として建造された。

↑中世ヨーロッパの古城のような建物

350万ドル(当時)もの費用をかけ、1911〜14年までの4年にわたって造られた建物は、中世ヨーロッパの古城を思わせる優雅なたたずまい。部屋数は実に98を数え、天井の高いメインホールやオーク材の柱、壁に刻まれた繊細な彫刻、温室を飾るステンドグラスなど内装も細部にいたるまで豪華に仕上がっている。屋敷の地下には240mもの地下通路があり、大理石製の厩舎へとたどり着く。3.2ヘクタールの美しい庭園にも注目しよう。

すべてにおいて豪華なこの屋敷だが、室内プールだけが未完成のままになっている。これは建設費が負担となったヘンリー・ミル・ペラットが1923年に破産してしまったため。氏がここに住んだのは、わずか10年足らずのことであった。

カーサ・ロマ

住1 Austin Terrace
TEL(416)923-1171
URL casaloma.ca
開毎日9:30〜17:00
(入場は〜16:30)
休無休
料大人$40、シニア・ユース(14〜17歳)$35、子供(4〜13歳)$25
交地下鉄デュポン駅Dupont下車。デュポン通りDupont St.を渡りスパダイナ通りを北に少し歩いて突き当たった階段を上った所。
日本語のオーディオガイド($5)やパンフレットもある。

↑調度品も見応えがある

スパダイナ博物館

MAP P.284-B1

Spadina Museum:Historic House & Gardens

★★★

カーサ・ロマのすぐ近くにある、緑に囲まれた白亜の外観のスパダイナ博物館は、ガス会社への投資で富を得たオースティン一族の邸宅として1866年に建造された。初代の実業家ジェームス・オースティンJames Austinから4代にわたって住んでいたが、1984年に凋落したオースティン一族は、邸宅を手放してしまう。同時に屋敷はオンタリオ州の史跡に登録され、現在は博物館として開放されている。ビクトリア様式とエドワード様式のインテリアが置かれた豪華な部屋を見学できる。約300種の植物が植えられた2.4ヘクタールの庭園もまた必見の美しさだ。

➡美しく品のある建物

スパダイナ博物館

住285 Spadina Rd.
TEL(416)392-6910
URL www.toronto.ca
開水・金・日11:00〜16:00
木11:00〜19:00
休月・火
ガイドツアー
催水〜金12:15、13:15、14:15、15:15、16:00
土・日11:15、12:15、13:15、14:15、15:15、16:00
料無料

郊外

ブラック・クリーク・パイオニア・ビレッジ
MAP P.278-A1

Black Creek Pioneer Village

★★★

ダウンタウンの北西約30kmにある、1860年代のトロントの様子を再現した歴史村。敷地内には、水車や昔ながらのパン屋や鍛冶屋などの建物が並んでおり、村人も当時の格好で迎えてくれる。昔ながらの建物を利用したレストランがあり、チケットカウンターのそばには19世紀のカナダの様子を説明するビデオを上映する小屋もある。また、夏季にはコンサートやダンスなどさまざまなイベントを開催しているので、ウェブサイトで確認を。

↑昔の生活風景を楽しめる

ブラック・クリーク・パイオニア・ビレッジ
- 住 1000 Murray Ross Pwy.
- TEL (416)736-1733
- URL blackcreek.ca
- 開 4/22〜12/23 水〜日11:00〜16:00
- 休 4/22〜12/23の月・火 12/24〜4/21
- 料 大人$16.4、シニア・学生$13.1、子供(4〜14歳)$12
- 交 地下鉄パイオニア・ビレッジPioneer Villageから徒歩15分。

マクマイケル・カナディアン・アート・コレクション
MAP P.278-A1

McMichael Canadian Art Collection

★★★

↑グループ・オブ・セブンをはじめとするカナダアートのコレクションが多く揃う

マクマイケル夫妻のコレクションをもとにした、カナダ美術の作品を展示している美術館。トム・トムソンとグループ・オブ・セブン(→P.298)からインディアン、イヌイットアートまで充実のコレクションを誇る。ウッディなログハウス調の建物は、マクマイケル夫妻の住居だったものだ。建物の周囲には40ヘクタールもの庭園が広がり、ところどころに置かれた彫刻を鑑賞しながら散歩を楽しめる。トロントの北にあるクラインバーグKleinburgにある。

マクマイケル・カナディアン・アート・コレクション
- 住 10365 Islington Ave., Kleinburg
- TEL (905)893-1121
- FREE (1-888)213-1121
- URL mcmichael.com
- 開 火〜日10:00〜17:00
- 休 月
- 料 大人$20
- 交 ハイウエイ#400を北上、メジャー・マッケンジー通りMajor Mackenzie Dr.で左折し西へ。イズリントン通りIslington Ave.を右折。または地下鉄イズリントン駅Islingtonから市バス#37Bでスティールス通りSteeles Ave.下車、York Region Bus #13(North)に乗り換え、ナパ・バレー通りNapa Valley Ave.で下車、徒歩40分。

トロント動物園
MAP P.278-A2

Toronto Zoo

★★★

ゾウやライオン、トラ、ホッキョクグマ、ジャイアントパンダなど300種以上、約3000頭の動物が飼育されているカナダ最大規模の動物園。園内は動物が生息する地域ごとに8つに分けられており、熱帯の動物はパビリオンと呼ばれる建物に入っている。一番人気は、アフリカ・パビリオン内のジャングルにすむゴリラが見られるWestern Lowland Gorilla。総面積が287ヘクタールもあるので、歩いて見て回るのは困難。園内を一周するバス、ズーモービルZoomobile(1日乗り放題券$9)が運行されているので、それに乗って全体を把握してから、見たい動物だけを効率よく見学しよう。園内にあるレストランはファストフード店程度。数もあまり多くないので、ランチは持参したほうがいい。

トロント動物園
- 住 2000 Meadowvale Rd.
- TEL (416)392-5900
- URL www.torontozoo.com
- 開 3月中旬〜5/5、9/5〜10/9 月〜金9:30〜16:30 土・日9:30〜18:00 5/6〜9/4 毎日9:30〜19:00 10/10〜3月中旬 毎日9:30〜16:30 (入園は閉園の1時間前まで)
- 休 無休
- 料 大人$22.2〜
- 交 地下鉄ケネディ駅Kennedyから市バス#86AでToronto Zoo下車、徒歩すぐ。ただし、冬季は月〜金曜のみの運行。土・日曜は地下鉄ドン・ミルズ駅Don Millsまたはルージュ・ヒル駅Rouge Hillから市バス#85A、#85Bで行ける。

トロントのエンターテインメント

トロントのエンターテインメントシーン

カナダ最大の都市であるトロントでは、ミュージカルやオペラ、バレエなどさまざまなエンターテインメントが催されている。また、アメリカの4大スポーツのうちNHL（アイスホッケー）とMLB（ベースボール）、NBA（バスケットボール）のプロチームがトロントをホームタウンとしており、シーズン中にはスポーツ観戦も楽しめる。

チケットの購入について

チケットの購入方法は、電話、劇場やスタジアムのボックスオフィスに行く、ウェブサイトでのオンラインなど。日本からの事前予約ならインターネットが簡単。また、オンライン予約専門のチケットショップ、チケットマスターTicketmasterを利用したり、ホテルのコンシェルジュに相談するのも手だ。なお、チケットの購入には手数料がかかる。

DATA
チケットショップ
チケットマスター
URL www.ticketmaster.ca

ミュージカル

トロントは、ニューヨークやロンドンに劣らずハイレベルを誇るミュージカルシティ。市内には大小さまざまな劇場があり、特に、キング通りにあるロイヤル・アレクサンドラ劇場Royal Alexandra Theatreとプリンセス・オブ・ウェールズ劇場Princess of Wales Theatreというふたつの劇場を中心とした一帯は、劇場街（→P.293）と呼ばれている。ふたつの劇場の運営については同じMirvish Productionsが行っている。

ロイヤル・アレクサンドラ劇場

ミュージカル会場での注意点

すでにチケットを持っている場合でも、開演時間の30分前には会場に到着するようにしたい。予約のみでチケットが手元にない場合は、それよりも早めに。ドレスコードはないが、ジーンズやTシャツで訪れるのは避けよう。ジャケットなどの着用が望ましい。

DATA
ミュージカル
Mirvish Productions
FREE (1-800)461-3333
URL www.mirvish.com
ロイヤル・アレクサンドラ劇場
MAP P.297-1
住 260 King St. W.
1907年オープンの老舗劇場で、石造りの外観や内装も歴史を感じさせる造り。客席は3階建て。
プリンセス・オブ・ウェールズ劇場
MAP P.297-1
住 300 King St. W.
2000ものシート数をもつ1993年オープンの劇場。舞台にも最新の設備が施されている。海外の有名作品や前衛的な作品を上演。
※両劇場のボックスオフィスの営業時間は、ウェブサイトで1週間ごとに細かく掲載されている。

オペラ、バレエ、コンサート

カナダ国立バレエ団The National Ballet of Canadaとカナディアン・オペラ・カンパニーCanadian Opera Companyの本拠地は、フォー・シーズンズ・センターFour Seasons Centre。ここは、国や州、フォー・シーズンズ・ホテル・グループなどの出資によりオープンした劇場。1951年に設立されたカナダ国立バレエ団は、古典的な作品のほか、カナダ人の振り付け師による新しい演目もある。カナディアン・オペラ・カンパニーは、北米で6番目の規模をもち、1950年の設立。

独特の形とガラス張りの外観が斬新なロイ・トムソン・ホールRoy Thomson Hallは、トロント交響楽団Toronto Symphony Orchestraが本拠地とするコンサートホール。クラシックのほか、ロックやジャズなど幅広いジャンルのコンサートが行われる。

DATA
オペラ、バレエ、コンサート
フォー・シーズンズ・センター
MAP P.297-1
住 145 Queen St. W.
TEL (416)363-8231
URL www.coc.ca/venue-information
カナダ国立バレエ団
TEL (416)345-9595 URL national.ballet.ca
カナディアン・オペラ・カンパニー
TEL (416)363-8231 URL www.coc.ca
ロイ・トムソン・ホール
MAP P.297-1
住 60 Simcoe St.
TEL (416)872-4255 URL roythomsonhall.mhrth.com
トロント交響楽団
URL www.tso.ca

COLUMN

スポーツ観戦

北米の4大プロスポーツ、NHL(アイスホッケー)、MLB(ベースボール)、NBA(バスケットボール)、NFL(アメリカン・フットボール)のうちNFLを除く3つの競技団体のチームがある。MLS(サッカー)のトロントFCにも注目。

⬆エキサイティングなゲームを楽しもう

NHL(アイスホッケー)

トロントの人気No.1スポーツといえば、カナダの国技でもあるアイスホッケー。スコシアバンク・アリーナScotiabank Arenaをホームにするトロント・メープルリーフスToronto Maple Leafsは、NHLのイースタンカンファレンスのアトランティック・ディビションに所属している。レギュラーシーズンは10～4月まで。その後6月上旬まで、優勝カップであるスタンレーカップを争奪するプレイオフに突入する。

DATA
NHL(アイスホッケー)
スコシアバンク・アリーナ
MAP P.297-2
住40 Bay St.　TEL(416)815-5982
URL www.scotiabankarena.com
トロント・メープルリーフス
URL www.nhl.com/mapleleafs
NHL
URL www.nhl.com

MLB(ベースボール)

トロント・ブルージェイズToronto Blue Jaysは、カナダ唯一のメジャーリーグチーム。菊池雄星選手が所属していることでも知られている。アメリカンリーグの東地区に参加し、ロジャース・センターRogers Centre(→P.296)がホームスタジアムだ。ニューヨーク・ヤンキースNew York Yankees時代の松井秀喜選手がデビュー戦を飾ったスタジアムでもある。大谷翔平選手が所属するロスアンゼルス・エンゼルスLos Angeles Angelsとは年数回、田中将大選手が所属していたニューヨーク・ヤンキースとは年に10回前後、トロントでのゲームが組み込まれている。チケットは電話、チケットマスターでも購入が可能。

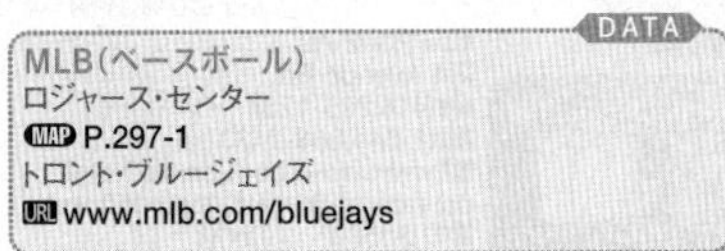
DATA
MLB(ベースボール)
ロジャース・センター
MAP P.297-1
トロント・ブルージェイズ
URL www.mlb.com/bluejays

NBA(バスケットボール)

NBAに所属するトロント・ラプターズToronto Raptorsは、スコシアバンク・アリーナをホームスタジアムにしている。シーズンは11～4月。チケット購入はチケットマスターかスコシアバンク・アリーナのボックスオフィスで購入可能。

DATA
NBA(バスケットボール)
スコシアバンク・アリーナ
MAP P.297-2
住40 Bay St.
TEL(416)815-5500
URL www.scotiabankarena.com
トロント・ラプターズ
URL www.nba.com/raptors

MLS(サッカー)

MLSはアメリカの25チーム、カナダの3チームで構成されている。トロントからは、BMOフィールドBMO Fieldをホームスタジムとするトロント FCが参加している。チームは2017年には初のMLSタイトルを獲得した。BMOフィールドは収容人数約2万人、サッカーの専用スタジアムとしてはカナダ最大の規模。2026年に行われるサッカーW杯の会場として利用される予定。チケットはホームページ、窓口、チケットマスターなどで。

DATA
MLS(サッカー)
BMOフィールド
MAP P.282-C1
住170 Princes' Blvd.
TEL(416)815-5982
URL bmofield.com
トロントFC
TEL(416)360-4625
URL www.torontofc.ca

トロントのホテル
Hotels in Toronto

ホテルはユニオン駅やブロア／ヨークヴィル界隈、フロント通り、キング通り、ジャービス通り沿いなどに点在している。中級以上のホテルの大半は地下鉄でアクセスできる場所にある。安宿は少ないが、そのぶんどのホテルも設備が充実し、安全かつ快適に過ごすことができる。長期に滞在するなら、キッチン付きのアパートメントタイプの宿泊施設が便利。また、最近は北米やアジア系のラグジュアリーホテルグループが続々と進出してきている。こうしたホテルは、ユニオン駅やブロア通り、ハーバーフロントに多い。

B&Bはダウンタウンの中心部から外れた住宅地に散在。相場が$90前後～と割安感はないが、手入れの行き届いた清潔な部屋が多い。

なお、かつては一般的でなかったAirbnb(→P.548)だが近年急速に普及している。ダウンタウンだけでも数百件が登録されているが、トラブルも多いので利用の際は細心の注意を。

最高級ホテル

The Fairmont Royal York
フェアモント・ロイヤル・ヨーク

ダウンタウン中心部

ユニオン駅の前にそびえ立ち、1929年の創業当時はイギリス連邦で最も高い建物だったという。客室の装飾はクラシックだが、十分なアメニティと設備が整い、ビジネスユースにもおすすめ。プールやサウナが備わるスパもある。宿泊客以外も利用できるダイニングやバーは、ビジネスマンらの御用達。

MAP P.297-1
住 100 Front St. W.
TEL (416)368-2511
FREE (1-866)540-4489
URL www.fairmont.com/royal-york-toronto
料 ⓈⒹ$700～　Tax別
CC A M V
室 1343室
交 ユニオン駅から徒歩1分。

1 Hotel Toronto
ワン・ホテル・トロント

ダウンタウン中心部

サステナブルがテーマの最新ホテル。「都心にありながら自然を感じられる」というコンセプトの内装で、館内の随所にオリジナルの木製家具や3300もの植物が配されている。客室は全部で11種類あり、スタンダードなスタジオルームでも35㎡と十分な広さ。地元食材満載のレストランも評判。

MAP P.282-B2
住 550 Wellington St. W.
TEL (416)640-7778
FREE (1-833)624-0111
URL www.1hotels.com/toronto
料 ⓈⒹ$580～　Tax別
CC A D M V
室 102室
交 ストリート・カー#504(キング通り)に乗り、バサースト通り下車、徒歩3分。

The Ritz-Carlton Toronto
リッツ・カールトン・トロント

ダウンタウン中心部

最上級のサービスを誇るホテルチェーン。スタイリッシュなロビーに象徴されるモダンなデザインと開放感が印象的。室内からCNタワーが見える部屋もある。コンベンションセンター、ユニオン駅に近く、ビジネス、観光に便利な立地。スパや屋内プールなど設備も申し分ない。

MAP P.297-1
住 181 Wellington St. W.
TEL (416)585-2500
FREE (1-800)542-8680
URL www.ritzcarlton.com
料 ⓈⒹ$830～　Tax別
CC A D J M V
室 263室
交 ユニオン駅から徒歩7分。

Park Hyatt Toronto
パーク・ハイアット・トロント

ダウンタウン北部

ヨークヴィルにあり、2021年にフルリノベーション。フロントを中心に南北ふたつの棟に客室がある。どの部屋もモダンなデザインで、高層階からはダウンタウンを一望できる。食事は1階にあるダイニング「Joni」、17階の「Writers Room Bar」へ。どちらも大人気なので要予約。

MAP P.302-A2
住 4 Avenue Rd.
TEL (416)925-1234
FREE (1-844)368-2430
URL www.hyatt.com/en-us/hotel/canada/park-hyatt-toronto/torph
料 ⓈⒹ$580～　Tax別
CC A D M V
室 219室
交 地下鉄ミュージアム駅から徒歩3分。

バスタブ／テレビ／ドライヤー／ミニバーおよび冷蔵庫／セーフティボックス／Wi-Fi(無料)
一部客室／一部客室／貸し出し／一部客室／フロントにあり

高級ホテル

Hilton Toronto
ヒルトン・トロント

ダウンタウン中心部

劇場街やチャイナタウンにも近く、観光に便利なロケーション。地下道にもリンクしている。客室のインテリアは洗練されており、ゆったりしたスペース。大型デスクを完備し、CNタワーを望む部屋も多い。バーやレストラン、24時間利用できるフィットネスセンターやプールなどがある。

MAP P.297-1
住 145 Richmond St. W.
TEL (416)869-3456
URL www.hilton.com
料 ⓈⒹ$449～ Tax別
CC A M V 室 600室
交 地下鉄オスグード駅から徒歩2分。

Toronto Marriott City Centre Hotel
トロント・マリオット・シティ・センター

ダウンタウン中心部

メジャーリーグ、ブルージェイズの本拠地ロジャース・センターに併設された11階建てのホテル。全客室中、約70の部屋からスタジアムの中を眺めることができる。野球の試合などイベントのある日に泊まるのがおすすめだが、ハーバーフロントや劇場街に近く、観光にも便利。

MAP P.297-1
住 1 Blue Jays Way
TEL (416)341-7100
FREE (1-800)237-1512
URL www.marriott.com
料 ⓈⒹ$215～ Tax別
CC A M V
室 348室
交 ユニオン駅から徒歩12分。

Chelsea Hotel Toronto
チェルシー・ホテル・トロント

ダウンタウン中心部

エンターテインメントやショッピングの施設がひしめくダウンタウンの中心にある。カナダ最大規模の客室数を誇り、ハイシーズンでも予約が取りやすいとされている。4つのレストラン、フィットネスセンター、サウナ、ジャクージや、ウオータースライダーが備わるファミリープールもある。

MAP P.285-D3
住 33 Gerrard St. W.
TEL (416)595-1975
FREE (1-800)243-5732
URL www.chelseatoronto.com
料 ⓈⒹ$245～ Tax別
CC M V
室 1590室
交 地下鉄ダンダス駅またはカレッジ駅College から徒歩6分。

Le Germain Hotel
ル・ジェルマン

ダウンタウン中心部

モダンでスタイリッシュな空間が広がる、話題のブティックホテル。開放的な吹き抜けのロビーや、センスのいいレストランやバーなどで優雅な時間を過ごせる。厳選された家具が置かれた客室はシンプルで広々している。劇場街へ行くのに便利な立地。地下鉄セント・アンドリュー駅までは約600m。

MAP P.297-1
住 30 Mercer St.
TEL (416)345-9500
FREE (1-866)345-9501
URL www.legermainhotels.com
料 ⓈⒹ$339～ Tax別
CC A D M V
室 123室
交 地下鉄セント・アンドリュー駅から徒歩9分。

中級ホテル

Hotel Ocho
オーチョ

ダウンタウン中心部

スパダイナ通り沿いのにぎやかな場所にある3つ星ホテル。1階はアジア料理に定評のあるレストランバーになっているので少々騒がしいが、部屋は静か。客室はモダンなデザインで、広さ、清潔ともに申し分なし。設備もしっかりと整っており、快適に過ごすことができる。

MAP P.282-A2
住 195 Spadina Ave.
TEL (416)593-0885
URL www.hotelocho.com
料 ⓈⒹ$180～ Tax別
CC M V
室 12室
交 ストリート・カーの#510(スパダイナ通り)に乗り、スパダイナ通りとクイーン通りの交差点下車、徒歩3分。

The Alexandra Hotel
アレクサンドラ

ダウンタウン中心部

ケンジントン・マーケットの外れ、ピクニックエリアや子供の遊び場があるアレクサンドラ公園に面した2つ星ホテル。客室はシンプルな造りだが清潔で、ほとんどの部屋にコンロや電子レンジのある簡易キッチンが付いている。駐車場は1泊$10で利用可能。長期滞在にも便利。

MAP P.282-A2
住 77 Ryerson Ave.
TEL (416)504-2121
FREE (1-800)567-1893
URL alexandrahotel.com
料 ⓈⒹ$159～ Tax別
CC M V 室 75室
交 ストリート・カーの#510(スパダイナ通り)に乗り、スパダイナ通りとサリヴァン通りSullivan St.の交差点下車、徒歩10分。

エコノミーホテル

Econo Lodge Inn & Suites Downtown
エコノ・ロッジ・イン&スイーツ・ダウンタウン

ダウンタウン中心部

リーズナブルな料金と整った設備で人気のチェーン系ホテル。部屋は清潔かつ広々しており、アイロンや電子レンジも備わっているため長期滞在にも向いている。周辺には公園や住宅が多く静かに過ごせる。繁華街へも徒歩10分ほどと便利。コンチネンタルスタイルの朝食付き。

MAP P.285-D3
住 335 Jarvis St.
TEL (416)962-4686
URL www.choicehotels.com
料 ⓈⒹ$110〜　Tax別　朝食付き
CC A D M V
室 49室
交 地下鉄カレッジ駅から徒歩10分。

B&B

Beverley Place B&B
ビバリー・プレイス B&B

ダウンタウン北部

トロント大学やチャイナタウン、ケンジントン・マーケットにほど近い、ロケーション抜群の高級B&B。1887年築のビクトリア様式の建物で、インテリアもアンティーク調のものが置かれ優雅な雰囲気。全室バス、トイレ付きで、暖炉がある部屋もある。フルブレックファストの朝食も評判。

MAP P.302-B1
住 226 Beverley St.
TEL (416)977-0077
URL www.beverleyplacebandb.com
料 ⓈⒹ$124〜　Tax別　朝食付き
CC M V
室 4室
交 地下鉄クイーンズ・パーク駅から徒歩6分。

Sweetheart B&B
スイートハート B&B

ダウンタウン北部

日本人の山本紀美子さんとカナディアンのご主人ジョーさんの経営するB&B。ダウンタウンの中心、トロント大学の目の前という立地でありながら、この料金は破格。スタッフの教育が行き届いており、長期滞在者、リピーターが多い。朝食はトーストやフルーツなどのコンチネンタルスタイル。

MAP P.302-B1
住 72 Henry St.
TEL (416)910-0799
URL www.sweetheartbb.com
料 Ⓢ$50〜 Ⓓ$90 〜 Tax込み　朝食付き
CC 不可
室 8室
交 地下鉄クイーンズ・パーク駅から徒歩4分。

ゲストハウス

Kaisar Guest House
カイザー・ゲスト・ハウス

ダウンタウン北部

チャイナタウンやケンジントン・マーケットにほど近い、ダウンタウンの中心にある。周辺には複数の専門病院があり、研修生の利用も多い。日本語が堪能なカイザーさんと日本人のまみさん。客室は清潔で広々としている。キッチンとコインランドリーがあり、紅茶やコーヒーは無料で飲める。

MAP P.282-A2/P.284-D2
住 372A College St.
TEL (416)898-9282
料 バス付きⓈ$95〜 Ⓓ$130〜
バス共同Ⓢ$75〜 Ⓓ$95〜　Tax別
CC M V
室 20室
交 ストリート・カー＃506(カレッジ通り〜カールトン通り)に乗り、ボーデン通りBorden St.下車、徒歩3分。

Havinn International Guest House
ハビン・インターナショナル・ゲスト・ハウス

ダウンタウン北部

スパダイナ通りに面して立つ、ビクトリア様式のゲストハウス。地下鉄の駅から近く、どこへ行くにも便利。近くの大通りに出るとレストランやカフェなどの飲食店が充実している。客室はシンプルながら広々としていて快適に過ごせる。バスとキッチンは共同だが清潔感があり安心。

MAP P.284-B1
住 118 Spadina Rd.
TEL (416)922-5220
料 Ⓢ$72〜 Ⓓ$87〜　Tax別
CC 不可
室 6室
交 地下鉄スパダイナ駅から徒歩4分。

ユースホステル

The Planet Traveler
プラネット・トラベラー

ダウンタウン中心部

個性的な店が集まるケンジントン・マーケットの近くにあるユースホステル。4階建てで、緑色のロゴが目印。ドミトリーは男女別、混合の3種類が用意されており、世界各地から若者が集う。屋上からはトロントの街並みが望めるほか、宿泊者の交流の場としても人気。フロントの営業は7:00〜24:00。

MAP P.282-A2/284-D2
住 357 College St.
TEL (647)352-8747
URL theplanettraveler.com
料 ドミトリー$45〜
バス、トイレ共同ⓈⒹ$115〜(宿泊は最低2泊から)
Tax別　朝食付き
CC A M V　室 100ベッド
交 ストリート・カーの#510(スパダイナ通り)に乗り、カレッジ通り下車、徒歩3分。

トロントのレストラン

Restaurants in Toronto

80以上もの世界中のエスニックグループが生活するトロントでは「食」も多彩だ。ダウンタウンにあるレストランのうち、最も数が多いのはイタリア料理店。フランスや中国がこれに次ぎ、ギリシャなど地中海周辺の料理も目立つ。また、こうした各国の食文化が互いに融合し、ジャンルにとらわれない斬新なメニューを掲げる店も次々に登場しているので、ぜひ、トロントならではの食体験を楽しみたい。各エスニックタウンでは本格的な料理を割安な値段で提供している店も多い。ピザならリトル・イタリー、中華ならチャイナタウン、ギリシャ料理ならグリークタウンと、それぞれのエスニックタウンを訪れれば、本場さながらの各国料理を楽しめる。散歩がてら探してみるのもおすすめだ。洗練されたレストランやバーが多いのは劇場街や金融街の周辺。

カナダ料理

Fran's Restaurant
フラン

ダウンタウン中心部

ダウンタウンに2店舗を構える、1940年創業の老舗ダイナー。人気は24時間注文できる朝食メニューで、2種類の卵料理とベーコン、ソーセージ、パンケーキ、フライドポテトがセットになったBig Breakfastは$19.99。地下鉄カレッジ駅から徒歩1分のCollege店（MAP P.302-B1）は学生でにぎわう。

MAP P.283-A3
住 200 Victoria St.
TEL (416)304-0085
URL www.fransrestaurant.com
営 毎日24時間
休 無休
予 $20～
CC A M V
交 地下鉄クイーン駅またはダンダス駅から徒歩3分。

360 Restaurant
360

ダウンタウン中心部

CNタワーの上にある展望レストラン。フロアは1周72分で回転している。カナダ産の特選ビーフやアトランティックサーモン、ロブスターなどを素材とした料理は本格的。コースは数種類の料理から好きなものを選ぶプリフィクス。予約があればエレベーターは無料。ジーンズやスニーカーでの入店は禁止。

MAP P.283-B3/P.297-1
住 290 Bremner Rd.
TEL (416)362-5411
URL www.cntower.ca
営 毎日11:30～15:00/16:30～22:00
休 無休
予 ランチ$60～、ディナー$65～
CC A J M V
交 ユニオン駅から徒歩10分。

Canoe Restaurant & Bar
カヌー

ダウンタウン中心部

ユニオン駅前のTDトラストタワーの54階にあり、抜群の眺望を誇る。有機野菜や契約牧場から仕入れる牛肉など、カナダ全土から集めた厳選食材を使っており、素材の味を引き出す調理法を心がけている。ウェブサイトからの予約とスマートカジュアルな服装を推奨。バーのみの利用も可。

MAP P.297-2
住 66 Wellington St. W. 54th Floor, TD Bank Tower
TEL (416)364-0054
URL www.canoerestaurant.com
営 月～金11:45～13:15/17:00～23:30
休 土・日
予 ランチ$40～、ディナー$100～
CC A M V
交 ユニオン駅から徒歩5分。

ケベック料理

Le Papillon on Front
ル・パピヨン・オン・フロント

ダウンタウン中心部

フランス料理をベースとしたケベック風カナダ料理が味わえる。看板メニューは、フランスのブルターニュ地方に古くから伝わる、そば粉を使った食事クレープ、ガレット。ハムや卵、チーズ、野菜などを包んだクレープ$15～はボリューム満点。デザートのクレープ、クレーム・ブリュレ$12も人気。

MAP P.297-2
住 69 Front St. E.
TEL (416)367-0303
URL www.papillononfront.com
営 日・火～木16:00～21:00
金・土16:00～22:00
休 月
予 $30～
CC A J M V
交 地下鉄キング駅から徒歩7分。

フランス料理

Biff's Bistro
ビフズ・ビストロ

ダウンタウン中心部

フランス料理にモダンなアレンジを効かせたメニューが堪能できる。ディナー$58でプリフィックスメニューがあるので予算に応じて楽しめる。牛肉の赤ワイン煮込み$42、トリュフ入りのベイクドブリーチーズ$21が人気。仕事終わりにバーとして利用する人も多い。

MAP P.297-2
住 4 Front St. E.
TEL (416)860-0086
URL www.biffsbistro.com
営 月～金12:00～14:30/16:00～21:30
土・日16:00～21:30
休 無休
予 ランチ$25～、ディナー$45～
CC A M V
交 地下鉄ユニオン駅から徒歩1分。

イタリア料理

Café Diplomatico
カフェ・ディプロマティコ

ダウンタウン周辺

リトル・イタリーの名物カジュアルイタリアン。地元イタリア人にも大人気。トッピングを選んで注文できるピザ$14～など、カスタマイズが可能なのが魅力。朝早くから営業していて、オムレツ$9～やサンドイッチ$5～など朝食メニューも充実している。夏季にはテラス席で食事が楽しめる。

MAP P.282-A1/P.284-D1
住 594 College St.　TEL (416)534-4637
URL www.cafediplomatico.ca
営 月～水8:00～翌1:00
木～土8:00～翌2:00
日8:00～24:00（冬季は短縮あり）
休 無休
予 $20～　CC A J M V
交 ストリート・カー＃506でカレッジ通りとユークリッド通りの交差点下車、徒歩3分。

シーフード

Rodney's Oyster House
ロドニーズ・オイスター・ハウス

ダウンタウン中心部

新鮮なカキが味わえると評判のオイスターバー。地元のシーフード好きが集う。中央のカウンターで店員が次々とカキの殻をむく店内は活気がある。プリンス・エドワード島やノヴァ・スコシア州などから直送されるカキは15種以上で、ひとつ$3～。ロブスターなども揃う。

MAP P.282-B2
住 469 King St. W.　TEL (416)363-8105
URL rodneysoysterhouse.com/toronto
営 日～水12:00～22:00
木12:00～23:00
金・土12:00～24:00
休 無休
予 ランチ$35～、ディナー$45～
CC A J M V
交 地下鉄セント・アンドリュー駅から徒歩15分。

ギリシャ料理

Astoria Shish Kebob House
アストリア・シシ・ケバブ・ハウス

ダウンダウン周辺

地元客から根強い支持を受けるグリークレストランで、伝統的なギリシャ料理が堪能できる。人気のラムチョップ$25.99のほかにも、ピタパンのサンドイッチ$15.99～や豚の串焼き、スブラキ$24.99～などメニューは豊富。フレンドリーなサービスも魅力。グリークタウンの中心にある。

MAP P.278-B2
住 390 Danforth Ave.
TEL (416)463-2838
URL www.astoriashishkebobhouse.com
営 日～木11:30～22:00
金・土11:30～23:00
（夏季は1時間延長）
休 無休
予 $30～　CC A M V
交 地下鉄チェスター駅から徒歩1分。

カフェ

The Hot House Restaurant & Bar
ホット・ハウス・レストラン＆バー

ダウンタウン中心部

ベストサンデーブランチと称賛される店。日曜の9:30～15:00のみ、ブランチビュッフェ大人$45、子供$17.5を開催。ムール貝、ローストビーフなど、30種以上の料理が並び、目の前でシェフが焼いてくれるオムレツのほか、ワッフルやケーキなどのスイーツも美味。サンデーブランチとディナーは予約を推奨。

MAP P.297-2
住 35 Church St.
TEL (416)366-7800
URL www.hothouserestaurant.com
営 月～木8:00～11:00/11:30～22:00
金8:00～11:00/11:30～22:30
土9:30～22:30
日10:00～22:00
休 無休
予 $30～　CC A J M V
交 地下鉄キング駅から徒歩5分。

Hemingway's
ヘミングウェイズ

ダウンタウン北部

屋上のパティオが人気のカフェ・レストラン。ランチはサラダやサンドイッチなどの軽食中心、夜は肉料理とパスタがメイン。ランチのおすすめはサンドイッチやタコス$18～、ハンバーガー$20～など。ライブやイベントを行っている。スケジュールはウェブサイトで確認を。

MAP P.302-A2
住 142 Cumberland St.
TEL (416)968-2828
URL hemingways.to
営 月～金11:00～翌2:00
土・日10:00～翌2:00
休 無休
予 $20～
CC A M V
交 地下鉄ベイ駅から徒歩2分。

日本料理

ramen 雷神
ラーメン・ライジン

ダウンタウン北部

ラーメン激戦区トロントのなかでも、日本の味に引けを取らないことで知られる。一番人気は高温で炊いたクリーミーな豚骨スープにかつおや昆布だしを合わせた魚介豚骨醤油ラーメン$15～。鶏ガラベースのうまみ醤油ラーメンは$13.5～。特製の餃子5個$7～や月替わりのおつまみも評判だ。

MAP P.302-B2
住 24 Wellesley St. W.
TEL (647)348-0667
URL www.zakkushi.com
営 日～木12:00～21:30 LO
金・土12:00～22:00 LO
休 無休
予 $15～
CC A J M V
交 地下鉄ウェルスレイ駅Wellesleyから徒歩5分。

中華料理

汕頭小食家
Swatow Restaurant

ダウンタウン中心部

麺類に関してはチャイナタウン屈指の品揃え。メニューはつゆそばで28種、焼きそばで24種を数え、自家製の麺は中華麺と米の麺から選べる。プリプリのエビが入ったShrimp Dumpling Noodle Soup$10.99は、あっさりしたスープで人気が高い。深夜まで営業しているので飲んだあとのシメにも◎。

MAP P.282-A2/P.284-D2
住 309 Spadina Ave.
TEL (416)977-0601
営 日～木11:00～22:30
金・土11:00～23:30
休 無休
予 $15～
CC 不可
交 地下鉄セント・パトリック駅から徒歩10分。

福州海鮮酒樓
Rosewood Asian Cuisine

ダウンタウン中心部

チャイナタウンで飲茶(Dim Sum)を食べるならここがおすすめ。営業時間中ならいつでも味わえる飲茶は、具材たっぷりで上品な味わい。S、M、L、XLの4サイズから選べてひと皿$5.25～10.25。写真メニューあり。中華の一品料理や寿司なども扱っている。

MAP P.282-A2
住 463 Dundas St.
TEL (416)593-9998
URL rosewoodasiancuisine.com
営 月～金10:00～翌3:00
土・日9:00～翌3:00
休 無休
予 $20～
CC M V($20以上から)
交 地下鉄セント・パトリック駅から徒歩8分。

韓国料理

Paldo Gangsan Korean Restaurant
パルド・ガングサン

ダウンタウン北部

地元の学生たちに人気の店。一品料理にビール4本もしくはソジュ1本が付くセットメニュー、コリアンコンボ$40.99～が名物。ボリュームたっぷりなので3～4人でシェアして食べるのがおすすめ。カムジャタンやスンドゥブなど$10前後の一品メニューも多く地元の学生に人気。

MAP P.284-C1
住 694 Bloor St.
TEL (416)536-7517
営 毎日11:30～24:00
休 無休
予 $30～
CC 不可
交 地下鉄クリスティー駅から徒歩3分。

タイ料理

Thai Basil
タイ・バジル

ダウンタウン北部

本格タイ料理がカジュアルに楽しめる。カレーからシーフード、肉料理、麺類とメニューが豊富で、各皿$13～20程度と値段は良心的。毎日11:30～17:00のランチスペシャル$14.95はメインに春巻、トムヤムスープ、ライスが付く充実した内容で人気がある。デザートは$4.5～。

MAP P.284-C1
住 467 Bloor St. W.
TEL (416)840-9988
URL www.thaibasil.ca
営 日～木11:30～22:30
金・土11:30～23:00
休 無休
予 $20～　CC M V
交 地下鉄スパダイナ駅から徒歩2分。または地下鉄バサースト駅Bathurstから徒歩5分。

インド料理

Little India
リトル・インディア

ダウンタウン中心部

インド人シェフによる、伝統的なインド料理が味わえる。ランチにはミックスプレート$10.75～などが人気。ディナーはインドカレー$16.95～、チキンやラムなど4種から選べるビリヤニ$14.95など。ヨーグルトをミックスさせ、オーブンでこんがり焼き上げたタンドリーチキンも$16.5もおすすめ。

MAP P.297-1
住 255 Queen St. W.
TEL (416)205-9836
URL www.littleindia.ca
営 毎日11:30～22:00
休 無休
予 $20～
CC A M V
交 地下鉄オスグード駅から徒歩3分。

トロントのショッピング
Shops in Toronto

憧れの高級ブランドから定番みやげまで、あらゆる店が揃っている。おみやげをまとめ買いするなら、巨大ショッピングセンターのCF Toronto Eaton Centre、高級ブランドならブロア／ヨークヴィル、古着のケンジントン・マーケットなど、エリアによって並ぶショップに特徴があるのもトロントならでは。

ショッピングモール

CF Toronto Eaton Centre
CFトロント・イートン・センター

ダウンタウン中心部

ヤング通りの西側に立つ、地上2階、地下3階の巨大ショッピングモール。吹き抜けのアーケードには、H&Mやアバクロンビー&フィッチ、ルルレモン・アスレティカなどのファッションから食品、家庭用品まで、300店舗以上ひしめく。ファストフードも充実している。

MAP P.283-A3/P.285-D3
住 220 Yonge St.
TEL (416)598-8560
URL shops.cadillacfairview.com/property/cf-toronto-eaton-centre
営 月～土10:00～21:00
日10:00～19:00
休 無休　CC 店舗により異なる
交 地下鉄ダンダス駅またはクイーン駅から徒歩すぐ。

Yorkville Village
ヨークヴィル・ヴィレッジ

ダウンタウン北部

若者向けのファッションブランドが多数入るショッピングモール。誰もが知る高級ブランドではなく、北米やヨーロッパで活躍する若手デザイナーの店が多い。インテリアの店もあるほか、レストランやカフェもおしゃれ。地下にはスーパーマーケットの「Whole Foods Market」も入っている。

MAP P.302-A2
住 55 Avenue Rd.
TEL (416)968-8680
URL yorkvillevillage.com
営 月～土10:00～18:00
日12:00～17:00
休 無休
CC 店舗により異なる
交 地下鉄ベイ駅、またはセント・ジョージ駅St. Georgeから徒歩5分。

デパート

Holt Renfrew
ホルト・レンフリュー

ダウンタウン北部

ブロア通りに立つ、トロント随一の高級デパート。店内にはプラダ、アルマーニ、ミュウミュウ、クロエ、マイケル・コースなど、有名ブランドのブティックがずらり。化粧品はシャネル、ランコム、クリニーク、エスティ・ローダーなどがある。バッグやシューズ、アクセサリーなど小物類も充実。

MAP P.302-A2
住 50 Bloor St. W.
TEL (416)922-2333
URL www.holtrenfrew.com
営 月～土10:00～19:00
日12:00～18:00
休 無休
CC 店舗により異なる
交 地下鉄ベイ駅またはブロア／ヤング駅から徒歩5分。

ファッション

Exile Vintage
エグザイル・ヴィンテージ

ダウンタウン中心部

創業40年を超える古着専門店。古着屋が集まるケンジントン・マーケットのなかで草分け的存在。ビンテージジーンズやレトロなシャツを求めて、世界各地からファッションバイヤーも訪れる。パーティー用コスチュームやサングラス、シューズなど幅広い品揃え。奥には1950年代のドレスなどがある。

MAP P.282-A2/P.284-D2
住 60 Kensington Ave.
TEL (416)595-7199
URL exilevintage.ca
営 月～木11:00～19:00
金・土10:00～19:00
日11:00～18:00
休 無休　CC M V
交 ストリート・カー#505、#510でスパダイナ通りとダンダス通りの交差点下車、徒歩4分。

アンティーク

Toronto Antiques on King
トロント・アンティークス・オン・キング

ダウンタウン中心部

劇場街の中心にある、アンティーク・マーケット。約30店のアンティークショップがひしめいている。ヨーロッパやアメリカのアンティーク食器や家具を扱う店が多い。ビクトリア調のイギリス家具や花柄のかわいいティーカップなど、時間をかけて掘り出し物を見つけよう。2023年8月現在、来店は予約制。

MAP P.297-1
住 284 King St. W.
TEL (416)260-9057
URL www.torontoantiquesonking.com
営 火～土11:00～17:00
休 日・月
CC A M V
交 地下鉄セント・アンドリュー駅から徒歩5分。

雑貨

Blue Banana Market
ブルー・バナナ・マーケット

ダウンタウン中心部

ケンジントン・マーケットのファッションアクセサリーからビンテージ雑貨、キッチン用品など、常時15～20のブースが出店している雑貨マーケット。カナダ産のバスグッズやキャンドルなどギフトにしたいアイテムがいっぱい。メープルシロップ関連グッズのコーナーも充実している。店員も気さく。

MAP P.282-A2/P.284-D2
住 250 Augusta Ave.
TEL (416)594-6600
URL www.bbmgifts.com
営 毎日11:00～19:00
休 無休
CC M V
交 ストリート・カー#505、#510でダンダス通りとスパダイナ通りの交差点下車、徒歩5分。

スポーツグッズ

The Sport Gallery
スポート・ギャラリー

ダウンタウン周辺

ディスティラリー地区にある、北米のプロスポーツをテーマとしたコンセプトショップ。地元チームのトロント・ブルージェイズやラプターズのTシャツ$65～やスウェット$120～は、おみやげにもぴったり。オフィシャルグッズではなく、あくまでもオリジナルデザインで、作りがいい。ベビー＆キッズウェアも充実している。

MAP P.283-A4
住 15 Tank House Lane
TEL (416)861-8514
URL thesportgallery.ca
営 月～木10:00～19:00
金・土10:00～20:00
日11:00～19:00
休 無休 CC M V
交 ストリート・カー#503、#504でキング通りとパーラメント通りの交差点下車、徒歩8分。

おみやげ

Craft Ontario Shop
クラフト・オンタリオ・ショップ

ダウンタウン北部

地元作家の活動支援を目的とするNPO法人Ontario Crafts Councilが運営する店。作家の支援は1932年から続いている。陶芸、ガラス、木工、アクセサリーなど幅広いクラフト製品を扱うが、特にイヌイットやインディアンアートの品揃えに定評がある。質の高い作品たちは見ているだけでも楽しめる。

MAP P.278-B1/P.282-B1外
住 1106 Queen St. W.
TEL (416)921-1721
URL www.craftontario.com
営 火・土・日11:00～18:00
水～金11:00～19:00
休 月
CC A J M V
交 ストリート・カー#501でクイーン通りとダファリン通りDufferin St.の交差点下車、徒歩6分。

Canadian Naturalist
カナディアン・ナチュラリスト

ダウンタウン中心部

「CF Toronto Eaton Centre（→P.314）」のLevel 1にあるギフトショップ。カナダのおもなみやげ物が揃い、まとめ買いに便利。定番のメープルシロップやクッキー、ドリームキャッチャーなどのほか、色づいたメープルの葉をあしらった写真立てや、コースターなどのグッズも人気。

MAP P.283-A3/P.285-D3
住 220 Yonge St., The Eaton Centre
TEL (416)581-0044
営 月～土10:00～21:00
日11:00～19:00
休 無休
CC M V
交 地下鉄ダンダス駅またはクイーン駅から徒歩すぐ。

スイーツ

Soma
ソーマ

ダウンタウン周辺

ディスティラリー地区（→P.303）にある、チョコレート専門店。世界各地の産地から買い付けたカカオ豆を使用し、店内のショーケースには常時20種類ほどのチョコが並ぶ。ナッツやドライフルーツ入りのMini Dark/Milk Bar $7～はギフトに最適。住 443 King St. W.（MAP P.282-B2）に支店あり。

MAP P.283-A4
住 32 Tank House Lane
TEL (416)815-7662
URL www.somachocolate.com
営 月・金・土12:00～19:00
火～木12:00～18:00
日12:00～20:00
休 無休 CC A J M V
交 ストリート・カー#503、#504でキング通りとパーラメント通りの交差点下車、徒歩8分。

Nadège Patisserie
ナデージュ・パティスリー

ダウンタウン西部

地元の人なら誰もが知っている、上品な甘さのスイーツを揃えるフレンチテイストのパティスリー。旬の果物や地元の素材を使ったタルトやシフォンケーキが豊富。カラフルなフランス菓子マカロンや、パティスリーならではの風味豊かなクロワッサンも人気。広々とした店内にはイートインスペースもある。

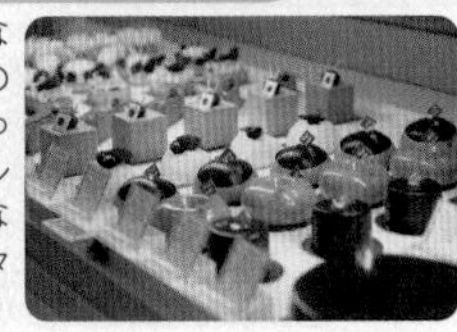

MAP P.282-B1
住 780 Queen St. W.
TEL (416)203-2009
URL www.nadege-patisserie.com
営 月～土9:00～21:00
日9:00～19:00
休 無休 CC A M V
交 ストリート・カー#501でクイーン通りとナイアガラ通りNiagara St.の交差点下車、徒歩1分。

トロントのナイトスポット

Night Spots in Toronto

トロントにはバー、パブ、ダンスクラブなどあらゆるナイトスポットが揃う。特に活気に満ちているのが劇場街とアネックス周辺。リトル・イタリーもにぎやか。定期的にライブを行う店も多く、一流ジャズメンの演奏も夜ごと繰り広げられている。

パブ

C'est What?

セ・ホワット

ダウンタウン中心部

常時40種類以上の地ビールをはじめ、ドリンク類の品揃えにこだわりを感じさせるパブ。バターチキンやバッファローの肉を使ったハンバーガーなど、料理もバラエティに富んでいる。木～日曜に行われるライブのジャンルも、ポップスやロック、ジャズと多彩。カバーチャージはライブがある日のみで、$15～。

MAP P.297-2
住 67 Front St. E.
TEL (416)867-9499
URL www.cestwhat.com
営 日・月16:00～24:00
火・水12:00～24:00
木～土12:00～翌1:00
休 無休
CC A M V
交 地下鉄キング駅から徒歩7分。

Madison Avenue Pub

マディソン・アベニュー・パブ

ダウンタウン北部

トロント大学の近くという場所柄、学生たちが多い隠れ家的なパブ。店内は6つの部屋に分けられ、外にはふたつのパティオもある。ビールは20種類以上揃う。食事メニューはピザやハンバーガーなど。木～土曜の22:00頃からは、ピアノやギターの生演奏も加わり、ひときわにぎわう。

MAP P.302-A1
住 14 Madison Ave.
TEL (416)927-1722
URL madisonavenuepub.com
営 月～土11:00～翌2:00
日11:00～24:00
休 無休
CC A M V
交 地下鉄スパダイナ駅から徒歩4分。

ブリューパブ

Amsterdam Brewhouse

アムステルダム・ブリューハウス

ハーバーフロント

オンタリオ湖に面したブリューパブ。自慢のビールは、定番8種に季節限定3～4種を加えた計11～12種類。自然の材料を使い、防腐剤や熱殺菌を行わないビールは、とびきりフレッシュ! 料理はバーガーなどビールによく合うメニューが中心。レモンチキン・シュニッツェル$25.75、フィッシュ・タコス$17.5もおすすめ。

MAP P.283-C3
住 245 Queens Quay W.
TEL (416)504-1020
URL amsterdambeer.com
営 日～木11:00～24:00
金・土11:00～翌2:00
休 無休
CC A M V
交 ストリート・カー#509でQueens Quay West at Reef St.下車、徒歩3分。

Mill St. Brew Pub

ミル・ストリート・ブリュー・パブ

ダウンタウン周辺

ディスティラリー地区（→P.303）にあるビアホール。自慢は何といっても常時約10種類が揃う自家醸造ビール。4種類を少量ずつ楽しめるビアフライト$14と呼ばれるセットがあるので、飲み比べてみるのも楽しい。クラシック・プティン$13、タイ風レッドカレー$22などフードメニューも充実。

MAP P.283-A4
住 21 Tank House Lane
TEL (416)681-0338
URL millstreetbrewery.com
営 月～木11:30～23:00
金11:30～24:00
土10:30～24:00
日10:30～23:00
休 無休　CC A M V
交 ストリート・カー#503、#504でキング通りとパーラメント通り下車、徒歩8分。

ジャズクラブ

The Rex Jazz & Blues Bar

レックス・ジャズ& ブルース・バー

ダウンタウン中心部

モダンジャズからブルースまで、カナダ国内のミュージシャンの熱演がカジュアルに楽しめる。ライブは毎日17:30以降に行われ、最も盛り上がるのは20:30開演のステージ（予約推奨）スケジュールはウェブサイトで確認を。チャージは$10～20。ハンバーガーやフィッシュ&チップスなどの食事メニューもある。

MAP P.283-A3
住 194 Queen St. W.
TEL (416)598-2475
URL www.therex.ca
営 毎日11:00～20:00
休 無休
CC M V
交 地下鉄オスグード駅から徒歩1分。

ナイアガラの魅力がギュッと詰まった パーフェクトプラン

2泊3日で満喫！

ナイアガラの旅

世界有数の観光地、ナイアガラ・フォールズ周辺には滝を眺めるビュースポットやアトラクションだけではなく、グルメ、スパ、ワイナリーなど楽しみが盛りだくさん。2泊3日でナイアガラを極める、ちょっと贅沢な旅へご案内。

more information ナイアガラ・フォールズ→P.321 ナイアガラ・オン・ザ・レイク→P.346
ナイアガラ・ワインルート→P.344

Day 1 町全体がアトラクション！ ナイアガラ・フォールズで滝を見る P.318

スケジュール

- 9:30 「ナイアガラ・シティ・クルーズ」に乗る
- 11:00 「ジャーニー・ビハインド・ザ・フォールズ」へ
- 12:00 「テーブル・ロック・ハウス」でランチ
- 14:00 「ナイアガラ・ヘリコプター」に乗る
- 15:00 ナイアガラ・フォールズの町を散策
- 19:00 「レヴォルヴィング・ダイニング・ルーム」でディナー

Day 2 イギリス調の建物が残る古都、ナイアガラ・オン・ザ・レイクへ P.319

スケジュール

- 12:00 ホテル「プリンス・オブ・ウェールズ」に荷物を預けて散策。ランチは「ショー・カフェ&ワインバー」で
- 14:00 町なかのショップでお買い物
- 15:00 ホテルにチェックイン後、アフタヌーンティー
- 17:00 ホテル内のガーデン・スパでスパ体験
- 19:00 ホテル内のダイニングでディナー

Day 3 旅の締めくくりは カナダ最大のワイン産地へ P.320

スケジュール

- 11:00 タクシーでワイナリーの「ストルーン」へ
- 11:30 テイスティングに参加
- 12:00 併設のダイニング「カム・ロイヤル・ナイアガラ・タパス・バー&レストラン」でランチ

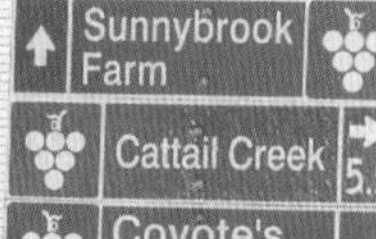

町全体がアトラクション！ナイアガラ・フォールズで滝を見る

滝を下から裏から上空からウオッチング。フォールズ・ビューのレストランで昼は間近に、夜は遠巻きにライトアップされた滝を見よう。

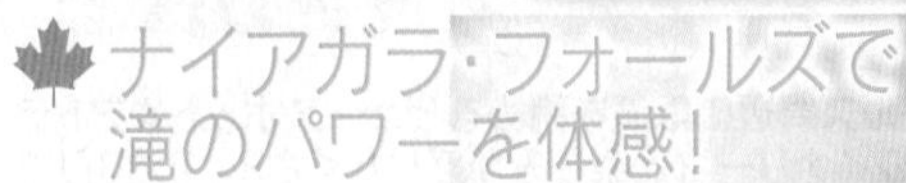

ナイアガラ・フォールズで滝のパワーを体感！

ナイアガラ・シティ・クルーズ
P.332

船に乗ってカナダ滝の滝壺へ向かう、ナイアガラ・フォールズで一番人気のアトラクション。カナダ滝をより間近に見たいなら、船首か船首の右側がおすすめ。

▶滝壺は嵐のなかにいるような強風と豪雨（水しぶき）

ジャーニー・ビハインド・ザ・フォールズ
P.331

カナダ滝を裏側から眺められる。夏季は滝の真横のバルコニーへ出られる。

ナイアガラ・ヘリコプター
P.333

滝を空中から眺めるアトラクション！高額だけれど、ぜひチャレンジを！

昼も夜もフォールズ・ビューの絶景レストラン

Lunch

カナダ滝に最も近いレストラン

テーブル・ロック・ハウス
Table Rock House Restaurant

テーブル・ロック・センター内にあり、床から天井まで届く大きな窓からカナダ滝の落ち口を一望できる。ランチの人気はハンバーガーやサンドイッチ。ディナーには地元の食材を使った料理が楽しめる。ディナーのコースは$65。

DATA MAP P.329-C1 住6650 Niagara Pwy.
FREE(1-877)642-7275 URL www.niagaraparks.com
営 夏季　毎日11:30～21:30
　冬季　日～金11:30～20:00　土11:30～21:00
（時期により変動あり）
休 無休　予ランチ$30～、ディナー$50～　CC A J M V

滝のしぶきが窓につくほどの近さ

Dinner

光に包まれた夜のナイアガラをひとり占め

レヴォルヴィング・ダイニング・ルーム
Revolving Dining Room

スカイロン・タワーの上にあるエレガントなダイニング。フロア全体が回転する仕組みで、座ったままナイアガラの町を360度眺められる。サーモンやロブスターのグリル、ステーキなど料理はどれもゴージャスでボリューム満点。

DATA MAP P.329-B1 住5200 Robinson St.
TEL(905) 356-2651 FREE(1-888) 975-9566
URL www.skylon.com 営毎日11:30～15:00/16:30～22:00
休 無休 予ランチ$30～、ディナー$60～ CC A D J M V

1 骨付き仔羊のグリル$68。ラム肉の軟らかさとディジョンマスタードの風味を楽しもう 2 フロアは1時間かけて1周する 3 スマートな接客で優雅なひとときを演出

イギリス調の建物が残る古都、ナイアガラ・オン・ザ・レイクへ

オンタリオ湖に面したナイアガラ・オン・ザ・レイクは、小さなかわいらしい町。のんびりと散策するのにぴったり。

宿泊はビクトリア調のクラシカルなホテル

1 フロントロビーも重厚でエレガント 2 客室はすべて異なる造り。暖炉が備わるデラックスルーム。バラの花をあしらった天蓋付きベッドが華やか 3 アーケード、ナイアガラ・ハウスなどのホテル名を経て、1901年に現名称となった

午後はアフタヌーンティーで

フロント手前にあるThe Drawing Roomではアフタヌーンティーが楽しめる。
営毎日11:00~17:00(予約推奨)

◀サンドイッチやスコーンなど、どれも本格的。Traditional Afternoon Tea $55

Hotel プリンス・オブ・ウェールズ The Prince of Wales Hotel

1864年創業の最高級ホテル。かつてヨーク公夫妻が滞在したことからこの名がつけられた。5タイプあるゲストルームはアンティークの家具が配され、気品あふれる落ち着いた雰囲気。屋内プールやスパ、ダイニングルームも備わる。

DATA MAP P.347-A2~B2
住 6 Picton St.
TEL (905) 468-3246
FREE (1-888) 669-5566
URL www.vintage-hotels.com/princeofwales
料 ⓈⒹ$300~ Tax別
CC A M V
室 110室

ナイアガラ・オン・ザ・レイクでランチ

Food シーンに合わせて訪れたい ショー・カフェ&ワインバー Shaw Cafe & Wine Bar

おもに地元の食材を使ったサンドイッチやパスタ、グリル料理を提供するビストロスタイルのカフェレストラン。らせん階段を上った2階はワインバーとなっており、クラシカルな雰囲気のなかナイアガラ産のワインを堪能できる。5月中旬~9月は色とりどりの花で覆われるテラス席がおすすめ。

DATA MAP P.347-A1 住 92 Queen St.
TEL (905) 468-4772 URL www.shawcafe.ca
営 夏季 月~木・日11:30~21:00、金・土11:30~22:00 秋季 毎日11:30~20:00 冬季 木~月11:30~17:00 休 冬季の火・水(事前に要問い合わせ)
予 $25~ CC A M V

1 クイーン通りに立ち、円柱の建物が目を引く 2 大きな窓から明るい日が差す店内 3 プリンス・エドワード島産のムール貝のガーリッククリームソース $20.95

Day 2 つづき

町歩きの最中に、おみやげ探し。
2日目でも3日目に楽しんでもOK。

ナイアガラ・オン・ザ・レイクでショッピング

1 小瓶サイズのジャムはおみやげにちょうどいい 2 れんが造りの一軒家に入っている

変わらぬ製法で作る自家製ジャム
グリーヴズ
Greaves

1927年の創業以来、ナイアガラエリアで取れたフルーツだけを使ったジャムを作り続けている。ジャムはイチゴやブルーベリー、アプリコット、プラム、ピーチなど19種類ほどあり、250ml$8.25、500mlは$14.95。小分けにすればバラマキみやげにもなる小瓶の詰め合わせは5本入り$25.95〜。

DATA MAP P.347-A1 住 55 Queen St.
TEL (905) 468-7831 FREE (1-800) 515-9939
URL greavesjams.com
営 夏季 毎日10:00〜20:00 冬季 毎日10:00〜18:00
休 無休 CC A M V

食べごたえ満点の甘〜いスイーツ
メープル・リーフ・ファッジ
Maple Leaf Fudge

バターと砂糖を練り合わせて固めた、とびきり甘いお菓子、ファッジの専門店。ショーケースにはチョコやナッツ入りなど21種類が並び、1個$7.99〜。アイスワインのファッジもある。3個買うと1個無料のサービス実施中。

DATA MAP P.347-A1 住 114 Queen St.
TEL (905) 468-2211 URL mapleleaffudge.com 営 毎日9:30〜20:00 11〜2月 毎日10:00〜17:30(時期により変動あり)
休 無休 CC M V

1 上からメープルウオールナッツ、ミントチョコレート、チョコレート・ピーナッツ・バター 2 店内には甘い匂いが漂う

Day 3

旅の締めくくりは
カナダ最大のワイン産地へ

ナイアガラ周辺にはたくさんのワイナリーが点在し、オリジナルのワインを製造している。ワイナリー巡り(→P.344)もおすすめ。

ナイアガラ・ワインルートのワイナリー見学

ストルーン
Strewn Winery

ナイアガラ・オン・ザ・レイクから車で約5分、ブドウ本来の香りを生かした風味豊かなワインを造るワイナリー。VQAの赤、白ワインやアイスワインは世界の品評会で数々の賞を受賞している。各種テイスティング体験(所要25〜40分)のほかに、ワインとのペアリングを楽しめる創作料理のレストランを併設。クッキングスクールも開催している。

DATA MAP P.344 住 1339 Lakeshore Rd.
TEL (905) 468-1229 URL www.strewnwinery.com
営 5〜10月 毎日10:00〜18:00 11〜4月 毎日10:30〜17:30
休 無休
【ワイナリー見学ツアー&テイスティング】料 1人 $35〜

ワインと楽しむフュージョン料理

ワイナリー内には、洗練されたフュージョンが楽しめる「カム・ロイヤル・ナイアガラ・タパス・バー&レストランCamm Royal Niagara Tapas Bar & Restaurant」がある。いずれのメニューもワインとの相性はぴったり。
(TEL (905)468-1222 営 月〜木11:30〜20:00 金・土11:30〜21:00 日11:00〜20:00 休 無休)

▶ワインバーやテラスもあるカジュアルダイニング

1 メインのバーでのテイスティングは3種類で1人$20(ウェブサイトからの予約推奨) 2 手入れの行き届いた庭園もある 3 テロワールTerroirシリーズが人気

NIAGARA FALLS

ナイアガラ・フォールズ

オンタリオ州

オンタリオ州とアメリカの国境にあるナイアガラの滝は、南米のイグアス、アフリカのビクトリアと並ぶ世界3大瀑布のひとつ。かつてこの地に暮らしたインディアンが呼んでいた「ニアガル（雷とどろく水）」がナイアガラの名前の語源である。その神秘さえ感じさせる大自然の雄大さ、人間を圧倒するスケールの大きさを肌で感じようと、世界中から毎年約1300万人もの観光客が訪れる。

高さ57m、幅670mのこの巨大な滝の形成は、1万2000年前の氷河期にまでさかのぼる。ナイアガラ川の中流にあった、氷河が削った断層に滝ができたのが始まり。現在の位置はその水勢により少しずつ浸食され、形成当時より約13kmも上流に移動している。ナイアガラの滝は、カナダ滝とアメリカ滝（アメリカ滝の横には、その姿からブライダルベール滝と呼ばれる細い滝も流れている）からなる。特にカナダ滝は急カーブで弓なりになった形からホースシュー（馬蹄）滝とも呼ばれ、フォトジェニックな景観で人々を魅了している。

滝周辺は、1820年代からの観光開発で高級ホテルやアトラクション施設が建ち並び、さながら都市といった趣。カナダ側にはふたつの大型カジノや観覧車などもあり、テーマパークを思わせるにぎわいを見せている。

一方、近年はカナダ側のナイアガラ・パークスやアメリカ側のナイアガラ・フォールズ州立公園の管轄下で、環境保護と観光を両立させる試みも行われている。

⬆さまざまな角度から滝を眺めよう

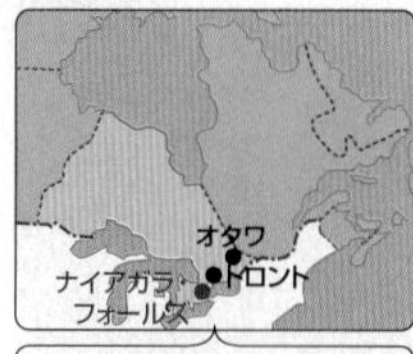

MAP P.272-B3
人口 9万4415
市外局番 905

ナイアガラ・フォールズ情報のサイト

カナダ側
URL www.niagaraparks.com
URL www.niagarafallstourism.com
URL www.niagarajapan.com（日本語）

アメリカ側
URL www.niagarafallsstatepark.com
URL www.visitbuffaloniagara.com

国境にまたがるナイアガラの滝

ナイアガラの滝は、カナダとアメリカの両国にまたがっている。滝はカナダ滝とアメリカ滝、そしてブライダルベール滝の3つに分かれている。両国とも、滝周辺の町の名前はナイアガラ・フォールズというので注意しよう。本書では、混乱を避けるため、カナダ側、アメリカ側と分けて表記している。

⬆滝の周辺は緑豊かな公園やガーデンになっている

ナイアガラ・フォールズのイベント

ウインター・フェスティバル・オブ・ライツ
Winter Festival of Lights
TEL (905)356-6061
URL www.wfol.com
催 11月中旬1～2月中旬（'23～'24）

カナダ最大の冬季イルミネーション・イベント。花火やパレード、町のイルミネーションなどが、訪れる100万人以上の観光客を楽しませる。

※開館時間、営業時間などの日程は基本的に2023年のもの。年度により変動するため、ウェブサイトなどで再確認を。（→P.7）

↑ランドマークのスカイロン・タワー

ナイアガラ・フォールズへの行き方

ナイアガラ・フォールズという町は、同名の町がカナダ側とアメリカ側の両方にある。ナイアガラ・フォールズに空港はないので、カナダ側の起点となるのはトロント。トロントのダウンタウンからは長距離バスとシャトルバスが運行している。ユニオン駅からはVIA鉄道やGOトレインも運行。空路なら、最寄りのトロント・ピアソン国際空港（→P.279）を利用できる。空港からは専用のシャトルバスが運行しており、便利だ。

↑赤れんが造りのVIA鉄道駅

アメリカ側からはバッファローBuffaloからアプローチできる（→P.324）。

■トロントからナイアガラ・フォールズへの行き方一覧表

出発場所→到着場所（カナダ側）	バス、列車名	便　数	所要時間
トロント・ユニオン・ステーション・バスターミナル ➡ナイアガラ・フォールズ・バスディーポ	メガバス	1日3～16便（一部はテーブル・ロック・センター前終点）	1時間50分～2時間
	フリックス・バス	1日8便	1時間50分～2時間30分
トロント・ユニオン駅	VIA鉄道	1日1便（アムトラックと共同運行のメープルリーフ号）	約2時間
	GOトレイン	1日3便	約2時間
トロント・ピアソン国際空港／ダウンタウンのホテル ➡ナイアガラ・フォールズの主要ホテル	ナイアガラ・エアバス	シャトル・パッケージ、要予約	1時間30分～2時間

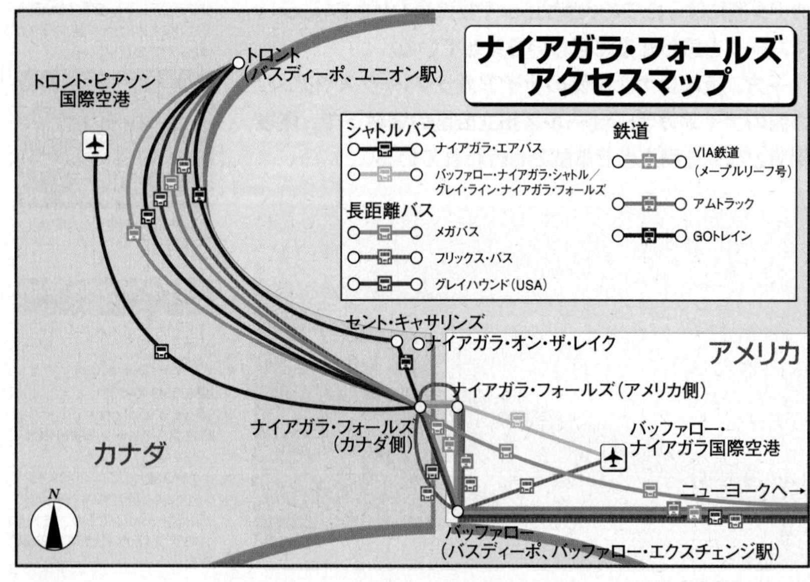

トロント・ピアソン国際空港から

シャトルバス

ナイアガラ・エアバスNiagara Airbusが、トロント・ピアソン国際空港からカナダ側のホテルまたは滝周辺の指定の場所を結ぶミニバスによるシャトルサービスや、トロントのダウンタウン→ナイアガラ・フォールズ→トロント・ピアソン国際空港を結ぶシャトル・パッケージを運行している。各ターミナルとも到着フロアの地下にあるOut of Town Van Serviceのカウンターで申し込む。ただし満席の場合待たされるので、ウェブサイト、電話での予約を推奨。毎日6:30～翌1:30頃の運行、所要1時間30分～2時間。

↑空港から直接アクセスできる便利なナイアガラ・エアバス

ナイアガラ・エアバス
TEL (905)374-8111
URL www.niagaraairbus.com
トロント・ピアソン国際空港から
料 片道　大人$99～
　往復　大人$187～
シャトル・パッケージ
料 大人$224、子供$168
予約は電話のほか、ウェブサイトからのオンラインでも可能。インターネットの場合、84時間以上前までに予約すれば5%割引になる。

↑Ground Transportation Booth

トロントのダウンタウンから

シャトルバス

ナイアガラ・エアバスが、トロントのホテル→滝周辺のホテル→トロント・ピアソン国際空港（逆も可）の3ヵ所を結ぶシャトル・パッケージを運行。要予約で、予約時に出発日時と到着ホテルを伝える。所要1時間30分～2時間。

トロントからの直通電車
トロントのユニオン駅からナイアガラ・フォールズのVIA鉄道駅まで、GOトレイン（→P.281）が1日3便運行。所要2時間20分。市バスのウィーゴー（→P.325）が乗り放題になるお得なパッケージもある。
GOトレイン
FREE (1-888)438-6646
TEL (416)869-3200
URL www.gotransit.com
料 片道　大人$21.15～、シニア$10.6～、12歳以下無料

長距離バス

トロント～ナイアガラ・フォールズ間は、メガバスMegaBusが1日3～16便、フリックス・バスFlix Busが1日7便運行。所要1時間50分～2時間30分。なお、フリックス・バスの停車場所はバスディ ーポではなくフォールズ・ビュー地区になる。

フリックス・バス（→P.543）
MAP 329-C1
トロントから
料 片道　大人$13.99～

COLUMN

格安長距離バス、メガバス

メガバスMegabusは2003年にイギリスで運行を開始した格安の長距離バス。カナダではコーチ・カナダ社Coach Canadaが、トロント、キングストン、モントリオールを拠点に運行している。通常2階建てのバスで、車内に無料の無線LANサービスがあることも。22.6kgまでの大きな手荷物を、1個まで預け入れることも可能。

↑格安でも快適なバス

チケットはバスディーポでも購入できるが、乗車予定日の45日前からオンライン予約ができ、予約時期が早いとチケットが割安になる。発着は、バスディーポ（一部はテーブル・ロックセンター前行き）。バスの運転手に予約番号を伝えて乗車するので、オンラインで予約した場合は、明細をプリントアウトしておこう。

DATA
メガバス（→P.543）
FREE (1-866)488-4452　URL ca.megabus.com
トロント～カナダ側ナイアガラ・フォールズ
料 片道　1人$14.99～

VIA鉄道(→ P.545)

鉄道

トロントのユニオン駅からカナダ側のナイアガラ・フォールズ駅まで、VIA鉄道が運行している。1日1便。所要約2時間。アムトラックAmtrakに乗り入れるメープルリーフ号Maple Leafで、アメリカ側のナイアガラ・フォールズ駅、バッファローを経由してニューヨークまで行く。

バスディーポ
MAP P.327-B2
住 4555 Erie Ave.
TEL (905)357-2133

↑バスディーポ内の様子

鉄道駅
MAP P.327-A2

ナイアガラ・フォールズ・トランジット
FREE (1-833)678-5463
URL www.nrtransit.ca
料 シングルチケット
大人・シニア・ユース(13～17歳)$3、12歳以下無料

バスディーポ／鉄道駅から市内へ

↑コンパクトなバスディーポ

バスディーポは町の北の外れのワールプール橋Whirlpool Rapids Bridgeの近くにあり、すぐ向かいに鉄道駅がある(フリックス・バスは滝周辺のフォールズ・ビュー地区に到着)。滝周辺まではウィーゴーWegoのグリーン・ラインで行ける。バスディーポのすぐ前にある停留所から乗車すれば、クリフトン・ヒルやテーブル・ロックまでアクセスが可能。ナイアガラ・フォールズ・トランジットNiagara Falls Transitの市バス#104もビクトリア通りVictoria Ave.まで南下するが便数は少ない。徒歩だと30～40分かかる。

COLUMN

アメリカからナイアガラ・フォールズへ

ナイアガラ・フォールズへは、アメリカからも行ける。起点となるのはバッファロー・ナイアガラ国際空港Buffalo Niagara International Airportと、バスディーポがあるバッファローの町。

バッファロー・ナイアガラ国際空港から

空港タクシーのSVCエアポート・タクシーSVC Airport Taxi SVCなら、カナダ側まで所要約45分。また、空港とカナダ側間はバッファロー・ナイアガラ・シャトルBuffalo Niagara Shuttleやグレイ・ライン・ナイアガラ・フォールズGray Line Niagara Fallsのシャトルバスのほか、フリックス・バスも利用可能。いずれも要予約。

バッファローから

ニューヨーク発のアムトラック、メープルリーフ号がバッファロー・エクスチェンジ駅Buffalo Exchangeからアメリカ側、カナダ側両方のナイアガラ・フォールズ駅を通って、トロントまで1日1便運行。ほか、アメリカ側ナイアガラ・フォールズ駅まで通常のアムトラックが1日2便運行。また、バッファローのバスディーポからカナダ側ナイアガラ・フォールズのバスディーポまでグレイハウンド(USA)、メガバス、フリックス・バスがそれぞれ1日2～3便運行している。所要約1時間25分～1時間55分。フリックス・バスはバッファロー・ナイアガラ国際空港からも出る。

DATA

エアポート・タクシーSVC
TEL (716)633-8294
FREE (1-800)551-9369
URL www.buffaloairporttaxi.com
カナダ側ホテルへ
料 片道US$95
アメリカ側ホテルへ
料 片道US$85

バッファロー・ナイアガラ・シャトル
TEL (716)633-8294
FREE (1-800)551-9369
URL buffaloniagarashuttle.com

オンデマンド・シャトルサービス
料 片道　1人US$65

グレイ・ライン・ナイアガラ・フォールズ
TEL (716)285-2113
URL graylineniagarafalls.com
料 片道　US$103.5(1～3人)、US$172.5(4～9人)

アムトラック
FREE (1-800)872-7245
URL www.amtrak.com

アムトラック駅
MAP P.327-C2外

グレイハウンド(USA)
FREE (1-800)231-2222
バッファローから
料 片道　大人US$12.99～

メガバス(→P.543)
バッファローから
料 片道　1人US$15～

フリックス・バス(→P.543)
バッファロー・ナイアガラ国際空港から
料 片道　大人US$15.99～
バッファローから
料 片道　大人US$15.99～

市内交通

主要観光地を結ぶウィーゴーを活用することが、ナイアガラ・フォールズ観光のポイント。冬季は減便することもあるので、タクシーや徒歩で。

ウィーゴー Wego

ブルー、グリーン、レッド、オレンジの4ラインがアトラクションや観光地、主要ホテルを結ぶバス。最も頻繁に運行するグリーンは15～40分間隔。ブルー、レッドは20分～1時間間隔で運行。シングルチケットはなく、デイパスのみ。チケットは観光案内所や主要ホテルで購入できる。グリーン・ラインには南行き(South)、北行き(North)、レッド・ラインには東行き(East)、西行き(West)がある。グリーン・ラインには各方向のみ停まる停留所があるので注意しよう。オレンジ・ラインはナイアガラ・オン・ザ・レイク行きのシャトルバスで、別途チケットの購入が必要となる(→P.346欄外)。

↑バスを乗りこなして効率よく観光しよう

フォールズ・インクライン・レイルウエイ Falls Incline Railway

テーブル・ロック・センター前のナイアガラ・パークウエイNiagara Pwy.とフォールズ・ビュー地区Falls Viewのポーテージ通りPortage Rd.を一直線に結ぶケーブルカー。ホテルやカジノが建ち並ぶフォールズ・ビュー地区から、カナダ滝まで行くのに重宝する。

ウィーゴー
FREE (1-877)642-7275
URL www.wegoniagarafalls.com
運 毎日6:00～24:00頃
(ブルー・ラインは8:50～23:50頃、グリーン・ラインは9:00～23:30頃)
料 24時間デイパス
大人$12、子供(3～12歳)$8
48時間デイパス
大人$16、子供(3～12歳)$12
※時期により運行路線や時間に変動あり。パンフレットやウェブサイトで確認しておくこと。

フォールズ・インクライン・レイルウエイ
MAP P.329-C1
TEL (1-877)642-7275
URL www.niagaraparks.com
運 夏季　毎日9:00～23:00頃
冬季　毎日10:00～19:00頃
(時期や曜日により変動あり)
休 無休
料 片道1人$3.1、往復$6.19
デイパス1人$7.08

↑うまく活用しよう

現地発のツアー

滝や周辺を巡るナイアガラ・フォールズ発のツアーのほか、トロント発のツアーも人気。

ナイアガラ・フォールズ・サイトシーイング・ツアーズ Niagara Falls Sightseeing Tour

ミニバン型のバスで市内を回るツアー。ナイアガラ・シティ・クルーズ、ジャーニー・ビハインド・ザ・フォールズ、スカイロン・タワー、ナイアガラズ・フューリー、ホワイト・ウォーター・ウオークを経由して花時計まで行く。ナイアガラにある主要ホテルからのピックアップと各見どころの入場料、滝を眺めながらのランチ代込み。このほか、ロマンティックなイブニングツアーも催行している。

DATA
ナイアガラ・フォールズ・サイトシーイング・ツアーズ
TEL (905)401-0894　FREE (1-888)786-7909
URL www.fallstours.ca
Niagara Falls Canadian Adventure Tour
催 4～11月　毎日9:30発（所要約5時間）
料 大人$199、シニア$189、子供(4～11歳)$149、3歳以下$49

ナイアガラ＆トロント・ツアー Niagara & Toronto Tours

トロント発着の日帰りツアーでは、ナイアガラ名物のナイアガラ・シティ・クルーズに乗船(12～3月はスカイロン・タワーに変更)。3時間の自由時間があり、ランチやショッピング、カジノまでたっぷりと市内観光を楽しめる。道中、ナイアガラ渓谷やナイアガラ・オン・ザ・レイクなどで撮影休憩を挟みつつトロントに17時頃着。満足度の高いプランとなっている。

DATA
ナイアガラ＆トロント・ツアー
トロント
TEL (647)886-2559
URL www.niagaratorontotours.com
Toronto to Niagara Falls Day Tour
催 毎日8:15トロント発（所要約8時間）
料 大人$129、9歳以下$109(4～11月はナイアガラ・シティ・クルーズ、12～3月はスカイロン・タワーの入場料込み)

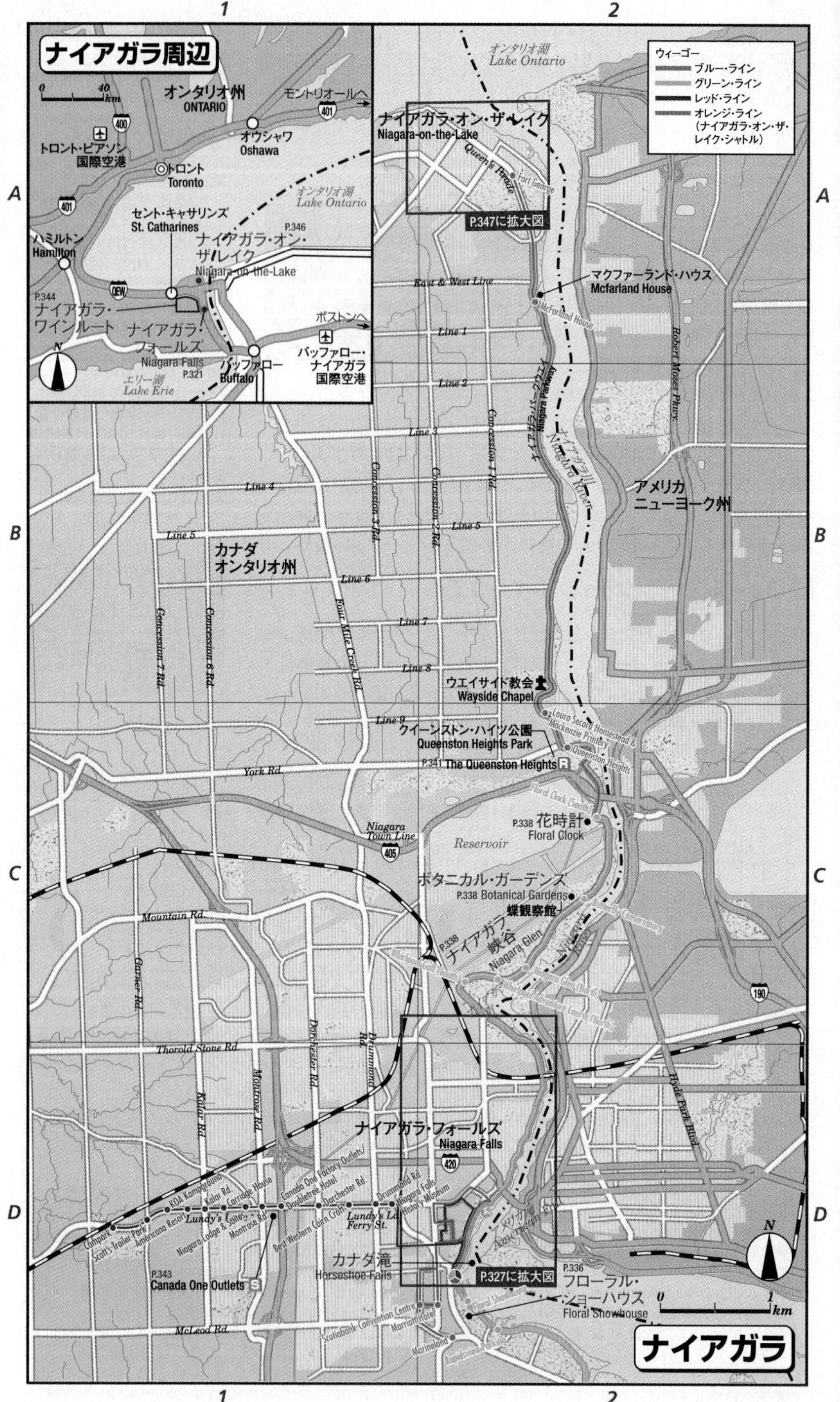
ナイアガラ周辺
オンタリオ州
ONTARIO
モントリオールへ
トロント・ピアソン
国際空港
オウシャワ
Oshawa
トロント
Toronto
オンタリオ湖
Lake Ontario
セント・キャサリンズ
St. Catharines
ハミルトン
Hamilton
ナイアガラ・オン・ザ・レイク
Niagara-on-the-Lake
P.346
P.344
ナイアガラ・ワインルート
ナイアガラ・フォールズ
Niagara Falls
P.321
ボストンへ
バッファロー・ナイアガラ国際空港
バッファロー
Buffalo
エリー湖
Lake Erie
ウィーゴー
ブルー・ライン
グリーン・ライン
レッド・ライン
オレンジ・ライン
（ナイアガラ・オン・ザ・レイク・シャトル）
オンタリオ湖
Lake Ontario
ナイアガラ・オン・ザ・レイク
Niagara-on-the-Lake
Queen's Parade
Fort George
P.347に拡大図
East & West Line
マクファーランド・ハウス
Mcfarland House
Line 1
Line 2
Line 3
Line 4
Line 5
Line 6
Line 7
Line 8
Line 9
ナイアガラ・パークウェイ
Niagara Parkway
ナイアガラ川
Niagara River
Robert Moses Pkwy.
アメリカ
ニューヨーク州
カナダ
オンタリオ州
Concession 1 Rd.
Concession 2 Rd.
Concession 3 Rd.
Concession 6 Rd.
Concession 7 Rd.
Four Mile Creek Rd.
ウエイサイド教会
Wayside Chapel
クイーンストン・ハイツ公園
Queenston Heights Park
P.341 The Queenston Heights
Laura Secord Homestead & Mackenzie Printery
Queenston Heights
York Rd.
Floral Clock (South)
P.338 花時計
Floral Clock
Reservoir
Niagara Town Line
ボタニカル・ガーデンズ
P.338 Botanical Gardens
蝶観察館
Butterfly Conservatory
P.338 ナイアガラ峡谷
Niagara Glen
Whirlpool Golf (South)
Niagara Glen (North)
Adventure Course (North)
Mountain Rd.
Garner Rd.
Thorold Stone Rd.
Kalar Rd.
Montrose Rd.
Dorchester Rd.
Drummond Rd.
Hyde Park Blvd.
ナイアガラ・フォールズ
Niagara Falls
Canada One Factory Outlets/Doubletree Hotel
Niagara Falls History Museum
Lundy's Ln.
Ferry St.
アメリカ滝
American Falls
カナダ滝
Horseshoe Falls
P.327に拡大図
P.336 フローラル・ショーハウス
Floral Showhouse
P.343
Canada One Outlets
McLeod Rd.
Scotiabank Convention Centre
Marriott Hotel
Marineland
Rapidsview Parking
ナイアガラ

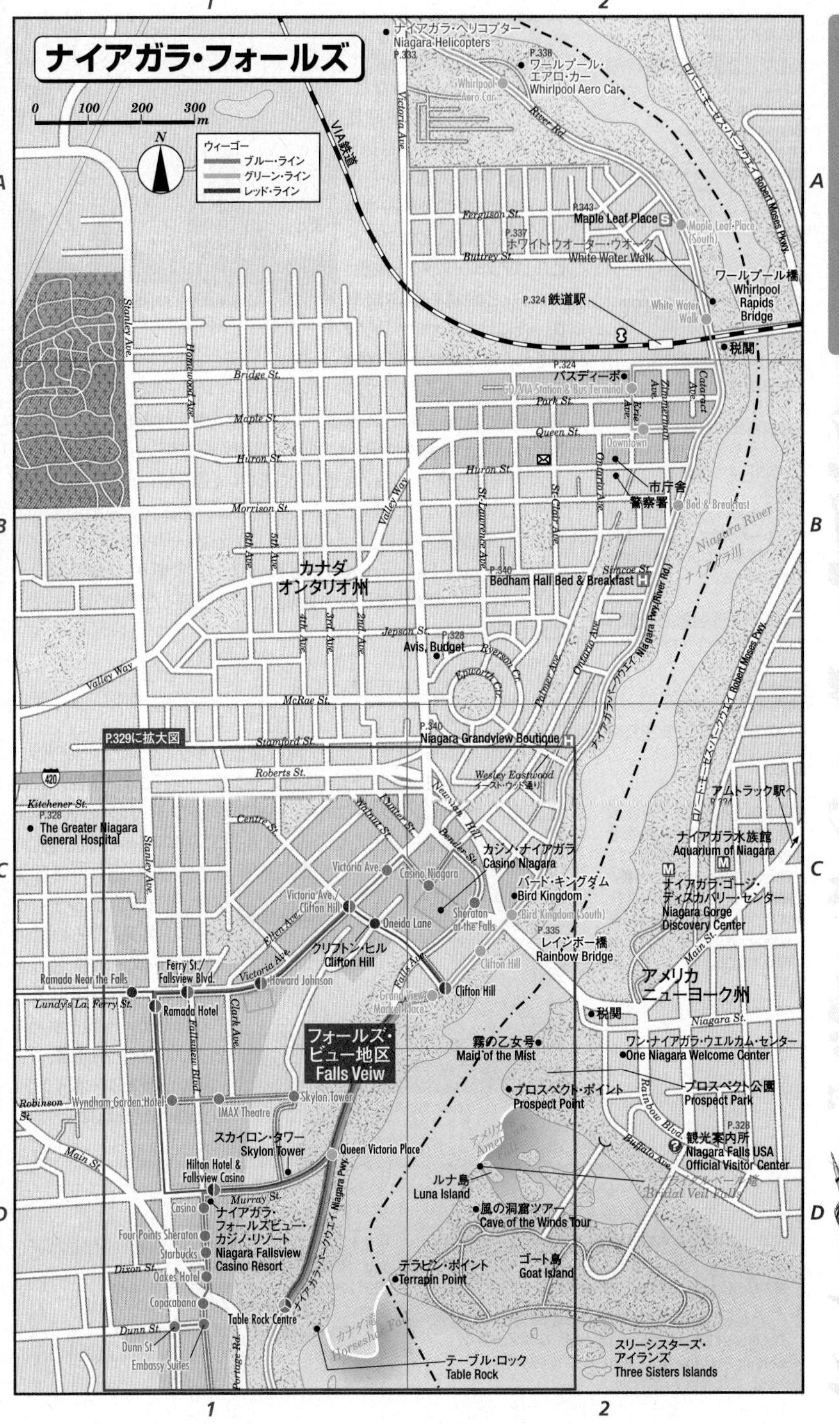
ナイアガラ・フォールズ
ウィーゴー
ブルー・ライン
グリーン・ライン
レッド・ライン
VIA鉄道
ナイアガラ・ヘリコプター
Niagara Helicopters
ワールプール・エアロ・カー
Whirlpool Aero Car
Maple Leaf Place
ホワイト・ウオーター・ウオーク
White Water Walk
ワールプール橋
Whirlpool Rapids Bridge
鉄道駅
税関
バスディーポ
GO/VIA Station & Bus Terminal
Downtown
市庁舎
警察署
Bed & Breakfast
カナダ
オンタリオ州
Bedham Hall Bed & Breakfast
Avis, Budget
Niagara Grandview Boutique
P.329に拡大図
The Greater Niagara General Hospital
イースト・ウッド通り
アムトラック駅へ
ナイアガラ水族館
Aquarium of Niagara
カジノ・ナイアガラ
Casino Niagara
バード・キングダム
Bird Kingdom
ナイアガラ・ゴージ・ディスカバリー・センター
Niagara Gorge Discovery Center
クリフトン・ヒル
Clifton Hill
レインボー橋
Rainbow Bridge
アメリカ
ニューヨーク州
Ramada Near the Falls
Ramada Hotel
Howard Johnson
フォールズ・ビュー地区
Falls Veiw
霧の乙女号
Maid of the Mist
ワン・ナイアガラ・ウエルカム・センター
One Niagara Welcome Center
プロスペクト・ポイント
Prospect Point
プロスペクト公園
Prospect Park
Wyndham Garden Hotel
IMAX Theatre
Skylon Tower
スカイロン・タワー
Skylon Tower
Queen Victoria Place
Hilton Hotel & Fallsview Casino
観光案内所
Niagara Falls USA Official Visitor Center
ルナ島
Luna Island
Bridal Veil Falls
風の洞窟ツアー
Cave of the Winds Tour
ナイアガラ・フォールズビュー・カジノ・リゾート
Niagara Fallsview Casino Resort
Four Points Sheraton
Starbucks
Oakes Hotel
Copacabana
テラピン・ポイント
Terrapin Point
ゴート島
Goat Island
Table Rock Centre
Horseshoe Falls
Embassy Suites
テーブル・ロック
Table Rock
スリーシスターズ・アイランズ
Three Sisters Islands

ナイアガラ・フォールズ

ナイアガラ・フォールズの歩き方

レストランやホテルなど、すべての観光施設が滝周辺に集中している。目抜き通りの**ビクトリア通り**から川沿いのナイアガラ・パークウエイに続く坂道、**クリフトン・ヒル**はアミューズメント施設、カフェなどが建ち並ぶ繁華街。夜にはネオンでライトアップされ、俗っぽいナイアガラの一面を見られる。クリフトン・ヒル下からレインボー橋に続く**フォールズ通りFalls Ave.**には、高級ホテルやカフェ、カジノ・ナイアガラCasino Niagaraなど有名スポットが軒を連ね、華やかな雰囲気。ナイアガラ・パークウエイを滝方面へ進み、坂道になったマレイ通りMurray St.を上がった先は、小高い丘になった**フォールズ・ビュー地区**で、滝を見渡せる高級ホテルが建ち並ぶ。なかでもナイアガラ・フォールズビュー・カジノ・リゾートNiagara Fallsview Casino Resortは、大型カジノ施設のほかにホテル、ショップやレストラン、劇場、スパまで揃ったビッグリゾートとして注目を集めている。

⬆クリフトン・ヒルにある観覧車ナイアガラ・スカイホイール

ナイアガラの滝を眺める

滝を楽しむなら、まずはカナダ滝の滝壺にギリギリまで迫ったテラスで滝を眺められる、**テーブル・ロック・センター**へ行こう。建物内には観光案内所のほか、**ジャーニー・ビハインド・ザ・フォールズ**の入口もある。ふたつの滝を一望したいなら、**スカイロン・タワー**へ。滝を感じられるアトラクションの一番人気は、**ナイアガラ・シティ・クルーズ**。各見どころの付近にはウィーゴーの停留所があるので、うまく活用しよう。アメリカ側からも滝を眺めるなら、**プロスペクト公園**、**ゴート島**の**テラピン・ポイント**、**ルナ島**へ足を延ばそう。す

⬆テーブル・ロックからのカナダ滝の眺め

❓観光案内所

カナダ側

Ontario Travel Information Centre
MAP P.329-A1
住 5355 Stanley Ave.
FREE (1-800)668-2746
URL www.destinationontario.com
開 毎日9:00～17:00（時期により変動あり）
休 無休

ウエルカム・センター
FREE (1-877)642-7275
URL www.niagaraparks.com

テーブル・ロック・センター内
MAP P.329-C1
開 6・9月 毎日9:00～17:00
7・8月 毎日9:00～21:00
10～5月 毎日9:00～16:00
(時期により変動あり)
休 無休

※通常営業のテーブル・ロック・センター内のほか、夏季のみ数カ所に簡易のウエルカム・センターが登場する。

アメリカ側

Niagara Falls USA Official Visitor Center
MAP P.327-D2
FREE (1-877)325-5787
URL www.niagarafallsusa.com
開 毎日8:30～17:00
休 無休

おもな見どころの営業時間

見どころやアトラクションの営業時間は各年度や時期などにより細かく異なるため、あくまで目安を掲載している。ナイアガラ・パークスのウェブサイト（URL www.niagaraparks.com）で訪問前に確認すること。

ユースフル・インフォメーション
Useful Information

警察

Niagara Parks Police MAP P.329-B2
住 6075 Niagara Pkwy. TEL (905)356-1338

病院

The Greater Niagara General Hospital MAP P.327-C1
住 5546 Portage Rd. TEL (905)378-4647

おもなレンタカー会社

Avis MAP P.327-B2
住 5127 Victoria Ave. TEL (905)357-2847
Budget MAP P.327-B2
住 5127 Victoria Ave. TEL (905)356-1431

おもなタクシー会社

Niagara Falls Taxi TEL (905)357-4000

べてレインボー橋から徒歩で行けるが、カナダ側のアトラクションやビューポイントを巡るだけでも、1日は必要。アメリカ側やその他の見どころも回るなら、さらに1日はみておくこと。

ナイアガラ・パークウエイ沿い

ナイアガラ・パークウエイはナイアガラ川Niagara River周辺の自然を満喫できるドライブコースとしても人気。**ボタニカル・ガーデンズ**や**ナイアガラ峡谷**を回りつつ、散策を楽しもう。

カジノ・ナイアガラ
MAP P.329-A2
住5705 Falls Ave.
FREE(1-888)325-5788
URL casinoniagara.com

ナイアガラ・フォールズビュー・カジノ・リゾート
MAP P.329-C1
住6380 Fallsview Blvd.
FREE(1-888)325-5788
URL fallsviewcasinoresort.com
どちらのカジノも毎日24時間営業。19歳未満は入場不可。

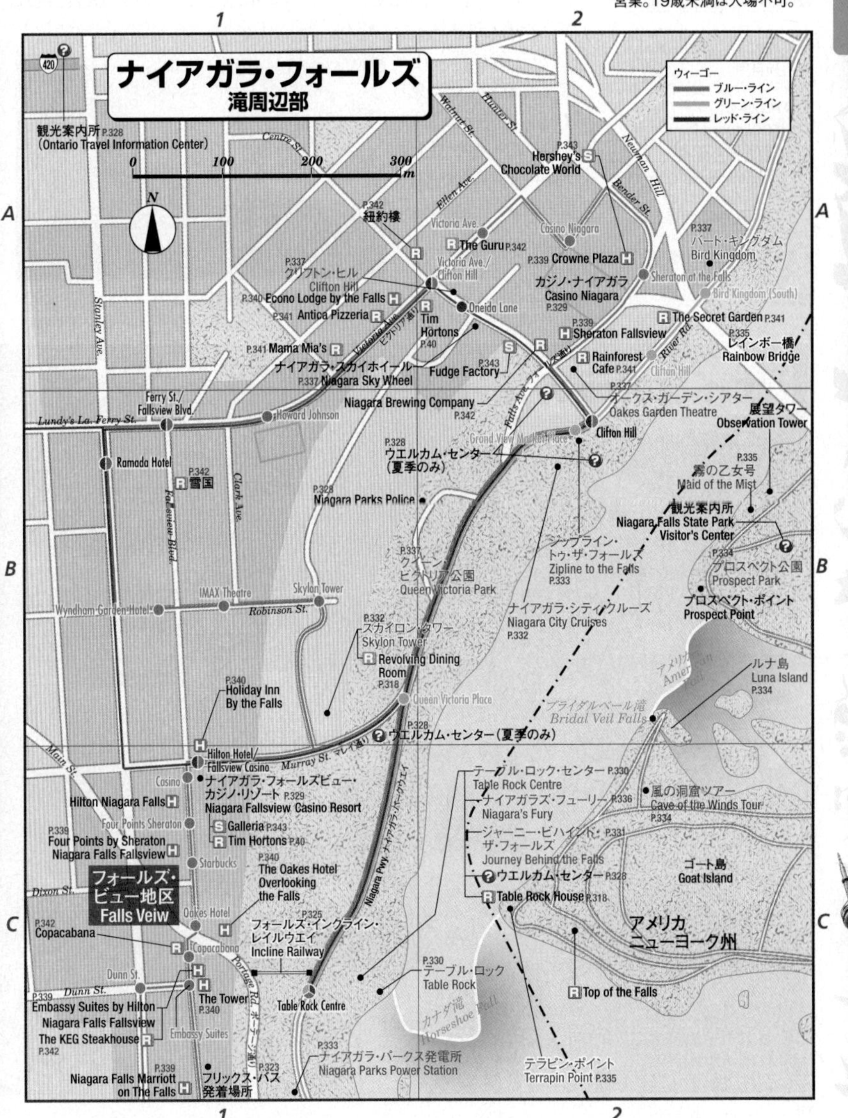

ハネムーンの記念に

“世界のハネムーンキャピタル”ともいわれる、ナイアガラ・フォールズ。ナイアガラ・フォールズ観光局Niagara Falls Tourismではハネムーンやフルムーンの記念として、ナイアガラ市長、ナイアガラ・フォールズ観光局長署名入りで「ハネムーン証明書Honeymoon Certificate」を無料贈呈している。問い合わせ・申請は観光局のメールへ。

URL www.niagarafallstourism.com
E-MAIL info@niagarafallstourism.com

テーブル・ロック

開 入場自由

テーブル・ロック・センター

MAP P.329-C1
住 6650 Niagara Pwy.
FREE (1-877)642-7275
URL www.niagaraparks.com
開 夏季
毎日9:00～22:00頃
冬季
毎日9:00～20:00頃
(時期により変動あり)
休 無休

おもな見どころ

ナイアガラの滝を見る

カナダ側

テーブル・ロック Table Rock

MAP P.329-C1 ★★★

カナダ滝の真横にある、ナイアガラの滝を望む最も有名なビューポイント。カナダ滝に向かってテーブルのように突き出しており、悠然と流れてきた青く透き通った水が一気に落ち込んでいく姿を間近に見られる。すぐそばには、観光案内所や滝を見ながら食事のできるレストラン「Table Rock House（→P.318）」、ナイアガラズ・フューリー（→P.336）、みやげ

↑豪快に流れ落ちるカナダ滝

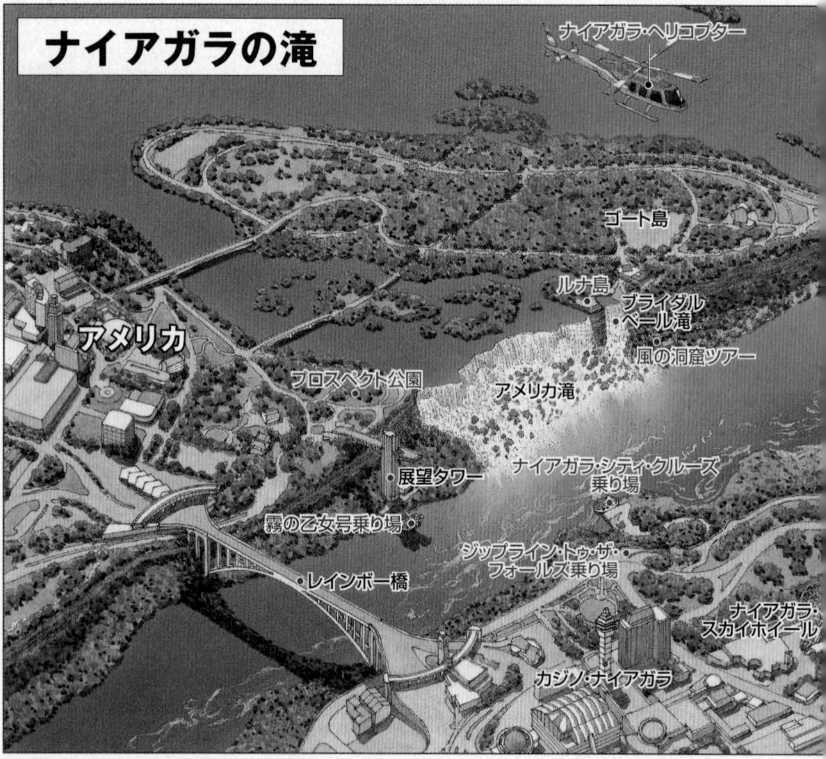

ナイアガラの滝

ナイアガラ・ヘリコプター
ゴート島
ルナ島
ブライダルベール滝
風の洞窟ツアー
アメリカ
プロスペクト公園
アメリカ滝
展望タワー
ナイアガラ・シティ・クルーズ乗り場
霧の乙女号乗り場
ジップライン・トゥ・ザ・フォールズ乗り場
レインボー橋
ナイアガラ・スカイホイール
カジノ・ナイアガラ

物屋が入った複合施設テーブル・ロック・センターTable Rock Centreが立っており、観光地らしいにぎわいを見せている。

ジャーニー・ビハインド・ザ・フォールズ

MAP P.329-C1

Journey Behind the Falls

★★★

ナイアガラの滝を下から見上げるアトラクション。1889年に掘られた全長46mのトンネルに設けられた2ヵ所ののぞき穴から、カナダ滝の裏側を見ることができる。トンネルを抜けた先には、滝壺の真横に位置するバルコニーがある。しぶきをじかに受けるので、入場時に渡されるポンチョを着てから出よう。なお、ポンチョは記念に持ち帰れる。入口はテーブル・ロック・センターの建物内。専用のエレベーターで38m下りたところにある。

↑バルコニーは夏季のみのオープン

ジャーニー・ビハインド・ザ・フォールズ

FREE (1-877)642-7275
URL www.niagaraparks.com
開 1月上旬～3月下旬
月～金10:00～17:00
土・日10:00～18:00
3月下旬～5月上旬
月～金10:00～17:00
土・日10:00～19:00
5月中旬～6月中旬
月～金9:00～19:00
土・日9:00～22:00
6月中旬～8月下旬
毎日9:00～22:00
8月下旬～1月上旬
毎日10:00～17:00
(時期により変動あり)
休 1月頭
料 大人$24、子供(3～12歳)$16

各アトラクションの混雑具合について

ナイアガラ・フォールズの人気アトラクションは、夏はどこも混雑する。最も行列が長いのがナイアガラ・シティ・クルーズ(→P.332)で、昼間には30分以上待たされることも。朝一番に回ってしまうのがおすすめ。また、ウェブサイトでは事前に予約&チケット購入ができるので、積極的に利用したい。

読者投稿

晴れている日がいちばん!

初夏にナイアガラの滝へ行きました。テーブル・ロックの付近を歩くだけでも、風向きによってはまるで小雨のように滝のしぶきが飛んできます! ホーンブロワー・ナイアガラ・クルーズ(※2023年現在はナイアガラ・シティ・クルーズと呼称)は台風の中に飛び込んだかのようで、ズボンと靴もびしょびしょになりましたが、晴れていたのですぐに乾きました。お天気がよい時がベストですが、遅い時間はすごい長蛇の列になっていたので早めがおすすめです。また、もっと晴れている日は虹も見られるそうです!

(秋田県 MI-NI)['23]

ナイアガラ・シティ・クルーズ
Niagara City Cruises

MAP P.329-B2

★★★

1846年から続いたナイアガラ名物、霧の乙女号がカナダ側での営業を終了(アメリカ側は継続→P.335)。2014年5月よりアメリカのクルーズ会社、ホーンブロワー社によるボートツアーへと生まれ変わり、現在はナイアガラ・シティ・クルーズの名で親しまれている。受付でチケットを購入後、エレベーターで乗り場まで降りてクルーズ開始。アメリカ滝の目の前を通り過ぎ、カナダ滝の滝壺でしばらく停留。オープンエアのデッキで滝のしぶきを浴び、滝の迫力を間近で感じられる。乗船前に赤いレインコートが配られるが、カメラは濡れないようにビニール袋に入れるなど工夫を。タオルも忘れずに用意しよう。通常のボヤージュ・トゥ・フォールズ・ボート・ツアーVoyage to Falls Boat Tourのほか、フォールズ・ファイヤーワークス・クルーズFalls Fireworks Cruiseもある。シーズン中、特に昼間は混雑するので、事前にウェブサイトでチケットを購入しておこう。

↑瀑布の迫力を体感できる

↑テント型のチケットブース

ナイアガラ・シティ・クルーズ
住5920 Niagara Pwy.
FREE(1-855)264-2427
URL www.cityexperiences.com/niagara-ca/city-cruises/niagara

ボヤージュ・トゥ・ザ・フォールズ・ボート・ツアー
運5/19～6/14
毎日9:30～20:30
6/15～9/4
毎日8:30～20:30
9/5～10/9
毎日9:30～18:30
10/10～11/17
毎日10:00～16:00
11/18～11/26
毎日11:00～19:00
5/19～10/9は15分ごと、ほかは30分ごとに出発(時期・天候により変動あり)。2023年シーズン最終日は未定。
休11月下旬～5月中旬
料大人$32.75、子供(3～12歳)$22.75

セットクーポンでお得に観光

盛りだくさんに楽しみたい人には、各種アトラクションや博物館のチケットがセットになったパスがおすすめ。アドベンチャー・パス・クラシック Adventure Pass Classic、ナイアガラ・フォールズ・パスNaiagara Falls Pass、アドベンチャー・パス・プラス Adventure Pass Plusの3種があり、ウエルカム・センターや各アトラクション窓口で購入できる。なお、2023年8月現在、アメリカ側のパスは販売されていない。

ナイアガラ・フォールズ・アドベンチャー・パス・プラス
フォールズ・インクライン・レイルウエイ2日間パス、ウィーゴー48時間パス、ジャーニー・ビハインド・ザ・フォールズ、ホワイト・ウオーター・ウオーク、ワールプール・エアロカー、ナイアガラ・パークス発電所などのセット。オンライン購入割引あり
料大人$212.23、子供(3～12歳)$144.63

スカイロン・タワー
Skylon Tower

MAP P.329-B1

★★★

円盤のような形が目を引く、ナイアガラの滝を見下ろす展望タワーで、地上160mはナイアガラ・フォールズで最も高い建物だ。上部の円盤形をした部分はドームと呼ばれ、内部は3フロアに分かれており、最上階が展望デッキ、下の2フロアがレストランの「Revolving Dining Room(→P.318)」と「Summit Suite Buffet」になっている。タワーの外壁に沿って昇るエレベーターはガラス張りになっており、絶景が望める。最上階の展望デッキは、360°一周できる仕組みになっていて、ナイアガラの市街地やカナダ滝、アメリカ滝を一望できるのはもちろん、天気のいい日にはトロントやアメリカのバッファローの町まで見渡すことができるので、ぜひ立ち寄ろう。

↑展望デッキは室内、室外からなる

↑展望デッキからの滝の眺め

スカイロン・タワー
住5200 Robinson St.
TEL(905)356-2651
URL www.skylon.com
開夏季
毎日8:30～24:00
冬季
毎日9:00～23:00
休無休
料大人$19、子供(4～12歳)$9.5

ジップライン・トゥ・ザ・フォールズ

MAP P.329-B2

Zipline to the Falls

★★★

カナダ滝に向かって伸びる670mのワイヤーを、67mの高さから一気に滑り降りるスリル満点のアトラクション。事前にウェブサイト、またはチケットブース横のパソコンで同意書へのサインが必要。滑空時間は約1分。乗り場はナイアガラ・シティ・クルーズのすぐそば。7歳以上、125kg未満が参加条件。

➡滝に向かって進む空中遊泳にトライ!

ナイアガラ・ヘリコプター

MAP P.327-A1

Niagara Helicopters

★★★

カラフルなレインボーカラーのヘリコプターに乗って、ナイアガラの滝を眼下に見下ろせる。上空から眺めれば、カナダ滝が別名Horseshoe Falls（馬蹄滝）と呼ばれる理由も一目瞭然。滝以外にも、オンタリオ湖Lake Ontarioやワインルートまで、ナイアガラエリア一帯を見渡せ、滝を取り巻く自然の雄大さを実感できる。フライト時間は約12分間で、録音テープによる日本語ガイドも聴ける。

⬆上空から見る雄大なナイアガラの滝

➡カラフルなレインボー模様の機体

ナイアガラ・パークス発電所

MAP P.329-C1

Niagara Parks Power Station

1905年から2006年まで操業していた発電所を利用した施設。館内では当時の発電所の様子や滝の水力を利用した発電のシステムについて学べる。エレベータで地下50mまで下ったところにはかつて発電に利用した水を川に戻す際に使ったトンネルがある。全長700mのトンネルを抜けた先は滝の下の展望台となっている。夜には3Dのプロジェクションマッピングを駆使したナイトショーも行われる。

⬆滝を利用した水力発電のしくみを学べる

⬆トンネルを抜けた先にある展望台

ジップライン・トゥ・ザ・フォールズ

FREE (1-800)263-7073
URL wildplay.com/niagara-falls
運 2月下旬～12月中旬
月～木8:00～21:00
金～日8:00～23:00
（時期により変動あり）
休 12月中旬～2月下旬
料 1人$69.99～（7歳以上）

ナイアガラ・ヘリコプター

住 3731 Victoria Ave.
TEL (905)357-5672
URL www.niagarahelicopters.com
運 毎日9:00～日没
（荒天時運休）
料 大人$180、子供（2～11歳）$110
交 ウィーゴーのWhirlpool Aero Carから徒歩7分。

ナイアガラ・パークス発電所

住 7005 Niagara Pwy.
FREE (1-877)642-7275
URL www.niagaraparks.com
開 4月上旬～6月、9月～10月中旬
毎日10:00～18:00
7・8月
毎日9:00～20:00
10月中旬～4月上旬
毎日10:00～17:00
休 無休
料 大人$28（$38）、子供（3～12歳）$18.25（$25）
※（ ）内はガイドツアー込みの料金。

ナイトショー
催 4月～5月上旬、9月～10月上旬
毎日19:00～
5月上旬～6月
毎日20:00～
7・8月
毎日20:45～
10月上旬～12月下旬
金～日18:30～
12月下旬～3月
金～月18:30～
（時期により変動あり）
料 大人$30（$46～）、子供（3～12歳）$19.5（$30～）
※（ ）内はナイトショーのパッケージ料金。

⬆テーブル・ロックのそばにある

アメリカ側

プロスペクト公園
Prospect Park

MAP P.329-B2

★★★

レインボー橋を渡った右側にある公園。突端にあるプロスペクト・ポイントProspect Pointは、アメリカ滝を眺める絶好のビューポイント。公園内には高さ86mの展望タワーObservation Towerがあり、峡谷にせり出したタワーからの眺めはまさに圧巻。展望台のエレベーターで下った所には、霧の乙女号乗り場がある。

↑すぐ側をアメリカ滝が流れるプロスペクト・ポイント

風の洞窟ツアー
Cave of the Winds Tour

MAP P.329-C2

★★★

↑タオル持参が必須のアトラクション

滝に最も近づくことができる、アメリカ側の人気No.1アトラクション。入口はゴート島のアメリカ滝側にあり、受付のあと、エレベーターで53m下り、滝の下へ移動。滝を真下から見上げながら、岩場に組まれた木製デッキをつたって、ブライダルベール滝までわずか6mというハリケーン・デッキまで歩く。水しぶきと風圧にさらされ、滝のもつパワーを体感できる。レインコートと靴は貸し出してくれるが、それでもぬれるので覚悟するように。

ルナ島
Luna Island

MAP P.329-B2

★★★

アメリカ滝と、その隣にあるブライダルベール滝に挟まれた小さな島。島の両側を落ちていくふたつの滝が間近に見られる。島というよりは川に浮いた大きな岩場といった感じで、展望台以外には何もない。ブライダルベール滝の下で、滝に打たれている黄色のポンチョの集団は、上記の風の洞窟ツアーの参加者だ。

↑両側に滝を見られる

アメリカ側の交通

ナイアガラ・シーニック・トロリーNiagara Scenic Trolleyでは、滝の下流にあるナイアガラ・ゴージ・ディスカバリー・センターNiagara Gorge Discovery Center（MAP P.327-C2）からおもなポイントに停まりながらゴート島を1周できる。

ナイアガラ・シーニック・トロリー
TEL (716)278-1794
URL www.niagarafallsstatepark.com
運 5/29～6/14、9/4～10/6
日～金9:00～19:30
土9:00～21:30
6/15～30
日～木9:00～21:30
金・土9:00～22:30
7/1～4、9/1～3
毎日9:00～22:30
7/5～8/31
日～木9:00～21:00
金・土9:00～22:00
10/7～11/26
毎日9:00～17:00
休 11/27～5/28
料 大人US$3、ユース（6～12歳）US$2
（チケットは1日有効）

プロスペクト公園

開 通年24時間
展望タワー
TEL (716)278-1796
開 夏季　毎日8:30～23:00
冬季　毎日10:00～16:30
（時期により変動あり）
休 無休
料 1人US$1.25（霧の乙女号のチケットに込み）

風の洞窟ツアー

TEL (716)278-1794
URL www.niagarafallsstatepark.com
開 5/29～6/14、9/4～10/6
日～金9:00～18:15
土9:00～20:15
6/15～30、7/5～8/31
日～木9:00～20:15
金・土9:00～21:15
7/1～4、9/1～3
毎日9:00～21:15
10/7～5/28
毎日9:00～16:00
休 無休
料 大人US$21（US$14）、ユースUS$17（US$10）
※（ ）は冬季の料金。

テラピン・ポイント

開 入場自由

テラピン・ポイント

MAP P.329-C2

Terrapin Point

★★★

カナダ滝とアメリカ滝を分けるゴート島Goat Islandのカナダ滝側の先端にあるビューポイント。テーブル・ロックのちょうど向かい側にあたり、カナダ滝の豪快な流れを真横から眺められる。ゴート島は1周1時間くらいの小さな島。園内には緑も多く、のんびり散歩するのにもぴったり。

↑真横から滝を眺めてみよう

霧の乙女号

MAP P.329-B2

Maid of the Mist

★★★

滝に近づけるクルーズ船。コースはカナダ側のホーンブロワー・ナイアガラ・クルーズと同じだが比較的すいている。乗り場はプロスペクト公園の展望タワーの下。出発は15分ごと、所要20分ほど。

霧の乙女号

TEL (716)284-8897

URL www.maidofthemist.com

運 4/15～5/21、9/5～10/3
月～金10:00～17:00
土・日9:00～18:00
5/22～26
毎日9:00～18:00
5/27～29、6/17～8/8
毎日9:00～20:00
5/30～6/16
日～金10:00～18:00
土9:00～20:00
8/9～8/28
毎日9:00～19:30
8/29～9/3
毎日9:00～19:15
9/4、10/4～31
毎日9:00～17:00
11/1～5
毎日10:00～16:00

休 11/6～4/14

料 大人US$28.25、子供(6～12歳)US$16.5

COLUMN

ナイアガラでの国境越え

ナイアガラの滝はカナダとアメリカの国境地点に位置しており、両国間は橋を通って行き来できる。国境を越える際には、パスポートが必要になるので、必ず携帯しておくこと。なお、滝の周辺なら、カナダドルでもアメリカドルでも支払いができるが、レートはあまりよくない。

レインボー橋　Rainbow Bridge

MAP P.327-C2/P.329-A2～B2

カナダとアメリカを結ぶ全長約300mの鉄橋。橋の両側にカナダ、アメリカそれぞれの税関 がある。国境は橋の中間地点にあり、プレートと国連旗、カナダ国旗、星条旗が並んで掲げられている。橋の上からはふたつの滝が見え、国境付近には望遠鏡も据え付けられている。カナダ→アメリカ、アメリカ→カナダどちらの場合でも、橋の往復通行料として$1(カナダドルでもUSドルでも可)が必要(通行ゲートに$1硬貨1枚を投入する。$2コインから$1コインへの両替可能)。アメリカ、カナダどちらの税関も24時間オープン。

カナダ→アメリカ

カナダ出国時はノーチェック。アメリカ入国に際しては、90日以内の観光・商用目的の場合、ビザは不要。ただしアメリカ入国に際してはESTA(→P.531)の事前登録が必要。日帰りの場合も必要になるので、アメリカへ渡りたい人は必ず事前に登録しておくように。橋を渡ったら先にあるアメリカ税関でパスポートを提示する。顔写真の撮影と指紋採取を行い入国できる。ESTAを取得していない場合は、橋を渡りアメリカ税関までは行けるが、入国はできない。帰りのアメリカ出国はノーチェックで、カナダ再入国の際はカナダ税関でパスポートを提示すればOK。アメリカに入国せず、橋を通行するだけでもパスポートが必要になるので注意。なお、タクシー、もしくは車で入国する際には$6.5(US$5)が必要となる。

↑橋の中央付近が国境

アメリカ→カナダ

アメリカ出国時はノーチェック。橋を渡ったら、カナダ税関でパスポートを提示する。タクシー、もしくは車で入国する際には、$6.5 (US$5)が必要となる。帰りのカナダ出国はノーチェックだが、アメリカ再入国時に税関でパスポートが必要となる。

国境超えに関する情報サイト

URL www.niagarafallsbridges.com

その他の見どころ

滝周辺

ナイアガラズ・フューリー
住6650 Niagara Pwy.
FREE(1-877)642-7275
URL www.niagaraparks.com
開夏季　毎日10:30～19:00頃
冬季　毎日11:00～16:00頃
(時期により変動あり)
30分ごとに上映。上映時間は時期により変動あり。
休1月上旬～4月中旬
料大人$17.5、子供(3～12歳)$11.5

フローラル・ショーハウス
住7145 Niagara Pwy.
FREE(1-877)642-7275
URL www.niagaraparks.com
開5月上旬～12月
毎日10:00～17:00
1月上旬～中旬
毎日12:00～20:00
休1月中旬～5月上旬
料大人$8、子供(3～12歳)$5
交ウィーゴーのFloral Showhouse下車すぐ。

⬆カラフルに咲き乱れる花々

ナイアガラズ・フューリー
Niagara's Fury

MAP P.329-C2

★★★

⬆最新のアトラクションを楽しもう

テーブル・ロック・センターの2階にある体験型アトラクション。係員から渡されるレインコートを着て中へ。最初に8分間のアニメによるプレムービーを上映。ビーバーの子供が魔法の本の力でタイムスリップし、地球創世からナイアガラの滝ができるまでを疑似体験していくという内容。アニメが終わると、360度つなぎ目のないシームレススクリーンに囲まれた部屋へ移り、人工衛星や医療分野でのみ使用されてきた超解像度カメラを用いて撮影されたナイアガラの滝の特殊映像を鑑賞。ムービーの途中には人工の霧や雷雨、雪などを再現した特殊効果を体験できる。6分間のムービーでは、氷河期から1万年にも及ぶナイアガラの滝の創造の歴史を学ぶことができる。

フローラル・ショーハウス
Floral Showhouse

MAP P.326-D2

★★★

テーブル・ロックから約500m南下した所にある庭園。四季に応じて植木やディスプレイが替えられている。グリーンハウス内には、世界中の珍しいカラフルな小鳥たちが放たれており、さえずりを耳にすることができる。

COLUMN

光に包まれる夜のナイアガラ

花火　Fireworks

花火が打ち上げられるのは、5/19～10/9('23)の毎夜22:00からとカナダ、アメリカ両国の各祝日。打ち上げは約10分間。上空には花火、地上にはイルミネーションに彩られた滝という幻想的な時間を楽しめる。

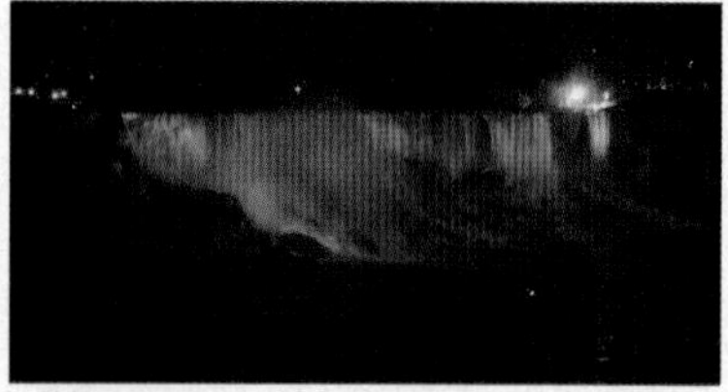
⬆時間によりライトアップの色が変わる

イルミネーション　Illumination

1925年に始まったナイアガラの滝のイルミネーションは、毎夜多くの人々を楽しませている。下記の日程以外にもカナダの祝日や世界のイベントなど、特別ライトアップも頻繁に行われる。

DATA
催1月　毎日17:00～翌1:00
2/1～3/11　毎日17:30～翌1:00
3/12～3/31　毎日19:30～翌2:00
4/1～5/14、8/1～15　毎日20:00～翌2:00
5/15～7/31　毎日20:30～翌2:00
8/16～31　毎日19:30～翌2:00
9/1～19　毎日19:00～翌2:00
9/20～30　毎日18:30～翌2:00
10/1～15　毎日18:15～翌2:00
10/16～31　毎日18:00～翌2:00
11/1～12/31　毎日16:30～翌2:00

ネオン＆ライトショー

ネオン輝く夜のクリフトン・ヒルや、ナイアガラ・パークス発電所(→P.333)のプロジェクションマッピングも一見の価値あり。

クリフトン・ヒル
Clifton Hill

MAP P.329-A2

★★★

↑ファストフード店もど派手な外観

ナイアガラ・フォールズいちの繁華街で、300mほどの道の両脇に飲食店やアミューズメント施設が連続している。通りのほぼ中央にナイアガラ・スカイホイールNigara Sky Wheelという観覧車があるほか、立体ゴーカート場もある。バーガーキングの上にフランケンシュタインが乗っていたり、倒れたエンパイヤステートビルの上にキングコングがいたりと一帯はまさにカオス！　夜のネオンもフォトジェニックだ。

バード・キングダム
Bird Kingdom

MAP P.329-A2

★★★

屋内の施設としては世界最大規模という鳥類館。ジャングルを再現した温室に、アフリカや南米、オーストラリアなどの野鳥約40種200羽以上が飛び交う。ジャワ島から移築した古民家の展示もある。インコの餌付けやふれあい体験などのイベントも毎日開催。

クイーン・ビクトリア公園
Queen Victoria Park

MAP P.329-B1・2

★★★

ナイアガラ・パークウエイ沿いに広がる公園エリア。春の50万株もの水仙やチューリップにはじまり、初夏にはバラ、秋には紅葉、真冬には樹氷と1年中楽しめる。マリリン・モンローの主演映画『ナイアガラ』のロケ地としても使われた。

オークス・ガーデン・シアター
Oakes Garden Theatre

MAP P.329-A2

★★★

クリフトン・ヒルとフォールズ通りの交差点の一角にある、ユニークな野外ステージ。1936年に古代ローマの古代劇場を模して造られたもので、低木や蓮池、小岩などによるランドスケープが美しい。夏季には、コンサートやイベントが催される。

ナイアガラ・パークウエイ沿い

ホワイト・ウオーター・ウオーク
White Water Walk

MAP P.327-A2

★★★

↑荒々しい自然を見学しよう

激しい水しぶきを上げながら流れる、ナイアガラ川に沿って設けられた遊歩道。全長は305mあり、激流に削られた崖を眺められる。滝周辺の自然の造形美とパワーを感じられる場所のひとつだ。

クリフトン・ヒル
- URL www.cliftonhill.com
- 交 ウィーゴーのOneida Lane/Clifton Hill下車、徒歩すぐ。

ナイアガラ・スカイホイール
- MAP P.329-A2
- 住 4950 Clifton Hill
- TEL (905)358-4793
- URL www.cliftonhill.com
- 開 10:00～24:00（時期により変動あり）
- 休 無休
- 料 大人$15、子供（12歳以下）$7

バード・キングダム
- 住 5651 River Rd.
- TEL (905)356-8888
- FREE (1-866)994-0090
- URL www.birdkingdom.ca
- 開 夏季　毎日9:00～18:30
冬季　毎日9:30～17:00
（時期により変動あり。入館は閉館の1時間前まで）
- 休 無休
- 料 大人$19.95、子供（3～15歳）$15.95
- 交 ウィーゴーのBird Kingdom (South)下車、徒歩3分。

クイーン・ビクトリア公園
- 開 入園自由
- 交 ウィーゴーのQueen Victoria Place下車、徒歩すぐ。

↑公園内にはカナダ国王を務めたジョージ6世の像がある

オークス・ガーデン・シアター
- 開 入園自由
- 交 ウイーゴーのOneida LaneまたはClinton Hill下車、徒歩3分。

ホワイト・ウオーター・ウオーク
- URL www.niagaraparks.com
- 開 7・8月
毎日9:00～20:00頃
9～6月
月～金10:00～17:00頃
土・日10:00～18:00頃
（時期により変動あり）
- 休 無休
- 料 大人$17.5、子供（3～12歳）$11.5
- 交 ウィーゴーのWhite Water Walk下車、徒歩すぐ。

ワールプール・エアロ・カー

Whirlpool Aero Car

MAP P.327-A2

★★★

↑ゴンドラには約35人乗れる

ナイアガラの滝の下流約4.5kmは、滝から流れてきたナイアガラ川が北東へ流れを変える地点にあたり、急激な地形の変化により巨大な渦潮(ワールプール)ができている。この渦潮の上を横断する35人乗りのゴンドラが、ワールプール・エアロ・カーだ。1916年に登場して以来の人気アトラクションとなっている。水面から約76mの高さに架かる全長1kmのケーブルを、約10分間かけて往復する。途中ゴンドラはゆらゆらと揺れるためスリルも満点。運行は15分ごと。

ワールプール・エアロ・カー
住3850 Niagara Pwy.
FREE(1-877)642-7275
URL www.niagaraparks.com
運4月下旬〜5月中旬、8月下旬〜10月下旬
毎日10:00〜17:00頃
5月中旬〜6月下旬
月〜金10:00〜17:00頃
土・日10:00〜19:00頃
6月下旬〜8月下旬
毎日9:00〜20:00頃
(時期により変動あり)
休10月下旬〜4月下旬
料大人$17.5、子供(3〜12歳)$11.5
交ウィーゴーのWhirlpool Aero Car下車、徒歩すぐ。

ナイアガラ峡谷

Niagara Glen

MAP P.326-C2

★★★

ナイアガラ川の浸食によって、約7000年前に形成されたナイアガラ渓谷。渓谷沿いはナイアガラ川まで下る約4kmのハイキングコースとなっており、鳥や植物を観察しながら、ゆっくりと散歩することができる。

ナイアガラ峡谷
FREE(1-877)642-7275
交ウィーゴーのNiagara Glen (North)下車、徒歩すぐ。

↑激流を眺めながらハイキング

ボタニカル・ガーデンズ

Botanical Gardens

MAP P.326-C2

★★★

↑40万㎡もの面積を誇る広大なガーデン

カナダ滝から約9km北、ナイアガラ・パークウエイ沿いにある大きなガーデン。1936年にナイアガラ園芸学校として設立され、植物の手入れは授業の一環として学生が行っている。6月上旬がシーズンのバラ園は必見だ。土〜月曜、祝日の13:00から行われるガイドツアー(1人$8)で園内を巡るのもいいだろう。敷地内の蝶観察館Butterfly Conservatoryは、45種、2000羽以上の蝶たちが舞う、世界最大規模のものだ。

ボタニカル・ガーデンズ
住2565 Niagara Pwy.
開毎日6:00〜24:00頃
交ウィーゴーのButterfly Conservatory下車、徒歩すぐ。
料無料
蝶観察館
FREE(1-877)642-7275
開4月上旬〜6月下旬、9月〜10月上旬
月〜金10:00〜17:00
土・日10:00〜18:00
6月下旬〜8月
月〜金10:00〜18:00
土・日10:00〜19:00
10月上旬〜4月上旬
毎日10:00〜17:00
(時期により変動あり)
休無休
料大人$17.5、子供(3〜12歳)$11.5

花時計

Floral Clock

MAP P.326-C2

★★★

1950年にオンタリオ水力電気により設置された。直径12.2mで、秒針が付いている世界でも有数の花時計。合計約1万6000株の植物が植えられており、ナイアガラ園芸学校Niagara Parks School of Horticultureの生徒によって整備されている。デザインは年に2回変えられる。カナダ滝の北約11kmの所にある。

花時計
交ウィーゴーのFloral Clock (South)下車、徒歩すぐ。

↑時計のデザインは毎年変わる

ナイアガラ・フォールズのホテル
Hotels in Niagara Falls

滝が見える部屋が希望なら、フォールズ通りかフォールズ・ビュー地区の高級ホテルへ。眺めが悪い部屋もあるので予約時に確認を。中級ホテルやモーテルは滝から離れた場所にある。なお、ハーモナイズド・セールス税13%のほかに観光税Niagara Destination Promotion Feeがかかる。

最高級ホテル

Crowne Plaza Hotel
クラウン・プラザ

滝周辺

映画『ナイアガラ』撮影時にマリリン・モンローも宿泊した、1929年創業の老舗ホテル。約6割の客室から滝が見られ、レストラン「Prime Steakhouse」からの眺めもすばらしい。アメリカ側へのアクセスも便利なうえ、カジノ・ナイアガラやシェラトン・フォールズビューとは連絡通路でつながっている。

MAP P.329-A2
141
住5685 Falls Ave.
TEL(905)374-4447
FREE(1-888)374-3999
URL www.niagarafallscrowneplazahotel.com
料HIGH6〜9月ⓈⒹ$166〜
LOW10〜5月ⓈⒹ$99〜 Tax別
CC A D J M V 室234室

Sheraton Fallsview Hotel
シェラトン・フォールズビュー

滝周辺

にぎやかなフォールズ通りにある大型ホテル。滝へのアクセスもよく、フォールズビューの客室からはアメリカ滝かカナダ滝が一望できる。多くの部屋には暖炉やソファが備えられ、設備も充実。眺めのいいペントハウスダイニングも人気。直結するウォーターパークとセットの宿泊プランあり。

MAP P.329-A2
382
住5875 Falls Ave.
TEL(905)374-4445
FREE(1-888)229-9961
URL www.marriott.com
料ⓈⒹ$143〜 Tax別
CC A D J M V
室669室

Niagara Falls Marriott on The Falls
ナイアガラ・フォールズ・マリオット・オン・ザ・フォールズ

滝周辺

カナダ滝を眼下に望む32階建てのホテル。大きな窓の客室から、迫力ある滝の眺めが楽しめる。2フロア吹き抜けのスイートなら、窓がさらに大きく開放感満点。館内にはプール、フィットネスセンターなどを完備。カナダ滝を見下ろすグリルダイニング＆バーの「Milestones on the Falls Restaurant」がある。

MAP P.329-C1
257
住6755 Fallsview Blvd.
TEL(905)374-1077
FREE(1-800)618-9059
URL www.marriott.com
料ⓈⒹ$131〜
Tax別
CC A M V 室404室

高級ホテル

Embassy Suites by Hilton Niagara Falls Fallsview
エンバシー・スイーツ・バイ・ヒルトン・ナイアガラ・フォールズ・フォールズビュー

滝周辺

絶好のロケーションにある高層ホテル。滝を望む眺望はフォールズ・ビュー地区でもNo.1で、カナダ滝、アメリカ滝とも一望のもと! 夜景や花火もきれいに見える。フォールズ・インクライン・レイルウエイを利用すれば、テーブル・ロックへもすぐ。レストランも入っており、カジノへも徒歩圏内。

MAP P.329-C1
320
住6700 Fallsview Blvd.
TEL(905)356-3600
FREE(1-800)420-6980
URL embassysuitesniagara.com
料ⓈⒹ$145〜 Tax別
CC A D M V
室613室

Four Points by Sheraton Niagara Falls Fallsview
フォー・ポインツ・バイ・シェラトン・ナイアガラ・フォールズ・フォールズビュー

滝周辺

ナイアガラ・フォールズビュー・カジノ・リゾートのそばにあるホテル。近年改装された客室は、モダンで明るい色合いでまとめられている。18階のうち滝が見えるのは、14階以上のフロアからのみ。ステーキハウスなど3つのレストランのほか、屋内プールやジムなどの設備もある。

MAP P.329-C1
46
住6455 Fallsview Blvd.
TEL(905)357-5200
URL www.marriott.com
料HIGH5〜8月ⓈⒹ$126〜
LOW9〜4月ⓈⒹ$89〜 Tax別
CC A M V
室404室

マークは、滝の見える部屋のあるホテル。数字はその部屋数。

中級ホテル

The Tower Hotel
タワー

滝周辺

フォールズ・ビュー地区に立つ、松明のような形をした高さ99mのホテル。展望タワーだった建物をそのまま利用しており、27～30階にある客室からは滝を一望できる。客室はモダンな造りでバスルームも広い。25階のレストラン「IHOP」は毎日7:30から営業し、朝の滝をひとり占めすることも。

MAP P.329-C1
21
住 6732 Fallsview Blvd.
TEL (905)356-1501
FREE (1-866)325-5784
URL www.niagaratower.com
料 ⓈⒹ$119～
Tax別
CC A D M V
室 42室

エコノミーホテル

The Oakes Hotel Overlooking the Falls
オークス・ホテル・オーバールッキング・ザ・フォールズ

滝周辺

フォールズ・ビュー地区の高台にある。客室は広々として快適。フォールズビューの部屋からは、滝を間近に眺められる。サウナ、プールもある。ディナーやゴルフ、カジノなどセットクーポンが付いたプランあり。14階は展望ラウンジになっていて、ゆったりとした雰囲気のなか滝を見渡せる。

MAP P.329-C1
98
住 6546 Fallsview Blvd.
TEL (905)356-4514
FREE (1-877)843-7035
URL www.oakeshotel.com
料 ⓈⒹ$99～
Tax別
CC A M V
室 239室

Holiday Inn By the Falls
ホリデイ・イン・バイ・ザ・フォールズ

滝周辺

フォールズ・ビュー地区の中規模ホテル。カジノやスカイロン・タワーに近く、滝へも徒歩圏内。部屋にはキングサイズのベッドがひとつ、またはクイーンサイズがふたつ置かれバスルームも広々としている。チェーン系だけあってフィットネスセンターやプール、レストラン、バーなど館内設備も充実している。

MAP P.329-B1～C1
住 5339 Murray St.
TEL (905)356-1333
FREE (1-800)263-9393
URL www.holidayinnniagarafalls.com
料 ⓈⒹ$94～
Tax別
CC A J M V
室 122室

Econo Lodge by the Falls
エコノ・ロッジ・バイ・ザ・フォールズ

滝周辺

クリフトン・ヒルそばのモーテル型ホテル。滝の周辺で夜遅くまで遊びたい人にうってつけ。中心部にあるのに料金は割安。目新しさはないが部屋は広々しており、基本的な設備も整っている。建物はふたつの棟に分かれ、駐車場も無料で利用可能。こぢんまりとした室内プールがあり、通年で利用可能。

MAP P.329-A1
住 5781 Victoria Ave.
TEL (905)356-2034
URL www.choicehotels.com
料 ⓈⒹ$95～ Tax別
CC M V
室 57室

B&B

Niagara Grandview Boutique Hotel
ナイアガラ・グランドビュー・ブティック

鉄道駅周辺

2023年夏にリニューアルオープン。ナイアガラ・パークウエイ沿い、イーストウッド通りEastwood St.の曲がり角にあるB&B。石垣の上に立つ建物は1891年築で、1961年からゲストを迎え始めた。テラスでくつろぎながらナイアガラ峡谷を望める。朝食はエッグベネディクト、オムレツ、フルーツクレープなどを提供。

MAP P.327-C2
住 5359 River Rd.
TEL (289) 296-3301
URL niagaragrandview.com
料 ⓈⒹ$199～
Tax別　朝食付き
CC A M V
室 13室

Bedham Hall Bed & Breakfast
ベダム・ホール・ベッド&ブレックファスト

鉄道駅周辺

ナイアガラ・パークウエイ沿い、住宅街にあるB&B。季節の花が咲くガーデンに囲まれた一軒家で、4つある客室はすべて内装が異なる。ロマンテックな内装はハネムーンやカップルに人気があるのだとか。全室バス、トイレ付きで、駐車場も無料。朝食はフルブレックファスト。

MAP P.327-B2
住 4835 River Rd.
TEL (905)374-8515
FREE (1-877)374-8515
URL www.bedhamhall.com
料 HIGH 6～10月ⓈⒹ$200～
LOW 11～5月ⓈⒹ$150～
Tax別　朝食付き
CC A D M V
室 4室

バスタブ　テレビ　ドライヤー　ミニバーおよび冷蔵庫　セーフティボックス　Wi-Fi
一部客室　一部客室　貸し出し　一部客室　フロントにあり

ナイアガラ・フォールズのレストラン

Restaurants in Niagara Falls

レストランの数は非常に多いものの、料理そのものはどの店も比較的似かよった内容。ならば眺めのいい店を選ぶのがおすすめだ。カナダ滝そばのテーブル・ロック・センターにはレストランやファストフード店が揃っている。クリフトン・ヒルにはファミリーレストランが多い。

カナダ料理

The Secret Garden Restaurant
シークレット・ガーデン

滝周辺

花壇で飾られた庭園の中にあるカジュアルなレストラン。料理は軽食が中心で、料金も比較的手頃。ハンバーガー$18.99～、スパゲッティ&ミートボール$19.99、フィッシュ&チップス$18.99、アトランティック・サーモンフィレ$27.99など。アメリカ滝が間近に見えるテラス席も気持ちいい。

MAP P.329-A2
住 5827 River Rd.
TEL (905)358-4588
URL secretgardenrestaurant.net
営 毎日8:30～21:30
（時期により変動あり）
休 無休
予 $25～
CC A D M V

Rainforest Cafe Niagara Falls
レインフォレスト・カフェ・ナイアガラ・フォールズ

滝周辺

「熱帯雨林」をテーマにしたエンターテインメントレストラン。空に響く雷や本物さながらの動物たち、インパクト大な巨大水槽など、遊園地に来たかのような体験が楽しめる。サラダ、ハンバーガー、パスタ、特製サンドイッチなど、幅広いメニューが揃っている。数十分に1度、落雷などのショーがある。

MAP P.329-A2
住 4915 Clifton Hill
TEL (905)374-5210
URL niagarafallsrainforestcafe.com
営 日～木11:00～22:00
金・土11:00～23:00
休 無休
予 ランチ$25～、ディナー$40～
CC M V

The Queenston Heights Restaurant
クイーンストーン・ハイツ

滝周辺

クイーンストン・ハイツ公園で1940年から営業を続ける一軒家レストラン。ナイアガラ川を見下ろす高台にある。地元産のフルーツや野菜を使ったヘルシーなメニューが自慢。盛り付けも美しく、写真映えする。2023年はサンデーブランチ大人$39.95（日曜11:00～14:00）のみの営業、2024年は未定。

MAP P.326-C2
住 14184 Niagara Pwy.
TEL (905)262-4276
URL www.niagaraparks.com/visit/culinary/queenston-heights-restaurant
営 日11:00～14:00
休 月～土
予 $40～
CC A M V

イタリア料理

Antica Pizzeria
アンティカ・ピッツェリア

滝周辺

薪を使った窯焼きピザが人気のカジュアルレストラン。ピザはおよそ20種類で、4つの味が楽しめるPizza Quattro Stagioni$21.99がおすすめ。追加料金で、全粒粉やグルテンフリーのピザもオーダーできる。パニーニやパスタも種類豊富に揃えている。キッズメニュー$13.99～があるのもうれしい。

MAP P.329-A1
住 5785 Victoria Ave.
TEL (905)356-3844
URL anticapizzeria.ca
営 日12:00～21:30
月～木12:00～21:00
金12:00～22:00
土12:00～22:30
休 無休
予 ランチ$20～、ディナー$25～
CC A M V

Mama Mia's
マンマ・ミアズ

滝周辺

1958年に創業し、地元の人々が選ぶベスト・イタリアンに輝いたこともある老舗店。麺からソースまですべてホームメイドにこだわるパスタは11種類あり、$16.99～。人気のミートボール付ホームメイドスパゲティは$23.99。日替わりのマンマ・サラダ$14.99やティラミス$9.75もおすすめ。

MAP P.329-A1
住 5845 Victoria Ave.
TEL (905)354-7471
URL www.mamamias.ca
営 毎日16:00～21:00
（時期により変動あり）
休 無休
予 ディナー$25～
CC A M V

The KEG Steakhouse
ケグ・ステーキハウス

ステーキ

滝周辺

カナダを代表するチェーン系のステーキハウス。「Embassy Suites by Hilton Niagara Falls Fallsview（→P.339）」内にあり、窓際の席からは滝を眺めながら食事ができる。人気のプライムリブステーキは10オンス$61。夏季にはロブスターサマーと銘打ち、趣向を凝らしたロブスター料理も登場する。

MAP P.329-C1
住6700 Fallsview Blvd.
TEL(905)374-5170
URL thekeg.com
営日〜木12:00〜23:30
金・土12:00〜24:00
休無休
予$50〜
CC A D M V

Copacabana
コパカバーナ

ブラジル料理

滝周辺

フォールズ・ビュー地区でひときわ目を引くブラジリアン・ステーキハウスが2022年秋にリニューアルオープン。ブラジル名物のシュラスコをはじめ、多彩な肉料理を提供する。食べ放題のビュッフェは日〜木曜1人$75、金・土曜$85。アラカルトでは炭火焼きのステーキや和牛バーガーなども楽しめる。

MAP P.329-C1
住6671 Fallsview Blvd.
TEL(905)354-8775
URL www.thecopa.ca
営月〜金17:00〜22:00
土・日16:00〜22:00
休無休
予$50〜
CC A M V

雪国
Yukiguni

日本料理

滝周辺

現地在住の日本人もよく訪れるという日本食レストラン。焼き鳥、枝豆といった酒のつまみから、寿司、麺類、丼物、定食、お茶漬けまでメニューが豊富。人気はカナダ産のサーモンを使った鮭の照り焼き定食$24や親子丼$16.5、海鮮ちらし丼$27など。握りは2貫で$6〜、巻き物は1本$5〜。

MAP P.329-B1
住5980 Fallsview Blvd.
TEL(905)354-4440
URL www.yukigunijapaneserestaurant.ca
営金〜水12:00〜16:00/17:00〜20:00
休木
予$25〜
CC A D J M V

紐約楼
New York Restaurant

中華料理

滝周辺

リーズナブルな値段で中華料理を楽しめるレストラン。人気の広東風あんかけ焼きそば$19.95は、チンゲンサイやエビ、チャーシューなどの具材がたっぷり入ったボリューム満点のひと品。優しい味わいのエビと卵の炒め物$18.95もおすすめ。テイクアウトやデリバリーも対応している。

MAP P.329-A1・2
住5027 Centre St.
TEL(905)354-5213
URL newyorkrestauranttogo.com
営月〜木12:00〜21:30
金〜日12:00〜22:00
休無休
予$20〜
CC A M V

The Guru
グル

インド料理

滝周辺

クリフトン・ヒルで伝統的なインド料理を提供するレストラン。シェフはもちろんインド人で、店内にはエキゾチックな置物が多数配されている。おすすめはバターチキンやチキン・ティッカ・マサラ各$16、シュリンプ・カレー$18など。タンドーリを使ったグリル料理もおすすめ。

MAP P.329-A2
住5705 Victoria Ave.
TEL(905)354-3444
URL www.welcometoguru.com
営毎日12:00〜24:00
休無休
予$20〜
CC M V

Niagara Brewing Company
ナイアガラ・ブリューイング・カンパニー

クラフトビール

滝周辺

レギュラー4種類と季節限定4種類の自家醸造ビールが楽しめる、醸造所直営のビアホール。おすすめは、すっきりとした飲み口のナイアガラ・プレミアム・ラガー$9.5。4種類を少量ずつ試せる、ビール・フライト$17〜も人気。自家製ミートボールのサンドイッチなどの軽食もある。

MAP P.329-A2
住4915-A Clifton Hill
TEL(905)374-5247
URL niagarabrewingcompany.com
営日〜木11:00〜23:00
金12:00〜翌1:00
土11:00〜翌1:00
休無休
予$10〜
CC A D M V

ナイアガラ・フォールズのショッピング
Shops in Niagara Falls

滝周辺では、フォールズ通り沿いにショッピングモールがあるが、みやげ物店は少ない。ナイアガラ・パークウエイ沿いにはフルーツスタンドやワイナリーが点在し、ナイアガラらしいおみやげが買える。郊外にはショッピングモールやアウトレットモールがあるが、車がないとアクセスは不便。

ショッピングモール

Galleria
ギャレリア

滝周辺

ナイアガラ・フォールズビュー・カジノ・リゾート内にあるショッピングモール。15店前後と店舗数は多くないが、カナダのファッションブランドであるルーツをはじめ、洗練された雑貨やアクセサリーショップ、メープルシロップやナイアガラワインの専門店など、さまざまなジャンルの店舗が揃う。

MAP P.329-C1
住 6380 Fallsview Blvd.
FREE (1-888)325-5788
URL www.fallsviewcasinoresort.com
営 日～木10:00～23:00
金・土10:00～24:00
(店舗により異なる)
休 無休
CC 店舗により異なる

アウトレット

Canada One Outlet
カナダ・ワン・アウトレット

郊外

1998年に誕生したカナダ初の本格的なアウトレットモール。アディダス、ゲス、コーチ、トミー・ヒルフィガー、ザ・ボディ・ショップ、リーボックなど、30店近くのブランドショップが出店している。ウィーゴーのCanada One Factory Outletから徒歩すぐで、アクセスしやすい。

MAP P.326-D1
住 7500 Lundy's Lane
TEL (905)356-8989
URL www.canadaoneoutlets.com
営 月～土10:00～21:00
日10:00～18:00
休 無休
CC 店舗により異なる

おみやげ

Maple Leaf Place
メープル・リーフ・プレイス

郊外

ナイアガラ・パークウエイ沿いにある大型のおみやげ店。地元作家によるカナダ製品や、メープルグッズ、インディアンの手工芸品、Tシャツやマグネットなど豊富な品揃え。メープル工房ではガイド付きの見学ツアーに参加することも。プティンやご当地ビール、軽食が味わえるフードコートもある。

MAP P.327-A2
住 4199 River Rd.
TEL (905)357-1133
URL www.mapleleafplace.ca
営 毎日9:00～20:00
(時期により変動あり)
休 無休
CC A M V

ファッジ

Fudge Factory
ファッジ・ファクトリー

滝周辺

メープルシュガーとバターを固めて作ったとびきり甘いお菓子、ファッジの専門店。50種類ものファッジがあり、一番人気はカナディアン・メープルナッツ。ひとつ$7.49で、3つ買うとひとつ無料になるBuy 3 Get 1 Freeを実施中。店内でファッジを作っている様子が見られる。

MAP P.329-A2
住 4848 Clifton Hill
TEL (905)358-3676
URL www.cliftonhill.com/shopping/fudge-factory
営 6～9月
毎日9:00～翌1:00
10～5月
日～木10:00～24:00
金・土10:00～翌1:00
休 無休　CC M V

チョコレート

Hershey's Chocolate World
ハーシーズ・チョコレート・ワールド

滝周辺

建物に立てかけられた巨大な板チョコ型の看板が目を引く、チョコレートの老舗。甘い香りの店内にはこげ茶色のパッケージでおなじみの板チョコから、作りたてのファッジやイチゴのチョコディップまで、チョコレート好きにはたまらないアイテムが種類豊富。キャラクターグッズも揃っている。

MAP P.329-A2
住 5701 Falls Ave.
TEL (905)374-4446
URL hersheyschocolateworldniagarafalls.ca
営 毎日9:00～24:00
(時期により変動あり)
休 無休
CC A D J M V

カナダワインに酔いしれよう

Niagara Wine Route

ナイアガラ・ワインルート

ドイツからの移民が持ち込んだ苗木から始まったといわれるナイアガラのブドウ栽培。寒暖の差が激しく、適度な湿気のあるナイアガラエリアは、ブドウ作りに適した自然条件。ブドウが豊富に取れるこのエリアには、大小60以上ものワイナリーが点在している。ワイナリーの並ぶルートはワインルートと呼ばれ、多くの観光客が訪れる。

ナイアガラ・ワインルート 基本DATA MAP P.272-B3/P.326-A1	拠点となる町：ナイアガラ・フォールズ、ナイアガラ・オン・ザ・レイク 歴史的見どころ：★ 自然の見どころ：★★	ナイアガラ・ワインルート 情報のサイト URL winecountryontario.ca

ワインルートの回り方

⬆ワインルートマップ

ワインルートのマップや、それぞれのワイナリーのパンフレットなどは、事前にナイアガラ・フォールズ（→ P.321）やナイアガラ・オン・ザ・レイク（→ P.346）の観光案内所で入手しよう。テイスティングを心置きなく楽しみたいなら、タクシーやバスツアーを利用するといい。

⬆道路にはワイナリーの看板が立つ

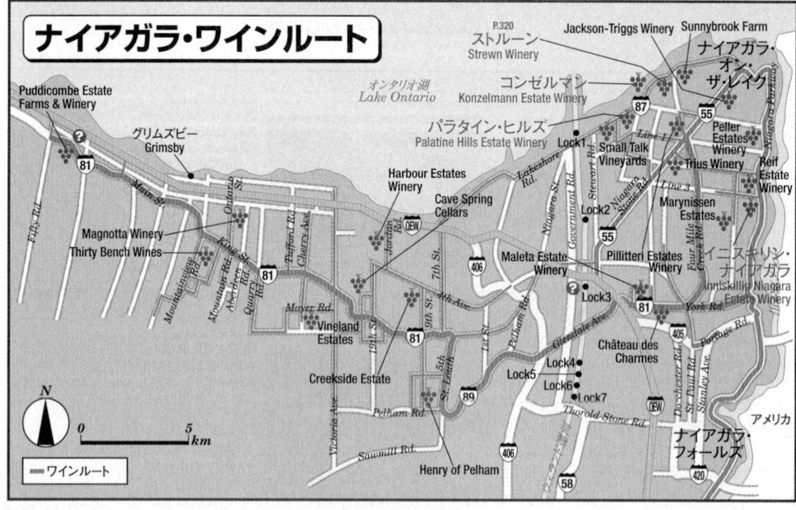

ワインルートとワイナリーツアー

⬆デザインも設備もモダンな醸造工場

ナイアガラ・フォールズから西のグリムズビーGrimsbyにかけての一帯には60を超えるワイナリーが並んでいる。各ワイナリーは毎年自分たちの個性を生かした自慢のワインをプロデュースしている。ほとんどのワイナリーは観光客を歓迎し、ワイナリーとワインの魅力を紹介するツアーを開催しているので、気軽に参加して、ワインができる工程やおいしい飲み方を学び、テイスティングを楽しもう。さらに、レストランを併設しているワイナリーもあるので、料理に合ったワインを堪能することもできる。

⬆秋のワインルートは紅葉も楽しめる

おもなワイナリー

パラタイン・ヒルズ
Palatine Hills Estate Winery

オンタリオ湖岸の丘陵地にある。もともとブドウ生産農家だったが、1998年からワイナリーに。赤ワイン用のブドウ品種カベルネ・ソーヴィニヨンを使ったアイスワインがおすすめ。ガイドツアーあり。

住911 Lakeshore Rd.
TEL(905)646-9617
URL www.palatinehillsestatewinery.com
営日～金11:00～17:00
土11:00～18:00
休無休 ※ガイドツアー(料$25)は要問い合わせ。

コンゼルマン
Konzelmann Estate Winery

こぢんまりとしたワイナリー。ドイツ出身のオーナーが開いた。アイスワインで多くの賞を受賞している。

住1096 Lakeshore Rd.
TEL(905)935-2866
URL www.konzelmann.ca
営5/15～10/29 毎日10:00～18:00
10/30～5/14 月～金11:00～17:00
土・日10:00～18:00
休無休
テイスティング体験(約45分)
催5月上旬～9月下旬毎日11:00～17:00
9月下旬～5月上旬
月～金12:00～15:00土・日11:00～16:00
料$20～

イニスキリン・ナイアガラ
Inniskillin Niagara Estate Winery

数多くの受賞作品を生み出しているワイナリー。アイスワインのテイスティングは$25～。日本人スタッフが常駐。

住1499 Line 3 Niagara Pwy.
TEL(905)468-4637
URL www.inniskillin.com
営5～8月 日～木11:00～18:00
金・土11:00～19:00
9・10月 日～木11:00～17:00
金・土11:00～18:00
11～4月 毎日11:00～17:00
ガイドツアー
催日～金11:30、13:30、15:30発
土11:30～16:30の30分ごと
料$35～

おもなワイナリーツアー会社

ナイアガラ・ワイン・ツアー・ガイド
Niagara Wine Tour Guides
TEL(289)868-8686
URL www.niagarawinetourguides.com

Daily Sip and Savor Afternoon Tour
3軒のワイナリーを訪れ、テイスティングやワインに合ったチーズ、チョコレートを楽しめるツアー。テイスティングの仕方もていねいに教えてくれる。宿泊ホテルへの送迎付き。行きと帰りで異なる場所で降ろしてもらうことも可能。所要約5時間。
催毎日13:00発
料1人$149

ナイアガラ・エアバス
Niagara Airbus
TEL(905)374-8111
URL www.niagaraairbus.com

Niagara Wine Country Bus Tour
滞在ホテルへの送迎付きで2つのワイナリーを回る。それぞれのワイナリーでのテイスティングと、ナイアガラ・オン・ザ・レイクでのランチタイムあり。
催毎日10:30～10:50発
(トロント発は8:45)
料ナイアガラ・フォールズ発
大人$134.19
トロント発
大人$198.6

ワイン・フェスティバル

TEL(905)688-0212
URL niagarawinefestival.com
年に数回趣の異なるフェスティバルを開催している。ワインの試飲やコンサートなどで盛り上がる。

ナイアガラ・アイスワイン・フェスティバル
Niagara Icewine Festival
催1/13～15、1/20～22、1/27～29('23)

ナイアガラ・グレープ&ワイン・フェスティバル
Niagara Grape & Wine Festival
催9/8～10、9/15～17、9/22～24('23)

NIAGARA ON THE LAKE

ナイアガラ・オン・ザ・レイク

オンタリオ州

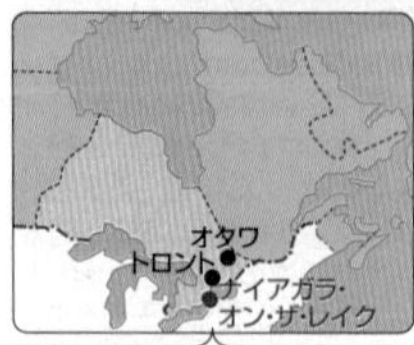

MAP P.272-B3
人口 1万9088
市外局番 905/906

ナイアガラ・オン・ザ・レイク情報のサイト
URL www.niagaraonthelake.com

▶▶▶ 行き方

4/30〜10/9の期間、ウィーゴーがグリーン・ラインの停留所Floral Clockからフォート・ジョージまでを結ぶナイアガラ・オン・ザ・レイク・シャトルNiagara on the Lake Shuttleを運行(オレンジ・ラインとも呼ぶ。4/30〜6/29と9/5〜10/9はButterfly Conservatoryから)。タクシーなら約20分、$40〜。

ナイアガラ・オン・ザ・レイク・シャトル
URL www.niagaraparks.com/getting-around/niagara-on-the-lake-shuttle
運 4/30〜6/29、9/5〜10/9
毎日10:30〜18:00
6/30〜9/4
毎日9:30〜19:00
料 片道　大人$10、子供(5〜12歳)$5

ユースフル・インフォメーション
警察
Niagara Regional Police Service
TEL (905)688-4111
病院
Niagara-on-the-Lake Hospital
MAP P.347-B2
住 176 Wellington St.
TEL (905)468-9189
おもなタクシー会社
Niagara Falls Taxi
TEL (905)357-4000

観光案内所
Niagara-on-the-Lake Chamber of Commerce
MAP P.347-A2
住 26 Queen St.
TEL (905)468-1950
URL www.niagaraonthelake.com
開 毎日9:00〜17:00
休 無休

ナイアガラの滝からナイアガラ・パークウエイを車で20分ほど北上。ナイアガラ川の河口、オンタリオ湖に面した小さな町がナイアガラ・オン・ザ・レイクだ。この地は19世紀、イギリス植民地時代にアッパー・カナダ(現オンタリオ州)の初の首都として栄えた。今でもイギリス風の建物が残り、オンタリオ州屈指の美しい町として名高い。2月下旬〜12月下旬には演劇祭「ショー・フェスティバル」(→P.349)が行われ、イギリスの劇作家バーナード・ショーの作品を中心にさまざまな芝居が上演される。また、町の周辺にはワイナリーが点在し、ワイナリーツアーの拠点としても有名。

↑レストランやショップが並ぶにぎやかなクイーン通り

ナイアガラ・オン・ザ・レイクの歩き方

メインストリートは、1922年から町を見守ってきた時計塔Clock Towerが目印のクイーン通りQueen St.。ビクトリア調の古い建物が連なる美しい通りには、おしゃれなレストランや雑貨店、劇場などが並んでいて、半日もあれば十分に楽しめるほど、こぢんまりとした町だ。ショー・フェスティバルの期間中ならば、ぜひ劇場に足を運び観劇を楽しみたい。

通りを1本入るとのんびりとした住宅地になっており、野生のリスやスカンクと合えることもあるので、ハイキング気分で歩くのも気持ちがいい。また、キング通りKing St.の「The Prince of Wales Hotel」(→P.319)あたりから出発する観光馬車に乗ってみるのも、優雅な町並みをより楽しめる方法だろう。

↑キング通りに停まっている観光馬車

ワイナリー巡り(→P.344)は観光案内所で情報をチェックして、ツアーやタクシー、レンタサイクルなどを利用しよう。ツアーは朝出発のものが多いので、できれば前日までには予約したい。

※開館時間、営業時間などの日程は基本的に2023年のもの。年度により変動するため、ウェブサイトなどで再確認を。(→P.7)

おもな見どころ

ナイアガラ・オン・ザ・レイク博物館

MAP P.347-B2

Niagara On The Lake Museum

★★★

ナイアガラ・オン・ザ・レイクの、先住民族時代から19世紀の米英戦争に至るまでの歴史を紹介する博物館。特に貴重なものとしては、1812年の英米戦争時、クイーンストン・ハイツ公園で戦死したイギリス系カナダ人のヒーロー、ブロック将軍General Sir Isaac Brockの帽子と帽子入れ。羽飾りの付いた、ナポレオンハットのような形だ。日本語のパンフレットがある。

↑ブロック将軍についての展示物

ナイアガラ・オン・ザ・レイク博物館
住 43 Castlereagh St.
TEL (905)468-3912
URL www.notlmuseum.ca
開 5〜10月
毎日10:00〜17:00
11〜4月
毎日13:00〜17:00
休 無休
料 大人$5、シニア$3、学生$2、18歳以下無料

ナイアガラ薬局博物館

MAP P.347-A2

The Niagara Apothecary Museum

★★★

19世紀に実際に営業していた薬局を復元した博物館。建物内部には、高い棚に薬瓶がところ狭しと並んでいる。当時の生活雑貨も展示されており、アンティーク好きな人にもおすすめだ。

←タイプライターやレジなどの骨董品も展示されている

ナイアガラ薬局博物館
住 5 Queen St.
TEL (905)468-3845
URL www.ocpinfo.com/extra/apothecary
開 5/14〜9/4
毎日12:00〜18:00
9/4〜10/9
土・日12:00〜18:00
休 9/4〜10/9の月〜金、10/10〜5/13
料 寄付程度

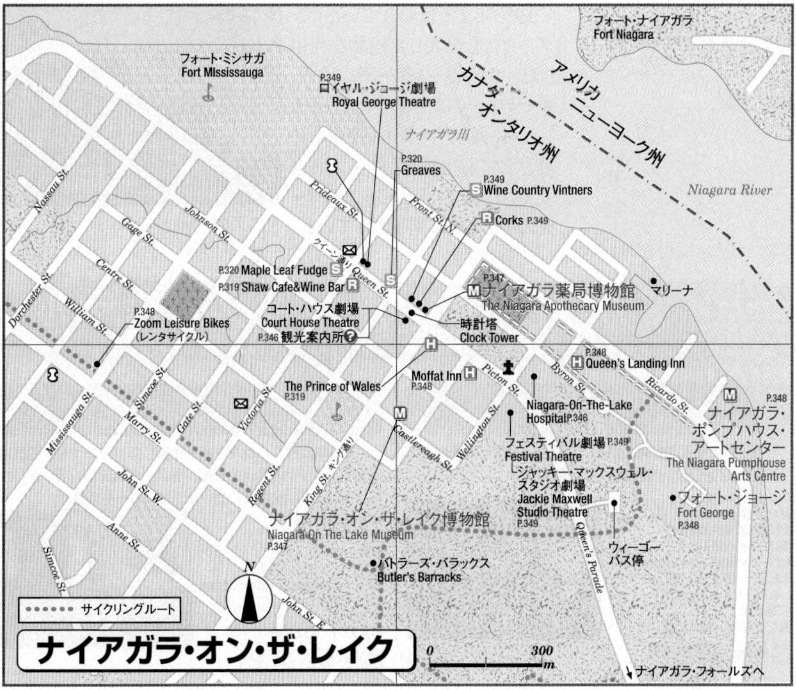

ナイアガラ・オン・ザ・レイク

フォート・ミシサガ Fort Mississauga
フォート・ナイアガラ Fort Niagara
アメリカ ニューヨーク州
カナダ オンタリオ州
ナイアガラ川 Niagara River
P.349 ロイヤル・ジョージ劇場 Royal George Theatre
P.320 Greaves
P.349 Wine Country Vintners
Corks P.349
P.320 Maple Leaf Fudge
P.319 Shaw Cafe&Wine Bar
P.347 ナイアガラ薬局博物館 The Niagara Apothecary Museum
マリーナ
コート・ハウス劇場 Court House Theatre
P.346 観光案内所
時計塔 Clock Tower
P.348 Zoom Leisure Bikes（レンタサイクル）
P.348 Queen's Landing Inn
Moffat Inn P.348
The Prince of Wales P.319
Niagara-On-The-Lake Hospital P.346
フェスティバル劇場 P.349 Festival Theatre
ジャッキー・マックスウェル・スタジオ劇場 Jackie Maxwell Studio Theatre P.349
P.348 ナイアガラ・ポンプハウス・アートセンター The Niagara Pumphouse Arts Centre
フォート・ジョージ Fort George P.348
ナイアガラ・オン・ザ・レイク博物館 Niagara On The Lake Museum P.347
バトラーズ・バラックス Butler's Barracks
ウィーゴーバス停
Nassau St. / Johnson St. / Prideaux St. / Front St. N / Gage St. / Centre St. / クイーン通り Queen St. / Dorchester St. / William St. / Simcoe St. / Mississauga St. / Gate St. / Victoria St. / Marry St. / Regent St. / King St. キング通り / Castlereagh St. / Wellington St. / Picton St. / Byron St. / Ricardo St. / John St. W. / Anne St. / John St. E / Queen's Parade
サイクリングルート
0 300m
↓ナイアガラ・フォールズへ

レンタサイクル
Zoom Leisure Bikes
MAP P.347-B1
TEL (905)468-2366
URL www.zoomleisure.com
料 半日$30〜、1日$40〜

フォート・ジョージ
住 51 Queen's Parade
TEL (905)468-6614
URL parks.canada.ca/lhn-nhs/on/fortgeorge
開 4/1〜5/19
土・日10:00〜17:00
5/20〜9/3
毎日10:00〜17:00
9/4〜10/31
水〜日10:00〜17:00
休 4/1〜5/19の月〜金、9/4〜10/31の月・火、11〜3月
料 大人$12.5、シニア$10.75、子供無料

フォート・ジョージ

MAP P.347-B2

Fort George

★★★

アメリカに対する防衛として、1799年にイギリス軍が建造した砦。1812年の英米戦争で激戦地となったときに破壊されたが、現在は復元され芝生に囲まれた国定史跡となっている。夏季になると、当時の真っ赤な制服を着た兵士たちがマスケット銃を発射するデモンストレーションや、当時のキッチンを使ってパンやケーキを焼き上げるツアーなど、さまざまなイベントを随時開催している。詳細はウェブサイトで要確認。また、近くにはナイアガラ川沿いを歩くトレイルがあり、対岸にはアメリカの砦、フォート・ナイアガラFort Naiagaraが見える。

↑兵舎などの建物が再現されている

当時の人々の衣装を着たスタッフが迎える↑

ナイアガラ・ポンプハウス・アートセンター
住 247 Ricardo St.
TEL (905)468-5455
URL niagarapumphouse.ca
開 火〜日11:00〜16:00
休 月
料 寄付程度

ナイアガラ・ポンプハウス・アートセンター

MAP P.347-B2

The Niagara Pumphouse Arts Centre

★★★

1983年まで使われていたポンプハウスを復元した建物を利用した、ギャラリー&アートセンター。ギャラリーでは主催するアートセンターに通う人々の作品を中心に展示しており、展示作品は毎月変更される。アートセンターではワークショップも随時開催されている。

↑ナイアガラ川沿いに立っている

ナイアガラ・オン・ザ・レイクのホテル

Hotels in Niagara-on-the-Lake

Queen's Landing Inn
クイーンズ・ランディング・イン

ジョージア様式の外観のホテル。館内は大理石の床やステンドグラスの天井など贅を尽くした造り。

MAP P.347-B2
住 155 Byron St.
TEL (905)468-2195
FREE (1-888)669-5566
URL www.vintage-hotels.com
料 HIGH 5〜10月ⓈⒹ$270〜
LOW 11〜4月ⓈⒹ$219〜
Tax別
CC A D M V　室 140室

Moffat Inn
モーファット・イン

1835年に建てられた邸宅を改装したプチホテル。客室は清潔で、パティオ付きの部屋、暖炉付きの部屋など、造りが各部屋異なる。全客室にコーヒーメーカーを完備。

MAP P.347-B2
住 60 Picton St.
TEL (905)468-4116
FREE (1-888)669-5566
URL www.vintage-hotels.com
料 ⓈⒹ$140〜
Tax別
CC A M V　室 24室

バスタブ　テレビ　ドライヤー　ミニバーおよび冷蔵庫　セーフティボックス　Wi-Fi
一部客室　一部客室　貸し出し　一部客室　フロントにあり

レストラン Restaurant

Corks
コークス

おしゃれなワインバーで、料理はハンバーガーやタパスが中心。シーフードも自慢。

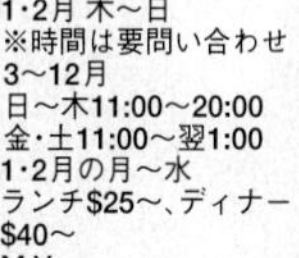

MAP P.347-A2
住 19 Queen St.
TEL (289)868-9527
URL www.corksniagara.com
営 1・2月 木～日
※時間は要問い合わせ
3～12月
日～木11:00～20:00
金・土11:00～翌1:00
休 1・2月の月～水
予 ランチ$25～、ディナー$40～
CC M V

ショッピング Shops

Wine Country Vintners
ワイン・カントリー・ヴィントナーズ

おもにTriwsやPeller Estates、Wayne Gretzky No.99といったナイアガラのワイナリーで造られたVQAワインを扱う。店内にはテイスティング・バーあり。

MAP P.347-A2
住 27 Queen St.
TEL (905)468-1881
営 月～木10:00～18:00
金・土10:00～19:00
日11:00～18:00
休 無休
CC A M V

COLUMN

カナダ屈指の演劇の町を楽しもう

演劇祭「ショー・フェスティバル」の魅力

ナイアガラ・オン・ザ・レイクは、カナダ屈指の演劇の町として知られており、2/28～12/23('23)には、演劇祭「ショー・フェスティバルShaw Festival」が開催される。シェイクスピア劇の祭典「ストラトフォード・シェイクスピア・フェスティバル(→P.351)」と並ぶオンタリオ州2大演劇祭のひとつであり、訪れる人々でにぎわう。

期間中はイギリスの劇作家ジョージ・バーナード・ショーGeorge Bernard Shaw(1856～1950年)をメインに、多彩な作品が上演される。カナダ演劇界で最高クラスの俳優が出演するのも魅力。

フェスティバルの発端は1962年。夏季の週末だけコートハウス(裁判所)のひと部屋を小さな劇場として使用し、戯曲『Don Juan in Hell and Candida』を上演したことに始まる。温暖な気候と豊かな自然が気に入り、多くの文化人が住んでいたことも背景となった。

リラックスした雰囲気で観劇を

会場は、クイーン通りに面した3つの劇場だ。一番大きな劇場はフェスティバル劇場Festival Theatreで、オープニングを飾るのもこちら。ちなみに2023年は、インド古代叙事詩を舞台化した大作「マハーバーラタ」でフェスティバルの幕を開けた。一方、ロイヤル・ジョージ劇場Royal George Theatreでは、ミュージカル、コメディ、ロマンスなどから人気のある演目をオペラハウス風のきらびやかな小ホールで上演する。そしてフェスティバル劇場に併設するジャッキー・マックスウェル・スタジオ劇場Jackie Maxwell Studio Theatreではより斬新な作品を上演している。演劇祭といっても観客はネクタイやドレス姿の人から、カジュアルな服装の若者たちまでさまざまだ。

チケットは電話やウェブサイトのほか、ナイアガラ・オン・ザ・レイクのおもなホテル、各劇場のボックスオフィスなどで予約可能。チケットを含むお得なパッケージを提供するホテルもある。

↑クイーン通りにあるロイヤル・ジョージ劇場

DATA

ショー・フェスティバル
TEL (905)468-2172
FREE (1-800)511-7429
URL www.shawfest.com

フェスティバル劇場(856席)
MAP P.347-B2
ボックスオフィス 営 毎日9:00～20:00

ロイヤル・ジョージ劇場(305席)
MAP P.347-A1
ボックスオフィス 営 毎日10:00～18:00

ジャッキー・マックスウェル・スタジオ劇場(267席)
MAP P.347-B2
ボックスオフィス 営 開演1時間前～

チケット料金
料 $35～121程度(劇場と座席、曜日により異なる)

STRATFORD

ストラトフォード

オンタリオ州

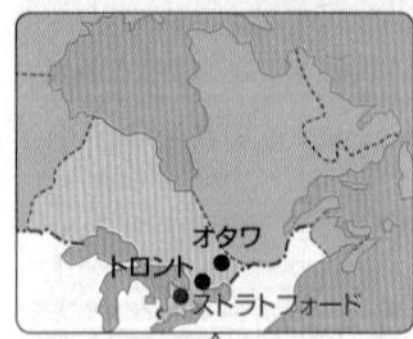

MAP P.272-B3
人口 3万3232
市外局番 519
ストラトフォード情報のサイト
URL visitstratford.ca

▶▶▶行き方

トロントからはシャトルバス、ストラトフォード・エアポーターStratford Airporterが1日9便運行、所要約2時間、片道大人$129。発着はトロント・ピアソン国際空港。

トロントからVIA鉄道のケベック・シティ～ウインザー線（コリドー）が1日1便運行。トロント発17:40、所要約2時間15分。

ストラトフォード・エアポーター
FREE (1-888)549-8602
URL www.stratfordairporter.com

VIA鉄道（→P.545）

鉄道駅
MAP P.350
住 101 Shakespeare St.

ストラトフォード・トランジット社
TEL (519)271-0250
ターミナル
MAP P.350外
住 290 Downie St.
市バス料金
料 大人$3、シニア$2.75、学生$2.5、5歳以下無料

観光案内所
Destination Stratford
MAP P.350
住 47 Downie St.
FREE (1-800)561-7926
URL visitstratford.ca
開 毎日9:00～17:00
（時期により変動あり）
休 無休

イギリス調の建物、白鳥の浮かぶエイボン川。緑豊かな景観が美しいガーデニングシティとしても訪れる人々を魅了しているストラトフォード。町の名は1830年代に「シェイクスピア・ホテル」という宿を中心に町が発展したことから、イギリスのシェイクスピアの故郷に由来している。毎年4月中旬～10月に開催されるシェイクスピア劇の祭典「ストラトフォード・シェイクスピア・フェスティバル」には60万人以上の人が訪れ、その盛り上がりは、イギリス本土のそれにも劣らない。

↑エイボン川のほとりにあるシェイクスピア・ガーデン

市内交通

市バス City Bus

ストラトフォード・トランジット社Stratford Transitが、ダウニー通りDownie St.沿いのターミナルを起点に7つの路線を運行している。平日の6:00～21:30頃の間、30分おきに運行（週末は予約によるオンデマンドバスとなる）。時刻表や路線図は観光案内所で入手可能。

※開館時間、営業時間などの日程は基本的に2023年のもの。年度により変動するため、ウェブサイトなどで再確認を。（→P.7）

ストラトフォードの歩き方

エイボン川Avon Riverの南側に、**4つの劇場**をはじめとした見どころが集中している。川沿いには遊歩道があり、木々や芝生が広がる。春夏には花の咲き乱れるシェイクスピア・ガーデンShakespeare Gardenも訪れたい。夏季は川でボート乗りも楽しめる。ガーデンから東へ延びる細い道、ヨーク通りYork St.のアンティークな雰囲気もすてきだ。メインストリートの**オンタリオ通りOntario St.**や市庁舎周辺には、英国風パブやレストラン、ギャラリー、カフェなどが並びにぎやか。

↑市庁舎は英国風な建物

舞台裏ツアー

フェスティバル期間中は劇場の舞台裏を見学する6つのツアーが催されている。Festival Treasure Toursは、膨大な数の衣装や小道具が眠る倉庫を見学するツアー(撮影禁止)。Set Changeover Experienceはフェスティバル劇場の昼公演(マチネ)後に行われ、夜の公演に向けたセットチェンジを見学する。Ghost Toursは夜のエイボン劇場を巡る。

Festival Treasure Tours
催6/14〜10/26
火〜木11:00発
料1人$20

Set Changeover Experience
催6/13〜10/25
火・木・金・土17:30発
料1人$20

Ghost Tours
催10/16〜30
月21:00発
料1人$35

ツアー問い合わせ
FREE(1-800)567-1600
URL www.stratfordfestival.ca

おもな見どころ

ストラトフォードの劇場

MAP P.350

Theatres of Stratford

★★★

4月中旬〜10月のフェスティバル期間中、多いときで1日に合計8演目も上演される(シーズン初めと終わりは、演目数が少ないので注意)。作品は、シェイクスピアをメインに、人気の高い古典、現代劇、ミュージカルなど。町には5つの劇場があり、円形の観客席からステージとの一体感を楽しめるフェスティバル劇場Festival Theatre(1826席)をメインに、上品な建物のエイボン劇場Avon Theatre(1090席)、その隣の小さなステューディオ劇場Studio Theatre(260席)、ミュージカルや現代劇も多く上演するトム・パターソン劇場Tom Patterson Theatre(480席)。上演プログラムなどの詳細は『Stratford Festival』という小冊子でチェックでき、各ホテルや観光案内所で手に入る。

ストラトフォードのイベント

ストラトフォード・シェイクスピア・フェスティバル
Stratford Shakespeare Festival
FREE(1-800)567-1600
URL www.stratfordfestival.ca
料演目や季節、座席の種類によって異なる。

ストラトフォードのホテル

Hotels in Stratford

The Windsor Hotel
ウインザー

シックな外観に真っ赤な玄関が魅力的な建物は1881年に建てられたもの。2022年に改装した室内もすっきりと清潔感のあるインテリアとなっており、地下に専用の駐車場がある。

MAP P.350
住23 Albert St.
TEL(519)272-2581
URL www.thewindsorstratford.com
料ⓈⒹ$139〜　Tax別
CC M V
室35室

Mercer Hotel Downtown
マーサー・ホテル・ダウンタウン

ダウンタウンの中心部にあり、4つの劇場はすべて徒歩圏内。歴史的な建物を使用しているためエレベーターはないものの、2020年に改装した客室にはモダンとクラシックが融合した個性的な空間が広がる。和食やアジア料理も提供するレストラン「Mercer Kitchen Beer Hall」を併設する。

MAP P.350
住104 Ontario St.
FREE(1-888)816-4011
URL www.bestwestern.com
料ⓈⒹ$159〜　Tax別　朝食付き
CC A M V　室14室

バスタブ　テレビ　ドライヤー　ミニバーおよび冷蔵庫　セーフティボックス　Wi-Fi
一部客室　一部客室　貸し出し　一部客室　フロントにあり

WINDSOR

ウインザー

オンタリオ州

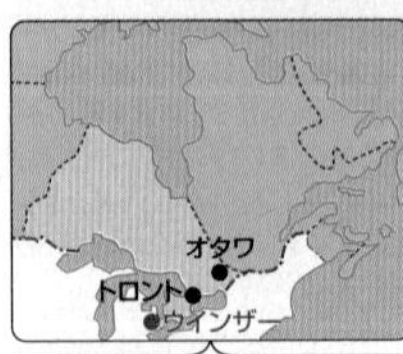

MAP P.272-B3
人口 22万9660
市外局番 519

ウインザー情報のサイト
URL www.visitwindsoressex.com

オンタリオ州の最南西部に位置するウインザーは、デトロイト川を隔ててアメリカの大都市デトロイトと対面する。温暖な気候に恵まれ、川沿いには芝生の公園が広がる。観光名所であるカジノには、多くのアメリカ人も訪れる。また、アメリカの奴隷制度を逃れるために、多くの黒人たちが川を渡ってきた歴史や、カナダの主要な自動車工業都市としての一面もある。

⬆川を隔ててデトロイトの街が見える

▶▶▶ 行き方

(飛行機) トロントからエア・カナダが1日5便運航。所要約1時間10分。空港から市内まで平日は市バス#8(Walkerville)が運行、1人$3.25。タクシーだと約20分、$25程度。

(バス) トロントからフリックス・バスが1日4便運行。所要5時間25分～7時間、片道大人$39.99～。

(鉄道) トロントからVIA鉄道のケベック・シティ～ウインザー線(コリドー)が1日4便運行、所要約4時間～4時間30分。鉄道駅から市バス#2(Crosstown 2)でオウエレット通りOuellette Ave.まで約45分。

(車) デトロイト国際空港からウインザーへはハイウエイ#94 Westを通り、タクシーで約30分、$20～50。

エア・カナダ(→P.542)

ウインザー国際空港(YQG)
MAP P.352外
TEL (519)969-2430
URL flyyqg.ca

フリックス・バス(→P.543)

VIA鉄道(→P.545)

鉄道駅
MAP P.352外
住 298 Walker Rd.

ウインザーの歩き方

⬆川沿いはサイクリングやジョギングにもぴったり

ダウンタウン内なら、徒歩で十分。メインストリートは**オウエレット通りOuellette Ave.**。デトロイト川Detroit River沿いはディエップ公園Dieppe Gardensになっており、市民の憩いの場所だ。夏季は、デトロイト川のクルーズも楽しめる。散歩と観

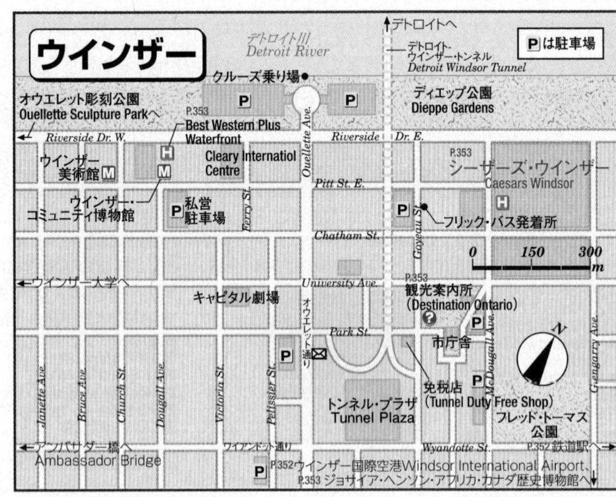

 ※開館時間、営業時間などの日程は基本的に2023年のもの。年度により変動するため、ウェブサイトなどで再確認を。(→P.7)

光を楽しんだら、夜はカジノに挑戦してみよう。それがこの町の楽しみ方。日程に余裕があれば、ハイウエイ#20を車で南下してアムハーストバーグAmherstburgなどの古い町やアンクル・トムの小屋歴史保存地区を訪れるのもいい。それぞれ遠いので、移動にはレンタカーが必須。

デトロイト川の対岸は、アメリカのデトロイト。ウインザーのダウンタウンからはデトロイト・ウインザー・トンネルDetroit Windsor Tunnelまたはアンバサダー橋Ambassador Bridgeを渡ってアメリカに入国できる。橋のたもとやトンネル出口で入国審査を受ける。アメリカ入国にはパスポートとESTAが必要。逆に、アメリカからカナダへ入国する際は、パスポートが必要だが、陸路入国につきeTAは不要。

観光案内所
Destination Ontario
MAP P.352
住110 Park St. E.
TEL(519)973-1338
FREE(1-800)668-2746
開5月中旬～10月上旬
木～土9:00～17:00
(時期により変動あり)
休日～水、10月上旬～5月中旬

シーザーズ・ウインザー
住377 Riverside Dr. E.
FREE(1-800)991-7777
URL www.caesars.com
営毎日24時間
※19歳未満はカジノ入場不可。

ウインザーのホテル
Best Western Plus Waterfront Hotel
ベスト・ウエスタン・プラス・ウオーターフロント
MAP P.352
住277 Riverside Dr. W.
TEL(519)973-5555
URL www.bestwestern.com
料ⓈⒹ$129～　Tax別
CC A D M V
室305室

おもな見どころ

シーザーズ・ウインザー
Caesars Windsor

MAP P.352
★★★

広大な敷地に、スロットマシーンやテーブルゲームなどのカジノ施設が充実(19歳未満入場不可)。食事ができるビュッフェレストランもある。併設の高層ホテルからは華やかな夜景が望める。

↑大人のナイトライフを楽しもう

COLUMN

『アンクル・トム』のモデル、ジョサイア・ヘンソン

アメリカの南部の黒人奴隷生活を描いた物語『アンクル・トムの小屋』。敬虔で思慮深いトムの生涯を軸に、アメリカ南部の黒人たちの悲惨な暮らしと日常を描いた作品は、南北戦争(1861～65年)のきっかけになったともいわれている。その小説のモデル、ジョサイア・ヘンソンJosiah Hensonが暮らした村がウィンザーの北東ドレスデンDresdenにある。

当時のカナダは、黒人奴隷に残された唯一の「自由の国」だった。カナダはアメリカに先駆けて1793年に「奴隷制度禁止法案」を制定したのだ。ウインザーとデトロイトの間を流れるデトロイト川は、黒人たちの生死を分けた川。1830年、37歳のときにヘンソンもこの川を渡り、アメリカからカナダへと逃れたのだ。そしてウインザー近くのドレスデンに定住した。その後、キリスト教援護団体や支援者にも恵まれ、逃亡奴隷たちを助ける施設を築いた。さらに奴隷たちの職業訓練校「ブリティッシュ・アメリカン協会」を設立した。現在これらの建物はカナダの史跡に登録され、ジョサイア・ヘンソン・アフリカ・カナダ歴史博物館Josiah Henson Museum of African-Canadian History(2022年にアンクル・トムの小屋歴史保存地区Uncle Tom's Cabin Historic Siteから名称変更)として一般に公開されている。

史跡内の博物館には、足かせをはめられた奴隷たちの展示がある一方で、ヘンソンがビクトリア女王から下賜された女王のサイン入りポートレートも飾られている。また保存地区内には、94歳でこの世を去るまで暮らしていたヘンソンが眠る墓もある。

DATA
ジョサイア・ヘンソン・アフリカ・カナダ歴史博物館
MAP P.352外　住29251 Uncle Tom's Rd.
TEL(519)683-2978
URL www.heritagetrust.on.ca/properties/josiah-henson-museum
開5/20～10/27　火～土10:00～15:00
休日・月、10/28～5/19
料大人$7、シニア$6、学生$5.5、子供(6～12歳)$4.5
交ウインザーから車で約1時間30分。

KINGSTON

キングストン

オンタリオ州

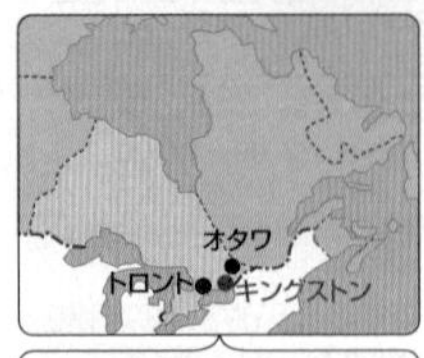

MAP P.272-B3
人口 13万2485
市外局番 613

キングストン情報のサイト
URL www.visitkingston.ca
URL www.cityofkingston.ca

観光案内所

Visitor Information Centre
MAP P.355-A2
住 209 Ontario St.
TEL (613)548-4415
URL www.visitkingston.ca
開 毎日 9:00～20:00
（時期により変動あり）
休 無休

ユースフル・インフォメーション

おもなレンタカー会社
Avis MAP P.354-A1
TEL (613)531-3311
おもなタクシー会社
Modern Taxi
TEL (613)546-2222

オンタリオ湖のほとりにあり、セント・ローレンス川やカタラキ川の始点に位置するキングストンは、古くから水運で栄えた水の都。イギリス領時代は海軍の要衝として栄え、1841年から1844年までカナダ連邦の首都がおかれた古都でもある。白亜の石灰岩を用いた歴史的建造物が多く残されていることから、ライムストーン（石灰岩）・シティとも呼ばれている。セント・ローレンス川に形成された多島域サウザンド・アイランズは風光明媚な避暑地であり、クルーズが盛んな町としても有名。カタラキ川対岸に残る、19世紀に建造されたイギリスの要塞フォート・ヘンリーもキングストンの代表的な観光スポットだ。

↑国会議事堂として建設されたキングストン市庁舎

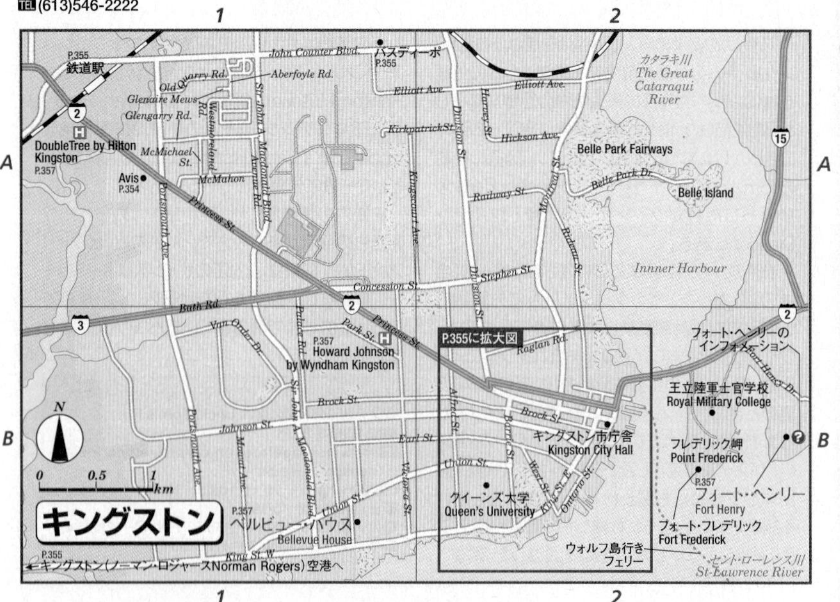

 ※開館時間、営業時間などの日程は基本的に2019年のもの。年度により変動するため、ウェブサイトなどで再確認を。（→P.7）

キングストンの歩き方

↑海沿いをのんびり歩いてみよう

町の中心は、**キングストン市庁舎**周辺。その前の観光案内所があるコンフェデレーション公園 Confederation Parkから、**キングストン・サウザンド・アイランズ**のクルーズ乗り場へもすぐ。ウオーターフロントのオンタリオ通りOntario St.には、ホテルやレストランが並ぶ。オンタリオ通りやキング通りKing St.を南へ向かうと**マーニー・タワー博物館**、**ポンプハウス蒸気機関博物館**などの見どころが点在しているが、一つひとつは意外に距離があるので、市バスやタクシーを利用して回るのもいい。ショップやカフェ、レストランが多くにぎわっているのは、プリンセス通りPrincess St.や隣のブロック通りBrock St.。対岸のフォート・ヘンリーへは、タクシーの利用が便利だ。

↑市バスのルートマップはバスディーポや観光案内所で

キングストン ダウンタウン

1 2 A B
0 250 500 m
N
Queen St.
Princess St. プリンセス通り
Brock St. ブロック通り
Johnson St.
Division St.
Sydenham St.
Barrie St.
University Ave.
Alfred St.
Montreal St.
Rideau St.
Lassalle Causeway
Union St.
Bagot St.
West St.
Wellington St.
King St. E. キング通り
Ontario St. オンタリオ通り
Court St.
Stuart St.
William St.
ウォルフ島行きフェリー乗り場
P.355 キングストン・トランジット社市バスターミナル
P.357 Holiday Inn Kingston Waterfront
キングストン・サウザンド・アイランズ・クルーズ乗り場 P.358
無料トイレ
セント・ジョージ英国国教会 St. George's Anglican Cathedral
P.356 キングストン市庁舎 Kingston City Hall
トロリーバス乗り場
P.357 Hochelaga Inn
裁判所 Court House
観光案内所 P.354
コンフェデレーション公園 Confederation Park
P.356 クイーンズ大学 Queen's University
市民公園 City Park
キングストン港 Kingston Harbour
P.356 Agnes Etherington Art Centre
Kingston General Hospital
P.356 ポンプハウス蒸気機関博物館 Pump House Steam Museum
健康管理博物館 Museum of Health Care
マクドナルド記念公園
P.356 マーニー・タワー博物館 Murney Tower Museum
P.357 ベルビュー・ハウスへ Bellevue House
オンタリオ湖 Lake Ontario

▶▶▶行き方

✈ 2023年8月現在、トロントからのエア・カナダ便、モントリオールからのパスカン・アビエーションPascan Aviationは運休中。空港から市内への移動はタクシーかライド・シェアサービスのみ。

🚌 トロントからメガバスが1日10～25便運行、片道大人$49.99～。フリックス・バスは1日6～9便運行、片道大人$31.99～。所要2時間30分～3時間10分。バスディーポから市内へは市バス#2、#18を利用。タクシーなら$10程度。

🚆 トロントからVIA鉄道が1日8～14便運行、所要2時間～2時間30分。モントリオールからは1日7～10便、所要2時間40分～4時間10分。オタワからは1日5～9便、所要約2時間。鉄道駅はダウンタウンの北西郊外。市内へは市バス#18を利用。タクシーなら$17程度。

キングストン空港(ノーマン・ロジャース空港)(YGK)
MAP P.354-B1外
住 1114 Len Birchall Way
TEL (613)389-6404

メガバス(→P.543)

フリックス・バス(→P.543)

バスディーポ
MAP P.354-A1
住 1175 John Counter Blvd.
TEL (613)547-4916

VIA鉄道(→P.545)

鉄道駅
MAP P.354-A1
住 1800 John Counter Blvd.

市内交通
キングストン・トランジット社Kingston Transitが市バスを運行。路線は全27ルートで、運行は30分～1時間間隔。ダウンタウンのBagot St.とBrock St.の交差点そばにターミナル(MAP P.355-A2)がある。
キングストン・トランジット社
TEL (613)546-0000
URL www.cityofkingston.ca/residents/transit
料 シングルチケット
大人$3.25、デイパス$8.25

おもな見どころ

キングストン市庁舎

MAP P.355-A2

Kingston City Hall

★★★

ブリティッシュ・ルネッサンス調の荘厳たる建物は、キングストンがカナダ連邦の首都であった1844年に建てられたもの。1840年代に使われていた監獄やビクトリア図書館の内部、税関などに使われていたというメモリアルホールなどを見学できる。夏季のみ無料のガイドツアーを催行。

↑美しいステンドグラスが並ぶメモリアルホール

キングストン市庁舎
- 住 216 Ontario St.
- TEL (613)546-0000
- URL www.cityofkingston.ca/city-hall

ガイドツアー
- 催 5月下旬～10月上旬 月～土13:00～16:00
- 休 日、10月上旬～5月下旬
- 料 無料

ポンプハウス蒸気機関博物館

MAP P.355-B2

Pump House Steam Museum

★★★

1851～1952年に使われていたポンプハウスを復元した博物館。館内には19世紀末に使われたスチームエンジンや、実際に走行できる列車模型などが展示されている。蒸気の力がキングストンの人々にとっていかに重要であったかが学べる。

↑大きな煙突が目印

ポンプハウス蒸気機関博物館
- 住 23 Ontario St.
- TEL (613)544-7867
- URL www.kingstonpumphouse.ca
- 開 春季～秋季 火～土10:00～17:00（時期により変動あり）
- 休 春季～秋季の日・月、冬季
- 料 大人$7.21、シニア・ユース（15～24歳）$5.93、子供（3～14歳）$3.6

マーニー・タワー博物館

MAP P.355-B1

Murney Tower Museum

★★★

フォート・ヘンリーの防衛施設として、1846年に建設された要塞。1階には兵士が使っていたキッチン、寝室などを再現。2階には32ポンド砲が展示されている。

←1885年まで軍隊で使用されていた

マーニー・タワー博物館
- 住 2 King St. W.
- TEL (613)217-8235
- URL www.murneytower.com
- 開 5月中旬～9月上旬 毎日10:00～17:00
- 休 9月上旬～5月中旬
- 料 寄付程度

クイーンズ大学

MAP P.355-B1

Queen's University

★★★

1841年に創立された名門大学。キャンパス内を回るガイドツアーがある。構内にはレンブラントなどのヨーロッパ絵画やカナディアン・アートなど1万7000点を収蔵するアグネス・エザリントン美術館 Agnes Etherington Art Centre（MAP P.355-B1）がある。

↑美術館では年5回ほど企画展を開催

クイーンズ大学
- 住 99 Uninersity Ave.
- TEL (613)533-2000
- URL www.queensu.ca

キャンパス・ツアー
- 催 火～土11:00、13:30 所要約2時間
- 料 無料

アグネス・エザリントン美術館
- TEL (613)533-2190
- URL agnes.queensu.ca
- 開 7・8月 木10:00～21:00 金～水10:00～16:30 9～12月 火～金10:00～16:30 木10:00～21:00 土・日13:00～17:00（冬季は要問い合わせ）
- 休 9～12月の月
- 料 無料

ベルビュー・ハウス
Bellevue House

MAP P.354-B1/P.355-B1外

★★★

カナダの初代首相ジョン・A・マクドナルドの元邸宅で、国の文化遺産に指定されている。病を患っていた妻イザベラのために農家の屋敷と庭を買い取ったもの。紅茶の入れ物のような3つの塔が立つイタリア風の造りは、イギリス調の家が多いこのあたりでは珍しく、「茶筒城」などと呼ばれていた。

ベルビュー・ハウス
住35 Centre St.
TEL(613)545-8666
URL parks.canada.ca/lhn-nhs/on/bellevue
開5/18〜6/30、9/5〜10/9
木〜月10:00〜17:00
7/1〜9/4
毎日10:00〜17:00
休5/18〜6/30と9/5〜10/9の火・水、10/10〜5/17
料大人$8.5、シニア$7、17歳以下無料
交市バス#501でザ・イザベル The Isabel下車、徒歩5分。

フォート・ヘンリー
Fort Henry

MAP P.354-B2

★★★

砦の前身は1812年の英米戦争の最中、アメリカ軍の攻撃に対し、防御を固めるために造られたポイント・ヘンリー。現在のフォート・ヘンリーは英米戦争後、重要な3水路の合流地となることから、さらなる防衛の必要性に迫られて1832〜37年にかけて建造されたもの。ケベック・シティ以西の砦としては最大規模。砦には砲台、侵入した敵軍を落とす空堀があり、要塞内の博物館では独房、士官用宿舎、射撃室などが見学できる。衛兵に扮したスタッフが当時の生活を再現して雰囲気を盛り上げる。オープン期間中には、ガン・パレードやライフルのデモンストレーション、衛兵交替式などのイベントを開催しており、特に人気があるのが8月の水曜19:00から行われるサンセット・セレモニー。100年以上も前の戦争を再現したドラマティックなショーだ。

↑ライフルのデモンストレーション

フォート・ヘンリー
住1 Fort Henry Dr.
TEL(613)542-7388
URL www.forthenry.com
開5/20〜9/3
毎日10:00〜17:00
9/4〜10/1
水〜日10:00〜16:30
休9/4〜10/1の月・火、10/2〜5/19
料大人$20、学生(13〜18歳)・ユース(5〜12歳)$13、子供無料
交市バス#602でHighway2 & Royal Military Collage下車、徒歩15分。

キングストンのホテル
Hotels in Kingston

Holiday Inn Kingston Waterfront
ホリデイ・イン・キングストン・ウオーターフロント

オンタリオ湖畔に立つ。多くの部屋のバルコニーやテラスから湖が望める。屋内外プール、サウナなどの施設がある。連泊や朝食が付くお得なパッケージプランあり。

MAP P.355-A2　住2 Princess St.
TEL(613)549-8400
URL www.ihg.com/holidayinn
料ⓈⒹ$180〜　Tax別
CC A D M V　室197室

DoubleTree by Hilton Kingston
ダブルツリー・バイ・ヒルトン・キングストン

鉄道駅そばの大型ホテルが2023年夏にヒルトン系列となって再始動。大規模改修を終えたばかりの館内はどこも真新しい。レストラン、バー、屋内プール、会議室などを併設する。

MAP P.354-A1　住1550 Princess St.
TEL(613)548-3605　FREE(1-800)267-7880
URL www.hilton.com
料ⓈⒹ$230〜　Tax別
CC A M V
室245室

Howard Johnson by Wyndham Kingston
ハワード・ジョンソン・バイ・ウィンダム・キングストン

ダウンタウンからプリンセス通りを北西に約2.2kmほど進んだあたりにある、モーテルタイプの宿泊施設。全客室にバスタブ、コーヒーメーカー、電子レンジを完備している。

MAP P.354-B1
住686 Princess.St.
TEL(613)777-0133　FREE(1-800)221-5801
URL www.hojo.com
料ⓈⒹ$120〜　Tax別
CC A M V　室68室

Hochelaga Inn
オチェラガ・イン

1879年にキングストン市長の邸宅として建てられたビクトリア様式の建物を活用したブティックホテル。手入れの行き届いた庭園やテラスを眺め、ノスタルジックな気分に浸れる。

MAP P.355-A1　住24 Sydenham St.
TEL(613)549-5534
URL hochelagainn.com
料ⓈⒹ$235〜　Tax別　朝食付き
CC M V　室21室

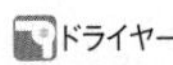
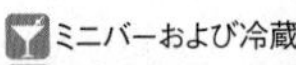
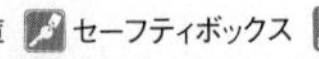

バスタブ　テレビ　ドライヤー　ミニバーおよび冷蔵庫　セーフティボックス　Wi-Fi
一部客室　一部客室　貸し出し　一部客室　フロントにあり

COLUMN

サウザンド・アイランズ・クルーズ

セント・ローレンス川St. Lawrence Riverに大小の島々が浮かぶこのエリアをサウザンド・アイランズ1000 Islandsと名づけたのは、1687年にここを訪れた探検家であった。先住民族に「偉大なる精霊の庭」と呼ばれていたように、その風景には神秘的な雰囲気が漂う。

出発はキングストンとガナノクェから

サウザンド・アイランズの魅力を満喫するには、キングストンやガナノクェGananoqueから出ているクルーズを利用しよう。なお、船上は冷えるので、夏でも上着を忘れずに。

キングストン発

キングストン・サウザンド・アイランズ・クルーズKingston 1000 Islands Cruiseが催行。人気は、所要1時間と3時間のクルーズ。1時間クルーズは、フォート・ヘンリーほかキングストン周辺の歴史的建造物や難破船、王立陸軍士官学校Royal Military Collageなどを回るお手軽なコース。3時間クルーズは、ハウ島Howe Islandを通り、ガナノクェ近くの小島を回る。

ガナノクェ発

ガナノクェ・ボートラインGananoque Boatlineが催行。5時間のクルーズは、出航後、カナダとアメリカをつなぐサウザンド・アイランズ・ブリッジ1000 Islands IBridgeを見て、アメリカへ。その後ハート島Heart Islandで停まり、中世ヨーロッパの古城のようなボルト城Boldt Castleへ。城内を見学できる(所要2時間。別途入場料US$12.5が必要)。なお、アメリカへ一時入国するため、ESTA(→P.531)の事前申請とパスポートが必要。ハート島へ上陸しない1時間のクルーズもある。

ガナノクェは、キングストンからハイウエイ#401で28km東。Exit 645で下りて南下。所要約20分。

⬆夕暮れ時のクルーズは幻想的

DATA

キングストン・サウザンド・アイランズ・クルーズ
MAP P.355-A2
住 248 Ontario St.
TEL (613)549-5544 FREE (1-800)848-0011
URL www.1000islandscruises.ca
1時間クルーズ(Discovery Cruise)
運 4月中旬〜10月下旬
毎日11:30、13:00、15:00、16:30発(時期により変動あり)
料 大人$38.5、子供(2〜15歳)$29、1歳以下$5
3時間クルーズ(Heart of the Islands Cruise)
運 4月中旬〜6月下旬、9月上旬〜10月下旬
毎日12:30発
6月下旬〜9月上旬
毎日10:30、14:00発(時期により変動あり)
料 大人$54、子供(2〜15歳)$43、1歳以下$5

ガナノクェ・ボートライン
住 280 Main St.
TEL (613)382-2144 FREE (1-888)717-4837
URL www.cityexperiences.com/gananoque
1時間クルーズ(Original Heart of the 1000 Islands Cruise)
運 4/22〜5/12
毎日10:30、12:00、14:00発
5/13〜9/4
月〜木10:30、12:00、13:30、15:00、17:00発
金〜日10:30、12:00、13:30、16:00、18:30発
9/5〜10/28
毎日10:30、16:00発
料 大人$32、シニア$28、子供(6〜12歳)$21、5歳以下$15
5時間クルーズ(Boldt Castle Stopover Cruise)
運 5/14〜6/30、9/5〜10/9　毎日10:00、発
7/1〜9/4　毎日10:00、15:00発
(時期により変動あり)
料 大人$75、シニア$66、子供$59

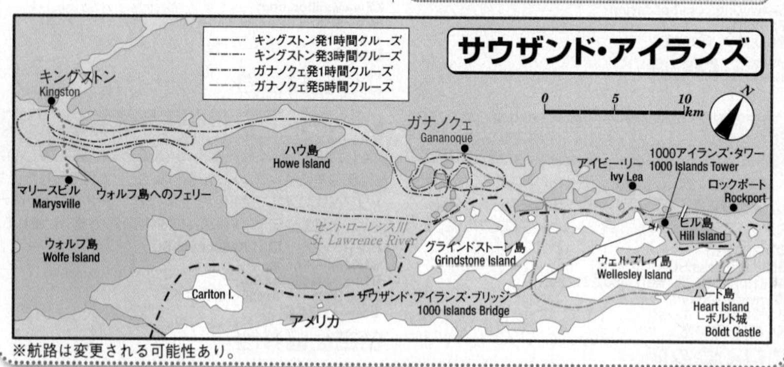

※航路は変更される可能性あり。

OTTAWA

オタワ

オンタリオ州

⬆オタワのシンボルである国会議事堂

カナダの首都オタワは、国内の英語圏とフランス語圏を二分するオタワ川沿いに位置する。橋を渡った対岸は、フランス語圏のケベック州の町、ガティノーだ。

カナダの政治の中心であり、人口でもカナダ第6の大都市オタワだが、町の歴史は比較的新しい。オタワの名が「交易」を意味する先住民の言葉に由来するように、17世紀初期からヨーロッパの毛皮商人がこの地を拠点としていた。定住が始まるのはアメリカ人の一族が現在のガティノーに製材所を創業した1800年のことだ。後の英米戦争をきっかけとして、1826年にリドー運河の建設が始まると、オタワの本格的な街造りはようやく緒につく。ビクトリア女王の裁定により、オタワがイギリス領カナダの首都となったのは1857年。当時軍事的な脅威だったアメリカから離れており、イギリス系とフランス系の両勢力から中立的な土地だったことが理由とされている。

春はチューリップの花で通りが埋め尽くされ、冬は北米最大規模のウインターフェスティバルで町は華やぐ。軍事物資の輸送を目的として築かれたリドー運河も、今では四季を通じて楽しめる観光名所だ。

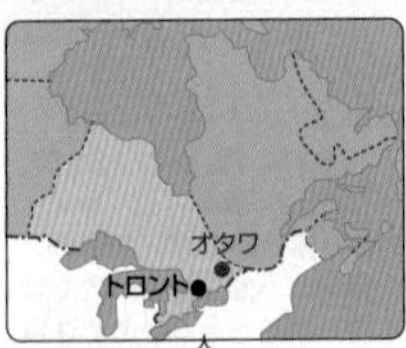

MAP P.272-B3
人口 101万7449（オタワ市）
市外局番 613

オタワ情報のサイト
URL www.ottawatourism.ca

オタワのイベント

ウインタールード
Winterlude
FREE (1-844)878-8333
URL www.canada.ca/en/canadian-heritage/campaigns/winterlude.html
催 2/2〜19('24)
北米最大規模の冬のイベント。スケートリンクとなるリドー運河（→P.365）や、氷の彫刻などを楽しめる。

カナディアン・チューリップ・フェスティバル
Canadian Tulip Festival
(→P.372)

オタワ・ブルーフェスト
Ottawa Bluefest
TEL (613)247-1188
URL ottawabluesfest.ca
催 7/6〜16('23)
北米でも指折りのブルースの祭典であり、近年はヒップホップ、レゲエ、ロックなど幅広いジャンルのアーティストが出演。真夏のオタワを盛り上げる。

オタワへの行き方

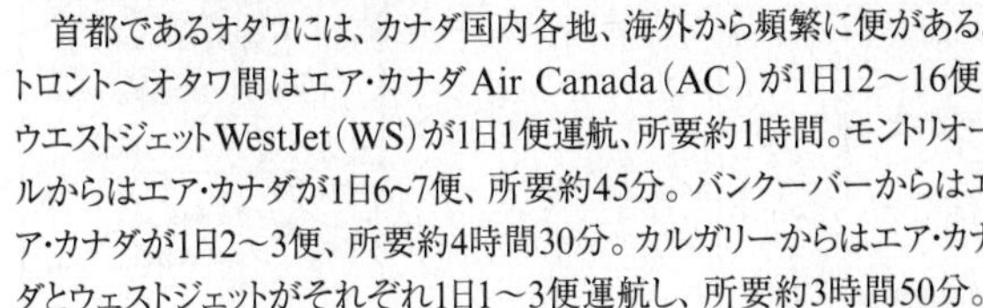

▶▶▶ 飛行機

首都であるオタワには、カナダ国内各地、海外から頻繁に便がある。トロント〜オタワ間はエア・カナダAir Canada（AC）が1日12〜16便、ウエストジェットWestJet（WS）が1日1便運航、所要約1時間。モントリオールからはエア・カナダが1日6〜7便、所要約45分。バンクーバーからはエア・カナダが1日2〜3便、所要約4時間30分。カルガリーからはエア・カナダとウェストジェットがそれぞれ1日1〜3便運航し、所要約3時間50分。

エア・カナダ（→P.542）

ウエストジェット（→P.542）

オタワ・マクドナルド・カルティエ国際空港（YOW）
MAP P.360-B1外
住 1000 Airport Pwy.
TEL (613)248-2125
URL yow.ca

空港から市内へ

オタワの空港、オタワ・マクドナルド・カルティエ国際空港Ottawa Macdonald-Cartier International Airportはダウンタウンの南約15kmにある。市内へは市バス、タクシーのどちらかを利用する。

市バス City Bus

到着階の13～16番乗り場から市バス#97が運行。専用路線を走り、ダウンタウンまでは#5、#6、#10などに乗り継ぎ所要約40分。またはバス停ハードマンHurdmanで下車し、連絡するO-トレインのハードマン駅Hurdmanから電車でもアクセスできる。

タクシー Taxi

タクシーはメーター制。オタワ・マクドナルド・カルティエ国際空港からダウンタウンまで$40前後、所要約20～30分。

市バス(→P.362)

#97(Transitway)

運月～金3:28～翌2:58
土3:10～翌2:20
日5:22～翌2:51
15～40分ごとに運行、所要約30分。

料片道　大人・ユース(13～19歳)$3.75、シニア$2.85、12歳以下無料

1階の券売機で購入するか、乗車時に現金払い。車内ではお釣りがもらえないので注意。

↑到着フロアにあるGround Transportation Desk

オタワ

O-トレイン路線
コンフェデレーション線 Confederation Line
地下区間

0　250　500m

▶▶▶ 長距離バス

メガバスMegaBusがトロントから1日5～8便運行しており、所要5時間～5時間45分。キングストンからは1日3～6便運行、所要約2時間。ケベック州のモントリオールからはオルレアン・エクスプレスOrléans Expressが毎日7:00～20:00の間、2～3時間に1便運行。所要2時間10分～2時間35分。

バスディーポから市内へ

グレイハウンドのカナダ撤退(→P.543)にともない、すべての長距離バスが発着していたオタワ・バス・セントラル・ステーションOttawa Bus Central Stationも閉鎖され、現在は会社によって発着場所が異なる。メガバスはO-トレインのコンフェデレーション線サン・ローラン駅St-Laurentに、オルレアン・エクスプレスは同線のひとつ手前の駅トランブレイ駅Tremblayに隣接するVIA鉄道駅に到着。両駅からダウンタウンまではO-トレイン1本でアクセスでき、所要約20分。

メガバス(→P.543)
トロントから
料 片道　1人$49.99～
キングストンから
料 片道　1人$39.99～

オルレアン・エクスプレス(→P.543)
モントリオールから
料 片道　大人$56.54～

おもなタクシー会社
Blue Line Taxi
TEL (613)238-1111
Capital Taxi
TEL (613)744-3333
初乗り料金は$3.8、以降1kmごとに$1.9ずつ上がる。

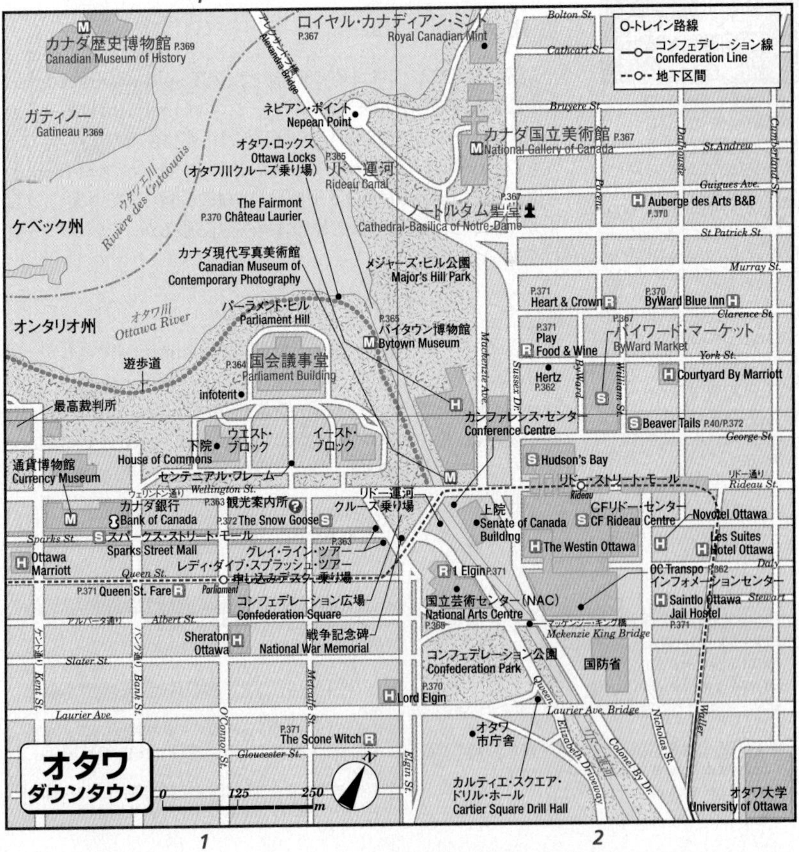

VIA鉄道(→P.545)

鉄道駅
MAP P.360-B2
住 200 Tremblay Rd.

OCトランスポ社
インフォメーションセンター
MAP P.361-B2
TEL (613)560-5000
URL www.octranspo.com
営 月〜金7:00〜21:00
土8:00〜21:00
日9:00〜17:00
休 無休
市バスとO-トレインの料金
料 シングルチケット
大人・ユース(13〜19歳)
$3.75、シニア$2.85、12歳以下$1.9
デイパス　1人$11.25
市バスの場合は乗車時に運転席横の運転箱に現金を投入する(お釣りは出ない)。O-トレインの場合は駅に設置された券売機(カード利用可)で支払いを行う。

↑赤いラインが入った市バス

オタワ〜ガティノー間の移動
オタワのダウンタウンからガティノーへ行くOCトランスポ社のバスは、カナダ歴史博物館(→P.369)前を通る#15などがある。ほかにはリドー通りRideau St.のデパート、ハドソンズ・ベイHadson's BayとCFリドー・センターCF Rideau Centreの間のターミナルなどからSTO社(→P.369欄外)のバスも利用できる。2社のバスは相互に、デイパスが使える。

ライド・シェアサービスについて
オタワではUber、Lyftを利用可(→P.288)。

▶▶▶ 鉄道

VIA鉄道のケベック・シティ〜ウインザー線(通称コリドーCorridor)がオンタリオ州とケベック州の各都市との間を結んでいる。モントリオールから1日3〜6便、所要約2時間、トロントから1日7〜8便、所要4時間20分〜4時間50分。キングストンから1日7〜8便運行、所要約2時間。

鉄道駅から市内へ

鉄道駅はダウンタウンの南東、ハイウエイ#47(Queensway)でリドー川Rideau Riverを渡った所。ダウンタウンまでは隣接するトランブレイ駅からO-トレインで約20分。

市内交通

OCトランスポ社OC Transpoが市バスとLRT(ライト・レール)方式のO-トレインO-Trainを運行している。90分以内(月〜土曜の18:00以降と日曜は105分以内)なら乗り換えもできる。運賃は1回乗車につき大人$3.75均一。

市バス City Bus

観光に便利な市バスはおもに3系統。ラピッドRapidは専用軌道を使って中心部と郊外を結ぶ快速バス。フリークエントFrequentは主要な通りを15分以下の間隔で運行し、O-トレインとも連絡する幹線バス。ローカルLocalはそれ以外のエリアを補完するバスで、コンフェデレーション線と連絡する路線は100以下の番号が振り分けられている。バスは前から乗車し、降りる際は窓枠のコードを引っ張るか、赤いボタンを押して知らせる。

O-トレイン O-Train

東部のブレア駅Blairから、国会前駅Parliamentやベイビュー駅Bayviewを経由して西部のタニーズ・パスチャー駅Tunney's Pastureへ至るLRTのコンフェデレーション線Confederation Line(Line 1)が主要路線。途中のトランブレイ駅はVIA鉄道駅と連結している。なお、ダウンタウンでは地下を走行する。

ユースフル・インフォメーション Useful Information

在カナダ日本国大使館(領事部)
Embassy of Japan in Canada
MAP P.360-A2　住 255 Sussex Dr.
TEL (613)241-8541
URL www.ca.emb-japan.go.jp
開 月〜金9:00〜12:15/13:30〜16:45　休 土・日、祝

警察
Ottawa Police Service　MAP P.360-B1
住 474 Elgin St.　TEL (613)236-1222

病院
The Ottawa Hospital　MAP P.360-B2外
住 501 Smyth Rd.　TEL (613)722-7000

おもなレンタカー会社
Avis
オタワ・マクドナルド・カルティエ国際空港内 TEL (613)739-3334
ダウンタウン MAP P.360-B1　TEL (613)232-2847
Hertz
オタワ・マクドナルド・カルティエ国際空港内 TEL (613)521-3332
ダウンタウン MAP P.361-A2　TEL (613)241-7681

オタワの歩き方

中心部はオタワ川Ottawa Riverに近いエリアで、オタワ川から南東に流れる**リドー運河**が街を区切り、リドー運河より西がダウンタウン、東が商業エリアのロウワー・タウン。ダウンタウンには、**国会議事堂**があるパーラメント・ヒルParliament Hillをはじめ銀行やホテルなどが集まっている。国会議事堂の南にはショッピングストリートのスパークス・ストリート・モールSparks Street Mallがあり、東端のコンフェデレーション広場Confederation Square周辺は市内ツアーの発着所となっている。広場の近くには、コンサートやオペラの公演がある国立芸術センター（NAC）National Arts Centreもある。

国会議事堂から観光案内所のあるウェリントン通りWellington St.を歩いて、リドー運河を渡ると左手に名門ホテル、「The Fairmont Château Laurier」（→P.370）が現れる。ここから通りの名前はリドー通りRideau St.になり、その先がショッピングモールのCFリドー・センターCF Rideau Centre。その北の**バイワード・マーケット**周辺には、レストランやショップなどが集まっている。さらに北に行くと、**カナダ国立美術館**や**ロイヤル・カナディアン・ミント**などがある。

カナダの首都だけあって、広いオタワの町。O-トレインや市バス、タクシーをうまく利用しよう。

↑みやげ物店やレストランが並ぶスパークス・ストリート・モール

?観光案内所

Capital Information Kiosk
MAP P.361-B1
住 90 Wellington St.
TEL (613)236-0044
URL www.ottawatourism.ca
開 毎日9:00～17:00
休 無休

↑観光案内所前には義足のマラソンランナー、テリー・フォックスの像が立つ

↑コンフェデレーション広場にある戦争記念碑

現地発のツアー

2階建てバスや船で市内観光ができる。出発はスパークス・ストリート・モールの入口にある各ツアー会社の申し込みデスク付近（MAP P.361-B1）から。申し込みは電話かウェブサイトでもできる。

グレイ・ライン・ツアー Gray Line Tour

主要な見どころをダブルデッカー（2階建て）バスで回るOne Day Pass: Hop-On and Hop-Offが人気。日本語の音声ガイドを聞きながら、観光スポットやホテルなどを回る。チケットを購入すれば1日乗り放題。12の停留所があり、好きな場所で降車できる。

DATA
グレイ・ライン・ツアー
TEL (613)223-6211/(613)562-9090
URL grayline-ottawa.com
One Day Pass: Hop-On and Hop-Off
催 5～10月　毎日10:00～16:00（時期により変動あり）30分～1時間ごとに出発。
料 大人$39.79、シニア・学生$36.79、子供（3～12歳）$26.79

レディ・ダイブ・スプラッシュ・ツアー Lady Dive Splash Tour

バスとボートが合体したような水陸両用の不思議な乗り物で、市内を回るのがAmphibus Tourだ。バスでオタワとガティノー両方の市内観光を終えたあとは、オタワ川に飛び込んで遊覧する。所要約1時間。車内アナウンスは英語とフランス語のみ。

DATA
レディ・ダイブ・スプラッシュ・ツアー
TEL (613)223-6211/(613)524-2221
URL ladydive.com
Amphibus Tour
催 5月～9月上旬　毎日10:00～19:10
9月上旬～10月 毎日10:00～17:00
25分～1時間30分ごとに出発。
料 大人$39.79、シニア・学生（13～17歳）$36.79、子供（3～12歳）$26.79、2歳以下$15.5

おもな見どころ

リドー運河西(ダウンタウン)

国会議事堂

MAP P.361-A1～B1

Parliament Building

★★★

ネオ・ゴシック様式が荘厳な国会議事堂はオタワ川沿いの緑の丘、パーラメント・ヒルに立つ。1857年イギリスのビクトリア女王の命でカナダ初の議事堂として1859～66年に建造。センター、イースト、ウエストの3つのブロックのうち、センターは1916年の火事で焼けた後、1922年に再建された。そのセンター・ブロック中央にそびえるピース・タワーPeace Towerは一般見学可。タワー内にあるカリヨンは全部で53個。小さいもので4.5kg、大きなものだと1万90kg。エレベーターで乗降する途中に見られるので注意してみよう。カリヨンは、7～8月の月～金曜の11:00から1時間、9～6月は月～金曜の正午から15分間演奏される。

↑天井にも美しい飾りが見られる

センター・ブロックとピース・タワーは、大規模な改修工事のため2018年より閉鎖中。工期は約10年の見込みで、期間中は一般見学ツアーも中止されている。イースト・ブロック、国会議事堂の1ブロック先にある上院Senate of Canada Building、ウエスト・ブロックの下院House of Commonsではそれぞれガイドツアーが行われているのでそちらに立ち寄ってみよう。見学前にセキュリティ検査があるため、携行する荷物は事前に整理しておくといい。

内部見学が終わったら、オタワ川周辺の眺めがいいパーラメント・ヒルを散策しよう。女性の議会初進出のエピソードをモチーフにした『Women's are Persons!』の彫刻や1916年の火事で焼け残ったカリヨンなども置かれている。議事堂正面の広場で行われる衛兵交替式Changing of the Guardsや、夏季(7月中旬～9月中旬)の夜限定で行われるカナダの歴史をテーマにした光と音のページェント、サウンド・アンド・ライト・ショーSound and Light Showも見逃せない。

←息を飲む美しさの国会図書館

国会議事堂

住111 Wellington St.

TEL(613)992-4793

FREE(1-866)599-4999

URL visit.parl.ca

上院ガイドツアー

催毎日8:40～16:45(英語)
※議会会期中は休止されることもある。

休無休

料無料

当日券は先着順だが予約を推奨。ツアー開始の25分前までに到着し、セキュリティチェックを受けること。手荷物はひとり1個(35.5×30.5×19cm以内)まで持ち込み可能。

衛兵交替式

催6/28～8/25
毎日10:00～10:30
(悪天候の場合は中止)

↑中央には、1966年にカナダ連邦樹立100年を記念して点火されたセンテニアルフレームが燃え続けている

カナダ国立自然博物館

MAP P.360-B1

Canadian Museum of Nature

★★★

1400万種以上の動植物などのコレクションを収蔵・展示している博物館。4階建ての建物に、テーマの異なる8つのギャラリーがあり、常設展示や7億5000万年前の恐竜の骨などを展示している化石ギャラリーがある。

↑体長19mのシロナガスクジラの骨格標本

カナダ国立自然博物館

住240 McLeod St.
TEL(613)566-4700
FREE(1-800)263-4433
URL www.nature.ca
開5/29～9/4
木9:30～20:00
金～水9:30～17:00
9/5～5/28
水・金～月9:30～16:00
木9:30～20:00
休9/5～5/28の火
料大人$17.5、シニア・学生$15.5、子供(3～12歳)$13.5
(木曜の17:00～は無料)
交市バス#5でエルギン通りElgin St.とマクロード通りMcLeod St.の交差点下車、徒歩1分。

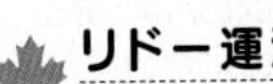

リドー運河

MAP P.360-A1～B1･2/P.361-A1～B2

Rideau Canal

★★★

市内中心を流れる全長202kmの運河。オタワ・ロックスOttawa Locksと呼ばれる24の水門があり、水門を開閉しながら川の高低差を調節して、船を進ませるシステムになっている。もともとは英米戦争後、アメリカの侵攻を恐れ、防衛のために造られたもの。この重要な運河造りを任されたのは、ペニンシュラ戦争での軍功とエンジニアの経験を高く評価されたジョン・バイ海軍中佐Lt.Col. John By。バイ中佐は綿密に川を測量し、6年にわたり2000人の作業員を動員して完成させた。彼の功績をたたえてこの町はバイタウンと命名された。当時の作業場は現在バイタウン博物館Bytown Museumとなっており、運河とオタワの歴史についての展示がある。博物館の前にあるのが最初に造られた水門。完成した運河はその後、オンタリオ湖畔のキングストンとを結ぶ軍事物資の輸送などにも使われていた。2007年ユネスコの世界文化遺産に登録。

↑水門を開け、水位を調整して船を進めるリドー運河

リドー運河

バイタウン博物館
MAP P.361-A1
TEL(613)234-4570
URL bytownmuseum.com
開水～日10:00～16:00
(時期により変動あり)
休月・火
料大人$8、シニア・学生$5、子供(3～11歳)$2

COLUMN

オタワのエンターテインメント

カナダの首都であるオタワでは、1年を通してさまざまなエンターテインメント・プログラムが上演されている。特に有名なのは、国立芸術センター(NAC)National Arts Centreを本拠地とする国立芸術センター交響楽団National Arts Centre Orchestra。国立芸術センターではほかにも、オペラやミュージカル、ロックやポップスのコンサート、ダンスミュージックなどが頻繁に行われている。

また、オタワはNHL(アイスホッケー)加盟のオタワ・セネターズOttawa Senatorsの本拠地。NHLのシーズンは10～4月のレギュラーシーズンと、6月下旬までのプレイオフ。シーズン中、ホームのカナディアン・タイヤ・センターCanadian Tire Centreで観戦できる。

チケットは、各会場のホームページから予約・購入できるほか、国立芸術センターではボックスオフィスで直接購入することも可能。

DATA

国立芸術センター(NAC)
MAP P.361-B2
住1 Elgin St.
TEL(613)947-7000
URL nac-cna.ca
ボックスオフィス
開火～金12:00～17:00、土14:30～17:00
休日・月
コンサートホールと劇場からなる、オタワ最大の劇場。館内にはレストラン「1 Elgin(→P.371)」がある。

カナディアン・タイヤ・センター
MAP P.360-B1外
住1000 Palladium Dr.　TEL(613)599-0100
URL www.canadiantirecentre.com

COLUMN

オタワとキングストンを結ぶリドー歴史街道

リドー歴史街道Rideau Heritage Routeとは全長約202kmのリドー運河沿いに走る人気のドライブルートで、オタワとキングストンを繋いでいる。ルート沿いには湖や水門のある歴史的な古都があり、ドライブ中、のどかな農村風景が楽しめる。

回り方

キングストンを出発しオタワへ行く回り方は、まずハイウエイ#401を東へ約34km進み、ガナノクェへ向かう。ガナノクェはサウザンド・アイランズへの出発点となるリゾート地で、クルーズやフィッシングが楽しめる(フィッシングにはライセンスの購入が必要)。海沿いのウオーター通りWater St.にはレストランや観光客向けのショップが並んでおり、サウザンド・アイランズの歴史が学べるその名もサウザンド・アイランド歴史博物館1000 Islands History Museumもあるのでチェックしたい。ガナノクェの次は、ハイウエイ#32、#15を約75km北上してリドー運河の中間地点の町、スミス・フォールズSmiths Fallsへ。比較的大きな町で、メインストリートはベックウィズ通りBeckwith St.。リドー運河の歴史を解説したリドー運河ビジターセンターRideau Canal Visitor Centreもこの通り沿い。町にはコンバインド水門Combined Lock、デタッチト水門Detached Lock、オールド・スライ水門の3つの水門がある。コンバインド水門とデタッチト水門の間はビクトリア公園Victoria Parkとなっており、運河沿いの人気散策スポットだ。スミス・フォールズからハイウエイ#43を約18km進むと、「リドーの宝石」と呼ばれる古都、メリックビルMerricvilleに着く。ビクトリア時代の建築物が連なっており、メインストリートであるセント・ローレンス通りSt-Laurence St.とミル通りMill St.の交差点には水門がある。水門の周囲に広がるメリックビル公園Merrickville Parkでは、ブロックハウス博物館Blockhouse Museumという、かつてリドー運河の防衛のために建てられた砦が見られる。メリックビルからハイウエイ#43を行き、#416を北へ。さらに#417を東へ走ればオタワへ到着する。

途中の町で観光しても、1日あれば十分。なお、キングストン～オタワ間はメガバスのバスが走っているが、3つの町には停車しないので、レンタカーの利用がおすすめ。

DATA

リドー歴史街道
MAP P.272-B3

ガナノクェ
URL www.gananoque.ca
サウザンド・アイランド歴史博物館
住 125 Water St.
TEL (613)382-2535
URL www.1000islandshistorymuseum.com
開 5～9月　毎日10:00～16:00
10～4月　火～土10:00～16:00
(時期により変動あり)
休 10～4月の日・月
料 寄付程度

スミス・フォールズ
URL www.smithsfalls.ca
リドー運河ビジターセンター
住 34 Beckwith St.
TEL (613)283-5170
開 月～金8:30～16:00
(時期により変動あり)
休 土・日
料 寄付程度

メリックビル
URL merrickvillechamber.ca/merrickville
ブロックハウス博物館
TEL (613)269-4034
開 6/27～8/18　毎日10:00～18:00
8/19～9/8　木～日10:00～18:00
休 8/19～9/8の月～水、9/9～6/26
料 寄付程度

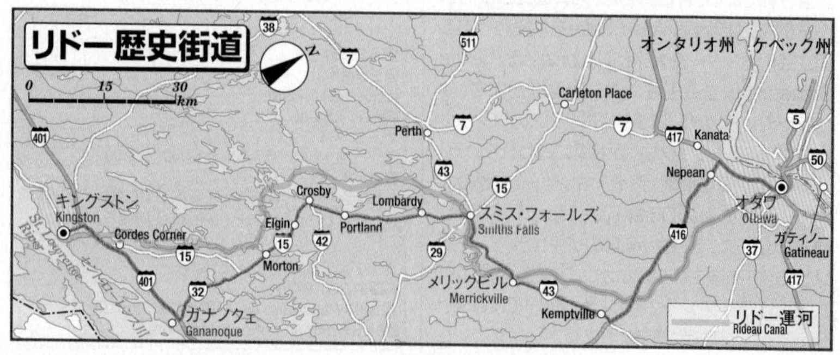

リドー運河東（ロウワー・タウン）

バイワード・マーケット
ByWard Market

MAP P.361-A2～B2

★★★

かつてオタワがバイタウンと呼ばれていた1840年代から、市民の台所として親しまれてきたマーケット。れんが造りの建物内には肉、魚、チーズ、パンなどの専門店、テイクアウトも可能な中華、モロッコ料理、ピザ、フィッシュ&チップスの店が並び、クラフトショップもある。店舗の周囲にはメープルシロップの店もある。周辺はバーやパブが数多く建ち並ぶ、にぎやかなナイトスポット。

↑地元の味を堪能しよう

カナダ国立美術館
National Gallery of Canada

MAP P.361-A2

★★★

1880年、ロイヤル・カナディアン・アカデミーRoyal Canadian Academyがオタワのクラレドン・ホテルClaredon Hotelに作品を展示したことから始まった美術館。コレクションは、ネイティブ・アートから、中世ヨーロッパ、19～20世紀の現代アートまで幅広い。注目は、19世紀にひと時代を築いた画家グループ、「グループ・オブ・セブンThe Group of Seven（→P.298）」の風景画や、先住民イヌイットの彫刻や工芸品。ヨーロッパ絵画のコレクションも秀逸で、中世ヨーロッパの宗教画や、エル・グレコ、レンブラント、ゴッホ、マティス、セザンヌ、ピサロ、モネ、ルノアール、クリムトなどの名作揃い。モダンアートのギャラリーには、モンドリアンやキュビズム時代のピカソ、ジャコメッティの彫刻などがある。

ノートルダム聖堂
Cathedral-Basilica of Notre-Dame

MAP P.361-A2

★★★

現存するオタワ最古の教会。1941～85年の間に建設された。ステンドグラスが美しい聖堂内には、数百体の聖人の像が祭壇を取り囲む。開館時は無料で入場でき、自由に見学できる。

←青い天井と黄金の祭壇が美しい聖堂内

ロイヤル・カナディアン・ミント
Royal Canadian Mint

MAP P.361-A2

★★★

1908年に設立され、現在はカナダ連邦発行の記念コインや通貨を製造している。ガイドツアーでは、コインができるまでの過程とコインの展示を見学できる（所要約45分）。この造幣局は99.999%と純度が高い金を使うことで知られている。また、2010年にバンクーバーで開催された冬季オリンピックで授与されたメダルもここで製造されたもの。

バイワード・マーケット
住55 ByWard Market Sq.
TEL(613)562-3325
URL www.byward-market.com
営休店舗によって異なる

カナダ国立美術館
住380 Sussex Dr.
TEL(613)990-1985
URL www.gallery.ca
開5月～9月上旬
木10:00～20:00
金～水10:00～17:00
9月上旬～4月
火・水・金～日10:00～17:00
木10:00～20:00
休9月上旬～4月の月
料大人$20、シニア$18、学生$10、11歳以下無料（木曜の17:00～は常設展のみ無料）

↑ガラス張りのモダンな建物

ノートルダム聖堂
住385 Sussex Dr.
TEL(613)241-7496
URL www.notredameottawa.com
開月・火9:00～17:00
水～金・日9:00～20:00
土8:00～20:00
（時期により変動あり）
休無休
料無料

↑石の壁と銀の屋根が美しい

ロイヤル・カナディアン・ミント
住320 Sussex Dr.
TEL(613)993-0949
FREE(1-800)267-1871
URL www.mint.ca
ガイドツアー
催夏季 毎日10:15～16:00
冬季 火～日10:15～16:00
料大人$12、シニア$10、子供（5～17歳）$8

↑メープルリーフ金貨が製造される

郊外

カナダ戦争博物館

MAP P.360-A1

Canadian War Museum

★★★

英仏による植民地抗争から現代にいたるまで、カナダが関わった戦争の歴史をたどる博物館。常設展は兵器や遺品、写真など多岐にわたる史料から、戦争で人間が何を経験したのかを年代順に検証していく構成。なかでも第2次世界大戦のパートは、日本軍に関する史料もあり興味深い。戦闘機が並べられたル・ブレトンギャラリーもある。じっくり見るなら2時間程度。

↑ヒトラーのパレード用リムジンが展示されている

リドー・ホール(総督公邸)

MAP P.360-A2

Rideau Hall

★★★

↑緑豊かな庭園の中に立つ

1867年の建国以来、カナダの総督（ガバナー・ジェネラルGovernor General）が住居としているビクトリア様式の公邸。総督は、イギリスの国王チャールズ3世の代理を果たす人物。内部のガイドツアー(所要約45分)は、左記以外の期間でも予約制で行われている。また、ガーデンツアーや衛兵交替式、夜の映画上映、スケートリンクなどさまざまな季節のイベントを開催している。

ローリエ・ハウス

MAP P.360-B2

Laurier House National Historic Site

★★★

第7代首相ウィルフリッド・ローリエWilfrid Laurierのもと邸宅。その後任として自由党党首となった第8代首相ウィリアム・リヨン・マッケンジー・キングWilliam Lyon Mackenzie Kingが、ローリエ卿とその妻の死後この家を受け継いで暮らしていた。豪華な調度品に囲まれた邸内には、談話室やローリエ卿の寝室、2000冊以上の書物を備えるマッケンジー・キング氏の書斎などがあり、一般に公開されている。

カナダ航空&宇宙博物館

MAP P.360-A2外

Canada Aviation & Space Museum

★★★

空軍跡地に建てられた巨大なビルに、約120もの航空機や戦闘機、ヘリコプターをはじめ、エンジン、プロペラなどが展示されている。

航空機の安全を考えるコーナーやフライトシミュレーターの映像を再現したシアターもある。飛行機の秘蔵コレクションを格納した別館はガイドツアーReserve Hangar Guided Tours(催毎日10:00、13:00。※2023年6月現在、休止中)でのみ見学可能。

←さまざまな航空機を展示している

カナダ戦争博物館

住 1 Vimy Place
TEL (819)776-7000
FREE (1-800)555-5621
URL www.warmuseum.ca
開 7/3～9/3
木9:00～19:00
金～水9:00～17:00
9/4～10/8
火・水・金～日9:00～17:00
木9:00～19:00
10/9～7/2
火・水・金～日9:00～16:00
木9:00～19:00
休 9/4～7/2の月
料 大人$20、シニア$18、学生$15、子供(2～12歳)$13(木曜の17:00～は入館無料、要予約)
交 O-トレインのピミシ駅Pimisiから徒歩8分。

リドー・ホール

住 1 Sussex Dr.
TEL (613)991-4422
URL www.gg.ca
開 毎日8:00～日没の1時間前
ガイドツアー
催 5/1～7/3
土・日10:00～16:00
7/4～9/1
毎日10:00～14:30
9/2～10/27
土・日12:00～16:30
料 無料
交 市バス#9でCrichton/Union下車、徒歩5分。

ローリエ・ハウス

住 335 Laurier Ave. E.
TEL (613)992-8142
URL parks.canada.ca/lhn-nhs/on/laurier
開 5/4～6/30
木～月10:00～17:00
7/1～9/4
毎日10:00～17:00
休 5/4～6/30の火・水、9/5～5/3
料 大人$4.25、シニア$3.75、17歳以下無料
交 市バス#19でLaurier E/Chapel下車、徒歩すぐ。

カナダ航空&宇宙博物館

住 11 Aviation Pwy.
TEL (613)991-3034
URL ingeniumcanada.org/aviation
開 木～月9:00～17:00
休 火・水
料 大人$16.25、シニア・学生$14、子供(3～17歳)$11
交 ダウンタウンからタクシーで約15分。

エクスカーション

ガティノー

MAP P.272-B3/P.360-A1/P.361-A1

Gatineau

★★★

アレクサンドラ橋を渡ってガティノーへ

アレクサンドラ橋Alexandra Bridgeを越えた対岸にあるガティノーは、かつてハルHullと呼ばれたケベック州の西端にある町。19世紀初頭、オタワ川Ottawa River（ケベック州ではウタウエ川Rivière des Outaouaisと呼ばれている）とガティノー川Rivière Gatineauが合流する場所に発展し、林業と製材業で栄えた。オタワ川に面して広がるジャック・カルティエ公園Parc Jacques-Cartierや町の西に広がるガティノー公園Parc de la Gatineauなど公園が多く、オタワとともに首都としての機能も担う町ながらも、のんびりとした雰囲気が漂っている。

メイン・ストリートはカナダ歴史博物館のあるローリエ通りRue Laurier。レストランやホテルが並び、見どころの多い場所だ。ジャック・カルティエ公園からは、オタワ川クルーズも出ている。郊外にある大型カジノリゾート、カジノ・デュ・ラック・レイミー Casino du Lac-Leamyへはダウンタウンから車で10～15分。

カナダ歴史博物館

MAP P.360-A1/P.361-A1

Canadian Museum of History

★★★

2万5000m²もの広大な敷地に立つユニークな形をした建物は、北米大陸の形成をイメージしたもの。1階のグランドホールには、カナダ西海岸に住んでいた先住民6部族のトーテムポールや住居、カヌーを展示。3000種を超えるカナダの切手コレクションの展示もある。2階にはその時期の特別エキシビション、世界の国々の文化が楽しめる子供博物館やシアターがある。3階のカナダ歴史ホールは建国150周年の2017年7月1日にリニューアルオープン。屋外のプラザからは、オタワ川を一望できる。彫刻が置かれたカナダ・ガーデンや日本の石庭もあり、散策にも最適。

ホールに並ぶトーテムポールは圧巻

大陸形成をイメージした建築

ガティノー

交 オタワからアレクサンドラ橋を渡り、徒歩で行ける。市バスなら#15などがある。またはSTO社の市バス#31、#33、#67などを利用。

STO社

TEL (819)770-3242
URL m.sto.ca

ガティノー側の市バスを運行。料金は$4.1。OCトランスポ社の市バスからのトランスファー・チケットで乗り継ぎできる。

ガティノーの観光案内所

Outaouais Tourism

MAP P.360-A1
住 103 Laurier St.
TEL (819)778-2222
FREE (1-888)265-7822
URL www.tourismeoutaouais.com
開 月～金8:30～18:00
土・日9:00～19:00
（冬季は時間短縮あり）
休 無休

カジノ・デュ・ラック・レイミー

MAP P.360-A1外
住 1 Blvd. du Casino
TEL (819)772-2100
FREE (1-800)665-2274
URL casinos.lotoquebec.com
営 日～木9:00～翌3:00
金・土9:00～翌5:00
料 入場無料
※18歳未満は入場不可。
交 オタワにも乗り入れているSTO社のバス#400でStation Casino下車、徒歩約3分。オタワのバス停はリドー通りのデパート、CF Rideau Centre（MAP P.361-B2）の前などにある。

カナダ歴史博物館

住 100 Laurier St. Gatineau
TEL (819)776-7000
FREE (1-800)555-5621
URL www.historymuseum.ca
開 7/3～9/3
金～水9:00～17:00
木9:00～19:00
9/4～10/8
火・水・金～日9:00～17:00
木9:00～19:00
10/9～7/2
火・水・金～日9:00～16:00
木9:00～19:00
休 9/4～7/2の月
料 大人$22、シニア$20、学生$17、子供（2～12歳）$15
（木曜の17:00～は入館無料）

オタワのホテル
Hotels in Ottawa

The Fairmont Château Laurier
フェアモント・シャトー・ローリエ

1912年創業の豪華ホテル。フランスの古城を思わせる建物は、オタワのランドマーク。エレガントでゆったりとした室内はアメニティも充実。館内にはプールなどがある。

MAP P.361-A2～B2
住 1 Rideau St.
TEL (613)241-1414
FREE (1-866)540-4410
URL www.fairmont.com/laurier-ottawa
料 Ⓢ Ⓓ $339～ Tax別
CC A D J M V 室 426室

The Business Inn & Suites
ビジネス・イン＆スイート

各部屋にキッチンを備えたアパートメント型。リビング付き、2ベッドルームなど客室は7タイプ。フィットネスセンターとランドリーサービスは24時間利用可能。

MAP P.360-B1
住 180 MacLaren St.
TEL (613)232-1121
FREE (1-844)997-1777
URL thebusinessinn.com
料 Ⓢ Ⓓ $130～ Tax別 朝食付き
CC A D M V 室 160室

Hyatt Place Ottawa-West
ハイアット・プレイス・オタワ-ウエスト

ダウンタウンの西にある4つ星ホテル。サステナブルがテーマで、ソーラーパネルによる発電やエコ製品の使用など細部にまでこだわりが。客室も広々しており、駐車場も完備（無料）。ダウンタウンからは車で20分ほど。

MAP P.360-B1外
住 300 Moodie Dr.
TEL (613)702-9800
URL www.hyatt.com
料 Ⓢ Ⓓ $200～ Tax別
CC A D M V 室 140室

Days Inn by Wyndham Ottawa
デイズ・イン・バイ・ウィンダム・オタワ

リドー通り沿いにある中規模ホテル。建物は古いが、客室はモダン。間取りはゆったりめで、多くの部屋にソファが備わっている。周辺には24時間営業のスーパーもあって便利。

MAP P.360-A2
住 319 Rideau St.
TEL (613)789-5555
FREE (1-800)329-7466
URL www.wyndhamhotels.com
料 Ⓢ Ⓓ $122～ Tax別
CC A D M V 室 74室

Lord Elgin Hotel
ロード・エルギン

1941年創業の老舗ホテル。風格を感じさせる雰囲気だが、スタッフはフレンドリー。客室は暖色で統一された優雅な空間だ。1階にはカフェのスターバックスコーヒーも入っている。

MAP P.361-B1
住 100 Elgin St.
TEL (613)235-3333
FREE (1-800)267-4298
URL lordelginhotel.ca
料 Ⓢ Ⓓ $197～ Tax別
CC A M V 室 355室

Auberge des Arts B&B
オーベルジュ・デ・ザール B&B

カナダ国立美術館から徒歩5分。バイワード・マーケットに近く立地がいい。クレープやオムレツ、フレンチトーストなど数種から選べる朝食が好評。バスディーポ、鉄道駅、空港からの送迎は応相談。

MAP P.361-A2
住 104 Guigues Ave.
TEL (613)562-0909
FREE (1-877)750-3400
URL www.aubergedesarts.com
料 バス付き Ⓢ $100～ Ⓓ $120～
バス共同 Ⓢ $70～ Ⓓ $90～
Tax込み 朝食付き CC A M V 室 3室

ByWard Blue Inn
バイワード・ブルー・イン

バイワード・マーケットの近く、閑静な住宅街にあるホテル。全46室のうち約半数はバルコニーが付く。コーヒーが自由に飲めるのでバルコニーから景色を楽しみゆっくりと過ごすことができる。

MAP P.361-A2
住 157 Clarence St.
TEL (613)241-2695
URL www.bywardblueinn.ca
料 HIGH Ⓢ Ⓓ $181～
LOW Ⓢ Ⓓ $141～
Tax込み 朝食付き
CC A M V 室 46室

Downtown B&B
ダウンタウン B&B

カナダ国立自然博物館の目の前。夫婦で営むB&B。奥さんはエステティシャンでもあり、マッサージも受けられる（所要約1時間、$105～）。3泊以上の滞在で割引あり。

MAP P.360-B1
住 263 McLeod St.
TEL (613)563-4399
URL www.downtownbb.com
料 Ⓢ Ⓓ $135～175 Tax別 朝食付き
CC M V 室 3室

バスタブ　テレビ　ドライヤー　ミニバーおよび冷蔵庫　セーフティボックス　Wi-Fi
一部客室　一部客室　貸し出し　一部客室　フロントにあり

Auberge King Edward B&B
オーベルジュ・キング・エドワード B&B

手入れの行き届いた庭が自慢のB&B。オタワ市の文化遺産に指定される建物を利用し、部屋はアンティーク家具で揃えられている。ベッドはクイーンサイズ。バルコニー付きの部屋もある。

MAP P.360-B2
住 525 King Edward Ave.
TEL (613)565-6700
URL www.kingedwardottawa.com
料 ⓈⒹ$125～155 Tax別 朝食付き 予約は2泊～
CC M V 室 3室

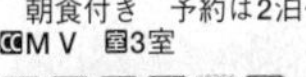

Saintlo Ottawa Jail Hostel
セイントロ・オタワ・ジェイル・ホステル

1862年に建てられ刑務所だった建物を利用しており、2023年春に再オープン。ドミトリーの客室は各4～8人収容可能。キッチンなどの施設も充実。

MAP P.361-B2
住 75 Nicholas St.
TEL (613)235-2595
FREE (1-866)299-1478
URL saintlo.ca/en/hostels/ottawa-jail
料 ドミトリー$32～ ⓈⒹ$80～ Tax別 朝食付き
CC A M V 室 30室、120ベッド

オタワのレストラン
Restaurants in Ottawa

1 Elgin
1 エルギン

国立芸術センター（NAC）（→P.365）内にある。アトランティック・サーモンやアルバータ牛などカナダの食材をふんだんに使い、各国料理の要素も取り入れたカナダ料理が味わえる。メイン料理は$28～45。

MAP P.361-B2
住 1 Elgin St. (National Arts Centre)
TEL (613)594-5127
URL nac-cna.ca/en/1elgin
営 火～日11:30～22:00
休 月
予 ランチ$25～、ディナー$40～
CC A M V

The Scone Witch
スコーン・ウィッチ

焼きたてのスコーンにハムやチーズ、サーモンなどをサンドしたスコーンウィッチ$8.99～が評判の店。ジャムやクリームを添えた甘いスコーンと紅茶でアフタヌーンティーを楽しむのもいい。テイクアウトも可能。

MAP P.361-B1
住 150 Elgin St.
TEL (613)232-2173
URL sconewitch.ca
営 水～日8:00～16:00
休 月・火
予 $10～
CC A M V

Queen St. Fare
クイーン・ストリート・フェア

ダウンタウンの中心部に2019年にオープン。ハンバーガーやメキシカン、イタリアンなど7店舗が入ったフードコートで、スタイリッシュな店内で有名店の味を気軽に味わえる。店舗によっては夜まで営業して、イベントも開催。

MAP P.361-B1
住 170 Queen St.
TEL (613)782-3885
URL queenstfare.ca
営 店舗により異なる
休 店舗により異なる
予 $12～
CC M V

Colonnade Pizza
コロネイド・ピッツァ

ファミレス風の人気ピザハウス。種類豊富なピザはどれもチーズがたっぷりで、こんがりと香ばしい。大きさは4種類で、Personal（Sサイズ）$9.95～。テイクアウトも好評。

MAP P.360-B1
住 280 Metcalfe St.
TEL (613)237-3179
URL www.colonnadepizza.com
営 毎日11:00～21:00
休 無休
予 $12～
CC A M V

Play Food & Wine
プレイ・フード＆ワイン

ワインと一緒にモダンな創作料理が味わえる店。ディナー$45は前菜やメインから好きなふた皿を選ぶプリフィクス。料理は地元の農場から直送される食材を使用。シーフードから肉料理までさまざまに揃っている。

MAP P.361-A2
住 1 York St.
TEL (613)667-9207
URL playfood.ca
営 日～火17:00～21:00
水11:30～14:00/17:00～21:00
木～土11:30～14:00/17:00～22:00 休 無休
予 ランチ$30～、ディナー$45～
CC A M V

Heart & Crown
ハート＆クラウン

バイワード・マーケットの近くにあるパブ。店内には5つのバーがあり、オススメはアイルランド生まれのアイリッシュ・スパイスバッグ$21、ハンバーガー$23～など。夏季は毎晩生演奏があり盛り上がる（毎晩21:00～翌1:00頃）。

MAP P.361-A2
住 67 Clarence St.
TEL (613)562-0674
URL www.heartandcrown.pub
営 毎日11:00～翌2:00
休 無休
CC M V

オタワのショッピング
Shops in Ottawa

The Snow Goose
スノー・グース

カナダの先住民族のアートや工芸品を扱って50年以上。イヌイットの彫刻やインディアンの木工・皮革製品など、その品揃えの確かさには定評がある。鹿皮のモカシンシューズ、ハイダ族のシンボルをモチーフにしたアクセサリーもある。

MAP P.361-B1
住 83 Sparks St. Mall
TEL (613)232-2213
FREE (1-866)348-4004
URL www.snowgoose.ca
営 火〜土10:00〜16:00
休 日・月
CC A M V

Beaver Tails
ビーバー・テイルズ

ビーバーのしっぽに似たペストリー、ビーバー・テイルズの創業店。いつも行列の絶えないオタワの名物スイーツとなっている。定番のアップル＆シナモンは$7.5。ほか、バナナチョコレートやメープルバターなど10種類ほど揃う。ドリンクセットやホットドッグも。

MAP P.361-B2
住 69 George St.
TEL (613)241-1230
URL beavertails.com
営 日〜木11:00〜23:00
金・土11:00〜24:00
休 無休　CC M V

COLUMN

チューリップ・フェスティバル

オタワでは毎年春、町中がチューリップの花で埋め尽くされるカナディアン・チューリップ・フェスティバルが開かれる。オタワでチューリップ・フェスティバルが開かれるようになったのは、オランダとの結びつきに由来している。第2次世界大戦中、ナチスドイツに占領された祖国から逃れたオランダの王室一家を保護したのが、カナダであり、その後一家が滞在したのがオタワだった。ユリアナ王女（在位1948〜80年）はオタワ滞在中に妊娠し、出産することになる。ここで問題になったのが、「王室を継ぐ者はオランダ生まれでなければならない」というオランダの法律。カナダ政府は、ユリアナ王女が入院していたオタワ市民病院の婦人科病棟をオランダ領にするという前代未聞の超法規的措置をとった。このとき生まれた子供こそ前女王ベアトリクスの妹であるマルフリート王女だ。大戦後、祖国に戻ったオランダ王室からは感謝の意として、毎年1万株ものチューリップの球根が贈られるようになり、今のチューリップ・フェスティバルへと発展した。このフェスティバルは街を彩るイベントであると同時にオランダとの親交の証でもあるのだ。

イベントのメイン会場は、ダウズ湖Daws Lake（MAP P.360-B1）の周辺。期間中、多彩なコンサート、カナダの著名写真家や画家のワークショップ、夜の花火や飲食店の出店などさまざまなイベントが楽しめる。多くのチューリップが植えられていて見応えがあるのは、「The Fairmont Château Laurier（→P. 370）」裏のメジャーズ・ヒル公園Major's Hill Park、国会議事堂周辺、コンフェデレーションズ広場、リドー運河沿いなど。

DATA
カナディアン・チューリップ・フェスティバル
FREE (1-800)668-8547　URL www.tulipfestival.ca
催 5/10〜20('24)　料 入場無料（各パビリオンは有料）

↑国会議事堂にもチューリップの花が咲く

森と湖沼に囲まれたリゾートエリア

マスコーカ地方 Muskoka Region

アルゴンキン州立公園の西側からジョージア湾にかけて約3839km²の面積を誇る自然豊かなリゾートエリア。大小1600もの湖沼が点在し、さまざまなアウトドア・アクティビティが楽しめる。2010年6月に開催された先進国首脳会議（G8）の会場にもなった。

マスコーカ地方基本DATA
MAP P.272-B3

拠点となる町：トロント
歴史的見どころ：★★
自然の見どころ：★★★

マスコーカ地方情報のサイト
URL www.discovermuskoka.ca

マスコーカ地方の回り方

美しい湖を眺めながらドライブできるこのルートのおもな見どころは、マスコーカ湖Lake Muskoka周辺とハイウエイ#11、#60沿いにある町。拠点となるトロントから長距離バスと鉄道がおもな町を通るが、湖を回るにはレンタカーがベストだ。

⬆湖にはいくつもの船着き場がある

マスコーカ地方の玄関口、グレイブンハーストから西へマスコーカ湖沿いにハイウエイ#169を進むとバラの町。さらに北上し、ハイウエイ#118を東へ湖を一周するように走ろう。ブレイスブリッジの東側からハイウエイ#11に入り、北に向かえばハンツビルだ。ハンツビルからアルゴンキン州立公園（→P.376）へは、ハイウエイ#60を東へ進む。

⬆アルゴンキン州立公園の手前にあるラグド滝

ドライブチャート

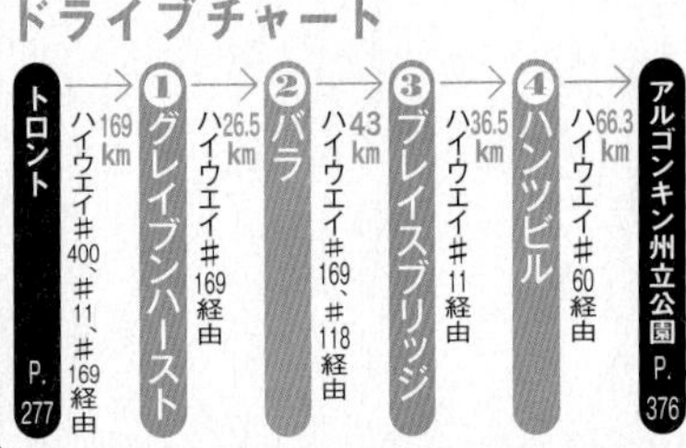

トロント（P.277）
→ 169km ハイウエイ#400、#11、#169経由
→ ①グレイブンハースト
→ 26.5km ハイウエイ#169経由
→ ②バラ
→ 43km ハイウエイ#169、#118経由
→ ③ブレイスブリッジ
→ 36.5km ハイウエイ#11経由
→ ④ハンツビル
→ 66.3km ハイウエイ#60経由
→ アルゴンキン州立公園（P.376）

その他の交通情報

長距離バス
トロントのユニオン・ステーション・バス・ターミナルから、オンタリオ・ノースランドOntario-Northlandが1日2～5便運行している。グレイブンハースト、ブレイスブリッジ、ハンツビルに停車。所要2時間30分～4時間。
オンタリオ・ノースランド
FREE (1-800)461-8558
URL www.ontarionorthland.ca

☑CHECK!

ディスカバリー・センター

住 275 Steamship Bay Rd.
TEL (705)687-2115
URL realmuskoka.com/discovery-centre
開 毎日10:00〜16:00
休 冬季
料 大人$24、シニア・学生$20、子供$8

マスコーカ・スチームシップ

TEL (705)687-6667
URL realmuskoka.com/muskoka-steamships
週 2時間クルーズ 火〜金9:00〜16:00
休 土〜月、冬季
料 大人$59.9〜、子供(3〜12歳)$34.9〜

おもな見どころ

① グレイブンハースト Gravenhurst

MAP P.374-B1

★★★

マスコーカ湖の南に位置する町で、マスコーカ地方へのゲートウエイでもある。1866〜1958年まで造船所があった湖岸は現在、ショップやレストラン、ホテルが集まるマスコーカ・ワーフMuskoka Wharfと呼ばれるウオーターフロント施設になっており、敷地内にはこの地域で使用していた木造船や蒸気船などを展示するマスコーカ・ディスカバリー・センター Muskoka Discovery Centreがあるほか、マスコーカ湖を周遊するマスコーカ・スチームシップMuskoka Steamshipsの蒸気船が出航する。2時間クルーズなどがある。

⬆手前の船が北米最古の蒸気船セグワンSegwun号

⬆マスコーカ・ワーフでは岩場から湖を眺められる

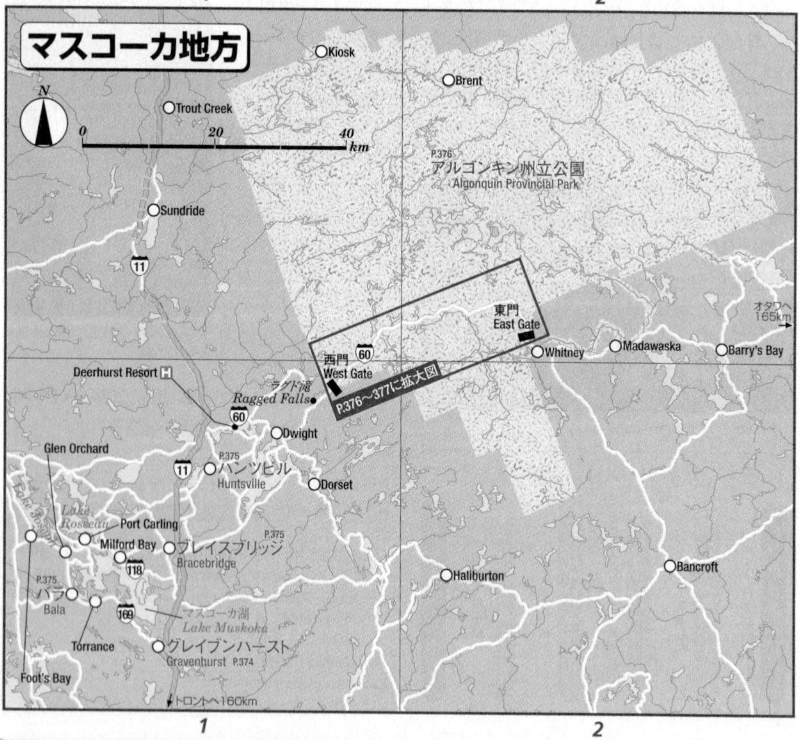

マスコーカ地方

Kiosk
Brent
Trout Creek
0 20 40 km
P.376 アルゴンキン州立公園 Algonquin Provincial Park
Sundride
11
東門 East Gate
オタワへ165km
西門 West Gate
60
Whitney
Madawaska
Barry's Bay
Deerhurst Resort
ラグド滝 Ragged Falls
P.376〜377に拡大図
Dwight
Glen Orchard
P.375 ハンツビル Huntsville
Dorset
Lake Rosseau
Port Carling
Milford Bay
P.375 ブレイスブリッジ Bracebridge
118
P.375 バラ Bala
169
Haliburton
Bancroft
マスコーカ湖 Lake Muskoka
Torrance
グレイブンハースト Gravenhurst P.374
Foot's Bay
トロントへ160km

② バラ
Bala

MAP P.374-B1

★★★

マスコーカ湖の西にある人口約3500人の小さな町。小説『赤毛のアン』の著者ルーシー・モード・モンゴメリが1922年の夏に休暇で訪れたことでも知られており、モンゴメリが食事をしたツーリスト・ホームをバラ博物館とルーシー・モード・モンゴメリ記念館Bala's Museum with Memories of Lusy Maud Montgomeryとして開放している。また、バラはクランベリーの生産地としても有名で、毎年10月中旬にはクランベリー・フェスティバル(URL www.balacranberryfestival.on.ca)を開催する。

↑湖沿いの遊歩道

CHECK!

バラ博物館とルーシー・モード・モンゴメリ記念館

住 1024 Maple Ave.
TEL (705)762-5876
URL balasmuseum.com
開 5月中旬～10月中旬 月～土10:00、13:30 (1日2回の予約制ツアーでのみ内部を見学できる。所要約1時間)
休 5月中旬～10月中旬の日、10月中旬～5月中旬
料 1人$7.99

③ ブレイスブリッジ
Bracebridge

MAP P.374-B1

★★★

グレイブンハーストから北へ23km、マスコーカ川Muskoka River沿いにある。メインストリートのマニトバ通りManitoba St.にはショップやレストランが並び、川岸には遊歩道や遊泳場があるほか、マスコーカ・クルーズMuskoka Cruisesのクルーズ船も出ている。所要約1時間30分。丘陵地帯を流れるマスコーカ川には周辺も含め22の滝が点在し、そのうちのひとつ、ダウンタウンにあるブレイスブリッジ滝Bracebridge Fallは、1892年にオンタリオ州初の水力発電に利用された。

↑かわいらしいブレイスブリッジの町並み

←マスコーカ川沿いの遊歩道

CHECK!

❓ブレイスブリッジの観光案内所

Bracebridge Visitor Information Centre
住 3 Ecclestone Dr.
FREE (1-866)645-8121
URL www.bracebridge.ca

マスコーカ・クルーズ

住 300 Ecclestone Dr., Bracebridge
TEL (705)205-7996
URL muskokacruises.com
運 6月中旬～10月上旬 週2～5便 11:00、12:30、14:00発 (時期により変動あり)
料 大人$40、ユース(13～18歳)$35、子供(4～12歳)$20、3歳以下無料

④ ハンツビル
Huntsville

MAP P.374-B1

★★★

アルゴンキン州立公園の拠点で、メインストリート沿いに観光案内所をはじめ市庁舎、銀行、レストランなどが集まるこぢんまりとした町。町の高台にはマスコーカ川の眺望が楽しめる展望台、ライオンズ・ルックアウトLions Lookoutや開拓時代のマスコーカ地方の人々の生活を再現したテーマパークのマスコーカ・ヘリテージ・プレイスMuskoka Heritage Place、ハイウエイ#60を東に32km行った所にはラグド滝Ragged Fallsがある。

↑ライオンズ・ルックアウトからの眺め

CHECK!

❓ハンツビルの観光案内所

Huntsville Adventures
住 37 Main St. E.
TEL (705)789-4771
URL huntsvilleadventures.com

マスコーカ・ヘリテージ・プレイス

住 88 Brunel Rd.
TEL (705)789-7576
URL www.muskokaheritageplace.ca
開 5月中旬～10月上旬 毎日10:00～16:00 10月上旬～5月中旬 月～金10:00～16:00
休 10月上旬～5月中旬の土・日
料 大人$20、シニア$17.99、子供(3～18歳)$13.56

ハンツビルのホテル

Deerhurst Resort
ディアハースト・リゾート
住 1235 Deerhurst Dr.
FREE (1-800)461-4393
URL deerhurstresort.com
料 ⓈⒹ$199～ Tax別
CC A M V 室 400室

ALGONQUIN PROVINCIAL PARK

アルゴンキン州立公園

オンタリオ州

MAP P.272-B3/P.374-A2
市外局番 705
面積 7725km²
入園 $18～21（車1台につき）

アルゴンキン州立公園情報のサイト
URL www.algonquinpark.on.ca

アルゴンキン州立公園は、広大な森林地帯のなかに大小の湖が網の目のように広がる湖沼地帯でもある。公園内にはムース（ヘラジカ）やオジロジカなどの動物が生息しており、ハイウエイ#60上からも目撃できることが多い。

↑カヌーをはじめとしたウオーターアクティビティが盛ん

アルゴンキン州立公園への行き方

▶▶▶長距離バス

トロントからパークバスParkbusが5月下旬～10月上旬の期間限定で運行。所要3～4時間。停留所は園外のOxtongue Lake、Wolf Den Bankhouse、西門West Gate、カヌー湖Canoe Lake、Lake of Two Rivers Store、ポッグ湖キャンプ場Pog Lake Campground、オペオンゴ湖Lake Opeongoなど。

▶▶▶車

西のハンツビルからはハイウエイ#60で、東のオタワ方面からはハイウエイ#17または#60経由で入る。州立公園内を走る道はハイウエイ#60の1本しかなく、車の進入はこの通り沿いと園内15ヵ所のキャンプ場以外認められていない。

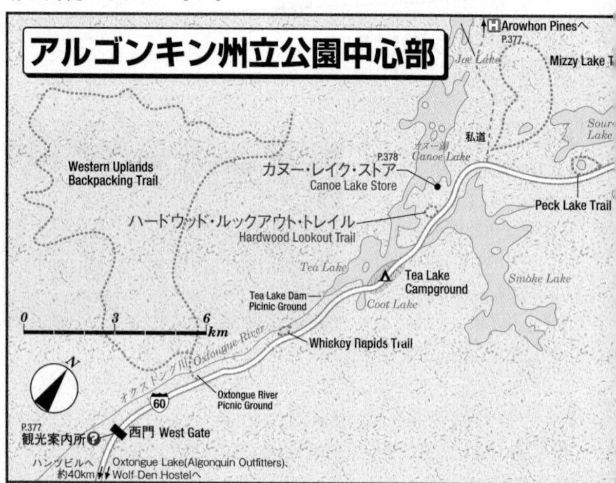

園内のキャンプについて

園内には15ヵ所のオートキャンプ場があり、利用する際は必ず事前に予約する。予約はオンタリオ・パークスOntario Parksのウェブサイトからオンラインか電話で。テントやキャンプ用品は持参かまたは園内のアウトドアショップでレンタルもできる。ミュウ湖Mew LakeとアクレイAchrayのキャンプ場にはヤートYurtという電気ヒーター付きの備え付けテントがある。6人まで宿泊でき、1泊$111.87。

また、ハイキングやカヌーをしながらキャンプをするバックカントリー・キャンプもできる。こちらもキャンプできる場所は決められているので、予約が必要。

オンタリオ・パークス
URL ontarioparks.com
オートキャンプ
料 車1台1日につき$43.79～59.33
バックカントリー・キャンプ Backcountry Camping
料 大人$12.43、子供$5.65

パークバス

FREE (1-800)928-7101
URL www.parkbus.ca/algonquin
運 5/18～10/19の週1～3便
料 大人　片道$96、往復$147
シニア・学生
片道$86、往復$132
子供　片道$48、往復$74

停留所は公園街のOxtongue Lake、西門、カヌー湖、Lake of Two Rivers、ポッグ湖Pog lake、オペオンゴ湖など。運行スケジュールは要確認。

アルゴンキン州立公園の歩き方

↑紅葉に彩られた9月下旬のハイウエイ#60

アルゴンキン州立公園にアクセスする方法は、車、徒歩、ボートなどさまざま。しかし、どの手段で入る場合でも、園内に29あるアクセスポイントに立ち寄り入園料を支払う必要がある。ハイウエイ#60沿いの東西の公園入口には、観光案内所も兼ねている西門と東門East Gateがあり、通常はここで入園料を支払う。各種アクティビティに関する情報もここで得られる。アルゴンキン州立公園は四季折々にアクティビティが楽しめる場所。春から秋にかけてなら、カヌーとハイキングにぜひともチャレンジしたい。

また、ハイウエイ#60沿いにある**アルゴンキン・ビジター・センター Algonquin Visitor Centre**は、アルゴンキン州立公園創設100周年を記念し1993年に建設されたもの。展望デッキからは、ムースがしばしば目撃されるというサンデー・クリーク渓谷Sanday Creek Valleyを一望できる。館内は3つの展示スペースに分けられ、森の地勢や動植物の生息状況、人と森とのかかわりなどが、ジオラマでわかりやすく解説されている。レストランや本屋なども併設されているので、情報を集めつつ、ひと休みするのに最適な場所だ。東門から公園に入ってすぐの所には、開拓者の生活を展示・解説した**アルゴンキン・ロギング博物館Algonquin Logging Museum**もある。

↑アルゴンキン・ビジター・センター内にあるムースのはく製

❓観光案内所

公園の西門・東門にある。
TEL(705)633-5572
URL www.algonquinpark.on.ca

West Gate Information
MAP P.376
開 毎日8:00〜18:00
（時期により変動あり）
休 無休

East Gate Information
MAP P.377
開 毎日9:00〜16:00
（時期により変動あり）
休 無休

アルゴンキン・ビジター・センター
MAP P.377
開 夏季　毎日9:00〜17:00
冬季　毎日9:00〜16:00
休 無休

アルゴンキン・ロギング博物館
MAP P.377
開 6月中旬〜10月中旬
毎日9:00〜17:00
休 10月中旬〜6月中旬
料 入園料に含まれている

アルゴンキン州立公園のホテル
Arowhon Pines
アロウホン・パインズ
MAP P.376外
TEL(705)633-5661
FREE(1-866)633-5661
URL www.arowhonpines.ca
営 6月〜10月上旬
料 Ⓢ$412〜 Ⓓ$660〜
Tax別　3食付き
CC D M V
室 50室
暖炉を備えたオールインクルーシブのロッジ。

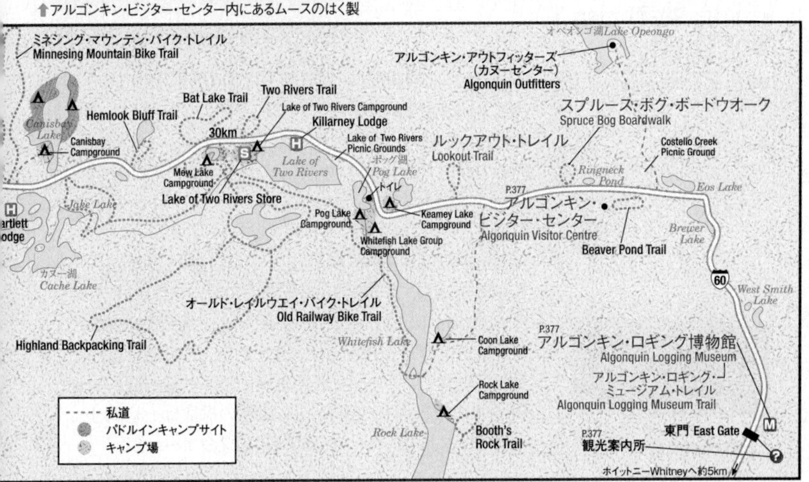

アルゴンキン州立公園のアクティビティ
Activities in Algonquin Provincial Park

夏季のイベント

アルゴンキン州立公園では夏の間、オオカミの遠吠え鑑賞会や無料のガイドウオークなどさまざまなイベントを開催。詳細は観光案内所やビジター・センターで。

カヌー

カヌー・レイク・ストア
Canoe Lake Store
MAP P.376
TEL (705)633-5235
FREE (1-833)993-5253(予約)
URL canoelakestore.com
営 4月下旬～10月中旬
毎日7:00～20:00
休 10月中旬～4月下旬
カヌーレンタル
料 1日$37.95～
ガイド付き半日カヌーツアー
料 1人$100～(2人から催行)

カヌー Canoeing

アルゴンキンで最も人気があるアクティビティがカヌーだ。カヌー・レイク・ストアがあるカヌー湖で手軽に漕ぐものと、レンタルしたカヌーを車に積み、園内に点在する湖へ移動して楽しむものがある。後者の場合、積み下ろし方をスタッフに教えてもらう必要があるため、初心者には難しい。

アドベンチャー派なら、カヌーキャンプに挑戦してみたい。網の目のように広がる湖沼にカヌーを漕ぎ出し、島にぶつかったらカヌーを肩に担いで移動(ポーテージ)して、日が暮れたらバックカントリーのキャンプ場に泊まる。食料は園内のカヌーセンターで販売しているが、品数は少ないので公園に入る前に調達しておくと安心だ。ガイド付きのツアーもある。

カヌーの借り方

ポーテージストアでは、湖畔にあるショップで簡単にカヌーを借りることができる。手順は以下の通り。

1 オフィスで申し込み

受付で申し込み。カヌーの種類を選び規定の書類に名前などを書く。1日レンタルなら予約は必要ない。

2 併設の小屋へ

渡された書類を持ち湖畔のカヌー小屋へ行く。夏や秋の紅葉シーズンの週末には行列になることもある。

3 カヌーを出してもらう

カヌーはスタッフが桟橋まで持ってきてくれる。パドルやライフジャケットも貸してもらえる(料金込み)。

4 乗り込む

スタッフがカヌーを押さえてくれる間にカヌーへ。あとは自由。帰りは桟橋まで来たら対応してくれる。

日本語ガイドプログラム

TEL (905)376-5120
(佐久間さん携帯)
EMAIL kcjsakuma@sympatico.ca
紅葉ガイドウオーク/ロギング・ミュージアム・ツアー
催 9・10月
料 1グループ(20人まで)
$180～

公園専属の日本人パークナチュラリスト(自然解説員)の佐久間克宏さんの解説を聞きながら歩くガイドツアー。

↑アルゴンキン・ルックアウト・トレイルの展望地からの眺め

ハイキング Hiking

ハイウエイ#60を起点に延びる18本の日帰りトレイルと、1泊以上必要な3本のバックパッキング・トレイルがある。駐車場に車を置いて、自分の体力に合わせたコースを歩こう。軽めのコースでも、森の雰囲気は十分に味わえる。

初心者におすすめなのは、アルゴンキン・ロギング博物館裏のアルゴンキン・ロギング・ミュージアム・トレイル Algonquin Logging Museum Trail (1周1.3km) やポーテージ・ストアそばのハードウッド・ルックアウト・トレイル Hardwood Lookout Trail(1周1km)、最後に眺望が開けるルックアウト・トレイル Lookout Trail(1周2.1km)、湿地帯を歩くスプルース・ボグ・ボードウオーク Spruce Bog Boardwalk(1周1.5km)など。植物の採取は一切禁止。秋には日本人パークナチュラリストによるツアーもある。

ケベック州

Québec

ケベック・シティのケベック州議事堂

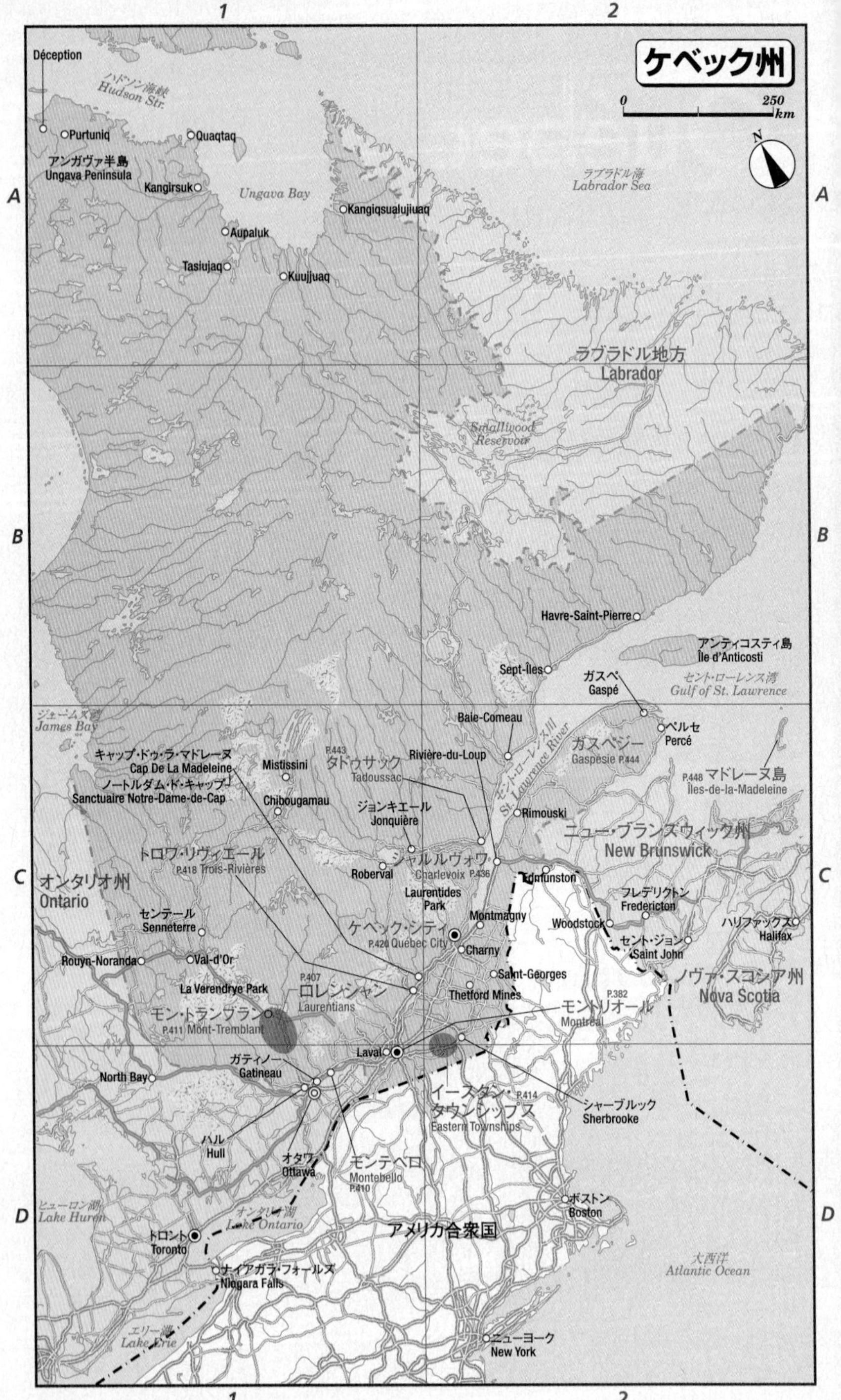
ケベック州
0
250
km
N
1
2
A
B
C
D
Déception
ハドソン海峡
Hudson Str.
Purtuniq
Quaqtaq
アンガヴァ半島
Ungava Peninsula
Kangirsuk
Ungava Bay
Kangiqsualujjuaq
Aupaluk
Tasiujaq
Kuujjuaq
ラブラドル海
Labrador Sea
ラブラドル地方
Labrador
Smallwood Reservoir
Havre-Saint-Pierre
アンティコスティ島
Île d'Anticosti
Sept-Îles
ガスペ
Gaspé
セント・ローレンス湾
Gulf of St. Lawrence
ジェームズ湾
James Bay
Baie-Comeau
ペルセ
Percé
セント・ローレンス川
St. Lawrence River
ガスペジー
Gaspésie P.444
P.448 マドレーヌ島
Îles-de-la-Madeleine
キャップ・ドゥ・ラ・マドレーヌ
Cap De La Madeleine
ノートルダム・ド・キャップ
Sanctuaire Notre-Dame-de-Cap
Mistissini
P.443 タドゥサック
Tadoussac
Rivière-du-Loup
Chibougamau
ジョンキエール
Jonquière
Rimouski
ニュー・ブランズウィック州
New Brunswick
トロワ・リヴィエール
P.418 Trois-Rivières
Roberval
シャルルヴォワ
Charlevoix P.436
Edmunston
オンタリオ州
Ontario
Laurentides Park
フレデリクトン
Fredericton
センテール
Senneterre
Montmagny
Woodstock
ハリファックス
Halifax
ケベック・シティ
P.420 Québec City
Charny
セント・ジョン
Saint John
Rouyn-Noranda
Val-d'Or
Saint-Georges
P.407
ロレンシャン
Laurentians
La Verendrye Park
Thetford Mines
ノヴァ・スコシア州
Nova Scotia
P.382
モントリオール
Montréal
モン・トランブラン
P.411 Mont-Tremblant
Laval
ガティノー
Gatineau
North Bay
イースタン・タウンシップス
P.414
Eastern Townships
シャーブルック
Sherbrooke
ハル
Hull
オタワ
Ottawa
モンテベロ
Montebello
P.410
ボストン
Boston
ヒューロン湖
Lake Huron
オンタリオ湖
Lake Ontario
トロント
Toronto
アメリカ合衆国
大西洋
Atlantic Ocean
ナイアガラ・フォールズ
Niagara Falls
エリー湖
Lake Erie
ニューヨーク
New York

ケベック州
QUÉBEC

準州を除くカナダ10州のなかで最大の面積をもつケベック州。南はセント・ローレンス川に面し、町はほとんどが川沿いに集中している。フランス語を州の公用語とし、看板や標識もすべてフランス語。人口の8割をフランス系の住民が占めるケベック州は、フランス文化の影響を多分に感じることができる地域だ。

州都	ケベック・シティ
面積	154万2056km²
人口	850万1833人（2021年国勢調査）
時間	東部標準時間（EST） 日本との時差－14時間 （サマータイム実施時－13時間）
州税	物品税9.975% 宿泊税3.5%

おもなドライブルート
- ★ロレンシャン（→P.407）
- ★イースタン・タウンシップス（→P.414）
- ★ガスペジー（→P.444）

ケベック州北部

ケベック・シティ

モントリオール

ケベック・シティ周辺
Around Québec City

ユネスコの世界遺産にも登録されているケベック・シティは、城壁に囲まれた石造りの建物が並ぶ都市。周辺にはほかにも、歴史を感じさせる小さくてすてきな町が点在している。

おもな都市
トロワ・リヴィエール（→P.418）
ケベック・シティ（→P.420）
シャルルヴォワ（→P.436）
タドゥサック（→P.443）

ガスペジー
Gaspésie

セント・ローレンス湾に突き出た半島部分がガスペジー（ガスペ半島）。かつてジャック・カルティエが上陸を果たした地。自然の多く残るこのエリアでは、ハイキングやホエールウオッチングなど自然を満喫するアクティビティが人気。

おもな都市
ガスペ（→P.445）
ペルセ（→P.446）

モントリオール周辺
Around Montréal

カナダ東部へのゲートウエイ・シティ、モントリオール。古い街並みの残る旧市街と、近代的なダウンタウンが融合した大都市。歴史的な建物や、最新のショッピングスポットなど、数多くの魅力にあふれている。

おもな都市
モントリオール（→P.382）

リゾートエリア
Resorts Area

モントリオールを南北から挟むような格好で、小さなリゾート地の密集したエリアが広がっている。北のロレンシャンは夏にはハイキングなど各種アクティビティが、冬はスキーが楽しめる通年型リゾート。南はのどかな風景が見られるイースタン・タウンシップス。秋にはどちらもすばらしい紅葉を見せる。

おもな都市
ロレンシャン（→P.407）
モン・トランブラン（→P.411）
イースタン・タウンシップス（→P.414）

MONTRÉAL

モントリオール

ケベック州

MAP P.380-D1
人口 176万2949
市外局番 514

モントリオール情報のサイト
URL www.bonjourquebec.com

モントリオールのイベント

モントリオール国際ジャズ・フェスティバル
Festival International de Jazz de Montréal
TEL (514)492-1775
FREE (1-855)219-0576
URL www.montrealjazzfest.com
催 6/27～7/6('24)

モントリオール最大のイベント。期間中はさまざまな場所でライブが行われる。ジャズ以外にもサンバやブルース、サルサなどさまざまなジャンルの音楽が楽しめる。

モントリオール国際花火大会
L'International des Feux Loto-Québec
TEL (514)397-2000
URL www.sixflags.com/larondeen
催 6/29～8/10('23)

モントリオールの夏の風物詩。サンテレーヌ島内のラ・ロンド遊園地(MAP P.385-A4)を舞台に、世界中から集った花火師たちがダイナミックな花火を打ち上げる。期間中の毎週木曜に開催。

シルク・ドゥ・ソレイユ
Cirque du Soleil
URL www.cirquedusoleil.com

世界中で人気を博しているシルク・ドゥ・ソレイユの巡回公演。2023年はモントリオールで『ECHO』『CRYSTAL』を上演。

↑旧市街のサンポール通り

セント・ローレンス川の中州に発展したカナダ第2の都市。都市圏の人口は360万人を超え、パリなどに次ぐ世界有数のフランス語圏の都市である。

1642年、フランス人のメゾヌーヴが現在の旧市街に建設したヴィル・マリーという小さな村がこの街の始まり。その後、ヌーヴェル・フランスの重要拠点として発展するが、18世紀半ばに「アブラハム平原の戦い」でフランスがイギリスに敗北すると、モントリオールの支配権もまたイギリス系へと移っていった。しかし、人口の3分の2を占めるフランス系カナダ人たちは、その後も自分たちの文化を守って暮らしてきた。街なかにはフランス語の看板があふれ、人々の会話もまたフランス語。しかし、すぐに英語に切り替えられるバイリンガルぶりが、街の歴史を物語っている。シェルブルック通りを北から南へ歩けば、街並みにもその複雑な歴史が感じられる。プラトー・モン・ロワイヤルからカルティエ・ラタンを越え、サン・ロラン通りを過ぎたあたりで、街は雰囲気を一変させ、マギル大学をはじめとするイギリス風の建物が現れる。

↑ノートルダム大聖堂のライトアップショー

モントリオールに住む人々のモットーは、フランス語で「ジョワ・ド・ヴィーヴル(人生楽しく)」。その言葉のとおり、街には多数の博物館や美術館、劇場にレストラン、ショップが並ぶ。さらにNHL(アイスホッケー)などプロスポーツの観戦まで、あらゆる娯楽が楽しめるエンターテインメント・シティをなしている。

↑レストランやみやげ物屋が集中する旧市街

※開館時間、営業時間などの日程は基本的に2023年のもの。年度により変動するため、ウェブサイトなどで再確認を。(→P.7)

モントリオール

N
0 1.5 3 km

1 2
A B C D

Boul. de l'Assomption
Assomption
Rue Viau
P.399 オリンピック公園 Parc Olympique
リオ・ティント・アルキャン・プラネタリウム Planétarium Rio Tinto Alcan
昆虫館 Insectarium
メゾヌーヴ公園 Parc Maisonneuve
Boul. Pie-IX
Viau
Ave. Pierre-de Coubertin
Rue Hochelaga
Rue Jarry E.
Rue Jean-Talon E.
Rue Beaubien
Boul. Rosemont
40
Saint-Michel
Boul. St-Michel
モントリオール植物園 Jardin Botanique de Montréal
バイオドーム Biodôme
オリンピック・スタジアムとモントリオール・タワー Olympic Stadium & Montréal Tower
Pie-IX
Joliette
Rue Rachel
セント・ローレンス川 Fleuve St-Laurent St. Lawrence River
D'Iberville
Préfontaine
Fabre
Rue d'Iberville
Ave. Papineau
ジャン・タロン・マーケット Jean-Talon Market
Frontenac
Boul. St-Joseph
Ave. du Mont-Royal E.
Rue Sherbrooke E.
Jarry
Jean-Talon
リトル・イタリー Little Italy
Beaubien
De Castelnau
Rosemont
P.384-385に拡大図
Pont-Jacques-Cartier
Papineau
Laurier
Mont-Royal
Rue St-Denis
Parc
Boul. St-Laurent
Rue St-Urbain
サンテレーヌ島 Île Ste-Hélène
Boul. de Maisonneuve E.
Rue Ste-Catherine E.
Boul. René-Lévesque E.
Rue de la Commune E.
St. Viateur Bagel Shop P.405
P.404 Beauty's Luncheonette
Ave. du Mont-Royal O.
サン・ロラン通り
Acadie
Sherbrooke
Outremont
St-Viateur O.
Laurier O.
Ave. du Parc
バスディーポ
カジノ・ド・モントリオール Casino de Montréal
Rue Jean-Talon O.
Leméac P.403
展望台
Av. Van Horne
Édouard-Montpetit
十字架
マギル大学 McGill University
セントラル駅 Central Station/ Gare Central
Griffintown Bernard-Landry (2023年8月時点未開業)
ノートルダム島 Île Notre-Dame
墓地
P.398 モン・ロワイヤル公園 Parc du Mont-Royal
Gare Centrale
Ave. des Pins O.
Ch. de la Côte Ste-Catherine
Université-de-Montréal
ビーバー湖 Lac aux Castors
Lucien-L'Allier
Guy-Concordia
10
Montréal General Hospital P.391
Pont Victoria
Rue Notre-Dame O.
Rue St-Antoine O.
P.386 モントリオール・ホロコースト博物館 Montréal Holocaust Museum
Ch. de la Côte-des-Neiges
Côte-des-Neiges
シャレー・ド・ラ・モンターニュ Chalet de la Montagne
Atwater
Ave. Atwater
Rue Ste-Catherine
Georges-Vanier
Duc de Lorraine
Plamondon
Côte Sainte-Catherine
聖ジョゼフ礼拝堂 Oratoire St-Joseph P.398
720
Rue St-Patrick
Ch. Queen-Mary
Rue Sherbrooke O. (シェルブルック通り)
Rue Ste-Catherine O.
Lionel-Groulx
Snowdon
15
The Boulevard
Charlevoix
Place Saint-Henri
Vendôme
アトウォーター・マーケット Marché Atwater
10 15 20
LaSalle
Île-des-Soeurs
Rue Wellington
De L'Eglise
Verdun
Jolicoeur
Monk

地下鉄路線
オレンジ・ライン(Ligne orange)
グリーン・ライン(Ligne verte)
イエロー・ライン(Ligne jaune)
ブルー・ライン(Ligne bleue)
REM ※2023年8月時点開業駅

モントリオール周辺

ラバル Laval
N
0 5 km
640
15
25
ジェス島
モントリオール島
40
13
ケベック・シティへ
Boul. Pie-IX
Ave. Papineau
R. St-Denis
20
P.387 モントリオール・ピエール・エリオット・トルドー国際空港
40
15
720
Sherbrooke
10 15 20
20
ドルヴァル駅 Dorval
VIA鉄道・コミューター・トレイン
←オタワへ
←Rigaud
セント・ローレンス川
右上に拡大図

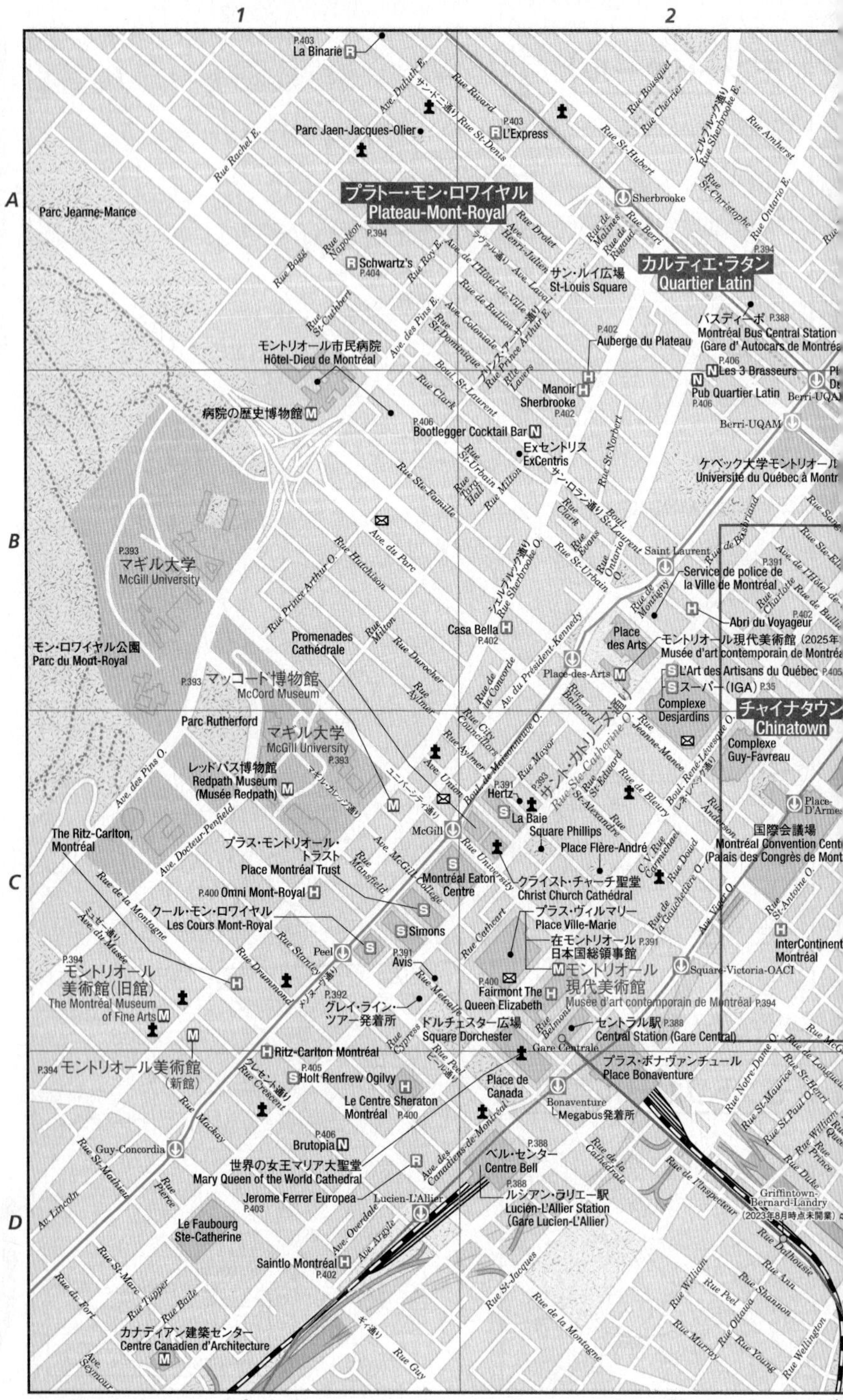
1
2
A
B
C
D
P.403 La Binarie
Parc Jaen-Jacques-Olier
P.403 L'Express
Parc Jeanne-Mance
プラトー・モン・ロワイヤル
Plateau-Mont-Royal
P.394
Sherbrooke
カルティエ・ラタン
Quartier Latin
P.394
Schwartz's P.404
サン・ルイ広場
St-Louis Square
バスディーポ P.388
Montréal Bus Central Station
(Gare d' Autocars de Montréa
P.402 Auberge du Plateau
モントリオール市民病院
Hôtel-Dieu de Montréal
P.406 Les 3 Brasseurs
Manoir Sherbrooke P.402
Pub Quartier Latin P.406
Berri-UQAM
病院の歴史博物館
P.406 Bootlegger Cocktail Bar
Exセントリス
ExCentris
ケベック大学モントリオール
Université du Québec à Montr
P.393 マギル大学
McGill University
Saint Laurent
Service de police de la Ville de Montréal
P.391
Casa Bella P.402
P.402 Abri du Voyageur
モン・ロワイヤル公園
Parc du Mont-Royal
Promenades Cathédrale
Place des Arts
モントリオール現代美術館(2025年
Musée d'art contemporain de Montréa
Place-des-Arts
L'Art des Artisans du Québec P.405
スーパー(IGA) P.35
P.393 マッコード博物館
McCord Museum
Complexe Desjardins
チャイナタウン
Chinatown
Parc Rutherford
マギル大学
McGill University P.393
Complexe Guy-Favreau
レッドパス博物館
Redpath Museum
(Musée Redpath)
P.391 Hertz
P.393 サント・カトリーヌ通り
Place-d'Armes
The Ritz-Carlton, Montréal
McGill
La Baie
Square Phillips
国際会議場
Montréal Convention Cent
(Palais des Congrès de Mont
プラス・モントリオール・トラスト
Place Montréal Trust
Place Flère-André
Montréal Eaton Centre
クライスト・チャーチ聖堂
Christ Church Cathédral
P.400 Omni Mont-Royal
プラス・ヴィルマリー
Place Ville-Marie
クール・モン・ロワイヤル
Les Cours Mont-Royal
Simons
InterContinental Montréal
在モントリオール P.391
日本国総領事館
Peel
P.391 Avis
モントリオール現代美術館
Musée d'art contemporain de Montréal P.394
Square-Victoria-OACI
P.394 モントリオール美術館(旧館)
The Montréal Museum of Fine Arts
P.400 Fairmont The Queen Elizabeth
P.392 グレイ・ライン・ツアー発着所
ドルチェスター広場
Square Dorchester
P.388 セントラル駅
Central Station (Gare Central)
Gare Centrale
Ritz-Carlton Montréal
P.394 モントリオール美術館(新館)
プラス・ボナヴァンチュール
Place Bonaventure
P.405 Holt Renfrew Ogilvy
Place de Canada
Le Centre Sheraton Montréal P.400
Bonaventure
Megabus発着所
Guy-Concordia
P.406 Brutopia
P.388 ベル・センター
Centre Bell
世界の女王マリア大聖堂
Mary Queen of the World Cathedral
Jerome Ferrer Europea P.403
Lucien-L'Allier
P.388 ルシアン・ラリエー駅
Lucien-L'Allier Station
(Gare Lucien-L'Allier)
Griffintown-Bernard-Landry
(2023年8月時点未開業)
Le Faubourg Ste-Catherine
Saintlo Montréal P.402
カナディアン建築センター
Centre Canadien d'Architecture

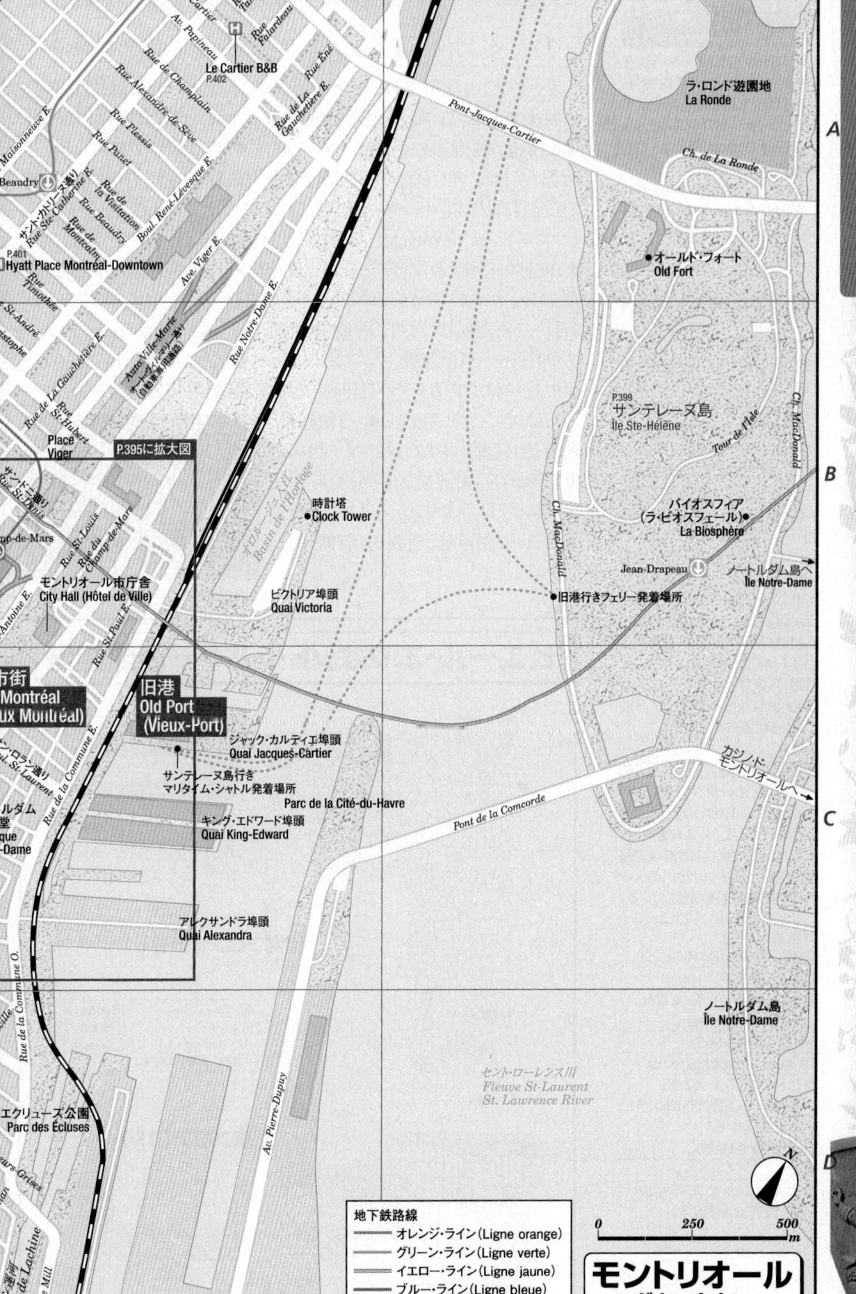
Papineau
Rue Cartier
Rue Tansley
Av. Papineau
Rue Falardeau
Le Cartier B&B
P.402
Rue de Champlain
Rue Alexandre-de-Sève
Rue Plessis
Rue Panet
Rue de La Gauchetière E.
Rue Émé
Beaudry
サント・カトリーヌ通り
Rue Ste-Catherine E.
Rue de la Visitation
Rue Beaudry
Rue de Montcalm
Boul. René-Lévesque E.
P.401
Hyatt Place Montréal-Downtown
Ave. Viger E.
Rue Notre-Dame E.
Rue Timothée
Rue St-André
Rue de La Gauchetière E.
Rue St-Hubert
Place Viger
P.395に拡大図
サン・ドニ通り
Rue St-Denis
Rue St-Louis
Rue du Champ-de-Mars
モントリオール市庁舎
City Hall (Hôtel de Ville)
Rue St-Paul E.
旧港
Old Port
(Vieux-Port)
Montréal
サン・ロラン通り
Boul. St-Laurent
Rue de la Commune E.
サンテレーヌ島行き
マリタイム・シャトル発着場所
ジャック・カルティエ埠頭
Quai Jacques-Cartier
キング・エドワード埠頭
Quai King-Edward
Parc de la Cité-du-Havre
アレクサンドラ埠頭
Quai Alexandra
Rue de la Commune O.
エクリューズ公園
Parc des Écluses
ラシーン運河
Canal de Lachine
Rue Mill
Av. Pierre-Dupuy
時計塔
Clock Tower
オロルージュ入江
Basin de l'Horloge
ビクトリア埠頭
Quai Victoria
ロンゲール
Longueil
Pont-Jacques-Cartier
ラ・ロンド遊園地
La Ronde
Ch. de La Ronde
オールド・フォート
Old Fort
P.399
サンテレーヌ島
Île Ste-Hélène
Tour de l'Isle
Ch. MacDonald
バイオスフィア
(ラ・ビオスフェール)
La Biosphère
Jean-Drapeau
ノートルダム島へ
Île Notre-Dame
旧港行きフェリー発着場所
カジノ・ド・モントリオールへ
Pont de la Comcorde
ノートルダム島
Île Notre-Dame
セント・ローレンス川
Fleuve St-Laurent
St. Lawrence River
地下鉄路線
オレンジ・ライン(Ligne orange)
グリーン・ライン(Ligne verte)
イエロー・ライン(Ligne jaune)
ブルー・ライン(Ligne bleue)
REM ※2023年8月時点開業駅
0 250 500 m
モントリオール
ダウンタウン

モントリオールへの行き方

飛行機

カナダ第2の都市であるモントリオールは、カナダ東部における交通の要衝である。日本からの直行便も乗り入れている。詳細は「旅の準備と技術、航空券の手配」（→P.530）を参照。カナダ東部、カナダ西部、アトランティック・カナダ方面を目指す旅行者のゲートウエイとしての役割も果たす。バンクーバーからはエア・カナダAir Canada（AC）とウエストジェットWestJet（WS）が直行便を飛ばしている。エア・カナダが1日4～5便、ウエストジェットは夏季のみ1日1便運航、所要約4時間50分。カルガリーからはエア・カナダが1日2～4便、ウエストジェットが1日1～2便運航しており、所要約4時間15分。トロントからはエア・カナダが1日16～24便運航、ウエストジェットが1便前後、所要約1時間20分。オタワからはエア・カナダが1日6～7便運航、所要約45分。ケベック・シティからはエア・カナダが1日4～5便運航、所要約1時間。ハリファックスからはエア・カナダが1日4便運航、所要約1時間50分。シャーロットタウンからはエア・カナダが1日1～2便運航、所要約1時間50分。

⬆カナダ東部のハブ空港

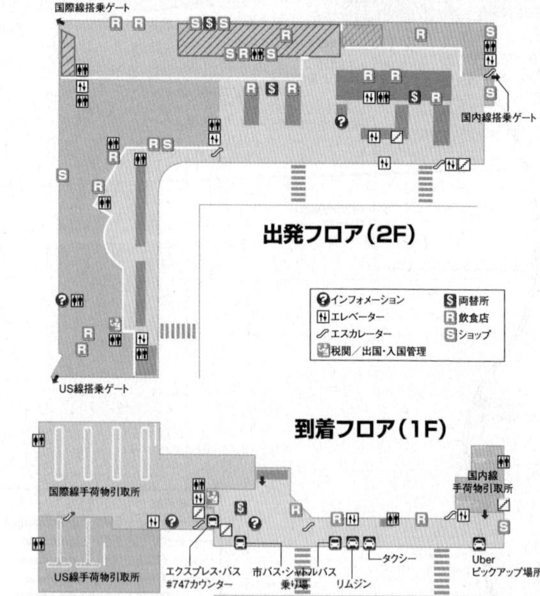

エア・カナダ（→P.542）

ウエストジェット（→P.542）

ローコストキャリアでモントリオールへ

トロントからは、ポーター航空Porter Airlines（→P.542欄外）が1日12～13便運航。出発は市内のビリー・ビショップ・トロント・シティ空港Billy Bishop Toronto City Airport（→P.279欄外）から。

また、ケベック・シティからもパル航空PAL Airlinesやエア・トランザットAir Transatなどが運航している（→P.542欄外）。

空港から市街へ安く行く方法

モントリオール・ピエール・エリオット・トルドー国際空港から市街へは、空港バスの利用が便利だが、市バスやコミューター・トレイン（郊外列車）Commuter Trainを乗り継げばより安く市内まで移動できる。空港からドルヴァル駅Dorvalまでは、市バス#204、#209が結んでいる（片道大人$3.5）。ドルヴァル駅からはコミューター・トレインを利用してルシアン・ラリエー駅Lucien-L'Allierまで行ける。同じドルヴァル駅からVIA鉄道を利用すれば、セントラル駅Central Station/Gare Centralに到着する。また、ドルヴァル駅から市バス#211、#405、#411、#485などで地下鉄リオネル・グルー駅Linonel-Groulxへ行き、地下鉄に乗り換える方法もある。

ホロコーストの歴史を学ぼう

地下鉄オレンジ・ラインのCôte-Sainte-Catherine駅から徒歩5分のところにある博物館。第2次世界大戦中にナチスの迫害から逃れてきたユダヤ人の人々の声や関連資料を展示している。

モントリオール・ホロコースト博物館
Montréal Holocaust Museum

MAP P.383-C1
住 5151 Chemin de la Côte-Sainte-Catherine
TEL (514)345-2605
URL museeholocauste.ca
開 月～木10:00～17:00
金10:00～（閉館時間は日によって異なる）
日10:00～16:00
休 土
料 大人$10、シニア・学生$8（常設展は8歳以上）

モントリオール・ピエール・エリオット・トルドー国際空港
Montréal-Pierre Elliott Trudeau International Airport

モントリオールの空の玄関口はダウンタウンの西約22kmにあるモントリオール・ピエール・エリオット・トルドー国際空港Montréal-Pierre Elliott Trudeau International Airport。モントリオールにはもうひとつ、ダウンタウンの北西約55kmにモントリオール・ミラベル国際空港Montréal-Mirabel International Airportもあるが、こちらはチャーター機や貨物便専用の空港となっている。

↑近代的なモントリオール・ピエール・エリオット・トルドー国際空港

モントリオール・ピエール・エリオット・トルドー国際空港(YUL)
(旧モントリオール・ドルヴァル国際空港)
MAP P.383-D1
住975 Roméo-Vachon Blvd. North
TEL(514)633-3333
FREE(1-800)465-1213
URL www.admtl.com

空港から市内へ

空港バス Express Bus #747

モントリオール・ピエール・エリオット・トルドー国際空港から、地下鉄リオネル・グルー駅Lionel-Groulx、レネ・レベック通りBoul. René-Lévesqueにある8ヵ所の停留所、地下鉄ベリ・ウカム駅Berri-UQAM、バスディーポを結ぶ、STM社運営のエクスプレス・バス#747 Express Bus #747が出ている。チケットは到着フロアにある自動券売機(クレジットカード可)で購入。または乗車する時に、ドライバーの横に置いてあるボックスに運賃(コインのみ。おつりは出ない)を入れる。空港行きは市バスと同じように停留所で待つか、バスディーポで待つ。

↑市バス、地下鉄の1日券や3日券で乗車できる

STM社(→P.389)
エクスプレス・バス#747
空港→ダウンタウン
運24時間
ダウンタウン→空港
運24時間
料片道　1人$11
1時間に1～10便運行。所要45分～1時間10分。

↑空港内のエクスプレス・バス#747カウンター

タクシー／リムジン Taxi/Limousin

モントリオール・ピエール・エリオット・トルドー国際空港からダウンタウンまで所要20～30分。タクシーのほか、リムジンもある。どちらも料金は固定制となっている。

タクシー
料ダウンタウンまで約$49～

リムジン
料ダウンタウンまで$75～

長距離バス

トロント～モントリオール間は、メガバスMegabusが1日6～13便運行、所要6～7時間。オタワからはオルレアン・エクス プレスOrléans Expressが毎日7:45～18:45頃の間、2～3時間に1便運行。所要2時間10分～2時間35分。ケベック・シティからもオルレアン・エクスプレスの便があり、6:30～19:30頃のほぼ30分～2時間おきに運行している、所要3時間～3時間55分。

メガバス(→P.543)
トロントから
料片道　1人$64.99～

オルレアン・エクスプレス(→P.543)
オタワから
料片道　大人$56.54～
ケベック・シティから
料片道　大人$65.74～

バスディーポ
MAP P.384-A2
住 1717 Rue Berri
TEL (514)842-2281

↑バスディーポ内にはコンビニやカフェも入っている

VIA鉄道(→P.545)

↑オンタリオ州とケベック州の主要都市間を結ぶ、VIA鉄道

セントラル駅
MAP P.384-C2
住 895 de la Gauchetière O.
FREE (1-888)842-7245

構内にはこぎれいなカフェやショップが多数入ったモール、レアル・ド・ラ・ガールLes Halles de la Gareがある。

ルシアン・ラリエー駅
MAP P.384-D2

バスディーポから市内へ

バスディーポはモントリオール・バス・セントラル・ステーションMontréal Bus Central Station/Gare d' Autocars de Montréalと呼ばれ、長距離バスに加え、空港バスのエクスプレス・バス#747も発着する。ダウンタウンの中心へ行くには、直結している地下鉄のベリ・ウカム駅から地下鉄に乗るといい。メガバスは地下鉄ボナヴァンチュール駅Bonaventureから発着する。

▶▶▶ 鉄道

ケベック・シティとウインザー間を走る、VIA鉄道のケベック・シティ〜ウインザー線(コリドー)がオンタリオ州やケベック州の主要都市との間を結んでいる。トロントから1日5〜7便運行、所要4時間50分〜5時間30分。オタワからは1日3〜6便運行、所要約2時間。ケベック・シティからは1日3〜5便運行、所要約3時間10分。また、ハリファックスからのオーシャン号The Oceanの終着地点でもある。ガスペ〜モントリオール線も走っているが、2023年8月現在は運休中となっている。

鉄道駅から市内へ

ふたつの鉄道駅があり、VIA鉄道やアメリカからのアムトラックAmtrakが発着するセントラル駅Central Station/Gare Centralは、ダウンタウンの中心にある。ショッピングモールのプラス・ヴィルマリーPlace Ville-Marieとプラス・ボナヴァンチュールPlace Bonaventure、地下鉄ボナヴァンチュール駅、マギル駅McGillまで地下でつながっているので、ダウンタウンの各エリアへは地下鉄に乗って行くといい。入口はさまざまな所にあり、わかりにくいので「Fairmont The Queen Elizabeth(→P.400)」のロビーから地下に下りていくといい。もうひとつの鉄道駅は、セントラル駅のすぐ南西にあるルシアン・ラリエー駅Lucien-L'Allier Station/Gare Lucien-L'Allier。コミューター・トレイン(→P.389)のみが発着する。

↑地下にあるVIA鉄道駅

COLUMN

モントリオールでアイスホッケーを観戦しよう!

アイスホッケーはカナダの国技ということもあり、その人気は絶大。モントリオールが本拠地のアメリカNHL所属チーム、モントリオール・カナディアンズMontréal Canadiensは、創設した1909年以降24回もスタンレー・カップを手にした強豪。試合はダウンタウンのベル・センターCentre Bellで行われる。シーズンは9月下旬〜4月中旬。モントリオール・カナディアンズの控え室などを見学できるガイドツアー(大人$20。所要約1時間)も毎日催行されている。

DATA
ベル・センター
MAP P.384-D2
住 1909 Ave. des Canadiens-de-Montréal
TEL (514)932-2582
URL www.centrebell.ca
チケット
TEL (514)492-1775
URL www.nhl.com/canadiens

市内交通

➡下向きの矢印マークが地下鉄駅の目印

STM社 Société de transport de Montréalが地下鉄と市バスを運行。このふたつを利用すれば、観光で回る範囲は完璧にカバーできる。また、Exo社がダウンタウンと近郊を結ぶコミューター・トレイン(郊外電車)を運行しているが、おもに通勤用として使われているので、観光で使うことはないだろう。夏季のみ、旧市街の旧港とサンテレーヌ島、ロンゲール Longueilとの間にフェリーが運航されている。

乗り換えとチケット料金

⬆地下鉄駅の改札機。シングルチケットと回数券は赤い部分に入れる。デイパスは上の青い部分にタッチ(市バスも同様)

STM社運行の地下鉄と市バスの場合、利用開始時間から120分以内なら相互乗り換え可能。地下鉄は改札機、市バスはドライバーの横にある機械にチケットを通せば何時にどこから乗車したかチケットの裏面に印字される。乗り換え時は同じように機械に通せばいい。地下鉄・市バスは乗り放題のデイパス(1日と3日の両方あり)や10枚綴りの回数券10 passages/ 10 trips、18:00から翌早朝5:00まで乗り放題になるイブニングパス、金曜16:00から月曜の早朝5:00まで乗り放題のウィークエンドパス、IC乗車券のオープスOpusなどがある。

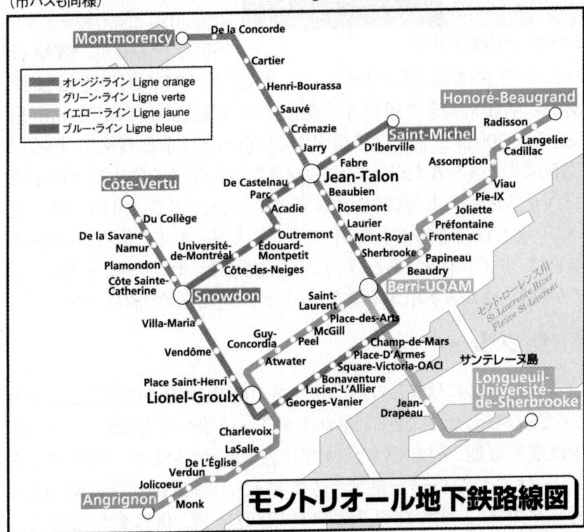

STM社
TEL (514)786-4636
URL www.stm.info
カスタマー・サービス・センター
営 月～金11:00～18:00
休 土・日
ベリ・ウカム駅(MAP P.384- B2)の改札のすぐそばにある。
市バス、地下鉄の料金
料 シングルチケット$3.75
2回券$7
10枚綴り回数券$32.5
デイパス
1日$11、3日$21.25
イブニングパス$6
ウイークエンドパス$15.25

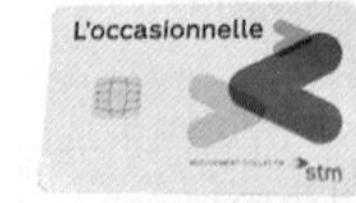

⬆デイパスは空港バスにも利用できるので、1日以上滞在して地下鉄や市バスに乗る旅行者におすすめ

Exo社
TEL (514)287-8726
FREE (1-888)702-8726

フェリー
TEL (514)281-8000
URL navettesmaritimes.com
運 5/15～10/15
月～木9:00～19:00
金～日9:00～22:00
料 片道　1人$5.5
ナベーツ・マリタイム社Navettes Maritimesのマリタイム・シャトルMaritimes Shuttleが運航。夏季の土・日曜は旧港～サンテレーヌ島間を所要約30分で結ぶ急行もある。

⬆旧港とサンテレーヌ島を結ぶ

地下鉄 Métro

路線は全部で4つ。ダウンタウンを北東から南西に貫くグリーン・ラインLigne verte、グリーン・ラインと並行して街の北西を走るブルー・ラインLigne bleue、グリーン・ラインとU字型に交わるオレンジ・ラインLigne orange、ダウンタウンとサンテレーヌ島を結んでセント・ローレンス川Fleuve St-Laurentの対岸へと走るイエロー・ラインLigne jauneだ。

⬆地下鉄はパリの車両と同じゴムのタイヤ

シングルチケット、回数券での乗車は、購入したチケットを改札機の赤い部分に入れ、デイパスやイブニングパスは改札機の青い部分にタッチしてから回転バーを押して通り抜ける。電車はすべての駅に停車して、ドアはすべて自動開閉。なお、シングルチケットと回数券の場合、一度地下鉄の駅から出てしまうと、乗り換えることができなくなってしまうので注意しよう。

市バス Autobus

⬆乗りこなせば便利な市バス

市バスは市内のほとんどの場所を網羅しており、本数も多いので非常に便利だが、路線が入り組んでいるので少しわかりにくい。観光案内所や地下鉄のベリ・ウカム駅などで「Plan des Réseaux」というルートマップを入手するか、STM社のウェブサイトで確認しておくといい。また、市バスには日中運行と、深夜から早朝5:00まで運行する深夜バスRéseau de Nuit/Allnight Service(300番台)の23路線がある。市バスは前から乗り、後ろから降りるのがルールだが、すいているときなら、前から降りてもOK。降りたいときは窓の上部に付いているワイヤーを引くか、車内の柱に付いているSTOPと書かれたボタンを押して知らせる。後ろから降りる場合は、ドアの中央にあるバーに手をかざすと、センサーが作動してドアが開く。前から下車する場合は、ドライバーがドアを開けてくれる。

タクシー Taxi

モントリオールには流しのタクシーも多いので、ホテルの前などに行かなくてもひろうことができる。車体上のTaxiと書いてあるランプが点灯中は乗車可能、消えていたらすでに客を乗せているという意味だ。タクシーはすべてメーター制で、初乗り$4.1、以後1kmごとに$2.05、1分停車で$0.77ずつ加算されていく(23:00～翌5:00は料金割増)。

地下鉄

モントリオールの地下鉄は1966年の開通。地下鉄の駅数は現在68を数え、それらはすべて違うデザインが施されており、見学するのも楽しい。また、ほとんどの駅は地下街と連結しているので、街なかの移動も楽にできる。

運 グリーン・ライン
日～金5:30～翌0:38
土5:30～翌1:08
オレンジ・ライン
日～金5:30～翌0:33
土5:30～翌1:03
ブルー・ライン
日～金5:30～翌0:45
土5:30～翌1:15
イエロー・ライン
日～金5:30～翌1:00
土5:30～翌1:30

2～11分おきに運行。案内板はすべて最終駅名で表示されているので、路線図で目的駅の進行方向を確認してから乗車しよう。

⬆地下鉄構内の乗り換え標示は、路線の色で区別されている

新しい市民の足REM

モントリオール都市圏では2023年8月現在、Réseau Express Métropolitain (REM)と呼ばれるライトレールの新路線を建設中。全長67km、既存の地下鉄とも接続する26の駅を結び、将来的にはダウンタウンとモントリオール・ピエール・エリオット・トルドー国際空港間を最短20分でつなぐ(2027年予定)。当初より遅れているが、セントラル駅を含む最初の区間が2023年7月に開通。2024年内にはマギル駅(グリーン・ライン)、エドゥアール・モンプティ駅Édouard-Montpetit(ブルー・ライン)に乗り入れる予定。

REM
FREE (1-833)736-4636
URL rem.info

おもなタクシー会社

Coop Taxi De Montréal
TEL (514)725-9885
Taxi Diamond
TEL (514)836-0000

ライド・シェアサービスについて

モントリオールではUber、Lyftを利用可(→P.288)。

モントリオールの歩き方

モントリオールはカナダ第2の都市だけあって、街の規模も大きく、見どころも広範囲に広がっている。街の中心は**モン・ロワイヤル公園**の南東に広がっており、自動車専用道路のオート・ヴィルマリー通りAuto. Ville-Marieを挟んで北西側のダウンタウン（新市街）と南東側の旧市街とに分かれている。

⬆通りにはフランス語の道名標識がある

モン・ロワイヤル公園の北には住宅街が広がり、その一画にリトル・イタリーLittle Italyがある。さらに北東の外れには**オリンピック公園**がある。これらの見どころを回るには、駅から多少歩くにせよ、地下鉄がいちばん便利だ。

旧港のすぐ対岸に見える**サンテレーヌ**とノートルダムのふたつの島は橋でつながっており、サンテレーヌ島へは地下鉄イエロー・ラインで行けるし、旧港から出ているフェリーで渡ることもできる。

また、冬の寒さが厳しいモントリオールは、より快適に移動できるようにプラス・ヴィルマリー（MAP P.384-C2）を中心に、全長30kmにも及ぶ巨大な地下街（アンダーグラウンド）になっている。

通りと方角

街はサン・ロラン通りBoul. St-Laurentを境に東西に分けられ、両方にまたがる長い通りでは名前のあとにOuest（西）かEst（東）を付けて区別してある。たいてい略してO.やE.が通り名のあとに付く。サン・ロラン通りを起点にそれぞれ番地が付けられているので、通りと番地が合っていても、東と西でずいぶん離れていることがあるので注意が必要だ。また、都市部は北東〜南西に急傾した軸に沿って延びているので、通常、北東を東、南西を西と呼んでいる。

⬆リニューアルされたプラス・ヴィルマリーには、巨大リングが登場した

?観光案内所

Tourist Information Centre of Montréal
MAP P.395-A1
住 30 Rue Ste-Catherine O.
TEL (514)873-2015
FREE (1-877)266-5687
URL www.bonjourquebec.com
開 夏季
火〜日10:00〜18:00
休 月、冬季

ダウンタウン

ダウンタウンのメインストリートは**サント・カトリーヌ通り**。この通りから北西と南東にそれぞれ1〜2ブロック、地下鉄ピール駅Peelとマギル駅に挟まれた一帯が、ダウンタウンで最もにぎやかなエリアだ。地上には高層ビルが建ち並び、地下にはおもな施設を結んでアンダーグラウンドと呼ばれる地下街が張り巡らされている。サント・カトリーヌ通りの1

ユースフル・インフォメーション
Useful Information

在モントリオール日本国総領事館
Consulat Général du Japon à Montréal
MAP P.384-C2
住 1 Place Ville Marie, Suite 3333
TEL (514)866-3429
URL www.montreal.ca.emb-japan.go.jp
開 月〜金9:00〜12:30/13:30〜16:30 休 土・日、祝

警察
Service de police de la Ville de Montréal
MAP P.384-B2
住 1441 Rue St-Urbain
TEL (514)393-1133

病院
Montréal General Hospital
MAP P.383-C1
住 1650 Cedar Ave. TEL (514)934-1934

おもなレンタカー会社
Avis
ピエール・エリオット・トルドー国際空港
TEL (514)636-1902
ダウンタウン
MAP P.384-C1
住 1225 Rue Metcalfe
TEL (514)866-2847
Hertz
ピエール・エリオット・トルドー国際空港
TEL (514)636-9530
ダウンタウン
MAP P.384-C2
住 1475 Rue Aylmer
TEL (514)842-8537

❓旧市街の観光案内所
Bureau d'accueil touristique du Vieux-Montréal
MAP P.395-A2
住174 Rue Notre-Dame E.
TEL(514)844-5757
URL www.mtl.org
開5/1〜6/15、9・10月
毎日10:00〜18:00
6/16〜8/31
毎日9:00〜19:00
11〜4月
木〜月10:00〜18:00
休11〜4月の火・水

コミュニティ・サイクル
モントリオールには公共自転車(BIXI)が導入され、市内に約800カ所あるステーションで気軽にレンタルできる。会員登録すると45分まで乗り放題の定額制と、短時間・短距離移動に便利な従量課金制のOne Way Pass(1回)があり、各ステーションの端末またはアプリでクレジットカード決済ができる(電動自転車の場合はアプリのみ)。
BIXI Montréal
URL bixi.com
営4/15〜11/15
料One Way Pass$1.25〜
(デポジット$100が別途必要)

本南のレネ・レベック通り沿いにはドルチェスター広場Square Dorchesterがあり、広場の前には観光案内所もあるので、ここから観光を始めるのがいい。レネ・レベック通り、サント・カトリーヌ通り、その北を並行して走るメゾヌーヴ通りBoul. de Maisonneuve、シェルブルック通りRue Sherbrookeなどがダウンタウンを南西から北東に貫く目抜き通りとなっている。これらの通りを北東に進むと、若者の集まる**カルティエ・ラタン**やおしゃれな住宅街**プラトー・モン・ロワイヤル**がある。ダウンタウンは徒歩で回れないこともないが、地下鉄での移動が便利だ。

旧市街

オート・ヴィルマリー通りの南、地下鉄オレンジ・ラインのスクエア・ビクトリア駅Square-Victoria-OACI、プラス・ダルム駅Place-D' Armes、シャン・ド・マルス駅Champ-de-Marsの各駅からセント・ローレンス川までの一帯が旧市街。上記のどれかの地下鉄駅で降りればアクセスは簡単だ。中心は**ジャック・カルティエ広場**。広場のすぐ北のノートルダム通りRue Notre-Dameと南のサン・ポール通りRue St-Paulのふたつの通りがメインストリート。ノートルダム通り沿いには**モントリオール市庁舎**や**ノートルダム大聖堂**が、サン・ポール通りには**ノートルダム・ド・ボンスクール教会**や**ボンスクール・マーケット**などのほか、レストランやショップが並ぶ。観光は徒歩で十分。石畳の街をそぞろ歩いてみたい。

⬆結婚式の写真撮影に訪れるカップルも多い

現地発のツアー

モントリオールにはダウンタウンや旧市街など、おもな見どころを回る観光バスがある。効率よく回りたい人には特におすすめ。

グレイ・ライン・モントリオール
Gray Line Montréal

市内の見どころを回る2階建て観光バス、Hop- On Hop-Off Double Decker Tourを催行。好きな観光ポイント10ヵ所で自由に乗り降りができる。約2時間で一周し、チケットは乗車日から2日間有効。

⬆2階席はオープンエア

個人での観光が不安な人には、旧市街や聖ジョゼフ礼拝堂、サンテレーヌ島など主要な名所を大型バスで巡るHeart of Montréal Motorcoach City Tourもおすすめ。施設の入場料は料金に含まれないが、各スポットで休憩や写真撮影の時間をとってくれるのでツアーのわりには自由度が高い。午前と午後発が1便ずつあり、所要約3時間30分。発着場所はドルチェスター広場(MAP P.384-C1)のすぐ横。主要ホテルからの送迎あり。チケットの予約・購入はウェブサイトで。

DATA
グレイ・ライン・モントリオール
TEL(514)398-9769
FREE(1-800)461-1233
URL www.grayline.com/canada/things-to-do-in-montreal
Hop-On Hop-Off Double Decker Tour(Red Loop)
運4月下旬〜10月下旬
毎日10:00〜16:00の15〜30分ごとに出発
料大人$46.5〜、子供(5〜11歳)$29.5〜
Heart of Montréal Motorcoach City Tour
催毎日9:00、13:00(時期により変動あり)
料大人$46.5〜、子供(5〜11歳)$29.5〜

おもな見どころ

ダウンタウン

サント・カトリーヌ通り

MAP P.384-D1～P.385-A3

Rue Ste-Catherine

★★★

ダウンタウンを南西から北東に貫くメインストリート。ギィ通りRue Guy～サン・ロラン通りに挟まれたあたりが繁華街の中心。通りの両側にはデパート「La Baie」や「Holt Renfrew Ogilvy（→P.405）」、アイマックス劇場の入った「Simons」、「Montreál Eaton Centre」や「クール・モン・ロワイヤルLes Cours Mont-Royal」などの大型のショッピングモールが建ち並び、またその間にセンスのいい小さなショップが点在。ほとんどのビル間は地下で接続しており、アンダーグラウンドシティの中心にもなっている。

マギル大学

MAP P.384-B1～C1

McGill University

★★★

↑博物館2階の中央に恐竜の骨格標本が展示されている

毛皮貿易で財を築いたイギリス人ジェームズ・マギルJames McGillの遺産をもとに、1821年に設立された英語系の大学。敷地内には建設当時から残る重厚な石造りの建物が林立している。キャンパス内にあるレッドパス博物館Musée Redpath/Redpath Museumには、エジプトのアンティークコレクションが数多く展示されている。ミイラや干し首などがあるほか、復元した恐竜の骨格標本や化石、日本の甲冑も展示してある。

また、大学の正門からプラス・ヴィルマリーへ延びるマギル・カレッジ通りAve. McGill-Collegeは、モダンなビルが建ち並ぶモントリオールの現代建築の最先端を行く通りだ。

マッコード博物館

MAP P.384-C1

McCord Museum

★★★

↑モントリオールの歴史を学ぼう

マギル大学の斜め前にある博物館。18世紀以降の日用品を通して、ケベック州を中心としたカナダの人々の生活や文化を解説している。館内展示は3フロアからなり、1階では、イヌイットをはじめとするネイティブカナディアンの服飾史についてを展示。ネイティブカナディアンの人々が実際に着用していたコートやワンピース、装飾具などを見ることができる。2階と3階では随時、企画展を開催している。

↑たくさんのショップが並ぶサント・カトリーヌ通り

サン・ロラン通り

ダウンタウンを北西～南東に貫いている。通称ザ・メインThe Main。通りの東はフランス語圏で、西は英語圏。

お得な観光パスポート

博物館や美術館、アクティビティ、ツアーなどで使える観光局のクーポン、パスポートMTLが便利。下記ウェブサイトから購入・登録し、好きなアトラクションを選択すると、チケットが無料または割引になる。

パスポートMTL
URL www.mtl.org/en/passeport-mtl
料3アトラクション＄50
5アトラクション＄80

マギル大学

住845 Rue Sherbrooke O.
TEL(514)398-4455
URL www.mcgill.ca
レッドパス博物館
TEL(514)398-4861
URL www.mcgill.ca/redpath
開火～金9:30～14:00
休土～月
料寄付程度（大人$10）

↑キャンパス内は出入り自由

マッコード博物館

住690 Rue Sherbrooke O.
TEL(514)861-6701
URL www.musee-mccord-stewart.ca
開6/26～9/4
月・火・木・金10:00～18:00
水10:00～21:00
土・日10:00～17:00
9/5～6/25
火・木・金10:00～18:00
水10:00～21:00
土・日10:00～17:00
休9/5～6/25の月
料大人$20、シニア$19、学生$15、17歳以下無料
（水曜の17:00～は入館無料）

モントリオール美術館
住1380 Rue Sherbrooke O.
TEL(514)285-2000
FREE(1-800)899-6873
URL www.mbam.qc.ca
開火～日10:00～17:00
（水曜の企画展は～21:00）
休月（祝日の場合は開館）
料常設展
31歳以上$24、21～30歳$16、20歳以下無料
（水曜17:00～は21歳以上$12）

モントリオール美術館

MAP P.384-C1

The Montréal Museum of Fine Arts

★★★

シェルブルック通りとクレセント通りRue Crescentの交差点に、神殿のような旧館とモダンな新館が向かい合って立っている。旧館は1860年にオープンした、カナダ最古の美術館だ。ケベック出身の画家、マーク・オーレル・ド・フォア・スゾー・コートMarc-Auréle de Foy Suzor-Côteなどのカナダやケベック州の美術を中心に、版画、デッサン、絵画、彫刻、写真、家具など4万5000点以上ものコレクションを収蔵。新館は各階をスロープでつなぐ斬新なデザイン。ふたつの建物間は地下トンネルで接続され、自由に行き来できる。

↑旧館と新館が向かい合って立つ

モントリオール現代美術館
住185 Rue Ste-Catherine O.
TEL(514)847-6226
URL macm.org
移転先のサテライト
住1 Place Ville Marie
開火～金11:30～19:00
土11:00～18:00
日11:00～17:30
休月
料大人$10、18歳以下無料

モントリオール現代美術館

MAP P.384-B2

Musée d'art contemporain de Montréal

★★★

←移転先のサテライトでコレクションの一部を公開している

2023年8月現在、改修工事のため長期休館中だが、プラス・ヴィルマリーのすぐ隣のビル（MAP P.384-C2）に移転して開館している（2025年内の再開予定）。

カルティエ・ラタン
案内
TEL(514)849-4906
URL www.quartierlatin.ca

↑ショッピングも楽しめる

↑古きよきパリの街並みを思わせる

カルティエ・ラタン

MAP P.384-A2

Quartier Latin

★★★

ダウンタウンの北東の端、サン・ドニ通りRue St-Denis沿い、メゾヌーヴ通りから北側の一帯がカルティエ・ラタンだ。旧モントリオール大学、現在はケベック大学モントリオール校（UQAM）というフランス系大学の学生たちが集まることから、"カルティエ・ラタン"と呼ばれるようになった。特に、地下鉄のベリ・ウカム駅とモン・ロワイヤル駅Mont-Royalの間は、カフェやレストラン、ギャラリーなどが並んでいる。

プラトー・モン・ロワイヤル

MAP P.384-A1・2

Plateau-Mont-Royal

★★★

サン・ドニ通りのカルティエ・ラタンから西に路地を1～3ブロックほど入ったプラトー・モン・ロワイヤル地区は、20世紀の初め頃まで清貧のインテリ層やフランス系カナダ人労働者たちの住宅地であった。サン・ドニ通り沿いのサン・ルイ広場St-Louis Squareを抜けた、ラヴァル通りAve. Lavalを中心とした一帯は、ビクトリア様式のテラスハウスが道の両側に並ぶ静かな住宅街。玄関に美しいらせん階段を備えていたり、外壁を赤や青に塗り替えたカラフルな建物もある。

↑サン・ルイ広場に面した瀟洒な住宅街

旧市街

ジャック・カルティエ広場

Place Jacques-Cartier

MAP P.395-A2

★★★

ノートルダム通りから旧港に向かって、緩やかなスロープを描きながら細長く延びる、旧市街の中心的な広場。花屋やフルーツの屋台、似顔絵描きなどもいて楽しい所だ。広場の入口には記念柱が立っており、その先端にはトラファルガー海戦で活躍した英国海軍司令官、ネルソンの像が載っている。記念柱の近くに観光案内所（→P.392欄外）があるので、旧市街歩きの拠点にもぴったり。

↑周囲にはカフェやレストランが連なる

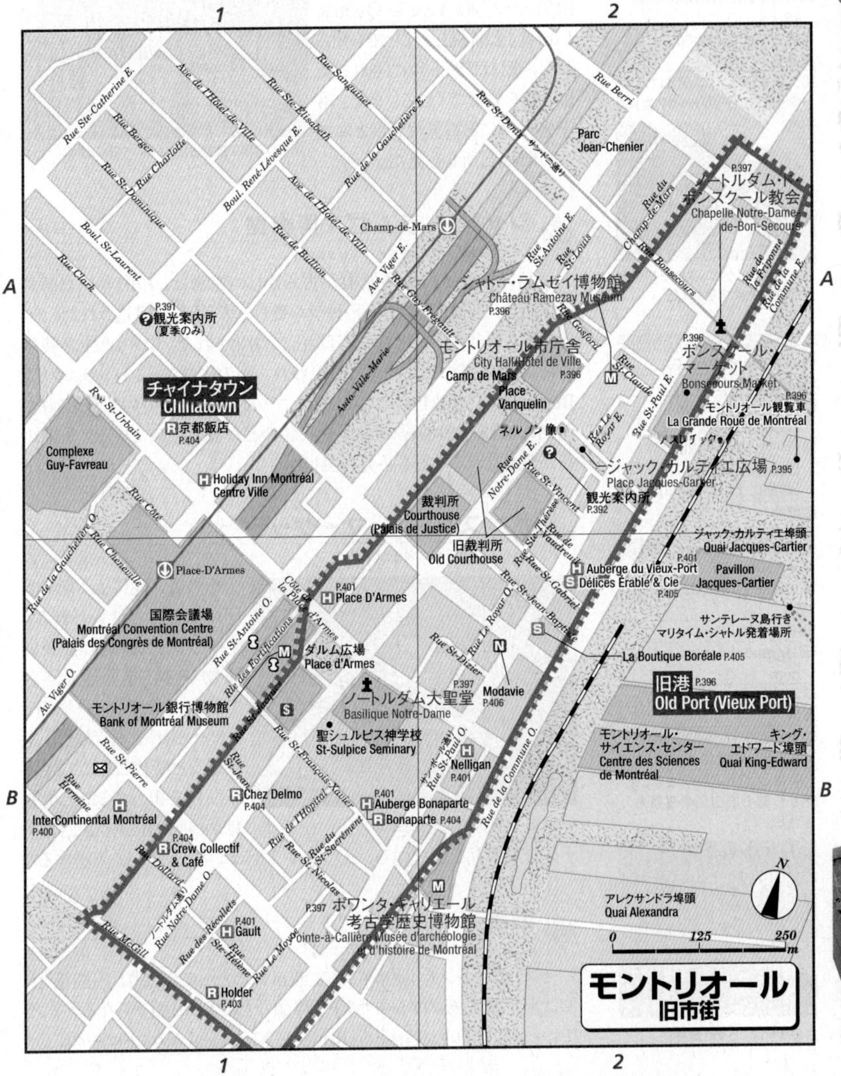

モントリオール 旧市街

Rue Ste-Catherine E.
Rue Berger
Rue Charlotte
Ave. de l'Hôtel-de-Ville
Rue Ste-Élisabeth
Rue Sanguinet
Rue de la Gauchetière E.
Rue St-Denis サンドニ通り
Rue Berri
Parc Jean-Chenier
Rue St-Dominique
Boul. René-Lévesque E.
Ave. de l'Hôtel-de-Ville
Rue du Champ-de-Mars
P.397 ノートルダム・ド・ボンスクール教会 Chapelle Notre-Dame-de-Bon-Secours
Boul. St-Laurent
Rue de Bullion
Champ-de-Mars
Rue St-Antoine E.
Rue St-Louis
Rue Bonsecours
Rue Clark
Ave. Viger E.
Rue Gosford
Rue de la Friponne
Rue de la Commune E.
P.391 観光案内所（夏季のみ）
Rue Gauchetière
シャトー・ラムゼイ博物館 Château Ramezay Museum P.396
モントリオール市庁舎 City Hall/Hôtel de Ville P.396
Camp de Mars
Place Vauquelin
Rue St-Claude
P.396 ボンスクール・マーケット Bonsecours Market
Rue St-Paul E.
チャイナタウン Chinatown
Rue St-Urbain
京都飯店 P.404
Auto.Ville-Marie
P.396 モントリオール観覧車 La Grande Roue de Montréal
ネルソン像
Rue Le Royer E.
Complexe Guy-Favreau
Holiday Inn Montréal Centre Ville
Rue Notre-Dame E.
Rue St-Vincent
ジャック・カルティエ広場 Place Jacques-Cartier P.395
観光案内所 P.392
Rue Côté
裁判所 Courthouse (Palais de Justice)
Rue de la Gauchetière O.
Rue Chenneville
旧裁判所 Old Courthouse
Rue Ste-Thérèse
Rue de Vaudreuil
ジャック・カルティエ埠頭 Quai Jacques-Cartier
Place-D'Armes
Côte de la Place-d'Armes
P.401 Place D'Armes
P.401 Auberge du Vieux-Port
Délices Érable & Cie P.405
Pavillon Jacques-Cartier
Rue St-Gabriel
国際会議場 Montréal Convention Centre (Palais des Congrès de Montréal)
Rue St-Antoine O.
Rue St-Jean-Baptiste
サンテレーヌ島行きマリタイム・シャトル発着場所
Rue Le Royer O.
Rue des Fortifications
ダルム広場 Place d'Armes
Rue St-Dizier
La Boutique Boréale P.405
Ave. Viger O.
Rue St-Jacques
P.397 ノートルダム大聖堂 Basilique Notre-Dame
Modavie P.406
旧港 P.396 Old Port (Vieux Port)
モントリオール銀行博物館 Bank of Montréal Museum
聖シュルピス神学校 St-Sulpice Seminary
Rue St-François-Xavier
Rue St-Paul O. サンポール通り
Nelligan P.401
Rue de la Commune O.
モントリオール・サイエンス・センター Centre des Sciences de Montréal
キング・エドワード埠頭 Quai King-Edward
Rue St-Pierre
Rue St-Jean
Chez Delmo P.404
Rue Hermine
InterContinental Montréal P.400
P.401 Auberge Bonaparte
Bonaparte P.404
Rue de l'Hôpital
Rue du St-Sacrement
P.404 Crew Collectif & Café
Rue Dollard
Rue St-Nicolas
Rue Notre-Dame O. ノートルダム通り
P.397 ポワンタ・キャリエール考古学歴史博物館 Pointe-à-Callière Musée d'archéologie et d'histoire de Montréal
アレクサンドラ埠頭 Quai Alexandra
Rue McGill
P.401 Gault
Rue des Récollets
Rue Ste-Hélène
Rue Le Moyne
Holder P.403
N
0 125 250 m

モントリオール市庁舎

MAP P.395-A2

City Hall/Hôtel de Ville

★★★

ジャック・カルティエ広場の向かいに立ち、1922年の火災により大部分が焼失したが、1926年に修復。内部は大理石の床や壁、金色のシャンデリアや繊細な彫刻などで豪華に彩られている。1967年、フランスのド・ゴール大統領（当時）のケベック滞在の際、建物裏側のバルコニーから「自由ケベック万歳 Vive le Quebéc Libre!」と演説したことでも知られる。夜にはライトアップされ、美しい姿を見せてくれる。また、市庁舎の横にある現裁判所とふたつの旧裁判所も必見だ。

↑1878年に建築されたバロック調の建物

モントリオール市庁舎
- 住 275 Rue Notre-Dame E.
- TEL (514)872-0311
- URL montreal.ca/en/places/city-hall

※2023年8月現在、改修工事のため休館中。

自由ケベック万歳
独立を主張するケベック州が州独立の外交を展開し、連邦政府を慌てさせた事件。

シャトー・ラムゼイ博物館

MAP P.395-A2

Château Ramezay Museum

★★★

石積みの壁やトタンの屋根が古めかしい建物は、1705年に当時のモントリオール総督、クロード・ド・ラムゼイの邸宅として建造されたもの。その後も歴代カナダ総督の官邸として利用された。アメリカ独立戦争時には反乱軍のアジトとしても使われ、かのベンジャミン・フランクリンBenjamin Franklinもここに滞在していた。当時の姿のまま残された館内には18～19世紀の家具や衣装などが展示されている。季節の花が咲き乱れる中庭も必見の美しさ。

シャトー・ラムゼイ博物館
- 住 280 Rue Notre-Dame E.
- TEL (514)861-3708
- URL www.chateauramezay.qc.ca
- 開 毎日10:00～17:00
- 休 無休
- 料 大人$13.5、シニア$11.5、学生$10、子供（5～17歳）$6

↑1929年にケベック州で初の歴史的建造物に指定された

ボンスクール・マーケット

MAP P.395-A2

Bonsecours Market

★★★

↑銀のドーム屋根がひときわ目立つ

その昔、港に入る船の目印になっていたといわれるネオ・クラシック様式の横長の建物。1845年に建造されて以来、市庁舎やパブリックマーケット、連邦政府議会場など時代ごとにさまざまな役割を担ってきた。現在はケベック州を中心とするカナダの工芸品を販売するショップやレストラン、ギャラリーが入居する。

ボンスクール・マーケット
- 住 350 Rue St-Paul E.
- TEL (514)872-1654
- URL www.marchebonsecours.qc.ca
- 営 月～土10:00～20:00
日10:00～18:00
（時期により変動あり）
- 休 無休

旧港

MAP P.395-B2

Old Port (Vieux Port)

★★★

セント・ローレンス川沿いに約2.5kmにわたって広がり、内陸港としては世界最大級のアレキサンドラ埠頭など4つの埠頭からなる。モントリオール観覧車 La Grande Roue de Montréalがランドマーク。

モントリオール観覧車
- MAP P.395-A2
- 住 362 Rue de la Commune E.
- TEL (514)325-7888
- URL lagranderouedemontreal.com
- 開 毎日10:00～23:00
- 休 無休
- 料 大人$30.47、シニア・学生$25.87、子供（3～17歳）$23

夜はライトアップされ、上空から望む旧市街の夜景もきれい。

↑港を一望できる観覧車

ノートルダム・ド・ボンスクール教会

MAP P.395-A2

Chapelle Notre-Dame-de-Bon-Secours

↑細かい装飾が見られるチャペルの内陣

モントリオール初の教師であるマルグリット・ブルジョワにより1655年に創建された教会。現在の建物は1771年に再建されたもの。別名「船乗りの教会」としても知られ、天井には、船乗りたちが航海の安全を祈願した船の模型が下げられている。建物内にはマルグリット・ブルジョワ博物館Musée Marguerite-Bourgeoysがあり、マルグリットに関する資料や発掘された古い礼拝堂があるほか、博物館内から尖塔の上に出ることもでき、旧港や旧市街を眺められる。

ノートルダム・ド・ボンスクール教会
- 住 400 Rue St-Paul E.
- TEL (514)282-8670
- URL margueritebourgeoys.org
- 開 5/15～10/15 毎日10:00～18:00 10/16～5/14 火～日11:00～17:00
- 休 10/16～5/14の月
- 料 無料

マルグリット・ブルジョワ博物館
- 料 大人$14、シニア$12、学生(18～25歳)$7、ユース(13～17歳)$5、12歳以下無料

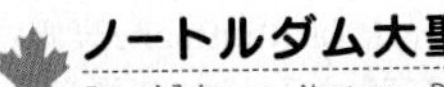

ノートルダム大聖堂

MAP P.395-B1

Basilique Notre-Dame

1829年建設のネオ・ゴシック様式の重厚な建物で、天高く伸びる2本の鐘楼には、東塔に10個の鐘からなるカリヨンが、西塔には重さ10.9トンもの巨鐘が納められている。内部には、正面に柔らかなコバルトブルーのライトに照らされて浮かび上がる黄金の祭壇がある。バラ窓と美しいステンドグラスから差し込む光が教会内部を照らし、精巧な彫刻とエメラルド色の天井を映し出す。まさに、モントリオール旧市街最大の見どころだ。

↑旧市街観光のハイライト

内陣には、7000本のパイプをもつ世界最大級のパイプオルガンがあり、年間を通じて演奏会が行われている。特に夏季に開かれるモントリオール交響楽団によるモーツァルトのコンサートは有名だ。また、5/17～10/13('23)には「Take a Seat at the Organ」というクラシカルなオルガンコンサートを開催(定員60人、要予約)。夜には教会内部のライトアップショー「AURA」が行われており、音楽と光の迫力あるショーが楽しめる。

ノートルダム大聖堂
- 住 110 Rue Notre-Dame O.
- TEL (514)842-2925
- URL www.basiliquenotredame.ca
- 開 月～金9:00～16:30 土9:00～16:00 日12:30～16:00
- 休 無休
- 料 大人$15、学生(17～22歳)$13、子供(6～16歳)$9.5

ミサ
- 催 月～金7:30、12:15 土17:00 日9:00、11:00、17:00

土・日曜にはパイプオルガンを演奏。フランス語のみで実施。

AURA
- URL www.aurabasiliquemontreal.com
- FREE (1-866)908-9090(チケット予約専用)
- 催 月～金18:00、20:00 土19:00、21:00(時期により変動あり)
- 休 日
- 料 大人$32、シニア$27、学生$21、子供(6～16歳)$18

※各回30分前に入場。ライトアップされた教会内の見学20分、ショー20分の合計約40分。

ポワンタ・キャリエール考古学歴史博物館

MAP P.395-B2

Pointe-à-Callière Musée d'archéologie et d'histoire de Montréal

旧市街の南端にある、モントリオールの歴史を学ぶことのできる博物館。もともと別の場所にあった博物館をこの場所に移動させた、ルイ・ヘクター・キャリエール元知事の名を冠して命名された。ここは、モントリオール発祥の地、ヴィル・マリーの村が建設された場所だ。パネルやジオラマのほかレーザーやホログラムを使った映像など、さまざまな方法による展示が楽しめる。地下には市で最古のカトリック教徒の地下墳墓があり、通路を抜けた先には、旧税関を改装した別館がある。

ポワンタ・キャリエール考古学歴史博物館
- 住 350 Place Royale
- TEL (514)872-9150
- URL pacmusee.qc.ca
- 開 月～金10:00～18:00 土・日11:00～18:00
- 休 無休
- 料 大人$26、シニア$24、学生$17、ユース(13～17歳)$13、子供(5～12歳)$8、4歳以下無料

郊外

モン・ロワイヤル公園
Parc du Mont-Royal

MAP P.383-C1

★★★

↑展望台から中心街を望む

ダウンタウンの西にある標高232mの小高い丘、モン・ロワイヤルのほぼ全域に広がる公園。ニューヨークのセントラル・パークを手がけたのと同じ造園建築家によって設計されたもので、広大な敷地内はジョギングやサイクリングをする人、日光浴を楽しむ人などがいて、市民の憩いの場として親しまれている。園内には2ヵ所の展望台があり、丘の頂上にある石造りの建物、シャレー・ド・ラ・モンターニュChalet de la Montagne裏側の展望台からはダウンタウンの全景が望める。北の展望台Observatoire de l' Est Mont-Royal Lookout/ Dé tour Vers Observatoireからは、はるかモントリオール・タワーまで見渡せる。シャレー・ド・ラ・モンターニュの裏側の展望台から右へ坂道を10分ほど上っていくと、山頂を過ぎた先に高さ約30mの鉄の十字架が立つ。秋になると丘全体が紅葉し、美しいパッチワークを見せてくれる。

モン・ロワイヤル公園
URL www.lemontroyal.qc.ca
交 地下鉄オレンジ・ラインのモン・ロワイヤル駅から、市バス#11に乗車。公園内には5ヵ所のバス停がある。北の展望台は2番目(Camillien-Houde)で、シャレー・ド・ラ・モンターニュ裏側の展望台やビーバー湖へは5番目(Lac aux Castor)で下車しよう。ダウンタウンから徒歩で行く場合は、ピール通りRue Peelから公園へ続く階段を上る。

十字架
1643年、メゾヌーヴが、町が洪水から生き延びられたら神の加護をたたえて建てると約束した故事になぞらえ、1924年に建てられた。

聖ジョゼフ礼拝堂
Oratoire St-Joseph

MAP P.383-C1

★★★

モントリオールの最高地点、263mに建てられたカトリックの礼拝堂。カナダの守護聖人、聖ジョゼフに捧げる目的で造られたイタリア・ルネッサンス様式の建物は、1942年から18年の年月をかけて完成したもの。もともとは信仰の力で多くの人の病気やケガを治したといわれ、“奇跡の人”と呼ばれたアンドレ修道士が建てたわずか数m四方の礼拝所だった。彼の死後、彼を慕う人々の熱意を原動力にこの壮大な建物は完成し、今では年間200万人以上が参拝に訪れる。

↑立派なドーム型聖堂

入口の右側に教会があり、その奥には聖ジョゼフ像が置かれている。廊下の壁に沿ってぎっしりと松葉杖が並べられているが、これはアンドレ修道士によって実際に治って歩けるようになった人々が奉納したものだ。エレベーターで2階に上がるとギフトショップと外には展望台がある。3階は特別展示室の礼拝堂博物館Musée de I' Oratoireで、アンドレ修道士の心臓が保存されている。建物の最上部は、ヴァチカン市国のサン・ピエトロ寺院に次いで世界第2位の巨大なドーム型の聖堂になっている。毎週日曜には、聖堂内でパイプオルガンのコンサートも開かれている。

聖ジョゼフ礼拝堂
住 3800 Ch. Queen-Mary
TEL (514)733-8211
URL www.saint-joseph.org
教会
開 毎日6:00～21:00
休 無休
ドーム型聖堂
開 毎日6:30～20:30
休 無休
料 無料
礼拝堂博物館
開 毎日10:00～16:30
休 無休
料 大人$3、子供$1
オルガンコンサート
催 日15:30(所要約30分)
※2023年8月現在、休止中。
交 地下鉄ブルー・ラインのコート・デ・ネージュ駅Côte-des-Neigesから徒歩約10分。また地下鉄オレンジ・ラインのローリエ駅Laurierから出る市バス#51が、モン・ロワイヤル公園から来るなら市バス#166が正門前に停まる。正門から礼拝堂入口までは、シャトルバスが出ている(運 毎日6:15～20:45)。

サンテレーヌ島

Île Ste-Hélène

MAP P.383-B2/P.385-A4～C4

★★★

1967年に行われた万博の会場となった島。島全体が公園になっており、数々の見どころが点在している。万博の名残をとどめるリチャード・バックミンスター・フラー設計による旧USパビリオンのバイオスフィアLa Biosphèreでは、セント・ローレンス川や五大湖などの水のエコシステムを紹介している。島のほぼ中央にあるのは、1822年に造られた砦のオールド・フォートOld Fortで、18世紀にフランスとスコットランドの軍隊が駐屯していた。砦内はフランス軍の使用した武器や軍服を展示する軍事博物館として2021年まで一般公開されていた。島内のジャン・ドラポー駅近くにはコミュニティサイクルのBIXIが設置されているのでサイクリングも楽しめる。

↑円形の建物がバイオスフィア

オリンピック公園

Parc Olympique

MAP P.383-A1～2

★★★

1976年に開催されたモントリオール・オリンピックの会場跡で、現在はスポーツ施設やアトラクションの集まる一大複合施設となっている。

約6万人収容のオリンピック・スタジアムOlympic Stadiumは、2004年までメジャーリーグのモントリオール・エクスポズのホーム球場として使われていた。スタジアムや隣接するプールはオリンピック公園の歴史を学べるSince 1976 Exhibitionに含まれるガイドツアーで見学可能だ。公園のシンボルとなっているモントリオール・タワーMontréal Towerは地上165mで、傾斜塔としては世界一の高さ。塔の斜面をはうように上るケーブルカーに乗り約2分で着く展望デッキから、晴れた日は80km先まで見渡せる。

園内にある4つのアミューズメント施設と、サンテレーヌ島のバイオスフィアを総称してスペース・フォー・ライフEspace Pour La Vieと呼ぶが、なかでも見逃せないのがスタジアムに隣接する自然環境博物館、バイオドームBiodômeだ。ガラス張りのドーム内に植物が生い茂り、ロレンシャンの落葉広葉樹林やセント・ローレンス湾など生態系の異なる5つのエリアを展開。テクノロジーを駆使した演出も五感を刺激する。また、世界有数の規模を誇るモントリオール植物園Jardin Botanique de Montréalには10の温室のほか、ファースト・ネイション・ガーデンや日本庭園など約20の庭園が点在。2万2000種もの植物が栽培される。余裕があれば昆虫館Insectariumやプラネタリウム Planétarium Rio Tinto Alcanにも立ち寄りたい。

↑タワーとスタジアムはフランス人のデザインによるもの

サンテレーヌ島

交 地下鉄イエロー・ラインのジャン・ドラポー駅Jean-Drapeau下車。または、旧市街の旧港のジャック・カルティエ埠頭Quai Jacques-Cartierから出るフェリー(→P.389欄外)を利用。

バイオスフィア

住 160 Chemin du Tour de l'isle

TEL (514)868-3000

FREE (1-855)514-4506

URL espacepourlavie.ca

開 4月下旬～9月上旬 毎日9:00～17:30
9月上旬～4月下旬 火～日9:00～16:30

休 9月上旬～4月下旬の月

料 大人＄22.75、シニア$20.5、子供(5～17歳)$11.5

オリンピック公園内のバイオドームやモントリオール植物園など5施設との共通入場券もある。

5施設の共通券

料 大人$83、子供(5～17歳)$31

オリンピック公園

TEL (514)252-4141

交 地下鉄ピー-IX駅Pie-IXから徒歩5分。

オリンピック・タワーとモントリオール・タワー

TEL (514)252-4737

URL parcolympique.qc.ca

開 ※2023年8月現在、改修工事のため閉鎖中(2024年秋の再開予定)。

スペース・フォー・ライフ

バイオドーム

開 4月下旬～9月上旬 毎日9:00～18:00
9月上旬～4月下旬 火～日9:00～17:00

休 9月上旬～4月下旬の月

モントリオール植物園

開 4月下旬～6月中旬 毎日9:00～18:00
6月中旬～9月上旬 日～木9:00～18:00 金・土9:00～19:00
9月上旬～10月 月～木9:00～21:00 金～日9:00～22:00
11月～4月下旬 火～日9:00～17:00

休 11月～4月下旬の月

モントリオールのホテル
Hotels in Montréal

ダウンタウンには高級ホテルからユースホステルまであらゆる種類のホテルが揃っている。客室数は非常に多いので、部屋が見つからないことはまずない。しかし、モントリオール国際ジャズ・フェスティバルやシルク・ドゥ・ソレイユ(→P.382)の公演期間中は非常に混み合うので予約が必要。中心部には高級〜中級のホテルが多く、エコノミーなホテルは北側のシェルブルック通りやバスディーポの周辺に点在。B&Bはプラトー・モン・ロワイヤルやその周辺に固まっており、低層集合住宅を生かしたおしゃれなものが多い。旧市街には石造りの古い建物を利用したおしゃれなブティックホテルがある。

なお、モントリオールでは、連邦政府消費税GST 5%と州の宿泊税9.975%のほか、市の宿泊税として3.5%が加算される。

最高級ホテル

Fairmont The Queen Elizabeth
フェアモント・ザ・クイーン・エリザベス

ダウンタウン

1960年代に建てられ、故・エリザベス女王の名を冠した最高級ホテル。アンティーク家具を配し、シックな色合いの絨毯を敷いた館内は、格式の高さを感じさせる。館内には地元産品を揃えたマーケットのほか、シグネチャーバーやスパがある。地下でセントラル駅やショッピングモールと連結していて便利。

MAP P.384-C2
住 900 Boul. René-Lévesque W.
TEL (514)861-3511
FREE (1-866)540-4483
URL www.fairmont.com/queen-elizabeth-montreal
料 ⓈⒹ$369〜 Tax別
CC A D M V
室 950室

Hôtel InterContinental Montréal
インター・コンチネンタル・モントリオール

旧市街

ダウンタウンと旧市街の中間に、塔のようにそびえ立つ。スタンダートルームにはそれぞれのテーマに合わせた名前が付けられ、ダークブラウンとベージュを基調とした落ち着いた雰囲気。レストラン、バー、屋内プールやフィットネスセンター、スパ、ドライサウナといった館内設備も充実している。

MAP P.395-B1
住 360 Rue St-Antoine O.
TEL (514)987-9900
URL montreal.intercontinental.com
料 ⓈⒹ$363.5〜 Tax別
CC A D M V
室 360室

高級ホテル

Hôtel Omni Mont-Royal
オムニ・モン・ロワイヤル

ダウンタウン

シェルブルック通りの、高級ホテルやデパート、ショップの並ぶ一画にある。モダンな木の家具やソファなど、エレガントな調度を揃えた客室はハネムーナーにもおすすめ。プールやジャクージ、充実した設備のフィットネスセンターを完備。フレンチビストロ「Le Petit Opus Café」は朝食営業あり。

MAP P.384-C1
住 1050 Rue Sherbrooke O.
TEL (514)284-1110
URL www.omnihotels.com
料 HIGH 5〜10月ⓈⒹ$279.65〜
LOW 11〜4月ⓈⒹ$207.4〜
Tax別
CC A D M V
室 299室

Le Centre Sheraton Montréal
ル・サントル・シェラトン・モントリオール

ダウンタウン

ダウンタウン中心にそびえる高層ホテル。華美になりすぎないインテリアやゆったりと広い客室、スタッフの気の利いた対応など居心地がいい。レストランやカフェ、プール、フィットネスセンター、スパ、サウナ、ジャクージと設備も充実し、快適なホテルライフを楽しめる。

MAP P.384-D1
住 1201 Boul. René-Lévesque O.
TEL (514)878-2000
URL sheratoncentremontreal.com
料 ⓈⒹ$263〜 Tax別
CC A D J M V
室 825室

バスタブ / 一部客室　テレビ / 一部客室　ドライヤー / 貸し出し　ミニバーおよび冷蔵庫 / 一部客室　セーフティボックス / フロントにあり　Wi-Fi

高級ホテル

Auberge du Vieux-Port
オーベルジュ・デュ・ビューポート

旧市街

セント・ローレンス川沿いにあるオーベルジュ。倉庫として使用されていた築100年以上の建物をリノベーションしている。客室は建物の風合いを生かし、れんがや石を使いクラシックで上品な印象。併設するレストランでは、セント・ローレンス川が見渡せるテラス席で優雅に食事を楽しめる。

MAP P.395-B2
住 97 Rue de la Commune E.
TEL (514)876-0081
FREE (1-888)660-7678
URL aubergeduvieuxport.com
料 HIGH 夏季Ⓢ Ⓓ $359～
LOW 冬季Ⓢ Ⓓ $233～　Tax込み
CC A M V
室 45室

Hôtel Gault
ゴールト

旧市街

金融関係のオフィスが入っていたビルを改装したラグジュアリーなホテル。客室はどれも斬新な造りで、レトロな家具をモダンにリメイクした特注家具をレイアウトしている。リネンやアメニティも上質なものを厳選。館内のジムやコンシェルジュサービスは24時間利用可能。

MAP P.395-B1
住 449 Rue Sainte-Hélène
TEL (514)904-1616
FREE (1-866)904-1616
URL hotelgault.com
料 HIGH 夏季Ⓢ Ⓓ $339～
LOW 冬季Ⓢ Ⓓ $203～　Tax込み
CC A M V
室 30室

Hôtel Place D'Armes
ホテル・プラス・ダルム

旧市街

19世紀に建造された4つの歴史的建物を改装したホテル。室内のデザインは建物ごとにネオ・クラシカル、コンテンポラリー、シックと異なる趣になっている。スチームバスを備えた本格的なスパも完備。夏は屋上テラスでアルコールや食事も楽しめる。日本食レストランも備える。

MAP P.395-B1
住 55 Rue St-Jacques O.
TEL (514)842-1887
FREE (1-888)450-1887
URL hotelplacedarmes.com
料 Ⓢ Ⓓ $224～
Tax別
CC A M V
室 169室

Hotel Nelligan
ネリガン

旧市街

旧市街の中心部にあり、19世紀前半に建てられた4つのビルを利用。古いれんがの壁を生かし、ダークウッドの家具を配した客室は、都会的でありながらあたたかみがある。スイートルームには暖炉やジャクージ付きの部屋も。各客室にバスローブも備えている。夏季は屋上にバーもオープンする。

MAP P.395-B2
住 106 Rue St-Paul O.
TEL (514)788-2040
FREE (1-877)788-2040
URL hotelnelligan.com
料 Ⓢ Ⓓ $287～
Tax別
CC A M V
室 105室

Auberge Bonaparte
オーベルジュ・ボナパルト

旧市街

旧市街の景観に溶け込むような石造りの建物は1886年建造。客室は7タイプあり、最上階のスイートルームにはふたつのバスルームや眺めのいいテラスが備わる。屋上からノートルダム大聖堂や旧市街の景観を楽しめる。フレンチレストラン「Restaurant Bonaparte」(→P.404) を併設。

MAP P.395-B1
住 447 Rue St François-Xavier
TEL (514)844-1448
URL bonaparte.com
料 HIGH 5～10月Ⓢ Ⓓ $284～
LOW 11～4月Ⓢ Ⓓ $177～
Tax別　朝食付き
CC A M V
室 37室

中級ホテル

Hyatt Place Montréal-Downtown
ハイアット・プレイス・モントリオール－ダウンタウン

ダウンタウン

地下鉄ベリ・ウカム駅に直結し、バスディーポも至近の好立地に2022年6月グランドオープン。地上30階建ての館内に屋内プールやサウナ、フィットネスセンター、小洒落たビストロなどを擁し、高層階からは市街地の美しい夜景を望める。一部の客室は簡易キッチン付き。

MAP P.385-A3
住 1415 Rue St-Hubert
TEL (514)842-4881
URL www.hyatt.com
料 Ⓢ Ⓓ $213～
Tax別　朝食付き
CC A D M V
室 354室

エコノミーホテル

Hôtel Casa Bella
カーサ・ベラ

ダウンタウン

ダウンタウンの北、住宅街の近くという静かな環境とリーズナブルな値段が魅力のホテル。1890年建造の建物は少し古く階段も急だが、内部はきれいに改装されている。予約時のリクエストで電子レンジつきの部屋も選択可能。スタッフも親切なので、気分よく滞在できる。

MAP P.384-B2
住264 Rue Sherbrooke O.
TEL(514)849-2777
URL www.hotelcasabella.com
料HIGH6～9月バス付きⓈ$90～Ⓓ$99～、バス共同Ⓢ$75～ Ⓓ$85～
LOW10～5月バス付きⓈ$70～Ⓓ$79～、バス共同Ⓢ$60～ Ⓓ$70～
Tax別
CC A M V
室20室

Hôtel Abri du Voyageur
アブリ・デュ・ボヤジェール

ダウンタウン

サント・カトリーヌ通りにあり、観光に便利なロケーション。バス、トイレ共同のバジェットルームとバス、トイレ付きのスーペリアルームがある。レセプションは階段を上った2階にあり、24時間オープン。インターネット予約の場合、割安になる。キッチン付きのアパートメントタイプもある。

MAP P.384-B2
住9/15 Rue Ste-Catherine O.
TEL(514)849-2922
FREE(1-866)302-2922
URL abri-voyageur.ca
料バス付きⓈⒹ$117～
バス共同ⓈⒹ$90～
Tax別
CC A M V
室50室

プチホテル

Hotel Manoir Sherbrooke
マノワール・シェルブルック

ダウンタウン

築100年以上の古い一軒家を利用したプチホテル。5つのタイプがある客室はどれもアンティーク風のインテリアで統一されており、ビクトリア調の建物と相まってエレガントな雰囲気。内装はクラシカルだが、設備は最新が揃っている。コンチネンタルの朝食付き。エレベーターはない。

MAP P.384-B2
住157 Rue Sherbrooke E.
TEL(514)845-0915
URL www.manoirsherbrooke.ca
料ⓈⒹ$119～
Tax別　朝食付き
CC M V
室24室

B&B

Le Cartier B&B
ル・カルティエ B&B

ダウンタウン

地下鉄の駅から徒歩5分ほど。ダウンタウンの北、閑静な住宅街に位置している。広々としたスタジオスイート仕様の客室はふたつで、それぞれデザインが異なる。冷蔵庫や電子レンジ、ポットなどがついたシェアタイプの簡易キッチン付き。朝食はコンチネンタルになっている。

MAP P.385-A3
住1219 Rue Cartier
TEL(514)917-1829
URL bblecartier.com
料ⓈⒹ$85～
Tax別　朝食付き
CC A D M V
室2室

ユースホステル

Saintlo Montréal
サンロー・モントリオール

ダウンタウン

ダウンタウンの中心にありながら、周囲は静かという最高の環境にある。かつてモーテルに使われていた建物を利用しているため、全室にカードキーやトイレが備え付けられているのがうれしい。ウオーキングツアーやサイクリングツアーなど、各種アクティビティを定期的に催行している。

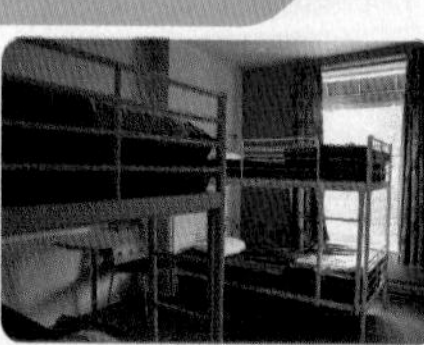

MAP P.384-D1
住1030 Rue Mackay
TEL(514)843-3317
FREE(1-866)843-3317
URL saintlo.ca/en/hostels/montreal
料夏季 ドミトリー$36～、ⓈⒹ$105～
冬季 ドミトリー$28～、ⓈⒹ$90～
Tax別 朝食付き
CC A M V
室50室、205ベッド

Auberge du Plateau
オーベルジュ・デュ・プラトー

ダウンタウン

ダウンタウンの北に位置している、石造りの趣のある建物を利用したユースホステル。清掃が行き届いており、館内はとてもきれい。屋上にはテラスがあり、夏季には花が植えられ華やかな雰囲気に。ダウンタウンやプラトー・モン・ロワイヤル、サン・ドニ通りへも徒歩5分ほどで行ける。料金はリネン込み。

MAP P.384-B2
住185 Rue Sherbrooke E.
TEL(514)284-1276
URL aubergeduplateau.com
料ドミトリー$57～ バス付きⓈⒹ$129～
バス共同ⓈⒹ$105～
冬季 ドミトリー$50～ バス付きⓈⒹ$114～ バス共同ⓈⒹ$104～
Tax別 朝食付き
CC M V
室25室、84ベッド

モントリオールのレストラン

Restaurants in Montréal

北米のパリといわれるだけあって、フレンチをはじめとする西欧料理のレストランが多い。旧市街には歴史を感じられるレストランが、サン・ドニ通りやサン・ロラン通り、プリンス・アーサー通りRue Prince Arthurには若者向けのカフェやバー、各国料理のレストランが並ぶ。

ケベック料理

La Binerie
ラ・ビネリー

ダウンタウン

ケベック料理が味わえるレストラン。小さな大衆食堂だが、食事時には地元の人で混み合う。豆の煮込み料理が人気。ベーコンやソーセージの入ったおかずクレープ$16.75、オムレツ$13～などメニューはいずれもリーズナブルな価格がうれしい。スープとメインのセットメニューもおすすめ。

MAP P.384-A1
住 4167 Rue St-Denis
TEL (514)285-9078
URL www.labineriemontroyal.com
営 月～水6:00～14:00
木・金6:00～21:00
土7:30～21:00
日7:30～14:00
休 無休
予 $15～
CC M V

フランス料理

Jerome Ferrer Europea
ジェローム・フェレール・ユーロピア

ダウンタウン

食通の間で評判の高い、注目のフレンチレストラン。ケベックの旬の食材を生かしたモダンなフランス料理が味わえる。ディナーは8品のコースが$185、10品のコースが$225。名物のロブスターのガーリックバター$68も味わい深い。アルコールの種類も豊富で、カクテルやワインなどが揃う。

MAP P.384-D1
住 1065 Rue de la Montagne
TEL (514)398-9229
URL jeromeferrer.ca
営 水～金11:00～13:00/17:00～20:30
土・日17:00～20:30
休 月・火
予 ランチ$60～、ディナー$120～
CC A M V

Restaurant L'Express
レクスプレス

ダウンタウン

1980年のオープン以来、地元で親しまれ多くの常連客でにぎわうフレンチビストロ。ビーフタルタルなどの伝統的なフランス料理のほか、カジュアルなメニューもあり、深夜まで食事が楽しめると評判。地産の食材を使った日替わりメニューも用意されている。店内はダイニングとバーに分かれている。

MAP P.384-A2
住 3927 Rue St-Denis
TEL (514)845-5333
URL restaurantlexpress.com
営 月～土11:30～翌2:00
休 日
予 ランチ$25～、ディナー$45～
CC A M V

Restaurant Leméac
ルミェーク

郊外

モン・ロワイヤル公園周辺に位置する、カジュアルなフレンチ料理店。人気は牛肉やサーモンのタルタル$36.5～やカモのコンフィ$34.5など。ワインの種類が豊富で、ワインと相性のよい料理も多い。ガラス張りで明るい店内にはカウンター席とテーブル席のほか、テラス席もある。

MAP P.383-B1
住 1045 Laurier O.
TEL (514)270-0999
URL restaurantlemeac.com
営 月～金11:30～15:00/17:00～23:00
土・日10:00～15:00/17:00～23:00
休 無休
予 ランチ$35～、ディナー$55～
CC A M V
交 地下鉄オレンジ・ラインのローリエ駅Laurierから徒歩17分。

Holder
ホルダー

旧市街

歴史的なビルの1階にある、フレンチビストロ。クラシカルなフランス料理から創作フレンチまでリーズナブルな価格で楽しめることから、家族連れでにぎわう。メニューは、ヨーグルトソースのサーモンタルタル$15～や牛ホホ肉の赤ワインソース煮$37など。デザートも$5～13と庶民的。

MAP P.395-B1
住 407 Rue McGill, 100-A
TEL (514)849-0333
URL restaurantholder.com
営 月～水11:30～22:00
木・金11:30～22:30
土17:30～22:30
日17:30～22:00
休 無休
予 ランチ$25～、ディナー$35～
CC A M V

フランス料理

Restaurant Bonaparte
ボナパルト

旧市街

旧市街にあり、れんが造りの建物が目を引く。ダイニングルームは3つに分かれ、クラシカルな趣ある部屋、薄暗くロマンティックな部屋、モダンで明るいカジュアルな部屋と、それぞれに個性がある。ディナーはコース$124がメインで、ワインとのペアリングも楽しい。同名の宿泊施設(→P.401)を併設。

MAP P.395-B1
住443 Rue St-François-Xavier
TEL(514)844-4368
URL restaurantbonaparte.com
営毎日17:30〜22:30
休無休
予$124〜
CC A M V

シーフード

Chez Delmo
シェ・デルモ

旧市街

1934年創業の老舗シーフード料理店。フレンチをベースにした伝統的なレシピで旬の魚介を堪能できる。看板メニューは創業以来の味を守り続けるドーバーソール(舌平目)のムニエル$70。ケベック産ロブスター(時価)のアレンジはさまざまで、ロブスターロール$43がランチのおすすめ。

MAP P.395-B1
住275 Notre Dame O.
TEL(514)288-4288
URL www.chezdelmo.com
営火・土17:30〜23:00
水〜金11:30〜15:00/17:30〜23:00
休日・月
予ランチ$30〜、ディナー$50〜
CC A M V

スモークミート

Schwartz's
シュワルツ

ダウンタウン

1928年創業のスモークミートの老舗。牛肉を伝統のスパイスに10日間漬け込んで薫製するというスモークミートサンドイッチ$13.95は、口の中で崩れるほど軟らかく味わい深い。付け合わせはピクルス$2.65など。隣はテイクアウト専門店。週末のランチタイムは長蛇の列ができる。

MAP P.384-A1
住3895 Boul. St-Laurent
TEL(514)842-4813
URL schwartzsdeli.com
営日〜木8:00〜23:00
金・土8:00〜24:00
休無休
予$15〜
CC不可

カフェ

Crew Collectif & Café
クリュー・コレクティフ&カフェ

旧市街

1928年築の、もとカナダ・ロイヤル銀行の重厚な建物をリノベーション。店内は当時の造りを生かしており、銀行の窓口を利用したカウンターは必見。カフェラテなどのドリンクや軽食、ヘルシーな食事メニューが揃い、カウンターで名前を伝えて注文するシステム。電源やWi-Fiは無料で使用できる。

MAP P.395-B1
住360 Rue Saint-Jacques
TEL(514)285-7095
URL crewcollectivecafe.com
営月〜金8:00〜16:00
土・日10:00〜17:00
休無休
予$5〜
CC A M V

Beauty's Luncheonette
ビューティズ・ランチオネット

郊外

ダウンタウン北にある名物カフェ。もともと縫製工場で働く職人に朝食を出したのが始まりで、やがて口コミで人気が広がっていったとか。人気はふわふわ食感のパンケーキ$11〜や、ベーグルにチーズやハムなどを挟んだビューティズ・スペシャル$15。ランチタイムはいつも混み合う。

MAP P.383-B1
住93 Ave. du Mont-Royal O.
TEL(514)849-8883
営月・水〜土8:00〜16:00
日8:00〜17:00
休火
予$15〜
CC A M V
交地下鉄オレンジ・ラインのモン・ロワイヤル駅から徒歩10分。

中華料理

京都飯店
Restaurant Beijing

ダウンタウン

新鮮な魚介類を用いたリーズナブルな中華料理店。一番人気はスパイシーな香りが食欲をそそる具だくさんの酸辣湯$10.5。プリプリのエビが入った雲呑麺$9.25や春巻$3.5もおすすめだ。深夜まで営業し〆の一軒として使えるほか、全品テイクアウトができるのもうれしい。

MAP P.395-A1
住92 Rue de la Gauchetière O.
TEL(514)861-2003
営月〜木・土11:30〜翌3:00
金・日11:30〜翌1:30
休無休
予ランチ$15〜、ディナー$25〜
CC A M V

モントリオールのショッピング
Shops in Montréal

サント・カトリーヌ通りにはデパートやおしゃれなショップが集まっている。高級ブランドやブティックはシェルブルック通りのユニバーシティ通りRue Universityとミュゼー通りAve. du Muséeに挟まれた一帯に。旧市街のサン・ポール通り沿いにはみやげ物屋が多い。

デパート

Holt Renfrew Ogilvy
ホルト・レンフリュー・オギルビー

ダウンタウン

1866年創業の老舗「Ogilvy」が約3年の改装期間を経て2020年、大手デパート「Holt Renfrew」の旗艦店へと装いを一新。サステナブルに配慮した館内に、90を超す高級ブランドが入居している。ポップアップストアや期間限定イベントも開催され、いつ訪れても楽しい。

MAP P.384-D1
住 1307 Rue St-Catherine O.
TEL (514)842-7711
URL www.holtrenfrew.com
営 月〜水10:00〜18:00
木・金10:00〜20:00
土10:00〜19:00
日11:00〜18:00
休 無休
CC 店舗により異なる

おみやげ

L'Art des Artisans du Québec
ラール・デ・ザルティザンス・デュ・ケベック

ダウンタウン

スーパーなども入居するショッピングモール「Complexe Desjardins」の地下1階にあり、ケベック州出身のアーティストが作った小物を扱う。ガラス製品から素朴な陶器、ハンドメイドのアクセサリー、ギフトカードなど、どれもぬくもりあるデザインばかりでおみやげにぴったり。メープル製品も種類豊富。

MAP P.384-B2〜C2
住 150 Rue Ste-Catherine O.
TEL (514)288-5379
URL www.artdesartisans.ca
営 月〜水10:00〜18:00
木・金10:00〜20:00
土10:00〜17:30
日12:00〜17:00
休 無休
CC A M V

La Boutique Boréale
ラ・ブティック・ボレアル

旧市街

カナダの先住民、イヌイットによるハンドメイドの彫刻作品をはじめ、モカシンやアートカードなど、メイドインカナダのアイテムが揃うショップ。クマやアザラシなどをモチーフにしたイヌイットの彫刻は$250〜。もっと多くの彫刻を見たい場合は隣接するギャラリーへ足を運んでみて。

MAP P.395-B2
住 4 Rue St-Paul E.
TEL (514)903-1904
URL www.boutiqueboreale.com
営 毎日10:00〜18:00
休 無休
CC A M V

メープル製品

Délices Érable & Cie
デリス・エラーブレ&シィ

旧市街

旧市街にある、メープルシロップ製品の専門店。人気はシロップ$6.15〜やジャム$4.4〜、メープルティー$3.5〜など。手頃な値段で、おみやげにも喜ばれる。その場で作ってくれるメープル・タフィと呼ばれるキャンディ$2.3など、ユニークなアイテムも豊富。地産の食材を使ったジェラートは$4.1〜。

MAP P.395-B2
住 84 Rue St-Paul E.
TEL (514)765-3456
URL www.deliceserableetcie.com
営 木〜日12:00〜18:00
（時期により変動あり）
休 月〜水
CC A M V

ベーグル

St. Viateur Bagel Shop
サン・ヴィアトー・ベーグル・ショップ

郊外

1957年の創業以来、薪のオーブンでベーグルを焼き続けている人気店。定番のゴマとケシのベーグルは1個$1.2、1ダース$13.75。シナモンレーズンベーグル$1.4もロングセラーだ。住1127 Ave. du Mont-Royal E.に直営のカフェ（営毎日7:00〜20:00）があるので立ち寄ろう。

MAP P.383-B1
住 263 St-Viateur O.
TEL (514)276-8044
URL www.stviateurbagel.com
営 毎日6:00〜24:00
休 無休
CC 不可
交 地下鉄ブルー・ラインのウートルモン駅Outremontから徒歩20分。

モントリオールのナイトスポット

Night Spots in Montréal

治安のよさからも、安心してナイトライフが楽しめる。ダウンタウンではクレセント通り、サン・ドニ通り沿いなどにバーやパブ、クラブなどナイトスポットが密集している。ただし、いくら安全とはいっても、人が密集している場所ではスリなどに注意すること。

ジャズクラブ

Pub Quartier Latin
パブ・カルティエ・ラタン

ダウンタウン

カルティエ・ラタンにあるカジュアルなパブで、若者でいつもにぎわっている。ビールやカクテルは各$8.5～。ノンアルコールのモクテルもさまざまなフレーバーが揃う。併設のBordel Comédie Clubでは毎晩お笑いライブを開催。さまざまなイベントを催しているので、ウェブサイトでチェックしよう。

MAP P.384-B2
住 318 Rue Ontario E.
TEL (514)845-3301
URL pubquartierlatin.com
営 毎日16:00～24:00
休 無休
CC A M V

Modavie
モダヴィ

旧市街

旧市街にある、ジャズライブが評判のレストラン。地中海料理を味わいつつ、生演奏を楽しめる。ライブは毎晩19:00～22:00。石やれんがの壁を生かした店内はムードも満点。アルコールの品揃えも自慢で、一角にバーカウンターが設けられている。週末は予約がおすすめ。

MAP P.395-B2
住 1 Rue St-Paul O.
TEL (514)287-9582
営 日～木11:30～22:30
金・土11:30～23:00
休 無休
CC A M V

パブ

Brutopia
ブルートピア

ダウンタウン

クレセント通り沿いにあるブリューパブ。ブラウンエールやハニービアなど、10種以上の自家製ビール$8～が味わえる。一番人気は、ラズベリーのフレーバーが香るやや甘めのビール、ラズベリーブロンド。サルシッチャやタコスなど世界各国のつまみが味わえる。木～月曜にはDJやライブも開催される。

MAP P.384-D1
住 1219 Rue Crescent
TEL (514)393-9277
URL www.brutopia.net
営 日～木14:00～24:00
金・土12:00～翌1:00
休 無休
CC A M V

Les 3 Brasseurs
レ・トロワ・ブラッサー

ダウンタウン

昼から夜までにぎわう人気の店。名物のオリジナルビール5種類と月替わりの1種類が揃い、1杯$5.75～。料理はどれもビールにぴったりで、ハンバーガー$17～やザワークラウトの盛り合わせ$19.75のほか、ビール入りの衣が決め手のフィッシュ＆チップス$17も。テーブル席とカウンター席がある。

MAP P.384-A2～B2
住 1658 Rue St-Denis
TEL (514)845-1660
URL les3brasseurs.ca
営 日～水11:30～24:00
木11:30～翌1:00
金・土11:30～翌2:00
休 無休
CC A M V

ライブハウス・バー

Bootlegger Cocktail Bar
ブートリガー・カクテル・バー

ダウンタウン

夜までにぎやかなサン・ロラン通り沿い、階段を上がった2階にある。カクテルは1杯$15～で、すべて店で研究し生み出されたオリジナルなのだとか。好みの味や気分を伝えれば合う物を作ってくれる。ウイスキーのセレクションも秀逸。平日17:00～19:00にはハッピーアワーを実施している。

MAP P.384-B2
住 3481 St Laurent Blvd.
TEL (438)383-2226
URL www.barbootlegger.com
営 木～日19:00～翌3:00
休 月～水
CC M V

メープル街道のハイライトをドライブ

ロレンシャン Laurentians

モントリオール北部の高原地帯はかつて、結核治療のための保養地として多くの人が訪れた歴史をもつリゾートエリア。秋の紅葉風景は世界的にも名をはせる美しさ。春夏は乗馬やラフティング、冬はスキーと年間を通じて楽しめ、特に世界最大級のナイトスキー場エリアとしても知られる。

ロレンシャンの基本DATA
MAP P.380-C1～D1

拠点となる町：モントリオール
歴史的見どころ：★
自然の見どころ：★★★★

ロレンシャン情報のサイト
URL www.laurentides.com

ロレンシャンの回り方

モントリオールからロレンシャンの各町へは、ハイウエイ#15、またはこれに並行するハイウエイ#117でほぼ一本道。#15はサンタガットゥ・デ・モンまでだが、信号がないぶん、時間を節約できる。モントリオールから30分ほど走ると両側に広葉樹の森が目立ち始め、ロレンシャンの玄関口、サン・ジェローム St-Jérômeに差しかかる。Exit 51を下りた所には観光案内所がある。サン・ソヴェール・デ・モンへはハイウエイ#15をQC-364で下り西に進む。プリンシパル通りを北東に向かい、左折してハイウエイ#117を北上するとサンタデールに着く。ここから両側に山を望むハイウエイ#370を走ればエステレル。来た道を戻りハイウエイ#15を北上。QC-117を下りれば、サンタガットゥ・デ・モンへ到着する。

⬆鮮やかな紅葉に目を奪われる

ドライブチャート

モントリオール（P.382）
→ 75km　ハイウエイ＃15、＃364経由
→ ①サン・ソヴェール・デ・モン
→ 9.4km　ハイウエイ＃117経由
→ ②サンタデール
→ 18.5km　ハイウエイ＃370経由
→ ③エステレル
→ 39.2km　ハイウエイ＃370、＃15経由
→ ④サンタガットゥ・デ・モン
→ 43km　ハイウエイ＃117、＃327経由
→ モン・トランブラン（P.411）

その他の交通情報

長距離バス

モントリオールからギャラン・ロレンティド社Galland Laurentidesがサンタデール、サンタガットゥ・デ・モンを経由してモン・トランブランまで午前と午後の1日2便運行。所要2時間50分～3時間25分。片道大人$34.65

ギャラン・ロレンティド社
TEL (450)687-8666　FREE (1-877)806-8666
URL www.galland-bus.com

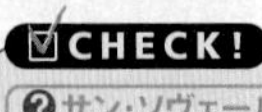

?サン・ソヴェール・デ・モンの観光案内所

La Vallée de Saint-Sauveur Bureau d'information touristique

住 30 Ave. Filion

TEL (450)227-2564

URL www.valleesaint sauveur.com

ハイウエイ#15のExit 60を下りた所。

CHECK!

?サンタデールの観光案内所

MRC des Pays-d'en-Haut

住 1014 Rue Valiquette

TEL (450)229-6637

URL lespaysdenhaut.com

ハイウエイ#15のExit 67を下りた所。

おもな見どころ

① サン・ソヴェール・デ・モン

St-Sauveur-des-Monts

MAP P.408

★★★

ロレンシャンのなかではモントリオールからいちばん近くに位置する。メインストリートのプリンシパル通りRue Principaleにはカラフルな木造家屋を改装したカフェやレストラン、ショップのほか、周辺には4つ星ホテル「Manoir Saint-Sauveur」やB&B、アウトレットモールがある。町の南にあるサン・ソヴェール山Mt-St-Sauveurのスキー場は、夏場になるとウオータースライダーが楽しめる人気テーマパーク。

↑かわいらしい店が並ぶプリンシパル通り

② サンタデール

Ste-Adèle

MAP P.408

★★★

サン・ソヴェール・デ・モンからハイウエイ#117を少し北上した所。かつて物流の重要地点だったが、現在はロンド湖Lac Rondを中心としたリゾートエリアとなっている。

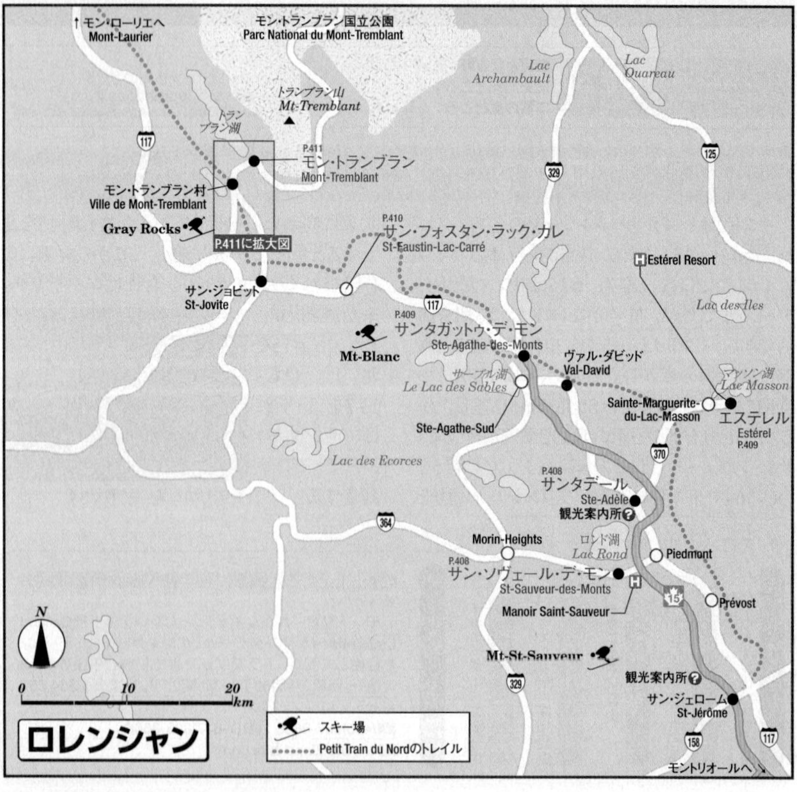

ロレンシャン

↑モン・ローリエへ Mont-Laurier
モン・トランブラン国立公園 Parc National du Mont-Tremblant
トランブラン山 Mt-Tremblant
トランブラン湖
Lac Archambault
Lac Quareau
P.411 モン・トランブラン Mont-Tremblant
モン・トランブラン村 Ville de Mont-Tremblant
Gray Rocks
P.411に拡大図
P.410 サン・フォスタン・ラック・カレ St-Faustin-Lac-Carré
サン・ジョビット St-Jovite
Estérel Resort
Lac des Iles
P.409 サンタガットゥ・デ・モン Ste-Agathe-des-Monts
Mt-Blanc
ヴァル・ダビッド Val-David
サーブル湖 Le Lac des Sables
マッソン湖 Lac Masson
Sainte-Marguerite-du-Lac-Masson
エステレル Estérel P.409
Ste-Agathe-Sud
Lac des Ecorces
P.408 サンタデール Ste-Adèle
観光案内所
Morin-Heights
ロンド湖 Lac Rond
Piedmont
P.408 サン・ソヴェール・デ・モン St-Sauveur-des-Monts
Manoir Saint-Sauveur
Prévost
Mt-St-Sauveur
観光案内所
サン・ジェローム St-Jérôme
モントリオールへ
117 329 125 370 364 15 158
N
0 10 20 km
スキー場
Petit Train du Nordのトレイル

③ エステレル
Estérel

MAP P.408

★★★

サンタデールからハイウエイ#370を北上した、マッソン湖Lac Massonの南側の湖畔に位置する。ここにはアクティビティが充実した滞在型リゾートホテルの「Estérel Resort」がある。

↑静かな湖畔でのんびりしたい

☑CHECK!

エステレルのホテル

エステレル・リゾート
Estérel Resort
住 39 Fridolin-Simard Blvd.
TEL (450)228-2571
FREE (1-888)378-3735
URL www.esterel.com
料 Ⓢ Ⓓ $229～ Tax別
CC A D M V
室 200室

④ サンタガットゥ・デ・モン
Ste-Agathe-des-Monts

MAP P.408

★★★

美しいサーブル湖Le Lac des Sablesのクルーズがメイン。特に紅葉の季節はすばらしい景色が楽しめ、人気だ。カヌーやヨットセイリングなどのほか、夏には湖水浴もできる。

↑サーブル湖畔には別荘が並ぶ

☑CHECK!

サンタガットゥ・デ・モンの観光案内所

Bureau d'accueil Touristique de Sainte-Agathe
住 24 Rue Saint-Paul est
TEL (819)326-4595
URL ville.sainte-agathe-des-monts.qc.ca
ハイウエイ#15のExit 89を下りた所。

サーブル湖のクルーズ

Croisières Alouette
TEL (819)326-3656
FREE (1-866)326-3656
運 5月下旬～10月下旬 1日2～5便
※2023年は不催行。2024年の営業は未定。

COLUMN

ロレンシャンで楽しむサイクリング

ロレンシャンの自然を満喫できる数々のアクティビティのなかでもサイクリングの人気は高い。そのコースとしておすすめなのが、1989年までサン・ジェローム～モン・ローリエMont-Laurier間を走っていた鉄道の廃線跡を利用したトレイル"プティ・トラン・デュ・ノールPetit Train du Nord"(5月中旬～10月中旬通行可。冬季はクロスカントリー、スノーモービル専用)。川や湖のそばを抜けるトレイルは232kmの道のりで、紅葉に彩られる秋は、特に美しい景色が楽しめる。ロレンシャンの公式ガイドブック(無料)に詳しいマップやレンタサイクルの情報が載っているので、観光案内所で手に入れよう。

↑自転車でも通りやすく整備されたプティ・トラン・デュ・ノール

DATA

プティ・トラン・デュ・ノール
URL ptittraindunord.com

エクスカーション

モンテベロ
Montebello

MAP P.380-D1

★★★

モン・トランブランの手前、サン・ジョビットSt-Joviteからハイウエイ#323を南下すると、およそ77kmで、ログハウスのリゾートで名高いモンテベロMontebelloに到着する。1981年に開催されたG7サミットの会場ともなったフェアモント・ル・シャトー・モンテベロFairmont Le Château Montebelloはこの地方を代表する名門ホテル。広大な敷地にはゴルフ場、テニスコートなどのアクティビティ施設が整い、快適な休日が過ごせる。ホテル裏側にはイギリス植民地下のカナダで反ブルジョワの旗を掲げて反乱を指揮した、ルイ・ジョセフ・パピノーLouis-Joseph Papineauの館もある。ホテルから3kmほどの場所には、放し飼いにされたバイソンやムースなどを車に乗ったまま観察できるサファリパーク、オメガ・パークOmega Parkがある。約12kmのルートを、カーラジオから流れる説明を聴きながらゆっくりと回る。

↑間近に動物が見られるオメガ・パーク

CHECK!

オメガ・パーク

住 399 Route 323 N.
TEL (819)423-5487
URL www.parcomega.ca
開 5/20～6/16、9/5～10/9
月～金10:00～18:00
土・日9:00～18:00
6/17～9/4
毎日9:00～19:00
10/10～5/19
毎日10:00～17:00
（入場は閉園の1～2時間前まで）
休 無休
料 大人$40.88～、シニア$36.53、ユース（6～15歳）$30.44、子供（2～5歳）$16.09～
（時期により変動あり）

モンテベロのホテル

Farimont Le Château Montebello
フェアモント・ル・シャトー・モンテベロ
住 392 Rue Notre-Dame
TEL (819)423-6341
FREE (1-866)540-4462
URL www.fairmont.com/montebello
料 ⓈⒹ$329～　Tax別

COLUMN

伝統的なメープルシロップ作りを見学しよう

↑メープルの樹木に筒を挿して、樹液を取り出す、昔ながらの方法

カナダの人気みやげに、カエデの樹液を煮詰めたメープルシロップは外せない。メープルシロップ農家の人々は、毎年3～4月の雪解けの時期が始まると、メープルの樹が地中からたっぷりと吸い込んだ水分を含んだ樹液、メープルウオーターを採取し、何時間も煮詰めてメープルシロップを作る。現在では、樹に取り付けたパイプから採取するという機械化された手法が一般的だが、同時に観光客向けに伝統的な手法で作業をしている作業場シュガーシャックSugar Shackも多い。

ロレンシャンのエリアにも、サン・フォスタン・ラック・カレSt-Faustin-Lac-Carréにあるラ・タブレ・デ・ピオニエをはじめ、ツーリストを歓迎しているシュガーシャックが数多くあるので、ぜひ訪れてみたい。シーズンによっては民族衣装や民族音楽が楽しめたり、メープルシロップを使ったユニークな郷土料理を味わえることもあるので、問い合わせてみよう。

DATA

サン・フォスタン・ラック・カレ
MAP P.408
ラ・タブレ・デ・ピオニエ
La Tablée des Pionniers
住 1357 Rue Saint-Faustin
TEL (819)688-2101　FREE (1-855)688-2101
URL www.latableedespionniers.com
開 3月～5月中旬
休 5月中旬～2月
交 サンタガットゥ・デ・モンから北西へ約20km。

MONT-TREMBLANT
モン・トランブラン

ケベック州

ロレンシャン観光のメインとして知られるモン・トランブランは、トランブラン山の麓に広がるリゾートエリアだ。メープルの木々に覆われた山々は、秋には一面の紅葉に彩られる。トランブラン山の北側には、モン・トランブラン国立公園が数百km²も広がり、大自然のなかでアクティビティが楽しめる。

↑店が並ぶChemin des Remparts通り

MAP P.380-C1／P.408
人口 1万992
市外局番 819/450
モン・トランブラン情報のサイト
URL www.tremblant.ca

モン・トランブランの歩き方

さわやかな高原リゾートのモン・トランブランには、リゾートホテルやレストラン、ショップがカラフルに軒を連ねている。中心になるのは**トランブラン山へ上るゴンドラ乗り場周辺のサン・ベルナール広場Place St-Bernard**。町は山の斜面に造られ、サン・ベルナール広場から観光案内所までは緩やかな下り坂になっている。観光案内所からサン・ベルナール広場の近くまでは無料のリフト、カブリオレCabrioletが運行しているが、町は1時間もあれば回れてしまうくらいの大きさ。のんびりと散歩するのもおすすめだ。町のすぐ西、**トランブラン湖Lac Tremblant**までは徒歩10分ほど。

行き方

モントリオールからギャラン・ロレンティド社(→P. 407)が1日2便運行、所要約2時間50分～3時間25分、片道大人$34.65。

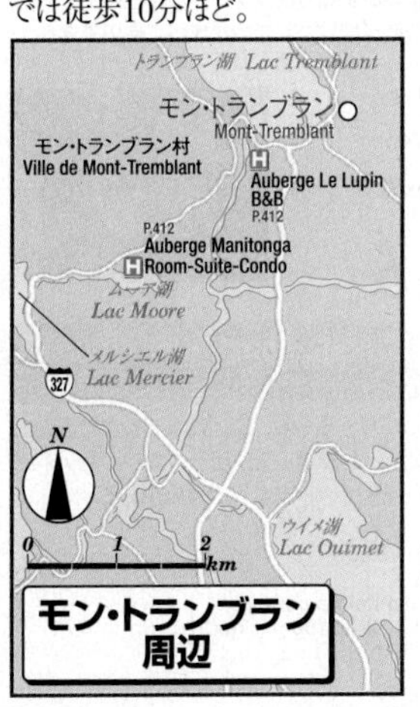

❓観光案内所

Tourisme Mont-Tremblant

MAP P.411右図
住1000 Chemin des Voyageurs
TEL(514)764-7546
URL www.tremblant.ca
開毎日9:30～17:00
休無休

トランブラン山

山頂へのゴンドラ

TEL(514)764-7546(観光案内所)
運5/19～6/16
月～金9:00～16:30
土・日9:00～17:00
6/17～9/2
日～木9:00～17:00
金・土9:00～18:30
9/3～10/15
月～木9:00～16:30
金・土9:00～18:30
日9:00～17:00
料大人$27.02($25.02)、ユース(6～12歳)$21.11($19.11)、子供(3～5歳)$12.67($10.67)
※( )内は48時間以上前にウェブサイトで購入した場合の料金。冬季は天候に合わせて短縮営業。

おもな見どころ

トランブラン山

Mont-Tremblant

MAP P.411右図外

★★★

町の背後にそびえる標高875mの小高い山。頂上までは通年運行しているゴンドラで上ることができる。山頂から見下ろす秋の紅葉風景は有名で、メープル街道のパンフレットなどにもたびたび登場する。山頂からはいくつものトレイルが出ており、ハイキングを楽しみながら町まで下りることもできる。トランブラン山のゴンドラ乗り場はサン・ベルナール広場にある。チケットにはランチ付きなどのプランあり。広場はレストランやホテルが並び、多くの観光客が集まる町で最もにぎやかな場所となっている。アクティビティが楽しめるトランブラン・アクティビティ・センターもすぐそば。

⬆山頂から町の眺望を楽しもう

⬆にぎやかなサン・ベルナール広場

モン・トランブランのホテル

Hotels in Mont Tremblant

Fairmont Tremblant

フェアモント・トランブラン

モン・トランブランを代表する最高級ホテル。ショッピングモールやレストラン、エステ、プール、スパ、ランドリーなど館内施設が充実。各種アクティビティもアレンジしてくれる。

MAP P.411右図
住3045 Chemin de la Chapelle
TEL(819)681-7000
URL www.fairmont.com/tremblant
料ⓈⒹ$350～ Tax別
CC A D J M V 室314室

Le Westin Tremblant

ウェスティン・トランブラン

モン・トランブランの中心に立つ比較的新しいホテル。館内にサウナ付きのジムがあり、屋外ではゴルフ、テニス、乗馬などのスポーツもできる。露天のジャクージもある。

MAP P.411右図
住100 Chemin Kandahar
TEL(819)681-8000
URL www.marriott.com
料ⓈⒹ$407～ Tax別
CC A D J M V 室122室

Auberge Le Lupin B&B

オーベルジュ・ル・ルパンB&B

中心部から車で3分の所にあるアットホームなB&B。清潔感あふれる客室、暖炉のあるリビングルームなど滞在は快適。インターネットに接続可能なパソコンを無料で使用できる。

MAP P.411左図
住127 Rue Pinoteau
TEL(819)425-5474
FREE(1-877)425-5474
URL lelupin.com
料ⓈⒹ$200～ Tax別 朝食付き
CC M V 室9室

Auberge Manitonga Room-Suite-Condo

オーベルジュ・マニトンガ・ルーム・スイート・コンボ

ドミトリーからファミリールーム、コンドミニアムまで幅広く、客室はシンプルながらも清潔。テレビラウンジ、キッチン、ランドリー、カフェ、ビリヤード台などの設備がある。

MAP P.411左図
住2213 Chemin du Village
TEL(819)425-6008
URL www.aubergemanitonga.com
料ドミトリー$45～ ⓈⒹ$100～ Tax別
CC A M V 室19室、70ベッド

バスタブ　テレビ　ドライヤー　ミニバーおよび冷蔵庫　セーフティボックス　Wi-Fi
一部客室　一部客室　貸し出し　一部客室　フロントにあり

モン・トランブランのレストラン
Restaurants in Mont Tremblant

Le Shack
ル・シャック

サン・ベルナール広場の一角に立ち、ビビッドでカラフルな外観は、広場でもひときわ目立つ。料理はサンドイッチやスパゲティ、ステーキなど。メインは$20前後。

MAP P.411右図
住3035 Chemin de la Chapelle
TEL(819)681-4700
URL www.leshack.com
営毎日11:00～21:30　休無休　予$20～　CC A M V

Beaver Tails
ビーバー・テイルズ

ビーバーのしっぽ形の平たい揚げパンでおなじみの人気チェーン。定番のクラシックのほか、シナモンシュガーやチョコレートなどさまざまなトッピングが揃い、町歩きのお供に最適。

MAP P.411左図
住116 Chemin des Kandahar（場所はよく変わるので要確認）
TEL (819) 717-1932　URL beavertails.com
営日～木11:00～18:00　金・土11:00～21:00
休無休　予$10～　CC M V

モン・トランブランのショッピング
Shops in Mont Tremblant

Cabane à Sucre de la Montagne
カバナ・スクル・ド・ラ・モンターニュ

メープル製品の専門店。バターやキャラメルなどメープルシロップを原料にして作ったアイテムも充実。氷の上でシロップを固めたメープル・タフィの実演販売も人気。

MAP P.411右図
住161 Chemin du Curé Deslauriers
TEL(819)681-4995
営日～木10:00～18:00　金・土10:00～21:00
（時期により変動あり）
休無休　CC A M V

Fluide Juice Bar
フリュード・ジュース・バー

ケベック産のリンゴをはじめ、ラズベリーやバナナ、パイナップルなど果物をミックスしたフレッシュジュースの専門店。注文を受けてからその場で果物を搾ってくれるので新鮮そのもの。

MAP P.411右図
住118 Chemin des Kandahar
TEL(819)681-4681
営毎日10:00～18:00（時期により変動あり）
休無休　CC M V

モン・トランブランのアクティビティ

ハイキング Hiking

モン・トランブランで一番人気なのがハイキング。トランブラン山の周辺には、1～20kmほどのトレイルが11コースほどある。また山の裾野にもたくさんのトレイルがある。特にサン・ベルナール広場そばから出ているトレイルもあり、2km以下のショートコースなら体力に自信がない人でも安心。ハイキングマップは観光案内所やアクティビティセンター・モン・トランブランで入手できる。

ヘリコプター遊覧飛行 Helicopter Flights

ウイメ湖 Lac Ouimet 湖畔の飛行場からテイクオフ。20分コースではモン・トランブランの上空を、30分コースではさらに国立公園の上空まで遊覧する。

乗馬 Horseback Riding

馬の背に揺られ、大自然をワイルドに満喫できる乗馬。おもに森や山を巡るツアーを催行している。

トランブラン・アクティビティ・センター

MAP P.411右図
住118 Chemin Kandahar
TEL(819)681-4848
開毎日8:00～18:00
休無休

各種アクティビティの予約・申し込みができる。

ヘリコプター遊覧飛行

催毎日10:00～19:00
（時期・天候により変動あり）
料20分フライト
2人まで$357、3人$441
30分フライト
2人まで$462、3人$561

乗馬

1時間コース(Forest Ride)
催6/1～10/9
毎日9:00、10:45、14:00
10/10～11/15
金～日9:00、10:45
料1人$94.5

ニュー・イングランドとフランス文化の交流地

イースタン・タウンシップス

Eastern Townships

イースタン・タウンシップスはモントリオールの東、約80kmにあるエリア。18世紀、アメリカ独立戦争時にロイヤリストが多く移住したためニュー・イングランドの慣習が持ち込まれ、既存のケベコワ気質と融合した独特の文化が生まれた。また、酪農や農業が盛んでワイナリーや地場の食材を使ったオーベルジュなども多く、人気のリゾート地でもある。紅葉が美しいことでも知られている。

イースタン・タウンシップスの基本DATA
MAP P.380-C2～D2

拠点となる町：モントリオール
歴史的見どころ：★★
自然の見どころ：★★★

イースタン・タウンシップス情報のサイト
URL www.easterntownships.org

イースタン・タウンシップスの回り方

イースタン・タウンシップスは大きく6つの地域に分けられ、中心となる町はシャーブルックとマゴグ=オーフォール。ワイナリーやイースタン・タウンシップス特有の建物の円形納屋、屋根付き橋などは町からやや離れているので、レンタカーを使うのがベストだ。

モントリオールからハイウエイ#10を東へ進み、Exit 68を下りハイウエイ#139を南下すればケベックワインの産地、ダナム。ダナムから西へ続くハイウエイ#202とその周辺はワインルート。ブドウマークの看板やワイナリーの案内標識が随所にあるので、道はわかりやすい。ラック・ブロムからサン・ブノワ・デュ・ラック修道院へはハイウエイ#243で約28km。途中、山間地の起伏に富んだ道を通る。修道院からマゴグへは、メンフレマゴグ湖を右手に眺めながら走る。ノース・ハトリーへは、のどかな丘陵地帯を行く#108で30分足らず。さらにシャーブルックへはハイウエイ#108、#143で。

⬆木造の屋根付き橋が各地に残っている

ドライブチャート

モントリオール P.382
→ ハイウエイ#10、#139、#202経由 88.2km →
① ダナム
→ ハイウエイ#202、#104経由 26.9km →
② ラック・ブロム
→ ハイウエイ#243、#10、#112経由 49.5km →
③ マゴグ=オーフォール
→ ハイウエイ#108経由 20km →
④ ノース・ハトリー
→ ハイウエイ#108、#143経由 21km →
⑤ シャーブルック

その他の交通情報

長距離バス

モントリオールからリモカーLimocarのマゴグ経由シャーブルック行きが平日は1日10便、週末は1日8便運行。マゴグまで所要1時間30分～3時間20分、片道大人$36.98。シャーブルックまでは所要約2～4時間、片道大人$41.71。

リモカー
FREE (1-866)692-8899 URL limocar.ca

おもな見どころ

① ダナム
Dunham

MAP P.415

★★★

イースタン・タウンシップスの西の端にあるダナムは、ケベックワインの名産地として知られている。ハイウエイ#202のダナム～スタンブリッジStan-bridge間はワインルートと呼ばれている。最大のワイナリーであるオーパイユールL'Orpailleurでは、テイスティングやガイドツアーも楽しめる。また、ブドウ以外にもリンゴの産地としても有名で、町なかにはリンゴ酒や果汁の直売店などもある。

⬆沿道にブドウ畑が広がる

⬆ワインルートの看板

ダナム

交ハイウエイ#10からExit 68で#139に入って南へ向かい、コウンスヴィルCowans-villeの南でハイウエイ#202に入りさらに南下。

☑CHECK!

オーパイユール

MAP P.415
住1086 Rue Bruce Dunham
TEL (450)295-2763
URL orpailleur.ca
営毎日10:00～17:00
休無休
テイスティング
催毎日10:00～16:30
料1人$15（予約不要）

⬆ワイン産業の歴史がわかる

② ラック・ブロム
Lac-Brome

MAP P.415

★★★

イースタン・タウンシップスのなかでも初期に移住が行われた地域。もとはノールトンKnowltonという村だったが、周辺の村々と合併し現在の名称となった。ブロム湖Lac-Bromeの南端に位置し、ビクトリア様式の建物など入植当時の姿を今もとどめている数少ない場所のひとつとなっている。

⬆水と緑に囲まれた静かな町

ラック・ブロム

交ハイウエイ#10からExit 90でハイウエイ#243を南へ進む。

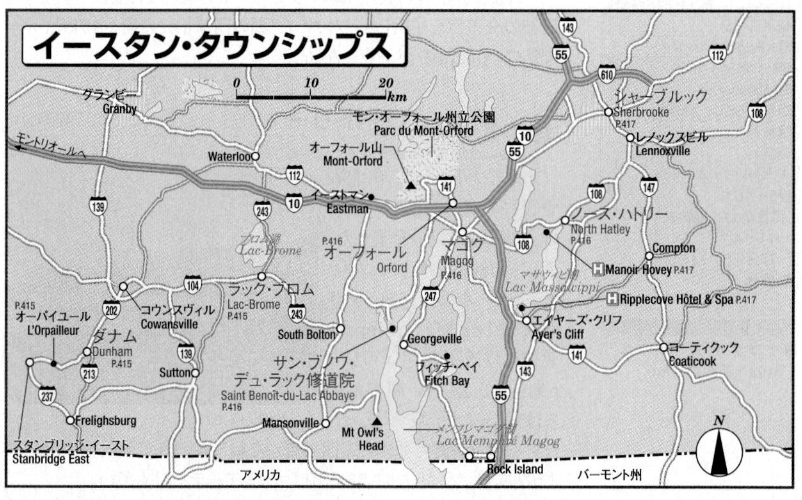

③ マゴグ＝オーフォール
Magog-Orford

MAP P.415
★★★

マゴグ＝オーフォールとは、オーフォールを入口とするモン・オーフォール州立公園Parc du Mont-Orfordと、その南にあるメンフレマゴグ湖Lac Memphré Magog一帯の総称。モン・オーフォール州立公園はオーフォール山Mont-Orford（792m）の足元に広がる自然公園で、1年中アクティビティが楽しめる。

⬆マゴグ湖畔は遊歩道やピクニックエリアがある

メンフレマゴグ湖は、アメリカとの国境にまたがる南北約44.5kmの細長い湖。ネス湖のような怪獣伝説があることでも知られる。エリアの拠点となるマゴグは、湖の北岸に開けた人口約2万8000ほどの町。ちなみにこのMagogは、先住民の言葉Memphré Magog（大きな水の広がり）から派生した地名で、英語ならメイゴグと発音する。

⬆見事なモザイク模様の回廊のあるサン・ブノワ・デュ・ラック修道院

メンフレマゴグ湖の西側には、優美な尖塔が印象的なベネディクト派の、サン・ブノワ・デュ・ラック修道院Saint Benoît-du-Lac Abbayeがある。聖堂内の回廊は、寄せ木のようなモザイク模様が美しい。一般の人も参列できる毎朝夕のミサでは、グレゴリオ聖歌が歌われる。地下のギフトショップには、修道士たちが生産したリンゴやその加工品、チーズなどが並ぶ。行き方はマゴグからハイウエイ#112を西へ向かい、最初の交差点を左折、メンフレマゴグ湖の西岸沿いに南へ19km、オースティンAustinの交差点を左折。

④ ノース・ハトリー
North Hatley

MAP P.415
★★★

ノース・ハトリーは、南北戦争後に移住してきたアメリカの富裕階級により発展した、人口約680人の町。マゴグ＝オーフォールの東にあるマサウィピ湖Lac Massawippiの北側に位置する美しいリゾート地として知られ、湖畔沿いにはリゾートホテルやおしゃれなレストランが建ち並ぶ。周囲は豊かな緑に覆われており、絵はがきのような風景にひかれ、ここに移住してくるアーティストも多い。

⬆小さなリゾートエリア

マゴグ＝オーフォール

交 ハイウエイ#10のExit 118から連絡するハイウエイ#141沿い。マゴグへはExit 115からハイウエイ#112でもアクセスできる。

CHECK!

❓マゴグの観光案内所

Bureau d'information touristique de Memphrémagog

住 2911 Milletta Magog
TEL (819)843-2744
FREE (1-800)267-2744
URL tourisme-memphremagog.com
開 毎日9:00～17:00（時期により変動あり）
休 無休

マゴグのホテル

À La Maison Campbell B&B
メゾン・キャンベル B&B

住 68 Rue Bellevue
TEL (819)843-9000
FREE (1-888)843-7707
URL www.maisoncampbell.com
料 ⓈⒹ$160～ Tax別 朝食付き
CC M V
室 5室

エレガントな雰囲気のB&B。グルテンフリーやベジタリアン向けの朝食もアレンジ可能。

CHECK!

サン・ブノワ・デュ・ラック修道院

MAP P.415
住 1 Rue Principale
TEL (819)843-4080
URL abbaye.ca
開 毎日5:00～19:45
休 無休
料 無料

ギフトショップ
営 5～10月
毎日9:00～18:00
11～4月
毎日9:00～17:00
休 無休

ノース・ハトリー

交 マゴグからハイウエイ#108を東へ約17km。

5 シャーブルック Sherbrooke

MAP P.415

★★★

人口約15万人を擁する、イースタン・タウンシップスにおける経済や行政面での中心地。博物館や美術館など見どころが豊富で、ホテルやレストラン、ショップも数多い。町の北部には保存住宅群に指定された一画があり、そぞろ歩きが楽しい。南東郊外のレノックスビルLennoxvilleには、れんが造りの建物が並ぶビショップ大学がある。

↑レンガ造りの趣きある建物が多い

シャーブルック

交 ノース・ハトリーからハイウエイ#108、#143を北へ約21km。

CHECK!

? シャーブルックの観光案内所
Bureau d'information Touristique de Sherbrooke
住 785 Rue King O.
TEL (819)821-1919
URL www.destinationsherbrooke.com
開 毎日9:00～17:00（時期により変動あり）
休 無休

COLUMN

オーベルジュで贅沢な休日を

イースタン・タウンシップスには、地元の食材を使った料理を味わえるオーベルジュが点在している。フランス語で「宿泊施設付きのレストラン」を意味するオーベルジュは、昔の邸宅を改装するなど雰囲気にもこだわった大人のための料理宿。湖のほとりに立つ2軒のおすすめ宿を紹介。

マノワール・ハヴェイ Manoir Hovey

MAP P.415

マサウィピ湖畔にある贅沢なイン。白亜の屋敷は、1899年に富豪の別荘として建てられたもの。多くの部屋に暖炉や天蓋付きのベッドがあり、エレガントな趣。湖で取れた魚など地元の素材を生かした料理も評判。テニスコートやプールがあり、湖でカヌーや水上スキーも楽しめる。

↑庭には湖を眺められるベンチがある

DATA
住 575 Rue Hovey, North Hatley
TEL (819)842-2421 FREE (1-800)661-2421
URL www.manoirhovey.com
料 HIGH 5/31～10/14、12/20～1/2 Ⓢ Ⓓ $535～
LOW 10/15～12/19、1/3～5/30 Ⓢ Ⓓ $260～
Tax別 2食付き CC A V 室 36室

リップルコーブ・ホテル＆スパ Ripplecove Hôtel & Spa

MAP P.415

マサウィピ湖南端の半島に立ち、スパを併設するエレガントなホテル。レイクビューの客室からは湖が目の前に広がり、バルコニーやジャグジーの付いた部屋もある。夏は湖での水泳、冬はスケートやクロスカントリースキーなどが楽しめる。湖岸のテラスでの食事も気持ちがいい。

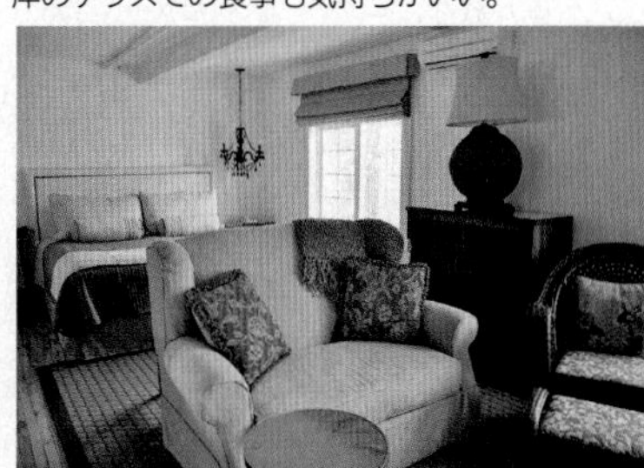

↑クラシカルな内装でまとめられた客室

DATA
住 700 Rue Ripplecove, Ayer's Cliff
TEL (819)838-4296
FREE (1-800)668-4296
URL ripplecove.com
料 Ⓢ Ⓓ $199～ Tax別
CC A M V 室 32室

バスタブ／一部客室　テレビ／一部客室　ドライヤー／貸し出し　ミニバーおよび冷蔵庫／一部客室　セーフティボックス／フロントにあり　Wi-Fi

TROIS-RIVIÈRES

トロワ・リヴィエール

ケベック州

MAP P.380-C1
人口 13万9163
市外局番 819

トロワ・リヴィエール情報のサイト
URL www.tourismetroisrivieres.com

行き方

オルレアン・エクスプレスがモントリオールから1日3便運行、所要1時間45分～2時間10分。片道大人$41.5。ケベック・シティからも1日3便運行、所要約1時間45分～2時間、片道大人$41.5。

バスディーポ
MAP P.418
住 275 Rue St. Georges
TEL (819)374-2944

観光案内所
Bureau d'information Tourisque
MAP P.418
住 1433 Rue Notre-Dame Centre
TEL (819)375-1122
FREE (1-800)313-1123
URL www.tourismetroisrivieres.com
開 毎日9:00～17:00
休 無休

↑観光案内所ではおみやげも販売している

モントリオールとケベック・シティのほぼ中間にあるトロワ・リヴィエールは、ケベック・シティに次ぐカナダで2番目の歴史をもつ古都だ。セント・ローレンス川に沿って発展した町には、18世紀の教会や家並みが今もそのままの姿を留めている。町の名前は、フランス語で「3つの川」という意味で、セント・モーリス川がセント・ローレンス川に注ぐ河口で3本の流れに分岐しているというのがその由来だ。

↑町のシンボル、トロワ・リヴィエール聖堂

トロワ・リヴィエールの歩き方

見どころはウルスリン通りRue des Ursulinesの周辺に集中しており、1日もあれば徒歩で十分見て回れる。観光案内所を出発し、ボナヴァンチュール通りRue des Bonaventureを右折してすぐの所にあるのが、トナンクール屋敷Le Manoir de Tonnancour/La Galerie d'Art du Parc。17世紀前半に建てられたが火事で焼失し、1795年

 ※開館時間、営業時間などの日程は基本的に2023年のもの。年度により変動するため、ウェブサイトなどで再確認を。(→P.7)

に建て直されたものだ。現在はモダンアートのギャラリーとして利用されている。ボナヴァンチュール通りを北西に進むと、1730年頃に建造されたブーシェ・ド・ニベルビル屋敷Manoir Boucher-de-Niverville、空に向かって伸びる尖塔が特徴的なトロワ・リヴィエール聖堂Cathédrale de l'Assomption de Trois-Rivièresへと行き着く。ほかにも、ケベック州の生活や食文化、アートなどに関する展示のある博物館、ミュゼ・ポップMusée Popも必見。博物館の地下は19世紀の刑務所の生活を紹介する刑務所博物館になっており、鉄格子のある独房や懲罰部屋などが残っている。フォルジュ通りRue des Forgesにはレストランやショップが軒を連ねている。トロワ・リヴィエールはアートやカルチャーのイベントが盛んで、古い建物を改装したギャラリーが多いのも特徴だ。

⬆春は庭に咲く花にも注目したい

⬆歴史的な建物が立ち並ぶ

➡にぎわいを見せるフォルジュ通り

トナンクール屋敷
MAP P.418
TEL (819)374-2355
URL www.galeriedartduparc.qc.ca
開 火〜日12:00〜17:00
休 月
料 無料

ブーシェ・ド・ニベルビル屋敷
MAP P.418
TEL (819)372-4531
URL www.cultur3r.com/lieux/manoir-boucher-de-niverville
開 6/3〜9/4 毎日10:00〜18:00
休 9/5〜6/2
料 大人$7、シニア・学生$6、子供(6〜17歳)$4、5歳以下無料

トロワ・リヴィエール聖堂

MAP P.418
TEL (819)379-1432

ミュゼ・ポップ
MAP P.418
TEL (819)372-0406
URL museepop.ca
開 6/24〜9/4 毎日10:00〜17:00
9/5〜6/23 水〜金10:00〜16:00 土・日10:00〜17:00
休 9/5〜6/23の月・火
料 大人$17($28)、シニア$16($25)、学生$13($21)、子供(5〜17歳)$10($17)
※( )内は刑務所博物館とセットの料金。

トロワ・リヴィエールのホテル
Hotels in Trois-Rivières

Travelodge by Wyndham Trois-Rivières
トラベロッジ・バイ・ウィンダム・トロワ・リヴィエール

町の中心からやや距離があるが、リーズナブルに快適なステイが望めるホテル。バーやレストラン、屋外プールを備える。部屋は清潔感があり、全部屋にコーヒーメーカーを完備。数種類から選べる朝食は、ビュッフェスタイル。

MAP P.418外
住 3600 Boul. Gene-H.-Kruger
TEL (819)379-3232
URL www.wyndhamhotels.com
料 ⓈⒹ$94〜 Tax別 朝食付き
CC A M V 室 102室

Auberge du Monde
オーベルジュ・ドゥ・モンド

市庁舎近くの静かな通りにある、れんが造りのこぢんまりとしたユースホステル。ドミトリーのほかプライベートやファミリールームもある。館内設備はキッチン、テレビラウンジ、ランドリー、コインロッカーなど。

MAP P.418
住 497 Rue Radisson
TEL (819)378-8010
URL www.hihostels.ca
料 ドミトリー$45〜 ⓈⒹ$90〜 Tax別
CC M V 室 8室、29ベッド

バスタブ / 一部客室　テレビ / 一部客室　ドライヤー / 貸し出し　ミニバーおよび冷蔵庫 / 一部客室　セーフティボックス / フロントにあり　Wi-Fi

QUÉBEC CITY

ケベック・シティ

MAP P.380-C2
人口 54万9459人（ケベック・シティ市）
市外局番 418

ケベック・シティ情報のサイト
URL www.quebec-cite.com

ケベック・シティの呼び方

ケベック州の州都ケベック・シティは「ケベック」が正式名称。本書では、州名との混同を避ける意味で使われる「ケベック・シティ」を採用している。

ケベック・シティのイベント

ケベック・ウインター・カーニバル
Carnaval de Québec
TEL (418)626-3716
FREE (1-866)422-7628
URL carnaval.qc.ca
催 2/2～11('24)

北米最大の雪祭り。雪や氷を使ったユニークなイベントを開催。

ケベック・サマー・フェスティバル
Festival d'été de Québec
TEL (418)800-3347
URL www.feq.ca
催 7/4～14('24)

世界20ヵ国以上から、大道芸人やミュージシャンが招待され、市内各地でコンサートやパフォーマンスを繰り広げる。

⬆ケベック・シティの夏の風物詩として知られている
©Renaud Philippe

ロト・ケベック花火大会
Les Grands Feux Loto-Québec
TEL (418)523-3389
URL lesgrandsfeux.com
催 8/1～26('23)

ケベック・シティと対岸のレヴィLévisを挟んだセント・ローレンス川を舞台に開催される花火大会。イベントは火・木曜18:00～。

⬆北米最古の繁華街といわれる、プチ・シャンプラン地区

ケベック州の州都ケベック・シティ。ケベックはインディアンの言葉で「狭い水路」を意味するとおり、セント・ローレンス川が幅を狭める地点に位置している。北米唯一の城塞都市であり、石畳の細い道や石造りの建物が連なる旧市街は、「ケベック旧市街の歴史地区」としてユネスコの世界文化遺産にも登録されている。

町の歴史は、1608年、フランス人探検家サミュエル・ド・シャンプランが、木造の砦をこの地に築いたことに始まる。以来、北米のフランス植民地、ヌーヴェル・フランスの要衝として、毛皮交易と布教を軸に発展を遂げた。しかし、その後勃発した英仏の七年戦争が植民地にも飛び火し、1759年にケベック・シティのアブラハム平原でフランス軍がイギリス軍に敗れると、ヌーヴェル・フランスは終焉を迎える。その結果、イギリスはケベックを獲得するが、人口の9割以上を占めるフランス系住民の文化や伝統までも支配することはできなかった。連邦の成立とともに州都となったケベック・シティは、やがてフランス系住民による自治拡大の動きが活発化するなかで、その中核として独自の道を模索していくことになる。

ケベック州の車のナンバープレートにも刻まれている「Je me Souviens（私は忘れない）」これはケベコワ（ケベック人）たちが好んで口にするモットー。フランスの文化や伝統が刻まれた美しい町並みを、思いおもいに散策するのがケベック・シティ観光の楽しみ方なのだ。

➡黄金に輝く祭壇が美しいノートルダム大聖堂

※開館時間、営業時間などの日程は基本的に2023年のもの。年度により変動するため、ウェブサイトなどで再確認を。(→P.7)

ケベック・シティへの行き方

▶▶▶ 飛行機

日本からケベック・シティへの直行便はなく、同日に到着するにはトロントやモントリオールなどで乗り継ぐのが最短となる。一方、カナダ国内の各地からは、エア・カナダAir Canada(AC)が多数運航している。直行便はトロントから1日3～5便、所要約1時間30分。モントリオールからは1日4～5便、所要約1時間。オタワからは土・日曜を除く1日1便、所要約1時間。

また、カナダ西部のバンクーバーからは直行便が水・金曜を除く1日1便(冬季は火・木・土の週3便になる)運航、所要約5時間。

空港から市内へ

ダウンタウンの西15kmにある、ジャン・ルサージュ国際空港Jean-Lesage International Airportがケベック・シティの玄関口。空港から中心部までのアクセス方法は、タクシーが便利。所要約20分、料金は均一でダウンタウンまで$41.4。夜間(23:00～翌5:00)は$47.6。

▶▶▶ 長距離バス

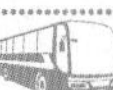

モントリオールからは、オルレアン・エクスプレスOrléans Expressの急行バスで3時間～3時間55分。毎日7:00～21:30頃までほぼ30分～2時間おきに運行されていて便利。

バスディーポから市内へ

すべての長距離バスは、アッパー・タウンの北側にあるVIA鉄道のパレ駅隣のバスディーポLa Gare Centrale d'Autobus(Interurbain)に到着する。駅のすぐ前からRTC社(→P.424欄外)の市バス#11、#25、#800などが発着しており、サン・ジャン門Porte St-Jean近くのデューヴィル広場Place d'Youvilleまで行ける。徒歩でも旧市街まで15分ほどなので、歩いたほうが早い。

▶▶▶ 鉄道

トロント、オタワ、モントリオールからVIA鉄道のケベック・シティ～ウィンザー線(コリドー)が運行。到着はパレ駅La Gare de Palais。モントリオールからは1日3～5便、所要約3時間10分。オタワからは1日2～4便、所要5時間40分～6時間10分。トロントからは、モントリオール乗り継ぎで所要9時間30分～13時間40分(1日2～3便がケベック・シティ行きに接続)。ハリファックス方面からは郊外にあるサント・フォア駅Sainte-Foyに着く。オーシャン号The Oceanが水・金・日曜の週3便運行、ハリファックス発13:00、ケベック・シティ(サント・フォア)着は翌日の6:13。モントリオール～ガスペ線もあるが、2023年8月現在は運休中となっている。

エア・カナダ(→P.542)

ジャン・ルサージュ国際空港(YQB)

MAP P.422-A1
住 505 Rue Principale
TEL (418)640-3300
FREE (1-877)769-2700
URL www.aeroportdequebec.com

⬆こぢんまりとした空港

空港公認ライド・シェア

Uber

オルレアン・エクスプレス(→P.543)

モントリオールから
料 片道
大人$65.74～、シニア・ユース(14～25歳)$55.87～、子供(3～13歳)$46.1～、3歳以下$32.87～

バスディーポ

MAP P.423-A3
住 320 Rue Abraham-Martin
TEL (418)525-3000

バスディーポへは、パレ駅の構内を通ってもアクセスできる。近代的なビルの中にあるバスディーポには、売店やコインロッカーも揃っている。パレ駅構内には、カフェやレストランも充実しているので、待ち時間も気にならない。

⬆バスディーポに停車しているオルレアン・エクスプレスのバス

VIA鉄道(→P.545)

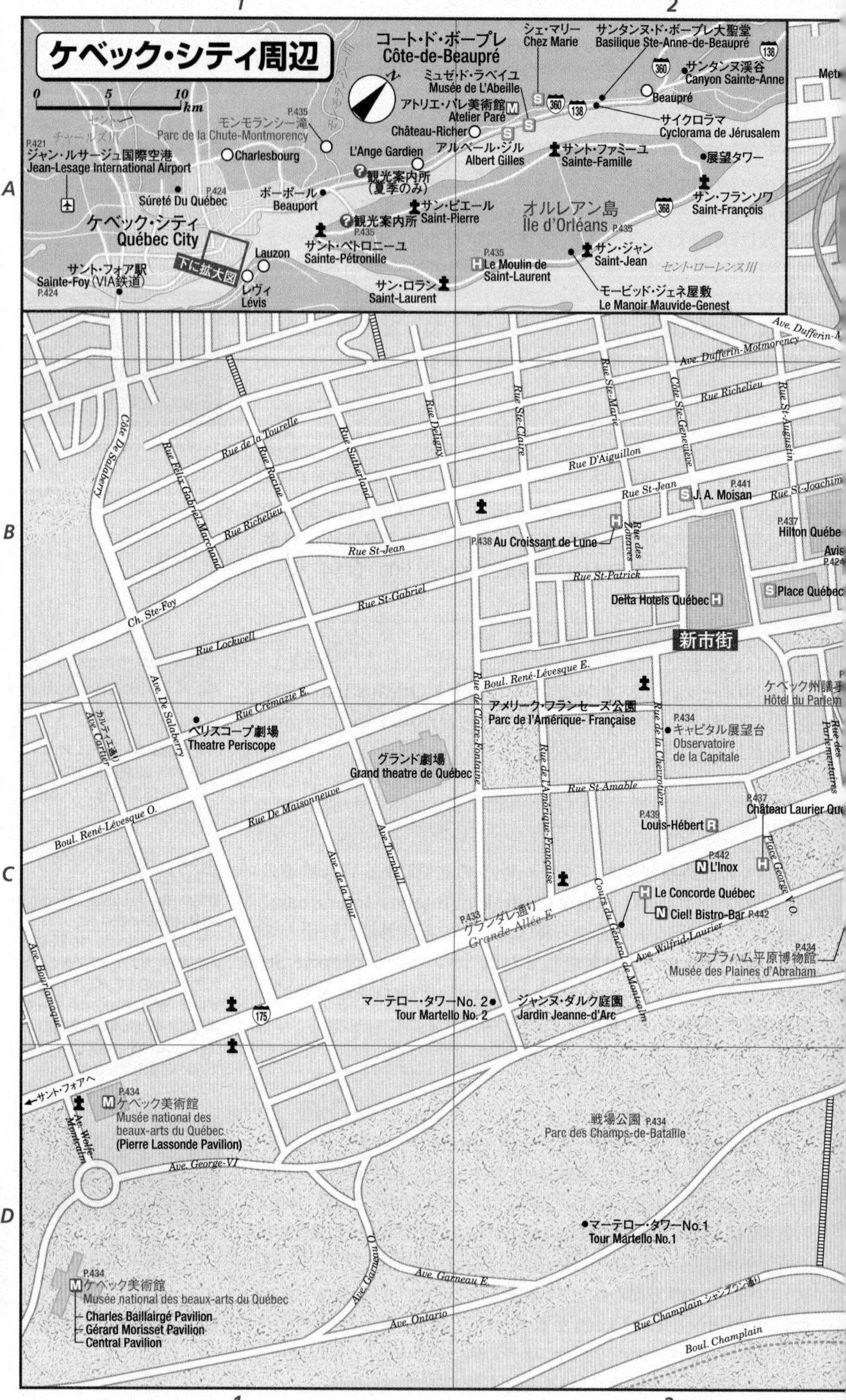
ケベック・シティ周辺
コート・ド・ボープレ
Côte-de-Beaupré
シェ・マリー
Chez Marie
サンタンヌ・ド・ボープレ大聖堂
Basilique Ste-Anne-de-Beaupré
サンタンヌ渓谷
Canyon Sainte-Anne
ミュゼ・ド・ラベイユ
Musée de L'Abeille
アトリエ・パレ美術館
Atelier Paré
Beaupré
サイクロラマ
Cyclorama de Jérusalem
モンモランシー滝
Parc de la Chute-Montmorency
Château-Richer
ジャン・ルサージュ国際空港
Jean-Lesage International Airport
Charlesbourg
L'Ange Gardien
アルベール・ジル
Albert Gilles
サント・ファミーユ
Sainte-Famille
展望タワー
観光案内所
(夏季のみ)
ボーポール
Beauport
Sûreté Du Québec
サン・ピエール
Saint-Pierre
オルレアン島
Île d'Orléans
サン・フランソワ
Saint-François
ケベック・シティ
Québec City
観光案内所
サント・ペトロニーユ
Sainte-Pétronille
下に拡大図
Lauzon
サン・ジャン
Saint-Jean
Le Moulin de
Saint-Laurent
サント・フォア駅
Sainte-Foy (VIA鉄道)
レヴィ
Lévis
サン・ロラン
Saint-Laurent
モービッド・ジェネ屋敷
Le Manoir Mauvide-Genest
セント・ローレンス川
J. A. Moisan
Hilton Québec
Au Croissant de Lune
Delta Hotels Québec
Place Québec
新市街
ケベック州議事堂
Hôtel du Parlement
アメリーク・フランセーズ公園
Parc de l'Amérique- Française
ペリスコープ劇場
Theatre Periscope
キャピタル展望台
Observatoire
de la Capitale
グランド劇場
Grand theatre de Québec
Château Laurier Québec
Louis-Hébert
L'Inox
Le Concorde Québec
Ciel! Bistro-Bar
グランダレ通り
Grande-Allée E.
アブラハム平原博物館
Musée des Plaines d'Abraham
マーテロー・タワーNo. 2
Tour Martello No. 2
ジャンヌ・ダルク庭園
Jardin Jeanne-d'Arc
サント・フォアへ
ケベック美術館
Musée national des
beaux-arts du Québec
(Pierre Lassonde Pavilion)
戦場公園
Parc des Champs-de-Bataille
マーテロー・タワーNo.1
Tour Martello No.1
ケベック美術館
Musée national des beaux-arts du Québec
Charles Baillairgé Pavilion
Gérard Morisset Pavilion
Central Pavilion
Ave. Dufferin-Motmorency
Rue Richelieu
Rue St-Augustin
Rue D'Aiguillon
Rue St-Jean
Rue St-Joachim
Rue St-Gabriel
Ch. Ste-Foy
Rue Lockwell
Boul. René-Lévesque E.
Rue Crémazie E.
Rue St-Amable
Rue De Maisonneuve
Boul. René-Lévesque O.
Ave. De Salaberry
Ave. Turnbull
Ave de la Tour
Ave. Wilfrid-Laurier
Ave. Bourlamaque
Ave. George-VI
Ave. Gameau E.
Ave. Ontario
Rue Champlain シャンプラン通り
Boul. Champlain

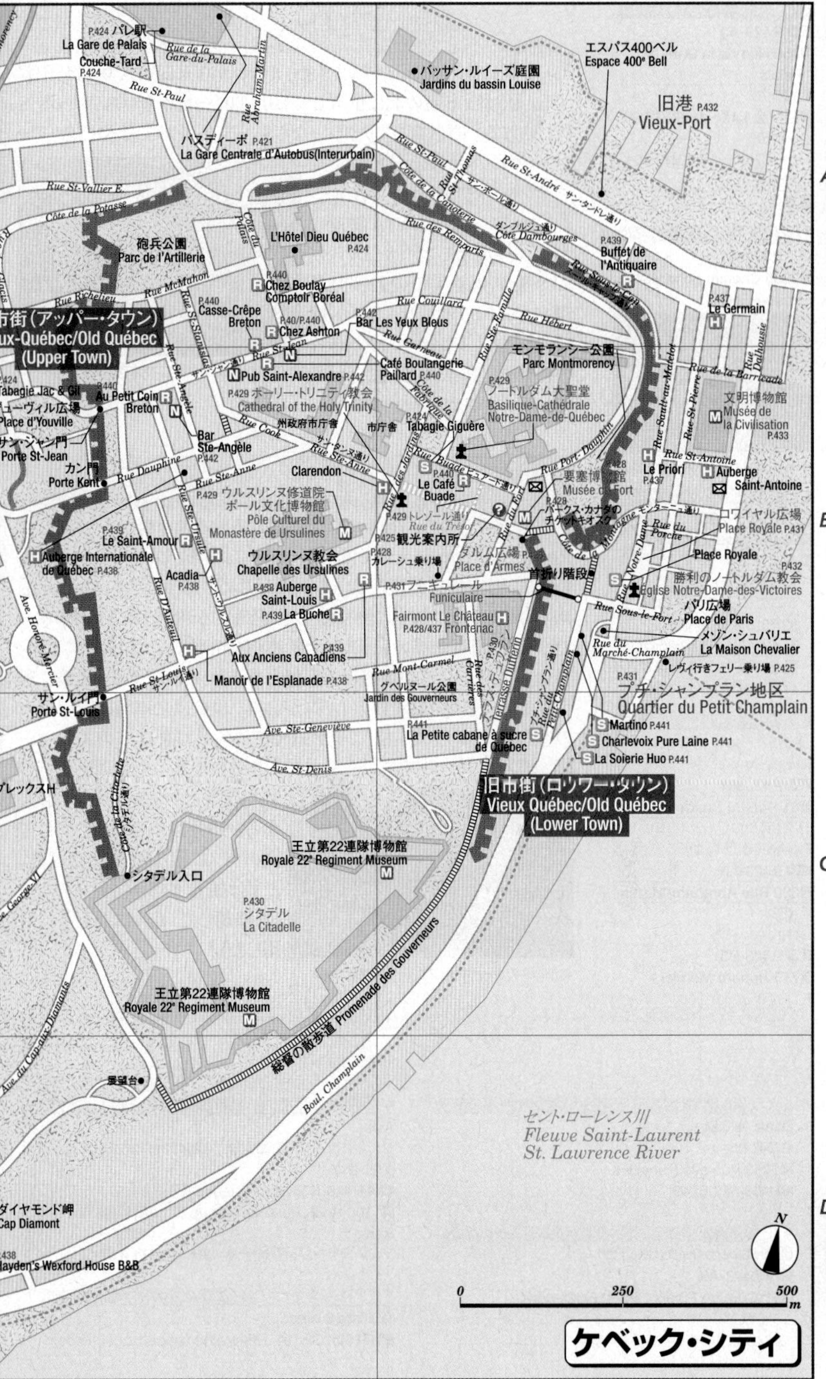

ケベック・シティ
旧市街(アッパー・タウン)
Vieux-Québec/Old Québec
(Upper Town)
旧市街(ロワー・タウン)
Vieux Québec/Old Québec
(Lower Town)
パレ駅 P.424
La Gare de Palais
Couche-Tard P.424
バスディーポ P.421
La Gare Centrale d'Autobus(Interurbain)
バッサン・ルイーズ庭園
Jardins du bassin Louise
エスパス400ベル
Espace 400e Bell
旧港 P.432
Vieux-Port
砲兵公園
Parc de l'Artillerie
L'Hôtel Dieu Québec P.424
Chez Boulay Comptoir Boréal P.440
Casse-Crêpe Breton P.440
Chez Ashton P.40/P.440
Bar Les Yeux Bleus P.442
Pub Saint-Alexandre P.442
Café Boulangerie Paillard P.440
Buffet de l'Antiquaire P.439
Le Germain P.437
モンモランシー公園
Parc Montmorency
ノートルダム大聖堂 P.429
Basilique-Cathédrale Notre-Dame-de-Québec
ホーリー・トリニティ教会 P.429
Cathedral of the Holy Trinity
州政府市庁舎
市庁舎
Tabagie Giguère P.424
文明博物館
Musée de la Civilisation P.433
Tabagie Jac & Gil P.424
Au Petit Coin Breton P.440
デューヴィル広場
Place d'Youville
Bar Ste-Angèle P.442
サン・ジャン門
Porte St-Jean
カン門
Porte Kent
Clarendon
Le Café Buade P.440
要塞博物館 P.428
Musée du Fort
Le Priori P.437
Auberge Saint-Antoine
ウルスリンヌ修道院 ポール文化博物館 P.429
Pôle Culturel du Monastère de Ursulines
パークス・カナダのチケットキオスク
観光案内所
Le Saint-Amour P.439
Auberge Internationale de Québec P.438
ウルスリンヌ教会
Chapelle des Ursulines
カレーシュ乗り場 P.428
ダルム広場
Place d'Armes
ロワイヤル広場
Place Royale P.431
Place Royale
Acadia P.438
Auberge Saint-Louis P.439
La Buche P.439
フニキュレール P.431
Funiculaire
首折り階段
勝利のノートルダム教会 P.432
Église Notre-Dame-des-Victoires
パリ広場
Place de Paris
Fairmont Le Château Frontenac P.428/437
メゾン・シュバリエ
La Maison Chevalier
Aux Anciens Canadiens P.439
レヴィ行きフェリー乗り場 P.425
Manoir de l'Esplanade P.438
グベルヌール公園
Jardin des Gouverneurs
プチ・シャンプラン地区 P.431
Quartier du Petit Champlain
サン・ルイ門
Porte St-Louis
La Petite cabane à sucre de Québec P.441
Martino P.441
Charlevoix Pure Laine P.441
La Soierie Huo P.441
王立第22連隊博物館
Royale 22e Regiment Museum
シタデル入口
シタデル P.430
La Citadelle
総督の散歩道 Promenade des Gouverneurs
展望台
セント・ローレンス川
Fleuve Saint-Laurent
St. Lawrence River
ダイヤモンド岬
Cap Diamont
Hayden's Wexford House B&B P.438
Rue St-Paul
Rue St-Vallier E.
Côte de la Potasse
Rue Richelieu
Rue McMahon
Rue St-Jean
Rue Dauphine
Rue Ste-Anne
Rue St-Louis
Ave. Ste-Geneviève
Ave. St-Denis
Rue St-André
Rue des Remparts
Côte de la Canoterie
Rue Sous-le-Cap
Rue Couillard
Rue Hébert
Rue Garneau
Rue de la Barricade
Rue St-Antoine
Rue du Trésor
Rue Mont-Carmel
Terrasse Dufferin
Boul. Champlain
Ave. Honoré-Mercier
Ave. du Cap-aux-Diamants
Côte de la Citadelle
0 250 500 m
N

パレ駅
MAP P.423-A3
住450 Rue de la Gare du Palais
切符売場
開月～金4:45～18:00/19:30～21:00
土・日7:00～18:00/19:30～21:00
休無休

サント・フォア駅
MAP P.422-A1
住3255 Chemin de la Gare, Sainte-Foy

↑中世の城のような外観のパレ駅

市バス(RTC社)
TEL(418)627-2551
URL www.rtcquebec.ca
料チケット
大人$3.4
シニア・ユース(6～18歳)$2.75、5歳以下無料
デイパス　1人$9.25
現金で支払う場合はひとり$3.75、お釣りはもらえない。

チケット、デイパス販売店
旧市街(アッパー・タウン)
Tabagie Giguère
MAP P.423-B4
住61 Rue du Buade
旧市街(ロウワー・タウン)
Couche-Tard(パレ駅)
MAP P.423-A3
住320 Rue Abraham-Martin
新市街
Tabagie Jac & Gil
MAP P.423-B3
住775 Honoré Mercier

鉄道駅から市内へ

パレ駅には、トロントやモントリオールなどから来るVIA鉄道が発着する。駅は旧市街の北に位置しており、ロビー奥からバスディーポへ抜けられる。旧市街までタクシーなら$8～10、徒歩では約15分(アッパー・タウンへは坂道を上る)。

↑パレ駅内にはレストランや歯医者などがある

サント・フォア駅には、ハリファックスやガスペ方面のVIA鉄道のオーシャン号とモントリオール～ガスペ線が発着する(2023年8月現在、モントリオール～ガスペ線は運休中)。駅はケベック・シティの西郊外。列車の運行に合わせてシャトルバスが運行(有料)。

市内交通

中心部だけなら、徒歩でも十分回れるサイズの街だが、RTC社Réseau de Transport de la Capitaleによる市バスを利用する方法もある。旧市街を循環している#1をはじめ、郊外行きのMetrobus #800、#801など、観光に便利なバスが発着するデューヴィル広場のターミナルは活用度が高い。旧市街と新市街を循環する#11もおすすめ。料金の支払いには現金のほか、割安なチケットが使える。頻繁に利用するなら1日乗り放題のデイパスがお得。現金は乗車時にドライバーの近くにあるボックスへ払う。チケットやデイパスは「RTC」のステッカーのあるキオスク(たばこ屋、ドラッグストアなど)やスーパーで購入する。90分以内ならば、同じ方向のバスに限り乗り換えが可能。まずは観光案内所でバスのルートを確認して、市バスを上手に活用しよう。

↑市バスのルートはウェブサイトでも確認できる

ユースフル・インフォメーション
Useful Information

警察
Sûreté Du Québec
MAP P.422-A1
住1050 Rue des Rocailles
TEL(418)623-6249

病院
L'Hôtel Dieu de Québec et CRCEO
MAP P.423-A3
住11 Côte du Palais　TEL(418)525-4444

おもなレンタカー会社
Avis
ジャン・ルサージュ国際空港　TEL(418)872-2861
ダウンタウン
MAP P.423-B3(Hilton Québec内)
住1100 Boul. René-Lévesque E.　TEL(418)523-1075
Hertz
ジャン・ルサージュ国際空港　TEL(418)871-1571

おもなタクシー会社
Taxi Coop Québec
TEL(418)525-5191　URL www.taxicoop-quebec.com

ケベック・シティの歩き方

ケベック・シティの町は、大きく3つのエリアからなっている。まず、城壁に囲まれた崖の上と崖を下りたセント・ローレンス川 Fleuve Saint-Laurentの川べりに発展した旧市街 Vieux Québec/Old Québecと、旧市街の城壁の西に広がる近代的な新市街に分かれている。さらに旧市街は崖上の城壁内をアッパー・タウン Upper Town、崖下をロウワー・タウン Lower Town と呼んでいる。各エリアは徒歩で観光するのにちょうどいい広さだ。

旧市街（アッパー・タウン）

アッパー・タウンは四方をぐるりと城壁に囲まれている。中心は**フェアモント・ル・シャトー・フロントナック**の一帯。城壁には西側に3つの門があり、フェアモント・ル・シャトー・フロントナックからいちばん南のサン・ルイ門 Porte St-Louisに延びるサン・ルイ通り Rue St-Louisと、いちばん北のサン・ジャン門から東に延びるサン・ジャン通り Rue St-Jeanの2本の通りがメインストリート。アッパー・タウンの南端には**シタデル**があり、**テラス・デュフラン**から総督の散歩道 Promenade des Gouverneursを通って行くのがおすすめ。

旧市街（ロウワー・タウン）

ロウワー・タウンは、**ロワイヤル広場**を中心とするエリア。北西はパレ駅、南はフェリー乗り場付近までと細長い。アッパー・タウンからは、**テラス・デュフラン**の北端にある階段を下りてモンターニュ通り Côte de la Montagneを進み、首折り階段 Breakneck Staircaseを下りてアクセスしよう。階段の正面から南側一帯が、おしゃれなショップやカフェの並ぶ**プチ・シャンプラン地区**だ。アッパー・タウンに戻るときは、首折り階段下の乗り場から**フニキュレール**（→ P.431）に乗るといい。

↑急だが手すりがついて昇降しやすい首折り階段

新市街

城壁の西に広がるのが、都市としての機能が集められた新市街。**ケベック州議事堂**から南西へ延びる**グランダレ通り**がメインストリートで、ホテルやレストラン、カフェが集中している。通りの南にはかつてイギリスとフランスの激しい戦闘が行われた**戦場公園**があり、公園の西には**ケベック美術館**がある。

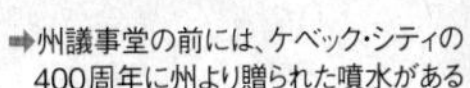

⇒州議事堂の前には、ケベック・シティの400周年に州より贈られた噴水がある

❓観光案内所

Tourisme Québec
Centre Information de Québec
MAP P.423-B4
住 12 Rue Ste-Anne
FREE (1-877)266-5687
URL www.quebecoriginal.com
開 毎日9:00～17:00
（時期により変動あり）
休 無休

↑観光案内所はダルム広場のそば

首折り階段

1660年からアッパー・タウンとロウワー・タウンを結ぶ役割を果たしていた階段。落ちると首が折れそうというところからこの名がついたとされる。

↑シタデルの外壁を通ってテラス・デュフランと行き来できる

フェリーから町を一望しよう

プチ・シャンプラン地区の川岸から、ケベック・シティと対岸のレヴィ Lévisを結んで、フェリーが出ている。船上からはロウワー・タウンのカラフルな町並みが一望でき人気を呼んでいる。昼間はもちろん、ライトアップが美しい夜景クルーズもおすすめ。また、流氷の間を進む冬季の乗船も一興だ。所要片道約12分。

Société des Traversiers Québec
MAP P.423-B4（乗り場）
FREE (1-877)787-7483
URL www.traversiers.com
運 毎日4:30～翌2:20
15分～1時間ごとに出発
料 片道　大人$3.95、シニア$3.35、ユース（6～15歳）$2.7、5歳以下無料

Bonjour Québec City!

歴史香る旧市街のお散歩コース

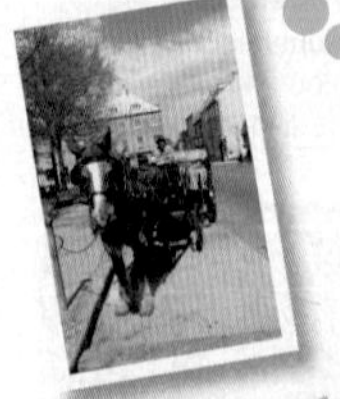

ケベック・シティの魅力は、フランス文化が残る美しい町並み。世界遺産に登録されている旧市街をのんびり散策してみよう。

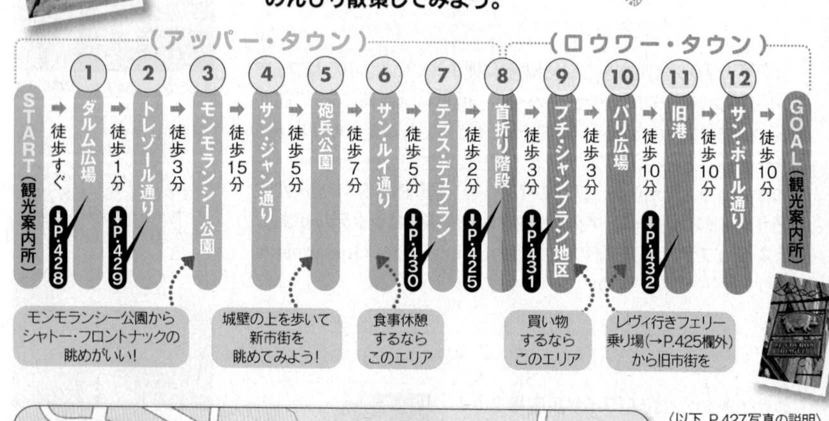

(アッパー・タウン)

- START(観光案内所)
- → 徒歩すぐ
- 1 ダルム広場 ↓P.428
- → 徒歩1分
- 2 トレゾール通り ↓P.429
- → 徒歩3分
- 3 モンモランシー公園
- → 徒歩15分
- 4 サン・ジャン通り
- → 徒歩5分
- 5 砲兵公園
- → 徒歩7分
- 6 サン・ルイ通り
- → 徒歩5分
- 7 テラス・デュフラン ↓P.430
- → 徒歩2分
- 8 首折り階段 ↓P.425

(ロウワー・タウン)

- → 徒歩3分
- 9 プチ・シャンプラン地区 ↓P.431
- → 徒歩3分
- 10 パリ広場
- → 徒歩10分
- 11 旧港 ↓P.432
- → 徒歩10分
- 12 サン・ポール通り
- → 徒歩10分
- GOAL(観光案内所)

モンモランシー公園からシャトー・フロントナックの眺めがいい!

城壁の上を歩いて新市街を眺めてみよう!

食事休憩するならこのエリア

買い物するならこのエリア

レヴィ行きフェリー乗り場(→P.425欄外)から旧市街を

アッパー・タウン
ロウワー・タウン
Rue St-André
Rue St-Paul
Rue St-Jean
Côte de la Fabrique
Rue Ste-Famille
Rue Port-Dauphin
Rue Dalhousie
Rue Ste-Anne
ノートルダム大聖堂
ウルスリンヌ教会
観光案内所
ロワイヤル広場
Rue D'Auteuil
Rue St-Louis
フェアモント・ル・シャトー・フロントナック
フニキュレール
Rue du Marché-Champlain
サン・ルイ門
Ave. Ste-Geneviève
N
0
250
500
m
ケベック・シティ
旧市街お散歩コース

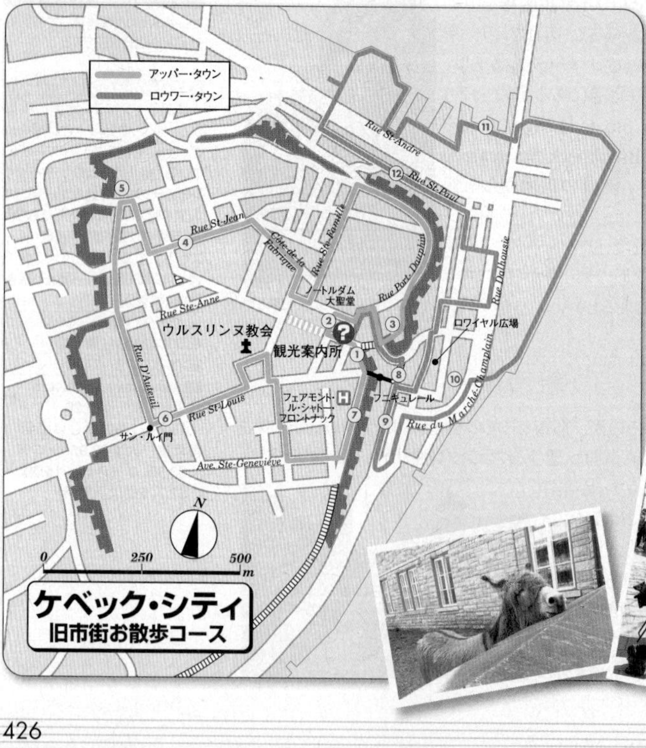

〈以下、P.427写真の説明〉

1 飲食店が並ぶサン・ルイ通り 2 当時をしのばせる砲兵公園 3 ユネスコの世界遺産記念碑があるダルム広場 4 テラス・デュフランからロウワー・タウンを一望 5 地元アーティストが集うトレゾール通り

1 昔は急だった首折り坂も今は安全に 2 石造りの建物が並ぶロウワー・タウンのロワイヤル広場 3 骨董街として知られるサン・ポール通り 4 17世紀からの商店街プチ・シャンプラン通り

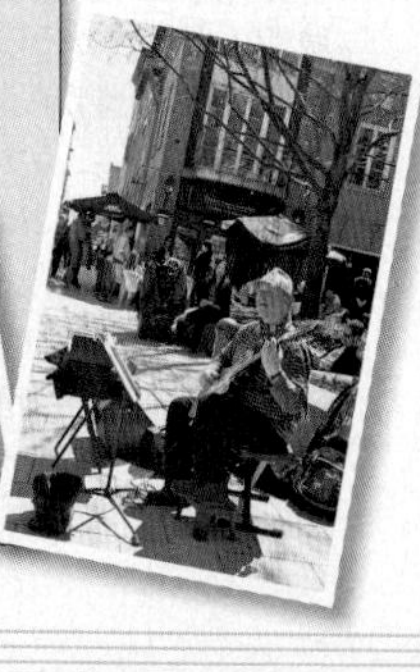

アッパー・タウン

城壁に囲まれた崖の上、アッパー・タウンと崖の下に広がるロウワー・タウンふたつの旧市街を巡る。出発はアッパー・タウンにある観光案内所。

ケベックの開拓者サミュエル・ド・シャンプランの像が立つ**ダルム広場**から**トレゾール通り**を抜けて東へ坂を下ると、ロウワー・タウンを見下ろす**モンモランシー公園Parc Montmorency**。大砲が点々と並ぶ城壁沿いの道を回って西へ進み、にぎやかな**サン・ジャン通り**へ。北の外れにあるカナダ軍砲兵隊の駐屯地跡の**砲兵公園Parc de l'Artillerie**から城壁沿いを南下し、ホテルやレストランが並ぶ**サン・ルイ通り**を東に進む。ウルスリンヌ教会に立ち寄って南に回り、**テラス・デュフラン**へ。ロウワー・タウンやセント・ローレンス川を眺めながらダルム広場へと戻る。その後首折り階段を通ってロウワー・タウンへ。

南へ続く**プチ・シャンプラン地区**は植民地時代の古い建物が多く残る。通りを抜けて左折し、大通りを北上すると**パリ広場Place de Paris**と呼ばれる、フランス人が北米大陸に最初の足跡を残した記念の地。セント・ローレンス川の岸に出て、**旧港**に設けられた川沿いの遊歩道をそぞろ歩きながら**サン・ポール通りRue St-Paul**へ。東端から南下してアッパータウンへ戻る。すべて徒歩で回ると合計約1時間30分。

ロウワー・タウン

おもな見どころ

旧市街（アッパー・タウン）

ダルム広場

MAP P.423-B4

Place d'Armes

★★★

シタデルの建設前には、フランス軍の訓練や儀式の場として使われていた旧市街の中心的な広場。中央にはドルボー神父の像が立ち、観光ツアーバスの発着場所となることも多い。広場の前にはフェアモント・ル・シャトー・フロントナックが悠然と立つ。すぐそばにケベック州観光局があるため町歩きの起点としても最適。

➡中央にはケベック初の神父、ドルボー神父の像が立つ

フェアモント・ル・シャトー・フロントナック

MAP P.423-B4

Fairmont Le Château Frontenac

★★★

⬆フレンチ・ロマネスク様式の豪華なホテル

セント・ローレンス川を見下ろす高台にそびえる、町の象徴ともいえるホテル。フランス式古城を模したデザインは気品にあふれ、茶色の壁と緑色の屋根とのコントラストも見事。

建物の建設は1893年。大陸横断鉄道の開通にともない、カナダ太平洋鉄道（CP鉄道）がケベック・シティに豪華ホテルの建設を決定。アメリカ人建築家、ブルース・プライスBruce Priceを招き、2期にわたってヌーヴェル・フランスの総督を務めたフロントナック伯爵からその名が付けられた。ひときわ目立つ建物中央部の塔は、1924年に増築されたものだ。第2次世界大戦時にはチャーチルとルーズベルトの会談場所となったことでも知られる。

要塞博物館

MAP P.423-B4

Musée du Fort

★★★

1759年のアブラハム平原の戦いなどイギリスとフランスの間で繰り広げられた戦闘をメインに、ケベック・シティの歴史をジオラマと音声ガイドによるショーでわかりやすく解説している。ダルム広場のすぐそばにあり、小さな城のような外観もかわいい。

➡ケベック・シティの歴史を学ぼう

カレーシュでタイムスリップ

ケベック・シティのクラシックな町並みの雰囲気をさらに盛り上げてくれるのが、カレーシュCalèchesと呼ばれる観光用の馬車。サン・ルイ門や、ダルム広場の脇に乗り場があり、旧市街や旧市街と新市街を合わせた観光コースを回ってくれる。

MAP P.423-B4
催 毎日9:00～21:00（冬季は時間短縮）
料 $120～（4人まで乗車可。所要30分～）

⬆ルートは全部で3つ。時間は希望に合わせてくれる

フェアモント・ル・シャトー・フロントナック（→P.437）

夏季限定! テラス・デュフランの地下を覗こう

テラス・デュフラン（→P.430）から地下へ降りて、かつてこの場所に立っていた城や砦の遺跡を見ることができる。チケットの購入は、テラス・デュフランにある、パークス・カナダParks Canadaのチケットキオスク（MAP P.423-B4）で。

FREE (1-888)773-8888
URL parks.canada.ca/lhn-nhs/qc/saintlouisforts
開 5/20～9/4 毎日9:30～16:30
9/5～10/9 水～日9:30～16:30
休 9/5～10/9の月・火、10/10～5/19
料 大人$11.25、シニア$10.75、ユース（6～18歳）$7、17歳以下無料（ガイドツアー料金を含む）

要塞博物館

住 10 Rue Ste-Anne
TEL (418)692-2175
URL www.museedufort.com
開 ※2023年8月現在、休館中。

トレゾール通り

MAP P.423-B4

Rue du Trésor

★★★

観光案内所の脇にある長さ数十mほどの小径。通りでは常時画家たちが自作の絵を売っている。もともとは1960年代にケベック・シティにあった美術学校の学生が、自分たちの描いた絵を通りに展示したことに始まる。以来、多くの画家が集まり、1980年代にはここを拠点とするアーティスト集団The Association des Artistes de la Rue du Trésor（AART）も設立された。今では旧市街に彩りを添える界隈として観光スポットとなっている。

↑通りには似顔絵描きもいる

ノートルダム大聖堂

MAP P.423-B4

Basilique-Cathédrale Notre-Dame-de-Québec

★★★

↑祭壇正面の右側にはラバル司教のモニュメントがある

シャンプランにより、17世紀の半ばに建立された大聖堂。幾たびの火災や改築により時代ごとに形を変え、現在の姿になったのは1925年のことだ。豪華なステンドグラスや黄金に輝く祭壇が見事。地下には、ヌーヴェル・フランス最初の司教として、フランス系カナダ人の精神構造に大きな影響を残したフランソワ・ラバルの墓とモニュメントがあり、ガイドツアーでのみ見学できる。ツアーの時間は教会入口に表示されるので、確認しておこう。

ウルスリンヌ修道院ポール文化博物館

MAP P.423-B3

Pôle Culturel du Monastère de Uruslines

★★★

1639年に建てられたウルスラ会修道院の博物館。ケベックの女性教育のためのもので、館内には古楽器、刺繍製品、暖房のない生活を記した手紙などの、当時の生活がうかがえる展示があるほか、美しい聖堂や美術品などが見学できる。また、併設のミュージアムショップでは伝統的な手作り石鹸や地元作家が手がけた工芸品を販売している。

ホーリー・トリニティ教会

MAP P.423-B4

Cathedral of the Holy Trinity

★★★

ロンドンにあるセント・マーチン・イン・ザ・フィールド教会を模して建てられた英国国教会。内部の丸天井と、窓に張り巡らされたステンドグラスが美しい。教会内には、ジョージ3世 George IIIにより寄進された貴重な美術品も多く飾られている。

ノートルダム大聖堂

住 16 Rue Buade
TEL (418)692-2533
URL www.notre-dame-de-quebec.org
開 月7:30～15:00
火7:30～16:00
水～土7:30～17:00
日8:45～17:00
休 無休
料 無料
（博物館と地下への入場料は1人$5）
ミサ
開 月～土8:00
日9:30、11:30

↑2024年に360周年を迎える

ウルスリンヌ修道院ポール文化博物館

住 12 Rue Donnacona
TEL (418)694-0694
URL www.poleculturedes ursulines.ca
開 5/13～10/15
火～日10:00～17:00
10/16～5/12
火～金13:00～17:00
土・日10:00～17:00
休 月
料 大人$12、シニア・学生$10、ユース（6～17歳）$6、5歳以下無料

ホーリー・トリニティ教会

住 31 Rue des Jardins
TEL (418)692-2193
URL www.cathedral.ca
開 6～9月
毎日10:00～17:00
10～5月
毎日10:00～16:00
休 無休
料 1人$3
個人向けガイドツアー
催 7・8月
毎日10:00～17:00
休 $6(予約不要)

↑セント・ローレンス川を眺めながら散策しよう

テラス・デュフラン

MAP P.423-B4～C4

Terrasse Dufferin

★★★

フェアモント・ル・シャトー・フロントナックの裏手から、南へ約670mにわたって延びる板張りの遊歩道。ロウワー・タウンとセント・ローレンス川を眺められる絶景スポットで、夏季にはミュージシャンや大道芸人、観光客でにぎわう。北端には、ケベック・シティの祖サミュエル・ド・シャンプランの高さ15mの像がある。もう一端は、総督の散歩道に続き、310段の階段を上ればシタデルの脇を通って戦場公園に出られる。

シタデル

住1 Côte de la Citadelle
TEL(418)694-2815
URL www.lacitadelle.qc.ca
ガイドツアー（英語）
催5/20～9/4
毎日9:00～17:30
9/5～5/19
毎日10:00～17:30
休無休
料大人$18、シニア・学生$16、ユース（11～17歳）$6、10歳以下無料
所要時間約1時間。日本語のパンフレットあり。
音楽隊によるショー
催6/24～9/1
水～日10:00（雨天中止）
料無料（入場料に含まれる）
※2023年は衛兵交代式を中止。代わりに、第22連隊による演奏とパフォーマンスが行われる。

↑城塞内に備わる大砲

シタデル

MAP P.423-C3

La Citadelle

★★★

↑入口には陸軍第22連隊の紋章が飾られている

イギリス統治下において建設された、カナダで最大の要塞。星形の要塞のデザインはフランス式だ。セント・ローレンス川を一望できるダイヤモンド岬Cap Diamontの頂上にあり、サン・ルイ門から城壁の内部に入ってすぐのシタデル通りCôte de la Citadelleを右に曲がった突き当たりが入口。城塞の建築は1820年に始まり、その後城壁内の建物も含むすべてが完成したのは1857年。現在も実際の軍事施設として、カナダ陸軍第22連隊が駐屯している。内部の見学はガイドツアーでのみ可能。夏季にはバッキンガム宮殿の式典にならった衛兵交替式Changing of the Guardを見ることもできる（2023年は中止）。王立第22連隊博物館Royal 22e Regiment Museumでは、1759年のアブラハムの戦いでフランス軍が大敗した様子などのほか、ケベック・シティの歴史を模型で見られるようになっており興味深い。

COLUMN

ケベックの夜明け“静かな革命”

ケベック州では長い間、フランス系カナダ人よりイギリス系カナダ人のほうが地位が高く、収入も多い時代が続いた。経営者は英語を話し、労働者はフランス語を話すという具合だ。

1940年代後半、都市化の十分進んだケベック州でも、時代遅れの価値観がいたるところに生きていた。病院や教育などは教会の支配のままであったり、多くの人が小学校を終えただけで仕事に就き、技術者や経営者になるフランス系カナダ人はほとんどいない状態だった。

しかし、1950年代になると、ケベック・シティを中心に改革運動が始まる。人口の81%をフランス系カナダ人が占めるケベック・シティにとって、フランス系カナダ人の問題は、ケベック州全体の問題でもある。この改革運動はケベック州の若くて有能な人々が先頭に立ち、ケベック州の近代化や工業化を進め、教育を教会から切り離して教会の影響力を弱め、政治や経済に力をもつフランス系カナダ人を増やそうというものだった。

この一連の社会変革は1960年代からケベック州の政権についた自由党によって強力に推進され、“静かな革命”として大きな成果を上げた。その後、高揚するナショナリズムは一時、分離独立を叫ぶ過激派による政治家の誘拐、殺害のテロ（1970年10月危機）にまで発展したが、トルドー首相（当時）の強硬策で一応鎮静した。

旧市街(ロウワー・タウン)

プチ・シャンプラン地区

Quartier du Petit Champlain

MAP P.423-B4〜C4

★★★

アッパー・タウンから首折り階段を下りた正面に広がるのが、北米で最も古い繁華街といわれるプチ・シャンプラン地区。17世紀の後半にはすでに町として開けており、交易所や貴族の邸宅が並んでいた。現在ではプチ・シャンプラン通りRue du Petit-Champlainを中心にショップやカフェが連なっている。

↑みやげ物店が軒を連ねる

フニキュレール

Funiculaire

MAP P.423-B4

★★★

旧市街のアッパー・タウンとロウワー・タウンを結ぶ、約45度の急傾斜を往復するケーブルカー。上の乗り場はテラス・デュフランの北端、下の乗り場はプチ・シャンプラン通りの北端にある。大きな窓からは、ロウワー・タウンの眺望が楽しめる。下の駅は1683年に建てられた歴史的な建物で、ミシシッピ川を発見したルイス・ジュリエットLouis Jullietの家を改装したもの。

➡1879年に設置、1978年に現在の形となった

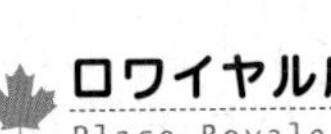

ロワイヤル広場

Place Royale

MAP P.423-B4

★★★

↑ルイ14世の像と勝利のノートルダム教会

ロウワー・タウンの中心となるロワイヤル広場は、1608年にシャンプランが初めて植民地住居を建てた場所で、ケベック・シティ発祥の地だ。北米最古の交易広場として、19世紀まではここが町の中心だった。古い石畳を背の低い瀟洒な建物が囲んでいるが、それらはほとんどが裕福な商人たちの邸宅だった。現在その大半がみやげ物屋に姿を変えた。広場のほぼ中央にあるのは、「太陽王」と呼ばれたフランス国王ルイ14世の胸像だ。

プチ・シャンプラン地区

URL www.quartierpetitchamplain.com

↑ロウワー・タウンから見えるフェアモント・ル・シャトー・フロントナック

フニキュレール

TEL (418)692-1132
URL www.funiculaire.ca
営 毎日7:30〜21:00(時期により変動あり)
休 無休
料 片道1人$5(現金のみ)

ロウワー・タウンの2枚の壁画

首折り階段上から、坂道のモンターニュ通りを下りると、巨大な壁画が現れる。ケベックの生活や歴史が、四季とともに描かれており、いちばん上が雪景色のケベック・シティ、2番目は紅葉の秋、花々は春、人々の半袖姿が夏を表している。人々のなかには、シャンプランやカルティエなどの歴史的人物も描かれている。

また、プチ・シャンプラン通りの南端の建物の壁には、このエリアに実際に住んでいた人物たちを、その生活とともに描いた壁画があり、こちらも興味深い。

↑ケベックの歴史を描いた壁画

ロワイヤル広場

URL www.placeroyale.ca

勝利のノートルダム教会
🏠32 Rue Sous-le-Fort
TEL (418)692-2533
URL www.notre-dame-de-quebec.org
開 水〜日10:00〜17:00
休 月・火
料 無料
ミサ
開 日11:00

勝利のノートルダム教会

MAP P.423-B4

Église Notre-Dame-des-Victoires

★★★

↑何度も修復を重ね、現在の形となった

ロワイヤル広場の一角に立つ、北米最古の石造教会。「勝利」の名は、イギリス軍の攻撃に敗北を繰り返すフランス軍が、辛うじて逃げ切った1690年と1711年の戦いを記念してつけられた。祭壇は城を模したユニークなデザインで、天井からは1664年にフランス軍の指揮官マルキ・ド・トレーシーMarquis de Tracyが乗船してきた木造船ル・ブレーゼ号のレプリカがつるされている。

ケベック・シティの夜散歩

ケベック・シティの旧市街は、夜になるとライトアップされるところが多く幻想的。特におすすめなのが、シタデルの南にあるサン・デニス通りAve. St-Denisから見下ろす旧市街と、プチ・シャンプラン地区(→P. 431)のプチ・シャンプラン通りから見上げる風景。どちらも、ため息が出るほどの美しさだ。

↑ケベック州議事堂の夜景

旧港

MAP P.423-A4

Vieux-Port

★★★

↑おみやげ探しにちょうどいい旧港市場

セント・ローレンス川とセント・チャールズ川Saint-Charlesが合流する一帯に開けたのが旧港だ。港沿いに遊歩道やサイクリングロードが巡っており、ケベコワたちのお気に入りの散歩コースになっている。港のほぼ中央には市政400周年記念に建てられたエスパス400ベルEspace 400e Bellがあり、コンテンポラリー・アートを中心にさまざまな展示会が開催される。

COLUMN

韓国ドラマのロケ地巡り

2016年12月から2017年1月に韓国tvNで放送され、同チャンネルの最高視聴率を記録したドラマ『トッケビ〜君がくれた愛しい日々〜』。不思議な力をもつ主人公のキム・シン(コン・ユ)とヒロインのチ・ウンタク(キム・ゴウン)が繰り広げるラブ・ロマンスの舞台のひとつとなったのがケベック・シティだ。シンがウンタクへの恋心を自覚した噴水広場はケベック州議事堂前のトルニーの泉Fontaine de Tourny。フェアモント・ル・シャトー・フロントナック(→P.437)のロビーには、ウンタクが手紙を投函した金色のポストなどが現存している。ドラマは日本でも放送され、人気を集めている。旅行前に視聴しておけば、町歩きの楽しみも増すはずだ。

↑主人公の恋心が芽生える舞台となった噴水広場のトルニーの泉

DATA
『トッケビ』公式サイト
URL tokkebi.jp

文明博物館

Musée de la Civilisation

MAP P.423-B4

★★★

世界各地の工芸品、ケベック州の歴史や文化に関する資料を展示している。博物館の立つ場所から発掘された、約250年前の木造船ラ・バルクLa Barqueは圧巻。展示を通して、文明の進歩とは何かを考えていく構成になっている。館内は明るくモダンな雰囲気で、ミュージアムショップも充実している。

↑入口そばに置かれた木造船ラ・バルク

文明博物館
住85 Rue Dalhousie
TEL(418)643-2158
FREE(1-866)710-8031
URL www.mcq.org
開6月下旬～9月上旬
毎日10:00～17:00
9月上旬～6月下旬
火～日10:00～17:00
休9月上旬～6月下旬の月
料大人$24、18～34歳$19、シニア$23、ユース(12～17歳)$8、子供(6～11歳)$5.5、5歳以下無料

新市街

ケベック州議事堂

Hôtel du Parlement

MAP P.422-B2～P.423-C3

★★★

↑贅を尽くした内装の上院議場

1886年に建造されたフランス・ルネッサンス様式の重厚な建物が、ケベック州のシンボルの州議事堂だ。サン・ルイ門を出てすぐの、旧市街を取り囲む城壁を見下ろす小高い丘に立っており、別名「パーラメント・ヒルParliament Hill」と呼ばれている。正面にそびえる塔の脇にはシャンプランやメゾヌーヴなど、ケベック州の発展に貢献した人物の像が置かれている。内部は個人や無料のガイドツアーで見学することができ、豪華なシャンデリアやフレスコ画が美しい議場や見事なステンドグラスは必見。また、議事堂内には一般客も利用可能な食堂やカフェがある。

↑美しい装飾に目を奪われる

ケベック州議事堂
住1045 Rue des Parlementaires
TEL(418)643-7239
FREE(1-866)337-8837
URL www.assnat.qc.ca
ガイドツアー
(英語／フランス語)
催月～土9:00～17:00
料無料

入口は正面の階段下の地下通路から。セキュリティとパスポートのチェックがある。地下はモダンなデザインで、ピンクや青一色のトイレや通路などアーティスティックな造りになっている。ギフトショップもある。階段を上ると議事堂の中に入る。

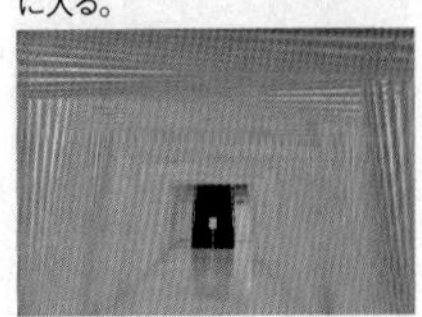

↑アートな地下を歩いて議事堂内へ

議事堂内でランチを

市民に開かれた議会を目指すケベック州議事堂では、観光客でも、平日の朝食とランチを議事堂内の食堂「Le Parlementaire Restaurant」で食べることができる。レストランは1917年オープンのボザール様式の豪華な内装。人気なので、予約がおすすめ。
TEL(418)643-6640
営月～金11:30～14:00
休土・日

↑ランチ限定のレストラン

グランダレ通り

Grande-Allée

MAP P.422-D1～P.423-C3

★★★

サン・ルイ門から州議事堂横を通って南西へ延びる、新市街の中心となる大通り。通りの両側には、ホテルやレストラン、カフェ、バーやクラブが集まっている。パティオをもつレストラン、カフェが並んでいるので、夏季にはよりいっそうにぎやかな通りになる。その華やかな美しさは、パリのシャンゼリゼ通りに例えられる。

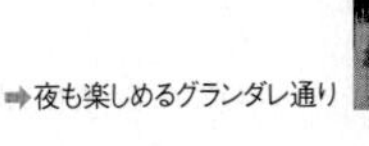

➡夜も楽しめるグランダレ通り

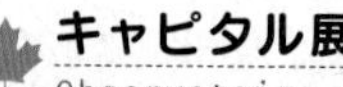

キャピタル展望台

MAP P.422-C2

Observatoire de la Capitale

★★★

ケベック・シティを一望するのに絶好の場所といえば、ケベック州議事堂の裏手にあるÉdifice Marie-Guyartというビルの31階にあるこの展望台だ。360度ガラス張りになっており、セント・ローレンス川の雄大な眺めから、グランダレ通りのカラフルな箱庭のような町並み、遠くはオルレアン島まで見渡せる。特に秋の紅葉、冬の雪景色はすばらしい。

⬆高さ221mからケベック市街が一望できる

キャピタル展望台

住1037 Rue de la Chevrotière 31st Floor
TEL(418)644-9841
FREE(1-888)497-4322
URL observatoire-capitale.com
開日～水10:00～17:00
　木～土10:00～19:00
休無休
料大人$14.75、シニア・学生$11.5、子供(6～17歳)$7

ケベック美術館

MAP P.422-D1

Musée national des beaux-arts du Québec

★★★

入植時代の17世紀から今日にいたるまでのケベック州の美術史をたどることができる国立美術館。絵画、彫刻、写真、装飾芸術と多岐に渡る収蔵作品は4万2000点以上を数える。ギャラリーは4つのパビリオンに分かれ、相互に連絡通路で結ばれている。エントランスがあるのはグランダレ通りに面したPierre Lassonde Pavilion。ガラス張りのモダンな建物にはコンテンポラリーアートを展示。装飾デザインやイヌイットアートのギャラリーがあるほか、雰囲気のいいレストラン「Café Québecor」も併設する。Central Pavilionは家族向けのギャラリーがメイン。美術館の最初の建物として1933年に建てられたGérard Morisset Pavilionには近代以前の作品や企画展の展示室がある。そしてCharles Baillairgé Pavilionは1970年まで監獄だった建物で、2階にはかつての独房の一部が残される。

ケベック美術館

住179 Grande Allée O.
TEL(418)643-2150
FREE(1-866)220-2150
URL www.mnbaq.org
開6月～9月上旬
　木～火10:00～18:00
　水10:00～21:00
　9月上旬～5月
　火・木～日10:00～17:00
　水10:00～21:00
休9月上旬～5月の月
料大人$25、18～30歳$15、シニア$23、ユース(13～17歳)$7、12歳以下無料
　(水曜の17:00～は半額、毎月第1日曜は入館無料)

⬆おしゃれなミュージアムショップも入っているPierre Lassonde Pavilion

戦場公園

MAP P.422-D1・2

Parc des Champs-de-Bataille

★★★

シタデルの横、セント・ローレンス川に面した高台にある、広大な芝生の公園。ロウワー・タウンからだと、川沿いに南へ歩き、シャンプラン通りRue Champlainから400段もある急な階段を上ると目の前に開ける。アブラハムの平原と呼ばれるこの場所は、1759年、戦いを繰り返してきたイギリスとフランスの決戦地となり、フランス軍が大敗した屈辱の場所。その結果、ケベック・シティはイギリスの植民地となることを余儀なくされた。公園内には、今でも戦死者をしのぶ碑が立つ一方、現在では、ピクニックやウオーキングなどを楽しむ地元の人々の憩いの場となっている。公園の北にはアブラハム平原博物館Musée des Plaines d' Abrahamがあり、アブラハム平原の戦いについて、映像や展示を通して学ぶことができる。

アブラハム平原博物館

MAP P.422-C2
住835 Ave. Wilfrid-Laurier
TEL(418)649-6157
URL www.ccbn-nbc.gc.ca
開毎日9:00～17:00
料大人$16.5($13.25)、シニア・ユース(13～17歳)$12.5($11)、子供(5～12歳)$5.5($4.5)、4歳以下無料
　※( )は冬季の料金。

⬅180ヘクタールもの広さを誇る戦場公園

郊外

モンモランシー滝

MAP P.422-A1

Parc de la Chute-Montmorency

★★★

滝周辺には展望台や散策路も整備されている

モンモランシー川がセント・ローレンス川と合流する少し上流地点にある滝。ケベック・シティから北に約13km、車だと約20分。滝の落差は83mもあり、その高さはナイアガラの滝を上回る。滝の上へは、ケーブルカーまたは階段(487段)で行くことができる。上部にはレストランや遊歩道があり、滝をまたぐつり橋からは、眼下に滝を見下ろすダイナミックな景観が楽しめる。またジップラインなどのアクティビティも。冬になると滝全体が凍りつき、アイスクライミングに挑戦する人々が訪れる。

オルレアン島

MAP P.422-A1・2

Île d'Orléans

★★★

のどかな風景が広がる島内

セント・ローレンス川に浮かぶ、周囲67kmの小さな島。ケベック・シティからハイウェイ#360を北東に約10km、本土から島にかかる唯一の橋を渡る。島への入植が始まったのは17世紀。今でも開拓当時の面影を残し、ケベック様式の伝統的なスタイルの家が多く見られる。島内にはリンゴ園やメープル林、牧草地など、のどかな田園風景が広がる。島は6つのエリアに分かれ、イギリス風コロニアルスタイルの白い建物が集まるサント・ペトロニーユSte-Pétronille、多くの船大工を輩出したサン・ロランSt-Laurent、ジャック・カルティエ上陸の碑があるサン・フランソワSt-Françoisなど、それぞれ少しずつ雰囲気が異なる。日帰りでの観光も可能だが、島内に点在するB&Bに滞在して、レンタサイクルで島を巡ってみよう。島内の地図は観光案内所で手に入る。紅葉の秋だけでなく、ライラックやハマナスの花が香り、ラベンダーやリンゴの花が咲く5～7月もおすすめだ。

ヨーロッパの田舎町のような雰囲気

モンモランシー滝
TEL (418)663-3330
URL www.sepaq.com/ct/pcm
ケーブルカー
運 2/3～3/17、12/26～1/3
毎日10:00～16:00
3/18～4/30
水～日9:30～16:30
5/1～6/23、10/16～11/5
毎日9:00～17:00
6/24～8/20
毎日9:00～18:30
8/21～10/15
毎日9:00～17:30
休 3/18～4/30の月・火、11/6～12/25、1/4～2/2
料 往復 大人$14.95、シニア$13.64、子供(6～17歳)$7.48、5歳以下無料
ジップライン
催 6/3～23
土・日11:00～16:00
6/24～8/27
毎日10:00～16:30
8/28～10/19
土～月11:00～16:00
料 大人$39.5～、17歳以下$22.5～
交 オノ・メルシエール通りHonoré-Mercier Ave.沿いのデューヴィル広場(MAP P.423-B3)から市バス#800で約40分、Royale/des Rapides下車。滝の上まで徒歩5分

オルレアン島
交 車やツアーで行くのが一般的。島内へ乗り入れている市バスはない。デューヴィル広場から市バス#800に乗りT. La Cimenterieで市バス#53に乗り換え、Sainte-Grégoireで下車。そこからタクシーで橋を渡る。徒歩だと約30分。

オルレアン島の観光案内所
Bureau touristique de Île d' Orléans
MAP P.422-A1
住 490 côte du Pont, Saint-Pierre
FREE (1-866)941-9411
URL tourisme.iledorleans.com
開 夏季 毎日8:30～18:00
冬季 月～金8:30～16:30
(時期により変動あり)
休 冬季の土・日

オルレアン島のホテル
Le Moulin de Saint-Laurent
ル・ムーラン・ド・サン・ロラン
MAP P.422-A2
TEL (418)829-3888
URL moulinstlaurent.qc.ca
料 HIGH 5～10月ⓈⒹ$250～(2泊)
LOW 11～4月ⓈⒹ$350～(2泊)
Tax別
CC A M V

エクスカーション

シャルルヴォワ

Charlevoix

MAP P.380-C1・2

★★★

⬆紅葉シーズンのドライブは最高

ケベック・シティの北部にある高級リゾートエリア。カナダやアメリカの上流階級の人々の避暑地として、また紅葉シーズンの美しさでも名をはせてきた。ハイキングや乗馬、サイクリング、ゴルフ、スキーなど年間を通してアクティビティが満載。

おもな見どころは国道#138沿いにある。シャルルヴォワの美しい自然景観に魅せられて、多くの芸術家が移り住んだベ・サン・ポールBaie-Saint-Paulは、ケベックアートの中心地ともいわれ、アール・コンタンポラン・ド・ベ・サン・ポール美術館Musée d'art contemporain de Baie-Saint-Paulやアーティストたちのギャラリー、ショップが並ぶ。

ベ・サン・ポールの対岸に浮かぶクードル島Île-aux-Coudresはジャック・カルティエによって名づけられた細長い小島。島内にはサイクリングロードが整備されているので、レンタサイクルで風車や水車を利用した製粉所などを見て回りたい。そのほか、ベ・サン・ポールの北東部に位置するラ・マルベ／ポワント・オ・ピックLa Malbaie/Pointe-au-Picは、大河や切り立つ崖、山岳が織り成す風景がケベック州内でも屈指の美しさ。町にはケベックのアーティストたちの作品を鑑賞できるシャルルヴォワ美術館Musée de Charlevoixがあるほか、東2kmにはハイキングエリアのカップ・ア・レーグルCap-à-l'Aigleもある。

シャルルヴォワ情報のサイト
URL www.tourisme-charlevoix.com

▶▶▶ シャルルヴォワへの行き方

ケベック・シティからベ・サン・ポールまでハイウエイ#138経由で約94km。

ケベック・シティからインターカーIntercarが、ベ・サン・ポールとラ・マルベ、タドゥサック経由ベ・コモBaie-Comeau行きを1日1便運行。ベ・サン・ポールまでは所要約2時間。ラ・マルベまでは所要2時間40分～3時間20分。

クードル島までは、ベ・サン・ポールから14km先にあるサン・ジョゼフ・ド・ラ・リーヴSaint-Joseph-de-la-Riveから無料のカーフェリーで渡る。所要約20分。

インターカー
FREE (1-800)806-2167
URL intercar.ca

フェリー
FREE (1-877)562-6560

❓ベ・サン・ポールの観光案内所
Bureau d'information touristique de Baie-Saint-Paul
住 6 Rue St-Jean-Baptiste
FREE (1-800)667-2276
URL www.baiesaintpaul.com
URL destinationbaiestpaul.com

アール・コンタンポラン・ド・ベ・サン・ポール美術館
住 23 rue Ambroise-Fafard
TEL (418)435-3681
URL www.macbsp.com

❓クードル島の観光案内所
Tourisme Isle-aux-Coudres
住 1024 chemin des Coudriers, bureau 103
TEL (418)760-1066
URL tourismeisleauxcoudres.com

❓ラ・マルベの観光案内所
Maison du tourisme de la Malbaie
住 495 Boul. de Comporté
TEL (418)665-4454

シャルルヴォワ美術館
住 10 Chemin du Havre
TEL (418)665-4411
URL www.museedecharlevoix.qc.ca

ケベック・シティのホテル
Hotels in Québec City

宿泊施設全体の収容規模は1万2000室以上。充実した設備を求めるなら、大型ホテルが林立する新市街へ。一方、旧市街にはこぢんまりしたホテルやプチホテル、B&Bが点在している。なかでもロウワー・タウンには、古い建物を改装した個性的なホテルが目立つ。

最高級ホテル

Fairmont Le Château Frontenac
フェアモント・ル・シャトー・フロントナック

旧市街

もとはヌーヴェル・フランスの総督の邸宅として1893年に建築された、ケベック・シティのシンボル。館内の壮麗な装飾に老舗の風格が漂う。客室はアンティーク風の家具が配された上品な造りだ。本格フレンチが楽しめるダイニングや、フィットネス、屋内プール、スパなど設備は最先端。

MAP P.423-B4
住1 Rue des Carrières
TEL(418)692-3861
FREE(1-866)540-4460
URL www.fairmont.com/frontenac-quebec
料HIGH5月中旬～10月中旬ⓈⒹ$616～
LOW10月中旬～5月中旬ⓈⒹ$249～
Tax別
CC A M V 室610室

高級ホテル

Hôtel Le Germain
ル・ジェルマン

旧市街

1912年に建てられた貿易会社のビルを改装したデザインホテル。ベッドルーム越しに外の景色が楽しめるガラス張りの浴室など、客室には斬新な設計が採用されている。CDプレーヤー、コーヒーメーカー、アイロンを全室に完備。アメニティはカナダ生まれのスキンケアブランド「Ruby Brown」を使用。

MAP P.423-A4
住126 Rue St-Pierre
TEL(418)692-2224
FREE(1-888)833-5253
URL www.germainhotels.com
料HIGH5～10月ⓈⒹ$350～
LOW11～4月ⓈⒹ$215～
Tax別　朝食付き
CC A M V
室60室

Hôtel Le Priori
ル・プリオリ

旧市街

ロウワー・タウンの静かな通りに面した4つ星ホテル。建物は18世紀の著名な建築家の住まいだった。石積みの壁を生かした内装は時代を感じさせるが、家具や設備はモダン。別棟のジュニアスイートルームには、ジャクージや上質なバスアメニティなどを備えている。また全室にコーヒーメーカーを完備。

MAP P.423-B4
住15 Rue Sault-au-Matelot
TEL(418)692-3992
FREE(1-800)351-3992
URL www.hotellepriori.com
料HIGH6～10月ⓈⒹ$239～
LOW11～5月ⓈⒹ$159～
Tax別　朝食付き
CC A M V
室28室

Hilton Québec
ヒルトン・ケベック

新市街

ケベック州議事堂の近くにある23階建てのホテル。客室は洗練された内装で、多国籍料理が味わえるレストランをはじめ、バーやフィットネスセンター、プール、ドライサウナなど充実した設備が整う。旧市街側の窓がある部屋からは、ケベック・シティの見事な町並みを望むことができる。

MAP P.423-B3
住1100 Boul. René-Lévesque E.
TEL(418)647-2411
FREE(1-800)447-2411
URL www.hilton.com
料HIGH夏季ⓈⒹ$364～
LOW冬季ⓈⒹ$212～　Tax別
CC A M V 室571室

Hôtel Château Laurier Québec
シャトー・ローリエ・ケベック

新市街

グランダレ通りの旧市街寄りにある4つ星ホテル。エコノミーからエグゼクティブまで多彩なカテゴリーの客室が用意されている。フィットネス、ビジネスセンター、屋内プールなど館内設備も充実。ディナーや美術館、博物館の入場券のほか、スパ、マッサージなどがセットになった宿泊プランもある。

MAP P.422-C2
住1220 Place George-V O.
TEL(418)522-8108
FREE(1-800)463-4453
URL www.hotelchateaulaurier.com
料HIGH5～10月ⓈⒹ$279～
LOW11～4月ⓈⒹ$189～
Tax別
CC A D J M V
室271室

バスタブ　テレビ　ドライヤー　ミニバーおよび冷蔵庫　セーフティボックス　Wi-Fi
一部客室　一部客室　貸し出し　一部客室　フロントにあり
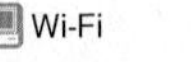

中級ホテル

Hôtel Acadia
アカディア

旧市街

ウルスリンヌ教会の近くにあるホテル。1822年築の歴史ある建物を改装しており、ロビーや一部の客室では当時の石積みの壁が残されノスタルジックな雰囲気が漂う。全室にコーヒーメーカー、電子レンジ、エアコンを完備。屋上に小さなスパがあり、無料で利用できるのもうれしい。

MAP P.423-B3
住 43 Rue Ste-Ursule
TEL (418)694-0280
URL www.hotelsnouvellefrance.com/fr/hotel-acadia
料 ⓈⒹ$120～
Tax込み
CC A D J M V
室 40室

Hôtel Manoir de l'Esplanade
マノワール・ド・レスプラナード

旧市街

旧市街の西の入り口、サン・ルイ門の前に立つ好立地のホテル。石造りの建物は1845年ウルスラ会修道女のために建てられたもの。古いがエレベーターがあり、間取りがそれぞれ異なる客室にはケーブルテレビ、エアコンを備える。朝食は自家製のマフィンやベーグル、クロワッサン、ヨーグルトなど。

MAP P.423-B3
住 83 Rue D'Auteuil
TEL (418)694-0834
URL www.manoiresplanade.ca
料 HIGH 夏季Ⓢ$235～ Ⓓ$335～
LOW 冬季Ⓢ$225～ Ⓓ$325～
Tax別 朝食付き
CC A M V
室 35室

エコノミーホテル

Auberge Saint-Louis
オーベルジュ・サン・ルイ

旧市街

レストランやショップが並ぶサン・ルイ通りにあり、観光に便利な好立地。シンプルな家具でコーディネートされた客室はやや古めかしいものの、清掃が行き届き快適。2段ベッドやバスタブ付き、バス・トイレ共同の部屋から選択可能。電子レンジや冷蔵庫を備えたラウンジがあり、長期滞在者にも人気。

MAP P.423-B3
住 48 Rue St-Louis
TEL (418)692-2424
FREE (1-888)692-4105
URL www.aubergestlouis.ca
料 HIGH 夏季ⓈⒹ$79～
LOW 冬季ⓈⒹ$69～
Tax別
CC M V
室 28室

B&B

Hayden's Wexford House B&B
ハイデンズ・ウェックスフォード・ハウスB&B

新市街

シャンプラン通り沿いにある、アットホームなB&B。入植時代に港の酒場だった建物を利用しており、古い石壁が味のある雰囲気。フルーツサラダやワッフルなど毎日替わるボリューム満点の朝食が自慢。広々としたバスルーム付きの部屋が1室ある。夏には手入れの行き届いた庭でくつろげる。

MAP P.423-D3
住 450 Rue Champlain
TEL (418)524-0524
URL www.haydenwexfordhouse.com
料 ⓈⒹ$140～
Tax別 朝食付き
CC M V
室 3室
交 市バス#1でバス停1013 Rue Champlain下車、徒歩2分。

Au Croissant de Lune
オー・クロワッサン・ド・リューヌ

新市街

旧市街から徒歩約15分、新市街の閑静なエリアにあるB&B。20年以上の歴史があり、ホストのパトリシアさんが朗らかに迎えてくれる。各部屋は細やかに気配りされたかわいらしいテイストで、清潔感もある。パンケーキやクレープ、オムレツ、果物などバラエティ豊かな朝食が楽しめる。

MAP P.422-B2
住 594 Rue St-Gabriel
TEL (418)523-9946
URL www.aucroissantdelune.com
料 HIGH 6～10月Ⓢ$85～110 Ⓓ$95～125
LOW 11～5月Ⓢ$75～90 Ⓓ$85～100
Tax別 朝食付き
CC A M V
室 3室

ユースホステル

Auberge Internationale de Québec
オーベルジュ・インテルナシオナル・ド・ケベック

旧市街

旧市街のサント・ウルスル通りRue Ste-Ursuleにある人気のユースホステル。館内設備はキッチン、ランドリー、テレビルーム、カフェ、バーなど。ドミトリーは清潔でUSBポート付きのベッドに一新。プライベートルームはバス付きとバス共同がある。季節ごとに各種アクティビティも催行。朝食は有料。

MAP P.423-B3
住 19 Rue Ste-Ursule
TEL (418)694-0755
FREE (1-866)694-0950
URL hiquebec.ca
料 ドミトリー$25～(会員)、$27～(非会員)
バス付きⓈⒹ$89～(会員)、$99～(非会員)
バス共同ⓈⒹ$54～(会員)、$60～(非会員)
Tax別 シーツ込み
CC A J M V
室 55室、188ベッド

ケベック・シティのレストラン

Restaurants in Québec City

最も多いのはフランス料理、あるいはフレンチ・カナディアンの店。ロブスターやマッスル（ムール貝）など、新鮮なシーフードを売り物にしたレストランも多い。注目はケベックの郷土料理。豆のスープやひき肉のパイなど素朴で野趣あふれる味を楽しんでみよう。

ケベック料理

Aux Anciens Canadiens
オーザンシアン・カナディアン

旧市街

ケベック料理が味わえる老舗。建物は1675年に建てられた赤い屋根の古民家。おすすめはケベック伝統のミートパイやミートボールなどの盛り合わせ、グランマス・トリート$36.95。ランチタイムには、ワインまたはビール、前菜、メイン、デザートが付いたお得なセットメニュー$39.95～がおすすめ。

MAP P.423-B3
住34 Rue St-Louis
TEL(418)692-1627
URL auxancienscanadiens.qc.ca
営毎日12:00～21:00
休無休
予ランチ$20～、ディナー$50～
CC A M V

Buffet de l'Antiquaire
ビュフェ・ド・ランティケール

旧市街

旧港近くにあるケベック料理の店。地元の人たちが気軽に立ち寄る大衆食堂といった雰囲気。早朝から営業しており、朝食メニューは1日中楽しめる。ボリュームたっぷりのミートパイや豚肉のシチューなどの家庭料理が$20前後～とリーズナブルな価格で楽しめる。オルレアン島のアイスワインも自慢。

MAP P.423-A4
住95 Rue St-Paul
TEL(418)692-2661
URL lebuffetdelantiquaire.com
営日～水6:00～16:00
木～土6:00～21:00
休無休
予$25～
CC M V

フランス料理

Le Saint-Amour
ル・サン・タムール

旧市街

数々の雑誌にも取り上げられ、地元でも評判のレストラン。店舗は元高級官吏の邸宅を改築したもの。シェフおすすめのラムやシカなどの肉料理$56のほか、旬の魚介やオーガニック野菜を使ったメニューが人気。食後のデザートも評判の味。季節変わりのコース料理は$155。予約推奨。

MAP P.423-B3
住48 Rue Ste-Ursule
TEL(418)694-0667
URL www.saint-amour.com
営水～土17:30～23:30
休日～火
予$100～
CC A M V

La Buche
ラ・ブシュ

旧市街

現代的にアレンジされたケベック料理が味わえる人気店。朝食（ブランチ）からランチ、ディナーまでメニューは豊富で、朝食の定番はケベック産メープルシロップたっぷりのケベッククレープ$18。夜はケベック名物のシェパーズパイや地元食材満載の創作フレンチを楽しめる。

MAP P.423-B3
住49 Rue St-Louis
TEL(418)694-7272
URL www.restolabuche.com
営毎日8:00～22:00
休無休
予朝食・ランチ$20～、ディナー＄45～
CC M V

Louis-Hébert
ルイ・エベール

新市街

グランダレ通りにある評判のフランス料理店。夏は開店と同時に屋外のテラス席がいっぱいになる。店内のコーディネートは入口側がエレガントで、奥側がシックと趣が異なる。料理は魚介をメインに、アジアンテイストも取り入れた創作フレンチ。メインを選べるコースメニューも人気（土曜を除く）。

MAP P.422-C2
住668 Grande-Allée E.
TEL(418)525-7812
URL www.louishebert.com
営火・水11:00～22:00
木・金11:00～23:00
土17:00～23:00
（時期により変動あり）
休日・月
予ランチ$30～、ディナー$60～
CC A J M V

クレープ

Au Petit Coin Breton
オ・プチ・コワン・ブレトン

旧市街

ブレトンとはフランスのブルターニュ地方のこと。スタッフはその民族衣装を身に着けている。卵やハムなど5種類の具から選べる食事クレープは$13.5〜。平日の11:00〜15:00にはプラス$3.25でライスとポテトを付けられる。ホームメイドのグラタン$16.5〜やオニオングラタンスープ$8.25もおすすめ。

MAP P.423-B3
住 1029 Rue St-Jean
TEL (418)694-0758
URL aupetitcoinbreton.ca
営 毎日8:30〜20:30
休 無休
予 $15〜
CC A M V

Casse-Crêpe Breton
カス・クレープ・ブレトン

旧市街

30年以上の歴史をもつクレープの人気店。食事にもなるメインのクレープは小麦粉とそば粉を使ったグルテンフリー生地から選べ、ハム、卵、チーズなどの具$1.95〜を組み合わせて注文する。デザートクレープはバナナ、ピュア・メープルシロップなど。搾りたてのフルーツジュース各$5とも好相性。

MAP P.423-A3〜B3
住 1136 Rue St-Jean
TEL (418)692-0438
URL cassecrepebreton.com
営 毎日7:30〜22:30
休 無休
予 $10〜
CC M V

カフェ

Café Boulangerie Paillard
カフェ・ブーランジェリー・パイヤール

旧市街

パン、マカロン、スープ、ホットサンド、ジェラートなどを扱うカフェ&ベーカリー。一番人気はさくさく食感のクロワッサンはドリンクとセットで組み合わせはさまざま。ランチには、サンドイッチとスープやサラダのコンボ$12.9〜がおすすめ。ホームメイドのジャムも販売している。全品テイクアウトができる。

MAP P.423-B3
住 1097 Rue St-Jean
TEL (418)692-1221
URL www.paillard.ca
営 月〜木7:00〜19:00
金〜日7:00〜20:00
休 無休
予 $10〜
CC M V

Le Café Buade
ル・カフェ・ビュアード

旧市街

創業は1919年。ノートルダム大聖堂の向かい、ビュアード通りRue Buadeにある。朝食メニューの提供は毎日7:00〜12:00。オムレツ$15〜、サンドイッチ$11〜、グラタン$17〜など。メインもグリル$17〜、パスタ$17〜など幅広いラインアップ。写真はチキン炒め$19。

MAP P.423-B4
住 31 Rue Buade
TEL (418)692-3909
URL www.cafebuade.ca
営 火〜日8:00〜21:00
休 月
予 $15〜
休 A M V

Chez Boulay Comptoir Boréal
シェ・ブーレイ・コントワール・ボレアル

旧市街

北カナダの素材を生かしたスイーツが自慢のカフェ。シーバックソーン(サジー)やハスカップなど、野生の果実を使ったケーキは彩りも美しい。発酵飲料のKombuchaやメープルコーラなど、ドリンクの品揃えが個性的。自家製のクロワッサンやキッシュとともに味わいたい。

MAP P.423-A3
住 42 Côte du Palais
TEL (418)380-8237
URL chezboulay.com
営 火〜金7:00〜19:00
土8:00〜16:00
休 日・月
予 $10〜
CC M V

ファストフード

Chez Ashton
シェ・アシュトン

旧市街

1969年創業。ケベック・シティ内に20店舗以上を展開しているファストフード店。名物のプティンは$6〜。レジの横に皿のサイズの見本があるので参考にしよう。プティンとはフライドポテトにグレービーソースとチーズをかけた、ケベック生まれのB級グルメ。ランチ時には行列ができることも。

MAP P.423-A3
住 54 Côte du Palais
TEL (418)692-3055
URL chezashton.ca
営 日〜木11:00〜20:00
金・土11:00〜22:00
休 無休
予 $10〜
CC M V

ケベック・シティのショッピング

Shops in Québec City

サン・ジャン通りにはバラエティに富んだ店が並ぶ。市庁舎近くのビュアード通りRue Buadeやサン・タンヌ通りRue Ste-Anneもブティックが多い。ロウワー・タウンならプチ・シャンプラン通りへ。ロワイヤル広場周辺やアンティークの店が並ぶサン・ポール通りもおすすめ。

La Soierie Huo
ラ・ソワリー・ウオ

スカーフ　旧市街

プチ・シャンプラン通りにあるスカーフ専門店。シルクやウールの生地に染料を吹きつけて染めたスカーフは、地元出身のオーナーによって1枚1枚手作業で作られている。1枚$21～86。男性向けにはネクタイが人気。月～水曜の10:00～12:30と木・金・日曜の10:00～17:00には、染色作業が見られることも。

MAP P.423-C4
住 91 Rue du Petit-Champlain
TEL (418)692-5920
URL www.soieriehuo.com
営 毎日10:00～17:00
（時期により変動あり）
休 無休
CC A M V

Charlevoix Pure Laine
シャルルヴォワ・ピュア・レーン

生活雑貨　旧市街

シャルルヴォワ産の羊毛100%を使ったハンドメイドのファッションアイテムを扱っている。牧羊場と提携し、紡績から染色、ニッティングまでを手がけている。ニット帽子や靴下のほか、フェルトソープやフェルトのアートなどの小物も揃っていて、自分へのおみやげにもぴったり。

MAP P.423-B4
住 61 1/2 Rue du Petit-Champlain
TEL (418)692-7272
URL charlevoixpurelaine.ca
営 毎日10:00～17:00
休 無休
CC M V

Martino
マルティーノ

靴　旧市街

ケベック生まれのシューズブランド。ビジネスからカジュアルまで幅広い品揃えの「マルティーノ」と、おしゃれなモカシンシューズブランドの「アミモックAmimoc」の2ラインがある。ハイカットのモカシン（女性サイズ）$89.99、編み上げタイプのブーツ$244.99などが売れ筋。自分好みの1足を探そう。

MAP P.423-B4
住 35 1/2 Rue du Petit-Champlain
TEL (418)914-9933
URL www.boutiquemartino.com
営 月～金10:00～17:00
土・日10:00～18:00
休 無休
CC A M V

La Petite cabane à sucre de Québec
ラ・プチ・カバヌ・ア・スクル・ド・ケベック

メープル製品　旧市街

プチ・シャンプラン通りのメープル製品専門店。メープルシロップは$5.95～。メープルシュガーを使ったメープルアイスとソフトクリーム各$3.25（夏季のみ）やメープルシロップを氷に垂らして作るメープルタフィ$3が人気。ほのかな香りが心地よく広がるメープルキャンドル$11.95もおすすめ。

MAP P.423-C4
住 94 Rue du Petit-Champlain
TEL (418)692-5875
URL lapetitecabaneasucreinc.com
営 5～10月　毎日9:30～20:00
11～4月　毎日10:00～17:00
（時期により変動あり）
日10:00～17:00
休 無休
CC A M V

J.A.Moisan
ジェイ・エイ・モアザン

マルシェ　新市街

サン・ジャン通りに店を構える、1871年創業の老舗マルシェ。総菜から菓子類、酒や石鹸まで、生活必需品が豊富に揃う。コーヒー豆の量り売りやイートインコーナーもある。奥行きある建物は中世ヨーロッパを思わせる重厚なたたずまいで、2階はオーベルジュになっている（TEL (418)914-3777）。

MAP P.422-B2
住 685 Rue St-Jean
TEL (418)522-0685
URL jamoisan.com
営 月～水10:00～18:00
木・金9:00～19:00
土・日9:00～17:00
休 無休
CC M V

ケベック・シティのナイトスポット

——Night Spots in Québec City——

日中にぎわう旧市街が静まる夜に、代わって活気づくのが新市街。クラブやバー、ディスコが集まるグランダレ通りやカルティエ通りAve. Cartier界隈は遅くまで人通りが絶えない。旧市街ではサン・ジャン通りや旧港沿いのサン・タンドレ通りRue St-André、サン・ポール通りにパブやバーが点在。

パブ

Pub Saint-Alexandre
パブ・サンタレクサンドル

旧市街

サン・ジャン通りにある英国式のパブ。市民の投票でベスト・パブに選ばれたこともある。250銘柄を超えるビール$6.75～をはじめ、酒類の品揃えが豊富。チーズバーガー、ステーキ、フィッシュ＆チップスなどフードが多数あるのも人気の理由だ。メインは$20前後。毎日21:00頃からライブを開催する。

MAP P.423-B3
住 1087 Rue St-Jean
TEL (418)694-0015
URL www.pubstalexandre.com
営 毎日11:00～24:00
休 無休
CC A M V

L'Inox
リノックス

新市街

グランダレ通りにある醸造パブ。レギュラー4銘柄と季節限定品7～8種類の自家製ビール$7.75～が揃う。さわやかな酸味が広がるHibiscus Raspberry MeadやSeltzerは喉越しがよく、ビール好きならずとも味わいたい。ピザ$15.75やホットドッグ$10.5など、つまみメニューもある。

MAP P.422-C2
住 655 Grande Allée E.
TEL (418)692-2877
URL www.brasserieinox.com
営 日～水11:00～翌1:00
木～土11:00～翌3:00
休 無休
CC M V

バー

Bar Ste-Angèle
バー・サンタンジェル

旧市街

観光客でにぎわうサン・ジャン通りの路地にあり、地元の人々に根強く支持されているジャズバー。入口はひっそりと目立たず、店内もこぢんまりしているが、その分ゆったりと落ち着いた雰囲気。ジャズの調べに身をゆだね、旅情に浸りたい方におすすめ。カクテルの種類も豊富。

MAP P.423-B3
住 26 Rue Ste-Angèle
TEL (418)473-9044
営 火～日20:00～翌3:00
休 月
CC A M V

Bar Les Yeux Bleus
バー・レス・イユ・ブルー

旧市街

サン・ジャン通りから奥まった広場にあるバー。店内ではDJによる音楽が楽しめ、ジャンルはジャズやブルースから、ソウル、エレクトロまで多岐にわたる。ビール$5.75～やカクテル$11～のほかおつまみも。17:00～19:00はハッピーアワーでアルコール類がお得に。

MAP P.423-B3
住 1117 Rue St-Jean
TEL (418)204-0501
営 毎日12:00～翌3:00
休 無休
CC M V

Ciel! Bistro-Bar
シエル・ビストロ・バー

新市街

「Hôtel Le Concorde Québec」の最上階(28階)にあるレストランバー。約1時間30分かけてゆっくりと1周する回転フロアになっており、ケベック市街の絶景を眺めながら食事が楽しめる。カクテルの種類が豊富で、おすすめはケベック産の香料を使用したMarie Victorin $12。週末はブランチも提供する。

MAP P.422-C2
住 1225 Cours du Général-de Montcalm
TEL (418)640-5802
URL www.cielbistrobar.com
営 月・火17:00～22:00
水17:00～24:00
木・金11:30～23:00
土・日9:00～14:00/17:00～22:00
休 無休
CC A M V

COLUMN

ホエール＆ベルーガウオッチングの町タドゥサック

タドゥサックTadoussacは、セント・ローレンス川とサグネ川の合流地点に開けたのどかな町。古くから夏のバカンスを過ごす避暑地として親しまれ、近年ではホエールウオッチングのできる町としても脚光を浴びている。特にタドゥサック湾はカナダ東部では唯一ベルーガ（シロイルカ）が生息しているエリアということもあり、世界中から観光客が訪れている。町は、タドゥサック湾を囲んで扇形に広がっている。湾に沿ってトレイルや道路が整備されており、見どころのほとんどがこの道沿いに並んでいる。

この町でまず楽しみたいのが、ホエール＆ベルーガウオッチング。数社がウオッチングツアーを催行している。予約は電話またはメールのほか、Hôtel Tadoussacなど主要ホテルのフロントで申し込むことも可能。ホエールウオッチングやクルーズの船は、タドゥサック湾に突き出た岬の先端部にある桟橋から発着する。町なかにはベルーガなどのクジラ類の研究、観察を行う施設、海洋（哺乳類）観察センターLe Centre d'Interprétation des Mammifères Marins(CIMM)があり、ベルーガやクジラに関しての展示があるのでホエールウオッチングに行く前に予備知識を仕入れるのもおすすめ。

岬の外周にも遊歩道が整備され、運がよければ岬にある展望台Pointe de l'Isletからクジラが見えることも。町の西には湖Lac de l'Anse à l'Eauが広がる。湖畔にはサグネ公園があり、湖を一望できる遊歩道、フィヨルドの小径Sentier le Fjordが続く。小さな町なのでのんびり散策を楽しみたい。

DATA

タドゥサック
MAP P.380-C2　URL tadoussac.com

タドゥサックへの行き方
長距離バス
ケベック・シティからインターカーIntercarのベ・コモBaie-Comeau行きで所要4時間15分。1日1便運行、片道大人$58.9。
インターカー
FREE (1-800)806-2167　URL intercar.ca

❓観光案内所
Maison du Tourisme de Tadoussac
住 197 Rue des Pionniers　TEL (418)235-4744
FREE (1-866)235-4744

ホエール&ベルーガウオッチング
Croisières Dufour
FREE (1-866)856-6668　URL www.dufour.ca
Whale Watching Boat Tour in Tadoussac
催 5/13～10/29　毎日9:45、12:00、13:00、17:00発（時期と天候により変動あり）
料 大人$109.99～、ユース（5～12歳）$79.99～、子供（2～4歳）$39.99、所要約3時間。
Otis Excursions
FREE (1-800)563-4643
URL www.otisexcursions.com
2時間ツアー
催 6/3～10/8　毎日8:00、16:30発
料 大人$99.99、子供（6～12歳）$84.99
2時間30分ツアー
催 5/6～10/29　毎日10:15、13:30発
料 大人$109.99～、子供（6～12歳）$94.99～
12人乗りのゾディアック（ゴムボート）を使用。

海洋（哺乳類）観察センター
住 108 Rue de la Cale-Sèche
TEL (418)235-4701
URL gremm.org
開 5/14～6/17
毎日12:00～17:00
6/18～10/9
毎日9:00～18:00
休 10/10～5/13
料 大人$15、子供無料

タドゥサックのホテル
Hôtel Tadoussac　タドゥサック
住 165 Rue Bord de l'Eau
TEL (418)235-4421
URL www.hoteltadoussac.com
営 5/10～10/29
料 Ⓢ Ⓓ $143～　Tax別
タドゥサックを代表する高級ホテル。

ヌーヴェル・フランス発祥の地、ガスペ半島

ガスペジー Gaspésie

ケベック州東南、セント・ローレンス川の河口に突き出た半島がガスペジー（ガスペ半島）。1534 年にフランスの探検家ジャック・カルティエが上陸を果たした歴史的な土地でもある。20世紀になるまで陸路の交通が未発達だったため、昔ながらの風俗・習慣が色濃く残る。

© Jean-Pierre Huard-ATRG

ガスペジー基本DATA
MAP P.380-C2

拠点となる町：ガスペ
歴史的見どころ：★★
自然の見どころ：★★★★

ガスペジー情報のサイト
URL www.tourisme-gaspesie.com
URL gaspepurplaisir.ca

ガスペジーの回り方

ガスペ半島はオルレアン・エクスプレスOrléans Expressの長距離バスやRÉGÎMという公共のバスが走っているが、本数が少ないので車で回るのがベスト。おもな見どころへはすべて海沿いのハイウエイ#132をたどる単純なコースだが、海を眺めながらのドライブは爽快だ。

⬆海沿いを走る風光明媚なフォリヨン国立公園内のハイウエイ#132

起点となるのはガスペジー最大の町、ガスペ。まずハイウエイ#132を北上し、フォリヨン国立公園を一周してガスペに戻る。ガスペからハイウエイ#132を南東へ約50分ほど走るとペルセへ着く。途中、急カーブの道が続くので安全運転を心がけよう。ペルセからさらにハイウエイ#132を西へ進み、ヌーヴェルNouvelleの町から看板に従って行けば、最終目的地ミグアシャ国立公園へ到着。ペルセからミグアシャ国立公園までは長距離のドライブとなるので、途中の町や海沿いに点在するビューポイントで休憩するのもいい。

⬆ミグアシャ国立公園の看板

ドライブチャート

ガスペ →（34.5km ハイウエイ#132経由）→ ①フォリヨン国立公園 →（34.5km ハイウエイ#132経由）→ ②ガスペ →（61.7km ハイウエイ#198、132経由）→ ③ペルセ →（224km ハイウエイ#132経由）→ ④ミグアシャ国立公園

ガスペへの行き方

飛行機

ケベック・シティからガスペのミシェル＝プリヨ・ド・ガスペ空港（YGP）まで、ローカル航空であるパスカン航空Pascan Aviationが1日2便運航、所要約1時間40分。空港内にレンタカーのオフィスあり。

長距離バス

オルレアン・エクスプレスがケベック・シティから1日1便運行（途中、リムースキRimouskiで乗り換え）、約11時間45分。片道大人$142、シニア・ユース$121、子供（3～13歳）$99.5、2歳以下$71。

鉄道

VIA鉄道のモントリオール～ガスペ線が運行しているが、2023年8月現在は運休中となっている。

 ※開館時間、営業時間などの日程は基本的に2023年のもの。年度により変動するため、ウェブサイトなどで再確認を。（→P.7）

おもな見どころ

1 フォリヨン国立公園
Parc National de Forillon

MAP P.445/P.446外

★★★

⬆ビューポイントも点在している

ガスペジーの先端部にある244km²の広大な公園で、1970年にケベック州初の国立公園に制定された。自然豊かな地形をもつ園内には、キャンピングエリアやハイキングトレイル、乗馬コースなどが整備されているほか、ホエールウオッチングも楽しめる。園内の南側を走るグラングレーブ通りBoul. de Grande-Grave沿いの博物館、ハイマン&サンズ・ジェネラル・ストアHyman & Sons General Storeでは、ガスペジーの人々の暮らしと歴史を紹介している。国立公園の先端部、ガスペ岬Cap Gaspéへは、2.6km手前にあるビュー・ポイント、アンス・オ・アメランディエンL'Anse-aux-Amérindiensに車を停め、片道約4kmのトレイルを歩いて行く。

⬆海沿いにあるハイマン&サンズ・ジェネラル・ストア

フォリヨン国立公園
TEL (418)368-5505
FREE (1-888)773-8888
URL parks.canada.ca/pn-np/qc/forillon
入園料
料 大人$8.5($6.25)、シニア$7.25($5.25)、17歳以下無料
※( )内は冬季の料金。
ディスカバリー・センター(観光案内所)
開 5/26〜10/9
毎日9:00〜20:00
(時期により変動あり)
休 10/10〜5/25
ハイマン&サンズ・ジェネラル・ストア
開 6/23〜8/12
毎日10:00〜17:00
8/13〜9/4
毎日13:00〜17:00
9/5〜10/9
毎日12:00〜16:00
休 10/10〜6/22
ホエールウオッチング
Whale Watching Cruise Forillon
TEL (418)892-5500
FREE (1-866)617-5500
URL baleines-forillon.com
催 6/1〜10/18
1日1〜4便。時期や曜日によって増減し、船内アナウンスがフランス語のみの便もある。所要約2時間30分。
料 大人$95、子供(3〜15歳)$70、2歳以下無料

2 ガスペ
Gaspé

MAP P.445/P.446

★★★

ガスペジー最大の町にして、行政の中心地。ガスペという地名は、先住民ミックマック族の言葉で「地の果て」を意味する"Gaspeg"に由来する。

⬆ファストフード店もあるガスペの町

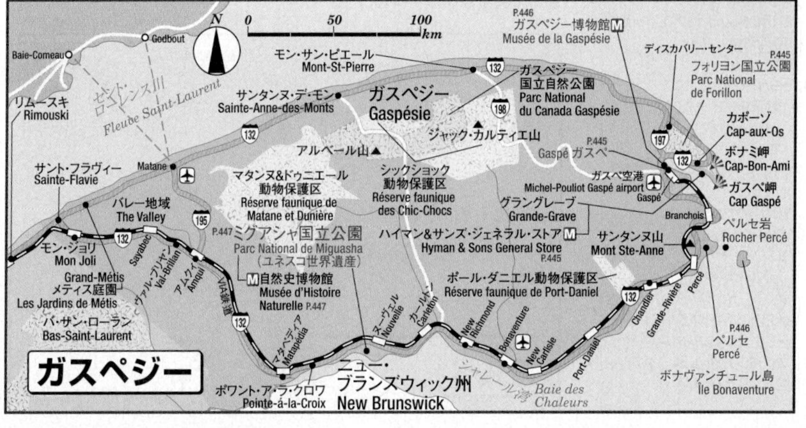

こぢんまりとした町なので、観光は徒歩で十分。町なかに見どころは少ないが、北米では珍しい木造の教会、ガスペ大聖堂Cathédrale du Gaspéやガスペジー博物館Musée de la Gaspésieなどがある。

⬆ジャック・カルティエのモニュメントが立つ、ガスペジー博物館

③ ペルセ Percé

MAP P.445/P.447

★★★

ガスペから南東へ68km。のどかな集落ペルセは、ハイウエイ#132沿いにショップや宿泊施設が並ぶ小さなリゾートエリアだ。

町の自慢は、長さ483m、高さ88mの巨大なペルセ岩Rocher Percé。海岸から180m沖の海中にそびえるペルセ岩は、3億7500万年前に形成されたものとされ、岩肌には無数の化石が埋もれている。岩は、干潮時には陸続きとなるので、モン・ジョリ通りRue du Mont-Joliの坂道を上り切った所の駐車場から歩いて行ける(夏季のみ)。周辺には気軽に楽しめるトレイルも多く、町のいたるところから見られるサンタンヌ山Mont Ste-Anneへのトレイルは、人気のコースのひとつだ。登山口があるのは、サン・ミッシェル教会の裏側。ここから山頂まではゆっくりと歩いて45分ほど。山肌に張り付くように延びるトレイルから、町の全景とペルセ岩、ボナヴァンチュール島Île Bonaventureが一望できる。また、ペルセはクルーズの名所でもある。ほとんどのコースがペルセ岩のそばを通り、海鳥類のコロニーであるボナヴァンチュール島へ行く。ペルセ沖のボナヴァンチュール島は、カナダで最も早くヨーロッパ人の入植が始まった場所のひとつで、現在は特にカツオドリ(英語名ガネットGannet)をはじめとする海鳥類の保護区に指定されている。ほかにもパフィン(ツノメドリ)、ウミガラスなど20万羽もがコロニー(営巣地)を形

⬆ペルセ岩とボナヴァンチュール島

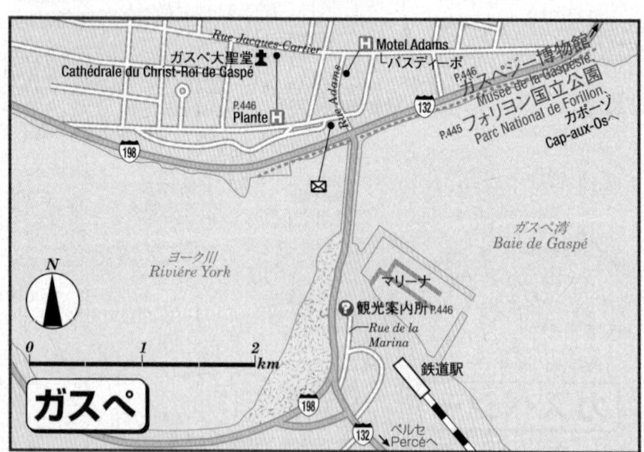

CHECK!

ガスペの観光案内所

Gaspé Tourist Welcome Bureau

MAP P.446

住 8 Rue de la Marina

TEL (418)368-6335

URL www.tourisme-gaspesie.com

開 月～金8:30～18:00
土・日8:30～17:00
(時期により変動あり)

休 無休

おもなレンタカー会社

Enterprise

TEL (418)368-1541

おもなタクシー会社

Porlier Taxi

TEL (418)368-3131

ガスペジー博物館

MAP P.445/P.446外

住 80 Boul. de Gaspé

TEL (418)368-1534

URL museedelagaspesie.ca

開 6/5～9/3
毎日9:00～17:00
9/4～6/4
毎日11:00～16:00

休 無休

料 大人$18、シニア$16、子供(6～17歳)$4.4、5歳以下無料

ガスペのホテル

Hôtel Plante　プラント

MAP P.446

住 137 Rue Jacques-Cartier

FREE (1-888)368-2254

URL www.hotelplante.com

料 ⓈⒹ$95～

CHECK!

ペルセの観光案内所

Bureau D'information Touristique

MAP P.447

住 142 Route 132 O., Percé

TEL (418)782-5448

URL perce.info

開 5/15～6/10、10/8～21
毎日9:00～17:00
6/11～10/7
毎日8:30～18:00

公共バス

RÉGÎM

FREE (1-877)521-0841

URL regim.info

料 シングルチケット1人$4

ガスペ半島内を14のルートで運行。ガスペからペルセ行き(#22)は平日のみ1日1便運行、夕方16:55発(要予約)。フォリヨン国立公園、ミグアシャ国立公園行きはない。

成している。ガスペ－ペルセ間は平日のみ公共のバスが運行しているが本数が少なく観光には不向き。

4 ミグアシャ国立公園

MAP P.445

Parc National de Miguasha

★★★

⬆自然史博物館では脊椎動物の進化を学べる

1999年にユネスコの世界遺産に登録された国立公園で、ガスペ半島の南側、シャレール湾Baie des Chaleursに面している。3億7000万年前のデボン期、このあたりは亜熱帯気候に属しており、付近を流れる暖流の影響でさまざまな種類の魚類が生息していたといわれている。自然史博物館Musée d'Histoire Naturelleでは、原始的な姿をした甲冑魚のボスリオレピス・カナデンシスBothriolepis Canadensisや魚類のなかで最も四肢動物に近いエウステノプテロン・フォールデイEusthenopteron Foordiなど周辺で発掘された魚の化石層が見られる。博物館の外には、始生代から新生代までの生物を解説パネルで紹介するL'Évolution-de-la-vieという1周約3.9kmのハイキングトレイルがある（4～10月のみ）。

➡シャレール湾沿いを歩くハイキングトレイル

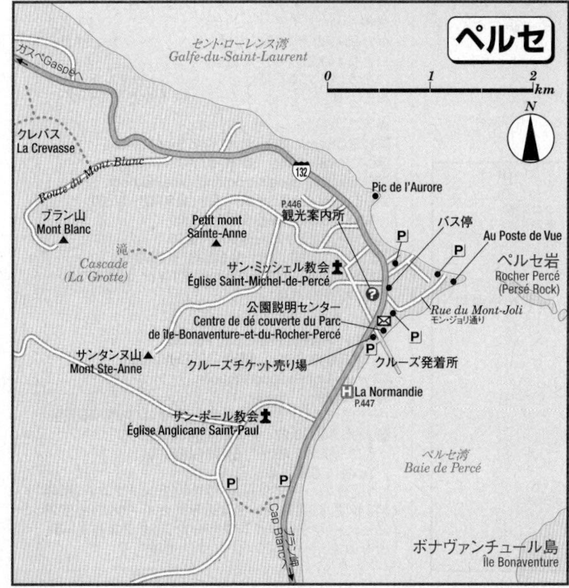

☑CHECK!

ボートクルーズ

Les Bateliers de Percé

TEL (418)782-2974

URL www.lesbateliersdeperce.com

催 6月～10月中旬

料 大人$45、学生$45、12歳以下$25

☑CHECK!

ペルセのホテル

Hôtel La Normandie

ラ・ノルマンディ

MAP P.447

住 221 Route 132 O., Percé

TEL (418)782-2112

FREE (1-800)463-0820

URL www.normandieperce.com

営 5/20～10/8

料 ⓈⒹ$99～　Tax別

CC M V

室 45室

海に面した景色のいい場所にある、ガスペジーを代表する高級ホテル。

ミグアシャ国立公園

自然史博物館

MAP P.445

住 231 Route Miguasha O., Nouvelle

TEL (418)794-2475

FREE (1-800)665-6527

URL www.sepaq.com/pq/mig

URL www.miguasha.ca

開 5/29～10/13

毎日9:00～17:00

休 10/14～5/28

料 大人$9.55、17歳以下無料（国立公園のみ）

大人$21.46、17歳以下無料（国立公園と自然史博物館）

⬆魚類だけではなく、植物の化石層も発掘されている

COLUMN

冬のマドレーヌ島でハープシールに出合う

マドレーヌ島Îles-de-la-Madeleineは、セント・ローレンス湾Gulfe du St-Laurentに浮かぶ総面積約200km²ほどの小さな島。周囲をニューファンドランド島とガスペジー、プリンス・エドワード島に囲まれている。セント・ローレンス湾は、北極から流れ出した流氷が漂着する場所であり、毎年2月下旬から3月中旬まで25万頭ものハープシール(タテゴトアザラシ)が繁殖のために訪れる。

マドレーヌ島の歩き方

マドレーヌ島は、全部で12の島からなるマドレーヌ諸島の中心。砂州で結ばれた6つの島で成り立っており、それぞれの島はハイウエイ#199を使って行き来することができる。6つの島の名前は、カップ・オ・ミュール島Île du Cap aux Meules、アーヴル・オベール島Île du Havre Aubert、グランダントレ島Île de la Grande-Entrée、グロス島La Grosse Île、アーヴル・オ・メゾン島Île du Havre-aux-Maisons、ポワン・トー・ルー島Île Pointe aux-Loups。島の中心は行政機関の集まるカップ・オ・ミュール島。プリンス・エドワード島とを結ぶフェリーが発着し、観光案内所やハープシール・ウオッチングツアーを催行しているホテル、シャトー・マドリノ Château Madelinot もある。空港はアーヴル・オ・メゾン島にある。島には公共の交通機関はなく、島内を移動するには、ホテルのガイドツアーやタクシー、レンタカーを利用する。

ハープシール・ウオッチングツアー

通常、北極周辺に生息するハープシール(タテゴトアザラシ)は、毎年2月下旬になると出産のためにセント・ローレンス湾に現れる。出産は2月27日前後に氷上でほぼいっせいに行われ、ふわふわの白い毛に覆われた愛くるしい赤ちゃんが誕生する。

⬆かわいらしいハープシールの赤ちゃん

このハープシールを見学するツアーは3月初旬〜下旬までの間、ホテル・シャトー・マドリノで催行され、天候や氷の状態を見て行われるため、3〜6日の宿泊込みのパッケージツアーに参加することになる。ハープシールのコロニーは流氷の上にあるので、そこまでヘリコプターで移動。流氷の上での滞在時間は約2時間。運がよければ、アザラシの授乳や生まれたての姿も見ることもできる。

DATA

マドレーヌ島 MAP P.380-C2
URL www.ilesdelamadeleine.com

マドレーヌ島への行き方
飛行機　ガスペからパスカン航空Pascan Aviationが1日2便運航、所要約1時間(夏季以外は週1便程度に減便)。パル航空PAL Airlinesも就航している。ケベック・シティからも両社の便があり、所要1時間50分〜3時間10分。マドレーヌ島空港(YGR)があるのは、アーヴル・オ・メゾン島。なお、島はケベック州だが、タイムゾーンはアトランティック・カナダと同じ太平洋標準時間。ケベック・シティやガスペとは1時間の時差がある。
　日本からの直行便はなく、トロントかモントリオールに入り、ケベック・シティ、ガスペなどで乗り継ぐ。

❓観光案内所
住 128 Chemin Principal, Cap aux Meules
TEL (418)986-2245　FREE (1-877)624-4437
URL www.tourismeilesdelamadeleine.com
開 1/5〜5/14、9/16〜30　月〜金9:00〜17:00
5/15〜6/17　毎日9:00〜17:00
6/18〜9/15　毎日9:00〜18:00
11/1〜12/18　月〜金12:00〜17:00
休 1/5〜5/14と9/16〜30および10/1〜12/18の土・日、12/19〜1/4

シャトー・マドリノ
住 323, Chemin Principal, Fatima
TEL (418)986-2211　FREE (1-855)986-2211
URL www.hotelsaccents.com
料 ⓈⒹ$149〜　Tax別
ハープシール・ウオッチングツアー付きのパッケージ料金
料 3泊Ⓢ$4223.27〜　4泊Ⓢ$4902.85〜
5泊Ⓢ$5582.43〜　6泊Ⓢ$6262.01〜
Tax別　3食付き
　1回分のハープシール・ウオッチングツアー(所要約3時間、防寒具レンタル込み)、ガイドツアー、空港送迎込みのオールインクルーシブ。ダブルルーム料金もある。

アトランティック・カナダ

Atlantic Canada

ノヴァ・スコシア州にあるルーネンバーグ

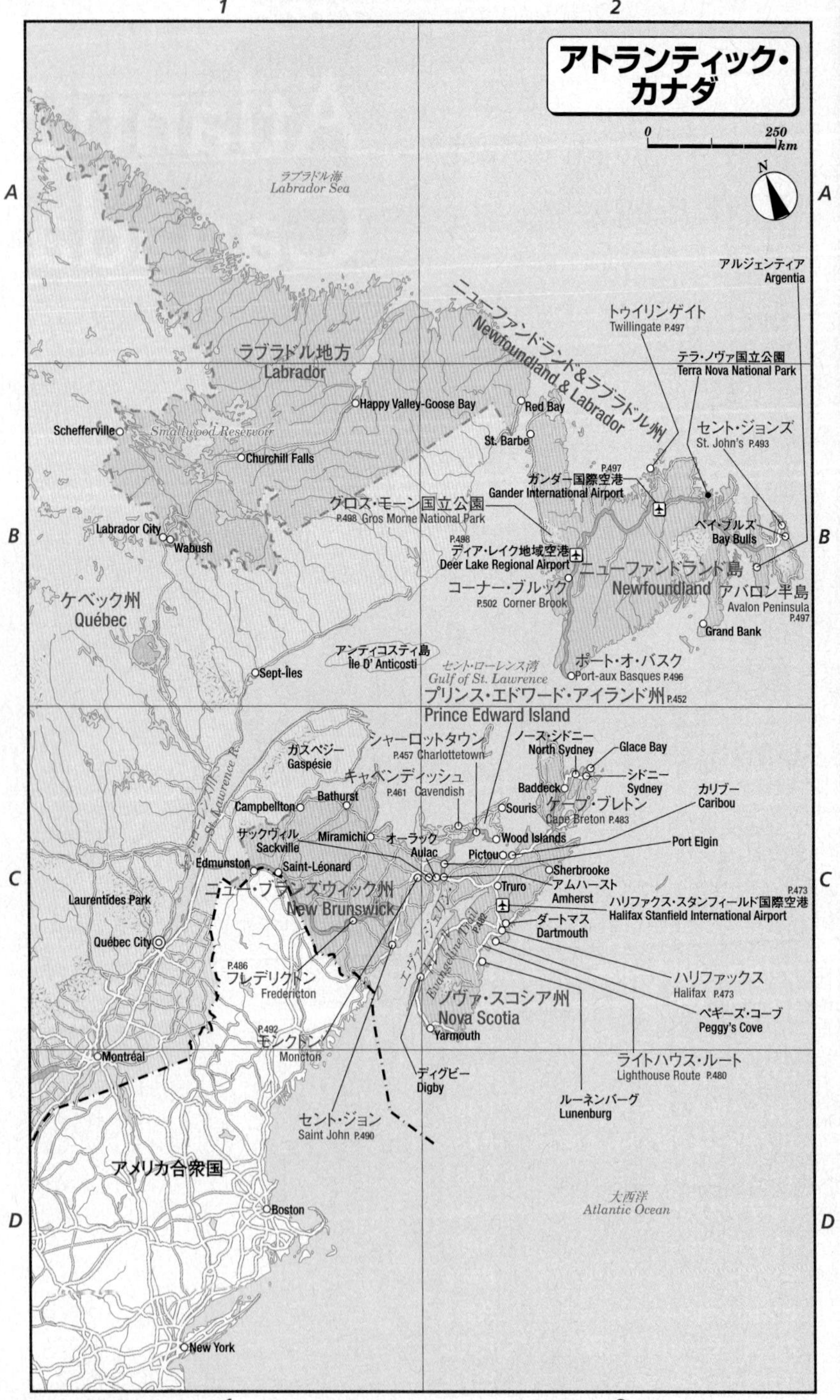
アトランティック・カナダ
0
250
km
N
1
2
A
B
C
D
ラブラドル海
Labrador Sea
ラブラドル地方
Labrador
ニューファンドランド&ラブラドル州
Newfoundland & Labrador
Happy Valley-Goose Bay
Schefferville
Smallwood Reservoir
Churchill Falls
Labrador City
Wabush
ケベック州
Québec
Sept-Îles
アンティコスティ島
Île D' Anticosti
セント・ローレンス湾
Gulf of St. Lawrence
Red Bay
St. Barbe
グロス・モーン国立公園
P.498 Gros Morne National Park
P.497
ガンダー国際空港
Gander International Airport
P.498
ディア・レイク地域空港
Deer Lake Regional Airport
コーナー・ブルック
P.502 Corner Brook
ニューファンドランド島
Newfoundland
アバロン半島
Avalon Peninsula
P.497
Grand Bank
ポート・オ・バスク
Port-aux Basques P.496
アルジェンティア
Argentia
トゥイリンゲイト
Twillingate P.497
テラ・ノヴァ国立公園
Terra Nova National Park
セント・ジョンズ
St. John's P.493
ベイ・ブルズ
Bay Bulls
プリンス・エドワード・アイランド州 P.452
Prince Edward Island
シャーロットタウン
P.457 Charlottetown
キャベンディッシュ
P.461 Cavendish
ガスペジー
Gaspésie
Bathurst
Campbellton
Miramichi
サックヴィル
Sackville
オーラック
Aulac
Edmunston
Saint-Léonard
ニュー・ブランズウィック州
New Brunswick
Laurentides Park
Québec City
P.486
フレデリクトン
Fredericton
P.492
モンクトン
Moncton
Montréal
セント・ローレンス川
St. Lawrence R.
ノース・シドニー
North Sydney
Glace Bay
シドニー
Sydney
Baddeck
ケープ・ブレトン
Cape Breton P.483
Souris
Wood Islands
Pictou
カリブー
Caribou
Port Elgin
Sherbrooke
Truro
アムハースト
Amherst
P.473
ハリファクス・スタンフィールド国際空港
Halifax Stanfield International Airport
ダートマス
Dartmouth
ハリファックス
Halifax P.473
ペギーズ・コーブ
Peggy's Cove
ライトハウス・ルート
Lighthouse Route P.480
ルーネンバーグ
Lunenburg
エヴァンジェリン・トレイル
Evangeline Trail P.482
ノヴァ・スコシア州
Nova Scotia
Yarmouth
ディグビー
Digby
セント・ジョン
Saint John P.490
アメリカ合衆国
Boston
New York
大西洋
Atlantic Ocean

アトランティック・カナダ

ATLANTIC CANADA

プリンス・エドワード・アイランド州、ノヴァ・スコシア州、ニュー・ブランズウィック州とニューファンドランド&ラブラドル州の4つの州は、総称してアトランティック・カナダと呼ばれている。初めてヨーロッパ人が入植した地であり、イギリスとフランスの抗争やカナダ連邦誕生など、歴史的な舞台となったカナダ発祥の地でもある。

プリンス・エドワード・アイランド州	
州都	シャーロットタウン
面積	5660km²
人口	15万4331人（2021年国勢調査）
時間	大西洋岸標準時間（AST） 日本との時差－13時間 （サマータイム実施時－12時間）
州税	ハーモナイズド・セールス税HST15%

ニューファンドランド&ラブラドル州	
州都	セント・ジョンズ
面積	51万5212km²
人口	51万550人（2021年国勢調査）
時間	ニューファンドランド標準時間（NST） 日本との時差－12時間30分 （サマータイム実施時－11時間30分）
州税	ハーモナイズド・セールス税HST15%

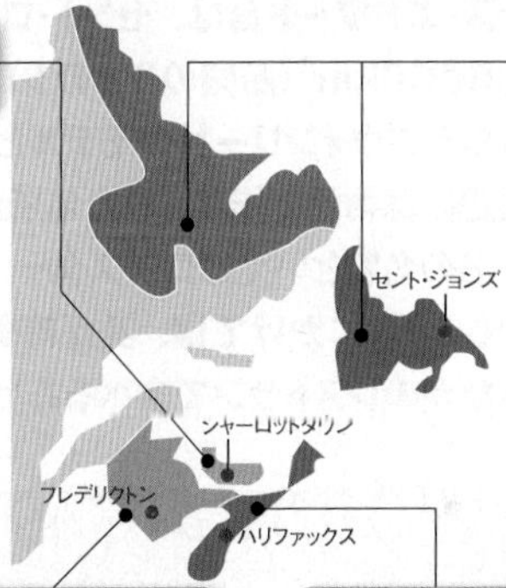

セント・ジョンズ
シャーロットタウン
フレデリクトン
ハリファックス

プリンス・エドワード・アイランド州

カナダ全州のなかで最も小さな州。『赤毛のアン』の作者L. M. モンゴメリの故郷として日本人にもなじみが深い。赤土の道と緑の大地、花畑がまるでパッチワークのように地平線へと続き、美しい海岸線には白い灯台がたたずむ。

おもな都市

シャーロットタウン（→P.457）
キャベンディッシュ（→P.461）

ニューファンドランド&ラブラドル州

湿地に覆われ、野生動物が多く生息するニューファンドランドは北米の最東端に位置し、内陸部は針葉樹林やツンドラが広がる孤島。北米で最もヨーロッパに近いことから歴史の舞台としても重要な役割を果たした。

おもな都市と公園

セント・ジョンズ（→P.493）
グロス・モーン国立公園（→P.498）

ニュー・ブランズウィック州

ケベック州とアメリカ合衆国のメイン州に接し、東部で最も深い森林地帯を有する。人口の35%をフランス系の住民が占め、国内で唯一英仏語両方を公用語としている州でもある。セント・ジョン川に沿うように集まる町は、どこものどかでのびやかな空気が流れている。

おもな都市

フレデリクトン（→P.486）、セント・ジョン（→P.490）
モンクトン（→P.492）

ノヴァ・スコシア州

セント・ローレンス湾に大きく突き出した半島にあり、どこか島国の情緒が漂う。カナダで最も早い時期に入植が進み、英仏の抗争の舞台となった歴史をもつ地域でもある。大西洋と湾が造り上げた海岸線には、州都ハリファックスをはじめとする美しい町が並ぶ。

おもな都市 ハリファックス（→P.473）

おもなドライブルート

★ライトハウス・ルート（→P.480）
★ケープ・ブレトン（→P.483）

ニュー・ブランズウィック州	
州都	フレデリクトン
面積	7万2908km²
人口	77万5610人（2021年国勢調査）
時間	大西洋岸標準時間（AST） 日本との時差－13時間 （サマータイム実施時－12時間）
州税	ハーモナイズド・セールス税HST15%

ノヴァ・スコシア州	
州都	ハリファックス
面積	5万5284km²
人口	96万9383人（2021年国勢調査）
時間	大西洋岸標準時間（AST） 日本との時差－13時間 （サマータイム実施時－12時間）
州税	ハーモナイズド・セールス税HST15%

PRINCE EDWARD ISLAND

プリンス・エドワード島

プリンス・エドワード・アイランド州

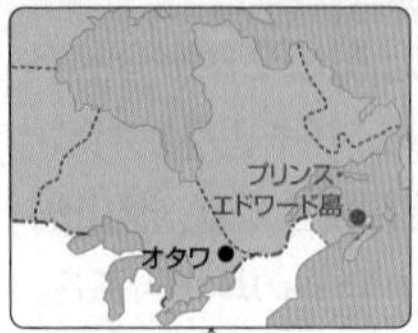

MAP P.450-C2
人口 15万4331
市外局番 902

プリンス・エドワード島情報のサイト
URL www.tourismpei.com

⬆緑の切妻屋根をもつグリーン・ゲイブルス

ルーシー・モード・モンゴメリ(1874〜1942年)の小説『赤毛のアンAnne of Green Gables』の舞台であるプリンス・エドワード島は、セント・ローレンス湾に浮かぶ面積約5660km²(四国の3分の1)ほどの小さな島。アンが暮らすアヴォンリー村のモデルとなったキャベンディッシュ周辺には物語で描写された場所がいくつも存在する。

島の名物といえばロブスター。特に漁が解禁になる5月から10月にかけては、身が締まった新鮮なロブスターを町なかのレストランで食べることができる。

プリンス・エドワード島への行き方

プリンス・エドワード島の玄関口は、島のほぼ中央にあるシャーロットタウン。各地からの飛行機やバスが発着し、市内交通も行き届いている。

飛行機

日本からは、トロントを経由するのが一般的。トロントからエア・カナダAir Canada(AC)が1日1〜3便運航、所要約2時間。モントリオールからもエア・カナダが1日1〜2便運航、所要約1時間40分。すべての飛行機は、シャーロットタウン空港Charlottetown Airport(YYG)に到着する。

空港から市内へ

市内の北約8kmにあるシャーロットタウン空港からシャーロットタウンのダウンタウンへは、タクシーかレンタカー、T3トランジットT3 Transitの市バスで向かう。到着ロビーにはレンタカーのカウンターやタクシーの呼び出し電話(無料)もある。タクシーは到着便に合わせて待機し

エア・カナダ(→ P.542)

シャーロットタウン空港(YYG)
MAP P.455-B2
住 250 Maple Hills Ave. Suite 132, Charlottetown
TEL (902)566-7997
URL flyyyg.com

プリンス・エドワード島の愛称
プリンス・エドワード島Prince Edward Islandは、PEI(ピーイーアイ)とも呼ばれる。本誌でも一部この愛称を採用している。

日本からプリンス・エドワード島へ
最短は、成田国際空港または羽田空港からトロントへの直行便を使い、シャーロットタウン行きに乗り継ぐルート。出発翌日の1:00頃に到着できる。所要18時間20分〜。

プリンス・エドワード島のイベント
PEI国際シェルフィッシュ・フェスティバル
PEI International Shellfish Festival
FREE (1-866)955-2003
URL peishellfish.com
催 9/14〜17('23)
シャーロットタウンで開催されるシーフードの祭典。カキやムール貝を中心とした新鮮な海の幸が振る舞われ、カキの殻剥き選手権、コンサートなどのイベントも盛りだくさん。

 ※開館時間、営業時間などの日程は基本的に2023年のもの。年度により変動するため、ウェブサイトなどで再確認を。(→P.7)

ており、ダウンタウンまで約10分。運賃はゾーン制でひとり$20、ひとり追加ごとに$5加算される。T3トランジットの市バスの場合は、途中のCharlottetown Mallで乗り換えが必要。

▶▶▶長距離バス

ハリファックスからシャーロットタウンへ、マリタイム・バスMaritime Busが1日1便運行。途中ニュー・ブランズウィック州(NB州)のアムハーストAmherstで乗り換え。ハリファックスのバスディーポ発12:00、ハリファックス・スタンフィールド国際空港発12:45、シャーロットタウン着は17:05。モンクトンからも1日1便運行し、どちらの便も島内のボーデン・カールトンBorden-Carletonを経由する。

バスディーポから市内へ

バスディーポはシャーロットタウンの中心から北東へ1.8kmのマウント・エドワード通りMount Edward Rd.沿いにある。荷物がある場合、徒歩だとかなりきついので、タクシーで行くほうがいい(約$7.25～)。タクシーはバスの到着時間に合わせて待機している。

▶▶▶フェリー

NFLフェリーNorthumberland Ferries Limited FerryがカリブーCaribou(NB州)からウッド・アイランズWood Islandsまで運航。所要約1時間15分。5月～12月下旬までの季節運航で、1日4～8便。要予約。フェリーの船着場の周辺には人家はなく、頼りになるのは観光案内所だけ。車がない場合、最寄りの町まではタクシーでの移動となる。フェリーターミナルからシャーロットタウンまでは約52km。

⬆カリブーとウッド・アイランズを結ぶフェリー

▶▶▶車

ケープ・トーメンタインCape Tormentine(NB州)からコンフェデレーション・ブリッジConfederation Bridgeを渡る。ニュー・ブランズウィック州からはハイウエイ#2、ノヴァ・スコシア州からハイウエイ#104を利用。オーラックAulac(NB州)で16号線へ入る。橋の長さは12.9km、約10分で通過。制限時速80キロで、途中での停車は厳禁。車以外の通行禁止。徒歩、自転車の人はシャトルバスで渡る。バスの待ち時間は長くて2時間ほど。なお、コンフェデレーション・ブリッジの料金所はPEI側にのみあるので、通行料は島を出るときに支払う。

T3トランジット(→P.458)
料片道　1人$2

マリタイム・バス(→P.543)
ハリファックスから
料片道
大人$58.25、ユース(5～12歳)$29.13
モンクトンから
料片道
大人$41.75、ユース(5～12歳)$20.88

バスディーポ
シャーロットタウン
MAP P.455-B2/P.457-2外
住7 Mt. Edward Rd.
TEL(902)566-1567
ボーデン・カールトン
MAP P.454-A1
住23912 Hwy.1
TEL(902) 855-2060

NFLフェリー
MAP P.455-A2
TEL(902)962-2016
FREE(1-877)762-7245
URL www.ferries.ca
料片道
大人$23、シニア・学生$20、ユース(6～13歳)$16、子供無料、普通車1台$86

コンフェデレーション・ブリッジ
MAP P.454-A1
URL www.confederationbridge.com
料車$50.25、バイク$20
シャトルバス
徒歩$4.75、自転車$9.5

車でPEIに行く場合
ノヴァ・スコシア州側にはフェリー、コンフェデレーション・ブリッジともに車両用の料金所がないので、PEIから出るときに乗船料および通行料を支払うシステム。このため行きはフェリー、帰りはコンフェデレーション・ブリッジを渡るほうが料金がお得。

⬆1997年に開通したコンフェデレーション・ブリッジ

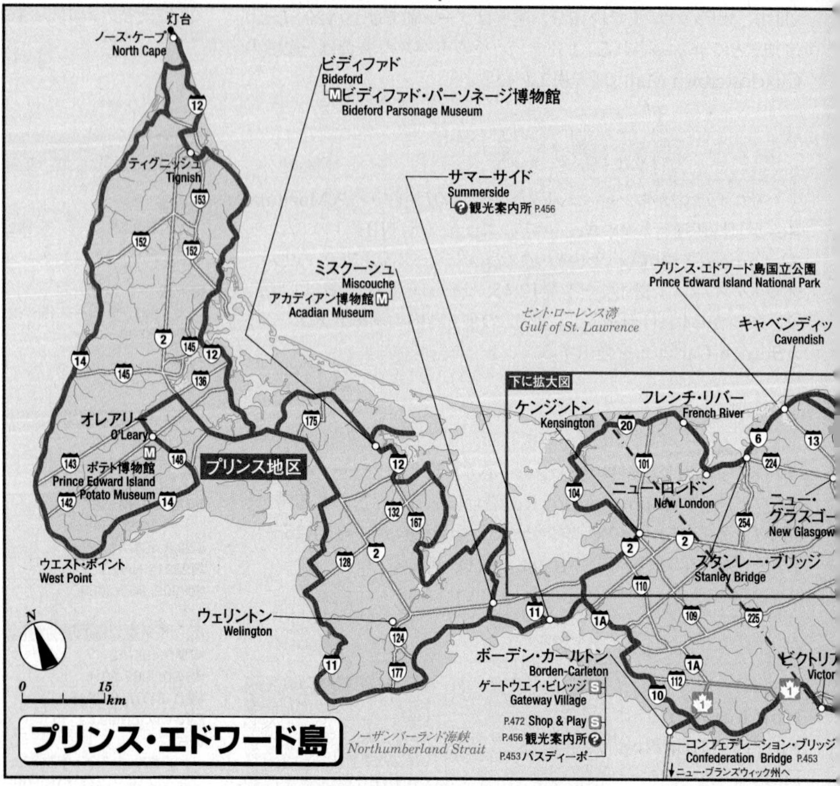

1

A

プリンス・エドワード島

灯台
ノース・ケープ
North Cape
ティグニッシュ
Tignish
オレアリー
O'Leary
ポテト博物館
Prince Edward Island Potato Museum
ウエスト・ポイント
West Point
プリンス地区
ビディファド
Bideford
ビディファド・パーソネージ博物館
Bideford Parsonage Museum
ミスクーシュ
Miscouche
アカディアン博物館
Acadian Museum
サマーサイド
Summerside
観光案内所 P.456
ウェリントン
Welington
ボーデン・カールトン
Borden-Carleton
ゲートウエイ・ビレッジ
Gateway Village
P.472 Shop & Play
P.456 観光案内所
P.453 バスディーポ
コンフェデレーション・ブリッジ
Confederation Bridge P.453
↓ニュー・ブランズウィック州へ
セント・ローレンス湾
Gulf of St. Lawrence
ノーザンバーランド海峡
Northumberland Strait
プリンス・エドワード島国立公園
Prince Edward Island National Park
キャベンディッ
Cavendish
下に拡大図
ケンジントン
Kensington
フレンチ・リバー
French River
ニュー・ロンドン
New London
ニュー・グラスゴー
New Glasgow
スタンレー・ブリッジ
Stanley Bridge
ビクトリア
Victor
0 15 km
N

B

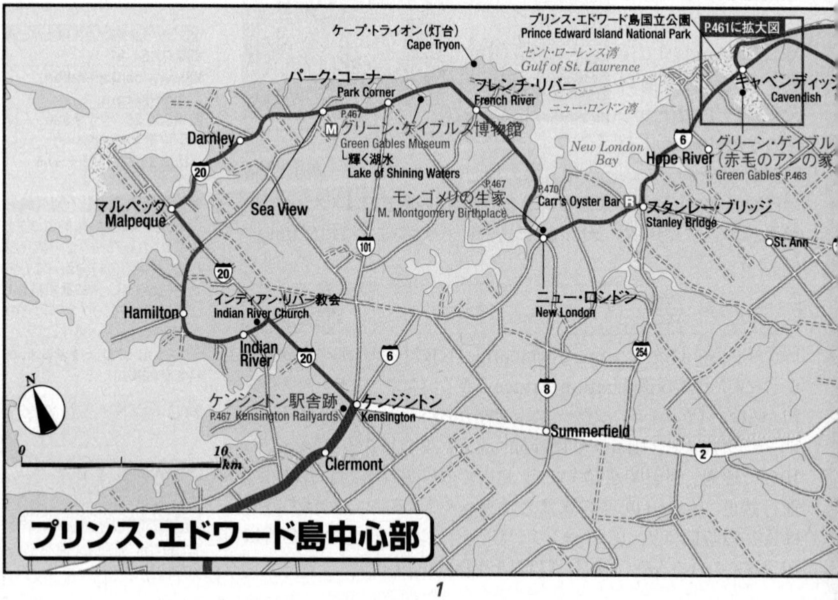

プリンス・エドワード島中心部

ケープ・トライオン(灯台)
Cape Tryon
パーク・コーナー
Park Corner
P.467 グリーン・ゲイブルス博物館
Green Gables Museum
輝く湖水
Lake of Shining Waters
フレンチ・リバー
French River
ニュー・ロンドン湾
New London Bay
プリンス・エドワード島国立公園
Prince Edward Island National Park
セント・ローレンス湾
Gulf of St. Lawrence
P.461に拡大図
キャベンディッシ
Cavendish
Darnley
マルペック
Malpeque
Sea View
P.467 モンゴメリの生家
L. M. Montgomery Birthplace
P.470 Carr's Oyster Bar
Hope River
グリーン・ゲイブル(赤毛のアンの家
Green Gables P.463
スタンレー・ブリッジ
Stanley Bridge
St. Ann
Hamilton
インディアン・リバー教会
Indian River Church
Indian River
ニュー・ロンドン
New London
ケンジントン駅舎跡
P.467 Kensington Railyards
ケンジントン
Kensington
Summerfield
Clermont
0 10 km
N

1

2

エルマイラ
Elmira
エルマイラ駅舎跡
Elmila Railway Museum
灯台
イースト・ポイント
East Point
グリニッジ
Greenwitch
セント・ピータース
St. Peters
グリニッジ／プリンス・エドワード島国立公園
Greenwitch/Prince Edward Island National Park
セント・ピータース湾
St. Peters Bay
スーリ
Souris
└C.T.M.A.フェリー乗り場
キングス地区
ベイ・フォーチュン
Bay Fortune

ドライブルート
セントラル
ノース・ケープ
ポインツ・イースト

A

イーンズ地区
モンタギュー
Montague
オーウェル・コーナー歴史村
Orwell Corner Historic Village
オーウェル
Orwell
ケープ・ベア灯台
Cape Bear Lighthouse
シャーロットタウン
Charlottetown
リトル・サンド
Little Sand
└ロシニョール・エステート・ワイナリー
Rossignol Estate Winery
ウッド・アイランズ
Wood Islands
灯台 ポイント・プリム
Point Prim
灯台
└NFLフェリー乗り場 P.453

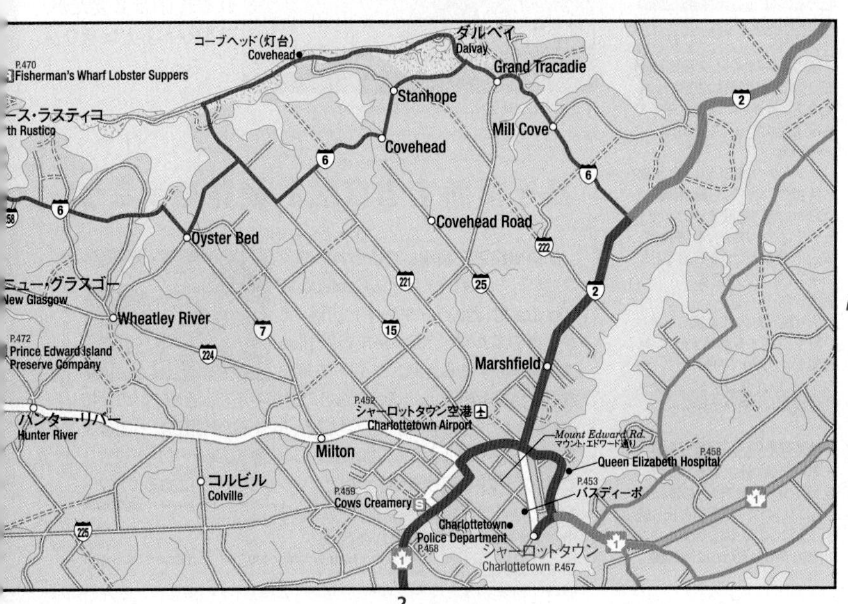

B

2

プリンス・エドワード島の歩き方

プリンス・エドワード島は、大きく3つのエリアに分けられる。空港のある**シャーロットタウン**や、**キャベンディッシュ**をはじめ**ニュー・ロンドン**New Londonや**パーク・コーナー**Park Cornerなど『赤毛のアン』に関連する町がある**クイーンズ地区**を中心に、西側を**プリンス地区**、東側を**キングス地区**と呼ぶ。拠点となるのは、州都でもあるシャーロットタウン。『赤毛のアン』が目当ての人は、シャーロットタウンからツアーでキャベンディッシュやその周辺にある『赤毛のアン』ゆかりの見どころを回るのが一般的。キャベンディッシュやその他の町にも宿泊施設はあるが、交通手段が限られるので、シャーロットタウンに宿を取るのがいい。

⬆クイーンズ地区の北部にあるフレンチ・リバーの風景

島にはマリタイム・バスのバスが走っているが、ルートが限られているので、ツアー以外ならレンタカーの利用が便利。3つの地区には、セントラルCentral(クイーンズ地区)、ノース・ケープNorth Cape(プリンス地区)やポインツ・イーストPoints East(キングス地区)という海沿いの道を走るドライブルートがある。ルートを回るにはそれぞれ1日は必要だが、時間がある人はぜひ試してみよう。

⬆セントラル上に見られるケープ・トライオン

COLUMN

島を横断する自然散策路を歩こう!

鉄道線路跡を舗装して造られたコンフェデレーション・トレイルConfederation Trailは、西のティグニッシュTignishから東のエルマイラElmiraまで273kmの島を横断する長距離トレイル(支線を含むと全長449km)。そのほとんどの道が平坦で歩きやすいのが特徴で、ハイカー以外にもサイクリスト、車椅子の利用者にも開放されている。トレイル沿いには乗馬コースもある。シャーロットタウンでは、グラフトン通りGrafton St.とダウンタウンの東にあるエドワード通りEdward St.の交差点先がトレイルの入口。

⬅シャーロットタウンのトレイル入口

DATA

コンフェデレーション・トレイル

MAP P.457-2外

URL www.tourismpei.com/pei-confederation-trail

観光案内所

シャーロットタウン
Charlottetown
(→P.458欄外)

サマーサイド
Summerside Visitor Information Centre

MAP P.454-A1

住124 Heather Moyse Dr., Summerside

TEL(902)888-8364

開6/4〜9/29
毎日9:00〜18:00
9/30〜6/3
月〜金9:00〜16:00

休9/30〜6/3の土・日

ワイアット・センターThe Waytt Centre内。

ボーデン-カールトン
Borden-Carleton Visitor Information Centre

MAP P.454-A1

住100 Abegweit Dr., Borden-Carlton

TEL(902)437-8570

開6/4〜24、8/26〜10/7
毎日9:00〜18:00
6/25〜8/25
毎日9:00〜19:00
10/8〜6/3
毎日9:00〜16:30

休無休

ゲートウエイ・ビレッジGateway Village内。

プリンス・エドワード島のドライブルート

MAP P.454-A1・2

セントラル
島の中央(クイーンズ地区)をぐるりと回る。総距離約206km。赤毛のアンゆかりの地と南海岸を巡る。拠点はシャーロットタウン。

ノース・ケープ
サマーサイドを起点に、島西部を目指すルート。総距離約308km。島の名産であるジャガイモやモンゴメリゆかりの博物館、宿泊や食事ができる灯台などユニークな見どころを回る。

ポインツ・イースト
入り組んだ入江に面した美しい町が点在する東部を走る。総距離約418km。NB州カリブーからのフェリーが発着するウッド・アイランズもルート沿いにある。

ドライブの注意点

一本道が長く続き、起伏の大きい丘を通るため、前方からの車に気づきにくいので、スピードの出し過ぎに注意しよう。また、街灯も少ないため、深夜は避けたほうが無難。

CHARLOTTETOWN
シャーロットタウン

プリンス・エドワード・アイランド州

↑カナダ建国会議が行われた歴史的建造物のプロビンス・ハウス

MAP P.450-C2／P.455-B2
人口 3万8809
市外局番 902

シャーロットタウン情報のサイト
URL discovercharlottetown.com

プリンス・エドワード島（PEI）の中央に位置するシャーロットタウンは、島内観光の拠点となる町。赤毛のアンやモンゴメリに関連したスポットを巡るツアーもここから出発する。町の名前は、イギリスがフランスに代わって覇権を握った1763年に、時のイギリス国王ジョージ3世の妃シャーロットにちなんでつけられた。1864年にイギリス系の植民地から代表者が集まり、カナダ連邦成立に向けた会議が初めて行われた「カナダ連邦発祥の地」としても知られている。プロビンス・ハウスや市庁舎など19世紀をしのぶ趣のある建造物が残されたダウンタウンや、海沿いの遊歩道を歩いてのんびり過ごすのもいい。

↑夕暮れ時にも訪れてみたいビクトリア公園

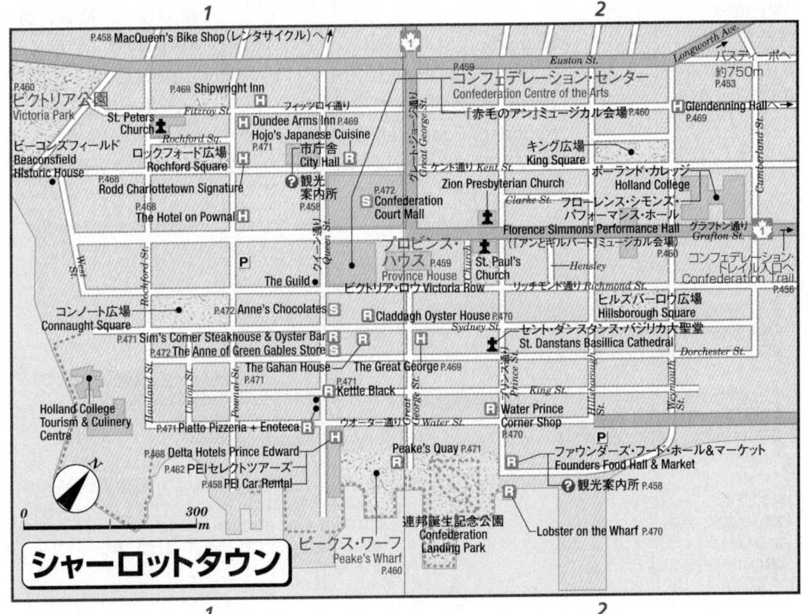

※開館時間、営業時間などの日程は基本的に2023年のもの。年度により変動するため、ウェブサイトなどで再確認を。（→P.7）

T3トランジット

(902)566-9962
www.t3transit.ca
#2、3(Charlottetown City Loop)
運 月～金6:45～18:45
「BUS」と書かれた看板があるバス停で乗降車できる。
#1(University Ave. Express)
運 月～金6:45～22:30
始発から21:00までは15分間隔、以降は30分ごとに運行。
料 シングルチケット
1人$2
チケットは直接ドライバーから購入できる。お釣りが出ないので、事前に小銭を用意しておくこと。

観光案内所

Visitor Information Centre
(ファウンダーズ・フード・ホール&マーケット内)
MAP P.457-2
住 6 Prince St.
TEL (902)368-4444
URL www.tourismpei.com
開 6/1～9/4
毎日8:00～20:00
9/5～10/31
日～木8:00～18:00
金・土8:00～20:00
11/1～5/31
日～木9:00～18:00
金・土9:00～20:00
休 無休
Tourist Bureau
(市庁舎City Hall 内)
MAP P.457-1
TEL (902)629-4116
開 夏季　毎日8:00～18:00
冬季　月～金9:00～17:00
休 冬季の土・日

市内交通

ダウンタウン内の移動なら徒歩で十分。郊外へはT3トランジット社T3 Transitが運営する循環バスを利用すると便利。時計(#2)、反時計回り(#3)の2ルートがあり、コンフェデレーション・センターや郊外のショッピングモールなどに停まる。このほか、ユニバーシティ通りUniversity Ave.とグレート・ジョージ通りGreat George St.を通り、コンフェデレーション・センターとショッピングモール間を結ぶ#1や、ケンジントン、サマーサイド、ボーデン・カールトン、スーリ、ディグニッシュといった島の東西南北を結ぶルーラル・トランジットRural Transitも運行している。

⬆町歩きに便利なT3トランジットのバス

シャーロットタウンの歩き方

⬆にぎやかな雰囲気のビクトリア・ロウ

見どころは港寄りのダウンタウンに集中していて、徒歩で回ることができる。町の中心は**グラフトン通りGrafton St.とクイーン通りQueen St.**角にある**コンフェデレーション・センター**周辺。コンフェデレーション・センター裏側のリッチモンド通りRichmond St.の一画は、ショップやオープンテラスのレストランが並ぶおしゃれなエリア、**ビクトリア・ロウVictoria Row**だ。プリンス通りPrince St.の海沿いには**ファウンダーズ・フード・ホール&マーケットFounders' Food Hall & Market**、ショップやレストランが集まる**ピークス・ワーフ**。またケント通りKent St.の西端には**ビクトリア公園**がある。

ユースフル・インフォメーション
Useful Information

警察
Charlottetown Police Department
MAP P.455-B2　TEL (902)629-4172

病院
Queen Elizabeth Hospital
MAP P.455-B2　TEL (902)894-2111

おもなレンタカー会社
Avis(空港)
TEL (902)892-3706
Hertz(空港)
TEL (902)566-5566
PEI Car Rental(デルタ・ホテルズ・プリンス・エドワード内)
TEL (902)894-7797　URL peicarrental.ca

おもなタクシー会社
Co-op Taxi(定額制)　TEL (902)628-8200
Yellow Cab　TEL (902)566-6666
City Taxi　TEL (902)569-9999

レンタサイクル
MacQueen's Bike Shop
MAP P.457-1外　住 430 Queen St.
TEL (902)368-2453　営 月～土8:30～17:00　休 日
料 1日$20～

おもな見どころ

コンフェデレーション・センター

MAP P.457-1

Confederation Centre of the Arts

★★★

⬆ミュージカル『赤毛のアン』の会場

連邦会議100周年を記念してカナダ国民がひとり15¢ずつ出し、1964年に設立された総合文化センター。劇場、ギフトショップなどが入っており、アートギャラリーには、画家ロバート・ハリスの作品やモンゴメリ関係の資料などが1万7000点も収蔵・展示されている。また、夏季に上演される『赤毛のアン』のミュージカル(→P.460)は、1965年から50年以上ロングランを続ける人気イベントだ(※2023年の上演はなし)。

コンフェデレーション・センター

住145 Richmond St.
TEL(902)628-1864
URL www.confederationcentre.com
開火～木8:00～20:30
　金～月8:00～18:00
休無休
アートギャラリー
開木10:00～20:00
　金～水10:00～17:00
休無休
料寄付程度

プロビンス・ハウス

MAP P.457-1・2

Province House

★★★

⬆連邦誕生の間。1847年、カナダで2番目に古い立法議会は27名で開かれた

1847年に建築家アイザック・スミスによって建てられた州議事堂。1864年にはカナダ連邦を結成するため、初の各植民地代表者会議が行われた。2階には「連邦誕生の間」と呼ばれる歴史的会議室があり、他の執務室とともに当時のままに保存され公開されている。2023年8月現在は修復工事のため閉鎖しているが、代わりに隣接のコンフェデレーション・センター内にストーリー・オブ・コンフェデレーションStory of Confederationと題した展示スペースを特設。「連邦誕生の間」を再現し一般公開している。

プロビンス・ハウス

住165 Richmond St.
TEL(902)566-7050
FREE(1-888)773-8888
URL parks.canada.ca/lhn-nhs/pe/provincehouse
※2023年8月現在、修復工事のため閉館中。
ストーリー・オブ・コンフェデレーション
開6・9・10月
　月～土10:00～16:00
　日12:00～17:00
　7・8月
　月～土10:00～16:00
　日12:00～17:00
　11～5月
　土10:00～15:00
休11～5月の日～金
料無料

COLUMN

カウズのファクトリー見学へ

中心部から車で約10分の場所にある、アイスクリームショップ、カウズCowsの工場。アイスやチーズの製造過程や歴史に関する展示を見学できる。併設のショップでは、チーズやTシャツなどのオリジナル商品が購入でき、おみやげに最適。2017年に通り名が変更。新住所でナビが反応しない時は旧住所「397 Capital Dr.」と入力を。

⬆PEI生まれで、カナダ各地に店舗をもつカウズ

DATA

Cows Creamery
カウズ・クリーマリー

MAP P.455-B2　住12 Milkyway
TEL(902)628-3614
URL www.cowscreamery.ca
開毎日10:00～19:00
休無休　料無料

⬆埠頭にはたくさんのボートが並んでいる

ピークス・ワーフ
Peake's Wharf

MAP P.457-1・2

★★★

1864年にカナダ連邦成立の会議に出席した"建国の父たち"が降り立った埠頭。海沿いには遊歩道が敷かれ美しく整備されている。カラフルな建物のギフトショップやレストランが建ち並び、夏季は観光客の憩いの場になる。

ビーコンズフィールド
TEL (902)368-6603
URL www.peimuseum.ca/visit/beaconsfield-historic-house
開 月〜土9:00〜16:00
休 日
料 大人＄6、シニア・学生＄5、4歳以下無料

ビクトリア公園
Victoria Park

MAP P.457-1

★★★

⬆海風を感じながらのんびり散歩しよう

高級住宅街の近くにある大きな公園。海沿いには遊歩道が整備されており、地元の人たちの散歩やジョギングコースになっている。ベンチに座ってのんびりと海を眺めるのもいい。遊歩道の入口には、1877年に造船業で財をなしたジェイムス・ピークス・ジュニアが建造したビクトリア様式の邸宅ビーコンズフィールドBeaconsfield Historic Houseが立つ。公園の一角には、副総督公邸(非公開)がある。

COLUMN

『赤毛のアン』のミュージカルを観よう！

好奇心旺盛で空想好きな優しい少女、アン・シャーリーの魅力を歌と踊りで楽しめるのが、シャーロットタウンで50年以上続くミュージカル『赤毛のアン-Anne of Green Gables』。夏季のみコンフェデレーション・センター(→P.459)で行われている。物語は、アンがグリーン・ゲイブルスに来るところから、マシュウが亡くなるまで。からかうギルバートをアンが石盤で殴る、ダイアナの泥酔事件など、物語の世界そのままのシーンもいっぱいだ。ただし、2022年を最後に2年に一度の隔年上演に変更することが発表され、次回は2024年となる見込み。

⬇『赤毛のアン』ミュージカルの様子

©Barrett & Mackay Photo Confederation Summer Festival

一方、2022年よりフローレンス・シモンズ・パフォーマンス・ホール Florence Simmons Performance Hallで上演されるのが『アンとギルバート-Anne & Gilbert』だ。こちらは小説『赤毛のアン』のその後、青春時代を描いたロマンティックコメディとなっている。

DATA

『赤毛のアン-Anne of Green Gables』
コンフェデレーション・センター
MAP P.457-1 URL www.confederationcentre.com
※2023年は休演。2024年の公演は6月下旬〜9月上旬となる予定。日程・詳細はウェブサイトを要確認。

『アンとギルバート-Anne & Gilbert』
フローレンス・シモンズ・パフォーマンス・ホール
MAP P.457-2
住 140 Weymouth St.
URL www.anneandgilbert.com
催 5/27〜10/5('23) 13:00、19:30(所要約2時間30分)
料 1人$43.41〜103.18(座席によって異なる)

チケット売り場 Box Office
TEL (902)894-6885
営 月〜金12:00〜16:00 休 土・日

CAVENDISH & AROUND

キャベンディッシュとその周辺

プリンス・エドワード・アイランド州

1874
Lucy Maud Montgomery
BIRTHPLACE
⬆ファンならずとも訪れたいモンゴメリの生家

『赤毛のアン』でアヴォンリー村のモデルとして描かれたキャベンディッシュをはじめ、ニュー・ロンドン、パーク・コーナーにかけてのプリンス・エドワード島北海岸には、グリーン・ゲイブルスや銀の森屋敷（グリーン・ゲイブルス博物館）など、アンとモンゴメリにまつわる見どころが点在。モーテルやコテージが集まる6号線を離れると、のびやかな大地に赤土の畑が広がり、牛たちがのんびりと草をはむ牧歌的な景色が広がる。アンが「世界でいちばん美しいところ」と瞳を輝かせて称賛した島の風景を、余すところなく満喫したい。

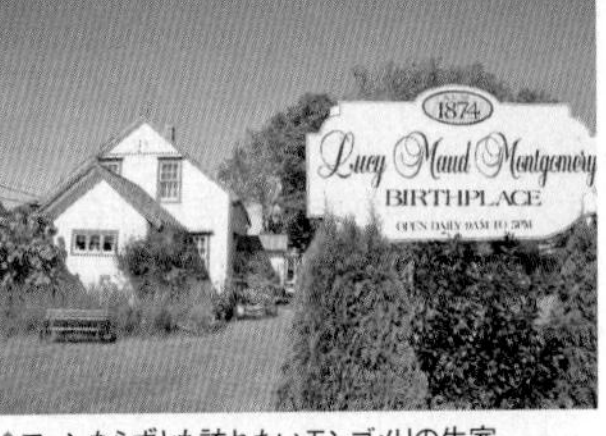

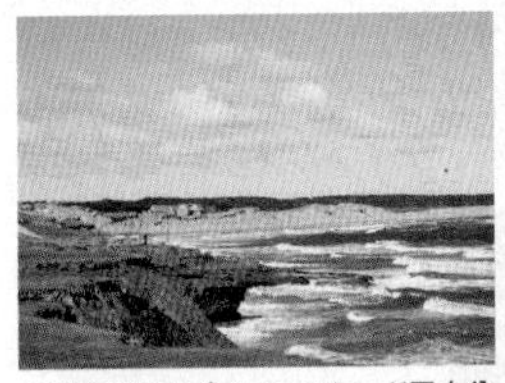

⬆浸食が進むプリンス・エドワード国立公園の断崖風景

キャベンディッシュ
オタワ

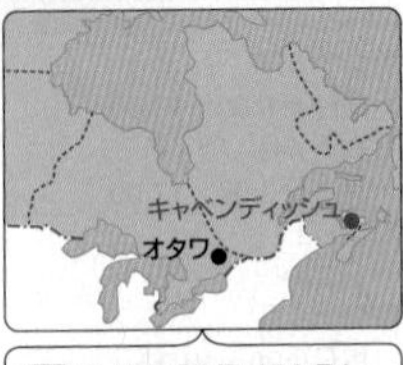

MAP P.450-C2/P.454-B1
市外局番 902

キャベンディッシュ情報のサイト
URL cavendishbeachpei.com

▶▶▶キャベンディッシュへの行き方

シャーロットタウンからT3トランジットが平日は1日5便、週末は1日4便程度運行。ただし、便数が少ないうえ、赤毛のアン関連の見どころはキャベンディッシュを中心に島北部の広範囲に散らばっているため、ツアーかレンタカーで巡るのが一般的。

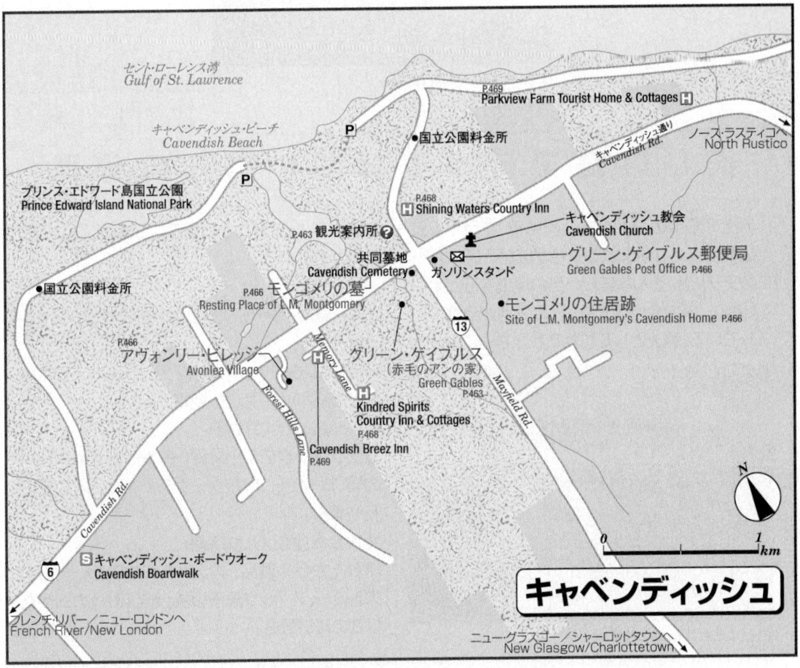

セント・ローレンス湾
Gulf of St. Lawrence
P.469
Parkview Farm Tourist Home & Cottages
キャベンディッシュ・ビーチ
Cavendish Beach
国立公園料金所
キャベンディッシュ通り
Cavendish Rd.
ノース・ラスティコへ
North Rustico
プリンス・エドワード島国立公園
Prince Edward Island National Park
P.468
Shining Waters Country Inn
キャベンディッシュ教会
Cavendish Church
P.463 観光案内所
共同墓地
Cavendish Cemetery
ガソリンスタンド
グリーン・ゲイブルス郵便局
Green Gables Post Office P.466
国立公園料金所
P.466 モンゴメリの墓
Resting Place of L.M. Montgomery
モンゴメリの住居跡
Site of L.M. Montgomery's Cavendish Home P.466
P.466
アヴォンリー・ビレッジ
Avonlea Village
Memory Lane
グリーン・ゲイブルス
（赤毛のアンの家）
Green Gables
P.463
Forest Hills Lane
Mayfield Rd.
Kindred Spirits
Country Inn & Cottages
P.468
Cavendish Breez Inn
P.469
Cavendish Rd.
キャベンディッシュ・ボードウオーク
Cavendish Boardwalk
0
1
km
キャベンディッシュ
フレンチ・リバー／ニュー・ロンドンへ
French River/New London
ニュー・グラスゴー／シャーロットタウンへ
New Glasgow/Charlottetown

※開館時間、営業時間などの日程は基本的に2023年のもの。年度により変動するため、ウェブサイトなどで再確認を。（→P.7）

日本語ガイドツアー
PEIセレクトツアーズ
MAP P.457-1
TEL (902)963-4000/
(902)393-9030(携帯)
URL www.peiselecttours.ca
営5～10月
月～金8:00～17:00
11～4月
月～金9:00～17:00
休土・日
アン・ツアー
催5～10月
毎日9:00～16:00
(半日ツアーあり)
料大人$250、子供(2～12歳)
$200
(2023年度の料金。各入場料金、ロブスターランチ、日本人ガイド、チップ、Tax込み)。
Delta Hotels Prince Edward (→P.468)内にオフィスを構える、現地ツアー会社。アン・ツアーのほか、各所巡りやテイスティング・ツアー、ロブスター・フィッシング・クルーズも催行。

市内交通

↑現地ツアーなら効率よく島を回ることができる

キャベンディッシュには公共の交通手段はなく、移動手段はレンタカーもしくはタクシーが一般的。特にレンタカーの場合、キャベンディッシュ周辺や島内にあるドライブルート(→P.456)を走ることも。

『赤毛のアン』ゆかりの見どころを効率よく巡るなら、ツアーを利用するのが便利。ツアーはシャーロットタウンから参加するのが一般的。数社が行っているが、日本語での催行はPEIセレクトツアーズのみ。

キャベンディッシュとその周辺の歩き方

キャベンディッシュとその周辺に見どころが点在しているので、シャーロットタウンから出発するツアーに参加するか、レンタカーで回るのが効率的。『赤毛のアン』のモデルとなった**グリーン・ゲイブルス**や**グリーン・ゲイブルス郵便局**周辺なら、徒歩でも十分。グリーン・ゲイブルスには恋人の小径や、お化けの森というアンが名づけた道を散策できるコースが備わっている。

↑アンお気に入りの「輝く湖水」

COLUMN

美しい島で守ってほしいゴミの分別

赤土の畑やのびやかな丘陵地帯、キラキラ輝く湖水など、心が洗われる景色が広がるプリンス・エドワード島。そんな美しい島の環境を守っていくために、島内全地区ではゴミの分別が義務づけられている。観光として訪れる私たちもこの分別に協力しよう。町なかにあるゴミ箱は以下の3つに分かれている。

↑迷ったときはWasteに捨てよう

●**Recycle(リサイクルできる紙類やプラスチックなど)**
新聞紙、レシート、パンフレット、ジュースや牛乳などの紙パック、瓶、缶、乾電池。

●**Compost(生ゴミ類)**
紙ナプキンやティッシュペーパー、ピザやケーキの箱、コーヒーフィルターやティーバッグ、植物の花や葉も。

●**Waste(燃えないゴミ類)**
壊れたガラス製品、プラスチックのフォーク類、ストロー、スナック菓子の袋。そのほか、ガムやたばこの吸い殻も。

おもな見どころ

キャベンディッシュ

グリーン・ゲイブルス（赤毛のアンの家）

MAP P.454-B1/P.461/P.463

Green Gables

★★★

↑モンゴメリも「グリーン・ゲイブルス」と呼んでいた

物語のなかで、孤児院から引き取られたアンが、少女時代を過ごした「グリーン・ゲイブルス（緑の切妻屋根）」のモデルとなった家。白と緑の木造家屋は、物語そのままの姿だ。実際にはモンゴメリの祖父のいとこに当たるマクニール兄妹が、モンゴメリと同い年の養女マートルと暮らしていた。ここからほど近い祖父母の家に住んでいたモンゴメリは、この家を取り囲む森や林など自然環境に強い親しみを抱き、たびたび訪れてはマートルと遊んでいたという。

建物を中心とする敷地内は1937年に国定史跡に指定され、内部にはアンの部屋Anne's Roomやマシュウの部屋Matthew's Room、マリラの部屋Marilla's Roomが物語そのままに再現されている。詳細はP.464を参照。

グリーン・ゲイブルス周辺

観光案内所 P.463
Cavendish Motel
P.468 Shining Waters Country Inn
←ニュー・ロンドンへ　6号線 Cavendish Rd.
Cavendish Petro Canada
キャベンディッシュ教会 Cavendish Church
ガソリンスタンド
P.466 モンゴメリの墓 Resting Place of L. M. Montgomery
共同墓地 Cavendish Cemetery
ビジターセンター
グリーン・ゲイブルス郵便局 Green Gables Post Office P.466
納屋とカフェ（R The Cordial Café）P.465
13号線
P.465 お化けの道 Hounted Wood Trail
P.463 グリーン・ゲイブルス Green Gables（赤毛のアンの家）
ブックストア
モンゴメリ・パーク Montgomery Park
モンゴメリの住居跡 Site of L. M. Montgomery's Cavendish Home P.466
恋人の小径 P.465 Lover's Lane（バルサム・ホロウ・トレイル The Balsam Hollow Trail）
ゴルフ場
N
0　100　200 m
↓ニュー・グラスゴーへ

観光案内所

Cavendish Visitor Information Centre
MAP P.461/P.463
住 7591 Cawnpore Lane, Cavendish
TEL (902)963-7830
URL cavendishbeachpei.com
開 5/15～6/30、8/28～10/13 毎日9:00～17:00
7/1～8/27 毎日9:00～18:00
10/14～11/10 月～金9:00～17:00
11/11～5/14 毎日10:00～16:00
休 10/14～11/10の土・日

グリーン・ゲイブルス

住 8619 Cavendish Rd., Cavendish
TEL (902)963-7871
FREE (1-888)773-8888
URL parks.canada.ca/lhn-nhs/pe/greengables
開 5～10月 毎日9:00～17:00
休 11～4月（11月中は予約見学可）
料 大人$8.5、シニア$7、17歳以下無料

キャベンディッシュ　ウオーキングタイム・チャート

グリーン・ゲイブルス
↓徒歩すぐ
恋人の小径
↓徒歩15分
お化けの森
↓徒歩16分
モンゴメリの墓
↓徒歩3分
グリーン・ゲイブルス郵便局
↓徒歩3分
モンゴメリの住居跡
↓徒歩15分
アヴォンリー・ビレッジ

↑グリーン・ゲイブルスと並ぶ観光名所、グリーン・ゲイブルス郵便局

Check!

アンの
部屋の窓には、
ダイアナへの
合図が
見られる

Check!

建物の
横にある木は、
アンが名付けた
「氷の女王」

アンLoverたちの聖地

Green Gables

グリーン・ゲイブルス

アンが「世界中で一番よいところ」と瞳を輝かせながら
絶賛した緑の切り妻小屋(グリーン・ゲイブルス)。
館内を回って、物語の世界にどっぷり浸ろう。

⬆インテリアなど細部にまでこだわっている

2F K

アンの部屋

Anne's Room

花柄の壁紙がかわいらしいアンの部屋。グリーン・ゲイブルスに来てから1年半ほど経った頃の様子を再現してある。物語の名シーンを彩る小道具がそこかしこに。

⬇授業中「にんじん」とからかわれたアンが癇癪を起こして、ギルバートの頭を殴った石盤

⬆窓にはアンがダイアナに信号を送ったランプが置かれている

⬇アンが孤児院から持ってきた手さげかばん

⬆マシュウが照れくさそうにプレゼントした、グロリア絹地のパフスリーブドレス

⬆2階の再奥に位置している

2F H

マリラの部屋
Marilla's Room

⬆ブローチは亡き母の形見であり、マリラにとって非常に大切な物

インテリアもファブリックも落ち着いたカラーリング。マリラらしい、シンプルな部屋。ベッド脇のテーブルには、紛失騒動のあった紫水晶のブローチが置かれている。

1F C

マシュウの部屋
Matthew's Room

心臓の悪いマシュウの部屋は1階にあり、キッチンとつながっている。部屋にドアはふたつ。玄関から女性が入ると、そっとキッチンへ逃げるのにも便利だったとか。

⬆椅子には愛用のサスペンダーがかけられている

⬆3人の中では最も狭い部屋

⬇アンのお気に入りだった、とっておきのティーセット

1F A

ダイニングルーム
Dining room

アンやマリラ、マシュウがくつろいでいたダイニングルーム。テーブルの上には、アンがダイアナとのお茶会で使いたがったバラのつぼみ模様のティーセットがある。

⬆広々としたダイニングルーム。奥にはリビングスペースも

⬆調理器具や食材を置いておくための部屋、パントリー ➡キッチンの棚にあるのは、ダイアナを酔っぱらわせてしまった「イチゴ水」

1F F G

キッチン&パントリー *Kitchen & Pantry*

キッチンとパントリーが隣り合う、カスバート家の台所。小さいけれどかわいく整頓されており、料理があまり得意でなかったアンが悪戦苦闘する姿が目に見えるよう。

グリーン・ゲイブルス周辺の注目スポット

お化けの道
Hauntad Wood Trail

リンゴの木が植えられた庭から小川を超えた先。共同墓地やモンゴメリの住居跡、教会へと抜ける1.6kmの散策コース。薄暗く、ひとりで歩くには怖い雰囲気。

恋人の小径
Lover's Lane

アンが名付けた「恋人の小径」に始まるバルサム・ホロウ・トレイル The Balsam Hollow Trailは、約1kmの散歩コース。木漏れ日が差し込む静かな道を歩いてみて。

コーディアル・カフェ
The Cordial Café

グリーン・ゲイブルスの納屋の隅にあるカフェ。イチゴ水（ラズベリー・コーディアル）やクッキーなどを買って、庭で休憩できる。

営5〜10月　毎日10:00〜17:00

モンゴメリの墓(共同墓地)

MAP P.461/P.463

Resting Place of L. M. Montgomery (Cavendish Cemetery) ★★★

1942年にトロントで死去したモンゴメリの墓。生前より、「グリーン・ゲイブルス」の見えるこの場所で永眠することを望んでいたという。夫のマクドナルド牧師とともに眠っており、墓石には夫の姓マクドナルドの文字、その下にモンゴメリの名前が刻まれている。物語のなかでアンが名前の綴りをAnnではなくAnneとこだわったように、墓石に刻まれたモンゴメリの名前には夫のEwen Macdonaldの綴りをEwanとしている。モンゴメリの墓のそばには、祖父母の墓、母親の墓がある。

モンゴメリの墓
住Rt. 13, Cavendish
交13号線と6号線の交差点の近く。

↑夏になると墓石前にある花壇が花で彩られる

グリーン・ゲイブルス郵便局

MAP P.461/P.463

Green Gables Post Office ★★★

モンゴメリが暮らした祖父母の家の郵便局を再現した建物。農場主であるとともに郵便局を営んでいた祖父の死後、彼女は祖母が亡くなるまでの約3年間、郵便業務を引き継ぎ、そのかたわら原稿を書いた。内部は当時の郵便局の様子がわかる博物館になっている。『赤毛のアン』の出版が決まった1908年当時の日記や100年前の絵はがき、アンの切手も展示されている。夏季は郵便局としての業務も行っており、ここから出した郵便物にはグリーン・ゲイブルスの消印が押される。

↑プライドが高いモンゴメリは自宅が郵便局だったからこそ、誰にも知られることなく何度も出版社に原稿を送ることができた

グリーン・ゲイブルス郵便局
住8555 Cavendish Rd., Cavendish
TEL(902)963-2660
FREE(1-800)267-1177
URL www.canadapost-postescanada.ca
開5月下旬～10月上旬
月～金9:00～17:00
土9:00～13:00
日13:00～17:00
休10月上旬～5 月下旬
料無料

モンゴメリの住居跡

MAP P.461/P.463

Site of L. M. Montgomery's Cavendish Home ★★★

母親を結核で亡くしてから母方の祖父母の家で育ったモンゴメリは、祖母が亡くなる36歳までこの家で暮らしていた。残念ながら、彼女が島を離れたのち、家は取り壊されてしまい、現在は石の土台と当時の井戸が残るだけだ。モンゴメリ関係の本やポストカードなどが揃う入口のブックストアでは、生前のモンゴメリについての解説などを聞くことができる。

モンゴメリの住居跡
住8521 Cavendish Rd., Cavendish
TEL(902)626-1784
URL parks.canada.ca/lhn-nhs/pe/cavendish
URL www.lmmontgomery cavendishhome.com
開5/20～6/30、9/1～10月中旬
毎日10:00～17:00
7・8月
毎日9:30～17:30
休10月中旬～5/19
料大人$6、シニア$5、子供無料

↑今では礎石だけが残っている

アヴォンリー・ビレッジ

MAP P.461

Avonlea Village ★★★

『赤毛のアン』が執筆された頃の時代の建物を移築した施設&ショッピングモール。夏季にはコンサートやゲームなど、さまざまなイベントが開催されて盛り上がる。敷地内には、モンゴメリが教師として赴任したベルモント学校Belmont Schoolやモンゴメリが通ったロング・リバー教会Long River Churchもある。教会では挙式もできる。

アヴォンリー・ビレッジ
住8779 Rt. 6, Cavendish
TEL(902)963-3111
URL avonlea.ca
開6/4～25、9/7～17
毎日10:00～17:00
6/26～9/6
毎日10:00～20:00
(店舗により変動あり)
休9/18～6/3
料無料

キャベンディッシュ周辺

グリーン・ゲイブルス博物館

MAP P.454-B1

Green Gables Museum

★★★

『パットお嬢さんPat of Silver Bush』に登場する「銀の森屋敷」（別名シルバー・ブッシュ）。モンゴメリの叔母さんの家で、現在もキャンベル家の人たちが暮らす。厳格な祖父母のもとで過ごしていたモンゴメリは、この家が大のお気に入りで島を離れたあとも帰省するたびに訪れていたという。モンゴメリは、祖母の死後4ヵ月間をここで過ごし、1911年に1階の客間でユーアン・マクドナルド牧師と結婚式を挙げた。内部には手製のクレイジー・キルトや愛用していたオルガンなどがある。敷地内にある「輝く湖水Lake of Shining Waters」では、湖沿いの道を馬車で走ることもできる。

↑モンゴメリと同じく結婚式を挙げることもできる

モンゴメリの生家

MAP P.454-B1

L.M. Montgomery Birthplace

★★★

モンゴメリは1874年11月30日に、ヒュー・ジョン・モンゴメリとクララ・ウールナー・マクニールの間に生まれた。そして、母が亡くなり祖父母に引き取られるまでの1年9ヵ月をこの家で過ごす。モンゴメリが着たウエディングドレスのレプリカや新婚旅行先のスコットランドに履いていった靴、彼女の趣味であるファッションや猫などのスクラップブックが展示されている。1階にはモンゴメリ家が所有していたオルガンがある。

↑この家でモンゴメリは誕生した

ケンジントン駅舎跡

MAP P.454-B1

Kensington Railyards

★★★

モンゴメリも利用していたとされる、1905年に建てられた石造りの旧駅舎。1989年に鉄道が廃線となり、現在は一部がバーとなっている。ちなみに、アンが降り立ったブライト・リバー駅は、今はもうないハンター・リバー駅という説が有力。道を挟んだ向かい側はコンフェデレーション・トレイルの入口となっている。

↑駅舎前には線路も残っている

グリーン・ゲイブルス博物館

住 4542 Rt. 20, Park Corner
TEL (902)886-2884（土・日）
FREE (1-800)665-2663（月〜金）
URL www.annemuseum.com
開 6・9月
毎日10:00〜16:00
7・8月
毎日9:00〜17:00
10/1〜15
毎日11:00〜16:00
休 10/16〜5/31
（冬季の見学は要予約）
料 大人$9、子供（6〜16歳）$3、5歳以下無料
交 キャベンディッシュから車で約20分。フレンチ・リバーFrench Riverを過ぎた20号線沿い。262、101号線の手前、左側にある。

↑モンゴメリの部屋

モンゴメリの生家

住 6461 Rt. 20, New London
TEL (902)886-2099（夏季）
(902)836-5502（冬季）
URL lmmontgomerybirthplace.ca
開 5/20〜10/14
毎日9:00〜17:00
休 10/15〜5/19
料 大人$5、子供$2.5
交 キャベンディッシュから車で約15分。8号線と6号線の角にある。

↑ウエディングドレスのレプリカは必見

ケンジントン駅舎跡

交 キャベンディッシュから車で約25分。6号線から20号線に入ってすぐ。

プリンス・エドワード島のホテル
Hotels in Prince Edward Island

島の魅力を満喫するには、歴史を感じさせる築100年以上のヘリテージ・インや、眺めのよさや料理が自慢のB&Bがおすすめ。ヘリテージ・インは、シャーロットタウン中心部から郊外にまで点在。キャベンディッシュにも雰囲気のいいB&Bが多い。

高級ホテル

Delta Hotels Prince Edward
デルタ・ホテルズ・プリンス・エドワード

シャーロットタウン

ハーバーフロントに立つ4つ星半の近代的な高級ホテル。客室の約6割がオーシャンビューで、ホテル内には屋内プールやサウナ、フィットネスセンターのほかに、フェイシャルやボディトリートメントなど充実した内容のデイ・スパもある。周辺地域の食材を使ったレストラン「Water's Edge Resto Grill」も好評。

MAP P.457-1
住 18 Queen St., Charlottetown
TEL (902)566-2222
URL www.marriott.com
料 HIGH 5月～10月上旬ⓈⒹ$369～679
LOW 10月上旬～4月ⓈⒹ$209～379
Tax別
CC A D J M V
室 211室

Rodd Charlottetown Signature Hotel
ロッド・シャーロットタウン・シグネチャー

シャーロットタウン

1931年に創業した赤れんが造りの老舗ホテル。外観のクラシカルな雰囲気はそのままに、館内は改装されており、快適に過ごせる。屋内プールやサウナ、ホットタブもある。毎朝7:00から営業し、エレガントなムードのラウンジとしても使える「Chambers Restaurant」もぜひ訪れてみたい。

MAP P.457-1
住 75 Kent St., Charlottetown
TEL (902)894-7371
FREE (1-800)565-7633
URL roddvacations.com/hotels/rodd-charlottetown
料 HIGH 6～9月ⓈⒹ$198～290
LOW 10～5月ⓈⒹ$114～225
Tax別
CC A D J M V
室 115室

中級ホテル

The Hotel on Pownal
ポウナル

シャーロットタウン

コンフェデレーション・センターから1ブロック半ほどの町の中心部に位置し、便利な立地が魅力。通常客室のほかにキッチン付きの部屋が3室あり、スイートにはジャクージと大型のプラズマテレビが備わる。朝食は季節ごとのコンチネンタルが提供される。ロビーでコーヒー、紅茶のサービスあり。

MAP P.457-1
住 146 Pownal St., Charlottetown
TEL (902)892-1217
FREE (1-800)268-6261
URL thehotelonpownal.com
料 HIGH 6～9月ⓈⒹ$189～249
LOW 10～5月ⓈⒹ$119～209
Tax別　朝食付き
CC A M V
室 45室

Kindred Spirits Country Inn & Cottages
キンドレッド・スピリッツ・カントリー・イン&コテージ

キャベンディッシュ

アンの部屋のようなかわいらしい内装と温かいもてなしで根強い人気を誇る。客室はキッチンやリビングスペース、ジャクージ付きのコテージもある。7～8月は週に数回ティーパーティが催されている。朝食にはホームメイドのスコーンやマフィンなどを味わえる。コテージ利用者は朝食なし。

MAP P.461
住 46 Memory Lane, Cavendish
TEL (902)963-2434 FREE (1-800)461-1755
URL www.kindredspirits.ca
営 5月下旬～10月上旬
料 HIGH 6月中旬～9月上旬ⓈⒹ$168～468
LOW 5月下旬～6月中旬、9月上旬～10月上旬ⓈⒹ$120～230
コテージ$163～（2泊以上、7～8月は5泊以上から）　Tax込み　朝食付き
CC A J M V　室 45室、コテージ22棟

Shining Waters Country Inn
シャイニング・ウオーターズ・カントリー・イン

キャベンディッシュ

マクニール家が代々所有していた由緒ある土地に位置する。フロントデスクがある建物のオリジナル部分は1850年代に建てられた。モンゴメリは、当時ここに住んでいた夫人をモデルにリンド夫人を書いたという。外にプールがふたつある。そのほか、3タイプのコテージがある。

MAP P.461/P.463
住 Route 13, Cavendish
TEL (902)963-2251 FREE (1-877)963-2251
URL www.shiningwatersresort.com
営 5月中旬～10月中旬
料 HIGH 6月下旬～9月上旬ⓈⒹ$124～209
LOW 5月下旬～6月下旬、9月上旬～10月上旬ⓈⒹ$89～150
Tax別　朝食付き
CC A M V
室 7室、コテージ37棟、モーテル10室

バスタブ　テレビ　ドライヤー　ミニバーおよび冷蔵庫　セーフティボックス　Wi-Fi
一部客室　一部客室　貸し出し　一部客室　フロントにあり

エコノミーホテル

Glendenning Hall
グレンディニング・ホール

シャーロットタウン

普段は学生寮として利用されており、夏の期間だけ宿泊できるアパートメントタイプのホテル。すべての客室にキッチンが付いているため、自炊をしたい人や長期滞在におすすめ。TVや無料Wi-Fiも完備している。シャーロットタウンのダウンタウンから歩いて15分ほどの場所に立っている。

MAP P.457-2外
住331 Grafton St., Charlottetown
TEL(902)367-7702
FREE(1-866)740-7702
URL www.hollandcollege.com/summer_accommodations
営6/1～8/23
料6月ⓈⒹ$119～
7月～8/23ⓈⒹ$149～
Tax別　朝食付き
CC A M V　室85室

ヘリテージ・イン

The Great George
グレート・ジョージ

シャーロットタウン

赤や緑、黄のカラフルな木造の建物が目を引くイン。カナダ連邦結成当時に代表者たちの社交場となっていたホテルを買い取って、19世紀の風情を生かしつつ、設備を整えたおしゃれな空間へと変身させた。本館「The Pavillion」に加え、プライベートな時間を満喫できる17棟の別館が並ぶ。

MAP P.457-2
住58 Great George St.,Charlottetown
TEL(902)892-0606
FREE(1-800)361-1118
URL thegreatgeorge.com
料HIGH 6～9月ⓈⒹ$269～
LOW 10～5月ⓈⒹ$199～
Tax別　朝食付き
CC A M V
室54室

Dundee Arms Inn
ダンディー・アームズ・イン

シャーロットタウン

メープルの木々に囲まれた4つ星のイン。1903年に建築され、1972年に宿泊施設として改装された。各部屋とも内装が異なり、花柄の壁紙がかわいらしい「Anne's Room」「Jedediah's Room」などそれぞれ合わせた名前がつけられている。隣接して別館も立っている。

MAP P.457-1
住200 Pownal St., Charlottetown
TEL(902)892-2496
FREE(1-877)638-6333
URL www.dundeearmspei.com
料HIGH 6～9月ⓈⒹ$215～
LOW 10～5月ⓈⒹ$155～
Tax別　冬季は朝食付き
CC A D J M V
室22室

Shipwright inn
シップライト・イン

シャーロットタウン

閑静な住宅地に立つ5つ星のヘリテージ・イン。1865年、地元の造船業者により建てられたビクトリア様式の邸宅を利用しているため、船を意識したアイテムが多く飾られている。客室は優雅でゆったりした造り。朝食はシェフの創作料理。スイーツに、手作りケーキを味わえることも。

MAP P.457-1
住51 Fitzroy St., Charlottetown
TEL(902)368-1905
FREE(1-888)306-9966
URL shipwrightinn.com
料HIGH 4～9月ⓈⒹ$169～269
LOW 10～3月ⓈⒹ$119～199
Tax別　朝食付き
CC M V
室9室

B&B

Cavendish Breeze Inn
キャベンディッシュ・ブリーズ・イン

キャベンディッシュ

キャベンディッシュの中心に位置する、日本人経営のB＆Bとコテージ。朝食は日替わりの卵料理と、ホームメイドのマフィンやパン、ビスケットなど。グリーン・ゲイブルズまで徒歩3分、ビーチまでは徒歩15分ほど。有料の空港送迎やプライベートツアーも実施しているので気軽に相談を。

MAP P.461
住40 Memory Lane, Cavendish
TEL(902)963-3385　FREE(1-866)963-3385
URL ja.cavendishbreezeinn.com
料HIGH 6月下旬～9月上旬ⓈⒹ$110～270
LOW 5月下旬～6月下旬、9月上旬～10月上旬ⓈⒹ$85～150
Tax別　朝食付き（B＆Bのみ）
※ハイシーズンは2泊以上、コテージは3泊以上
CC M V　室7室、コテージ4棟

Parkview Farm Tourist Home & Cottages
パークビュー・ファーム・ツーリスト・ホーム＆コテージ

キャベンディッシュ

のどかなプリンス・エドワード島の風景を満喫できる、牧場が経営しているツーリストホーム。モンゴメリの遠縁にあたるというオーナーも親切。コテージは1棟（1～4名）$170～305（朝食なし）。全室バス、トイレ共同。牛の乳搾りやエサやりなどの農業体験、牧場の見学もできる。

MAP P.461
住8214 Cavendish Rd.
TEL(902)963-2027
URL www.parkviewfarms.com
営6月中旬～10月下旬
料ⓈⒹ$170～　Tax別　朝食付き
休冬季
CC M V
室5室、コテージ9棟
交6号線沿い。13号線の交差点から約2km。

プリンス・エドワード島のレストラン

― Restaurants in Prince Edward Island ―

プリンス・エドワード島でぜひ味わいたいのがシーフード。なかでもロブスターとムール貝、カキは名産だ。漁が解禁になる春から夏にかけては、とびきり新鮮なロブスターが味わえる。ムール貝とカキは島で養殖されている。肥沃な島の赤土で栽培されたジャガイモも有名だ。

シーフード

Lobster on the Wharf
ロブスター・オン・ザ・ワーフ

シャーロットタウン

埠頭に立つロケーション抜群のシーフードレストラン。ロブスターは1ポンド$39～(時価)。ロブスタービスク$10、ロブスタープティン$29なども味わえる。そのほかプリンス・エドワード・クラム(ハマグリ)$18、蒸しムール貝$18。日本語メニューあり。天気がいい日はテラス席がおすすめ。

MAP P.457-2
住2 Prince St., Charlottetown
TEL(902)368-2888
URL www.lobsteronthewharf.com
営5月上旬～10月下旬
毎日11:30～22:00
休10月下旬～5月上旬
予ランチ$20～、ディナー$40～
CC A J M V

Claddagh Oyster House
クラダ・オイスター・ハウス

シャーロットタウン

モダンな内装のオイスターバー。プリンス・エドワード島のマルペック湾Malpeque Bay、コルビル湾Colville Bayのカキひとつ$3.5をはじめ、全部で7種類(冬季は5種類)のカキを味わえる。ワインと好相性のオイスター・ロックフェラーは$23。ロブスターリゾット(時価)も味わい深い。

MAP P.457-1
住131 Sydney St., Charlottetown
TEL(902)892-9661
URL claddaghoysterhouse.com
営日～木16:00～22:00
金・土16:00～23:00
休無休
予$40～
CC A J M V

Water Prince Corner Shop
ウオーター・プリンス・コーナー・ショップ

シャーロットタウン

PEI周辺で獲れた新鮮なシーフードを味わえる、地元の人たち御用達の店。島内産のジャガイモを使ったシーフードチャウダー(カップ)$9.95などの軽食や、ロブスターとホタテ、蒸しムール貝がセットのウオーター・プリンス・プラッター(時価)などメニュー豊富な品揃え。日本語メニューあり。

MAP P.457-2
住141 Water St., Charlottetown
TEL(902)368-3212
URL www.waterprincelobster.ca
営毎日9:00～21:00
(時期により変動あり)
休無休
予$25～
CC M V

Fisherman's Wharf Lobster Suppers
フィッシャーマンズ・ワーフ・ロブスター・サパーズ

ノース・ラスティコ

ノース・ラスティコNorth Rusticoで新鮮なロブスターを味わうならここ。身がぎっしり詰まったロブスターは1ポンド$17.95～(時価)。18mもある長いサラダバーも店の自慢。ロブスターにサラダバーとスープ、ムール貝、デザート、飲み物付きで$44.99～(時価)。店内には小さなみやげ店も併設。

MAP P.455-B2
住Route 6, North Rustico
TEL(902)963-2669 FREE(1-877)289-1010
URL fishermanswharf.ca
営5月中旬～末 土・日12:00～20:00
6・7月 毎日16:00～20:30
8月～9月上旬 毎日12:00～21:00
9月上旬～10月 毎日16:00～20:00
ダイニングルーム
5月上旬～10月中旬 毎日12:00～20:00
休5月中旬～末の月～金、11月～5月中旬
予$45～ CC A M V

Carr's Oyster Bar
カーズ・オイスター・バー

スタンレー・ブリッジ

フィッシュ・マーケットの直営レストランなので、新鮮なシーフードがリーズナブルに味わえる。目の前の港に水揚げされるマルペック・オイスターMalpeque Oysterは、ひとつ$2.75～。さまざまな貝類とロブスターが付くスティームド・コンボは$20～。テラス席からの景色もよい。

MAP P.454-B1
住32 Campbellton Rd., Stanley Bridge
TEL(902)886-3355
URL www.carrspei.ca
営5月下旬～10月中旬
金11:30～20:00
土～木11:30～19:00
休10月中旬～5月下旬
予ランチ$20～、ディナー$30～
CC M V

カナダ料理

Sim's Corner Steakhouse & Oyster Bar
シムズ・コーナー・ステーキハウス&オイスター・バー

シャーロットタウン

町の中心に位置する、れんが造りのレストラン。店内はエレガントな雰囲気が漂う。PEI周辺でその日に水揚げされたフレッシュなカキ各$3.25～5.25には、特製カクテルソースがかかる。シーフードのほか、ローカル産の牛を使用したテンダーロイン$51～、リブ・アイ$58～などのステーキも人気。

MAP P.457-1
住 86 Queen St., Charlottetown
TEL (902)894-7467
URL simscorner.ca
営 日～木11:00～22:00
金・土11:00～22:30
休 無休
予 ランチ$20～、ディナー$50～
CC A M V

イタリア料理

Piatto Pizzeria + Enoteca
ピアット・ピッツェリア+エノテカ

シャーロットタウン

2014年にオープンしたイタリアンピザ専門店。石窯で焼く本場ナポリのピザ$15～22は、トマトソースかオリーブオイルがベース。夏にはロブスターをトッピングしたものも登場する。おしゃれな店内にはバーも併設しており、種類豊富なワインを揃えている。地元客にも人気の高い店。

MAP P.457-1
住 45 Queen St., Charlottetown
TEL (902) 892-0909
URL www.piattopizzeria.com
営 月～木11:30～21:00
金・土11:30～22:00
日17:00～21:00
休 無休
予 ランチ$20～、ディナー$30～
CC A M V

インターナショナル

Peake's Quay
ピークス・キー

シャーロットタウン

遊歩道が敷かれたハーバー沿い、埠頭を見下ろす2階にあるレストラン&バー。テラスも広々。PEIフィッシュ・ケーキやナチョス各$18、ロブスターロール(時価)など、メニューはバラエティに富んでいる。夏季は毎晩19:00～22:00頃にライブステージがあり、盛り上がりをみせる。

MAP P.457-1
住 11 Great George St., Charlottetown
TEL (902)368-1330
URL peakesquay.com
営 5月中旬～10月中旬
月・火・日11:00～20:00
水～土11:00～翌2:00
休 10月中旬～5月中旬
予 ランチ$20～、ディナー$30～
CC A M V

日本料理

Hojo's Japanese Cuisine
ホウジョウズ・ジャパニーズ・キュイジーヌ

シャーロットタウン

日本人オーナーと日本人シェフによる、本格的な日本食が楽しめる。PEI島産クロマグロの握りやロブスター寿司ロールなど、地元の新鮮食材を楽しめるメニューが人気。スープや麺を自家製にこだわったラーメンは、豚骨、味噌、醤油、ビーガンなど全部で6種類あり、1杯$16～。

MAP P.457-1
住 119 Kent St., Charlottetown
TEL (902)367-5272
URL hojosjapanese.com
営 火～木12:00～14:00/16:30~20:00
金・土12:00～14:00/16:30~21:00
日16:30~20:00
休 11～5月の月
予 ランチ$15～、ディナー$20～
CC M V

カフェ

Kettle Black
ケトル・ブラック

シャーロットタウン

ダウンタウンの歴史的な建物の中にある。カウチ席も人気だが、窓際のカウンター席もあるのでひとりでも入りやすい。コーヒーだけでなく、マフィンや軽食などもいただける。スープやサンドイッチのランチも人気。コーヒーは産地や入れ方にこだわったスペシャルティコーヒーが揃い、全品テイクアウト可能。

MAP P.457-1
住 45 Queen St., Charlottetown
TEL (902)892-9184
URL www.kettleblackpei.com
営 月～金8:00～17:00
土・日9:00～17:00
(ランチは～15:00)
休 無休
予 $8～
CC M V

クラフトビール

The Gahan House
ガハーン・ハウス

シャーロットタウン

自家醸造のビールが味わえる人気パブ。ブルーベリー・エールやハニー・ウィート・エール、シドニー・ストリート・スタウトなど個性派が揃い、食事メニューではPEI産のジャガイモを使ったフィッシュケーキ$15、ムール貝のビール蒸し$17などがおすすめ。週末は地元客でいっぱいになる。

MAP P.457-1
住 126 Sydney St., Charlottetown
TEL (902)626-2337
URL charlottetown.gahan.ca
営 月～木11:30～23:00
金・土11:30～24:00
日11:30～22:00
(時期により変動あり)
休 無休
予 $10～
CC A M V

プリンス・エドワード島のショッピング
——Shops in Prince Edward Island——

PEIらしいおみやげなら、『赤毛のアン』グッズやキルト製品、ジャムなどが人気。規模は大きくないが、ファウンダーズ・フード・ホール&マーケット(MAP P.457-2)、キャベンディッシュ・ボードウオーク(MAP P.461)やゲートウエイ・ビレッジ(MAP P.454-A1)などのショッピングモールもある。

ショッピングモール

Confederation Court Mall
コンフェデレーション・コート・モール

シャーロットタウン

コンフェデレーション・センターの目の前にあり、何かと便利な存在。ファッションやギフトショップ、サステナブルに取り組む食料品店のほか、レストランや郵便局、銀行、旅行会社、薬局、書店など約60のテナントが入っている。2階には手軽に食事を済ませられるフードコートがある。

MAP P.457-1
住134 Kent St., Charlottetown
TEL(902)894-9505
URL confedcourtmall.com
営月～土9:00～17:00
休日
CC店舗により異なる

『赤毛のアン』グッズ

The Anne of Green Gables Store
アン・オブ・グリーン・ゲイブルス・ストア

シャーロットタウン

モンゴメリの親戚が運営を手がけ、島のどこよりもアングッズが充実している『赤毛のアン』オフィシャルグッズ店。人形からCD、ビデオ、バッグ、洋服、置物など、アン関係のものは何でも揃うほど。店の歴史は古く、かつてモンゴメリも買い物をしたとか。アヴォンリー・ビレッジ(→P.466)にも店舗あり。

MAP P.457-1
住72 Queen St., Charlottetown
TEL(902)368-2663
URL www.annestore.ca
営毎日9:00～20:00
(時期により変動あり)
休無休
CC M V

Shop & Play
ショップ・アンド・プレイ

ボーデン・カールトン

『赤毛のアン』のドレスとカツラ、帽子を借りて写真を撮れる人気のインスタスポット。ほかに人形や置物、Tシャツ、メープルクッキーやメープルキャンディ、ロブスター缶詰などのおみやげも販売。場所はコンフェデレーション・ブリッジのたもと、ゲートウエイ・ビレッジ内にある。

MAP P.454-A1
住99 Abegweit Blvd., Borden-Carleton
TEL(902)437-2663
FREE(1-800)558-1908
URL shopandplay.ca
営5月、9月上旬～11月上旬
毎日9:00～17:00
6月～9月上旬
毎日8:00～18:00
休11月上旬～4月
CC M V

チョコレート

Anne's Chocolates
アンズ・チョコレート

シャーロットタウン

アン・オブ・グリーン・ゲイブルス・ストアの並びにあるオリジナルチョコレート専門店で、アンの後ろ姿が描かれたカラフルな看板が目印。おすすめは、PEI産のポテトチップにチョコレートをかけたCowチップス$2.98～17.98。ショップ内では、チョコレートを手作りしている様子が見られる。

MAP P.457-1
住100 Queen St., Charlottetown
TEL(902)368-3131
URL annechocolates.com
営毎日9:00～21:00
(時期により変動あり)
休無休
CC A J M V

ジャム

Prince Edward Island Preserve Company
PEI プリザーブ・カンパニー

ニュー・グラスゴー

店内には、ラズベリーやワイルドベリー&レモンなど14種類もの自家製ジャムが棚にずらりと並んでいる。それぞれ125ml $6.99、250ml $9.99。マスタードやソース類も豊富。試食もできる。カフェ・レストラン(5月下旬～10月上旬)も併設している。冬季は事前予約が望ましい。

MAP P.455-B2
住2841, New Glasgow Rd., New Glasgow
TEL(902)964-4300
URL preservecompany.com
営6/22～9/4
毎日8:00～20:30
9/5～6/21
毎日9:00～17:00
休無休
CC A M V

HALIFAX
ハリファックス

ノヴァ・スコシア州

MAP P.450-C2
人口 43万9819
市外局番 902

ハリファックス情報のサイト
URL discoverhalifaxns.com
URL www.novascotia.com

ノヴァ・スコシア州（NS州）の州都であるハリファックスは、大西洋に突き出した半島に位置している。1749年、ミックマック族が居住していたこの地に、イギリス軍のエドワード・コーンウォリス大佐が2500人の兵士を連れて入植し、開拓したのが始まり。カナダ国内では、イギリス人が初めて築いた町となった。フランス人がケープ・ブレトンに造ったルイズバーグ砦に対する要塞として、イギリス軍が築いたのが、丘の上から町を見渡すハリファックス・シタデルだ。

⬆オールド・タウン・ロックの向こうにハリファックス湾が見える

ハリファックス湾に面した広い港は、自然の地形からできたものとしては世界で2番目の規模。この港を拠点に、アトランティック・カナダ最大の町として発展を遂げた。周辺のダウンタウンには18～19世紀に建造された歴史的な建物が商業施設として利用され、ノスタルジックな雰囲気。クルーズやホエールウオッチングもここから出発する。

ユネスコの世界遺産に登録されたルーネンバーグ、ペギーズ・コーブへ行くライトハウス・ルート（→P.480）、アカディアンの歴史をたどるエヴァンジェリン・トレイル（→P.482）など郊外のドライブルートを走れば、この都市が刻んできた歩みをより深く知ることができる。

ハリファックスへの行き方

▶▶▶ 飛行機

日本からの直行便はなく、トロントやモントリオールを経由するのが一般的。トロントからエア・カナダAir Canada（AC）が1日7～8便、ウエストジェットWestJet（WS）が1日1～2便運航。所要約2時間。モントリオールからはエア・カナダが1日4便運航し、所要約1時間30分。

ハリファックス・スタンフィールド国際空港
Halifax Stanfield International Airport

ハリファックス・スタンフィールド国際空港Halifax Stanfield International Airportは、ダウンタウンの北東35kmに位置している。

ハリファックスのイベント

ロイヤル・ノヴァ・スコシア・国際タトゥー
Royal Nova Scotia International Tattoo
TEL (902)420-1114
FREE (1-800)563-1114
URL nstattoo.ca
催 6/28～7/1('24)

毎年夏季に行われるマーチングバンドの祭典。カナダ、世界各国から集まった市民団体や軍隊などが参加する。

エア・カナダ（→P.542）

ウエストジェット（→P.542）

ハリファックス・スタンフィールド国際空港（YHZ）
MAP P.450-C2
TEL (902)873-4422
URL halifaxstanfield.ca

❓空港内の観光案内所
TEL (902)873-1223
開 毎日9:00～17:00
休 無休

⬆国内線の到着フロアにある

マリタイム・バス(→P.543)
ハリファックス・エアポート・シャトル
FREE (1-800)575-1807
URL www.maritimebus.com/en/airport-transportation
※2023年8月現在、運休中。
空港→バスディーポ/鉄道駅
運 毎日14:05、17:20発
料 片道 大人$17.97

ハリファックス・トランジット社
TEL (902)480-8000
URL www.halifax.ca/transportation/halifax-transit
メトロX(#320)
空港→ダウンタウン
運 月～金5:45～24:15
土・日5:15～24:15
ダウンタウン→空港
運 月～金4:40～23:20
土・日4:20～23:20
30～60分ごと(土・日曜は終日60分ごと)に運行。
料 大人$4.25、ユース(13～17歳)$13、子供無料

バスディーポ
MAP P.475-B1
住 1161 Hollis St.(鉄道駅内)
TEL (902)429-2029
マリタイム・バス(シャーロットタウン行きも含む)が発着する。

VIA鉄道(→P.545)

鉄道駅
MAP P.475-B1

ハーバー・フェリー
MAP P.475-B2
ハリファックスとダートマス、ウッドサイド間を15～30分おきに結ぶ。
ダートマス行き
運 毎日6:45～23:45
休 無休
ウッドサイド行き
運 月～金6:52～20:52
休 土・日
料 大人$2.75、ユース(13～17歳)$2、子供無料

おもな旅行会社
アンバサツアーズ・グレイ・ライン
Ambassatours Gray Line
MAP P.475-B2
TEL (902)420-1015
URL www.ambassatours.com
Hop On Hop Off City Tour
催 5/16～11/3
毎日8:00～16:30
料 大人$72.45、シニア$66.15、ユース(6～15歳)$60.4
市内の見どころを回る、乗り降り自由の循環型ツアーバス。1周約90分。

空港から市内へ

空港バス Halifax Airport Shuttle & Metro X #320/City Bus

マリタイム・バスMaritime Busのハリファックス・エアポート・エクスプレス・シャトルHalifax Airport Express Shuttleが、空港とダウンタウンの主要ホテルを結んでいる(2023年8月現在、運休中)。このほか、バスディーポ/鉄道駅行きのバスを1日2便運行、所要約40分。

また、ハリファックス・トランジット社Halifax Transitが運行する市バス、メトロX(#320) Metro X(#320)がスコシア・スクエアScotia Square(MAP P.475-B2)まで運行。所要約1時間。タクシーなら$64～。

長距離バス

マリタイム・バスがフレデリクトンから1日1便運行している。所要約6時間35分。フレデリクトン発11:25、途中、モンクトンで乗り換えてハリファックス着18:00。

鉄道

モントリオールからVIA鉄道のオーシャン号The Oceanが水・金・日曜の週3便運行。モントリオール19:00発、ハリファックス着は翌17:51。

バスディーポ/鉄道駅から市内へ

鉄道駅はホリス通りHollis St.と、平和と友好公園Peace & Friendship Park(旧コーンウォリス公園 Cornwallis Park)の角に位置し、バスディーポを併設している。市バスで行くなら、バーリントン通りBarrington St.を走る#7A、ホリス通りを走る#29などが便利。

市内交通

↑市バスを使いこなそう

市内の移動手段は、ハリファックス・トランジット社が運行する市バスとハーバー・フェリーHarbour Ferries。どちらもシングルチケットは大人$2.75、10回分の回数券は大人$24.75。90分以内なら乗り換えも可能。ドライバーから乗り換え専用のチケットをもらうこと。市内中心部を走るルートは平日6:00頃～翌1:00頃まであり、土・日曜は減便。「リージョナル・エクスプレスRegional Express」と書かれたバスは空港など郊外まで行く高速バスだ。

ハーバー・フェリーは、ヒストリック・プロパティーズHistoric Propertiesの乗り場から対岸のダートマスDartmouth(Alderney)とウッドサイドWoodsideを結ぶふたつのルートがある。市バスとも乗り換え可。

ハリファックスの歩き方

18〜19世紀の歴史的な建物と近代的なオフィスビルが混在するダウンタウン。港と、そこから1本入ったアッパー・ウオーター通りUpper Water St.の間には、**ヒストリック・プロパティーズ**と呼ばれるれんが造りの建物がある。かつて20世紀以前には海賊が略奪品を集める倉庫として活用していたが、現在は当時の趣を残したままショップやレストランが入るショッピングアーケードとなっている。その南側の埠頭にはカナダ唯一の大型帆船ブルー・ノーズII世号ほか、数々のクルーズ船が停泊している。港のにぎわいを楽しみつつ**大西洋海洋博物館**を見て、港沿いにさらに鉄道駅方向へ歩くとハリファックス港Halifax Seaportへと着く。ここはかの有名な豪華客船クイーン・メアリー号が立ち寄る港で、Pier 21にはカナダ移民歴史博物館Canadian Museum of Immigrationが、Pavilion 23にはハリファックス・シーポート・ファーマーズ・マーケットHalifax Seaport Farmer's Market（→P.479）が入っている。

州議事堂や**グラン・パレード**、**ノヴァ・スコシア美術館**などほとんどの見どころは港からブランズウィック通りBrunswick St.の間に集中している。ブランズウィック通りの西、小高い丘の先には、**ハリファックス・シタデル**と**オールド・タウン・クロック**がある。ショップやレストランが集まるのはバーリントン通りやスプリング・ガーデン通りSpring Garden Rd.周辺。海を背に通りを進めば、**パブリック・ガーデン**に着く。

観光案内所

Nova Scotia Visitor Information Centre Halifax
TEL (902)742-0511
FREE (1-800)565-0000
URL www.novascotia.com

上記は電話またはメールでの問い合わせのみ。2023年8月現在、ダウンタウンに対面式の観光案内所はないため、空港内の案内所（→P.473）を利用しよう。

カナダ移民歴史博物館

MAP P.475-B1
住 1055 Marginal Rd.
TEL (902)425-7770
FREE (1-855)526-4721
URL www.pier21.ca
開 5〜10月
毎日9:30〜17:30
11〜4月
水〜日10:00〜17:00
休 11〜4月の月・火
料 大人$15.5、シニア$12.25、ユース（6〜16歳）$10.25、子供無料

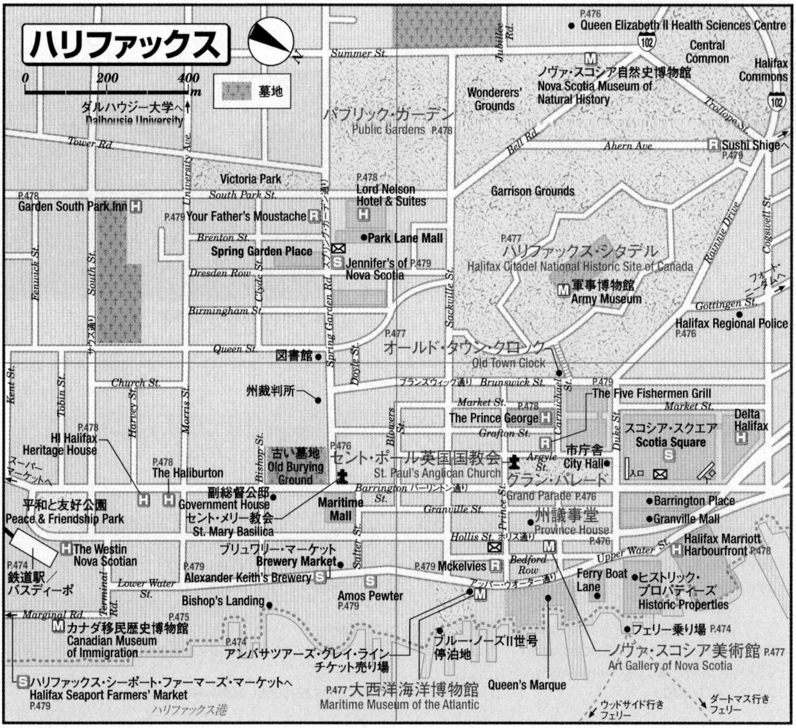

ハリファックス

0 200 400m
墓地
ダルハウジー大学へ Dalhousie University
パブリック・ガーデン Public Gardens P.478
Wonderers' Grounds
ノヴァ・スコシア自然史博物館 Nova Scotia Museum of Natural History
Queen Elizabeth II Health Sciences Centre P.476
Central Common
Halifax Commons
Sushi Shige へ P.479
Victoria Park
Garden South Park Inn P.478
Lord Nelson Hotel & Suites P.478
Your Father's Moustache P.479
Park Lane Mall
Spring Garden Place
Jennifer's of Nova Scotia P.479
Garrison Grounds
ハリファックス・シタデル Halifax Citadel National Historic Site of Canada P.477
軍事博物館 Army Museum
フォート・ニーダムへ
Halifax Regional Police P.476
オールド・タウン・クロック Old Town Clock P.477
図書館
州裁判所
The Five Fishermen Grill P.479
The Prince George P.478
HI Halifax Heritage House P.478
The Haliburton P.478
古い墓地 Old Burying Ground P.476
セント・ポール英国国教会 St. Paul's Anglican Church
市庁舎 City Hall
グラン・パレード Grand Parade P.476
スコシア・スクエア Scotia Square
Delta Halifax
スーパーマーケットへ
平和と友好公園 Peace & Friendship Park
副総督公邸 Government House
セント・メリー教会 St. Mary Basilica
Maritime Mall
州議事堂 Province House P.476
Barrington Place
Granville Mall
The Westin Nova Scotian
ブリュワリー・マーケット Brewery Market
Alexander Keith's Brewery P.479
Mckelvies P.479
Halifax Marriott Harbourfront P.478
鉄道駅／バスディーポ P.474
Bishop's Landing
Amos Pewter P.479
Ferry Boat Lane
ヒストリック・プロパティーズ Historic Properties
カナダ移民歴史博物館 Canadian Museum of Immigration P.475
アンバサツアーズ・グレイ・ライン チケット売り場 P.474
ブルー・ノーズII世号 停泊地
フェリー乗り場 P.474
ノヴァ・スコシア美術館 Art Gallery of Nova Scotia P.477
ハリファックス・シーポート・ファーマーズ・マーケットへ Halifax Seaport Farmers' Market P.479
大西洋海洋博物館 Maritime Museum of the Atlantic P.477
Queen's Marque
ウッドサイド行きフェリー
ダートマス行きフェリー
ハリファックス港

おもな見どころ

グラン・パレード

MAP P.475-B2

Grand Parade

★★★

ハリファックスを開拓したエドワード・コーンウォリス大佐Edward Cornwallisと2500人の入植者が造った広場で、かつてはここで軍のパレードが行われていた。ビクトリア様式の市庁舎City Hallとセント・ポール英国国教会が広場を挟むように建てられている。

⬆広場の北端には市庁舎が立つ

セント・ポール英国国教会

MAP P.475-B2

St. Paul's Anglican Church

★★★

⬆グラン・パレードに立つセント・ポール英国国教会

1749年、当時のイギリス国王ジョージ2世George IIにより建てられたカナダ最古のプロテスタント礼拝堂。オープンは1750年。ロンドンのセント・ピーターズ教会をベースに設計され、支柱は、同時期にイギリスの入植地であったアメリカのボストンから運ばれたもの。1787年に初めて英国司教が訪れ、大聖堂となった。

セント・ポール英国国教会

住1749 Argyle St.
TEL(902)429-2241
URL stpaulshalifax.org
開月～金9:00～14:00
（時期により変動あり）
休土
料無料

州議事堂

MAP P.475-B2

Province House

★★★

カナダ最古の州議事堂。ジョージア様式の建物は、1811～18年にかけて建てられたもの。庭に立つのは、ノヴァ・スコシア州の民主主義のリーダーだったジョゼフ・ハウJoseph Howeの像だ。2階のライブラリーなどを見学可能。

⬆ジョージア様式の州議事堂

州議事堂

住1726 Hollis St.
TEL(902)497-6942
URL nslegislature.ca
開月～金8:30～16:00
休土・日
料無料

ユースフル・インフォメーション
Useful Information

警察

Halifax Regional Police
MAP P.475-A2　住1975 Gottingen St.
TEL(902)490-5020

病院

Queen Elizabeth II Health Sciences Centre
MAP P.475-A2　住1799 Summer St.
TEL(902)473-2700

おもなレンタカー会社

Avis　TEL(902)429-0963
Hertz　TEL(902)873-3700
どちらもハリファックス国際空港内にある。

おもなタクシー会社

Air Cab
TEL(902)802-4047　URL aircabns.ca
Casino Taxi
TEL(902)429-6666　URL www.casinotaxi.ca

ノヴァ・スコシア美術館

MAP P.475-B2

Art Gallery of Nova Scotia ★★★

かつて郵便局として利用された、1868年建築の荘厳な建物が目を引く州立美術館。カナダ国内外の絵画や彫刻をはじめ写真、陶器など約1万9000点のコレクションを所有している。企画展示では機器や映像を駆使したものや新進気鋭の作家のチャレンジ精神あふれる作品なども展示している。ミュージアムショップを併設している。

ノヴァ・スコシア美術館
住1723 Hollis St.
TEL(902)424-5280
URL agns.ca
開木10:00〜21:00
金〜水10:00〜17:00
休無休
料大人$12、シニア$10、学生$7、ユース(6〜17歳)$5、子供無料
(木曜の17:00〜は入館無料)

大西洋海洋博物館

MAP P.475-B2

Maritime Museum of the Atlantic ★★★

↑1906〜67年に使用されていた灯台のレンズ

カナダで最も古い海洋史に関する州立博物館。常設展示は、難破船の記録や海軍の歴史、20台の小型ボートなど。注目したいのは、タイタニック号と1917年に起こったハリファックス大爆発に関するギャラリー。タイタニック号の模型や乗車券、客室の様子、椅子などの貴重な遺留品を展示している。ショップを併設しているほか、港が一望できるオープンデッキもある。

大西洋海洋博物館
住1675 Lower Water St.
TEL(902)424-7490
URL maritimemuseum.novascotia.ca
開5〜10月
火9:30〜20:00
水〜月9:30〜17:30
11〜4月
火9:30〜20:00
水〜土9:30〜17:00
日13:00〜17:00
休11〜4月の月
料大人$9.55($5.15)、シニア$8.5($4.4)、ユース(6〜17歳)$5.15($3.1)、子供無料
※( )内は11〜4月の料金。

オールド・タウン・クロック

MAP P.475-B2

Old Town Clock ★★★

丘の上から港を見下ろす時計台は、ハリファックスのシンボル的存在。1803年に、イギリス国王ジョージ3世の息子で、時間に厳しいことで知られていたプリンス・エドワードPrince Edwardの命令によって造られ、パッラーディオ建築による八角形の塔の美しさと精巧なメカニズムで有名になった。外装の一部を除き目立った損傷はなく、200年以上たった今も変わらず時を刻んでいる。

↑オールド・タウン・クロックは町のシンボル

ハリファックス・シタデル

MAP P.475-A2

Halifax Citadel National Historic Site of Canada ★★★

函館の五稜郭のような造りが印象的なシタデルは、ハリファックスの町を四方にぐるりと見渡す、小高い丘に建てられた要塞。1749年、ケープ・ブレトンにあるルイズバーグ砦とともに、ケベックから攻め込むフランス軍に対抗するためのイギリス軍の海外海軍基地として建てられた。現在の星形の城塞は、アメリカ軍の攻撃に備えて1856年に完成したものだ。正午に大砲を打つ儀式"noon gun ceremony"は、1857年から続くイベント。

↑シタデル入口に立つ衛兵

城塞の内部には、軍とシタデルの歴史を物語るパネルや服などの実物、兵器のレプリカなどの展示のほか、映像による解説もある(所要15分)。ポイントをおさえるには、無料のガイドツアーに参加するといい(所要45〜60分)。

ハリファックス・シタデル
TEL(902)426-5080
URL parks.canada.ca/lhn-nhs/ns/halifax
開5/6〜10/31
毎日9:00〜17:00
休11/1〜5/5
(敷地は通年オープン)
料大人$12.5($8.5)、シニア$10.75($7)、17歳以下無料
※( )内は7・8月以外の料金。施設が閉まる11/1〜5/5は入場無料。

パブリック・ガーデン
URL www.halifaxpublicgardens.ca
開 毎日8:00～日没の30分前
休 無休
料 無料

パブリック・ガーデン
Public Gardens

MAP P.475-A1・2

★★★

1836年にオープンしたビクトリア様式のガーデン。6.8ヘクタールの広大な敷地に季節の花々が咲き誇り、噴水や小川がさわやかな庭園は市民のオアシスになっている。夏の休日には、野外音楽堂の前のテラスでコンサートも開催される。カフェではコーヒーやスナックを販売。

ハリファックスのホテル
Hotels in Halifax

Halifax Marriott Harbourfront Hotel
ハリファックス・マリオット・ハーバーフロント

港に面した一等地に立つ高級ホテル。カジノを併設。カジノのプレイ料金と組み合わせた割安の宿泊プランなどもあるので詳細はホームページをチェック。2階には人気の「インタールード・スパInterlude Spa(TEL(902)469-2700)」もある。

MAP P.475-B2
住 1919 Upper Water St.
TEL (902)421-1700
URL www.marriott.com
料 HIGH 5～10月ⓈⒹ$234～
LOW 11～4月ⓈⒹ$180～
Tax別
CC A D J M V
室 352室

The Halliburton
ハリバートン

ハリファックスの歴史的な建物を改築したブティックホテル。暖炉があったり、バルコニーがついていたりなど、29室すべて違った雰囲気。ダウンタウンに位置していて、便利なロケーション。

MAP P.475-B1
住 5184 Morris St.
TEL (902)420-0658
FREE (1-888)512-3344
URL thehalliburton.com
料 HIGH 6～9月ⓈⒹ＄165～375
LOW 10～5月ⓈⒹ＄105～300
CC A D M V
室 29室

The Prince George Hotel
プリンス・ジョージ

きめ細かいサービスが好評の4つ星ホテル。洗練された客室は居心地抜群。ゆったりとしたロビーや中庭など町の中心にありながら閑静で落ち着ける。プールやフィットネスセンター、ジャクージと施設も充実。

MAP P.475-B2
住 1725 Market St.
TEL (902)425-1986
FREE (1-800)565-1567
URL www.princegeorgehotel.com
料 HIGH 夏季ⓈⒹ$229～
LOW 冬季ⓈⒹ$221～
Tax別
CC A D M V
室 203室

Garden South Park Inn
ガーデン・サウス・パーク・イン

19世紀のビクトリア様式の建物をリノベーションしたB&B。アクセスもまずまず、コンチネンタル朝食付きで、リーズナブルに宿泊できる。全室バス、トイレ付き。

MAP P.475-A1
住 1263 South Park St.
TEL (902)492-8577
FREE (1-877)414-8577
URL www.gardensouthparkinn.com
料 HIGH 5～10月ⓈⒹ$129～
LOW 11～4月ⓈⒹ$119～
Tax別　朝食付き
CC A M V
室 23室

Lord Nelson Hotel & Suites
ロード・ネルソン・ホテル＆スイート

スプリング・ガーデン通りにある、1928年に建てられた格式あるホテル。内装は落ち着いて優雅な雰囲気。アメニティは自然派コスメブランドのアヴェダAVEDAを使用。

MAP P.475-A1
住 1515 South Park St.
TEL (902)423-6331
FREE (1-800)565-2020
URL lordnelsonhotel.ca
料 5～10月 HIGH ⓈⒹ$269～
11～4月 LOW ⓈⒹ$199～
Tax別
CC A D J M V
室 262室

HI Halifax Heritage House
HIハリファックス・ヘリテージ・ハウス

1864年築の歴史ある建物を利用したユースホステル(2023年8月現在、改装工事のため休業中)。VIA鉄道、バスディーポ、ダウンタウン中心まで歩ける範囲。ドミトリーは全室男女ミックス。シャワー、トイレ付きのプライベートルームもある。シーツやリネンの使用は無料。

MAP P.475-B1
住 1253 Barrington St.
TEL (902)422-3863
URL hihostels.ca
料 ドミトリー$30～(会員)、$35～(非会員)Ⓢ$62～(会員)、$65～(非会員)
Tax別
CC M V　室 6室、60ベッド

バスタブ　テレビ　ドライヤー　ミニバーおよび冷蔵庫　セーフティボックス　Wi-Fi
一部客室　一部客室　貸し出し　一部客室　フロントにあり

ハリファックスのレストラン
Restaurants in Halifax

The Five Fishermen Grill
ファイブ・フィッシャーメン・グリル

地元人気No.1のシーフードレストラン。2階が高級レストランとなっている。名物は、5種類の魚介の盛り合わせ$53。1階は同経営のパブレストランで、ランチも営業。

MAP P.475-B2
住1740 Argyle St.
TEL(902)422-4421
URL fivefishermen.com
営毎日17:00～22:00
休無休
予$40～
CC A D M V

Mckelvies
マッケルビーズ

ノヴァ・スコシア州の名産を存分に味わえる。人気はロブスターの身がたっぷりのロブスター・パスタ$49。クラブケーキ$13～やシーフードチャウダー$10～もぜひ。

MAP P.475-B2
住1680 Lower Water St.
TEL(902)421-6161
URL mckelvies.com
営月～金11:30～21:00
　土・日12:00～21:00
休無休
予ランチ$25～、ディナー$35～
CC A M V

Your Father's Moustache
ユア・ファザーズ・ムスタッシュ

スプリング・ガーデン通りにある人気パブ。クラフトビールはもちろん食事も美味しく、土曜の夜にはライブバンドも入ってにぎわう。

MAP P.475-A1
住5686 Spring Garden Rd.
TEL(902)423-6766
URL www.yourfathersmoustache.ca
営月～水11:30～22:00
　木・金11:30～23:00
　土11:00～23:00
　日11:00～22:00
予$20～　CC A D M V

Sushi Shige
スシ・シゲ

ハリファックスで「寿司といえば」という店。テイクアウトも可能。福山シェフのおまかせ(ひとりあたり$80、2名以上で予約要)もおすすめ。ダウンタウンからは車で10分ほど。

MAP P.475-A2外
住5688 Almon St.
TEL(902)422-0740
URL www.shige.ca
営火・水・土17:30～20:00
　木・金11:30～14:00/17:30～20:00
休日・月　予$30～　CC M V

ハリファックスのショッピング
Shops in Halifax

Halifax Seaport Farmers' Market
ハリファックス・シーポート・ファーマーズ・マーケット

週末にオープンするファーマーズマーケット。夏は野外も合わせると50店舗以上がブースを出し、野菜やフルーツだけでなくメープルシロップやクラフトなどのおみやげも購入できる。ランチもいただける。

MAP P.475-B1外
住961 Marginal Road, Pavilion 23
TEL(902)492-4043
URL www.halifaxfarmersmarket.com
営土8:00～14:00
　日10:00～14:00
休月～金
CC店舗により異なる

Jennifer's of Nova Scotia
ジェニファーズ・オブ・ノヴァ・スコシア

地元でも人気のクラフトショップ。タータンチェック地で作った子供服や帽子、ノヴァ・スコシアの陶器のカップや皿、ピューター(スズ)細工の小物が人気。

MAP P.475-A1
住5635 Spring Garden Rd.
TEL(902)425-3119
URL www.jennifers.ns.ca
営毎日9:30～18:00
休無休
CC M V

Amos Pewter
アモス・ピューター

ノヴァ・スコシア州の特産、ピューター(錫)製のアクセサリーや雑貨を販売。ロブスターやヒトデ、ウニなど海モチーフのデザインがかわいい。小さなチャームなら$10程度～。

MAP P.475-B1
住1535 Lower Water St
TEL(1-800)565-3369
URL www.amospewter.com
営1～5月
　毎日9:00～18:00
　6～9月
　毎日9:00～20:00
　10～12月
　毎日9:00～17:00
休無休　CC M V

Alexander Keith's Brewery
アレキサンダー・キース・ブリュワリー

ブリュワリー・マーケット内にある。オリジナルグッズのショップではビールグラスやTシャツなどを販売。毎日工場見学も行っている(大人$29.95)。

MAP P.475-B1
住1496 Lower Water St.
TEL(902)455-1474
URL www.keiths.ca
営火・日11:30～18:00
　水～金11:30～20:00
　土10:00～20:00
休月　CC A J M V

太平洋沿岸のオールドタウン巡り

ライトハウス・ルート Lighthouse Route

ライトハウス・ルートとは、ハリファックスから大西洋の海岸線を走るハイウエイ#3 や#329、#333 沿いにある古都を結ぶルート。灯台が有名なペギーズ・コーブや世界遺産に登録されているルーネンバーグなど、ヨーロッパ移民が築いた美しい町を巡ろう。

ライトハウス・ルート基本DATA
MAP P.450-C2

拠点となる町：ハリファックス
歴史的見どころ：★★★★★
自然の見どころ：★★

ライトハウス・ルート情報のサイト
URL novascotia.com

CHECK!

ハリファックス発のツアー

グレイ・ライン
Gray Line
URL www.grayline.com

Peggy's Cove Tour
催6月～10月上旬
毎日13:00発
料大人$50.7～
（時期により変動あり）
所要約3時間30分。

Lunenburg Tour
催6月～10月上旬
日・火・木・土10:00発
料大人$87.6～
（時期により変動あり）
所要約6時間。

ライトハウス・ルートの回り方

起点となるハリファックスからは、ハイウエイ#333を南下。ウェスト・ドーヴァー West Doverを越えてさらに進み、ペギーズ・ポイント通りPeggy's Point Rd.を左折して直進すればペギーズ・コーブ灯台に出る。ハイウエイ#333に戻り北上。27km先のハイウエイ#3との交差点で左折し、西へ進めばチェスターだ。マホーン・ベイ、ルーネンバーグはそのままハイウエイ#3を南下する。海岸沿いのドライブは楽しめないが、トランス・カナダ・ハイウエイ#103を利用すれば、所要時間を短縮できる。各町の間は車で所要20分～1時間程度。

⬆ペギーズ・コーブのこぢんまりとした港の風景

ドライブチャート

ハリファックス P.473 →（45km ハイウエイ#333経由）→ ①ペギーズ・コーブ →（68km ハイウエイ#333、#3経由）→ ②チェスター →（24km ハイウエイ#3経由）→ ③マホーン・ベイ →（10km ハイウエイ#3経由）→ ④ルーネンバーグ

 ※開館時間、営業時間などの日程は基本的に2023年のもの。年度により変動するため、ウェブサイトなどで再確認を。（→P.7）

おもな見どころ

① ペギーズ・コーブ Peggy's Cove

MAP P.481

★★★

入江周辺に30人ほどが暮らす小さな漁村。むき出しの岩棚にそびえるペギーズ・コーブ灯台の風景が有名で、花崗岩の岩棚は氷河に削られ堆積したもの。灯台の1階は郵便局になっており、ここから出す郵便物には灯台マークの消印が押される。

② チェスター Chester

MAP P.481

★★★

パラセイリングやゴルフが楽しめるリゾート地。タンクック諸島Tancook Islandsへのフェリーが平日は4～6便、週末は2便運航。

③ マホーン・ベイ Mahone Bay

MAP P.481

★★★

セント・ジェームス教会St. James Churchなど3つの教会が海面に映る風景がロマンティック。1754年に入植したドイツ、スイス系プロテスタントが築いた場所で、19世紀には造船で栄えた。このあたりはピューターPewter（スズ）の産地としても知られ、町にはスズ細工を扱うショップも多い。

↑3つの教会が並ぶ美しい風景

④ ルーネンバーグ Lunenburg

MAP P.481

★★★

州内最初のイギリス植民地として、1753年に築かれた町。町なかには19世紀創建当時の姿をとどめるルーネンバーグ・アカデミーLunenburg Academyや、カナダ最古の長老派教会のセント・アンドリュース長老派教会St. Andrews Presbyterian Churchなど歴史的建造物が並んでおり、「ルーネンバーグ旧市街」として1995年にユネスコの世界文化遺産に登録されている。

港沿いには赤い建物が目を引く、大西洋漁業博物館The Fisheries Museum of the Atlanticがあり、大西洋に生息する魚を観察できる。

↑ペギーズ・コーブ灯台

CHECK!

ペギーズ・コーブの観光案内所
住 96 Peggy's Point Rd.
TEL (902)823-2253
URL www.peggyscoveregion.com
開 5/13～11/4 毎日9:00～17:00

CHECK!

チェスターの観光情報
URL tourismchester.ca

タンクック諸島行きフェリー
TEL (902)275-7885
URL chester.ca/transportation/tancook-ferry
料 往復 1人$7

CHECK!

マホーン・ベイの観光案内所
住 165 Edgewater Rd.
TEL (902)624-6151
URL www.mahonebay.com

CHECK!

ルーネンバーグの観光案内所
住 11 Blockhouse Hill Rd.
TEL (902)634-8100
URL www.lunenburgns.ca
開 毎日9:30～17:00

大西洋漁業博物館
住 68 Bluenose Dr.
TEL (902)634-4794
FREE (1-866)579-4909
URL fisheriesmuseum.novascotia.ca
開 5月下旬～9月上旬 毎日9:30～17:00
休 9月上旬～5月下旬
料 大人$14.5、シニア$12、学生$9、ユース（6～17歳）$4、子供無料

↑オフィスとして使われているルーネンバーグ・アカデミー

COLUMN

フランス移民の歴史をたどるエヴァンジェリン・トレイル

⬆グラン・プレに立つエヴァンジェリンの像

ハリファックスからヤーマスYarmouthまで、半島の西岸に続く旧道1号線は、エヴァンジェリン・トレイルEvangeline Trailと呼ばれる人気のドライブコース。カナダでのフランス系移民"アカディアン"の歴史が刻まれた土地であり、当時の姿をとどめた町や史跡が残っている。

エヴァンジェリン・トレイルの見どころ

グラン・プレとGrand Préとアナポリス・ロイヤルAnnapolis Royalというふたつの町に史跡が集中している。

グラン・プレは、18世紀半ばのアカディアン最大の村。グラン・プレ国定史跡Grand Pré National Historic Siteには、1755年に「アカディアン追放」の声明が読まれた教会があり、教会の前には、アメリカの詩人ロングフェローが書いたアカディアン追放による悲劇を題材にした小説『哀詩エヴァンジェリン』の主人公、エヴァンジェリンの像が立つ。ビジターセンターでは「アカディアン追放」をテーマにした映画の上映や展示を行っている。2012年には「グラン・プレの景観」としてユネスコの世界文化遺産に登録された。

アナポリス・ロイヤルのフォート・アン国定史跡Fort Anne National Historic Siteは、イギリスとの植民地争いのため、フランス軍が築いた砦。17～18世紀に築かれた砦や戦争の歴史を綴る展示が見学できる。特に日系人アーティストによる、この時代の生活の変遷を描いた4枚のタペストリーは必見。アナポリス川Annapolis Riverを望むポート・ロイヤル国定史跡Port Royal National Historic Siteは、1605年に築かれた砦と住居を復元したもの。砲台や教会、工房などがある。

DATA

エヴァンジェリン・トレイル
MAP P.450-C1・2

行き方
グラン・プレ
ハイウエイ#101のExit 10を下り、ウルフビルWolfville方面へ旧道1号線を約1km、Grand Pré Rd.を北へ1km。
アナポリス・ロイヤル
ハイウエイ#101のExit 22を下りハイウエイ#8（St.George St.）を北進。旧道1号線との交差点の先にフォート・アン国定史跡がある。ポート・ロイヤル国定史跡へは交差点を右折、川を渡り、土手道を回って西へ約15分。

グラン・プレ国定史跡
TEL (902)542-3631
URL parks.canada.ca/lhn-nhs/ns/grandpre
URL www.experiencegrandpre.ca
開 5/19～10/9　毎日9:00～17:00
休 10/10～5/18
料 大人$8.5、シニア$7、17歳以下無料

フォート・アン国定史跡
TEL (902)532-2397（5月中旬～10月中旬）
TEL (902)532-2321（10月中旬～5月中旬）
URL parks.canada.ca/lhn-nhs/ns/fortanne
開 5/19～10/8　毎日9:00～17:00
休 10/9～5/18（敷地は通年オープン）
料 大人$4.25、シニア3.75、17歳以下無料

ポート・ロイヤル国定史跡
TEL (902)532-2898（5月中旬～10月中旬）
TEL (902)532-2321（10月中旬～5月中旬）
URL parks.canada.ca/lhn-nhs/ns/portroyal
開 5/19～10/8　毎日9:00～17:00
休 10/9～5/18（敷地は通年オープン）
料 大人$4.25、シニア$3.75、17歳以下無料

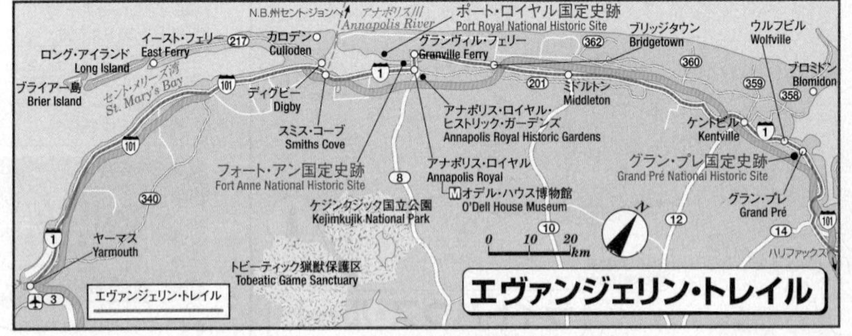

ノヴァ・スコシア州最北の島を巡る

ケープ・ブレトン Cape Breton

ノヴァ・スコシア州北部に位置する面積6500km²の島で、手つかずのダイナミックな景観に圧倒される。アイルランドやスコットランド系の移民が多く、随所にその文化を感じることができる。

ケープ・ブレトン基本DATA
MAP P.450-C2

拠点となる町：シドニー
歴史的見どころ：★★★
自然の見どころ：★★★

ケープ・ブレトン情報のサイト
URL www.cbisland.com

ケープ・ブレトンの回り方

スタートは島の中心都市ともいえるシドニーSydney。ハイウエイ#105を北上し、北米で最も美しいともいわれるドライブコースのカボット・トレイルを一周しよう。"ビッグ・ヒル"というニックネームがついているだけに、急斜面を上ったり下ったり、カーブも多い起伏の激しい道を運転するのは至難の技。ついつい景色にも目を奪われるので、腕に自信がある人も注意深く運転しよう。カボット・トレイルを一周し、ハイウエイ#105を経由してバデックへ向かうが、マーガリー・ハーバーMargaree Harbourでハイウエイ#19へ進み、カナダ唯一のシングルモルトウイスキーの蒸留所、グレノラ蒸留酒製造所に立ち寄るのもおすすめだ。バデックからシドニーへ戻り、ハイウエイ#22を南下してルイズバーグ砦へ。1日で回るのは難しいので、カボット・トレイル沿いやバデックの宿に泊まろう。

⬆美しい海岸線の風景

CHECK!

現地発のツアー

バノックバーン・ディスカバリー・ツアーズ
Bannockburn Discovery Tours

セント・アンズ湾St. Ann's Bayをフェリーで渡り、ケープ・ブレトン・ハイランズ国立公園、シェティキャンCheticampなどを観光。バデックのホテルからピックアップ可能。所要6～8時間。
TEL (902)979-2001
URL bannockburntours.com
Cabot Trail Tour
料 大人$150、16歳以下$80

おもなレンタカー会社

Avis
住 280 Airport Rd., Sydney
TEL (902)563-2847
シドニー空港内にある。

ドライブチャート

シドニー →（ハイウエイ#125、#105、#312経由 83km）→ ①カボット・トレイル →（ハイウエイ#105経由 130km）→ ②バデック →（ハイウエイ#105、#125、#22経由 109km）→ ③ルイズバーグ砦 →（ハイウエイ#22経由 40km）→ シドニー

シドニーへの行き方

飛行機

トロントからシドニー空港Sydney Airportまでエア・カナダ（→P.542）が1日1便運航、所要約2時間15分。

シドニー空港（YQY）
MAP P.484
TEL (902)564-7720
URL sydneyairport.ca

長距離バス

マリタイム・バス（→P.543）が、ハリファックスの空港やバスディーポとシドニー間を結んでいる。1日1～2便運行、所要6時間30分～約7時間。片道大人$72.5～。

おもな見どころ

① カボット・トレイル Cabot Trail

MAP P.484

★★★

バデック〜セント・アンズSt. Ann's間を結ぶ1周約300kmのドライブコース。北米で最も美しいといわれる。特に、東海岸のインゴーニッシュIngonishやホワイト・ポイントWhite Pointの断崖から大海原を見る風景が壮大だ。ケープ・ブレトン・ハイランズ国立公園Cape Breton Highlands National Parkや林道は、季節の色に染まる10 月下旬〜11月中旬が最も美しい。急斜面やカーブを繰り返す道なので、景色を楽しみながらのドライブはくれぐれも注意を。

↑海岸線に沿って道が続く

② バデック Baddeck

MAP P.484

★★★

1099m²の広さで、「インランド・シー(陸の中の海)」と呼ばれるブラドール湖Bras d'Or Lakeの湖畔に広がるリゾート地。タラやロブスターなどの産地で、シーフードがおいしいことでも有名。ここではフィッシングやスキューバダイビング、ボートツアーなどマリンアクティビティが楽しめる。この町は19世紀半ばに発明家グラハム・ベルが休暇で訪れ、その静

☑CHECK!
ケープ・ブレトン・ハイランズ国立公園

インフォメーションセンター
MAP P.484
住 Ingonish Beach
TEL (902)224-2306
URL parks.canada.ca/pn-np/ns/cbreton
開 5月中旬〜6月、9月〜10月中旬
毎日9:00〜17:00
7・8月
毎日8:30〜19:00
休 10月中旬〜5月中旬
カボット・トレイルは通年開放されている。

ケープ・ブレトン・ハイランズ国立公園の入園料
料 大人$8.5、シニア$7.25、17歳以下無料

☑CHECK!
寄り道スポット グレノラ蒸留酒製造所

グレノラ蒸留酒製造所
Glenora Inn & Distillery

カナダ唯一のシングルモルトウイスキー、グレン・ブレトン・レアGlen Breton Rareの蒸留所。内部はガイドツアーでのみ見学が可能。周囲を森に囲まれた240ヘクタールの広大な敷地に、ホテルやレストラン、ケルト音楽のライブも楽しめるパブを併設。

MAP P.484
住 13727 Route 19, Glenville
TEL (902)258-2662 (5〜10月)
FREE (1-800)839-0491
URL www.glenoradistillery.com

ガイドツアー
催 5月下旬〜10月下旬
毎日9:00〜17:00
料 大人$7、子供無料
毎正時発、所要約20分。個人の場合は予約不要。

けさと美しさに魅せられて別荘を建てた場所。グラハム・ベル博物館Alexander Graham Bell National Historic Siteでは電話や蓄音機発明をはじめ、水中翼船、飛行機、医療器具、放射エネルギー、聴覚障害教育など、さまざまな社会貢献をしたベルの生涯を知ることができる。夏季は実験プログラムやツアーを開催。

⬆グラハム・ベルの発明を学ぶ

☑CHECK!

グラハム・ベル博物館

MAP P.484
住559 Chebucto St., Baddeck
TEL(902)295-2069
URL parks.canada.ca/lhn-nhs/ns/grahambell
開5/19～10/30 毎日9:00～17:00
休10/31～5/18
料大人$8.5、シニア$7、17歳以下無料

③ルイズバーグ(ルイブール)砦

MAP P.484

Fortress of Louisbourg National Historic Site ★★★

18世紀半ばにフランス移民が築いた砦と村を再現。砦は1745年の英仏戦争の戦場にもなった場所だ。またこの村は、カナダのフランス人の主要産業であったタラ漁や、フランスやケベック州、アカディアン、ニューイングランドへの貿易の拠点の役割も担っていた。ビジターセンターからシャトルバスで約10分、砦内はまるで18世紀のまま時が止まっているかのような雰囲気。兵士や村人に扮したスタッフの演技にタイムスリップした気分が味わえる。

⬆18世紀の生活を体験できるルイズバーグ砦

ルイズバーグ(ルイブール)砦

住259 Park Service Rd.
TEL(902)919-8392
URL parks.canada.ca/lhn-nhs/ns/louisbourg
開5/22～10/9 毎日9:30～17:00
10/10～5/21 月～金9:30～16:00
休10/10～5/21の土・日
料大人$18.75($8)、シニア$16($6.5)、17歳以下無料
※( )内は5/22～6/30、9/16～10/9の料金。

シャトルバス

運6/22～9/15
料無料(入場料に含まれる)

ケープ・ブレトンのホテル

Hotels in Cape Breton

Keltic Lodge at the Highlands
ケルティック・ロッジ・アット・ザ・ハイランズ

カボット・トレイル沿いの町インゴーニッシュにある高級リゾート。メインロッジ、イン、コテージの3つの宿泊施設がある。

MAP P.484
住383 Keltic Rd., Middle Head Pennisula, Ingonish Beach
TEL(902)285-2880
FREE(1-800)565-0444
URL kelticlodge.ca
営5月中旬～10月中旬
料ⓈⒹ$200～ Tax別
CC A D M V
室86室、コテージ10棟

Inverary Resort
インヴェラリー・リゾート

バデックのブラドー湖畔に立つリゾート。ヨットクラブ、ゴルフコース、スパがあり、カヤックなどアクティビティも豊富。

MAP P.484
住368 Shore Rd.
FREE(1-800)565-5660
URL inveraryresort.com
営5～11月
料ⓈⒹ$195～ Tax別
CC A D M V
室183室

バスタブ　テレビ　ドライヤー　ミニバーおよび冷蔵庫　セーフティボックス　インターネット
一部客室　一部客室　貸し出し　一部客室　フロントにあり

FREDERICTON

フレデリクトン

ニュー・ブランズウィック州

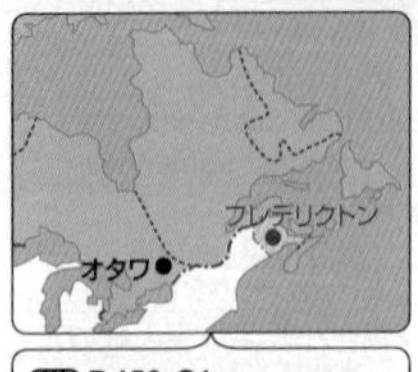

MAP P.450-C1
人口 6万3116
市外局番 506

フレデリクトン情報のサイト
URL www.fredericton.ca
URL www.frederictoncapitalregion.ca

フレデリクトンのイベント

ハーベスト・ジャズ & ブルース・フェスティバル
The Harvest Jazz & Blues Festival
TEL (506)454-2583
FREE (1-888)622-5837
URL harvestmusicfest.ca
催 9/12～17('23)
料 イベントにより異なる（無料のコンサートもあり）

カナダ国内外から集まった多数のミュージシャンによるジャズとブルースのコンサート。

エア・カナダ（→P.542）

ニュー・ブランズウィック州の州都フレデリクトンは、穏やかな空気が流れるのどかな町。楡(にれ)の木が茂り、インディアンの言葉で「オアールス・トウク（美しい川）」と呼ばれるセント・ジョン川がダウンタウンの北をゆったりと流れる。川沿いに設けられた遊歩道は、散歩やジョギングにぴったりのコースだ。フランス人によって開拓された土地に、1762年、米国独立戦争で革命軍に反対しイギリスを支持したロイヤリストたちが移り住み、町の礎が築かれた。町のあちこちに、築200年以上といわれるロイヤリストの大邸宅が残る。

⬆歴史と文化に彩られた州都

フレデリクトンへの行き方

▶▶▶ 飛行機

エア・カナダAir Canada（AC）が国内主要都市から運航している。トロントから1日2～3便、所要1時間45分～2時間、モントリオールか

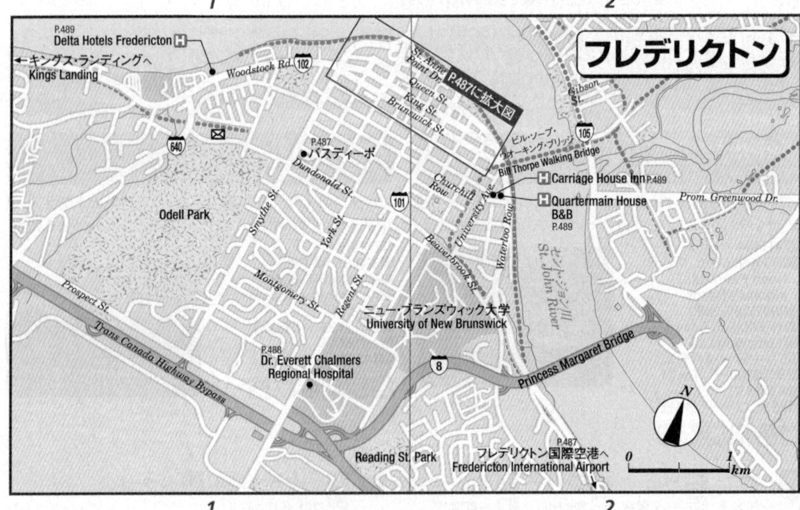

 ※開館時間、営業時間などの日程は基本的に2023年のもの。年度により変動するため、ウェブサイトなどで再確認を。（→P.7）

らは1日2便、所要約1時間20分。

フレデリクトン国際空港Fredericton International Airportはダウンタウンの南東16kmにある。空港からの移動はタクシーを使用する。ゾーン制で、ダウンタウンまで$25。

▶▶▶長距離バス

マリタイム・バスMaritime Busのバスが、ハリファックス(モンクトンで乗り換え)から1日1便、セント・ジョンから1日2便、モンクトンからは1日1便運行している。所要時間はハリファックスから約6時間20分、セント・ジョンから約1時間30分、モンクトンから約1時間50分。

バスディーポからダウンタウンへは、フレデリクトン・トランジット社Fredericton Transitが運行する市バス#13Sまたはタクシーを利用。徒歩なら所要約15分。

フレデリクトンの歩き方

フレデリクトンの見どころは、徒歩で回ることができる。ショップやレストランが並ぶ町の中心は、東西に走る大通りの**クイーン通りQueen St.**と**キング通りKing St.**。特にクイーン通りは西はフレデリクトン市庁舎から東の州議事堂まで見どころが集まっている。町はセント・ジョン川St. John Riverを挟んで南北に分かれており、川沿いにはザ・グリーンThe Greenと呼ばれる遊歩道が整備されている。遊歩道は、セント・ジョン川に架かる全長約607mのビル・ソープ・ウオーキング・ブリッジBill Thorpe Walking Bridgeで結ばれており、町の北部まで続いている。

⬆ショップが集まるクイーン通り

フレデリクトン国際空港(YFC)
MAP P.486-2 外
住 22-2570 Route 102, Lincoln
TEL (506)460-0920
URL yfcfredericton.ca

マリタイム・バス(→P.543)
ハリファックスから
料 片道　大人$72.5
セント・ジョンから
料 片道　大人$25.5
モンクトンから
料 片道　大人$41.75

バスディーポ
MAP P.486-1
住 105 Dundonald St.
TEL (506)455-2049

フレデリクトン・トランジット社
TEL (506)460-2020
URL www.fredericton.ca/en/resident-services/fredericton-transit
#13S(Prospect)
運 毎日6:15〜22:36
30分〜1時間ごとに運行。
料 シングルチケット
大人$2.75、6歳以下無料

❓観光案内所
Fredericton Tourism
MAP P.487-1
住 397 Queen St.
TEL (506)460-2129
開 5/20〜6/25
毎日10:00〜18:00
6/26〜8/31
毎日10:00〜20:00
9/1〜10/9
毎日10:00〜16:30
休 10/10〜5/19

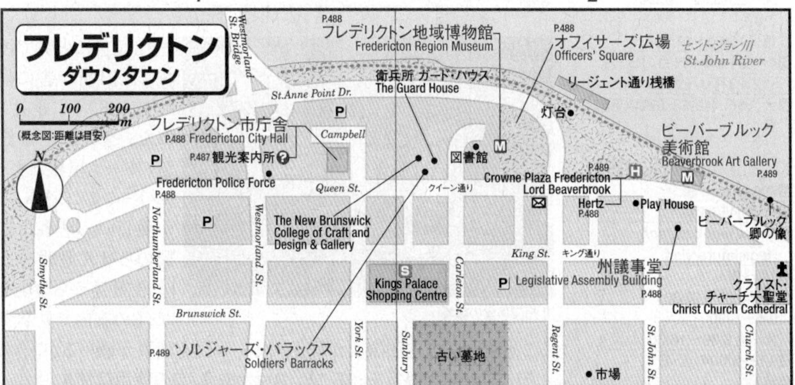

ユースフル・インフォメーション

警察
Fredericton Police Force
MAP P.487-1
TEL (506)460-2300

病院
Dr. Everett Chalmers Regional Hospital
MAP P.486-1
TEL (506)452-5400

おもなレンタカー会社
Avis（空港）
TEL (506)446-6006
Hertz
MAP P.487-2
TEL (506)459-3444

おもなタクシー会社
ABC Taxi
TEL (506)455-5555

フレデリクトン市庁舎

ガイドツアーで、議場を無料で見学できる。
※2023年は不催行。2024年は未定。
TEL (506)460-2129
（観光案内所）

オフィサーズ広場

※2023年8月現在、閉鎖中（2024年夏以降の再開予定）。
衛兵によるパレード
催 7/2～9/4
2023年の夏季はフレデリクトン市庁舎前に衛兵が立つ。また水曜12:30、16:30の1日2回、市庁舎前の広場でパレードと訓練の様子が披露される。

フレデリクトン地域博物館

住 571 Queen St.
TEL (506)455-6041
URL www.frederictonregionmuseum.com
開 4～6月、9～11月
火～土13:00～16:00
7・8月
毎日10:00～17:00
休 4～6月と9～11月の日・月
（12～3月は予約制）
料 大人$6、学生$3、6歳以下無料

州議事堂

住 706 Queen St.
TEL (506)453-2527
URL www.legnb.ca/en/legislature/visit
開 7/1～9/4
毎日8:30～16:30
9/5～6/30
月～金8:30～16:30
休 9/5～6/30の土・日
料 無料

おもな見どころ

フレデリクトン市庁舎
Fredericton City Hall

MAP P.487-1

★★★

クイーン通りに面した時計塔のある、れんが造りの建物。1階が観光案内所になっている。2階の議場席の壁には、フレデリクトン誕生200年を記念し制作された27枚のタペストリーが飾られている。マレシート・インディアンMaliseet Indianの集落から始まり、砦の建設、ロイヤリストの到着など、フレデリクトンの歴史が鮮やかに織り上げられている。

➡市庁舎の1階入口に観光案内所がある

オフィサーズ広場
Officers' Square

MAP P.487-2

★★★

かつてはイギリス陸軍（1785～1869年）やカナダ陸軍（1883～1914年）の駐屯地として使われていた一画で、現在は芝生が敷かれ市民の憩いの場になっている。また、例年7月～8月下旬には、赤い制服を凛々しく着込んだ兵士たちによる伝統的な衛兵交替式が見られる（※2023年8月現在、広場は再整備のため閉鎖中）。

フレデリクトン地域博物館
Fredericton Region Museum

MAP P.487-2

★★★

オフィサーズ広場の西側の建物は、1784年イギリス政府により軍の駐屯施設として建てられた。現在は、州内各地から集められた歴史的な遺品が展示された博物館になっている。ロイヤリストの部屋を飾った家具や、18世紀後半から19世紀前半に使用されていた農耕機具、アカディアンの工芸品などを見ることができる。

州議事堂
Legislative Assembly Building

MAP P.487-2

★★★

1880年に火災で焼失した旧州庁舎に代わり、1882年に建設された。クラシックな銀色のドーム屋根とサンドストーンのコントラストが美しい。見事な木製のらせん階段を上り、傍聴席から議場をガイドの案内で見学することができる。立法議会が開かれているときも議事が聴けるが、きちんとした身なりで静寂を守ること。スマホやカメラの使用は禁止。

⬆州議事堂の議場

ビーバーブルック美術館

MAP P.487-2

Beaverbrook Art Gallery

★★★

↑エントランスにあるサルバドール・ダリの作品

ビーバーブルック卿によって寄贈された作品を展示する美術館。ターナーやゲーンズボロ、コンスタブルといったイギリスの一流画家や、スペイン生まれの鬼才、サルバドール・ダリの大作『サンティアゴ・エル・グランデSantiago El Grande』などのほか、カナディアンアートの巨匠、トム・トムソンの絵画など粒よりの収蔵品がある。新館は宗教画や家具、20世紀のヨーロッパ絵画の秀作などを集めた展示館になっている。

ビーバーブルック美術館
住703 Queen St.
TEL(506)458-2028
URL beaverbrookartgallery.org
開4～9月
月～水・金・土10:00～17:00
木10:00～21:00
日12:00～17:00
10～5月
火・水・金・土10:00～17:00
木10:00～21:00
日12:00～17:00
休10～5月の月
料大人$12、6歳以下無料
（木曜の17:00～は寄付程度）

ビーバーブルック卿
本名はWilliam Maxwell Aitken。少年期をニュー・ブランズウィック州で過ごす。1910年にイギリスに渡って政界入りし貴族の称号を受けた。ビーバーブルックは自宅近くの小川の名にちなんだもの。デイリー・エクスプレスのオーナーにまで上り詰め、その財力を生かして、フレデリクトンに数々の寄贈品を残している。

ソルジャーズ・バラックス

MAP P.487-2

Soldiers' Barracks

★★★

1827年にイギリス軍が建設し、200人以上のイギリス駐留兵士たちが住居とした石造りの建物。建物内は当時の様子が再現されているほか、ローカルアーティストたちのショップになっている。そのすぐ斜め横の石造りの平屋は、ガード・ハウスThe Guard Houseと呼ばれる衛兵所だ。

↑史跡公園に指定されている

ソルジャーズ・バラックス
TEL(506)460-2041
開6月上旬～9月上旬
毎日10:00～17:00
休9月上旬～6月上旬
料無料

フレデリクトンのホテル

Hotels in Fredericton

Crowne Plaza Fredericton Lord Beaverbrook
クラウン・プラザ・フレデリクトン・ロード・ビーバーブルック

ダウンタウンの中心に位置する老舗ホテル。観光客はもちろん、ビジネスマンの利用も多い。レストラン、パブのほか、室内プールやサウナ、ジャクージもある。

MAP P.487-2 住659 Queen St.
TEL(506)455-3371
URL www.ihg.com
料ⓈⒹ$187～ Tax別
CC A D J M V 室168室

Carriage House Inn
キャリッジ・ハウス・イン

1875年建築のビクトリア様式の邸宅を利用したヘリテージ・イン。客室は2～3階にありエレベーターがないのは不便だが、全室バス付き。

MAP P.486-2 住230 University Ave.
TEL(506)452-9924
URL www.carriagehouse-inn.net
料HIGH 6～10月ⓈⒹ$150～
LOW 11～5月ⓈⒹ$134～ Tax別 朝食付き
CC A M V 室11室

Delta Hotels Fredericton
デルタ・ホテルズ・フレデリクトン

セント・ジョン川に面して立つ4つ星の高級ホテル。館内には温水プールやスパ、フィットネスセンターなどがあり、快適なリゾートライフを過ごせる。

MAP P.486-1
住225 Woodstock Rd.
TEL(506)457-7000
URL www.marriott.com
料ⓈⒹ$205～ Tax別
CC A D J M V 室222室

Quartermain House B&B
クオーターメイン・ハウス B&B

ダウンタウンから徒歩10分ほどの、閑静な住宅街に立つB&B。客室にはクイーンベッドを配し、シックで落ち着いたインテリアが評判。夏季は緑豊かな裏庭でコーヒーを飲める。

MAP P.486-2 住92 Waterloo Row
TEL(506)206-5255
FREE(1-855)758-5255
URL quartermainhouse.com
料ⓈⒹ$135～ Tax別 朝食込み
CC A D M V 室2室

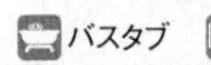

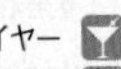
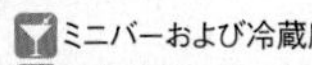
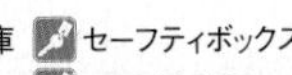

バスタブ　テレビ　ドライヤー　ミニバーおよび冷蔵庫　セーフティボックス　Wi-Fi
一部客室　一部客室　貸し出し　一部客室　フロントにあり

SAINT JOHN

セント・ジョン

ニュー・ブランズウィック州

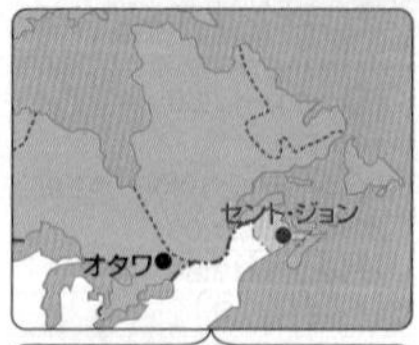

MAP P.450-C1
人口 6万9895
市外局番 506

セント・ジョン情報のサイト
URL www.discoversaintjohn.com

▶▶▶ 行き方

✈ エア・カナダがトロントから1日2～3便、所要約2時間。モントリオールからも便がある。セント・ジョン空港Saint John Airportはダウンタウンの北東14kmにあり、市内へはタクシーで約20分、$30程度。市バス#32も利用でき、片道大人$5.5。

🚌 マリタイム・バスがフレデリクトンから1日2便運行。所要約1時間30分、片道大人$25.5。モンクトンからは1日1便、所要約2時間10分、大人$33.75。バスディーポは郊外のステーション通りStation St.沿いにある。ダウンタウンへはタクシーで約10分。

⛴ ベイ・フェリーBay Ferriesがノヴァ・スコシア州ディグビーDigbyから通年運航。1日1～2便、所要2時間30分。片道大人$43～。

エア・カナダ(→P.542)

セント・ジョン空港(YSJ)
MAP P.491-2外
TEL (506)638-5555
URL ysjsaintjohn.ca

マリタイム・バス(→P.543)

バスディーポ
MAP P.491-1外
住 125 Station St.
TEL (506)672-2055

ベイ・フェリー
MAP P.491-1外
TEL (506)649-7777(ターミナル)
URL www.ferries.ca

カナダ有数の貿易港をもち、商工業の中枢を担ってきたニュー・ブランズウィック州最大の都市。港のコンビナートとれんが造りの建物が、近代的でありながらノスタルジックな雰囲気を漂わせている。約4000人のロイヤリストと、19世紀中頃に大飢饉を逃れ移住してきたアイルランド人を受け入れ、州内随一の商工業都市として発展してきた。その一方で町並みの保存にも力を注ぎ、100年以上前からある市場や、17世紀に建造された古い建物など、長い歴史を反映する遺産がいたるところに残されている。セント・ジョンの歴史にも目を向けながら見どころを巡りたい。

⬆ダウンタウンの中心にあるキングス広場

セント・ジョンの歩き方

⬆歴史あるバーバーズ・ジェネラル・ストア

キングス広場King's Squareを中心としたダウンタウンは、こぢんまりとまとまっているので、徒歩で十分回れる。見どころは港沿いとキングス広場周辺に点在。港沿いにはレストランやショップ、ニュー・ブランズウィック博物館が入ったマーケット・スクエアMarket Squareがあり、その近くには19世紀に建造されたバーバーズ・ジェネラル・ストアBarbour's General Storeが立つ。マーケット・スクエアの2階からガラス張りの空中廊下で隣の市庁舎City Hallとつながり、さらに大型ショッピングセンターのブランズウィック・スクエアBrunswick Square、シティ・マーケットCity Marketまで連結している。市バスはセント・ジョン・トランジット社Saint John Transitが運行している。

⬆港沿いを代表するモールのマーケット・スクエア

 ※開館時間、営業時間などの日程は基本的に2023年のもの。年度により変動するため、ウェブサイトなどで再確認を。(→P.7)

おもな見どころ

ロイヤリスト・ハウス

Loyalist House

MAP P.491-1

★★★

1811年に着工され1817年に完成したロイヤリストの家。セント・ジョンは1877年に大火災が起き1600軒以上もの建物が焼失してしまったが、幸いにもこの家は火災を免れ、セント・ジョンで最も古い建物として現在も大切に保存されている。夏の間、当時の衣装を着たガイドが案内してくれることも。日程・詳細は要問い合わせ。

ニュー・ブランズウィック博物館

New Brunswick Museum

MAP P.491-1

★★★

1842年に設立されたカナダで最も歴史ある博物館で、1996年にマーケット・スクエア内に移転した。展示室は3階まであり、帆船の模型などを展示した海洋歴史展示室や、動物や昆虫の化石などを集めた地質学展示室、ニュー・ブランズウィック州のアート作品の展示室などに分かれている。

リバーシング・フォールズ

Reversing Falls

MAP P.491-1外

★★★

深くえぐれたセント・ジョン川の橋のたもとで起こる「渦潮の逆流現象」を見られるスポット。セント・ジョン湾Saint John Harbour（ファンディ湾Bay of Fundy）は世界で最も干満の差が激しい海で、その差はときに14mにもなる。川の流れと高潮がこの橋の下で激しくぶつかり、えぐれた川底のせいで、大きな渦を造りながら逆流する。川沿いにはインフォメーションセンターがあり、渦潮が見られるレストランもある。逆流現象は干潮と満潮時に毎日それぞれ2回ずつ起こる。毎日時間帯が違うので、観光案内所やパンフレットで確認すること。夜間はライトアップされる。

⬆川沿いにある展望台からの眺め

❓観光案内所

Saint John Region Welcome Centre
MAP P.491-1
住 47 Charlotte St.
TEL (506)658-2855
開 毎日9:00～17:00
休 無休

ロイヤリスト・ハウス

住 120 Union St.
TEL (506)652-3590（夏季）
(506)650-8293（冬季）
URL loyalisthouse.com
開 月～金10:00～12:00/13:00～16:00
（電話による予約制。時期により変動あり）
休 土・日
料 大人$5、12歳以下$2

ニュー・ブランズウィック博物館

住 1 Market Square
TEL (506)643-2300
URL www.nbm-mnb.ca
※2023年8月現在、改修工事のため休館中（再開は未定）。

リバーシング・フォールズ

住 200 Bridge Rd.
FREE (1-866)463-8639
料 無料
交 ダウンタウンの中心からハイウエイ#100を西へ進み、橋を越えたすぐ左側。市バスなら#1を利用。

セント・ジョンのホテル

Delta Hotels Saint John
デルタ・ホテルズ・セント・ジョン
MAP P.491-1
住 39 King St.
TEL (506)648-1981
URL www.marriott.com
料 Ⓢ Ⓓ $185～
CC A D M V 室 250室

COLUMN

ニュー・ブランズウィック州第3の都市モンクトン

ニュー・ブランズウィック州の都市、モンクトンMonctonは、ケベック州からノヴァ・スコシア州やプリンス・エドワード・アイランド州へ抜ける通過地点にあり、交通の要衝としても知られている。さほど大きな町ではないが、モントリオールやケベック・シティからVIA鉄道に乗り、プリンス・エドワード・アイランド州を目指す場合はここで鉄道からバスに乗り換える必要があるため、多くの旅行者が立ち寄る町でもある。

↑タイダル・ボーア公園

モンクトンの歩き方

ダウンタウンにいるかぎり、徒歩で十分に回ることができる。中心は、メイン通りMain St.の周辺。見どころは、プティコディアック川Petitcodiac Riverの流れが、白い波しぶきとともに川下から上流へと逆流する珍しい自然現象が見られるタイダル・ボーア公園Tidal Bore Park。逆流現象は1日2回起こり、1回20分ほど。逆流の時刻は潮の干満により毎日変わるので、観光案内所や公園の時刻板で確認しよう。

ダウンタウンの東にはかつて鉄道王トーマス・ウィリアムスの自宅であったビクトリア様式の優雅な邸宅、トーマス・ウィリアムス・ハウスThomas Williams Houseや、先住民族から造船と鉄道敷設で発展してきたモンクトンの歴史を紹介するモンクトン博物館Moncton Museumがある。

DATA

モンクトン
MAP P.450-C1　URL www.moncton.ca

モンクトンへの行き方
飛行機　トロントからエア・カナダが1日3便運航、所要約2時間10分。モントリオールからは1日2便、所要約1時間20分。
バス　ハリファックスからマリタイム・バスが1日1便運行、所要約4時間。フレデリクトンからも1日1便、所要約1時間50分。
鉄道　ハリファックス行きのVIA鉄道のオーシャン号が水・金・日曜の週3便運行しており、モントリオールを19:00に出発。到着は翌日の13:23。

モンクトンからプリンス・エドワード島へ
マリタイム・バスがモンクトン発14:00のバスを1日1便運行。バスディーポはVIA鉄道の駅構内にあるため、鉄道で来てそのまま乗り継ぐことも可能だが、遅延することもあるため、モンクトンで1泊するのが無難。翌日のバスで島へ行こう。シャーロットタウン到着は17:05。

バスディーポ
住 77 Canada St.（VIA鉄道駅内）　TEL (506)854-2023

観光案内所
住 20 Mountain Rd.　FREE (1-800)363-4558
URL www.resurgo.ca
開 月～土10:00～17:00　日12:00～17:00
休 9月～5月中旬の月

トーマス・ウィリアムス・ハウス
住 103 Park St.
TEL (506)856-4383
開 6/28～8/27　水～日11:00～17:00
休 月・火、8/28～6/27　料 寄付程度

モンクトン博物館
住 20 Mountain Rd.　TEL (506)856-4383
開 月～水・金・土10:00～17:00　木10:00～20:00　日12:00～17:00
休 無休
料 大人$12、シニア$9、ユース（12～17歳）$8、子供$6

モンクトンのホテル
Château Moncton
シャトー・モンクトン
MAP P.492外　住 100 Main St.
TEL (506)870-4444　FREE (1-800)576-4040
URL www.chateaumoncton.ca
料 ⓈⒹ$159～　CC A D M V　室 103室

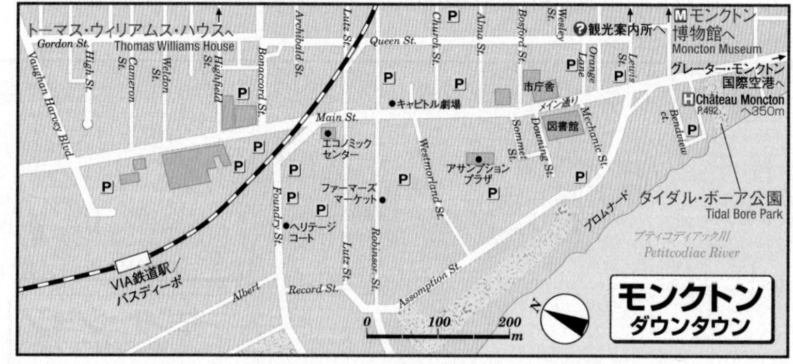

ST. JOHN'S
セント・ジョンズ
ニューファンドランド＆ラブラドル州

北米大陸の東端に位置するセント・ジョンズは、ニューファンドランド＆ラブラドル州の州都。1497年にジョン・カボットが発見し、1583年にイギリス初の植民地となった。沖合はタラの大漁場として知られ、17世紀から19世紀にかけて町は漁業で隆盛を極めた。入江を見下ろす斜面にカラフルな木造家屋が連なる風景は、今も港町らしいのどかな旅情にあふれ、初夏に北極から漂流してくる氷山も最果ての地ならではの光景だ。

⬆色とりどりの家屋が並ぶセント・ジョンズ

MAP P.450-B2
人口 11万525
市外局番 709
セント・ジョンズ情報のサイト
URL www.stjohns.ca

セント・ジョンズへの行き方

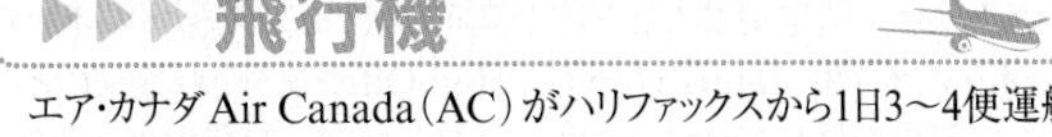

▶▶▶ 飛行機

エア・カナダAir Canada（AC）がハリファックスから1日3〜4便運航、所要約1時間50分。トロントから1日4〜5便運航、所要約3時間。モントリオールからは1日2〜3便運航、約2時間30分。

空港から市内へ

セント・ジョンズ国際空港St. John's International Airportはダウンタウンの北西約10kmの所にある。市内への交通はタクシーが便利。ダウンタウンまで所要約15分。運賃は定額制で、主要ホテルまでは$35となっている。また、メトロバスMetrobusのルート#14も利用できるが、バス停まで空港から徒歩約10分かかり、さらにダウンタウン中心部へは乗り換えが必要なのでやや不便。

▶▶▶ 長距離バス＆フェリー

マリン・アトランティックMarine Atlanticのフェリーが、ノヴァ・スコシア州のノース・シドニーNorth Sydneyから、ポート・オ・バスクPort-aux Basques（→ P.496）まで通年運航している。1日1〜3便、所要約7時間。ポート・オ・バスクからセント・ジョンズまでは、島内全域にルートを展開するDRLの大型バスが1日1便運行、所要約13時間40分。バスディーポから市内へはタクシーで約10分、運賃は$20前後。

エア・カナダ（→P.542）

セント・ジョンズ国際空港（YYT）
MAP P.494外
TEL (709)758-8500
URL stjohnsairport.com

メトロバス
TEL (709)772-9400
URL www.metrobus.com
料 シングルチケット
大人$2.5、子供（12〜17歳）$2
10回カード
大人$22.5、子供$18

セント・ジョンズ唯一の公共交通機関である市バス。時刻表はウェブサイトで確認できる。カードは市庁舎などで扱っている。

マリン・アトランティック
FREE (1-800)341-7981
URL www.marineatlantic.ca
ポート・オ・バスクまで
料 片道
大人$43.78、シニア$40.23、子供（5〜12歳）$20.34

DRL
TEL (709)263-2171
URL drl-lr.com
ポート・オ・バスクから
料 片道
大人$152〜、シニア・学生$136〜

バスディーポ
MAP P.494外
ニューファンドランド・メモリアル大学 Memorial University of Newfoundlandのそばにある。

※開館時間、営業時間などの日程は基本的に2023年のもの。年度により変動するため、ウェブサイトなどで再確認を。（→P.7）

❓観光案内所

City of St. John's Visitor Tourism Information

MAP P.494
住 348 Water St.
TEL (709)576-8106
FREE (1-844)570-2009
URL www.stjohns.ca
開 毎日9:00～16:30
休 無休

ウオーター通り

MAP P.494左下図

ウオーター通り東寄りのハーバーサイド公園Harbourside Parkには、1583年に英国領宣言をしたハンフリー・ギルバート卿の記念碑がある。

ジョージ通り

MAP P.494左下図

往年の"居酒屋の都"の名残をとどめる小路。毎晩遅くまで熱気がみなぎり、週末は通りが人であふれるほど。

セント・ジョンズ・ホップ・オン・ホップ・オフ

TEL (709)631-4677
URL stjohnshoponhopoff.ca
運 6/23～9/4
毎日9:00～16:53
料 大人＄50、シニア＄45、子供＄35

セント・ジョンズの歩き方

⬆急な坂もあるダウンタウン

主要な通りは、セント・ジョンズ港St. John's Harbourの北岸に沿って延びる**ハーバー通りHarbour Dr.**と、それに並行する**ウオーター通りWater St.**、**ダックワース通りDuckworth St.**の3本。ウオーター通りは16世紀から漁業関係の店が軒を連ねた北米最古といわれる商店街で、現在もレストランやショップ、銀行などが集まるにぎやかな通りだ。ひと筋上のダックワース通りは、クラフトショップやアートギャラリー、博物館などが並ぶ町のカルチャー・ストリート。ナイトライフを楽しむならウオーター通りとダックワース通りに挟まれたジョージ通りGeorge St.へ。パブやバーがひしめいている。

ダウンタウンは徒歩で回れる広さだが、坂が多いうえ、道がランダムに交差していたりするので、歩きやすいとはいえない。市内には散策コース（Grand Concourse）が設けられ、案内板が随所に配置されているので、これに沿って歩いてみるのも一案だ。おもな見どころはダウンタウンから離れているので、車があると便利。夏季のみ、ダウンタウンとシグナル・ヒル国定史跡などを結ぶ巡回バス、セント・ジョンズ・ホップ・オン・ホップ・オフSt. John's Hop On Hop Offが運行されるので活用したい。郊外の見どころはレンタカー、もしくはツアーの利用が一般的。

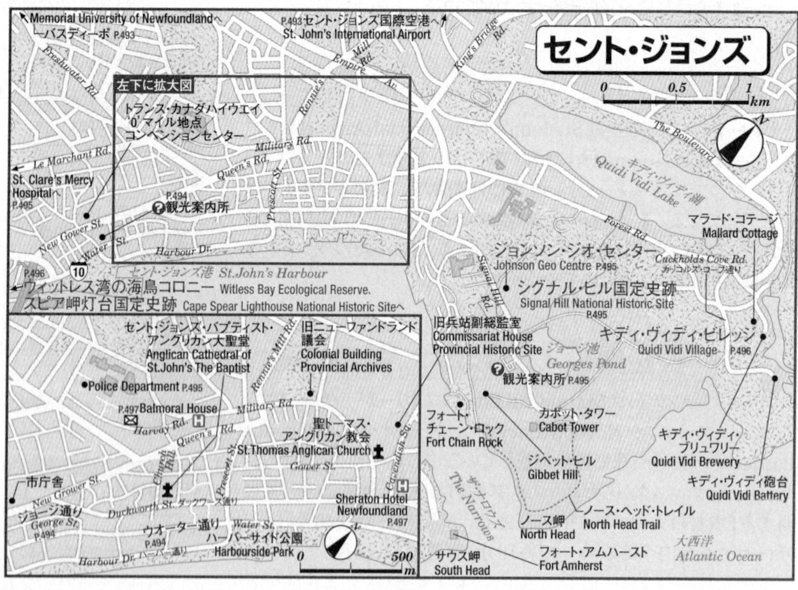

おもな見どころ

シグナル・ヒル国定史跡

Signal Hill National Historic Site

MAP P.494

★★★

港の入口に切り立つ、海抜160mほどの丘。地名はかつて船の接近を港に知らせるため、ここに旗を立て合図を送ったことに由来している。港の防御拠点でもあるこの地は過去たびたび交戦の舞台となり、1762年には北米における七年戦争でイギリスがフランスに対して勝利を決めた、最後の戦いの地もここだった。周辺には砲台の跡などが残されている。

↑セント・ジョンズの町と港が一望できる

頂上のカボット・タワーCabot Towerは、初めてカナダに上陸したイギリス人、ジョン・カボットの上陸400年とビクトリア女王統治60年を記念して1897年に建てられた。内部には、1901年にこの丘でイギリスからの大西洋横断無線の受信に成功したマルコーニに関する資料が展示されている。

↑1960年まで合図の伝送に使われていたカボット・タワー

ジョンソン・ジオ・センター

Johnson Geo Centre

MAP P.494

★★★

↑地質学に関する資料が充実している

ニューファンドランド＆ラブラドル州は、地球上最古という約40億年前（地球誕生は約45億年前）の岩石が発見された、地質学的に重要なエリア。この博物館では、シアターで映像を楽しんだあと、さまざまな岩石のサンプルなどを見学していくうちに、州の地勢や地球の成り立ちがわかるようになっている。セント・ジョンズの沖合で沈没したタイタニック号に関する展示もある。

ユースフル・インフォメーション

警察
Police Department
MAP P.494左下図
TEL (709)729-8000

病院
St. Clare's Mercy Hospital
MAP P.494外
住 154 Le Marchant Rd.
TEL (709)777-5000

おもなレンタカー会社
Avis（空港）
TEL (709)722-6620
Hertz（空港）
TEL (709)726-0795

おもなタクシー会社
City Wide Taxi
TEL (709)722-7777

シグナル・ヒル国定史跡

TEL (709)772-5367
URL parks.canada.ca/lhn-nhs/nl/signalhill
交 市バス#3でカヴェンディッシュ・スクエアCavendish Square下車、徒歩25分。

ビジター・インタープリテーション・センター
MAP P.494
TEL (709)772-5367
開 6/1～10/6
毎日10:00～18:00
休 10/7～5/30
（敷地は通年オープン）
料 大人$8.5、シニア$7、17歳以下無料

カボット・タワー
料 無料（入場料に含まれる）

ジョンソン・ジオ・センター

住 175 Signal Hill Rd.
TEL (709)864-3200
URL www.mun.ca/geocentre
開 5/3～10/9
毎日9:30～17:00
10/10～12/22
水～日9:30～17:00
休 10/10～12/22の月・火、12/23～5/2
料 大人$12、シニア・学生$9、ユース（5～18歳）$6、子供無料
交 市バス#3でカヴェンディッシュ・スクエアCavendish Square下車、徒歩15分。

キディ・ヴィディ・ビレッジ

MAP P.494

Quidi Vidi Village

★★★

花崗岩に囲まれた入江のほとりに、古民家や教会が点在する小さな漁村。集落内のマラード・コテージMallard Cottage（現在はレストラン）は18世紀末に建てられたアイルランド移民の住宅で、州の文化財。周辺にはフランス軍の砲台やビール醸造所などもある。

↑ひなびた雰囲気が漂うキディ・ヴィディ

郊外

スピア岬灯台国定史跡

MAP P.494外

Cape Spear Lighthouse National Historic Site

★★★

セント・ジョンズの南およそ11kmにある北米の最東端ポイント。1836〜1955年まで使われた木造の灯台は、灯台守の暮らしを紹介する博物館になっている。第2次世界大戦中にはドイツ軍の潜水艦を監視する兵舎が築かれ、灯台の下に銃座の跡などが残されている。夏季にはクジラやイルカ、ミズナギドリなど、さまざまな生き物たちが目を楽しませてくれる。

ウィットレス湾の海鳥コロニー

MAP P.494外

Witless Bay Ecological Reserve

★★★

セント・ジョンズから約30km南にあるウィットレス湾沖の3つの島には、毎年夏に100万つがい以上の海鳥が産卵に訪れる。州のマスコットになっているパフィンのコロニーは北米最大、ウミツバメは世界第2の規模を誇るほか、ウミガラスやセグロカモメ、ミツユビカモメなど多くの海鳥が群棲する。ベイ・ブルズBay Bullsから出るボートツアーのシーズンは5〜9月。6月中旬〜8月中旬にはザトウクジラやミンククジラ、5月〜6月下旬には氷山のウオッチングも可能だ。

キディ・ヴィディ・ビレッジ

交 市バス#15で終点カッコルズ・コーブ通りCuckholds Cove Rd.下車、徒歩5分。

スピア岬灯台国定史跡

TEL (709)772-2191

URL parks.canada.ca/lhn-nhs/nl/spear

開 6/1〜10/6
毎日10:00〜18:00

休 10/7〜5/30
（敷地は通年オープン）

料 大人$8.5、シニア$7、17歳以下無料

灯台

料 無料（入場料に含まれる）

ウィットレス湾の海鳥コロニー

URL www.gov.nl.ca/ecc/natural-areas/wer/r-wbe

おもな旅行会社

ミキ・エンタープライズ

TEL (709)747-2233

URL miki-eco.com

EMAIL miki.enterprises@nf.sympatico.ca

セント・ジョンズを中心としてニューファンドランド&ラブラドル州をカバーした日本語ツアーを主催、そのほかにも宿泊、バスやローカルの飛行機の手配も行う。問い合わせは早めに。電話、メールとも日本語でOK。

クジラ見学クルーズ

料 大人$300　Tax別

※2人から催行、所要約4時間。

その他のツアー

市内&スピア岬観光、氷山見学ツアー、ミスティンクポイント観光、グロスモーン国立公園ツアー、ランス・オ・メドゥズツアー、ナハニ国立公園ツアーなど。

COLUMN

ニューファンドランドの入口　ポート・オ・バスク

ノヴァ・スコシア州から到着するフェリーは、樹木のないごつごつとした岩だらけの丘に木造民家が並ぶという、わびしさすら感じる風景のなかに入り込む。それがニューファンドランド島の入口、ポート・オ・バスクPort-aux Basquesの港だ。その名が示すとおり、16世紀初頭バスクからの漁師や捕鯨船がここを寄港地としていた。本土からのフェリーとセント・ジョンズとを結ぶ長距離バスが発着する。

DATA

ポート・オ・バスク

MAP P.450-B2

交 ノヴァ・スコシア州のノース・シドニーからマリン・アトランティックMarine Atlantic の大型フェリーが運航（→P.493）。

❓ポート・オ・バスクの観光案内所

TEL (709)695-2262

URL www.portauxbasques.ca

開 5月中旬〜10月上旬　毎日7:00〜20:00
（時期により変動あり）

休 10月上旬〜5月中旬

交 フェリー・ターミナルからハイウエイ#1を約2km行った北側にある。

セント・ジョンズのホテル
Hotels in St. John's

Sheraton Hotel Newfoundland
シェラトン・ホテル・ニューファンドランド

17世紀にイギリス軍の砦があった高台に立つ高級ホテル。約半数を占めるハーバービューの部屋から港が一望できる。ゆったりとした客室はシックな雰囲気。室内プール、フィットネスセンターがある。

MAP P.494左下図
住115 Cavendish Sq.
TEL(709)726-4980
URL www.marriott.com
料ⓈⒹ$155～　Tax別
CC A D M V
室301室

Balmoral House
バルモラル・ハウス

ビクトリア様式の伝統家屋を改装したB&B。室内は天井も高くゆったりとした間取り。暖炉やジャクージの付いた部屋もある。高台の住宅地にあり、海側の客室から港やシグナル・ヒルを望むことができる。

MAP P.494左下図
住38 Queen's Rd.
TEL(709)693-8937
URL balmoralhouse.com
料ⓈⒹ$318～
Tax別　朝食付き
CC A M V　室4室

COLUMN

カリブー＆氷山ウオッチング

アバロン半島　Avalon Peninsula
MAP P.450-B2

セント・ジョンズから50kmほど南下したアバロン半島の内陸部は、湿地帯に覆われた野生保護地区Avalon Wildness Reserveに指定され、野生のカリブー（トナカイ）の生息域になっている。保護区に入るときは許可を取らなければならないが、外側からでも運がよければ見られるだろう。左に大西洋、右に針葉樹の茂る湿地帯を見つつ、ハイウエイ#10を南下するとフェリーランドFerrylandに到着する。ここは北米で英国植民者が入植した最古のエリアのひとつ。現在はカナダ政府と州政府の共同発掘プロジェクトが進められている。現場は一般にも公開され、観光案内所では発掘した破片の復元作業を見学することもできる。さらに南下すると、人口600人ほどの小さな町、トレッパシーTreppasseyにたどり着く。

トゥイリンゲイト　Twillingate
MAP P.450-B2

ノートルダム湾Notre-Dame Bayに面したトゥイリンゲイトは、氷山とホエールウオッチのメッカとして知られ、北端の断崖にあるロング・ポイントLong Pointは絶好のロケーション。シーズンは5月下旬～7月。ラブラドルの北から流れ出した氷山がノートルダム湾まで南に下り、島に沿って東に進んでからアバロン半島を南下する。

↑輝く氷山を見にいこう

DATA

❓アバロン半島の観光案内所
Colony of Avalon Foundation
住1 The Pool, Ferryland
TEL(709)432-3200
URL colonyofavalon.ca

トゥイリンゲイト
交ガンダー国際空港Gander International Airport（MAP P.450-B2）からハイウエイ#330を北へ進み、#331、#340と乗り継いだ最北端。所要約1時間30分。

Twillingate Island Boat Tours
住50 Main St., Twillingate
FREE(1-800)611-2374　URL www.icebergtours.ca
ボートツアー
催夏季9:30、13:00、16:00発

Twillingate Adventure Tours
住128 Main St., Twillingate　FREE(1-888)447-8687
URL twillingateadventuretours.com
ボートツアー
催夏季10:00、13:00、15:30発

  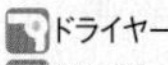 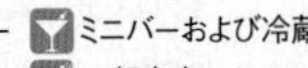 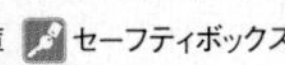

バスタブ　テレビ　ドライヤー　ミニバーおよび冷蔵庫　セーフティボックス　Wi-Fi
一部客室　一部客室　貸し出し　一部客室　フロントにあり

GROS MORNE NATIONAL PARK

グロス・モーン国立公園

ニューファンドランド＆ラブラドル州

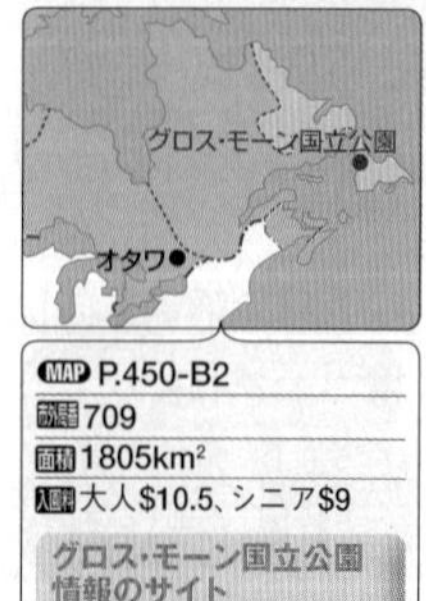

MAP P.450-B2
市外局番 709
面積 1805km²
入園料 大人$10.5、シニア$9

グロス・モーン国立公園情報のサイト
URL parks.canada.ca/pn-np/nl/grosmorne

エア・カナダ（→P.542）

パル航空（→P.542）

ディア・レイク地域空港（YDF）
MAP P.450-B2/P.498外
TEL (709)635-3601
URL deerlakeairport.com

おもなレンタカー会社
Avis（空港）
TEL (709)635-5010
Hertz（空港）
TEL (709)635-8211

ニューファンドランド島西部に位置する、1987年にユネスコの世界自然遺産に登録された国立公園。赤土と岩の荒れ果てた台地のテーブルランド、珪岩質がむき出しになったグロス・モーン山、断崖絶壁のフィヨルドが連続するウエスタン・ブルック・ポンドなど、何億年も前の地殻変動の証が自然のまま残され、ダイナミックな光景を造り出している。ひとつの公園でありながら、まったく異なる風景が見られるのは、世界的にも非常に珍しく、まさに自然の偉大なる力を感じる場所だ。

また、公園内にはレベルの異なる20以上のトレイルがある。初心者向けのロブスター・コーブ・ヘッドRobster Cove Headや中級者向けのルックアウト・ヒルLookout Hill、上級者になればグロス・モーン山Gros Morne Mountainのコースも用意されているので、体力や経験に合ったハイキングが楽しめる（→P.500欄外）。

グロス・モーン国立公園への行き方

飛行機

公園に最も近い空港は、南東約70kmにあるディア・レイク地域空港Deer Lake Regional Airport。エア・カナダAir Canada（AC）がトロントから1日1～2便運航、所要約2時間35分。ハリファックスからも1日1～2便、所要約1時間30分。セント・ジョンズからはセント・ジョンズに拠点を置くパル航空PAL Airlines（PB）が1日2～3便運航、所要約1時間15分。空港からグロス・モーン国立公園へは、現地ツアーに参加するのが一般的。また、空港でレンタカーを借りることもできる。

↑グロス・モーン国立公園

 ※開館時間、営業時間などの日程は基本的に2023年のもの。年度により変動するため、ウェブサイトなどで再確認を。（→P.7）

グロス・モーン国立公園の歩き方

⬆ハイキングも楽しめるトラウト・リバー

公園内に公共の交通機関はないので、車は不可欠。ただ走って見るだけでも丸1日は必要。**ウエスタン・ブルック・ポンド**のボートツアーやトレイルなどアクティビティを満喫するなら、天候も不安定なので、最低4～5日は見込んでおきたい。時間がそれほど取れないなら、あらかじめポイントを絞って行くかツアーで効率よく回ろう。

公園内の拠点は、**ロッキー・ハーバー**と**トラウト・リバー**、**ウッディ・ポイント**。ホテルを予約するなら、公園の中心部にあるロッキー・ハーバーがどこに行くにも便利。ロッキー・ハーバーからハイウエイ#430を南下し、途中の分かれ道を右に行くと、眺めのいいノリス・ポイントNorris Point。1度分かれ道まで戻ってから南へ走り、ウィルトンデイルWiltondale でハイウエイ#431へ。ここからウッディ・ポイントへは30～40分。ウッディ・ポイントのすぐ手前にある**ディスカバリー・センター**で、ガイドブックやトレイル情報などを仕入れよう。ディスカバリー・センターからテーブルランドへは約10分で、その先にトラウト・リバーがある。

ロッキー・ハーバーから北上し、約40分でウエスタン・ブルック・ポンドに着く。その先には、博物館などがある小さな村カウ・ヘッドCow Head、広いビーチが続くキャンプ場、シャロウ・ベイ Shallow Bayがある。ロッキー・ハーバー～シャロウ湾Shallow Bay間は約50km。

おもな見どころ

ディスカバリー・センター

Discovery Centre

MAP P.498

★★★

⬆観光情報を仕入れよう

観光案内所と公園内の研究施設を兼ねるビジターセンター。入口がある2階には、インフォメーションと公園の地質学を説明するパネルや模型などがある。館内にはシアターもあり、公園の概要と地質学に関する映像を随時上映。ブックショップもある。1階はギャラリーになっており、公園の風景を描いた作品が飾られている。3階にある見晴台からの眺めはすばらしい。

マーティンズ・トランス・ポーテーション社

TEL (709)453-2207
料 行き先により異なる

ウッディ・ポイント、トラウト・リバーまでなら、マーティンズ・トランスポーテーション社Martin's Transportationが運行するバスでも行ける。空港からバスディーポまではタクシーで移動。運行スケジュール・運賃は要確認。

❓観光案内所

観光案内所は、ロッキー・ハーバーRocky Harbour の近くにあるVisitor Centreと、ウッディ・ポイントWoody Pointのディスカバリー・センターDiscovery Centreとの2ヵ所。どちらも夏季のみの営業だが、Wi-Fiが使える。

Visitor Centre
MAP P.498
TEL (709)458-2417
開 5/19～10/22
毎日9:00～17:00
休 10/23～5/18

ディスカバリー・センター

TEL (709)453-2417
開 5/19～10/22
毎日9:00～17:00
休 10/23～5/18

日本語ガイドツアー

ミキ・エンタープライズ
(→ P.496)
グロス・モーン国立公園ツアー
料 3泊4日　大人$4687
Tax別
※ディア・レイク空港からのツアー。2人から催行。人数および日数が上回る場合は応相談。

公園内でのドライブについて

カーブとスロープが連続する道は、ガードレールがほとんどない。先が見えないカーブを曲がったとき、突然壮大な景色が広がると、遠近感を失うことも。また、ムースが道に出てくることもある。

ニューファンドランド島は、霧が頻繁に発生することで有名。霧が深くなると、道の先がかなり見えづらくなるので十分注意が必要だ。

⬆ムースへの注意を促す看板

ロッキー・ハーバー

Rocky Harbour

MAP P.498

★★★

ロッキー・ハーバーRocky Harbourの入江を囲むように家屋が並ぶ漁村。入江に面したメイン通りMain St.を中心に、ホテルやレストラン、ショップが並ぶ、グロス・モーン国立公園内の中心となっている町。19世紀末に造られた鋳鉄の骨組みのロブスター・コーブ・ヘッドLobster Cove Headという灯台がある。町の西端まで行くと、ロッキーという名前の由来となった岩だらけの海岸がある。

ウッディ・ポイント

Woody Point

MAP P.498

★★★

19世紀初頭から、サーモンやロブスターの漁、加工などで栄えた港町。港に面した一帯が町の中心で、1919年に建造された灯台や町の歴史的資料を集めた博物館、教会、ヘリテージハウスを使ったB&Bなどが並ぶ。

⬆テーブルランドを下りた先にある

トラウト・リバー

Trout River

MAP P.498

★★★

1815年にイギリス人、ジョージ・クロッカーGeorge Crockerが開拓した漁村。港の周辺には遊歩道が整備されており、案内所や郵便局、シーフードレストランが並ぶ。トラウト・リバー池Trout River Pond沿いにバンガロータイプの宿やレストランが点在する町なかは、のどかな雰囲気。

グロス・モーン山

Gros Morne Mountain

MAP P.498

★★★

ピンク色をした珪岩がむき出しになったグロス・モーン山は、高さ806mで公園内最高峰。ツンドラのような自然環境で、ライチョウや北極ウサギなど珍しい種類の動物もいる。山の上まで続くトレイルがある。

⬆荒々しい景観のグロス・モーン山

テーブルランド

Tablelands

MAP P.498

★★★

北米大陸のプレートとユーラシア／アフリカ大陸のプレートの衝突により、流れ出した上部マントルが海底から隆起したことによってできたテーブル状の台地。乾いた土地からわずかな水分を吸収して何百年もの間生きている枯れ木のような樹木や、ピッチャー・プラントPitcher Plantという食虫植物など珍しい植生が見られる。

グロス・モーン国立公園でハイキング

公園内には20以上のトレイルがあり、車椅子対応や散歩感覚で行けるものから、上級者向けのものまでさまざま。自分のレベルに合わせて選ぼう。ハイキングに行く際は、まずディスカバリー・センター（→P.499）で地図をもらい、ガイダンスを受ける。靴はハイキングに適したもので、上着や雨具も忘れずに。水や食べ物も持参しよう。Visitor Centreとディスカバリー・センターでは、防水仕様のトレイルガイド付きマップ**$19.95**を販売している。

初級者向け

ロブスター・コーブ・ヘッド
Lobster Cove Head

ロッキー・ハーバーの周辺を歩く2kmのコース。所要約30分。

テーブルランド
Tablelands

テーブルランドの中を往復する4kmのコース。所要約1時間。

中級者向け

ルックアウト
Lookout

ディスカバリー・センターから出発する5kmのコース。所要2〜3時間。

上級者向け

グリーン・ガーデン
Green Garden

海岸線や牧草地を行くコース。ショートハイクは9km、所要3〜4時間。

グロス・モーン山
Gros Morne Mountain

難度の高いコース。岩が多く険しいので、かなり経験を積んだ上級者向け。16km、所要6〜9時間。登山前にVisitor Centreまたはディスカバリー・センターで登山者登録をすること。野生動物の保護のため、5・6月中は山頂への立ち入りが禁止され、サミット・トレイルの開山は6月末。

⬆気軽に挑戦できるハイキング

グリーン・ガーデン

MAP P.498

Green Gardens

★★★

切り立った崖の上に広がる緑豊かな草原で、往復9kmのハイキングが楽しめる(→P.500欄外)。草原の端にはビーチがあり、キャンプ場になっている。崖下には、流れた溶岩が固まったような岩や洞窟などが見られる。登山口は1号線沿い、ウッディ・ポイントからは13kmほど。

ブルーム・ポイント

MAP P.498

Broom Point

★★★

1941～75年、ここには、マッジ・ファミリーMudge Familyという3兄弟とその家族だけが暮らしていた。当時のまま残されている住居や実際に使用していた船、道具の見学ができる。

ウエスタン・ブルック・ポンド

MAP P.498

Western Brook Pond

★★★

グロス・モーン国立公園のハイライトのひとつが、そそり立つかつてのフィヨルドを眼前に望むウエスタン・ブルック・ポンド。ギザギザに引きちぎられたようなフィヨルドは、1万5000年前、氷河の浸食によりできたもの。何百mにも及ぶ岩壁の高さは、氷河期末期の氷河の作用を証明している。また、ここは地質構造学上のプレート・テクトニクス(プレート理論)を証明する世界的にも稀少な例だ。6億年前、もともとひとつだったアメリカ大陸とユーラシア大陸が離れ始め、その亀裂を海底からあふれたマグマが埋めた。5億7000万～4億2000万年前にはふたつの大陸はさらに離れ、間には海ができた。フィヨルドからは多くの化石が発掘されているが、ほとんどがここに海があった時代のものだ。

ウエスタン・ブルック・ポンドを見学するなら、ぜひ観光用のボートツアーに参加したい。ハイウエイ#430沿いにある駐車場から湿原のトレイルを約3km歩く。半分ぐらい進んだ所で、ウエスタン・ブルック・ポンドに突き当たり、すぐそばにフィヨルドが見えるビューポイントがある。そのままトレイルを歩くとウエスタン・ブルック・ポンドのインフォメーションに到着。カウンターで受付を済ませたら(予約は事前にしておくこと)、桟橋で待っているボートに乗り込む。ものの5分もすれば、荒々しいフィヨルドの岩壁がすぐ目の前に迫る。むき出しの岩肌が切り立つ約600mもの高さの崖やそこから流れる滝などを見ながら、ボートはさらに突き進む。太古の地球の鳴動を体感できるはずだ。

⬆崖の間を抜けて進むフェリー

ブルーム・ポイント

開5月下旬～9月上旬
毎日10:00～17:30
料無料

ウエスタン・ブルック・ポンドのボートツアー

Bon Tours
TEL(709)458-2016
FREE(1-888)458-2016
URL bontours.ca
運5月中旬～6月、9月～10月中旬
毎日12:30発
7・8月
毎日10:00、11:00、12:30、13:30、15:00発
料大人$72、ユース・子供$39
所要約2時間(要予約)。船上は冷えるので、夏でもジャケットを持参しよう。

グロス・モーン国立公園のホテル

Ocean View Hotel
オーシャン・ビュー
MAP P.498
住38-42 Main St.
TEL(709)200-1650
FREE(1-800)563-9887
URL www.theoceanview.ca
営4～12月
料ⓈⒹ$159～　Tax別
CC A D M V　室52室
ロッキー・ハーバーの中心にある。

Crocker Cabins
クロッカー・キャビンズ
MAP P.498
住57-61 Duke St., Trout River
TEL(709)451-3236
FREE(1-877)951-3236
URL www.crockercabins.com
料Ⓢ$114.15～ Ⓓ$131.5～ Tax別
CC M V
室コテージ4棟
トラウト・リバーの南、山の麓にあるキャビン。とても静か。

COLUMN

ハンバー湾の入江奥、コーナー・ブルック

セント・ローレンス湾から約30km。ハンバー湾の入江奥、丘の斜面に沿って広がる町がコーナー・ブルックCorner Brook。19世紀半ばまでは、人口100人にも満たない小さな村だったが、漁業と豊かな森林資源をもとに発展、20世紀半ばに創業された製紙業で大きな繁栄を遂げた。ユネスコの世界遺産に登録されているグロス・モーン国立公園やランス・オ・メドウズ国立歴史公園への拠点としても知られている。

⬆キャプテン・クック記念碑からはすばらしい眺めが楽しめる

コーナー・ブルックの歩き方

町の中心は、市庁舎や博物館、ショッピングモールがあるメイン通りMain St.、ヘラルド通りHerald Ave.、カリブー通りCaribou Rd.。コーナー・ブルック川Corner Brook Riverに沿ってトレイルが整備されており、気軽に自然に親しむことができる。ショップやレストランがある繁華街はメイン通りを西に向かい、ミルブルック・モールMillbrook Mallを過ぎた先のブロードウエイBroadway。18世紀半ばにニューファンドランドの地形調査のために訪れたキャプテン・クックの記念碑Captain James Cook Monumentが立つ展望台や観光案内所、バスディーポはダウンタウンからかなり離れた位置にあるので、移動はタクシーがおすすめ。

➡キャプテン・クックが作った地図が碑に刻まれている

DATA

コーナー・ブルック
MAP P.450-B2
URL www.cornerbrook.com

コーナー・ブルックへの行き方

飛行機
ハリファックスからエア・カナダが1日1～2便運航、所要約1時間30分。空港はコーナー・ブルックの北東約55km、ディア・レイク地域空港Deer Lake Regional Airport(→P.498)。空港から市内へは、空港バスが運行している。所要40～50分。運賃は片道大人$35。タクシーだと$85くらいかかる。

長距離バス
セント・ジョンズから、DRLのバスが1日1便運行、所要約10時間25分。バスディーポは町の南東部。ダウンタウンまでは徒歩約30分。タクシーなら約$15。

DRL
セント・ジョンズから
料片道　大人$134
ポート・オ・バスクから
料片道　大人$55

バスディーポ
住Circle K, Confederation Dr.

フェリー&バス
マリン・アトランティックMarine Atlanticのフェリーが、ノヴァ・スコシア州ノース・シドニーからポート・オ・バスク(→P.493、496)間を運航。通年1日1～3便、所要約7時間。ポート・オ・バスクからは、DRLのバスが1日1便、所要約3時間。

マリン・アトランティック
FREE (1-800)341-7981(予約)
URL www.marineatlantic.ca
料片道　大人$43.78、シニア$43.28、子供(5～12歳)$20.34、4歳以下無料

❓観光案内所
Corner Brook Bay of Islands Visitor Information
住15 Confederation Dr.
TEL (709)639-9792
開5～9月
毎日9:00～18:00
休10～4月
トランス・カナダ・ハイウエイそば、高台にある。

キャプテン・クック記念碑
住Crow Hill Rd.
交ダウンタウンから徒歩30分。ポプラー通りPoplar Rd.からアトランティック通りAtlantic Ave.へ。

コーナー・ブルックのホテル
The Glynmill Inn
グリンミル・イン
住1B Cobb Lane
TEL (709)634-5181
FREE (1-800)563-4400
URL www.steelehotels.com
料ⓈⒹ$162～　Tax別
CC A M V
室82室
1923年に建てられた、チューダー様式のクラシックなホテル。伝統的なニューファンドランド料理を提供するレストラン、ザ・キャリッジ・ルームThe Carriage Roomをはじめ、結婚式も行われるイベント会場や会議室を備える。

Arctic Canada

ホワイトホースのオーロラ

極北

ARCTIC CANADA

極北と呼ばれる地方にあるのはユーコン、ノースウエスト、ヌナブトという3つの準州。面積の半分以上が北極圏に位置する厳寒の地。西には雄大な山脈がそびえ、中部一帯に広がるのは、草木もまばらなツンドラの大地。冬には深い雪に覆われ、気温はマイナス30〜50度にもなる極限の地だ。

ユーコン準州

州都	ホワイトホース	面積	48万2443km²
人口	4万232人（2021年国勢調査）		
時間	太平洋標準時間（PST）　日本との時差－17時間（サマータイム実施時－16時間）		
州税	なし		

ノースウエスト準州

州都	イエローナイフ	面積	134万6106km²
人口	4万1070人（2021年国勢調査）		
時間	山岳部標準時間（MST）　日本との時差－16時間（サマータイム実施時－15時間）		
州税	なし		

ヌナブト準州

州都	イカルイット	面積	209万3190km²
人口	3万6858人（2021年国勢調査）		
時間	山岳部標準時間（MST）　日本との時差－16時間（サマータイム実施時－15時間）、中部標準時間（CST）　日本との時差－15時間（サマータイム実施時－14時間）、東部標準時間（EST）　日本との時差－14時間（サマータイム実施時－13時間）※一部では大西洋標準時間（AST）（日本との時差－13時間）を採用		
州税	なし		

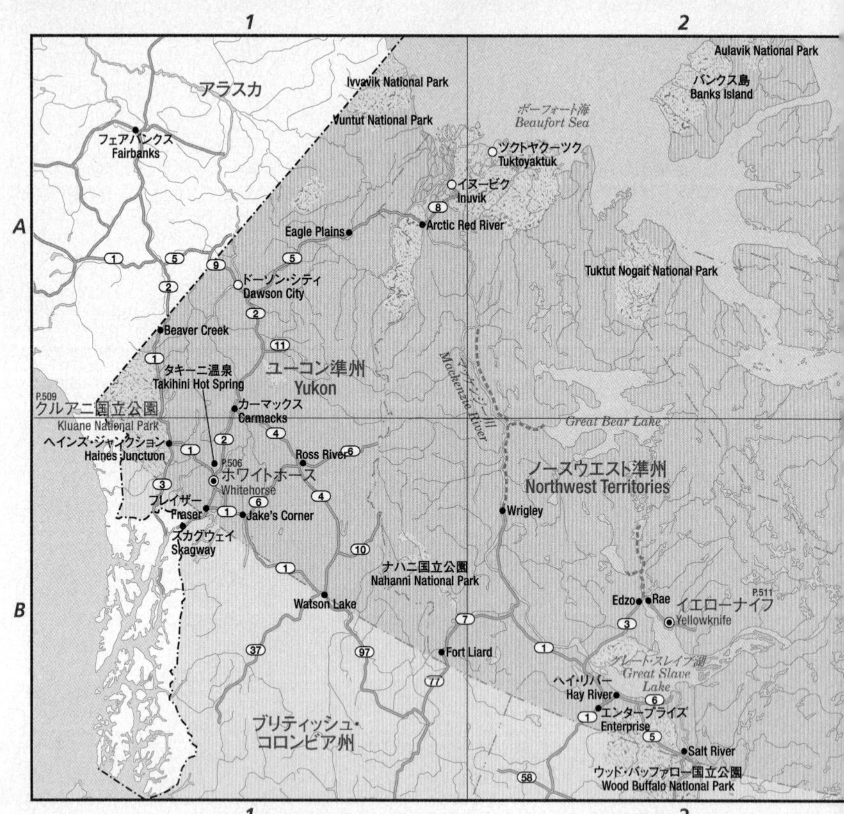

ユーコン準州

ユーコン準州の魅力は雄大で手つかずの自然。ゴールドラッシュ時代の雰囲気が残る魅力的な町と、大自然のなかで繰り広げられる冒険的アウトドアスポーツが満載だ。

おもな都市 ホワイトホース（→P.506）

ヌナブト準州

1999年、ノースウエスト準州から分離、自治領として発足したヌナブト準州は、ハドソン湾北側から北極海の島々にかけた広大な地域。ここに住む先住民イヌイットは、狩猟を基盤とした伝統的な生活を営んでいる。

おもな都市 イカルイット（→P.516）

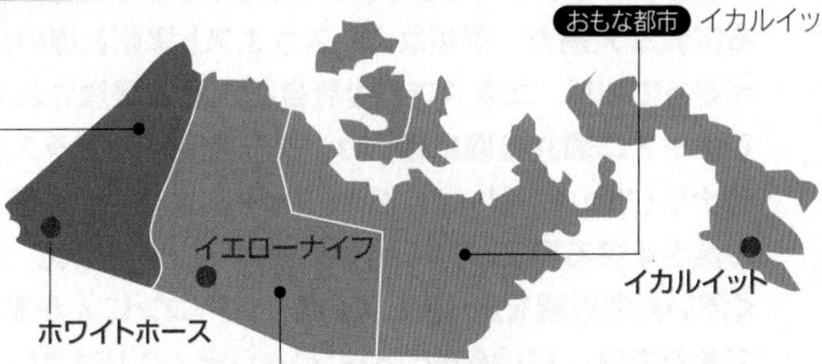

ホワイトホース
イエローナイフ
イカルイット

ノースウエスト準州

ノースウエスト準州は、日本の約3倍の面積に4万1000人足らずの人間しかいない氷の世界だ。州都イエローナイフはオーロラ観測のメッカとして、多くの日本人が訪れている。

おもな都市 イエローナイフ（→P.511）

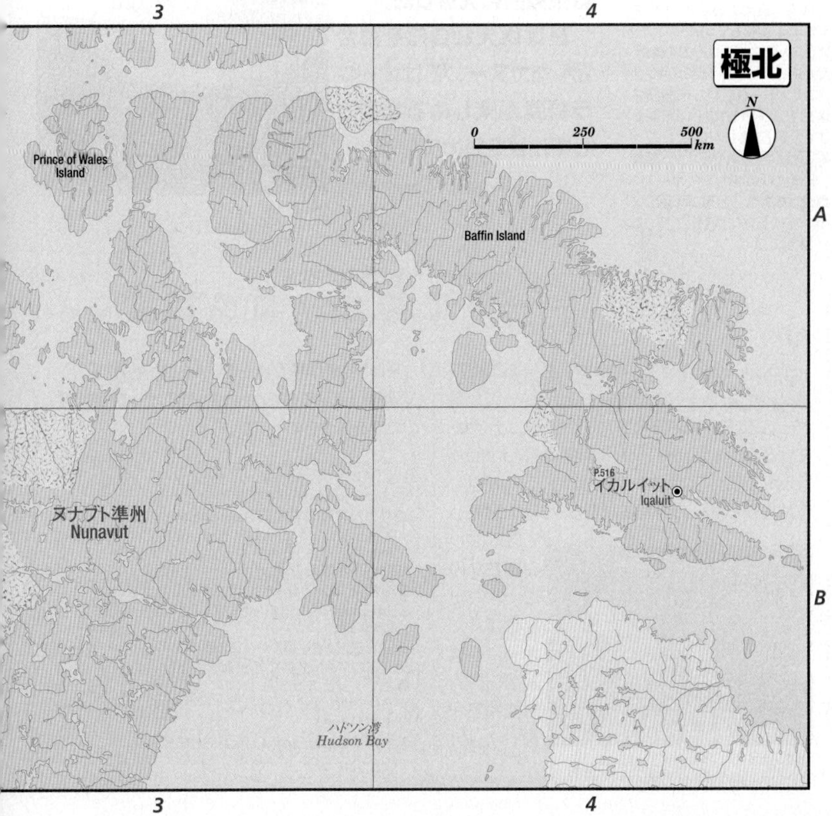

極北

3
4
A
B
N
0 250 500 km
Prince of Wales Island
Baffin Island
P.516
イカルイット
Iqaluit
ヌナブト準州
Nunavut
ハドソン湾
Hudson Bay
3
4

WHITEHORSE

ホワイトホース

ユーコン準州

MAP P.504-B1
人口 2万8201
市外局番 867

ホワイトホース情報のサイト
URL www.travelyukon.com
URL www.yukoninfo.com
URL yukonjapan.jp（日本語）

ホワイトホースのイベント

ユーコン・クエスト
Yukon Quest
TEL (867)668-4711
URL www.yukonquest.com
催 2/17（'24）

世界一過酷な犬ぞりレース。マイナス50度にもなる寒さのなか、アラスカ州内で3つの山を越え、カナダではドーソン・シティのキングソロモン・ドームを上り、未開拓の地約1600kmを10〜14日間かけて犬ぞりで進む。

ホワイトホースでの両替

日本から直接ホワイトホースに到着した場合、空港に両替所はないので、日本で両替して持っていくようにしよう。

アラスカと国境を接するユーコン準州は総面積48万3450km²。タイガ（亜寒帯森林）とツンドラ地帯からなる広大な大地だ。平坦なノースウエスト準州と違い山脈が走っており、ユネスコの世界自然遺産に登録されているクルアニ国立公園には、カナダの最高峰でアラスカのデナリ（マッキンリー山、6190m）に次ぐ、北米第2位の高さを誇る標高5959mのローガン山がそびえ、険しく深い自然景観を造り出している。ユーコンに人が集まってきたのは、1896年にドーソン・シティの近郊クロンダイク渓谷で金鉱が見つかったことによる。当時の鉱山労働者はアラスカのスカグウェイまで船で来て、そこからチルクート・パスと呼ばれる峠を越えて鉱山まで行く必要があった。その集散地としてホワイトホースやドーソン・シティは飛躍的に発展した。

夏は雄大な自然を舞台としたカヌー、冬はオーロラ観賞が楽しめる場所として注目を集めている。

➡秋の紅葉の美しさも格別だ

COLUMN

ホワイトホースでのオーロラ観賞

イエローナイフと並ぶカナダのオーロラ鑑賞地といえば、ユーコン準州のホワイトホースが挙げられる。日本語対応のツアー会社、ヤムナスカ・マウンテン・ツアーズYamunaska Mountain Toursでは、ホワイトホース郊外のロッジに宿泊し、宿泊先からオーロラ観賞をするツアーを催行している。ロッジ滞在なので、外に出ればすぐにオーロラ観賞ができる。時間制限がないため、オーロラの観測率がより高くなるのが魅力だ。ロッジ到着日には専属のガイドが夜のオーロラ観賞のコツをレクチャーしてくれる。

⬆イン・オン・ザ・レイク

DATA

ヤムナスカ・マウンテン・ツアーズ
Yamnuska Mountain Tours
TEL (1-877)678-9404　URL auroranavi.com

スタッフはすべて日本人で、少人数制のアットホームな雰囲気が魅力。オーロラ初心者から経験者まで楽しめる多彩なラインアップが揃う。

●豪華ロッジ イン・オンザレイク滞在ツアー
3泊4日1人$899〜（ロッジ2泊、市内ホテル1泊2名1室利用時）
※宿泊費、空港送迎、オーロラ観賞レクチャー、ロッジ滞在時の朝・夕食などが含まれる。

●オプショナルツアー
犬ぞり$220、ネイチャー・ウオーク$260、ミート・ザ・ワイルド$260
※すべて2023〜24年の料金。GST5%別途

 ※開館時間、営業時間などの日程は基本的に2023年のもの。年度により変動するため、ウェブサイトなどで再確認を。（→P.7）

ホワイトホースへの行き方

▶▶▶飛行機

バンクーバーからエア・カナダAir Canada(AC)が1日1~2便運航、エア・ノースAir North(4N)が1日3便運航、所要約2時間20分。

空港は町の背後の標高700mの高台にあり、町へは回り込むように下っていく。約5km、タクシーで約10分、$20ほど。市バスもあるが1時間に1本ほどと本数は少ない。

ホワイトホースの歩き方

ホワイトホースの町はユーコン川Yukon Riverとアラスカ・ハイウエイAlaska Highwayに挟まれた地域に、南北に細長く広がっている。中心は旧ホワイト・パス鉄道の列車駅から西に真っすぐ延びる**メイン通りMain St.**と、それに交差する**2nd Ave.**から**4th Ave.**にかけての一帯で、距離にして200~300m四方ほど。エリア内にはショップやレストラン、アウトドアやアクティビティのショップが集まっているほか、観光案内所もあり、観光での用事はほとんどこのエリア内で済ますことができる。ホテルも比較的近くにあり、移動は基本的に徒歩で足りる。町なかには明かりも多いので、小さなオーロラだと見えないことも。オーロラ観賞メインなら、郊外の宿に泊まるか、オーロラツアーに参加しよう。ファミリーレストランや大型ショッピングセンターは中心部から1kmほど離れた所にある。

⬆冬のダウンタウンの様子

エア・カナダ(→P.542)

エア・ノース(→P.542)

エリック・ニールセン・ホワイトホース国際空港(YXY)
MAP P.508-C1

❓観光案内所
Whitehorse Visitor Information Centre
MAP P.508-C2
住100 Hanson St.
TEL(867)667-3084
URL travelyukon.com
URL yukonjapan.jp(日本語)
開5~9月
毎日8:00~20:00
10~4月
月~金8:30~17:00
土10:00~14:00
休10~4月の日

ユースフル・インフォメーション
警察
Royal Canadian Mounted Police
MAP P.508-B2
住4100 4th Ave.
TEL(867)667-5551
病院
Whitehorse General Hospital
住5 Hospital Rd.
TEL(867)393-8700
おもなレンタカー会社
Budget
TEL(867)667-6200
おもなタクシー会社
Victory Taxi
TEL(867)667-6789

COLUMN

クロンダイク・ゴールドラッシュ

ユーコンにゴールドラッシュが起こったのは、1896年。ドーソン・シティのクロンダイク川で金が発見されたのだ。プロスペクターたちはすぐさまバンクーバーやシアトルの港へ殺到し、船でアラスカへ渡り、ホワイト・パスWhite Passやチルクート・パスChilkoot Passの峠を越えてユーコンへといたった。その後ユーコン川を800kmも北上しドーソン・シティを目指した。その人数は1897~98年のわずか2年間で10万人にも達したが、ドーソン・シティに到着したのは半数にもおよばなかった。冬の峠越えや、カヌーや船での川下りなど、過酷な条件が行く手を阻んだのだ。

1899年にアラスカに金脈が発見されると、プロスペクターたちの多くはそちらへ流れ、クロンダイク・ゴールドラッシュは終焉を迎える。2年という短期間だったものの、発見された金の量は390トンにもなり、北米のゴールドラッシュでは最大の発掘量だった。

ゴールドラッシュの終焉後も、銀や銅など鉱山の採掘は続いた。1900年にアラスカまで続く鉄道が開通すると、ホワイトホースは一躍発展を遂げる。ユーコン川には積み荷を載せた蒸気船が行き交い、最盛期には1日100艘以上になることもあったという。ホワイトホースの町には、SSクロンダイク号という当時活躍した蒸気船が置かれている。

おもな見どころ

SS クロンダイク号

SS Klondike

MAP P.508-C2

★★★

ユーコン川に面した公園に置かれた大型の外輪船。この地域の発展にはこれらの外輪船が大きく貢献した。初代クロンダイク号は1929年に建造されるもユーコン川に沈没。展示船は1937年に再建されたもので、当時のまま保存。内部は博物館になっており、個人またはガイドツアーで見学可。

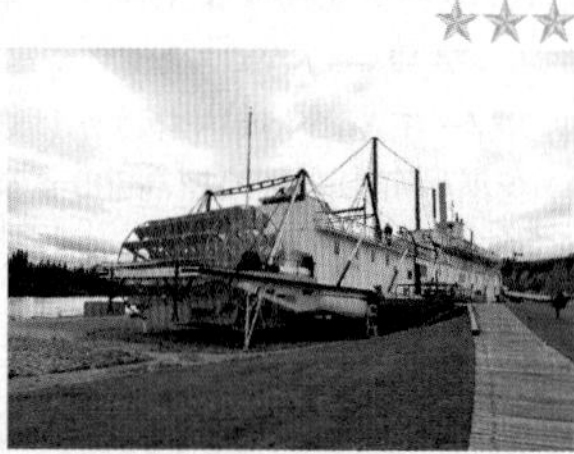

↑公園の中に置かれている

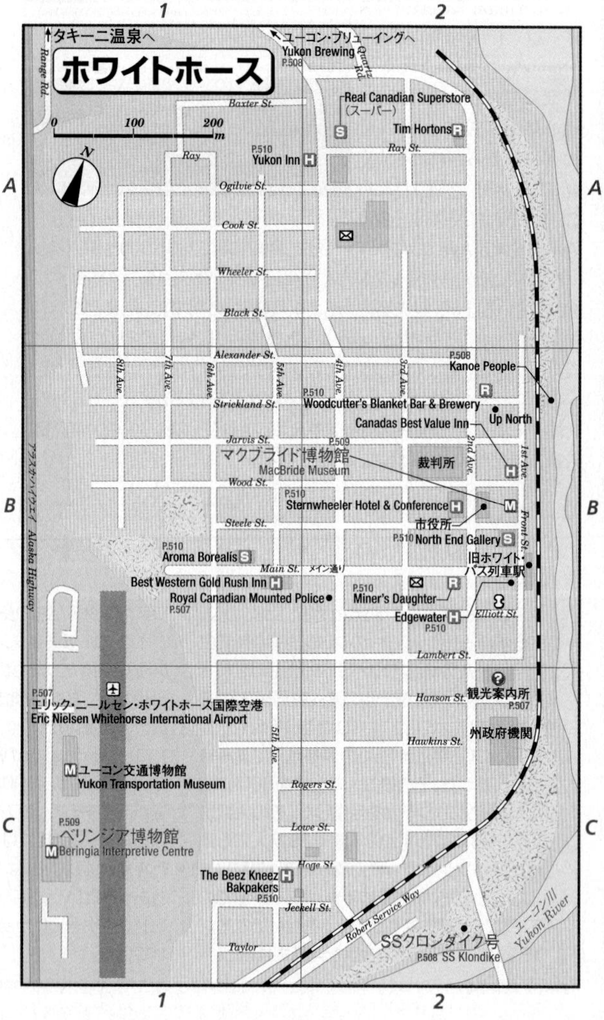

ホワイトホース
1
2
A
B
C
↑タキーニ温泉へ
↑ユーコン・ブリューイングへ
Yukon Brewing P.508
Range Rd.
Quartz Rd.
0 100 200 m
N
Baxter St.
Real Canadian Superstore (スーパー)
Tim Hortons
Ray St.
Ray
P.510 Yukon Inn
Ogilvie St.
Cook St.
Wheeler St.
Black St.
Alexander St.
8th Ave.
7th Ave.
6th Ave.
5th Ave.
4th Ave.
3rd Ave.
2nd Ave.
1st Ave.
Front St.
P.508 Kanoe People
Strickland St.
P.510 Woodcutter's Blanket Bar & Brewery
Up North
Canadas Best Value Inn
Jarvis St.
P.509 マクブライド博物館 MacBride Museum
裁判所
Wood St.
P.510 Sternwheeler Hotel & Conference
市役所
Steele St.
P.510 North End Gallery
P.510 Aroma Borealis
旧ホワイト・パス列車駅
Main St. メイン通り
Best Western Gold Rush Inn
Royal Canadian Mounted Police P.507
P.510 Miner's Daughter
Edgewater P.510
Elliott St.
アラスカ・ハイウェイ Alaska Highway
Lambert St.
P.507 エリック・ニールセン・ホワイトホース国際空港 Eric Nielsen Whitehorse International Airport
Hanson St.
観光案内所 P.507
Hawkins St.
州政府機関
ユーコン交通博物館 Yukon Transportation Museum
Rogers St.
P.509 ベリンジア博物館 Beringia Interpretive Centre
Lowe St.
Hoge St.
The Beez Kneez Bakpakers P.510
Jeckell St.
Robert Service Way
Taylor
SSクロンダイク号 P.508 SS Klondike
ユーコン川 Yukon River

SS クロンダイク号

TEL (867)667-4511(夏季)
(867)667-3910(冬季)

URL pc.gc.ca/en/lhn-nhs/yt/ssklondike

料 大人$4.25

ガイドツアー

催 毎日10:00、11:00、13:30、14:30、15:30

料 大人$10.25

ホワイトホースのカヌー

夏にユーコンを目指す人の多くはカヌーが目的。カヌーのシーズンは7～9月。ホワイトホースからドーソン・シティDawson Cityまでの700kmを2週間前後で下るコースはカヌーイストの憧れ。半日、1日コースもある。

カヌー・ピープルKanoe People

MAP P.508-B2

住 1147 Front St. (1st Ave.)

TEL (867)668-4899

FAX (867)668-4891

URL www.kanoepeople.com

EMAIL kcjsakuma@sympatico.ca(日本語)

ドーソン・シティまでのカヌー一式のレンタルが$450(16日間)。途中のカーマックスCarmacksまで$290。4時間の半日ツアー(ガイドなし)は1人$85。店長のMcDougall氏は『ユーコン漂流』で知られる作家の野田知佑氏と親しく、店内には彼のサインもある。

まだある! ホワイトホースの見どころ

ビール工場見学

クラフトビール会社、ユーコン・ブリューイングでは、工場見学ツアーを催行。最後にはテイスティングも。ショップを併設。

ユーコン・ブリューイング
Yukon Brewing

MAP P.508-A1外

TEL (867)668-4183

URL yukonbeer.com

営 月～土10:00～20:00
日11:00～18:00

休 無休

工場見学ツアー

催 月～土13:00、15:00

料 $10(所要約45分、最大6人まで)

タキーニ温泉、野生動物保護区ツアー

郊外にある温泉や野生動物保護区を訪れるツアー。レンタカーでも行けるが、それぞれツアーが便利。

Black Bear Wilderness Adventures

TEL (867)633-3993

URL www.wildernessyukon.com

料 タキーニ温泉1人$170
野生動物保護区1人$110

マクブライド博物館

MacBride Museum

MAP P.508-B2

★★★

19世紀後半のゴールドラッシュの時代の資料や先住民の手工芸品、ユーコンの自然や地質についての展示がある。

ベリンジア博物館

Beringia Interpretive Centre

MAP P.508-C1

★★★

今から5万年前の氷河期に、多くの生物がベーリング海を渡ってやってきた歴史を物語る博物館。ユーコン準州は大型哺乳類の化石の宝庫で、今なお多数発掘されている。それらをもとに作ったマンモスやナマケモノの骨格標本は迫力がある。また地質についての資料、ジオラマ、先住民族の狩猟生活の様子などから、当時を知ることができる。

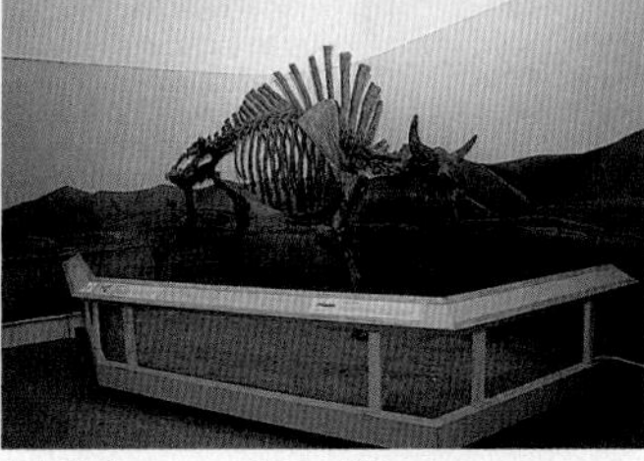

⬆古代バッファローの骨のレプリカ

クルアニ国立公園

Kluane National Park

MAP P.504-A1～B1

★★★

カナダ最高峰でデナリに次ぐ北米第2位のローガン山Mount Logan（5959m）をはじめとする高峰と氷河、氷原に覆われた国立公園。ユネスコの世界自然遺産にも登録されている。園内にアラスカ・ハイウエイが走っており、路線バスの途中下車も可能だが、スケールの大きな公園内を歩くにはそれなりの装備や事前のプランが必要。ホワイトホース市内の旅行会社のツアーに参加するのがいい。山麓はカナダ最大のクマの生息域でもある。

マクブライド博物館

住1124 Front St.
TEL(867)667-2709
URL www.macbridemuseum.com
開5月中旬～8月
月～土9:30～17:00
9月～5月中旬
火～土9:30～17:00
休日、9月～5月中旬の月
料大人$12、シニア・学生$11、12歳以下無料

ベリンジア博物館

TEL(867)667-8855
URL www.beringia.com
開5月上旬～9月
火～土10:00～17:00
10月～5月上旬
日・月12:00～17:00
休5月上旬～9月の日・月、10月～5月上旬の火～土
料大人$6、シニア$5、学生$4

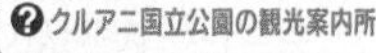

クルアニ国立公園の観光案内所

Kluane Park & Reserve Visitor Centre
住280 Alaska Hwy.
TEL(867)634-5248（夏季）
(867)634-7250（冬季）
URL parks.canada.ca/pn-np/yt/kluane
開5/19～6/8、9/5～17
毎日9:00～17:00
6/9～9/4
毎日9:00～19:00
休9/18～5/18
交ホワイトホースから約160kmのベースタウン、ヘインズ・ジャンクションHaines Junctionにある。

COLUMN

カナダとアラスカを結ぶ列車の旅 ホワイト・パス&ユーコン・ルート

ユーコンのクロンダイクで金鉱が見つかりゴールドラッシュが興った頃、鉱山で働く人々は内陸部まで海が入り込んだアラスカのスカグウエイSkagwayからチルクート・パスChilkoot Passを通って、約70kmの道のりをやってきた。しかし金塊を運ぶためにも鉄道は不可欠で1889年に着工。1900年、スカグウェイからホワイト・パスを越えてホワイトホースにいたる、不可能といわれた渓谷に1本の鉄道が敷かれた。

ツアーのホワイト・パス＆ユーコン・ルートWhite Pass & Yukon Routeにはいくつかのルートがあるが、ホワイトホースからフレイザーFraserまでバスで行き（所要約2時間30分）、そこから列車に乗ってスカグウェイを目指す（所要約1時間5分）ルートが一般的。切り立った断崖や山と雪渓、スリリングな鉄橋、ゴールドラッシュ時代の名残、そして標高873mのホワイト・パス頂上で国境をまたぐ、飽きることのない列車の旅だ。ホワイトホースから日帰りと1泊2日のツアーがある。

DATA

ホワイト・パス&ユーコン・ルート

FREE(1-800)343-7373
URL wpyr.com
運5/30～9/16('23)
料往復$190
※国境を越えるのでパスポートが必要。乗車はツアー会社に申し込むか、直接予約をする。

ホワイトホースのホテル
Hotels in Whitehorse

Sternwheeler Hotel & Conference
スタンウィーラー・ホテル&カンファレンス

ダウンタウンの中心にある、カンファレンスセンターを備えた大型ホテル。客室はゆったりとした造りで全室コーヒーメーカー、アイロン付き。併設のレストランはイタリア料理がメイン。

MAP P.508-B2
住201 Wood St.
TEL(867)393-9700
URL www.sternwheelerhotel.ca
料HIGH5～9月ⓈⒹ$289～309
LOW10～4月ⓈⒹ$204～239
Tax別
CC A M V　室181室

Yukon Inn
ユーコン・イン

町の外れにある大型のモーテル。繁華街へは遠いが、周囲にはスーパーやホームセンター、チェーンのレストランがある。客室は広々しており、レストランも併設している。

MAP P.508-A2
住4220 4th Ave.
TEL(867)667-2527
FREE(1-800)661-0454
URL yukoninn.com
料ⓈⒹ$165～　Tax別
CC A M V　室90室

Edgewater Hotel
エッジウォーター

旧ホワイト・パス鉄道駅の向かいにあり、ゴールドラッシュの時代から名前と装いを変えながらもホテルとして営業。現在の建物は2017年に改装され、広々としたスタンダードルームやキッチン付きのスイートルームなど機能的な空間が広がる。ユーコン川を望む客室もあり観光に便利なロケーション。

MAP P.508-B2　住101 Main St.
TEL(867)667-2572
URL www.edgewaterhotelwhitehorse.com
料ⓈⒹ$239～　Tax別　CC A M V　室33室

The Beez Kneez Bakpakers
ビーズ・ニーズ・バックパッカーズ

ホワイトホース唯一のホステル。ドミトリーは男女混同だが清潔。共同スペースが2ヵ所あり、キッチンやテレビが付いているので長期滞在にうってつけ。屋外にはバーベキューができるデッキがあり、世界中のバックパッカーたちが集まる陽気でアットホームな雰囲気が魅力。

MAP P.508-C1　住408 Hoge St.
TEL(867)456-2333
URL www.bzkneez.com
料ドミトリー$40～
ⓈⒹ$100～　Tax込み
CC M V　室5室、10ベッド

ホワイトホースのレストラン
Restaurants in Whitehorse

Miner's Daughter
マイナーズ・ドーター

地元食材を使ったメニューが人気。サーモンバーガーやバイソンバーガー各$26など7種類のハンバーガーや、ステーキフリット$38がおすすめ。パブ「Dirty Northern(営月～土15:00～23:00頃)」を併設。

MAP P.508-B2　住103 Main St.
TEL(867)633-3305　URL www.dirtynorthernyukon.com
営金・土17:00～24:00　休日～木
料$20～　CC M V

Woodcutter's Blanket Bar & Brewery
ウッドカッターズ・ブランケット・バー&ブリュワリー

ゴールドラッシュ時代に建てられた歴史的な建物を改装し、こぢんまりとした醸造所を併設。10種以上の地ビールとともに、地元の食材を使ったタコスやグリーンカレーなどフュージョン料理を楽しめる。

MAP P.508-B2　住2151 2nd Ave.
TEL(867)334-5843　URL woodcuttersblanket.com
営火～土 11:30～24:00　日15:00～23:00　休月
予$15～　CC M V

ホワイトホースのショッピング
Shops in Whitehorse

Aroma Borealís
アロマ・ボレアリス

おもにカナダ産のハーブを使用したオリジナルのアロマ製品、ハーブティーを扱う。人気はアークティック・ローズを使ったクリーム$29.95やミントのハーブティー$18.95など。

MAP P.508-B1　住504B Main St.
TEL(867)667-4372
URL www.aromaborealis.com
営月～土10:00～18:00(時期により変動あり)
休日　CC M V

North End Gallery
ノース・エンド・ギャラリー

ユーコンに暮らすイヌイットなど先住民族のクラフトや、ユーコン出身のアーティストの作品、砂金のジュエリーなどを販売するギャラリーのようなショップ。

MAP P.508-B2　住118-1116 Front St. (1st Ave.)
TEL(867)393-3590
URL yukonart.ca
営毎日10:00～18:00
休無休　CC M V

バスタブ　テレビ　ドライヤー　ミニバーおよび冷蔵庫　セーフティボックス

Wi-Fi
一部客室　一部客室　貸し出し　一部客室　フロントにあり

イエローナイフ

ノースウエスト準州

⬆冬のイエローナイフのダウンタウン。気温はマイナス34度

ノースウエスト準州は、北緯60度以北の134万6106km²もの広大な面積を擁する、川と湖の大地。グレート・スレイブ湖からボーフォート海へと、マッケンジー川が約4250kmにわたって大地を横断し、河口付近でマッケンジーデルタを形成している。準州全体の人口はわずか4万1000人程度。無人の、永久凍土の大地は果てしなく続く、想像を絶する地域である。

州都イエローナイフはノースウエスト準州の南、グレート・スレイブ湖の湖畔に位置し、州の人口の半数近くが暮らしている。先住民のイヌイットをはじめ、インディアンのいくつかの種族、そして鉱山を求めてやってきた欧米人が混じり合い、独特のカルチャーを作り出している。州には11の公用語があり、看板にもそれらの言語が並んでいる。

町の歴史は、1930年代に周辺に金鉱が見つかったことに始まる。次第に町が造られてゆき、1950年代に地方自治体として機能し始める。鉱山のもたらす富で栄えてきたが、近年さらにダイヤモンド鉱山が発見され、町はますます大きくなる兆しだ。

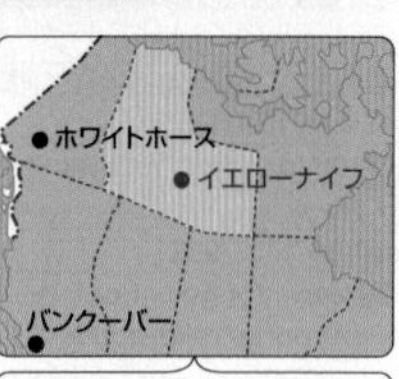

MAP P.504-B2
人口 2万340
市外局番 867

イエローナイフ情報のサイト
URL extraordinaryyk.com
URL www.yellowknife.ca

イエローナイフのイベント

スノーキング・ウィンター・フェスティバル
Snowking's Winter Festival
URL snowking.ca
催 3/2～29('24)

1995年から続く冬の祭典。イエローナイフ湾の上に巨大な雪の城が登場し、氷の彫刻や雪を使ったアクティビティを楽しむことも。バンド演奏や映画祭などのイベントも盛りだくさんで、終日にぎわいを見せる。

COLUMN

イエローナイフでのオーロラ観賞

イエローナイフを世界的に有名にしているのが、オーロラだ。北緯62度27分、オーロラ・オーバルの真下に位置するイエローナイフは、オーロラ観賞に絶好の場所。4日間滞在した場合の出現率は95%を超えるとか。

町にはオーロラ観賞を扱うツアー会社がいくつかあるが、最大手がオーロラ・ビレッジAurora Village。ツアーでは、郊外にあるオーロラ観賞村へ行き、ティーピーと呼ばれる先住民族のテントで暖をとりながらオーロラが出るのを待つ。敷地内にはレストランやギフトショップもある。オーロラ観賞のシーズンは、夜が長くなり、天候も安定する11～4月頃だが、最近では8～9月の秋のオーロラツアーも人気が出ている。

なお防寒具は、日本から持ち込むとかさばる&高額なので、ツアー会社で借りるのがおすすめ。

DATA

オーロラ・ビレッジ Aurora Village
MAP P.513-A2 住 4709 Franklin Ave.
TEL (867)669-0006 URL auroravillage.com
●オーロラパッケージ3泊4日(2023～24年冬季料金)
料 $782～868(ホテルのランクにより料金が異なる。2名1室の場合の1人当たりの料金)。※宿泊費、オーロラ観賞3回、空港送迎、防寒具、ウエルカムキット(日本語の特製ガイドブック、オーロラポストカード)などが含まれる。
●オーロラ観賞ツアー
料 $129(2日目は$110)
●オプショナルツアー 料 犬ぞり体験$110、かんじき体験$110 ※すべて2023～24年の料金。GST5%別途

エア・カナダ (→P.542)

ウエストジェット (→P.542)

カナディアン・ノース (→P.542)

イエローナイフ空港(YZF)
MAP P.513-B1
住 100 Idaa Rd., Yellowknife Hwy.
TEL (867)767-9091
URL www.dot.gov.nt.ca/Airports/Yellowknife

観光案内所
Northern Frontier Visitors Association
MAP P.513-A1
住 5014-49 St., Centre Square Mall
TEL (867)920-8687
URL extraordinaryyk.com
開 毎日10:00～18:00
休 無休

↑北緯60度を越えた証明書。観光案内所で無料で発行してくれる

イエローナイフへの行き方

飛行機

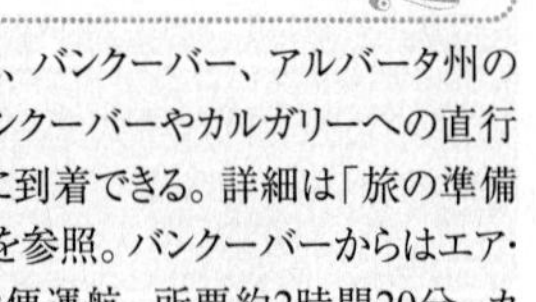

イエローナイフへの拠点となるのは、バンクーバー、アルバータ州のカルガリーとエドモントン。日本からバンクーバーやカルガリーへの直行便を利用すると乗り継ぎで同日の夜に到着できる。詳細は「旅の準備と技術、航空券の手配」(→P.530)を参照。バンクーバーからはエア・カナダAir Canada(AC)が1日1～2便運航、所要約2時間20分。カルガリーからはウエストジェットWestJet(WJ)が1日1～2便、カナディアン・ノースCanadian North(5T)が1日1便運航、所要約2時間～2時間30分。エドモントンからはエア・カナダが1日1便、カナディアン・ノースが1日1～2便、ウエストジェットが週1～3便運航、所要1時間50分。

空港から市内へ

イエローナイフ空港から市内まで約6km。空港からダウンタウンまでは、タクシーもしくは、宿泊施設およびツアー会社のピックアップを利用する。タクシーで市内まで約$20。

イエローナイフの歩き方

↑YK Centre Mallの電光掲示板が目印になる

イエローナイフの町は、空港に最も近い新興住宅地の**ニュータウン**、グレート・スレイブ湖Great Slave Lakeとフレーム湖Frame Lakeに面した**ダウンタウン**、グレート・スレイブ湖に突き出した半島に築かれた**オールドタウン**の、大きく分けて3つのエリアからなる。中心となるダウンタウンには碁盤の目のように道が敷かれ、高層ビルが建

ユースフル・インフォメーション
Useful Information

警察
Royal Canadian Mounted Police
MAP P.513-A1　住 5010-49th Ave.
TEL (867)765-3900

病院
Stanton Territorial Health Authority
MAP P.513-B1　住 548 Byrne Rd.
TEL (867)669-4111

おもなレンタカー会社
Hertz　TEL (867)766-3838
Budget　TEL (867)920-9209
National　TEL (867)920-2970
各社ともイエローナイフ空港内にある。

おもなタクシー会社
Aurora Taxi　TEL (867)873-5050
City Cab　TEL (867)873-4444

ち並ぶ。永久凍土の地域にあって、ダウンタウンは岩盤の上に造られているため、高層ビルの建築が可能なのだ。一方、オールドタウンは永久凍土の上に築かれており、夏の気温や家屋から排出される熱で地盤が上下してしまうため、家を水平に保つため地面と家の間に空間が設けてある。交通の便も悪く、上下水道も完備されていないオールドタウンだが、都市の喧噪を逃れて美しい景色のなかで静かに暮らすにはもってこいの場所でもあり、裕福な人々の高級住宅も目に留まる。また、ネイティブ・カナディアンたちの集落もオールドタウンにある。

ダウンタウンの中心は**フランクリン通りFranklin Ave.**。通り沿いにショッピングモール、ショップ、レストランが並んでいて、ほとんどの用はわずか1kmほどの範囲で済む。YKセンター・モールYK Centre Mallというショッピングモールの前にある、時刻と気温の電光掲示板を目印にするといい。

ダウンタウンからオールドタウンへ

ダウンタウンからオールドタウンへは車で10分ほど。タクシーを利用するか、公共のバスを利用(大人$3)。ルートCのバスが40分ごとに運行。日曜は運休。

イエローナイフの酒屋

Liquor Store
リカー・ストア
MAP P.513-A2
TEL (867)920-4977

ダウンタウンにあるイエローナイフの酒屋。値段は高い。

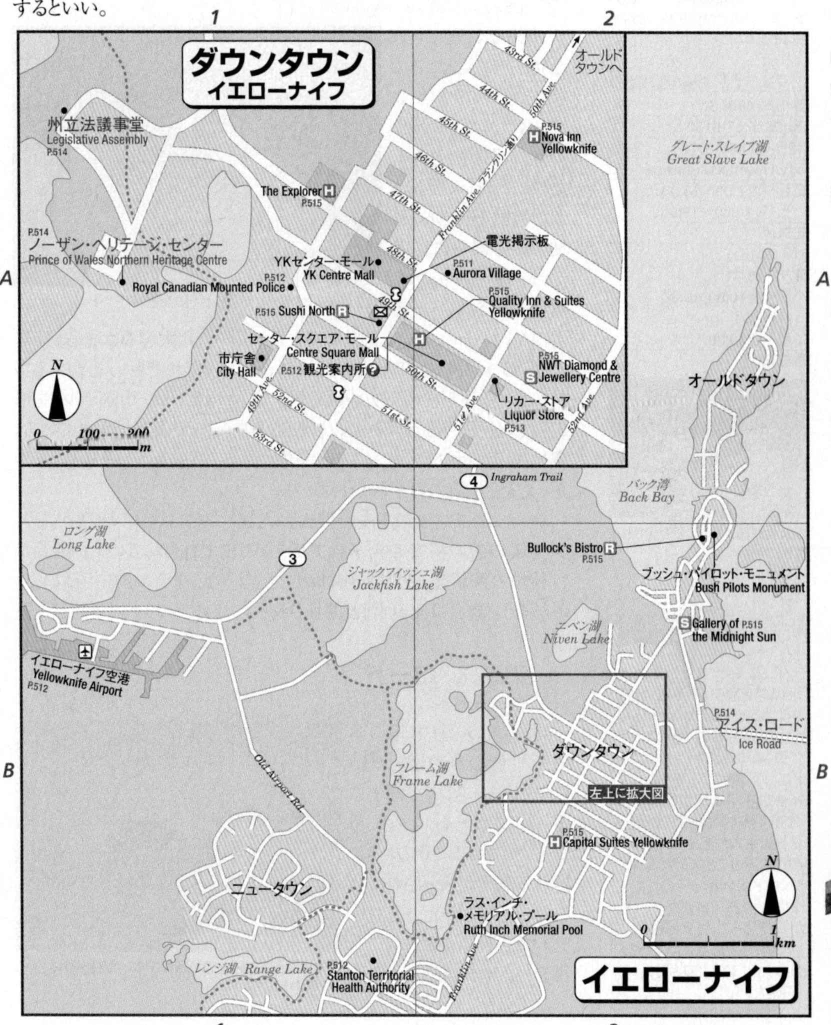

おもな見どころ

ノーザン・ヘリテージ・センター
住4750 48th St.
TEL(867)767-9347
URL www.pwnhc.ca
開火～日10:00～17:00
休月
料寄付程度

↑イヌイットなど先住民族に関する展示もある

州立法議事堂
住4570 48th St.
TEL(867)767-9130
FREE(1-800)661-0784
URL www.ntassembly.ca
開月～金7:00～18:00
土・日10:00～18:00
休無休
ガイドツアー
催7/2～8/31
月～金10:30、13:30
9/1～7/1
月～金10:30
料無料

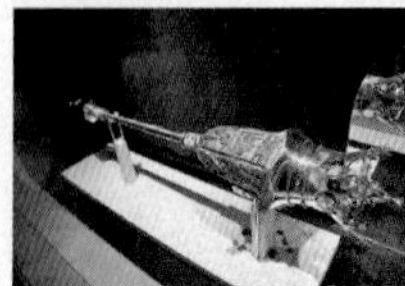
↑議会が始まる前に取り出される職杖

ウインター・ロード
Winter Road

イエローナイフから北は、大小の湖が散らばる湖水地帯。冬になると一面、氷の大地と化す。その1月下旬～3月にかけて造られるのがウインター・ロードだ。ノースウエスト準州にはダイヤモンドや金銀の鉱山が多数あり、夏の間は飛行機を使って物資や人を運送しているが、重機を運ぶことはできないうえにコストがかかる。そのため冬の間に大型トラックがウインター・ロードを通って、物資を運搬しているのだ。その数はわずか2ヵ月のうちに約6400台というから驚きだ。

ノーザン・ヘリテージ・センター

MAP P.513-A1

Prince of Wales Northern Heritage Centre ★★★

ノースウエスト準州に関する、10万点以上もの資料を展示する博物館。イヌイットをはじめ、この地で暮らしてきた人々の暮らしぶりをジオラマや彫刻や民芸品などから知ることができるほか、陸の孤島であるデルタ地帯の発展に欠かせなかった航空機についてのコーナーや歴史資料も豊富だ。7頭のムースを使って造ったというデネ族の船も展示している。

州立法議事堂

MAP P.513-A1

Legislative Assembly ★★★

1993年に建てられた立法府。見どころのひとつは、1999年にノースウエスト準州がヌナブト準州と分離した際に、新しく製造された職杖The Mace。杖の頭の部分に1.3カラットのダイヤモンド、周囲にはシルバーの雪の結晶、その下には北の動物や魚が彫られた大理石がある。下に伸びるシャフトには準州内の33のコミュニティそれぞれの石が入っているという。また杖の下方の大理石には、マッケンジー川がデルタを形成して北極海へと流れ込む、水の流れのイメージ画が描かれている。職杖の下にはやはりコミュニティを象徴する33個の金と、州内で見つかった4億年前の石が置かれている。

↑立派なクマの敷き皮が置かれた議会室

ホッキョクグマの敷き皮が置かれた議会室には19の議席があり、議長席の前の秘書の椅子はアザラシの皮で作られている。議論は11種類の言語を一度に同時通訳できるようなシステムを採用しているのだそう。議会は年5回ほど開催される。

アイス・ロード

MAP P.513-B2

Ice Road ★★★

1月中旬～3月中旬のみ通行可能な氷の道。凍結したグレート・スレイブ湖上に造られるスケートリンクのような道だ。入口にそのときに通れる車両が表示されているので見てみよう。イエローナイフから6km離れたデタ村Dettahまで続く。

↑氷の厚さの2乗×4倍で通れる車の重さを決めるというアイス・ロード

イエローナイフのホテル
Hotels in Yellowknife

The Explorer Hotel
エクスプローラー

高台に立つ、イエローナイフ随一の高級ホテル。3階以上の部屋からはフレーム湖やオールドタウンまで望める。ロビーもモダンで上品なデザイン。

MAP P.513-A1
住4825-49th Ave.
TEL(867)873-3531
FREE(1-800)661-0892
FAX(867)873-2789
URL www.explorerhotel.ca
料Ⓢ$180～ Ⓓ$259～ Tax別
CCA M V 室257室

Quality Inn & Suites Yellowknife
クオリティ・イン&スイート イエローナイフ

ショップやレストランが入ったセンター・スクエア・モール Centre Square Mallに併設。客室はシンプルで窓も小さいが、清潔。犬ぞりやオーロラ観賞など各種ツアーの申し込みが可能。

MAP P.513-A2
住5010-49th St.
FREE(1-877)424-6423
URL www.choicehotels.com
料ⓈⒹ$198～ Tax別
CCA M V 室120室

Nova Inn Yellowknife
ノヴァ・イン・イエローナイフ

レストラン、フィットネスセンターなど館内設備が充実。客室のベッドはクイーンサイズとゆったりしたサイズ。中心部からはやや離れるが、メインストリート沿いで便利。

MAP P.513-A2 住4401 Franklin Ave.
FREE(1-877)839-1236
URL novahotels.ca/nova-inn-yellowknife
料ⓈⒹ$179～ Tax別 CCA D M V 室80室

Capital Suites Yellowknife
キャピタル・スイート・イエローナイフ

客室は、シンプルでスタイリッシュなインテリア。ダウンタウンの外れに位置しているが、周囲にレストランやスーパーもあり、繁華街までも徒歩圏内。

MAP P.513-B2 住100-5603 50th Ave. TEL(867)669-6400
FREE(1-877)669-9444 URL capitalsuites.ca/yellowknife
料ⓈⒹ$169～ Tax別
CCA M V 室78室

イエローナイフのレストラン
Restaurants in Yellowknife

Bullock's Bistro
ブロックス・ビストロ

オールドタウンにある、1936年に建てられたログハウスを利用した店。パイク、アークティック・チャー(北極イワナ)といった北の魚をグリルやフライで味わえる。

MAP P.513-B2
住3534 Weaver Dr.
TEL(867)873-3474
URL www.bullocksbistro.ca
営月～土12:00～21:00
休日
予ランチ$20～、ディナー$25～
CCM V

Sushi North
スシ・ノース

日本人経営の和食店。北極イワナの握りなど北極圏の魚が食べられる。おすすめは、3種の握りが入ったオーロラセット$17。テリヤキ丼やうどん各$11もあり。メニューはウェブで確認を。

MAP P.513-A1
住200-4910 50th Ave.
TEL(867)669-0001
URL www.sushinorth.ca
営月～金11:30～19:00
休土・日
予$15～
CC不可

イエローナイフのショッピング
Shops in Yellowknife

Gallery of the Midnight Sun
ギャラリー・オブ・ザ・ミッドナイト・サン

民芸品、衣類、毛皮と実に豊富な品揃え。特に、イヌイットの石の彫刻ソープストーンは、小物から高価なものまでギャラリー並みに揃う。

MAP P.513-B2 住5005 Bryson Dr. TEL(867)873-8064
営月～土10:00～18:00
日12:00～17:00(時期により変動あり)
休無休 CCA D M V

NWT Diamond & Jewellery Centre
NWT ダイヤモンド&ジュエリー・センター

ノースウエスト準州で採掘されたダイヤモンドを販売。種類豊富で、手頃な値段のアイテムも多い。ダイヤモンド採掘や鉱山について学べる展示スペースを併設。

MAP P.513-A2 住5105-49th St.
TEL(867)920-7108 URL www.nwtdiamondcentre.com
営火～土10:00～17:30
休日・月 CCM V

バスタブ　テレビ　ドライヤー　ミニバーおよび冷蔵庫　セーフティボックス　Wi-Fi
一部客室　一部客室　貸し出し　一部客室　フロントにあり

IQALUIT

イカルイット

ヌナブト準州

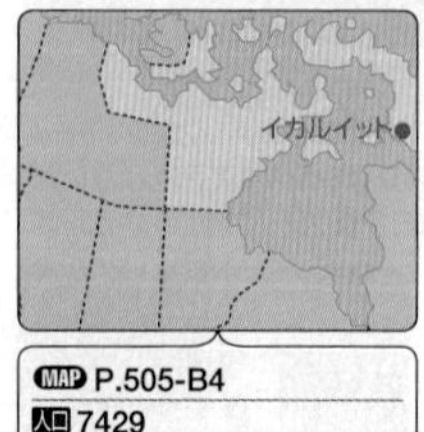

MAP P.505-B4
人口 7429
市外局番 867

イカルイット(ヌナブト準州)情報のサイト
URL www.iqaluit.ca
URL travelnunavut.ca
URL destinationnunavut.ca

カナディアン・ノース(→P.542)

イカルイット空港(YFB)

観光案内所

Unikkaarvik Visitor Centre
住 220 Sinaa, Iqaluit
TEL (867)979-4636
URL destinationnunavut.ca
EMAIL info@destinationnunavut.ca

↑氷山の浮かぶ海

ノースウエスト準州のほぼ東半分を占めていた領域が、先住民であるイヌイットInuit の土地請求権交渉の結果、1999年4月1日から新たにヌナブト準州(「ヌナブト」は彼らの言語で「私たちの土地」の意)となった。その州都がイカルイット。ヌナブト準州は、ハドソン湾北側から北極海の島々にかけてカナダの国土の5分の1(日本の約5倍)を占める広大な厳寒地域で、人口はわずか3万6000人ほど。うち約85%を占めるイヌイットは、狩猟に基盤をおいた伝統的な生活を今なお営んでいる。交通インフラが未整備である、観光シーズンが短い、などの理由により日本人旅行者が訪れるのはまれだが、観光の受け入れ体制が整ってくれば、これから注目される地域といえる。

イカルイットへの行き方

飛行機

2023年8月現在、イエローナイフからの定期直行便はない。ランキン・インレットRankin Inletを経由してイカルイットまで、カナディアン・ノース(5T)が週3便程度運航。所要約4時間30分。

イカルイットの歩き方

バフィン島の南にある州都**イカルイット**をはじめ、動植物の宝庫**ランキン・インレット**やイヌイット芸術の町**ベーカー・レイクBaker Lake**、北極圏線上の**レパルス・ベイRepulse Bay**、バフィン島東岸の風光明媚な**クレイド・リバーClyde River**、氷山ツアーで名高い**ポンド・インレットPond Inlet**、極地探検の基地**レゾリュートResolute**、カナダ最北端の**グリス・フィヨルドGrise Fjord**など、このエリアには魅力的な見どころが点在しており、いずれの町へも飛行機で行ける。厳寒の地を訪れる旅は何かと困難な半面、ここでしか味わえない、心に残る特別な体験ができる。

 ※開館時間、営業時間などの日程は基本的に2023年のもの。年度により変動するため、ウェブサイトなどで再確認を。(→P.7)

ハロウィン時期のモントリオールの市場

旅の準備と技術

旅の準備

旅の技術

旅の情報収集

日本での情報集め

カナダ観光局

カナダに関する観光情報はもちろん、カナダ旅行に関する基本情報や情報収集に役立つウェブサイトも見られる。

カナダ観光局
URL jp-keepexploring.canada.travel

カナダ大使館E・H・ノーマン図書館

一般の人も利用できる図書館。登録(無料)すれば、本などの貸し出しもしてもらえる。約50人が利用できる閲覧室があり、図書のほか、DVDやCDも充実。蔵書に関する問い合わせは、eメールでも可能。なお、カナダ大使館に入館するには写真付き身分証明書が必要なので、忘れずに用意しよう。

カナダ大使館 E・H・ノーマン図書館
住 〒107-8503 東京都港区赤坂7-3-38 在日カナダ大使館内
TEL (03)5412-6200(代表)
E-MAIL tokyo.lib-bib@international.gc.ca
開 月～金13:30～17:30
休 土・日、図書館臨時休館日、大使館閉館日

カナダでの情報集め

カナダは各都市、町村に必ずといっていいほど観光案内所がある。大都市は空港や駅、町の中心部のほか、主要観光ポイントにも出張所かキオスクがあり資料を入手できるが、ダウンタウンから数km離れたハイウエイの途中にあることも多い。観光案内所では、まず地図とガイド冊子やパンフレット、あればバスや地下鉄のルートマップや時刻表ももらおう。アクティビティやB&Bなどのチラシもたくさん置いてある。ガイド冊子やチラシにはアクティビティやミュージアム、レストランなどの割引クーポンが付いていることもある。また、どこの観光案内所でも宿泊や観光の相談に気軽に応じてくれるし、宿泊予約用の無料電話を使うこともできる。たいていの資料は無料なので、積極的に利用したい。

国立公園や州立公園などを訪れる人は、公園の入口にあるビジターセンターに立ち寄ってみよう。公園の地図はもちろん、トレイルマップや自然観察ツアーの案内などもある。

↑レストランや宿泊情報も満載のガイド冊子

↑各種アクティビティの予約も代行してくれる

インターネットでの情報集め

旅行者にとって有力な情報源となっているのが、インターネットだ。ほとんどの市町村で観光用のホームページがあり、バンクーバーやトロント、ナイアガラには日本語案内のページもある。また、現地発信のブログにも注目したい。カナダには現地在住の日本人が多く、住んでいなければわからないような細かい、そして最新の情報を発信している。また、地方の小さな町が運営しているホームページやフェイスブック、インスタグラムは、日本では手に入れにくい情報の宝庫となっている。

↑レストランやアトラクションの割引チケットがある町も多い

＊＊＊ おすすめのサイト ＊＊＊

カナダ総合情報

地球の歩き方ホームページ（日）

URL www.arukikata.co.jp
「地球の歩き方」公式サイト。ガイドブックの更新情報や、海外在住特派員の現地最新ネタ、ホテル予約など旅の準備に役立つコンテンツ満載。

在日カナダ大使館（英）

URL www.japan.gc.ca

カナダ観光局（日）

URL jp-keepexploring.canada.travel
カナダ各地のアクティビティやイベント情報など、旅行に有用な情報がいっぱい。

パークス・カナダ

URL www.pc.gc.ca
カナダの国立公園、国定史跡、世界遺産などの情報。日本で情報が手に入らないマイナーな公園、史跡についても調べることができる。

地域情報

ブリティッシュ・コロンビア州

ブリティッシュ・コロンビア州観光局
URL www.hellobc.com

アルバータ州

アルバータ州観光公社
URL travelalberta.com

サスカチュワン州

Tourism Saskatchewan
URL www.tourismsaskatchewan.com

マニトバ州

Travel Manitoba
URL www.travelmanitoba.com

オンタリオ州

オンタリオ州政府観光局（日）
URL www.destinationontario.com

ケベック州

Tourism Québec
URL www.quebecoriginal.com

プリンス・エドワード・アイランド州

プリンス・エドワード島州政府観光局（日）
URL www.tourismpei.com/jp

ノヴァ・スコシア州

Nova Scotia Tourism
URL www.novascotia.com

ニュー・ブランズウィック州

Tourism New Brunswick
URL www.tourismnewbrunswick.ca

ニューファンドランド&ラブラドル州

Newfoundland & Labrador Tourism
URL www.newfoundlandlabrador.com

ユーコン準州

Travel Yukon
URL travelyukon.com

ノースウエスト準州

The Northern Frontier Visitors Association
URL extraordinaryyk.com

ヌナブト準州

Nunavut Tourism
URL nunavuttourism.com

ビジターズ・チョイス（カナディアン・ロッキー、バンクーバー島）

URL www.visitors-info.com

交通情報

エア・カナダ

URL www.aircanada.com
オンラインでスケジュールの確認と予約ができる。

ウエストジェット

URL www.westjet.com
カナダの大手航空会社。カルガリーを拠点に国内各地に便がある。2023年には日本（成田）～カルガリーの直行便も就航した。

VIA鉄道

URL wcs.ne.jp/via（日）
URL www.viarail.ca（英）
オンライン予約は英語版のみ。

宿泊情報

BB Canada.com

URL m.bbcanada.com
登録数は1万軒以上、禁煙、子供連れなどの条件で探すのに便利。

Hostelling International Canada

URL www.hihostels.ca
カナダの公営ユースホステルのサイト。

※（日）は日本語サイト

旅のシーズン

カナディアン・ロッキー

北米大陸をほぼ縦断するロッキー山脈は、3000m級の山々の連なる山岳地帯。バンフやジャスパーをはじめとする山岳リゾートが点在する一帯は、夏の暑いときで日中30度近くまで気温が上がり、冬はマイナス30度まで下がることもある。1日のうちに何度も天候が変化し、寒暖の差が激しい。夏でも天気が崩れれば上着は欠かせない。

西海岸

バンクーバーやビクトリアは、太平洋の湿った暖かい気流の影響を受け、夏は涼しくて比較的湿度も低く、冬は温暖で雨が多い。この太平洋の空気はカナディアン・ロッキーやコースト山脈などのコルディレラ山系で遮断され、西側の高所では大雪を、低地では大雨をもたらす。特に降雨量の多いバンクーバー島や大陸沿岸の一部では温帯雨林の森が形成されている。

大平原地帯

アルバータ州やサスカチュワン州、マニトバ州などの一帯は見渡すかぎりの地平線が続く大平原地帯。1年を通じて降水量が少なく、乾燥した気候で寒暖の差が激しい。冬、太平洋からロッキー山脈を越えて吹き下ろす乾燥した暖かい風"チヌーク"は、アルバータ州南部の気温を1日のうちに20度近く上昇させることもある。

時差早見表(通常時)

日本標準時間(JST)	12:00	13:00	14:00	15:00	16:00	17:00	18:00	19:00	20:00	21:00
太平洋標準時間(PST)-17時間	19:00	20:00	21:00	22:00	23:00	24:00	1:00	2:00	3:00	4:00
山岳部標準時間(MST)-16時間	20:00	21:00	22:00	23:00	24:00	1:00	2:00	3:00	4:00	5:00
中部標準時間(CST)-15時間	21:00	22:00	23:00	24:00	1:00	2:00	3:00	4:00	5:00	6:00
東部標準時間(EST)-14時間	22:00	23:00	24:00	1:00	2:00	3:00	4:00	5:00	6:00	7:00
大西洋標準時間(AST)-13時間	23:00	24:00	1:00	2:00	3:00	4:00	5:00	6:00	7:00	8:00
ニューファンドランド標準時間(NST)-12時間30分	23:30	24:30	1:30	2:30	3:30	4:30	5:30	6:30	7:30	8:30

時差早見表(サマータイム実施時 3月第2日曜～11月第1日曜)

日本標準時間(JST)	12:00	13:00	14:00	15:00	16:00	17:00	18:00	19:00	20:00	21:00
太平洋標準時間(PST)-16時間	20:00	21:00	22:00	23:00	24:00	1:00	2:00	3:00	4:00	5:00
山岳部標準時間(MST)-15時間	21:00	22:00	23:00	24:00	1:00	2:00	3:00	4:00	5:00	6:00
中部標準時間(CST)-14時間	22:00 (21:00)	23:00 (22:00)	24:00 (23:00)	1:00 (24:00)	2:00 (1:00)	3:00 (2:00)	4:00 (3:00)	5:00 (4:00)	6:00 (5:00)	7:00 (6:00)
東部標準時間(EST)-13時間	23:00	24:00	1:00	2:00	3:00	4:00	5:00	6:00	7:00	8:00
大西洋標準時間(AST)-12時間	24:00	1:00	2:00	3:00	4:00	5:00	6:00	7:00	8:00	9:00
ニューファンドランド標準時間(NST)-11時間30分	24:30	1:30	2:30	3:30	4:30	5:30	6:30	7:30	8:30	9:30

＊( )内はサスカチュワン州の時刻。

極北

カナダ北部を横断するように広がる針葉樹林帯を北へ越えると北極圏だ。樹木は姿を消し、どこまでもツンドラが続く永久凍土の世界。ホワイトホースのあるユーコン準州のアラスカとの国境地域は、急峻な山々の連なる山岳地帯。一方、イエローナイフのあるノースウエスト準州は、地平線のかなたまで見えそうな大平原地帯。短い夏の期間には、日照時間は20時間にもなり、気温も30度近くまで上昇することもある。冬の1、12月の日照時間は6時間程度。気温はマイナス40度にも達する。

大西洋沿岸

大西洋沿岸のアトランティック・カナダは、冷たいラブラドル海流と内陸からの暖かい空気がぶつかって、年間を通じて霧が発生しやすい。沿岸部は、夏涼しく冬は温暖で過ごしやすい気候。内陸部では夏は高温となり、冬は寒さが厳しい。

五大湖、セント・ローレンス地方

五大湖やセント・ローレンス川の川岸に当たる場所が、オンタリオ州、ケベック州。夏は暑くて湿度が高く、蒸し暑い。秋はカラッとした晴天が続き、落葉樹の葉が赤、黄、黄金色に燃え上がる気持ちのいい季節となる。冬は雪が多く、気温も低くマイナス10度以下になることもよくある。

22:00	23:00	24:00	1:00	2:00	3:00	4:00	5:00	6:00	7:00	8:00	9:00	10:00	11:00
5:00	6:00	7:00	8:00	9:00	10:00	11:00	12:00	13:00	14:00	15:00	16:00	17:00	18:00
6:00	7:00	8:00	9:00	10:00	11:00	12:00	13:00	14:00	15:00	16:00	17:00	18:00	19:00
7:00	8:00	9:00	10:00	11:00	12:00	13:00	14:00	15:00	16:00	17:00	18:00	19:00	20:00
8:00	9:00	10:00	11:00	12:00	13:00	14:00	15:00	16:00	17:00	18:00	19:00	20:00	21:00
9:00	10:00	11:00	12:00	13:00	14:00	15:00	16:00	17:00	18:00	19:00	20:00	21:00	22:00
9:30	10:30	11:30	12:30	13:30	14:30	15:30	16:30	17:30	18:30	19:30	20:30	21:30	22:30

22:00	23:00	24:00	1:00	2:00	3:00	4:00	5:00	6:00	7:00	8:00	9:00	10:00	11:00
6:00	7:00	8:00	9:00	10:00	11:00	12:00	13:00	14:00	15:00	16:00	17:00	18:00	19:00
7:00	8:00	9:00	10:00	11:00	12:00	13:00	14:00	15:00	16:00	17:00	18:00	19:00	20:00
8:00 (7:00)	9:00 (8:00)	10:00 (9:00)	11:00 (10:00)	12:00 (11:00)	13:00 (12:00)	14:00 (13:00)	15:00 (14:00)	16:00 (15:00)	17:00 (16:00)	18:00 (17:00)	19:00 (18:00)	20:00 (19:00)	21:00 (20:00)
9:00	10:00	11:00	12:00	13:00	14:00	15:00	16:00	17:00	18:00	19:00	20:00	21:00	22:00
10:00	11:00	12:00	13:00	14:00	15:00	16:00	17:00	18:00	19:00	20:00	21:00	22:00	23:00
10:30	11:30	12:30	13:30	14:30	15:30	16:30	17:30	18:30	19:30	20:30	21:30	22:30	23:30

シーズンカレンダーとイベントカレンダー

	1月	2月	3月	4月	5月	6月

シーズンカレンダー

バンクーバー　ラバーナムの開花（バンデューセン植物園）　5月中旬～下旬
ビクトリア　ガーデニング（ブッチャート・ガーデン）
トフィーノ　ホエールウオッチング
ガスペジー、
ビクトリア　オルカウオッチング
オンタリオ州
ナイアガラ・フォールズ
マドレーヌ島　ハープシール・ツアー　3月上旬～下旬
ウィスラー、カナディアン・ロッキーなど　スキー、スノーボード　11月中旬～6月上旬
ホワイトホース、イエローナイフ　オーロラ観賞　11～4月
NHL（アイスホッケー）バンクーバー、カルガリー、エドモントン、トロント、オタワ、モントリオール
MLB（メジャーリーグ）トロント

四季

冬 WINTER
ロッキーなど山間部やカナダ東部に厳しい寒さが訪れ、11月にはスキーシーズンが始まる。極北では、オーロラの観賞ツアーが催行される

春 SPRING
バンクーバーやビクトリアでは花々が咲き始め、ガーデニングの季節を迎える。いまだ雪が降るウィスラーやロッキーでは春スキーが楽しめる

イベントカレンダー

1月中旬～下旬　ナイアガラ・アイスワイン・フェスティバル
2月上旬～中旬　ケベック・ウインター・カーニバル　ケベック・シティ
2月上旬～中旬　ウインタールード　オタワ
2月上旬　ユーコン・クエスト　ホワイトホース
メープル・シロップ・フェスティバル　3月上旬～4月　オンタリオ州、ケベック州
イエローナイフ　3月　スノーキング・ウィンター・フェスティバル
3月～12月下旬
カナディアン・チューリップ・フェスティバル　5月中旬～下旬
プライド・トロント　トロント　6月
バンクーバー国際ジャズ・フェスティバル　バンクーバー　6月下旬～7月上旬
モントリオール国際ジャズ・フェスティバル　モントリオール　6月下旬～7月上旬
ケロウナ　オカナガン・ワイン・フェスティバル　年3回

＊基本は2023年のスケジュール

7月	8月	9月	10月	11月	12月

3～10月

3～10月

セント・ジョンズ　ホエールウオッチング　6月上旬～10月上旬

3～12月

カナディアン・ロッキー（バンフ、ジャスパー）　6月上旬～10月上旬

～ケベック州　メープル街道の紅葉　9月中旬～10月中旬

ナイアガラ・シティ・クルーズ運航　5月中旬～11月下旬

プリンス・エドワード島　グリーン・ゲイブルス開館　5～10月

チャーチル　ホッキョクグマ観察ツアー　9月下旬～11月中旬

10月～6月上旬

4～9月

夏 SUMMER さわやかで過ごしやすく、アウトドア・アクティビティに最適。また各地でフェスティバルが開催されるなど、イベントも盛りだくさん

秋 AUTUMN カナダ東部ではメープルの葉が赤色に染まる。晴天が続くので、紅葉を見ながら都市を巡ろう

ナイアガラ・フォールズ、ナイアガラ・オン・ザ・レイク

ナイアガラ・オン・ザ・レイク　ショー・フェスティバル

オンタリオ州、オタワ

7月上旬～中旬　カルガリー・スタンピード　カルガリー

7月下旬～8月上旬　セレブレーション・オブ・ライト（花火の祭典）　バンクーバー

8月上旬～下旬　ロト・ケベック花火大会　ケベック・シティ

トロント国際映画祭　9月上旬～中旬　トロント

イアガラ・グレープ&ワイン・フェスティバル　9月中旬～下旬　ナイアガラ・フォールズ、ナイアガラ・オン・ザ・レイク

11月中旬～2月中旬　ウインター・フェスティバル・オブ・ライツ　ナイアガラ・フォールズ

（春5月上旬～中旬、秋10月下旬～11月上旬、冬1月中旬～下旬）

シーズンカレンダー

四季

イベントカレンダー

カナダ各地の月別平均最高・最低気温および降水量

出典:カナダ環境省 Environment Canada
URL climate.weather.gc.ca

		1月	2月	3月	4月	5月	6月	7月	8月	9月	10月	11月	12月
ブリティッシュ・コロンビア州 バンクーバー	最高気温(℃)	6.9	8.2	10.3	13.2	16.7	19.6	22.2	22.2	18.9	13.5	9.2	6.3
	最低気温(℃)	1.4	1.6	3.4	5.6	8.8	11.7	13.7	13.8	10.8	7.0	3.5	0.8
	降水量(mm)	168.4	104.6	113.9	88.5	65.0	53.8	35.6	36.7	50.9	120.8	188.9	161.9
ビクトリア	最高気温(℃)	7.6	8.8	10.8	13.6	16.9	19.9	22.4	22.4	19.6	14.2	9.7	7.0
	最低気温(℃)	1.5	1.3	2.6	4.3	7.2	9.8	11.3	11.1	8.6	5.7	3.0	1.1
	降水量(mm)	143.2	89.3	78.4	47.9	37.5	30.6	17.9	23.8	31.1	88.1	152.6	142.5
ウィスラー	最高気温(℃)	0.6	3.2	7.2	11.8	16.4	19.9	23.6	24.0	19.8	11.2	3.5	-0.2
	最低気温(℃)	-4.9	-4.2	-2.3	0.3	3.8	7.2	9.2	8.9	5.6	2.0	-1.8	-5.4
	降水量(mm)	176.0	104.6	97.6	75.9	66.7	58.9	44.7	47.5	54.9	154.6	192.1	154.1
アルバータ州 カルガリー	最高気温(℃)	-0.9	0.7	4.4	11.2	16.3	19.8	23.2	22.8	17.8	11.7	3.4	-0.8
	最低気温(℃)	-13.2	-11.4	-7.5	-2.0	3.1	7.5	9.8	8.8	4.1	-1.4	-8.2	-12.8
	降水量(mm)	9.4	9.4	17.8	25.2	56.8	94.0	65.5	57.0	45.1	15.3	13.1	10.2
エドモントン	最高気温(℃)	-0.6	-2.7	2.2	11.2	17.5	21.0	23.1	22.6	17.1	10.4	0.0	-4.5
	最低気温(℃)	-14.8	-12.5	-7.2	-0.5	5.4	9.9	12.3	11.3	5.8	-0.2	-8.2	-13.1
	降水量(mm)	21.7	12.0	15.8	28.8	46.1	77.5	93.8	61.9	43.5	21.7	18.0	15.0
カナディアン・ロッキー バンフ	最高気温(℃)	-5.3	0.1	3.8	9.0	14.2	18.7	22.1	21.6	16.1	10.1	0.5	-5.3
	最低気温(℃)	-14.9	-11.3	-7.9	-2.8	1.5	5.4	7.4	6.8	2.7	-1.1	-8.2	-13.8
	降水量(mm)	2.4	1.7	1.6	10.6	42.4	58.4	51.1	51.2	37.7	15.4	6.0	2.8
ジャスパー	最高気温(℃)	-2.1	0.8	4.9	10.7	16.2	20.0	22.7	21.6	16.4	10.2	1.9	-2.0
	最低気温(℃)	-11.7	-10.1	-6.9	-2.4	1.9	5.8	7.8	6.8	3.2	-0.4	-6.7	-10.7
	降水量(mm)	22.6	16.8	29.7	33.9	65.6	90.0	88.9	91.5	68.6	40.8	30.5	19.8
サスカチュワン州 レジャイナ	最高気温(℃)	-9.3	-6.4	0.4	11.6	18.5	22.8	25.8	25.5	19.1	11.0	0.1	-7.1
	最低気温(℃)	-20.1	-17.0	-9.9	-2.0	4.1	9.5	11.9	10.7	4.6	-2.4	-10.5	-17.7
	降水量(mm)	15.3	9.4	19.7	24.1	51.4	70.9	66.9	44.8	32.8	24.5	14.2	15.7
マニトバ州 ウィニペグ	最高気温(℃)	-11.3	-8.1	-0.8	10.9	18.6	23.2	25.9	25.4	19.0	10.5	-0.5	-8.5
	最低気温(℃)	-21.4	-18.3	-10.7	-2.0	4.5	10.7	13.5	12.1	6.4	-0.5	-9.2	-17.8
	降水量(mm)	19.9	13.8	24.5	30.0	56.7	90.0	79.5	77.0	45.8	37.5	25.0	21.5
オンタリオ州 トロント	最高気温(℃)	-0.7	0.4	4.7	11.5	18.4	23.8	26.6	25.5	21.0	14.0	7.5	2.1
	最低気温(℃)	-6.7	-5.6	-1.9	4.1	9.9	14.9	18.0	17.4	13.4	7.4	2.3	-3.1
	降水量(mm)	61.5	55.4	53.7	68.0	82.0	70.9	63.9	81.1	84.7	64.4	84.1	61.5
ナイアガラ・フォールズ	最高気温(℃)	-0.4	1.3	5.9	12.8	19.4	24.5	27.4	26.0	21.9	15.1	8.7	2.7
	最低気温(℃)	-7.8	-6.6	-3.5	2.2	7.7	13.7	17.0	16.2	12.3	6.3	1.1	-4.1
	降水量(mm)	75.6	61.8	61.7	72.0	86.8	80.9	78.9	79.2	98.2	79.7	91.8	81.1
オタワ	最高気温(℃)	-5.8	-3.1	2.4	11.4	19.0	24.1	26.6	25.4	20.5	12.8	5.5	-2.0
	最低気温(℃)	-14.4	-12.5	-6.8	1.5	8.0	13.3	15.7	14.5	10.1	4.0	-1.5	-9.2
	降水量(mm)	62.9	49.7	57.5	71.1	86.6	92.7	84.4	83.8	92.7	85.9	82.7	69.5
ケベック州 モントリオール	最高気温(℃)	-5.3	-3.2	2.5	11.6	18.9	23.9	26.3	25.3	20.6	13.0	5.9	-1.4
	最低気温(℃)	-14.0	-12.2	-6.5	1.2	7.9	13.2	16.1	14.8	10.3	3.9	-1.7	-9.3
	降水量(mm)	77.2	62.7	69.1	82.2	81.2	87.0	89.3	94.1	83.1	91.3	96.4	86.8
ケベック・シティ	最高気温(℃)	-7.9	-5.6	0.2	8.3	17.0	22.3	25.0	23.6	17.9	11.1	2.9	-4.2
	最低気温(℃)	-17.7	-15.6	-9.4	-1	5.4	10.5	13.5	12.5	7.5	2.0	-4.2	-12.8
	降水量(mm)	86.6	74.5	76.1	83.5	115.9	111.4	121.4	104.2	115.5	98.3	102.5	99.9
プリンス・エドワード島 シャーロットタウン	最高気温(℃)	-3.4	-2.9	0.9	7.2	14.3	19.4	23.3	22.8	18.6	12.3	6.3	0.5
	最低気温(℃)	-12.1	-11.7	-7.0	-1.2	4.1	9.6	14.1	13.7	9.6	4.4	-0.5	-7.0
	降水量(mm)	101.0	83.2	86.3	83.7	91.0	98.8	79.9	95.7	95.9	112.2	112.5	118.1
ノヴァ・スコシア州 ハリファックス	最高気温(℃)	-1.3	-0.6	3.1	9.1	15.3	20.4	23.8	23.6	19.4	13.1	7.3	1.7
	最低気温(℃)	-10.4	-9.7	-5.7	-0.3	4.6	9.7	13.7	13.7	9.7	4.2	-0.4	-6.4
	降水量(mm)	134.3	105.8	120.1	114.5	111.9	96.2	95.5	93.5	102.0	124.9	154.2	143.3
ユーコン準州 ホワイトホース	最高気温(℃)	-11.0	-7.7	-0.7	6.6	13.5	19.1	20.6	18.5	12.1	4.2	-6.0	-8.5
	最低気温(℃)	-19.2	-17.6	-11.9	-4.6	1.0	5.6	8.0	6.7	2.1	-3.2	-12.9	-16.5
	降水量(mm)	17.8	11.8	10.3	7.0	16.3	32.4	38.1	35.8	33.3	23.2	20.1	16.3
ノースウエスト準州 イエローナイフ	最高気温(℃)	-21.6	-18.1	-10.8	0.4	9.7	18.1	21.3	18.1	10.4	0.9	-10.0	-17.8
	最低気温(℃)	-29.5	-27.5	-22.7	-11.0	-0.5	8.5	12.6	10.2	4.0	-4.2	17.5	-25.7
	降水量(mm)	14.3	14.1	13.9	11.3	18.4	28.9	40.8	39.3	36.3	30.3	24.8	16.2
ヌナブト準州 イカルイット	最高気温(℃)	-22.5	-23.8	-18.8	-9.9	-0.9	6.8	11.6	10.3	4.7	-2.0	-8.9	-18.5
	最低気温(℃)	-30.6	-32.2	-28.6	-19.6	-7.8	0.3	3.7	3.3	-0.4	-7.7	-16.7	-26.9
	降水量(mm)	21.1	15.0	21.8	28.2	26.9	35.0	59.4	65.7	55.0	36.7	29.1	18.2

旅のモデルルート

旅のモデルルート

世界第2位の面積を誇るカナダを旅するには、あらかじめしっかりとプランニングすることが肝心。ここで紹介する4つのルートを参考に、自分なりの旅の計画を立てよう。

✈飛行機　🚌バス　⛴フェリー

Route 1 西部中心8日間ルート

ロッキーをメインに、バンクーバー、ビクトリアを巡るコース。ガーデン見学も楽しめる。

- 1日目 日本 ▶ バンクーバー ✈
- 2日目 バンクーバー ▶ ビクトリア 🚌⛴
- 3日目 ビクトリア ▶ カルガリー ✈
- 4日目 カルガリー ▶ バンフ 🚌
- 5日目 バンフ ▶ ジャスパー 🚌
- 6日目 ジャスパー ▶ エドモントン ▶ バンクーバー 🚌✈
- 7日目 バンクーバー ▶ 日本 ✈
- 8日目 日本着

ADVICE バンクーバーからビクトリアまでは長距離バスが運行しているが、移動時間を短縮するには水上飛行機で行くのがおすすめ。カナディアン・ロッキー滞在を長くしたい人は、カルガリー国際空港から直接バンフへ行こう。

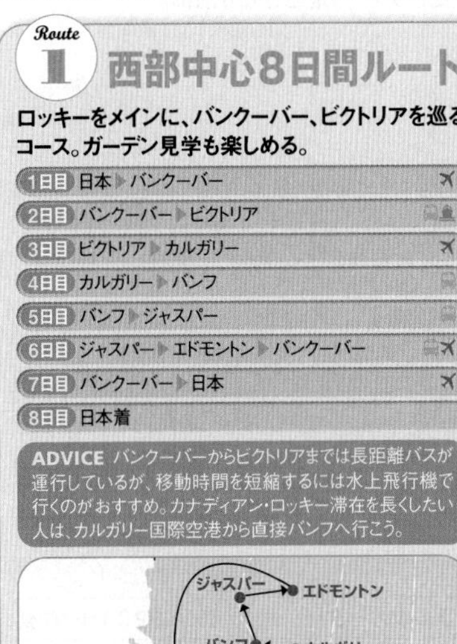

Route 2 東部中心8日間ルート

ナイアガラの滝にトロント、モントリオール、ケベック・シティを巡る。メープル街道のルートでもある。

- 1日目 日本 ▶ トロント ▶ ナイアガラ・フォールズ ✈🚌
- 2日目 ナイアガラ・フォールズ ▶ トロント 🚌
- 3日目 トロント
- 4日目 トロント ▶ モントリオール 🚌
- 5日目 モントリオール ▶ ケベック・シティ 🚌
- 6日目 ケベック・シティ
- 7日目 ケベック・シティ ▶ トロント ▶ 日本 ✈
- 8日目 日本着

ADVICE カナダ東部のゲートウエイとして利用するのはトロント。そのままトロントを観光するよりも、空港から直接ナイアガラに向かうほうがいい。都市を省略して、アルゴンキンやロレンシャンなどのリゾート地を訪れるのも楽しい。

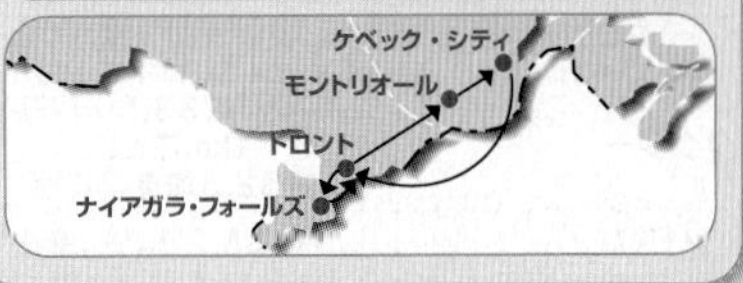

Route 3 カナディアン・ロッキーとナイアガラの滝8日間ルート

カナダを代表する2大観光地をもれなく回る。忙しいので飛行機は早朝深夜になることも。

- 1日目 日本 ▶ バンクーバー ✈
- 2日目 バンクーバー ▶ カルガリー ▶ バンフ ✈🚌
- 3日目 バンフ
- 4日目 バンフ ▶ ジャスパー 🚌
- 5日目 ジャスパー ▶ エドモントン ▶ トロント 🚌✈
- 6日目 トロント ▶ ナイアガラ・フォールズ 🚌
- 7日目 ナイアガラ・フォールズ ▶ トロント ▶ 日本 🚌✈
- 8日目 日本着

ADVICE カナディアン・ロッキーとナイアガラの滝を巡るルート。春ならビクトリアを、紅葉の時期ならモントリオールやロレンシャン、ケベック・シティをルートに入れよう。ナイアガラはトロントから日帰りで行くのも手だ。

Route 4 カナダ全土駆け足10日間ルート

日本からのパッケージでもまれに見かける、カナダの観光地のほとんどを巡るルート。

- 1日目 日本 ▶ バンクーバー ✈
- 2日目 バンクーバー ▶ ビクトリア 🚌⛴
- 3日目 ビクトリア ▶ カルガリー ▶ バンフ ✈🚌
- 4日目 バンフ
- 5日目 バンフ ▶ カルガリー ▶ トロント 🚌✈
- 6日目 トロント ▶ ナイアガラ・フォールズ ▶ トロント 🚌
- 7日目 トロント ▶ ケベック・シティ ✈
- 8日目 ケベック・シティ
- 9日目 ケベック・シティ ▶ トロント ▶ 日本 ✈
- 10日目 日本着

ADVICE 移動が多く体力的にもスケジュール的にもかなり厳しい。荷物を移動させずにうまく観光するには、ビクトリアはバンクーバーから、ナイアガラはトロントから日帰りツアーに変えよう。

旅の準備　旅のシーズン／旅のモデルルート

旅の予算とお金

カナダの割引制度

カナダではほとんどの場合、美術館や市バス、長距離バスなどにシニアや子供、学生割引がある。割引率は10〜50%くらい。シニアと子供に関しては係員にパスポートを見せれば通用するが、学生の場合、日本の学生証では通用しないので、ISICカード（国際学生証）を作っていくこと。作り方はP.529参照。

カナダの物価

カナダの物価は高い。日本と比べても宿泊や食事、交通費などほとんど変わらない。ロッキーなどリゾート地はかなり割高。

費用の目安

旅の予算を立てるときに考慮すべき要素を具体的に考えてみると、まず、不可欠なものとして宿泊と食事にかかる費用がある。それに、交通費、アクティビティなどの料金、そして税金とチップなどがある。各カテゴリーの目安を挙げるので、予算を組む際の参考にしてほしい。ただし、土地やシーズンによって、かなり差がある。

宿泊		食事	
高級ホテル	$200〜(2万1540円〜)	昼食　カフェ(1品+飲み物)	$15(1616円)前後
中級ホテル	$120〜(1万2924円〜)	一般レストラン	$20〜(2154円〜)
エコノミーホテル	〜$120(〜1万2924円)	高級レストラン	$35〜(3770円〜)
B&B	$50〜90(5385〜9693円)	夕食　一般レストラン	$30〜(3231円〜)
ユースホステル	$25〜50(2693〜5385円)	高級レストラン	$60〜(6462円〜)
交通費		その他雑貨	
タクシー	初乗り約$3.5(377円) 1kmごとに 約$2.3加算(248円)	ミネラルウオーター	500ml $2(215円)前後
		ビール	350ml $3(323円)前後
市バスなど	1回$3.2(345円)前後	たばこ	$15(1616円)前後
デイパスなど	$11(1185円)前後	乾電池(単3形、4本入り)	$8(862円)前後

※1C$=107.7円で換算(2023年8月23日現在)。小数点以下切り捨て。

州税率一覧

ブリティッシュ・コロンビア州
物品税7%、宿泊税8%

アルバータ州
物品税なし、宿泊税4%

サスカチュワン州
物品税6%、宿泊税6%

マニトバ州
物品税7%、宿泊税7%

オンタリオ州
HST13%

ケベック州
物品税9.975%、宿泊税3.5%

アトランティック・カナダ4州
HST15%

極北3準州
州税なし

※フランス語が公用語のケベック州では、レシートに表示される連邦消費税のGSTがTPS、州税のPSTはTVQとなる。

税金について

カナダでは物品購入、宿泊などに対し、連邦消費税（GST）と州税（PST）が課される。GSTは一律5%、州税は各州によって課税対象や税率が異なる。また、オンタリオとアトランティック・カナダ4州（プリンス・エドワード・アイランド、ニューファンドランド&ラブラドル、ニュー・ブランズウィック、ノヴァ・スコシア）の5州ではハーモナイズド・セールス税（HST）のみが適用される。

カナダでは物品や宿泊の料金表示に税金が含まれておらず、会計時に税金がプラスされる。ちなみにB&Bやゲストハウスでは内税が多い。なお、州税またはハーモナイズド・セールス税の宿泊税とは別に市の宿泊税も加算される都市や町もある。税率や金額はそれぞれ異なるが、3.5〜8%または$3くらい。大都市や観光地のほうが高い。

持っていくお金について

カナダの場合、銀行や町なかの両替所ならほぼどこでも日本円からの両替ができる。ただし、現金から現金への両替は手数料がかかり、レートもよくない。また、現金は盗られたり紛失したらまず戻って来ないので、あまり持ち歩かないこと。安全面やレートのよさでおすすめなのは、ATMを使ってクレジットカードでのキャッシングやデビット、トラベルプリペイドカードなどで現地通貨を引き出すこと。どちらも手数料がかかるものの、レートは現金両替よりもいい場合が多い。ATM利用時に、「暗証番号を盗み見てから、カードを奪われる」という犯罪に遭わないためにも、暗証番号の入力の際はキー部分を身体や手のひらで覆って利用する、声をかけられても反応しないなど、無防備にならないようにすることが大切だ。クレジットカードをメインに考えて、出国時や帰国時に困らない程度の日本円と、クレジット、デビット、海外専用プリペイドカードでATMを使って現地通貨を入手するのが理想的だ。

クレジットカード

カナダは非常にクレジットカードが浸透している。多額の現金を持ち歩かなくて済むし、両替する手間や手数料もかからないので便利。キャッシングで現地通貨を引き出せるものもある。また、ホテルやレンタカーではデポジットとしてカードを提示しなくてはならないことも多いので、1枚は用意したい。レストランやショップなど店の入口に使用できるクレジットカードの表記があるが、それらのカードが必ずしも使えるとは限らないので、不安ならば使用する前に店員に聞いた方がいい。最近の主流はIC(Integrated Circuit)チップ入りのクレジットカード。使用する店がICクレジットカード対応端末設置加盟店の場合、専用の機械が用意されていることが多い。機械は、英語かフランス語かを選択し、ボタンを押して操作する。なかにはチップのパーセンテージを選択すると、自動的に合計金額に合算してくれる機械もある。どの機械もサインの代わりにPIN(暗証番号)を入力。ATM利用時もPINが必要なので、不明な場合は出発2週間前くらいまでにカード発行金融機関に確認しよう。

通用度が高いのは、VISAとマスターカード。次いでアメリカン・エキスプレス、ダイナースクラブ、JCB。クレジットカードが通らなかったときのために、別のカードをもう1枚予備として携帯しておきたい。万一盗難に遭った場合は、カード発行金融機関に連絡し差し止める。カード裏面の緊急連絡先(→P.558)をメモし、財布とは別に保管しておくといい。

デビットカード

使用方法はクレジットカードと同じだが支払いは後払いではなく、発行金融機関の預金口座から即時引き落としが原則となる。口座残高以上に使えないので予算管理をしやすい。加えて、現地ATMから現地通貨を引き出すこともできる。

海外専用プリペイドカード

海外専用プリペイドカードは、外貨両替の手間や不安を解消してくれる便利なカードのひとつだ。多くの通貨で日本国内での外貨両替よりレートがよく、カード作成時に審査がない。出発前にコンビニATMなどで円をチャージ(入金)し、入金した残高の範囲内で渡航先のATMで現地通貨の引き出しやショッピングができる。各種手数料が別途かかるが、使い過ぎや多額の現金を持ち歩く不安もない。

クレジットカードの請求通貨に注意

最近、海外でクレジットカードを使った際、カード決済のレシートが現地通貨ではなく、日本円というケースが増えている。日本円換算でのカード決済自体は違法ではないのだが、不利な為替レートが設定されていることもあるので注意しよう。支払い時に「日本円払いにしますか?」と店から言われる場合もあれば、何も言われず日本円換算になっている場合もあるので、サインをする前に必ず通貨を確認しよう。

トラベラーズチェック(T/C)について

トラベラーズチェックとは、現金と同様に扱われる額面が記載された旅行用の小切手のこと。2014年3月をもって国内販売を終了したが、既に購入したトラベラーズチェックに関しては、各金融機関で引き続き換金可能(国内、海外問わず)。

デビットカード

JCB、VISAなどの国際ブランドで、複数の金融機関がカードを発行している。

URL www.jcb.jp/products/jcbdebit

URL www.visa.co.jp/pay-with-visa/find-a-card/debit-cards.html

おもな海外専用プリペイドカード

アプラス発行
「GAICA ガイカ」
URL www.gaica.jp
「MoneyT Global マネーティーグローバル」
URL www.aplus.co.jp/prepaidcard/moneytg
トラベレックスジャパン発行
「Multi Currency Cash Passport マルチカレンシーキャッシュパスポート」
URL www.travelex.co.jp/product-services/multi-currency-cash-passport

出発までの手続き

パスポートに関する情報
外務省パスポート情報ページ
URL www.mofa.go.jp/mofaj/toko/passport/index.html
パスポートに関する注意
国際民間航空機関（ICAO）の決定により、機械読取式でない旅券（パスポート）は原則使用不可。機械読取式でも2014年3月19日以前に旅券の身分事項に変更のあった人は、ICチップに反映されていない。渡航先によっては国際標準外と判断される可能性もあるので注意が必要。
URL www.mofa.go.jp/mofaj/ca/pss/page3_001066.html
パスポート切替の電子申請が可能に
2023年3月27日より、パスポートの発給申請手続きが一部オンライン化された。残存有効期間が1年未満のパスポートを切り替える場合や、査証欄の余白が見開き3ページ以下になった場合、マイナポータルを通じて電子申請が可能（旅券の記載事項に変更がある場合を除く）。その場合、申請時に旅券事務所へ行く必要がなくなる。

パスポート（旅券）の取得

パスポートは、海外で持ち主の身元を公的に証明する唯一の公文書。これがないと日本を出国することもできないので、海外に出かける際はまずパスポートを取得しよう。パスポートは5年間有効と10年間有効の2 種類がある。ただし、18歳未満の人は5年用しか取得することができない。パスポート申請は、代理人でも行うことができるが、受け取りは必ず本人が行かなければならない。

通常、パスポートの申請は、住民登録している都道府県にあるパスポートセンターで行う。申請から受領までの期間は、パスポートセンターの休業日を除いておよそ1週間程度。申請時に渡される旅券引換書に記載された交付予定日に従って6ヵ月以内に受け取りに行くこと。受領時には旅券引換書と手数料が必要となる。発給手数料は5年用は1万1000円（12歳未満は6000円）、10年用は1万6000円。

申請書の「所持人自署」欄に署名したサインが、そのままパスポートのサインになる。署名は漢字でもローマ字でもかまわないが、クレジットカードなどと同じにしておいたほうが無難。また、パスポートと航空券のローマ字表記が1文字でも違うと、航空機などに搭乗できないので気をつけよう。結婚などで姓・本籍が変わるときは、必ずパスポートを返納し、新規パスポートか記載事項を変更したパスポートの発給を申請する必要がある。

＊＊＊ パスポート申請に必要な書類 ＊＊＊

❶ 一般旅券発給申請書（1通）
用紙は各都道府県のパスポートセンターか、外務省のウェブサイトで手に入る。その場で記入してもよい。5年用と10年用では申請書が異なる。

❷ 戸籍謄本（1通）
6ヵ月以内に発行されたもの。本籍地の市区町村の役所で発行してくれる。代理人の受領、郵送での取り寄せも可。有効期間内の旅券を切り替える場合、旅券の記載内容に変更がなければ省略可。家族で申請する場合は家族全員の載った謄本1通でよい。

❸ 顔写真（1枚）
タテ4.5×ヨコ3.5cmの縁なし、背景無地、無帽、正面向き、上半身の入ったもの（頭頂からあごまでが3.2〜3.6cm）で6ヵ月以内に撮影されたもの。白黒でもカラーでも可。スナップ写真不可。詳細は外務省のウェブサイトを参照のこと。

❹ 身元を確認するための書類
失効後6ヵ月以内のパスポート、運転免許証、住民基本台帳カード、個人番号カード（マイナンバーカード）など、官公庁発行の写真付き身分証明書ならひとつでOK。健康保険証、年金手帳などならふたつ必要（うち1点は写真付きの学生証、会社の身分証明書でも可）。コピーは不可。

❺ 旅券を以前に取得した人は、その旅券

※住民票は、住民基本台帳ネットワークにより確認できるので不要。ただし居所申請など特別な場合は必要。

ビザ（査証）、eTA（電子渡航認証）

日本国籍を含むカナダ入国ビザが免除されている国籍で観光を目的とし、滞在が6ヵ月以内の場合、ビザ（査証）は不要。パスポートの残存有効日数は滞在日数プラス1日以上。2016年3月から、カナダに空路で渡航する際、eTAの取得が必要となった（フェリーなど海路、バスや徒歩など陸路でのカナダ入国はeTA不要）。料金は$7で、5年間有効。期間中にパスポートが失効する場合はその有効期限まで。申請はオンラインで、パスポート、クレジットカード、メールアドレスが必要。数分で取得できるが、早めに取得しておこう。申請は英語とフランス語のみだが、日本語のガイドもある。また空路でカナダで乗り継いで他国へ渡航する際も必要になる。アメリカ乗り継ぎの場合はESTA申請も必要（→P.531）。商用や留学、ワーキングホリデーなどで6ヵ月を超える滞在予定の人は、就労、就学許可証等の申請が必要、またバイオメトリクスが必要になるのでIRCCウェブサイトにて確認を。

国外運転免許証

カナダ国内で運転するには、日本で国外運転免許証International Driving Permitを取る必要がある。所持する日本の運転免許証を発行している都道府県の免許センターか試験場、指定警察署で、右記の必要書類と手数料を添えて申請する。免許センターの場合は通常その場で発行される。有効期間は1年。問い合わせは、各運転免許センターまたは警察署へ。

ISICカード（国際学生証）

学生の人はユネスコ推奨のISICカード（国際学生証）を持っていると国際的に共通の学生身分証明書として有効なほか、国内および海外の文化施設や宿泊施設、飲食店、エンターテインメントなど、さまざまなカテゴリーにて約15万点もの割引や特典が適用される。日本ではISIC Japanのウェブサイトで購入できるバーチャルISICカードのみ。料金は2200円で、支払いはPayPal決済のみ。個人情報と顔写真のデータが必要となる。

海外旅行保険

旅行中のけが、万一の事故に備え海外旅行保険に加入しよう。複数の損保会社が独自の商品を扱っている。また、クレジットカードなどに付帯されているものは、保険のカバーする範囲が限られている場合がある。旅先で特に利用度の高い保険項目は、「疾病治療費用」、「携帯品保険」など。必要な項目だけを選ぶタイプと、各項目がセットになったタイプがある。

加入は、航空券などを購入した旅行会社のほか、インターネットで申し込むことも可能。成田や関空など空港にも代理店窓口があるので、出発当日でも加入できる。

在日カナダ大使館
住 東京都港区赤坂7-3-38
TEL (03)5412-6200（代表）
URL www.canadainternational.gc.ca/japan-japon
開 月～金9:00～17:30
休 土・日および日本とカナダの祝日の一部

eTA申請
URL www.canada.ca/en/immigration-refugees-citizenship/services/visit-canada/eta/apply-ja.html

査証の問い合わせ
eTAを含む査証のほとんどはオンライン申請。短期滞在、就学、就労、永住者渡航申請に関しては、カナダビザ申請センター（VFS Global）から申請が可能。カナダ政府の移民・難民・市民権省（IRCC）のウェブサイトでは、国籍情報などを入力すると該当の入国要件や査証情報が確認できる。
カナダビザ申請センター
URL visa.vfsglobal.com/jpn/ja/can
IRCC
URL www.canada.ca/en/services/immigration-citizenship.html

国外運転免許証の必要書類
①所持する有効な運転免許証（有効期限の切れた国外運転免許証を持っている場合は、その免許証も必要）
②有効なパスポート（コピー、申請中の場合は旅券引換書でも可）などの渡航証明
③写真1枚（タテ4.5cm×ヨコ3.5cm、パスポート用と同規格）
④窓口備え付けの申請書。手数料は2350円

ISICカード
URL isicjapan.jp

「地球の歩き方」ホームページで海外旅行保険について知ろう
「地球の歩き方」ホームページでは海外旅行保険情報を紹介している。保険のタイプや加入方法の参考に。
URL www.arukikata.co.jp/web/article/item/3000681

航空券の手配

エア・カナダ（日本）
携帯電話から
FREE「0061」または「0033」＋
010-800-6699-2222
固定電話から
FREE 010-800-6699-2222
上記でつながらない場合、
010-1-514-369-1309（国際通話料がかかる）
URL www.aircanada.com

日本航空（JAL）
TEL (0570) 025-031
URL www.jal.co.jp/inter

ANA
TEL (0570) 029-333
URL www.ana.co.jp

ウエストジェット
URL www.westjet.com

航空券の検索＆予約サイト
スカイスキャナー
URL www.skyscanner.jp
トラベルコ
URL www.tour.ne.jp

空路

カナダへの空路によるルートは大きく分けて2種類。日本からの直行便を利用するか、アメリカの各都市を経由して行く。

航空券の種類

航空券には、正規料金のほかに、ペックス運賃PEXや格安航空券などの種類がある。ペックス運賃とは、各航空会社が出している正規の割引料金のこと。エア・カナダ Air Canada（AC）のエコノミークラスの正規割引運賃は、「スタンダード」と「フレックス」「ラチチュード」の3種類がある。ペックス運賃と格安航空券の違いは、価格と制限内容だ。一般的にペックス運賃のほうが有効期間が長く、キャンセル料が出発間際でも低めに設定されている。座席の指定や子供料金の設定もある。格安航空券の価格の安さは魅力だが、同じ日の同じ便でも購入する旅行会社によって価格は異なるので、何社か比較検討したい。スカイスキャナーSkyscannerやトラベルコなど航空券の検索＆予約サイトを利用すれば、各航空会社や旅行会社が出している料金が比較できる。また、国際線と現地の国内線が同一の航空会社のほうが料金は割安になる。日本発着便のある航空会社はすべてのチケットがeチケット化されている。予約完了後にeメールで届くeチケットをプリントアウトした控えを持参すればよい。

カナダへの直行便（2023年 上半期スケジュール）　+1は到着が出発翌日になることを指す

発着地	便名	出発	到着	曜日	便名	出発	到着	曜日
成田国際空港	バンクーバー行き				日本行き			
	AC4 (NH6814)	16:55	9:50	毎日	AC3 (NH6815)	12:40	14:55+1	毎日
	JL018	18:30	11:50	毎日	JL017	14:05	16:30+1	毎日
	トロント行き				日本行き			
	AC10 (NH6812)	16:55	16:05	毎日	AC9 (NH6813)	12:55	15:10+1	毎日
	モントリオール行き				日本行き			
	AC6	17:40	17:00	毎日	AC5	13:25	15:55+1	毎日
	カルガリー行き				日本行き			
	WS81	18:30	12:45	月・木・土	WS80	15:00	16:20+1	水・金・日
羽田空港	トロント行き				日本行き			
	AC2 (NH1892)	17:40	16:50	毎日	AC1 (NH1893)	13:25	15:40+1	毎日
	バンクーバー行き				日本行き			
	NH116	21:55	14:45	毎日	NH115	16:15	18:45+1	毎日
関西国際空港	バンクーバー行き				日本行き			
	AC24	18:10	11:40	月・火・木・土	AC23	13:40	16:35+1	月・水・金・日

※スケジュールは予告なしに変更する場合がある。要問い合わせ
※上記フライトスケジュールの調査時期は2023年8月。時期により5〜10分程度の変動あり
※エア・カナダ、ANA、JAL、ウエストジェットすべて2023年10月28日までのスケジュール。これ以外のスケジュールに関しては要問い合わせ

カナダへの直行便

2023年8月現在、日本からカナダへの直行便が就航しているのは、バンクーバー、トロント、モントリオール、カルガリーの4ヵ所。

バンクーバーへは、成田国際空港からエア・カナダ、日本航空（JAL）が、羽田空港からANAがそれぞれ直行便を運航。2023年6月からは運休していた関西国際空港からの便も再開（2023～24年の冬季は運休）。

成田国際空港からはほかにもトロント、モントリオールへのエア・カナダの直行便が、羽田空港からもトロントへの直行便がある。なお、エア・カナダの便は多くがANAとの共同運航便。同じ便でも便名がACとなっているものとNHとなっているものがあるので注意しよう。

2023年7月3日からは、ウエストジェットWestJetが成田国際空港からカルガリーへの直行便を就航。これで日本からカナダへの直行便は4社が運航するようになった。

アメリカ経由でのカナダ入国

アメリカを経由して、バンクーバーやカルガリーなどカナダの西部に入る場合の経由地として一般的なのはシアトル、ロスアンゼルス、サンフランシスコの3都市。トロントやモントリオールなど東部方面へはシカゴやニューヨークを経由するのが便利。日本から各都市には日本の航空会社や北米系の航空会社が、アメリカ本土からカナダへは北米系の航空会社が数多く運航している。空路での入国はeTAが必要だが、船や車、徒歩など海路および陸路でのカナダ入国にはeTA不要。

アメリカ乗り継ぎの際の注意事項

乗り継ぐだけでもアメリカの入国審査が必要となる。入国審査を受けてから一度荷物を受け取り、再度チェックインをする。90日以内の短期旅行であっても、US-VISITプログラムにより指紋採取と顔写真撮影が行われる。帰りにも再びアメリカへの入国審査を受けることになるが、今度はカナダ側でアメリカの入国手続きを済ますことができる。

アメリカ入国ビザと電子渡航認証システムESTA

日本国籍の人が、商用や観光、または通過目的で入国しアメリカ滞在が90日以内の場合にはビザ・ウェーバー・プログラムVisa Waiver Programによって入国査証（ビザ）は不要。

2009年1月からアメリカへの渡航前に渡航認証（ESTA）を取得しなければならなくなった。対象はビザ免除プログラムを利用してアメリカに入国するすべての渡航者。アメリカ経由でカナダへ入国する場合も例外ではないので、事前に必ず取得すること。申請にはUS$21の手数料が必要。通常2年間有効（ただしパスポートの有効期限まで）。

US-VISITプログラム

テロ対策の目的で開始された出入国管理システム。入国審査時に指紋採取や顔写真撮影を行う。14歳未満と80歳以上は対象外。

ビザ・ウェーバー・プログラム（ビザ免除プログラム）

日本はプログラム参加国なので、日本国籍なら90日以内の短期滞在で、有効なパスポートと、往復または第3国への航空券を取得していれば、ビザは不要。ただし空路か海路で入国する場合は、利用する交通機関各社がこのプログラムに参加していることが前提になるので事前に確認しておくこと。

2011年3月以降にイラン、イラク、スーダン、シリアなどに渡航または滞在したことがある人や2021年1月12日以降にキューバへ渡航または滞在したことがある人はプログラムを利用することができなくなった。

ESTA申請について

URL jp.usembassy.gov/ja/visas-ja/esta-information-ja

ESTA申請サイト（公式）

URL esta.cbp.dhs.gov

ESTA申請の手数料について

ESTAの申請手数料はUS$21でESTAのシステム上にてクレジットカードでの支払いが必要。申請は搭乗直前でも可能だが、出発の72時間前までに申請を行うことが望ましい。

地球の歩き方ホームページ内の電子渡航認証システムESTA情報

URL www.arukikata.co.jp/esta

18歳未満の米国入国の注意

両親に引率されない子供がアメリカに入国する場合、子供の片親か親権者からの渡航同意書（英文）が要求される場合がある。詳細は米国大使館へ。

陸路

長距離バス

カナダはアメリカと陸続きなので、長距離バスで国境を越えることも可能。アメリカ国内を運行するグレイハウンドGreyhound（USA）などの長距離バスを何度か乗り換えることになるが、ルートは多様。越境できるポイントのある州はブリティッシュ・コロンビア州、アルバータ州、マニトバ州、オンタリオ州、ケベック州。グレイハウンド・カナダは路線を廃止したが、グレイハウンドUSAは引き続き運行している。

ほかアメリカとカナダの大都市を結ぶ便利な便もある。代表的なものは、アメリカのシアトル～バンクーバー間を結ぶ直通バスのクイック・シャトルQuick Shuttle。1日2便運行（夏季は増便）しており、シアトルのピア66Pier 66からバンクーバーのウオーターフロント駅まで所要約5時間15分。また、アメリカのポートランド～シアトルからバンクーバーへはフリックス・バスFlix Busも運行。カナダ東部では、アメリカのニューヨークからオンタリオ州のトロントまでグレイハウンドUSAが1日3～4便、所要12時間～13時間15分。グレイハウンドUSAのほかメガバスやフリックス・バスも運行している。

鉄道

アメリカのニューヨークからは、アムトラックAmtrakとVIA鉄道の共同運行便、メープルリーフ号Maple Leafが毎日1便運行しており、途中、ナイアガラ・フォールズを経由してトロントまで行ける。ニューヨークを7:15発。トロント到着は同日の19:38。同じくニューヨークからモントリオール間はアムトラックとVIA鉄道の共同運行便Adirondack号が毎日1便あるが、2023年7月現在運行停止。また、シアトルからバンクーバーまでもアムトラックのAmtrak Cascades号が1日2便運行、所要約4時間。また、アムトラックによるバスThruwayも、シアトル～バンクーバー間を運行している。1日4便、所要約3時間30分。

海路

フェリー

アメリカのシアトルからビクトリアまでビクトリア・クリッパーVictoria Clipperが1日1～2便運航している（→P.103）。所要2時間45分～3時間。また、アラスカのスカグウェイSkagwayなどの都市から太平洋岸の町を結んでプリンス・ルパートまでアラスカ・マリーン・ハイウエイAlaska Marine Highway Systemが運航している。

↑カナダとアメリカを結ぶビクトリア・クリッパー

グレイハウンド（USA）
FREE (1-800) 231-2222
URL www.greyhound.com

クイック・シャトル
FREE (1-800) 665-2122
URL www.quickcoach.com

メガバス（USA）
URL us.megabus.com

フリックス・バス
URL global.flixbus.com

アムトラック
FREE (1-800) 872-7245
URL www.amtrak.com

↑ナイアガラ・フォールズの駅に停車するメープルリーフ号

ホワイト・パス
アラスカのスカグウェイからホワイトホースまで列車とバスで乗り継いでいく、ホワイト・パスという観光ルートがある（→P.509）。

ビクトリア・クリッパー
FREE (1-800) 888-2535
URL www.clippervacations.com

アラスカ・マリーン・ハイウエイ
FREE (1-800) 642-0066
URL dot.state.ak.us/amhs

旅の持ち物

服装と小物

季節や行く場所によって、服装や小物、装備は大きく異なる。カナダは夏でも朝夕はかなり冷え込むので、長袖のシャツやセーター、フリースなどは必ず用意しよう。特にホエールウオッチングのような水上のアクティビティは驚くほど冷える。また、アウトドア派は上下のレインウエアやパーカなども必携だ。都市だけを回るならば雨具は折りたたみ傘があれば十分。特にバンクーバーやビクトリアなど西部沿岸都市は、秋〜冬にかけて雨が多いことで有名。オンタリオ州やケベック州は、冬の寒さが厳しいことでも知られており、フリースとダウンジャケットなど重ね着をしていくこと。雪も多く積もるため、滑り止めの付いた靴などを用意しておくといい。極北方面は、真夏でもフリースやダウンジャケットを持っていこう。マイナス40度にもなる冬の極北では、現地で完全防寒ウエアを借りてしまったほうがいい。

靴は履き慣れたスニーカーやウオーキングシューズが無難。ただしフォーマルな場所にも行くならそれなりの靴も必要。カナダの日差しの強さは日本と比べておよそ7倍といわれているので、紫外線から目を守るためにも夏と冬はサングラスは必携だ。同じ理由から帽子と日焼け止めも用意を。

また、カナダでは野外に蚊やブユ（Blackfly）が多く、特に夏に極北地域やニューファンドランド、プリンス・エドワード島などへ行く人は、虫除けスプレーが必携だ。

荷物について

受託手荷物（チェックイン・バゲージ）

スーツケースかバックパックかは、旅先での行動や持ち物によって異なってくる。バックパックは両手が自由になるし動きやすいが、中身を取り出しにくいのが難点。頻繁に使うものや小物は、サイドポケットや天蓋に小分けして入れる。バックパックの収納は重いものを下（底）にするのがポイント。ソフトスーツケースにキャスターが付いて、背負い用ストラップも付いたスリーウエイのバッグもおすすめだ。

空港でチェックイン時に預ける受託手荷物（無料手荷物、Free Baggage、Free Checked Baggage）はエア・カナダのエコノミークラスの場合1個までで、ひとつの高さ（H）＋長さ（L）＋幅（W）の合計が158cm以内、重量23kgを超えないことが原則。それ以上はエキストラバゲージとなり、超過料金を取られる。

また、ライターは受託手荷物の中に入れることはできない。使用するライターは自身が所持する場合のみ、ひとりにつき1個だけは身に付けての機内持ち込みが可能。液体物や電池類も要注意（→欄外）。

受託手荷物

日本航空（JAL）のエコノミークラスの場合は2個までで、それぞれの荷物は23kgまで。ひとつの荷物の3辺の和は203cmを超えないこと。航空会社や経由地によっても異なるので、詳細は各航空会社に確認のこと。

機内持ち込み手荷物

機内に持ち込めない物

万能ナイフやはさみなどの刃物は、受託手荷物に入れること。

ガスやオイル（ライター詰替用も）、キャンピング用ガスボンベは受託手荷物に入れても輸送不可。

機内に持ち込めるが使用不可（条件付き）のもの

スマートフォン、ワイヤレス式音響機器、ラジコン式機器など、作動時に電波を発信する機器は、機内ではドア開放中、またはフライトモード設定時のみ使用可。

機内の電子機器の使用について

URL www.jal.co.jp/jp/ja/inter/baggage/electronics

液体物の持ち込み

日本発の国際線全便で液体物（ジェル、スプレー、歯磨き、ローション類なども含む）は受託手荷物に入れること。100mℓ以下の容器で1ℓ以下のジッパー付きビニール袋に入れれば機内持ち込み可能。

国土交通省航空局

URL www.mlit.go.jp/koku/15_bf_000006.html

電池類に注意!

製品内部のリチウムイオン電池は、160wh以下なら機内持ち込み、預けとも可。予備バッテリーは100whを超え160wh以下なら1人2個まで機内持ち込み可。160whを超えるものやwhが不明なものは、いっさい持ち込み不可。

スキー板・スノーボードについて

スキー板やスノーボードは、それぞれストックやブーツなどと1セットとして、チェックイン・バゲージのひとつ分とみなされるが、航空券予約時に申し出て、事前登録をしなければならない。

航空会社の手荷物に関する案内

エア・カナダ

URL www.aircanada.com/jp/ja/aco/home/plan/baggage.html

日本航空（JAL）

URL www.jal.co.jp/jp/inter/baggage

ANA

URL www.ana.co.jp/ja/jp/guide/boarding-procedures/baggage/international

※その他の持ち込みや機内での使用などについては、各航空会社に問い合わせのこと。

■機内持ち込み手荷物（キャビンバゲージ）

機内持ち込み手荷物（Cabin Baggage）は、エア・カナダのエコノミークラスの場合、通常手荷物（23cm×40cm×55cm以内）1個と身の回り品（16cm×33cm×43cm以内）1個の計2個まで。重量制限はないが、自身で頭上の収納棚に収納できる重さである必要がある。ただし、ハンドバッグ、コートなどは別。カメラも同様だが、カメラバッグに入れる場合は手荷物になることもある。機内持ち込み手荷物はチェックインの際、規格内サイズかどうかを計り、オーバーしていると預けなくてはならないことになっているが、実際の可否は現場判断のようだ。

持ち物チェックリスト

	品名	必要度	ある	カバンに入れた	備考
貴重品	パスポート	◎			有効期限の確認を。顔写真ページのコピーを取り、別に保管！
	現金（USドル）	△			アメリカへも行く場合は持っておくと便利。
	現金（日本円）	◎			帰りの空港から家までの交通費も忘れずに。
	航空券（eチケット）	◎			名前のつづり、出発日時、ルートなどよく確認しておく。
	海外旅行保険証	◎			万一に備え、加入しておこう。
	クレジットカード	◎			持っていくと何かと便利。レンタカーには必携。
	国外運転免許証	△			レンタカーを借りる人は必要。
	ホテルの予約確認書	○			なくてもチェックインできるが、プリントアウトして持参すると安心。
衣類	シャツ	◎			少なめの枚数で荷物を軽くする工夫を。
	下着・くつ下	◎			ハイキングには汗を吸収しても乾きやすい化繊素材のものを。
	セーター	◎			夏でも夜は涼しいので1枚必要。
	薄手のジャケット	○			
	帽子	○			日除け、防寒など旅ではけっこう役立つ。
	パジャマ	△			かさばるのでTシャツで代用してもいい。
	水着	○			夏に泳ぐ人は絶対。温泉やスパ、プールでも必要。
薬品・雑貨・その他	洗面用具	◎			現地でも買い足しができるので小さいもの。
	ドライヤー	△			変圧式のものがあるが荷物が重くなるのですすめない。
	洗剤	○			洗濯用に少し。粉石鹸が便利。
	常備薬、マスク	◎			胃腸薬、風邪薬、絆創膏、虫さされ軟膏など常備薬。
	筆記用具	◎			往路の機内で税関申告書記入のため、手荷物に入れておこう。
	裁縫用具*	○			小型携帯用のもの（糸、針、はさみなど）。
	万能ナイフ*	○			ナイフ、カンキリ、センヌキなどの付いた軽いもの。
	虫除けスプレー*/蚊取り線香	○			国立公園などは蚊が多い。
	除菌シート	○			手が洗えないときに。
	輪ゴム＆ヒモ	○			バッグの中身の整理。洗濯ヒモにもなる。
	ビニール袋、エコバッグ	○			衣類の分類、ぬれ物用に。スーパーにはエコバッグ持参で。
	スリッパorビーチサンダル	○			ホテルや車内、ビーチなどで。
	おみやげ	○			小さくて日本的なもの。
	双眼鏡	△			スポーツ観戦や観劇に便利。
	デジタルカメラ	△			小型で軽いもの。使い慣れたもの。
	メモリーカード	△			常時使用するものに加え、予備がひとつあると安心。
	スマートフォン＆充電ケーブル	△			Wi-Fiがあれば、海外でも利用可。オフラインでも計算機として使える。
	雨具	○			軽い折りたたみ傘。アウトドア派はレインウエア。
	顔写真（タテ4.5×ヨコ3.5cm）	○			パスポートを紛失したときのため。2〜3枚。
	メモ帳	○			パスポートやクレジットカードのナンバー、集合場所の住所など。
本類	会話集、電子辞書	○			スマートフォンのアプリでも代用可。
	ガイドブック類	○			『地球の歩き方』ほか。
	日記帳	△			毎日の記録。出費もチェック！

*機内持ち込み不可（→P.533欄外）

出入国の手続き

カナダの入国手続きについて

カナダでは、2017年から税関申告書を廃止。自動端末機で必要事項を入力するようになった。ただし、事前にArriveCANというアプリをダウンロード、個人情報の入力を済ませておけば、カナダ入国時の自動端末機での操作が大幅に短縮される。

日本出国

①**出発する空港に到着**：目安はフライトの2時間以上前。
②**搭乗手続き（チェックイン）**：利用航空会社のカウンターで行う（成田国際空港は利用航空会社によって第1ターミナルと第2ターミナルに分かれる。係員にパスポートと旅程表（eチケットお客様控え）を提示して荷物を預け、搭乗券（ボーディングパス）を受け取る。荷物を預けると、預けた荷物に付けたクレームタグ（託送荷物引換証）の半券をくれる（たいてい搭乗券の裏に留めてくれる）。現地で荷物が出てこない場合はこれが証明になるので、大切に保管しよう。
③**手荷物検査**：ハイジャック等防止のための金属探知器をくぐり、機内持ち込み手荷物のX線検査を受ける。
④**税関**：日本から外国製の時計、カメラ、貴金属などの高価な品物を持ち出す場合は、「外国製品の持出し届」に必要事項を記入して係員に提出すること。この届け出をしないと海外で購入したと見なされ、帰国の際に課税される可能性がある。100万円相当額を超える現金などを携帯する場合には「支払手段等の携帯輸出・輸入申告書」の提出が必要。
⑤**出国審査**：原則として顔認証ゲートを利用し、本人照合を行う。出入国スタンプが省略されるが、希望すれば押してもらえる。
⑥**搭乗**：搭乗は通常出発の40分前から。遅れないように早めにゲートの近くへ移動しておくこと。なお、搭乗時刻やゲートは変更になることがあるので、こまめにモニター画面などでチェックしよう。

カナダ入国

①**入国審査**：空港に到着したら順路に従って入国審査のカウンター（Immigration）へ。税関申告書はなく、到着したら自動端末機に必要事項を入力するのみ。端末には日本語案内もあるので安心。入力後はパスポートをかざし、情報を読み込む。事前に「ArriveCAN」というアプリに登録しておけば、操作は短縮される。終わったら機械から用紙が印刷されるので、パスポートとともに入国審査官に渡す。滞在日数や滞在先、入国の目的を聞かれることがあるので慌てず答えよう。旅程表（eチケットお客様控）の提示を求めてくる場合もある。
②**荷物の受け取り**：利用した便名が表示されたモニターの下のター

成田国際空港
TEL (0476)34-8000
URL www.narita-airport.jp

羽田空港
TEL (03)6428-0888
URL tokyo-haneda.com

関西国際空港
TEL (072)455-2500
URL www.kansai-airport.or.jp

セキュリティチェック
機内持ち込み手荷物のX線検査とボディチェックがある。ナイフ類や100mlを超える液体物は、受託手荷物に入れておく。
近年多発している航空事故にともない、セキュリティチェックが強化されている。

「支払手段等の携帯輸出・輸入申告書」の提出について
100万円相当額を超える現金（本邦通貨、外国通貨）、小切手などを携帯して持ち出す場合、または携帯する金の地金（純度90％以上）の重量が1kgを超える場合、申告書に必要事項を記入し、税関に提出する。
URL www.customs.go.jp/kaigairyoko/shiharaishudan.htm

日本出入国時の顔認証ゲート
2023年7月現在、成田、羽田、関西、中部、福岡、新千歳、那覇の各国際空港で導入されている、顔認証による自動化ゲート。利用者はパスポートをスキャナーにかざし、その後顔写真の撮影を行う。

国際観光旅客税
日本からの出国には、1回につき1000円の国際観光旅客税がかかる。原則として支払いは航空券代に上乗せされる。

カナダ入国の際の免税範囲
アルコール
ワイン1.5リットル、ビール8.5リットル、その他1.14リットルのいずれか
たばこ
紙巻たばこ200本、刻みたばこ200g、葉巻50本のいずれか
贈答品
1品につき$60
アルコールとたばこ類の持ち込みに関しては18～19歳以上（州により異なる）に限られる。

ンテーブルへ行き、荷物が出てくるのを待つ。荷物が出てこなかったり、破損していた場合は搭乗手続きのときに渡されたクレームタグを持ってバゲージクレーム（Baggage Claim）へ。

③税関：特に申告するものがなければ、荷物を開けて調べられることはまずない。スタッフの前を素通りして到着ロビーへ向かう。

カナダ出国

カナダ出国の際の手続きも日本出国のときとほぼ同じ。2時間前にチェックインして荷物を預け、搭乗券とクレームタグを受け取ったら、セキュリティチェックを済ませ案内された時刻にゲートへ移動する。ただし、カナダでは出国審査がない。チェックインの際、航空会社の係員がパスポートを確認するだけ。日本発の国際線と同様、カナダ発の全便も機内に100ml以上の液体物を持ち込むことは禁止。メープルシロップやアイスワインなどは受託手荷物の中に入れておこう。ただし、セキュリティチェック後に購入したものは機内持ち込みが可能。

日本帰国

飛行機を降りたらまず検疫を通過。体に不調がある人は検疫のオフィスへ出頭して相談すること。次に入国審査。原則として顔認証ゲート（→P.535欄外）を利用し、本人照合を行う。受託手荷物を、便名が表示されたターンテーブルからピックアップする。「携帯品・別送品申告書」に必要事項を記入して税関カウンターで税関審査を受ける。ただし、「Visit Japan Web」であらかじめ登録を済ませておけば手続きはスムーズ。「携帯品・別送品申告書」の作成・電子申告もアプリ上で事前に済ますことができる。

日本への持ち込み免税範囲

品名	数量または価格	備考	免税範囲を超えた場合の税金
酒類	3本	1本760ml程度のもの	ウイスキー、ブランデー800円 ラム、ジン、ウオッカ500円 リキュール400円 焼酎などの蒸留酒300円 その他（ワイン、ビールなど）200円 ※いずれも1ℓにつき
たばこ	※1紙巻きたばこ200本、加熱式たばこ個装等10個（※1箱あたりの数量は紙巻たばこ20本に相当する量）、葉巻50本、その他のたばこ250g	免税数量はそれぞれの種類のたばこのみを購入した場合の数量で、複数の種類のたばこを購入した場合の免税数量ではない	紙巻きたばこ1本につき15円 加熱式たばこ1個につき50円（葉たばこスティックは1本につき15円）
香水	2オンス ※1オンスは約28ml	約56ml（オーデコロン、オードトワレは含まれない）	
その他の品目	海外市価の合計金額20万円まで	同一品目の海外市価の合計金額が1万円以下のものは原則免税。	15% ※関税が無税のものを除く

＊上記は携帯品と別送品（帰国後6ヵ月以内に輸入するもの）を合わせた範囲
＊詳しくは、税関ホームページ URL www.customs.go.jp を参照

おもな輸入禁止品目

- 覚醒剤、大麻、向精神薬、麻薬、あへん、MDMA、指定薬物などの不正薬物
- けん銃などの銃砲、これらの銃砲弾、けん銃部品など
- 爆発物、火薬類、化学兵器原材料、病原体など
- 貨幣、紙幣、有価証券、クレジットカードなどの偽造品など
- わいせつな雑誌、わいせつなDVD、児童ポルノなど
- 偽ブランド商品、海賊版などの知的財産侵害物品
- 家畜伝染病予防法や植物防疫法、外来生物法で定める特定の動物や植物およびそれらの製品

おもな持ち込み制限品目

ワシントン条約に基づき、規制の対象になっている動植物およびその加工品（象牙、ワニやヘビ、トカゲなどの皮革製品、動物の毛皮や敷物など）は、相手国の輸出許可書などがなければ日本国内には持ち込めない。なお、個人用を除く食品、植物等は税関検査の前に検疫カウンターで検疫を受ける必要がある。また、個人で使用する医薬品2ヵ月分以内（処方せん医薬品は1ヵ月分以内）、化粧品1品目24個以内など、一定数量を超える医薬品類は厚生労働省の輸入手続きが必要。

植物防疫所
URL www.maff.go.jp/pps

動物検疫所
URL www.maff.go.jp/aqs

厚生労働省
URL www.mhlw.go.jp

Visit Japan Web

日本入国時に「税関申告」などの手続きをウェブで行うことができるサービス。

URL vjw-lp.digital.go.jp

コピー商品の購入は厳禁！

旅行先では、有名ブランドのロゴやデザイン、キャラクターなどを模倣した偽ブランド品や、ゲーム、音楽ソフトを違法に複製した「コピー商品」を、絶対に購入しないように。これらの品物を持って帰国すると、空港の税関で没収されるだけでなく、場合によっては損害賠償請求を受けることも。「知らなかった」では済まされないのだ。

旅の技術

レンタカーについて

自由に旅するならレンタカーが便利

レンタカーは時刻表に縛られず自由な旅ができ、公共の交通機関がない場所へも足を延ばせる。ただし、日本とは違う交通規則や標識もあるのでいつも以上に注意が必要だ。ルールを守って安全で快適なレンタカーの旅を楽しもう。カナディアン・ロッキーのアイスフィールド・パークウエイ（→ P.193）やオンタリオ州とケベック州にまたがるメープル街道（→ P.274）などは、カナダ屈指のドライブルートでもある。

車社会でもあるカナダでは、ほとんどの町にレンタカー会社がある。最大手のエイビス Avis、ハーツ Hertz のほか、バジェット Budget、ナショナル National などの大手から、中小のレンタカー会社までいろいろ。大手なら車は最新のものが揃っているし、日本で予約できるのもうれしい。中小は料金は安いが、旧型の車だったり、別の町で乗り捨てができない場合もある。

日本で予約する

レンタカーは、現地の空港や町なかで簡単に借りられるが、日本から予約と支払いを済ませて行くほうが安心だ。ハーツやバジェットなど日本に代理店のあるレンタカー会社では、ウェブサイトから日本語で予約ができ、出発と返却場所の指定、日時、年齢を入力すると料金が表示される。追加運転手やカーナビ（GPS）などのオプションも申し込める。

現地で借りる

申し込み時に、クレジットカードと日本の運転免許証、国外運転免許証が必要。25歳未満のヤングドライバー（21～24歳）は別途料金がかかったり、借りられないこともある。また、予約なしだと借りられない場合があるので、当日でもいいので電話で予約しよう。予約時には、氏名、宿泊ホテル、借りたい車種、借りる場所などの質問に答えると、予約番号を言われるので必ずメモすること。あとはカウンターに行って予約番号を告げ、契約する。契約する際にチェックすることは、車はオートマチックかマニュアルか、いつ、どこで返すか、保険がどこまでカバーされているか、車に傷は付いていないか（車を借りる予定の人は、旅行前に海外旅行保険に加入する際、レンタカー用保険を付帯できるものを考慮）など。契約書にサインしてしまうと、支払い義務が生じるため慎重に書面を確認すること。運転席に座ったら、ウィンカーやサイドブレーキの位置、正しく作動するかなど車を点検すること。

保険について

運転中の基本的な保険はレンタル料に含まれている。これは事故による対人・対物の賠償責任金額を補償する自動車損害賠償保険 Liability Protection（LP）や盗難・紛失・事故などにより車両に破損・

国外運転免許証について
（→ P.529）

JAFの特典を活用

JAF（日本自動車連盟）の会員は、カナダでもCAA（カナダ自動車協会Canadian Automobile Association）のロードサービス、旅行情報サービスなどさまざまな特典や割引サービスが受けられる。自動車クラブの所在地やサービスの受け方は出発前にJAFのホームページをチェックしておこう。

JAF問い合わせ先

総合案内サービスセンター
TEL (0570)00-2811（日本）
URL jaf.or.jp

CAA

URL www.caa.ca

おもなレンタカー会社の日本での予約先

ハーツ
無料 0880-999-1406
URL www.hertz.com
バジェット
URL www.budgetjapan.jp

カナダ国内のレンタカー会社

エイビス
FREE (1-800)879-2847
URL www.avis.ca
ハーツ
FREE (1-800)654-3131
URL www.hertz.ca
バジェット
FREE (1-800)268-8900
URL www.budget.ca
ナショナル
FREE (1-844)307-8014
URL www.nationalcar.ca

駐車について

日本と同様、カナダも駐車違反の取り締まりが厳しいので、駐車場やパーキングメーターのある通りに駐車するよう心がけよう。パーキングメーターは停めておく時間分の料金を先に入れるコイン式（時間制限や祝日または土・日曜は無料の所もある）。高級ホテルやレストランでは入口で車のキーを係員に預け、駐車場へ移動してもらうバレーパーキングValet Parkingもある。支払いは先かあとか場所によって異なる。係員にはチップ（$3～5が目安）を渡そう。

損害が生じた場合に、その損害額の支払いを免除する車両損害補償制度Loss Damage Waiver/Collision Damage Waiver（LDW/CDW）など。万が一入っていないことがないよう、契約時にきちんと確認すること。ほか事故により契約者および同乗者が負傷した場合に規定の金額が支払われる搭乗者傷害保険Personal Accident Insurance（PAI）や携行品保険Personal Effects Coverage（PEC）も心配なら追加しておくといい。

給油の仕方

ガソリンスタンド（Gas Station）はセルフサービスのものが多い。給油機の前に車を横付けにし、ガソリンの種類を選び（オクタン価の違う3～4種類のガソリンがあり、レギュラーガソリンは1ℓ当たり$1.8くらい）、ノズルを外してレバーをオンにし、給油口に入れる。グリップを握ると給油が始まり、満タンになったら自動的に止まる。給油後、店のレジでスタンドの番号を言って支払いをする（クレジットカードで支払う場合は、あらかじめカードを機械に差し込んでから給油作業を行うところもある）。

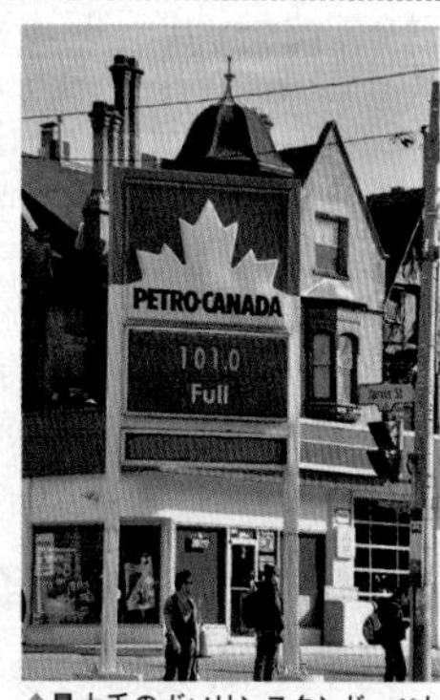

⬆最大手のガソリンスタンド、ペトロ・カナダ Petro Canada

カナダでのドライブここに注意！

❶右側通行
日本とは違いカナダは右側通行。右折は小回り、左折は大回りを忘れないように。

❷交通規則
交通規則は州によって多少異なるので注意。ケベック州以外、赤信号でも車が来ていなければ一時停止後、右折することができる。信号のない交差点ではいちばん最初に交差点に入った車から優先して進行できる。優先順位がわからない場合は右側の車が優先となる。法定速度は分離帯のあるハイウエイで時速100キロ、その他のハイウエイは80～90キロ、市街地は30～50キロ。また、スクールバスのストップサインが点滅中の場合、対向車、後続車とも完全に停車しなければならない。

❸シートベルト着用の義務とヘッドライト
カナダでは前部席だけでなく、後部席もシートベルトの着用が義務づけられている。また、昼間でもヘッドライトの点灯が奨励されている。

❹道路標識
カナダの道路標識は比較的わかりやすい（→P.539）。

❺ガソリン補給はこまめに
広大な国土のカナダでは、次のガソリンスタンドまで200km以上離れていることもざら。万一ガス欠などしないように、早めの給油を心がけたい。

❻冬季の運転について
冬季は通常、スノータイヤが装着されている。チェーンの使用を禁止しているところもある。路面凍結やスピードの出し過ぎに注意。

❼アメリカ国境を越える場合
アメリカで借りてカナダへ入国、あるいはその逆も、事前申請が必要な場合があるので、各レンタカー会社へ問い合わせておくこと。

❽携帯電話と飲酒
日本と同じく、運転中は携帯電話の使用が禁止されている。飲酒運転ももちろん厳禁。

❾盗難、置き引きに注意
車から離れるときは、貴重品は必ず手元に。それ以外の荷物も目につく所に置かず、ダッシュボードやトランクに入れて鍵をかける。

知っておきたい道路標識

比較的わかりやすいカナダの道路標識。しかし大自然に包まれてのドライブは注意力散漫になりがちで、思わず標識を見落としてしまったり、制限速度を超えて走行してしまう恐れもある。常に安全運転を心がけ、快適なドライブをしよう。

一時停止

進入禁止

優先道路あり

進入禁止

一方通行

最大速度 70 キロ

左折禁止

最低速度 50 キロ

追い越し禁止

赤信号時、右折禁止

歩行者優先

この先信号あり

駐車禁止

1 時間駐車可

この車線はバスのみ通行可

災害時、通行禁止

前方対面通行

左カーブあり

曲がり道

右車線終了

スリップ注意

この先急な坂あり

この先でこぼこ道

動物飛び出し注意

この先踏切あり

この先スクールバス停あり

近くに病院あり

この先ガソリンスタンドあり

旅の技術

現地での国内移動

カナダ交通早わかり

ホワイトホース
10 ✈2時間20分
4 🚌20〜48時間
36 ✈4時間30分
イエローナイフ
21 ✈1時間50分
5 ✈1時間30分 🚌27時間50分
19 ✈2時間〜2時間30分
20 🚌4時間45分 🚃6時間30分
12 ✈50分 🚌4時間
ジャスパー
エドモントン
13 🚌2時間
17 ✈3時間
バンフ
カルガリー
15 ✈1時間55分
バンクーバー
ビクトリア
2 ✈1時間30分 🚌15時間10分
レジャイナ
ウィニペグ
6 ✈2時間40分 🚃55時間
22 ✈1時間20分
7 ✈4時間30分 🚃92時間30分
1 ✈30分 🚌⛴3時間40分
11 ✈1時間30分〜1時間45分
8 ✈4時間30分
9 ✈4時間50分
3 🚌13時間15分 🚃35時間〜36時間30分
14 ✈1時間30分

1 バンクーバー→ビクトリア
✈ エア・カナダ　1日7〜10便
パシフィック・コースタル航空
1日2〜3便
ウエストジェット　1日4〜5便
ハーバー・エア・シープレーン
1日12〜25便
🚌⛴ BCフェリーズコネクター
1日2〜4便

2 バンクーバー→カルガリー
✈ エア・カナダ　1日10〜14便
ウエストジェット　1日8〜14便
🚌 ライダー・エクスプレス
1日1〜2便

3 バンクーバー→バンフ
🚌 ライダー・エクスプレス
1日1〜2便
🚃 ロッキー・マウンテニア鉄道
期間中、週2〜3便

4 バンクーバー→ジャスパー
🚃 VIA鉄道カナディアン号 週2便
ロッキー・マウンテニア鉄道
期間中、週2便

5 バンクーバー→エドモントン
✈ エア・カナダ　1日7〜10便
ウエストジェット　1日3〜8便
🚃 VIA鉄道カナディアン号
週2便

6 バンクーバー→ウィニペグ
✈ エア・カナダ　1日3便
ウエストジェット　1日2〜7便
🚃 VIA鉄道カナディアン号
週2便

7 バンクーバー→トロント
✈ エア・カナダ　1日11〜14便
ウエストジェット　1日5〜6便
🚃 VIA鉄道カナディアン号
週2便

8 バンクーバー→オタワ
✈ エア・カナダ　1日2〜3便

9 バンクーバー→モントリオール
✈ エア・カナダ　1日4〜5便
ウエストジェット
夏季のみ1日1便

10 バンクーバー→ホワイトホース
✈ エア・カナダ　1日1〜2便
エア・ノース　1日3便

11 ビクトリア→カルガリー
✈ エア・カナダ　1日8〜10便
ウエストジェット
1日14〜19便

12 カルガリー→エドモントン
✈ エア・カナダ　1日4〜7便
ウエストジェット　1日7〜11便
🚌 イーバス　1日2便
レッド・アロー　1日4〜5便
ライダー・エクスプレス
1日4〜6便

13 カルガリー→バンフ
🚌 バンフ・エアポーター、
ブリュースター・エクスプレス
1日18便

14 カルガリー→レジャイナ
✈ ウエストジェット　1日4〜7便

15 カルガリー→ウィニペグ
✈ エア・カナダ　1日2〜3便
ウエストジェット　1日2〜7便

16 カルガリー→トロント
✈ エア・カナダ　1日7〜12便
ウエストジェット
1日7〜10便

17 カルガリー→オタワ
✈ エア・カナダ　1日1〜3便
ウエストジェット　1日1〜3便

18 カルガリー→モントリオール
✈ エア・カナダ　1日2〜4便
ウエストジェット　週1〜2便

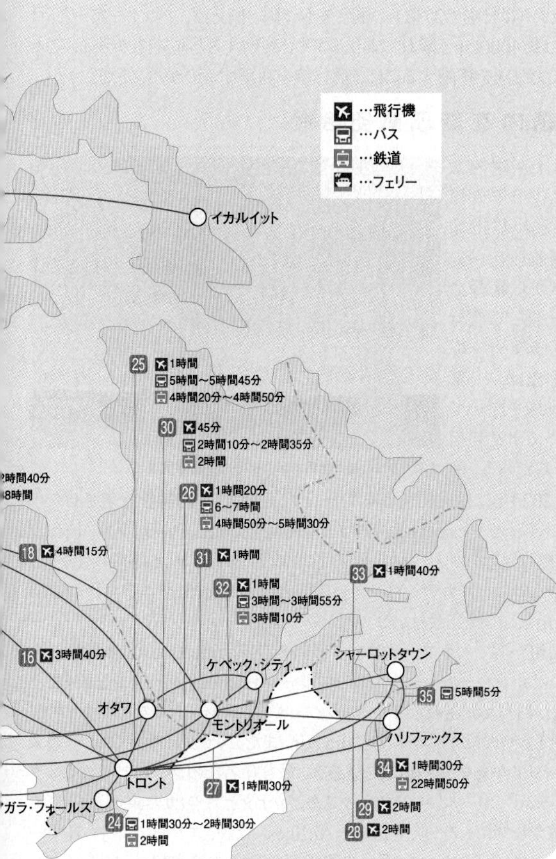

19 カルガリー→イエローナイフ
- ✈ ウエストジェット　1日1～2便

20 エドモントン→ジャスパー
- 🚌 サン・ドッグ・ツアー　1日1便
  トンプソン・バレー・チャーターズ　週2便
- 🚆 VIA鉄道カナディアン号　週2便

21 エドモントン→イエローナイフ
- ✈ エア・カナダ　1日1便
  ウエストジェット　週1～3便
  カナディアン・ノース　1日1～2便

22 レジャイナ→ウィニペグ
- ✈ ウエストジェット　1週4～7便

23 ウィニペグ→トロント
- ✈ エア・カナダ　1日6～8便
  ウエストジェット　1日4～8便
- 🚆 VIA鉄道カナディアン号　週2便

24 トロント→ナイアガラ・フォールズ
- 🚌 フリックス・バス　1日8便
  メガバス　1日3～16便
  ナイアガラ・エアバス　要予約
- 🚆 VIA鉄道　1日1便

25 トロント→オタワ
- ✈ エア・カナダ　1日12～16便
  ウエストジェット　1日1便
- 🚌 メガバス　1日5～8便
- 🚆 VIA鉄道　1日7～8便

26 トロント→モントリオール
- ✈ エア・カナダ　1日16～24便
  ウエストジェット　1日1便
- 🚌 メガバス　1日6～13便
- 🚆 VIA鉄道　1日5～7便

27 トロント→ケベック・シティ
- ✈ エア・カナダ　1日3～5便

28 トロント→シャーロットタウン
- ✈ エア・カナダ　1日1～3便

29 トロント→ハリファックス
- ✈ エア・カナダ　1日7～8便
  ウエストジェット　1日1～2便

30 オタワ→モントリオール
- ✈ エア・カナダ　1日6～7便
- 🚌 オルレアン・エクスプレス　1日6便
- 🚆 VIA鉄道　1日3～6便

31 オタワ→ケベック・シティ
- ✈ エア・カナダ　土・日曜を除く1日1便

32 モントリオール→ケベック・シティ
- ✈ エア・カナダ　1日4～5便
- 🚌 オルレアン・エクスプレス　30分～2時間おきに1本
- 🚆 VIA鉄道　1日3～5便

33 モントリオール→シャーロットタウン
- ✈ エア・カナダ　1日1～2便

34 モントリオール→ハリファックス
- ✈ エア・カナダ　1日4便
- 🚆 VIA鉄道 オーシャン号　週3便

35 ハリファックス→シャーロットタウン
- 🚌 マリタイム・バス　1日1便

36 イエローナイフ→イカルイット
- ✈ カナディアン・ノース　週3便程度（ランキン・インレット経由）

飛行機の旅

カナダは日本の27倍もの国土をもつ国。例えば、バンクーバーとトロントは約4000kmも離れており、バスで移動すると丸3日もかかる。こんな広大な国を移動するには、飛行機を利用するのがベストだ。

国内を結ぶ航空会社

カナダ国内はエア・カナダがほとんどの都市間を運航している。日本から旅行会社を通して飛行機のチケットを取る場合は、一部の地域を除いてエア・カナダ利用となるだろう。また、2023年には成田～カルガリーという初の日本路線を就航させたウエストジェットWestJetも近年ますます路線を拡充している。ウエストジェットの拠点はカルガリーだが、国内各地に便がある。極北地方に便をもっているのは、カナディアン・ノースCanadian Northやエア・ノースAir Northなどの航空会社。また、バンクーバーからビクトリアなどバンクーバー島の町へは、パシフィック・コースタル航空Pacific Coastal Airlinesなどのほか、ハーバー・エア・シープレーンHarbour Air Seaplanesなど水上飛行機が運航している。ウィニペグやチャーチルなどマニトバ州に便をもつのはカーム・エアCalm Air。また、カナダには多くのローコストキャリアがあり、各地に便がある。最も有名なのが、トロントからオタワ、モントリオール、ハリファックスなどカナダとアメリカの東海岸の町に路線をもつポーター航空Porter Airlines。ほか、エドモントンやバンクーバー、トロントからウィニペグへの路線があるフレア航空Flair Airlinesや、モントリオール～ケベック・シティ間を結ぶパル航空PAL Airlinesやエア・トランザットAir Transatなど。

⬆多くの飛行機が発着するバンクーバー国際空港

マルチトリップを利用しよう

マルチトリップとは、往路と復路の発着地が片方または両方異なるルートのこと。ふたつ以上の目的地に1日以上滞在できる。「周遊型」や「オープンジョー」、「ストップオーバー」と呼ばれている。チケットは、各航空会社の航空券予約サイトで購入可能。「周遊型」は、日本から最初の目的地であるバンクーバーへ行き、そこからふたつめの目的地トロントへフライト。バンクーバーに戻らず、トロントから直行便で帰国できる。最初とふたつめの目的地の移動を、鉄道やバスなど陸上の交通機関を使うのが「オープンジョー」。陸上での移動は自己負担となる。「ストップオーバー」は、周遊型と同じだが経由便航空券のオプション扱いとなるため、航空会社からオプションが提供されないと選択できない。

おもな国内航空会社

エア・カナダ(AC)
FREE (1-888)247-2262(予約)
URL www.aircanada.com

ウエストジェット(WS)
FREE (1-888)937-8538
URL www.westjet.com

カナディアン・ノース(5T)
FREE (1-800)267-1247
URL www.canadiannorth.com

エア・ノース(4N)
FREE (1-800)661-0407
URL www.flyairnorth.com

パシフィック・コースタル航空(8P)
FREE (1-800)663-2872
URL www.pacificcoastal.com

ハーバー・エア・シープレーン(H3)
FREE (1-800)665-0212
URL www.harbourair.com

カーム・エア(MO)
FREE (1-800)839-2256
URL www.calmair.com

フレア航空 (F8)
URL flights.flyflair.com

パル航空 (PB)
FREE (1-800)563-2800
URL www.palairlines.ca

エア・トランザット (TS)
URL www.airtransat.com

割引運賃について

割引運賃はめまぐるしく変更されるので、有効期間やルートなどが自分の旅の条件に合っているかをよくチェックしたうえで、航空会社や旅行会社から直接新しい情報を手に入れ、最大限のメリットを引き出すようにしよう。

ローコストキャリアとは?

サービスや保険料などを省くことで、安いチケット代を実現させた航空会社のこと。通常、日本の旅行代理店からの予約はできず、日本から事前に予約する場合はインターネットでのオンライン予約となる。

トロントから東部へ運航する航空会社

ポーター航空Porter Airlinesという航空会社はトロントからオタワ、モントリオール、ケベック・シティ、ハリファックスなどに路線をもつ。トロントの発着場所はビリー・ビショップ・トロント・シティ空港Billy Bishop Toronto City Airport。

ポーター航空(PO)
TEL (416)619-8622
FREE (1-888)619-8622
URL www.flyporter.com

ビリー・ビショップ・トロント・シティ空港
MAP P.282-D2
TEL (416)203-6942
URL www.billybishopairport.com

長距離バスの旅

カナダは全長約8万kmの道路をもつ国だ。この道路網を利用した長距離バスが、国内の各都市間を結んでいる。ただし、2021年5月のグレイハウンド・カナダのカナダ路線撤退により、バスは従来と大きく変わり、さまざまなバス会社がそれぞれルートをもっている。

カナダを走るバス会社

カナダには多くのバス会社がある。おもなものとしては、ブリティッシュ・コロンビア州のバンクーバー～ビクトリア間を走るBCフェリーズ・コネクターBC Ferries Connector、バンクーバー島内を走るトフィーノ・バスTofino Bus、バンクーバーからカムループス、バンフなどを通りカルガリーまで行くライダー・エクスプレスRider Express、バンクーバーからカムループスやケロウナへ行くイーバスE Busなど。アルバータ州では、カルガリーとエドモントンという2大都市を結ぶレッド・アローRed Arrowなど。カナディアン・ロッキー内はシャトルバスが数社運行している。最大手は、旅行会社のパシュート・バンフ・ジャスパー・コレクションPursuit Banff Jasper Collectionが運行するブリュースター・エクスプレスBrewster Express。カルガリーからバンフへは、バンフ・エアポーターBanff Airporterのシャトルバスが便利。また、キャンモア～バンフ～レイク・ルイーズ間の移動には、ボウ・バレー・リージョナル・トランジット・サービス・コミッションBow Valley Regional Transit Service Commissionのローム・バスRoam Busが利用できる。バンフ市内のほか近郊のキャンモア、レイク・ルイーズへもアクセスでき、とても便利。オンタリオ州とケベック州では、

↑街なかを走るメガバス

おもな長距離バス会社

BCフェリーズ・コネクター
FREE (1-888)788-8840
URL bcfconnector.com

トフィーノ・バス
FREE (1-866)986-3466
URL tofinobus.com

ライダー・エクスプレス
FREE (1-833)583-3636
URL riderexpress.ca

イーバス
FREE (1-877)769-3287
URL myebus.ca

レッド・アロー
FREE (1-800)232-1958
URL www.redarrow.ca

パシュート・バンフ・ジャスパー・コレクション
FREE (1-866)606-6700
URL www.banffjaspercollection.com

メガバス
URL ca.megabus.com

フリックス・バス
URL global.flixbus.com

ギャラン・ロレンティド社
FREE (1-877)806-8666
URL www.galland-bus.com

リモカー
FREE (1-866)692-8899
URL limocar.ca

オルレアン・エクスプレス
FREE (1-833)449-6444
URL www.orleansexpress.com

マリタイム・バス
FREE (1-800)575-1807
URL www.maritimebus.com

DRL
TEL (709)263-2171
URL www.drl-lr.com

＊＊＊グレイハウンドのカナダについて＊＊＊

かつてカナダの大部分に路線を持っていたグレイハウンドだが、2018年10月のカナダ西部路線の廃止に続き、2021年5月には残っていたオンタリオ州、ケベック州の路線も廃止、カナダから完全に撤退した。一部提携バス会社へと引き継がれた路線もあるが、2023年6月現在長距離バスが運行していない町もある。バスディーポも、バンクーバーやビクトリアなど別のバス会社が利用している場所もあるが、カルガリーやエドモントン、トロント、オタワなどはバスディーポごとクローズしている。新しいバス発着所については、各都市のガイドページを参照のこと。本誌では可能な限り、新しいバス路線を紹介しているが、変更になる可能性が高いので長距離バスでの旅を考えている人は、現地で最新の情報を手に入れ、時間に余裕をもって旅行しよう。あまり時間がないという人は、飛行機やレンタカーで移動するほうがよい。

格安運賃のメガバスMegabus（→P.323、P.543欄外）がある。ケベック州はそのほかに最大手のオルレアン・エクスプレスOrléans Expressや、ロレンシャン方面へのバスがあるギャラン・ロレンティド社Galland Laurentides、イースタン・タウンシップス方面へ行くリモカーLimocarなどが運行。またアトランティック・カナダは、プリンス・エドワード・アイランド州、ノヴァ・スコシア州、ニュー・ブランズウィック州の3 州にマリタイム・バスMaritime Bus が、ニューファンドランド&ラブラドル州はDRLが路線バスを走らせている。ひとつの都市に複数のバス会社が運行していても、通常バスディーポは同じ。

バスの時刻を調べる

各バス会社のウェブサイトで調べるのが、便利で簡単。バスディーポに行けば、それぞれの路線ごとに分かれた時刻表が置いてあるので、それでチェックしたり、チケット売り場のスタッフに聞いてもOK。バスの時刻はおおむね正確だが、30分程度遅れることも。時間に余裕をもって移動することを心がけたい。

➡各バス会社の時刻表はバスディーポや観光案内所でもらえる

チケットの買い方とバスの乗り方

⬆バスの時刻を電光掲示板でチェックできるところも

予約・購入は事前にインターネットですませておくのがおすすめ。購入にはクレジットカードが必要。購入後送られてくる搭乗券をプリントアウトするかスマートフォンに保存し、乗車時にドライバーに見せればOK。車内への誘導は出発30分前くらいから。座れないことはまずない。スーツケースなど大きなかばんは、ドライバーに渡せばバスの下に入れてもらえる。降りる際、預けた荷物があることをドライバーに伝えて、必ず荷物を下ろしてもらうこと。

バスのルートについて

⬆メガバスの発着するするトロントのユニオン・ステーション・バス・ターミナル

同じ都市間を移動するバスでも、複数のルートがあることが多い。ルートの違いによって所要時間が倍ほども異なる場合もある。

また、バスは乗りっぱなしではなく、食事やトイレ休憩のため1～2時間おきにバスディーポに15分～1時間ほど停車する。どのくらいの時間停車するかアナウンスがあるが、心配な人は降りる際にドライバーに直接聞いておくといい。

長距離バスの料金について

本書掲載の長距離バスの料金は、すべて税抜きの金額。各ページ掲載の料金にプラスGSTと各州税がかかる。掲載料金はあくまでも目安として参考にしよう。

⬆目的地によって乗り場が異なるので事前に確認しておこう

バスディーポ

ディーポとは、「駅」という意味があり、グレイハウンドの停まるバス停はすべてこう呼ばれている。カフェや自動販売機、トイレなどがある。グレイハウンド以外のバスの停まるバス停には、それぞれ名前があるが、現地では一般的にバスディーポと呼ばれており、本書もその名称を採用している。

メガバスについて

メガバスは、おもにオンタリオ州とケベック州のモントリオール以西を走る格安運賃のバス会社。事前にネットでの予約が必要で、事前に予約すればするほど料金が安くなる。ほとんどがバスディーポから発着するが、モントリオールのように別の場所から発着の場合もあるので、注意。

長距離バスでのインターネット接続

バスの種類によっては、Wi-Fi接続が可能。メガバスとオルレアン・エクスプレスはほぼ全車で利用可能。使えるバスは今後もますます増えていく予定。

VIA鉄道の旅

カナダの鉄道はVIA鉄道が運行しているものがほとんど。VIA鉄道とは、カナダ国鉄Canadian National Railway(CN)とカナダ太平洋鉄道Canadian Pacific Railway(CP)というカナダ全土に鉄道網をもつ2大会社の旅客部門を統合してできた会社のこと。

↑東部近距離列車は車内で無線LANの接続が可能

■乗車券の購入

乗車券は現地でも購入できるが、多くの路線はいずれも人気ですぐに売り切れてしまうため日本であらかじめ予約・購入するのがおすすめ。予約方法は、右記にあるVIA鉄道のウェブサイト(英語)からオンラインで行う。VIA鉄道の日本語ページには、日本語でオンライン予約の手順が説明されているので、それを確認しながら英語ページで予約を行えば簡単。予約が完了したら、eメールで二次元コード付きの搭乗券(e-Boarding Pass)が送られてくる。プリントアウトしたe-Boarding Passを持参するか、二次元コードを表示したスマートフォンを搭乗口で提示すればOK。その際に、身分証明書としてパスポートやクレジットカードの提示を求められることがあるので注意。荷物を預けるのは乗車の1時間前までに行うこと。

VIA鉄道

FREE (1-888)842-7245
(カナダ国内のみ)

URL www.viarail.ca/en

ホームページには日本語のページもある(予約は不可)。

VIA鉄道利用上の知識

持ち込み荷物について

エコノミークラスの場合、車内持ち込みできる手荷物はひとり2個まで(一部区間によっては1個の場合あり)。サイズは縦54.5cm × 横 39.5cm × 幅23cm以内で重量23kg以下または身の回り品ひとつに3辺の和が158cm、23kg以内の荷物ひとつのいずれか。

預け入れについて

ひとり2個の荷物を無料で預けることができる。荷物1個につき重量23kg以下、サイズは3辺の合計が158cm以内。路線や車両クラスによって持ち込み、預け入れ荷物の重量やサイズが異なる場合があるので下記ウェブサイトで確認を。

URL www.viarail.ca/en/plan/baggages

禁煙/喫煙/飲酒

全面禁煙。また飲酒に関しては、列車が通過している州の法律に従う。

おもな列車の種類

列車名	区間	走行距離	備考
バンクーバー~トロント(カナディアン号)	バンクーバー~ジャスパー~エドモントン~サスカトゥーン~ウィニペグ~トロント	4466km	バンクーバー~トロントを走る大陸横断鉄道。プレスティージ寝台車クラスは、「走る高級ホテル」と呼ばれるほどの豪華さ。
ジャスパー~プリンス・ルパート線	ジャスパー~プリンス・ジョージ~プリンス・ルパート	1160km	太平洋沿岸からロッキーを結ぶ観光列車。途中プリンス・ジョージに停車し1泊する。6月中旬~9月下旬のみ展望席のあるツアークラスの利用が可能。
チャーチル~ウィニペグ線	チャーチル~ウィニペグ	1697km	ウィニペグとチャーチルを結ぶ寝台列車。道路は途中で寸断され、ツンドラの中を線路だけが続く最果ての列車。別名「オーロラ列車」と呼ばれる。
ケベック・シティ~ウインザー線	ウインザー、ナイアガラ・フォールズ、トロント、オタワ、モントリオール、ケベック・シティなど14路線ある	1765km	オンタリオ州とケベック州の各主要都市を結ぶ路線(旧コリドー号)。便数が多く便利。路線は行き先別に細かく分かれており、途中駅で乗り換えることもある。
モントリオール~ハリファックス(オーシャン号)	モントリオール~モンクトン~ハリファックス	1346km	セント・ローレンス川に沿って進む。終点はハリファックス。途中のモンクトンで下車し、翌日マリタイム・バスでプリンス・エドワード島へ。
モントリオール~センテール線、モントリオール~ジョンキエール線	モントリオール~ハービー~センテール、モントリオール~ハービー~ジョンキエール	モントリオール~センテール717km、モントリオール~ジョンキエール510km	モントリオールからケベック北部を旅する路線。流れの速い河川、滝、何百もの湖、手つかずの大自然を堪能できるルート。

割引料金について
URL www.viarail.ca/en/offers/deals-discounts

↑各駅には時刻表があるので、正確な時刻を確認しよう

■さまざまな割引運賃

乗車運賃は、ハイシーズンとローシーズンの設定がある。ローシーズンの期間は路線によって異なる。また、路線によってエスケープ、エコノミープラス、ビジネスプラスなどのさまざまな運賃設定があり、エスケープはエコノミークラスで最も割引率が高いが、払い戻しができず、出発前の段階でチケットの交換はチケット代の50%の手数料が必要など制約も多い。

↑車内はゆったりとしている

■座席の種類

座席にはエコノミークラスやファーストクラスなどがある。ケベック・シティ～ウインザー路線のビジネスクラスは食事やドリンクのサービス付き。カナディアン号には、エコノミークラス（座席）と寝台車プラスクラス、プレスティージ寝台車クラスがある。寝台車プラスクラスには、ふたり用個室寝台（Cabin for two）と、ひとり用寝台（Cabin for one）、上下寝台（Berth）がある。

その他の鉄道

VIA鉄道以外にも、各地方のローカル色豊かな鉄道があり、観光客に人気が高い。

ロッキー・マウンテニア鉄道
TEL (604) 606-7245（予約）
FREE (1-877) 460-3200
URL www.rockymountaineer.com
予約はインターネットか、日本の旅行会社を通して行う。

日本の予約先
カナディアンネットワーク
住 〒105-0003
東京都港区西新橋1-2-9
日比谷セントラルビル14階
TEL 050-3662-0552
URL www.canadiannetwork.co.jp

■ロッキー・マウンテニア鉄道

夏季のみ運行する、カナディアン・ロッキーを走る観光列車。移動手段ではなく、ツアーと考えよう。バンクーバーを出発してカムループスのホテルで1泊し、ジャスパーへ行くジャーニー・スルー・ザ・クラウドJourney through the Cloudsと、レイク・ルイーズ～バンフと進むファースト・パッセージ・トゥ・ザ・ウエストFirst Passage to the West、バンクーバー、ウィスラー経由でジャスパー間を結ぶレインフォレスト・トゥ・ゴールドラッシュRainforest to Gold Rushの計3つのルートがある。

©Rocky Mountaineer
↑雄大な自然のなかを走る

アルゴマ・セントラル鉄道
FREE (844) 246-9458
URL agawatrain.com
アガワ渓谷ツアー・トレイン
運 7月下旬～10月中旬
毎日8:00発、18:00着
（7月下旬～8月は木～日、9月～10月中旬は毎日）

■アルゴマ・セントラル鉄道

アルゴマ・セントラル鉄道Algoma Central Railwayは、オンタリオ州西部のスー・セント・マリーSault Ste. Marieから北のハーストHearst間に路線をもつ鉄道会社。夏から秋にかけて、紅葉の名所としても有名な途中駅、アガワ渓谷Agawa Canyonまでを結ぶアガワ渓谷ツアー・トレインAgawa Canyon Tour Trainを運行する。スー・セント・マリーを出発した列車は片道4時間でアガワ渓谷に到着する。渓谷で1時間30分ほど休憩し、同じ道を戻る。

ホテルについて

カナダのホテル

カナダのホテルは日本と比べてそれほど安くはない。シングルとダブルやツインルームの料金の差が少ないため、ふたりで宿泊したほうが割安。ダブルは大きなベッドがひとつ、ツインはひとり用のベッドがふたつ、というのが基本だが、ダブルとツインの区別は曖昧なので、ふたりで同じベッドに寝るのがいやなら"Two persons"とか"Twin"というより、"Room with two beds"と言ったほうが通じるはずだ。普通のビジネスホテルでも部屋は非常に広く、ベッドもたいていの場合クイーンサイズ以上の大きさだ。施設やアメニティも揃っている。なお、チラシやホームページに掲載されている料金は、通常1室当たりの料金となっている。

➡高層階の客室からは街並みを一望できることが多い

■安く泊まりたい人は

定番は、ユースホステル。カナダには多くのホステルがあり、合い部屋のドミトリーなら1泊$30前後で泊まることができる。また、おもに家族経営のB&Bや安宿の定番であるゲストハウスもおすすめだ。これは家屋を丸々もしくは一部の部屋を宿泊者用に貸し出していることが多い。格安のホテルのなかでも、バス、トイレが共同の部屋なら、$100以下という場合も。こうした共同ルームを予約する際は、何部屋でひとつのバスルームを共同利用するのか聞いておくといい。シャンプーなどアメニティの有無についても確認をしておくこと。

■ホテルの予約について

旅行会社に予約を依頼するか、ホテルチェーンの日本の予約会社に連絡するか、あるいはホテルの公式サイトから自分で予約する方法がある。旅行会社ではツアーで利用するホテルや中級以上のホテルしか扱っていないことが多く、どんなところか様子が聞けて信頼できる一方、B&Bのような個人経営のものはほとんど扱っていない。ガイドブックや友人の体験談、インターネットなどで泊まりたい宿があったら、公式サイトから自分で直接予約しよう。いずれの方法で予約するとしても、キャンセルした場合の規定はきちんと確認しておくこと。また、エクスペディアやホテルズドットコムなどのホテル予約サイトでの予約も人気。

各種の割引料金

カナダの観光地のホテル料金はハイシーズンとローシーズンで2倍以上の差があることもざら。観光地ではなく、ビジネス客が多い地域では週末割引を設定していることが多い。週末にタイミングが合えば、ランクが上のホテルにかなり安く泊まることができるはずだ。中級以下の宿では週単位、月単位の料金を設定しているところが多い。B&Bやツーリストホームなどにホームステイ感覚で長期滞在する際に便利だ。

また、アクティビティなどオプションをセットしたお得なパッケージプランを用意しているところもあるので、予約の際に聞いてみるといい。

キャンセルについて

キャンセル料の規定はホテルによって異なるが、特にリゾートホテルは厳しく、シーズンによっては1ヵ月前からキャンセル・チャージがかかるところもある。クレジットカード番号を知らせてある場合、キャンセルすると規定に応じたキャンセル料が自動的に口座から引き落とされる。あとでトラブルを避けるためにも、予約や問い合わせの際に、キャンセル規定（Cancellation Policy）を確認しておこう。

ホテル予約サイト

エクスペディアやホテルズドットコムなど、海外のホテル予約サイトなら、その時期の最安値で予約することが可能。ホテルの設備なども紹介されているのもうれしい。クレジットカードでの事前決済やデポジットなどが必要になる。

エクスペディア
URL www.expedia.co.jp
ホテルズドットコム
URL jp.hotels.com
ブッキング・ドットコム
URL www.booking.com

ホテル以外の宿泊施設

カナダの宿泊施設は一般に、清潔でサービスもよく安心できる。近代的なホテル、モーテルや高級リゾート以外にも、アクティビティの揃ったロッジやオーベルジュ、家庭的なB&Bと施設のランクやカテゴリーも豊富だから、目的に合った宿選びができる楽しみもある。

■YMCA/YWCA

"Young Men's(Women's) Christian Association"が運営するエコノミーな宿のこと。営利を目的としていないので、ワンルーム1泊$40程度から泊まれる。YMCAは男性専用、YWCAは女性専用になっている場合もある。

■B&B

B&BとはBed & Breakfastの略。つまり朝食付きの民宿のこと。高級ホテル顔負けの贅沢な家具の置かれた客室や、専用のバスルームやランドリーまで揃えたところなどさまざまなタイプがある。特にバンクーバーやビクトリア、モントリオールには個性的なB&Bが多い。料金はひと部屋単位のことが多く、ふたりで泊まればかなり格安。たいていは自宅の一角を利用しており、ホストの個性が反映されたカナダの普通の家庭の生活が垣間見られるという点でも貴重な経験ができる。

当然、住宅街にあることが多いので、交通はやや不便。B & Bによっては最寄りの駅やバス停、バスディーポや空港からのピックアップサービスを行っている場合もあるので、尋ねてみよう。

また、滞在中はあくまで他人の家に客として来たつもりで、マナーに反した行動をとらないように注意しよう。最近ではB&Bは個人の宿ベースで予約するよりも、Airbnbで予約する場合が多くなってきている。

■ユースホステル

"時間と体力はあるが、資金のほうはちょっと"、という人がお世話になるのがユースホステル。ドミトリーで$30～45程度(国際ユースホステル協会Hostelling International(HI)会員なら10%割引してもらえる)。キッチンやランドリーなどの設備も充実しており、ドミトリー形式だが、プライベートルームのあるところもある。連泊が制限されているところ、冬は閉まるところもある。

ユースホステルの会員証は、乗り物や観光施設などさまざまなところで料金割引の対象となるので、うまく利用するといい。

■Airbnb(エアビーアンドビー)

現地の人が提供するアパートなどの宿泊施設を予約＆検索できるAirbnb。検索は左記のウェブサイトにアクセスし、都市名と日付けを入力する。地図上に開いている部屋と料金が表示されるので、条件にあったところを予約する。チェックイン方法は施設によりさまざまなので、確認しておくこと。

ホテルのランク

カナダ・セレクト(Canada Select)やAAA(全米自動車協会)、CAA(カナダ自動車協会)などが星の数による格付けをしているほか、ケベック州のように州独自のランク(CITQ)を付けている州もある。

モーテル

モーテル(モーターイン)とはおもに車で旅行する人が利用するホテル。ドアの外すぐが駐車場になっているのが一般的。郊外にある場合がほとんどで、町に入ったすぐの国道沿いに固まっている。

オーベルジュ

オーベルジュとは、おもにケベック州に見られる宿で、宿泊施設のあるレストランのこと。小さな家族経営のところが多く、地元の素材にこだわったレベルの高いフランス料理などが食べられる。外観や室内もアンティーク調だったりカントリー調だったりと、センスのいいところが多い。

日本ユースホステル協会

住 〒151-0052
東京都渋谷区代々木神園町3-1国立オリンピック記念青少年総合センター　センター棟3階
URL www.jyh.or.jp

ユースホステル会員証

成人パス(満19歳以上)2500円(新規会員の場合。継続の場合は2000円。手数料別途)。スマートフォンやパソコンから入会できる。有効期限は1年間。日本国内で発行した会員証が全世界で有効。

ユースホステルについては、「地球の歩き方」ホームページの専用ページ(URL prepare.arukikata.co.jp/1_5_1.html)でも簡単な情報収集ができる。

Airbnb

URL www.airbnb.jp

宿泊するのは個人所有の部屋なので、チェックインの方法が鍵の手渡しやドアの暗証番号入力などホストによりさまざま。チェックイン可能時間と合わせて確認しておくこと。そのため、利用にはある程度の英語力があるほうがよい。Airbnbはオーナーとのトラブルなども報告されている。万が一トラブルが発生しても自分で解決できる自信があり、ホテルと同じサービスは期待できないことを納得したうえで利用したい。

旅の技術 レストランの基礎知識

レストランの種類

高級レストランはフレンチやイタリアン、カナダ料理などが多く、ディナーで$50～とそれほど高くはない。カナダでは高級レストランでもドレスコードはほとんどない。破れているジーンズやよれよれのTシャツなどさえ避ければ、ほぼどんなレストランでも入店を断られることはない。

カナダにはマクドナルドやKFC、スターバックス・コーヒーなど日本でおなじみのファストフード店やコーヒーショップがたくさんある。カナダ生まれのコーヒーショップといえばティム・ホートンやセカンド・カップが有名。大都市のショッピングセンターにはフードコートがあり、中華やタイ、インド、イタリアンのほか日本食の店も入っている。値段もリーズナブルなので旅費を節約したいときにおすすめ。

各地の名物料理

■ブリティッシュ・コロンビア州

太平洋沿岸にあるブリティッシュ・コロンビア州では、サーモンやタラ、オヒョウのほかダンジネスクラブなどのカニ、ムール貝やオイスターまで、豊富な種類の魚介は格別のおいしさだ。バンクーバーでは、寿司が人気。本場さながらの飲茶など、中華料理店も外せない。

■アルバータ州

アルバータ州といえばアルバータ牛のステーキ。等級があり、AAAが最高級品。また、カナダでは一般的に脂のない部位が好まれるので、レストランのステーキは赤身の部分がほとんど。とろけるような食感のステーキを食べたいなら、リブロースをチョイスしよう。厚切りカットのリブステーキはプライム・リブPrime Ribと呼ばれる。

■オンタリオ州

首都オタワやカナダ最大の都市のトロントがあるオンタリオ州には、カナダ各地から新鮮な食材が集まり、さまざまなジャンルの料理が味わえる。トロントでは地元の食材を使い、各国料理のテイストを組み合わせたフュージョン料理が人気。カリスマ的なシェフも多く、独特の食文化を展開している。

■ケベック州

ケベック州ではやはりフランス料理のレストランが多い。パンではベーグルのほか、クロワッサンやバゲットも人気があり、おいしいパン屋さんがたくさんあるのも特徴。チーズや野菜、ハムなどを挟むクレープはケベック・シティの定番。伝統的なケベック料理はハーブを効かせたミート

カナダの定番メニュー

朝食はトーストやフレンチトースト、マフィンなど。おやつならドーナツ、ビールのつまみにはフィッシュ&チップスが一般的。家庭料理の代表はローストビーフだ。

ファミリーレストラン

安価でしっかりと食べたいなら、カジュアルなファミリーレストランへ足を運ぼう。「KEG」、「Milestones」、「Earls」は、カナダ全土にあるレストランチェーン。「KEG」はステーキ、「Milestones」と「Earls」はダイニング風の料理が多い。

カナダのマクドナルド

おなじみの「M」マークの看板をよく見てみて。小さなメープルマークが描かれているところもある。また、ケベック州ではバンズの代わりにベーグルを使ったり、プリンス・エドワード島には季節限定のロブスターバーガーなどその地域ならではのメニューも多い。

勘定の頼み方

レストランでの支払いは基本的にテーブルチェック。テーブルの担当者に、「Check, please」と言って勘定書を持ってきてもらう。請求額にチップを加えて、テーブルに置くと取りにきて、おつりがあれば持ってきてくれる。レシートは普通、頼まないとくれない。

食べきれなかった料理

カナダでは、レストランで食べきれなかった料理を容器に入れて持ち帰る習慣があり、これをトゥー・ゴー・ボックスTo Go Box(またはContainerやBag)という。店員に「To Go Box please」、「To take away」、「Take it to go」などと言えば、持ち帰り用のボックスがもらえる。

レストランの予約について

電話のほか、多くのレストランでウェブサイトから予約できるようになっている。また、Open Tableなどレストラン予約サイトを利用するのも◎。

Open Table
URL www.opentable.ca

ボールや豆のスープ、ミートパイなど。ケベック・シティの旧市街のレストランやオルレアン島の農家などで味わえる。

■アトランティック・カナダ

大西洋岸のプリンス・エドワード島やノヴァ・スコシア州などでは、ロブスター、アトランティック・サーモン、ムール貝、ホタテ貝といったシーフードが揃う。特にロブスターは、カナダでもアトランティック・カナダでしか取れないので、ロブスター・サパーと呼ばれる専門店で味わいたい。

■極北

ジャコウウシ(マスコックス)やカリブー、イワナの仲間であるアークティック・チャーが3大料理だ。また、イエローナイフでは無数の湖に生息する淡水魚もよく食べられる。

カナダのアルコール

カナダでアルコール類を瓶ごと売っているのは、政府直営のリカー・ストアだけ(ケベック州のみ、デパートやコンビニでも23:00まで購入できる)。ただし、カナダでは公園やバス、列車など公共の場での飲酒は原則として禁止されているので注意しよう。アルコールの缶や瓶をむき出しにして持つことも禁止。

■ビール

カナダのビールといえば2大メーカー、モルソンMolsonとラバットLabattに代表される。どちらのビールも軽い口当たりが特徴で、のど越しがいい。つまみはフィッシュ&チップス。こんなところにもイギリス文化の香りが感じられる。フィッシュ&チップスはタラやオヒョウなどの白身魚のフライとフライドポテト。また、各州や土地によって実に多彩な地ビールがある。ミニ醸造所をもち、その店オリジナルの地ビールが飲めるパブ(Brew Pub、Brewing Co.)も増えている。

■ワイン

カナダのワインの生産地といえばブリティッシュ・コロンビア州のオカナガン地方と、オンタリオ州のナイアガラ。どちらも、乾燥して日照時間の長い夏の気候が、ワイン造りに最適とされている。

日本では認知度が低いカナダのワインだが、ヨーロッパの品評会などで数々の賞を受賞し、世界中で評価が高まっている。なかでもアイスワインは、世界でドイツ、オーストリア、カナダの3ヵ国でしか造られないという希少なもので世界にカナダのワインを認知させた。

■ウイスキー

カナダではビールやワインが人気だが、忘れてならないのはウイスキー。カナディアンクラブ、クラウンロイヤルといった日本でも有名なふたつのウイスキーはカナダ産のもの。中部大平原のライ麦から造られた琥珀色のウイスキーの味わいも格別。

メープルシロップを使ったケベック料理の代表的なメニュー

メープル・ハム
Maple Ham
スライスしたハムの片面だけマスタードを塗り、アップルジュースや白ワインなどを敷いてオーブンで焼き、メープルシロップで照りをつけて仕上げる。

クリスピー・メープル・リブ
Crispy Maple Ribs
ケチャップ、ワインビネガー、メープルシロップなどのたれをつけて焼き上げたスペアリブ。

オレンジ・メープル・グレイズド・ダック
Orange Maple Glazed Duck
ケベック風カモのグリルのオレンジソースかけ。

メープル・クラシック・ドレッシング
Maple Classic Dressing
バルサミコ酢とメープルシロップ、マスタード、ニンニク、黒胡椒、オリーブオイルなどで作ったドレッシング。

リカー・ストアの営業時間

リカー・ストアの営業時間は基本的には月～土曜の9:00～18:00。しかし、バンクーバーやトロントなどの都市部では～22:00までや日曜も営業している店が多い。

ワイン持ち込みOKのレストラン

ケベック州、特にモントリオールの庶民的なレストランでは、ワインを店には置いてない代わりに持ち込みが許される場合が多い。窓やドアに"Apportez Votre Vin"(アポルテ・ヴォトル・ヴァン=ワインをお持ちください)と表示があれば、近くのリカー・ストアで買っていくといい。

⬆シャルドネやメルロー、ピノ・ノワールなどを使ったワインが人気

➡現地では「CC」と呼ばれ親しまれているカナディアンクラブ

旅の技術 チップとマナー

チップについて

チップとは、ホテル、レストラン、タクシーやツアーの利用時に心付けとして少額のお金を渡すというもの。日本人にはあまりなじみのない慣習だがカナダでは常識。目安はレストランの場合は15%程度とされ、HSTが適用されている前述の5州についてはHSTが13～15%なので、レシートに書き込まれている税金の額とほぼ同じ金額をチップとして支払えばいい。

クレジットカードを使用する場合のチップについて

レシートにチップの金額を書いて渡すか、カードと一緒にチップの分の現金を渡す。

チップの目安

レストラン	合計金額の10～20%が相場。ただし、サービス料がすでに含まれていれば払う必要はなく、払うとしても小銭程度でいい。まれにチップの額まで書き込んだ請求書を持ってくるレストランもあるので、二重払いにならないようによく確認すること。
タクシー	料金の10～15%。料金が低くても最低50¢。荷物が多い場合は若干多めに払う。おつりの端数をそのままチップにしてしまうのも方法。
ルームメイド	特に置かなくてもいいが、部屋を出るときにサイドテーブルに1ベッドにつき$1程度置くのが一般的。
ルームサービス	ルームサービスは料金の10～15%。タオルや毛布の不足補充を頼んだら50¢～$1。
ドライバー	観光バスではドライバーがたいていガイドも兼ねているので、ツアー終了時に$3～5程度。

チップ換算早見表

$ 料金	10%		20%	
	チップ	合計額	チップ	合計額
10	1.0	11.0	2	12
15	1.5	16.5	3	18
20	2.0	22.0	4	24
25	2.5	27.5	5	30
30	3.0	33.0	6	36
35	3.5	38.5	7	42
40	4.0	44.0	8	48
45	4.5	49.5	9	54
50	5.0	55.0	10	60
55	5.5	60.5	11	66
60	6.0	66.0	12	72
65	6.5	71.5	13	78
70	7.0	77.0	14	84
75	7.5	82.5	15	90
80	8.0	88.0	16	96
85	8.5	93.5	17	102
90	9.0	99.0	18	108
95	9.5	104.5	19	114
100	10.0	110.0	20	120

マナーについて

■あいさつ

お店に入って、店員に「Hi」と声をかけられたら「Hi」や「Hello」と返事を返そう。また「How are you?」も一般的に使われるので「Fine, Thank you」などと答えるのがいい。ショッピングの最中、店員から「May I Help You?(何かお探しですか)」と言われたら、無視したりせずに「I'm Just Looking(見てるだけです)」や欲しいものがあればその旨を伝えるようにしよう。

■アルコール

カナダでは公園やバス、列車など、公共の場での飲酒は原則として禁止。また、州により18～19歳未満の飲酒は法律で禁じられており、アルコール購入の際はID(身分証明書)の提示を求められることもある。

その他、気をつけたいこと

レストランでは注文する料理が決まっても大きな声で店員を呼ばず、来るまで待つように。ショップでは店を出るとき何も買わなくても「Thank you」とひと言言おう。

カナダは他の欧米諸国同様、レディファーストの国。店に入るとき、出るときなど女性を先に通すように心がけよう。

旅の技術

電話と郵便

市内通話の料金

自宅などの固定電話からの市内通話は無料。公衆電話からは最低料金を入れたら、あとは時間無制限。

電話番号案内

市内：411
市外：1＋市外局番＋555＋1212

トールフリー（無料電話）

(1-800)や(1-888)、(1-877)などで始まる電話番号はトールフリー（無料通話）で、州内、国内、アメリカからなど有効範囲が番号により異なる。日本からもつながるものもあるが、有料。

バンクーバーの市内通話

バンクーバーだけは、市内通話であっても市外局番(604)が必要となる。長距離（市外）通話の「1」は不要。

電話機

公衆電話はプッシュホン式で、コイン使用のものがほとんど。空港や大きな駅にはクレジットカード式のものもあり、すべての公衆電話で国内、国際電話どちらもかけることができる。コインは¢5、¢10、¢25、$1の4種類が使用できる。

国内電話のかけ方

■市内通話と長距離通話

国内電話は、市内通話Local Callと長距離（市外）通話Long Distance Callとに区分される。市内通話の場合、市外局番は不要（バンクーバーのみ必要→欄外）で、受話器を取ってコインを入れてから7桁の番号をダイヤルする。長距離（市外）通話の場合は、初めに長距離通話の識別番号「1」を押してから市外局番、電話番号と順番にダイヤルすると、オペレーターが最初の3分間の料金を告げるので、その分のコインを投入。時間超過するたびに必要な料金がアナウンスされる。

電話のかけ方

（国内電話）

市内通話 Local Call

（例）トロントから市内の(416) 123-4567にかける場合

123 ＋ 4567

長距離通話 Long Distance Call

（例）バンクーバーからオタワの(613) 123-4567にかける場合

1 ＋ 613 ＋ 123 ＋ 4567

（国際電話）

日本からカナダへ電話をかける場合

はじめに国際電話会社の番号、次に国際電話識別番号「010」をダイヤルし、カナダの国番号「1」、続いて市外局番、相手先の番号をダイヤルする。

（例）日本からカナダ（バンクーバー）の(604) 123-4567へかける場合

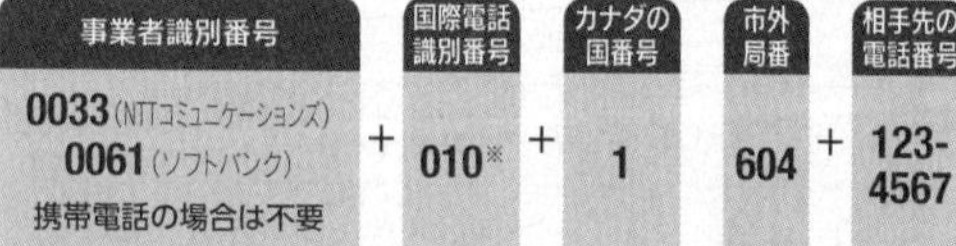

事業者識別番号		国際電話識別番号		カナダの国番号		市外局番		相手先の電話番号
0033（NTTコミュニケーションズ） 0061（ソフトバンク） 携帯電話の場合は不要	＋	010※	＋	1		604	＋	123-4567

※携帯電話の場合は010のかわりに「0」を長押しして「+」を表示させると、国番号からかけられる

※NTTドコモ（携帯電話）は事前にWORLD CALLの登録が必要

カナダから日本へ電話をかける場合

はじめに国際電話識別番号「011」をダイヤルし、日本の国番号「81」、続いて市外局番（最初の0は不要）、相手先の番号をダイヤルする。

（例）カナダから日本（東京）の(03) 1234-5678へかける場合

国際電話識別番号		日本の国番号		市外局番の0を除いた番号		相手先の電話番号
011※1	＋	81	＋	3※2		1234-5678

※1）公衆電話から日本へかける場合は上記のとおり。ホテルの部屋からは外線につながる番号を頭に付ける。　※2）携帯電話などへかける場合も、「090」「080」などの最初の0を除く。

郵便

日本まで航空便ではがきやアエログラム（簡易書簡）、封書（30gまで）はすべて$2.71。日本への所要日数は、投函地によっても異なるが、航空便で1～3週間程度。カナダ国内は$1.07（郵便番号記入分対象、30gまで）。切手は郵便局、ホテルのフロント、空港、鉄道駅、バスディーポの売店、みやげ物店などで買える。カナダではショッピングセンターやドラッグストアの中にPostal Outletと呼ばれる郵便局がある場合が多いが、場所によっては切手の販売のみで、規定外の郵便（小包など）は扱っていないこともある。小包には、最も安いが到着も遅い（5～8日）Small Packetのほか、Priority Worldwide、Xpresspost、Expedited Parcel、Tracked Packetなどのサービスから選ぶことができる。それぞれ到着までの日数や料金が異なる。営業は基本的に月～金曜9:00～17:00と土曜10:00～14:00。

荷物を送る際には万一の事故や盗難に備えて保険（Liability Coverage）をかけよう。保険付帯によって盗難のリスクが軽減されるうえ、実際に損失を被った場合でも差出国と配送国への調査・補償が要求しやすくなる。記入伝票も保険付き用のものを使用すること。

⬆ポストは派手でよく目立つ

アルファベットの電話番号

電話番号の一部分がアルファベットで表記されているものがある。これは電話のボタン部分に表示してあるアルファベットを意味している。メールを打つときと同じ方法でアルファベットを押せば、そこに電話がつながる。

Canada Post

URL www.canadapost.ca

郵便サービスや料金についてはインターネットで調べることもできる。

カナダから日本への郵便料金

定形郵便（封書・はがき）
30g $2.71
50g $3.88
小型国際郵便（船便）
1kg $28.16
2kg $41.39
小型国際郵便（航空便）
1kg $54.52
2kg $75.68

INFORMATION

カナダでスマホ、ネットを使うには

スマホ利用やインターネットアクセスをするための方法はいろいろあるが、一番手軽なのはホテルなどのネットサービス（有料または無料）、Wi-Fiスポット（インターネットアクセスポイント。無料）を活用することだろう。主要ホテルや町なかにWi-Fiスポットがあるので、宿泊ホテルでの利用可否やどこにWi-Fiスポットがあるかなどの情報を事前にネットなどで調べておくとよい。ただしWi-Fiスポットでは、通信速度が不安定だったり、繋がらない場合があったり、利用できる場所が限定されたりするというデメリットもある。そのほか契約している携帯電話会社の「パケット定額」を利用したり、現地キャリアに対応したSIMカードを使用したりと選択肢は豊富だが、ストレスなく安心してスマホやネットを使うなら、以下の方法も検討したい。

☆海外用モバイルWi-Fiルーターをレンタル

カナダで利用できる「Wi-Fiルーター」をレンタルする方法がある。定額料金で利用できるもので、「グローバルWiFi（【URL】https://townwifi.com/）」など各社が提供している。Wi-Fiルーターとは、現地でもスマホやタブレット、PCなどでネットを利用するための機器のことをいい、事前に予約しておいて、空港などで受け取る。利用料金が安く、ルーター1台で複数の機器と接続できる（同行者とシェアできる）ほか、いつでもどこでも、移動しながらでも快適にネットを利用できるとして、利用者が増えている。

▼グローバルWiFi

海外旅行先のスマホ接続、ネット利用の詳しい情報は「地球の歩き方」ホームページで確認してほしい。
【URL】http://www.arukikata.co.jp/net/

旅の技術

インターネット

インターネットを使うには

「地球の歩き方」ホームページでは、カナダでのスマートフォンなどの利用にあたって、各携帯電話会社の「パケット定額」や海外用モバイルWi-Fiルーターのレンタルなどの情報をまとめた特集ページを公開中。

URL www.arukikata.co.jp/net

「地球の歩き方」公式LINEスタンプが登場！

旅先で出合うあれこれがスタンプに。旅好き同士のコミュニケーションにおすすめ。LINE STOREで「地球の歩き方」と検索！

Wi-Fiが無料で接続できるおもな空港

バンクーバー国際空港（バンクーバー）
カルガリー国際空港（カルガリー）
トロント・ピアソン国際空港（トロント）
オタワ・マクドナルド・カルティエ国際空港（オタワ）
モントリオール・ピエール・エリオット・トルドー国際空港（モントリオール）
ジャン・ルサージュ国際空港（ケベック・シティ）
ハリファックス・スタンフォード国際空港（ハリファックス）
イエローナイフ空港（イエローナイフ）

ネット接続の環境

海外旅行にスマートフォンやタブレット、パソコンなどのインターネット端末を持って行くのは、今や当たり前になっている。現地でインターネットに接続できれば最新の情報を得ることができるほか、飛行機や長距離バス、宿泊施設の予約もできるので非常に便利。カナダ国内ではWi-Fiが広く普及しているので、Wi-Fi機能搭載のパソコンやスマートフォン、タブレットを持っていけば、多くの場所でインターネットの接続が可能。また、一部の長距離バスやVIA鉄道の車内でもWi-Fiの接続が無料となっている。ここでは、現地の無料Wi-Fiを利用してのインターネット接続や、現地の有料SIMを利用してのスマートフォンの使用などインターネットに関するノウハウを紹介。

空港でのネット接続

カナダ国内にあるほとんどの空港でWi-Fiの接続が無料。まずWi-Fiに接続し、空港のネットワークを選択すると自動的にWi-Fi接続のウェブサイトに移動するので、あとは画面の表示に従って操作すれば接続できる。各空港では、自分のパソコンを置いてインターネットができるスペースや、プラグを差し込むコンセントが付いた椅子を設置しているところもある。

町なかでのネット接続

レストランやカフェなどではWi-Fiの接続が可能なところが多い。店の入口に「Wi-Fi Free Spot」「Free Internet Access」などと表示されているのでチェックしてみよう。パスワードが必要な場合もあるので、その際はスタッフに教えてもらおう。また、観光地では町のなかに公共のWi-Fiがある場合もあるが、たいがいは速度が遅くつながらないことが多い。

➡カナダ発のコーヒーショップ、セカンド・カップはWi-Fiの接続が無料

ホテルでのネット接続

カナダではほとんどのホテルでWi-Fiでの接続が可能。ログイン用のユーザー名とアクセスコード（アクセスコードのみのところもある）が必要なので、チェックイン時にフロントで聞こう。高級ホテルはビジネス用の高速Wi-Fiのみが有料のことがある。料金は1日$15くらい。支払いはチェックアウト時に宿泊料と一緒に支払うのが一般的。特に格安のホテルの場合、全館Wi-Fiの接続が無料となっていても電波の受信感度が弱い客室もあるので注意。

自分のスマートフォンを現地で使う方法

日本で使用しているスマートフォンを海外まで持って行って使うには、いくつかの方法がある。ひとつ目は現地で無料のWi-Fiを使う。ふたつ目は特に何の手続きもなしに利用する。3つ目はモバイルWi-Fiルーターをレンタルして接続する、4つ目が現地でプリペイド式のSIMを購入する方法。それぞれの詳細を以下に記したので、チェックしてみて。

①現地で無料のWi-Fiを利用する

カナダではホテル、レストラン、カフェなどさまざまな場所で無料のWi-Fiが利用できる。それを利用すれば、一切料金がかかることなく手持ちのスマートフォンでインターネットに接続が可能だ。接続はホテルや店によって異なり、パスワードなしでそのまま接続できる場合もあるが、たいていはパスワードが必要。接続の際はスタッフにWi-Fi接続用のIDとパスワードを聞くようにしよう。特に「ティム・ホートン」や「スターバックス」などの大手チェーン系のカフェは店数も多くWi-Fiもよくつながる。バンクーバーなどの都市部や観光地には市が提供する無料のWi-Fiもあるが、つながりにくい。

②手続きなしにそのまま利用する

日本で手続きなしにスマートフォンをカナダで利用すると、日本の携帯電話会社が提携している海外ローミングサービスを海外パケット定額で利用する方法となる。料金はキャリアや契約内容によって異なるが、1日あたり980～2980円程度。普段は利用しないが、いざというときに使いたい場合などに役立つ。

③モバイルWi-Fiルーターをレンタル

カナダへの旅行者の間で最も一般的なのがこの方法。日本でネットなどから予約し、出発の空港でルーターを受け取る。成田空港、羽田空港、関西国際空港には当日レンタルにも対応している会社もあるが、夏などは品切れの場合もあるのであらかじめ予約しておくと安心。ルーターはスマートフォンのほかタブレット、ノートパソコンなど複数のデバイスに対応しており、容量によって値段が変わる。詳細は各社のホームページで確認のこと。

④現地でプリペイド式のSIMを購入する

旅慣れた人や長期滞在者がよく利用するのが、現地でプリペイド式のSIMカードを購入する方法。日本からの直行便が就航するバンクーバー国際空港には到着ロビーに出てすぐにある両替所、ICE Currency Exchangeで現地SIMが購入できる。料金は容量によって異なり、3G 500MBで$35～。SIMの有効期間中はカナダ全土の電話料金が無料になる。なお、カナダにはほかにも多くの格安SIMカードが流通している。なかでも料金が安く回線も安定していると言われるのが、Lucky Mobileやfido、PhoneBoxの

スマートフォンのインターネット利用の注意点

旅先での情報収集に便利なスマートフォンでのインターネット接続。しかし、海外ローミング(他社の回線)で利用することになるとパケット通信が高額になってしまうので、日本出国前にデータローミングをオフにしよう。操作方法は各携帯電話会社で確認を。

安心&便利なドコモの海外パケット定額サービス

ドコモの「世界そのままギガ」は、1時間200円からいつものスマートフォンをそのまま海外で使えるパケット定額サービス。旅先で使いたいときに利用を開始すると、日本で契約しているパケットパックなどのデータ量が消費される。24時間980円のプランや利用日時に応じた割引もある。

URL www.docomo.ne.jp/service/world/roaming/sonomama-giga

海外モバイルWi-Fiルーター

ルーターは日本国内の空港で借りられ、スマートフォンのほか、Wi-Fi搭載のパソコン、タブレット端末でも使用できる。

おもな海外モバイルWi-Fiルーターの問い合わせ先

グローバルWiFi
無料 0120-510-670
URL townwifi.com

イモトのWiFi
無料 0120-800-540
URL www.imotonowifi.jp

けーたい屋
URL ketaiya.com

SIMカード。料金はプリペイド式と月極の2種類がある。SIMカードは町のスーパーやコンビニ、ドラッグストアなどで購入できる。バンクーバーとトロントにはけーたい屋という日本語対応の携帯電話販売会社があり、格安SIMも扱っているので、相談してみるのもいい。また一部のSIMカードはamazonなどを利用し日本で購入することも可能。

なお、プリペイド式のSIMカードを利用する場合、SIMロックフリーのスマートフォンが必要となる。2021年10月1日以降に発売した携帯電話の場合、あらかじめSIMロックが外されているが、それ以前のものはロックを外す必要がある。また、機種によってはAPN(Access Point Name)や利用可能な周波数(バンド)に制限がありネット接続できない場合があるので、自分の持っている機種がカナダで利用できるかあらかじめ調べておくといい。

海外で便利なおすすめ無料アプリ

地図系

Google Map
王道地図アプリ。Wi-Fi接続があれば行きたい場所への経路検索ができるほか、Gmailと連動してお気に入りスポットの登録、マイマップの作成も可。

maps.me
オフラインでも利用できる地図アプリ。あらかじめ行きたい場所の地図をダウンロードしておけば、Wi-Fi接続なしでもルート検索ができる。

言語系

Google 翻訳
手書き文字やカメラ入力、会話音声などからも翻訳可能。カメラでメニューを撮影すれば、日本語に変換してくれ便利。

Weblio英語翻訳
日本の会社が作った翻訳&辞書アプリ。オフラインで使用でき、日本語を打ち込めば翻訳して機械ボイスで読み上げてくれる。辞書としても利用できる。

交通系

Transit
カナダの都市部では必携の交通系アプリ。行きたい場所への交通機関の運行状況やルートをリアルタイムに教えてくれる。

Uber
タクシー配車アプリのUber。ピックアップ場所と目的地を入力すれば個人タクシーを手配できる。支払いは登録したカードで。

安全情報

外務省 海外安全アプリ
外務省提供の海外安全アプリ。GPSを利用して現在地や周辺国・地域の安全情報が得られる。緊急の連絡先の確認もできる。

為替

World Currency Converter Tool
その日の為替レートを簡単に検索できるアプリ。金額を入力すれば、カナダドルから日本円への換算も自動で計算してくれる。

ガイド系

Yelp
北米のレストラン情報を網羅するグルメガイド。エリアやジャンル、営業時間など検索機能も充実。行った人のクチコミ情報も。

Tripadvisor
世界中の都市や観光地の情報を発信するクチコミアプリ。観光地やレストランなど、実際に行った人の生の声を聞ける。

宿泊系

Hotels.com
ホテル予約アプリ。カテゴリーや料金、おすすめ度で検索可。会員登録すれば10泊以上でホテルが割引になるサービスも。

Airbnb
おもに個人で行う宿泊施設を紹介。街と日付けを入力すれば、地図上に宿泊施設が表示される。ホテルより割安な場合が多い。

旅の技術
旅のトラブルと安全対策

カナダの治安

カナダの治安は大都市の一部の地域などを除けば、他の欧米諸国と比べてはるかにいい。しかし、凶悪な犯罪やテロ発生の可能性は少ないものの、スリや詐欺、置き引きといった犯罪は多発している。なかには明らかに日本人を狙ったものも多く報告されている。事前に犯罪の手口や対処法を知っておきさえすれば防げるものがほとんど。海外では自分の身を守るのは自分だということを考えて行動しよう。

■被害防止策

ホテルのロビーやレストランなど、安全だと思われる所でも、荷物から目を離さないこと。これだけで置き引きに遭う可能性は少なくなる。また、財布など貴重品はズボンの後ろポケットなどに入れず、荷物の中に入れたほうが安全だ。荷物も目の届かないリュックよりはショルダーバッグやファスナーなどの閉まるトートバッグがいい。

また、それでも被害に遭わないとはかぎらないので、お金やパスポートはホテルのセーフティボックスに預けたり、かばんなど何ヵ所かに分けて持つようにしよう。腹巻き型の貴重品入れも有効だ。

被害に遭ったら

■パスポート

パスポートを紛失や焼失、窃盗に遭ったら速やかに警察に届け、すぐに管轄の在外公館（日本大使館、総領事館）で必要な手続きを取ること。

まずは、紛（焼）失届出が必要。必要な書類は、在外公館備え付けの紛失一般旅券等届出書1通、警察署の発行した紛失届出を立証する書類または消防署などが発行した罹災証明書など、写真2枚（タテ4.5cm×ヨコ3.5cm、6ヵ月以内に撮影したもの、無帽、無背景）、その他参考となる書類（必要に応じ、本人確認、国籍確認ができるもの）。

紛（焼）失届出と同時に新規旅券または帰国のための渡航書の発給申請を行うこともできる。新規旅券の発給申請には一般旅券発給申請書1通、戸籍謄本1通（6ヵ月以内に発行したもの）、写真1枚と手数料が必要。旅券受領まで1～2週間かかる。

帰国が迫っておりパスポートの新規発給が待てない場合は、緊急措置として「帰国のための渡航書」を発給してもらう。手続きには渡航書発給申請書1通、戸籍謄本1通または日本国籍が確認できる書類、写真1枚、手数料、日程などが確認できる書類（航空券や旅行会社作成の日程表）が必要。所要1～3日。

渡航先で最新の安全情報を確認できる「たびレジ」に登録しよう

外務省の提供する海外旅行登録システム「たびレジ」に登録すれば、渡航先の安全情報メールや緊急連絡を無料で受け取ることができる。出発前にぜひ登録しよう。

URL www.ezairyu.mofa.go.jp/index.html

海外の安全情報についての問い合わせ先

外務省
領事サービスセンター
海外安全相談班
住 〒100-8919
東京都千代田区霞が関2-2-1
TEL (03)3580-3311（代表）
（内線2902、2903）
URL www.mofa.go.jp/mofaj/index.html
（外務省）
www.anzen.mofa.go.jp
（海外安全ホームページ）
開 9:00～12:30/13:30～17:00
休 土・日、祝

パスポート申請書ダウンロード

日本国外で旅券の発給申請を行う場合も外務省のウェブサイトで申請書をダウンロードできる。ダウンロード可能な申請書類は一般旅券発給申請（10年・5年）、紛失一般旅券届出書など。

URL www.mofa.go.jp/mofaj/toko/passport/download/top.html

手数料について

（2024年3/31までの料金）
新規旅券10年パスポート
$152
新規旅券5年パスポート
$105（12歳未満$57）
帰国のための渡航書
$24

手数料の支払いは現金のみ。
（注）帰国のための渡航書で米国を経由して日本に帰国する場合には、米国ビザの取得が必要となる。米国大使館または総領事館で手続きしなければならない。日本大使館および各総領事館の連絡先はP.563参照。

■クレジットカード

すぐにカード発行金融機関に連絡して、カードの無効手続きをとる。きちんと紛失や盗難の届けが出ていればカードが不正使用されてもカード会社が補償してくれるので、カード番号などのデータと緊急連絡先をメモし、財布とは別に保管しておこう。海外で再発行を希望する場合はその手続きもとる。手続きや再発行にかかる日数はカード発行金融機関によって異なるが、カード番号と有効期限、パスポートなどの身分証明書を用意しておくこと。日数は2日〜1週間程度。

■持ち物、貴重品

持ち物や貴重品を紛失、または盗難された場合、最寄りの警察署で紛失・盗難届出証明書を作成してもらう。この証明書がないと海外旅行保険に加入していても、補償が受けられなくなるので、忘れずに取得しよう。作成の際、紛失、盗難された日にちや場所、物の特徴などを聞かれるので、最低限の内容は伝えられるようにしておくこと。携帯電話を紛失した場合は各電話会社に連絡してサービス停止の手続きをとる。電話会社は24時間対応している。

帰国後は、各保険会社に連絡をして、保険金請求書類と紛失・盗難届出証明書を提出し、保険金の請求を行うこと。

緊急時の連絡先

カナダ国内の警察や消防、救急車など緊急時の連絡先はすべて「911」となっている。この番号はカナダのほとんどの都市でつながる。まずは警察、消防、救急車のどれなのか落ち着いて伝えよう。ちなみに公衆電話からは無料で通話できる。また、大都市では日本語通訳のサービスを行っているところもあるので、対応できるか聞いてみるのもいい。もし、「911」に電話をしてもつながらない場合は、「0」をダイヤルしよう。オペレーターが警察、消防、救急車につないでくれる。

旅行中に病気、けがをしたら

旅行中に一番起こりやすい病気は下痢と風邪。持っている薬を飲み、1日ゆっくり眠ることが大事だ。無理して旅を続け、こじらせることにならないように注意したい。激しい頭痛や不安になるような症状があったら、すぐに病院や診療所に行くべきだ。カナダは高水準の医療サービスを受けられるが、旅行者には医療保険が適用されず、医師の診察を受けると高額な医療費を負担しなければならない。そのためにも、海外旅行保険には必ず加入するように。また、風邪薬や頭痛薬、酔い止めの薬などの市販薬はドラッグストアで購入できる。代表的なドラッグストアはカナダ全土に展開するショッパーズ・ドラッグ・マートShoppers Drug Martやロンドン・ドラッグスLondon Drugsなど。薬のなかには日本人の体質に合わないものもあるので、常備薬は日本から持参すること。

クレジットカード紛失時の連絡先

アメリカン・エキスプレス
FREE (1-800)766-0106

ダイナースクラブ
TEL 81-3-6770-2796
(日本へのコレクトコール)

JCB
TEL 011-800-00090009

マスターカード
FREE (1-800)307-7309

VISA
FREE (1-866)795-7710

携帯電話紛失時の連絡先

au
TEL (国際電話識別番号011)+81+3+6670+6944

NTTドコモ
TEL (国際電話識別番号011)+81+3+6832+6600

ソフトバンク
TEL (国際電話識別番号011)+81+92+687+0025

万一に備えメモしておくもの

パスポートの控え(番号、発行日、交付地)、クレジットカードの番号と有効期限、緊急連絡先の電話番号、旅行会社の現地連絡先、海外旅行保険の現地および日本の緊急連絡先など。

大都市のおもな診療所

バンクーバー
Granville Medical Clinic
住 2578 Granville St.
TEL (604)733-4700

ビクトリア
Burnside Family Medical Clinic
住 101 Burnside Rd. W.
TEL (250)381-4353

バンフ
Alpine Medical Clinic
住 211 Bear St.
TEL (403)762-3155

トロント
Bay College Medical Lockwood Diagnostic
住 790 Bay St.
TEL (416)921-2121

モントリオール
Métro Médic Centre Ville
住 1538 Rue Sherbrook O.
TEL (514)932-2122

オタワ
Apple Tree Medical Centre
住 240 Sparks St.
TEL (613)482-0118

プリンス・エドワード島(シャーロットタウン)
Downtown Walk-in Clinic
住 220 Water St.
TEL (902)367-4444

旅の言葉

町なかで、移動中に

両替してもらえますか？

（英）I'd like to change some money.

ジュ ヴドゥレ シャンジェ ドゥ ラルジャン スィルヴプレ
（仏）Je voudrais changer de l'argent, S.V.P.

バスターミナルへ行きたいのですが。

（英）I'd like to go to the bus terminal.

ジュ ヴドレ アレ ア ラレドトブュス
（仏）Je voudrais aller à l'arrêt d'autobus.

ここでWi-Fiは使えますか？

（英）Can I use wifi here?

ピュイ ジェ ユティリゼル ウィフィ イシ
（仏）Puis-je utiliser le wifi ici?

トイレはどこですか？

（英）Where is the washroom?

ウ ソン レ トワレット
（仏）Où sont les toilettes ?

ホテルで

今晩部屋の空きはありますか？

（英）Is there any vacancy tonight?

アヴェ ヴ ユンヌ シャンブル リブル ス ソワー
（仏）Avez-vous une chambre libre ce soir?

インターネットで予約していたんですが。

期間は今日から3日間、名前は○○です。

（英）I have a reservation getting by internet for 3 nights from tonight. My name is ○○.

ジェ レゼルヴェ パル アンテルネット
（仏）J'ai réserve par internet,

プア トロア ジュール
pour 3 jours.

ジェ マペル ○○
Je máppelle ○○.

部屋の鍵をなくしてしまいました。

（英）I lost my room key.

ジェイ ペルデュ ラ クレ デュ マ シャンブル
（仏）J'ai perdu la clé de ma chambre.

チェックアウトをしたいのですが。

（英）I'd like to check out.

ラ ノットゥ スィルヴプレ
（仏）La note, S. V. P.

移動中、町なかで使う単語

迷う：（英）get lost
（仏）suis perdu スイペルデュ
信号：（英）signal
（仏）feux フー
近い：（英）near
（仏）près プレ
遠い：（英）far
（仏）loin ロワン
交差点：（英）intersection
（仏）carrefour キャルフォー
後ろ：（英）behind
（仏）derrière デリエール
右(左)折する：（英）turn right(left)
（仏）droite(gauche)
ドロワットゥ(ゴッシュ)
真っすぐ：（英）straight
（仏）tout droit トゥドロウ

ホテルで使う単語

空いてる部屋：（英）vacancy
（仏）chambre libre
シャンブル リーブル
予約：（英）reservation
（仏）réservation レゼルヴァシオン
チップ：（英）tip
（仏）un pourboire
アン プールボワール

フランス語基礎単語●空港・機内

パスポート：passeport パスポー
片道／往復：simple／retour
サンプル／ルトゥール
通過：transit トランズィ
搭乗券：billet ヴィエ 料金：tarif タリフ
乗り換え：la correspondance
ラ コレスポンダンス
キャンセル待ち：liste d'attente
リスト ダ タント
確認する：confirmer コンフィウメ
出発：départ デパー
到着：arrivée アリヴェ
案内所：à l'information
ア ランフォルマシオン
荷物：bagage バガージュ
荷物受取：livraison de bagage
リヴレゾン ドゥ バガージュ
両替所：le bureau de change
ル ブリョー ドゥ シャンジュ

ショッピングで使う単語

お金：（英）money
（仏）argent　アルジャン
クレジットカード：
（英）credit card
（仏）carte de crèdit
カルト　ドゥ　クレディ
領収書：（英）receipt
（仏）reçu　レスィ
電池：（英）battery
（仏）une pile　ユンヌ　ピル
ネクタイ：（英）tie
（仏）une cravate
ユンヌ　クラヴァット
指輪：（英）ring
（仏）une bague
ユンヌ　バーグ
財布：（英）wallet
（仏）un portefeuille
アン　ポルトフュイユ
靴：（英）shoes
（仏）chaussures
ショシュール
パンツ(ズボン)：（英）pants
（仏）un pantalon
アン　パンタロン
（値段が）高い：（英）expensive
（仏）cher　シェール
たばこ：（英）Tobacco／cigarette
（仏）une cigarette
ユンヌ　シガレット

ショッピングで

何かお探しですか(店員の決まり文句)？

（英）Can(May) I help you?
（仏）Que désirez-vous?（ク　デジレ　ヴ）

いえ、見ているだけです。

（英）No thanks. I am just looking.
（仏）Non, je regarde seulement.（ノン　ジュ ルギャルド スルマン）

もうすこし大きい(小さい)サイズはありますか？

（英）Do you have any larger (smaller) one?
（仏）En avez-vous 1 plus grand (petit)?（アン アヴェ ヴ アン プル グラン（プティ））

試着できますか？

（英）Can I try this on?
（仏）Puis-je l'essayer?（ピュイ ジュ レッセイエ）

いくらですか？

（英）How much is it?
（仏）Combien coûte-t-il?（コンビアン ク ティル）

これをください。

（英）I'll take it.
（仏）Je prends ça.（ジュ プラン　サ）

いりません。

（英）No thanks.
（仏）Non, merci.（ノン　メルスィ）

フランス語基礎単語

数字

0：zéro　ゼロ
1：un　アン
2：deux　ドゥー
3：trois　トロワ
4：quatre　キャトゥル
5：cinq　サンク
6：six　スイス
7：sept　セットゥ
8：huit　ユイットゥ
9：neuf　ヌフ
10：dix　ディス
11：onze　オンズ
12：douze　ドゥーズ
13：treize　トレーズ
14：quatorze　キャトーズ
15：quinze　カーンズ
16：seize　セーズ
17：dix-sept　ディセットゥ
18：dix-huit　ディズウィットゥ
19：dixneuf　ディズヌウフ
20：vingt　ヴァン
100：cent　サン
1000：mille　ミル
1万：dix mille　ディ　ミル

日にち・時間

昨日：hier　イエール
今日：aujourd' hui　オジュルデュイ
明日：demain　ドゥマン
あさって：après demain　アプレ　ドゥマン

フランス語基礎単語●あいさつ・基本語

おはよう・こんにちは：bonjour　ボンジュール
こんばんは：bonsoir　ボンソワール
ありがとう：merci　メルスィ
どういたしまして：je vous en prie　ジュ　ヴュ　ザン　プリ
おいしいです：c' est bon　セ　ボン
ごめんなさい：pardon　パルドン
さようなら：au revouir　オ　ヴォワー
すみません(呼びかけ)：excusez-moi　エクスキューゼ　モア
もしもし(電話)：allô　アロ
はい：oui　ウイ　　いいえ：non　ノン
私：Je　ジェ　　あなた：Vous　ヴ
日本人（男）：japonais　ジャポネ
（女）：japonaise　ジャポネイズ

レストランで

今晩8:00に夕食を予約したいのですが。

人数は3人、名前は〇〇です。

(英) I'd like to make a reservation tonight at 8:00 p.m.
My name is 〇〇, and I need a table for 3 people.

ジュ ヴァドレ レゼルヴェー ユンヌ ターブル プール トロア
(仏) Je voudrais réserver une table pour 3
ペルソンヌ プー ス ソワー ユイットゥ ウール
personnes pour ce soir huit heures.
ジェ マペル 〇〇
Je máppelle 〇〇.

「本日のスープ」はどんな内容ですか?

(英) What is the soup of the day?
ケ レ ル ポタージュ デュ ジュール
(仏) Quel est le potage du jour?

カモ肉のオレンジソース煮とサーモングリルをください。

(英) I'd like to have a boiled duck with orange sauce and grilled salmon.
ル カナー アロランジェ エ ル ソウムン グリエ スィルヴプレ
(仏) Le Canard á l'orange, et le saumon grillé, S.V.P.

お勘定をお願いします。

(英) Check, please.
ラディシオン スィルヴプレ
(仏) L'addition, S. V. P.

緊急時に

動くな!

(英) Freeze !
アタンデ
(仏) Attendez !

救急車を呼んでください!

(英) Call an ambulance !
アプレ ユンナ アンビュランス スィルヴプレ
(仏) Appelez une ambulance, S.V.P.

熱があります。

(英) I have a fever.
ジェイ デュ ラ フィエーブル
(仏) J'ai de la fiévre.

気分が悪いので、医者に診てもらいたいのですが。

(英) I feel sick, so I'd like to see a doctor.
ジェ ム サン マル ジュ ヴォドレ アレ ア ロピタル
(仏) Je me sens mal. Je voudrais aller á l'hôpital.

カメラを盗まれてしまいました。

(英) My camera was stolen.
オン マ ヴォレ マ カメラ
(仏) On m'a volé ma camera.

レストラン(食事)で使う単語

おいしい:(英) delicious/tastes good
(仏) bon ボン
まずい:(英) unsavory
(仏) pas bon パ ボン
甘い:(英) sweet
(仏) scuré スクレ
辛い:(英) hot
(仏) piquant ピカン
(肉の焼き加減)
レア:(英) rare
(仏) saignant セニャン
ミディアム:(英) medium
(仏) à point ア ポワン
ウェルダン:(英) well-done
(仏) bien cuit
ビアン キュイ
前菜:(英) appetizer
(仏) hors d'oeuvre
オードゥーブル
海鮮料理:(英) seafood
(仏) fruits de mer
フルイ ドゥ メール
肉料理:(英) meat dish
(仏) viandes ヴィアンドゥ
デザート:(英) dessert
(仏) desserts デセール
コーヒー:(英) coffee
(仏) café カフェ

緊急時に使う単語

盗難証明書:(英) theft certificate
(仏) déclaration de vol
デクララシオン ドゥ ヴォル
遺失証明書:(英) loss certificate
(仏) certificat perdu
セルティフィカ ペルデュ
旅行保険:(英) travel insurance
(仏) voyage assurance
ボヤージュ アシュランス
警察:(英) police
(仏) à la police ア ラ ポリス
薬局:(英) pharmacy
(仏) pharmacie ファルマシイ
病院:(英) hospital
(仏) hôpital オピタル
医者:(英) doctor
(仏) docteur ドクトゥール
診察:(英) medical examination
(仏) examen エグザマン
薬:(英) medicine
(仏) médicament メディカマン
処方せん:(英) prescription
(仏) ordonnance オルドナンス
手術:(英) operation
(仏) opération オペラスィオン
頭痛:(英) headache
(仏) la téte ラテットゥ

医療

吐き気がします。

（英）I'm going to throw up.

ジェ アンヴィ ドゥ ヴォミール
（仏）J'ai envie de vomir.

近くに病院はありますか？

（英）Is there a hospital near here?

エ スキ リ ヤアン ノピタル ブレ ディスィ
（仏）Est-ce qu'il y a un hôpital prè d'ici?

日本人のお医者さんはいますか？

（英）Is there anyone Japaneses Doctor?

エ スキ リ ヤアン メドゥサン ジャポネ
（仏）Est-ce qu'il y a un médecin japonais?

診察の予約をしたいのですが。

（英）I'd like to make an appointment.

ジュヴドレ レゼルヴェ ユンヌ コンスュルタスィオン
（仏）Je voudrais réserver une consultation.

入院する必要がありますか？

（英）Do I have to be hospitalized?

フォティル エートルオスピタリゼ
（仏）Faut-il être hospitalisé?

診察代はいくらですか？

（英）How much is consultation?

コンビアン エ ス ク ジュドワ ペイエ
（仏）Combien est-ce que je dois payer?
プール レ ソノレール メディコ
pour les honoraires médicaux?

保険が使えますか？

（英）Can I use my medical insurance?

プレ ジュユティリゼ モン ナスュランス
（仏）Pourrais-je utiliser mon assurance?

クレジットカードでの支払いができますか？

（英）Can I pay by credit card?

エ スク ヴ ザクセプテ レ カルト ドゥクレディ
（仏）Est-ce que vous acceptez les cartes de crit?

医療で使う単語（英語/仏語）

どんな状態でものを食べたか
生の：（英）raw
（仏）cru
野生の：（英）wild
（仏）sauvage
脂っこい：（英）greasy
（仏）hulieux
よく火が通っていない：
（英）undercooked
（仏）n'est pas assez cuit

ケガをした
刺された：（英）stabbed
（仏）mordu
噛まれた：（英）bite
（仏）piqué
切った：（英）cut
（仏）coupé
転んだ：（英）fall over
（仏）tombé
ひねった：（英）twisted
（仏）tordu
落ちた：（英）fall out
（仏）tombé
やけどした：（英）burned
（仏）brûlé

痛み
ヒリヒリする：（英）soar
（仏）sourde
刺すように：（英）stabbing pain
（仏）poignant
ひどく：（英）severely
（仏）sévère

原因
蚊：（英）mosquito
（仏）moustique
ハチ：（英）wasp
（仏）abeille(guêpe)
アブ：（英）horsefly
（仏）taon
毒虫：（英）poisonous insect
（仏）insecte (venimeux)

■ 該当する症状にチェックをして医者に見せよう（英語／仏語）

☐ 吐き気........nausea/nausée
☐ 悪寒...........chills/frisson de fièvre
☐ 食欲不振....anorexia/manque d'appétit
☐ めまい........dizziness/vertige
☐ 動悸...........beating/palpitation
☐ 熱..............fever/fièvre
☐ 下痢...........diarrhea/diarrhée
☐ 便秘...........constipation/constipation
☐ 水様便........Watery stools/excréments comme de l'eau
☐ 軟便...........loose or soft stool/excréments relâchés
☐ 時々...........Some time/de temps en temps
☐ 頻繁に...........frequently/fréquent
☐ 風邪..............cold/rhume
☐ 鼻水..............runny nose/morve
☐ くしゃみ........sneeze/éternuement
☐ 鼻づまり........nasal congestion/enchifrénement
☐ 咳 ....a cough/toux
☐ 痰 ....phlegm/crachat
☐ 血痰..............bloody phlegm/crachats sanguinolents
☐ 耳鳴り ....buzzing in the ears/tintement d'oreilles
☐ 目の充血........inflamed eyes/yeux injectés de sang
☐ 見えにくい....hard to see/C'est difficile à voir.

旅の技術

旅のイエローページ

航空会社

エア・カナダ Air Canada
FREE (1-888) 247-2262(予約)
URL www.aircanada.com
カナダの最大手の航空会社。カナダの全土に便を飛ばしている。

ウエストジェット WestJet
FREE (1-888) 937-8538
URL www.westjet.com
カルガリーに本社をおく航空会社。料金の安さが魅力。

長距離バス会社

パシュート・バンフ・ジャスパー・コレクション
Persuite Banff Jasper Collection
FREE (1-866)606-6700
URL www.banffjaspercollection.com
カナディアン・ロッキー最大の旅行会社。ブリュースター・エクスプレスというバスを運行。

メガバス Mega Bus
URL ca.megabus.com
格安のバス会社。アメリカのニューヨーク州バッファローからナイアガラ・フォールズ、トロントを結ぶ。トロント、キングストン、モントリオールを結ぶバスも運行。

オルレアン・エクスプレス Orléans Express
FREE (1-833) 449-6444
URL www.orleansexpress.com
ケベック州の2大都市、モントリオールとケベック・シティを中心に、ケベック州一帯にネットワークをもつバス会社。

マリタイム・バス Maritime Bus
FREE (1-800) 575-1807 URL maritimebus.com
プリンス・エドワード・アイランド州と、ノヴァ・スコシア州、ニュー・ブランズウィック州を運行する長距離バス会社。

DRL DRL
TEL (709) 263-2171 URL www.drl-lr.com
ニューファンドランド&ラブラドル州に路線をもつ。

鉄道

VIA 鉄道 VIA Rail
FREE (1-888) 842-7245 URL www.viarail.ca/en
カナダ最大の鉄道会社。旧国鉄。

ロッキー・マウンテニア鉄道 Rocky Mountaineer
TEL (604) 606-7245(予約)
FREE (1-877) 460-3200
URL www.rockymountaineer.com
バンクーバー~レイク・ルイーズ~バンフ、バンクーバー~カムループス~ジャスパーなど3つの路線をもつ観光鉄道会社。

フェリー

B.C. フェリー B.C. Ferries
FREE (1-888) 223-3779 URL www.bcferries.com
ブリティッシュ・コロンビア州の西海岸沿岸に広くルートをもつ。バンクーバーとバンクーバー島を結ぶ。

大使館、領事館

在カナダ日本国大使館(オタワ)
Embassy of Japan in Canada
MAP P.360-A2
住 255 Sussex Dr.
TEL (613) 241-8541
URL www.ca.emb-japan.go.jp
営 月~金9:00~12:15/13:30~16:45
休 土・日、祝

在バンクーバー日本国総領事館
Consulate-General of Japan in Vancouver
MAP P.49-A3
住 900-1177 West Hastings St.
TEL (604) 684-5868
URL www.vancouver.ca.emb-japan.go.jp
営 月~金9:00~12:00/13:00~16:30
休 土・日、祝

在カルガリー日本国総領事館
Consulate-General of Japan in Calgary
MAP P.151-B1
住 Suite 950, 517-10th Ave. S.W.
TEL (403) 294-0782
URL www.calgary.ca.emb-japan.go.jp
営 月~金9:00~12:30/13:30~17:00
休 土・日、祝

在トロント日本国総領事館
Consulate-General of Japan in Toronto
MAP P.297-2
住 Suite 3300, 77 King St.W.
TEL (416) 363-7038
URL www.toronto.ca.emb-japan.go.jp
営 月~金9:00~12:30/13:30~16:00
休 土・日、祝

在モントリオール日本国総領事館
Consulat Général du Japon à Montréal
MAP P.384-C2
住 1 Place Ville Marie, Suite 3333
TEL (514) 866-3429
URL www.montreal.ca.emb-japan.go.jp
営 月~金9:00~12:30/13:30~16:30
休 土・日、祝

クレジットカード紛失時の連絡先

アメリカン・エキスプレス
FREE (1-800) 766-0106
ダイナースクラブ
TEL 81-3-6770-2796(日本へのコレクトコール)
JCB
FREE 011-800-00090009
マスターカード
FREE (1-800) 307-7309
VISA
FREE (1-866) 795-7710

緊急時の連絡先 警察/救急/消防 TEL 911

カナダの歴史

先住民族とバイキング

現在カナダと呼ばれる土地に最初に人類が入ったのは、今から2万年も前のこととされている。アジアからベーリング海峡を渡ってやってきた彼らは、イヌイットや北米インディアンなどの先住民で、現在のカナダでも重要な存在となっている。

その後は紀元1000年頃にバイキングがやってきてニューファンドランド島の北端に住居を構えたものの、定住することはなかった。

イギリスとフランスの対立

最初にカナダにヨーロッパ人がやってきたのは、バイキングの到来から500年余り経過した1497年。イギリスが派遣したジョン・カボットJohn Cabotが今のニューファンドランドに到着し、新大陸発見をイギリス政府に報告した。カナダに最初の植民地を作ったのはフランスで、1534年にフランス人のジャック・カルティエJacques Cartierがセント・ローレンス川を探検し、セント・ローレンス湾沿岸一帯の領有権を主張した。フランスに遅れること約50年、1583年にイギリスがニューファンドランド島を植民地とした。植民地の交易の中心を担ったのは、当時ヨーロッパ貴族の間で大流行していたビーバーハットの原材料となるビーバーの毛皮だった。17世紀になると、イギリスとフランスによる植民地争奪は熱を帯びる。当時はヨーロッパやアジアで両国の抗争が繰り広げられていた時代で、それがカナダに飛び火した形となった。

1603年にフランスはセント・ローレンス川中流のケベックを中心に植民地「ヌーヴェル・フランスNouvelle-France（新しいフランス）」を建設。1608年にはフランスから派遣されたサミュエル・ド・シャンプランSamuel de Champlainが現在のケベック・シティに砦を建設し、1642年にはメゾヌーヴが現在のモントリオールにヴィル・マリーの町を開いた。

一方、イギリスも1670年にハドソン・ベイ社を創設し、ハドソン湾周辺の統治と交易を担うこととなった。こうして植民地支配の抗争は地元の先住民族も巻き込み、各所で武力による小競り合いが行われた。この抗争は、1759年にケベック・シティの戦場公園で行われた「アブラハム平原の戦い」でフランスが全面的に敗れ、1763年のパリ条約でイギリスがヌーヴェル・フランスを支配することが決定するまでおよそ1世紀近くも続いた。

アメリカの脅威とカナダ連邦の形成

フランスとイギリスの植民地戦争を終えたカナダを待っていたのは、隣の大国アメリカの脅威だった。1775年にアメリカの独立戦争が終わると、カナダはイギリスに忠誠を誓う人々（ロイヤリスト）を受け入れた。その後、イギリスは北米最後の植民地となるカナダの維持に力を注ぐこととなる。1791年には植民地全域をアッパー・カナダ（現オンタリオ州）とロウワー・カナダ（ケベック州）に2分し、キングストンに首都がおかれた。

19世紀に入ってもアメリカとイギリスの対立は続き、1812年にはついにアメリカがカナダとイギリスに宣戦布告し、2年間にわたる英米戦争が始まった。カナダのオンタリオ州やケベック州でも争いが繰り広げられ、一時はトロントやモントリオールまでもがアメリカの支配を受ける事態に陥った。

英米戦争の集結後も、両国間は緊張に包まれる時期を過ごした。イギリス政府はカナダの植民地支配をさらに強化するため、それまで分裂していた各植民地を統合することを決めた。1867年に北米の植民地に自治権を与えるという「英領北アメリカ法」を制定。そしてオンタリオ州、ケベック州、ノヴァ・スコシア州、ニュー・ブランズウィック州の4州からなる自治領カナダが誕生した。

カナダ西部の発展

カナダの西海岸（現ブリティッシュ・コロンビア州）は、ヨーロッパに近い東海岸に比べ植民地化したのもあとの時代になる。西部海岸線に最初にヨーロッパ人がやってきたのは18世紀後半で、本格的な植民地化のきっかけを作ったのは、1793年にイギリスからやってきたジョージ・バンクーバー総督George Vancouver。当時の西部地域の産業といえば、ハドソン・ベイ社の毛皮交易が中心となっていた。西部地域が飛躍的に発展を遂げたのは、1860年代に現ブリティッシュ・コロンビア州北部のカリブー地域に金脈が発見されて以降のこと。さらに1885年にはバンクーバー近郊のフレイザー川でも金脈が発見される。この「ゴールドラッシュ」により、カナダ東部やアメリカから多くの人が移動してきたのだ。

現カナダ連邦の形成

当初、4州から始まったカナダ自治領だが、1870年にマニトバ州が、1873年にブリティッシュ・コロンビア州とプリンス・エドワード・アイランド州、1898年にユーコン準州、1905年にアルバータ州、サスカチュワン州、ノースウエスト準州、そして1949年にニューファンドランド州が加入し、現在のカナダが形作られた。

現在のカナダは、多くの人種が暮らす多民族国家。また、連邦政府のほか各州ごとに独自の法律や公用語も定められており、その地形や歴史により異なる文化や風習をもつ。フランス系、イギリス系、その他数多くの移民たち。そして各地に住む先住民族。各州や異なる人種は今も微妙な緊張感をもちながら、独自の発展を続けている。

2017年には建国150周年を迎え、カナダ全土でイベントが催された。

カナダの歴史略年表

1000年頃	ニューファンドランド島北部に北欧バイキングが短期間入植（初のヨーロッパ人）
1492	コロンブスがバハマ諸島に上陸
1497	イギリスが派遣したイタリア人ジョン・カボットがカナダの東海岸を発見、上陸した島をセント・ジョン島（現ニューファンドランド島）と命名
1534	フランスのジャック・カルティエがガスペ半島に上陸、フランス領土を宣言
1583	ギルバートが、ニューファンドランドにイギリスの海外初の植民地を建設
1603	フランスのシャンプランがアカディア（現ノヴァ・スコシア）に仏領植民地を建設
1608	シャンプラン、ケベック砦を建設
1610	アジアへ抜ける北西航路を探していたヘンリー・ハドソンが大陸北部の湾を発見（ハドソン湾）、内陸探検への足がかりとする
1620	メイフラワー号でイギリスのピューリタンがマサチューセッツに上陸
1627	フランスが「ニューフランス（ヌーヴェル・フランス）会社」を設立、カナダ支配を任す
1642	メゾヌーヴがモントリオールにヴィル・マリーを建設
1670	イギリスが「ハドソン・ベイ社」を設立、大西洋沿岸の開拓に乗り出す
1682	フランスのラ・サールがミシシッピ川流域を探検し、ルイジアナを開拓
1689	ウィリアム王戦争（～1697年）
1702	アン女王戦争（～1713年）
1713	ユトレヒト条約（ニューファンドランド、アカディア、ハドソン湾岸が英領となる）
1754	フレンチ・インディアン戦争（～1763年）
1763	パリ条約（ミシシッピ川以西の北米大陸全領土がイギリス領となり、ヌーヴェル・フランスはケベック植民地と改名）
1775	アメリカ独立戦争勃発（～1776年） イギリスに忠誠を誓う数万人の王党派（ロイヤリスト）がカナダへ逃げ込む
1791	イギリス議会、ケベック植民地をオタワ川を境に西のアッパー・カナダ（現オンタリオ）と東のロウワー・カナダ（現ケベック）に二分
1812	アメリカがカナダとイギリスに宣戦布告、英米戦争勃発（～1814年）
1837	マッケンジーがアッパー・カナダで、パピノーがロウワー・カナダで反乱蜂起
1839	反乱鎮圧に派遣されたダラム卿が、アッパー・ロウワー両カナダ統合と政治的独立を、イギリス政府に勧告
1841	連合法（カナダ法）により、アッパー・ロウワー両カナダの統合が実現、連合カナダが誕生（アッパー・カナダはカナダ・ウエスト、ロウワー・カナダはカナダ・イーストと改名）。首都はキングストン
1846	北緯49度をアメリカとの国境に制定
1848	ノヴァ・スコシアに初の責任政府が実現
1859	オタワ、首都となる
1864	シャーロットタウン会議、ケベック会議で、連邦結成のための決議採択
1867	英領北アメリカ法発効（7月1日）、カナダ自治領成立（カナダ・イースト&カナダ・ウエスト、ノヴァ・スコシア、ニュー・ブランズウィックの4植民地が参加）、初代首相にJ.A.マクドナルド就任
1868	ハドソン・ベイ社が連邦政府にルパーツランドを委譲（この年、日本では明治維新）
1869	ルイ・リエルの反乱（レッド・リバー反乱）で、マニトバ出身のルイ・リエルを首班にメティス（フランス人とインディアンの混血）が臨時政府樹立
1870	マニトバ州がルパーツランドから分離、連邦に加入。反乱終結
1873	北西騎馬警察（RCMPの前身）創設。ブリティッシュ・コロンビア州が連邦に加入
1873	プリンス・エドワード・アイランド州が連邦に加入
1877	初の日本人移民永野万蔵、カナダに到着
1896	ユーコンのクロンダイクで金鉱が発見され、ゴールドラッシュが始まる。（～1903年）
1898	ユーコン準州が成立
1901	マルコーニ、セント・ジョンズでイギリスからの無線電信を受信
1905	アルバータ州とサスカチュワン州がルパーツランドから分離、連邦に加入（ルパーツランドの残りの地域がノースウエスト準州となる）
1933	新渡戸稲造、国際会議の帰途ビクトリアで客死
1949	ニューファンドランド&ラブラドル州が連邦加入
1976	モントリオール・オリンピック開催
1980	「オー・カナダ」をカナダ国歌に制定
1982	1982年憲法発布
1988	カルガリーで冬季オリンピック開催
1999	ノースウエスト準州から分離したヌナブト準州が誕生
2010	バンクーバーで冬季オリンピック開催
2017	建国150周年

あ

か

さ

た

な

は

ま

や

ら

わ

地球の歩き方 関連書籍のご案内

カナダの旅を満喫したら隣のアメリカへも行ってみよう!

地球の歩き方　ガイドブック

B01 **アメリカ** ¥2,090

B05 **シアトル　ポートランド** ¥2,420

B15 **アラスカ** ¥1,980

B16 **カナダ** ¥2,420

B17 **カナダ西部** カナディアン・ロッキーとバンクーバー ¥1,760

B18 **カナダ東部** ナイアガラ・フォールズ メープル街道 プリンス・エドワード島 トロント オタワ モントリオール ケベック・シティ ¥2,090

地球の歩き方　aruco

31 地球の歩き方　aruco カナダ ¥1,320

地球の歩き方　旅と健康

地球のなぞり方　旅地図　アメリカ大陸編 ¥1,430

※表示価格は定価（税込）です。改訂時に価格が変更になる場合があります。

地球の歩き方 シリーズ一覧

2023年10月現在

＊地球の歩き方ガイドブックは、改訂時に価格が変わることがあります。＊表示価格は定価（税込）です。＊最新情報は、ホームページをご覧ください。www.arukikata.co.jp/guidebook/

地球の歩き方　ガイドブック

A　ヨーロッパ

A01	ヨーロッパ	¥1870
A02	イギリス	¥2530
A03	ロンドン	¥1980
A04	湖水地方＆スコットランド	¥1870
A05	アイルランド	¥1980
A06	フランス	¥2420
A07	パリ＆近郊の町	¥1980
A08	南仏プロヴァンス　コート・ダジュール＆モナコ	¥1760
A09	イタリア	¥1870
A10	ローマ	¥1760
A11	ミラノ　ヴェネツィアと湖水地方	¥1870
A12	フィレンツェとトスカーナ	¥1870
A13	南イタリアとシチリア	¥1870
A14	ドイツ	¥1980
A15	南ドイツ　フランクフルト　ミュンヘン　ロマンチック街道　古城街道	¥2090
A16	ベルリンと北ドイツ　ハンブルク　ドレスデン　ライプツィヒ	¥1870
A17	ウィーンとオーストリア	¥2090
A18	スイス	¥2200
A19	オランダ　ベルギー　ルクセンブルク	¥1870
A20	スペイン	¥2420
A21	マドリードとアンダルシア	¥1760
A22	バルセロナ＆近郊の町　イビサ島／マヨルカ島	¥1760
A23	ポルトガル	¥1815
A24	ギリシアとエーゲ海の島々＆キプロス	¥1870
A25	中欧	¥1980
A26	チェコ　ポーランド　スロヴァキア	¥1870
A27	ハンガリー	¥1870
A28	ブルガリア　ルーマニア	¥1980
A29	北欧　デンマーク　ノルウェー　スウェーデン　フィンランド	¥1870
A30	バルトの国々　エストニア　ラトヴィア　リトアニア	¥1870
A31	ロシア　ベラルーシ　ウクライナ　モルドヴァ　コーカサスの国々	¥2090
A32	極東ロシア　シベリア　サハリン	¥1980
A34	クロアチア　スロヴェニア	¥1760

B　南北アメリカ

B01	アメリカ	¥2090
B02	アメリカ西海岸	¥1870
B03	ロスアンゼルス	¥2090
B04	サンフランシスコとシリコンバレー	¥1870
B05	シアトル　ポートランド	¥2420
B06	ニューヨーク　マンハッタン＆ブルックリン	¥1980
B07	ボストン	¥1980
B08	ワシントンＤＣ	¥2420
B09	ラスベガス　セドナ＆グランドキャニオンと大西部	¥2090
B10	フロリダ	¥2310
B11	シカゴ	¥1870
B12	アメリカ南部	¥1980
B13	アメリカの国立公園	¥2090
B14	ダラス　ヒューストン　デンバー　グランドサークル　フェニックス　サンタフェ	¥1980
B15	アラスカ	¥1980
B16	カナダ	¥2420
B17	カナダ西部　カナディアン・ロッキーとバンクーバー	¥2090
B18	カナダ東部　ナイアガラ・フォールズ　メープル街道　プリンス・エドワード島　トロント　オタワ　モントリオール　ケベック・シティ	¥2090
B19	メキシコ	¥1980
B20	中米	¥2090
B21	ブラジル　ベネズエラ	¥2200
B22	アルゼンチン　チリ　パラグアイ　ウルグアイ	¥2200
B23	ペルー　ボリビア　エクアドル　コロンビア	¥2200
B24	キューバ　バハマ　ジャマイカ　カリブの島々	¥2035
B25	アメリカ・ドライブ	¥1980

C　太平洋／インド洋島々

C01	ハワイ１　オアフ島＆ホノルル	¥1980
C02	ハワイ島	¥2200
C03	サイパン　ロタ＆テニアン	¥1540
C04	グアム	¥1980
C05	タヒチ　イースター島	¥1870
C06	フィジー	¥1650
C07	ニューカレドニア	¥1650
C08	モルディブ	¥1870
C10	ニュージーランド	¥2200
C11	オーストラリア	¥2200
C12	ゴールドコースト＆ケアンズ	¥2420
C13	シドニー＆メルボルン	¥1760

D　アジア

D01	中国	¥2090
D02	上海　杭州　蘇州	¥1870
D03	北京	¥1760
D04	大連　瀋陽　ハルビン　中国東北部の自然と文化	¥1980
D05	広州　アモイ　桂林　珠江デルタと華南地方	¥1980
D06	成都　重慶　九寨溝　麗江　四川　雲南	¥1980
D07	西安　敦煌　ウルムチ　シルクロードと中国北西部	¥1980
D08	チベット	¥2090
D09	香港　マカオ　深セン	¥1870
D10	台湾	¥2090
D11	台北	¥1980
D13	台南　高雄　屏東＆南台湾の町	¥1
D14	モンゴル	¥2
D15	中央アジア　サマルカンドとシルクロードの国々	¥2
D16	東南アジア	¥1
D17	タイ	¥2
D18	バンコク	¥1
D19	マレーシア　ブルネイ	¥2
D20	シンガポール	¥1
D21	ベトナム	¥2
D22	アンコール・ワットとカンボジア	¥2
D23	ラオス	¥2
D24	ミャンマー（ビルマ）	¥2
D25	インドネシア	¥1
D26	バリ島	¥2
D27	フィリピン　マニラ　セブ　ボラカイ　ボホール　エルニド	¥2
D28	インド	¥2
D29	ネパールとヒマラヤトレッキング	¥2
D30	スリランカ	¥1
D31	ブータン	¥1
D33	マカオ	¥1
D34	釜山　慶州	¥1
D35	バングラデシュ	¥2
D37	韓国	¥2
D38	ソウル	¥1

E　中近東　アフリカ

E01	ドバイとアラビア半島の国々	¥2
E02	エジプト	¥1
E03	イスタンブールとトルコの大地	¥2
E04	ペトラ遺跡とヨルダン　レバノン	¥2
E05	イスラエル	¥2
E06	イラン　ペルシアの旅	¥2
E07	モロッコ	¥1
E08	チュニジア	¥2
E09	東アフリカ　ウガンダ　エチオピア　ケニア　タンザニア　ルワンダ	¥2
E10	南アフリカ	¥2
E11	リビア	¥2
E12	マダガスカル	¥1

J　国内版

J00	日本	¥3
J01	東京　23区	¥2
J02	東京　多摩地域	¥2
J03	京都	¥2
J04	沖縄	¥2
J05	北海道	¥2
J07	埼玉	¥2
J08	千葉	¥2
J09	札幌・小樽	¥2
J10	愛知	¥2

地球の歩き方　aruco

●海外

1	パリ	¥1320
2	ソウル	¥1650
3	台北	¥1650
4	トルコ	¥1430
5	インド	¥1540
6	ロンドン	¥1650
7	香港	¥1320
9	ニューヨーク	¥1320
10	ホーチミン　ダナン　ホイアン	¥1430
11	ホノルル	¥1650
12	バリ島	¥1320
13	上海	¥1320
14	モロッコ	¥1540
15	チェコ	¥1320
16	ベルギー	¥1430
17	ウィーン　ブダペスト	¥1320
18	イタリア	¥1320
19	スリランカ	¥1540
20	クロアチア　スロヴェニア	¥1430
21	スペイン	¥1320
22	シンガポール	¥1650
23	バンコク	¥1650
24	グアム	¥1320
25	オーストラリア	¥1430
26	フィンランド　エストニア	¥1430
27	アンコール・ワット	¥1430
28	ドイツ	¥1430
29	ハノイ	¥1430
30	台湾	¥1320
31	カナダ	¥1320
33	サイパン　テニアン　ロタ	¥1320
34	セブ　ボホール　エルニド	¥1320
35	ロスアンゼルス	¥1320
36	フランス	¥1430
37	ポルトガル	¥1650
38	ダナン　ホイアン　フエ	¥1430

●国内

東京	¥1540
東京で楽しむフランス	¥1430
東京で楽しむ韓国	¥1430
東京で楽しむ台湾	¥1430
東京の手みやげ	¥1430
東京おやつさんぽ	¥1430
東京のパン屋さん	¥1430
東京で楽しむ北欧	¥1430
東京のカフェめぐり	¥1480
東京で楽しむハワイ	¥1480
ｎｙａｒｕｃｏ　東京ねこさんぽ	¥1480
東京で楽しむイタリア＆スペイン	¥1480
東京で楽しむアジアの国々	¥1480
東京ひとりさんぽ	¥1480
東京パワースポットさんぽ	¥1599
東京で楽しむ英国	¥1599

地球の歩き方　Plat

1	パリ	¥1320
2	ニューヨーク	¥1320
3	台北	¥1100
4	ロンドン	¥1320
6	ドイツ	¥1320
7	ホーチミン／ハノイ／ダナン／ホイアン	¥1320
8	スペイン	¥1320
10	シンガポール	¥1100
11	アイスランド	¥1540
14	マルタ	¥1540
15	フィンランド	¥1320
16	クアラルンプール／マラッカ	¥1100
17	ウラジオストク／ハバロフスク	¥1430
18	サンクトペテルブルク／モスクワ	¥1540
19	エジプト	¥1320
20	香港	¥1100
22	ブルネイ	¥1430
23	ウズベキスタン　サマルカンド　ブハラ　ヒヴァ　タシケント	¥16
24	ドバイ	¥13
25	サンフランシスコ	¥13
26	パース／西オーストラリア	¥13
27	ジョージア	¥15
28	台南	¥14

地球の歩き方　リゾートスタイ

R02	ハワイ島	¥16
R03	マウイ島	¥16
R04	カウアイ島	¥18
R05	こどもと行くハワイ	¥15
R06	ハワイ　ドライブ・マップ	¥19
R07	ハワイ　バスの旅	¥13
R08	グアム	¥14
R09	こどもと行くグアム	¥16
R10	パラオ	¥16
R12	プーケット　サムイ島　ピピ島	¥16
R13	ペナン　ランカウイ　クアラルンプール	¥16
R14	バリ島	¥14
R15	セブ＆ボラカイ　ボホール　シキホール	¥16
R16	テーマパークｉｎオーランド	¥18
R17	カンクン　コスメル　イスラ・ムヘーレス	¥16
R20	ダナン　ホイアン　ホーチミン　ハノイ	¥16

地球の歩き方　御朱印

御朱印でめぐる鎌倉のお寺　三十三観音完全掲載　三訂版	¥1650
御朱印でめぐる京都のお寺　改訂版	¥1650
御朱印でめぐる奈良の古寺　改訂版	¥1650
御朱印でめぐる東京のお寺	¥1650
日本全国この御朱印が凄い！　第壱集　増補改訂版	¥1650
日本全国この御朱印が凄い！　第弐集　都道府県網羅版	¥1650
御朱印でめぐる全国の神社　開運さんぽ	¥1430
御朱印でめぐる高野山　改訂版	¥1650
御朱印でめぐる関東の神社　週末開運さんぽ	¥1430
御朱印でめぐる秩父の寺社　三十四観音完全掲載　改訂版	¥1650
御朱印でめぐる関東の百寺　坂東三十三観音と古寺	¥1650
御朱印でめぐる関西の神社　週末開運さんぽ	¥1430
御朱印でめぐる関西の百寺　西国三十三所と古寺	¥1650
御朱印でめぐる東京の神社　週末開運さんぽ　改訂版	¥1540
御朱印でめぐる神奈川の神社　週末開運さんぽ　改訂版	¥1540
御朱印でめぐる埼玉の神社　週末開運さんぽ	¥1430
御朱印でめぐる北海道の神社　週末開運さんぽ	¥1430
御朱印でめぐる九州の神社　週末開運さんぽ　改訂版	¥1540
御朱印でめぐる千葉の神社　週末開運さんぽ　改訂版	¥1540
御朱印でめぐる東海の神社　週末開運さんぽ	¥1430
御朱印でめぐる京都の神社　週末開運さんぽ　改訂版	¥1540
御朱印でめぐる神奈川のお寺	¥1650
御朱印でめぐる大阪　兵庫の神社　週末開運さんぽ	¥1430
御朱印でめぐる愛知の神社　週末開運さんぽ　改訂版	¥1540
御朱印でめぐる栃木　日光の神社　週末開運さんぽ	¥1430
御朱印でめぐる福岡の神社　週末開運さんぽ　改訂版	¥1540
御朱印でめぐる広島　岡山の神社　週末開運さんぽ	¥1430
御朱印でめぐる山陰　山陽の神社　週末開運さんぽ	¥1430
御朱印でめぐる埼玉のお寺	¥1650
御朱印でめぐる千葉のお寺	¥1650
御朱印でめぐる東京の七福神	¥1540
御朱印でめぐる東北の神社　週末開運さんぽ　改訂版	¥1540
御朱印でめぐる全国の稲荷神社　週末開運さんぽ	¥1430
御朱印でめぐる新潟 佐渡の神社　週末開運さんぽ	¥1430
御朱印でめぐる静岡 富士 伊豆の神社　週末開運さんぽ　改訂版	¥1540
御朱印でめぐる四国の神社　週末開運さんぽ	¥1430
御朱印でめぐる中央線沿線の寺社　週末開運さんぽ	¥1540
御朱印でめぐる東急線沿線の寺社　週末開運さんぽ	¥1540
御朱印でめぐる茨城の神社　週末開運さんぽ	¥1430
御朱印でめぐる関東の聖地　週末開運さんぽ	¥1430
御朱印でめぐる東海のお寺	¥1650
日本全国ねこの御朱印&お守りめぐり　週末開運にゃんさんぽ	¥1760
御朱印でめぐる信州 甲州の神社　週末開運さんぽ	¥1430
御朱印でめぐる全国の聖地　週末開運さんぽ	¥1430
御船印でめぐる全国の魅力的な船旅	¥1650
御朱印でめぐる茨城のお寺	¥1650
御朱印でめぐる全国のお寺　週末開運さんぽ	¥1540
日本全国 日本酒でめぐる　酒蔵&ちょこっと御朱印〈東日本編〉	¥1760
日本全国 日本酒でめぐる　酒蔵&ちょこっと御朱印〈西日本編〉	¥1760
関東版ねこの御朱印&お守りめぐり　週末開運にゃんさんぽ	¥1760

52	一生に一度は参りたい！　御朱印でめぐる全国の絶景寺社図鑑	¥2479
53	御朱印でめぐる東北のお寺　週末開運さんぽ	¥1650
D51	鉄印帳でめぐる全国の魅力的な鉄道40	¥1650
	御朱印はじめました　関東の神社　週末開運さんぽ	¥1210

地球の歩き方　島旅

1	五島列島　3訂版	¥1650
2	奄美大島〜奄美群島1〜　3訂版	¥1650
3	与論島　沖永良部島　徳之島（奄美群島②）改訂版	¥1650
4	利尻　礼文　4訂版	¥1650
5	天草　改訂版	¥1760
6	壱岐　4訂版	¥1650
7	種子島　3訂版	¥1650
8	小笠原　父島　母島　3訂版	¥1650
9	隠岐　3訂版	¥1870
10	佐渡　3訂版	¥1650
11	宮古島　伊良部島　下地島　来間島　池間島　多良間島　大神島　改訂版	¥1650
12	久米島　渡名喜島　改訂版	¥1650
13	小豆島〜瀬戸内の島々1〜　改訂版	¥1650
14	直島　豊島　女木島　男木島　犬島〜瀬戸内の島々2〜	¥1650
15	伊豆大島　利島〜伊豆諸島1〜　改訂版	¥1650
16	新島　式根島　神津島〜伊豆諸島2〜　改訂版	¥1650
17	沖縄本島周辺15離島	¥1650
18	たけとみの島々　竹富島　西表島　波照間島　小浜島　黒島　鳩間島　新城島　由布島　加屋	¥1650
19	淡路島〜瀬戸内の島々3〜	¥1650
20	石垣島　竹富島 西表島 小浜島 由布島　新城島 波照間島	¥1650
21	対馬	¥1650
22	島旅ねこ　にゃんこの島の歩き方	¥1344

地球の歩き方　旅の図鑑

W01	世界244の国と地域	¥1760
W02	世界の指導者図鑑	¥1650
W03	世界の魅力的な奇岩と巨石139選	¥1760
W04	世界246の首都と主要都市	¥1760
W05	世界のすごい島300	¥1760
W06	地球の歩き方的！　世界なんでもランキング	¥1760
W07	世界のグルメ図鑑　116の国と地域の名物料理を食の雑学とともに解説	¥1760
W08	世界のすごい巨像	¥1760
W09	世界のすごい城と宮殿333	¥1760
W10	世界197ヵ国のふしぎな聖地&パワースポット	¥1870
W11	世界の祝祭	¥1760
W12	世界のカレー図鑑	¥1980
W13	世界遺産　絶景でめぐる自然遺産　完全版	¥1980
W15	地球の果ての歩き方	¥1980
W16	世界の中華料理図鑑	¥1980
W17	世界の地元メシ図鑑	¥1980
W18	世界遺産の歩き方　学んで旅する！　すごい世界遺産190選	¥1980
W19	世界の魅力的なビーチと湖	¥1980
W20	世界のすごい駅	¥1980
W21	世界のおみやげ図鑑	¥1980
W22	いつか旅してみたい世界の美しい古都	¥1980
W23	世界のすごいホテル	¥1980
W24	日本の凄い神木	¥2200
W25	世界のお菓子図鑑	¥1980
W26	世界の麺図鑑	¥1980
W27	世界のお酒図鑑	¥1980
W28	世界の魅力的な道	¥1980
W29	世界の映画の舞台&ロケ地	¥2090
W30	すごい地球！	¥2200
W31	世界のすごい墓	¥1980

地球の歩き方　旅の名言＆絶景

ALOHAを感じるハワイのことばと絶景100	¥1650
自分らしく生きるフランスのことばと絶景100	¥1650
人生観が変わるインドのことばと絶景100	¥1650
生きる知恵を授かるアラブのことばと絶景100	¥1650
心に寄り添う台湾のことばと絶景100	¥1650
道しるべとなるドイツのことばと絶景100	¥1650
共感と勇気がわく韓国のことばと絶景100	¥1650
人生を楽しみ尽くすイタリアのことばと絶景100	¥1650
今すぐ旅に出たくなる！　地球の歩き方のことばと絶景100	¥1650
悠久の教えをひもとく　中国のことばと絶景100	¥1650

地球の歩き方　旅と健康

地球のなぞり方 旅地図 アメリカ大陸編	¥1430
地球のなぞり方 旅地図 ヨーロッパ編	¥1430
地球のなぞり方 旅地図 アジア編	¥1430
地球のなぞり方 旅地図 日本編	¥1430
脳がどんどん強くなる！　すごい地球の歩き方	¥1650

地球の歩き方　GEMSTONE

とっておきのポーランド　増補改訂版	¥1760
ラダック　ザンスカール　スピティ　北インドのリトル・チベット　増補改訂版	¥1925

地球の歩き方　旅の読み物

今こそ学びたい日本のこと	¥1760
週末だけで70ヵ国159都市を旅したリーマントラベラーが教える自分の時間の作り方	¥1540

地球の歩き方　BOOKS

BRAND NEW HAWAII　とびきりリアルな最新ハワイガイド	¥1650
FAMILY TAIWAN TRIP　#子連れ台湾	¥1518
GIRL'S GETAWAY TO LOS ANGELES	¥1760
HAWAII RISA'S FAVORITES　大人女子はハワイで美味しく美しく	¥1650
LOVELY GREEN NEW ZEALAND　未来の国を旅するガイドブック	¥1760
MAKI'S DEAREST HAWAII	¥1540
MY TRAVEL, MY LIFE Maki's Family Travel Book	¥1760
WORLD FORTUNE TRIP　イヴルルド遙華の世界開運★旅案内	¥1650
いろはに北欧	¥1760
ヴィクトリア朝が教えてくれる英国の魅力	¥1320
ダナン&ホイアン　PHOTO TRAVEL GUIDE	¥1650
とっておきのフィンランド	¥1760
フィンランドでかなえる100の夢	¥1760
マレーシア　地元で愛される名物食堂	¥1430
やり直し英語革命	¥1100
気軽に始める！大人の男海外ひとり旅	¥1100
気軽に出かける！　大人の男アジアひとり旅	¥1100
香港　地元で愛される名物食堂	¥1540
最高のハワイの過ごし方	¥1540
子連れで沖縄　旅のアドレス&テクニック117	¥1100
食事作りに手間暇かけないドイツ人、手料理神話にこだわり続ける日本人	¥1100
親の介護をはじめる人へ　伝えておきたい10のこと	¥1000
総予算33万円・9日間から行く！　世界一周	¥1100
台北　メトロさんぽ　MRTを使って、おいしいとかわいいを巡る旅	¥1518
鳥居りんこ　親の介護をはじめたらお金の話で泣き見てばかり	¥1320
鳥居りんこの親の介護は知らなきゃバカ見ることだらけ	¥1320
北欧が好き！　フィンランド・スウェーデン・デンマーク・ノルウェーの素敵な町めぐり	¥1210
北欧が好き！2　建築&デザインでめぐるフィンランド・スウェーデン・デンマーク・ノルウェー	¥1210
地球の歩き方JAPAN　ダムの歩き方　全国版　初めてのダム旅入門ガイド	¥1712
日本全国　開運神社　このお守りがすごい！	¥1522

地球の歩き方　スペシャルコラボBOOK

地球の歩き方　ムー	¥2420
地球の歩き方　JOJO　ジョジョの奇妙な冒険	¥2420

地球の歩き方 旅の図鑑シリーズ

見て読んで海外のことを学ぶことができ、旅気分を楽しめる新シリーズ。
1979年の創刊以来、長年蓄積してきた世界各国の情報と取材経験を生かし、
従来の「地球の歩き方」には載せきれなかった、
旅にぐっと深みが増すような雑学や豆知識が盛り込まれています。

W01
世界244の国と地域
¥1760

W07
世界のグルメ図鑑
¥1760

W02
世界の指導者図鑑
¥1650

W03
世界の魅力的な
奇岩と巨石139選
¥1760

W04
世界246の首都と
主要都市
¥1760

W05
世界のすごい島300
¥1760

W06
世界なんでも
ランキング
¥1760

W08
世界のすごい巨像
¥1760

W09
世界のすごい城と
宮殿333
¥1760

W11
世界の祝祭
¥1760

- **W10** 世界197ヵ国のふしぎな聖地&パワースポット ¥1870
- **W13** 世界遺産　絶景でめぐる自然遺産　完全版 ¥1980
- **W16** 世界の中華料理図鑑 ¥1980
- **W18** 世界遺産の歩き方 ¥1980
- **W20** 世界のすごい駅 ¥1980
- **W22** いつか旅してみたい世界の美しい古都 ¥1980
- **W24** 日本の凄い神木 ¥2200
- **W26** 世界の麺図鑑 ¥1980
- **W28** 世界の魅力的な道 178 選 ¥1980
- **W30** すごい地球! ¥2200
- **W12** 世界のカレー図鑑 ¥1980
- **W15** 地球の果ての歩き方 ¥1980
- **W17** 世界の地元メシ図鑑 ¥1980
- **W19** 世界の魅力的なビーチと湖 ¥1980
- **W21** 世界のおみやげ図鑑 ¥1980
- **W23** 世界のすごいホテル ¥1980
- **W25** 世界のお菓子図鑑 ¥1980
- **W27** 世界のお酒図鑑 ¥1980
- **W29** 世界の映画の舞台&ロケ地 ¥2090
- **W31** 世界のすごい墓 ¥1980

※表示価格は定価（税込）です。改訂時に価格が変更になる場合があります。

あなたの**旅の体験談**をお送りください

「地球の歩き方」は、たくさんの旅行者からご協力をいただいて、
改訂版や新刊を制作しています。
あなたの旅の体験や貴重な情報を、これから旅に出る人たちへ分けてあげてください。
なお、お送りいただいたご投稿がガイドブックに掲載された場合は、
初回掲載本を1冊プレゼントします！

ご投稿はインターネットから！

URL www.arukikata.co.jp/guidebook/toukou.html
画像も送れるカンタン「投稿フォーム」
※左記のQRコードをスマートフォンなどで読み取ってアクセス！

または「地球の歩き方　投稿」で検索してもすぐに見つかります

地球の歩き方　投稿  

▶投稿にあたってのお願い

★ご投稿は、次のような《テーマ》に分けてお書きください。

《新発見》――――ガイドブック未掲載のレストラン、ホテル、ショップなどの情報
《旅の提案》―――未掲載の町や見どころ、新しいルートや楽しみ方などの情報
《アドバイス》――旅先で工夫したこと、注意したこと、トラブル体験など
《訂正・反論》―――掲載されている記事・データの追加修正や更新、異論、反論など

※記入例「○○編20XX年度版△△ページ掲載の□□ホテルが移転していました……」

★データはできるだけ正確に。
ホテルやレストランなどの情報は、名称、住所、電話番号、アクセスなどを正確にお書きください。
ウェブサイトのURLや地図などは画像でご投稿いただくのもおすすめです。

★ご自身の体験をお寄せください。
雑誌やインターネット上の情報などの丸写しはせず、実際の体験に基づいた具体的な情報をお待ちしています。

▶ご確認ください

※採用されたご投稿は、必ずしも該当タイトルに掲載されるわけではありません。関連他タイトルへの掲載もありえます。
※例えば「新しい市内交通パスが発売されている」など、すでに編集部で取材・調査を終えているものと同内容のご投稿をいただいた場合は、ご投稿を採用したとはみなされず掲載本をプレゼントできないケースがあります。
※当社は個人情報を第三者へ提供いたしません。また、ご記入いただきましたご自身の情報については、ご投稿内容の確認や掲載本の送付などの用途以外には使用いたしません。
※ご投稿の採用の可否についてのお問い合わせはご遠慮ください。
※原稿は原文を尊重しますが、スペースなどの関係で編集部でリライトする場合があります。

あとがき

新型コロナの入国制限も完全に解除され、以前と同じ姿を取り戻したカナダ。2022年に2回の取材に出かけました。自然公園では風景の美しさに感動し、都市部ではカナダならではのおおらかで優しい人々と触れあい心通わせる。カナダの素晴らしさをあらためて実感できました。

STAFF

制　作	金子久美	Producer	Kumi Kaneko
編　集	(有) グルーポ ピコ 田中健作 佐々木 恵	Editors	Grupo Pico Kensaku Tanaka Megumi Sasaki
取材・撮影	田中健作 佐々木 恵	Reporters	Kensaku Tanaka Megumi Sasaki
撮　影	(有) グルーポ ピコ 武居台三 圷邦信 平田誠 東宏行	Photographers	Grupo Pico Taizo Takei Kuninobu Akutsu Makoto Hirata Hiroyuki Azuma
デザイン	大池てるみ 酒井デザイン室	Designers	Terumi Oike SAKAI DESIGN OFFICE
組版・地図	(有) ギルド	DTP, MAP	guild inc.
地　図	(株) 東京印書館 (株) ピーマン (株) ジェオ 黒澤達矢（ナイアガラの滝）	Maps	Tokyo Inshokan Printing Co.,Ltd. P-man Geo Co.,Ltd. Tatsuya Kurosawa
校　正	(株) 東京出版サービスセンター	Proofreading	Tokyo Shuppan Service Center
表　紙	日出嶋昭男	Cover Design	Akio Hidejima

取材協力・写真提供：カナダ観光局、ブリティッシュ・コロンビア州観光局、アルバータ州観光公社、オンタリオ州観光局、VIA 鉄道、National Gallery of Canada、Vancouver Art Gallery、PEI セレクトツアーズ、ミキ・エンタープライズ、(有)アイズ 伊勢京子、小原玲、鹿島裕子、末木寿美、谷角靖、藤木香、細井忠俊、柳沢純(JAPANADA Enterprises Inc.)、©iStock、©Thinkstock、©PIXTA

本書の内容について、ご意見・ご感想はこちらまで
読者投稿　〒141-8425　東京都品川区西五反田 2-11-8
株式会社地球の歩き方
地球の歩き方サービスデスク「カナダ編」投稿係
https://www.arukikata.co.jp/guidebook/toukou.html
地球の歩き方ホームページ（海外・国内旅行の総合情報）
https://www.arukikata.co.jp/
ガイドブック『地球の歩き方』公式サイト
https://www.arukikata.co.jp/guidebook/

地球の歩き方 B16
カナダ　2024〜2025年版

2023年10月24日　初版第1刷発行

Published by Arukikata. Co., Ltd.
2-11-8 Nishigotanda, Shinagawa-ku, Tokyo, 141-8425, Japan

著作編集　地球の歩き方編集室
発 行 人　新井 邦弘
編 集 人　宮田 崇
発 行 所　株式会社地球の歩き方
〒141-8425　東京都品川区西五反田 2-11-8
発 売 元　株式会社Gakken
〒141-8416　東京都品川区西五反田 2-11-8
印刷製本　開成堂印刷株式会社

※本書は基本的に 2022 年 9 月～2023 年 3 月の取材データおよび 2023 年 7 月の追跡調査データに基づいて作られています。
発行後に料金、営業時間、定休日などが変更になる場合がありますのでご了承ください。
更新・訂正情報：https://www.arukikata.co.jp/travel-support/

●この本に関する各種お問い合わせ先
・本の内容については、下記サイトのお問い合わせフォームよりお願いします。
URL ▶ https://www.arukikata.co.jp/guidebook/contact.html
・広告については、下記サイトのお問い合わせフォームよりお願いします。
URL ▶ https://www.arukikata.co.jp/ad_contact/
・在庫については　Tel 03-6431-1250（販売部）
・不良品（乱丁、落丁）については　Tel 0570-000577
学研業務センター　〒354-0045　埼玉県入間郡三芳町上富 279-1
・上記以外のお問い合わせは　Tel 0570-056-710（学研グループ総合案内）

※本書は株式会社ダイヤモンド・ビッグ社より 1986 年に初版発行したもの（2019 年 7 月に改訂第 32 版）の最新・改訂版です。
学研グループの書籍・雑誌についての新刊情報・詳細情報は、下記をご覧ください。
学研出版サイト　https://hon.gakken.jp/